国内外经典教材辅导系列·法学类

马工程《刑法学》

笔记和考研真题详解

【适用第2版教材】

主编：圣才考研网

www.100xuexi.com

中国石化出版社

·北京·

内 容 提 要

国内外经典教材辅导系列是一套全面解析当前国内外各大院校权威教科书的辅导资料。马工程《刑法学》是国内采用较多的刑法学教材之一。本书遵循该教材第 2 版的章目编排，共分为 27 章(含绪论)，每章由两部分组成：第一部分为复习笔记(含知识框架)，知识框架部分清晰勾勒出了本章的知识脉络，通关提要部分阐释了本章的重难点和考查特点，考点难点归纳部分则剖析了本章的核心考点；第二部分为考研真题与典型题详解，精选了近年的部分名校考研真题，并提供了详细的分析和解答。

圣才考研网(www. 100xuexi. com)提供全国所有院校各个专业的考研考博辅导方案【网络课程、电子书、题库等】。购书即可享受增值服务。手机扫码(本书封底)领取本书 AI 电子书。

图书在版编目(CIP)数据

马工程《刑法学》笔记和考研真题详解/圣才考研网主编. —北京:中国石化出版社,2025. 3.
ISBN 978 - 7 - 5114 - 7814 - 6

Ⅰ. D924. 01

中国国家版本馆 CIP 数据核字第 2025FQ9014 号

中国石化出版社出版发行

地址:北京市东城区安定门外大街 58 号
邮编:100011 电话:(010)57512500
发行部电话:(010)57512575
http://www. sinopec-press. com
E-mail:press@ sinopec. com
湖北新华印务有限公司印刷
全国各地新华书店经销
*
787 毫米×1092 毫米 16 开本 16. 75 印张 420 千字
2025 年 3 月第 1 版 2025 年 3 月第 1 次印刷
定价:62. 00 元

序　　言

国内外经典教材辅导系列是一套全面解析当前国内外各大院校权威教科书的辅导资料。我国各大院校一般都把国内外通用的权威教科书作为本科生和研究生学习专业课程的参考教材，这些教材甚至被很多考试（特别是硕士和博士研究生入学考试）和培训项目作为指定参考书。为了帮助读者更好地学习专业课，我们有针对性地编写了一套与国内外教材配套的复习资料，并提供配套的名师讲堂和题库。

马克思主义理论研究和建设工程重点教材《刑法学》是我国高校采用较多的刑法学权威教材之一。作为该教材的学习辅导书，本书具有以下几个方面的特点：

1．框架图表体系，通俗易懂易记

本书每章的知识框架图和考点归纳表，在全方位把握核心考点的同时，提纲挈领地以思维导图形式，呈现重要的考点、难点，脉络清晰，一目了然，更容易记忆。

2．下划线＋星级标记＋拓展延伸，透彻剖析核心考点

本书每章的核心考点均按重要程度分为一星（一般了解）至五星（熟练掌握），对关键词用下划线作了标记，并对相关重要知识点进行了拓展和延伸，方便考生更有针对性地复习。

3．精选考研真题，巩固重难点知识

本书精选了近年的部分名校考研真题（含法律硕士真题），并提供了详细的分析和解答。所选习题涵盖的知识点全面，特别注重理论联系实际，凸显当前热点。

要深深牢记：考研不同于一般考试，概念题（名词解释）要当作简答题来回答，简答题要当作论述题来解答，而论述题的答案要像是论文，多答不扣分。有的论述题的答案简直就是一份优秀的论文（其实很多考研真题就是选自一篇专题论文，完全需要当作论文来回答）！

购书即可享受增值服务。手机扫码（本书封底）领取本书 AI 电子书。

圣才考研网（www.100xuexi.com）是圣才学习网旗下的考研考博专业网站，提供考研公共课和全国各高校法学类专业考研考博辅导班【一对一辅导（面授/网授）、网授精讲班等】、电子书、题库、全套资料（历年真题及答案、笔记讲义等）、国内外经典教材名师讲堂、考研教辅图书等。

考研辅导：kaoyan.100xuexi.com（圣才考研网）
资格考试：www.100xuexi.com（圣才学习网）

圣才考研网编辑部

目　录

绪　论

0.1　复习笔记

【知识框架(庖丁解牛)】

绪论
- 刑法学概述：概念、研究对象、地位和作用、分类、体系
- 刑法学的沿革与发展
- 习近平法治思想引领新时代中国特色社会主义刑法学发展
- 刑法学的研究与学习方法

【通关提要(提纲挈领)】

作为入门知识，本章绪论总体介绍了刑法学的一般知识，包括：概念、研究对象、学科体系、作用、研究方法等。本章内容基础且简单，不是考查重点，常规理解即可。

【考点难点归纳(厚积薄发)】

考点：刑法学概述(见表0－1)　★

表0－1　刑法学概述

要点	主要内容	
概念	指规定刑法、刑事责任和刑罚的法律	
对象	现行刑法	
作用	①支持刑事立法；②指导刑事司法；③促进社会治理、法学繁荣	
研究方法	根本方法	辩证唯物主义和历史唯物主义
	具体方法	规范分析、比较研究、定性与定量等方法

0.2　考研真题与典型题详解

说明：本章历年没有考查过，没有试题。

第一章 刑法概说

1.1 复习笔记

【知识框架（庖丁解牛）】

刑法概说
- 刑法的概念、性质与渊源
  - 概念、分类
  - 性质：阶级性质、法律性质
  - 渊源：刑法典、单行刑法、附属刑法
- 刑法的指导思想、根据与任务［惩罚＋保护］
- 刑法的沿革与发展：创制、完善［局部修改、全面修订、适时修正］
- 刑法的体系：总则、分则和附则
- 刑法的解释
  - 按解释主体分：立法解释、司法解释、学理解释
  - 按解释技巧分：扩张解释、限制解释、当然解释
  - 按解释理由分：文义解释、体系解释、历史解释、目的解释

【通关提要（提纲挈领）】

本章是刑法概说，主要介绍刑法的概念、性质与渊源、根据和任务、体系和解释。学习时，要理解刑法这一概念的内涵和外延，了解我国现行刑法的任务和体系，重点掌握刑法的各种解释方法。本章主要考查概念题和简答题，复习时应注意对比掌握各种刑法解释方法的定义和特点。

【考点难点归纳（厚积薄发）】

考点一：刑法概述（见表1－1） ★★★

表1－1 刑法概述

要点	主要内容	
概念	指规定犯罪、刑事责任和刑罚的法律	
分类	广义/渊源	包括：刑法典、单行刑法、附属刑法
	狭义	刑法典
性质	阶级性质	①历史范畴。刑法是历史的产物。 ②统治阶级工具。刑法是体现统治阶级意志与利益的专政工具。 ③国家阶级本质决定。刑法的阶级属性由国家的阶级本质决定

续表

要点	主要内容		
性质	法律性质［特点］	特定性	刑法规定内容的特定性
		广泛性	调整范围［保护的社会关系范围］广泛
		严厉性	最严厉的强制性：可剥夺犯罪分子生命
		谦抑性	仅针对必要危害行为，具有不完整性、补充性和宽容性
根据	法律根据	宪法［国家的根本大法］	
	实践根据	我国同犯罪作斗争的具体经验及实际情况	
任务	惩罚	惩罚犯罪是手段，惩罚对象、手段特殊	
	保护［目的］	①保卫国家安全，保卫人民民主专政的政权和社会主义制度。 ②保护社会主义的经济基础。 ③保护公民的人身权利、民主权利和其他权利。 ④维护社会秩序、经济秩序	

【真题链接】简述刑法的性质。［简答题，扬州大学 2023 年研］

考点二：刑法的解释（见表 1－2） ★★★

表 1－2 刑法的解释

划分标准	类型	主要内容
解释主体	立法解释	指立法机关［全国人大及其常委会］对刑法条文所作的解释
	司法解释	指司法机关［最高法、最高检］对刑法条文所作的解释
	学理解释	指专家、学者从学理上对刑法条文所作的解释［无权解释］
解释技巧	扩张解释	指对刑法条文的解释超过字面意思
	限制解释	指对刑法条文的解释狭于字面意思
	当然解释	指以理所当然的方式，对刑法条文中虽未明确规定但已包含在其中的内容进行解释
解释理由	文义解释	指从文理上对刑法条文作解释
	体系解释	指将刑法条文置于整个刑法体系中，结合其语境及与其他条文的联系来解释
	历史解释	指按刑法条文的历史背景和发展演变进行解释
	目的解释	指按刑法规范的目的或宗旨进行解释

【真题链接】简述刑法解释理论。［简答题，华南理工 2016 年研］

1.2 考研真题与典型题详解

一、单项选择题

刑法的体系是指刑法的组成和结构。关于我国刑法的体系，下列表述正确的是（ ）。［2023 年法硕（非法学）真题］

A. 我国刑法规范只有条、款，而无项的规定

B

B. 我国刑法条文采用统一编号以实现系统化的目的

C. 我国刑法条文均规定了罪名、罪状和法定刑

D. 我国刑法分为总则、分则和附则三部分，各为一编

【解析】ACD三项，我国现行刑法采用大陆法系的法典模式，刑法（刑法典、狭义刑法）分为“总则”和“分则”两编，此外还有一条附则，没有成编。总则规定的是犯罪与刑罚的通用性规则，分5章；分则共10章，分别规定了各种犯罪的罪状和法定刑。我国刑法分为编、章、节、条、款、项6个层次。

B项，刑法典的全部条文用统一的序号码进行编排，从第1条至第452条统一编号，不受编、章、节划分的影响，以实现系统化的目的。

二、多项选择题

1. 下列法律法规中，属于我国刑法渊源的有（　　）。［2010年法硕（法学）真题］

A.《中华人民共和国刑法》

B.《关于惩治骗购外汇、逃汇和非法买卖外汇犯罪的决定》

C. 票据法中关于票据诈骗的刑事责任的规定

D. 国务院行政法规中关于“构成犯罪的，依法追究刑事责任”的规定

【解析】我国刑法的渊源主要包括：刑法典、单行刑法与附属刑法。A项为刑法典；B项为单行刑法；C项为附属刑法。

D项所述只是一般性提示，并非独立的刑法规范，不能作为刑法的渊源。

2. 下列选项中，属于刑法立法解释的有（　　）。［2017年法硕（法学）真题］

A. 全国人大常委会《关于惩治骗购外汇、逃汇和非法买卖外汇犯罪的决定》

B. 全国人大常委会《关于〈中华人民共和国刑法〉有关信用卡规定的解释》

C. 全国人大常委会法制工作委员会刑法室《关于挪用资金罪有关问题的答复》

D. 全国人大常委会《关于〈中华人民共和国刑法〉第二百六十六条的解释》

【解析】立法解释，是指刑法的立法机关对刑法条文所作的解释。在我国，全国人大及其常委会对刑法条文的解释属于立法解释。BD两项，是全国人大常委会对刑法条文所作的解释，属于立法解释。

A项为单行刑法，不属于立法解释。

C项，全国人大常委会法制工作委员会不是立法解释机关，没有立法解释权。

三、概念题

1. 单行刑法［中山大学2013年研］

答：单行刑法是指国家立法机关针对某一类犯罪、刑事责任及刑罚专门制定的法律。它是刑法典的重要补充形式，在我国刑法发展历程中有重要地位。如在1997年刑法典之前，有诸多单行刑法对旧刑法典进行漏洞补充、完善或修改。1997年刑法典颁布后，我国也曾颁行过一部单行刑法，即1998年12月颁布的《全国人民代表大会常务委员会关于惩治

1ABC　2BD

骗购外汇、逃汇和非法买卖外汇犯罪的决定》。

2. 附属刑法[中国政法2023年研]

答：附属刑法是指在经济、行政等非专门刑事法律文件中附带规定的有关具体犯罪、刑事责任及刑罚的法律规范。如在海关法、环境保护法、票据法中规定的有关追究刑事责任的条款。这是刑法的辅助形式。目前，我国的附属刑法一般只重申刑法典的内容，没有确立新的犯罪与法律后果的具体内容。

3. 刑法解释[广西民大2024年研]

答：参见本章简答题第2题答案。

四、简答题

1. 简述刑法的概念和特征。[2016年法硕(法学)真题]

答：(1)刑法的概念：

刑法，是指规定犯罪、刑事责任和刑罚的法律。刑法有广义和狭义之分。广义刑法是指一切规定犯罪、刑事责任和刑罚的法律规范的总和，主要包括刑法典、单行刑法与附属刑法。狭义刑法是指系统规定犯罪、刑事责任和刑罚的刑法典。刑法是一个历史范畴，是统治阶级专政的工具，由国家阶级本质决定。

(2)刑法的特征又称刑法的法律性质，主要包括：

①规定内容的特定性。刑法专门规定犯罪、刑事责任和刑罚，解决犯罪的认定及追责问题。其他部门法主要处理一般违法行为，法律后果多为民事、经济或行政责任。

②调整范围的广泛性，即刑法所保护社会关系范围的广泛性。刑法保护的利益与调整的对象比较广泛，其保护所有受犯罪侵害的社会关系，涉及社会各方面，是其他部门法的保护法。

③强制方法的严厉性，即刑罚制裁的严厉性。刑法的强制力度较其他法律的强制力度严厉得多。违反刑法的后果是刑罚制裁，刑罚制裁的方法包括剥夺生命、自由、财产、资格等重要的权益。

④谦抑性。刑法并非万能，应具有谦抑性，仅处罚具有刑罚必要性的危害行为。其表现为不完整性(仅规定严重危害行为)、补充性(优先适用其他手段)、宽容性(节制刑罚适用)。刑法是保护法益的最后手段，刑罚应谨慎适用。

2. 简述刑法解释理论。[华南理工2016年研]

相关试题：简述刑法解释的种类。[中南财大2004年研]

答：(1)刑法解释的概念和必要性：

刑法的解释是对刑法规范含义的阐释。其必要性源于：①规范抽象性与现实复杂性，即条文需通过解释将抽象规则适用于具体案件；②规范稳定性与社会变动性，即要在条文框架内赋予新含义以适应时代变化；③语言局限性与规范缺陷，即要消除文字歧义并弥补法律漏洞。因此，刑法的解释对正确理解和适用刑法具有重要意义。

(2)刑法解释的分类，参见本章考点难点归纳相关内容。

第二章　刑法的基本原则

2.1　复习笔记

【知识框架（庖丁解牛）】

刑法的基本原则

- 概述：概念、确定、意义
- 保障人权原则：含义、立法体现
- 罪刑法定原则
  - 含义、立法体现、司法适用
  - 派生原则
    - 成文法主义原则
    - 禁止重法溯及既往原则
    - 禁止有罪类推原则
    - 禁止绝对不确定刑原则
    - 明确性原则
    - 适当性原则
- 适用刑法人人平等原则
  - 含义
  - 具体体现：定罪、量刑、行刑一律平等
- 罪责刑相适应原则：含义、立法体现、司法适用
- 罪责自负原则：反对株连
- 主客观相统一原则：须主客观条件有机统一

【通关提要（提纲挈领）】

本章主要介绍刑法的基本原则，比较重要。学习时，要掌握罪刑法定原则、适用刑法人人平等原则和罪责刑相适应原则的含义、派生规则、立法体现、司法适用等；熟悉保障人权原则、罪责自负原则等其他原则。本章主要考查选择题和简答题，也可能以论述题形式考查各原则的内涵、价值取向与司法适用，要理解记忆。

【考点难点归纳（厚积薄发）】

考点一：罪刑法定原则（见表2－1）★★★★

表2－1　罪刑法定原则

要点	主要内容
含义	“法无明文规定不为罪，法无明文规定不处罚”

续表

要点	主要内容	
派生原则	成文法主义	成文的罪刑法定，排斥习惯法、判例法
	禁止重法溯及既往	事前的罪刑法定，重法不适用于其施行前的犯罪
	禁止有罪类推	严格的罪刑法定，禁止不利于被告人的类推适用
	禁止绝对不确定刑	禁止绝对不确定的刑种和刑度
	明确性	刑法内容须明确具体
	适当性	禁止处罚不当罚；刑罚应与犯罪相适应
司法适用	①正确定罪和量刑；②正确进行司法解释	

【真题链接】

(1)罪刑法定原则的基本内容和在我国刑法中的体现。[简答题，中南财大2025年研]

(2)简述罪刑法定原则及其派生原则。[简答题，上海交大2025年研]

(3)简述罪刑法定原则。[简答题，华南理工2023年研；四川师大2014年研]

考点二：适用刑法人人平等原则(见表2－2)　★★★

表2－2　适用刑法人人平等原则

要点	主要内容	
含义	又称平等适用刑法原则、刑法面前人人平等原则，指对任何人犯罪，在适用法律上一律平等，不允许任何人有超越法律的特权	
具体体现	定罪平等	对犯罪人适用相同的定罪标准
	量刑平等	犯相同的罪且有相同犯罪情节的，应同罪同罚
	行刑平等	执行刑罚及适用减刑、假释时，应平等对待所有受刑人

【真题链接】刑法人人平等原则的含义及其具体体现。[简答题，安徽大学2022年研]

考点三：罪责刑相适应原则(见表2－3)　★★★★

表2－3　罪责刑相适应原则

要点	主要内容
含义	又称罪刑相当原则、罪刑均衡原则，指刑罚的轻重应与犯罪分子所犯罪行和承担的刑事责任相适应
内容	①按社会危害性定刑。刑罚轻重应与客观犯罪行为及其危害结果相适应。 ②按行为人的主观恶性和人身危险性定刑。刑罚轻重应与犯罪人主观恶性的深浅、再次犯罪危险性的大小相适应
立法体现	①确立科学严密的刑罚体系；②规定区别对待的处罚原则；③设置轻重不同的法定刑幅度
司法适用	①指导刑法适用、制约定罪。 ②正确处理罪、责、刑关系。刑事责任以罪行为前提，是刑罚适用的根据

【真题链接】简述罪责刑相适应原则。[简答题，四川师大2016年研]

考点四：其他刑法基本原则(见表2－4) ★★

表2－4 其他刑法基本原则

原则	主要内容
保障人权原则	指刑法实施全过程及刑事立法、司法各环节均应体现人权保障。既保护犯罪人的人权，也维护善良公民的权益
罪责自负原则	谁犯罪谁担责，刑罚只针对犯罪者本人[反对株连]
主客观相统一原则	追究被告人刑事责任，须同时具备有机统一的主客观条件。坚决反对主观归罪、客观归罪

2.2 考研真题与典型题详解

一、单项选择题

下列关于我国刑法中罪刑法定原则的理解，正确的是(　　)。[2019年法硕(法学)真题]

A. 简单罪状因缺乏明确性不符合罪刑法定原则

B. 将习惯法视为刑法的渊源不违反罪刑法定原则

C. 罪刑法定原则不允许有利于被告人的新法溯及既往

D. 罪刑法定原则中的“法”不包括行政法规

【解析】A项，简单罪状是指在刑法分则条文中只简单描述具体犯罪的基本特征而不作更多的解释。虽然表述简单，但也是明确的，不违反罪刑法定原则。

B项，罪刑法定原则的派生原则之一是成文法主义原则，即习惯法、判例法不得作为刑法的渊源。因此，将习惯法视为刑法的渊源违反罪刑法定原则。

C项，罪刑法定原则允许有利于被告人的新法溯及既往。其派生原则之一是禁止重法溯及既往原则。

D项，罪刑法定原则中的“法”，是指全国人大及其常委会制定的法律，不包括行政法规。

二、多项选择题

1. 最高人民法院研究室在某答复中指出：“……伪造、变造、买卖民用机动车号牌行为不能以伪造、变造、买卖国家机关证件罪定罪处罚……从当前我国刑法的规定看，不能将机动车号牌认定为国家机关证件。”该答复体现了罪刑法定原则的(　　)。[2023年法硕(法学、非法学)真题]

A. 法定化　　B. 明确化　　C. 平等化　　D. 合理化

【解析】罪刑法定原则，即“法无明文规定不为罪，法无明文规定不处罚”。其具体要求包含法定化、反对事后法、反对类推、禁止绝对不确定的刑罚、明确化、合理化等。其中，法定化是指犯罪和刑罚必须事先由法律明文规定；合理化要求合理确定犯罪的范围和惩罚的程度，防止滥施刑罚，禁止采用过分的、残酷的刑罚；明确化，即对于什么行为是犯罪以及犯罪所产生的法律后果，都须作出具体规定，并用文字表述清楚。题干内容体现了法

D　　▍　　1ABD

定化、明确化和合理化的要求，平等化并未体现。

2. 甲在街头摆气球射击摊，因向顾客提供的六支枪形物被鉴定为枪支，被法院以非法持有枪支罪判处有期徒刑同时宣告缓刑。法院的做法符合（　　）。［2018 年法硕（法学）真题］

A. 罪刑法定原则　　　　B. 罪责刑相适应原则

C. 从旧兼从轻原则　　　D. 主客观相统一原则

【解析】A 项，罪刑法定原则，是指法律明文规定为犯罪的，依照法律定罪处刑；法律没有明文规定为犯罪的，不得定罪处刑。甲提供的枪形物被鉴定为枪支，是违反国家有关枪支管理规定持有枪支的行为，符合刑法中非法持有枪支罪的规定；法院以非法持有枪支罪定罪，体现了罪刑法定原则。

B 项，罪责刑相适应原则，是指刑罚的轻重应与犯罪分子所犯罪行和承担的刑事责任相适应。甲因摆气球射击摊触犯非法持有枪支罪，行为的社会危害性不大，承担的刑事责任不大，因此法院判有期徒刑的同时宣告缓刑，符合罪责刑相适应原则。

C 项，我国刑法在溯及力上采取从旧兼从轻原则，本题中没有反映。

D 项，主客观相统一原则，是指对犯罪嫌疑人、被告人追究刑事责任，须同时具备主客观两方面的条件，并要求主客观两方面有机统一。甲客观方面实施了非法持有枪支的行为，主观方面表现为故意（此处为应知道），但因用于娱乐性经营，其主观恶性比较小，所以判处缓刑、从轻处罚体现了主客观相统一原则。

三、概念题

1. 刑法基本原则［暨南大学 2024 年研；广西民大 2023 年研；浙商大 2021 年研；东北财大 2015 年研］

答：刑法基本原则，是指刑法明文规定的，贯穿刑法始终，在全部刑事立法和司法活动中必须得到普遍遵循的具有全局性、根本性的准则。其含义有：①刑法基本原则必须贯穿全部刑法规范，具有指导和制约全部刑事立法和刑事司法的意义。②刑法基本原则体现我国刑事法治的基本精神，即坚持法治，摒弃人治；坚持平等，反对特权；讲求公正，反对徇私。我国刑法明确规定的基本原则有三个，即罪刑法定原则、刑法适用平等原则和罪责刑相适应原则。此外，保障人权原则、罪责自负原则和主客观相统一原则也应被视为刑法的基本原则。

2. 罪刑法定原则［广东财大 2020 年研；浙财大 2019 年研；武大 2013 年研；南开大学 2011 年研］

答：参见本章论述题第 1 题答案。

3. 适用刑法人人平等原则［广西民大 2024 年研］

答：参见本章简答题第 1 题答案。

4. 罪责刑相适应原则［浙财大 2020 年研；北航 2015 年研；人大 2010 年研；武大 2007 年研］

2ABD

答：参见本章简答题第2题答案。

四、简答题

1. 刑法人人平等原则的含义及其具体体现。［安徽大学2022年研］

相关试题：

(1)简述适用刑法人人平等原则。［华东师大2021年研］

(2)简述适用刑法人人平等原则的含义及体现。［华侨大学2011年研］

答：(1)适用刑法人人平等原则的含义：

我国《刑法》第4条规定："对任何人犯罪，在适用法律上一律平等。不允许任何人有超越法律的特权。"法律面前人人平等是我国宪法确立的社会主义法治的基本原则。刑法面前人人平等原则是法律面前人人平等原则在刑法领域贯彻、实施的表现。适用刑法人人平等原则，是指对任何人犯罪都应追究其刑事责任，一切犯罪行为应一律平等地适用刑法，不允许任何人有超越刑法规定的特权。

(2)适用刑法人人平等原则的体现：

①定罪上一律平等。即适用相同的定罪标准，不因身份、地位差异而区别对待。禁止特权、禁止滥权。

②量刑上一律平等。同罪同罚是指犯相同罪名且情节一致，所应受到的刑罚也应一致，不因身份、地位而不同。但在罪名相同、情节不同的情况下，如具备法定从重或从轻处罚的情节时，最终所受的刑罚不同，这种情况并不违背量刑平等原则，而是平等原则在量刑上的一种体现。

③行刑上一律平等。执行刑罚时，应平等对待所有受刑人。罪行和主观恶性相同的，刑罚处遇应相同。减刑、假释严格依法适用，不偏袒或歧视。要因罪行轻重、主观恶性及改造表现不同而区别对待，体现司法公正。

2. 简述罪责刑相适应原则。［四川师大2016年研；沈阳师大2014年研］

相关试题：

(1)论述罪责刑相适应原则和实现途径。［论述题，华中师大2015年研］

(2)简述罪刑相适应原则的基本内容及立法体现。［南师大2008年研］

(3)简述罪责相适应原则的内涵及其在我国刑法中的体现。［中南财大2006年研］

答：(1)罪责刑相适应原则的含义(基本内容)：

罪责刑相适应原则又称罪刑等价主义或罪刑相均衡原则，是指重罪重罚，轻罪轻罚，罪刑相称，罚当其罪，即犯罪分子所承担的刑事责任要与其所犯之罪的严重程度相适应。《刑法》第5条规定，刑罚的轻重，应当与犯罪分子所犯罪行和承担的刑事责任相适应。据此，刑法规定的罪责刑相适应原则有两方面内容：①刑罚的轻重与客观的犯罪行为及其危害结果相适应，就是按照犯罪行为对社会造成的实际危害程度决定刑罚轻重。②刑罚的轻重与犯罪人主观恶性的深浅、再次犯罪危险性的大小相适应。该原则确立了罪、责、刑各自相对独立又相互影响的关系，是构建中国特色刑法理论体系的制度基础。

(2)罪责刑相适应原则的立法体现：

①确立了严密科学的刑罚体系。我国刑法总则确立了科学的刑罚体系，该体系包括不

同的刑罚方式。在性质上，可分为生命刑、自由刑、财产刑、资格刑；在种类上，可分为主刑与附加刑。各种刑罚方式轻重有序且相互衔接，为罪责刑相适应原则的适用提供了基础。

②规定了区别对待的处罚原则。刑法分则对每一个罪都根据其犯罪的性质、情节和社会危害程度规定了相应的法定刑，对重罪适用重刑，对轻罪适用轻刑。在裁量刑罚时，应尽量使刑罚与具体犯罪行为的社会危害性相适应，罚当其罪。

③设置了轻重不同的法定刑幅度。刑法分则按犯罪性质和危害程度构建体系，为各罪设置能够伸缩、幅度较大、可分割的法定刑，助力司法机关依犯罪特性恰当量刑。

五、论述题

1. 试论罪刑法定原则的基本内容与派生原则。［中山大学 2017 年研］

相关试题：

(1) 简述罪刑法定原则及其派生原则。［简答题，上海交大 2025 年研；山东大学 2018 年研］

(2) 罪刑法定原则的基本内容和在我国刑法中的体现。［简答题，中南财大 2025 年研］

(3) 简述罪刑法定原则。［简答题，华南理工 2023 年研；四川师大 2014 年研］

(4) 我国《刑法》第 3 条规定："法律明文规定为犯罪行为的，依照法律定罪处刑；法律没有明文规定为犯罪行为的，不得定罪处刑。"根据该法条，分析我国罪刑法定原则的内容和精神。［法条分析题，华东政法 2022 年研］

(5) 论述罪刑法定原则的内容和在我国刑法中的表现。［暨南大学 2021 年研］

(6) 简述罪刑法定原则的基本内容。［简答题，扬州大学 2021 年研］

(7) 试述罪刑法定原则的含义及其在我国刑法中的体现。［广西民大 2021 年研］

(8) 简述罪刑法定原则的派生原则。［简答题，辽宁大学 2020 年研；浙商大 2018 年研］

(9) 罪刑法定原则的形成及在我国刑法上的体现。［中山大学 2015 年研］

(10) 简述罪刑法定原则的含义及适用原则。［简答题，中南财大 2014 年研］

(11) 简述罪刑法定原则的含义及派生原则。［简答题，西南科大 2014 年研；江西理工 2014 年研］

(12) 试论罪刑法定原则的基本内容。［吉林大学 2013 年研；厦门大学 2013 年研］

答：(1) 罪刑法定原则的基本内容：

罪刑法定原则是指犯罪的含义、种类、构成条件、刑种及其适用、量刑等均由刑法加以规定。对于刑法分则没有明文规定为犯罪的行为，不得定罪处罚，即"法无明文规定不为罪，法无明文规定不处罚"。我国《刑法》第 3 条规定了罪刑法定原则，即"法律明文规定为犯罪行为的，依照法律定罪处刑；法律没有明文规定为犯罪行为的，不得定罪处刑"。

(2) 罪刑法定原则的派生原则：

①成文法主义原则。即规定犯罪及后果的法律须是立法机关制定的成文法，习惯法、判例法不是刑法渊源。我国最高司法机关的司法解释和指导性案例也不是刑法渊源，指导性案例不能作为处理案件的直接依据。

②禁止重法溯及既往原则。重法不适用于施行前的犯罪，避免损害公民预测可能性和

法的安定性。允许有利于被告人的轻法溯及既往，符合罪刑法定精神，也是从旧兼从轻原则的内涵。

③禁止有罪类推原则。禁止不利于被告人的类推适用，允许有利于被告人的类推适用，以实现刑法实质正义。

④禁止绝对不确定刑原则。禁止绝对不确定的刑种和刑度，相对确定刑符合罪刑法定原则。我国刑法分则大多是相对确定刑，个别情况有绝对确定刑。

⑤明确性原则。刑法内容要明确具体，避免含糊笼统，消解“口袋罪”，限制司法机关恣意定罪，保障公民自由。

⑥适当性原则。刑法只应将值得处罚的行为规定为犯罪，禁止处罚不当罚的行为；刑罚应与犯罪相适应，手段不应残酷，部分含义已被罪责刑相适应原则吸收。

(3)罪刑法定原则在我国刑法中的体现。我国《刑法》第3条明确对此原则作了规定。这一原则的价值内涵和内在要求，在整部法典中得到了较为全面、系统的体现：

①实现了犯罪的法定化和刑罚的法定化。

②否定了1979年《刑法》第79条规定的类推制度，这是罪刑法定原则得以真正贯彻的重要前提。

③重申了1979年《刑法》第9条关于刑法在溯及力问题上从旧兼从轻的原则。

④在分则罪名的规定方面已相当详备。

⑤在具体犯罪的罪状以及各种犯罪的法定刑设置方面，增强了法条的可操作性。

2. 论述罪刑法定原则如何实现人权保障。[中国政法2025年研]

答：罪刑法定原则是现代刑法的基石之一，其核心内涵是“法无明文规定不为罪，法无明文规定不处罚”。这一原则通过限制国家刑罚权的滥用，为公民的基本权利和自由提供了重要保障。根据罪刑法定原则，实现人权保障的具体路径有：

(1)明确性原则：保障公民的预测可能性。

①内涵。刑法条文必须明确、具体，使公民能够清晰了解哪些行为是犯罪以及相应的法律后果。

②人权保障作用。公民可根据明确的法律规定预测自己的行为后果，避免因法律模糊而陷入“不知法而犯罪”的困境。防止司法机关随意解释法律，避免公民因法律的不确定性而受到不公正的处罚。

(2)禁止溯及既往：保障公民的行为自由。

①内涵。刑法不得适用于其生效之前的行为，即“法不溯及既往”。

②人权保障作用。确保公民在行为时只需遵守当时有效的法律，无需担心未来法律的变化对其行为进行追责。防止国家通过事后立法对公民进行惩罚，保障公民的行为自由和安全。

(3)禁止类推适用：限制司法权的扩张。

①内涵。刑法禁止通过类推的方式将法律未明确规定的行为认定为犯罪。

②人权保障作用。防止司法机关通过类推解释扩大刑法的适用范围，避免公民因法律未明确禁止的行为受到刑事追究。确保刑法的适用严格限制在法律明文规定的范围内，维护公民的合法权益。

(4)禁止绝对不定期刑：保障刑罚的确定性。

①内涵。刑法必须明确规定刑罚的种类和幅度，禁止绝对不确定的刑罚。

②人权保障作用。确保公民在犯罪后能够预知可能面临的刑罚，避免因刑罚的不确定性而遭受过重或不公正的处罚。防止司法机关滥用自由裁量权，保障刑罚的公正性和适当性。

(5)程序正义：保障公民的诉讼权利。

①内涵。罪刑法定原则不仅要求实体法上的明确性，还要求程序法上的正当性。

②人权保障作用。确保公民在刑事诉讼中享有辩护权、知情权、上诉权等基本诉讼权利。通过正当程序防止冤假错案的发生，保障公民免受不公正的刑事追究。

(6)限制国家刑罚权：防止公权力滥用。

①内涵。罪刑法定原则通过明确犯罪与刑罚的范围，限制国家刑罚权的任意行使。

②人权保障作用。防止国家以打击犯罪为名，随意扩大刑罚权的适用范围，侵害公民的基本权利。确保刑罚权的行使严格遵循法律规定，维护公民的自由与尊严。

综上，罪刑法定原则通过明确性、禁止溯及既往、禁止类推适用、禁止绝对不定期刑、程序正义以及限制国家刑罚权等方式，为人权保障提供了坚实的法律基础。它不仅保障了公民的行为自由和预测可能性，还通过限制公权力的滥用，确保刑罚的公正性和适当性，从而在现代法治社会中发挥着不可替代的作用。罪刑法定原则的实现，既是法治进步的体现，也是人权保障的重要标志。

3. 论罪责刑相适应原则与刑罚个别化的关系。［中山大学2011年研］

答：(1)罪责刑相适应原则的含义，参见本章简答题第2题答案。

(2)罪责刑相适应原则与刑罚个别化的关系：

罪责刑相适应原则追求的是罪的严重程度、责任的大小和刑罚的轻重三者的对称和平衡。即使犯罪严重、责任较大的人得到较重的刑罚，使犯罪不太严重、责任较小的人得到较轻的刑罚。而刑罚个别化的要求是针对单个的犯罪人，综合评价其犯罪的所有定罪量刑情节，然后作出适合其个人的刑罚，而不是笼统地将刑罚适用于一类犯罪人，将一个阶位的刑事责任强行适用于每一个犯罪人。从这个意义上讲，二者追求的目的和价值一样。但二者又有区别，其区别在于：

①罪责刑相适应原则是调整犯罪与刑罚即罪刑关系的基础性原则，为刑罚个别化原则的运用划定范围与疆界，其内涵天然地包含了刑罚个别化的内容。

②刑罚个别化原则是调整刑罚与犯罪人之间关系的基本原则，它要求刑罚应根据犯罪人的具体特点有针对性地加以规定、裁量与适用，从而构成对罪刑相当原则的制约与校正。

第三章　刑法的效力

3.1　复习笔记

【知识框架(庖丁解牛)】

- 刑法的效力
  - 刑法的空间效力
    - 概念
    - 原则
      - 属地原则[领土原则]
      - 属人原则[国籍原则]
      - 保护原则[自卫原则]
      - 普遍管辖原则[世界性原则]
      - 折中原则：以属地原则为基础，兼采其他原则
    - 我国刑法的管辖权
      - 属地管辖权
      - 属人管辖权
      - 保护管辖权
      - 普遍管辖权
    - 管辖冲突：事实管辖冲突、法律管辖冲突
  - 刑法的时间效力
    - 生效时间：自公布日起生效、公布后一段时间生效
    - 失效时间：明示废止、默示废止
    - 溯及力
      - 概念
      - 原则：从旧、从新、从旧兼从轻、从新兼从轻
      - 现行刑法：从旧兼从轻原则
      - 有权解释的溯及力

【通关提要(提纲挈领)】

本章主要介绍刑法的效力，包括空间效力与时间效力。学习时，要熟悉空间效力所涉及的各项管辖原则，掌握我国刑法关于各项管辖权的规定，理解刑法溯及力的概念，并结合法律、司法解释掌握“从旧兼从轻原则”的适用。本章主要考查选择题、概念题和简答题，复习时要整体把握基本概念和具体内容。

【考点难点归纳(厚积薄发)】

考点一：刑法的空间效力　★★★★

1. 刑法的空间效力(见表3-1)

表 3-1 刑法的空间效力

<table>
<tr><th>要点</th><th colspan="2">主要内容</th></tr>
<tr><td>概念</td><td colspan="2">指刑法对地和对人的效力，以解决刑事管辖权的范围问题</td></tr>
<tr><td rowspan="5">原则</td><td>属地原则
[领土原则：以犯罪发生地为标准]</td><td>凡在本国领域内犯罪都适用本国刑法，在本国领域外犯罪的都不适用本国刑法</td></tr>
<tr><td>属人原则
[国籍原则：以犯罪人国籍为标准]</td><td>凡本国人犯罪，都适用本国刑法</td></tr>
<tr><td>保护原则
[自卫原则：以保护本国利益为标准]</td><td>凡侵害本国国家或公民利益的，都适用本国刑法</td></tr>
<tr><td>普遍管辖原则
[世界性原则：以保护国际社会的共同利益为标准]</td><td>凡发生国际条约所规定的侵害国际社会共同利益的犯罪[如空中劫持、灭绝种族、侵害外交代表等]，都适用本国刑法</td></tr>
<tr><td>折中原则
[折中主义，又称综合、混合原则]</td><td>以属地原则为基础，兼采其他原则
[世界大多数国家刑法采用，我国同此]</td></tr>
</table>

2. 我国刑法的管辖权(见表 3-2)

表 3-2 我国刑法的管辖权

<table>
<tr><th>要点</th><th colspan="3">主要内容</th></tr>
<tr><td rowspan="5">属地管辖权</td><td>概念</td><td colspan="2">指凡在我国领域内犯罪的，除法律有特别规定外，都适用我国刑法</td></tr>
<tr><td rowspan="3">“领域”</td><td>含义</td><td>领陆、领水及其底土和领空</td></tr>
<tr><td>拟制</td><td>船舶、航空器</td></tr>
<tr><td>标准</td><td>犯罪的行为或结果有一项发生在我国领域内即可[遍在地说]</td></tr>
<tr><td>“法律有特别规定”</td><td colspan="2">①享有外交特权和豁免权的外国人的刑事责任，通过外交途径解决。
②我国香港、澳门特别行政区适用其本地刑法[区域性刑法]。
③民族自治地区不能全部适用刑法典，可由自治区或省的人大根据当地民族的政治、经济、文化的特点和刑法基本原则，制定变通或补充的规定，报请全国人大常委会批准施行。
④特别刑法优于一般刑法</td></tr>
<tr><td>属人管辖权</td><td colspan="3">①我国公民在我国领域外犯我国刑法规定之罪的，适用我国刑法；但按我国刑法规定的最高刑为3年以下有期徒刑的，可不予追究。
②我国国家工作人员和军人在我国领域外犯我国刑法规定之罪的，适用我国刑法</td></tr>
<tr><td>保护管辖权</td><td colspan="3">外国人在我国领域外对我国国家或公民犯罪，而按我国刑法规定的最低刑为3年以上有期徒刑的，可适用我国刑法，但按犯罪地法律不受处罚的除外[双重犯罪原则]</td></tr>
<tr><td>普遍管辖权</td><td colspan="3">凡我国缔结或参加的国际条约所规定的罪行，只要犯罪分子在我国境内被发现，我国就应在所承担条约义务的范围内行使刑事管辖权</td></tr>
</table>

【真题链接】

(1)简述属地管辖权。[简答题，厦门大学 2025 年研]

(2)简述我国刑法关于空间效力的规定。[简答题，暨南大学 2024 年研]

(3)简述我国刑法的属人管辖权。[简答题，浙财大2021年研；暨南大学2017年研]

3. 管辖冲突(见表3－3)

表3－3 管辖冲突

类型	主要内容
事实管辖冲突	我国公民在我国领域外犯罪，按我国刑法应负刑事责任的，虽经外国审判，仍可按我国刑法追究。[双重审判原则]但在外国已受过刑罚处罚的，可免除或减轻处罚
法律管辖冲突	优先适用属地原则

考点二：刑法的时间效力(见表3－4) ★★★★

表3－4 刑法的时间效力

<table>
<tr><th>要点</th><th colspan="3">主要内容</th></tr>
<tr><td>生效时间</td><td colspan="3">①自公布之日起生效；②公布后一段时间才生效</td></tr>
<tr><td>失效时间</td><td colspan="3">①明示废止，即立法明确宣布；②默示废止</td></tr>
<tr><td rowspan="8">溯及力</td><td>概念</td><td colspan="2">指新的刑法生效后，对其生效前未经审判或判决尚未确定的行为是否适用的问题。若适用，即有溯及力；反之则没有</td></tr>
<tr><td rowspan="4">四种原则</td><td>从旧原则</td><td>按行为时的旧法处理，新法无溯及力</td></tr>
<tr><td>从新原则</td><td>按新法处理，新法有溯及力</td></tr>
<tr><td>从旧兼从轻原则
[我国]</td><td>新法原则上无溯及力，但适用新法对被告人有利的适用新法</td></tr>
<tr><td>从新兼从轻原则</td><td>新法原则上有溯及力，但适用旧法对被告人有利的适用旧法</td></tr>
<tr><td>我国刑法规定</td><td colspan="2">①旧法不认为是犯罪，新法认为是犯罪的，适用旧法。
②旧法认为是犯罪，但新法不认为是犯罪的，适用新法。
③旧法和新法都认为是犯罪且在追诉期内的，适用旧法；但新法处刑较轻的，适用新法。
④新法生效前，已作出的生效判决继续有效。
总结：我国刑法采用从旧兼从轻原则，且该原则适用于未决案件</td></tr>
<tr><td>有权解释</td><td colspan="2">①有权解释溯及生效前犯罪行为，即司法解释有溯及力。
②新解释实施前行为按旧解释处理，新解释对犯罪嫌疑人、被告人有利的适用新解释</td></tr>
</table>

【真题链接】简述我国《刑法》的溯及力原则及其所包含的主要情形。[简答题，天津商大2021年研]

3.2 考研真题与典型题详解

一、单项选择题

1. 李某毕业回国后从甲国邮购大量“快乐草”卖给吸毒人员，获利数十万元，后被警方

1D

查获。经鉴定，李某所销售的"快乐草"系毒品。李某辩称：①自己具有甲国永久居留权，因而享有外交豁免权；②不清楚"快乐草"成分，没有贩毒故意；③吸食、售卖"快乐草"在甲国合法，因此也不违反中国刑法；④即使"快乐草"是毒品，也应当按照纯度折算数量。根据我国刑法规定，上述辩解（　　）。[2023 年法硕（法学、非法学）真题]

A. ①③成立　　B. ②③成立　　C. ②④成立　　D. 均不成立

【解析】刑法的空间效力，是指刑法对地和对人的效力。刑法空间效力的处理原则有：属地原则、属人原则、保护原则、普遍管辖原则、折中原则。第①项错误，李某犯罪行为和犯罪结果均发生在我国，按照属地原则适用我国刑法定罪量刑，其身份不享有外交豁免权。第②项错误，成立贩卖毒品罪只需要认识到是毒品即可，不要求清楚毒品的成分、品种等。李某具有贩毒的故意，满足贩卖毒品罪的主观方面。第③项错误，发生在我国的犯罪行为应按我国刑法处理，毒品犯罪违反我国刑法与在甲国是否合法无关。第④项错误，毒品按照种类及查证的数量折算而不是纯度，故李某辩解均不成立。

2. A 国人甲拐卖 B 国妇女到我国境内被查获。对此，下列说法中正确的是（　　）。[2022 年法硕（法学、非法学）真题]

A. 我国没有刑事管辖权，应当交由 A 国处理

B. 我国没有刑事管辖权，应当交由 B 国处理

C. 我国有刑事管辖权，应依照我国刑法规定处理

D. 我国有刑事管辖权，应依照相关国际惯例处理

【解析】《刑法》第 6 条规定："凡在中华人民共和国领域内犯罪的，除法律有特别规定的以外，都适用本法。凡在中华人民共和国船舶或者航空器内犯罪的，也适用本法。犯罪的行为或者结果有一项发生在中华人民共和国领域内的，就认为是在中华人民共和国领域内犯罪。"本题中，A 国人甲拐卖 B 国妇女到我国境内被查获，属于在我国领域内犯罪；我国对此有刑事属地管辖权，适用我国刑法处理。

3. 下列选项中，符合我国刑法关于空间效力规定的是（　　）。[2021 年法硕（非法学）真题]

A. 外国人在我国领域外对我国公民犯罪，而按我国刑法规定的最低刑为 3 年以上有期徒刑的，应适用我国刑法

B. 凡在我国领域外犯罪，依照我国刑法应当负刑事责任的，虽然经过外国审判，仍然应依照我国刑法追究

C. 我国国家工作人员在我国领域外犯我国刑法规定之罪的，应适用我国刑法

D. 犯罪行为没有发生在我国领域内的，不应认为是在我国领域内犯罪

【解析】A 项，《刑法》第 8 条规定，外国人在中华人民共和国领域外对中华人民共和国国家或公民犯罪，而按本法规定的最低刑为 3 年以上有期徒刑的，可以适用本法，但按犯罪地的法律不受处罚的除外。

B 项，《刑法》第 10 条规定，凡在中华人民共和国领域外犯罪，依照本法应当负刑事责

2C　3C

任的，虽然经过外国审判，仍然可以依照本法追究，但是在外国已经受过刑罚处罚的，可以免除或减轻处罚。

C 项，《刑法》第 7 条第 2 款规定，中华人民共和国国家工作人员和军人在中华人民共和国领域外犯本法规定之罪的，适用本法。

D 项，《刑法》第 6 条第 3 款规定，犯罪的行为或结果有一项发生在中华人民共和国领域内的，就认为是在中华人民共和国领域内犯罪。如犯罪结果发生在我国领域内，则认定为是在我国领域内犯罪。

4. 我国公民甲在某国杀害 Z(无国籍人)，被该国法院判处有期徒刑 12 年。如甲在该国服刑完毕回到我国，我国司法机关依照刑法对甲行使刑事管辖权的根据是(　　)。[2019 年法硕(法学)真题]

A. 属地原则　　B. 属人原则　　C. 保护原则　　D. 普遍管辖原则

【解析】属人原则或称国籍原则，是指以犯罪人的国籍为标准确定刑法的空间效力。《刑法》第 7 条第 1 款规定，中华人民共和国公民在中华人民共和国领域外犯本法规定之罪的，适用本法，但是按本法规定的最高刑为 3 年以下有期徒刑的，可以不予追究。本题中，甲是我国公民，犯罪地是他国，被害人是 Z(无国籍人)，我国依据属人原则对甲的杀人行为进行管辖。

二、多项选择题

对于下列毒品犯罪，我国可按照普遍管辖原则行使刑事管辖权的有(　　)。[2014 年法硕(非法学)真题]

A. 无国籍人在外国生产毒品，后来到我国旅游，被我国司法机关抓获

B. 他国公民从第三国购买毒品回本国贩卖，被本国通缉，后被我国司法机关抓获

C. 我国公民在外国乘坐外国客机将毒品带往第三国贩卖，被他国司法机关抓获

D. 他国公民携带贩卖的毒品乘坐他国飞机在我国机场换乘时，被我国司法机关抓获

【解析】普遍管辖原则的基本含义是：一个国家的刑法对侵犯人类共同利益的国际犯罪都要行使管辖权。这些国际犯罪包括劫机、种族灭绝、反人类、毒品、酷刑、恐怖主义、战争、跨国贩卖人口、海盗等犯罪。AB 两项都涉及毒品犯罪，应适用普遍管辖原则。C 项，应适用属人管辖原则。D 项，应适用属地管辖原则。

三、概念题

1. 普遍管辖权[中山大学 2010 年研；人大 2007 年研；上海交大 2007 年研]

答：普遍管辖权，是指一国对国际犯罪的管辖权。其可分为两类：①有限的普遍管辖权，即与犯罪无直接连接点的国家行使管辖权，需以行为人出现在该国或被控制为前提。②绝对的普遍管辖权，即与犯罪无任何连接点的国家可直接行使管辖权，无需行为人出现在该国。我国《刑法》第 9 条采用有限的普遍管辖权，仅对国际条约规定的特定犯罪行使管辖权，并以行为人出现在我国为前提。

4B　▍　AB

2. 刑法时间效力与刑法追诉时效［华南理工 2011 年研］

相关试题：刑法的时间效力［暨南大学 2013 年研；武大 2007 年研］

答：(1)刑法时间效力，是指刑法在时间上的适用范围，即刑法从何时生效、何时失效，以及对其生效前或失效后的行为是否具有溯及力。

(2)刑法追诉时效，是指刑法规定的对犯罪行为进行追诉的有效期限。超过该期限，司法机关不得再追究行为人的刑事责任。

(3)二者的相同点。二者均涉及刑法的时间适用范围；都体现了法律的明确性和稳定性。

(4)二者的不同点：

①适用范围不同。刑法时间效力解决的是刑法在时间上的适用问题，包括生效、失效及溯及力。刑法追诉时效解决的是对犯罪行为进行追诉的时间限制问题，超过时效则不再追诉。

②核心内容不同。刑法时间效力关注刑法的时间边界及其溯及力。刑法追诉时效关注追诉犯罪行为的时间期限。

③法律后果不同。刑法时间效力决定某一行为是否适用某一刑法条文。刑法追诉时效决定某一犯罪行为是否仍可被追诉。

3. 刑法的溯及力［广西民大 2024 年研；四川大学 2022 年研；山东大学 2015 年研；青岛大学 2015 年研；南师大 2009 年研；西北政法 2007 年研］

答：参见本章简答题第 2 题答案。

4. 从旧兼从轻原则［中财 2016 年研；武大 2015 年研；东北财大 2010 年研］

答：从旧兼从轻原则是指新法原则上不溯及既往，但新法不认为是犯罪或对行为人的处罚较轻的，则要按照新法处理。从旧兼从轻原则既符合罪刑法定原则的要求，又适应实际需要，因而为绝大多数国家所采用。我国现阶段主要采取从旧兼从轻原则，在特殊情况下也可溯及既往。

四、简答题

1. 简述我国刑法关于空间效力的规定。［暨南大学 2024 年研］

相关试题：

(1)简述属地管辖权。［厦门大学 2025 年研］

(2)简述我国刑法的属人管辖权。［浙财大 2021 年研；暨南大学 2017 年研］

(3)简述我国刑法的属地管辖权、属人管辖权、普遍管辖权。［华南理工 2014 年研］

答：刑法的空间效力是指刑法对地和对人的效力。我国刑法以属地原则为主，兼采属人原则、保护原则和普遍管辖原则。

(1)我国刑法的属地管辖权。《刑法》第 6 条规定："凡在中华人民共和国领域内犯罪的，除法律有特别规定的以外，都适用本法。凡在中华人民共和国船舶或者航空器内犯罪的，也适用本法。犯罪的行为或者结果有一项发生在中华人民共和国领域内的，就认为是在中华人民共和国领域内犯罪。"

（2）我国刑法的属人管辖权：

①我国公民在我国领域外犯罪的，原则上都适用我国刑法。但按我国刑法规定，其所犯之罪法定最高刑为3年以下有期徒刑的，可以不予追究。《刑法》第7条规定："中华人民共和国公民在中华人民共和国领域外犯本法规定之罪的，适用本法，但是按本法规定的最高刑为三年以下有期徒刑的，可以不予追究。中华人民共和国国家工作人员和军人在中华人民共和国领域外犯本法规定之罪的，适用本法。"注意，"可以不予追究"表明不予追究的一种倾向性，但不是绝对不追究，仍保留有追究的可能性。

②《刑法》第10条规定，凡在中华人民共和国领域外犯罪，依照本法应当负刑事责任的，虽然经过外国审判，仍然可以依照本法追究，但是在外国已经受过刑罚处罚的，可以免除或减轻处罚。该规定从实际情况及国际合作角度出发，避免使犯罪人受过重的双重处罚，体现了原则性与灵活性的统一。

（3）我国刑法的保护管辖权。根据《刑法》第8条规定，外国人在我国领域外对我国国家或公民犯罪，而按本法规定的最低刑为3年以上有期徒刑的，可以适用本法，但是按照犯罪地的法律不受处罚的除外。本条规定的目的在于为不在我国境内居住或工作的留学生、侨民及其他务工人员的人身和财产安全提供保护，使得我国在某些条件下仍然可以管辖不在我国境内的刑事案件。

（4）我国刑法的普遍管辖权。《刑法》第9条规定，对于中华人民共和国缔结或参加的国际条约所规定的罪行，中华人民共和国在所承担条约义务的范围内行使刑事管辖权的，适用本法。即凡是我国缔结或参加的国际条约所规定的罪行，不论犯罪分子的国籍、行为发生地是何，只要在我国境内被发现，我国就应在所承担条约义务的范围内行使刑事管辖权。普遍管辖权是属人管辖权、属地管辖权和保护管辖权的补充；在前述三种管辖权都无法适用的情况下，才考虑普遍管辖权。

2. 简述刑法溯及力的概念及我国刑法关于溯及力问题的规定内容。［中南财大2010年研］

相关试题：

（1）简述我国《刑法》的溯及力原则及其所包含的主要情形。［天津商大2021年研］

（2）简述有关我国刑法溯及力问题的规定。［暨南大学2020年研］

答：（1）刑法的溯及力又称溯及既往的效力，是指刑法生效后，对它生效前未经审判或判决未确定的行为是否具有追溯的效力，若具有适用效力，则有溯及力；否则就没有溯及力。各国刑事立法对溯及力的规定不同，概括起来主要有四个原则：①从旧原则，即按照行为时的旧法处理；②从新原则，即对于生效前未经审判或判决尚未确定的行为，新法一律具有溯及力；③从新兼从轻原则，即新法原则上有溯及力，但适用旧法对行为人有利时适用旧法；④从旧兼从轻原则，即新法原则上不具有溯及力，但新法不认为是犯罪或处刑较轻的应按新法处理。

（2）我国刑法关于溯及力问题采用了从旧兼从轻原则，即新法原则上无溯及力，但新法不认为是犯罪或处刑较轻的，则要按新法处理。

我国《刑法》第12条规定："中华人民共和国成立以后本法施行以前的行为，如果当时的法律不认为是犯罪的，适用当时的法律；如果当时的法律认为是犯罪的，依照本法总则第四章第八节的规定应当追诉的，按照当时的法律追究刑事责任，但是如果本法不认为是犯罪或者处刑较轻的，适用本法。本法施行以前，依照当时的法律已经作出的生效判决，继续有效。”因此，对于1949年10月1日至1997年9月30日这段时间内发生的行为，应按以下不同情况分别处理：

①当时的法律不认为是犯罪，而修订后的《刑法》认为是犯罪的，适用当时的法律，即现行刑法没有溯及力。对于这种情况，不能因为现行刑法规定为犯罪而追究行为人的刑事责任。但行为连续或继续到1997年10月1日以后的，对10月1日以后构成犯罪的行为适用修订刑法追究刑事责任。

②当时的法律认为是犯罪，但现行刑法不认为是犯罪的，若这种行为未经审判或判决尚未确定，就应适用现行刑法，即具有溯及力。

③当时的法律和现行刑法都认为是犯罪，且按照修订的《刑法》总则第4章第8节的规定应追诉的，原则上按当时的法律追究刑事责任，即现行刑法不具有溯及力。但若现行刑法比当时的法律处刑较轻的，则适用现行刑法，即现行刑法具有溯及力。

④如果依照当时的法律已经作出了生效判决，该判决继续有效。这主要是维护人民法院生效判决的严肃性和稳定性。

五、法条分析题

我国《刑法》第10条规定：“凡在中华人民共和国领域外犯罪，依照本法应当负刑事责任的，虽然经过外国审判，仍然可以依照本法追究，但是在外国已经受过刑罚处罚的，可以免除或者减轻处罚。”[中山大学2011年研]

请说明该法条的含义有哪些。

答：我国《刑法》第10条规定，凡在领域外犯罪且依本法应负刑事责任的，即使经过外国审判，我国仍可追究，但若已在外国受罚，可免除或减轻处罚。

(1)本法条的含义：

本法条确立了我国对境外犯罪的刑事管辖权原则及对外国判决的有限承认，具体包含以下要点：

①主权独立原则。我国对境外犯罪享有独立管辖权，不受外国审判结果限制。“可以依照本法追究”表明，我国司法机关可根据刑法规定及案件具体情况，决定是否追究刑事责任。即使行为在外国已受审判，我国仍可依据本国刑法重新追究刑事责任，体现了国家刑事管辖权的独立性。

②管辖范围限定。仅针对“依照本法应当负刑事责任”的境外犯罪行为，即符合我国刑法空间效力原则(如属人管辖、保护管辖等)的案件。

③外国判决的有限承认。“经过外国审判”是指外国法院已作出生效判决，包括无罪、有罪、刑事处罚或免予处罚的判决。对外国已执行的刑罚，我国可根据具体情况“免除或减轻处罚”，避免重复处罚，但非强制要求。

④司法裁量权。“可以”免除或减轻处罚的表述，赋予司法机关根据案件性质、情节、外国刑罚执行情况等综合判断的自由裁量权。这体现了“一事不二罚”原则，避免双重处罚。

(2)本法条的立法意义：

①体现主权独立。我国作为主权国家，享有独立的刑事审判权，不受外国审判结果的

约束。即使犯罪已受外国审判，我国仍保留管辖权。

②兼顾国际合作与公平原则。对已在外国受罚的犯罪人，可免除或减轻处罚，避免双重处罚，体现了国际司法合作精神与公平原则。

③明确管辖权范围。该法条明确了我国刑法对领域外犯罪的管辖权，同时赋予司法机关灵活处理的权力，确保法律适用的合理性与公正性。

综上，《刑法》第10条体现了我国对境外犯罪的独立管辖权，同时兼顾国际司法合作与公平原则，避免对犯罪人的双重处罚。其核心在于主权独立、有限承认外国判决以及司法裁量权的灵活运用。

第四章　犯罪概念与犯罪构成

4.1　复习笔记

【知识框架（庖丁解牛）】

- 犯罪概念与犯罪构成
  - 犯罪概念
    - 界定：形式概念、实质概念、混合概念
    - 基本特征：严重社会危害性[本质特征]、刑事违法性、应受惩罚性
  - 犯罪构成
    - 概念、理论发展与模式、意义
    - 特征：法定性、决定性、统一性
    - 分类
      - 单纯、混合的犯罪构成
      - 标准、修正的犯罪构成
      - 普通、加重、减轻的犯罪构成

【通关提要（提纲挈领）】

本章主要介绍犯罪概念与犯罪构成，属于基础章节。学习时，要熟悉我国刑法中的犯罪概念，进而重点掌握犯罪的基本特征；要掌握犯罪构成理论的主要模式、犯罪构成的概念和特征，以便之后各章节的具体学习。本章常考选择题、概念题和简答题，要理解记忆。

【考点难点归纳（厚积薄发）】

考点一：犯罪概念（见表4－1）★★★

表4－1　犯罪概念

要点	主要内容	
界定模式	形式概念 [法律特征]	仅从形式上说明犯罪的刑事违法性和应受惩罚性，不揭示犯罪本质。 即犯罪是违反刑事法律并应受到刑罚处罚的行为
	实质概念 [本质特征]	①从本质层面界定犯罪，揭示行为被犯罪化的内在原因。 ②犯罪的阶级本质：犯罪是“孤立的个人反对统治关系的斗争”
	混合概念	实质概念＋形式概念[实质与形式相统一]
概念	指严重危害社会，触犯刑法并应受刑罚处罚的行为	
基本特征	严重社会危害性 [本质特征]	即危害国家和人民利益。影响因素：①行为侵犯客体；②行为的手段、后果及时间、地点；③行为人情况及其主观因素
	刑事违法性	法律特征，即违反刑法，是最严重的违法行为
	应受惩罚性	法律后果，应受刑罚惩罚

【真题链接】论述犯罪的基本特征。［论述题，华南理工2022年研；中山大学2016年研］

考点二：犯罪构成（见表4－2） ★★★

表4－2 犯罪构成

要点	主要内容		
犯罪构成理论	主要模式：①德日三阶层构成要件理论；②英美法系双层次犯罪成立理论；③苏联四要件犯罪构成理论		
犯罪构成	概念	指刑法规定的，决定某一行为的社会危害性及其程度，而为该行为构成犯罪所需具备的一切主客观要件的有机统一整体	
	特征	法定性	犯罪构成要件由刑法明确规定
		决定性	犯罪构成要件是对犯罪成立具有决定意义的事实特征
		统一性	犯罪构成是主客观要件的有机统一，反映犯罪行为本质
	分类	繁简程度	单纯、混合的犯罪构成
		是否典型	标准、修正的犯罪构成
		危害程度	普通、加重、减轻的犯罪构成
	意义	①有利于实现和维护罪刑法定原则，防止罪刑擅断。 ②指导刑事司法实践，便于定罪量刑	

【真题链接】

（1）试述我国犯罪构成的模式选择及四要件犯罪构成理论的改进。［论述题，广西民大2024年研］

（2）简述犯罪构成的概念与基本特征。［简答题，天津商大2019年研］

4.2 考研真题与典型题详解

一、单项选择题

1．甲某长期通过网络在线直播手绘百元人民币技艺。由于其手绘逼真，有观众在直播间打赏，甲获利巨大。对于甲的行为应认定为（　　）。［2024年法硕（非法学）真题］

A．不构成犯罪　　B．非法经营罪

C．伪造货币罪　　D．非法利用信息网络罪

【解析】犯罪，是指严重危害社会，触犯刑法并应受刑罚处罚的行为。严重的社会危害性是犯罪的实质特征。但是情节显著轻微危害不大的，不认为是犯罪。本题中，甲的行为是合法的直播行为，不构成犯罪。

B项，非法经营罪，是指违反国家规定，非法经营，扰乱市场秩序，情节严重的行为。本题中，甲直播手绘百元人民币技艺的行为不能认定为扰乱市场秩序，不构成非法经营罪。

C项，甲在直播间手绘百元人民币，目的是展示其手绘技艺来获得打赏，而非将假币投入市场获利，不构成伪造货币罪。

1A

D 项，甲只是直播手绘百元人民币的技艺，属于炫技行为，不符合非法利用信息网络罪的行为方式，不构成非法利用信息网络罪。

2. 下列对于我国刑法中犯罪构成要件的理解，正确的是( )。[2022 年法硕(非法学)真题]

A. 刑法总则规定了犯罪构成的一般要件

B. 刑法分则中的犯罪主观方面仅包括故意和过失

C. 法条竞合的数罪具备完全相同的犯罪构成要件

D. 因果关系是所有犯罪都必须具备的犯罪构成要件

【解析】A 项，刑法总则的主要内容是有关刑法的基本原则、适用范围、犯罪构成的一般要件、刑罚的种类、各种具体刑事法律制度及其适用条件的一般性规定。刑法分则则对具体犯罪的构成要件及其法律后果进行了规定。

B 项，犯罪主观方面，是犯罪行为人对其实施的危害社会的行为及其所造成的危害结果所持的心理态度，包括犯罪故意、犯罪过失、犯罪目的、犯罪动机等心理因素。

C 项，法条竞合，是指刑法中有一些条文之间在内容上存在重复或交叉的情况。法条竞合的各罪之间，其犯罪构成要件并不完全一致，只是存在重复或交叉，如诈骗罪与合同诈骗罪。

D 项，我国采用四要件犯罪构成理论，即犯罪构成要件包括犯罪客体、犯罪客观方面、犯罪主体和犯罪主观方面。刑法中的因果关系是危害行为与危害结果之间的一种客观的引起与被引起的联系。只有以造成实害结果为构成要件的犯罪，才需要具备因果关系。

二、多项选择题

1. 关于社会危害性的说法，下列说法正确的是( )。[2024 年法硕(法学、非法学)真题]

A. 行为没有社会危害性，就不应该被规定为犯罪

B. 犯罪的社会危害性是各种主观因素和客观因素的统一

C. 社会危害性是否达到严重程度，是犯罪与其他违法行为的根本性区别

D. 社会危害性是指行为对刑法所保护的社会关系造成或可能造成损害的特性

【解析】ACD 三项，犯罪是具有严重社会危害性的行为。社会危害性，是指行为对刑法所保护的社会关系造成或可能造成损害的特性。严重社会危害性，是指对我国刑法所保护的重要利益的侵害。社会危害性达到严重程度才属于刑事犯罪，社会危害性的严重程度是区分违法行为和犯罪行为的标准。

B 项，社会危害性是由一系列主客观因素综合而成的，包括犯罪事实、犯罪的性质、情节等。

2. 下列对于我国《刑法》第 13 条中"……但是情节显著轻微危害不大的，不认为是犯罪"的理解，正确的有( )。[2019 年法硕(法学)真题]

A. 避免给轻微的违法行为打上"犯罪"的标记

2A ▎ 1ABCD 2ABCD

B. 表明认定犯罪需要正确"定性"及合理"定量"

C. 是区分"违法行为"与"犯罪行为"的宏观标准

D. 合理配置司法资源以集中力量惩罚"严重违法行为"

【解析】我国刑法中的犯罪，是指严重危害社会，触犯刑法并应受刑罚处罚的行为。其既有定性要求又有定量要求，对于合理认定犯罪、处罚犯罪有重要意义。该犯罪定义不仅从性质上明确了犯罪具有危害性和违法性，而且还设置了定量要求即"但书"。"但书"是区分"违法行为"与"犯罪行为"的宏观标准；可以缩小犯罪或刑事处罚的范围，避免给一些轻微的危害行为（或违法行为）打上犯罪的标记，有利于行为人改过自新；可以合理配置司法资源、集中力量惩罚严重的违法行为——犯罪。

三、概念题

1. 犯罪的实质概念［广西民大2023年研］

相关试题：犯罪的形式概念与犯罪的实质概念［宁波大学2019年研］

答：参见本章考点难点归纳相关内容。

2. 犯罪构成［浙财大2020年研；浙商大2016年研；人大2013年研；武大2012年研］

答：参见本章简答题答案。

四、简答题

简述犯罪构成的概念与基本特征。［天津商大2019年研］

相关试题：简述犯罪构成的特征。［东北财大2010年研］

答：（1）犯罪构成的概念：

犯罪构成，是指刑法规定的、决定某一行为的社会危害性及其程度，并为该行为成立犯罪所必需的全部主客观要件的有机统一整体。犯罪构成是认定犯罪的具体法律标准，是犯罪概念的具体化。

（2）犯罪构成的基本特征：

①法定性。犯罪构成的要件须由刑法明文规定。这体现了罪刑法定原则，确保犯罪的严重社会危害性与刑事违法性一致。刑法总则规定一般要件，刑法分则规定具体要件。

②决定性。犯罪构成的要件是那些对行为的社会危害性及其程度起决定作用、为犯罪成立所必需的事实特征。这些要件是从同类案件事实中抽象出的共性内容。认定犯罪只需看行为是否符合构成要件，要区分构成要件事实与其他案件事实。

③统一性。犯罪构成是主客观要件的有机统一。其中，"客观"要件包括犯罪客体与犯罪客观要件，"主观"要件包括犯罪主体与犯罪主观要件。这些要件相互关联、协同作用，形成一个整体。犯罪行为本身的主客观统一性决定了犯罪构成的这一特性。

五、论述题

1. 论述犯罪的基本特征。［华南理工2022年研；2018年法硕（法学）真题；中山大学2016年研］

相关试题：

(1)什么是犯罪？请谈谈犯罪的基本特征。[简答题，浙工大2021年研]

(2)简述犯罪的基本特征。[简答题，广东财大2018年研]

(3)简述决定社会危害性轻重大小的因素。[简答题，东北财大2010年研]

答：我国《刑法》第13条规定，一切危害国家主权、领土完整和安全，分裂国家、颠覆人民民主专政的政权和推翻社会主义制度，破坏社会秩序和经济秩序，侵犯国有财产或劳动群众集体所有的财产，侵犯公民私人所有的财产，侵犯公民的人身权利、民主权利和其他权利，以及其他危害社会的行为，依照法律应受刑罚处罚的，都是犯罪，但是情节显著轻微危害不大的，不认为是犯罪。据此，我国刑法中的犯罪，是指严重危害社会，触犯刑法并应受刑罚处罚的行为。根据《刑法》第13条规定，犯罪的基本特征有：

(1)严重社会危害性，即犯罪是严重危害社会的行为。这是犯罪最本质、最基本的特征，也是犯罪的实质内容。社会危害性是指行为对刑法保护的社会关系造成或可能造成损害的特性，是各种主客观因素的统一。影响社会危害性的决定因素包括行为侵犯的客体(如危害国家安全罪危害大)、行为的手段后果及时间地点、行为人的情况及其主观因素。考察时要用历史、发展、全面的观点，综合主客观情况。情节显著轻微危害不大的，不认为是犯罪。

(2)刑事违法性，即犯罪是触犯刑法的行为。这是犯罪的法律特征，是其严重社会危害性的法律表现。刑事违法性也是主客观因素的统一。当行为既具有严重社会危害性，又触犯了刑法，具有刑事违法性时，才能被认定为犯罪。这是罪刑法定原则的要求。

(3)应受刑罚惩罚性，即犯罪是应受刑罚处罚的行为。犯罪是适用刑罚的前提，刑罚是犯罪的法律后果。一切犯罪都应具备应受处罚性，否则就不能成为犯罪。例如，“不应受处罚”的犯罪就不是犯罪，而“不需要受处罚”仍构成犯罪。前者是指行为不构成犯罪，故而不存在应受惩罚的问题；后者是指行为已构成犯罪，但考虑到具体情况，如犯罪情节轻微，或有自首、立功等表现，免予刑事处罚。

犯罪的这三个特征紧密结合、有机联系、缺一不可。严重的社会危害性是犯罪的基础，刑事违法性是严重社会危害性的法律表现，应受刑罚惩罚性是行为严重危害社会、违反刑事法律应承担的法律后果。

2. 试述我国犯罪构成的模式选择及四要件犯罪构成理论的改进。[广西民大2024年研]

相关试题：试论我国犯罪构成的基本要素。[中山大学2016年研]

答：(1)犯罪构成理论的主要模式及评析：

①三阶层构成要件理论(德日)：

a. 内容：构成要件符合性、违法性、有责性。

b. 特点：逻辑严密，层次递进，从外表到内在、从客观到主观。

c. 优点：有助于人权保障，维护法律适用的安全性。

d. 缺点：体系复杂，实际操作中可能偏离司法实践。

②双层次犯罪成立理论(英美法系)：

a. 内容：第一层次为犯罪本体要件(行为和意图)，第二层次为责任充足要件(合法抗辩事由)。

b. 特点：程序性强，侧重人权保障。

c. 优点：控辩双方对抗机制有利于罪刑法定原则。

d. 缺点：缺乏深入理论分析，违法性判断标准不明确。

③四要件犯罪构成理论(苏联)：

a. 内容：犯罪客体、犯罪客观方面、犯罪主体、犯罪主观方面。

b. 特点：主客观相结合，反映社会危害性。

c. 优点：逻辑结构严密，便于司法实践操作。

d. 缺点：容易混淆犯罪构成与犯罪构成理论，存在有罪推定可能性。

(2)我国犯罪构成的模式选择：

我国通行观点认为，犯罪构成是我国刑法规定的，说明某一具体行为社会危害性及其危害程度已构成犯罪的一系列主客观要件的总和。即我国采用的是四要件犯罪构成理论，认为犯罪构成要件包括犯罪客体、犯罪客观方面、犯罪主体和犯罪主观方面。该理论脱胎于苏联理论，自20世纪50年代引进，经过数十年发展，形成中国特色，具有历史、现实和内在合理性，在刑法理论中占有重要地位。其优点是：符合中国国情，契合中国的诉讼模式，逻辑严密，契合认识规律。

(3)四要件犯罪构成理论的改进：

①增强阶层性。强调先客观后主观、先形式后实质的层次递进。即在认定犯罪时，先考察客观方面的要件(如行为、结果)，再考察主观方面的要件(如故意、过失)；先判断行为是否符合形式上的要件，再判断其是否具有实质的社会危害性。

②吸收合理之处。借鉴三阶层理论和双层次理论的合理之处，推动四要件理论发展、完善。

a. 借鉴三阶层理论。引入违法性阻却事由，使违法性的判断更明确，如正当防卫、紧急避险等；强化违法性判断，确保行为不仅符合构成要件，还须具有违法性。

b. 借鉴双层次理论。强化程序正义，注重正当防卫、紧急避险等抗辩事由的认定，保障被告人的权利；细化责任评价，即在责任充足要件中，详细考察行为人的责任能力和责任状态。

③保持通说地位。四要件理论在刑法学界、立法和司法实践中占主导地位，避免引起混乱。

a. 尊重历史。继续传承和发展四要件理论，保持其在中国刑法学界的主导地位。

b. 与时俱进。结合司法实践，不断优化和完善四要件理论，使其更符合现代法治要求。

通过这些改进，四要件犯罪构成理论能够在保持其传统优势的同时，更好地适应现代刑法学的发展需求，提高犯罪认定的准确性和公正性。

第五章　犯罪客体

5.1　复习笔记

【知识框架(庖丁解牛)】

- 犯罪客体
  - 概述
    - 犯罪客体：概念、特征
    - 犯罪对象：概念、特征、分类
    - 犯罪客体与犯罪对象的关系：联系、区别
  - 分类
    - 一般客体[共同客体]
    - 同类客体
    - 直接客体
      - 概念、立法形式
      - 分类
        - 简单客体、复杂客体[主要、次要、随机客体]
        - 物质性、非物质性犯罪客体

【通关提要(提纲挈领)】

本章主要介绍犯罪构成要件中的犯罪客体，内容相对基础。学习时，要掌握犯罪客体、犯罪对象的概念和特征，重点掌握犯罪对象与犯罪客体的联系和区别，熟悉犯罪客体的分类。本章主要考查概念题和简答题，可对比记忆、分点掌握。

【考点难点归纳(厚积薄发)】

考点一：犯罪客体与犯罪对象(见表5－1)　★★★

表5－1　犯罪客体与犯罪对象

	犯罪客体	犯罪对象
概念	指刑法所保护的、为犯罪行为所侵犯的社会关系	指刑法分则条文规定的受犯罪行为直接作用或影响的具体的人或物
特征	①是一种社会关系；②受刑法保护；③为犯罪行为侵犯	①具体性；②法定性；③直接性
区别	抽象，凭思维认识的观念事物	具体，可感知的事物
	决定犯罪性质	未必决定犯罪性质
	犯罪构成的必要要件	某些犯罪的必要要件
	一定受到危害	不一定因犯罪受到损害
	犯罪分类的依据	不是犯罪分类的根据
联系	犯罪客体制约犯罪对象，犯罪对象反映犯罪客体	

【真题链接】

(1)犯罪客体与犯罪对象的关系。[简答题，广西民大 2024 年研；四川大学 2024 年研]

(2)犯罪客体与犯罪对象的区别。[简答题，天津商大 2022 年研]

(3)刑法中犯罪对象与犯罪客体的区别。[简答题，复旦大学 2020 年研]

考点二：犯罪客体的分类(见表 5－2) ★★

表 5－2　犯罪客体的分类

<table>
<tr><th>类型</th><th colspan="3">主要内容</th></tr>
<tr><td>一般客体</td><td colspan="3">又称共同客体，指一切犯罪共同侵犯的客体</td></tr>
<tr><td>同类客体</td><td colspan="3">指某一类犯罪所共同侵害的客体</td></tr>
<tr><td rowspan="4">直接客体</td><td>概念</td><td colspan="2">指某一特定犯罪直接侵犯的客体</td></tr>
<tr><td rowspan="2">分类</td><td>直接客体数量</td><td>①简单客体[单一客体]：只有一个直接客体。
②复杂客体：同时侵害两种以上具体社会关系。分为：
a. 主要客体：侵害程度严重、刑法重点保护。
b. 次要客体[辅助客体]：侵害程度较轻、刑法一般保护。
c. 随机客体[随意客体、选择客体]：偶然出现，选择要件</td></tr>
<tr><td>是否有物质性</td><td>①物质性犯罪客体：产生物质性损害或威胁。
②非物质性犯罪客体：不具有直接物质损害形式</td></tr>
<tr><td>立法形式</td><td colspan="2">①明确规定犯罪客体；②规定物质表现；③指出违反某法规；④规定被害人特征；⑤规定犯罪行为方法</td></tr>
</table>

【真题链接】

(1)犯罪客体的分类及其在刑法中的功能。[简答题，西南政法 2023 年研]

(2)简述犯罪客体的种类。[简答题，2019 年法硕(法学、非法学)真题]

5.2　考研真题与典型题详解

一、单项选择题

下列关于犯罪对象的说法中，正确的是(　　)。[2014 年法硕(非法学)真题]

A. 犯罪对象是犯罪客体的载体

B. 犯罪对象的功能是区分此罪与彼罪

C. 犯罪对象是一切犯罪都必须具备的构成要件

D. 犯罪对象是刑法所保护的、为犯罪行为所侵犯的社会关系

【解析】A 项，犯罪对象与犯罪客体是现象和本质的关系。犯罪对象是犯罪客体的载体。BC 两项，犯罪客体的功能是区分此罪与彼罪；犯罪对象仅是部分犯罪具备的要件。D 项所述为犯罪客体。犯罪对象是指刑法规定的犯罪行为所侵犯或直接指向的具体人、物或信息。

A

二、多项选择题

下列关于犯罪客体的理解中，正确的有（　　）。[2021 年法硕(法学、非法学)真题]

A. 犯罪客体与犯罪对象之间是本质与现象的关系

B. 我国刑法分则体系主要以同类客体为基础加以构建

C. 一般客体是指社会主义社会关系的整体

D. 重婚犯罪侵害的直接客体是婚姻自由权利

【解析】A 项，犯罪客体与犯罪对象是本质与现象的关系。犯罪客体寓于犯罪对象之中，揭示犯罪的本质；而犯罪对象是其载体。

B 项，我国刑法分则主要按同类客体把所有的犯罪分为十类，并以此为基础构筑刑法分则体系。

C 项，一般客体是指一切犯罪所共同侵犯的社会利益，即社会主义社会利益的总体。

D 项，重婚罪侵犯的客体是一夫一妻制的婚姻关系。

三、概念题

1. 犯罪对象和犯罪客体[华南理工 2022 年研；中山大学 2009 年研]

相关试题：

(1) 犯罪对象[广东财大 2024 年研；武大 2014 年研；华侨大学 2011 年研]

(2) 犯罪客体[广东财大 2020 年研；山东大学 2018 年研；武大 2014 年研]

答：参见本章简答题第 1 题答案。

2. 随机客体[中山大学 2021 年研]

答：随机客体又称随意客体、选择客体，是指在具体犯罪侵害的复杂客体中，因偶然情形出现的客体。随机客体通常是加重刑事处罚的原因和依据。随机客体属于复杂客体，只是某些犯罪的选择要件。其只影响量刑，不影响定罪。

四、简答题

1. 犯罪客体与犯罪对象的关系。[广西民大 2024 年研；四川大学 2024 年研]

相关试题：

(1) 犯罪客体与犯罪对象的区别。[天津商大 2022 年研]

(2) 刑法中犯罪对象与犯罪客体的区别。[复旦大学 2020 年研]

(3) 论述犯罪客体与犯罪对象的联系和区别。[论述题，浙财大 2020 年研]

(4) 论犯罪对象与犯罪客体的关系。[论述题，广东财大 2016 年研；中山大学 2009 年研]

(5) 犯罪对象与犯罪客体的联系和区别。[中财 2013 年研]

答：(1) 二者的概念：

①犯罪客体，是指我国刑法保护的为犯罪行为所侵犯的社会关系。它是犯罪构成的必备要件，任何一种犯罪都必然侵犯刑法所保护的社会关系。其特征有：a. 是一种社会关系，包括物质关系和思想关系；b. 是刑法保护的社会关系；c. 是犯罪行为侵犯的社会关

ABC

系。犯罪客体是抽象的社会关系，决定犯罪性质，是任何犯罪构成的必要条件。

②犯罪对象，是指刑法分则条文规定的受犯罪行为直接作用或影响的具体的人或物。犯罪对象具有客观性和可知性。其基本特征有：a. 是具体的人或物；b. 是刑法规定的人或物；c. 受犯罪行为直接作用或影响。犯罪对象是具体的人或物，受犯罪行为直接作用或影响，不是所有犯罪的必要条件。

(2)二者的联系：紧密相关。犯罪客体制约犯罪对象，犯罪对象反映犯罪客体。

(3)二者的区别：

①表现形式不同。犯罪客体抽象，是观念层面的社会关系，需在思维上把握；犯罪对象具体，是人或物，可凭感官感知。

②对犯罪性质的影响不同。犯罪客体决定犯罪性质；犯罪对象不一定决定犯罪性质。

③在犯罪构成中的地位不同。犯罪客体是所有犯罪构成的必备条件；犯罪对象不是所有犯罪都必需的，仅在某些犯罪中是必要条件。

④受犯罪行为的影响不同。犯罪行为必然危害犯罪客体。但犯罪对象不一定受损，如盗窃案中财物可能仅转移占有。

⑤在犯罪分类中的作用不同。犯罪客体是犯罪分类的依据，同类客体犯罪性质相同；犯罪对象不能作为分类依据，相同对象犯罪性质可能不同。

2. 简述犯罪客体的种类。[2019年法硕(法学、非法学)真题]

相关试题：

(1)犯罪客体的分类及其在刑法中的功能。[西南政法2023年研]

(2)简述犯罪客体的分类及其关系。[山东大学2017年研]

答：参见本章考点难点归纳相关内容。

第六章　犯罪客观方面

6.1　复习笔记

【知识框架(庖丁解牛)】

- 犯罪客观方面
  - 概述：概念、特征、意义
  - 危害行为
    - 概念
    - 特征：客观危害性、主观意志性、刑法禁止性
    - 分类
      - 客观外在特征
        - 作为：概念、特征、实施方式
        - 不作为
          - 概念、特征、分类
          - 成立条件
            - 应履行特定义务[义务来源]
            - 有能力履行
            - 不履行
        - 持有：概念、类型
      - 地位：实行行为、非实行行为
  - 危害结果
    - 概念、特征
    - 分类
      - 构成、非构成要件结果
      - 物质性、非物质性危害结果
      - 直接结果、间接结果
      - 基本结果、加重结果
  - 刑法上的因果关系
    - 概念、性质、认定
    - 特点：客观性、相对性、时间顺序性、条件性、复杂性、必然性和偶然性
  - 其他要件：行为的时间、地点和方法

【通关提要(提纲挈领)】

本章主要介绍犯罪构成要件中的犯罪客观方面，比较重要。学习时，要掌握各客观要件即危害行为、危害结果与因果关系的概念和特征，且应重点掌握不作为的概念、特征和义务来源。对于不作为犯罪的理解可借助历年真题中的案例加以研究学习。本章各种题型都有可能考查，要理解掌握。

【考点难点归纳(厚积薄发)】

考点一：犯罪客观方面概述(见表6-1) ★★

表6-1　犯罪客观方面概述

<table>
<tr><th>要点</th><th colspan="2">主要内容</th></tr>
<tr><td>概念</td><td colspan="2">指刑法规定的、确立犯罪必要的客观外在事实特征</td></tr>
<tr><td>特征</td><td colspan="2">①法定性；②侵犯性；③外在表现；④关键地位</td></tr>
<tr><td rowspan="2">要件</td><td>必要要件</td><td>危害行为[作为、不作为]</td></tr>
<tr><td>选择要件</td><td>①危害结果；②因果关系；③行为时间、地点和方法</td></tr>
<tr><td>意义</td><td colspan="2">①区分罪与非罪、此罪与彼罪；②正确分析和认定犯罪罪过；③正确量刑</td></tr>
</table>

考点二：危害行为(见表6-2) ★★★

表6-2　危害行为

<table>
<tr><th>要点</th><th colspan="4">主要内容</th></tr>
<tr><td>概念</td><td colspan="4">指在人的意志或意识支配下实施的危害社会并被刑法禁止的身体动静[犯罪构成的核心]</td></tr>
<tr><td>特征</td><td colspan="4">①客观危害性[外在特征]；②主观意志性[内在特征]；③刑法禁止性[法律特征]</td></tr>
<tr><td rowspan="7">分类</td><td rowspan="5">客观外在特征</td><td>作为</td><td colspan="2">即“不应为而为”，以积极的身体活动实施</td></tr>
<tr><td rowspan="3">不作为
[等价性、可比性]</td><td>概念</td><td>即“应为而不为”，消极的身体活动</td></tr>
<tr><td>成立条件</td><td>①应履行特定义务[前提条件]。不作为义务来源：a. 法律明文规定；b. 职务或业务要求；c. 法律行为引起；d. 先行行为引起；e. 公共秩序与社会公德要求。
②有能力履行。[重要条件]
③不履行[关键条件]，造成或可能造成危害结果</td></tr>
<tr><td>分类</td><td>纯正、不纯正不作为犯</td></tr>
<tr><td>持有</td><td colspan="2">事实上的支配与被支配的关系[状态、持续行为]</td></tr>
<tr><td rowspan="2">地位作用</td><td>实行行为</td><td colspan="2">又称构成要件行为，由刑法分则规定、必备</td></tr>
<tr><td>非实行行为</td><td colspan="2">对实行行为起指使、唆使、帮助、补充作用</td></tr>
</table>

【真题链接】

(1)论述刑法中的危害行为。[论述题，华南理工2023年研]

(2)简述危害行为的特征。[简答题，暨南大学2023年研；扬州大学2017年研]

(3)简述不作为犯罪中作为义务的发生根据。[简答题，扬州大学2024年研]

(4)试述作为义务的特征和来源。[论述题，南京大学2023年研]

(5)不作为的义务来源。[简答题，吉林大学2022年研]

(6)简述不作为的成立条件。[简答题，浙财大2021年研；暨南大学2018年研；武大2013年研]

考点三：危害结果（见表6－3）★★

表6－3　危害结果

要点			主要内容
概念	广义		指犯罪行为对刑法所保护的社会关系造成的损害
	狭义	含义	又称构成要件结果，指对直接客体造成的损害事实
		特征	①直接危害结果；②属于构成要件；③对定罪意义重大
种类	是否构成要件		①构成要件结果［定罪结果］；②非构成要件结果［量刑结果］
	现象形态		①物质性危害结果［有形］；②非物质性危害结果［无形］
	联系形式		①直接结果；②间接结果
	是否加重		①基本结果［基本构成要件］；②加重结果［加重构成要件］

【真题链接】简述刑法中的危害结果。［简答题，西南科大2015年研］

考点四：刑法上的因果关系（见表6－4）★★★

表6－4　刑法上的因果关系

要点		主要内容
概念		指危害行为与危害结果之间合乎规律的内在联系
性质		指危害行为在特定条件下合乎规律地引起危害结果［现实可能性＋合乎规律］
特征	客观性	因果关系客观存在，不以人的意志为转移
	相对性	原因与结果是相对的，不绝对
	时间顺序性	从发生时间看，原因在先，结果在后
	条件性	任一因果关系是具体、有条件的
	复杂性	主要表现为一因多果、一果多因等
	必然性和偶然性［相统一］	刑法中的因果关系应是必然联系与偶然联系的统一。 必然因果关系：两种现象之间存在内在的、必然的、合乎规律的引起与被引起的联系［基本、主要的表现形式］
认定		包括：假定、重叠、流行病学、不作为犯、中断的因果关系［介入因素］
与刑事责任		在客观因果关系成立前提下，还需行为人主观上有罪过，才能追究刑事责任［主客观相统一原则］

【真题链接】

（1）试述刑法上的因果关系。［论述题，南京大学2023年研；中财2014年研］

（2）论述刑法上的因果关系的特点。［论述题，中山大学2022年研］

6.2　考研真题与典型题详解

一、单项选择题

1．不作为犯罪的主观方面（　　）。［2020年法硕（非法学）真题］

1D

A. 只能是过失　　　　　　　　　　　　B. 只能是故意

C. 不要求故意及过失　　　　　　　　　D. 可以是故意也可以是过失

【解析】不作为犯罪，是指行为人负有某种义务，能履行而不履行造成或可能造成危害结果所构成的犯罪。不作为的行为人可以是故意(如不作为的故意杀人罪)，也可以是过失(如不作为的重大责任事故罪)。

2. 下列情形中，成立不作为犯罪的是(　　)。[2019年法硕(法学、非法学)真题]

A. 某县法院院长甲目睹身为县财政局局长的妻子收受其下属的巨额贿赂，不予阻止

B. 乙见室友在门口遭遇持刀抢劫，因害怕将房门反锁导致室友无处躲藏被刺成重伤

C. 收养人丙发现所收养的两岁小孩患有先天性心脏病，将孩子独自留在家中致其饿死

D. 丁在妻子难产时拒绝在剖腹产手术同意书上签字，妻子难忍疼痛从病房楼跳下身亡

【解析】不作为犯罪须具备以下条件：①行为人应履行特定义务，包括：a. 法律明文规定；b. 职务或业务要求；c. 法律行为引起；d. 先行行为引起；e. 公共秩序与社会公德要求。②行为人能够履行义务。③行为人不履行特定义务，造成或可能造成危害结果。

C项，丙在收养两岁小孩后，便与其形成父母子女关系，即丙具有法定的抚养照顾小孩的义务。但丙没有履行其法定义务，造成小孩饿死，其行为构成不作为犯罪。

A项，甲作为丈夫，不负有法律上明文规定的阻止妻子收受贿赂的义务，不构成不作为犯罪。

B项，乙不负有救室友的特定义务，室友的死亡也并非行为人先前行为所致。因此，乙的行为不构成不作为犯罪。

D项，妻子跳楼身亡与丁拒绝签字之间不具有刑法上的因果关系，即丁的行为不构成不作为犯罪。

3. 甲因所订外卖经常被他人拿走，颇为恼火。一日，甲点了某“超级辣”外卖套餐，想要给偷拿外卖的人“一点颜色”。邻家幼童偷吃放在甲家门口的该套餐后，严重过敏。送医途中，因交通堵塞，幼童未能得到及时救治而死亡。甲的行为应认定为(　　)。[2023年法硕(非法学)真题]

A. 故意杀人罪　　　　　　　　　　　B. 故意伤害罪

C. 过失致人死亡罪　　　　　　　　　D. 不构成犯罪

【解析】刑法中的因果关系是危害行为与危害结果之间合乎规律的内在联系。

ABC三项，甲点“超级辣”外卖套餐给他人吃，主观意图只是想教训偷外卖的人，并没有伤害或杀害他人的故意，且买“超级辣”外卖套餐给他人吃属于生活行为，达不到刑法上伤害、杀害的程度。

D项，幼童偷吃外卖的行为不可归责于甲，不具有刑法上的因果关系，故甲的行为不构成犯罪。

4. 下列关于刑法因果关系的说法中，正确的是(　　)。[2020年法硕(法学)真题]

A. 因果关系的认定必须考虑行为人的主观认识

2C　3D　4D

B. 因果关系的存在是行为人承担刑事责任的充分条件

C. 危害行为与危害结果之间存在条件关系即可认定因果关系存在

D. 不作为犯罪中不作为与危害结果之间的因果关系是客观存在的

【解析】AD 两项，因果关系具有客观性，即危害行为与危害结果之间的因果关系是不以人的主观意志为转移的客观存在。因此因果关系的认定并非必须考虑行为人的主观认识。

B 项，有因果关系是行为人对危害结果承担刑事责任的客观条件，不是充分条件。

C 项，如果危害行为与危害结果之间介入了其他因素，则有可能使得二者之间的因果关系被阻断。因此，认定因果关系并非危害行为与危害结果之间存在条件关系即可。

二、多项选择题

下列选项中，危害行为和死亡结果之间存在刑法上的因果关系的有(　　)。[2014 年法硕(法学)真题]

A. 甲为索取债务，将邹某关押在一居民楼里，邹某在逃跑时不慎摔死

B. 乙在菜场卖菜时辱骂顾客王某，致王某情绪激动，心脏病突发而猝死

C. 丙违章驾车，将行人赵某撞成重伤后逃跑，赵某因未得到及时救助而死亡

D. 丁将陶某打晕后以为其已经死亡，就将陶某抛掷到水库中，陶某溺水死亡

【解析】刑法中的因果关系是指危害行为与危害结果之间的合乎规律的内在联系。因果关系具有客观性，即危害行为与危害结果之间的因果关系客观存在。因此因果关系的认定并非必须考虑行为人的主观认识。本题的四个选项中，行为人的行为与被害人的死亡结果之间均具备了法律规定(要求)的客观性联系，因此无须考虑行为人的主观认识因素，可以直接判定行为与死亡结果之间具有因果关系。

三、概念题

1. 危害行为[山东大学 2022 年研；浙财大 2021 年研]

答：参见本章考点难点归纳相关内容。

2. 不作为[广西民大 2021 年研；浙财大 2019 年研；四川师大 2018 年研；西北政法 2005 年研]

答：参见本章论述题第 2 题答案。

四、简答题

1. 简述刑法中的危害结果。[西南科大 2015 年研]

相关试题：简述刑法中危害结果的分类。[2014 年法硕(法学)真题]

答：参见本章考点难点归纳相关内容。

2. 请对“没有因果关系，就没有刑事责任”这一说法加以辨析。[2015 年法硕(非法学)真题]

答：题中这种说法是片面的，不完全正确。具体分析如下：

ABCD

确认行为与结果之间存在因果关系，是让行为人对该结果负刑事责任的客观基础。对行为犯来说，一般不存在解决刑法因果关系的问题；但对于实害犯，解决因果关系问题具有重要意义。如果某一结果的发生与行为人的行为之间没有因果关系，则不能要求其对这一结果承担责任。

(1)该说法正确的一面在于：因果关系是有些犯罪承担刑事责任的客观基础。例如结果犯，如果行为与结果之间没有因果关系，就不能认为是危害行为造成了危害结果，自然也就不能让行为人对该结果承担刑事责任。

(2)该说法不正确的一面在于：除了结果犯，刑法中还有危险犯和行为犯。根据刑法理论，危害结果是犯罪的选择要件，即危害结果并不是所有犯罪的构成要件。例如行为犯，只要行为人实施了特定的行为就构成犯罪既遂，就应承担相应的刑事责任，不存在因果关系问题，所以题目中的说法过于绝对。

五、论述题

1. 论述刑法中的危害行为。［华南理工 2023 年研；福州大学 2015 年研；山东大学 2011 年研］

相关试题：

(1)简述危害行为的特征。［简答题，暨南大学 2023 年研；扬州大学 2017 年研］

(2)论刑法上的持有。［中山大学 2021 年研］

答：参见本章考点难点归纳相关内容。

2. 论刑法上不作为的构成要件。［中山大学 2010 年研］

相关试题：

(1)简述不作为犯罪中作为义务的发生根据。［简答题，扬州大学 2024 年研］

(2)试述作为义务的特征和来源。［南京大学 2023 年研］

(3)不作为的义务来源。［简答题，吉林大学 2022 年研］

(4)不作为犯罪的概念和不作为义务来源。［简答题，华南理工 2022 年研］

(5)不作为的构成特征。［简答题，天津商大 2022 年研］

(6)简述不作为犯罪的概念与成立条件。［简答题，湖南师大 2021 年研］

(7)简述不作为的成立条件。［简答题，浙财大 2021 年研；暨南大学 2018 年研；武大 2013 年研］

(8)论述不作为犯义务的来源。［清华大学 2020 年研］

(9)不作为犯罪的条件有哪些？［简答题，安徽师大 2020 年研］

(10)试论不作为犯罪的构成。［中山大学 2018 年研］

答：(1)不作为，是指行为人负有特定法律义务实施某种行为，且能够履行该义务但消极不履行的危害行为，即“应为而不为”。其特征有：

①主体义务性。即行为人负有法律规定的特定积极行为义务。

②行为消极性。即行为人未履行法律要求的积极行为，表现为消极的身体活动。

③刑法规定性。即不作为涉及的义务不仅是其他法律的要求，也是刑法的要求。

(2)成立不作为须具备三个条件：

①前提条件：存在特定义务。行为人须负有实施特定积极行为的法律义务。不作为的义务来源包括：

a. 法律明文规定的义务。即行为人违反的义务是由法律明确规定的。如父母对子女的抚养义务、夫妻之间的扶养义务。

b. 职务或业务上要求的义务。职务义务，是指国家工作人员基于职务产生的职责，如警察对公民人身、财产安全的救助义务。业务义务，是指从事特定职业者(如医生、护士)对服务对象的保护义务，不履行可能构成犯罪，如医生不救治病人致其死亡。

c. 法律行为引起的义务，如合同行为和自愿接受行为。合同行为，是指基于合同关系产生的义务，如保姆对孩子的照看义务、保镖对雇主的保护义务。自愿接受行为，即行为人自愿承担保护义务后，不得随意放弃。

d. 先行行为引起的义务。先行行为使他人处于危险状态时，行为人负有排除危险或防止危害结果的义务。先行行为可以是合法行为或不法行为。

e. 公共秩序与社会公德要求的义务。一般情况下，此类义务不作为刑法上的义务来源，但在特定情形下可能成为义务依据。

②重要条件：有能力履行。即行为人须具备履行特定义务的实际能力。如果因客观条件限制无法履行义务，则不构成不作为。

③关键条件：不履行。行为人不履行特定义务，造成或可能造成危害结果。危害结果可以是实际的损害(如被害人死亡)，也可以是危险状态(如被害人处于生命危险中)。即使危害结果未实际发生，也可能构成不作为犯罪的未遂或中止形态。

(3)不作为犯的种类：

①纯正不作为犯，指只能由不作为构成的犯罪，刑法分则明确规定了其义务来源。如遗弃罪、拒不支付劳动报酬罪等。

②不纯正不作为犯，指以不作为方式实施通常以作为方式实施的犯罪，如母亲不喂养婴儿致其死亡(不作为的故意杀人罪)、医生不救治病人致其死亡(不作为的故意杀人罪)。不纯正不作为犯的认定需考虑不作为与作为的等价性，即不作为的社会危害性与作为相当。

综上，不作为是刑法中一种重要的行为形式，其核心在于行为人未履行法律要求的特定义务，导致对他人权利或社会关系的侵害。认定不作为犯罪需严格考察义务来源、履行能力及危害结果，同时注意不作为与作为的等价性及其在社会危害性上的可比性。

3. 试述刑法上的因果关系。[南京大学 2023 年研；中财 2014 年研]

相关试题：

(1)论述刑法上的因果关系的特点。[中山大学 2022 年研]

(2)论述刑法中因果关系的概念和特点。[安徽大学 2022 年研]

(3)简述刑法上因果关系的概念及其特点。[简答题，宁波大学 2021 年研]

(4)试述危害行为与危害结果之间的因果关系。[广东财大 2020 年研]

答：参见本章考点难点归纳相关内容。

六、案例分析题

1. 案情：王强(男)与苏梅(女)自 2005 年起即以夫妻名义同居，但没有办理结婚手续。2008年以来，王强在外又与其他女子有染，因此苏梅多次与王强吵闹，并欲与王强分手，但发现自己已经怀孕。苏梅遂告诉王强自己已经怀孕，劝阻王强与其他女子断绝两性关系，但王强依然如故，并称"咱俩又没有结婚，我和谁交往是我的自由。你也不是我老婆，凭什么管我"。

2008年底的一天深夜12时，苏梅与王强激烈争吵后伤心欲绝，于是从床下拿出事先准备好的毒鼠强，告诉王强"你要是这么继续下去，我就吃毒药不活了"，王强表示"想不想活是你的自由，我不能干涉你，你也不要干涉我"。于是，苏梅将毒鼠强倒入口中吞下，顷刻间毒发身亡。

王强在一旁目睹苏梅吃药自杀的全过程，没有阻拦。在确认苏梅死亡后，王强向苏梅的父母打电话，告知苏梅自杀身亡。

控方：王强的行为构成故意杀人罪。

辩方：王强的行为不构成犯罪。[华南理工2011年研]

问题：

(1)什么是不纯正不作为犯？

(2)不纯正不作为义务的来源有哪些？

(3)如果你是法官，本案你将如何判决？说明判决理由。

答：(1)不纯正的不作为犯，是指行为人因不作为而构成了法定犯罪行为本身应是作为的犯罪，如因不作为而构成故意杀人罪等。在这种情况下，行为人通过消极的行为(即不作为)违反了法律规定的义务，导致了与作为犯罪相同的结果。

(2)不纯正不作为义务的来源包括：①法律明文规定的义务；②职务或业务上要求的义务；③法律行为引起的义务；④先行行为引起的义务。

(3)判决王强的行为构成故意杀人罪，理由如下：

①故意杀人罪，是指故意非法剥夺他人生命的行为。故意杀人的故意有直接故意和间接故意。直接故意杀人是指明知道自己的行为会发生他人死亡的结果，仍然希望这种结果发生的心理态度；间接故意杀人是指知道自己的行为会发生他人死亡的结果，却放任这种结果发生的心理态度。

②王强的行为构成不作为形式的间接故意杀人。具体分析如下：

a. 先行行为引起的义务。王强与苏梅长期同居并使其怀孕，其行为直接影响苏梅的心理状态，是苏梅自杀的诱因，故王强负有阻止义务。

b. 履行义务的可能性。王强在苏梅明确表示自杀时完全有能力阻止，但其未采取行动，放任结果发生。

c. 因果关系。王强的不作为与苏梅的死亡结果之间存在因果关系，若其履行义务，死亡可能避免。

d. 主观方面。王强明知苏梅可能自杀却未阻止，主观上具有放任死亡的间接故意。

2. 被告人：张某，男，45岁，初中文化，农民。

2005年7月8日上午8时，张某携带异艾氏剂·杀虫药和喷雾器等作业工具到承包的果园杀虫，并在果园栅栏几处悬挂了"已打杀虫药、有毒，偷食后果自负！"的警示牌。上午11时许，张某在对较近处的果树进行喷洒作业后；由于风向有所变化，就准备到上风处的果园东南方向作业；此时(正值小学中午放学的时间)看到自己的10岁小子张爽领着数个同学到果园里来玩，便告诫“不要摘果子，这一片打药啦，有毒……，不要玩火烧了自己、园子，危险……”等后离去继续作业。

中午12时许，张爽等几人在没有打药的草丛中抓到十多只蝗虫，便商议“烧来吃吃。”张爽在张某配药不远处搁置的外衣服口袋内，找到打火机后，几人找来树枝等杂物点火烤蝗虫；由于没有找到合适的支架，便将两只已经用过的农药瓶当作支架。烤蝗虫时，他们发现药瓶口偶尔会喷出烟来，感到很有意思，便到看守果园草棚边找到数只已经用过的药瓶逐一烤着试验；不久几人便中毒倒地。其中一个没有参与“烧烤”的孩子将张某喊回来后急速将中毒的四个孩子送到镇卫生院；虽经过抢救，但中毒较深的孩子二人死亡，其子张爽和其他一个孩子抢救及时，在住院数天后痊愈。[武大2010年研]

问：

(1)两名孩子的死亡与张某的行为之间有无刑法上的因果关系？

(2)如果有，张某的行为是否构成过失致人死亡罪？请分别说明理由。

注意：如果认为无因果关系，无须回答第二问。

答：(1)两名孩子的死亡与张某的行为之间具有刑法上的因果关系。具体分析如下：

刑法上的因果关系是指行为人的危害行为与危害结果之间存在直接的、必然的联系。本案中，张某进行果园喷洒杀虫药作业后，将已使用过的农药瓶留在现场，且未对放置在果园的打火机等物品进行妥善管理。尽管张某悬挂了“已打杀虫药、有毒，偷食后果自负!”的警示牌，并告诫孩子不要摘果子、不要玩火，但这些行为不足以阻断后续危害结果的发生。孩子们最终用现场的农药瓶烤蝗虫而中毒。张某留下农药瓶以及未妥善管理打火机等行为，为危害结果的发生创造了条件，是导致孩子中毒死亡的重要因素，因此张某的行为与两名孩子的死亡之间存在刑法上的因果关系。

(2)张某的行为构成过失致人死亡罪。过失致人死亡罪，是指过失导致他人死亡的行为。张某的行为符合该罪的构成要件，具体理由如下：

①犯罪客体。张某的行为侵犯了他人的生命权，即两名死亡孩子的生命权利。

②客观方面。张某实施了具有一定危险性的行为，即留下农药瓶且未妥善管理果园内的打火机等物品。这种行为与两名孩子中毒死亡的结果之间存在直接的因果关系。且张某未能采取进一步的安全措施以防止危害结果的发生，最终导致了两名孩子死亡的严重后果。

③犯罪主体。张某作为45岁的成年人，具备完全刑事责任能力。

④主观方面。张某属于过于自信的过失。张某预见到孩子可能在果园发生危险，并进行了口头告诫，但轻信警示措施能够避免危险，没有进一步采取有效措施(如带走打火机或妥善处理农药瓶)，未尽到应有的注意义务。

因此，张某的行为构成过失致人死亡罪。在量刑时，可以考虑张某在案发后积极救助孩子等情节，对其酌情从宽处罚。

第七章 犯罪主体

7.1 复习笔记

【知识框架(庖丁解牛)】

- 犯罪主体
  - 概述：概念、意义[准确定罪、合理量刑]
  - 自然人犯罪主体
    - 概念、构成条件[年龄、责任能力、危害行为]
    - 刑事责任能力
      - 概念
      - 内容：辨认能力、控制能力
      - 程度
        - 完全刑事责任能力
        - 完全无刑事责任能力
        - 相对有刑事责任能力
        - 减轻刑事责任能力
      - 影响因素
        - 刑事责任年龄：完全不、相对、完全负刑事责任年龄阶段
        - 精神障碍：完全无、限制、完全刑事责任的精神病人
        - 生理功能丧失
        - 生理性醉酒
    - 特殊身份：概念、类型、意义
  - 单位犯罪主体
    - 概念、特征
    - 处罚原则：单罚制[例外]、双罚制[原则]

【通关提要(提纲挈领)】

本章主要介绍犯罪构成要件中的犯罪主体，包括自然人犯罪主体和单位犯罪主体。学习时，要熟悉自然人犯罪主体的概念、构成条件、特殊身份，掌握刑事责任能力的概念、程度和影响因素，特别是要重点掌握刑事责任年龄的阶段划分；掌握单位犯罪的概念、特征及处罚原则。本章各种题型都有可能考查，要理解记忆。

【考点难点归纳(厚积薄发)】

考点一：自然人犯罪主体 ★★★

1. 自然人犯罪主体概述(见表7－1) ★★

表 7－1　自然人犯罪主体概述

要点		主要内容
概念	指已达刑事责任年龄、具有刑事责任能力且实施刑法规定的危害社会行为的自然人	
构成条件	①须已达刑法规定的负刑事责任年龄。 ②须具备刑事责任能力。 ③须实施刑法规定的危害社会行为	
特殊身份	身份犯	①真正[纯正]身份犯；②不真正[不纯正]身份犯
	类型	①形成方式：自然身份、法定身份。 ②影响刑事责任的性质和方式：定罪身份、量刑身份
	意义	影响定罪量刑

2. 刑事责任能力(见表 7－2) ★★★★

表 7－2　刑事责任能力

要点		主要内容
概念	指行为人在刑法意义上辨认和控制自己行为的能力	
内容	须同时具备：①辨认行为能力[基础]；②控制行为能力[关键]	
程度	完全无刑事责任能力	①未达刑事责任年龄的幼年人。[不满 12 周岁的人] ②行为时因精神疾病不具备或丧失刑法上辨认或控制能力的人
	相对有刑事责任能力	仅对刑法明确限定的某些严重犯罪具有刑事责任能力 [如已满 12 周岁不满 14 周岁、已满 14 周岁不满 16 周岁的人]
	减轻刑事责任能力 [限定、限制、部分]	行为人因年龄、精神状况、生理功能缺陷等原因，其辨认或控制能力相对减弱。刑法明文规定的四种情况：①已满 12 周岁不满18 周岁的未成年人；②又聋又哑的人；③盲人；④尚未完全丧失辨认或控制能力的精神病人[盲聋哑、半疯傻、未成年]
	完全刑事责任能力	年满18 周岁、精神和生理功能健全且智力与知识发展正常的人
因素	影响刑事责任能力的因素，见表 7－3	

表 7－3　影响刑事责任能力的因素

因素		主要内容	
刑事责任年龄	完全不负刑事责任	不满 12 周岁[不具备责任能力]	
	相对负刑事责任	已满 12 周岁 不满 14 周岁	犯故意杀人、故意伤害罪[罪名条件]，致人死亡或以特别残忍手段致人重伤造成严重残疾[结果条件]，情节恶劣[情节条件]，经最高人民检察院核准追诉的[程序条件]，应负刑事责任 [杀伤致死或重残]
		已满 14 周岁 不满 16 周岁	犯故意杀人、故意伤害致人重伤或死亡、强奸、抢劫、贩卖毒品、放火、爆炸、投放危险物质罪的，应负刑事责任 [杀伤奸劫、毒火爆投]
	完全负刑事责任	已满 16 周岁	

续表

因素	主要内容	
精神障碍	完全无刑事责任	①精神病人在不能辨认或不能控制其行为时造成危害结果，经法定程序鉴定确认的，不负刑事责任，但应责令严加看管和医疗；必要时由政府强制医疗。 ②判断标准：a. 医学标准[生物学标准]；b. 心理学标准[法学标准]
	限制刑事责任	尚未完全丧失辨认或控制能力的精神病人犯罪的，应负刑事责任，但可以从轻或减轻处罚
	完全刑事责任	①精神正常时期的间歇性精神病人。 ②大多数非精神病性精神障碍人
生理功能丧失	又聋又哑的人或盲人犯罪，可以从轻、减轻或免除处罚 [由实施犯罪时的辨认和控制能力状况定]	
醉酒	主要指生理性醉酒。醉酒的人犯罪，应负刑事责任	

【真题链接】

(1)简要回答刑事责任能力程度的划分。[简答题，吉林大学2023年研]

(2)我国刑法对刑事责任年龄的规定。[简答题，湖南师大2022年研]

(3)简述我国刑事责任年龄阶段的划分。[简答题，浙商大2021年研]

考点二：单位犯罪(见表7-4) ★★★

表7-4 单位犯罪

<table>
<tr><th>要点</th><th colspan="3">主要内容</th></tr>
<tr><td>概念</td><td colspan="3">指由公司、企业、事业单位、机关、团体[单位]实施的依法应承担刑事责任的危害社会的行为</td></tr>
<tr><td>特征</td><td colspan="3">①主体特定；②体现单位意志[关键]</td></tr>
<tr><td rowspan="3">处罚原则</td><td rowspan="2">世界各国</td><td>双罚制</td><td>单位犯罪的，对单位及其直接责任人员[代表人、主管人员及其他有关人员]均予以刑罚处罚</td></tr>
<tr><td>单罚制</td><td>①单位犯罪的，只处罚单位或其直接责任人员。
②具体分为两种：转嫁制、代罚制</td></tr>
<tr><td>我国</td><td colspan="2">①对单位犯罪，一般采用双罚制。
②刑法分则和其他法律[特别刑法]另有规定的，依其规定</td></tr>
</table>

【真题链接】

(1)论单位犯罪。[论述题，天津工大2023年研；中山大学2011年研]

(2)简述单位犯罪的处罚原则。[简答题，中国政法2022年研；武大2015年研]

(3)单位犯罪的概念、特征与处罚原则。[论述题，天津商大2022年研]

7.2　考研真题与典型题详解

一、单项选择题

1. 下列选项中，符合我国刑法刑事责任年龄相关规定的是(　　)。[2023 年法硕(法学、非法学)真题]

A. 甲(11 周岁)故意杀人致人死亡，应当负刑事责任

B. 乙(13 周岁)故意伤害致人重伤，情节恶劣，应当负刑事责任

C. 丙(15 周岁)故意伤害致人重伤，应当负刑事责任

D. 丁(17 周岁)故意杀人致人死亡，应当负刑事责任，可以适用死刑

【解析】A 项，根据《刑法》第 17 条规定，不满 12 周岁的人不负刑事责任。

B 项，《刑法》第 17 条第 3 款规定，已满 12 周岁不满 14 周岁的人，犯故意杀人、故意伤害，致人死亡或以特别残忍手段致人重伤造成严重残疾，情节恶劣，经最高人民检察院核准追诉的，应负刑事责任。

C 项，根据《刑法》第 17 条第 2 款规定，已满 14 周岁不满 16 周岁的人，犯故意杀人、故意伤害致人重伤或死亡、强奸、抢劫、贩卖毒品、放火、爆炸、投放危险物质罪的，应负刑事责任。

D 项，《刑法》第 49 条第 1 款规定，犯罪的时候不满 18 周岁的人和审判的时候怀孕的妇女，不适用死刑。

2. 甲(15 周岁)实施的下列行为中，构成犯罪的是(　　)。[2021 年法硕(非法学)真题]

A. 积极参加其堂兄领导的黑社会性质组织

B. 打破汽车玻璃，拿走车内贵重物品

C. 为勒索财物绑架同学，并将其打成重伤

D. 燃放爆竹时不慎引燃邻居住宅，造成重大财产损失

【解析】《刑法》第 17 条第 2 款规定，已满 14 周岁不满 16 周岁的人，犯故意杀人、故意伤害致人重伤或死亡、强奸、抢劫、贩卖毒品、放火、爆炸、投放危险物质罪的，应负刑事责任。A 项为参加黑社会性质组织罪；B 项为盗窃罪；C 项为故意伤害致人重伤罪；D 项为失火罪。本题中，甲 15 周岁，其故意伤害致人重伤的行为构成犯罪。

二、多项选择题

正确审理未成年人刑事案件应贯彻“教育为主，惩罚为辅”的原则。对此，下列选项中正确的有(　　)。[2022 年法硕(法学、非法学)真题]

A. 对已满 14 周岁不满 16 周岁的人犯罪一般不判处无期徒刑

B. 对未成年罪犯判处附加剥夺政治权利的，应当依法从轻判处

C. 对未成年罪犯适用刑罚，应当充分考虑是否有利于未成年罪犯的教育和矫正

D. 对未成年罪犯的减刑、假释，在掌握标准上可以比照成年罪犯依法适度放宽

【解析】A 项，未成年人犯罪只有罪行极其严重的，才可以适用无期徒刑。对已满 14 周

1C　2C　▌　ABCD

岁不满16周岁的人犯罪一般不判处无期徒刑。

B项，除刑法规定“应当”附加剥夺政治权利外，对未成年罪犯一般不判处附加剥夺政治权利。如果对未成年罪犯判处附加剥夺政治权利的，应依法从轻判处。

C项，对未成年罪犯适用刑罚，应充分考虑是否有利于未成年罪犯的教育和矫正。对符合管制、缓刑、单处罚金或免予刑事处罚适用条件的未成年罪犯，应依法适用管制、缓刑、单处罚金或免予刑事处罚。

D项，对未成年罪犯的减刑、假释，在掌握标准上可以比照成年罪犯依法适度放宽。未成年罪犯能认罪服法，遵守监规，积极参加学习、劳动的，即可视为“确有悔改表现”予以减刑，其减刑的幅度可以适当放宽，间隔的时间可以相应缩短。

三、概念题

1. 犯罪主体［东北财大2011年研］

答：犯罪主体是指实施危害社会的行为并依法应负刑事责任的自然人和单位。自然人犯罪主体，是指已达刑事责任年龄、具有刑事责任能力且实施刑法规定的危害社会行为的自然人。单位犯罪主体，是指实施刑法规定为单位犯罪行为的公司、企业、事业单位、机关和团体。犯罪主体是构成犯罪的必备条件之一，识别犯罪主体有助于准确定罪、合理量刑。

2. 刑事责任能力［广东财大2024年研；广西民大2021年研；浙商大2021年研；安徽师大2020年研；浙财大2019年研；宁波大学2017年研；暨南大学2015年研；北师2012年研；武大2009年研］

答：参见本章考点难点归纳相关内容。

3. 单位犯罪［广东财大2024、2021年研］

答：参见本章论述题第2题答案。

四、简答题

1. 简要回答刑事责任能力程度的划分。［吉林大学2023年研］

相关试题：

(1)简述刑事责任能力的类型。［北大2021年研］

(2)简述刑事责任能力的概念及其内容。［山东大学2015年研］

(3)简述我国刑法对减轻刑事责任能力的规定。［武大2011年研］

答：参见本章考点难点归纳相关内容。

2. 我国刑法对刑事责任年龄的规定。［湖南师大2022年研］

相关试题：

(1)结合我国刑法关于限制刑事责任年龄阶段的规定，谈谈你如何理解。［西南政法2022年研］

(2)简述我国刑事责任年龄阶段的划分。［浙商大2021年研］

(3)简述我国刑法对刑事责任年龄的划分规定。［浙财大2020年研；杭州师大2020年研］

(4)什么是刑事责任年龄？我国刑法对刑事责任年龄是如何划分的？［浙工大2018年研］

(5)简述我国刑法关于未成年人刑事责任年龄的规定。［暨南大学2017年研］

答：刑事责任年龄，是指刑法规定的行为人对其实施的危害社会行为承担刑事责任必须达到的年龄。它解决的是不同年龄人刑事责任的有无及程度的问题。我国刑法从实际出发，考虑刑法的世界发展趋势，在《刑法》第17条中对刑事责任年龄作了集中规定，把刑事责任年龄划分为三个阶段：

(1)完全不负刑事责任年龄阶段(不满12周岁)。不满12周岁的幼年人因缺乏辨认和控制能力，对其危害行为不负刑事责任。但应责令其父母或监护人加强管教，必要时进行专门矫治教育。

(2)相对负刑事责任年龄阶段(已满12周岁不满16周岁)：

①《刑法》第17条第2款规定，已满14周岁不满16周岁的人，犯故意杀人、故意伤害致人重伤或死亡、强奸、抢劫、贩卖毒品、放火、爆炸、投放危险物质罪的，应负刑事责任。

②《刑法》第17条第3款规定，已满12周岁不满14周岁的人，犯故意杀人、故意伤害罪，致人死亡或以特别残忍手段致人重伤造成严重残疾，情节恶劣，经最高人民检察院核准追诉的，应负刑事责任。

(3)完全负刑事责任年龄阶段(已满16周岁)。《刑法》第17条第1款规定，已满16周岁的人犯罪，应负刑事责任。已满16周岁者具备完全辨认和控制能力，对刑法禁止的所有危害行为负刑事责任。

根据《刑法》第17条规定，对不满18周岁的人犯罪，应从轻或减轻处罚。因不满16周岁不予刑事处罚的，责令其父母或其他监护人加以管教；在必要的时候，依法进行专门矫治教育。

五、论述题

1. 如何理解我国刑法第18条第4款规定的“醉酒犯罪的，应当承担刑事责任”？［南京大学2023年研］

答：我国《刑法》第18条第4款规定，醉酒的人犯罪，应当负刑事责任。该条款明确了醉酒状态下实施犯罪的刑事责任问题，其核心在于醉酒不构成免责或减轻刑事责任的理由。具体分析如下：

(1)法条含义与立法目的：

①基本含义：醉酒状态下的犯罪行为与其他故意或过失犯罪同等对待，行为人须承担完全的刑事责任。醉酒本身不影响对犯罪行为的法律评价，即“醉酒非罪”，但“醉酒犯罪必罚”。

②立法目的：

a. 防止借醉酒逃避责任。避免行为人以醉酒为借口逃避法律制裁，维护刑法威慑力。

b. 维护社会秩序。醉酒易导致失控行为，明确追责可强化公众对饮酒行为后果的预见性。

c. 责任自负原则。行为人自愿饮酒并陷入醉酒状态，应对其行为后果负责。

(2)理论依据："原因自由行为"。

①理论核心：行为人在饮酒(即"原因行为")时具有完全责任能力，其自愿陷入醉酒状态(即"结果行为")后实施犯罪，应视为其自主选择的结果。醉酒虽导致暂时辨认或控制能力减弱，但行为人对此具有预见可能性，故不能免责。

②分类讨论：

a. 生理性醉酒：普通醉酒状态(如饮酒过量)，行为人仍应承担刑事责任。如果行为人在醉酒前已有犯罪的故意或过失，并在醉酒状态下实施了受其之前故意或过失支配的危害行为，应承担完全的刑事责任。如果行为人在醉酒前并无犯罪的故意或过失，仅对醉酒本身有故意或过失，在醉酒状态下实施了危害行为，则应根据其实际责任能力来确定刑事责任：无刑事责任能力的，不负刑事责任；限制刑事责任能力的，负刑事责任，但应从宽处罚。

b. 病理性醉酒：罕见的精神障碍状态(如首次饮酒即出现意识丧失)，可能被认定为无责任能力，但需严格医学鉴定(可能适用《刑法》第18条第1款)。病理性醉酒者如果故意或过失使自己陷入病理性醉酒状态而实施犯罪，也应适用《刑法》第18条第4款规定，承担完全的刑事责任。

(3)不足之处：

①谴责恶习。将醉酒视为犯罪的原因并追究刑事责任，实际上是用刑法评价谴责饮酒和醉酒这种社会现象，不合理。

②心理态度一致性。如果仅依据行为人对醉酒的态度来认定罪过形式，可能会出现不一致的情况，难以合理解释。

综上，《刑法》第18条第4款体现了"原因自由行为"理论，强调醉酒犯罪的责任自负原则，旨在遏制借醉酒逃避法律制裁的行为。司法实践中，除病理性醉酒等极端情形外，醉酒不构成免责或减轻责任的理由。该条款的适用需结合医学鉴定与具体案情，平衡刑法威慑力与责任公平性。

2. 论单位犯罪。[天津工大2023年研；中山大学2011年研]

相关试题：

(1)简述单位犯罪的处罚原则。[简答题，中国政法2022年研；武大2015年研]

(2)单位犯罪的概念、特征与处罚原则。[天津商大2022年研；中财2013年研]

(3)简述单位犯罪的特征及其处罚原则。[简答题，安徽大学2022年研]

(4)简述单位犯罪的特征。[简答题，暨南大学2020年研]

(5)刑法关于单位犯罪及其处罚是怎样规定的？[简答题，广西民大2019年研]

(6)简述我国刑法对单位犯罪的处罚原则。[简答题，暨南大学2018年研]

答：(1)单位犯罪，是指由公司、企业、事业单位、机关、团体实施的依法应承担刑事责任的危害社会的行为。《刑法》第30条规定，公司、企业、事业单位、机关、团体实施的危害社会的行为，法律规定为单位犯罪的，应负刑事责任。

(2)单位犯罪的特征：

①犯罪主体是单位，即公司、企业、事业单位、机关和团体。其核心认定标准为：依法成立、有独立财产或经费、能以自身名义担责。特殊情形下，单位的分支机构或内设部

门以自身名义犯罪且违法所得归其所有的，仍认定为单位犯罪。外国公司在我国领域内犯罪，符合条件的按单位犯罪论处(但以犯罪为目的设立的除外)。

②犯罪行为体现单位意志。单位成员犯罪行为体现单位意志才是单位犯罪，否则是个人犯罪。体现单位意志的情形包括：a. 执行单位决策或负责人决定的行为(超范围犯罪为个人犯罪)；b. 单位成员在业务范围内的履职行为(超范围犯罪一般为个人犯罪，为单位利益且获追认的情形，不宜认定为单位犯罪，但处理时量刑应与单位犯罪协调)。

(3)单位犯罪的处罚原则，参见本章考点难点归纳相关内容。

六、案例分析题

甲以杀人故意将乙推下悬崖，试图摔死乙。事后查明，乙死亡，但不是被摔死的，而是在滚落悬崖的过程中被坚硬的石块撞击头部，从而引起头部的旧病复发而死。作为犯罪嫌疑人，甲后被公安机关抓获。[天津商大2022年研]

请结合我国现行《刑法》的规定和有关刑法理论回答下列问题：

(1)在上述案例中，乙的死亡与甲的行为之间是否有因果关系？试述理由。

(2)在检察机关审查起诉过程中，发现甲已经13周岁了。那么，甲在哪些情形下可能被追究故意杀人的刑事责任？

(3)假设甲被检察机关提起公诉，如果人民法院对甲适用刑罚处罚，则我国《刑法》对未成年人犯罪有哪些刑罚处罚原则？

答：(1)乙的死亡与甲的行为之间存在因果关系。理由如下：

刑法上的因果关系是指危害行为与危害结果之间合乎规律的内在联系。本案中，甲故意将乙推下悬崖，该行为使乙处于危险境地；乙滚落悬崖撞击头部引发旧病复发死亡，是甲推乙行为的必然结果。乙的特殊体质不中断因果关系，甲的行为是乙死亡的直接原因，二者存在刑法上的因果关系。

(2)《刑法》第17条第3款规定，已满12周岁不满14周岁的人，犯故意杀人、故意伤害罪，致人死亡或以特别残忍手段致人重伤造成严重残疾，情节恶劣，经最高人民检察院核准追诉的，应负刑事责任。本案中，13周岁的甲若要被追究故意杀人的刑事责任，需要同时满足以下条件：

①罪名条件：实施特定犯罪行为，即须实施了故意杀人行为，指故意将乙推下悬崖。

②后果条件：造成严重后果。出现了乙死亡的结果，满足致人死亡这一严重后果的要求。

③情节条件：行为情节恶劣。如甲的杀人行为手段残忍、动机卑劣等，具体要根据案件实际情况判断。

④程序条件：须经最高检核准追诉，才能对甲进行刑事责任的追究。

(3)我国《刑法》对未成年人犯罪的刑罚处罚原则有：

①从宽处罚原则。刑法规定，未成年人犯罪应从轻或减轻处罚。因其生理、心理未成熟，辨认和控制能力弱，主观恶性和社会危害性小，量刑时应在法定刑范围内从轻或减轻。

②不适用死刑原则。犯罪时不满18周岁的人不适用死刑，包括立即执行和缓期2年执行，这是对未成年人生命权的保护。

③缓刑从宽原则。符合缓刑条件的未成年罪犯应优先适用缓刑。被判处拘役、3 年以下有期徒刑，同时符合犯罪情节较轻等条件的未成年罪犯，应宣告缓刑，以助其回归社会、接受改造。

④教育为主、惩罚为辅原则。处理未成年人犯罪要坚持此原则。对甲刑罚处罚时，应以教育为主，通过教育、感化、挽救使其认识错误，重新回归社会。惩罚只是手段，教育和改造才是目的。司法机关在办理案件过程中，应充分关注甲的成长经历、家庭环境、犯罪原因等因素，采取适合未成年人特点的办案方式和教育矫治措施。

第八章　犯罪主观方面

8.1　复习笔记

【知识框架（庖丁解牛）】

- 犯罪主观方面
  - 概述：概念、特征
  - 犯罪故意
    - 概念
    - 构成要素：认识因素[前提]、意志因素[决定性]
    - 分类
      - 理论分类
        - 认识与意志：行为故意、结果故意
        - 结果认识程度：确定故意、不确定故意
        - 要件结果状态：实害故意、危险故意
        - 是否策划：预谋故意、非预谋故意
        - 形式选择：作为故意、不作为故意
      - 法定分类：直接故意、间接故意
    - 犯意转化与另起犯意
  - 犯罪目的与犯罪动机：概念、联系、区别
  - 犯罪过失
    - 概念、与犯罪故意的区别、认定
    - 类型
      - 疏忽大意的过失
        - 含义、特征
        - 与过于自信的过失的异同
      - 过于自信的过失
        - 含义、特征
        - 与间接故意的异同
  - 无罪过行为：意外事件、不可抗力、无期待可能性
  - 刑法上的认识错误
    - 法律认识错误：假想犯罪、假想无罪、具体认识错误
    - 事实认识错误：客体、对象、行为性质、工具、因果关系、打击错误

【通关提要（提纲挈领）】

本章主要介绍犯罪构成中的犯罪主观方面，重点是犯罪故意与犯罪过失，属于重点章节。学习时，可在理解故意和过失二者区别的基础上掌握这两种罪过形式的相关内容；要注重理解几种主观心理态度的特征及区别；掌握几种认识错误对定罪量刑的影响。本章各种题型都有可能考查，复习时可结合历年真题中的案例题对比理解，力求准确判断各行为人的主观心态。

【考点难点归纳(厚积薄发)】

考点一：犯罪主观方面概述(见表8－1) ★★

表8－1　犯罪主观方面概述

要点	主要内容	
概念	指犯罪主体对其实施的危害行为及其危害结果所持的心理态度 [犯罪主客观两方面相互联系、不可分割，对立统一]	
内容	必备要素	罪过[犯罪故意、过失]，是刑事责任的主观根据
	选择要素	犯罪目的
	相关要素	犯罪动机、意外事件、认识错误问题
特征	①支配性；②结果导向，即对行为危害结果的心理状态[关键]；③法定性；④必备性[我国坚持主观罪过责任原则]	

考点二：犯罪故意(见表8－2) ★★★★

表8－2　犯罪故意

要点	主要内容	
概念	指行为人明知自己的行为会发生危害社会的结果[认识因素]，并希望或放任[意志因素]这种结果发生的心理态度	
构成要素	认识因素 [前提]	①明知。内容包括：a. 行为性质；b. 危害结果；c. 法定行为对象；d. 特定时间、地点、方法。明知仅要求危害性认识，不要求有违法性认识；明知包括：确知、一定条件下的“应知”即“推定明知”。 ②“会发生”：必然或可能要发生
	意志因素	决定性因素，包括：①希望：积极追求；②放任：既不希望、不积极追求，也不反对、不设法阻止，对结果听之任之
	关系	①认识因素是意志因素存在的前提和基础；②意志因素是认识因素的发展结果
理论分类	①按认识与意志因素不同，可分为：行为故意、结果故意。 ②按对结果认识的内容与程度不同，可分为：确定故意、不确定故意。 ③按构成要件结果类型不同，可分为：实害故意、危险故意。 ④按犯罪意志形成过程不同，可分为：预谋故意、非预谋故意。 ⑤按行为形式的意志选择不同，可分为：作为故意、不作为故意	
法定分类	直接故意	指行为人明知自己的行为会[必然或可能，认识因素]发生危害社会的结果，且希望[意志因素，必要特征]这种结果发生的心理态度
	间接故意	指行为人明知自己的行为可能发生危害社会的结果，且放任这种结果发生的心理态度 [可能发生＋放任发生]
	关系	二者的联系和区别，见表8－3
转化	犯意转化，是此罪转向彼罪，仍为一罪；另起犯意，实为数罪	

表 8－3　直接故意与间接故意

		直接故意	间接故意
联系	认识因素	都明知自己的行为会发生危害结果	
	意志因素	都不反对危害结果的发生	
区别	认识因素	必然或可能发生危害结果	可能发生危害结果
	意志因素	希望，积极追求	消极放任
	特定危害结果定罪意义	不影响定罪，用于区分既遂与未遂形态	发生特定危害结果，才构成犯罪

【真题链接】
(1)论述间接故意。[论述题，中山大学 2023 年研]
(2)论述犯罪故意的认识因素。[论述题，西北政法 2022 年研]

考点三：犯罪目的与犯罪动机(见表 8－4)　★★★

表 8－4　犯罪目的与犯罪动机

		犯罪目的	犯罪动机
含义		指预期危害结果	指引起和推动犯罪的内心起因
区别	时间顺序	产生在后	产生在先
	内容	追求的客观结果在主观上的反映	内心起因或内在动力
	表现形式	直观、具体	隐蔽、抽象
	关系	同一目的可由不同动机驱动	相同动机可导致不同目的
	地位作用	影响定罪、量刑	主要影响量刑，不影响定罪
联系		①二者都是行为人在实施直接故意犯罪时的主观心理活动，反映其主观恶性。 ②犯罪动机是前提和基础，促成犯罪目的；犯罪目的是犯罪动机的具体化	

【真题链接】简述犯罪目的的概念及其与犯罪动机的区别。[简答题，天津商大 2021 年研]

考点四：犯罪过失　★★★★

1. 犯罪过失与犯罪故意(见表 8－5)

表 8－5　犯罪过失与犯罪故意

	犯罪过失	犯罪故意
概念	指行为人应当预见自己的行为可能发生危害社会的结果，因疏忽大意而没有预见，或已预见而轻信能避免的心理态度	指行为人明知自己的行为会发生危害社会的结果，且希望或放任这种结果发生的主观心理态度
认识因素	应预见而没有预见，或已预见但轻信能避免	明知必然或可能发生
意志因素	排斥、反对危害结果发生，但因疏忽大意或过于轻信能避免而导致结果发生	希望或放任危害结果发生

【真题链接】简述犯罪过失与犯罪故意的区别。[简答题，广东财大 2016 年研]

2. 犯罪过失的类型（见表 8－6）

表 8－6 犯罪过失的类型

<table>
<tr><th>类型</th><th colspan="4">主要内容</th></tr>
<tr><td rowspan="5">疏忽大意的过失［无认识的过失］</td><td>含义</td><td colspan="3">指行为人应预见到自己的行为可能发生危害社会的结果，因疏忽大意而没有预见，以致危害结果发生</td></tr>
<tr><td>特征</td><td colspan="3">没有预见＋应当预见［预见义务＋预见能力］</td></tr>
<tr><td rowspan="3">与过于自信的过失</td><td>相同</td><td colspan="2">都是犯罪过失，且对危害后果的发生持反对态度</td></tr>
<tr><td rowspan="2">区别</td><td>认识因素</td><td>①过于自信的过失：已经有所预见。
②疏忽大意的过失：应预见而没有预见</td></tr>
<tr><td>意志因素</td><td>①过于自信的过失：轻信能够避免。
②疏忽大意的过失：疏忽</td></tr>
<tr><td rowspan="6">过于自信的过失［有认识的过失］</td><td>含义</td><td colspan="3">指行为人已经预见到自己的行为可能发生危害社会的结果，但轻信能避免，以致危害结果发生</td></tr>
<tr><td>特征</td><td colspan="3">已经预见＋轻信能避免</td></tr>
<tr><td rowspan="4">与间接故意</td><td>相同</td><td colspan="2">①认识因素：都预见到行为可能发生危害结果。
②意志因素：都不希望危害结果发生</td></tr>
<tr><td rowspan="3">区别</td><td>认识因素</td><td>①间接故意：主客观一致，明知会发生。
②过于自信的过失：主客观不一致，预见到可能发生</td></tr>
<tr><td>意志因素</td><td>①间接故意：不反对、排斥危害结果发生。［消极态度］
②过于自信的过失：排斥、反对危害结果发生［否定态度］</td></tr>
<tr><td>态度行为</td><td>①间接故意：冷漠无所谓，放任不作为。
②过于自信的过失：强烈悔恨，积极补救</td></tr>
</table>

【真题链接】

（1）请简述间接故意与过于自信的过失的区分。［简答题，中国政法 2025 年研］

（2）简述间接故意与过于自信的过失的异同。［简答题，湖南师大 2024 年研］

（3）简述疏忽大意过失与过于自信过失的关系。［简答题，天津商大 2020 年研］

考点五：无罪过行为（见表 8－7） ★★★

表 8－7 无罪过行为

<table>
<tr><th>要点</th><th colspan="3">主要内容</th></tr>
<tr><td rowspan="4">意外事件</td><td>概念</td><td colspan="2">指行为因不能预见的原因造成了客观损害结果，非出于故意或过失［不具备主观要件］</td></tr>
<tr><td>特征</td><td colspan="2">①客观上造成损害结果；②主观无故意或过失；③不能预见［本质特征］</td></tr>
<tr><td rowspan="2">与疏忽大意的过失</td><td>相同</td><td>都没有预见且反对危害结果的发生</td></tr>
<tr><td>区别</td><td>①意外事件：没有也不可能预见，缺乏预见能力。
②疏忽大意的过失：应且能预见，但因疏忽大意没有预见</td></tr>
<tr><td>不可抗力</td><td colspan="3">指行为因不能抗拒的原因在客观上造成了损害结果，非出于故意或过失［已认识到危害结果会发生］</td></tr>
</table>

续表

要点	主要内容
无期待可能性	期待可能性，是指根据具体情况，期待行为人实施合法行为而不实施违法行为的可能性。如不能期待行为人实施其他合法行为，就不能追究行为人的刑事责任[法律不强人所难]

【真题链接】简述意外事件的概念及特征。[简答题，天津商大2024年研]

考点六：刑法上的认识错误　★★★

1. 法律认识错误(见表8－8)

表8－8　法律认识错误

要点	主要内容		
概念	即违法性错误，指行为人对自己行为的法律性质发生误解		
分类	假想的犯罪	含义	行为在法律上不构成犯罪，而行为人误认为构成犯罪
		处理	不成立犯罪
	假想的无罪	含义	行为在法律上构成犯罪，而行为人误认为不构成犯罪
		处理	应依法追究刑事责任[认识错误不影响定罪]
	对具体罪名及罪刑轻重的认识错误	含义	指行为人明知自己行为构成犯罪，却对所涉罪名及相应处罚存在认知错误
		处理	不影响定罪量刑，按案件事实和法律规定定罪处刑

2. 事实认识错误(见表8－9)

表8－9　事实认识错误

要点	主要内容	
概念	指行为人对自己行为的事实情况的不正确理解	
处理方式	具体符合说	要求行为人的主观认识与客观事实在具体细节上完全一致[强调具体法益主体]
	法定符合说	只需主客观事实在犯罪构成要件范围内一致[强调法益性质]
分类	客体错误	指意图侵犯与实际侵犯的客体不同。应按行为人意图侵犯的客体定罪
	对象错误	指对行为所指向的人或物的具体性质或种类的认识错误。可分为三种情况： ①具体犯罪对象不存在，成立故意犯罪未遂。 ②具体事实认识错误[同一性质对象错误]：不影响定性，成立故意犯罪既遂。 ③抽象事实认识错误[不同性质对象错误]：主客观不一致，按故意犯罪未遂与过失行为竞合处理
	行为性质错误	指对行为的实际性质产生错误认识，如假想防卫、假想避险等。应按具体情况判定为过失犯罪或意外事件
	工具错误	指对使用的工具产生错误认识。因工具误解而致使犯罪未遂的，为犯罪未遂
	因果关系错误	指对行为与结果之间的因果关系是否存在及其发展方向、具体进程等产生错误认识。主要包括：①因果关系存在与否、发展方向、具体进程的错误；②犯罪结果的提前实现
	打击错误	①又称方法错误，指因行为偏差导致所欲攻击对象与实际受害对象不一致。 ②可分为：同一犯罪构成内部的错误、不同犯罪构成的错误。 ③通说和实践上采法定符合说，即如犯罪构成主客观一致，则成立既遂

【真题链接】

(1)简述具体的事实认识错误及其类型。[简答题，扬州大学 2024 年研]

(2)简述认识错误的具体情形及处理原则。[简答题，西南政法 2022 年研]

8.2 考研真题与典型题详解

一、单项选择题

1. 甲驾驶车辆在封闭的高速公路上正常行驶，突然发现有人横穿公路，躲避不及，将该人撞死。甲对该死亡结果(　　)。[2022 年法硕(非法学)真题]

A. 无罪过　　B. 具有疏忽大意的过失

C. 具有间接故意　　D. 具有过于自信的过失

【解析】罪过，是指犯罪行为人对自己的行为所造成的危害后果所持的故意或过失的心理态度。无罪过事件，是指行为在客观上虽然造成了损害结果，但不是出于故意或过失，而是由于不能抗拒或不能预见的原因所引起的，不是犯罪。本题中，甲驾驶车辆在封闭的高速公路上正常行驶，客观上虽然造成了将人撞死的损害结果，但不是出于其故意或过失，而是因不能预见的原因“有人突然横穿高速公路”引起的，因此属于无罪过事件。

2. 下列选项中，不应认定为存在犯罪故意的是(　　)。[2022 年法硕(法学、非法学)真题]

A. 精神病人犯罪的　　B. 醉酒的人犯罪的

C. 防卫过当造成重大损害的　　D. 不可抗力造成损害结果的

【解析】犯罪故意，是指明知自己的行为会发生危害社会的结果，且希望或放任这种结果发生的心理态度。

A 项，精神病人犯罪中不一定存在犯罪故意：在不能辨认或不能控制自己行为时造成危害结果，经法定程序鉴定确认的，不负刑事责任；但间歇性的精神病人在精神正常时犯罪，应负刑事责任。

B 项，醉酒的人犯罪，有犯罪故意，属于行为人使自己陷于无责任状态的情况。

C 项，防卫过当造成重大损害，行为人主观上对造成的过分损害存在过失甚至故意，具有罪过性，属于滥用防卫权对不法侵害人造成过分损害的非法行为，应负刑事责任。

D 项，《刑法》第 16 条规定，行为在客观上虽然造成了损害结果，但不是出于行为人的故意或过失，而是由于不能抗拒或不能预见的原因所引起的，不是犯罪。因此，不可抗力造成损害结果，不应认定为存在犯罪故意。

3. 甲看见猎物旁边有猎人赵某潜伏，虽明知自己枪法不好，仍向猎物开枪，结果将赵某打死。甲对赵某死亡的心理态度属于(　　)。[2019 年法硕(非法学)真题]

A. 直接故意　　B. 疏忽大意的过失

C. 间接故意　　D. 过于自信的过失

【解析】间接故意，是指明知自己的行为会发生危害社会的结果，并且放任这种结果发

1A　2D　3C

生的心理态度。本题中，甲已看见猎人赵某，且明知自己枪法不好。即甲对误伤赵某的结果有所认识，但仍放任这种结果发生，对危害结果的发生也没有采取任何措施，其对赵某死亡的心理态度属于间接故意。

二、多项选择题

1. 下列情形中，属于事实认识错误的有（ ）。[2016 年法硕（非法学）真题]

A. 甲殴打张某时，失手打中了路人李某，致其重伤

B. 乙认为家长教训孩子天经地义，经常在家殴打孩子

C. 丙误以为前来抓捕自己的警察赵某是仇家，挥棍将其打成重伤

D. 丁开车欲撞死钱某，钱某被撞后倒地昏迷，丁误以为其已死亡于是离去

【解析】A 项，甲属于事实认识错误中的打击错误，即因行为本身差误导致行为人所欲攻击的对象错误。

C 项，丙属于事实认识错误中的对象错误，行为人误将警察当作仇家加以侵害，而侵害警察与侵害仇家处于同一犯罪构成内，即行为人所欲侵犯的对象与行为人实际侵犯的对象在法律性质上相同。

D 项，丁开车想撞死钱某，但钱某并没有死亡，而是倒地昏迷。丁的行为没有造成预定的结果，但丁误以为造成了钱某死亡的结果，是因果关系错误，属于事实认识错误。

B 项，乙属于法律认识错误，其认为家长殴打孩子不违法，是将有罪行为误认为是无罪行为，即假想非罪。

2. 下列选项中，属于法律认识错误的有（ ）。[2015 年法硕（非法学）真题]

A. 甲以为在网上窃取“Q 币”不犯罪而为之

B. 乙以为杀死他人可以驱除恶灵而杀死他人

C. 丙以为夜间在道路上追逐竞驶不犯罪而为之

D. 丁把他人灌醉后拿走其随身财物，辩称自己犯的是盗窃罪

【解析】刑法上的法律认识错误包括：①假想的犯罪；②假想的无罪；③对具体罪名及刑罚轻重的认识错误。AC 两项属于假想非罪；D 项属于行为人对自己犯罪行为的罪名认识错误。B 项，属于对犯罪事实的认识错误，不属于法律认识错误。

三、概念题

1. 直接故意与间接故意[宁波大学 2020 年研；西南政法 2012 年研；武大 2007 年研]

相关试题：

（1）直接故意[山东大学 2019 年研]

（2）间接故意[湖南师大 2021 年研；暨南大学 2018 年研；人大 2013 年研；华侨大学 2011 年研]

答：参见本章论述题第 2 题答案。

1ACD 2ACD

2. 犯罪目的[中国政法 2021 年研]

答：犯罪目的，是指行为人希望通过犯罪行为达成的某种危害结果，即其预期危害结果的主观反映。犯罪目的决定犯罪行为方向，回答“犯罪行为要做什么”的问题。犯罪目的是直接故意的重要内容，它不仅表明行为人对行为可能发生的危害结果已有认识，而且反映了行为人对此持积极追求态度的主观愿望。因此，犯罪目的对直接故意的形成具有重要意义。在某些特定犯罪中，犯罪目的是构成要件要素之一；在某些犯罪中，犯罪目的是区分此罪与彼罪的标准之一。

3. 犯罪动机[东北财大 2011 年研]

答：犯罪动机，是指引起和推动行为人实施犯罪行为以满足某种需要的内心起因。其本质是为犯罪行为提供动力，解决“为何实施犯罪”的问题。其形成需满足两个条件：①内在需求，包括不良欲望(如贪财、报复)或非反道德需求；②外界诱因，如情境刺激或外部冲突(如挑衅、利益诱惑)。犯罪动机虽不直接决定犯罪性质，但通过反映行为人的主观恶性程度，对情节认定与刑罚裁量具有实质影响，是刑法评价犯罪人责任的重要参考因素。

4. 犯罪过失[浙商大 2021 年研；暨南大学 2017 年研；中财 2015 年研；东北财大 2010 年研]

相关试题：

(1)疏忽大意过失[湖南师大 2022 年研]

(2)过于自信的过失[昆明理工 2020 年研；武大 2014 年研；南开大学 2007 年研]

答：参见本章考点难点归纳相关内容。

5. 刑法上的意外事件[武大 2022 年研]**、意外事件**[烟台大学 2019 年研；中山大学 2010 年研]

答：参见本章考点难点归纳相关内容。

6. 期待可能性[南京大学 2023 年研；中山大学 2021 年研]

答：参见本章考点难点归纳相关内容。

四、简答题

1. 简述犯罪目的的概念及其与犯罪动机的区别。[天津商大 2021 年研]

相关试题：

(1)请简要回答犯罪目的与犯罪动机的区别。[浙工大 2014 年研]

(2)论犯罪目的与犯罪动机的联系和区别。[论述题，山东大学 2014 年研；北师 2009 年研]

答：参见本章考点难点归纳相关内容。

2. 与犯罪故意比较，犯罪过失具有哪些特征？[中山大学 2009 年研]

相关试题：简述犯罪过失与犯罪故意的区别。[广东财大 2016 年研]

答：参见本章考点难点归纳相关内容。

3. 简述我国刑法中过失犯罪与故意犯罪在罪责规定方面的不同。［2023年法硕（法学、非法学）真题］

答：过失犯罪与故意犯罪都属于犯罪主观方面的内容，二者在主观恶性程度上有本质差别，因此刑法规定过失犯罪的罪责与故意犯罪的罪责明显不同。具体如下：

（1）惩罚原则不同。刑法以惩罚故意犯罪为原则，以惩罚过失犯罪为例外。刑法分则各条规定的犯罪，其主观罪过形式原则上为故意。只有当法律条文明示该条之罪的罪过形式是过失或包括过失时，过失才有可能构成犯罪，承担刑事责任。即对于过失犯罪，法律有规定的，才负刑事责任。

（2）构成要件不同。法定的实害结果是过失犯罪成立的必备构成要件，是故意犯罪成立的选择性构成要件。对过失行为，只有造成严重后果的才负刑事责任。刑法所规定的过失犯罪都须以造成法定的严重后果为构成要件。而对于故意犯罪，刑法不仅处罚犯罪完成形态，而且处罚其未完成形态（犯罪预备、犯罪未遂、犯罪中止）。

（3）法定刑不同。过失犯罪的法定刑一般明显轻于故意犯罪的法定刑。如故意杀人罪的法定最高刑是死刑，而过失致人死亡罪的法定最高刑是7年有期徒刑。

4. 简述疏忽大意过失与过于自信过失的关系。［天津商大2020年研］

答：参见本章考点难点归纳相关内容。

5. 请简述间接故意与过于自信的过失的区分。［中国政法2025年研］

相关试题：

（1）简述间接故意与过于自信的过失的异同。［湖南师大2024年研；中山大学2014年研］

（2）论述过于自信的过失和间接故意的区别。［论述题，扬州大学2024年研］

（3）简述间接故意与过于自信的过失的区别。［天津商大2024年研；北师2015年研；青岛大学2015年研；2014年法硕（非法学）真题］

（4）间接故意与有认识的过失［概念题，西南政法2023年研］

（5）如何区分过于自信的过失与间接故意？［广西民大2022年研］

（6）间接故意与过于自信的过失［概念题，华南理工2016年研；武大2011年研］

答：参见本章考点难点归纳相关内容。

6. 简述意外事件的概念及特征。［天津商大2024年研］

相关试题：简述意外事件的概念与基本特征。［天津商大2019年研］

答：参见本章考点难点归纳相关内容。

五、论述题

1. 试论犯罪故意的构成要素。［广外2024年研；南开大学2011年研］

相关试题：

（1）论述犯罪故意的认识因素。［西北政法2022年研］

（2）试论犯罪故意。［青岛大学2017年研］

答：《刑法》第14条第1款规定，明知自己的行为会发生危害社会的结果，且希望或放任这种结果发生，因而构成犯罪的，是故意犯罪。犯罪故意由认识因素与意志因素构成，二者缺一不可：

(1)认识因素：明知行为的社会危害性。

①“明知”的范围：

a. 行为性质，即明确实施的行为内容及作用，如盗窃或抢劫。

b. 危害结果，即预见行为可能或必然导致的具体危害后果，如杀人致人死亡。

c. 行为对象，即对法定对象的认知，如毒品、未成年人。

d. 特定条件，即时间、地点、方法等法定构成要件，如禁猎区狩猎。

②“明知”的认定，包括“确知”和“推定明知”(结合客观事实合理推断)。不包含以下内容：

a. 定量情节，如“数额较大”“情节严重”等定量因素，不属于认识范围。

b. 违法性认识。通说认为仅需认知行为的社会危害性，不要求明确违法性，但存在例外的特殊情形。

③“会发生”的含义，既包括危害结果发生的必然性，也包括可能性。

(2)意志因素：对危害结果的心理态度。

①希望(直接故意)：积极追求，即行为人明确希望危害结果发生，如预谋杀人。

②放任(间接故意)：消极容忍，即不主动追求但接受结果发生，如为报复纵火致人伤亡。

(3)法律意义与司法实践：

①定罪作用。犯罪故意是认识因素和意志因素的有机统一。其中，认识因素是前提；意志因素是核心，是认定犯罪故意的主要依据。

②推定明知的运用。通过客观证据(如反常高价收购赃物)推断主观明知，但允许反证推翻。

综上，犯罪故意的认定需满足明知行为危害性(认识因素)与希望或放任结果发生(意志因素)的双重要件。二者共同反映行为人的主观恶性，是区分故意与过失、确定罪责轻重的关键依据。

2. 论犯罪故意的类型及其区别。[中山大学2010年研]

相关试题：

(1)论述间接故意。[中山大学2023年研]

(2)论述间接故意的概念、构成特征、类型及其与过于自信的过失的区别。[广东财大2023年研]

(3)简述直接故意与间接故意的区别。[简答题，东北财大2011年研]

答：犯罪故意，是指行为人明知自己的行为会造成危害社会的结果，并且希望或者放任这种结果发生的心理态度。犯罪故意的类型包括理论分类和法定分类。

(1)理论分类，参见本章考点难点归纳相关内容。

(2)法定分类。根据《刑法》第14条第1款规定，按行为人对危害结果所持的心理态度即故意的意志因素不同，犯罪故意可分为两种类型：

①直接故意，是指行为人明知行为会导致危害社会的结果，并希望该结果发生。其特点有：

a. 常见于多数犯罪，如强奸罪、盗窃罪、贪污罪等。

b. 行为人具有明确的犯罪目的和较强的意志力，积极促成结果。

c. 主观恶性较大。

②间接故意，是指行为人明知行为可能导致危害社会的结果，并放任该结果发生。

a. 特点：第一，案件较少但复杂，认定难度大。第二，认识因素包括必然性和可能性，争议在于“明知必然性而放任”是否属于间接故意。第三，意志因素表现为“放任”，即对结果的发生持无所谓态度。

b. 三种情形：第一，追求非犯罪目的时放任危害结果，如私设电网致人伤亡。第二，追求犯罪目的时放任其他危害结果，如盗窃井盖导致交通事故。第三，突发性犯罪中不计后果，如为逃跑持刀伤人致死。

(3)直接故意与间接故意的区别：

①认识因素不同。直接故意可认识结果必然或可能发生。间接故意仅认识结果可能发生。

②意志因素不同。直接故意希望结果发生，积极追求。间接故意放任结果发生，不主动阻止。

③司法实践不同。直接故意不要求结果实际发生，存在未完成形态。间接故意要求结果实际发生，否则难以认定。

一般来说，直接故意的主观恶性更严重，量刑时可酌情从重。

综上，直接故意和间接故意在认识因素和意志因素上存在明显差异，直接影响犯罪认定和量刑。直接故意表现为积极追求结果，间接故意则表现为对结果的放任态度。

3. 解释刑法上的认识错误。[武大2005年研]

相关试题：

(1)简述具体的事实认识错误及其类型。[简答题，扬州大学2024年研]

(2)简述认识错误的具体情形及处理原则。[简答题，西南政法2022年研]

(3)试述刑法中的事实认识错误。[天津商大2020年研]

(4)犯罪构成的犯罪主观方面的认识错误中的事实认识错误有哪几种？[简答题，广西民大2019年研]

(5)简述刑法上的认识错误理论。[简答题，华南理工2017年研]

(6)试论我国刑法中的法律认识错误。[2017年法硕(法学)真题]

(7)事实认识错误与法律认识错误。[概念辨析，人大2016年研]

(8)法律认识错误的基本表现形式有哪些？如何处理？[简答题，中山大学2010年研]

答：参见本章考点难点归纳相关内容。

六、案例分析题

被告人张某甲，女，37岁，无业。被告人张某乙，男，35岁，工人。1997年11月，被告人胡某(另案处理)将被害人韩某某杀害后，将其尸体肢解为五块，套上塑料袋后分别装入两只印有球形门锁字样的纸箱中，再用印有“申藤饲料”字样的编织袋套住并用打包机封住。嗣后，胡某以内装毒品为名，唆使被告人张某甲和张某乙帮其将两只包裹送往南京。

被告人张某甲、张某乙按照胡某的旨意，于1997年11月30日中午从余姚市乘出租车驶抵南京，将两只包裹寄存于南京火车站小件寄存处。后因尸体腐烂，于1998年4月8日案发。[中山大学2011年研]

问：对张某的行为如何定性？为什么？

答：张某(甲、乙)的行为应定为运输毒品罪(未遂)。理由在于：

(1)运输毒品罪，是指明知是毒品而故意实施运输的行为。张某(甲、乙)在主观上出于运输毒品的故意，客观上实施了运输行为，符合运输毒品罪的构成要件。

(2)张(甲、乙)某不知道包裹内实际是尸体，属于对客体的认识错误。对这种客体认识错误的案件，应按行为人意图侵犯的客体定罪。

(3)根据主客观相一致的原则，应将其行为定性为运输毒品罪。又因为，其主观认识与事实不符合，属于事实认识错误，因此，只能构成运输毒品罪的未遂。

第九章　正当行为

9.1　复习笔记

【知识框架(庖丁解牛)】

正当行为
- 概述：概念、特征、类型、意义
- 正当防卫
  - 概念、特征
  - 条件
    - 目的条件：保护合法权益
    - 起因条件：存在不法侵害行为[违法、犯罪行为]
    - 时间条件：不法侵害须正在进行
    - 对象条件：针对不法侵害人
    - 限度条件：不能明显超过必要限度
  - 特殊防卫：无防卫限度
  - 防卫过当：概念、罪过形式、刑事责任
- 紧急避险
  - 概念、特征、意义
  - 条件
    - 起因条件：合法权益遭受损害危险
    - 时间条件：危险正在发生
    - 对象条件：第三者的合法权益
    - 目的条件：正当避险意图
    - 限度条件：不能超过必要限度
    - 限制条件：须不得已
  - 避险过当：概念、刑事责任
  - 与正当防卫的区别
- 其他正当行为：自救、正当业务、法令、基于权利人承诺或自愿的损害行为

【通关提要(提纲挈领)】

本章主要介绍能排除刑事违法性的正当行为，主要包括正当防卫和紧急避险。学习时，需了解正当行为的概念、特征和种类，重点掌握正当防卫、紧急避险的成立条件及异同，掌握特殊防卫的构成要件、防卫过当、避险过当等。本章各种题型都有可能考查，且考查频率较高，复习时要在熟悉的基础上深入理解记忆。

【考点难点归纳(厚积薄发)】

考点一：正当行为概述(见表9－1)　★★

表 9－1　正当行为概述

要点	主要内容
概念	又称排除犯罪性行为，即形式符合犯罪客观构成要件、实质不符合构成特征［无社会危害性、无刑事违法性］的行为
类型	①刑法明文规定的有两种：正当防卫、紧急避险。 ②其他：a. 自救行为；b. 正当业务行为；c. 法令行为；d. 基于权利人承诺或自愿的损害行为

考点二：正当防卫 ★★★★

1. 正当防卫概述（见表 9－2）

表 9－2　正当防卫概述

要点		主要内容
概念		指为了使国家、公共利益、本人或他人的人身、财产和其他权利免受正在进行的不法侵害，而对不法侵害人实施的制止其不法侵害且未明显超过必要限度造成重大损害的行为［法不能向不法让步］
特征	对象表现	对不法侵害人有反击行为
	性质	行为正当、合法，针对不法侵害行为实施［被动的私力救济行为］
	目的	使合法权益免受正在进行的不法侵害［合法性］
构成条件	目的条件	保护合法权益。防卫挑拨、互殴行为、偶然防卫不构成正当防卫
	起因条件	发生和存在不法侵害行为。不法侵害包括违法行为、犯罪行为，须具有违法性、客观存在。假想防卫应按事实认识错误来处理
	时间条件	不法侵害须正在进行［已经开始、尚未结束］。防卫不适时，包括事前防卫［先下手为强］和事后防卫
	对象条件	防卫须针对不法侵害人［实施者及其共犯］
	限度条件	不能明显超过必要限度造成重大损害

【真题链接】

（1）什么是正当防卫？简论我国刑法认定正当防卫的条件。［论述题，浙工大 2021 年研］

（2）论正当防卫的成立条件。［论述题，宁波大学 2019 年研；浙财大 2019 年研］

2. 特殊防卫与防卫过当（见表 9－3）

表 9－3　特殊防卫与防卫过当

要点		主要内容
特殊防卫		又称无限防卫或无过当防卫，指对正在进行行凶、杀人、抢劫、强奸、绑架及其他严重危及人身安全的暴力犯罪［明显的法定暴力性］，采取防卫行为，造成不法侵害人伤亡的，不属于防卫过当，不负刑事责任
防卫过当	概念	指防卫明显超过必要限度造成重大损害，应负刑事责任的行为 ［本质特征：非法侵害行为］
	罪过形式	间接故意或过失
	刑事责任	应负刑事责任［定罪］，但应减轻或免除处罚［量刑］

【真题链接】

(1)论述正当防卫中的特殊防卫(无限防卫)的成立条件。[论述题，北大 2024 年研]

(2)特殊防卫的构成要件。[简答题，西北政法 2022 年研]

(3)简述防卫过当的概念及其刑事责任。[简答题，宁波大学 2021 年研]

考点三：紧急避险 ★★★★

1. 紧急避险(见表 9-4)

表 9-4　紧急避险

要点		主要内容
概念		指为了使国家、公共利益、本人或他人的人身、财产和其他权利免受正在发生的危险，不得已采取的损害另一较小合法权益的行为[保全的利益 > 损害的利益]
特征		①有伤害人身、损毁财产的行为表现。 ②合法权益遭受重大危险时采取的紧急避险措施。 ③不得已采取的权宜之计[两害相权取其轻]
成立条件	起因条件	合法权益遭受损害危险[假想避险按事实认识错误处理]
	时间条件	危险正在发生[排除避险不适时，如事前、事后避险]
	对象条件	第三者[避险人和不法侵害人以外的其他人]的合法权益
	目的条件	正当的避险意图
	限度条件	不能超过必要限度造成不应有的危害[排除避险过当]
	限制条件	不得已
禁止		不适用于在职务、业务上负有特定责任的人

【真题链接】

(1)紧急避险的成立条件。[简答题，吉林大学 2023 年研]

(2)简述紧急避险的概念和构成要件。[简答题，西南政法 2022 年研]

2. 避险过当(见表 9-5)

表 9-5　避险过当

要点		主要内容
概念		指避险行为超过必要限度造成不应有的损害，应负刑事责任的行为
特征	客观上	造成了不应有[较大的或价值相等]的损害
	主观上	有罪过，非直接故意。常是疏忽大意的过失，个别出于间接故意或过于自信的过失
刑事责任	定罪	应负刑事责任，适用具体罪名
	量刑	应减轻或免除处罚

3. 紧急避险与正当防卫的异同（见表9－6）

表9－6 紧急避险与正当防卫的异同

		正当防卫	紧急避险
相同点	目的	保护合法权益	
	结果	客观上造成一定损害，但实际效果有益	
	刑事责任	法律明文规定在适当情况下不负刑事责任	
区别	起因条件	限于人的不法侵害	多种多样，包括人的不法侵害、自然灾害、动物侵袭等
	对象条件	不法侵害人本人	第三者的合法权益
	限度条件	造成损害没有明显超过必要限度、造成重大损害	造成损害只能小于所避免的损害
	限制条件	无限制，针对正在进行的不法侵害	须在不得已时实施
	行为主体	无	不适用职务、业务上负有特定责任的人

【真题链接】

（1）简述正当防卫与紧急避险的区别。［简答题，湖南师大2024年研；武大2020年研；昆明理工2020年研；中山大学2011年研］

（2）论述正当防卫和紧急避险的异同。［论述题，浙财大2021年研］

9.2 考研真题与典型题详解

一、单项选择题

1．下列选项中，属于防卫过当与事后防卫的共同之处的是（　　）。［2024年法硕（法学、非法学）真题］

A．均属于量刑情节　　B．均阻却犯罪成立

C．均构成故意犯罪　　D．均超过防卫限度

【解析】A项，防卫过当属于法定量刑情节，事后防卫属于酌定量刑情节，均属于量刑情节。

B项，防卫过当和事后防卫造成危害后果构成犯罪的，均需要承担刑事责任，不能阻却犯罪成立。

C项，防卫过当不一定构成故意犯罪，也可能构成过失犯罪，如过失致人死亡罪。

D项，防卫过当是指正当防卫明显超过必要限度造成重大损害的行为。事后防卫则属于防卫不适时。进行事后防卫时，犯罪已结束，不存在限度的问题。

2．下列致人死亡的情形中，甲构成正当防卫的是（　　）。［2023年法硕（非法学）真题］

A．张某入户盗窃甲的财物，被甲发现，甲将其打死

B．王某持刀行凶，砍伤路人甲，甲情急之下推倒王某，致其被驶来的汽车轧死

1A　2B

C. 李某到债务人甲家里闹事，并限制甲的自由，甲气愤之下持刀将李某捅死

D. 赵某在深夜的巷子里走在甲的身后，甲以为赵某要对自己实施侵犯而将其打死

【解析】B 项，甲是对正在进行的行凶杀人、严重危及人身安全的暴力犯罪采取的防卫行为，虽然造成了不法侵害人伤亡，但属于特殊正当防卫。

AC 两项，防卫过当，是指正当防卫明显超过了必要限度造成重大损害的行为。成立正当防卫要满足起因、时间、对象、主观、限度条件，不能明显超过必要限度且造成重大损害。A 项，张某实施的是盗窃行为，甲直接将其打死的行为明显超过必要限度且造成重大损害，属于防卫过当。C 项，债务人甲直接将李某杀死，明显超过必要限度且造成重大损害，属于防卫过当。

D 项，属于刑法认识错误中的假想防卫。假想防卫是行为人在事实上认识的错误，是行为人对自己行为的实际性质发生错误认识而产生的行为性质错误。

3. 甲(15 周岁)深夜闯入临街店铺意图行窃，被留下理货的店主(系聋哑人)发现。甲为防止罪行败露，用双手紧掐店主颈部；店主随手抓起身旁健身用的哑铃，将甲砸死。对此，下列选项中正确的是(　　)。[2022 年法硕(法学、非法学)真题]

A. 店主需要承担刑事责任及民事赔偿责任

B. 店主不需要承担刑事责任及民事赔偿责任

C. 店主需要承担刑事责任但不需要承担民事赔偿责任

D. 店主不需要承担刑事责任但需要承担民事赔偿责任

【解析】正当防卫是指为了使公共利益、本人或者他人的人身和其他权利免受正在进行的不法侵害，而对实施侵害的人所采取的合理的防卫行为。《刑法》第 20 条规定："对正在进行行凶、杀人、抢劫、强奸、绑架以及其他严重危及人身安全的暴力犯罪，采取防卫行为，造成不法侵害人伤亡的，不属于防卫过当，不负刑事责任。"甲用双手紧掐店主颈部；店主的人身权利正在遭受不法侵害，且属于严重危及人身安全的暴力犯罪。店主采取防卫行为，造成不法侵害人甲死亡，不属于防卫过当，不负刑事责任。

《民法典》第 181 条规定："因正当防卫造成损害的，不承担民事责任。正当防卫超过必要的限度，造成不应有的损害的，正当防卫人应当承担适当的民事责任。"店主的行为属于正当防卫且未超过必要的限度，因此无须承担民事责任。

二、概念题

1. 正当防卫[广外 2024 年研；广东财大 2021 年研；浙财大 2020 年研；中财 2017 年研；宁波大学 2017 年研；武大 2013 年研；中山大学 2011 年研]

答：参见本章论述题第 1 题答案。

2. 防卫挑拨[南京大学 2023 年研]

答：防卫挑拨又称挑拨防卫，是指行为人出于侵害目的，采取故意挑衅、引诱等方法促使对方先向己方实施不法侵害，尔后借口防卫实施加害对方的行为。其基本特征是故意挑拨的语言行动、事先预谋的不法侵害。其主观上不具备正当防卫目的，实质是一种有预

谋的不法侵害行为，因此不能认定为正当防卫。对防卫挑拨要依法予以惩处，构成犯罪的要追究刑事责任。

3. 防卫过当［中国政法2022年研；暨南大学2019年研；山东大学2018年研；南开大学2011年研；人大2010年研］

答：参见本章简答题第1题答案。

4. 特殊防卫［武大2007年研；上海交大2007年研］

答：参见本章论述题第2题答案。

5. 紧急避险［暨南大学2023年研；广西民大2022年研；广东财大2020年研；山东大学2017年研；浙商大2017年研；中财2014年研］

答：参见本章简答题第3题答案。

6. 自救行为［中国政法2023年研；南京大学2023年研］

答：自救行为又称自助行为或自力救济，是指权利人在无法及时通过正式的法律程序获得公权力救济时，依靠自身力量恢复被侵害权益的行为。自救行为要成为刑法中的正当行为，须满足以下条件：①不法侵害已对合法权益造成实际损害；②通过法律程序或公权力救济来不及或不可能恢复权益；③行为人主观上须有自救目的；④自救行为适度，具有相当性，即所侵害的权益不得超过被恢复的权益。

三、简答题

1. 简述防卫过当的概念及其刑事责任。［宁波大学2021年研］

相关试题：

（1）论防卫过当的定罪和量刑。［论述题，浙商大2021年研］

（2）试述防卫过当的成立条件及其刑事责任。［2015年法硕（法学）真题］

答：（1）防卫过当，是指防卫明显超过必要限度造成重大损害应负刑事责任的行为。防卫过当须符合正当防卫的前四个条件，只是不符合限度条件，即明显超过必要限度且造成重大损害。防卫过当是一种特殊犯罪情形，其客观上有危害性，行为人主观上有一定罪过（间接故意或过失），属于非法侵害行为，要承担刑事责任。

（2）防卫过当的刑事责任：

①定罪时，防卫过当构成犯罪但无明确罪名，也非独立罪名，要依防卫人主观罪过、客观行为及危害结果，以过失致人死亡/重伤罪或故意杀人/伤害罪等罪定性。

②量刑上，我国刑法规定“应当减轻或免除处罚”，因其社会危害性低于一般犯罪，应体现法律宽容。司法实践中，需结合具体案件，综合考虑防卫手段、结果性质、过当程度、目的、保护权益性质、罪过形式、不法侵害强度和可能结果等因素。通常情况下，量刑时一般先考虑减轻处罚；当减轻处罚仍显过重时，才考虑免除处罚。

2. 简述正当防卫、防卫过当、特殊防卫。［华南理工2010年研］

答：参见本章考点难点归纳相关内容。

3. 紧急避险的成立条件。［吉林大学 2023 年研］

相关试题：

(1)简述紧急避险的概念和构成要件。［西南政法 2022 年研］

(2)简述紧急避险的适用条件。［山东大学 2015 年研］

(3)简述紧急避险的构成要件。［南开大学 2014 年研］

(4)试述刑法中紧急避险的概念和成立要件。［论述题，首经贸 2014 年研］

(5)试论刑法中紧急避险的成立条件。［论述题，2014 年法硕(法学)真题］

(6)简述紧急避险的定义和成立条件。［首都师大 2011 年研；中南财大 2010 年研］

答：根据《刑法》第 21 条规定，紧急避险是指为了使国家、公共利益、本人或他人的人身、财产和其他权利免受正在发生的危险，不得已而采取的损害另一较小合法权益的行为，是我国刑法明文规定的正当行为之一。紧急避险的本质在于“两害相权取其轻”，即当两个合法权益相冲突，又只能保全其中之一的紧急状态下，法律允许为了保全较大权益而损害较小权益。紧急避险行为在整体上有利于减少对社会的损害，不仅不应承担刑事责任，而且应受到国家法律的保护和支持。紧急避险的成立条件包括：

(1)起因条件：合法权益面临现实的损害危险。危险的来源有：①人的不法侵害行为，包括有或无责任能力人的行为；②自然灾害，如地震、洪水、火灾等；③动物的侵袭，如疯狗咬人、野兽攻击；④人的生理或疾患。危险须客观存在，主观臆想的危险构成“假想避险”，可能承担过失或意外事件责任。

(2)时间条件：危险须正在发生，对合法权益形成紧迫威胁。不适时避险包括：①事前避险，危险尚未发生；②事后避险，危险已结束。以上均不属于紧急避险，可能构成故意犯罪或过失犯罪。

(3)对象条件：避险行为损害的是第三方的合法权益，而非避险人或不法侵害人。若损害不法侵害人的权益，则属于正当防卫，而非紧急避险。

(4)目的条件：行为人须有正当的避险意图，即通过损害较小权益来保护较大权益。要求主观上认识到危险，并出于保护合法权益的目的实施避险。

(5)限度条件：避险行为造成的损害须小于所避免的损害。

①避险过当：损害大于或等于所避免的损害，应当负刑事责任。

②衡量标准：人身权利优先于财产权利，财产权利按价值衡量。理论上，不能以牺牲他人生命或健康为代价进行避险。

(6)限制条件：避险行为须在“不得已”的情况下实施，即无其他方法排除危险。例外：职务或业务上负有特定责任的人(如军人、消防员)不能因避免本人危险而进行紧急避险，必须履行其职责。

4. 简述正当防卫与紧急避险的区别。［湖南师大 2024 年研；武大 2020 年研；昆明理工 2020 年研；中山大学 2011 年研；北大 2008 年研］

相关试题：

(1)只有在万不得已的情况下才能实施正当防卫。［判断分析题，西南政法 2023 年研］

(2)论述正当防卫和紧急避险的异同。［论述题，浙财大 2021 年研］

(3)简述正当防卫与紧急避险的异同。［西北政法 2020 年研］

(4)正当防卫和紧急避险的主要区别有哪些?［北大2014年研］

(5)正当防卫与紧急避险［概念题，武大2011年研］

答: 参见本章考点难点归纳相关内容。

四、论述题

1. 论正当防卫的成立条件。［宁波大学2019年研；浙财大2019年研］

相关试题:

(1)什么是正当防卫?简论我国刑法认定正当防卫的条件。［浙工大2021年研］

(2)试述正当防卫的概念、构成条件与防卫过当的刑事责任。［天津商大2019年研］

(3)正当防卫的构成要件有哪些?［简答题，安徽师大2018年研］

(4)正当防卫的成立条件有哪些?［简答题，青岛大学2017年研；北大2013年研］

(5)正当防卫的概念和条件。［简答题，南开大学2011年研；中山大学2010年研］

答: 正当防卫是指为了使国家、公共利益、本人或他人的人身、财产和其他权利免受正在进行的不法侵害，而对不法侵害人实施的制止其不法侵害且未明显超过必要限度的行为。正当防卫的成立条件有:

(1)目的条件:防卫行为须是为了保护合法权益。排除情形有:

①防卫挑拨，即故意挑衅对方实施侵害，再以防卫为借口加害对方。

②互殴行为。双方均有侵害意图，不构成正当防卫；但一方放弃侵害后，可对继续攻击方实施防卫。

③偶然防卫。行为人出于犯罪故意实施侵害，客观上制止了他人不法侵害，但因缺乏防卫目的，不构成正当防卫。

(2)起因条件:须存在不法侵害行为。

①具体内容:

a. 不法侵害的范围，包括违法行为和犯罪行为，通常具有暴力性、破坏性和紧迫性。

b. 违法性。仅针对违法行为，合法行为(如执法行为等)不适用正当防卫。

②特殊情况:

a. 动物侵袭。自发侵袭属于紧急避险；受人驱使的侵袭可视为对驱使人的正当防卫。

b. 无责任能力人侵害。明知侵害人无责任能力时，不构成正当防卫，可紧急避险；不知情时，属于假想防卫。

(3)时间条件:不法侵害须正在进行。

①具体内容:

a. 不法侵害已经开始。侵害人已着手实施侵害，形成现实、紧迫危险。

b. 不法侵害尚未结束。不法侵害行为或其引发的危险状态仍在持续，防卫人可通过防卫手段予以制止或排除。

②防卫不适时:

a. 事前防卫。侵害尚未开始，属于非法侵害。

b. 事后防卫。侵害已结束，属于报复行为，可能构成故意犯罪。

(4)对象条件。即防卫必须针对不法侵害人及其共犯，不包括无关第三人。

(5)限度条件。即防卫行为不能明显超过必要限度，造成重大损害。判断标准为：综合考虑侵害性质、手段、强度与防卫时机、手段、强度等。不要求防卫损害与侵害损害完全对等，只要为制止侵害所必需且未明显过当，即属正当防卫。

综上，正当防卫需同时满足目的、起因、时间、对象和限度五个条件，缺一不可。防卫行为必须针对正在进行的不法侵害，且不能明显超过必要限度，否则可能构成防卫过当或故意犯罪。

2. 论述正当防卫中的特殊防卫（无限防卫）的成立条件。［北大2024年研］

相关试题：

(1)特殊防卫的构成要件。［简答题，西北政法2022年研］

(2)论特殊正当防卫权。［北大2020年研］

(3)简述刑法特殊防卫的成立条件。［简答题，暨南大学2018年研］

答：特殊防卫又称无限防卫或无过当防卫，即《刑法》第20条第3款的规定："对正在进行行凶、杀人、抢劫、强奸、绑架以及其他严重危及人身安全的暴力犯罪，采取防卫行为，造成不法侵害人伤亡的，不属于防卫过当，不负刑事责任。"其成立条件有：

(1)目的条件：防卫行为须是为了保护合法权益。

(2)起因条件：须有明显法定暴力性的不法侵害。特殊防卫的前提是存在正在进行的严重危及人身安全的暴力犯罪，包括行凶、杀人、抢劫、强奸、绑架及其他类似行为。这些行为均需符合"严重危及人身安全"和"暴力"的双重限制。因此，对以隐蔽、非暴力手段实施的杀人、抢劫、强奸、绑架等行为（如投毒杀人、麻醉抢劫），不适用特殊防卫，可能构成防卫过当。

(3)时间条件：暴力犯罪须正在进行。

(4)特定的对象条件，即针对正在进行行凶、杀人、抢劫、强奸、绑架以及其他严重危及人身安全的暴力犯罪进行防卫。

特殊防卫与一般正当防卫的区别在于，特殊防卫无限度条件。注意，对非暴力犯罪及作为一般违法行为的暴力行为，对轻微暴力犯罪或一般暴力犯罪，不适用特殊防卫。只有当上述暴力犯罪严重危及人身安全时，才适用特殊防卫。

五、案例分析题

1. 甲（16岁）与乙（15岁）密谋盗窃。某日晚，甲与乙欲对某仓库行窃。甲让乙在外望风，甲进屋盗窃，窃得手机一部（忽略数额）。在欲逃走的过程中，甲被仓库保管员张某发现；张某欲抓住甲，甲将张某打成重伤。乙在屋外见状便逃跑，后被抓获；乙害怕，向警察供述了自己在15岁时曾将李某打成重伤的经过。［天津商大2024年研］

(1)甲将张某打伤是否构成正当防卫？为什么？

(2)对于乙向警察供述自己在15岁时将李某打成重伤的情形，乙是否需要承担刑事责任？为什么？

(3)对于乙与甲共同盗窃，乙是否需要承担刑事责任？为什么？

答：(1)甲将张某打伤不构成正当防卫。理由如下：

根据《刑法》第20条规定，正当防卫是指为了使国家、公共利益、本人或他人的人身、财产和其他权利免受正在进行的不法侵害，而采取的制止不法侵害的行为。本案中，甲是实施盗窃的犯罪行为人，张某抓捕甲的行为是合法的正当行为，并非不法侵害。甲在盗窃过程中被发现，为逃避抓捕而将张某打成重伤，其目的是为了逃脱法律责任，而不是为了保护自己或他人的合法权益。此外，甲将张某打成重伤也明显超过了必要的防卫限度，造成了重大损害。综上所述，甲将张某打伤的行为不符合正当防卫的条件，应认定为故意伤害罪。

(2)乙对其15岁时将李某打成重伤的情形，需要承担刑事责任。理由如下：

《刑法》第17条第1、2款规定："已满16周岁的人犯罪，应当负刑事责任。已满14周岁不满16周岁的人，犯故意杀人、故意伤害致人重伤或者死亡、强奸、抢劫、贩卖毒品、放火、爆炸、投放危险物质罪的，应当负刑事责任。"

本案中，乙在15岁时将李某打成重伤，属于故意伤害致人重伤的情形，符合上述《刑法》规定的应负刑事责任的范围，所以乙需对此承担刑事责任。乙在16岁时向警察供述这一行为，属于自首情节，在量刑时可以从轻或减轻处罚。

(3)乙不需要对与甲共同盗窃的行为承担刑事责任。理由如下：

本案中，尽管乙参与了盗窃且有共同犯罪的故意与行为，但乙在实施盗窃行为时年仅15岁，不满16周岁。而盗窃行为并不在已满14周岁不满16周岁的人应负刑事责任的犯罪行为范畴内。因此，乙不需要对与甲共同盗窃的行为承担刑事责任。

2. 案情：2023年10月，在某地游泳馆内，一不到10岁的小男孩溺水挣扎长达10分钟。但是距离小男孩最近的一位成年人甲，眼睁睁看着男孩溺水6分钟，却一直冷眼旁观。直到小男孩沉入水底后很久，甲才把孩子用脚勾出来。但小男孩已经溺水死亡。

乙与朋友共同登山游玩，朋友坠入一个冰川的裂缝中，乙身上有一根绳索与朋友相连。乙没有足够力量把朋友从裂缝中拉上来，自己也因为朋友的体重逐渐滑向悬崖裂缝之中。在坠入悬崖之前的刹那，乙割断了绳索，朋友坠入悬崖死亡，乙得救。[扬州大学2024年研]

请用刑法学知识分别对上述甲和乙的行为进行比较评述。

答：(1)甲的行为应认定为不作为的故意杀人罪，需承担相应刑事责任。具体分析如下：

①不作为犯罪的判定。刑法中的不作为犯罪，要求行为人负有特定作为义务，能履行却不履行，进而引发危害结果。

②作为义务的来源：

a. 从法律规定角度，依据《未成年人保护法》等相关法律，任何人发现未成年人处于危险状态时，都负有救助义务。本案中，甲作为离小男孩最近的成年人，存在救助小男孩的义务。

b. 从先行行为角度，甲身处现场且有救助能力却无行动，构成先行行为，进而产生救助义务。

③主观方面。甲目睹小男孩溺水挣扎长达6分钟，却一直冷眼旁观，直至小男孩沉入水底很久后才有所动作，这表明其对小男孩的死亡结果持放任态度，符合间接故意的心理状态。

④客观方面。甲具备救助能力却未实施救助，最终导致小男孩溺水死亡。

综上，甲的行为符合故意杀人罪(不作为)的构成要件。

(2)乙的行为应认定为紧急避险，不构成犯罪，不负刑事责任。具体分析如下：

①紧急避险的认定。根据《刑法》第21条规定，为了保护国家、公共利益、个人或他人的人身、财产和其他权利免受正在发生的危险，采取紧急避险行为造成损害的，不负刑事责任。

②紧急避险的条件：

a. 存在现实危险。乙的朋友坠入冰川裂缝，乙和朋友的生命均受到严重威胁。

b. 处于迫不得已的状况。乙没有足够力量将朋友从裂缝中拉出，且自身因朋友体重逐渐滑向悬崖裂缝，若不割断绳索，自己也会坠入悬崖。

c. 避险行为未超过必要限度。乙割断绳索是为了避免两人同时死亡，且是在迫不得已情况下实施的，符合紧急避险的限度要求。

③主观方面。乙割断绳索是为了自救，并非出于故意杀害朋友的目的。

综上，乙的行为符合紧急避险的构成要件，不负刑事责任。

(3)比较并评述甲和乙的行为：

①行为性质差异。甲的行为是一种消极的不作为，其有救助的可能性和一定的义务却没有实施救助；而乙的行为是积极的作为，是在面临自身生命危险的紧急情况下采取的避险行为。

②主观恶性不同。甲主观上存在放任他人死亡的间接故意，其行为违背了基本的道德和社会公序良俗，主观恶性较大；乙主观上是为了保护自己的生命，虽然导致了朋友的死亡，但并非出于恶意或对他人生命的漠视，且是在极端危险下的无奈选择，主观恶性相对较小。

③刑法评价的区别。甲的不作为行为如果符合当地关于公共场所安全保障等相关法律规定所衍生的救助义务，可能会被认定为构成犯罪，如不作为的故意杀人罪等；而乙的行为基于紧急避险的原理，一般情况下在刑法上是被允许的，不构成犯罪。

3. 王某驾车在某中学门口等红灯期间，发现道路前方一人(甲)拿着书包奔跑，一人(乙)在后面边追边喊："你给我站住!"王某以为甲实施了抢劫犯罪，遂猛踩油门，开车将甲撞倒，致使甲受重伤。[2021年法硕(非法学)真题]

请结合上述材料，回答下列问题并说明理由：

(1)如果事后查明，甲当时是盗窃后逃跑，王某的行为是否构成正当防卫？

(2)如果事后查明，甲当时是在和同学乙打闹，王某的行为是否构成正当防卫？

答：正当防卫，是指为了使公共利益、本人或他人的人身和其他权利免受正在进行的不法侵害，而对实施侵害的人所采取的合理的防卫行为。正当防卫的构成条件，参见本章论述题第1题答案。

(1)如果事后查明，甲当时是盗窃后逃跑，王某的行为不构成正当防卫。

理由：甲实施盗窃被乙追赶，甲的不法侵害并未结束。王某对其采取了防卫行为，具备正当防卫的时间条件、起因条件、对象条件和目的条件。但王某的防卫手段明显超过必要限度造成重大损害，属于防卫过当。

(2)如果事后查明，甲当时是在和同学乙打闹，王某的行为不构成正当防卫。

理由：甲与乙打闹客观上对乙不产生不法侵害，王某误认为存在抢劫犯罪，并因此实施了所谓的防卫行为，属于假想防卫，不属于正当防卫。

第十章　故意犯罪的停止形态

10.1　复习笔记

【知识框架(庖丁解牛)】

故意犯罪的停止形态
- 概述：概念、特征、意义、与犯罪构成的关系
- 犯罪既遂形态
  - 概念、特征、处罚原则
  - 类型：结果犯、行为犯、危险犯、举动犯
- 犯罪预备形态：概念、特征、处罚原则
- 犯罪未遂形态
  - 概念、特征、处罚原则
  - 类型：实行终了、未实行终了的未遂；能犯未遂、不能犯未遂
- 犯罪中止形态
  - 概念、特征、处罚原则
  - 类型：自动停止犯罪、自动有效防止犯罪结果发生

【通关提要(提纲挈领)】

本章介绍故意犯罪的各种停止形态，对刑法分则相关内容的学习有重要作用。学习时，需了解犯罪停止形态的概念，掌握犯罪既遂、预备、未遂、中止等各种停止形态的概念、特征、类型及处罚原则，重点掌握各犯罪停止形态的区别以便在案例考查中迅速准确判断行为人的停止形态。本章主要考查选择题、概念题和简答题，复习时要准确记忆各形态的处罚原则。

【考点难点归纳(厚积薄发)】

考点一：故意犯罪停止形态概述(见表 10－1)　★★

表 10－1　故意犯罪停止形态概述

要点	主要内容
概念	指部分故意犯罪在实施过程中，因主客观原因停止后所呈现的各种具体状态 [应以行为符合犯罪构成为前提]
类型	①犯罪的完成形态[既遂]；②犯罪的未完成形态[预备、未遂和中止]
特征	①只存在于部分直接故意犯罪中；②只发生在犯罪过程中；③是一种结局性状态

考点二：犯罪既遂形态(见表10－2) ★★★

表10－2 犯罪既遂形态

要点	主要内容	
概念	指直接故意犯罪实施后，具备犯罪构成要件全部要素的犯罪形态	
标准	法定结果说	①犯罪实行后出现法定犯罪结果即为既遂。 ②适用于部分犯罪，不够全面
	目的说	①犯罪达到行为人追求的危害结果或目的即既遂。 ②过于主观，缺乏统一认定尺度，可能逾越犯罪构成，不科学
	构成要件齐备说	①犯罪实行后具备全部构成要件即为既遂。 ②符合犯罪构成定理，相对合理
类型	结果犯	须已造成法定的实害结果[既遂标志：发生法定犯罪结果]
	行为犯	犯罪行为实施到一定程度[既遂标志：法定犯罪行为的完成]
	危险犯	发生侵害法益的现实危险[既遂标志：造成法定的发生某种危害结果的危险状态]
	举动犯	又称即时犯，行为人一经着手实行即成立既遂
处罚	对既遂犯，结合刑法总则并按刑法分则具体条文规定的法定刑处罚	

【真题链接】

(1)简述犯罪既遂形态的类型。[简答题，广东财大2024年研]

(2)试论犯罪既遂的标准、类型及其处罚原则。[论述题，中山大学2010年研]

考点三：犯罪预备形态(见表10－3) ★★★

表10－3 犯罪预备形态

要点	主要内容	
概念	又称预备犯，指为了犯罪而准备工具、制造条件，但因意志以外的原因而停止在犯罪预备阶段的形态	
特征[成立条件]	主观意图	为了犯罪[主要根据]
	客观行为	实施预备行为[为犯罪准备工具、制造条件]
	阶段限制	止于犯罪预备阶段[着手之前]
	停止原因	因意志以外的原因停止[非自愿中断]
处罚	对预备犯，可比照既遂犯从轻、减轻或免除处罚	

【真题链接】

(1)犯罪预备的成立条件。[简答题，西南财大2025年研]

(2)请论述犯罪预备的成立条件和处罚原则。[论述题，北大2024年研]

考点四：犯罪未遂形态(见表 10－4) ★★★

表 10－4 犯罪未遂形态

<table>
<tr><td>要点</td><td colspan="3">主要内容</td></tr>
<tr><td>概念</td><td colspan="3">指行为人已着手实行犯罪，但因意志以外的原因而未得逞的故意犯罪停止形态</td></tr>
<tr><td>特征</td><td colspan="3">①行为人已着手实行犯罪。[犯罪预备与未遂的界限]
②犯罪未得逞。[犯罪既遂与未遂的界限]
③因犯罪分子意志以外的原因停止</td></tr>
<tr><td rowspan="4">类型</td><td rowspan="2">是否实行终了</td><td>实行终了的未遂</td><td>指行为人把实现犯罪意图必要的行为实施完毕的未遂。
一般对实行终了的未遂较未实行终了的未遂从重处罚</td></tr>
<tr><td>未实行终了的未遂</td><td>指行为人没有把实现犯罪意图必要的行为实施完毕的未遂。
从主客观统一上看，犯罪行为未实行完毕</td></tr>
<tr><td rowspan="2">能否既遂</td><td>能犯未遂</td><td>指有可能达到既遂的未遂。一般应较不能犯未遂从重处罚</td></tr>
<tr><td>不能犯未遂</td><td>指因事实认识错误，不可能达到既遂的未遂。
具体分为：工具不能犯、对象不能犯</td></tr>
<tr><td>处罚</td><td colspan="3">对未遂犯，可以比照既遂犯从轻或减轻处罚[得减主义的处罚原则]</td></tr>
</table>

【真题链接】

(1)试述犯罪未遂的概念、特征与处罚原则。[论述题，天津商大 2024 年研]

(2)简述犯罪未遂的概念及其成立条件。[简答题，广东财大 2021 年研]

考点五：犯罪中止形态(见表 10－5) ★★★

表 10－5 犯罪中止形态

<table>
<tr><td>要点</td><td colspan="3">主要内容</td></tr>
<tr><td>概念</td><td colspan="3">指在犯罪过程中，行为人自动放弃犯罪或自动有效地防止犯罪结果发生的故意犯罪停止形态</td></tr>
<tr><td rowspan="5">类型及特征</td><td rowspan="4">自动停止犯罪</td><td>时间性</td><td>须发生在犯罪过程中</td></tr>
<tr><td>客观性</td><td>存在放弃犯罪的中止行为</td></tr>
<tr><td>自动性</td><td>须主动放弃犯罪[本质特征]</td></tr>
<tr><td>彻底性</td><td>主观上彻底放弃犯罪</td></tr>
<tr><td>自动有效防止犯罪结果发生</td><td colspan="2">①发生在实行阶段并有发生既遂的可能性。
②客观性：实施了防止犯罪结果发生的中止行为。
③自动性：自动中止犯罪。[最大特点]
④有效性</td></tr>
<tr><td>处罚</td><td colspan="3">对中止犯，没有造成损害的，应免除处罚；造成损害的，应减轻处罚
[必减免制；情节显著轻微危害不大的，应依法不认为是犯罪]</td></tr>
</table>

【真题链接】简述犯罪中止的特征。[简答题，四川师大 2018 年研]

10.2　考研真题与典型题详解

一、单项选择题

1. 关于犯罪预备行为与犯罪实行行为，二者的实质区别在于(　　)。[2024 年法硕(非法学)真题]

A. 是否违反行政法等前置法　　B. 是否直接侵害犯罪客体

C. 是否具备基于实施犯罪的故意　　D. 是否可以对其进行防卫

【解析】犯罪预备，是指为了犯罪，准备工具、制造条件的行为。犯罪实行行为，是指行为人实施的符合刑法分则各条规定的某一犯罪行为。二者的实质区别在于：能否直接侵害犯罪客体。

A 项，行政法及其他前置法不是用来规制犯罪行为的，无法以其来鉴别二者。

C 项，二者都是基于实施犯罪的故意，否则无法构成故意犯罪。

D 项，是否可以对其进行防卫是二者的形式区别，并非实质区别。

2. 下列罪名中，属于危险犯的是(　　)。[2024 年法硕(非法学)真题]

A. 脱逃罪　　B. 破坏交通工具罪

C. 交通肇事罪　　D. 煽动分裂国家罪

【解析】A 项，脱逃罪属于行为犯，行为实施到一定程度即既遂。

B 项，破坏交通工具罪属于危险犯。破坏行为只要足以使交通工具发生倾覆、毁坏危险就构成既遂，不要求发生实害后果。如果造成了严重的后果，则适用加重的法定刑。

C 项，交通肇事罪是过失犯罪，属于典型的结果犯，只有造成实害结果才既遂。

D 项，煽动分裂国家罪属于特殊行为犯，即举动犯。只要一有煽动分裂国家的举动，就构成既遂。

3. 甲某和乙某系男女朋友关系。甲某意图和乙某发生性关系，趁乙某不备，将事先购买的迷药放入乙某水杯中。乙某喝水后不久就开始意识模糊。甲某乘机与乙某发生了性关系。由于用药过量，在迷奸过程中，甲某发现乙某呼吸衰弱，并出现呕吐现象。甲某害怕，赶紧拨打 120 呼叫救护车。如果乙某经过医院急救，最终转危为安，则甲某的行为应认定为(　　)。[2024 年法硕(法学、非法学)真题]

A. 犯罪预备　　B. 犯罪未遂　　C. 犯罪中止　　D. 犯罪既遂

【解析】犯罪既遂，是指犯罪人的行为完整地实现了刑法分则条文所规定的全部犯罪构成的事实。本题中，在乙某意识模糊后，甲某与乙某发生了性关系，此时强奸罪已经既遂。由于犯罪形态具有不可逆转性，犯罪已经既遂，因此甲某后续的送医行为对此并不产生影响，甲某的行为应认定为犯罪既遂。

二、多项选择题

下列对于犯罪既遂的认定，不正确的有(　　)。[2022 年法硕(法学、非法学)真题]

1B　2B　3D　▎　ABCD

A. 只有导致被害人死亡才能认定遗弃罪既遂

B. 只有导致被害人死亡才能认定绑架罪既遂

C. 只有造成财物被烧毁才能认定放火罪既遂

D. 只有窃得公私财物数额较大才能认定盗窃罪既遂

【解析】犯罪既遂，是指犯罪人的行为完整地实现了刑法分则条文所规定的全部犯罪构成的事实。

A 项，遗弃罪，是指对于年老、年幼、患病或其他没有独立生活能力的人，负有扶养义务而拒绝扶养，情节恶劣的行为。遗弃罪既遂须情节恶劣，但不一定导致被害人死亡。

B 项，绑架罪，是指以勒索财物为目的绑架他人，或绑架他人作为人质，或以勒索财物为目的偷盗婴幼儿的行为。绑架罪属于行为犯，只要完成了绑架被害人的行为就构成既遂，既遂无须导致被害人死亡。

C 项，放火罪，是指故意放火焚烧公私财物，危害公共安全的行为。放火行为使公共安全处于危险状态时就已经既遂，其并不以实际损害结果是否发生作为既遂标准。

D 项，盗窃罪，是指以非法占有为目的，秘密窃取公私财物，数额较大，或者多次盗窃、入户盗窃、携带凶器盗窃、扒窃公私财物的行为。行为人多次盗窃、入户盗窃、携带凶器盗窃、扒窃的，没有“数额较大”的要求，只要行为人控制了财物，就构成既遂。

三、概念题

1. 故意犯罪的停止形态[浙商大 2021 年研]

答：参见本章考点难点归纳相关内容。

2. 结果犯和行为犯[华南理工 2022 年研]

答：(1)结果犯，是指以法定的犯罪结果的发生与否作为犯罪既遂与未遂区别标志的犯罪。其既遂不仅要求实施符合具体构成要件的行为，还必须发生法定的犯罪结果。

(2)行为犯，是指以法定的犯罪行为的完成作为既遂标志的犯罪。

(3)二者的相同点。二者都要求实施符合具体构成要件的行为；都有明确的既遂标准，结果犯以结果发生为标准，行为犯以行为完成为标准。

(4)二者的不同点：

①既遂标志不同。结果犯以法定的犯罪结果的发生为既遂标志。行为犯以法定的犯罪行为的完成为既遂标志。

②结果要求不同。结果犯要求发生具体的、物质性的危害结果。行为犯不要求发生具体的犯罪结果，只要行为完成即可。

③犯罪过程不同。结果犯的犯罪过程可能较长，结果的发生可能需要一定时间。行为犯的犯罪过程相对较短，行为的完成通常较为迅速。

④法律后果不同。结果犯未发生法定结果，可能成立未遂。行为犯行为未完成，可能成立未遂。

3. 危险犯[上海师大 2022 年研；浙商大 2016 年研；东北财大 2011 年研]

答：危险犯是指以行为人实施的行为造成法定的发生某种危害结果的危险状态作为既

遂标志的犯罪。其核心在于，只要行为对法益造成了现实的、紧迫的危险状态，即使尚未发生实际的危害结果，也成立犯罪既遂。危险犯可分为具体的危险犯和抽象的危险犯，二者的主要区别在于危险的紧迫性和司法认定方式：具体的危险犯要求行为具有发生侵害结果的紧迫危险，需要司法认定；而抽象的危险犯则基于立法推定，只要实施特定行为即推定具有危险，无需具体判断。危险犯的设立旨在提前保护法益，防止实际危害结果的发生。

4. 犯罪预备[中财2016年研；东北财大2010年研]

答：参见本章考点难点归纳相关内容。

5. 犯罪未遂[安徽师大2020年研；暨南大学2015年研；武大2014年研；中山大学2011年研]

答：参见本章考点难点归纳相关内容。

6. 能犯未遂与不能犯未遂[武大2006年研]

相关试题：不能犯未遂[青岛大学2015年研；南开大学2014年研]

答：(1)能犯未遂，是指犯罪行为本身有可能达到既遂，但由于行为人意志以外的原因未能完成犯罪的情况。其行为具有实现犯罪结果的现实可能性，只是因外部障碍未能得逞。

(2)不能犯未遂，是指根据案件的具体事实，行为人所实施的行为本身就不可能达到既遂的情况。其行为因对象或工具的原因，客观上无法实现犯罪结果。

(3)二者的相同点。二者是犯罪未遂的两种类型，均未实现犯罪的既遂状态；行为人均具有明确的犯罪故意；二者均有可罚性，但处罚程度一般轻于犯罪既遂。

(4)二者的不同点：

①行为可能性不同。能犯未遂的行为本身具有实现犯罪结果的现实可能性。不能犯未遂的行为本身因对象或工具的原因，客观上无法实现犯罪结果。

②停止原因不同。能犯未遂的停止原因是外部障碍，如被害人反抗、第三人介入等。不能犯未遂的停止原因是行为本身的不可能性，如对象错误或工具无效。

③危险性不同。能犯未遂的行为对法益具有现实的、紧迫的危险性。不能犯未遂的行为对法益的危险性较低，甚至不存在现实危险(如迷信犯)。

④法律评价不同。能犯未遂通常认定为犯罪未遂，具有可罚性。不能犯未遂的部分情形(如迷信犯)因缺乏现实危险性，不构成犯罪；其他情形(如工具不能犯未遂)仍成立犯罪未遂。

⑤判断标准不同。能犯未遂以行为时的客观条件判断是否具有实现犯罪结果的可能性。不能犯未遂以行为时的具体事实判断行为是否客观上无法实现犯罪结果。

7. 犯罪预备与犯罪未遂[宁波大学2020年研]

答：(1)犯罪预备，是指为了实施犯罪，准备工具、制造条件的行为。犯罪预备是犯罪的准备阶段，更注重行为的预备性。

(2)犯罪未遂，是指行为人已经着手实行犯罪，由于其意志以外的原因而未能完成犯罪的行为。犯罪未遂是犯罪的实行阶段，更注重行为的实行性和未完成性。

(3)二者的相同点。二者都体现了行为人明确的犯罪故意；均未实现犯罪的既遂状态；

均有可罚性，但处罚程度一般轻于犯罪既遂。

(4)二者的不同点：

①行为阶段不同。犯罪预备处于犯罪实施前的准备阶段，行为人尚未着手实行犯罪。犯罪未遂处于犯罪实施阶段，行为人已经着手实行犯罪。

②行为表现不同。犯罪预备表现为准备工具、制造条件等预备行为。犯罪未遂表现为已经着手实行犯罪，但因客观原因未能完成。

③停止原因不同。犯罪预备的停止原因可能是行为人主动放弃，或被外界发现或阻止。犯罪未遂的停止原因是行为人意志以外的客观障碍，如被害人反抗、第三人介入等。

④法律后果不同。犯罪预备的处罚较轻，通常比照既遂犯从轻、减轻或免除处罚。犯罪未遂的处罚相对较重，通常比照既遂犯从轻或减轻处罚。

⑤危险性不同。犯罪预备对法益的威胁较间接，危险性较低。犯罪未遂对法益的威胁更直接，危险性较高。

8. 犯罪中止[中国政法2025年研；武大2020年研；安徽师大2018年研；青岛大学2017年研；暨南大学2016年研；中山大学2015年研；南开大学2011年研]**、犯罪中止形态**[广西民大2022年研]

答：参见本章考点难点归纳相关内容。

四、简答题

1. 犯罪预备的成立条件。[西南财大2025年研]

相关试题：

(1)请论述犯罪预备的成立条件和处罚原则。[论述题，北大2024年研]

(2)简述犯罪预备的特征。[广东财大2020年研]

(3)简述犯罪预备形态的特征。[首经贸2015年研]

(4)简述犯罪预备形态的概念和特征。[山东大学2014年研]

(5)简述犯罪预备的成立条件。[2011年法硕(非法学)真题]

答：参见本章考点难点归纳相关内容。

2. 犯罪未遂与犯罪中止的区别。[中国政法2015年研]

答：(1)二者的概念：

①犯罪未遂，是指行为人已经着手实行犯罪，但因其意志以外的原因而未能完成犯罪的行为。其核心特征是行为人已经开始实行犯罪，但因外部障碍未能达到既遂状态。

②犯罪中止，是指行为人在犯罪过程中，自动放弃犯罪或自动有效地防止犯罪结果发生的行为。其核心特征是行为人基于自己的意志主动停止犯罪或防止结果发生。

二者均未实现犯罪的既遂状态，且行为人均具有明确的犯罪故意；二者均有可罚性，但处罚程度不同。

(2)二者的区别如下：

①停止原因不同。犯罪未遂的停止原因是行为人意志以外的客观障碍，如被害人反抗、第三人介入等。犯罪中止的停止原因是行为人基于自己的意志主动放弃犯罪或防止结果

发生。

②主观态度不同。犯罪未遂的行为人并未放弃犯罪意图，犯罪未能完成是由于外部原因。犯罪中止的行为人主动放弃犯罪意图，表现出悔改或放弃的主观态度。

③法律后果不同。犯罪未遂的处罚相对较重，通常比照既遂犯从轻或减轻处罚。犯罪中止的处罚较轻，如果没有造成损害，应免除处罚；如果造成损害，应减轻处罚。

④行为阶段不同。犯罪未遂发生在犯罪实行阶段，行为人已经着手实行犯罪。犯罪中止可发生在犯罪预备阶段或实行阶段，甚至可在犯罪结果发生前主动防止结果发生。

⑤危险性不同。犯罪未遂的行为对法益具有现实的、紧迫的危险性。犯罪中止因行为人主动停止或防止结果发生，危险性被有效消除。

五、论述题

1. 试论犯罪既遂的标准、类型及其处罚原则。［中山大学 2010 年研］

相关试题：

(1) 简述犯罪既遂形态的类型。［简答题，广东财大 2024 年研］

(2) 试论我国刑法理论中判断犯罪既遂的不同学说。［2019 年法硕（法学）真题］

(3) 试述犯罪既遂的概念和类型。［广东财大 2017 年研］

答： 参见本章考点难点归纳相关内容。

2. 试述犯罪未遂的概念、特征与处罚原则。［天津商大 2024 年研］

相关试题：

(1) 简述犯罪未遂的概念及其成立条件。［简答题，广东财大 2021 年研］

(2) 简述犯罪未遂的特征与处罚原则。［简答题，暨南大学 2019 年研］

(3) 简述犯罪未遂的认定与处罚原则。［简答题，山东大学 2018 年研］

(4) 犯罪未遂的类型。［简答题，扬州大学 2017 年研］

(5) 简述犯罪未遂形态的特征。［简答题，北师 2015 年研］

(6) 简述犯罪未遂。［简答题，中财 2015 年研；北大 2008 年研；华南理工 2007 年研］

(7) 简述未遂犯的概念及法律后果。［简答题，中南财大 2014 年研］

(8) 简述犯罪未遂的特征与类型。［简答题，2012 年法硕（法学）真题］

答： 参见本章考点难点归纳相关内容。

3. 试述犯罪中止的概念、特征与处罚原则。［天津商大 2023 年研］

相关试题：

(1) 简述犯罪中止的特征。［简答题，四川师大 2018 年研；2012 年法硕（非法学）真题］

(2) 简述犯罪中止形态的类型。［简答题，华南理工 2017 年研］

(3) 犯罪中止的概念和特征是什么？［简答题，东北财大 2011 年研］

答： 参见本章考点难点归纳相关内容。

六、案例分析题

被告人张某，女，36 岁，农民。被告人张某与其嫂长期不和，矛盾很深。一日，张某将毒药倒进其嫂饭盒即离去。不久得知其嫂呕吐并昏迷后，又于心不忍，当即叫人帮忙一起将其嫂护送到医院，因抢救及时，其嫂病情好转并健康出院。事后张某始终未主动如实交代其罪行，后被公安机关羁押后才交代。[中山大学2006年研]

如何认定张某犯罪行为的停顿形态？法律依据是什么？理由是什么？

答：(1)张某成立犯罪中止。

(2)法律依据。《刑法》第24条规定："在犯罪过程中，自动放弃犯罪或者自动有效地防止犯罪结果发生的，是犯罪中止。对于中止犯，没有造成损害的，应当免除处罚；造成损害的，应当减轻处罚。"

(3)理由：张某成立的犯罪中止属于实行终了的中止，即行为人在实行行为终了以后，出于本意而以积极的行为阻止了既遂之犯罪结果的发生。投放危险物质杀人不像凶器杀人那样可以当场实现犯罪目的。被告人在下毒之后其嫂食之，尚未发生严重的犯罪后果，即此犯罪是有一段过程性的犯罪。在这个过程中，被告人采取了积极有效的抢救方法来防止犯罪结果的发生，符合犯罪中止的时空性、自动性和彻底性的特征。而被害人最后没有死亡且恢复健康，即行为人有效地防止了犯罪结果的发生，因此足以认定被告人成立犯罪中止。

第十一章　共同犯罪

11.1　复习笔记

【知识框架(庖丁解牛)】

- 共同犯罪
  - 共同犯罪概述
    - 概念：二人以上共同故意犯罪
    - 成立要件
      - 主体要件：二人以上[自然人+单位]
      - 主观要件：共同故意
      - 客观要件：共同行为
    - 认定
      - 共谋而未实行、共同过失犯罪
      - 间接实行犯、片面共犯、实行过限
      - 不构成共同犯罪的情况
  - 共同犯罪的形式
    - 形成任意性：任意、必要共同犯罪
    - 共同故意形成时间：事前通谋、无通谋共同犯罪
    - 有无分工：简单、复杂共同犯罪
    - 有无组织形式：一般、有组织的共同犯罪[集团犯罪]
  - 共同犯罪人及其刑事责任
    - 主犯：概念、类型、刑事责任
    - 从犯：概念、类型、刑事责任
    - 胁从犯：概念、刑事责任
    - 教唆犯：概念、构成要件、刑事责任

【通关提要(提纲挈领)】

本章主要介绍共同犯罪，是刑法的一大难点。学习时，要熟悉共同犯罪的概念和形式；重点掌握共同犯罪的成立要件和认定，能够判断多行为人犯罪是否成立共同犯罪；掌握我国刑法对共同犯罪人的分类方法，尤其注意对主犯和教唆犯的规定。本章各种题型都有可能考查，复习时要结合法条准确记忆各种类型共同犯罪人的构成要件和刑事责任。要注重理解，切忌死记硬背。

【考点难点归纳(厚积薄发)】

考点一：共同犯罪概述(见表11-1)　★★★

表 11－1　共同犯罪概述

要点		主要内容
概念		指二人以上共同故意犯罪
成立要件	主体要件：二人以上	①须二人以上共同实施犯罪。[两个以上的自然人、单位或自然人与单位] ②自然人须达到刑事责任年龄、具有刑事责任能力
	主观要件：共同故意	须二人以上"共同故意"犯罪。 共同故意＝意思联络[合意，关键]＋共同认识＋共同意志[相对独立性]
	客观要件：共同行为	指共犯人须有共同行为。共同行为： ①表现形式：共同作为、共同不作为、作为与不作为相结合。 ②行为方式：实行、组织、教唆、帮助四种
认定	共谋而未实行	构成共犯。共谋即共同预备行为，共谋未参与实行仍构成共同犯罪
	共同过失犯罪	按各自所犯之罪分别处罚[事实上的共同犯罪]
	间接实行犯	又称间接正犯[非直接]，通过支配他人实施犯罪，承担全部刑事责任
	片面共犯	指一方有共同犯罪故意，另一方无的犯罪情形[只有片面合意的共犯]。提法自相矛盾，应对实行犯不知情时的帮助行为比照从犯定罪处罚
	实行过限	①指实行犯实施超出共同犯罪故意的行为。 ②超出行为不构成共同犯罪，仅由实行者承担责任
	不构成共同犯罪的情况	①主观罪过不一致：一人故意一人过失，不构成共犯。 ②故意犯罪与无罪过行为并存：追究故意犯罪者的责任，不构成共犯。 ③无意思联络的同时犯：分别以个人犯罪处罚，不构成共犯。 ④犯罪构成不重合：分别定罪，不构成共犯；若互相帮助则构成。 ⑤事前无通谋的事后帮助：窝藏、包庇等行为与原犯罪无共同故意，不构成共犯

【真题链接】简述共同犯罪的成立条件。[简答题，暨南大学 2021 年研]

考点二：共同犯罪的形式（四类八种，见表 11－2）★★

表 11－2　共同犯罪的形式

划分标准	类型	主要内容	
形成任意性	任意共同犯罪	指刑法分则中一人可单独实施的犯罪，二人以上共同实施	
	必要共同犯罪[须二人以上]	聚众性	由首要分子组织、策划、指挥众人实施
		集团性	简称集团犯罪，指 3 人以上有组织地实施的共同犯罪
共同故意形成时间	事前通谋共同犯罪	各共犯在着手前形成共同故意	
	事前无通谋共同犯罪	又称"事中通谋"，各共犯在着手时或实行中形成共同故意	
有无分工	简单共同犯罪[共同正犯、共同实行犯]	二人以上共同故意实行犯罪[均为实行犯]。承担刑事责任原则：①部分实行全部责任原则；②区别对待原则；③罪责自负原则	
	复杂共同犯罪	共犯间存在分工[教唆、帮助、实行、组织等]，按分工性质担责	

续表

划分标准	类型	主要内容		
有无组织形式	一般共同犯罪	无固定组织的临时结伙		
	有组织的共同犯罪[有组织犯罪、集团犯罪]	概念		3人以上有组织地实施的共同犯罪
		犯罪集团	含义	3人以上为共同实施犯罪而组成的较固定的犯罪组织
			特征	①成员多数性[3人以上]；②犯罪目的性；③较强组织性；④稳固性[以长期犯罪为目的]

【真题链接】

(1)试论共同犯罪的形式。[论述题，广东财大2024年研；吉林大学2022年研]

(2)犯罪集团的成立条件。[简答题，广西民大2024年研]

考点三：共同犯罪人及其刑事责任(见表11-3) ★★★★

表11-3 共同犯罪人及其刑事责任

要点	主要内容		
主犯	概念	指组织、领导犯罪集团进行犯罪活动或在共同犯罪中起主要作用的犯罪分子	
	类型	犯罪集团首要分子	即组织、领导犯罪集团进行犯罪活动的犯罪分子
		在共同犯罪中起主要作用的犯罪分子	①犯罪集团的骨干分子。 ②聚众共同犯罪中的首要分子或其他起主要作用的犯罪分子。 ③在聚众共同犯罪外的一般共同犯罪中起主要作用的犯罪分子
	区分	犯罪集团中的主犯不一定是首要分子。首要分子是指在犯罪集团或聚众犯罪中起组织、策划、指挥作用的犯罪分子	
	处罚	①对组织、领导犯罪集团的首要分子，按集团所犯的全部罪行处罚。 ②对其他主犯，应按其所参与或组织、指挥的全部犯罪处罚	
从犯	概念	指在共同犯罪中起次要或辅助作用的犯罪分子	
	类型	两种：①次要的实行犯；②帮助犯	
	处罚	对从犯，应从轻、减轻或免除处罚	
胁从犯	概念	指被胁迫[精神强制]参加犯罪的犯罪分子	
	处罚	对胁从犯，应按其犯罪情节减轻或免除处罚	
教唆犯	概念	指故意唆使他人犯罪的犯罪分子	
	构成	客观	须有教唆行为[不作为不成立]
		主观	须有教唆故意[过失不成立]
	处罚	①教唆他人犯罪的，应按其在共同犯罪中所起的作用处罚。 ②教唆不满18周岁的人犯罪的，应从重处罚。 ③如被教唆人没有犯被教唆的罪[教唆未遂]，对教唆犯可从轻或减轻处罚	

【真题链接】

(1)论述我国共犯人分类及刑事责任承担方式。[论述题，四川大学2023年研]

(2)论述我国共同犯罪人的分类体系并评价。[论述题，中国政法2022年研]
(3)主犯及其刑事处罚原则。[简答题，西南财大2025年研]
(4)简述从犯的概念、种类及刑事责任。[简答题，天津商大2023年研]
(5)论述教唆犯的成立条件和法律后果。[论述题，厦门大学2025年研]
(6)我国教唆犯的构成要件和处罚原则。[简答题，中南财大2025年研]

11.2 考研真题与典型题详解

一、单项选择题

1. 下列选项中，可以认定为主犯的是(　　)。[2024年法硕(法学、非法学)真题]
A. 主动提出开车送朋友到他人家中盗窃的甲
B. 受他人蛊惑，积极实施扰乱公共场所秩序行为的乙
C. 在组织、领导传销活动犯罪中承担宣传职责的丙
D. 为黑社会性质组织经营的公司提供租车服务的丁

【解析】A项，甲主动提出开车送朋友到他人家中盗窃，属于辅助他人犯罪的帮助犯，故甲为从犯。

B项，聚众扰乱公共场所秩序罪只有首要分子才构成犯罪，积极参与者和一般参与者不构成犯罪。乙只是受他人蛊惑，积极实施了扰乱公共场所秩序的行为，不构成犯罪。

C项，组织、领导传销活动罪属于共同犯罪。对在传销活动中承担宣传职责的人员，若能证明其发挥了主要作用，应认定为主犯。

D项，丁为黑社会性质组织经营的公司提供租车服务，可能属于中立的业务行为，不构成犯罪。即使丁明知对方是黑社会性质组织，仍为其提供租车服务，并未为犯罪起到实质促进作用，也只属于帮助犯。

2. 下列对于首要分子的理解中，正确的是(　　)。[2021年法硕(法学、非法学)真题]
A. 首要分子只存在于共同犯罪之中
B. 主犯不一定是首要分子，首要分子不一定是主犯
C. 主犯一定是首要分子
D. 首要分子一定是主犯

【解析】根据《刑法》第97条规定，首要分子是指在犯罪集团或聚众犯罪中起组织、策划、指挥作用的犯罪分子。主犯是指组织、领导犯罪集团进行犯罪活动的或在共同犯罪中起主要作用的犯罪分子。

A项，首要分子并不只存在于共同犯罪中，有些聚众犯罪只处罚首要分子。

BCD三项，主犯与首要分子并不具有确定的关系：主犯不一定是首要分子，首要分子不一定是主犯。

二、多项选择题

1. 下列行为人中，应认定为主犯的有(　　)。[2022年法硕(法学、非法学)真题]

1C　2B　|　1AB

A. 诈骗集团的骨干成员

B. 教唆 13 岁少年杀人后抛尸的成年人

C. 遭暴力、胁迫实施抢劫行为的犯罪分子

D. 聚众扰乱公共场所秩序罪的首要分子

【解析】主犯，是指组织、领导犯罪集团进行犯罪活动的或在共同犯罪中起主要作用的犯罪分子。

A 项，诈骗集团的骨干成员是组织、领导犯罪集团进行犯罪活动的犯罪分子，应认定为主犯。

B 项，对教唆犯按其在共同犯罪中所起的作用处罚，起主要作用的，按主犯处罚。教唆未成年人杀人后抛尸的成年人，应按照其在共同犯罪中所起的作用处罚，应认定为主犯。

C 项，遭暴力、胁迫实施抢劫的犯罪分子是胁从犯。《刑法》第 28 条规定，对于被胁迫参加犯罪的，应按其犯罪情节减轻处罚或免除处罚。

D 项，聚众犯罪中的首要分子未必都是主犯。聚众扰乱公共场所秩序罪中，只有聚众者才构成犯罪；如果聚众者只有一人，则此罪不是严格意义上的共同犯罪，无所谓主犯。

2. 下列选项中，应认定为共同犯罪中的教唆犯的有（　　）。[2020 年法硕（法学）真题]

A. 甲引诱 17 岁的王某盗窃了巨额财物

B. 乙唆使已有自杀决意的高某赶快自杀

C. 丙在演讲中煽动听众实施分裂国家的活动

D. 丁说服丈夫刘某利用职权向他人索取巨额财物

【解析】教唆犯是指教唆他人实行犯罪的人，即故意引起他人产生犯罪决意的人。其成立条件有：①主观上有唆使他人犯罪的故意；②客观上实施了教唆他人犯罪的行为。

A 项，甲引诱王某实施盗窃行为，构成教唆犯。且甲教唆不满 18 周岁的人犯罪，应从重处罚。

B 项，高某具有完全的意志自由，自杀不构成犯罪，且高某已有自杀决意；乙唆使其自杀不符合引起犯罪决意的条件，不构成教唆犯。

C 项，丙煽动分裂国家，该行为被刑法分则单独规定为煽动分裂国家罪，因此丙不构成教唆犯。

D 项，丁教唆丈夫向他人索取贿赂，主观上有教唆故意且客观上实施了教唆行为，因此构成教唆犯。

三、概念题

1. 共同犯罪[中国政法 2020 年研；中山大学 2015 年研]

答：参见本章考点难点归纳相关内容。

2. 片面共犯[南京大学 2023 年研；广西民大 2023 年研]

相关试题：片面的共同正犯[中国政法 2023 年研]

答：片面共犯，是指两个以上的行为人针对同一犯罪对象实施犯罪行为，但仅一方存

2AD

在共同犯罪故意，另一方主观上无此犯意的情形。其核心特征是共同犯罪故意的单向性，本质在于行为人单方面通过物理或心理上的协助促成犯罪完成，却未与实行犯形成双向的犯意联络。这一现象虽客观存在，但现行刑法并未明确规定。片面共犯是共同犯罪的一种特殊形式，需通过立法明确其处理规则，以实现罪责刑相适应。

3. 任意的共同犯罪［复旦大学 2020 年研；上海交大 2006 年研］

答：任意的共同犯罪，是指刑法分则规定的可由一人单独实施的犯罪，当二人以上共同实施时构成的共同犯罪。其特点有：①刑法对犯罪主体人数无限制；②二人以上共同实施即成立共同犯罪。定罪量刑时，需同时引用刑法分则的具体条款和总则中关于共同犯罪的规定。绝大多数故意犯罪（如放火、故意杀人、抢劫等）均可构成任意的共同犯罪，既可单独实施，也可共同实施。

4. 犯罪集团［中国政法 2021 年研；浙商大 2019 年研；烟台大学 2019 年研；中山大学 2018 年研；山东大学 2015 年研；人大 2014 年研；武大 2007 年研］

答：参见本章简答题第 4 题答案。

5. 主犯与从犯［华南理工 2023 年研］

相关试题：

（1）主犯［暨南大学 2024 年研；武大 2012 年研；北化 2008 年研；西北政法 2007 年研］

（2）从犯［武大 2014 年研；人大 2009 年研］

答：（1）主犯，是指组织、领导犯罪集团进行犯罪活动的或在共同犯罪中起主要作用的行为人。主犯是共同犯罪的核心人物，起主导作用，承担主要责任。

（2）从犯，是指在共同犯罪中起次要或辅助作用的行为人，通常表现为帮助、教唆、提供便利等行为。从犯的作用相对较小，对犯罪行为的实施和危害结果的发生起辅助性作用，承担次要责任。

（3）二者的相同点。二者均属于共同犯罪中的参与主体，需满足共同犯罪的成立要件；均需对共同犯罪行为及其危害结果承担刑事责任；其认定均基于其在共同犯罪中的作用和地位。

（4）二者的不同点：

①作用与地位不同。主犯在共同犯罪中起主要作用，是犯罪的核心人物。从犯在共同犯罪中起次要或辅助作用，依附于主犯。

②行为性质不同。主犯通常直接实施犯罪行为，或组织、策划、指挥犯罪活动。从犯通常表现为帮助、教唆、提供便利等辅助性行为。

③刑事责任不同。主犯承担主要责任，处罚较重。从犯承担次要责任，处罚较轻，依法可从轻、减轻或免除处罚。

④认定标准不同。主犯以是否起主要作用为认定标准。从犯以是否起次要或辅助作用为认定标准。

6. 帮助犯与教唆犯［华南理工 2023 年研］

答：（1）帮助犯，是指在共同犯罪中，为他人实施犯罪提供辅助支持的行为人。帮助犯侧重于为犯罪提供辅助支持，行为依附于实行行为。

(2)教唆犯，是指故意唆使他人犯罪的犯罪分子。教唆犯侧重于引发犯罪意图，行为具有独立性，可单独构成犯罪。

(3)二者的相同点。二者都属于共同犯罪中的非实行犯，不直接实施犯罪的实行行为；均具有共同犯罪的故意；均需对共同犯罪的结果承担刑事责任。

(4)二者的不同点：

①行为性质不同。帮助犯提供辅助支持，不引发犯罪意图。教唆犯引发犯罪意图，促使他人实施犯罪。

②作用阶段不同。帮助犯在犯罪实施过程中或之前提供帮助。教唆犯在犯罪实施之前引发犯罪意图。

③行为方式不同。帮助犯提供工具、信息、便利条件等。教唆犯通过言语、行为等方式诱导他人犯罪。

④因果关系不同。帮助行为与犯罪结果有间接因果关系。教唆行为与犯罪结果有直接因果关系。

⑤独立性不同。帮助犯的帮助行为依附于实行行为。教唆行为具有独立性，可单独构成犯罪。

7. 教唆犯与间接正犯[华东政法2013年研；西北政法2005年研]

答：(1)教唆犯，是指故意唆使他人犯罪的犯罪分子。教唆犯通过引发他人犯罪意图实现犯罪目的，属于共同犯罪中的非实行犯。

(2)间接正犯，是指利用他人作为工具实施犯罪的行为人。间接正犯通过控制他人作为犯罪工具实现犯罪目的，属于单独犯罪。

(3)二者的相同点。二者均不直接实施犯罪的实行行为，而是通过他人实现犯罪目的；均具有犯罪故意；均需对犯罪结果承担刑事责任。

(4)二者的不同点：

①行为对象不同。被教唆者具有刑事责任能力。间接正犯的被利用者通常不具备刑事责任能力或不知情。

②控制程度不同。教唆犯仅引发犯罪意图，不控制实行行为。间接正犯完全控制被利用者的行为。

③行为性质不同。教唆犯引发他人犯罪意图，属于共同犯罪中的非实行犯。间接正犯利用他人作为犯罪工具，属于单独犯罪。

④因果关系不同。教唆行为通过被教唆者的实行行为与犯罪结果产生直接因果关系。间接正犯通过支配他人实施犯罪，其行为与犯罪结果之间存在直接因果关系。

⑤独立性不同。教唆行为依附于被教唆者的实行行为。间接正犯的行为具有独立性，不依附于他人。

四、简答题

1. 简述共同犯罪的成立条件。[暨南大学2021年研；江西理工2014年研]

相关试题：

(1)试述共同犯罪的成立要件。［论述题，广东财大 2018 年研］

(2)简述共同犯罪的主体。［北理 2008 年研；武大 2005 年研］

答：根据《刑法》第 25 条规定，共同犯罪是指二人以上共同故意犯罪。其成立要件有：

(1)主体要件：二人以上。

①人数要求：至少二人，包括自然人和单位。单位之间或单位与自然人之间可构成共同犯罪。

②责任能力。自然人须达到刑事责任年龄并具有刑事责任能力。

③特殊身份。不具备特殊身份的人也可成为特殊主体犯罪的共同犯罪主体。

(2)主观要件：共同故意。

共同故意，是指各犯罪人之间有意思联络，明知共同行为会导致危害社会的结果，并希望或放任该结果发生。共同故意可表现为直接故意、间接故意或二者结合。其三要素为：

①意思联络，即各犯罪人存在主观犯意联络，这是关键。

②共同认识，即各犯罪人明知共同行为的性质及其危害结果。

③共同意志，即各犯罪人对危害结果持希望或放任态度。

(3)客观要件：共同行为。

共同行为，是指各犯罪人的行为在共同故意下相互配合、协调，形成一个整体，与危害结果有因果关系。共同行为可同时或不同时实施，各行为均与危害结果具有因果关系。

①行为形式，包括共同作为、共同不作为以及作为与不作为的结合。

②行为分工，分为实行行为(直接实施犯罪)和非实行行为(组织、教唆、帮助)。

2. 主犯及其刑事处罚原则。［西南财大 2025 年研］

相关试题：

(1)试述刑法中的主犯概念、类型及其刑事责任。［论述题，广东财大 2021 年研；北大 2010 年研］

(2)论主犯及其刑事责任。［论述题，中山大学 2020 年研］

(3)主犯的类型和刑事责任。［论述题，武大 2020 年研］

(4)简述我国刑法中共同犯罪的主犯及其刑事责任。［暨南大学 2018 年研］

(5)简述主犯与首要分子的关系。［暨南大学 2017 年研］

(6)简述主犯的概念、种类及其刑事责任。［山东大学 2015 年研；北师 2009 年研］

答：参见本章考点难点归纳相关内容。

3. 简述从犯的概念、种类及刑事责任。［天津商大 2023 年研］

答：参见本章考点难点归纳相关内容。

4. 犯罪集团的成立条件。［广西民大 2024 年研］

答：根据《刑法》第 26 条第 2 款规定，犯罪集团是指 3 人以上为共同实施犯罪而组成的较为固定的犯罪组织。其成立条件包括：

(1)成员的多数性。成员须在 3 人以上，这是区别于一般共同犯罪的特点。实践中，成员人数可能更多，但至少 3 人。

(2)共同实施犯罪的目的性。成员主观上是为了共同实施某种或某几种犯罪而组织起来的。共同目的可以通过口头或书面约定形成，也可以通过共同活动逐渐形成。犯罪集团的核心在于实施犯罪。

(3)较强的组织性。犯罪集团具有明确的组织架构，成员相对固定，内部存在领导与被领导的关系。通常包括首要分子、骨干分子和一般成员。首要分子负责组织、领导和指挥其他成员进行犯罪活动。

(4)相当的稳固性。犯罪集团是为长期实施犯罪而成立的，其组织机构和活动计划具有长远性，而非为了一次犯罪临时结伙。即使只实施了一次犯罪或尚未实施犯罪，只要其成立目的是为了多次或不定次数的犯罪，仍可认定为犯罪集团。如果 3 人以上仅为实施一次犯罪而临时结合，犯罪完成后即解散，则属于普通共同犯罪，而非犯罪集团。

五、法条分析题

我国《刑法》第 25 条第 2 款规定："二人以上共同过失犯罪，不以共同犯罪论处；应当负刑事责任的，按照他们所犯的罪分别处罚。"[中山大学 2011 年研]

请说明该法条的含义有哪些。

答：《刑法》第 25 条从反面规定了共同犯罪所需要的主观条件，即共同犯罪必须是共同故意的犯罪，共同过失犯罪不构成共同犯罪。

(1)从犯罪的主观方面来看，构成共同犯罪须二人以上具有共同犯罪故意。共同犯罪故意可以从认识因素与意志因素两个方面来分析：

①认识因素。共同犯罪人认识到自己与他人配合共同实施犯罪，认识到自己的行为性质及共同犯罪行为的性质，并可以概括地预见到共同犯罪行为与共同危害结果之间的因果关系。

②意志因素。各共同犯罪人是经过自由选择决意与他人共同协力实施犯罪，并对其共同犯罪行为会发生危害社会的结果抱有希望或放任态度。

(2)二人以上共同过失犯罪，不构成共同犯罪。因为共同过失犯罪的行为人缺乏意思联络，不能满足共同犯罪所要求的有机整体性。此外，在共同过失犯罪中，不存在主犯、从犯、教唆犯的区分，只存在过失责任大小的差别，因而不需要对其以共同犯罪论处。

六、论述题

1. 试述共同犯罪中的实行过限。[天津商大 2021 年研]

答：共同犯罪的实行过限，是指实行犯实施了超出共同犯罪故意的行为。根据我国刑法理论，超出共同犯罪故意的行为不构成共同犯罪，因为其他共同犯罪人对过限行为缺乏共同故意。对共同犯罪中的实行过限，应按不同情况处理如下：

(1)共同实行犯的实行过限。指共同实行犯中，某人的行为超出了共同犯罪计划的范围。过限者对过限行为单独承担刑事责任，与共同犯罪数罪并罚。其他共同犯罪人仅对共同犯罪负责，不承担过限行为的责任。

(2)实行过限时组织犯的责任。组织犯仅对组织、策划的犯罪行为负责，对实行犯的过限行为不承担责任。组织犯仅对组织范围内的犯罪负责。若组织犯明确或默许过限行为，则需对过限行为承担责任。

(3)实行过限时教唆犯的责任。教唆犯一般不对实行犯的过限行为负责，除非教唆犯对过限行为有预见或应预见。若过限行为属于结果加重犯，教唆犯需对加重结果负责。若过限行为与教唆内容无关，教唆犯不承担责任。

(4)实行过限时帮助犯的责任。帮助犯仅对帮助范围内的犯罪行为负责，对实行犯的过限行为不承担责任。帮助犯仅对帮助范围内的犯罪负责。若过限行为属于结果加重犯，帮助犯需对加重结果负责。

综上，实行过限的处理核心在于共同犯罪人是否对过限行为具有共同故意。过限者需对过限行为单独负责，其他共同犯罪人仅对共同犯罪范围内的行为承担责任。组织犯、教唆犯和帮助犯的责任范围取决于其是否预见或应预见过限行为，以及过限行为是否与共同犯罪有直接关联。

2. 试论共同犯罪的形式。［广东财大 2024 年研；吉林大学 2022 年研］

相关试题：试述共同犯罪的概念及其分类。［广东财大 2017 年研］

答：参见本章考点难点归纳相关内容。

3. 不构成共同犯罪的情况。［吉林大学 2006 年研］

相关试题：

(1)论述二人以上犯罪不构成共同犯罪的情况。［中财 2019 年研］

(2)简述因缺乏共同故意从而不构成共同犯罪的具体情形。［简答题，2013 年法硕(非法学)真题］

答：参见本章考点难点归纳相关内容。

4. 论述我国共犯人分类及刑事责任承担方式。［四川大学 2023 年研］

相关试题：

(1)论述我国共同犯罪人的分类体系并评价。［中国政法 2022 年研］

(2)试述我国《刑法》规定的共犯人种类及其处罚原则。［暨南大学 2016 年研］

(3)共同犯罪人的种类及其刑事责任。［简答题，北航 2015 年研］

(4)简述共同犯罪人的分类和法律后果。［简答题，中南财大 2014 年研］

答：参见本章考点难点归纳相关内容。

5. 论述教唆犯的成立条件和法律后果。［厦门大学 2025 年研］

相关试题：

(1)我国教唆犯的构成要件和处罚原则。［简答题，中南财大 2025 年研］

(2)教唆犯的成立条件及处理原则。［上海交大 2024 年研］

(3)教唆犯的特征与刑事责任。［简答题，山东大学 2022 年研］

(4)教唆犯的处罚原则。［简答题，武大 2022 年研］

(5)简述被教唆的人没有犯被教唆的罪的几种情形。［简答题，浙商大 2021 年研］

(6)试论我国刑法中的教唆犯及其法律责任。［西北政法 2020 年研］

(7)论述教唆犯的概念、构成特征和处罚原则。［暨南大学 2020 年研］

(8)论述教唆犯的特征及其刑事责任。［浙商大 2018 年研］

(9)论教唆犯。[中财 2018 年研]

(10)试论我国刑法中的教唆犯。[2016 年法硕(法学)真题]

(11)简述教唆犯的概念与构成条件。[简答题，中山大学 2013 年研]

答：教唆犯是指故意唆使他人实施犯罪的犯罪分子，其特点是本人不亲自实行犯罪，而是通过唆使他人产生犯罪决意并实施犯罪。

(1)教唆犯的成立条件：

①客观条件：实施了教唆行为，如授意、劝说、引诱等，使本无犯罪意图或意志不坚定的人产生犯罪决意。教唆行为可以是口头、书面、单独或共同进行，且必须以作为方式实施。

②主观条件：具有教唆他人犯罪的故意，包括认识到他人无犯罪意图，并预见到自己的行为会引发他人犯罪。教唆故意可以是直接故意或间接故意。

(2)教唆犯的处罚原则：

①一般原则。教唆他人犯罪的，按照其在共同犯罪中的作用处罚。通常教唆人起主要作用，按主犯处罚；起次要作用的，按从犯处罚。

②从重处罚。教唆不满 18 周岁的人犯罪的，应从重处罚。若教唆不满 12 周岁或特定年龄段的未成年人实施犯罪，可能构成间接正犯。

③教唆未遂。若被教唆人未实施被教唆的罪，对教唆犯可以从轻或减轻处罚。教唆未遂的情形包括：a. 被教唆人拒绝了教唆；b. 被教唆人接受但未实施；c. 被教唆人实施其他犯罪；d. 被教唆人已有犯罪决意，教唆行为与被教唆人实施的犯罪之间没有因果关系。

综上，教唆犯的成立需具备客观教唆行为和主观教唆故意，其刑事责任根据作用大小、被教唆人年龄及犯罪实施情况分别处理，体现了刑法对教唆行为的严厉打击和区别对待。

七、案例分析题

1. 甲与乙密谋盗窃 A 仓库内的保险柜。某日晚，乙在 A 仓库门外望风，甲潜入仓库内行窃，在仓库内恰巧遇见在此正在盗取财物的丙。当甲打开保险柜之际，不慎触发报警装置，甲与丙便逃跑。在仓库门口，丙将在此望风的乙误当作前来抓捕的人，便将乙打成重伤。甲跑至中途，想起不能扔下乙不管，便想返回仓库，未料在中途被赶来的警察抓获。因为害怕坐牢，甲向警察如实交代了行窃的相关事实。[天津商大 2023 年研]

请结合上述案例回答如下问题：

(1)甲与丙是否构成共同犯罪？为什么？

(2)丙打伤乙的罪过形式是什么？该罪过的法定分类及其区别是什么？

(3)甲是否构成自首？为什么？

答：(1)甲与丙不构成共同犯罪。

理由：共同犯罪是指二人以上共同故意犯罪。本案中，甲和丙虽然都在 A 仓库实施盗窃行为，但他们事先并无盗窃的共谋。甲潜入仓库行窃时，是偶然遇见正在盗窃的丙，两人在盗窃行为上没有形成共同的犯罪故意，也不存在相互配合、协作的行为，只是各自独立实施盗窃行为。因此，甲与丙不构成共同犯罪。

(2)①丙打伤乙的罪过形式是过失。在当时的情境下，丙将乙误当作前来抓捕的人而将其打伤，丙在主观上没有伤害乙的故意，只是由于认识错误导致了伤害结果的发生，属于疏忽大意的过失。丙打伤乙的行为构成过失致人重伤罪。

②我国《刑法》将过失分为两类：a. 疏忽大意的过失，是应预见而没有预见；b. 过于自信的过失，是已经预见但轻信能够避免。二者的区别，参见第8章考点难点归纳相关内容。

(3)甲不构成自首，但构成坦白。理由如下：

①不符合自动投案要件。自首要求行为人“自动投案”，即主动将自己置于司法机关控制之下。甲在逃跑途中被警察抓获，属于被动归案，而非主动投案。

②如实供述仅构成坦白。甲在被抓获后如实交代行窃事实，符合《刑法》第67条第3款规定的坦白要件，可从轻处罚，但不符合自首“自动投案+如实供述”的双重条件。

③特别自首的排除。特别自首适用于被采取强制措施的犯罪嫌疑人如实供述司法机关尚未掌握的本人其他罪行。但本案中，甲供述的是已被发觉的盗窃事实，故不适用。

2. 2008年3月某夜，常某到某市解放路35号附近，遇到姜某骑一电动自行车(经鉴定价值1600元)，经询问，得知该电动自行车为姜某刚刚盗窃所得。后姜某邀常某与其一起骑车离开。当车行至不远时，两人发现有车追赶而来。姜某遂停车与常某逃跑。在逃跑途中，被害人陈某将姜某抓住，常某见到陈某不松手，遂上前抱住陈某并用脚踢陈。此时姜某捡起一条木棒打向陈某头部，致陈某头部受伤(经法医鉴定属轻伤)。随后两人骑电动车逃跑，后常某与同案人姜某被抓获。[中山大学2010年研]

问题：该案是否构成共同犯罪？理由是什么？

答：姜某与常某构成故意伤害罪的共同犯罪，但不构成转化型抢劫罪的共同犯罪。理由如下：

(1)姜某构成转化型抢劫罪。具体分析如下：

根据《刑法》第269条规定，犯盗窃罪后为抗拒抓捕当场使用暴力，转化为抢劫罪。

①前提条件。姜某实施了盗窃电动自行车的行为(价值1600元，达到数额较大标准)。

②暴力要件。其在逃跑过程中持木棒击打陈某头部致其轻伤，符合“当场使用暴力”的要求。

③主观目的。暴力行为直接服务于抗拒抓捕的目的，与盗窃行为形成连续的犯罪链条。

因此，姜某的行为符合转化型抢劫罪的构成要件。

(2)姜某与常某构成故意伤害罪的共同犯罪。具体分析如下：

根据部分犯罪共同说，二人在故意伤害的范围内成立共犯：

①主体要件。常某与姜某均为完全刑事责任能力人。

②客观行为。常某主动抱住陈某并踢打，直接参与暴力行为；姜某持木棒击打陈某头部。二人行为形成物理上的协作关系。

③主观故意。常某明知姜某被抓，仍以暴力帮助其逃脱，主观上具有伤害故意(无抢劫故意)；姜某在实施暴力时，与常某形成临时伤害合意(无共同抢劫故意)。

④因果关系。二人的共同暴力行为直接导致陈某轻伤结果。

部分犯罪共同说认为，不同犯罪故意的行为人若在某一重合罪名范围内存在共同行为与故意，可就该罪名成立共犯。本案中，抢劫与伤害的重合部分为故意伤害，故二人在故意伤害罪范围内成立共犯。

(3)常某不构成转化型抢劫罪共犯的理由：

①无盗窃故意。常某未参与盗窃行为，亦无事前通谋，仅在盗窃既遂后帮助转移赃物。

②无转化故意。常某的暴力行为仅针对伤害，未与姜某形成共同抢劫的故意(如窝藏赃物、抗拒抓捕的概括故意)。

③法律拟制限制。转化型抢劫罪的主体须为原盗窃行为人。常某作为事后帮助者，不适用《刑法》第269条的拟制规定。

(4)常某行为的定性补充：

常某帮助转移赃物的行为可能构成掩饰、隐瞒犯罪所得罪，但因后续暴力行为已转化为故意伤害罪，根据吸收犯原理，以故意伤害罪论处，不单独评价赃物犯罪。

综上，姜某构成抢劫罪(转化型)；常某与姜某构成故意伤害罪的共同犯罪；二人不成立抢劫罪的共同犯罪。

第十二章　罪　数

12.1　复习笔记

【知识框架(庖丁解牛)】

- 罪数
  - 罪数概述：罪数形态研究意义、判断标准
  - 一罪的类型
    - 实质的一罪
      - 继续犯[持续犯]
      - 想象竞合犯[想象数罪]
      - 结果加重犯[加重结果犯]
    - 法定的一罪
      - 结合犯
      - 集合犯[常习犯、职业犯、营业犯]
    - 处断的一罪
      - 连续犯
      - 牵连犯
      - 吸收犯
  - 数罪的类型
    - 性质是否一致：异种数罪、同种数罪
    - 是否数罪并罚：并罚的数罪、非并罚的数罪
    - 发生时间：判决宣告以前的数罪、刑罚执行期间的数罪

【通关提要(提纲挈领)】

本章主要介绍罪数形态，主要包括罪数判断标准、一罪和数罪的类型，比较重要。学习时，要了解犯罪构成标准说的判断标准，掌握一罪的类型，要结合案例加深对各罪数形态的理解，重点掌握对继续犯、想象竞合犯与法规竞合、牵连犯的理解。本章易考选择题、概念题和简答题，复习时要准确记忆各罪数形态的处断原则。

【考点难点归纳(厚积薄发)】

考点一：实质的一罪　★★★★

1. 继续犯(见表12－1)

表12－1　继续犯

要点	主要内容
含义	指犯罪行为与不法状态同时持续存在的犯罪形态[持续犯，如非法拘禁罪]

续表

要点	主要内容	
构成特征	行为单一	须基于一个犯罪故意实施一个危害行为
	客体同一	持续侵犯同一或相同直接客体
	持续同步	须犯罪行为与不法状态同时继续[本质特征、重要条件]
	时间要求	以持续一定时间为成立条件[显著特征]
区分	与即成犯[即时犯]	继续犯行为与不法状态持续；即成犯行为无持续性，且既遂后行为不再继续
	与状态犯	继续犯行为着手即引发不法状态，且二者同步持续；状态犯行为结束后，不法状态才可能产生
处断	以一罪论处，不实行数罪并罚	

【真题链接】继续犯的特征。[简答题，扬州大学2017年研]

2. 想象竞合犯(见表12－2)

表12－2 想象竞合犯

要点	主要内容	
概念	又称想象数罪、观念竞合、一行为数罪，指一个行为触犯两个以上异种罪名的犯罪形态	
构成特征	罪过多样	基于数个不同的具体罪过[主观特征、基本前提]
	行为单一	仅实施一个犯罪行为[客观特征]
	客体多元	一个行为侵犯数个不同直接客体
	触犯多罪	一个行为同时触犯了数个罪名[法律特征]
与法条竞合	①法条竞合又称法规竞合，指一种犯罪行为因刑事立法使数个法条的犯罪构成要件在内容上重合或交叉的情况。 ②想象竞合犯和法条竞合的关系，见表12－3	
处断	从一重处断	

表12－3 想象竞合犯和法规竞合的关系

		想象竞合犯	法规竞合
共同特征	行为数量	都实施了一个犯罪行为	
	法条触犯	犯罪行为都触犯规定不同罪名的数个法条	
	法律本质	都是一罪，法条竞合是单纯一罪，想象竞合犯是实质一罪	
	处罚方式	最终都适用一个法条，按一罪处罚	
区别	竞合性质	罪数形态[犯罪行为或罪名竞合]	法条形态
	法条关系	法条无重合交叉	法条存在重合交叉
	关联条件	法条关联以犯罪行为为前提	法条关系不以犯罪行为为转移
	法条适用	所有法条都适用，择一重处断	只能选一个法条，排斥其他
	罪过形式	数个不同具体罪过	一个具体罪过
	作用对象	作用于多个犯罪对象	作用于单一犯罪对象

【真题链接】

(1)简述想象竞合犯的概念及特征。[简答题，天津商大2020年研]

(2)想象竞合犯和法规竞合犯的异同。[简答题，吉林大学2021年研]

(3)简述想象竞合与法规竞合的共同特征。[简答题，天津商大2023年研]

3. 结果加重犯(见表12-4)

表12-4 结果加重犯

要点	主要内容	
概念	又称加重结果犯，指实施基本犯罪构成要件的行为，引发加重结果，刑法规定加重处罚的犯罪形态	
构成特征	因果联系	基本犯罪行为引发基本构成要件以外的重结果
	法定依附	重结果由刑法明文规定[法定性]，依附于基本犯罪构成[非独立性]
	主观罪过	对基本犯罪行为及加重结果均有犯意
处断	按刑法分则规定的加重法定刑处罚，不实行数罪并罚	

【真题链接】

(1)简述结果加重犯的概念和特征。[简答题，暨南大学2023年研；武大2014年研]

(2)试述结果加重犯的构成。[论述题，扬州大学2021年研]

考点二：法定的一罪(见表12-5) ★★★

表12-5 法定的一罪

类型	主要内容		
结合犯	概念	指根据刑法明文规定，数个独立的犯罪行为结合成另一独立新罪的犯罪形态	
	构成特征	原罪法定	原罪须是刑法规定的有独立构成要件且性质各异的数罪
		新罪合成	数个独立的犯罪结合为一个新罪
		关联法定	数个原罪有客观联系，并按刑法明文规定结合为一个新罪
		行为触新	以数个性质不同且能单独成罪的行为触犯新罪
	处断	从一重罪[即结合之罪]处罚，不实行数罪并罚	
集合犯	概念	指行为人基于多次实施同种犯罪的意图，实施了数个同种犯罪行为，被刑法规定为一罪的犯罪形态	
	构成特征	主观特征	以实施多次或不定次数同种犯罪行为为目的
		客观特征	实施了数个同种犯罪行为
		法律特征	刑法分则将数个同种犯罪行为规定为一罪
	处断	以一罪论处，不实行数罪并罚	

【真题链接】

(1)简述结合犯的概念和特征。[简答题，中国政法2023年研]

(2)简述集合犯的成立要件及类型。[简答题，辽宁大学2020年研]

考点三：处断的一罪 ★★★

1. 连续犯（见表 12－6）

表 12－6 连续犯

要点	主要内容	
概念	指行为人基于数个同一的犯罪故意，连续多次实施性质相同的数个行为，触犯同一罪名的犯罪形态	
构成特征	主观故意	基于连续意图［决定性要素］下的数个同一犯罪故意，且为预谋故意
	客观行为	须实施数个足以单独构成犯罪的危害行为
	连续性	数罪间有连续性，需主客观统一判断
	触犯罪名	数罪须触犯同一罪名
处断	按一罪从重处罚或其加重情节处罚	

2. 牵连犯（见表 12－7）

表 12－7 牵连犯

要点	主要内容	
概念	指行为人实施某种犯罪，其方法行为或结果行为又触犯其他罪的犯罪形态	
构成特征	犯罪目的	以实施一个犯罪为最终目的
	行为独立	须有两个以上相对独立的危害行为［区别于想象竞合犯］
	牵连关系	数个行为之间有牵连关系［手段与目的、原因与结果］
	触犯多罪	数个行为须触犯不同罪名
处断	刑法分则有规定依规定；无规定则从一重处断，不数罪并罚	

【真题链接】

(1)试述牵连犯的特征与处罚原则。［论述题，上海交大 2020 年研］

(2)简述牵连犯的成立条件与处罚原则。［简答题，暨南大学 2018 年研］

3. 吸收犯（见表 12－8）

表 12－8 吸收犯

要点	主要内容	
概念	指数个犯罪行为中的一个犯罪行为吸收其他犯罪行为，仅成立吸收行为一个罪名的犯罪形态	
构成特征	行为复数且合规	实施数个均符合犯罪构成要件且基本性质一致的危害行为
	吸收关系	数个犯罪行为因独立性与非独立性形成吸收关系
	客体与对象同一	侵犯同一或相同直接客体，指向同一具体犯罪对象
	主观故意单一	基于一个犯意，为实现一个具体犯罪目的实施数个犯罪行为
区分	与牵连犯的区别见表 12－9；与连续犯的区别见表 12－10	
处断	仅按吸收之罪处断，不实行数罪并罚	

表 12－9　吸收犯与牵连犯的区别

	吸收犯	牵连犯
主观方面	犯意的同一性和单一性	故意的异质性和复数性
行为联系机制	吸收关系	牵连关系
触犯罪名性质	相同罪名	不同罪名
侵犯客体对象	同一或相同直接客体和同一对象	不同直接客体、不必是同一对象
处断原则	重罪吸收	从一重罪

表 12－10　吸收犯与连续犯的区别

	吸收犯	连续犯
主观方面	一个犯意，无连续意图	基于连续意图的数个同一犯罪故意
加害对象	须作用于同一对象	不以此为必备条件
关系属性	吸收关系	连续关系
处断原则	仅以吸收之罪论处	按一罪从重或加重情节处罚

【真题链接】简述牵连犯与吸收犯。［简答题，华南理工 2016 年研］

12.2　考研真题与典型题详解

一、单项选择题

1. 下列关于继续犯的理解中，正确的是(　　)。［2020 年法硕(非法学)真题］

A. 继续犯属于法定的一罪

B. 非法拘禁罪是典型的继续犯

C. 继续犯的追诉时效从犯罪之日起计算

D. 继续犯的不法状态发生于不法行为结束之后

【解析】A 项，继续犯属于实质的一罪。

B 项，非法拘禁罪是非法将他人拘禁，在释放之前，非法拘禁行为和他人身体遭受非法拘禁的状态处于继续状态之中，因此非法拘禁罪是典型的继续犯。

C 项，继续犯追诉时效的起算时间从犯罪行为终了之日起计算。

D 项，继续犯的犯罪行为与不法状态在一定时间内同时处于继续状态。

2. 下列选项中，不属于继续犯的是(　　)。［2019 年法硕(法学、非法学)真题］

A. 诈骗罪　　B. 遗弃罪

C. 非法拘禁罪　　D. 非法持有毒品罪

【解析】继续犯又称持续犯，是指犯罪行为及其所引起的不法状态同时处于持续过程中的犯罪形态。A 项，诈骗罪在实行后即结束，不存在犯罪行为与不法状态在一定时间内同时处于继续状态的情形，不属于继续犯。BCD 三项属于继续犯。

1B　2A

二、多项选择题

下列选项中，属于我国刑法理论中处断的一罪的有（　　）。[2020年法硕（法学）真题]

A. 集合犯　　B. 连续犯　　C. 牵连犯　　D. 吸收犯

【解析】处断的一罪包括连续犯、牵连犯和吸收犯。A项，集合犯属于法定的一罪。

三、概念题

1. 继续犯与状态犯[武大2004年研]、**状态犯**[广西民大2023年研；中山大学2011年研]

相关试题：继续犯[上海师大2022年研；广西民大2021年研；南开大学2011年研]

答：（1）继续犯又称持续犯，是指犯罪行为及其所引起的不法状态同时处于持续过程中的犯罪形态。

（2）状态犯，是指犯罪行为一经实施即既遂，犯罪行为也随之结束或终了，但基于该行为所产生的不法状态仍继续存在的犯罪形态。

（3）二者的相同点。二者都涉及不法状态的持续存在；都是犯罪形态的一种，具有法律上的可罚性。

（4）二者的不同点：

①犯罪行为与不法状态的关系不同。继续犯的犯罪行为和不法状态同时持续存在。状态犯的犯罪行为结束后，不法状态可能继续存在。

②犯罪行为的时间性不同。继续犯的犯罪行为持续进行，不法状态也随之持续。状态犯的犯罪行为一经实施即告结束，不法状态可能继续存在。

③同步性不同。继续犯的犯罪行为和不法状态的产生、持续和终止是同步的或基本同步的。状态犯的犯罪行为和不法状态的产生、持续和终止是非同步的。

2. 想象竞合犯[湖南师大2024年研；广西民大2022年研；安徽师大2018年研；青岛大学2015年研；武大2014年研；东北财大2011年研；南开大学2010年研]

答：参见本章考点难点归纳相关内容。

3. 法条竞合[厦门大学2022年研；暨南大学2019年研]

答：法条竞合又称法规竞合，是指一种犯罪行为因刑事立法对法条的错综规定，导致数个法条规定的犯罪构成要件在内容上存在重合或交叉的情形。其基本特征是，行为人的一个犯罪行为触犯了数个存在重合或交叉关系的法定罪名。法条竞合是因立法技术导致的法条间构成要件的重合或交叉，需根据法律适用原则选择最合适的法条定罪量刑。

4. 结果加重犯[广东财大2021年研；武大2020年研；浙财大2020年研；中山大学2017年研；宁波大学2016年研；人大2008年研]

答：参见本章考点难点归纳相关内容。

5. 结合犯与集合犯[宁波大学2020年研]

相关试题：结合犯[浙商大2018年研]、**集合犯**[河南师大2018年研；中山大学2010

BCD

年研]

答：(1)结合犯，是指刑法将原本独立的数个犯罪行为结合规定为一个新的独立罪名的情况。结合犯强调将数个独立犯罪行为结合为一个新的罪名，具有独立的构成要件。

(2)集合犯，是指行为人基于实施多次同种犯罪行为的意图，实际实施数个同种犯罪行为，被刑法规定为一罪的犯罪形态。

(3)二者的相同点。二者均为法定的一罪(法律明文规定为一罪)；都涉及多个犯罪行为；均需行为人主观上对数行为有认识。

(4)二者的不同点：

①法律规定的性质不同。结合犯中，法律明文规定将数个独立犯罪行为结合为一个新的罪名。集合犯中，法律将多次同种性质的犯罪行为规定为一罪，但并未创设新的罪名。

②犯罪行为的性质不同。结合犯的数个行为原可独立成罪，但被结合为一个新的罪名。集合犯的多次行为是同种性质的，且基于同一犯罪故意。

③构成要件不同。结合犯具有独立的构成要件，原本的数个行为失去独立性。集合犯多次行为仍保持独立性，但被整体评价。

④法律后果不同。结合犯适用新的罪名的法定刑。集合犯通常适用加重处罚的规定。

6. 连续犯[广东财大 2018 年研；浙商大 2017 年研；西安交大 2008 年研；西北政法 2007 年研]

答：参见本章考点难点归纳相关内容。

7. 牵连犯[湖南师大 2023 年研；广东财大 2023 年研；安徽大学 2022 年研；南开大学 2014 年研；人大 2012 年研]

答：参见本章考点难点归纳相关内容。

四、简答题

1. 简述实质的一罪的概念及其类型。[2024 年法硕(法学、非法学)真题]

答：实质的一罪，是指貌似是数罪，实际是一罪的情况。这类情况又称一行为法定为一罪或处断为一罪的情况。实质的一罪包括继续犯、想象竞合犯和结果加重犯，参见本章考点难点归纳相关内容。

2. 简述想象竞合犯的概念及特征。[天津商大 2020 年研]

相关试题：试论将想象竞合犯按照实质一罪论处的理由。[论述题，2021 年法硕(法学)真题]

答：参见本章考点难点归纳相关内容。

3. 想象竞合犯和法规竞合犯的异同。[吉林大学 2021 年研]

相关试题：

(1)简述想象竞合与法规竞合的共同特征。[天津商大 2023 年研]

(2)想象竞合犯与法规竞合的异同点。[山东大学 2014 年研]

(3)想象竞合犯与法规竞合的区别有哪些？请简述。[武大 2010 年研；华南理工 2008

年研]

(4)想象竞合犯与法规竞合[概念题，武大 2007 年研；西北政法 2005 年研]

答：参见本章考点难点归纳相关内容。

4. 简述结合犯的概念和特征。[中国政法 2023 年研]

相关试题：简述结合犯的特征。[2016 年法硕(非法学)真题]

答：参见本章考点难点归纳相关内容。

5. 简述连续犯的特征。[2018 年法硕(法学、非法学)真题]

答：参见本章考点难点归纳相关内容。

6. 简述牵连犯与吸收犯。[华南理工 2016 年研]

答：参见本章考点难点归纳相关内容。

五、论述题

1. 试论结果加重犯的概念与特征。[中山大学 2013 年研]

相关试题：

(1)简述结果加重犯的概念和特征。[简答题，暨南大学 2023 年研；武大 2014 年研]

(2)试述结果加重犯的构成。[扬州大学 2021 年研]

(3)简述结果加重犯的成立条件。[简答题，人大 2015 年研；首都师大 2015 年研]

答：参见本章考点难点归纳相关内容。

2. 论牵连犯。[中财 2017 年研]

相关试题：

(1)试述牵连犯的特征与处罚原则。[上海交大 2020 年研]

(2)简述牵连犯的成立条件与处罚原则。[简答题，暨南大学 2018 年研]

(3)简述牵连犯的概念及要件。[简答题，2017 年法硕(法学)真题；东北财大 2010 年研]

(4)试述牵连犯的构成条件。[华侨大学 2011 年研]

(5)请简述牵连犯的概念、特征和处罚原则。[简答题，对外经贸 2010 年研]

(6)简述牵连犯的特征及处断原则。[简答题，中南财大 2010 年研]

答：参见本章考点难点归纳相关内容。

第十三章　刑事责任

13.1　复习笔记

【知识框架(庖丁解牛)】

刑事责任
- 概述：概念、特征、地位、与犯罪和刑罚的关系
- 刑事责任根据：哲学、法律、事实根据
- 刑事责任发展阶段：产生、确认、实现阶段
- 刑事责任解决方式
  - 实现方式：定罪判刑、定罪免刑
  - 其他方式：消灭处理、转移处理

【通关提要(提纲挈领)】

本章主要介绍刑事责任的相关知识，比较基础。学习时，要掌握刑事责任的特征、解决方式，熟悉刑事责任的根据、发展阶段。本章内容并非考查重点，常规识记即可。

【考点难点归纳(厚积薄发)】

考点一：刑事责任概述(见表13－1)　★★

表13－1　刑事责任概述

要点	主要内容	
概念	指犯罪人因实施犯罪行为依法应承担的否定性法律后果，包括刑罚、非刑罚措施或有罪宣告	
特征	形式法定性	由刑法明文规定[严格的法定责任，第一位特征]
	内容特定性	以刑罚、非刑罚措施或有罪宣告为专属内容[本质特征]
	严厉性	最严厉的法律责任，可剥夺财产、自由甚至生命
	强制性	国家强制追究，不以个人意志为转移
	专属性	严格个人责任，不得株连或转移[基本特征]
	枢纽性	连接犯罪与刑罚的纽带，调节法律评价的适用
	统一性	综合回顾性[行为危害性]与展望性[人身危险性]评价
关系	刑事责任与犯罪、刑罚并列关联，但含义有别： ①立法层面，刑事责任观决定刑法框架。 ②司法层面：犯罪[事实判断，是否违法，前提]→刑事责任[价值判断，应否担责，枢纽]→刑罚[责任实现方式]	

续表

<table>
<tr><th>要点</th><th colspan="2">主要内容</th></tr>
<tr><td rowspan="3">根据</td><td>哲学根据</td><td>犯罪人犯罪时的相对意志自由[自由选择能力]</td></tr>
<tr><td>法学根据</td><td>主要包括：犯罪构成、行为社会危害性和犯罪人人身危险性</td></tr>
<tr><td>事实根据</td><td>即现实存在、符合法定犯罪构成的具体情形</td></tr>
</table>

【真题链接】

(1)刑事责任的特征。[简答题，华南理工 2022 年研]

(2)简述刑事责任与刑罚的关系。[简答题，暨南大学 2024 年研；山东大学 2015 年研]

(3)论述刑事责任与犯罪、刑罚的关系。[论述题，广西民大 2022 年研]

考点二：刑事责任的发展阶段和解决方式(见表 13－2) ★★

表 13－2 刑事责任的发展阶段和解决方式

<table>
<tr><th>要点</th><th colspan="3">主要内容</th></tr>
<tr><td rowspan="6">发展阶段</td><td rowspan="2">产生阶段</td><td>始</td><td>行为成立犯罪之时[客观开始时间]</td></tr>
<tr><td>终</td><td rowspan="2">监察机关开始调查或司法机关予以刑事立案时</td></tr>
<tr><td rowspan="2">确认阶段
[应然→实然]</td><td>始</td></tr>
<tr><td>终</td><td rowspan="2">人民法院作出的有罪判决生效时</td></tr>
<tr><td rowspan="2">实现阶段</td><td>始</td></tr>
<tr><td>终</td><td>法院判决内容被执行完毕或犯罪人被赦免之日</td></tr>
<tr><td rowspan="4">解决方式</td><td>定罪判刑</td><td colspan="2">法院对犯罪人作出有罪宣告并给予刑罚处罚</td></tr>
<tr><td>定罪免刑</td><td colspan="2">法院对犯罪人认定有罪作出定罪判决而免除刑罚处罚</td></tr>
<tr><td>消灭处理</td><td colspan="2">因存在法定的阻却刑事责任事由而使本应承担的刑事责任归于消灭
[如追诉时效超期、犯罪人死亡等]</td></tr>
<tr><td>转移处理</td><td colspan="2">对享有外交特权和豁免权的外国人，通过外交途径解决刑事责任</td></tr>
</table>

【真题链接】论刑事责任的解决方式。[论述题，山东大学 2017 年研]

13.2 考研真题与典型题详解

一、概念题

1. 刑事责任[烟台大学 2019 年研；中财 2017 年研]

答：参见本章简答题答案。

2. 刑事责任与刑罚[华南理工 2009 年研]

答：(1)刑事责任，是指根据犯罪事实和刑法规定，由司法机关依法确认，犯罪人因实施犯罪行为而承担的以刑罚、非刑罚措施或有罪宣告为内容的法律责任。

(2)刑罚，是指刑法规定的由国家审判机关依法对犯罪人适用的限制或剥夺其某种权益的最严厉的强制性制裁方法。

(3)二者的联系：①刑事责任是刑罚适用的内在根据。②刑事责任程度直接决定着刑罚的分量，具体刑罚处罚的轻重须与犯罪人所承担的刑事责任的轻重相适应。③刑事责任主要通过刑罚来实现。

(4)二者的主要区别：①刑事责任是一种法律责任；刑罚是一种强制方法。②刑事责任的内容是犯罪人承受刑法规定的惩罚或单纯的否定性法律评价；刑罚的内容则是剥夺犯罪人一定的法益。③刑事责任随实施犯罪产生；刑罚则是伴随法院有罪判决的生效而出现。

二、简答题

刑事责任的特征。［华南理工 2022 年研］

答：刑事责任，是指根据犯罪事实和刑法规定，由司法机关依法确认，犯罪人因实施犯罪行为而承担的以刑罚、非刑罚措施或有罪宣告为内容的法律责任。其基本特征有：

(1)规范形式法定性。这是第一位特征。刑事责任须由刑法明确规定，司法机关追究刑事责任时须严格依刑法和刑事诉讼程序。其法定性最为严格，其他法律责任的规范形式不能成为其渊源。

(2)规范内容特定性。这是本质特征。刑事责任以刑法规定的刑罚处罚、非刑罚处罚措施或单纯有罪宣告的否定评价为内容。这种特定性体现在对犯罪行为的否定评价和谴责上，与其他法律责任有根本区别。

(3)承担方式严厉性。刑事责任是最严厉的法律责任，包括剥夺财产、政治权利、自由，甚至生命。相比其他法律责任，刑事责任的严厉性体现在其实现方式上，尤其是刑罚的严厉性。

(4)责任追究强制性。刑事责任主要表现为犯罪人与国家之间的关系，由国家司法机关强制犯罪人担责，其承担不以个人意志为转移。除少数告诉才处理的犯罪外，犯罪人、被害人意愿都不影响追责。

(5)承担主体专属性。这是基本特征。刑事责任是严格个人责任，只能由犯罪者本人承担。我国坚持罪责自负、反对株连，刑事责任不能转嫁或由他人代担，与可转移承担的民事责任不同。

(6)评价范畴枢纽性。刑事责任是连接犯罪与刑罚、非刑罚处罚措施、单纯有罪宣告等法律评价的纽带。刑事责任反映犯罪行为的社会危害性和犯罪人的人身危险性，为刑罚及其他处置方式提供依据。刑罚以其为前提，其程度决定刑罚轻重。

(7)评价内容统一性。刑事责任既回顾了犯罪的社会危害性，又展望了犯罪人的再犯危险。这是一种综合了回顾与展望的评价，既是对犯罪行为的否定性评价，也是对未来再犯可能性的评估。

三、论述题

1. 论述刑事责任与犯罪、刑罚的关系。［广西民大 2022 年研］

相关试题：简述刑事责任与刑罚的关系。［简答题，暨南大学 2024 年研；山东大学 2015 年研］

答：刑事责任与犯罪、刑罚的关系具体如下：

(1)刑事立法角度：

①刑事责任观先行。立法者首先形成刑事责任观(如价值目标、规制范围、适用模式)，并以此为指导制定刑法，规定犯罪与刑罚。

②犯罪与刑罚的设定：

a. 犯罪：立法者根据刑事责任观，将严重危害社会的行为规定为犯罪，并明确犯罪构成要件。

b. 刑罚：在刑事责任观指导下，立法者根据犯罪情况规定是否适用刑罚、刑罚种类与轻重，以及刑罚执行中的调节制度(如减刑、假释)。

③刑事责任的核心地位。在刑事立法中，刑事责任是第一位的，决定犯罪构成和刑罚适用。

(2)刑事司法角度：

①犯罪引起刑事责任。犯罪行为是刑事责任产生的原因，无犯罪则无刑事责任。只有实施了符合犯罪构成要件的行为，行为人才需承担刑事责任。犯罪的危害程度决定刑事责任的轻重。

②刑事责任决定刑罚。刑事责任是刑罚适用的内在根据，决定行为人接受刑罚的义务。刑事责任程度直接决定刑罚的分量，刑罚轻重与刑事责任轻重相适应。刑事责任轻微时，可免予刑罚处罚。

③刑事责任的中介作用。刑事责任是犯罪与刑罚之间的调节器，使罪刑关系从静态变为动态。刑事责任程度变化(如自首、立功)会导致刑罚调整(如减刑、假释)。刑事责任使刑罚能够适应复杂多变的现实情况。

综上，刑事责任观指导犯罪与刑罚的设定，是制度设计的核心。犯罪是刑事责任的前提，刑事责任决定刑罚的适用与轻重，是犯罪与刑罚之间的动态调节器。在立法和司法中，刑事责任是连接犯罪与刑罚的关键环节，确保罪刑关系的合理性与适应性。

2. 论刑事责任的解决方式。[山东大学2017年研]

相关试题：简述刑事责任的解决方式。[简答题，2011年法硕(法学)真题]

答：刑事责任的解决方式是指对已产生的刑事责任进行处理，使其终结。根据我国刑法，刑事责任的解决方式可分为以下两类：

(1)刑事责任的实现方式。指依法追究犯罪人的刑事责任，具体实现刑事责任的内容，包括两种：

①定罪判刑。即人民法院在宣告有罪的基础上，对犯罪人判处刑罚。这是最常见的刑事责任解决方式，通过刑罚将抽象的刑事责任具体化。刑罚的轻重应与刑事责任的程度相适应，体现罪责刑相适应原则。刑罚包括主刑(如自由刑、生命刑)和附加刑(如财产刑、资格刑)。

②定罪免刑。即人民法院宣告行为人有罪，但免除刑罚处罚。包括两种情况：a. 免除刑罚但给予非刑罚处罚(如训诫、赔偿损失等)；b. 单纯宣告有罪并免除刑罚(适用于法定免除处罚的情形)。定罪免刑仍是对刑事责任的追究，体现了国家对犯罪行为的否定评价。

注意：只有人民法院的定罪免刑判决属于刑事责任的实现方式。人民检察院的不起诉决定不属于刑事责任的实现方式，因其属于程序性处理，而非实体性解决。

(2)刑事责任的其他解决方式。指刑事责任未完全实现即告终结的情形，包括两种：

①消灭处理。即行为已构成犯罪，但因法定原因导致刑事责任消灭。例如：犯罪已过追诉时效；犯罪人在战时被宣告缓刑并立功；犯罪人死亡；人民检察院酌定不起诉或附条件不起诉后未违反规定的情形。

②转移处理。即对享有外交特权和豁免权的外国人，其刑事责任通过外交途径解决。这是基于国际惯例和对等原则的特殊解决方式。

综上，刑事责任的实现方式通过定罪判刑或定罪免刑具体实现刑事责任；其他解决方式因法定原因导致刑事责任消灭或转移，未完全实现即告终结。实现方式强调刑事责任的实质追究，其他解决方式则基于特殊情形使刑事责任终结。

第十四章　刑罚及其种类

14.1　复习笔记

【知识框架(庖丁解牛)】

- 刑罚及其种类
  - 刑罚与刑罚权
    - 刑罚：概念、特征
    - 刑罚权：根据、内容
  - 刑罚的目的与功能
    - 目的
      - 特殊预防：概念、方式与实现
      - 一般预防：概念、方式与实现
      - 特殊预防与一般预防的关系
    - 功能
      - 对犯罪人的功能：惩罚、改造功能
      - 对被害人的功能：安抚功能
      - 对社会的功能：威慑、教育鼓励功能
  - 刑罚的体系与种类
    - 体系：概念、组成、特点
    - 种类
      - 主刑
        - 管制：概念、特点
        - 拘役：概念、特点、适用对象
        - 有期徒刑：概念、特点、内容
        - 无期徒刑：概念、特点、内容
        - 死刑：概念、适用
      - 附加刑
        - 罚金：概念、适用对象、执行、适用方式
        - 剥夺政治权利：概念、适用方式、期限、执行
        - 没收财产：概念、适用方式、范围、执行
        - 驱逐出境
      - 非刑罚处罚措施：概念、特点、种类
      - 从业禁止

【通关提要(提纲挈领)】

本章主要介绍刑罚及其种类，难度一般。学习时，要掌握刑罚的特征、目的和功能，特别是刑罚的特殊预防与一般预防的关系；熟悉各主刑、附加刑的概念和特点，掌握死刑的适用限制、剥夺政治权利等，了解从业禁止等。刑罚体系的大多数内容是对法律法规的阐述，理解难度不大，直接记忆即可；对管制、拘役、有期徒刑等自由刑可对比记忆。本章主要考查概念题、简答题或论述题，要理解记忆。

【考点难点归纳(厚积薄发)】

考点一：刑罚与刑罚权(见表 14－1) ★★

表 14－1 刑罚与刑罚权

要点	主要内容	
刑罚	概念	指刑法规定的由国家审判机关依法对犯罪人适用的限制或剥夺其某种权益的最严厉的强制性制裁方法
	特征	①立法专属性，由国家最高权力机关通过刑法明文规定；②本质严厉性；③对象特定性，仅适用于犯罪人；④适用主体单一性，由人民法院依法适用；⑤执行机关特定
刑罚权	根据	社会的一种自卫手段
	内容	①刑罚创制权；②刑罚裁量权；③刑罚执行权

【真题链接】我国刑罚的特征。［简答题，山东大学 2014 年研］

考点二：刑罚的目的与功能(见表 14－2) ★★★

表 14－2 刑罚的目的

要点	主要内容		
目的［预防犯罪］	特殊预防	含义	指通过刑罚适用，进行教育改造，预防犯罪人重新犯罪
		作用	①剥夺与惩罚是前提；②教育与改造是根本措施
		实现方式	①剥夺再次犯罪能力，如死刑、自由刑、财产刑、资格刑。 ②教育改造犯罪分子，使其弃恶扬善，重返社会
		关键	核心：妥善处理剥夺、惩罚和教育改造的辩证关系
	一般预防	含义	指威慑、警诫潜在犯罪人，防止犯罪发生
		对象	①危险分子［如屡犯、刑满释放人员］；②不稳定分子［易受诱惑者］；③具有复仇倾向的被害人及其家属
		实现方式	①适当性［罪责刑相适应］；②公开性［立法与审判公开］；③及时性［迅速侦查、审判与执行］
	关系	相辅相成，不可偏废	
功能	①对犯罪人的功能：a. 惩罚功能［基本功能，包括剥夺功能］；b. 改造功能［感化教育］。 ②对被害人的功能：安抚功能。 ③对社会的功能：a. 威慑功能［立法与司法威慑］；b. 教育鼓励功能		

【真题链接】

(1)简述刑罚的目的。［简答题，广西民大 2023 年研；山东大学 2022 年研］

(2)一般预防与特殊预防的关系。［论述题，山东大学 2022 年研］

(3)简述刑罚的功能。［简答题，广西民大 2022 年研；安徽大学 2022 年研］

考点三：刑罚的体系(见表 14－3)　★★

表 14－3　刑罚的体系

要点	主要内容	
概念	指刑法规定的按一定次序排列的各种刑罚方法的总和	
特点	①要素齐备、结构合理；②宽严相济、衔接紧凑；③方法人道、内容合理	
体系	主刑 [基本刑]	①独立性：只能独立适用，一罪只能适用一个主刑。 ②由轻到重依次包括：管制、拘役、有期徒刑、无期徒刑和死刑
	附加刑 [从刑]	①双重性：可附加主刑适用，或独立适用。[单独或同时适用] ②包括四种：罚金、剥夺政治权利、没收财产和驱逐出境

考点四：刑罚的种类　★★★

1. 主刑(见表 14－4)　★★★

表 14－4　主刑

种类	主要内容	
管制	含义	指对犯罪人不予关押，但限制人身自由，依法实行社区矫正[我国特有]
	特点	①不关押；②不剥夺但限制人身自由；③期限性：3 个月以上 2 年以下，数罪并罚时不超过 3 年[口诀：323]；④实行社区矫正
拘役	含义	指短期剥夺犯罪人人身自由，就近实行劳动改造
	特点	①剥夺人身自由；②期限较短：1 个月以上 6 个月以下，数罪并罚时不超过 1 年[口诀：161]；③由公安机关就近执行；④享受一定待遇
有期徒刑	含义	指剥夺犯罪分子一定人身自由，实行强制劳动改造
	特点	①有限期剥夺人身自由[基本特征]： a. 6 个月以上 15 年以下。与拘役相衔接。 b. 数罪并罚时，总和刑期不满 35 年的，最高不能超过 20 年；35 年以上的，最高不能超过 25 年。[口诀：6～15，20－35－25] ②执行机关为监狱或其他执行场所。强迫参加劳动[强制性]，接受教育和改造
无期徒刑	含义	指剥夺犯罪人终身自由，并强制其劳动改造
	特点	①终身剥夺人身自由[最严厉]；②羁押时间不能折抵刑期；③基本内容：实行劳动教育和改造；④应附加剥夺政治权利
死刑	含义	又称生命刑、极刑，即剥夺犯罪分子生命
	类型	①死刑立即执行；②死刑缓期 2 年执行[死缓]
	政策	保留死刑、少杀慎杀

续表

种类	主要内容		
死刑	适用限制	适用对象	①只适用于罪行极其严重的犯罪分子。 ②犯罪时不满 18 周岁的人、审判时怀孕［正怀孕或流产］的妇女，不适用死刑。审判时已满 75 周岁的人不适用死刑，但以特别残忍手段致人死亡的除外
		适用程序	①案件管辖：死刑案件只能由中级以上人民法院一审。 ②核准程序：死刑案件除由最高法判决外，应报最高法核准。 ③原则：重证据、不轻信口供
		执行制度	①死缓：对应判处死刑的犯罪分子［适用对象］，如不是必须立即执行的，可判处死刑同时宣告缓期 2 年执行。［非独立刑种］ ②死缓变更：判处死刑缓期执行的，在死刑缓期执行期间，如没有故意犯罪，2 年期满后，减为无期徒刑；如确有重大立功表现，2 年期满后，减为 25 年有期徒刑；如故意犯罪且情节恶劣的，报请最高法核准后执行死刑；对故意犯罪未执行死刑的，死刑缓期执行的期间重新计算，并报最高法备案

【真题链接】

（1）论我国刑法上死刑的适用条件。［简答题，北大 2025 年研］

（2）我国《刑法》第 48 条规定："死刑只适用于罪行极其严重的犯罪分子。"请根据此法条规定，分析我国死刑适用的条件。［分析题，华东政法 2022 年研］

（3）我国刑法对死刑适用的限制。［简答题，湖南师大 2022 年研］

（4）简述我国死刑的限制性适用。［简答题，暨南大学 2021 年研］

2. 附加刑（见表 14－5）★★★

表 14－5 附加刑

种类	主要内容	
罚金	含义	即强制犯罪分子向国家缴纳一定数额金钱［民事赔偿责任优先］
	适用方式	①单处罚金；②选处罚金；③并处罚金；④并处或单处罚金
	罚金数额	按犯罪情节定，具体形式包括：无上限、限额、比例、倍数、倍比罚金制
	执行	①一次或分期缴纳；②强制缴纳；③随时缴纳；④延期、减少或免除缴纳
剥夺政治权利	含义	指剥夺犯罪人参加国家管理和政治活动的权利
	剥夺内容	①选举权和被选举权；②言论、出版、集会、结社、游行、示威自由的权利；③担任国家机关职务的权利；④担任国有公司、企业、事业单位和人民团体领导职务的权利
	适用方式	可附加或独立适用
	期限	①判处死刑、无期徒刑的，应剥夺政治权利终身。 ②死刑缓期执行减为有期徒刑或无期徒刑减为有期徒刑的，应将附加剥夺政治权利的期限改为 3 年以上 10 年以下。 ③独立适用或判处有期徒刑、拘役附加剥夺政治权利的，期限为 1 年以上 5 年以下。 ④判处管制附加剥夺政治权利的，期限与管制的期限相同
	执行	由公安机关执行

续表

种类		主要内容
没收财产	含义	指将犯罪人所有财产的一部或全部强制无偿地收归国有[唯一不能单独适用的附加刑]
	适用方式	①并处没收财产；②与罚金选择并处
	范围	①没收全部财产的，应对犯罪人及其扶养的家属保留必需的生活费用。判处没收财产时，不得没收属于犯罪分子家属所有或应有的财产。 ②没收财产以前犯罪分子所负的正当债务，需要以没收的财产偿还的，经债权人请求，应当偿还
	执行	由人民法院执行，必要时可会同公安机关执行
驱逐出境	含义	强迫犯罪的外国人离开中国国(边)境
	执行时间	①独立适用的，从判决确定之日起执行；②附加适用的，从主刑执行完毕之日起执行

【真题链接】

(1)简述我国刑法中剥夺政治权利的适用方式。[简答题，广东财大2024年研]

(2)剥夺政治权利。[简答题，中山大学2018年研]

(3)简述我国刑法规定的附加刑。[简答题，昆明理工2020年研]

3. 非刑罚处罚措施和从业禁止(见表14－6)　★★

表14－6　非刑罚处罚措施和从业禁止

要点		主要内容
非刑罚处罚措施	含义	指人民法院对犯罪分子适用的刑罚以外的处罚措施
	特点	①对犯罪分子适用，但不具有刑罚性质；②行为人的行为已构成犯罪
	种类	①赔偿经济损失；②责令赔偿损失；③训诫；④责令具结悔过；⑤责令赔礼道歉；⑥行政处罚；⑦行政处分
从业禁止		指因利用职业便利实施犯罪或实施违背职业要求的特定义务的犯罪被判处刑罚的[前提]，法院根据其犯罪情况和预防再犯罪的需要[关键]，禁止其自刑罚执行完毕之日或假释之日起3～5年内从事相关职业[主要内容]

14.2　考研真题与典型题详解

一、单项选择题

1. 公司经理甲利用职务上的便利，侵吞本单位财物数额巨大。对此犯罪，我国刑法规定的法定刑是“处五年以上有期徒刑，可以并处没收财产。”根据本条对甲量刑，(　　)。[2020年法硕(法学)真题]

A. 最高可判处15年有期徒刑，并处没收财产

B. 最高可判处20年有期徒刑，并处没收财产

C. 最高可判处25年有期徒刑，不并处没收财产

1A

D．如果判处5年有期徒刑，则不能并处没收财产

【解析】有期徒刑是指剥夺犯罪分子一定期限的人身自由，强制其进行劳动并接受教育改造的刑罚方法。有期徒刑具有一定期限，为6个月以上15年以下，数罪并罚时有期徒刑最高不能超过25年。本题中，“处五年以上有期徒刑”表明最高刑期是15年；同时，结合“可以并处没收财产”的规定可知，对甲的量刑可以是最高刑期15年，并处没收财产。

2．下列关于剥夺政治权利的最高期限的说法中，正确的是（　　）。［2020年法硕（法学）真题］

A．单处剥夺政治权利的期限不得超过10年

B．判处管制，附加剥夺政治权利的期限不得超过5年

C．判处有期徒刑，附加剥夺政治权利的期限不得超过5年

D．从无期徒刑减为有期徒刑时，附加剥夺政治权利的期限不得超过15年

【解析】剥夺政治权利是指剥夺犯罪分子参加国家管理与政治活动权利的刑罚方法，属于资格刑。其期限有四种情况：①独立适用剥夺政治权利或主刑是有期徒刑、拘役附加剥夺政治权利的，期限为1年以上5年以下；②判处管制附加剥夺政治权利的，期限与管制的期限相等；③判处死刑、无期徒刑的，应剥夺政治权利终身；④死刑缓期执行减为有期徒刑或无期徒刑减为有期徒刑的，应把附加剥夺政治权利的期限相应地改为3年以上10年以下。

3．甲与母亲发生争执，一气之下将电脑显示器从五楼抛下，掉落到行人刘某身旁，导致刘某受惊摔伤，入院就医。派出所接警后派两名民警着警服到场处置。甲突然掏出管制刀具追赶到场民警，严重危及民警人身安全。如事后经鉴定，甲系间歇性精神病人，案发时处于精神正常状态，则甲（　　）。［2023年法硕（法学、非法学）真题］

A．无需承担刑事责任

B．应由政府强制医疗

C．应被责令具结悔过

D．应赔偿刘某经济损失

【解析】赔偿经济损失，是指对犯罪分子判处刑罚的同时，根据被害人遭受的经济损失情况，命令犯罪分子给予被害人一定金钱赔偿。本案中，甲给被害人造成经济损失，应当判处赔偿损失。

A项，精神病人在犯罪时处于正常状态的，应承担刑事责任。

B项，精神病人在不能辨认或不能控制自己行为时造成危害，经法定程序鉴定确认的不负刑事责任，但应责令其家属或监护人严加看管和医疗，必要时由政府强制医疗。

C项，责令具结悔过是指人民法院责令犯罪情节轻微不需要判刑的人（无罪之人）用书面方式保证悔改，以后不再重新犯罪的教育方法。甲是有罪之人，并不适用该方法。

二、多项选择题

甲（76周岁）因生活琐事与妻子发生争执，盛怒之下用水果刀将妻子一刀捅死。对于甲的刑事责任，下列选项中正确的有（　　）。［2016年法硕（非法学）真题］

A．对甲可以适用死刑

B．对甲不能适用死刑

2C　3D　｜　BC

C. 对甲可以从轻或减轻处罚

D. 对甲可以判处死刑缓期执行，同时决定对其限制减刑

【解析】ABD 三项，《刑法》第 49 条第 2 款规定，审判的时候已满 75 周岁的人，不适用死刑，但以特别残忍手段致人死亡的除外。其中，不适用死刑是指既不适用死刑立即执行，也不适用死刑缓期执行。

C 项，《刑法》第 17 条之一规定，已满 75 周岁的人故意犯罪的，可以从轻或减轻处罚；过失犯罪的，应从轻或减轻处罚。本题中，甲不是以特别残忍的手段致人死亡，其已满 75 周岁，不适用死刑；甲杀害妻子的行为属于故意犯罪，可以从轻或减轻处罚。

三、概念题

1. 刑罚［武大 2006 年研］

答：参见本章简答题第 1 题答案。

2. 特殊预防［上海师大 2022 年研；北理 2008 年研］

答：特殊预防，是指通过对犯罪分子适用刑罚，惩罚改造犯罪分子，预防其重新犯罪。对犯罪分子适用刑罚，除对极少数罪行极其严重者适用死刑外，主要是利用刑罚的剥夺、惩罚和教育改造功能，限制或剥夺犯罪分子的再犯能力，使其认罪服法，悔过自新，重新做人。特殊预防的对象只能是因实施犯罪而受到刑罚处罚的犯罪人。其作用表现为：①剥夺与惩罚是预防犯罪分子再次犯罪的前提；②教育与改造是预防犯罪分子重新犯罪的根本措施。

3. 管制［山东大学 2017 年研；东北财大 2010 年研；武大 2008 年研］

答：管制，是指对犯罪分子不实行关押，但限制人身自由，依法实行社区矫正的刑罚方法。管制作为一种限制人身自由的刑罚，其期限为 3 个月以上 2 年以下；数罪并罚时最高不能超过 3 年。其内容包括：①遵守管制犯的义务；②被宣告禁止令的，应遵守禁止令。

4. 拘役［中山大学 2016 年研］

答：拘役，是指剥夺犯罪分子短期人身自由，就近在看守所实行劳动改造的刑罚方法。刑法规定的拘役的期限为 1 个月以上 6 个月以下。数罪并罚时，最高不得超过 1 年。拘役的上限刑期与有期徒刑的下限刑期（6 个月）相衔接，使刑罚体系更为连贯和严密。其特点在于，虽然剥夺犯罪分子的人身自由，但刑期相较于有期徒刑较短，因此既能满足惩罚犯罪的需要，也是刑法罪责刑相适应原则的具体体现。

5. 剥夺政治权利［西北师大 2015 年研；人大 2007 年研；西北政法 2007 年研］

答：参见本章简答题第 4 题答案。

6. 没收财产［中国政法 2023 年研；人大 2003 年研］

答：参见本章考点难点归纳相关内容。

四、简答题

1. 简述刑罚的主要特征。［2022 年法硕（法学、非法学）真题］

答：刑罚，是指刑法中明文规定的由国家审判机关依法对犯罪人适用的限制或剥夺其某种权益的强制性制裁方法。刑罚的特征有：

(1)立法专属性，由国家最高权力机关通过刑法明文规定。我国仅全国人大及其常委会有权制定、修改刑法及刑罚，其他机关无权。

(2)本质严厉性。刑罚是最严厉的强制方法，可以剥夺财产、政治权利甚至生命。只有主刑和附加刑才是刑罚。

(3)对象特定性，仅对犯罪人适用。刑罚只适用于实施了犯罪行为的人，不适用于无罪的人。刑事诉讼中的拘留、逮捕等措施不是刑罚。

(4)适用主体单一性，由人民法院依法适用。刑罚只能由人民法院依据刑法和刑事诉讼法通过裁判形式适用。未经法定程序、非刑法规定的强制方法，法院无权作为刑罚适用。

(5)执行机关特定。不同刑罚由特定机关执行，如：死刑、罚金和没收财产由人民法院执行；无期徒刑和有期徒刑由监狱或其他场所执行；管制由司法行政机关执行；拘役和剥夺政治权利由公安机关执行。

2．简述刑罚的功能。[广西民大 2022 年研；安徽大学 2022 年研]

相关试题：刑罚的功能。[论述题，中山大学 2010 年研]

答：刑罚的功能，是指国家正确制定、适用和执行刑罚对社会个体及整体产生的积极作用，具体包括：

(1)对犯罪人的功能：

①惩罚功能。惩罚是刑罚的本质与基本功能，通过剥夺犯罪人权益使其感受痛苦与耻辱。不同刑罚惩罚方式不同，剥夺功能包含其中。

②改造功能。源于近代西方启蒙和刑罚思想，在刑罚适用与执行中感化教育犯罪人，使其改过自新。我国刑法适用与执行贯彻宽严相济政策，给予人道主义待遇，促进其改造。

(2)对被害人的功能：安抚功能。

犯罪侵害被害人身心，及时惩罚犯罪人能抚慰其心灵创伤，满足复仇需求，平息愤怒仇恨，避免私力报复，增强安全感，恢复心理平衡。

(3)对社会的功能：

①威慑功能。即使犯罪人痛苦，震慑潜在犯罪者，可分为立法威慑和司法威慑。前者在立法中明确罪刑关系，使潜在犯罪人畏惧；后者是司法机关对犯罪分子适用执行刑罚，将立法威慑具体化。二者结合发挥威慑作用，实现一般预防。

②教育鼓励功能。即适用刑罚能提高公民法律意识，教育公民守法护法，鼓励与犯罪斗争。刑罚制定、裁量和执行是法治宣传，彰显国家对犯罪的态度，帮助公民辨明法律界限，消除公民与犯罪斗争的顾虑。

3．解释我国刑法上的主刑。[武大 2005 年研]

答：参见本章考点难点归纳相关内容。

4．剥夺政治权利。[中山大学 2018 年研]

相关试题：

(1)简述我国刑法中剥夺政治权利的适用方式。[广东财大 2024 年研]

(2)简述剥夺政治权利的内容与期限。［青岛大学2017年研］

(3)我国刑法中剥夺政治权利的内容。［中山大学2015年研］

答：(1)剥夺政治权利，是指剥夺犯罪分子参加国家管理和政治活动权利的刑罚方法。

(2)剥夺政治权利的内容。《刑法》第54条规定，剥夺政治权利是剥夺以下权利：①选举权和被选举权；②言论、出版、集会、结社、游行、示威自由的权利；③担任国家机关职务的权利；④担任国有公司、企业、事业单位和人民团体领导职务的权利。

(3)剥夺政治权利的适用方式：

①附加适用情形，用于严重犯罪。危害国家安全的犯罪分子，应附加剥夺政治权利。被判处死刑、无期徒刑的犯罪分子，应剥夺政治权利终身。对故意杀人、强奸等严重破坏社会秩序的犯罪分子，可附加剥夺政治权利。故意伤害、盗窃等犯罪中，犯罪分子主观恶性深、情节恶劣、罪行严重的，也可依法剥夺。

②独立适用情形，用于较轻犯罪。在犯罪情节较轻、不宜判处主刑时，可独立适用剥夺政治权利，具体依照刑法分则规定。我国刑法分则中，危害国家安全罪、侵犯公民人身权利与民主权利罪、妨害社会管理秩序罪、危害国防利益罪等类型中的轻罪，可独立适用该刑罚。

(4)剥夺政治权利的期限，参见本章考点难点归纳相关内容。

5. 简述我国刑法规定的从业禁止。［2023年法硕(法学、非法学)真题］

答：(1)从业禁止是指针对实施与职业相关犯罪的犯罪分子，限制其在特定时段从事相关职业的资格。《刑法》第37条之一第1款规定："因利用职业便利实施犯罪，或实施违背职业要求的特定义务的犯罪被判处刑罚的，人民法院可以根据犯罪情况和预防再犯罪的需要，禁止其自刑罚执行完毕之日或假释之日起从事相关职业，期限为3年至5年。"从业禁止是刑法规定、法院裁决的预防性、非刑罚处罚措施，类似禁止令制度，具有保安处分性质。

(2)从业禁止制度的内容：

①适用前提：因利用职业便利或违背职业特定义务犯罪被判刑。此类犯罪是利用职业便利、违背职业伦理或义务作案。

②适用关键：法院依犯罪情况和预防再犯需要裁定。并非所有职业犯罪判刑者都被禁止从业，要考量行为人人身危险性，包括个人、犯罪及事后表现等，结合职业内在需求、犯罪典型性，针对性限制。如银行、经纪从业者欺诈风险大，法官有贪赃枉法风险，利用此类风险犯罪常被禁止从业。

③主要内容：禁止其自刑罚执行完毕之日或假释之日起从事相关职业，期限为3年至5年。

④违规后果：违规者由公安机关处罚；情节严重按拒不执行判决、裁定罪定罪。

五、论述题

1. 论刑罚目的。［华南理工2010年研］

相关试题：

(1)简述刑罚的目的。［简答题，广西民大2023年研；山东大学2022年研］

(2)一般预防与特殊预防的关系。［山东大学 2022 年研］

(3)刑罚的目的是什么？［简答题，中山大学 2016 年研］

(4)试论人民法院在定罪和量刑时如何考虑特殊预防与一般预防的关系。［东北财大 2011 年研］

答：刑罚的目的是指国家通过对犯罪人适用刑罚所要达到的目标或结果。

(1)学说史。关于刑罚目的的理论，主要分为报应刑论和目的刑论。现代刑法学普遍采用折中主义(并合主义)的观点。

①报应刑论，主张“因为犯了罪，所以要处刑。”其强调正义报应，为刑罚设限。

②目的刑论，主张“为了没有犯罪而科处刑罚。”其强调预防犯罪，包括一般预防与特别预防。

③折中主义(并合主义)，主张“因为有了犯罪且为了不要或不再犯罪，所以要处刑。”其兼顾报应正义与预防犯罪，是现代主流观点。

(2)我国刑罚目的通说采预防说，认为刑罚的目的是预防犯罪。刑罚目的可分为特殊预防与一般预防，二者相辅相成，共同实现刑罚的社会功能。具体参见本章考点难点归纳相关内容。

2. 死刑适用的限制性规定。［青岛大学 2017 年研］

相关试题：

(1)论我国刑法上死刑的适用条件。［简答题，北大 2025 年研］

(2)我国《刑法》第 48 条规定：“死刑只适用于罪行极其严重的犯罪分子。”请根据此法条规定，分析我国死刑适用的条件。［分析题，华东政法 2022 年研］

(3)我国刑法对死刑适用的限制。［简答题，湖南师大 2022 年研］

(4)简述我国死刑的限制性适用。［简答题，暨南大学 2021 年研］

(5)简述我国刑法适用死刑的限制性规定。［简答题，辽宁大学 2020 年研］

(6)论述我国死刑制度的限制。［吉林大学 2020 年研］

(7)论述我国《刑法》对死刑的限制性规定。［烟台大学 2019 年研］

答：死刑是指剥夺犯罪人生命的刑罚方法。我国刑事立法与司法严格遵循“保留死刑、坚持少杀、防止错杀”的死刑政策。适用死刑有严格的限制性规定：

(1)适用对象的严格限制：

①罪行极其严重。死刑仅适用于“罪行极其严重”的犯罪分子，即犯罪性质、情节及人身危险性均达到极其严重的程度。

②特殊人群排除。犯罪时不满 18 周岁的人、审判时怀孕的妇女，一律不适用死刑。审判时已满 75 周岁的人，除非以特别残忍手段致人死亡，否则不适用死刑。

(2)适用程序的严格限制：

①管辖限制。死刑案件只能由中级以上人民法院一审，基层法院无权审理。

②核准程序。死刑案件除最高人民法院直接判处外，均需报请最高人民法院核准。中级人民法院判处死刑的案件，被告人不上诉的，需经高级人民法院复核后报最高人民法院核准。高级人民法院判处死刑的案件，被告人不上诉的，也需报最高人民法院核准。

③证据要求。坚持“重证据、不轻信口供”原则，排除非法证据(如刑讯逼供所得)。死

刑案件的定罪必须达到“事实清楚，证据确实、充分”的标准，尤其对以下事实需严格证明：a. 犯罪事实的发生；b. 被告人实施犯罪的时间、地点、手段、后果等；c. 被告人的刑事责任能力、罪过及共同犯罪中的地位、作用；d. 从重处罚的事实。

(3)死刑缓期执行制度(死缓)：

①死缓是判处死刑同时宣告缓期2年执行、强迫劳动以观后效的一种死刑执行方式。死缓是我国独创的死刑执行方式，非独立刑种，对少杀政策意义重大。其适用条件有：

a. 前提：应判处死刑(罪行极其严重)。

b. 关键：不是必须立即执行(“罪大恶不极”)，即犯罪人尚有改造余地。

c. 考量因素：犯罪后有自首、立功等从轻情节；共同犯罪中罪行非最严重；被害人过错导致激愤犯罪；存在令人怜悯的情节。

②死缓的类型：

a. 普通死缓，适用于一般死刑案件。

b. 限制减刑的死缓，适用于累犯及故意杀人、强奸、抢劫等严重暴力犯罪。

c. 终身监禁的死缓，适用于贪污、受贿罪，数额特别巨大且造成特别重大损失。

③法律效果。死缓期间无故意犯罪，2年期满后减为无期徒刑。死缓期间有重大立功表现，2年期满后减为25年有期徒刑。死缓期间故意犯罪且情节恶劣的，报最高人民法院核准后执行死刑。死缓期间故意犯罪未执行死刑的，死缓期间重新计算。

④期间计算。死缓期间从判决确定之日起计算，减为有期徒刑的刑期从死缓期满之日起计算。死缓期间重新计算的起点为最高人民法院不予核准执行死刑之日或查实故意犯罪之日。

⑤限制减刑。对累犯及严重暴力犯罪被判处死缓的，法院可决定限制减刑。限制减刑后，实际执行刑期不得少于25年(减为无期徒刑)或20年(减为25年有期徒刑)。

综上，我国死刑适用严格贯彻“少杀、慎杀”政策，通过对象限制、程序限制和死缓制度，最大限度减少死刑立即执行的适用，确保死刑仅适用于罪行极其严重的犯罪分子，同时保障司法公正与人权保护。

第十五章　刑罚制度

15.1　复习笔记

【知识框架(庖丁解牛)】

- 刑罚制度
  - 刑罚裁量制度
    - 概述：概念、特征、意义、原则、情节、方法
    - 累犯
      - 概念、意义、刑事责任
      - 分类和构成条件：一般累犯、特别累犯
    - 自首
      - 概念、意义、刑事责任
      - 分类和成立条件：一般自首、准自首、单位自首
    - 坦白：概念、意义、成立条件、刑事责任
    - 立功
      - 概念、意义、刑事责任
      - 种类和成立条件：一般立功、重大立功
    - 数罪并罚：概念、意义、原则、适用
    - 缓刑
      - 概述：概念、意义、宣告、执行、法律后果
      - 一般缓刑：适用条件、宣告、内容、考验期、考察和法律后果
      - 战时缓刑：适用条件、与一般缓刑的区别
  - 刑罚执行和社区矫正
    - 减刑
      - 概念、适用范围、刑期计算、从严情形、程序
      - 适用条件：可以减刑的条件、应当减刑的条件
      - 减刑的起始时间、间隔时间和幅度
    - 假释
      - 概念、意义、考验、效果、决定和撤销程序
      - 适用：对象条件、服刑时间条件、实质条件、不得适用情形
    - 社区矫正：目的、原则、决定、监督管理、教育帮扶、解除和终止
  - 刑罚消灭制度
    - 概述：概念、消灭事由
    - 追诉时效
      - 概念、意义、期限
      - 起算、重新起算[中断]、停止计算、延长
    - 赦免：大赦、特赦[我国刑法规定]

【通关提要(提纲挈领)】

本章主要介绍刑罚制度，包括刑罚裁量制度、刑罚执行制度和刑罚消灭制度，属于重点章节。刑罚裁量部分，要熟悉刑罚裁量的原则，熟悉累犯、自首、坦白、立功、数罪并

罚和缓刑各项制度的概念，掌握我国对数罪并罚的具体规定及运用，重点掌握累犯与自首的分类和成立条件、不同类型犯罪中自首的认定、一般缓刑的适用条件。刑罚执行和社区矫正部分，要熟悉减刑与假释两项制度的概念，注意各重要概念之间的界限如假释与减刑、假释与缓刑的区别等，重点掌握减刑、假释的条件与法律后果；熟悉社区矫正相关知识。刑罚消灭部分，要掌握我国对追诉时效的规定，熟悉赦免相关知识。

本章各种题型都有可能考查，且考查频率较高，但理解难度不大，复习时可对比分析、理解记忆。

【考点难点归纳(厚积薄发)】

考点一：刑罚裁量制度 ★★★

1. 刑罚裁量概述(见表15－1) ★★

表15－1 刑罚裁量概述

要点	主要内容		
概念	又称量刑，指人民法院对犯罪分子依法裁量决定刑罚的一种审判活动		
特征	①主体：人民法院；②性质：刑事审判活动；③前提：行为构成犯罪；④依据：犯罪事实与量刑情节；⑤内容：刑罚种类、是否判处及执行方式		
原则	以犯罪事实为依据、以刑法规定为准绳		
情节	概念	又称量刑情节，指犯罪构成事实以外，能反映犯罪社会危害程度及行为人主观恶性与人身危险性的事实情况	
	分类	刑法有无明文规定	①法定情节，包括四种：从轻、减轻、免除、从重处罚。 ②酌定情节[裁判情节]
		是否须考虑	①应当型[命令型]情节；②可以型[授权型]情节
		结果性质	①从宽[从轻、减轻、免除处罚]情节；②从严[从重处罚]情节
		情节功能	①单功能情节；②多功能情节
	适用	①从轻、从重、减轻、免除处罚的适用；②多功能量刑情节的适用；③多个刑罚裁量情节并存时的适用	
方法	以定性分析为主，定量为辅，依次确定量刑起点、基准刑和宣告刑		

【真题链接】论述刑罚裁量原则。[论述题，暨南大学2024年研]

2. 累犯(见表15－2) ★★★

表15－2 累犯

要点	主要内容
概念	指因犯罪而受过一定的刑罚处罚，刑罚执行完毕或赦免后，在法定期限内又犯一定之罪的罪犯 [对累犯须从重处罚；不适用缓刑，不得假释]

续表

要点	主要内容		
一般累犯 [普通累犯]	概念		指年满18周岁、因故意犯罪被判处有期徒刑以上刑罚，在刑罚执行完毕或赦免后，在5年内再犯应判处有期徒刑以上刑罚之罪的犯罪分子
	构成条件	主体条件	犯前罪时须年满18周岁
		罪质条件	前后罪都须是故意犯罪
		刑度条件	前后罪均被判处有期徒刑以上刑罚
		时间条件	后罪发生在前罪的刑罚执行完毕[主刑执行完毕]或赦免以后5年之内[从刑满释放之日起算]
	特殊情况		①被假释的犯罪分子，在假释考验期内又犯新罪的，不构成累犯，应撤销假释，适用数罪并罚；如在假释考验期满后5年内又犯新罪，则构成累犯。 ②被判处有期徒刑宣告缓刑的犯罪分子，如在缓刑考验期满后或在缓刑考验期内又犯罪，均不构成累犯
特别累犯	概念		指犯危害国家安全罪、恐怖活动犯罪、黑社会性质的组织犯罪的犯罪分子受过刑罚处罚，刑罚执行完毕或赦免后，在任何时候再犯上述任一类罪的人
	构成条件		①前后罪均为特定犯罪，为上述三类之一。 ②前后罪的刑罚种类及其轻重不受限制。 ③前后罪的相隔时间长短不受限制
	特例		毒品犯罪特别累犯，指因犯走私、贩卖、运输、制造、非法持有毒品罪被判过刑，在任何时候再犯毒品犯罪的犯罪分子
处罚	应从重处罚		

【真题链接】

(1)论述我国刑法中累犯的分类及其构成要件。[论述题，广东财大2024年研]

(2)论述累犯的种类和构成要件。[简答题，吉林大学2021年研]

(3)简述一般累犯的概念与构成条件。[简答题，湖南师大2021年研]

3. 自首(见表15－3) ★★★

表15－3 自首

要点	主要内容			
概念	指犯罪嫌疑人犯罪后自动投案，如实供述自己罪行的行为[一般自首]，或被采取强制措施的犯罪嫌疑人、被告人和正在服刑的罪犯，如实供述司法机关还未掌握的本人其他罪行的行为[准自首]			
成立条件	一般自首	自动投案 [前提]	概念	指犯罪分子在犯罪后，在未受到讯问、未被采取强制措施之前，出于本人意志而向有关机关或个人承认自己实施了犯罪，并自愿置于所投机关或个人的控制之下，等待进一步交代犯罪事实的行为
			条件	①须发生在犯罪人尚未归案之前。 ②须基于犯罪人本人意志，且有实际行动。 ③最终须自愿置于司法控制之下，等待审查、裁判
		如实供述	犯罪嫌疑人自动投案后，如实交代自己的主要犯罪事实	

续表

要点	主要内容		
成立条件	准自首	主体	被采取强制措施［拘传、拘留、取保候审、监视居住和逮捕］的犯罪嫌疑人、被告人和正在服刑的罪犯
		如实供述	须如实供述司法机关还未掌握的本人其他罪行［实质条件］
处罚	①对自首的犯罪分子，可从轻或减轻处罚；②犯罪较轻的，可免除处罚		

【真题链接】

(1)简述一般自首的概念与成立条件。［简答题，扬州大学 2024 年研］

(2)论述自首及其适用条件。［论述题，北大 2023 年研］

(3)简述自首的概念、构成要件及其法律效果。［简答题，暨南大学 2023 年研］

(4)简述自首成立的条件。［简答题，广西民大 2023 年研］

4. 坦白(见表 15－4) ★★★

表 15－4 坦白

要点	主要内容	
概念	指犯罪嫌疑人在被动归案后、被依法提起公诉前，如实供述自己罪行的行为	
成立条件	主体	犯罪嫌疑人
	时间	犯罪嫌疑人被动归案后、被依法提起公诉前
	如实供述	①须主动供述；②供述司法机关已或尚未掌握的同种罪行
处罚	①坦白的，可从轻处罚；②因如实供述自己罪行，避免特别严重后果发生的，可减轻处罚［坦白从宽］	

【真题链接】

(1)简述自首的成立要件，以及自首和坦白在法律后果中的区别。［简答题，上海交大 2025 年研］

(2)简述自首与坦白的区别。［简答题，暨南大学 2019 年研；武大 2013 年研］

5. 立功(见表 15－5) ★★★

表 15－5 立功

要点	主要内容	
概念	指犯罪分子在到案后至判决确定前，实施揭发他人犯罪并查证属实，或提供重要线索侦破案件等利于国家和社会的行为	
种类及表现形式	一般立功	①检举、揭发他人犯罪行为，查证属实的；②提供侦破其他案件的重要线索，经查证属实的；③阻止他人犯罪活动的；④协助司法机关抓捕其他犯罪嫌疑人的；⑤其他有利于国家和社会的突出表现
	重大立功	①检举、揭发他人重大犯罪行为，查证属实的；②提供侦破其他重大案件的重要线索，经查证属实的；③阻止他人重大犯罪活动的；④协助司法机关抓捕其他重大犯罪嫌疑人的；⑤对国家和社会有其他重大贡献等
刑事责任	①有一般立功表现的，可从轻或减轻处罚；②有重大立功表现的，可减轻或免除处罚	

【真题链接】简述立功的情形。[简答题，浙商大 2021 年研]

6. 数罪并罚(见表 15－6) ★★★★

表 15－6 数罪并罚

要点	主要内容	
概念	指人民法院对一行为人在法定时间内所犯数罪[前提]分别定罪量刑后，依法定并罚原则及刑期计算方法，决定其应执行刑罚的制度	
各国原则	并科原则	又称相加原则，即将数罪宣告刑绝对相加、合并执行
	吸收原则	重罪吸收轻罪或重宣告刑吸收轻宣告刑
	限制加重原则	又称限制并科原则，即以数罪中最重刑罚为基础在一定限度内加重
	折中原则	又称综合原则，即按法定刑罚性质及特点兼采上述原则[多国采用]
我国原则	限制加重原则	对判决宣告的数个主刑为有期自由刑、拘役或管制的，采取限制加重原则[为主]
	吸收原则	对判处死刑或无期徒刑的，采取吸收原则
	并科原则	对判有附加刑的，一般采取并科原则，附加刑仍须执行
具体适用	判决宣告前一人犯数罪的并罚	判决宣告以前一人犯数罪的，除判处死刑和无期徒刑的以外，应在总和刑期以下、数刑中最高刑以上，酌情决定执行的刑期： ①管制最高不能超过 3 年，拘役最高不能超过 1 年。 ②有期徒刑总和刑期不满 35 年的，最高不超过 20 年；在 35 年以上的，最高不超过 25 年
	判决宣告后发现漏罪的并罚	①对发现的漏罪，应单独定罪量刑。对前后两个判决所判处的刑罚，按相应的数罪并罚原则，决定执行的刑罚。 ②“先并后减”：应在两个判决合并决定执行的刑期中，减去已执行的刑期，作为应执行刑期
	判决宣告后又犯新罪的并罚	①对犯罪分子所实施的新罪，应单独定罪量刑。 ②“先减后并”：应把前罪没有执行的刑罚[减去了已执行的刑期]和后罪所判处的刑罚合并后再决定应执行的刑罚

【真题链接】

(1)请论述我国刑法中数罪并罚的基本原则。[论述题，北大 2025 年研]

(2)简述我国刑法中的数罪并罚原则。[简答题，广外 2024 年研]

(3)论我国刑法中规定的数罪并罚的三种具体适用方法。[论述题，浙财大 2020 年研]

7. 缓刑(见表 15－7) ★★★★

表 15－7 缓刑

要点	主要内容
概念	属于刑罚暂缓执行，即对原判刑罚附条件不执行的一种刑罚制度[非单独刑种]
区分	①与免予刑事处罚的区别： a. 免予刑事处罚：对构成犯罪的被告人，只定罪不处刑。[定罪免刑] b. 缓刑：对犯罪分子判处刑罚后，暂缓执行但保留执行权。[定罪判刑但附条件不执行] ②与死刑缓期执行的区别见表 15－8，与假释的区别见表 15－9

续表

要点	主要内容
种类	①一般缓刑，见表15－10；②战时缓刑［特别缓刑］，见表15－11。二者的区别见表15－12
意义	预防犯罪分子再次犯罪

表15－8 缓刑与死刑缓期执行的区别

	缓刑	死刑缓期执行
适用对象	被判处拘役或3年以下有期徒刑者	被判处死刑者
执行方法	不予关押，实行社区矫正	须关押，并劳动改造
考验期限	由所判刑种和刑期定	法定期限为2年
法律后果	按考验期内是否有法定情形，原判刑罚不再执行，撤销缓刑数罪并罚，或收监执行原判刑罚	缓刑期限届满时，按犯罪人表现执行死刑、给予减刑等

表15－9 缓刑与假释的区别

		缓刑	假释
适用对象		被判处拘役或3年以下有期徒刑者	被判处有期徒刑、无期徒刑者
实质条件		犯罪情节较轻、有悔罪表现、无再犯罪危险、对社区无重大不良影响	认真遵守监规、接受改造、确有悔改表现、无再犯罪危险
时间	实行时间	判决生效后实行，无需执行原刑罚	执行一定刑罚后实行
	考验期限	有期徒刑为原判刑期以上5年以下［不少于1年］，拘役为原判刑期以上1年以下［不少于2个月］	剩余的未执行刑期
	不执行刑期	原判刑罚的全部刑期	原判刑罚未执行的刑期

【真题链接】

（1）简述缓刑与死刑缓期执行的区别。［简答题，上海交大2024年研；山东大学2017年研］

（2）简述假释与缓刑的区别。［简答题，浙财大2021年研］

表15－10 一般缓刑

要点		主要内容
概念		指人民法院对被判处拘役、3年以下有期徒刑的犯罪分子，在其具备犯罪情节较轻、有悔罪表现、没有再犯罪的危险、宣告缓刑对所居住的社区没有重大不良影响的条件时，暂缓其刑罚的执行，在规定的考验期内若没有出现再犯新罪或发现漏罪等法定事由，原判刑罚就不再执行的制度
适用条件	对象条件	被判处拘役或3年以下有期徒刑的人［累犯和犯罪集团首要分子不适用］
	实质条件	①犯罪情节较轻；②有悔罪表现；③无再犯危险；④宣告缓刑对所居住社区无重大不良影响
宣告	一般	对被判处拘役、3年以下有期徒刑之人，同时符合上述缓刑条件的，可宣告缓刑
	特殊	不满18周岁的未成年人、怀孕的妇女、已满75周岁的老年人，符合上述缓刑条件的，应当宣告缓刑［七五怀孕未成年］

续表

要点	主要内容
法律后果	①缓刑考验期限内无规定情形的，缓刑考验期满，原判刑罚不再执行。 ②缓刑考验期限内犯新罪或发现漏罪的，应撤销缓刑，数罪并罚。 ③缓刑考验期限内违反规定或禁止令且情节严重的，应撤销缓刑，执行原判刑罚。 注意：缓刑的效力不及于附加刑，附加刑仍须执行

表 15－11　战时缓刑

要点	主要内容	
概念	指在战时，对被判处3年以下有期徒刑没有现实危险的犯罪军人，暂缓其刑罚执行，允许其戴罪立功，确有立功表现时，可以撤销原判刑罚，不以犯罪论处的制度	
适用条件	适用时间	须在战时[和平时期或非战时不适用]
	适用对象	被判处3年以下有期徒刑的犯罪军人[累犯和犯罪集团首要分子不适用]
	基本根据	须在战争条件下宣告缓刑没有现实危险[最关键]

表 15－12　一般缓刑与战时缓刑的区别

	一般缓刑	战时缓刑
适用对象	除累犯、犯罪集团的首要分子外，被判处拘役、3年以下有期徒刑的犯罪分子	除累犯、犯罪集团的首要分子外，被判处3年以下有期徒刑的犯罪军人
适用时间	无时间限制	只能在战时
关键条件	犯罪情节较轻、有悔罪表现、没有再犯风险及对社区的影响	战时适用无现实危险
适用方法	宣告缓刑同时依法确定考验期，考察是否具有《刑法》第77条情形	无考验期，考察有无立功表现
法律后果	考验期无事，原判刑罚不再执行但仍有罪；有新罪、漏罪或违规严重就撤销缓刑数罪并罚或执行原判	确有立功表现的，可撤销原判，不以犯罪论处

【真题链接】

(1)简述缓刑的适用条件。[简答题，厦门大学2025年研；西南政法2025年研；华南理工2023年研；中国政法2022年研；浙财大2020年研；暨南大学2017年研]

(2)简述缓刑的概念及其适用条件。[简答题，暨南大学2023年研]

(3)试述一般缓刑的适用条件。[论述题，上海交大2020年研]

考点二：刑罚执行和社区矫正　★★★★

1. 减刑(见表15－13)　★★★

表 15－13　减刑

要点	主要内容
概念	指对被判处管制、拘役、有期徒刑或无期徒刑的犯罪分子，因其在刑罚执行期间认真遵守监规，接受教育改造，确有悔改或立功表现，而适当减轻其原判刑罚的制度

续表

要点			主要内容
适用条件	对象条件		被判处管制、拘役、有期徒刑、无期徒刑的犯罪分子
	实质条件	可以减刑	犯罪分子在刑罚执行期间认真遵守监规，接受教育改造，确有悔改表现或有立功表现
		应当减刑	犯罪分子在刑罚执行期间有重大立功表现
	限度条件		①减刑后实际执行的刑期，判处管制、拘役、有期徒刑的，不能少于原判刑期的1/2。判处无期徒刑的，不能少于13年。 ②限制减刑的死缓，死缓执行期满后依法减为无期徒刑的，不能少于25年；缓期执行期满后依法减为25年有期徒刑的，不能少于20年
刑期计算			原判管制、拘役、有期徒刑，自原判决执行之日起算；原判无期徒刑减为有期徒刑，自裁定减刑之日起算；已执行刑期不计入；再次减刑按有期徒刑方法计算
程序			由执行机关向中级以上人民法院提出减刑建议书，人民法院应组成合议庭审理

【真题链接】

(1)简述减刑的概念和条件。[简答题，宁波大学2021年研]

(2)简述减刑的条件。[简答题，四川师大2018年研]

2. 假释(见表15－14) ★★★★

表15－14 假释

要点	主要内容
概念	指对被判处有期徒刑、无期徒刑的犯罪分子，在执行一定刑期后，因其认真遵守监规，接受教育改造，确有悔改表现，没有再犯罪的危险，而附条件地将其提前释放的制度
适用	假释的适用，见表15－15
考验	①有期徒刑的假释考验期为没有执行完毕的刑期，无期徒刑为10年。考验期限从假释之日起算。 ②对假释的犯罪分子，在假释考验期限内，依法实行社区矫正，如无规定的撤销情形，假释考验期满，就认为原判刑罚已执行完毕，并公开宣告
撤销及其处理	①被假释的犯罪分子，在假释考验期限内犯新罪，应当撤销假释，按《刑法》第71条规定数罪并罚。 ②在假释考验期限内，发现被假释的犯罪分子在判决宣告前还有其他罪没判决的，应撤销假释，按《刑法》第70条规定数罪并罚。 ③被假释的犯罪分子，在假释考验期限内，有违反法律、行政法规或国务院有关部门关于假释的监督管理规定的行为，尚未构成新罪的，应依法定程序撤销假释，收监执行未执行完毕的刑罚

表15－15 假释的适用

要点		主要内容
对象条件	适用范围	被判处有期徒刑、无期徒刑的犯罪分子
	不得适用[禁止情形]	①对累犯和因故意杀人、强奸、抢劫、绑架、放火、爆炸、投放危险物质或有组织的暴力性犯罪，被判处10年以上[一罪而非数罪合并]有期徒刑、无期徒刑的犯罪分子，不得假释。 ②因犯贪污罪、受贿罪被判处死缓，同时被决定在其死缓期满减为无期徒刑后终身监禁的罪犯，不得假释

续表

要点	主要内容
服刑时间条件	①被判处有期徒刑的罪犯，至少已执行原判刑期 1/2 以上。 ②被判处无期徒刑的罪犯，至少已实际执行 13 年以上。 ③被判处死缓的罪犯减为无期徒刑或有期徒刑后，实际执行 15 年以上。 ④例外规定。如有特殊情况，经最高法核准，可以不受上述执行刑期限制。 ⑤罪犯减刑后又假释的间隔时间，一般不得少于 1 年；对一次减 1 年以上有期徒刑后，决定假释的，其间隔时间不得少于 1 年 6 个月。罪犯减刑后余刑不足 2 年，决定假释的，可适当缩短间隔时间
实质条件	犯罪分子认真遵守监规，接受教育改造，确有悔改表现，没有再犯罪的危险，假释后对其所居住的社区没有重大不良影响

【小结】假释与减刑的区别(见表 15－16)：

表 15－16　假释与减刑的区别

	假释	减刑
适用对象	被判处有期徒刑、无期徒刑的犯罪分子，但累犯及因故意杀人、强奸、抢劫、绑架、放火、爆炸、投放危险物质或有组织的暴力性犯罪被判处 10 年以上有期徒刑、无期徒刑的犯罪分子不适用	被判处管制、拘役、有期徒刑、无期徒刑的犯罪分子
实质条件	认真遵守监规，接受教育改造，确有悔改表现，没有再犯罪的危险	认真遵守监规，接受教育改造，确有悔改表现，或有立功表现
适用时间	在有期徒刑执行原判刑期 1/2 以上、无期徒刑实际执行 13 年以上才能适用	无明确限定
适用次数	只能宣告一次	不受次数限制
考验期限	附有考验期，如出现法定情形就撤销	无考验期，已减刑期不恢复
法律后果	对被假释人当即解除监禁，予以附条件释放	减刑后有未执行完刑期的，仍须在监继续执行

【真题链接】

(1)论假释的适用条件。[论述题，中山大学 2016 年研]

(2)假释的适用条件。[简答题，中国政法 2015 年研；首都师大 2015 年研]

(3)简述撤销假释的情形和处理。[简答题，中国政法 2023 年研]

(4)简述我国假释的适用条件及禁止适用的情形。[简答题，西北政法 2020 年研]

3. 社区矫正(见表 15－17)　★★

表 15－17　社区矫正

要点	主要内容
概念	指在社区中对被判处管制、宣告缓刑、假释和暂予监外执行的罪犯[对象]依法进行监督管理、教育帮扶等活动的非监禁刑执行制度
目的	帮助矫正对象融入社会、预防犯罪，坚持监督管理与教育帮扶、专门机关与社会力量相结合，分类管理、个别化矫正，依法保障人权，杜绝歧视

续表

要点		主要内容
执行	决定机关	作出相应判决、裁定、批准的法院、监狱管理机关、公安机关
	对象	被判处管制、宣告缓刑、假释和暂予监外执行的罪犯
	内容	监督管理、教育帮扶

考点三：刑罚消灭制度(见表15－18) ★★★

表15－18 刑罚消灭制度

要点			主要内容
含义			指针对特定犯罪人的刑罚权因法定事由而归于消灭
追诉时效	概念		指刑法规定的对犯罪嫌疑人追究刑事责任的有效期限
	期限		犯罪经过下列期限不再追诉： ①法定最高刑为不满5年有期徒刑的，经过5年。 ②法定最高刑为5年以上不满10年有期徒刑的，经过10年。 ③法定最高刑为10年以上有期徒刑的，经过15年。 ④法定最高刑为无期徒刑、死刑的，经过20年。20年以后认为须追诉的，须报请最高检核准
	起算		①一般犯罪，从犯罪之日起算[犯罪成立之日]。 ②犯罪行为有连续或继续状态的，从犯罪行为终了之日起算
	中断		在追诉期限内又犯罪的，前罪追诉的期限从犯后罪之日起算
	延长		①在人民检察院、公安机关、国家安全机关立案侦查或人民法院受理案件后，逃避侦查或审判的，不受追诉期限限制。 ②被害人在追诉期限内提出控告，人民法院、人民检察院、公安机关应立案而不予立案的，不受追诉期限限制
赦免	概念		指国家宣告对犯罪人免除其罪、免除其刑的一种法律制度
	种类	大赦	指国家对不特定多数犯罪分子的赦免[范围广，赦罪且赦刑]
		特赦	①指国家对特定犯罪分子的赦免[只赦刑，我国只规定此种]。 ②由人大常委会决定，国家主席发布特赦令，最高法执行

【真题链接】

(1)请论述我国刑法中的追诉时效。[论述题，北大2024年研]

(2)我国刑法关于追诉时效的规定。[简答题，中国政法2024年研]

15.2 考研真题与典型题详解

一、单项选择题

1. 下列情形中，应当认定犯罪嫌疑人自动投案的是(　　)。[2023年法硕(法学、非法学)真题]

A．甲在投案途中被公安机关抓获

B．乙被亲友捆绑后送到司法机关

C．丙在被取保候审期间逃跑，后主动归案

D．丁在有关部门发现其车上的犯罪工具后如实供述

【解析】自动投案是指犯罪人在其罪行尚未被司法机关发觉，或虽被发觉但司法机关尚未对其采取传讯、强制措施以前，主动、直接向公安机关、人民检察院或人民法院投案的行为。

A项，经查实犯罪嫌疑人确已准备去投案，或正在投案途中，被公安机关捕获的，应视为自动投案。

B项，乙是被亲友捆绑至司法机关，没有自动性。

C项，取保候审属于刑事强制措施。丙在被取保候审期间逃跑，不符合自动投案要求。

D项，有关部门已经发现丁的犯罪工具，丁不属于自动投案。

2．下列情形中，应当数罪并罚的是（　　）。[2023年法硕（非法学）真题]

A．甲长期虐待母亲，致其重伤

B．乙以暴力干涉女儿婚姻自由，致其服毒身亡

C．丙（投保人）勒死其妻（被保险人），骗取巨额保险金

D．丁（侦查人员）对犯罪嫌疑人实行刑讯逼供，致其死亡

【解析】数罪并罚，是指对一行为人所犯数罪合并处罚的制度。结果加重犯，是指实施基本犯罪构成的行为，同时又造成一个基本犯罪构成以外的结果，刑法对其规定较重法定刑的情况。

A项，《刑法》第260条第1、2款规定："虐待家庭成员，情节恶劣的，处2年以下有期徒刑、拘役或管制。犯前款罪，致被害人重伤、死亡的，处2年以上7年以下有期徒刑。"甲虐待其母亲致其重伤，属于虐待罪的结果加重犯，无需数罪并罚。

B项，《刑法》第257条规定："以暴力干涉他人婚姻自由的，处2年以下有期徒刑或拘役。犯前款罪，致使被害人死亡的，处2年以上7年以下有期徒刑。"这里的死亡包括暴力干涉婚姻自由而直接引起被害人自杀的情形。乙以暴力干涉女儿婚姻自由，致其服毒身亡，成立暴力干涉婚姻自由罪的结果加重犯。

C项，根据《刑法》规定，杀害被保险人并骗取保险金的，属于手段和目的牵连犯，应数罪并罚。

D项，刑讯逼供致被害人伤残、死亡的，转化为故意伤害罪、故意杀人罪，不实行数罪并罚。

3．如果我国刑法规定，犯甲罪的，处10年以上有期徒刑、无期徒刑或者死刑，则对犯甲罪的被告人适用减刑时（　　）。[2022年法硕（法学、非法学）真题]

A．可以判处拘役　　B．可以判处无期徒刑

C．可以判处8年有期徒刑　　D．可以判处死刑缓期2年执行

2C　3C

【解析】减刑，是指对被判处管制、拘役、有期徒刑或无期徒刑的犯罪分子，因其在刑罚执行期间认真遵守监规，接受教育改造，确有悔改或立功表现，而适当减轻其原判刑罚的制度。

A 项，原判决最低刑为 10 年有期徒刑，减刑不可能减至拘役（1 个月至 6 个月）。

B 项，无期徒刑是原判决的可能刑种之一，减刑应减至更低刑种（如有期徒刑），而非维持无期徒刑。

C 项，原判决最低刑为 10 年有期徒刑，减刑后可减至 8 年有期徒刑（需符合减刑幅度要求，如实际执行刑期不少于原判刑期的 1/2），符合减刑规则。

D 项，死刑缓期 2 年执行是死刑的特殊执行方式，不属于减刑范畴。

4. 关于追诉期限起算时间的表述，正确的是（　　）。［2024 年法硕（非法学）真题］

A. 甲连续盗窃同一仓库，应从第一次盗窃行为完成之日起计算

B. 乙故意伤害李某，李某重伤住院一个月后死亡，从李某住院之日起计算

C. 丙挪用公款，数额较大、进行营利活动，从挪用公款行为实施完毕之日起计算

D. 丁未履行监管职责，致使工程存在严重质量问题而垮塌，造成严重伤亡后果，从工程验收之日起计算

【解析】《刑法》第 89 条第 1 款规定，追诉期限从犯罪之日起计算；犯罪行为有连续或继续状态的，从犯罪行为终了之日起计算。犯罪之日，应理解为犯罪成立之日。

A 项，甲实施连续盗窃行为，属于连续犯，应从最后一次盗窃行为完成之日起计算追诉期限。

B 项，犯罪不具备连续或继续状态的，追诉期限从犯罪之日起计算。乙犯罪行为的追诉时效要从其成立故意伤害罪之日起计算，而不是从被害人住院之日起计算。

C 项，挪用公款进行营利活动，其成立犯罪无需具备 3 个月以上不归还的条件，应从挪用公款行为实施完毕之日起计算追诉期限。

D 项，丁属于过失犯罪，应从实害结果发生之日起成立刑事犯罪，并计算追诉时效。

5. 甲骗取国家出口退税款，数额较大，其应适用的主刑幅度为“五年以下有期徒刑或者拘役”。对甲的追诉时效期限为（　　）。［2023 年法硕（非法学）真题］

A. 5 年　　B. 10 年　　C. 15 年　　D. 20 年

【解析】《刑法》第 87 条规定，犯罪经过下列期限不再追诉：①法定最高刑为不满 5 年有期徒刑的，经过 5 年；②法定最高刑为 5 年以上不满 10 年有期徒刑的，经过 10 年；③法定最高刑为 10 年以上有期徒刑的，经过 15 年；④法定最高刑为无期徒刑、死刑的，经过 20 年。如果 20 年以后认为必须追诉的，须报请最高人民检察院核准。刑法所称以上、以下、以内包括本数。甲适用的主刑幅度为“五年以下有期徒刑或者拘役”，其追诉时效期限为 10 年。

二、多项选择题

1. 为依法惩处强奸、猥亵未成年人犯罪，保护未成年人合法权益，下列选项说法正确

4C　5B　┃　1BCD

的有（　　）。［2024 年法硕（法学、非法学）真题］

A．对强奸未成年人的成年被告人判处刑罚时，一律不得适用缓刑

B．对于奸淫幼女，致使其感染艾滋病病毒的，应认定为强奸致使被害人重伤

C．对于利用职业便利实施猥亵未成年人犯罪的，人民法院应当依法适用从业禁止

D．对已满 14 周岁的未成年女性负有特殊职责的人员，利用优势地位迫使被害人与其发生性关系的，以强奸罪定罪

【解析】A 项，缓刑的适用条件之一是，犯罪分子不是累犯或犯罪集团的首要分子。对强奸未成年人的成年被告人判处刑罚时，一般不适用缓刑，而非"一律不得适用缓刑"。

B 项，强奸已满 14 周岁的未成年女性或奸淫幼女，致使其感染艾滋病病毒的，应认定为强奸致使被害人重伤。

C 项，对于利用职业便利实施强奸、猥亵未成年人等犯罪的，人民法院应依法适用从业禁止。

D 项，对已满 14 周岁的未成年女性负有特殊职责的人员，利用优势地位或被害人孤立无援的境地，迫使被害人与其发生性关系的，以强奸罪定罪处罚。

2．按照我国刑法规定，应当适用社区矫正的对象包括（　　）。［2019 年法硕（法学、非法学）真题］

A．被裁定假释的犯罪分子　　B．被宣告缓刑的犯罪分子

C．被判处管制的犯罪分子　　D．被单处剥夺政治权利的犯罪分子

【解析】ABC 三项，社区矫正的对象是被判处管制、宣告缓刑、假释和暂予监外执行的罪犯。

D 项，对单处剥夺政治权利的犯罪分子不一定适用社区矫正。只有被剥夺政治权利且在社会服刑的犯罪分子，才可以适用社区矫正。

3．在中华人民共和国成立七十周年之际，我国决定对依据 2019 年 1 月 1 日前人民法院作出的生效判决正在服刑的九类罪犯实行特赦。本次特赦（　　）。［2023 年法硕（法学、非法学）真题］

A．体现了依法治国理念　　B．体现了人道主义精神

C．是赦免特定的犯罪人　　D．既赦犯罪又赦刑罚

【解析】D 项，特赦是指国家对特定犯罪分子的赦免，即对于受罪行宣告的特定犯罪分子，免除其刑罚的全部或部分执行。这种赦免只赦其刑不赦其罪。

三、概念题

1．量刑情节［烟台大学 2019 年研］

答：量刑情节，又称刑罚裁量情节，是指犯罪构成事实之外的、能反映犯罪社会危害程度及行为人主观恶性与人身危险性的事实情况。量刑情节具有以下特征：①量刑情节是犯罪构成事实之外的事实情况。②量刑情节对犯罪的社会危害程度和犯罪人的人身危险性具有影响作用。③量刑情节是人民法院在对犯罪人裁量决定刑罚时需要考虑的事实情况。

2ABC　3ABC

2. 累犯［浙商大2016年研；中财2015年研；青岛大学2015年研；中南财大2009年研］

相关试题：

（1）一般累犯［暨南大学2016年研；武大2013年研；北师2012年研］

（2）特别累犯［暨南大学2020年研；中山大学2018年研；浙大2014年研］

答：参见本章考点难点归纳相关内容。

3. 自首［浙商大2019年研；青岛大学2017年研；武大2015年研；南师大2008年研］

答：参见本章考点难点归纳相关内容。

4. 数罪并罚［上海师大2022年研；中国政法2020年研；浙商大2019年研；东北财大2011年研］

答：数罪并罚，是指对一人所犯数罪合并处罚的制度。我国刑法中的数罪并罚，是指人民法院对判决宣告前一人所犯数罪，或判决宣告后，刑罚执行完毕前发现漏罪或又犯新罪的，在分别定罪量刑后，按照法定的并罚原则及刑期计算方法，决定对其应执行的刑罚的制度。数罪并罚的实质在于，依照一定原则，解决对行为人所犯数罪的各宣告刑与执行刑之间的关系。其特点有：①须犯有数罪；②所犯数罪须发生在法定时间界限内；③须在对数罪分别定罪量刑的基础上，依法定的并罚原则、范围和方法，决定并罚后应执行的刑罚。

5. 缓刑［中国政法2024年研；安徽大学2022年研；杭州师大2020年研；宁波大学2017年研；中山大学2016年研］

相关试题：战时缓刑［暨南大学2018年研；中山大学2011年研；人大2007年研］

答：参见本章考点难点归纳相关内容。

6. 减刑［广西民大2020年研；浙商大2017年研；山东大学2014年研；中财2014年研；武大2009年研；人大2006年研］

答：参见本章考点难点归纳相关内容。

7. 假释［广东财大2023年研；中国政法2022年研；广西民大2020年研；中财2018年研；暨南大学2017年研；宁波大学2016年研；人大2015年研；武大2014年研；上海交大2009年研］

答：参见本章考点难点归纳相关内容。

8. 刑罚消灭［浙商大2021年研；武大2005年研］

答：刑罚消灭，是指国家对罪犯的刑罚权因法定事由而归于消灭，包括判决确定前刑罚请求权的消灭和判决确定后刑罚执行权的消灭。其特征有：①刑罚消灭的前提是对犯罪人应适用或执行刑罚或正在执行的刑罚；②刑罚消灭意味着代表国家的司法机关丧失其对犯罪人行使具体的刑罚权；③刑罚消灭必须基于一定的原因。刑罚消灭使刑事法律关系终结，国家不得再对犯罪人行使刑罚权。

9. 追诉时效［暨南大学2023年研；北化2010年研］

答：追诉时效，是刑法规定的追究犯罪嫌疑人刑事责任的有效期限。在此期限内，司法机关有权追究犯罪人的刑事责任；超过此期限，司法机关就不能再追究刑事责任。因此，超过追诉时效，意味着不能行使量刑权与行刑权，导致刑罚消灭。

10．赦免［中山大学2005年研］、**特赦**［浙商大2017年研；中山大学2016年研］

答：赦免，是指国家对犯罪分子宣告免予追诉或免除执行刑罚的全部或部分的法律制度。赦免包括两种：

（1）大赦，通常是指国家对某一时期内犯有一定罪行的不特定犯罪人免予追诉和免除刑罚执行的制度。其对象可能是国家某一时期、某一地区、某一类或某一事件的全体犯罪分子，其法律效果是赦其罪与刑。

（2）特赦，一般是指国家对较为特定的犯罪人免除执行全部或部分刑罚的制度。其对象是较为特定的犯罪人，其效果只涉及免除刑罚执行。我国刑法规定的赦免是指特赦。

四、简答题

1．简述自首与坦白的区别。［暨南大学2019年研；武大2013年研］

相关试题：

（1）简述自首的成立要件，以及自首和坦白在法律后果中的区别。［上海交大2025年研］

（2）论自首与坦白的关系。［论述题，广东财大2016年研；浙商大2016年研］

（3）自首与坦白的异同。［中财2013年研］

（4）自首与坦白［概念题，西南政法2011年研；武大2006年研］

答：自首是指犯罪以后自动投案，如实供述自己罪行的行为，或被采取强制措施的犯罪嫌疑人、被告人和正在服刑的罪犯，如实供述司法机关还未掌握的本人其他罪行的行为。坦白，一般是指犯罪分子被动归案之后，如实供述自己罪行的行为。

（1）自首与坦白的相同之处：

①二者均以自己实施了犯罪行为为前提。

②二者都是犯罪人犯罪之后对自己所犯罪行的主观心理态度的外在表现形式。

③二者都是在归案之后如实交代自己的犯罪事实。

④二者都是从宽处罚的情节。

（2）自首和坦白的区别：

①归案方式不同。自首是犯罪人自动投案；坦白是犯罪人被动归案。

②交代的罪行范围不同。自首所交代的可以是已被发觉的罪行，也可以是尚未被发觉的罪行。对于犯罪嫌疑人、被告人和正在服刑的罪犯，自首必须交代被指控罪行以外的其他罪行。而坦白只限于已被发觉、被指控的罪行。

③供述态度不同。自首的犯罪分子供述自己罪行时的态度是主动的；坦白的犯罪分子供述自己罪行时的态度是被动的。

④认罪悔罪程度不同。自首的犯罪人认罪时间早，悔罪、悔改的程度高；坦白的犯罪人认罪时间晚，悔罪、悔改的程度较低。

⑤人身危险性及从宽幅度不同。自首的人身危险性相对较轻，从宽幅度可以是“免除处罚”；坦白的人身危险性相对较重，从宽幅度至多是“减轻处罚”。

2. 简述缓刑的适用条件。［厦门大学 2025 年研；西南政法 2025 年研；华南理工 2023 年研；中国政法 2022 年研；浙财大 2020 年研；暨南大学 2017 年研；2015 年法硕（法学、非法学）真题］

相关试题：

（1）简述缓刑的概念及其适用条件。［暨南大学 2023 年研］

（2）试述一般缓刑的适用条件。［论述题，上海交大 2020 年研］

（3）简述一般缓刑的适用条件。［广东财大 2018 年研；武大 2015 年研；华侨大学 2011 年研］

答：我国刑法所规定的缓刑，属于刑罚暂缓执行，即有条件地不执行所判决刑罚的制度。具体包括一般缓刑和战时缓刑。二者的概念和适用条件，参见本章考点难点归纳相关内容。

3. 简述缓刑与死刑缓期执行的区别。［上海交大 2024 年研；山东大学 2017 年研］

相关试题：缓刑与死缓［概念题，华南理工 2016 年研］

答：参见本章考点难点归纳相关内容。

4. 简述减刑的概念和条件。［宁波大学 2021 年研］

相关试题：

（1）简述减刑的条件。［四川师大 2018 年研］

（2）简述减刑的限度。［2018 年法硕（法学、非法学）真题］

（3）减刑应当具备哪些条件？［浙商大 2016 年研］

（4）简述减刑的适用条件。［中南财大 2013 年研］

答：（1）减刑，是指对被判处管制、拘役、有期徒刑或无期徒刑的犯罪分子，因其在刑罚执行期间认真遵守监规，接受教育改造，确有悔改表现或有立功表现，而适当减轻其原判刑罚的制度。

（2）减刑的适用条件。根据《刑法》第 78 条规定，减刑必须具备以下条件：

①对象条件。指减刑只适用于被判处管制、拘役、有期徒刑、无期徒刑的罪犯。即除死刑（含死缓）外，其余四种主刑可减刑。犯贪污罪、受贿罪被判处死缓的犯罪分子，法院可决定在其死缓期满减为无期徒刑后，终身监禁，不得减刑。

②实质条件：

a. 可以减刑的条件。根据《刑法》第 78 条及相关司法解释规定，服刑的罪犯具备“确有悔改表现”或“立功表现”之一的，可以减刑。

第一，“确有悔改表现”。指犯罪分子能够认罪悔罪；遵守法律法规及监规，接受教育改造；积极参加思想、文化、职业技术教育；积极参加劳动，努力完成劳动任务。

第二，有“立功表现”的。有下列情形之一的，应认为是确有“立功表现”：阻止他人实施犯罪活动的；检举、揭发监狱内外犯罪活动，或提供重要的破案线索，经查证属实的；协助司法机关抓捕其他犯罪嫌疑人的；在生产、科研中进行技术革新，成绩突出的；在抗御自然灾害或排除重大事故中，表现积极的；对国家和社会有其他较大贡献的。

对于罪犯符合“可以减刑”条件的案件，在办理时应综合考察罪犯犯罪的性质和具体情节、社会危害程度、原判刑罚及生效裁判中财产性判项的履行情况、交付执行后的一贯表现等因素。

b. 应当减刑的条件。罪犯在刑罚执行期间有重大立功表现的，应减刑。根据《刑法》第78条第1款规定，有下列重大立功表现之一的，应当减刑：阻止他人实施重大犯罪活动的；检举监狱内外重大犯罪活动，经查证属实的；有发明创造或重大技术革新的；在日常生产、生活中舍己救人的；在抗御自然灾害或排除重大事故中，有突出表现的；对国家和社会有其他重大贡献的。

③限度条件。指犯罪分子经过减刑以后，应实际执行的最低刑期。根据《刑法》第78条第2款规定，减刑以后实际执行的刑期不能少于下列期限：

a. 判处管制、拘役、有期徒刑的，不能少于原判刑期的1/2。

b. 判处无期徒刑的，不能少于13年。

c. 人民法院依照本法第50条第2款规定限制减刑的死刑缓期执行的犯罪分子，缓期执行期满后依法减为无期徒刑的，不能少于25年；缓期执行期满后依法减为25年有期徒刑的，不能少于20年。

5. 缓刑与假释制度的异同点有哪些？［中山大学2010年研］

相关试题：简述假释与缓刑的区别。［浙财大2021年研］

答：(1)缓刑与假释制度的相同点：

缓刑和假释均为刑罚执行制度中的重要制度，在以下方面具有相同之处：

①服刑地点相同。缓刑和假释都在社会上服刑，不在监狱服刑。

②撤销的条件部分相同。一是在考验期限内再犯新罪，二是在考验期内发现漏罪。只要具备了这两个条件，都要撤销缓刑、假释，根据法律规定将前后两个罪判处的刑罚实行数罪并罚。

③撤销后果相同。违反法律、法规相关规定均将被收监执行。

(2)缓刑与假释制度的区别，参见本章考点难点归纳相关内容。

6. 简述我国假释的适用条件及禁止适用的情形。［西北政法2020年研］

相关试题：

(1)论假释的适用条件。［论述题，中山大学2016年研］

(2)假释的适用条件。［中国政法2015年研；首都师大2015年研］

答：参见本章考点难点归纳相关内容。

7. 简述撤销假释的情形和处理。［中国政法2023年研］

答：参见本章考点难点归纳相关内容。

五、法条分析题

《刑法》第449条规定："在战时，对被判处三年以下有期徒刑没有现实危险宣告缓刑的犯罪军人，允许其戴罪立功，确有立功表现时，可以撤销原判刑罚，不以犯罪论处。"［2024年法硕(非法学)真题］

请回答：

(1)战时缓刑与一般缓刑成立条件的区别。

(2)战时缓刑与一般缓刑法律后果的区别。

答：(1)战时缓刑与一般缓刑在成立条件上的区别：

①适用对象不同。战时缓刑的适用对象具有特定性，只适用于除累犯以外的被判处3年以下有期徒刑的犯罪军人。一般缓刑适用于除累犯和犯罪集团的首要分子以外的被判处拘役、3年以下有期徒刑的犯罪分子。

②适用时间不同。战时缓刑只能适用于战时；一般缓刑的适用有期限限制，但无适用时间限制。

③适用的关键条件不同。战时缓刑适用的关键条件是，在战时状态下适用缓刑没有现实危险；一般缓刑则要求：犯罪情节较轻、有悔罪表现、没有再犯罪危险、宣告缓刑对所居住的社区没有重大不良影响。

④适用方法不同。战时缓刑不设缓刑考验期，缓刑的考验内容为犯罪军人是否具有立功表现。一般缓刑须在宣告缓刑的同时依法确定缓刑考验期，考验期内的考察内容为犯罪分子是否具有《刑法》第77条规定的情形。

(2)战时缓刑与一般缓刑在法律后果上的区别：

①战时缓刑的法律后果。战时缓刑在犯罪军人确有立功表现的条件下，原判刑罚可予撤销，不以犯罪论处，即罪与刑同时消灭。

②一般缓刑的法律后果。无论缓刑是否被撤销，所宣告的罪刑仍然成立。根据《刑法》第76、77条规定，在缓刑考验期限内，被宣告缓刑的犯罪分子如无《刑法》第77条规定的情形，缓刑考验期满，原判的刑罚就不再执行，但犯罪仍成立；如果再犯新罪或发现漏罪，应撤销缓刑，对新罪或漏罪作出判决，把前罪和后罪所判处的刑罚，按《刑法》第69条规定决定执行的刑罚；违反法律、行政法规或国务院有关部门关于缓刑的监督管理规定，或违反人民法院判决中的禁止令，情节严重的，应撤销缓刑，执行原判刑罚。

六、论述题

1. 论述刑罚裁量原则。［暨南大学2024年研］

答：刑罚裁量原则即量刑原则，是指刑法明文规定的，贯穿在全部量刑活动中、对量刑工作起指导与制约作用的法律准则。《刑法》第61条规定，对于犯罪分子决定刑罚的时候，应根据犯罪的事实、犯罪的性质、情节和对于社会的危害程度，依照本法的有关规定判处。一般将刑罚裁量原则概括为：

(1)以案件事实为依据。即对犯罪分子量刑，需依据与案件相关的犯罪事实、性质、情节及社会危害程度。“案件事实”涵盖表明犯罪行为、社会危害性、主观恶性和人身危险性的主客观事实。其中，“犯罪事实”是指符合刑法分则犯罪构成要件的事实；“犯罪性质”即具体犯罪类型；“情节”包含犯罪前后及过程中，能体现危害程度与主观恶性的事实；“社会危害程度”则需综合犯罪事实、性质与情节判断。“犯罪事实”决定“犯罪性质”，二者解决定罪与适用法定刑问题。而“社会危害程度”判断不包含主观恶性和人身危险性，但量刑时需考虑这两个因素。坚持“以案件事实为依据”的原则，须做到：查清犯罪事实；正确认定犯罪性质；全面掌握犯罪情节；综合评价犯罪的社会危害程度。

（2）以刑法规定为准绳。即量刑时必须严格依照刑法规定，具体要求如下：

①按法定刑量刑。即依照刑法分则对具体犯罪规定的法定刑量刑，不得超出或低于法定刑范围，也不能判处法定刑未规定的刑种。有法定或酌定减轻情节时除外。

②准确适用量刑幅度。即根据案件量刑幅度情节和减轻处罚情节，确定应适用的具体量刑幅度，不可随意决定刑罚。

③遵循总则裁量规则。即依照刑法总则规定的量刑情节适用规则和刑罚裁量制度，如从轻、减轻、从重处罚的适用，以及数罪并罚等制度。

④依法决定刑罚执行。即依据刑法规定，判断是否免除刑罚或立即执行。符合免除处罚情节或《刑法》第37条“犯罪情节轻微”规定的，可免除刑罚；符合死刑缓期2年执行或缓刑条件的，可暂缓执行原判刑罚。

2. 论述累犯的种类和构成要件。［吉林大学2021年研］

相关试题：

（1）论述我国刑法中累犯的分类及其构成要件。［广东财大2024年研］

（2）简述一般累犯的概念与构成条件。［简答题，湖南师大2021年研］

（3）论累犯的种类及其构成条件。［广西民大2020年研］

（4）试论累犯的成立条件。［宁波大学2020年研］

（5）论一般累犯及其构成条件。［浙工大2018年研］

（6）简述特别累犯的概念、构成条件。［山东大学2017年研］

答：参见本章考点难点归纳相关内容。

3. 比较一般累犯与特别累犯的异同。［中山大学2004年研］

相关试题：一般累犯与特别累犯［概念辨析题，宁波大学2019年研；武大2010年研］

答：（1）一般累犯，是指年满18周岁因犯罪被判处有期徒刑以上刑罚，刑罚执行完毕或赦免以后，在5年以内再犯应判处有期徒刑以上刑罚之罪的犯罪分子。特别累犯，是指因犯特定之罪而受过刑罚处罚，在刑罚执行完毕或赦免以后，又犯该特定之罪的犯罪分子。

（2）二者的相同点：

①都要求犯罪主体受过刑罚处罚，而在刑罚执行完毕或赦免以后再次犯罪。

②产生相同的法律后果，即都应从重处罚，且不适用缓刑、假释等制度。

（3）二者的区别：

①实质条件不同。构成一般累犯的实质条件是，前罪与后罪都须是故意犯罪。构成特别累犯的实质条件是，前罪与后罪都须是危害国家安全罪、恐怖活动犯罪或黑社会性质的组织犯罪等特定之罪。

②刑度条件不同。一般累犯要求前罪与后罪均被判处有期徒刑以上刑罚。特别累犯的前罪被判处的刑罚和后罪应判处的刑罚的种类及其轻重不受限制。

③时间条件不同。一般累犯要求后罪发生的时间须在前罪所判处的刑罚执行完毕或赦免后的5年之内。而构成特别累犯不受前后两罪相距时间长短的限制。

4. 论述自首及其适用条件。［北大2023年研］

相关试题：

(1)简述一般自首的概念与成立条件。[简答题，扬州大学2024年研]

(2)简述自首的概念、构成要件及其法律效果。[简答题，暨南大学2023年研]

(3)简述自首成立的条件。[简答题，广西民大2023年研]

(4)简述一般自首的成立条件。[简答题，广东财大2020年研]

(5)论自首及其种类与成立条件、刑事责任。[广西民大2019年研]

(6)试论自首。[中财2016年研]

答：参见本章考点难点归纳相关内容。

5. 请论述我国刑法中数罪并罚的基本原则。[北大2025年研]

相关试题：

(1)简述我国刑法中的数罪并罚原则。[简答题，广外2024年研；武大2015年研]

(2)试论我国刑法中数罪并罚的限制加重原则。[2020年法硕(法学)真题]

答：我国《刑法》第69条在处理数罪并罚时，从总体上确立了限制加重原则，同时兼顾考虑了吸收原则和并科原则，具体如下：

(1)吸收原则：

①主刑吸收：a. 数罪中有判处有期徒刑和拘役的，执行有期徒刑。b. 数罪中存在死刑或无期徒刑的，仅执行最重刑种。多个无期徒刑不升格为死刑，仅执行一个无期徒刑。

②附加刑吸收。判处多个驱逐出境的，仅执行一次；存在没收全部财产时，吸收其他没收部分财产刑；存在终身剥夺时，吸收有期限剥夺。

(2)限制加重原则。指以一人所犯数罪中应判处或已判处的最重刑罚为基础，在一定限度内对其予以加重作为执行刑罚的合并处罚原则。

①同种主刑适用。《刑法》第69条第1款规定："判决宣告以前一人犯数罪的，除判处死刑和无期徒刑的以外，应当在总和刑期以下、数刑中最高刑期以上，酌情决定执行的刑期，但是管制最高不能超过3年，拘役最高不能超过1年，有期徒刑总和刑期不满35年的，最高不能超过20年，总和刑期在35年以上的，最高不能超过25年。"

②同种附加刑适用。数罪判数个相同种类附加刑，如数个没收部分财产、罚金、有期限剥夺政治权利，采用限制加重原则。

(3)并科原则，又称相加原则：

①异种主刑并科。《刑法》第69条第2款规定，数罪中有判处有期徒刑和管制，或拘役和管制的，有期徒刑、拘役执行完毕后，管制仍须执行。

②附加刑并科。《刑法》第69条第3款规定，数罪中有判处附加刑的，附加刑仍须执行，其中附加刑种类相同的，合并执行，种类不同的，分别执行。

综上，我国全面兼采各种数罪并罚原则，但以限制加重原则为主，同时辅以吸收原则和并科原则。且所采用的各种原则均无普遍适用效力，每一原则仅适用于特定刑种。吸收原则和限制加重原则的适用效力互相排斥，并科原则的效力相对独立，不影响其他原则的适用。

6. 论我国刑法中规定的数罪并罚的三种具体适用方法。[浙财大2020年研]

相关试题：

(1)简述数罪并罚中“先并后减”与“先减后并”的含义。［简答题，暨南大学2024年研；武大2015年研］

(2)先并后减与先减后并［概念辨析题，武大2011年研］

答：参见本章考点难点归纳相关内容。

7. 论述减刑和假释的区别。［吉林大学2010年研］

答：参见本章考点难点归纳相关内容。

8. 请论述我国刑法中的追诉时效。［北大2024年研］

相关试题：

(1)我国刑法关于追诉时效的规定。［简答题，中国政法2024年研］

(2)简述我国刑法的追诉期限。［简答题，中山大学2016年研］

(3)试论刑法上的追诉时效。［中山大学2009年研］

答：参见本章考点难点归纳相关内容。

七、案例分析题

1. 甲与李某系恋爱关系，在恋爱期间李某怀孕。因相处日久发生吵闹，甲因性格不合向李某提出分手，并要求李某流产。李某表示坚决反对。某晚，甲下班后回到自己工厂的单人宿舍，与等候多时的李某发生争吵、并进而转化成两人间的肢体冲突。李某伤心欲绝，在扭打过程中，喝下事先准备的农药，后口吐白沫瘫倒在地。甲害怕，一时不知如何处理，吓得锁上房门外出找朋友商量对策。经朋友劝说后，甲返回宿舍，将奄奄一息的李某送往医院救治。甲某主动打电话向单位领导说明全部情况。李某经抢救无效死亡。事后查明，李某死于药物中毒。甲辩称自己无罪。［2024年法硕(非法学)真题］

根据上述材料，分析甲的辩护人提出的以下理由是否成立：

(1)甲不负有救助李某的义务。

(2)甲的行为与李某的死亡结果不存在刑法的因果关系。

(3)甲的行为构成犯罪，但属于犯罪中止，造成损害的，应当减轻处罚。

(4)甲的行为构成犯罪，但应认定为自首，可以从轻或减轻处罚。

答：对甲的辩护人提出的各项理由是否成立及其理由具体分析如下：

(1)甲的辩护人提出的第一项辩护理由不成立，甲对李某负有救助义务。理由如下：

①虽然本案是李某自己喝下农药的自杀行为导致的死亡风险，但该风险发生在甲的单人宿舍中，该宿舍属于甲的管控、支配空间。该空间发生的危险虽然不是管理者、控制者、支配者直接造成，但由于其具有相对封闭性，因此甲存在救助义务。

②同时，甲锁上房门的行为降低了李某被他人发现和施救的可能性，增加了李某死亡的可能性，属于先前行为直接、进一步地增加了被害人的生命风险，故甲对李某负有救助义务。

(2)甲的辩护人提出的第二项辩护理由不成立，即甲的行为与李某的死亡存在刑法上的因果关系。

理由：因果关系是人的危害行为与危害结果之间存在的一种客观的引起与被引起的关

系。行为人如果履行自己的作为义务就能够防止犯罪结果发生，因不履行该作为义务而致该结果发生的，即被认定为具有因果关系。本案中，甲对李某负有救助义务，在能够救助的情况下，甲离开房间较长时间，致使李某救治不及时，最终导致死亡。甲的不作为与李某的服药行为共同导致死亡结果，在因果关系上属于多因一果。

(3)甲的辩护人提出的第三项辩护理由不成立，即甲不成立犯罪中止。

理由：犯罪中止，是指在犯罪过程中，自动放弃犯罪或自动有效地防止犯罪结果发生的形态。犯罪中止应具有客观有效性，即中止应有客观的放弃犯罪或阻止结果发生的实际行动，并有效地阻止犯罪结果发生。本案中，甲应救助李某，却没有及时采取救助措施，最终导致李某死亡。甲的救助行为没能有效地阻止死亡结果发生，不成立犯罪中止。

(4)甲的辩护人提出的第四项辩护理由成立。

理由：自首是指犯罪分子犯罪以后自动投案，如实供述自己罪行的行为。向村委会、居委会等基层组织负责人投案的，可以认定为自首。本案中，甲在犯罪之后主动打电话向单位领导说明全部情况，根据相关司法解释规定，行为人犯罪后找司法机关或非司法机关自动投案均可以认定为自首，因而甲成立自动投案和如实供述，可以认定为自首表现，可以从轻或减轻处罚。

2. 甲因犯非法持有枪支罪被判处有期徒刑1年，2015年1月7日刑满释放。2018年2月2日，甲吸毒后驾驶汽车闯红灯，与一辆正常行驶的汽车发生剐蹭。甲慌忙驾车高速逃离现场，途中又接连撞坏4辆汽车，撞伤6名行人。甲下车后听到有人报警，遂留在现场，并在公安人员赶到后如实说明事发经过。在案件办理过程中，甲带领公安人员抓获了向自己销售毒品的毒贩。[2019年法硕(非法学)真题]

请根据上述材料，回答下列问题并说明理由：

(1)甲的行为应如何定罪？

(2)甲具备哪些法定量刑情节及相应量刑情节的处理原则是什么？

答：(1)甲的行为构成以危险方法危害公共安全罪。

以危险方法危害公共安全罪，是指使用与放火、投放危险物质、决水、爆炸方法的危险性相当的其他危险方法，危害公共安全的行为。

①主观方面，甲对其撞坏汽车、撞伤行人的危害后果采取放任的态度，是间接故意。

②客观方面，甲驾车横冲直撞，危及不特定多数人的人身、财产安全，危险性与放火、爆炸、决水、投放危险物质相当，故成立以危险方法危害公共安全罪。

(2)甲的法定量刑情节及其处理原则：

①甲属于累犯，应从重处罚。一般累犯，是指被判处有期徒刑以上刑罚并在刑罚执行完毕或赦免以后，在5年内再犯应判处有期徒刑以上刑罚之罪的犯罪分子。甲曾因故意犯罪被判处有期徒刑，刑满释放5年内又犯以危险方法危害公共安全罪，是故意犯罪且应被判处有期徒刑以上刑罚，系累犯，应从重处罚。

②甲成立自首，可以从轻或减轻处罚。一般自首，是指犯罪分子犯罪以后自动投案，如实供述自己罪行的行为。其包括自动投案和如实供述自己的罪行两个要件。而犯罪后留在案发现场等待公安机关工作人员到来的，也可视为自动投案。甲犯罪后留在现场，并在公安人员赶到后如实说明事发经过，属于犯罪后自动投案，如实供述自己的罪行，应认定

为自首，可以从轻或减轻处罚。

③甲有一般立功表现，可以从轻或减轻处罚。立功，是指犯罪分子揭发他人犯罪行为，查证属实，或提供重要线索，从而得以侦破其他案件等行为。甲到案后协助司法机关抓获其他犯罪分子，应认定为一般立功，可以从轻或减轻处罚。

第十六章　刑法各论概述

16.1　复习笔记

【知识框架（庖丁解牛）】

- 刑法各论概述
  - 刑法各论与刑法总论的关系
  - 刑法分则体系
    - 按犯罪同类客体分类
    - 按社会危害程度及犯罪间内在联系排列
    - 按犯罪主要客体归类
  - 刑法分则条文构成
    - 罪状
      - 分类
        - 简单罪状、叙明罪状、引证罪状和空白罪状
        - 单一罪状、混合罪状
      - 特殊情形：注意规定、法律拟制
    - 罪名
      - 概念、确定原则
      - 分类
        - 立法罪名、司法罪名、学理罪名
        - 单一罪名、选择罪名、概括罪名
      - 确定原则：合法性、概括性、科学性原则
    - 法定刑
      - 概念、与宣告刑和执行刑
      - 形式：绝对确定、绝对不确定、相对确定的法定刑

【通关提要（提纲挈领）】

本章总体介绍刑法各论的一般性知识。学习时，要了解我国刑法分则体系中各罪名的分类排列及其依据，理解掌握具体犯罪条文中罪状与罪名的概念和分类。本章不是考查重点，常规识记即可。

【考点难点归纳（厚积薄发）】

考点一：罪状与罪名（见表16－1）★

表16－1　罪状与罪名

要点			主要内容
罪状	概念		指刑法分则条文对具体犯罪的基本构成特征的描述
	分类	表达方式	①简单罪状；②叙明罪状；③引证罪状；④空白罪状
		描述方式多少	①单一罪状［绝大多数］；②混合罪状

续表

要点	主要内容		
罪状	注意规定	重申基本规定内容并提示	
	法律拟制	将不符合某种规定的行为按该规定处理	
罪名	概念	即犯罪名称，指对具体犯罪本质或主要特征的高度概括	
	分类	确定主体及法律效力	①立法罪名；②司法罪名；③学理罪名
		罪名数量	①单一罪名；②选择罪名；③概括罪名
	确定原则	①合法性原则；②概括性原则；③科学性原则	

考点二：法定刑(见表16－2) ★★

表16－2 法定刑

要点	主要内容	
概念	指刑法分则条文对具体犯罪所规定的刑种与刑度[刑罚幅度]	
基本形式	绝对确定的法定刑	指条文中只规定单一、固定、无量刑幅度的刑种和刑度
	绝对不确定的法定刑	指条文中不规定具体的刑种和刑度，由法官具体决定
	相对确定的法定刑	指条文中规定了相对具体的刑种和刑度，并明确规定最高刑和最低刑[限度＋自由裁量]。表现方式有： ①明确规定最高限度的法定刑，由总则规定最低限度。 ②明确规定最低限度的法定刑，由总则规定最高限度。 ③同时规定法定刑的最高限度与最低限度。 ④规定两种以上主刑，或同时规定附加刑。 ⑤规定援引性的法定刑。 ⑥浮动法定刑[罚金刑]，在一定范围内浮动

16.2 考研真题与典型题详解

一、单项选择题

1. 我国《刑法》第266条中规定“诈骗公私财物，数额较大的”，这种罪状是(　　)。[2017年法硕(非法学)真题]

A. 叙明罪状　　B. 空白罪状　　C. 简单罪状　　D. 引证罪状

【解析】简单罪状，是指在刑法分则条文中只简单规定罪名，或简单描述犯罪的构成特征的罪状。其特点是：简单概括，避免繁琐。本题中，对诈骗罪的规定只简单描述了犯罪行为“诈骗公私财物”，没有作更多的解释，也没有引用其他条款或指出其他法律法规，属于简单罪状。

2. 根据《刑法》规定，在道路上驾驶机动车追逐竞驶，情节恶劣的，“处拘役，并处罚金”。此处的法定刑属于(　　)。[2016年法硕(非法学)真题]

1C　2C

A. 援引法定刑　　B. 绝对确定法定刑
C. 相对确定法定刑　　D. 绝对不确定法定刑

【解析】相对确定的法定刑，是指在刑法分则条文中对某种犯罪规定一定的刑种和刑罚幅度的法定刑。我国刑法分则条文所规定的法定刑基本都属于相对确定的法定刑。本题中，“处拘役，并处罚金”，没有规定具体的刑期和数额，属于相对确定的法定刑。

3. 下列罪状中，属于叙明罪状的是(　　)。[2014 年法硕(非法学)真题]
A. 过失犯前款罪的
B. 收买被拐卖的妇女、儿童的
C. 以暴力、胁迫手段组织残疾人或不满 14 周岁的未成年人乞讨的
D. 违反国家规定，侵入国家事务、国防建设、尖端科学技术领域的计算机信息系统的

【解析】根据对罪状描述方式的不同，罪状可分为：①简单罪状，指条文只简单地规定罪名或简单描述具体犯罪的基本构成特征；②叙明罪状，指在刑法分则条文中详尽描述具体犯罪的基本特征；③引证罪状，指引用同一法律中的其他条款来说明和确定某一犯罪的构成特征；④空白罪状，指条文中指明要参照其他法律、法规的规定来确定某一犯罪的构成特征的罪状。C 项属于叙明罪状。A 项属于引证罪状；B 项属于简单罪状；D 项属于空白罪状。

二、概念题

1. 空白罪状[河北大学 2014 年研；江西师大 2014 年研]

答：空白罪状又称参见罪状，是指在刑法分则条文中只规定某种犯罪行为，但是犯罪具体特征要参照其他法律、法规的规定来确定的罪状。其特点是，参照其他法规，避免复杂表述。应用空白罪状，能简化条文。空白罪状规定的犯罪，都是以行为违反有关经济、行政管理法规为前提的。因此，认定这种犯罪，必须与上述法规相结合。

2. 刑法上的注意规定[湖南师大 2024 年研]

答：刑法上的注意规定，是指在刑法已有基本规定的基础上，为提醒司法人员留意、防止其忽略而设的规定。其特征有：①只重申而不改变基本规定的内容。②仅具提示性。其内容与基本规定一致，不会将不符合规定的行为按此处理。

3. 法定刑[武大 2007 年研]

答：参见本章考点难点归纳相关内容。

三、论述题

法定刑的概念与种类。[武大 2007 年研]

答：参见本章考点难点归纳相关内容。

3C

第十七章　危害国家安全罪

17.1　复习笔记

【知识框架（庖丁解牛）】

- 危害国家安全罪
  - 概述
    - 概念、种类
    - 构成特征
      - 客体：国家安全
      - 客观方面：危害国家安全
      - 主体：多为一般主体，少数是特殊主体
      - 主观方面：故意
  - 分述
    - 危害国家、颠覆政权的犯罪
      - 背叛国家罪
      - 分裂国家罪
      - 武装叛乱、暴乱罪
    - 叛变、叛逃的犯罪：叛逃罪
    - 间谍、资敌的犯罪
      - 间谍罪
      - 为境外窃取、刺探、收买、非法提供国家秘密、情报罪

【通关提要（提纲挈领）】

本章主要介绍危害国家安全罪，学习时要明确该罪的构成特征，重点掌握分裂国家罪、叛逃罪、间谍罪等重点罪名的构成特征以及此罪与彼罪的区别，其他罪名了解客观要件即可。本章不是考查重点，理解难度不大，常规识记即可。

【考点难点归纳（厚积薄发）】

考点一：危害国家安全罪概述（见表 17－1）★

表 17－1　危害国家安全罪概述

要点	主要内容	
概念	指故意危害中华人民共和国国家安全的行为	
构成特征	客体	国家安全
	客观方面	危害国家安全
	主体	多为一般主体，少数为特殊主体
	主观方面	故意，且多是直接故意

【真题链接】简述危害国家安全罪的犯罪构成。[简答题，中山大学2016年研]

考点二：间谍罪(见表17－2)　★★★

表17－2　间谍罪

要点		主要内容
概念		指参加间谍组织或接受间谍组织及其代理人的任务，或为敌人指示轰击目标，危害国家安全的行为[行为犯]
构成特征	客体	国家安全
	客观方面	①参加间谍组织。[主动申请或被邀加入] ②接受间谍组织及其代理人的任务。 ③为敌人指示轰击目标[关键]
	主体	一般主体
	主观方面	故意
罪数		间谍行为过程中实施超出任务范围的其他犯罪，应与间谍罪数罪并罚[超限并罚]

考点三：为境外窃取、刺探、收买、非法提供国家秘密、情报罪(见表17－3)　★★★

表17－3　为境外窃取、刺探、收买、非法提供国家秘密、情报罪

要点		主要内容
概念		指为境外的机构、组织、人员窃取、刺探、收买、非法提供国家秘密、情报的行为
构成特征	客体	国家安全
	客观方面	为境外的机构、组织、人员窃取、刺探、收买、非法提供[行为方式]国家秘密或情报[对象]。 ①国家秘密：关系国家安全和利益，按法定程序确定，在一定时间内只限一定范围人员知悉的事项。 ②情报：关系国家安全和利益、尚未公开或依规定不应公开的事项
	主体	一般主体
	主观方面	故意

考点四：其他常见罪名(见表17－4)　★

表17－4　其他常见罪名

要点	主要内容
背叛国家罪	指勾结外国或境外机构、组织、个人，危害国家主权、领土完整和安全的行为 [犯罪主体只能是中国公民]
分裂国家罪	指组织、策划、实施分裂国家，破坏国家统一的行为[行为犯]
武装叛乱、暴乱罪	指组织、策划、实施武装叛乱或武装暴乱的行为
叛逃罪	指国家机关工作人员[特殊主体]在履行公务期间，擅离岗位，叛逃境外或在境外叛逃，或掌握国家秘密的国家工作人员叛逃境外或在境外叛逃的行为

17.2 考研真题与典型题详解

一、单项选择题

1. 下列关于危害国家安全罪的说法中，正确的是(　　)。[2020 年法硕(非法学)真题]

A. 危害国家安全罪的主体是一般主体

B. 危害国家安全罪的主观方面可以是过失

C. 对于危害国家安全的犯罪分子都可以判处死刑

D. 对于危害国家安全的犯罪分子应当附加剥夺政治权利

【解析】A 项，危害国家安全罪的犯罪主体是自然人，且多数犯罪为一般主体，少数为特殊主体。

B 项，危害国家安全罪的主观方面为故意，不包括过失。

C 项，根据《刑法》第 113 条第 1 款规定，本章上述危害国家安全罪行中，除第 103 条第 2 款、第 105 条、第 107 条、第 109 条外，对国家和人民危害特别严重、情节特别恶劣的，可以判处死刑。即并非所有实施危害国家安全的犯罪分子都可以判处死刑。

D 项，根据《刑法》第 56 条第 1 款规定，对于危害国家安全的犯罪分子应附加剥夺政治权利。

2. 甲拾得一标有“绝密”字样的移动硬盘，破解后发现其中存有大量飞行器照片，便将照片卖给某外国媒体，情节特别严重。经鉴定，上述照片属于国家秘密。甲的行为应认定为(　　)。[2023 年法硕(法学、非法学)真题]

A. 间谍罪　　B. 故意泄露国家秘密罪

C. 为境外非法提供国家秘密罪　　D. 非法获取国家秘密罪

【解析】A 项，间谍罪，是指参加间谍组织或接受间谍组织及其代理人的任务，或为敌人指示轰击目标，危害国家安全的行为。甲的行为不属于上述间谍罪的三种情形。

BC 两项，非法获取国家秘密罪，是指以窃取、刺探、收买的方法，非法取得国家秘密的行为。故意将国家秘密泄露给境内人员，成立故意泄露国家秘密罪；通过互联网将国家秘密或情报非法发送给境外机构、组织、人员的，构成为境外非法提供国家秘密罪。

D 项，甲的拾取行为不属于“非法获取”。

二、概念题

间谍罪[暨南大学 2021 年研；湖南师大 2021 年研]

答：参见本章考点难点归纳相关内容。

三、简答题

简述危害国家安全罪的犯罪构成。[中山大学 2016 年研]

答：危害国家安全罪，是指故意危害中华人民共和国国家安全的行为。其构成要件

1D　2C

如下：

(1)本类犯罪的客体是国家安全。国家安全，是指我国主权、领土完整与安全，人民民主专政的政权和社会主义制度的安全及其他国家利益的安全。

(2)本类犯罪的客观方面表现为危害中华人民共和国国家安全的行为，具体指危害我国主权、领土完整与安全以及人民民主专政的政权和社会主义制度的行为。危害国家安全的行为有：背叛国家，分裂国家，煽动分裂国家，武装叛乱、暴乱，颠覆国家政权，煽动颠覆国家政权，投敌叛变，叛逃，间谍，为境外窃取、刺探、收买、非法提供国家秘密或情报，资敌等。

(3)本类犯罪的主体，多为一般主体，即已满16周岁、具有刑事责任能力的自然人。少数是特殊主体，如背叛国家罪、投敌叛变罪等的主体仅限中国公民，叛逃罪的主体还须是特定国家工作人员。

(4)本类犯罪的主观方面是故意，且绝大多数是直接故意，即明知自己的行为会发生危害中华人民共和国国家安全的结果，并且希望这种结果发生。少数犯罪既可以是直接故意，也可以是间接故意。

四、法条分析题

《刑法》第111条规定："为境外的机构、组织、人员窃取、刺探、收买、非法提供国家秘密或者情报的，处五年以上十年以下有期徒刑；情节特别严重的，处十年以上有期徒刑或者无期徒刑；情节较轻的，处五年以下有期徒刑、拘役、管制或者剥夺政治权利。"[2022年法硕(非法学)真题]

请分析：

(1)本罪中的既遂如何认定？

(2)本罪中的国家秘密和情报应如何认定？

(3)行为人将国家秘密通过互联网予以发布，情节严重的，是否应依照本条规定定罪处罚？并说明理由。

答：(1)本条所规定的犯罪为"为境外窃取、刺探、收买、非法提供国家秘密、情报罪"，属于行为犯。行为人实施了为境外的机构、组织、人员窃取、刺探、收买、非法提供国家秘密或情报的行为，即构成犯罪既遂。

(2)本罪中的国家秘密和情报应依法认定。国家秘密是指关系国家安全和利益，依照法定程度确定，在一定时间内只限一定范围的人员知悉的事项。国家秘密包括绝密、机密、秘密三种。国家情报是指关系到国家安全和利益，尚未公开或依照有关规定不应公开的事项，不包括一般的情报。

(3)行为人将国家秘密通过互联网予以发布，情节严重的，不适用本条规定定罪处罚。

理由：本罪的主观方面为故意，即明知是国家秘密或情报，明知对方是境外机构、组织、个人，而故意向其非法提供或实施窃取、刺探、收买行为，希望或放任危害国家安全的结果发生。如果行为人只是在网络上发布秘密或情报，即使为国家秘密和情报，但其主观上没有为境外机构、组织、个人非法提供的目的，则其行为不构成本罪，而应依照故意泄露国家秘密罪或过失泄露国家秘密罪定罪处罚。

第十八章　危害公共安全罪

18.1　复习笔记

【知识框架（庖丁解牛）】

- 危害公共安全罪
  - 概述
    - 概念、种类
    - 构成特征
      - 客体：公共安全
      - 客观方面：危害公共安全已经或足以造成严重后果
      - 主体：多为一般主体，少数是特殊主体
      - 主观方面：故意或过失
  - 分述
    - 用危险方法危害公共安全的犯罪：放火罪、爆炸罪、以危险方法危害公共安全罪
    - 破坏公共设备、设施危害公共安全的犯罪：破坏交通设施罪
    - 实施恐怖活动危害公共安全的犯罪：组织、领导、参加恐怖活动组织罪；劫持航空器罪
    - 违反枪支、弹药、爆炸物及核材料管理的犯罪：非法制造、买卖、运输、邮寄、储存枪支、弹药、爆炸物罪
    - 造成安全事故及其危险的犯罪
      - 交通肇事罪
      - 危险驾驶罪
      - 妨害安全驾驶罪
      - 重大责任事故罪

【通关提要（提纲挈领）】

本章主要介绍危害公共安全罪，比较重要。学习时，要准确理解“公共安全”的内涵；具体罪名中，要掌握放火罪、以危险方法危害公共安全罪、破坏交通工具罪、重大责任事故罪等重要罪名的构成与认定，重点掌握交通肇事罪与危险驾驶罪的构成特征，理解交通肇事罪的两种法定刑升格要件；其他罪名了解客观行为表现即可。本章各种题型都有可能考查，复习时要准确记忆重点罪名的构成特征以及此罪与彼罪的界限。

【考点难点归纳（厚积薄发）】

考点一：危害公共安全罪概述（见表 18－1）★★

表 18－1　危害公共安全罪概述

要点	主要内容
概念	指故意或过失地实施危害不特定多数人的生命、健康或重大公私财产安全［公共安全］的犯罪行为

续表

要点		主要内容
构成特征	客体	公共安全[公共性、社会性]
	客观方面	实施危害公共安全，已经或足以造成严重后果的行为
	主体	多为一般主体，少数为特殊主体
	主观方面	故意或过失

考点二：以危险方法危害公共安全罪(见表 18－2)　★★★

表 18－2　以危险方法危害公共安全罪

要点		主要内容
概念		指以放火、决水、爆炸、投放危险物质之外的危险方法危害公共安全的行为
构成特征	客体	公共安全
	客观方面	以其他危险方法危害公共安全[同质比较，危险性相当]
	主体	一般主体，即已满 16 周岁、具有刑事责任能力的自然人
	主观方面	故意

【真题链接】论述“以危险方法危害公共安全罪”。[论述题，中山大学 2016 年研]

考点三：组织、领导、参加恐怖组织罪(见表 18－3)　★★★

表 18－3　组织、领导、参加恐怖组织罪

要点		主要内容
概念		指组织、领导或参加恐怖活动组织，危害公共安全的行为[行为犯]
构成特征	客体	公共安全和国家安全
	客观方面	组织、领导、参加恐怖活动组织[3 人以上]： ①组织：策划、引诱、胁迫多人成立恐怖组织。 ②领导：策划、指挥。 ③积极参加：主动、多次参与或起重要作用。 ④参加：加入或实际参与活动
	主体	一般主体，即已满 16 周岁、具有刑事责任能力的自然人
	主观方面	故意，有恐怖活动目的[明知]
认定		与一般犯罪组织的界限：有无恐怖活动目的

考点四：交通肇事罪(见表 18－4)　★★★★

表 18－4　交通肇事罪

要点	主要内容
概念	指违反交通运输管理法规，因发生重大事故，致人重伤、死亡或使公私财产遭受重大损失的行为

续表

要点	主要内容	
构成特征	客体	交通运输安全
	客观方面	违反交通运输管理法规，因发生重大事故，致人重伤、死亡或使公私财产遭受重大损失的行为
	主体	一般主体，即已满16周岁、具有刑事责任能力的自然人
	主观方面	过失［对交通事故是过失，可能明知故犯违反交通法规］
认定	责任认定	违章程度
	定罪标准	损害结果、违章程度
	共犯	交通肇事后，单位主管人员、机动车辆所有人、承包人或乘车人指使肇事人逃逸，致使被害人因得不到救助死亡的，以共犯论处
处罚	①犯本罪情节一般的，处3年以下有期徒刑或拘役。 ②交通运输肇事后逃逸或有其他特别恶劣情节的，处3年以上7年以下有期徒刑。 ③因逃逸致人死亡的，处7年以上有期徒刑	

【真题链接】

(1)交通肇事罪中的逃逸致人死亡，如何理解？［简答题，厦门大学2025年研］

(2)试述“交通肇事罪”的构成条件。［简答题，宁波大学2018年研］

考点五：危险驾驶罪(见表18－5) ★★★★

表18－5　危险驾驶罪

要点	主要内容	
概念	指在道路上驾驶机动车具有追逐竞驶、醉酒驾驶等特定危险驾驶情形的行为［具体危险犯］	
构成特征	客体	道路交通安全管理制度
	客观方面	在道路上驾驶机动车，有下列情形之一的行为： ①追逐竞驶，情节恶劣。 ②醉酒驾驶机动车。［醉驾］ ③从事校车业务或旅客运输，严重超过额定乘员载客，或严重超过规定时速行驶。［超员、超速行驶］ ④违反危险化学品安全管理规定运输危险化学品，危及公共安全
	主体	一般主体，即已满16周岁、具有刑事责任能力的自然人
	主观方面	故意
认定	①醉驾造成重大交通事故，致人重伤、死亡或重大财产损失，达到交通肇事罪定罪标准的，以交通肇事罪定罪处罚；未达标准的，以危险驾驶罪定罪处罚。 ②醉驾致人伤亡且危害公共安全，且对致人伤亡结果达到故意程度的，可成立以危险方法危害公共安全罪	
罪数	犯本罪，同时构成其他犯罪的，按处罚较重的规定定罪处罚	

【拓展】交通肇事罪与危险驾驶罪的比较(见表 18－6):

表 18－6　交通肇事罪与危险驾驶罪的比较

		交通肇事罪	危险驾驶罪
相同点	行为性质	均涉及违反交通运输管理法规，危害道路交通安全，属于危害公共安全罪	
	主体范围	犯罪主体均为一般主体，即年满 16 周岁、具有刑事责任能力的自然人	
	保护法益	均旨在保护公共交通安全和他人生命、财产权益	
区别	犯罪性质	结果犯[需严重后果，造成重大交通事故]	行为犯[无需实际危害结果]
	主观方面	过失：疏忽大意或过于自信	故意：明知危险仍实施
	行为类型	包括但不限于超速、闯红灯、疲劳驾驶等引发严重后果的行为	包括追逐竞驶、醉酒驾驶、严重超载、违规运输危化品等
	刑罚轻重	较重[有期徒刑为主]，惩罚因过失导致严重后果的行为	较轻[拘役为主，并处罚金]，惩罚危险行为本身
	构成要件	需实际发生重大交通事故，且行为与结果之间存在因果关系	只需实施法定危险驾驶行为，无需实际危害结果
联系		危险驾驶行为(如醉酒驾驶)可能引发交通事故，若造成严重后果，则可能同时构成危险驾驶罪和交通肇事罪，此时择一重罪处罚[通常以交通肇事罪论处]	

【真题链接】

(1)简述危险驾驶罪的概念与构成。[简答题，广西民大 2022 年研]

(2)简述交通肇事罪与危险驾驶罪的区别。[简答题，西北政法 2020 年研；武大 2014 年研]

(3)简述危险驾驶罪应当追究刑事责任的情形。[简答题，暨南大学 2017 年研]

考点六：妨害安全驾驶罪(见表 18－7)　★★★

表 18－7　妨害安全驾驶罪

要点		主要内容
概念		指对行驶中的公共交通工具的驾驶人员[对象]，使用暴力或抢控驾驶操纵装置，干扰公共交通工具正常行驶[乘车人妨害安全驾驶]，或驾驶人员在行驶的公共交通工具上擅离职守，与他人互殴或殴打他人[驾驶人员妨害安全驾驶]，危及公共安全的行为[具体危险犯]
构成要件	客体	道路交通秩序和道路交通安全
	客观方面	两种类型：①乘车人妨害安全驾驶；②驾驶人员妨害安全驾驶
	主体	驾驶人员和非驾驶人员
	主观方面	故意

【真题链接】妨害安全驾驶罪的构成要件。[简答题，湖南师大 2022 年研]

考点七：重大责任事故罪(见表18－8) ★★★

表18－8 重大责任事故罪

要点		主要内容
概念		指在生产、作业中违反有关安全管理规定，因而发生重大伤亡事故或造成其他严重后果的行为
构成特征	客体	生产、作业安全
	客观方面	在生产、作业活动中，违反有关安全管理规定，因而发生重大伤亡事故或造成其他严重后果的行为
	主体	从事生产、作业的人员[不包括单位]： ①直接从事生产、作业的人员。 ②对生产、作业负有组织、指挥或管理职责的负责人、管理人员、实际控制人、投资人等
	主观方面	过失[对危害后果是过失，可能明知故犯违反规章制度]

考点八：其他常见罪名(见表18－9) ★★

表18－9 其他常见罪名

罪名	主要内容
放火罪	指故意放火焚烧公私财物，危害公共安全的行为
爆炸罪	指故意引发爆炸物，危害公共安全的行为[已满14周岁]
破坏交通设施罪	指故意破坏轨道、桥梁、隧道、公路、机场、航道、灯塔、标志或进行其他破坏活动，足以使火车、汽车、电车、船只、航空器发生倾覆、毁坏危险，或已经造成严重后果的行为
劫持航空器罪	指以暴力、胁迫或其他方法劫持航空器[正在使用中]，危害航空运输安全的行为
非法制造、买卖、运输、邮寄、储存枪支、弹药、爆炸物罪	指违反国家有关枪支、弹药、爆炸物管理法规，擅自制造、买卖、运输、邮寄、储存枪支、弹药、爆炸物，危害公共安全的行为[选择性罪名]

18.2 考研真题与典型题详解

一、单项选择题

1. 甲酒后驾车回家途中，未注意前方禁行标志，驶入禁行路段，导致车辆坠入桥下，两名同乘人员一死一伤。甲的行为应认定为(　　)。[2023年法硕(非法学)真题]

A. 交通肇事罪　　B. 危险驾驶罪

C. 以危险方法危害公共安全罪　　D. 过失致人死亡罪

【解析】交通肇事罪，是指违反交通运输管理法规，因而发生重大事故，致人重伤、死亡或使公私财产遭受重大损失的行为。

BC两项，甲酒后驾车回家，未注意到禁行标志，对死亡结果是过失；而危险驾驶罪和以危险方法危害公共安全罪的主观方面是故意。

1A

AD两项，甲酒后驾车造成一死一伤，成立交通肇事罪和过失致人死亡罪。二者是法条竞合关系，交通肇事罪作为特别法条应优先适用，应认定为交通肇事罪。

2. 文某为卖废铁，深夜盗窃了公路机动车道上的电力检修井盖，致一辆正常行驶的小汽车陷入检修井并毁坏。文某的行为应认定为(　　)。[2022年法硕(非法学)真题]

A. 破坏交通工具罪　　B. 破坏交通设施罪

C. 破坏电力设备罪　　D. 以危险方法危害公共安全罪

【解析】破坏交通设施罪，是指破坏轨道、桥梁、隧道、公路、机场、航道、灯塔、标志或进行其他破坏活动，足以使火车、汽车、电车、船只、航空器发生倾覆、毁坏危险或造成严重后果的行为。文某盗窃公路上的电力检修井盖，导致汽车陷入井盖并毁坏，属于破坏交通设施，因此构成破坏交通设施罪。

A项，文某盗窃公路上的电力检修井盖虽致使汽车陷入井盖并毁坏，但并不是破坏正在使用中的汽车，因此不构成破坏交通工具罪。

C项，文某盗窃的电力检修井盖不属于正在使用中的电力设备，因此其行为不构成破坏电力设备罪。

D项，文某盗窃电力检修井盖的行为与放火、爆炸等行为不具有相当性，且其破坏的是电力设备，因此不构成以危险方法危害公共安全罪。

3. 乘客甲明知擅自打开飞机应急舱门会危及飞行安全，在飞机被牵引车推出阶段故意将应急舱门打开。地勤人员发现应急充气滑梯弹出后将飞机迫停。甲的行为应认定为(　　)。[2018年法硕(法学、非法学)真题]

A. 破坏交通工具罪　　B. 暴力危及飞行安全罪

C. 重大飞行事故罪　　D. 以危险方法危害公共安全罪

【解析】以危险方法危害公共安全罪，是指以放火、决水、爆炸、投放危险物质之外的危险方法危害公共安全的行为。甲擅自打开飞机应急舱门的行为危及公共安全，构成本罪。

4. 甲误将黄色染料当硫黄，制造了“炸弹”，并投掷到邻居刘某家，意图杀死刘某。但“炸弹”未能爆炸，刘家五口人安然无恙。甲的行为应认定为(　　)。[2016年法硕(非法学)真题]

A. 投放虚假危险物质罪(既遂)　　B. 故意杀人罪(未遂)

C. 爆炸罪(未遂)　　D. 投放危险物质罪(未遂)

【解析】爆炸罪和故意杀人罪的最大区别是是否在客观上造成或可能造成不特定多数人的生命、健康、财产遭受损害。凡是危及公共安全的，都以爆炸罪定罪处罚；没有危及公共安全的，分别以故意杀人罪、故意伤害罪、故意毁坏财物罪定罪处罚。本题中，甲虽意图杀死刘某，但其投放“炸弹”的行为危害“不特定多数人”的安全，因此甲的行为构成爆炸罪而非故意杀人罪。甲误将黄色染料当作硫黄，导致“炸弹”没有爆炸，属于爆炸罪的未遂，是不能犯未遂。

2B　3D　4C

二、概念题

1. 危害公共安全罪［西北政法 2003 年研］

答：参见本章考点难点归纳相关内容。

2. 以危险方法危害公共安全罪［安徽师大 2018 年研；南开大学 2011 年研］

答：参见本章论述题答案。

3. 交通肇事罪［中山大学 2010 年研］

答：参见本章简答题第 3 题答案。

4. 危险驾驶罪［武大 2014 年研］

答：参见本章考点难点归纳相关内容。

三、简答题

1. 简述危害公共安全罪的概念及共同特征。［2017 年法硕（法学）真题］

答：参见本章考点难点归纳相关内容。

2. 简述组织、领导、参加恐怖组织罪的构成要件。［2015 年法硕（非法学）真题］

答：参见本章考点难点归纳相关内容。

3. 试述"交通肇事罪"的构成条件。［宁波大学 2018 年研］

相关试题：

(1) 简述交通肇事罪的构成要件。［人大 2012 年研］

(2) 在行为人醉酒驾驶引起交通事故导致他人死亡时，请具体论述应如何区分交通肇事罪与以危险方法危害公共安全罪。［武大 2011 年研］

(3) 简述交通肇事罪的概念和构成要件。［2010 年法硕（法学）真题］

答：(1) 交通肇事罪，是指违反交通运输管理法规，因而发生重大交通事故，致人重伤、死亡或使公私财产遭受重大损失的行为。本罪的构成要件如下：

①本罪的客体是交通运输安全，指在交通运输中不特定多数人的生命、健康和重大公私财产的安全。

②本罪的客观方面表现为违反交通运输管理法规，因而发生重大事故，致人重伤、死亡或使公私财产遭受重大损失的行为。

a. 必须有违反交通运输管理法规的行为。

b. 必须发生重大交通事故，致人重伤、死亡或使公私财产遭受重大损失。单纯违反交通运输管理法规的行为，不成立本罪。

c. 重大交通事故必须发生在交通过程中以及与交通有直接关系的活动中。

d. 交通肇事的结果必须由违反规范保护目的的行为所引起。

③本罪的主体为一般主体，即已满 16 周岁、具有刑事责任能力的自然人。

④本罪的主观方面是过失，具体内容是行为人对于发生的重大交通事故，造成的严重后果表现为过失，而对于违反交通运输管理法规，本身则往往是明知故犯的。

(2)交通肇事罪与以危险方法危害公共安全罪的界限：

①主观心理态度不同。本罪主观上是过失。而以驾车撞人的危险方法构成的危害公共安全罪主观上是希望或放任死伤结果的发生。

②客观危险性不同。以危险方法危害公共安全罪的行为要求已经产生与放火、爆炸、投放危险物质相当的具体公共危险。在城镇街道发生的交通肇事，多数是汽车驾驶人员违反交通法规，过失造成他人重伤、死亡等重大事故，无论死伤多少人，都只能构成交通肇事罪，不能定过失以危险方法危害公共安全罪。但应注意，如果查明行为人是故意驾驶汽车在街道上横冲直撞，不顾及他人死活，危及不特定多数人的人身安全和公私财产安全，则不论是否造成严重后果，都应认定为以危险方法危害公共安全罪，依照《刑法》第 114 条或第 115 条第 1 款处罚。

4. 简述危险驾驶罪的概念与构成。［广西民大 2022 年研］

相关试题：

(1)简述危险驾驶罪应当追究刑事责任的情形。［暨南大学 2017 年研］

(2)试述危险驾驶罪及其司法认定。［论述题，暨南大学 2016 年研］

(3)简述危险驾驶罪及犯罪构成。［武大 2013 年研］

答：参见本章考点难点归纳相关内容。

5. 简述交通肇事罪与危险驾驶罪的区别。［西北政法 2020 年研；武大 2014 年研］

答：参见本章考点难点归纳相关内容。

6. 妨害安全驾驶罪的构成要件。［湖南师大 2022 年研］

答：参见本章考点难点归纳相关内容。

四、论述题

论述“以危险方法危害公共安全罪”。［中山大学 2016 年研］

相关试题：以危险方法危害公共安全罪的犯罪构成。［简答题，南师大 2010 年研］

答：以危险方法危害公共安全罪，是指以放火、决水、爆炸、投放危险物质以外的危险方法危害公共安全的行为。其构成要件如下：

(1)本罪侵犯的客体是公共安全，即不特定多数人的生命、健康或重大公私财产安全。

(2)本罪的客观方面表现为以放火、决水、爆炸、投放危险物质之外的其他危险方法危害公共安全。

按照“同质比较”标准，“其他危险方法”是指使用与放火、决水、爆炸、投放危险物质的危险性相当的危险方法，如私设电网、盗窃窨井盖、向高速行驶的车辆投掷硬物等危险方法危害公共安全的行为，只要足以危害公共安全的，即可以构成本罪。其本质特征是具有广泛的杀伤力和破坏性，一经实施就可能造成或造成不特定多数人的伤亡或重大公私财产的毁损。

(3)本罪的主体是一般主体，即已满 16 周岁、具有完全刑事责任能力的自然人。

(4)本罪的主观方面为故意。

根据《刑法》第 114、115 条规定，犯本罪，尚未造成严重后果的，处 3 年以上 10 年以下有期徒刑。致人重伤、死亡或使公私财产遭受重大损失的，处10年以上有期徒刑、无期徒刑或死刑。

五、法条分析题

1.《刑法》第133条规定：“违反交通运输管理法规，因而发生重大事故，致人重伤、死亡或使公私财产遭受重大损失的，处三年以下有期徒刑或拘役；交通运输肇事后逃逸或有其他特别恶劣情节的，处三年以上七年以下有期徒刑；因逃逸致人死亡的，处七年以上有期徒刑。”[宁波大学2020年研]

试评析：

(1)本条所规定的罪名、罪状的类型。

(2)本条所规定罪名的犯罪构成特征。

(3)本条所规定的“交通肇事逃逸”和“因逃逸致人死亡”的含义。

答：(1)本条所规定的罪名为交通肇事罪，罪状为叙明罪状。本条对交通肇事罪的构成要件进行了详细的描述，明确指出了违反交通运输管理法规这一前提，以及发生重大事故致人重伤、死亡或使公私财产遭受重大损失等结果，属于叙明罪状。

(2)交通肇事罪的构成特征，参见本章简答题第3题答案。

(3)“交通肇事逃逸”和“因逃逸致人死亡”的含义，参见本章法条分析题第2题答案。

2.《刑法》第133条规定：“违反交通运输管理法规，因而发生重大事故，致人重伤、死亡或者使公私财产遭受重大损失的，处三年以下有期徒刑或者拘役；交通运输肇事后逃逸或者有其他特别恶劣情节的，处三年以上七年以下有期徒刑；因逃逸致人死亡的，处七年以上有期徒刑。”[2017年法硕(非法学)真题]

请分析：

(1)本条中的“交通运输肇事后逃逸”如何理解？

(2)本条中的“因逃逸致人死亡”如何理解？

相关试题：交通肇事罪中的逃逸致人死亡，如何理解？[简答题，厦门大学2025年研]

答：(1)根据《最高人民法院关于审理交通肇事刑事案件具体应用法律若干问题的解释》第3条规定，“交通运输肇事后逃逸”是指行为人具有本解释规定的交通肇事情形之一，在发生交通事故后，为逃避法律追究而逃跑的行为。逃逸的本质在于逃避法律责任，不仅包括逃离事故现场的行为，还包括在将伤者送至医院后或等待交通管理部门处理时逃跑等情形。只要是为了逃避法律追究而逃离的，均应认定为交通肇事逃逸。

(2)《最高人民法院关于审理交通肇事刑事案件具体应用法律若干问题的解释》第5条规定，“因逃逸致人死亡”是指行为人在交通肇事后为逃避法律追究而逃跑，致使被害人因得不到救助而死亡的情形。交通肇事后，单位主管人员、机动车辆所有人、承包人或乘车人指使肇事人逃逸，致使被害人因得不到救助而死亡的，以交通肇事罪的共犯论处。由此可知，“因逃逸致人死亡”包括：

①交通肇事后逃跑，致使被害人得不到救助而死亡的情形。因不救助而导致被害人死亡的，属于因逃逸致人死亡；行为人超速驾驶致一人重伤后逃逸导致其死亡的，不适用“因逃逸致人死亡”的规定，只能认定为一般的交通肇事罪。

②交通肇事后的逃跑过程中再次过失致人死亡的情形。行为人在肇事后将被害人转移或藏匿使其不能得到及时救治而死亡，或在肇事后明知拖带着被害人而不管不顾逃跑而致被害人死亡的，应以交通肇事罪和触犯的其他罪名按照数罪并罚的原则处理。

六、案例分析题

1. 张三是某城市的公交车司机。一日清晨，张三驾驶公交车期间，乘客刘某发现自己错过下车的车站，走到司机近前要求张三停车，想中途下车。张三以车未到车站、无公交车站为由拒绝。刘某站在张三的身旁不断指责，张三多次解释，刘某不接受，要求张三停车。二人发生争吵、口角，互有辱骂性、攻击性语言。争吵中，刘某用手机击打张三的头部，张三左手握方向盘，右手格挡、还击。二人互殴数秒，刘某拉扯张三的右臂并试图抢夺方向盘。车辆突然偏离道路中心实线，与对面正常行驶的小轿车相撞后失控，冲入几十米深的江中。事后查明，车上总计有15人，水下打捞出13具尸体，有2人未能打捞出水而失踪。[广西民大2023年研]

问：对张三和刘某的行为性质在刑法上如何定性？请说明理由。

答：(1)张三的行为属于避险过当，构成以危险方法危害公共安全罪。理由如下：

①存在避险意图。张三在遭受刘某的攻击和抢夺方向盘的情况下，其格挡、还击以及与刘某的互殴行为，在一定程度上是为了保护自己的人身安全以及避免车辆控制权被刘某夺走而采取的本能反应，具有避险的意图。

②行为超过必要限度。张三作为公交车司机，其对车辆的驾驶和控制负有高度的注意义务和安全保障责任。在与刘某发生冲突的过程中，他应意识到在驾驶车辆的过程中与乘客互殴、争夺方向盘等行为可能会对公共安全造成极其严重的危害。但他未能采取更合理有效的措施来避免危险的发生，导致车辆失控冲入江中，造成了极其严重的人员伤亡和财产损失，其行为明显超过了必要的限度，属于避险过当。

③符合以危险方法危害公共安全罪的构成要件。客观上，张三在开车过程中格挡、还击的行为危害了不特定多数人的生命、健康和重大公私财产安全；主观上，张三具有危害公共安全的故意。即张三构成以危险方法危害公共安全罪，但因存在避险过当这一情节，可以减轻或免除处罚。

(2)刘某的行为构成以危险方法危害公共安全罪。理由如下：

①主观故意。刘某在错过下车车站后，与张三发生争吵、口角，并进而用手机击打张三头部，拉扯张三右臂并试图抢夺方向盘，其行为是故意为之，且明知自己的行为可能会导致车辆失控，危害公共安全，但仍执意为之，主观上具有放任危害结果发生的间接故意。

②客观行为及危害结果。刘某的行为直接导致了车辆偏离道路，与对面车辆相撞后冲入江中，造成了车上多人死亡和失踪的严重后果，其行为与危害公共安全的结果之间存在直接的因果关系，完全符合以危险方法危害公共安全罪的构成要件。

2. 案情简介：马某路过某美食广场停车场的越野车旁遂心生恶念，将该越野车砸坏，然后将点燃物扔进车内，致使该越野车燃烧损毁，被损车价值33万余元。涉案越野车被烧时，旁边停有其他汽车；与燃烧汽车相隔0.4米有一南北向二层楼，底楼为太阳岛美食广场厨房、更衣室、仓库，二楼为棋牌室。案发时，该美食广场墙上的一扇窗户被烧坏、玻

璃被震碎，街边的路灯也被烧坏。[广西民大2021年研]

问题：马某行为构成什么罪？请进行说理分析。

答：马某的行为构成放火罪，具体分析如下：

(1)犯罪构成要件分析：

放火罪，是指故意放火焚烧建筑物、森林等物体，危害公共安全的行为。其构成要件如下：

①本罪的客体是公共安全，包括不特定多数人的生命、健康以及重大公私财产的安全。马某点燃越野车，案发地美食广场停车场人员密集且财物集中，周边有其他车辆和易燃物品，其行为对公共安全构成严重威胁。

②本罪在客观方面表现为通过放火焚烧公私财物，危害公共安全。马某将点燃物扔进车内，导致越野车燃烧损毁，并造成美食广场窗户和街边路灯损坏。其行为不仅对财物造成实际损害，还具有不可控性，达到危害公共安全的程度。

③本罪的主体为一般主体。题目未提及马某特殊情况，因此默认符合主体条件。

④本罪的主观方面为故意。马某“心生恶念”，砸车并放火，表明他明知行为会对公共安全造成危害，仍选择实施，属于故意犯罪。

综上，马某的行为符合放火罪的构成要件。

(2)与故意毁坏财物罪的区别。故意毁坏财物罪，是指故意非法地毁灭或损坏公私财物，数额较大或有其他严重情节的行为。故意毁坏财物罪主要侵害公私财物所有权，行为局限于特定财物破坏。而放火罪侵害公共安全，影响范围广泛，对不特定多数人和大量公私财产构成威胁。本题中，马某的行为不仅毁坏特定财物，还对公共安全造成了严重威胁，应认定为放火罪。

(3)罪数认定及处罚原则。马某的一个行为同时触犯了放火罪和故意毁坏财物罪，属于想象竞合犯。想象竞合犯是指行为人实施一个犯罪行为同时触犯数个罪名的情况，在这种情况下，应择一重罪处罚。放火罪危害的是公共安全，其刑罚设置相对较重。相比故意毁坏财物罪而言，放火罪更能全面评价马某的行为性质和危害程度，所以应以放火罪对马某进行定罪处罚。

3. 事实一：2019年4月6日，甲驾驶汽车将正常通过路口的杨某撞倒在地。甲立即报警。杨某被送往医院，因伤势过重成为植物人。

事实二：2019年6月7日，法院判决甲对事故承担全部责任，赔偿杨某各项损失合计80万元。判决生效后，杨某家人多次向甲索要赔偿，甲声称自己没钱；与此同时，甲将自己名下的房产以明显不合理的低价转让给父母，将自己的汽车无偿转让给子女。法院执行时，甲的个人财产只剩下最基本的生活用品。

事实三：2019年10月9日，一直住院治疗的杨某去世。经法医鉴定，杨某的死亡与甲的撞人行为存在因果关系。[2020年法硕(非法学)真题]

请根据上述材料，分析甲的行为应如何认定并说明理由。

答：(1)结合事实一和事实三，甲将杨某撞伤致死亡的行为，构成交通肇事罪。理由如下：

交通肇事罪，是指违反交通运输管理法规，因而发生重大交通事故，致人重伤、死亡或使公私财产遭受重大损失的行为。根据相关司法解释规定，交通肇事导致死亡 1 人或重伤 3 人以上，负全部或主要责任的，构成交通肇事罪。

本案中，甲驾驶汽车，违反交通运输管理法规，将被害人撞成植物人，半年后被害人死亡，且经法医鉴定，交通肇事行为与死亡结果之间具有因果关系，应认定甲的行为构成交通肇事罪。

（2）根据事实二，甲在判决后拒绝向杨某家人赔偿，低价转让房产、无偿赠与其他财产的行为，构成拒不执行判决、裁定罪。理由如下：

拒不执行判决、裁定罪，是指对人民法院的判决、裁定有能力执行而拒不执行，情节严重的行为。本案中，甲在法院判决后拒绝向杨某家人赔偿，且低价转让房产、将其他财产无偿赠与子女致使法院判决无法执行，属于“有能力执行而拒不执行，情节严重”的情形，构成拒不执行判决、裁定罪。

综上，甲的行为构成交通肇事罪和拒不执行判决、裁定罪，应数罪并罚。

第十九章　破坏社会主义市场经济秩序罪

19.1　复习笔记

【知识框架（庖丁解牛）】

- 破坏社会主义市场经济秩序罪
  - 概述：概念、构成特征、种类
  - 分述
    - 生产、销售伪劣商品罪
      - 生产、销售伪劣产品罪
      - 生产、销售、提供假药罪
      - 生产、销售、提供劣药罪
      - 妨害药品管理罪
      - 生产、销售有毒、有害食品罪
    - 走私罪：走私淫秽物品罪；走私普通货物、物品罪
    - 妨害对公司、企业的管理秩序罪
      - 非国家工作人员受贿罪
      - 背信损害上市公司利益罪
    - 破坏金融管理秩序罪
      - 伪造货币罪
      - 变造货币罪
      - 高利转贷罪
      - 骗取贷款、票据承兑、金融票证罪
      - 非法吸收公众存款罪
      - 内幕交易、泄露内幕信息罪
      - 洗钱罪
    - 金融诈骗罪：集资诈骗罪、贷款诈骗罪、信用卡诈骗罪、保险诈骗罪
    - 危害税收征管罪：逃税罪、抗税罪、骗取出口退税罪
    - 侵犯知识产权罪：假冒注册商标罪、侵犯著作权罪、侵犯商业秘密罪
    - 扰乱市场秩序罪：合同诈骗罪；组织、领导传销活动罪；非法经营罪

【通关提要（提纲挈领）】

本章主要介绍破坏社会主义市场经济秩序罪，罪名较多。学习时，一方面要注意各类罪的常考重点和共同特征，如在生产、销售伪劣产品罪中，要区分具体危险犯、抽象危险犯和结果犯；而在金融诈骗罪中，行为人是否具有非法占有目的，是区分罪与非罪、此罪与彼罪的重要界限；另一方面要注意分清主次，重点把握各重点罪名的认定，对其他罪名了解其客观行为表现即可。本章各种题型都有可能考查，特别是洗钱罪、非法吸收公共存款罪、信用卡诈骗罪、保险诈骗罪、合同诈骗罪等重点罪名常出现在案例分析题中，要重点掌握。

【考点难点归纳(厚积薄发)】

考点一：破坏社会主义市场经济秩序罪概述(见表 19－1) ★

表 19－1 破坏社会主义市场经济秩序罪概述

要点	主要内容	
概念	指违反我国市场经济管理法规，破坏和扰乱市场经济秩序，妨害国民经济正常发展的行为	
构成特征	客体	我国市场经济秩序和市场主体经济利益
	客观方面	违反国家法律法规，破坏和扰乱市场经济秩序，严重危害市场秩序的行为
	主体	多为一般主体，自然人、单位均可
	主观方面	多为故意，且常有非法牟利目的

考点二：生产、销售伪劣商品罪 ★★★

1. 生产、销售伪劣产品罪(见表 19－2) ★★★

表 19－2 生产、销售伪劣产品罪

要点	主要内容	
概念	指生产者、销售者在产品中掺杂、掺假，以假充真，以次充好或以不合格产品冒充合格产品，数额较大的行为	
构成特征	客体	国家产品质量管理制度[主要客体]和广大消费者的合法权益[次要客体]
	客观方面	违反产品质量管理法规，生产、销售伪劣产品数额较大[销售金额5万元以上或货值金额15万元以上]的行为。四种行为方式：①在产品中掺杂、掺假；②以假充真；③以次充好；④以不合格产品冒充合格产品
	主体	一般主体，自然人和单位
	主观方面	直接故意

【真题链接】试论生产、销售伪劣产品罪。[论述题，宁波大学2021年研]

2. 生产、销售、提供假药罪(见表 19－3) ★★

表 19－3 生产、销售、提供假药罪

要点	主要内容	
概念	指违反国家药品管理法律法规，生产、销售假药，或药品使用单位的人员明知是假药而提供给他人使用的行为[行为犯、抽象危险犯]	
构成特征	客体	国家药品管理制度和不特定多数人的身体健康、生命安全[犯罪对象限于假药]
	客观方面	违反国家药品管理法规，生产、销售、提供假药的行为： ①生产者、销售者违反国家药品管理法规，生产、销售假药。 ②药品使用单位的人员明知是假药而提供给他人使用[有偿提供为销售、无偿为提供]
	主体	①生产、销售假药的行为主体是自然人与单位[非身份犯]。 ②提供假药的主体是药品使用单位及其工作人员[身份犯]
	主观方面	故意[营利目的非构成要件]

续表

要点	主要内容
认定	①与非罪的界限：a. 是否情节显著轻微，危害不大；b. 主观上是否故意。 ②与以危险方法危害公共安全罪属于法条竞合关系，以特别法即本罪论处

3. 生产、销售、提供劣药罪（见表 19－4） ★★★

表 19－4 生产、销售、提供劣药罪

要点		主要内容
概念		指违反国家药品管理法律法规，生产、销售、提供劣药，对人体健康造成严重危害，或药品使用单位的人员明知是劣药而提供给他人使用的行为[结果犯]
构成特征	客体	国家药品管理制度和不特定多数人的身体健康、生命安全[犯罪对象限于劣药]
	客观方面	①违反国家药品管理法律法规，生产、销售、提供劣药，对人体健康造成严重危害。 ②药品使用单位的人员明知是劣药而提供给他人使用的行为
	主体	一般主体，自然人和单位
	主观方面	故意
认定		与生产、销售、提供假药罪的界限： ①犯罪对象不同。本罪为劣药，后者为假药。 ②性质不同。本罪是结果犯，后者是行为犯

考点三：走私普通货物、物品罪（见表 19－5） ★★

表 19－5 走私普通货物、物品罪

要点		主要内容
概念		指行为人违反海关法律法规，逃避海关监管，非法运输、携带、邮寄普通货物、物品进出国（边）境，偷逃应缴税额较大的行为
构成特征	客体	国家海关监管制度
	客观方面	①违反海关法律法规。 ②逃避海关监管，非法运输、携带、邮寄普通货物、物品进出国（边）境。 [四种常见行为方式：夹藏走私、瞒关走私、绕关走私和后续走私] ③偷逃应缴税额较大[10 万元以上不满 50 万元]
	主体	一般主体，自然人和单位
	主观方面	故意[非法牟利目的非构成要件]
认定		与走私其他特定货物、物品犯罪的界限： ①犯罪对象不同。本罪限于特定货物、物品以外的普通货物、物品；后者为法定的特殊物品，如武器、弹药、文物、贵重金属等。 ②构成条件不同。本罪以偷逃应缴税额较大为构成要件；后者未作要求

考点四：非国家工作人员受贿罪（见表19－6）★★★

表19－6　非国家工作人员受贿罪

要点		主要内容
概念		指公司、企业或其他单位的工作人员利用职务便利，索取或非法收受他人财物，为他人谋取利益，数额较大的行为
构成特征	客体	公司、企业或其他单位的正常管理制度
	客观方面	①利用职务便利；②索取或非法收受他人财物，为他人谋取利益；③索取或非法收受的他人财物数额较大[6万元以上]
	主体	特殊主体，即公司、企业或其他单位的工作人员
	主观方面	故意，且有为他人谋取利益目的
认定		①与非罪的界限：是否数额较大[6万元以上100万元以下]。 ②与受贿罪的界限：主体不同，受贿罪的主体是国家工作人员

考点五：破坏金融管理秩序罪 ★★★

1. 非法吸收公众存款罪（见表19－7）★★★

表19－7　非法吸收公众存款罪

要点		主要内容
概念		指非法或变相吸收公众存款，扰乱金融秩序的行为[行为犯]
构成特征	客体	国家金融管理秩序
	客观方面	①非法吸收：不具备主体资格或方法违法。 ②变相吸收：以非存款名义[如投资、集资入股]吸收公众资金，实质为吸收存款
	主体	一般主体，自然人和单位
	主观方面	故意，且有非法牟利目的
认定[同时具备]	未经许可	未经有关部门依法许可或借用合法经营形式吸收资金[非法性]
	公开宣传	通过网络、媒体、推介会等途径向社会公开宣传
	承诺回报	承诺在一定期限内以货币、实物、股权等方式还本付息或给付回报
	对象不特定	向社会不特定对象吸收资金

2. 内幕交易、泄露内幕信息罪（见表19－8）★★

表19－8　内幕交易、泄露内幕信息罪

要点	主要内容
概念	指证券、期货交易内幕信息的知情人员或非法获取证券、期货交易内幕信息的人员，在涉及证券的发行，证券、期货交易或其他对证券、期货交易价格有重大影响的信息尚未公开前，买入或卖出该证券，或从事与该内幕信息有关的期货交易，或泄露该信息，或明示、暗示他人从事上述交易活动，情节严重的行为

续表

要点		主要内容
构成特征	客体	证券、期货市场的管理秩序和广大投资者的合法权益
	客观方面	在内幕信息尚未公开前，实施内幕交易或泄露内幕信息情节严重的行为：买入或卖出该证券，或从事与该内幕信息有关的期货交易，或泄露该信息，或明示、暗示他人从事上述交易活动
	主体	特殊主体：①证券、期货交易内幕信息的知情人员；②非法获取证券、期货交易内幕信息的人员
	主观方面	直接故意，且有牟利或减少损失目的

3. 洗钱罪(见表19－9) ★★★

表19－9　洗钱罪

要点			主要内容
概念	指掩饰、隐瞒毒品犯罪、黑社会性质的组织犯罪、恐怖活动犯罪、走私犯罪、贪污贿赂犯罪、破坏金融管理秩序犯罪、金融诈骗犯罪[七类上游犯罪]的所得及其产生收益的来源和性质的行为		
构成特征	客体	国家金融管理秩序	
	客观方面	具体行为	实施掩饰、隐瞒上述七类上游犯罪的违法所得及其产生收益的来源和性质的行为
		洗钱行为	①提供资金账户。 ②将财产转换为现金、金融票据、有价证券。 ③通过转账或其他支付结算方式转移资金。 ④跨境转移资产。 ⑤其他方法
	主体	一般主体，自然人和单位[包括上游犯罪的行为人]	
	主观方面	故意[将“自洗钱”纳入处罚范围]	

【真题链接】简述洗钱罪的客观方面。[简答题，四川大学2022年研]

考点六：金融诈骗罪 ★★★

1. 集资诈骗罪(见表19－10) ★★★

表19－10　集资诈骗罪

要点		主要内容
概念	指以非法占有为目的，使用诈骗方法非法集资，数额较大的行为	
构成要件	客体	国家正常金融管理秩序和公私财产所有权
	客观方面	使用诈骗方法非法集资[未经有权机关批准，向社会公众募集资金]，且数额较大[10万元以上]
	主体	一般主体，自然人和单位
	主观方面	故意，且以非法占有为目的

续表

要点	主要内容
认定	与非法吸收公众存款罪的界限： ①侵犯客体不同。本罪为复杂客体；后者为单一客体即金融管理秩序。 ②客观方面不同。本罪以使用诈骗方法为必要条件，后者不要求。 ③主观方面不同。本罪以非法占有为目的[关键]，后者无

【真题链接】

(1)简述集资诈骗罪的构成要件。[简答题，暨南大学2020年研]

(2)简述集资诈骗罪与非法吸收公众存款罪的区别。[简答题，2019年法硕(法学、非法学)真题]

2. 贷款诈骗罪(见表19－11) ★★★

表19－11　贷款诈骗罪

要点		主要内容
概念		指以非法占有为目的，诈骗银行或其他金融机构的贷款，数额较大的行为
构成特征	客体	金融管理秩序、银行或其他金融机构的财产权利
	客观方面	诈骗银行或其他金融机构的贷款，数额较大的行为。包括： ①编造引进资金、项目等虚假理由。 ②使用虚假的经济合同。 ③使用虚假的证明文件。 ④使用虚假的产权证明作担保或超出抵押物价值重复担保。 ⑤以其他方法诈骗贷款。
	主体	一般主体，只能是自然人
	主观方面	故意，且以非法占有为目的

【真题链接】贷款诈骗罪的构成要件。[简答题，中国政法2021年研]

3. 信用卡诈骗罪(见表19－12) ★★★

表19－12　信用卡诈骗罪

要点		主要内容
概念		指以非法占有为目的，利用虚假的信用卡或其他与信用卡有关的方法诈骗，数额较大的行为
构成特征	客体	国家信用卡管理制度和他人的财产所有权[行为对象是信用卡]
	客观方面	①利用信用卡实施诈骗行为，包括：a. 使用伪造的信用卡；b. 使用以虚假的身份证明骗领的信用卡；c. 使用作废的信用卡；d. 冒用他人信用卡；e. 恶意透支[无归还意愿]。 ②诈骗数额较大
	主体	一般主体，已满16周岁、具有刑事责任能力的自然人
	主观方面	故意，且有非法占有目的
认定		盗窃信用卡并使用的，按盗窃罪定罪处罚

4. 保险诈骗罪（见表19－13） ★★★

表19－13 保险诈骗罪

要点		主要内容
概念		指行为人以非法占有为目的，利用虚假的保险事实进行诈骗活动，骗取保险金，数额较大的行为
构成特征	客体	保险管理制度和保险人财产权
	客观方面	利用虚假的保险事实进行诈骗活动，骗取保险金，数额较大的行为： ①投保人故意虚构保险标的，骗取保险金的。 ②投保人、被保险人或受益人对发生的保险事故编造虚假的原因或夸大损失的程度，骗取保险金的。 ③投保人、被保险人或受益人编造未曾发生的保险事故，骗取保险金的。 ④投保人、被保险人故意造成财产损失的保险事故，骗取保险金的。 ⑤投保人、受益人故意造成被保险人死亡、伤残或疾病，骗取保险金的
	主体	特殊主体，包括投保人、被保险人或受益人［含单位］
	主观方面	故意，且以非法占有为目的

【真题链接】试述保险诈骗罪的犯罪构成。［论述题，上海交大2020年研］

考点七：侵犯知识产权罪 ★★★

1. 假冒注册商标罪（见表19－14） ★★

表19－14 假冒注册商标罪

要点		主要内容
概念		指行为人违反国家商标管理法律法规，未经注册商标所有人许可，在同一种商品、服务上使用与其注册商标相同的商标，情节严重的行为
构成特征	客体	国家商标管理制度和权利人商标权［无形财产权］
	客观方面	未经注册商标所有人许可，在同一种商品、服务上使用与其注册商标相同的商标，情节严重的行为［犯罪对象须是他人已注册的商标］
	主体	一般主体，自然人和单位
	主观方面	故意，一般有牟利目的

2. 侵犯著作权罪（见表19－15） ★★★

表19－15 侵犯著作权罪

要点		主要内容
概念		指行为人以营利为目的，违反国家著作权管理法律法规，侵犯他人著作权或与著作权相关的权利，违法所得数额较大或有其他严重情节的行为
构成特征	客体	国家对著作权及有关权利的管理制度；著作权人的著作权或相关权利

续表

要点	主要内容	
构成特征	客观方面［六种行为形式］	侵犯他人著作权或与著作权有关权利，违法所得数额较大或有其他严重情节的行为： ①未经著作权人许可，复制发行、通过信息网络向公众传播其文字作品、音乐、美术、视听作品、计算机软件及法律、行政法规规定的其他作品的。 ②出版他人享有专有出版权的图书的。 ③未经录音录像制作者许可，复制发行、通过信息网络向公众传播其制作的录音录像的。 ④未经表演者许可，复制发行录有其表演的录音录像制品，或通过信息网络向公众传播其表演的。 ⑤制作、出售假冒他人署名的美术作品的。 ⑥未经著作权人或与著作权有关的权利人许可，故意避开或破坏权利人为其作品、录音录像制品等采取的保护著作权或与著作权有关的权利的技术措施的
	主体	一般主体，自然人和单位
	主观方面	故意，且以营利为目的

【真题链接】简述侵犯著作权罪的客观行为方式。［简答题，2022 年法硕（法学、非法学）真题］

考点八：合同诈骗罪（见表 19－16）★★★

表 19－16　合同诈骗罪

要点	主要内容	
概念	指以非法占有为目的，在签订、履行合同过程中，骗取对方当事人财物，数额较大的行为	
构成特征	客体	国家对经济合同的管理秩序和公私财产所有权
	客观方面	在签订、履行经济合同过程中，以虚构事实或隐瞒真相的方法，骗取对方当事人财物，数额较大的行为。包括： ①虚构单位或冒用他人名义签合同。 ②以伪造、变造、作废票据或其他虚假产权证明作担保。 ③无实际履行能力，以先小额或部分履行合同的方法，诱骗对方继续签订和履行合同。 ④收受对方货物、货款、预付款或担保财产后逃匿。 ⑤以其他方法骗取对方当事人财物
	主体	一般主体，自然人和单位
	主观方面	故意，并以非法占有为目的

【真题链接】试述合同诈骗罪的概念与构成。［简答题，广西民大 2021 年研］

考点九：其他常见罪名（见表 19－17）★★

表 19－17　其他常见罪名

罪名	主要内容
妨害药品管理罪	指违反药品管理法规，实施妨害药品管理，足以严重危害人体健康的行为
生产、销售有毒、有害食品罪	指行为人违反国家食品安全管理法律法规，在生产、销售的食品中掺入有毒、有害的非食品原料，或销售明知掺有有毒、有害的非食品原料的食品的行为［行为犯］

续表

罪名	主要内容
背信损害上市公司利益罪	指上市公司的董监高违背对公司的忠实义务，利用职务便利，操纵上市公司，致使上市公司利益遭受重大损失的行为
伪造货币罪	指仿照真货币的图案、形状、色彩等，使用各种方法，非法制造假币，冒充真币，并意图进入流通的行为[从无到有]
变造货币罪	指对真货币采用剪贴、挖补、揭层、涂改、移位、重印等方法加工处理，改变真币形态、价值，数额较大的行为[从少到多]
高利转贷罪	指以转贷牟利为目的，套取金融机构信贷资金高利转贷他人，违法所得数额较大的行为
骗取贷款、票据承兑、金融票证罪	指以欺骗手段取得银行或其他金融机构贷款、票据承兑、信用证、保函等，给银行或其他金融机构造成重大损失的行为
逃税罪	指纳税人或扣缴义务人违反税收法律法规，逃税数额较大且达到应纳税额一定比例的行为
侵犯商业秘密罪	指行为人违反商业秘密保护法律法规，采取不正当手段，侵犯他人的商业秘密，情节严重的行为
组织、领导传销活动罪	指行为人组织、领导以推销商品、提供服务等经营活动为名，要求参加者以缴纳费用或购买商品、服务等方式获得加入资格，并按一定顺序组成层级，直接或间接以发展人员的数量作为计酬或返利依据，引诱、胁迫参加者继续发展他人参加，骗取财物，扰乱经济社会秩序的传销活动的行为
非法经营罪	指行为人违反国家规定，非法进行经营活动，扰乱市场秩序，情节严重的行为

19.2 考研真题与典型题详解

一、单项选择题

1. 甲明知乙实施销售假药犯罪，仍为其提供广告宣传，甲的行为应认定为(　　)。[2023年法硕(非法学)真题]

A. 销售假药罪　　B. 非法经营罪　　C. 虚假广告罪　　D. 不构成犯罪

【解析】生产、销售、提供假药罪，是指违反国家药品管理法律法规，生产、销售假药的行为，以及药品使用单位的人员明知是假药而提供给他人使用的行为。明知他人生产、销售、提供假药，而提供广告宣传的，以生产、销售、提供假药罪的共犯论处。本题中，甲的行为应认定为销售假药罪。

2. 甲在其制作的玉米馒头中违规超量添加色素，销售金额累计达22万元。此种色素为合法食品添加剂，超量使用不足以造成严重食物中毒事故或其他严重食源性疾病。甲的行为应认定为(　　)。[2020年法硕(法学、非法学)真题]

A. 不构成犯罪　　B. 生产、销售伪劣产品罪

C. 生产、销售有毒、有害食品罪　　D. 生产、销售不符合安全标准的食品罪

【解析】AB两项，生产、销售伪劣产品罪，是指生产者、销售者在产品中掺杂、掺假，

1A　2B

以假充真，以次充好或以不合格产品冒充合格产品，数额较大的行为。本题中，甲生产的馒头违规超量添加色素，属于不合格产品，其销售金额达 22 万元，符合本罪的构成要件，因此甲的行为构成生产、销售伪劣产品罪。

C 项，甲添加的色素为合法食品添加剂，非有毒、有害的非食品原料，因此甲的行为不构成生产、销售有毒、有害食品罪。

D 项，生产、销售不符合安全标准的食品罪是危险犯。本题明确"不足以造成严重食物中毒事故或其他严重食源性疾病"，因此不构成生产、销售不符合安全标准的食品罪。

3. 国家工作人员甲为他人"办事"并收受一张银行卡，后将此银行卡交给妻子乙，同时交代乙抓紧"处理"。乙用卡中的 300 万元购买了股票。乙的行为应认定为(　　)。[2023 年法硕(法学、非法学)真题]

A. 掩饰、隐瞒犯罪所得罪　　B. 洗钱罪

C. 受贿罪　　D. 包庇罪

【解析】洗钱罪，是指掩饰、隐瞒毒品犯罪、黑社会性质的组织犯罪、恐怖活动犯罪、走私犯罪、贪污贿赂犯罪、破坏金融管理秩序犯罪、金融诈骗犯罪的所得及其产生收益的来源和性质的行为。《刑法》第 385 条第 1 款规定，国家工作人员利用职务上的便利，索取他人财物的，或非法收受他人财物，为他人谋取利益的，是受贿罪。本题中，国家工作人员甲为他人办事并收受财物，属于贪污受贿犯罪，是洗钱罪的上游犯罪；其妻乙明知道该钱款是受贿所得仍帮助丈夫进行"处理"，属于洗钱行为，构成洗钱罪。

4. 甲从拾到的手机中看到了失主的身份证信息和银行卡信息，遂将失主的微信与该银行卡绑定，并将卡上资金转到自己的微信钱包，且数额较大。甲的行为应认定为(　　)。[2022 年法硕(非法学)真题]

A. 盗窃罪　　B. 侵占罪

C. 信用卡诈骗罪　　D. 侵犯公民个人信息罪

【解析】信用卡诈骗罪，是指以非法占有为目的，利用虚假的信用卡或其他与信用卡有关的方法，进行诈骗活动，数额较大的行为。其客观行为包括：使用伪造的信用卡、使用以虚假的身份证明骗领的信用卡、使用作废的信用卡、冒用他人信用卡、恶意透支。本题中，甲的行为属于冒用他人信用卡；且甲将数额较大的资金转移到自己的微信钱包中，明显具有非法占有目的，因此甲的行为构成信用卡诈骗罪。

5. 下列行为如满足数额条件，应认定为伪造货币罪的是(　　)。[2021 年法硕(法学)真题]

A. 将英镑揭层一分为二　　B. 用黄金铸造流通的纪念金币

C. 临摹欧元收藏　　D. 铸造珍稀古钱币

【解析】伪造货币罪，是指仿照真货币的图案、形状、色彩等，使用各种方法，非法制造假币，冒充真币，并意图进入流通的行为。B 项，属于非法制造出外观上足以乱真的假货币，构成伪造货币罪。

3B　4C　5B

A 项，将英镑揭层一分为二并不符合伪造货币罪的规定，而应构成变造货币罪。

C 项，临摹欧元收藏不足以以假乱真，且没有进入流通领域，不构成伪造货币罪。

D 项，珍稀古钱币不是在国内市场流通或兑换的人民币，不构成伪造货币罪。

二、多项选择题

1．以非法占有为目的，使用诈骗方法非法集资，数额较大的，处三年以上七年以下有期徒刑，并处罚金。下列选项中，属于“以非法占有为目的”的情形的是（　　）。［2024 年法硕（法学、非法学）真题］

A．携带集资款逃匿的　　B．将集资款用于违法犯罪活动的

C．因为破产无法返还资金的　　D．拒不交代资金去向，逃避返还资金的

【解析】区分集资诈骗罪与非罪的关键在于，行为人是否具有非法占有目的。使用诈骗方法非法集资，具有以下情形之一的，可以认定为“以非法占有为目的”：①集资后不用于生产经营活动或用于生产经营活动与筹集资金规模明显不成比例，致使集资款不能返还的；②肆意挥霍集资款，致使集资款不能返还的；③携带集资款逃匿的；④将集资款用于违法犯罪活动的；⑤抽逃、转移资金、隐匿财产，逃避返还资金的；⑥隐匿、销毁账目，或搞假破产、假倒闭，逃避返还资金的；⑦拒不交代资金去向，逃避返还资金的；⑧其他可以认定非法占有目的的情形。C 项，行为人因破产无法返还资金的，系客观上无法返还，不属于上述情形。

2．甲将保健品冒充为提高免疫力的药品，以电话营销的方式向社会公众进行推销，获利颇丰。甲的行为构成（　　）。［2023 年法硕（法学、非法学）真题］

A．妨害药品管理罪　　B．生产、销售假药罪

C．生产、销售伪劣产品罪　　D．诈骗罪

【解析】BCD 三项，甲将保健品冒充为提高免疫力的药品，构成生产销售假药罪和生产销售伪劣产品罪，以电话营销的方式向社会公众进行推销构成诈骗罪。

A 项，妨害药品管理罪，是指违反药品管理法规，实施妨害药品管理，足以严重危害人体健康的行为。甲的行为不构成妨害药品管理罪。

3．下列选项中，应认定为生产、销售有毒、有害食品罪的有（　　）。［2021 年法硕（法学）真题］

A．丙在屠宰过程中给牛肉注水并出售　　B．丁在勾兑白酒时加入工业酒精并出售

C．甲使用洗衣粉加工油条并出售　　D．乙使用工业盐腌制鸭蛋并出售

【解析】生产、销售有毒、有害食品罪，是指违反国家食品卫生管理法律法规，在生产、销售的食品中掺入有毒、有害的非食品原料，或销售明知掺有有毒、有害的非食品原料的食品的行为。构成生产、销售有毒、有害食品罪要求在食品中添加的是有毒、有害物质。BCD 三项，工业酒精、洗衣粉、工业盐都属于不能食用的有毒、有害物质，构成生产、销售有毒、有害食品罪。

A 项，在牛肉中注水非有毒、有害物质，因此丙不构成生产、销售有毒、有害食品罪。

1ABD　2BCD　3BCD

三、概念题

1. 生产、销售伪劣产品罪[武大2014年研]

答：参见本章考点难点归纳相关内容。

2. 生产、销售、提供假药罪与生产、销售、提供劣药罪[武大2004年研]

答：(1)生产、销售、提供假药罪，是指违反国家药品管理法律法规，生产、销售假药的行为，以及药品使用单位的人员明知是假药而提供给他人使用的行为。

(2)生产、销售、提供劣药罪，是指违反国家药品管理法律法规，生产、销售、提供劣药，对人体健康造成严重危害，或药品使用单位的人员明知是劣药而提供给他人使用的行为。

(3)二者均属于对社会主义市场经济秩序的破坏，但也存在区别：

①生产、销售、提供假药罪属于危险犯，构成本罪不要求"足以严重危害人体健康"，而只要有实行生产、销售、提供假药的行为之一即可。生产、销售、提供劣药罪属于结果犯，即行为人不仅要实施生产、销售、提供假药的行为，且须对人体的健康造成严重危害。

②生产、销售、提供假药罪的犯罪对象限于假药。假药是指依照《药品管理法》的规定属于假药和按假药处理的药品、非药品。而生产、销售、提供劣药罪的犯罪对象限于劣药。劣药是指依照我国《药品管理法》的规定属于劣药的药品。

3. 妨害药品管理罪[暨南大学2024年研]

答：妨害药品管理罪，是指违反药品管理法规，实施妨害药品管理，足以严重危害人体健康的行为。本罪的构成特征是：①本罪的客体是复杂客体，即国家对药品的管理制度和不特定多数人的身体健康、生命安全。②本罪在客观方面表现为违反药品管理法规，实施妨害药品管理，足以严重危害人体健康的行为。③本罪的主体为一般主体，包括自然人和单位。④本罪的主观方面为故意。

4. 洗钱罪[中南大学2019年研；人大2011年研；武大2009年研]

答：参见本章考点难点归纳相关内容。

5. 信用卡诈骗罪的构成要件[中山大学2017年研]

答：参见本章考点难点归纳相关内容。

6. 恶意透支(在信用卡诈骗罪中)[中国政法2023年研]

答：恶意透支(在信用卡诈骗罪中)，根据《刑法》和相关司法解释，是指持卡人以非法占有为目的，超过规定限额或规定期限透支，经发卡银行两次催收后超过3个月仍不归还的情形。其本质特征在于持卡人主观上具有非法占有的故意。区分善意透支与恶意透支，关键要看行为人是否具有非法占有目的。善意透支是先用后还，在法定期限内还本付息；恶意透支则以非法占有为目的，无归还透支资金的意愿。

7. 保险诈骗罪[青岛大学2017年研]

答：参见本章考点难点归纳相关内容。

8. 逃税罪［武大2014年研］

答：逃税罪，是指纳税人或扣缴义务人违反税收法律法规，逃税数额较大且达到应纳税额一定比例的行为。本罪的构成特征是：①本罪的客体是税收征收管理秩序。②本罪在客观方面表现为纳税人采取欺骗、隐瞒手段进行虚假纳税申报或不申报，逃避缴纳税款数额较大且占应纳税额10%以上，或扣缴义务人采取欺骗、隐瞒手段，不缴或少缴已扣、已收税款，数额较大的行为。③本罪的主体是特殊主体，即纳税人和扣缴义务人。④本罪的主观方面只能是故意，且有非法占有目的。

9. 假冒注册商标罪［人大2009年研；西北政法2006年研；上海交大2006年研］

答：参见本章考点难点归纳相关内容。

10. 侵犯著作权罪［中山大学2018年研；青岛大学2017年研；西北政法2007年研］

答：参见本章考点难点归纳相关内容。

四、简答题

1. 简述《刑法》第140条（生产、销售伪劣产品罪）与第141条至第148条（生产、销售、提供假药罪等生产、销售其他特定伪劣产品的犯罪）之间的关系及处理原则。［武大2011年研］

答：(1)《刑法》第141条至第148条规定了多种特定种类伪劣产品的犯罪，包括：生产、销售、提供假药罪，生产、销售、提供劣药罪，生产、销售不符合安全标准的食品罪等。生产、销售伪劣产品罪与这类犯罪的区别主要在于：

①犯罪对象是否特定。前者的犯罪对象是伪劣产品，刑法未作特别的限定；后者的犯罪对象是刑法规定的特别种类的伪劣产品，如假药、劣药等。

②认定构成犯罪的要件不同。前者以“销售金额5万元以上”为犯罪构成要件，后者以“对人体健康造成严重危害”或“足以严重危害人体健康”等为犯罪构成要件。

(2)处理原则。根据普通法与特别法的法条竞合理论，生产、销售特别种类的伪劣产品的犯罪，也触犯生产、销售伪劣产品罪，要按特别法的规定处理，即按规定生产、销售特别种类伪劣产品犯罪的法条论处。同时，根据《刑法》第149条第2款规定，“依照处罚较重的规定定罪处罚”，即根据重法优于轻法的原则处理这类问题。如果生产、销售《刑法》第141条至第148条所列产品，不构成所属条款规定的犯罪，但销售金额在5万元以上的，依照第140条关于生产、销售伪劣产品罪的规定定罪处罚。

2. 简述集资诈骗罪与非法吸收公众存款罪的区别。［2019年法硕（法学、非法学）真题］

答：集资诈骗罪，是指以非法占有为目的，使用诈骗方法非法集资，数额较大的行为。非法吸收公众存款罪，是指非法吸收公众存款或变相吸收公众存款，扰乱金融秩序的行为。二者的区别有：

(1)侵犯客体不同。集资诈骗罪的客体是复杂客体，包括国家金融管理秩序和公私财产所有权；非法吸收公众存款罪侵犯的客体是单一客体，即国家的金融管理秩序。

(2)客观方面不同。集资诈骗罪在客观方面表现为使用诈骗方法非法集资，且数额较大的行为，即以使用诈骗方法为构成犯罪的必要条件。非法吸收公众存款罪的客观方面表现为实施了非法吸收或变相吸收公众存款的行为，非法吸收即不具备主体资格却非法吸收，或有资格但以非法方式吸收。

(3)主观方面不同。二者区分的关键在于行为人是否具有非法占有目的。集资诈骗罪要求行为人主观上具有非法占有目的，即意图将集资款非法占为己有。而非法吸收公众存款罪的行为人则希望通过非法吸收公众存款来营利，并无非法占有目的。

3. 贷款诈骗罪的构成要件。［中国政法2021年研］

答：参见本章考点难点归纳相关内容。

4. 简述侵犯著作权罪的客观行为方式。［2022年法硕(法学、非法学)真题］

答：参见本章考点难点归纳相关内容。

5. 试述合同诈骗罪的概念与构成。［广西民大2021年研］

相关试题：简述合同诈骗罪的构成特征。［南开大学2010年研］

答：参见本章考点难点归纳相关内容。

五、论述题

试论生产、销售伪劣产品罪。［宁波大学2021年研］

相关试题：简述生产、销售伪劣产品罪的行为方式。［简答题，2011年法硕(法学)真题］

答：(1)生产、销售伪劣产品罪的概念与构成特征，参见本章考点难点归纳相关内容。

(2)生产、销售伪劣产品罪的行为方式包括四种：

①在产品中掺杂、掺假，即在产品中掺入杂质或异物，使产品质量不符合国家法律、法规或产品明示质量标准规定的质量要求，降低或失去应有使用性能。

②以假充真，即以不具有某种使用性能的产品冒充具有该使用性能的产品。

③以次充好，即以低等级、低档次产品冒充高等级、高档次产品，或以残次、废旧零配件组合、拼装后冒充正品、新产品。

④以不合格产品冒充合格产品，即以不符合产品质量标准的产品冒充符合产品质量标准的产品。“不合格产品”是指不符合我国《产品质量法》规定的质量要求的产品。

上述四种行为属于选择行为。行为人只要实施了生产或销售上述产品的行为之一，就构成本罪。行为人如果同时具有上述两种或两种以上行为的，也应视为一个生产、销售伪劣产品罪，不实行数罪并罚。

六、案例分析题

1. 2018年11月，刘某在国内采购了一仿文物的工业品，携带到国外，诈骗某国商人50万美元。(事实一)

刘某回国后，用诈骗所得赃款开设了一家食品公司。在食品生产过程中，为了延长食品的保质期，违规添加对人体有害的非食品原料防腐剂，销售金额达到500万元，但对人体健康没有造成严重后果，也没有其他严重情节。(事实二)

刘某看到社会上有人放高利贷赚钱快，遂产生了放高利贷的念头，以扩大企业生产规模为名，向社会进行筹资，承诺存款自愿，取款自由，存款利息为银行定期存款利息的2倍。通过各种途径，筹得资金1000万元，一部分款用于公司的生产经营，另一部分款以银

行定期存款4倍的高息转贷给某房地产公司。(事实三)

后该房地产公司经营不善，无法归还本息。为填补亏空，刘某加大宣传力度，又筹集到社会资金1亿元，除用后期借款偿还前期借款外，还大肆挥霍，并将1000万元存于其儿子的账户上，造成5000万元的经济损失无法挽回，后因资金链断裂而案发。(事实四)[湖南师大2021年研]

根据案情回答下列问题：

(1)关于事实一，检察院指控刘某犯诈骗罪。一审法院认为，刘某的诈骗行为发生在国外，不能适用我国刑法，因此，对刘某在国外诈骗的事实不予追究。检察院提出抗诉。二审法院对刘某在国外的诈骗行为是否应当追究刑事责任？为什么？

(2)关于事实二，检察院指控刘某犯生产、销售有毒食品罪。法院应当如何判决？为什么？

(3)对于事实三，检察院指控刘某犯非法吸收公众存款罪、高利转贷罪。法院应当如何判决？为什么？

(4)关于事实四，法院审理认为，刘某的行为构成集资诈骗罪，对刘某判处死缓。法院判决是否正确，为什么？

答：(1)关于事实一，二审法院应追究刘某在国外诈骗行为的刑事责任。理由如下：

《刑法》第7条第1款规定，中华人民共和国公民在中华人民共和国领域外犯本法规定之罪的，适用本法，但是按本法规定的最高刑为3年以下有期徒刑的，可以不予追究。属人管辖原则是基于国家对本国公民的属人优越权而确立的，其目的在于维护国家主权和本国公民在国外的行为规范，确保本国公民在境外也需遵守本国法律。当本国公民在国外实施犯罪行为时，若符合相应条件，本国刑法有权进行管辖。

本案中，刘某是中国公民，在国外实施诈骗且金额达50万美元，数额特别巨大。诈骗罪的最高刑为无期徒刑，不属于可不予追究的情形，故应适用我国刑法。因此，二审法院应追究其刑事责任。

(2)关于事实二，法院应认定刘某构成生产、销售有毒、有害食品罪。理由如下：

生产、销售有毒、有害食品罪，是指行为人违反国家食品安全管理法律法规，在生产、销售的食品中掺入有毒、有害的非食品原料，或销售明知掺有有毒、有害的非食品原料的食品的行为。该罪是行为犯。生产、销售不符合安全标准的食品罪要求生产、销售的食品不符合食品安全标准，且足以造成严重食物中毒事故或其他严重食源性疾病。而生产、销售有毒、有害食品罪强调在食品中掺入有毒、有害的非食品原料。

本案中，刘某在食品生产中违规添加有害非食品原料防腐剂，符合生产、销售有毒、有害食品罪的构成要件，不能因未造成严重后果就认定为生产、销售不符合安全标准的食品罪。所以，法院应判刘某犯此罪。

(3)关于事实三，法院应认定刘某构成非法吸收公众存款罪和高利转贷罪。理由如下：

①非法吸收公众存款罪，是指非法吸收公众存款或变相吸收公众存款，扰乱金融秩序的行为。本罪的客体是国家的金融管理秩序，其行为破坏了金融机构正常的资金融通功能。本案中，刘某以扩大企业生产规模为名，向社会进行筹资，承诺存款自愿，取款自由，存款利息为银行定期存款利息的2倍，筹得资金1000万元，符合非法吸收公众存款罪的构成

要件。

②高利转贷罪，是指以转贷牟利为目的，套取金融机构信贷资金高利转贷他人，违法所得数额较大的行为。本罪的客体是国家对信贷资金的发放及利率管理秩序，以转贷牟利为目的套取资金转贷他人的行为，损害了金融秩序和公平竞争环境。本案中，刘某将部分筹得的资金以银行定期存款4倍的高息转贷给某房地产公司，符合高利转贷罪的构成要件。

(4)关于事实四，法院认定刘某构成集资诈骗罪正确，但量刑需谨慎考虑。理由如下：

集资诈骗罪，是指以非法占有为目的，使用诈骗的方法非法集资，数额较大的行为。本案中，客观上，刘某通过虚假宣传非法集资，筹集1亿元后大肆挥霍并转移资金，造成5000万元损失无法挽回；主观上，刘某有非法占有目的。因此刘某构成集资诈骗罪。

根据《刑法》第48条规定，死刑只适用于罪行极其严重的犯罪分子。对于应判处死刑的犯罪分子，如果不是必须立即执行的，可以判处死刑同时宣告缓期2年执行。

综上所述，法院认定刘某的行为构成集资诈骗罪是正确的，但考虑到具体案情和社会影响，判处死缓需要慎重考虑。如果刘某的行为确实达到了“罪行极其严重”的程度，判处死缓是合理的；否则，应根据具体情节酌情从轻或减轻处罚。

2. 被告人张某，是某保险公司职员。因欠被告人黄某债务50万元，遂产生保险诈骗的念头，于是在保险公司以自己为被保险人和受益人投保了60万意外伤害保险。为了达到诈骗上述保险金的目的，被告人张某找到黄某，劝说黄某砍掉他的右脚，用以向保险公司诈骗，并承诺将所得保险金中的20万元用于偿还所欠黄某的15万元本金及5万元利息。黄某在张某的多次劝说下，答应与张某一起实施保险诈骗行为。之后由被告人张某确定砍脚的具体部位，由黄某准备砍刀、塑料袋等作案工具。某日晚，二人相约在一偏僻小路上，黄某把张某的右脚砍下并逃离。张某获救后谎称自己是被三名陌生男子抢劫时砍去右脚。后经司法鉴定张某属于重伤。被告人张某、黄某还未向保险公司提出理赔申请时即先后被公安机关抓获并供述上述事实。[宁波大学2021年研]

问：

(1)张某的行为应该如何定性？其行为属于犯罪的何种形态？

(2)黄某的行为应该如何定性和处理？

答：(1)张某的行为构成保险诈骗罪，属于犯罪未遂。具体分析如下：

①保险诈骗罪，是指投保人、被保险人或受益人以非法占有为目的，故意虚构保险标的，编造未曾发生的保险事故，或故意造成财产损失的保险事故，骗取保险金的行为。

a. 虚构保险事故。张某为了骗取保险金，故意让黄某砍掉自己的右脚，并谎称自己是被三名陌生男子抢劫时砍去右脚。

b. 非法占有目的。张某的目的是通过虚假的保险事故骗取60万元的保险金，并将其中20万元用于偿还所欠黄某的债务。

c. 预备行为。张某和黄某已准备了作案工具并实施了砍脚行为，但尚未向保险公司提出理赔申请。

②犯罪形态。本案中，张某和黄某已经实施了砍脚的行为，但由于被公安机关抓获，未能向保险公司提出理赔申请，因此属于犯罪未遂。

(2)①定性：黄某的行为构成保险诈骗罪的共犯和故意伤害罪。具体分析如下：

a. 共同犯罪，是指二人以上共同故意犯罪。本案中，黄某在张某的劝说下，同意并参与了保险诈骗行为，提供了作案工具并实施了砍脚的行为，与张某共同构成了保险诈骗罪的共犯。

b. 故意伤害罪，是指故意非法损害他人身体健康的行为。本案中，黄某明知砍掉张某的右脚会导致张某重伤，仍然实施了这一行为，符合故意伤害罪的构成要件。

②处理：数罪并罚。根据《刑法》第69条规定，判决宣告以前一人犯数罪的，除判处死刑和无期徒刑的以外，应在总和刑期以下、数刑中最高刑期以上，酌情决定执行的刑期。

综上，黄某同时构成保险诈骗罪（未遂）和故意伤害罪（致人重伤），应数罪并罚。

3. 甲、乙给A公司200万元，要求A公司使用劣质材料冒充熔喷布生产口罩，同时外包装上不得显示任何具体信息。甲、乙收货后将该批口罩假冒某品牌非医用口罩出售给他人，销售金额近300万元。案发后，乙逃往外地躲藏，因形迹可疑被公安机关盘问。乙主动供述涉案情况，并带领公安人员将甲抓获。经检验，涉案口罩系不合格产品。［2022年法硕（非法学）真题］

请结合上述材料，分析甲、乙、A公司的行为应如何定罪处罚并说明理由。

答：（1）甲和乙成立生产、销售伪劣产品罪和假冒注册商标罪的共同犯罪，因两罪之间具有牵连关系，结合本案，对甲、乙应以处罚较重的生产、销售伪劣产品罪定罪处罚，甲、乙均系主犯。A公司与甲、乙在生产伪劣产品罪的范围内成立共同犯罪，也是主犯。

①生产、销售伪劣产品罪，是指生产者、销售者在产品中掺杂、掺假，以假充真，以次充好或以不合格产品冒充合格产品，销售金额达5万元以上的行为。甲、乙用200万元让A公司生产伪劣口罩，用不合格的材料冒充其他材料，属于“以不合格产品冒充合格产品”，且销售金额近300万元，符合生产、销售伪劣产品罪的构成要件，构成该罪且犯罪既遂。且甲、乙、A公司事前有通谋，属于共同犯罪。

②假冒注册商标罪，是指违反国家商标管理法规，未经商标所有人许可，在同一种商品上使用与其注册商标相同的商标，情节严重的行为。以假冒注册商标的方式来生产、销售伪劣商品，成立本罪与生产、销售伪劣商品犯罪的牵连犯，应择一重罪处罚。本案中，甲、乙假冒某品牌销售伪劣口罩，虽构成假冒注册商标罪，但该罪最高刑为7年有期徒刑。根据《刑法》第140条规定，生产、销售伪劣产品罪销售金额在200万元以上的，处15年有期徒刑或无期徒刑。而甲、乙的销售金额为300万元，显然重于假冒注册商标罪的法定刑。因此，对甲、乙应以生产、销售伪劣产品罪定罪处罚。

（2）乙有自首、立功情节，可以从轻或减轻处罚。

①自首，是指犯罪分子犯罪以后自动投案，如实供述自己的罪行的行为，或被采取强制措施的犯罪嫌疑人、被告人和正在服刑的罪犯，如实供述司法机关还未掌握的本人其他罪行的行为。本案中，乙因形迹可疑被公安机关盘问而主动如实交代犯罪事实，应认定为自首，可以从轻或减轻处罚。

②立功，是指犯罪分子揭发他人犯罪行为，查证属实，或提供重要线索，从而得以侦破其他案件等行为。在共同犯罪中，协助司法机关抓捕其他犯罪嫌疑人也属于立功。本案中，乙带领公安人员抓获甲，应认定为立功，可以从轻或减轻处罚。

第二十章　侵犯公民人身权利、民主权利罪

20.1　复习笔记

【知识框架(庖丁解牛)】

- 侵犯公民人身权利、民主权利罪
  - 概述：概念、构成特征、种类
  - 分述
    - 侵犯公民生命权利的犯罪
      - 故意杀人罪
      - 过失致人死亡罪
    - 侵犯公民身体健康权利的犯罪：故意伤害罪、过失致人重伤罪
    - 侵犯公民性自由权利或健康权利的犯罪
      - 强奸罪
      - 负有照护职责人员性侵罪
      - 强制猥亵、侮辱罪
    - 侵犯公民人身自由权利的犯罪
      - 非法拘禁罪
      - 绑架罪
      - 拐卖妇女、儿童罪
    - 侵犯公民其他自由权利的犯罪：强迫劳动罪、侵犯公民个人信息罪
    - 侵犯公民人格权、名誉权的犯罪：诬告陷害罪、侮辱罪、诽谤罪
    - 司法工作人员侵犯公民权利的犯罪：刑讯逼供罪、暴力取证罪
    - 侵犯宗教信仰、少数民族有关权利的犯罪
    - 侵犯公民民主权利的犯罪：报复陷害罪、破坏选举罪
    - 侵犯婚姻家庭权利的犯罪：重婚罪、虐待罪、遗弃罪

【通关提要(提纲挈领)】

本章主要介绍侵犯公民人身权利、民主权利这一客体的犯罪。本章重点罪名较多，学习时需注重理解各罪名的构成特征与认定方法，重点掌握故意杀人罪、强奸罪、非法拘禁罪、绑架罪、拐卖妇女、儿童罪等罪名的构成特征与认定。其中绑架罪侵犯了人身权利、财产权利两项客体，要注意其与侵犯财产罪各罪名的区分。本章各种题型都有可能考查，要准确识记，注意表述的准确性。

【考点难点归纳(厚积薄发)】

考点一：侵犯公民人身权利、民主权利罪概述(见表20－1)　★

表 20－1　侵犯公民人身权利、民主权利罪概述

要点		主要内容
概念		指故意或过失地侵犯公民的人身权利、民主权利及与人身有直接关系的其他权利的行为
构成特征	客体	公民的人身权利、民主权利及与人身直接有关的其他权利
	客观方面	各种侵犯公民人身权利、民主权利以及其他与公民人身直接有关而不涉及经济内容权利的行为[作为或不作为均可]
	主体	多为一般主体、自然人，少数是特殊主体、单位
	主观方面	一般为故意，过失致人死亡罪、过失致人重伤罪为过失

考点二：故意杀人罪(见表 20－2)　★★★★

表 20－2　故意杀人罪

要点		主要内容
概念		指故意非法剥夺他人生命的行为
构成特征	客体	他人的生命权[不包括法人等拟制人]。 注意：①出生标准——独立呼吸说；②死亡标准——综合判断说[慎用脑死亡标准]
	客观方面	非法剥夺他人生命的行为，即杀人行为[自杀行为不成立]
	主体	一般主体，已满 14 周岁、具有刑事责任能力的自然人。 已满 12 周岁不满 14 周岁的人，犯故意杀人、故意伤害罪，致人死亡或以特别残忍手段致人重伤造成严重残疾，情节恶劣，经最高检核准追诉的，应负刑事责任
	主观方面	故意
认定		①故意杀人行为严重危害公共安全时，应适用特别法优于一般法原则，认定为危害公共安全的犯罪；故意杀人行为仅使公共安全面临危险时，应遵循重法优于轻法规则，认定为故意杀人罪。 ②转化型故意杀人罪：非法拘禁使用暴力致人死亡的，刑讯逼供或暴力取证致人死亡的，虐待被监管人致人死亡的，聚众“打砸抢”致人死亡的，聚众斗殴致人死亡的，应以故意杀人罪论处。[限于故意致人死亡] ③提示规定：未经本人同意摘取其器官，或摘取不满 18 周岁的人的器官，或强迫、欺骗他人捐献器官，造成被摘取人死亡的，按故意杀人罪定罪处罚
处罚		处死刑、无期徒刑或 10 年以上有期徒刑；情节较轻的，处 3 年以上 10 年以下有期徒刑 [综合考量，慎用死刑]

考点三：过失致人死亡罪(见表 20－3)　★★★

表 20－3　过失致人死亡罪

要点		主要内容
概念		指过失造成他人死亡的行为
构成特征	客体	他人的生命权
	客观方面	实施了导致他人死亡的行为[兜底性规定]
	主体	一般主体，已满 16 周岁、具有刑事责任能力的自然人
	主观方面	过失

考点四：故意伤害罪（见表 20－4）★★★★

表 20－4　故意伤害罪

要点			主要内容
概念			指故意非法损害他人身体健康的行为
构成特征	客体		他人的身体健康权
	客观方面		实施了使他人身体健康受损害［器官功能丧失、健康状况恶化］的行为［作为和不作为］
	主体		一般主体，达到一定年龄、具有刑事责任能力的自然人。 ①故意伤害致人轻伤的，刑事责任年龄为年满 16 周岁。 ②故意伤害致人重伤以上后果的，刑事责任年龄为年满14 周岁。 ③故意伤害致人死亡或以特别残忍手段致人重伤造成严重残疾，情节恶劣，经最高检核准追诉的，刑事责任年龄为年满12 周岁
	主观方面		故意
认定	故意伤害（致死）罪与故意杀人罪	相同	客观上都造成了他人死亡
		不同	主观方面不同：①故意伤害（致死）罪为过失；②故意杀人罪为故意
	故意伤害（致死）罪与过失致人死亡罪	相同	客观上都造成了他人死亡，主观上都为过失
		区别	①故意伤害（致死）罪的行为人主观上有伤害故意，但对死亡结果是过失。 ②过失致人死亡罪的行为人主观上只对死亡结果有过失，主观上无伤害故意

考点五：强奸罪（见表 20－5）★★★★

表 20－5　强奸罪

要点		主要内容
概念		指强奸妇女或奸淫幼女的行为： ①强奸妇女：违背妇女意志［本质特征］，以暴力、胁迫或其他手段［实质：使被害人不能、不敢或不知反抗］，强行与妇女性交。 ②奸淫幼女：故意奸淫不满 14 周岁的幼女
构成特征	客体	女性性的不可侵犯权利
	客观方面	违背妇女意志，强行与其发生性交的行为或奸淫幼女的行为
	主体	已满 14 周岁、具有刑事责任能力的男性［女性可构成本罪的教唆犯或帮助犯］
	主观方面	直接故意，且有奸淫目的
既遂		①强奸妇女，采插入说；②奸淫幼女，采接触说
认定		①通奸不属于犯罪行为。先通奸，后女方不愿继续保持，男方继续纠缠强行实施的，以强奸罪论处。 ②强奸未遂与强制猥亵、侮辱罪的界限：主观上有无奸淫目的，后罪无
处罚	基本犯	处 3 年以上 10 年以下有期徒刑。奸淫不满 14 周岁幼女的，以强奸论，从重处罚
	加重犯	有下列情形之一［加重情节］的，处 10 年以上有期徒刑、无期徒刑或死刑：①强奸妇女、奸淫幼女情节恶劣的；②强奸妇女、奸淫幼女多人的；③在公共场所当众强奸妇女、奸淫幼女的；④ 2 人以上轮奸的；⑤奸淫不满 10 周岁的幼女或造成幼女伤害的；⑥致使被害人重伤、死亡或造成其他严重后果的

考点六：强制猥亵、侮辱罪（见表20－6） ★★

表20－6 强制猥亵、侮辱罪

要点		主要内容
概念		指以暴力、胁迫或其他方法，强制猥亵他人[已满14周岁的自然人，包括男性]或侮辱妇女的行为
构成特征	客体	被害人性自主决定意义上的人格尊严
	客观方面	实施了以暴力、胁迫或其他方法强制猥亵他人或侮辱妇女的行为
	主体	一般主体，已满16周岁、具有刑事责任能力的自然人[男性＋女性]
	主观方面	直接故意

考点七：非法拘禁罪（见表20－7） ★★★★

表20－7 非法拘禁罪

要点		主要内容
概念		指故意非法剥夺他人人身自由的行为[行为犯、继续犯]
构成特征	客体	他人人身自由的权利
	客观方面	实施了非法拘禁他人或以其他方法剥夺他人人身自由的行为
	主体	一般主体，已满16周岁、具有刑事责任能力的人
	主观方面	故意[动机不影响本罪成立]
认定		①转化：使用暴力致人伤残、死亡的，按故意伤害罪、故意杀人罪定罪处罚。 ②因非法拘禁行为导致被害人重伤或死亡的，构成本罪的结果加重犯。 ③为索取债务非法扣押、拘禁他人的，以非法拘禁罪处罚

考点八：绑架罪（见表20－8） ★★★★

表20－8 绑架罪

要点		主要内容
概念		指以勒索财物为目的绑架他人，或绑架他人作为人质的行为
构成特征	客体	被绑架人的人身自由[主要客体]、他人的财产权或其他相关权益
	客观方面	实施绑架勒索行为[绑架＋勒索赎金]或其他劫持人质行为
	主体	一般主体，已满16周岁、具有刑事责任能力的自然人。 ①已满14周岁不满16周岁的人在绑架过程中，使用暴力故意伤害他人致人重伤或死亡的，或故意杀人的，可构成故意伤害罪、故意杀人罪。 ②已满12周岁不满14周岁的人，在绑架过程中，使用暴力故意杀人、故意伤害，致人死亡或以特别残忍手段致人重伤造成严重残疾，情节恶劣，经最高检核准追诉的，应以故意杀人罪或故意伤害罪论处
	主观方面	故意，且有勒索赎金或其他不法要求

续表

要点	主要内容	
认定	既遂标准	完成绑架行为时［短缩的二行为犯］
	罪数	①在绑架过程中过失致人死亡或重伤，形成绑架罪与过失致人死亡或重伤罪的竞合，应从一重处断。 ②在绑架过程中或既遂后，故意杀害被绑架人，或故意伤害致其重伤、死亡的，应以绑架罪定罪处罚。 ③在绑架过程中实施其他加害行为并构成犯罪的，应数罪并罚

【真题链接】

(1)绑架罪的犯罪构成。［简答题，上海交大2024年研］

(2)绑架罪的构成要件。［论述题，中国海大2022年研］

(3)试述绑架罪与非法拘禁罪、抢劫罪的异同。［论述题，暨南大学2017年研］

考点九：拐卖妇女、儿童罪(见表20－9)　★★★

表20－9　拐卖妇女、儿童罪

要点	主要内容	
概念	指以出卖为目的，拐骗、绑架、收买、贩卖、接送、中转妇女、儿童的行为［本质：作为商品买卖］	
构成特征	客体	妇女、儿童的人身自由和人格尊严［不包括成年男子］
	客观方面	实施拐卖妇女、儿童［拐骗、绑架、收买、贩卖、接送、中转行为之一］的行为
	主体	一般主体，已满16周岁、具备刑事责任能力的自然人
	主观方面	故意，须有出卖目的［不论是否实现、是否获利］
认定	①与拐骗儿童罪的界限：犯罪目的不同。本罪以出卖为目的，后罪无。 ②与绑架罪的区别，见表20－10	

表20－10　拐卖妇女、儿童罪与绑架罪的区别

	拐卖妇女、儿童罪	绑架罪
犯罪客体	被害人的人身自由和人格尊严	被绑架人的人身自由和其他人的财产权或其他相关权利
犯罪对象	限于妇女和儿童	任何人
取财方式	出卖给他人以获取钱财	向被绑架人的亲属或关系人勒索钱财
主观目的	出卖妇女、儿童	勒索财物

考点十：诬告陷害罪(见表20－11)　★★★★

表20－11　诬告陷害罪

要点	主要内容
概念	指捏造犯罪事实，向国家机关或有关单位作虚假告发，意图使他人受刑事追究，情节严重的行为［行为犯］

续表

要点		主要内容
构成特征	客体	他人的人身权利和司法机关的正常活动[须有特定、具体诬陷对象]
	客观方面	实施了捏造犯罪事实[无中生有+夸大]，并向国家机关或有关单位作虚假告发，情节严重的行为
	主体	一般主体，已满16周岁、具备刑事责任能力的自然人
	主观方面	直接故意，须以使他人受到刑事追究为目的

考点十一：诽谤罪(见表20－12) ★★★

表20－12 诽谤罪

要点		主要内容
概念	指故意捏造并散布某种虚假事实，损坏他人人格和名誉，情节严重的行为[告诉才处理]	
构成特征	客体	他人的人格尊严和名誉权
	客观方面	捏造[无中生有、凭空编造]并散布虚假事实，损害他人人格和名誉，情节严重
	主体	一般主体，已满16周岁、具有刑事责任能力的自然人
	主观方面	故意，且以损害他人人格、名誉为目的
认定	①与诬告陷害罪的区别，见表20－13。 ②与侮辱罪的区别： a. 诽谤罪：不可用暴力方法；须捏造并散布虚假事实。 b. 侮辱罪：可用暴力方法；内容可是真实情况或虚假故事	

表20－13 诬告陷害罪与诽谤罪的区别

	诬告陷害罪	诽谤罪
客体	他人人身权利和司法机关正常活动	他人的人格尊严和名誉权
客观方面	捏造他人犯罪事实并向国家机关和有关单位告发	捏造并散布足以损害他人人格和名誉的虚假事实
主观方面	使他人受刑事追究	损害他人人格和名誉

【真题链接】简述诬告陷害罪与诽谤罪的界限。[简答题，暨南大学2024年研]

考点十二：刑讯逼供罪(见表20－14) ★★★

表20－14 刑讯逼供罪

要点		主要内容
概念	指司法工作人员对犯罪嫌疑人、被告人[特定对象]使用肉刑[身体暴力]或变相肉刑[冻饿晒烤疲]，逼取口供的行为	
构成特征	客体	公民的人身权利和司法机关的正常活动
	客观方面	复合行为：实施肉刑或变相肉刑以及逼取口供
	主体	特殊主体：司法工作人员，即有侦查、检察、审判、监管职责的工作人员 [非司法工作人员可成立共犯]
	主观方面	直接故意，以逼取口供为目的

考点十三：侵犯公民个人信息罪(见表 20－15)　★★★

表 20－15　侵犯公民个人信息罪

要点		主要内容
概念		指违反国家有关规定，向他人出售或提供公民个人信息，或违反国家有关规定，将在履行职责或提供服务过程中获得的公民个人信息出售或提供给他人，或窃取或以其他方法非法获取公民个人信息，情节严重的行为
构成特征	客体	公民个人信息的受保护权[犯罪对象是公民个人信息]
	客观方面	①三种行为方式： a. 违反国家有关规定，向他人出售或提供公民个人信息。 b. 违反国家有关规定，将在履职或提供服务过程中获得的公民个人信息出售或提供给他人。 c. 窃取或以其他方法非法获取公民个人信息 ②法律不允许，且情节严重
	主体	一般主体，自然人和单位
	主观方面	故意

考点十四：虐待罪(见表 20－16)　★★★

表 20－16　虐待罪

要点		主要内容
概念		指以打骂、冻饿、禁闭、强迫过度劳动、有病不给治疗等方法，对共同生活的家庭成员从肉体、精神上肆意摧残、折磨，情节恶劣的行为[告诉才处理]
构成特征	客体	被害人的人身权利和家庭成员间的平等权利
	客观方面	对被害人的肉体或精神进行摧残、折磨，情节恶劣的行为。 虐待行为包括肉体摧残和精神折磨，可表现为作为或不作为
	主体	特殊主体，应是与被害人共同生活的同一家庭成员
	主观方面	故意

考点十五：其他常见罪名(见表 20－17)　★★

表 20－17　其他常见罪名

罪名	主要内容
负有照护职责人员性侵罪	指对已满 14 周岁不满 16 周岁的未成年女性负有监护、收养、看护、教育、医疗等特殊职责的人员，与该未成年女性发生性关系的行为
破坏选举罪	指在选举各级人大代表和国家机关领导人员时，以暴力、威胁、欺骗、贿赂、伪造选举文件、虚报选举票数等手段破坏选举或妨害选民和代表自由行使选举权和被选举权，情节严重的行为

20.2 考研真题与典型题详解

一、单项选择题

1. 甲某和乙某系男女朋友关系。甲某意图和乙某发生性关系，趁乙某不备，将事先购买的迷药放入乙某水杯中。乙某喝水后不久就开始意识模糊，甲某乘机与乙某发生了性关系。由于用药过量，在迷奸过程中，甲某发现乙某呼吸衰弱，并出现呕吐现象。甲某害怕，赶紧拨打120呼叫救护车。如果乙某喝下水后，意识到甲某下了药，在其意识模糊的时候为逃跑而跳窗，不幸坠楼身亡，则甲某的行为应认定为（　　）。［2024年法硕（法学、非法学）真题］

A. 强奸罪　　B. 故意杀人罪

C. 过失致人死亡罪　　D. 投放危险物质罪

【解析】AC两项，强奸罪，是指强奸妇女或奸淫幼女的行为。甲某为了实施强奸行为而将迷药放入乙某杯中，若乙某此时为了逃跑且因意识模糊而跳窗身亡，则甲某的下药迷奸行为与乙某的死亡结果有直接因果关系，不存在异常介入因素。因此，乙某的死亡结果归属于甲某的迷奸行为，即甲某构成强奸罪的结果加重犯，不构成过失致人死亡罪。

B项，甲某主观上没有杀人的故意，不构成故意杀人罪。

D项，甲某在乙某的水杯中投入迷药，不会危及公共安全，故不构成投放危险物质罪。

2. 甲因琐事将同事钱某打成轻伤，后无意中发现钱某身旁的背包中装有巨款，于是趁钱某不注意，将包拿走。甲的行为应认定为（　　）。［2023年法硕（非法学）真题］

A. 抢夺罪　　B. 故意伤害罪

C. 故意伤害罪和盗窃罪　　D. 故意伤害罪和侵占罪

【解析】根据《刑法》规定，故意伤害他人后，又临时起意取走他人财物的，应以故意伤害罪和盗窃罪两个罪名实行数罪并罚。甲因琐事将同事钱某打成轻伤，成立故意伤害罪；后趁钱某不注意将其包拿走，成立盗窃罪。甲所犯罪行是在先后两种不同的犯罪故意支配下实施的，彼此之间无牵连，结合关系，应分别定罪实行数罪并罚。

3. 甲为报复仇人高某，利用AI技术，将一段色情视频的表演者“换脸”为高某，并通过互联网发布，导致高某不堪受辱精神失常。甲的行为应认定为（　　）。［2022年法硕（法学、非法学）真题］

A. 侮辱罪　　B. 诽谤罪　　C. 报复陷害罪　　D. 传播淫秽物品罪

【解析】诽谤罪，是指故意捏造并散布某种虚假的事实，损害他人人格和名誉，情节严重的行为。甲将色情视频的表演换脸为乙属于捏造虚构的事实，将该视频通过互联网发布属于散布虚假事实；同时乙因该行为不堪受辱而精神失常，符合情节严重的要求，因此甲的行为构成诽谤罪。

A项，甲将视频换脸并在互联网上散布的行为不属于暴力或其他方法，不构成侮辱罪。

C项，甲并非国家工作人员，其行为也不是滥用职权实行报复陷害，不构成报复陷

1A　2C　3B

害罪。

D 项，甲主观上是为了报复乙，不以牟利为目的，不具有传播淫秽物品的故意，不构成传播淫秽物品罪。

4. 甲为索取赌债，扣押“赌友”李某数天。甲的行为应认定为(　　)。[2021 年法硕(非法学)真题]

A. 抢劫罪　　B. 敲诈勒索罪　　C. 绑架罪　　D. 非法拘禁罪

【解析】根据《刑法》第 238 条规定，为索取债务非法扣押、拘禁他人的，构成非法拘禁罪。“债务”包括合法债务和非法债务。本题中，甲为索取赌债，扣押李某，是为了索取债务非法扣押他人，成立非法拘禁罪。

5. 医生甲明知夏某不满 18 周岁，仍应夏某要求，摘取其左肾移植给自己的病人。卖肾所得 5 万元全部交给夏某。甲的行为应认定为(　　)。[2020 年法硕(非法学)真题]

A. 不构成犯罪　　B. 非法行医罪　　C. 非法经营罪　　D. 故意伤害罪

【解析】AD 两项，根据《刑法》第 234 条之一的规定，摘取不满 18 周岁的人的器官的，依照故意杀人罪或故意伤害罪定罪处罚。本题中，甲明知夏某不满 18 周岁，仍摘取其器官，构成故意伤害罪。

B 项，甲是医生，具有执业资格，不构成非法行医罪。

C 项，非法经营罪，是指行为人违反国家规定，非法进行经营活动，扰乱市场秩序，情节严重的行为。甲的行为涉及器官移植，不属于非法经营活动。

6. 下列选项中，应按故意杀人罪一罪定罪处罚的是(　　)。[2020 年法硕(法学)真题]

A. 甲为索取债务将孙某关在宾馆房间，其间多次毒打孙某致其死亡

B. 乙为勒索财物绑架钱某，从钱某家人处获得赎金后将钱某杀害

C. 丙为牟取暴利组织多人偷越国境，其间将被组织者吴某殴打致死

D. 丁为劫取财物杀死曹某，并按照计划将曹某驾驶的车辆变卖获利

【解析】A 项，犯非法拘禁罪，使用暴力致人伤残、死亡的，按照故意杀人罪、故意伤害罪定罪处罚。本题中，甲为索取债务将孙某关在宾馆房间属于非法拘禁，在此过程中使用暴力致人死亡，应按故意杀人罪定罪处罚。

B 项，构成绑架罪，杀害被绑架人的，按绑架罪一罪定罪处罚。乙为勒索财物绑架钱某构成绑架罪，其后杀害钱某，只定绑架罪一罪。

C 项，丙为牟取暴利组织多人偷越国境，其间将被组织者吴某殴打致死，因此应按组织他人偷越国(边)境罪和故意杀人罪数罪并罚。

D 项，抢劫致人重伤死亡的，按照抢劫罪定罪处罚。丁为劫取财物而故意杀人，属于抢劫致人死亡，因此应按抢劫罪定罪处罚。

7. 工休期间，建筑工人甲在工地上将与自己相互嬉闹的工友乙推倒，致乙跌落摔死。甲的行为应认定为(　　)。[2020 年法硕(法学、非法学)真题]

4D　5D　6A　7D

A. 意外事件　　B. 重大责任事故罪
C. 故意伤害罪　　D. 过失致人死亡罪

【解析】过失致人死亡罪，是指过失造成他人死亡的行为。本题中，甲与工友相互嬉闹致其死亡，其主观方面是过失，应认定为过失致人死亡罪。

A 项，本题中，甲与乙在工地上相互嬉戏并将乙推倒，甲应注意到其行为可能会致乙死亡，因此甲的行为不是意外事件。

B 项，甲、乙的相互嬉戏行为发生在工休期间，并非发生在生产、作业中，因此甲的行为不构成重大责任事故罪。

C 项，过失致人死亡罪与故意杀人罪区分的关键在于主观方面不同。本题中，甲主观上是过失，并非希望或放任乙的死亡，因此甲的行为不构成故意伤害罪。

二、多项选择题

1. 甲(男)在拐骗金某(女)的过程中，多次奸淫金某，后将其卖给乙。乙将金某锁在家中，几天后欲强行与其发生性关系，因金某激烈反抗而未得逞。对此，下列说法正确的有(　　)。[2023 年法硕(法学、非法学)真题]

A. 甲的行为应认定为拐卖妇女罪一罪

B. 甲的行为应认定为拐卖妇女罪和强奸罪，数罪并罚

C. 乙的行为应认定为收买被拐卖的妇女罪和非法拘禁罪，数罪并罚

D. 乙的行为应认定为收买被拐卖的妇女罪、非法拘禁罪和强奸罪(未遂)，数罪并罚

【解析】AB 两项，拐卖妇女、儿童罪，是指以出卖为目的，拐骗、绑架、收买、贩卖、接送、中转妇女、儿童的行为。甲以出卖为目的，拐骗妇女金某，并在拐骗过程中奸淫金某。根据司法解释，拐卖妇女过程中，奸淫被拐卖妇女的，只定拐卖妇女罪一罪。

CD 两项，乙收买被拐卖的妇女金某，同时限制其人身自由，并欲与金某强行发生性关系。收买被拐卖的妇女、儿童后有拘禁、伤害、杀害、虐待、侮辱、猥亵、强奸等行为的，应实行数罪并罚。非法拘禁罪，是指故意非法剥夺他人人身自由的行为。强奸罪，是指强奸妇女或者奸淫幼女的行为。故乙的行为应认定为收买被拐卖的妇女罪、非法拘禁罪和强奸罪(未遂)，数罪并罚。

2. 根据我国刑法规定，负有照护职责人员性侵罪中的照护职责包括(　　)。[2023 年法硕(法学、非法学)真题]

A. 监护职责　　B. 收养职责　　C. 看护职责　　D. 医疗职责

【解析】负有照护职责人员性侵罪，是指对已满 14 周岁不满 16 周岁的未成年女性负有监护、收养、看护、教育、医疗等职责的人员，与该未成年女性发生性关系的行为。

三、概念题

1. 负有照护职责人员性侵罪[武大 2022 年研；湖南师大 2022 年研]

答：负有照护职责人员性侵罪，是指对已满 14 周岁不满 16 周岁的未成年女性负有监

1AD　2ABCD

护、收养、看护、教育、医疗等特殊职责的人员，与该未成年女性发生性关系的行为。其构成特征有：①本罪的客体主要是被照护女性性的自决权和身心健康。②本罪在客观方面表现为利用照护职责所形成的影响力，与已满14周岁不满16周岁的未成年女性发生性关系的行为。③本罪的主体为特殊主体，即对该女性负有监护、收养、看护、教育、医疗等特殊职责的一般男性主体。④本罪主观上为直接故意，具有与未成年女性发生性关系的目的。

2. 强制猥亵、侮辱罪［暨南大学2016年研］

答：参见本章考点难点归纳相关内容。

3. 非法拘禁罪［人大2014年研；武大2014年研］

答：参见本章考点难点归纳相关内容。

4. 绑架罪［四川师大2018年研；武大2012年研；南开大学2011年研；西北政法2007年研］

答：参见本章考点难点归纳相关内容。

5. 拐卖儿童罪与拐骗儿童罪［武大2009年研］

答：(1)拐卖儿童罪，是指以出卖为目的，拐骗、绑架、收买、贩卖、接送、中转儿童的行为。

(2)拐骗儿童罪，是指采用蒙骗、利诱或其他方法，使不满14周岁的未成年人脱离家庭或监护人的行为。

(3)二者侵犯的都是他人的人身权利，都以儿童为对象，都可采用欺骗手段。

(4)二者的主要区别在于目的不同：拐卖儿童罪是以出卖为目的，贩卖牟利。而拐骗儿童罪不以出卖为目的，一般是为了供自己或他人收养、奴役。

6. 诬告陷害罪［武大2014年研；西北政法2007年研］

答：参见本章考点难点归纳相关内容。

7. 侮辱罪与诽谤罪［宁波大学2019年研］

答：(1)侮辱罪，是指使用暴力或其他方法，公然贬低他人人格，败坏他人名誉，情节严重的行为。

(2)诽谤罪，是指故意捏造并散布某种虚假的事实，损害他人人格和名誉，情节严重的行为。

(3)二者都是侵犯公民人格、名誉的行为，但存在较明显的区别：

①诽谤仅能以文字或口头形式实施；侮辱除文字、口头外，还可通过动作甚至暴力方式进行。

②诽谤需捏造并散布使人信以为真的虚假事实；侮辱内容既可是与被害人相关的真实情况，也可是无具体事实的贬损性言论。编造不足以让人信以为真的虚假故事损害他人人格、名誉的，同样构成侮辱罪。

8. 侵犯公民个人信息罪［广西民大 2024 年研］

答：参见本章考点难点归纳相关内容。

四、简答题

1. 简述强奸罪的客观方面及与通奸的区别。［武大 2009 年研］

答：（1）强奸罪的客观方面：

强奸罪，是指强奸妇女或奸淫幼女的行为。强奸罪的客观方面表现为行为人违背妇女意志，强行与其发生性交的行为或奸淫幼女的行为。其核心在于性行为未征得被害妇女同意，通常表现为行为人采取强制手段使妇女不能反抗、不敢反抗或不知反抗。强奸行为由强制行为和奸淫行为两部分组成，缺一不可。

①强制行为。指行为人采取暴力、胁迫或其他手段使被害妇女无法反抗。具体包括：

a. 暴力行为，指行为人对被害人使用有形打击力，如殴打、捆绑、按倒、掐脖子等。暴力需达到一定程度，以使被害人不能或不敢反抗。无形的精神强制（如威胁）不属于暴力，而属于胁迫。

b. 胁迫手段，指行为人对被害人进行精神强制，如以杀伤被害人或家属、揭发隐私、利用迷信邪说、教养关系等进行威胁，使被害人不敢反抗。

c. 其他手段：行为人利用被害妇女昏迷、熟睡、重病、醉酒、麻醉等无法反抗的状态实施奸淫，或冒充其丈夫、恋人等使其受蒙蔽。

②违背妇女意志。这是强奸罪的本质特征，表现为性行为未征得被害妇女同意。行为人通过强制手段使妇女处于不能反抗、不敢反抗或不知反抗的状态，从而实现奸淫目的。

③特殊情形。奸淫幼女或女精神病人，即使未使用强制手段，仍构成强奸罪。

（2）强奸罪与通奸的区别：

①主观方面不同。强奸罪的行为人具有强行发生性关系的故意，违背妇女意志。通奸双方为自愿发生性关系，不存在违背意志的情形。

②客观行为不同。强奸罪使用暴力、胁迫或其他手段强行发生性关系。通奸的双方基于自愿发生性关系，无强制行为。

③双方关系不同。强奸罪的行为人单方面强行实施，被害人处于被动地位。通奸的双方平等自愿，不存在强制或胁迫。

④法律性质不同。强奸罪为刑事犯罪，具有严重的社会危害性。通奸一般不构成犯罪，但可能违反道德或婚姻法。

⑤法律后果不同。强奸罪的行为人需承担刑事责任，刑罚较重。通奸通常不涉及刑事责任，但可能引发民事纠纷（如离婚、损害赔偿）。

综上，强奸罪的核心在于违背妇女意志，使用强制手段；通奸的核心在于双方自愿，无强制行为。

2. 绑架罪的犯罪构成。［上海交大 2024 年研］

相关试题：

（1）绑架罪的构成要件。［论述题，中国海大 2022 年研］

（2）试述绑架罪与非法拘禁罪、抢劫罪的异同。［论述题，暨南大学 2017 年研］

(3)简述绑架罪的行为类型。[武大2015年研]

(4)试论绑架罪的概念及构成要件。[论述题，武大2010年研]

答：(1)绑架罪的概念与构成特征，参见本章考点难点归纳相关内容。

(2)绑架罪、非法拘禁罪与抢劫罪的异同：

三罪均侵犯他人的人身自由权；均要求行为人具有故意的主观心态。其不同点有：

①犯罪目的不同。绑架罪以勒索财物或其他非法要求为目的。非法拘禁罪无特定目的，仅非法限制他人自由。抢劫罪以非法占有财物为目的。

②行为方式不同。绑架罪通常采用暴力、胁迫等手段控制被害人。非法拘禁罪通过强制手段限制他人自由。抢劫罪为当场使用暴力、胁迫等手段夺取财物。

③法律后果不同。绑架罪和抢劫罪的处罚较重，最高可至死刑。非法拘禁罪的处罚较轻，一般为3年以下有期徒刑。

综上，绑架罪与抢劫罪均涉及财物，但绑架罪更强调控制被害人以达成非法目的。非法拘禁罪则单纯限制人身自由，无特定目的。

3. 简述诬告陷害罪与诽谤罪的界限。[暨南大学2024年研]

答：参见本章考点难点归纳相关内容。

4. 简述诽谤罪的构成要件。[2013年法硕(非法学)真题]

答：参见本章考点难点归纳相关内容。

五、论述题

1. 试论刑讯逼供罪的概念与特征。[武大2005年研]

答：参见本章考点难点归纳相关内容。

2. 信息化时代，个人信息保护已成为人民群众最关心最直接最现实的利益问题之一。国家建立健全个人信息保护制度，预防和惩治侵害个人信息权益的行为。试述我国刑法分则保护公民个人信息的罪名体系。[2023年法硕(法学)真题]

答：近年来，我国数字经济飞速发展，老百姓的日常生活和数字紧密相连，数字经济涉及我们生活的方方面面。伴随着数字经济发展，国家对个人信息的保护愈加重视，相关立法也逐渐完善。

(1)我国刑法逐步完善了保护个人信息，打击和惩治侵害个人信息的法律规定，建立了相对完备的保护公民个人信息的罪名体系。公民个人信息是刑法保护的一个独立的法益，对于非法出售、提供、窃取或以其他方法侵害公民个人信息的行为，可以适用侵犯公民个人信息罪。

侵犯公民个人信息罪，是指违反国家有关规定，向他人出售或提供公民个人信息，情节严重的行为。违反国家有关规定，将在履行职责或提供服务过程中获得的公民个人信息，出售或提供给他人的，应从重处罚。其构成特征，参见本章考点难点归纳相关内容。

(2)公民个人信息与财产权、名誉权等权益有关。对采取技术手段非法侵入合法存储公民个人信息的单位数据库窃取公民个人信息的行为，可以适用非法获取计算机信息系统数据罪等相关罪名进行规制；对非法利用公民个人信息实施侵犯公民合法权利的行为，根据其行为性质，可以适用盗窃罪、诈骗罪、诽谤罪等罪名进行规制；对于单位或其管理者违反保护公民个人信息义务的行为，可以适用拒不履行信息网络安全管理义务罪、玩忽职守罪、滥用职权罪等罪名进行规制。

总之，我国刑法分则保护公民个人信息的罪名体系相对完备，对保护公民个人信息起到了重要的作用和保障。

六、案例分析题

1. 甲购买了一辆最新款电动车，心情很舒畅，于是在一个车友群里炫耀新车。群友乙对甲的这种行为很不满，于是在群里对甲进行各种冷嘲热讽。其他群友也加入乙的行列对甲进行嘲讽。甲非常生气，于是对乙说："你敢不敢跟我约架，咱们线下单挑？"乙欣然应允。第二天甲、乙来到约定的地点，多位群友也前来为乙助阵。甲、乙见面继续互相辱骂并发生了推搡。甲在此过程中掏出随身携带的小刀刺了乙两刀。乙应声倒地，由于失血过多死亡。[北大2025年研]

请分析甲的刑事责任。

答：甲的行为构成故意伤害罪(致人死亡)。具体分析如下：

(1)甲的行为性质及罪名认定：

故意伤害罪，是指故意非法损害他人身体健康的行为。甲在冲突中使用小刀刺伤乙，导致乙死亡，属于故意伤害行为。甲的主观心态为故意，明知持刀刺伤他人可能导致伤害甚至死亡，仍实施该行为。即甲的行为符合故意伤害罪的构成要件，且造成乙死亡，应认定为故意伤害罪(致人死亡)。

(2)量刑情节：

①从重情节：

a. 持械伤人。甲使用小刀作为凶器，手段较为恶劣。

b. 后果严重。乙因失血过多死亡，后果极其严重。

②从轻情节：

a. 被害人过错。乙主动参与约架并在冲突中推搡甲，存在一定过错。

b. 激情犯罪。甲因情绪激动实施伤害行为，主观恶性相对较小。

(3)排除其他罪名：

①故意杀人罪。甲无预谋杀人的故意，其行为目的是伤害而非杀害，故不构成故意杀人罪。

②过失致人死亡罪。甲持刀刺伤乙的行为具有明显的故意性，不构成过失犯罪。

综上，甲的行为构成故意伤害罪(致人死亡)，应根据《刑法》第234条规定，结合案件情节，判处10年以上有期徒刑、无期徒刑或者死刑。同时，法院在量刑时应考虑乙的过错及甲的激情犯罪情节，适当从轻处罚。

2. 甲为勒索钱财，意图绑架富商A之子B(5岁)。甲向乙、丙谎称富商A欠其100万元债务，指使二人实施绑架(甲未直接参与)，承诺事后支付10万元报酬。乙、丙遂将B扣押，后因甲无法联系富商A，关押3日后将其释放。甲指使乙、丙将B送回家，但B在独自返家途中意外溺水身亡。[中南财大2025年研]

问题：

(1)甲、乙、丙三人是否构成绑架罪的共同犯罪？请说明理由。

(2)甲构成绑架既遂还是未遂？请说明理由。

(3)对于B的死亡，甲是否需要承担绑架罪致人死亡的责任？请说明理由。

答：(1)甲、乙、丙三人构成绑架罪的共同犯罪。理由如下：

共同犯罪，是指二人以上共同故意犯罪。本案中，甲具有勒索财物的目的，通过虚构债务关系教唆乙、丙实施绑架，其主观上具有绑架故意，客观上引发实行行为。乙、丙在绑架故意支配下直接实施扣押行为，虽受欺骗但不影响绑架罪成立。三人存在意思联络(甲指使+乙、丙执行)，符合共同犯罪的构成要件。

(2)甲构成绑架既遂。理由如下：

绑架罪是行为犯，只要实际控制人质即既遂。本案中，乙、丙已成功扣押B达3日，犯罪构成要件已完成。根据《刑法》第239条规定，未取得赎金不影响既遂认定(不要求勒索目的实现)；且事后释放人质属规范量刑情节，不逆转既遂状态。即甲构成绑架既遂。

(3)甲不需要承担绑架罪致人死亡的责任。理由如下：

绑架罪致人死亡是指绑架行为本身导致被绑架人死亡，或在绑架过程中由于犯罪人的故意或过失行为导致被绑架人死亡。绑架致人死亡要求死亡结果与绑架行为有直接因果关系(如拘禁中虐待致死、故意杀害等)。本案中，B系被释放后因意外溺水死亡，已脱离绑架行为的实质危险范围。甲指使乙、丙送B回家时无法预见溺水结果，缺乏主观罪过。若甲未采取必要护送措施(如让幼童独自返家)，可能涉嫌过失致人死亡，但此与绑架罪结果加重犯无关。因此，甲不需要承担绑架罪致人死亡的责任。

3. 被告王某，男，38岁，复员军人，三等残疾。被告长期与女村民陈凤通奸。陈凤的丈夫李某(24岁，身强力壮)对其妻的不端行为有所觉察，曾捉奸未果。某日，大队放电影，李某发现其妻在开场后不久离开影院，于是偷偷跟踪其妻回到家中。到家后，李看到其妻与王某抱在一起，便从厨房里拿了一把菜刀。王某发现李持刀逼近，便从另外一个小门逃跑；李从后面一刀砍下来，不料砍在门框上。这时王某拼命逃跑，李持刀力追。追了约一千米左右，王知道无法再逃，便跳入池塘(该池塘水深25厘米，淤泥深20厘米)。李也跳入池塘，趁势又把王的手心砍伤。王某奋力夺刀，在此过程中，王的额头上又被李砍了两刀。由于用不上力，所砍两刀仍是轻伤。李杀王心切，最后一刀用力过猛；李身体失去平衡，面朝下扑倒在池塘里。王趁势用手在李的后脑上一压，然后爬上岸逃回家。第二天早上，有村民发现李面朝下死在池塘里。经法医鉴定：李心脏在收缩状态，肺扩张，支气管吸进泥水，系窒息而死。[暨南大学2024年研；华南理工2007年研]

问题：该案中李某、王某的行为性质如何认定？请说明理由。

答：(1)李某的行为构成故意杀人罪(未遂)，应承担相应的刑事责任。理由如下：

故意杀人罪，是指故意非法剥夺他人生命的行为。李某在发现其妻与王某通奸后，持刀追赶并多次砍击王某，意图致王某于死地。虽然最终未能成功杀害王某，但其行为已经符合故意杀人罪的构成要件，只是由于意志以外的原因未能得逞，因此应认定为故意杀人罪(未遂)。具体分析如下：

①主观方面。李某持刀追赶并多次砍击王某，表明其有杀人的故意。

②客观方面。李某持刀追赶并多次砍击王某，虽未造成致命伤害，但其行为具有直接指向王某生命法益的现实危险性。

③犯罪未遂。李某虽多次砍击王某，但最终未能致死，属于故意杀人罪的未遂。

(2)王某的行为构成正当防卫，不负刑事责任。理由如下：

正当防卫，是指为了使国家、公共利益、本人或他人的人身、财产和其他权利免受正在进行的不法侵害，而对不法侵害人实施的制止其不法侵害且未明显超过必要限度的行为。结合本案分析如下：

①防卫起因。王某面临李某持刀追赶并多次砍击的现实、紧迫的不法侵害。

②防卫时间。王某在不法侵害正在进行时采取防卫措施。

③防卫对象。王某的防卫行为针对的是不法侵害人李某。

④防卫意图。王某的防卫目的是为了保护自己的生命安全，而不是出于报复或其他非法目的。

⑤防卫限度。王某为保护自己的生命安全，奋力夺刀并在李某失去平衡后将其压入水中，未明显超过必要限度。

根据《刑法》第20条第3款规定，面对严重危及人身安全的暴力犯罪(如故意杀人)，采取防卫行为造成侵害人死亡的，属于特殊防卫，不负刑事责任。李某持刀追杀的行为已构成严重暴力犯罪，王某的防卫行为即便导致李某死亡，仍在正当防卫的限度内，属于特殊防卫，不负刑事责任。

4. 案情：秦某，男，1944年3月2日出生，残疾人，左眼失明、右手残疾、左腿残疾。2019年端午节这天，秦某开着日常谋生的电动三轮车，载着自己老婆宋某(1960年1月出生，双腿因小儿麻痹残疾)一起到县城江堤看赛龙舟。秦某将车在大堤上停好后，两人坐在车上观看赛龙舟。龙舟过身之后，宋某意犹未尽，要求秦某开着电动三轮车带自己去追龙舟。秦某遂下车步行推电动三轮车掉头，并示意宋某下车，宋某表示自己就不下车了，让秦某就这么推车掉头。秦某知道自己老婆双腿残疾，身体又比较胖，下车不方便，稍微犹豫了一下，也就没有坚持让宋某下车。在推车掉头过程中，秦某因一眼失明，判断失误，导致车头从堤面所铺设的一层沥青路面的路坎跌落，向堤坡下滑去，秦某拼命想拉住三轮车，但因手脚残疾，使不上力，导致三轮车迅速沿着堤坡跌落江中。秦某与周围群众立即下堤抢救，并拨打“110”“120”报警和求救，但宋某仍然溺水身亡。

事发后，交警出具的事故鉴定为秦某对宋某死亡结果负主要责任：死者宋某的三个弟弟凑钱帮助经济困难的秦某办理了丧事并且出具附有40余名村民签字盖印的刑事和解书。[湖南师大2023年研]

基于以上事实，请回答：

(1)秦某行为的定性是交通肇事还是过失致人死亡？为什么？

(2)秦某行为是否构成犯罪？为什么？

答：(1)秦某的行为应认定为过失致人死亡罪，而非交通肇事罪。理由如下：

①不构成交通肇事罪。从空间上看，交通肇事罪要求事故发生在允许社会机动车通行的公共交通管理范围内。秦某的电动三轮车在江堤上，江堤不属于这类区域，并非车辆正常行驶道路，不具有公共交通属性。从行为上看，秦某并非在正常驾驶过程中违反交通运

输管理法规导致事故，而是推车掉头时因自身残疾判断失误、控制不力导致悲剧，不存在违反交通运输管理法规的情况。

②构成过失致人死亡罪。过失致人死亡罪，是指过失造成他人死亡的行为。秦某在一只眼睛失明、手脚残疾的情况下，主观上应预见到推车掉头可能会因自身问题导致危险情况，但因疏忽大意未能预见或低估了风险，最终导致宋某溺水死亡。秦某的客观行为直接导致了宋某的死亡，符合过失致人死亡罪的行为特征。

(2)秦某的行为构成过失致人死亡罪，但量刑时可从轻或减轻处罚。理由如下：

①存在过失行为与危害结果。秦某明知自身身体残疾、行动不便，仍未坚持让宋某下车，导致在推车掉头时因判断失误和力量不足致使三轮车跌落江中，最终造成宋某溺水死亡。其过失行为与宋某的死亡之间存在直接因果关系。但秦某是为满足妻子愿望，无伤害恶意，主观恶性小。

②不存在违法阻却事由。本案中不存在正当防卫、紧急避险等违法阻却事由，秦某的行为不符合排除犯罪的法定情形。虽秦某身体残疾，事故发生后积极抢救并报警求救，且有家属的谅解和村民的刑事和解书，但这些只能作为量刑时从轻处罚的情节，而不能改变其行为构成犯罪的本质。

综上所述，秦某的行为构成过失致人死亡罪，但由于其身体残疾、主观过失程度较低、积极的救助行为、刑事和解等因素，可以从轻或减轻处罚。

5. 甲为索取赌债，伙同乙将王某关进地下室数天。其间，乙在甲的默许下多次对王某拳打脚踢，导致王某死亡。之后，乙按照甲的授意，与王某家人联系，谎称王某被绑架，要求王某家人支付巨额赎金。同时，乙以支付高额报酬为诱饵，唆使其表弟丙去王某家收取绑架赎金。王某家人报警后，警方设伏抓获收取赎金的丙，并在丙的带领下抓获甲、乙。[2021年法硕(法学)真题]

请根据上述材料，回答下列问题并说明理由：

(1)甲、乙、丙的行为性质应如何认定？

(2)甲、乙、丙具有哪些量刑情节？

答：(1)对甲、乙、丙的行为性质认定如下：

①甲为索取赌债，伙同乙将王某关进地下室，非法限制王某人身自由，与乙共同构成非法拘禁罪。非法拘禁罪，是指以拘押、禁闭或其他强制方法，非法剥夺他人人身自由的行为。

②在非法拘禁期间，乙使用暴力导致王某死亡，甲采取默认态度，甲、乙的行为应认定为故意杀人罪。故意杀人罪，是指故意非法剥夺他人生命的行为。

③甲、乙在王某已经死亡的情况下，虚构其被绑架的事实，向王某亲属勒索钱财，应认定为敲诈勒索罪。敲诈勒索罪，是指以非法占有为目的，采用对被害人实施暴力相威胁或其他要挟的方法，强行索取数额较大财物的行为。

④丙在明知他人实施绑架之后，仍去王家收取赎金，积极参与犯罪以获得非法利益，虽然与甲、乙在敲诈勒索罪的范围内成立共同犯罪，但应认定为绑架罪。绑架罪，是指勒索财物或其他目的，使用暴力、胁迫或其他方法，绑架他人的行为。

(2)①甲、乙：二人共同实施了故意杀人罪和敲诈勒索罪(未遂)，应进行数罪并罚。

对于未遂犯，可以比照既遂犯从轻或减轻处罚。在故意杀人罪中，甲、乙构成共同犯罪；在敲诈勒索罪中，甲、乙系主犯。

②丙：构成绑架罪（未遂），可以比照既遂犯从轻或减轻处罚。同时丙带领警察抓获甲、乙，具有重大立功情节。

6. 甲因故意伤害罪被判处二年有期徒刑。刑满释放后第二年，甲得知李某欠朋友乙 2 万元赌债，遂于一天夜晚，伙同乙将李某堵在某宾馆房间内。甲殴打李某致其轻伤，并索要“赌债”。李某表示自己没有带钱，乙威逼李某给家人打电话，要求李某告知家人送 3 万元现金急用。第二天上午 9 时，李某的家人送来 3 万元现金，之后甲将李某释放。[2018 年法硕（非法学）真题]

请根据上述材料，回答下列问题并说明理由：

（1）甲、乙的行为构成何罪？

（2）甲、乙具有哪些量刑情节？

答：（1）甲、乙的行为构成非法拘禁罪。具体分析如下：

非法拘禁罪，是指故意非法剥夺他人人身自由的行为。《最高人民法院关于对为索取法律不予保护的债务非法拘禁他人行为如何定罪问题的解释》指出，行为人为索取高利贷、赌债等法律不予保护的债务，非法扣押、拘禁他人的，依照非法拘禁罪定罪处罚。

本案中，甲、乙为索取赌债非法扣押李某，且索取的数额与所欠债务的数额之间差异不明显，根据有关司法解释，构成非法拘禁罪。二人具有共同的犯罪故意与犯罪行为，构成非法拘禁罪的共同犯罪。

（2）①甲的行为成立累犯。甲因故意犯罪被判处 2 年有期徒刑，刑满释放后不满 5 年，在非法拘禁过程中，殴打他人，应从重处罚；且属于在 5 年内再犯应判处有期徒刑以上的故意犯罪，符合累犯的成立条件。

②甲是主犯，乙是从犯。根据案情，甲在共同犯罪中起主要作用，是主犯；乙起次要作用，是从犯。我国《刑法》第 27 条规定，对于从犯，应当从轻、减轻处罚或者免除处罚。

7. 甲谎称邢某欠自己 20 万元货款未还，请乙帮忙“要账”。乙信以为真，答应帮忙。二人遂强行劫持了邢某，驾车将其带至外地一宾馆捆绑起来，由乙看管。甲背着乙将邢某随身佩戴的手表、项链、戒指等贵重物品搜走，并两次给邢某的妻子打电话，勒索人民币 20 万元，称不给钱就杀人。邢某趁甲不在告诉乙，自己并不欠甲一分钱，请求乙将自己放走。乙不相信，要邢某老实点，还抽了邢某一巴掌。[2016 年法硕（非法学）真题]

请根据上述案情，回答下列问题并说明理由：

（1）甲的行为应认定为何罪？

（2）乙的行为应认定为何罪？

（3）甲、乙的行为是否构成共同犯罪？

答：（1）甲的行为应认定为绑架罪。理由如下：

①客观方面，甲实施了劫持人质和勒索财物的行为。

②主观方面，甲主观上为故意，且具有勒索他人财物的目的。

③甲绑架邢某后搜走其财物，根据《关于审理抢劫、抢夺刑事案件适用法律若干问题的

意见》，绑架过程中又当场劫取被害人随身携带财物的，同时触犯绑架罪和抢劫两罪名，应择一重罪定罪处罚。甲的行为触犯绑架罪和抢劫罪两罪名，应按重罪(绑架罪)定罪处罚。

(2)乙的行为构成非法拘禁罪。理由如下：

①客观方面，乙实施了剥夺他人人身自由的行为。

②主观方面，乙剥夺他人自由是基于解决债务纠纷的目的，而不具有非法占有他人财物或勒索财物的意图。故乙不成立抢劫罪和绑架罪，仅构成非法拘禁罪。

(3)甲、乙二人仅构成非法拘禁罪的共同犯罪。

理由：共同犯罪，是指二人以上共同故意犯罪。共同犯罪既要求行为人有共同的犯罪行为，也要求行为人有共同的犯意。本案中，甲请求乙帮助自己限制邢某的人身自由，乙基于为甲追偿债务的目的答应帮助其限制邢某的人身自由，二人形成了限制邢某人身自由的合意，并且实施了限制人身自由的行为。甲勒索财物的行为超出了二人共同故意的范围，在此范围内二人并不构成共同犯罪。因此，甲、乙二人构成非法拘禁罪的共同犯罪，不构成绑架罪的共同犯罪。

第二十一章 侵犯财产罪

21.1 复习笔记

【知识框架(庖丁解牛)】

- 侵犯财产罪
  - 概述：概念、构成特征、种类
  - 分述
    - 占有型
      - 公然强取型犯罪
        - 抢劫罪
        - 抢夺罪
        - 聚众哄抢罪
        - 敲诈勒索罪
      - 秘密窃取型犯罪：盗窃罪
      - 骗取型犯罪：诈骗罪
      - 侵占型犯罪
        - 侵占罪
        - 职务侵占罪
        - 拒不支付劳动报酬罪
    - 挪用型：挪用资金罪、挪用特定款物罪
    - 毁损型：故意毁坏财物罪、破坏生产经营罪

【通关提要(提纲挈领)】

本章主要介绍侵犯财产罪，重点罪名较多，特别是占有型犯罪在理解和认定上有一定难度，需要重点掌握。学习时，可以通过对比各重点罪名间的异同来系统记忆，如侵占罪是“占有变所有”型犯罪，而盗窃罪、诈骗罪、抢夺罪、抢劫罪等都是转移占有型犯罪；又如盗窃罪是平和、秘密地转移财物，抢夺罪要求对物使用暴力，而抢劫罪中暴力进一步升级为对人暴力。本章各种题型都有可能考查，要熟记各重点罪名的构成特征以及此罪与彼罪的界限。

【考点难点归纳(厚积薄发)】

考点一：侵犯财产罪概述(见表21－1) ★★

表21－1 侵犯财产罪概述

要点	主要内容
概念	指故意非法占有、挪用、损毁公私财物的行为

续表

要点		主要内容
构成特征	客体	公私财产所有权[犯罪对象是公共财产和公民私人所有的财产]
	客观方面	实施各种法定的侵犯公私财产的行为[三类：非法占有、非法挪用和非法损毁公私财物]
	主体	①多为一般主体，即已满16周岁、具有刑事责任能力的自然人。已满14周岁不满16周岁的人犯抢劫罪，应负刑事责任。 ②少数是特殊主体，如挪用资金罪
	主观方面	故意[过失不能构成]
种类	①占有型，以非法占有为目的；②挪用型，以挪用为目的；③毁损型，以毁损财物为目的	

考点二：抢劫罪(见表21-2) ★★★★

表21-2 抢劫罪

要点		主要内容
概念	指以非法占有为目的，以暴力、胁迫或其他方法，当场强行劫取公私财物的行为	
构成特征	客体	公私财产所有权和人身权[不动产可能成为犯罪对象]
	客观方面	以暴力、胁迫或其他方法，当场强行劫取公私财物的行为[方法行为+目的行为]： ①暴力方法：对人身实施强烈的打击或强制。 ②胁迫方法：以当场实施暴力相威胁。 ③其他方法：如用酒灌醉、用药物麻醉等[不能、不知反抗]
	主体	一般主体，已满14周岁、具有刑事责任能力的自然人。 已满14周岁不满16周岁的人盗窃、诈骗、抢夺他人财物，为窝藏赃物、抗拒抓捕或毁灭罪证，当场使用暴力，故意伤害致人重伤或死亡，或故意杀人的，应分别以故意伤害罪或故意杀人罪定罪处罚
	主观方面	直接故意，且以非法占有为目的
特例	准抢劫罪或转化型抢劫罪，见表21-3	
认定	①与民事纠纷的界限：抢劫罪以非法占有为目的，民事纠纷无此目的。 ②与绑架罪的区别见表21-4	
既遂	具备劫取财物或造成他人轻伤以上后果之一的，均属抢劫既遂	
处罚	基本犯	处3年以上10年以下有期徒刑，并处罚金
	加重犯	有下列情形之一[加重情节]的，处10年以上有期徒刑、无期徒刑或死刑，并处罚金或没收财产：①入户抢劫的；②在公共交通工具上[正在运营中]抢劫的；③抢劫银行或其他金融机构的；④多次抢劫[3次以上]或抢劫数额巨大的；⑤抢劫致人重伤、死亡的；⑥冒充军警人员抢劫的；⑦持枪抢劫的；⑧抢劫军用物资或抢险、救灾、救济物资的

表21-3 准抢劫罪或转化型抢劫罪

要点	主要内容
概念	犯盗窃、诈骗、抢夺罪，为窝藏赃物、抗拒抓捕或毁灭罪证而当场使用暴力或以暴力相威胁的，以抢劫罪论处[转化型抢劫]

续表

要点		主要内容
构成条件	前提条件	实施了盗窃、诈骗、抢夺的犯罪行为
	客观条件	当场使用暴力或以暴力相威胁
	主观目的	窝藏赃物、抗拒抓捕或毁灭罪证

表 21－4　抢劫罪与绑架罪的区别

	抢劫罪	绑架罪
主观方面	故意非法占有他人财物	勒索他人财物或出于其他非经济目的
行为手段	当场劫取财物[当场性]	不要求当场劫取财物
犯罪对象	直接迫使被绑架人交付财物	向被绑架人的亲属或关系人勒索财物
罪数关系	绑架过程中又当场劫取被害人随身携带财物的，同时触犯绑架罪和抢劫罪，应择一重罪定罪处罚	

【真题链接】

(1)简述抢劫罪与绑架罪的区别。[简答题，湖南师大 2023 年研]

(2)试论转化型抢劫罪的构成条件。[论述题，暨南大学 2019 年研]

考点三：盗窃罪(见表 21－5)　★★★★

表 21－5　盗窃罪

要点		主要内容
概念		指以非法占有为目的，秘密窃取公私财物，数额较大，或多次盗窃、入户盗窃、携带凶器盗窃、扒窃公私财物的行为
构成特征	客体	公私财产所有权： ①盗窃罪的对象一般是动产，包括有体物和无体物。 ②盗窃信用卡并使用的，盗窃增值税专用发票或可用于骗取出口退税、抵扣税款的其他发票的，以盗窃罪论处
	客观方面	以秘密窃取的方法，将公私财物转移到自己的控制之下，并非法占有的行为
	主体	一般主体，即已满 16 周岁、具有刑事责任能力的自然人
	主观方面	直接故意，且以非法占有为目的
认定	数额较大	盗窃公私财物价值 1000 元至 3000 元以上，可按地区和情节调整
	多次盗窃	2 年内盗窃 3 次以上
	入户盗窃	非法进入供他人家庭生活、与外界相对隔离的住所盗窃
	携带凶器盗窃	携带枪支、爆炸物、管制刀具等国家禁止个人携带的器械盗窃，或为了实施违法犯罪携带其他足以危害他人人身安全的器械盗窃
	扒窃	在公共场所或公共交通工具上盗窃他人随身携带财物
既遂		以财物所有人或持有人对被盗财物失去控制为既遂标准

考点四：诈骗罪(见表 21－6)　★★★★

表 21－6　诈骗罪

要点		主要内容
概念		指以非法占有为目的，用虚构事实或隐瞒真相的方法，骗取公私财物，数额较大的行为
构成特征	客体	公私财产所有权[犯罪对象是各种财物，包括动产和不动产。用欺骗方法骗取其他非法利益的，不构成诈骗罪]
	客观方面	用虚构事实或隐瞒真相的方法，骗取公私财物，数额较大的行为： ①诈骗行为的最突出特点是，使被害人产生错误认识，以致“自觉”交付或放弃财物。诈骗手段包括：虚构事实、隐瞒真相。 ②数额较大。诈骗公私财物价值 3000 元至 1 万元以上、3 万元至 10 万元以上、50 万元以上的，应分别认定为“数额较大”“数额巨大”“数额特别巨大”
	主体	一般主体，即已满 16 周岁、具有刑事责任能力的自然人
	主观方面	直接故意，且以非法占有为目的
认定		诈骗未遂，以数额巨大的财物为诈骗目标的，或具有其他严重情节的，应定罪处罚。诈骗既有既遂，又有未遂，分别达到不同量刑幅度的，按处罚较重的规定处罚；达到同一量刑幅度的，以诈骗罪既遂处罚

考点五：抢夺罪(见表 21－7)　★★★★

表 21－7　抢夺罪

要点		主要内容
概念		指以非法占有为目的，公然夺取公私财物，数额较大或多次抢夺的行为
构成特征	客体	公私财物所有权[犯罪对象只能是动产、有形物]
	客观方面	公然夺取数额较大的公私财物的行为[是否乘人不备不影响]
	主体	一般主体，即已满 16 周岁、具有刑事责任能力的自然人
	主观方面	直接故意，且以非法占有为目的
认定		①与非罪的界限： a. “数额较大”，指抢夺公私财物价值 1000 元至 3000 元以上。 b. “多次抢夺”，一般是指 2 年内抢夺 3 次以上的情况 ②与抢劫罪的界限，见表 21－8

表 21－8　抢夺罪与抢劫罪的界限

		抢夺罪	抢劫罪
区别	客体	简单客体，即公私财产所有权	复杂客体，即公私财产所有权和他人的人身权利
	客观方面	①对物使用暴力；②单一行为：抢夺	①采取暴力、胁迫或其他手段迫使被害人交出或直接抢走财物；②复合行为
共同点		①行为人都公然夺取财物；②主观上为直接故意，且以非法占有为目的；③主体都是一般主体	
转化犯		携带凶器抢夺的，按抢劫罪的规定定罪处罚。 ①行为人随身携带国家禁止个人携带的器械以外的其他器械抢夺，但有证据证明该器械确实不是为了实施犯罪准备的，不以抢劫罪定罪。 ②行为人将随身携带凶器有意加以显示、能为被害人察觉到的，直接适用抢劫罪定罪处罚。 ③行为人携带凶器抢夺后，在逃跑过程中为窝藏赃物、抗拒抓捕或毁灭罪证而当场使用暴力或以暴力相威胁的，属于转化的抢劫罪	

【真题链接】抢夺罪与抢劫罪的界限。[论述题，广外2024年研]

考点六：侵占罪(见表21－9) ★★★

表21－9 侵占罪

要点		主要内容
概念		指以非法占有为目的，将代为保管的他人财物[普通侵占]或他人的遗忘物、埋藏物[侵占脱离占有物]非法占为己有，数额较大且拒不退还或拒不交出的行为
构成特征	客体	公私财产所有权
	客观方面	将代为保管的他人财物或他人的遗忘物、埋藏物非法占为己有，数额较大且拒不退还或拒不交出的行为[侵占行为的突出特点是：变合法占有为非法所有]
	主体	一般主体，即已满16周岁、具有刑事责任能力的自然人
	主观方面	直接故意，以非法占有为目的
认定		①与非罪的界限：借用特定物拒不退还构成侵占罪；借用种类物不构成犯罪。 ②既遂：以行为人表示拒绝退还或拒绝交出为标准[不存在未遂形态]
处罚		犯本罪，告诉的才处理

【真题链接】

(1)论侵占罪的概念与构成要件。[论述题，武大2015年研]

(2)盗窃罪和侵占罪的异同。[论述题，华南理工2022年研]

考点七：职务侵占罪(见表21－10) ★★★

表21－10 职务侵占罪

要点		主要内容
概念		指公司、企业或其他单位的工作人员，利用职务便利，将本单位财物非法占为己有，数额较大的行为
构成特征	客体	公司、企业或其他单位的财产所有权[单位财产权]
	客观方面	利用职务便利[主管、经手、管理单位财物]，将本单位财物非法占为己有，数额较大[6万元以上]的行为
	主体	特殊主体，限于公司、企业或其他单位的工作人员。 ①国有公司、企业或其他国有单位中从事公务的人员及其委派到非国有公司、企业及其他单位从事公务的人员有职务侵占行为的，按贪污罪定罪处罚。 ②对村民小组组长利用职务便利，将村民小组集体财产非法占为己有，数额较大的行为，应以职务侵占罪定罪处罚。 ③在国有资本控股、参股的股份有限公司中从事管理工作的人员，除受国家机关、国有公司、企业、事业单位委派从事公务的以外，不属于国家工作人员。对其利用职务便利，将本单位财物非法占为己有，数额较大的，应以职务侵占罪定罪处罚
	主观方面	直接故意
认定		职务侵占罪与盗窃罪、诈骗罪和侵占罪都以非法占有为目的，都侵犯公私财产权利，其区别见表21－11

表 21－11　职务侵占罪与盗窃罪、诈骗罪和侵占罪的区别

	职务侵占罪	盗窃罪、诈骗罪	侵占罪
对象	公司、企业或其他单位的财物	任何公私财物	代为保管的他人财物或遗忘物、埋藏物
客观行为	利用职务便利实施，行为方式包括窃取、骗取、侵吞等多种	与职务无关，行为方式分别只能是窃取或骗取	与职务无关，非法占有，拒不交出
主体	特殊主体	一般主体	一般主体

考点八：挪用资金罪(见表 21－12)　★★★

表 21－12　挪用资金罪

要点		主要内容
概念		指公司、企业或其他单位的工作人员，利用职务便利，挪用本单位资金归个人使用或借贷给他人，数额较大、超过 3 个月未还，或虽未超过 3 个月，但数额较大、进行营利活动，或进行非法活动的行为
构成特征	客体	公司、企业或其他单位的财产权[犯罪对象限于本单位资金，含尚未成立的公司资金]
	客观方面	利用职务便利，挪用本单位资金归个人使用或借贷给他人。挪用形式包括： ①挪用本单位资金，进行非法活动的[数额达到 6 万元]。 ②挪用本单位资金，数额较大[10 万元以上]，进行营利活动的。 ③挪用本单位资金，数额较大[10 万元以上]，超过 3 个月未还的
	主体	特殊主体，公司、企业或其他单位中从事一定管理性职务的人员[单纯劳务人员不构成]
	主观方面	直接故意，且以非法使用单位资金为目的
认定		①国有公司、企业或其他国有单位中从事公务的人员及其委派到非国有公司、企业以及其他单位从事公务的人员，利用职务之便挪用本单位财物的，应以挪用公款罪论处。 ②受国家机关、国有公司、企业、事业单位、人民团体委托，管理、经营国有财产的非国家工作人员，利用职务便利挪用国有资金归个人使用构成犯罪的，应以挪用资金罪定罪处罚。 ③与职务侵占罪的区别，见表 21－13
既遂		以行为人或他人对资金的实际控制为既遂标准

表 21－13　挪用资金罪与职务侵占罪的区别

	挪用资金罪	职务侵占罪
犯罪客体	本单位对财产的占有权、使用权和收益权[不含处分权]	单位财产的整体所有权
犯罪对象	资金	资金、其他具有经济价值的有形和无形财物
客观方面	规定较详细，不同挪用行为的定罪标准不同	只作出概括性规定，定罪以数额较大为标准
主观方面	暂时使用本单位财物	以非法占有为目的

考点九：敲诈勒索罪(见表 21－14)　★★★★

表 21－14　敲诈勒索罪

要点	主要内容
概念	指以非法占有为目的，以威胁或要挟的方法，强索公私财物，数额较大或多次敲诈勒索的行为

续表

要点	主要内容	
构成特征	客体	公私财产所有权[主要客体]+他人的人身权利或其他利益 [犯罪对象是公私财物，包括动产和不动产、生产和生活资料]
	客观方面	以威胁或要挟的方法，向公私财物的所有人或持有人强索财物的行为
	主体	一般主体，已满16周岁、具有刑事责任能力的自然人
	主观方面	直接故意，且有非法占有目的
认定	①与非罪的界限：敲诈勒索财物的数额较大或多次敲诈勒索。 ②与抢劫罪的区别见表21－15，与诈骗罪的区别见表21－16	

表21－15　敲诈勒索罪与抢劫罪的区别

	敲诈勒索罪	抢劫罪
威胁方式	当面、不当面或第三人转达等	须当面威胁
威胁实现时间	可当场或日后实现	须当场威胁
财物取得时间	当场或日后交付	须当场夺取或迫使立即交付

表21－16　敲诈勒索罪与诈骗罪的区别

	敲诈勒索罪	诈骗罪
犯罪客体	复杂客体，即公私财产所有权和公民人身权利或其他权益	单一客体，即公私财产所有权
客观方面	以威胁或要挟方法，迫使被害人因恐惧而被迫交付财物	以虚构事实或隐瞒真相的方法，使被害人受蒙蔽而自愿交付财物

【真题链接】

（1）简析敲诈勒索罪与抢劫罪的界限。[简答题，暨南大学2021年研]

（2）敲诈勒索罪及其犯罪构成。[简答题，广西民大2020年研]

考点十：其他常见罪名（见表21－17）★

表21－17　其他常见罪名

罪名	主要内容
故意毁坏财物罪	指故意非法地毁灭或损坏公私财物，数额较大或有其他严重情节的行为[无非法占有目的]
破坏生产经营罪	指由于泄愤报复或其他个人目的，毁坏机器设备、残害耕畜或以其他方法破坏生产经营的行为

21.2　考研真题与典型题详解

一、单项选择题

1．甲（15周岁）深夜闯入临街店铺意图行窃，被留下理货的店主（系聋哑人）发现。假设：甲抽下腰带将店主捆住，在店内翻找现金未果，悻悻离开。甲的行为属于（　　）。

1B

[2022 年法硕(法学、非法学)真题]

A. 实质数罪　　B. 犯罪未遂

C. 入户实施犯罪　　D. 携带凶器实施犯罪

【解析】B 项，抢劫罪，是指以非法占有为目的，以暴力、胁迫或其他方法，当场强行劫取公私财物的行为。甲将乙捆住，在店内翻找现金，成立抢劫罪。甲翻找现金未果，属于因犯罪分子意志以外的原因而未得逞的形态，即犯罪未遂。

A 项，甲用腰带将店主捆住是为了便于抢劫，该非法拘禁行为属于抢劫罪的手段行为，属于处断的一罪，而非实质数罪。

C 项，临街店铺为经营场所，而非用于日常生活起居的场所，不能认定为“户”。

D 项，腰带不属于“凶器”，甲的行为不构成携带凶器实施犯罪。

2. 甲某持刀抢劫出租车。出租车司机弃车逃跑并呼救，在逃跑途中不慎被其他车辆撞上，出租车司机当场身亡。甲某应认定为(　　)。[2024 年法硕(非法学)真题]

A. 抢劫罪(基本犯)

B. 以危险方法危害公共安全罪(未遂)

C. 抢劫罪(结果加重犯)

D. 故意伤害罪(既遂)

【解析】AC 两项，抢劫罪，是指以非法占有为目的，以暴力、胁迫或其他方法，当场强行劫取公私财物的行为。抢劫致人重伤或死亡属于抢劫罪的结果加重犯。对于加重结果，不要求犯罪人主观上有故意心理，只需要加重结果与抢劫行为具有刑法上的因果关系即可。本案中，持刀抢劫属于严重危及生命健康的暴力式犯罪，被害人出于求生欲望而逃跑实属本能反应，在逃跑过程中由于紧张而出现摔倒、被撞等情况，属于高概率事件，即正常介入因素，因此不会中断死亡结果和抢劫行为之间的因果关系。因此，行为人甲某要对被害人的死亡结果负责，甲属于抢劫致人死亡的结果加重犯。

B 项，甲持刀抢劫，仅对出租车司机造成了危害，主观上没有危害公共安全的故意，客观上也没有危害公共安全，不构成以危险方法危害公共安全罪。

D 项，甲以非法占有为目的持刀抢劫出租车，采用暴力、胁迫的方式强行劫取财物，成立抢劫罪。故意伤害罪，是指故意非法损害他人身体健康的行为。甲的行为不成立故意伤害罪。本题中虽有伤害的结果发生，但作为抢劫罪的行为方式被抢劫罪涵括，因此仅成立抢劫罪一罪。

3. 甲某潜入某服装设计公司，盗得笔记本电脑一台，以 3800 元出售。事后查明该电脑价值仅 3000 元，但该电脑内部安装了价值 3 万元的服装设计软件。甲某的盗窃数额应认定为(　　)。[2024 年法硕(非法学)真题]

A. 3000 元　　B. 3800 元　　C. 33000 元　　D. 33800 元

【解析】盗窃罪，是指以非法占有为目的，秘密窃取公私财物，数额较大，或多次盗窃、入户盗窃、携带凶器盗窃、扒窃公私财物的行为。盗窃数额应以被盗物品本身的价值作为

2C　3A

认定依据。被盗财物有有效价格证明的，根据有效价格证明认定；无有效价格证明，或根据价格证明认定盗窃数额明显不合理的，应按有关规定委托估价机构估价。同时实际损失大于盗窃金额的，可以作为量刑情节考虑。本案中，虽然电脑内还装有价值3万元的服装设计软件，给失主造成的损失大于盗窃数额，但这只是作为量刑情节考虑，并不能改变盗窃财物本身的数额。因此，应以笔记本电脑本身的价值3000元作为甲某的盗窃数额，3万元的软件损失可作为量刑情节考虑。

4. 甲某指使多人利用医保骗保购买高价药品并予以统一收购。甲某将收购的药品进行转售，获利数额特别巨大。甲某的行为构成（　　）。[2024年法硕（非法学）真题]

A. 诈骗罪　　B. 保险诈骗罪

C. 合同诈骗罪　　D. 掩饰、隐瞒犯罪所得罪

【解析】A项，根据《最高人民法院、最高人民检察院关于办理危害药品安全刑事案件适用法律若干问题的解释》第13条第1款规定，指使、教唆、授意他人利用医保骗保购买药品，进而非法收购、销售，符合刑法第266条规定的，以诈骗罪定罪处罚。本题中，甲某指使他人利用医保骗保购买高价药品，并不是为了治疗疾病，而是通过转售获利，使得国家医保资金受到损害，符合诈骗罪的构成要件。

B项，甲某欺骗的对象是医院而非保险公司，也没有虚构保险标的、制造保险事故，不符合保险诈骗罪的犯罪构成要件。

C项，甲某利用医保骗保，受骗的对象是医院，骗取的并非医院资金，而是国家用于医保的财政支出，不符合合同诈骗罪的犯罪构成要件。

D项，甲某指使多人利用医保骗保购买高价药品后进行转售，其收购和转售行为都是实施诈骗犯罪的组成部分，不单独定罪处罚。

5. 甲从竞争对手的网络店铺大量虚假购买商品，电商平台因此认定该店铺恶意刷单，并予以搜索降权处理，导致该店铺的产品难以被消费者检索到，造成经济损失35万余元。甲的行为应认定为（　　）。[2021年法硕（法学、非法学）真题]

A. 非法侵入计算机信息系统罪　　B. 损害商业信誉罪

C. 不构成犯罪　　D. 破坏生产经营罪

【解析】破坏生产经营罪，是指由于泄愤报复或其他个人目的，毁坏机器设备、残害耕畜或以其他方法破坏生产经营的行为。本题中，甲大量虚假购买商品，营造竞争对手店铺刷单的表象，主观上以报复和获利为目的，客观上导致竞争对手店铺的搜索降权，削减电商生产经营的规模，致使其店铺的产品难以被消费者检索到，无法正常生产经营，损失35万元。因此甲的行为构成破坏生产经营罪。

二、多项选择题

1. 下列选项中，应认定为诈骗罪的有（　　）。[2017年法硕（法学、非法学）真题]

A. 甲伪造名画，冒充真迹卖给他人

B. 乙设立赌博网站，招揽小学生参与赌博

4A　5D　|　1AC

C. 丙用冰糖冒充冰毒卖给他人，获利4000元

D. 丁用短信将邻居从家中骗出，趁机进入邻居家拿走1万元现金

【解析】诈骗罪，是指以非法占有为目的，用虚构事实或隐瞒真相的方法，骗取公私财物，数额较大的行为。A项，甲伪造名画出售，虚构事实，骗取他人财物的数额较大，构成诈骗罪。C项，丙虚构冰糖为冰毒的事实，骗取他人财物的数额较大，构成诈骗罪。

B项，设立赌博网站的行为成立开设赌场罪，不成立诈骗罪。

D项，丁以非法占有为目的入户盗窃，构成盗窃罪。盗窃罪与诈骗罪的关键区别在于被害人是否基于错误认识而处分财产。本题中，邻居并没有处分财产的行为，丁不成立诈骗罪。

2. 下列选项中，应以故意毁坏财物罪定罪处罚的有（　　）。[2016年法硕(非法学)真题]

A. 甲发现所盗手表是仿制品，将其丢弃

B. 乙偷开朋友的摩托车，导致车辆丢失

C. 丙为泄愤，将多辆大货车中的柴油偷偷放掉

D. 丁到某办公室盗窃时未发现现金，遂砸毁办公室内多台电脑

【解析】故意毁坏财物罪，是指故意非法地毁灭或损坏公私财物，数额较大或有其他严重情节的行为。

A项，甲将所盗手表丢弃，属于盗窃罪的不可罚的事后行为。不论甲是将其丢弃，还是出售、毁灭，都不再另外成立他罪，只以盗窃罪定罪处罚。

B项，故意毁坏财物罪属于故意犯罪，乙只有偷开摩托车的故意，没有毁坏财物的故意。乙因过失导致车辆丢失，不成立故意毁坏财物罪。

C项，丙故意将柴油偷偷放掉，造成柴油所有人所有物的毁灭，成立故意毁坏财物罪。

D项，丁不以占有为目的故意砸毁电脑，构成故意毁坏财物罪。

三、概念题

1. 抢劫罪与抢夺罪[武大2004年研]

相关试题：抢劫罪[武大2013年研；人大2006年研]、**抢夺罪**[人大2003年研]

答：参见本章考点难点归纳相关内容。

2. 诈骗罪[武大2022年研；人大2006年研]

答：参见本章考点难点归纳相关内容。

3. 侵占罪与职务侵占罪[武大2009年研]

相关试题：

(1)侵占罪[杭州师大2020年研；中南大学2019年研；烟台大学2019年研；四川师大2018年研；武大2015年研；中山大学2014年研；人大2008年研]

(2)职务侵占罪[广西民大2022年研；人大2015年研]

答：参见本章考点难点归纳相关内容。

2CD

4. 敲诈勒索罪与抢劫罪［武大2011年研］、**敲诈勒索罪**［武大2014年研］

答：参见本章考点难点归纳相关内容。

四、简答题

1. 简述转化型抢劫罪的成立条件。［武大2014年研；2007年法硕真题］

相关试题：试论转化型抢劫罪的构成条件。［论述题，暨南大学2019年研］

答：《刑法》第269条规定，犯盗窃、诈骗、抢夺罪，为窝藏赃物、抗拒抓捕或毁灭罪证而当场使用暴力或以暴力相威胁的，依照抢劫罪的规定定罪处罚。这种犯罪通常在理论上被称为准抢劫罪或转化型抢劫罪。转化型抢劫罪的构成条件有：

（1）前提条件：实施了盗窃、诈骗、抢夺的犯罪行为。主要是指行为人已经着手实施盗窃、诈骗、抢夺行为，而不论盗窃、诈骗、抢夺行为是否既遂。

（2）客观条件：当场实施暴力或以暴力相威胁。当场是指实施盗窃、诈骗、抢夺罪的现场，或刚一逃离现场即被人发现和追捕的过程中。暴力或以暴力相威胁，是指当场对被害人或其他抓捕人的身体实施打击或强制，或以当场实施打击或强制相威胁。

（3）主观条件是直接故意，目的是窝藏赃物、抗拒抓捕或毁灭罪证。

①窝藏赃物，是指防护已经到手的赃物不被追回。

②抗拒抓捕，是指抗拒公安机关或任何公民，特别是失主的抓捕、扭送。

③毁灭罪证，是指毁灭作案现场遗留的痕迹、物品等以免被采取成为罪证。

不是出于上述目的而对他人实施暴力或以暴力相威胁的，不构成准抢劫罪。

2. 举例简述盗窃罪、诈骗罪、侵占罪之间的区别。［西安交大2008年研］

相关试题：

（1）盗窃罪和侵占罪的异同。［华南理工2022年研；西北政法2007年研］

（2）简述盗窃罪与诈骗罪的区别。［武大2015年研］

（3）侵占罪和盗窃罪的区别有哪些？［北大2013年研］

答：（1）三者的概念：

①盗窃罪，是指以非法占有为目的，窃取公私财物数额较大，或多次盗窃、入户盗窃、携带凶器盗窃、扒窃的行为。其既遂标准是，取得实际控制。

②诈骗罪，是指以非法占有为目的，使用虚构事实或隐瞒真相的方法，骗取数额较大的公私财物的行为。

③侵占罪，是指以非法占有为目的，将代为保管的他人财物、遗忘物或埋藏物非法占为己有，数额较大，拒不交还的行为。

（2）三者的区别（见表21－18）：

表21－18　盗窃罪、诈骗罪和侵占罪的区别

	盗窃罪	诈骗罪	侵占罪
行为方式	秘密窃取：行为人以非法占有为目的，秘密转移他人财物	欺骗手段：行为人通过虚构事实或隐瞒真相，使被害人基于错误认识自愿交付财物	合法占有后非法据为己有：行为人将合法占有的他人财物非法据为己有

续表

	盗窃罪	诈骗罪	侵占罪
财物控制状态	财物始终处于被害人控制下，行为人通过秘密手段取得	财物通过被害人自愿主动交付转移至行为人控制下	财物在行为前已由行为人合法控制
典型行为	如扒窃、入室盗窃等[偷拿]	如虚构投资项目、冒充熟人借钱等[骗来]	如将代为保管的他人财物据为己有[赖账不还]

(3)易混淆情形辨析：

①盗窃罪与诈骗罪，其区别在于财物的转移方式。盗窃罪是秘密窃取，诈骗罪是被害人基于错误认识自愿交付。例如，甲谎称自己是快递员，乙信以为真将包裹交给甲，甲趁机拿走包裹，构成诈骗罪；若甲趁乙不注意直接拿走包裹，则构成盗窃罪。

②侵占罪与盗窃罪、诈骗罪，其区别在于行为人是否已合法占有财物。侵占罪的前提是行为人已合法占有财物，而盗窃罪和诈骗罪中行为人最初并未合法占有财物。例如，甲将乙委托其保管的财物据为己有，构成侵占罪；若甲从未合法占有该财物，而是通过秘密手段取得则构成盗窃罪，如通过欺骗手段取得则构成诈骗罪。

3. 敲诈勒索罪及其犯罪构成。[广西民大2020年研]

答：参见本章考点难点归纳相关内容。

五、论述题

1. 试论抢劫罪的概念、特征及其与敲诈勒索罪、绑架罪的界限。[西北政法2005年研]

相关试题：

(1)简述抢劫罪与绑架罪的区别。[简答题，湖南师大2023年研]

(2)简析敲诈勒索罪与抢劫罪的界限。[简答题，暨南大学2021年研]

(3)简述抢劫罪与敲诈勒索罪的区别。[简答题，中财2011年研；中南财大2010年研]

(4)绑架罪和抢劫罪的区别和联系。[简答题，人大2010年研；吉林大学2007年研]

答：(1)抢劫罪，是指以非法占有为目的，以暴力、胁迫或其他方法，当场强行劫取公私财物的行为。其构成特征有：

①本罪的客体为复杂客体，包括公私财产所有权和人身权。我国《刑法》规定，抢劫罪的对象是公私财物。在司法实践中，抢劫对象通常为有形动产，但不宜将不动产一概排除在抢劫罪的对象之外。

②本罪在客观方面表现为以暴力、胁迫或其他方法，当场强行劫取公私财物的行为。抢劫罪的方法行为包括：

a. 暴力方法。暴力，是指具有攻击性的强烈行动，包括对人身和财物的暴力。抢劫罪中的暴力主要是对人身实施打击或强制，如殴打、捆绑、伤害等，使被害人不能或不敢反抗，且暴力与非法占有财物存在主客观特定联系。

b. 胁迫方法。指行为人为当场非法占有财物，以当场实施暴力相威胁，使被害人不敢反抗。胁迫内容是立即实施暴力，方式包括语言、动作等。胁迫方法以立即实施暴力相威胁，目的是当场夺取财物。

c．其他方法。指采用暴力、胁迫之外的方法使被害人处于不能反抗或不知反抗状态。典型的有用酒灌醉、用药物麻醉等。

③本罪的主体是一般主体。根据《刑法》第17条第2款规定，已满14周岁不满16周岁的人犯抢劫罪的，应负刑事责任。

④本罪的主观方面为直接故意，且以非法占有公私财物为目的。

(2)抢劫罪与敲诈勒索罪的界限，参见本章考点难点归纳相关内容。

(3)抢劫罪与绑架罪的界限，参见本章考点难点归纳相关内容。

2．抢夺罪与抢劫罪的界限。[广外2024年研]

答：参见本章考点难点归纳相关内容。

3．论侵占罪的概念与构成要件。[武大2015年研]

答：参见本章考点难点归纳相关内容。

六、案例分析题

1．案情：张某趁人午休时，撬锁潜入了李某家中想要盗取钱物。张某翻箱倒柜时惊醒了正在午睡的李某。由于李某生病在床且胆小，遂不敢阻挠张某的行为，只能躺在床上请求张某不要拿走自己的钱物，但张某仍从柜子中搜出并拿走了现金1万元。[湖南师大2024年研]

问：

(1)如果认为张某的行为成立抢夺罪，应如何论证？

(2)如果认为张某的行为成立盗窃罪，应如何论证？

(3)你个人更倾向于哪种观点？为什么？

答：(1)若认定张某的行为构成抢夺罪，应论证如下：

抢夺罪，是指以非法占有为目的，公然夺取公私财物，数额较大或多次抢夺的行为。本案中，张某趁李某午休时撬锁潜入其家中，翻箱倒柜时惊醒了李某。虽然李某因生病在床且胆小而不敢阻挠，但张某的行为是在李某的视线范围内公然进行的。

①主观方面。张某主观上为直接故意，且具有非法占有他人财物的目的。

②客观方面。张某在李某的视线范围内，公然搜取并拿走了现金1万元，符合抢夺罪中的"公然夺取"的特征，且达到"数额较大"的标准。

综上，可以认为张某的行为构成抢夺罪。

(2)若认定张某的行为构成盗窃罪，应论证如下：

盗窃罪，是指以非法占有为目的，秘密窃取公私财物，数额较大，或多次盗窃、入户盗窃、携带凶器盗窃、扒窃公私财物的行为。本案中，张某趁李某午休时撬锁潜入其家中，翻箱倒柜时虽然惊醒了李某，但张某的行为仍然是在李某不知情的情况下开始的，且李某因生病在床且胆小而未采取任何实际阻挠措施。

①主观方面。张某具有非法占有他人财物的目的。

②客观方面。张某通过撬锁的方式进入李某家中，秘密地翻箱倒柜并搜取现金1万元，符合盗窃罪中的"秘密窃取"的特征，属于入户盗窃且数额较大。

因此，可以认为张某的行为构成盗窃罪。

(3)个人更倾向于认为张某的行为构成盗窃罪。理由如下：

①行为本质。张某以秘密入户方式开启犯罪，李某醒来未改变其行为的秘密性与平和性，未实施暴力、胁迫手段，更符合盗窃本质。且张某的行为从撬锁潜入到搜取财物是一系列连续的行为，不应因李某醒来而改变其行为的性质；整个过程中，张某的行为始终具有秘密窃取的特征。

②对比抢夺罪。抢夺罪强调公然、强力夺取财物，张某行为无明显公然夺取和强力特征，与抢夺罪行为模式不符。

③刑法规定考量。刑法对入户盗窃有特别规定，其社会危害性大。张某入户盗窃且数额较大，认定为盗窃罪能准确体现其行为性质与危害程度，符合罪责刑相适应原则。

综上所述，张某的行为更符合盗窃罪的构成要件，应以盗窃罪追究其刑事责任。

2. 李某纠结张某、王某，多次在北京市主干道以及部分高速公路上，寻找外地进京的中高档轿车并尾随其后；当前车正常变道时，突然加速撞向前车侧后方，造成前车变更车道未让借道车道内车辆先行的假象；故意制造对方负全责的交通事故220余次，并以此向对方要挟甚至威胁，索要钱财，非法获利51万余元。[暨南大学2024年研]

问题：李某等人的行为如何定性？请说明理由。

答：李某等人的行为分别构成敲诈勒索罪、诈骗罪和以危险方法危害公共安全罪。具体分析如下：

(1)敲诈勒索罪：

理由：敲诈勒索罪，是指以非法占有为目的，对被害人使用威胁或要挟的方法，强行索取公私财物的行为。本案中，主观上，李某等人具有非法占有他人财物的目的；客观上，李某等人通过故意制造交通事故的方式进行要挟和威胁，并向对方索要钱财，非法获利51万余元，达到了“数额巨大”的标准。这种行为符合敲诈勒索罪的构成要件。

(2)诈骗罪：

理由：诈骗罪，是指以非法占有为目的，用虚构事实或隐瞒真相的方法，骗取数额较大的公私财物的行为。本案中，李某等人通过虚构事实（故意制造事故）和隐瞒真相（隐瞒自己故意制造事故的事实），使对方基于错误认识而交付财物，非法获利51万余元，达到了“数额巨大”的标准。这种行为符合诈骗罪的构成要件。

(3)以危险方法危害公共安全罪：

理由：以危险方法危害公共安全罪，是指故意使用放火、决水、爆炸以及投放毒害性、放射性、传染病病原体等物质或其他危险方法危害公共安全的行为。本案中，李某等人多次在主干道及高速公路上故意制造交通事故，这些行为不仅危及被撞车辆驾驶员的人身安全，还可能危及其他道路上行驶的车辆和行人的安全，造成严重的公共安全隐患。这种行为属于以其他危险方法危害公共安全的行为。因此，李某等人的行为构成以危险方法危害公共安全罪。

综上所述，李某等人的行为同时构成诈骗罪、敲诈勒索罪和以危险方法危害公共安全罪，属于想象竞合犯。想象竞合犯的处理原则是从一重罪论处。在这三个罪名中，以危险方法危害公共安全罪通常被认为是性质较为严重的犯罪，其法定刑在整体上更能体现对李某等人行为严重危害性的惩处。所以，一般情况下应以以危险方法危害公共安全罪来定罪量刑，但在具体量刑过程中，会综合考虑敲诈勒索和诈骗的犯罪情节等诸多因素，以确保罪责刑相适应。

3. 案情：刘某因没有收入来源，以虚假身份证明骗领了一张信用卡，使用该卡从商场购物10余次，金额达4万余元，从未还款。(事实一)

刘某在市场购物时因物品价格与李某发生争执。刘某恼羞成怒，长时间紧勒住李某脖子，致李某窒息身亡。(事实二)

刘某将李某尸体拖入树林，准备逃跑时忽然看到李某身有财物，遂拿走李某手机、现金等物，价值1万余元。(事实三)

刘某在手机中查到李某丈夫赵某手机号，以李某被绑架为名，发短信要求赵某交20万元“安全费”。由于赵某及时报案，陈某未得逞。(事实四)

刘某逃至外地。几日后，走投无路向公安机关投案，如实交代了上述事实二与事实四。(事实五)

问题：［湖南师大2022年研］

(1)对事实一、事实二、事实三、事实四如何定罪？为什么？

(2)事实五是否成立自首？为什么？

答：(1)各事实的定罪及理由如下：

①事实一中，刘某构成信用卡诈骗罪。

理由：根据《刑法》第196条规定，使用以虚假的身份证明骗领的信用卡进行诈骗活动，数额较大的行为构成信用卡诈骗罪。刘某以虚假身份证明骗领信用卡，并使用该卡购物消费达4万余元，且从未还款，其行为符合信用卡诈骗罪的构成要件。

②事实二中，刘某构成故意杀人罪。

理由：根据《刑法》第232条规定，故意非法剥夺他人生命的行为构成故意杀人罪。刘某因与李某发生争执，恼羞成怒之下长时间紧勒李某脖子，致其窒息身亡，其主观上具有非法剥夺他人生命的故意，客观上实施了导致李某死亡的行为，符合故意杀人罪的构成要件。

③事实三中，刘某构成盗窃罪。

理由：根据《刑法》第264条规定，以非法占有为目的，盗窃公私财物，数额较大的行为构成盗窃罪。刘某在李某死亡后，以非法占有为目的，秘密窃取李某的手机、现金等财物，价值1万余元，其行为符合盗窃罪的构成要件。此时李某已死亡，不存在对财物的占有和支配意思，其行为不属于抢劫罪中的“强取财物”，而是符合盗窃罪秘密窃取的特征。

④事实四中，刘某构成敲诈勒索罪(未遂)。

理由：《刑法》第274条规定，敲诈勒索公私财物，数额较大或多次敲诈勒索的构成敲诈勒索罪。刘某以李某被绑架为名，向其丈夫赵某发短信索要20万元“安全费”，主观上有非法占有赵某财物的故意，客观上实施了以威胁、要挟手段迫使赵某交付财物的行为，符合敲诈勒索罪的构成要件。但因赵某及时报案，刘某未能实际取得财物。根据《刑法》第23条规定，已着手实行犯罪，由于犯罪分子意志以外的原因未得逞的是犯罪未遂。故刘某的行为属于敲诈勒索罪的未遂。

(2)事实五中，刘某对事实二和事实四成立自首。

理由：《刑法》第67条规定，犯罪以后自动投案，如实供述自己罪行的是自首。刘某走投无路向公安机关投案，如实交代了事实二的故意杀人行为和事实四的敲诈勒索行为，符合自首的构成要件。虽然刘某可能是因走投无路才投案，但不影响其自动投案的成立，只要其如实供述了相关犯罪事实，就可以认定为自首。综上，刘某的行为符合自首的构成要件，应认定为自首。

4. 甲女到前男友陈某家向其索要天价“青春损失费”。陈某明确拒绝并表示“青春损失费”不受法律保护，且双方恋爱期间彼此都是真心投入感情。甲女不满，趁陈某上厕所期间将其反锁在卫生间内，同时给自己的朋友乙打电话请求帮忙。乙系甲女异性发小，得知此事后，对于甲女表示同情。三日后，乙从外地赶到陈某家中，要求其立即向甲女支付“青春损失费”，且乙狠狠踢了陈某腹部一脚，陈某告知肚子痛并开始呕吐。甲女见势不妙，赶紧将陈某送到当地医院后偷偷离开，陈某经医院抢救无效死亡。经查，陈某患有肝癌晚期，陈某死因系肝部肿瘤在外力作用下破裂引发休克死亡。乙因犯交通肇事罪被判处拘役，正处于缓刑考验期。[2024年法硕(法学)真题]

请根据上述材料，从公诉人视角分析以下意见是否成立，并说明理由。

(1)甲的辩护人提出，甲的行为属于索取正当债务，不构成犯罪。

(2)甲的辩护人提出，甲的行为即使成立犯罪，也是犯罪中止。

(3)乙的辩护人提出，乙的行为与陈某的死亡结果之间不存在刑法上的因果关系。

(4)乙的辩护人提出，乙即使成立犯罪也不构成累犯。

答：从公诉人视角分析题中意见是否成立及其理由如下：

辩护意见(1)不成立，甲构成抢劫罪。

理由：虽然刑法规定，为索债而非法扣押、拘禁他人的，构成非法拘禁罪，但其中的债务必须是双方承认的(包括合法之债和非法之债)。也因此，该索债行为才属于“事出有因”，行为人主观恶性和行为性质的危害性较低，构成较轻的非法拘禁罪。但在本案中，甲单方面向前男友索要的是不受法律保护的“青春损失费”，这属于单方主张之债，并不是双方认可的债务，所以不属于非法拘禁罪中债务的含义，因而甲不能构成非法拘禁罪。同时甲、乙通过拘禁、暴力殴打等方式进行强行“索要”钱财，该行为达到了足以压制被害人反抗的程度，应认定二人构成抢劫罪。

辩护意见(2)不成立，甲属于犯罪既遂，而非犯罪中止。

理由：甲、乙成立抢劫罪共犯。乙所实施的暴力踢踹行为直接导致被害人肿瘤被踢破而死。虽然被害人存在特殊体质，但不足以阻止刑法上的因果关系。同时，作为一般人也能认识到朝着他人腹部踢踹是有可能造成相应伤亡结果的，因此二人即使不存在故意的主观罪过，但也具备过失。虽然甲将陈某送到当地医院，但并未阻却陈某死亡这一危害后果的发生。以上行为结合抢劫罪的行为定性，甲、乙二人应成立抢劫致人死亡的结果加重犯(对死亡是过失心态)，不成立犯罪中止。

辩护意见(3)不成立，乙的行为与陈某的死亡结果之间存在刑法上的因果关系。

理由：乙踢陈某腹部的行为导致陈某肝部肿瘤破裂，引发休克死亡，乙的行为与陈某的死亡结果之间具有直接因果关系。且陈某患肝癌属于被害人特殊体质，该特殊体质不是介入因素而是在加害行为实施前就属于被害人既有身体状况的一部分，因此不中断该因果关系。

辩护意见(4)成立。

理由：累犯，是指被判处有期徒刑以上刑罚并在刑罚执行完毕或赦免以后，在5年以内再犯应判处有期徒刑以上刑罚之罪的犯罪分子。一般累犯要求前罪与后罪都是故意犯罪，前罪被判处有期徒刑以上刑罚，后罪应被判处有期徒刑以上刑罚。乙因交通肇事罪被判处拘役，前犯未被判处有期徒刑以上刑罚，且该罪属于过失犯罪，故乙不构成累犯。

5. 2022年6月14日，甲、乙商量“搞点钱”。当晚，二人守在路旁，见张某独自走来，甲上前把张某按在地上，乙翻找张某的财物，找到一张银行卡。甲让张某说出银行卡密码，张某不说。甲于是殴打张某，致其昏迷。二人以为张某已死，心生惧怕。乙提议自首，甲表示反对，并要将张某扔进附近湖中；乙生气道“那我不管了”，转身离开。甲将张某拖至湖边，发现张某尚有呼吸，因害怕事情败露，便将张某扔进湖中。次日晨，甲看到张某的银行卡背面写有6个数字，遂前往银行，在ATM机上成功取出现金2万元。

数日后，张某的尸体被人发现。经鉴定，张某身上有多处伤痕，但系溺水而死。经查，甲曾因犯盗窃罪被判处3年有期徒刑，于2017年8月15日刑满释放。[2023年法硕(非法学)真题]

请根据上述材料，分析对甲、乙应如何定罪处罚。

答：(1)甲、乙共谋并共同实施暴力，抢得银行卡并使用，构成抢劫罪(既遂)。甲、乙成立共同犯罪，均系主犯。

抢劫罪，是指以非法占有为目的，以暴力、胁迫或其他方法，强行劫取公私财物的行为。共同犯罪，是指二人以上共同故意犯罪。具体分析如下：

①在主体方面，甲、乙共同实施了抢劫张某银行卡的行为，满足二人以上的犯罪主体要求。

②在客观方面，共同犯罪的成立要求具有共同犯罪的行为。本案中，甲、乙二人的犯罪指向抢劫银行卡财物这一个目标，双方的行为之间也形成了相互配合和联系的状态，符合抢劫罪共同犯罪的客观要件。同时甲、乙事实上已经共同占有了张某的银行卡，抢劫罪的共同犯罪已既遂。

③在主观方面，甲、乙基于非法占有目的，当场对张某使用暴力并成功劫取一张信用卡，且次日甲使用该信用卡取款2万元，二人具有共同犯罪的故意。

综上，甲、乙成立抢劫罪的共同犯罪，是共同实行犯。根据共同犯罪中“部分行为全部责任”的原则，甲、乙抢劫罪的数额均为2万元。

(2)甲明知张某并未死亡仍将其扔进湖中，构成故意杀人罪。甲的行为应认定为抢劫罪和故意杀人罪，数罪并罚。

(3)甲因犯盗窃罪被判处3年有期徒刑，在刑罚执行完毕后5年内故意再犯应判处有期徒刑以上刑罚之罪，是累犯，应从重处罚。

一般累犯，是指被判处有期徒刑以上刑罚并在刑罚执行完毕或赦免以后，在5年内再犯应判处有期徒刑以上刑罚之罪的犯罪分子。甲因盗窃罪被判处有期徒刑3年，于2017年8月15日刑满释放，但又在2022年6月14日实施故意犯罪，两项犯罪行为之间的期间间隔在5年内，且甲的后行为应判处有期徒刑以上刑罚，因此甲构成累犯，应从重处罚，不得缓刑，不得假释。

(4)乙的行为属于抢劫致人死亡，按加重处罚情节处理。

①客观上，虽然张某的死亡是溺水直接造成，但乙在离开前明知甲实施"抛尸"行为的目的是掩盖抢劫罪行，该行为系甲、乙共同实施的抢劫行为所引发的后果，不属于异常的介入因素，所以不发生阻断甲、乙抢劫行为与死亡结果的因果关系。

②主观上，乙能够预料到张某会发生死亡的结果，对结果的发生存在过失。

因此，乙对张某的死亡应负刑事责任，乙构成抢劫罪致人死亡的结果加重犯。

6. 甲因犯盗窃罪被判处有期徒刑5年，并处罚金，2017年9月1日刑满释放。2019年1月30日，甲尾随独自回家的乙，强行进入乙家中，用胶带捆绑乙的双手，逼迫乙说出贵重财物存放地点，甲即去翻找。乙乘机将身体探出二楼窗户向邻居呼救，因双手被胶带捆住，失去平衡，坠楼摔死。甲见状空手逃离现场。[2020年法硕(法学)真题]

请根据上述材料，回答下列问题并说明理由：

(1)甲的行为应如何定罪？

(2)甲的犯罪行为属于何种停止形态？

(3)对甲确定刑罚时应考虑哪些情节？

答：(1)甲的行为应定为抢劫罪。

理由：抢劫罪，是指以非法占用为目的，当场使用暴力、威胁或其他方法，强行劫取公私财物的行为。本案中，甲以非法占有为目的，强行进入乙家中，以胶带捆绑乙双手的暴力方式逼迫乙说出财物所在并当场翻找，属于当场对乙使用暴力劫取财物，符合抢劫罪的构成要件。

(2)甲的犯罪行为属于抢劫罪既遂。

理由：抢劫罪侵犯的是复杂客体，包括财产权利和人身权利，具备劫取财物或造成他人轻伤以上后果二者之一的，均构成抢劫既遂。本案中，甲虽然没有劫取到财物，但其实施的抢劫行为致乙死亡，造成了轻伤以上的后果，因此应被认定为抢劫罪既遂。

(3)甲具有抢劫罪中入户抢劫和抢劫致人死亡两个法定的加重处罚情节。且甲属于累犯，应从重处罚。

理由：甲强行进入乙的住宅进行抢劫，应认定为入户抢劫；甲的抢劫行为与乙坠楼身亡之间具有因果关系，应认定为抢劫致人死亡。

甲因盗窃罪(故意犯罪)被判处有期徒刑，刑满释放后5年内又犯抢劫罪，属于累犯，应从重处罚。

7. 2017年11月25日，甲(2003年11月26日出生)在公共汽车上将手伸进丙的衣袋偷东西。丙发现后立即抓住甲的手。甲的同伙乙(2000年12月5日出生)见状拔出甲随身携带的匕首刺向丙胸部。丙情急之下拉过乘客陈某的胳膊挡在自己前面。乙刺中陈某胳膊，致其轻伤。甲、乙趁乱逃离现场。后乙在前往公安机关投案途中，被公安机关抓获。到案后，乙如实说明全部情况。[2019年法硕(法学)真题]

请根据上述材料，回答下列问题并说明理由：

（1）甲的行为应如何认定？

（2）乙的行为应如何认定？

（3）丙的行为应如何认定？

（4）本案中的犯罪分子具备哪些法定量刑情节及相应量刑情节的处理原则是什么？

答：（1）甲的行为构成盗窃罪（未遂），但不负刑事责任。

理由：《刑法》第17条第1款规定，已满14周岁不满16周岁的人，犯故意杀人、故意伤害致人重伤或死亡、强奸、抢劫、贩卖毒品、放火、爆炸、投放危险物质罪的，应负刑事责任。处在此年龄段的人对其他犯罪行为不负刑事责任。本案中，甲的行为符合盗窃罪的构成要件，且构成盗窃未遂，但因其属于14周岁以下的未成年人，故对此盗窃行为不负刑事责任。

（2）乙的行为构成抢劫罪，属于转化型抢劫罪。

理由：根据《刑法》第269条及相关司法解释规定，行为人实施盗窃行为，为窝藏赃物、抗拒抓捕或毁灭罪证而当场使用暴力或以暴力相威胁，且使用暴力致人轻微伤以上后果的或使用凶器或以凶器相威胁的，构成转化型抢劫罪。本案中，乙行为时已满16周岁，在实施盗窃行为过程中，为抗拒抓捕，当场使用甲随身携带的匕首致人轻伤，构成转化型抢劫。

（3）丙的行为构成紧急避险，不负刑事责任。

理由：紧急避险是指为了使公共利益、本人或他人的人身及其他权利免受正在发生的危险，不得已而采取的损害另一较小合法利益的行为。紧急避险行为造成损害的，不负刑事责任。本案中，丙为避免本人生命权利受到侵害，而不得已将陈某的胳膊拉在自己身前的行为，起因上存在严重危险情形，时间上正在发生，对象上损害的是第三人的权益，主观上是为避免危险，限制上以牺牲较小利益的方式保全较大利益，限度上没有造成不应有的损害，符合紧急避险的成立条件。因此丙不负刑事责任。

（4）本案的犯罪分子是乙，其具有的法定量刑情节如下：

①乙犯罪时不满18周岁，应从轻或减轻处罚。

②乙在前往公安机关投案途中被抓获的情况依然构成自动投案，且如实供述自己的罪行，成立自首，可以从轻或减轻处罚。

③乙在公共交通工具上抢劫，属于加重处罚情节，应处10年以上有期徒刑、无期徒刑或死刑，并处罚金或没收财产。

8．甲（男，19周岁）召集乙（男，15周岁）、丙（男，17周岁）实施盗窃。在甲、乙破窗入室后，负责望风的丙因害怕而逃离现场。甲、乙窃得储物间的财物后共同进入卧室。乙发现女主人王某正在熟睡，遂对其实施强奸。乙得逞后甲也欲强奸王某，但因太紧张未能得逞。之后，二人携带财物逃离现场。［2017年法硕（法学）真题］

请根据上述材料，回答下列问题并说明理由：

（1）甲、乙、丙的行为应如何定罪？

（2）甲、乙、丙具备哪些法定量刑情节？

答：（1）甲构成盗窃罪、强奸罪，乙构成强奸罪，丙构成盗窃罪。

理由：①甲、丙构成盗窃罪的共同犯罪。

根据《刑法》第264条规定，入户盗窃定盗窃罪。甲召集乙、丙入户盗窃，甲、丙均满

16 周岁，构成盗窃罪；乙未满 16 周岁不构成盗窃罪。《刑法》第 25 条第 1 款规定，共同犯罪是指二人以上共同故意犯罪。甲、乙、丙三人形成共同故意并共同实施了盗窃行为，其中甲是实行犯，丙是帮助犯；乙因不满 16 周岁，不构成盗窃罪的共同犯罪。

②甲、乙构成强奸罪的共同犯罪。

根据《刑法》第 236 条规定，乙的行为构成强奸罪。甲以默示方式与乙形成实施强奸王某的事中故意，且在乙之后欲对受害人王某实施强奸行为，构成强奸罪的共同犯罪。由于强奸超出了原来共同盗窃的故意，丙与甲、乙不构成强奸罪的共同犯罪。

(2)①甲在盗窃罪中是主犯。甲在强奸罪中具有轮奸这一法定加重处罚情节。

②乙在强奸罪中具有犯罪时不满 18 周岁这一法定从轻或减轻情节，同时具有轮奸这一法定加重处罚情节。

③丙在盗窃罪中具有从犯这一法定从轻、减轻或免除处罚情节，以及犯罪时不满 18 周岁这一法定从轻或减轻情节。

9. 甲为偿还赌债，找到乙商定绑架他人勒索赎金。二人将赵某骗出，用电棍将赵某打晕，带至一隐蔽处，用绳索将其捆住。甲在赵某身上搜出银行卡，逼赵某说出银行卡密码，吩咐乙取出卡中的 4 万元。甲随后给赵某的母亲发短信，索要人民币 200 万元，并要求是旧钞。乙感觉事情不妥，便对甲说已弄到 4 万元了，赵母也不可能筹到 200 万元旧钞，不如放了赵某。甲不答应，并指使乙给赵母打电话索要赎金，乙只好照办。之后，乙骗甲说赵家已经报警，再次劝其放了赵某。甲便让乙放走赵某。[2015 年法硕(法学)真题]

请结合上述材料，回答下列问题并说明理由：

(1)甲、乙的绑架行为是犯罪未遂、中止，还是既遂？

(2)甲、乙取出赵某卡中 4 万元的行为应如何定性？

(3)对甲、乙应如何定罪处罚？

答：(1)甲、乙的绑架行为是犯罪既遂。具体分析如下：

绑架罪，是指以勒索财物为目的的绑架他人，或绑架他人作为人质，或以勒索财物为目的偷盗婴幼儿的行为。绑架罪属于行为犯，在认定绑架罪时，行为人只要完成了绑架他人或偷盗婴幼儿的行为，不论其勒索财物的目的是否达到，都是绑架罪的既遂。

本案中，甲、乙已经实施了对赵某的绑架行为，剥夺了其人身自由，并且向第三人提出了勒索财物的要求，即使没有勒索到财物，也构成既遂。

(2)甲、乙取出赵某卡中 4 万元的行为构成抢劫罪。具体分析如下：

抢劫罪，是指以非法占有为目的，以暴力、胁迫或其他方法，强行劫取公私财物的行为。银行卡及密码本身不具有财产价值，但是行为人获取他人的银行卡及密码以后可以取得他人财物，因此，强行劫取他人银行卡及密码取走财物的行为也是抢劫行为。

本案中，甲、乙以非法占有为目的，采用暴力手段，强行取得赵某的银行卡及密码，获得 4 万元，符合抢劫罪的构成要件，成立抢劫罪。

(3)对甲、乙应以抢劫罪和绑架罪中的一个重罪定罪处罚。

理由：《关于审理抢劫、抢夺刑事案件适用法律若干问题的意见》第 9 条第 3 款明确规定，绑架过程中又当场劫取被害人随身携带的财物的，同时触犯绑架罪和抢劫罪两个罪名，应择一重罪定罪处罚。

10. 甲、乙、丙共同出资设立了一家有限责任公司，分别任董事长、总经理和财务总监

事实一：2010 年底，该公司因资金紧张面临经营危机。为此，甲、乙、丙专门就如何融资维持经营进行商议。依据商议，公司以丙伪造的虚假产权证明作担保，与一家银行签订借款合同，取得了 500 万元的贷款。2011 年春节之后，公司将其中的 400 万元资金投入经营，但经营状况依然没有好转。

事实二：2011 年 5 月，丙见公司经营状况难以好转，将剩余 100 万元资金提现后潜逃。该公司因缺乏经营资金而倒闭，银行因此无法追回 500 万元贷款的本息。[2014 年法硕(法学)真题]

结合上述材料，请回答下列问题并说明理由：

(1)事实一所述行为构成何罪?

(2)事实二中丙携款潜逃的行为构成何罪?

答：(1)事实一所述行为构成骗取贷款罪。骗取贷款罪，是指以欺骗手段取得银行或其他金融机构贷款，给银行或其他金融机构造成重大损失或有其他严重情节的行为。理由具体如下：

①从客体方面看，该行为妨害了金融管理秩序，侵犯了银行的合法权益。

②从客观方面看，甲、乙、丙虚构产权担保，骗取银行 500 万元贷款，用于公司经营，造成银行 500 万元贷款的本息无法追回，损失重大，符合骗取贷款罪的客观要件。

③从主观方面看，甲、乙、丙实施的行为，不是为了非法占有，而是为了单位的经营，因此主观上缺乏非法占有的目的，符合骗取贷款罪的主观要件。

④从主体方面看，事实一表明，甲、乙、丙谋议后骗取贷款的行为，体现单位意志，且是为了公司利益，刑法也规定了单位骗取贷款罪的刑事责任，因此事实一的行为主体为单位，而甲、乙、丙是单位犯罪的直接责任人。

(2)丙携款潜逃的行为构成职务侵占罪。职务侵占罪，是指公司、企业或其他单位的人员，利用职务上的便利，将本单位财物非法占为己有，数额较大的行为。理由具体如下：

①在犯罪客体方面，该行为侵犯了公司的财产所有权。

②在犯罪客观方面，丙利用了职务上的便利，窃取公司财产，数额特别巨大。

③在犯罪主体方面，丙是具有责任能力的自然人主体，同时是非国有企业的管理人员。

④在犯罪主观方面，丙的行为表现出主观上的故意和非法占有公司财产的目的。

第二十二章　妨害社会管理秩序罪

22.1　复习笔记

【知识框架（庖丁解牛）】

- 妨害社会管理秩序罪
  - 概述：概念、构成特征、种类
  - 分述
    - 扰乱公共秩序罪
      - 妨害公务罪
      - 袭警罪
      - 招摇撞骗罪
      - 伪造、变造、买卖国家机关公文、证件、印章罪
      - 非法侵入计算机信息系统罪
      - 帮助信息网络犯罪活动罪
      - 聚众扰乱社会秩序罪
      - 聚众斗殴罪
      - 寻衅滋事罪
      - 组织、领导、参加黑社会性质组织罪
      - 传授犯罪方法罪
      - 赌博罪
      - 开设赌场罪
    - 妨害司法罪
      - 伪证罪
      - 虚假诉讼罪
      - 窝藏、包庇罪
      - 掩饰、隐瞒犯罪所得、犯罪所得收益罪
      - 脱逃罪
    - 妨害国（边）境管理罪：组织他人偷越国（边）境罪
    - 妨害文物管理罪：故意损毁文物罪
    - 危害公共卫生罪
      - 妨害传染病防治罪
      - 医疗事故罪
      - 非法植入基因编辑、克隆胚胎罪
    - 破坏环境资源保护罪：污染环境罪
    - 走私、贩卖、运输、制造毒品罪
    - 组织、强迫、引诱、容留、介绍卖淫罪：组织卖淫罪
    - 制作、贩卖、传播淫秽物品罪：传播淫秽物品罪

【通关提要(提纲挈领)】

本章主要介绍妨害社会管理秩序罪，罪名复杂且较多。学习时，要分小节记忆，避免出现各小节之间的罪名混淆，同时注意有侧重地学习。扰乱公共秩序罪一节中，重点罪名较多，尤其要掌握妨害公务罪、寻衅滋事罪、聚众斗殴罪、袭警罪的相关内容；妨害司法罪一节则要注意各罪名的犯罪主体，重点掌握伪证罪和窝藏、包庇罪；其他罪名也应熟悉。本章各种题型都有可能考查，且考查频率较高，复习时要在熟悉的基础上理解记忆。

【考点难点归纳(厚积薄发)】

考点一：妨害社会管理秩序罪概述(见表22－1) ★

表22－1 妨害社会管理秩序罪概述

要点	主要内容	
概念	指故意妨害国家对社会的管理活动，破坏社会正常秩序，情节严重，依法应受到刑罚处罚的行为	
构成特征	客体	社会管理秩序
	客观方面	违反国家相关管理法规，妨害国家对社会的管理活动，破坏社会管理秩序，情节严重的行为[具体内容与表现形式多样]
	主体	多为一般主体、自然人，极个别为单位
	主观方面	多为故意，个别为过失，少数要有特定目的

考点二：扰乱公共秩序罪 ★★★

1. 妨害公务罪(见表22－2) ★★★

表22－2 妨害公务罪

要点	主要内容	
概念	指以暴力、威胁方法阻碍国家机关工作人员、人大代表、红十字会工作人员依法执行职务、履行职责，或故意阻碍国家安全机关、公安机关依法执行国家安全工作任务，虽未使用暴力、威胁方法，但造成严重后果的行为	
构成特征	客体	公务活动的正常秩序
	客观方面[四种类型]	①阻碍国家机关工作人员依法执行职务。 ②阻碍人大代表依法执行代表职务。 ③阻碍红十字会工作人员依法履行职责。 ④阻碍国家安全机关、公安机关依法执行国家安全工作任务
	主体	一般主体，已满16周岁、具有刑事责任能力的自然人
	主观方面	故意

【真题链接】

(1)简述妨害公务罪的概念及构成特征。[简答题，宁波大学2021年研]

(2)妨害公务罪的犯罪构成要件。[简答题，中国政法2020年研]

2. 袭警罪(见表22－3)　★★★

表22－3　袭警罪

要点		主要内容
概念		指暴力袭击正在依法执行职务的人民警察的行为
构成特征	客体	人民警察公务活动的正常秩序
	客观方面	暴力袭击[必要条件]正在依法执行职务的人民警察[对象]的行为
	主体	一般主体，已满16周岁、具有刑事责任能力的自然人
	主观方面	故意

【真题链接】简述袭警罪的刑法规定和构成要件。[湖南师大2024年研]

3. 招摇撞骗罪(见表22－4)　★★

表22－4　招摇撞骗罪

要点		主要内容
概念		指冒充国家机关工作人员招摇撞骗的行为
构成特征	客体	国家机关的威信及其正常活动[区别于诈骗罪]
	客观方面	冒充国家机关工作人员招摇撞骗的行为[须同时具备]： ①须冒充国家机关工作人员的身份或职称。 ②须招摇撞骗
	主体	一般主体
	主观方面	故意，且以谋取非法利益为目的[物质利益＋非物质利益]
认定		与诈骗罪的区别，见表22－5

表22－5　招摇撞骗罪与诈骗罪的区别

	招摇撞骗罪	诈骗罪
客体	国家机关的威信及其正常活动	公私财产所有权
客观方面	冒充国家机关工作人员招摇撞骗[冒充身份]	虚构事实或隐瞒真相骗取公私财物
数额要求	无限制	须数额较大
主观目的	骗取非法利益[包括财物]	非法占有公私财物

4. 聚众扰乱社会秩序罪(见表22－6)　★★

表22－6　聚众扰乱社会秩序罪

要点	主要内容
概念	指聚众扰乱社会秩序，情节严重，致使工作、生产、营业和教学、科研、医疗无法进行，造成严重损失的行为

续表

要点	主要内容	
构成特征	客体	正常社会秩序
	客观方面	聚众[首要分子发动、纠合3人以上]扰乱社会秩序，情节严重[时间长、人数多、影响恶劣]，致使工作、生产、营业和教学、科研、医疗无法进行，造成严重损失的行为
	主体	一般主体，限于聚众扰乱社会秩序的首要分子[组织、策划、指挥]和积极参加者
	主观方面	故意
认定	关键：①是否情节严重并造成严重损失；②是否聚众[3人以上]	

5. 聚众斗殴罪（见表22－7） ★★★

表22－7 聚众斗殴罪

要点	主要内容	
概念	指基于私仇宿怨、争霸一方或其他藐视法纪的动机，在首要分子的组织、策划、指挥下结伙成帮地进行殴斗，破坏公共秩序的行为	
构成特征	客体	公共秩序[本质：公然藐视法纪和社会公德、破坏公共秩序]
	客观方面	聚众斗殴的行为[不以使用器械为必要]
	主体	一般主体，限于聚众斗殴的首要分子和其他积极参加者
	主观方面	故意，且有不正当目的[报私仇、泄宿怨等]

6. 寻衅滋事罪（见表22－8） ★★★★

表22－8 寻衅滋事罪

要点	主要内容	
概念	指寻衅滋事、破坏社会秩序的行为[无事生非]	
构成特征	客体	公共秩序
	客观方面	实施了寻衅滋事，破坏社会秩序的行为。四种情形： ①随意殴打型：随意殴打他人，情节恶劣的。 ②滋扰型：追逐、拦截、辱骂、恐吓他人，情节恶劣的。 ③侵财型：强拿硬要或任意损毁、占用公私财物，情节严重的。 ④聚众扰乱型：在公共场所起哄闹事，造成公共场所秩序严重混乱的
	主体	一般主体
	主观方面	故意，且有特定动机和目的[破坏社会公共秩序]
认定	①利用信息网络辱骂、恐吓他人，情节恶劣，破坏社会秩序的，或编造虚假信息，或明知是编造的虚假信息，在信息网络上散布，或组织、指使人员在信息网络上散布，起哄闹事，造成公共秩序严重混乱的，以寻衅滋事罪定罪处罚。 ②与抢劫罪的界限见表22－9	

表 22－9　寻衅滋事罪与抢劫罪的界限

	寻衅滋事罪	抢劫罪
客观方面	强拿硬要或任意损毁、占用公私财物，情节严重的行为，侧重寻求心理满足	以暴力、胁迫或其他方法非法获得公私财物，侧重非法占有
犯罪目的和动机	以破坏社会秩序为目的，动机为寻求刺激、发泄情绪、逞强耍横	以非法占有公私财物为目的，动机主要是非法获得财物
客体	社会公共秩序	公私财物所有权和人身权

【真题链接】简述寻衅滋事罪的客观方面。［简答题，2021 年法硕（法学、非法学）真题］

7. 组织、领导、参加黑社会性质组织罪（见表 22－10）★★★

表 22－10　组织、领导、参加黑社会性质组织罪

要点		主要内容
概念		指组织、领导或参加黑社会性质组织的行为［行为犯、选择性罪名］
构成特征	客体	正常的经济与社会生活秩序［公众生活安全感］
	客观方面	组织、领导、参加黑社会性质组织的行为。黑社会性质组织应同时具备以下特征： ①组织严密性。形成稳定犯罪组织，成员多，有明确领导，骨干固定。 ②经济性。通过违法犯罪活动或其他手段获利，具备经济实力。 ③行为特征。有组织使用暴力、威胁等手段多次犯罪，欺压群众。 ④严重危害性。在一定区域或行业形成非法控制，严重破坏社会秩序
	主体	一般主体［国家机关工作人员从重处罚］
	主观方面	故意
认定		①性质：黑社会性质组织处于一般犯罪集团与黑社会组织之间，只有同时具备上述特征的，才能认定为黑社会性质组织。恶势力及恶势力集团均未完全具备上述特征。 ②是否故意。行为人因不知情或欺骗而加入的，不构成本罪

【真题链接】

（1）简述黑社会性质组织的特征。［简答题，四川大学 2022 年研；武大 2011 年研］

（2）论黑社会性质组织。［论述题，北大 2020 年研］

（3）简述黑社会性质组织罪的基本特征。［简答题，北航 2020 年研］

考点三：妨害司法罪 ★★★

1. 伪证罪（见表 22－11）★★★

表 22－11　伪证罪

要点	主要内容
概念	指在刑事诉讼中，证人、鉴定人、记录人、翻译人对与案件有重要关系的情节，故意作虚假证明、鉴定、记录、翻译，意图陷害他人或隐匿罪证的行为

续表

要点		主要内容
构成特征	客体	司法机关的正常刑事诉讼活动和公民人身权利
	客观方面	①须实施了伪证行为，即作了虚假的证明、鉴定、记录、翻译。[只能是作为] ②须对与案件有重要关系的情节作虚假证明、鉴定、记录、翻译。[伪造或隐匿证据] ③须发生在刑事诉讼过程中[侦查、起诉、审判]
	主体	特殊主体，限于刑诉中的证人、鉴定人、记录人、翻译人
	主观方面	直接故意，且以陷害他人或隐匿罪证为目的

2. 窝藏、包庇罪(见表22－12) ★★★

表22－12 窝藏、包庇罪

要点		主要内容
概念		指明知是犯罪的人[犯罪对象]而为其提供隐藏处所、财物，帮助其逃匿[窝藏罪]或作假证明包庇[包庇罪]的行为[行为犯、选择罪名]
构成特征	客体	司法机关对罪犯的刑事追诉和刑罚执行活动
	客观方面	行为人实施了窝藏或包庇犯罪的人的行为
	主体	一般主体[犯罪分子本人、共同犯罪人不构成]
	主观方面	故意
认定		与非罪的界限：单纯的知情不举行为，不构成本罪

考点四：医疗事故罪(见表22－13) ★★

表22－13 医疗事故罪

要点		主要内容
概念		指医务人员在医务工作中严重不负责任，造成就诊人死亡或严重损害就诊人身体健康的行为
构成特征	客体	国家医务工作管理秩序和就诊人的生命权与健康权
	客观方面	在医务工作中[时间范围]严重不负责任[作为＋不作为]，造成就诊人死亡或严重损害就诊人身体健康[危害后果]的行为
	主体	特殊主体，即医务人员
	主观方面	过失
认定		与一般医疗事故的界限：是否造成就诊人死亡或严重损害身体健康

考点五：污染环境罪(见表22－14) ★★★

表22－14 污染环境罪

要点	主要内容
概念	指违反国家规定，排放、倾倒或处置有放射性的废物、含传染病病原体的废物、有毒物质或其他有害物质，严重污染环境的行为[结果犯]

续表

要点		主要内容
构成特征	客体	国家环境保护管理制度
	客观方面	违反国家规定，排放、倾倒或处置有放射性的废物、含传染病病原体的废物、有毒物质或其他有害物质，严重污染环境的行为［须有因果关系］
	主体	一般主体，自然人和单位
	主观方面	故意

考点六：走私、贩卖、运输、制造毒品罪（见表22－15）★★★

表22－15　走私、贩卖、运输、制造毒品罪

要点		主要内容
概念		指违反毒品管理法规，故意走私、贩卖、运输、制造毒品的行为［举动犯、选择罪名］
构成特征	客体	国家毒品管理制度［犯罪对象是毒品］
	客观方面	行为人进行走私、贩卖、运输、制造毒品的行为
	主体	一般主体，自然人和单位。自然人贩卖毒品罪的年龄起点为14周岁；走私、运输、制造毒品罪，为已满16周岁
	主观方面	故意
认定		①走私毒品罪与一般走私罪的界限： a. 侵犯客体不同。走私毒品罪不仅侵犯国家海关监管制度，还侵犯国家毒品管理制度；一般走私罪仅侵犯国家海关监管制度。 b. 犯罪对象不同。走私毒品罪的对象限于毒品；后罪对象广泛，包括普通货物、武器、弹药、黄金等。 ②运输毒品罪与非法持有毒品罪的界限：为自己还是为他人运输［无走私、贩卖、制造等行为］，前者应为非法持有毒品，后者为运输毒品

考点七：其他常见罪名（见表22－16）★★

表22－16　其他常见罪名

罪名	主要内容
伪造、变造、买卖国家机关公文、证件、印章罪	指伪造、变造、买卖国家机关的公文、证件、印章的行为
非法侵入计算机信息系统罪	指违反国家规定，侵入国家事务、国防建设、尖端科学技术领域的计算机信息系统的行为［行为犯］
帮助信息网络犯罪活动罪	指明知他人利用信息网络实施犯罪，为其犯罪提供互联网接入、服务器托管、网络存储、通讯传输等技术支持，或提供广告推广、支付结算等帮助，情节严重的行为［实质：上游犯罪的帮助犯］
传授犯罪方法罪	指故意使用各种方法向他人讲解、教授犯罪方法的行为
赌博罪	指以营利为目的，聚众赌博或以赌博为业［赌头、赌棍］的行为
开设赌场罪	指以营利为目的，为赌博提供实体或虚拟场所、赌具等，主宰和控制赌场营运活动的行为［影响力、控制性］

续表

罪名	主要内容
虚假诉讼罪	指以捏造的事实提起民事诉讼，妨害司法秩序或严重侵犯他人合法权益的行为[结果犯]
掩饰、隐瞒犯罪所得、犯罪所得收益罪	指明知是犯罪所得及其所产生的收益而予以窝藏、转移、收购、代为销售或以其他方法掩饰、隐瞒的行为[选择罪名]
脱逃罪	指依法被关押的罪犯、被告人、犯罪嫌疑人从羁押、监管场所脱逃的行为[既遂标准采脱离控制结合说]
组织他人偷越国(边)境罪	指违反国(边)境管理法律法规，组织他人偷越国(边)境的行为
妨害传染病防治罪	指违反传染病防治法的规定，引起甲类传染病以及依法确定采取甲类传染病预防、控制措施的传染病传播或有传播严重危险的行为[危险犯]
非法植入基因编辑、克隆胚胎罪	指将基因编辑、克隆的人类胚胎植入人体或动物体内，或将基因编辑、克隆的动物胚胎植入人体内，情节严重的行为[行为犯]
组织卖淫罪	指以招募、雇佣、纠集等手段，管理或控制他人[3人以上，女性+男性]从事卖淫活动的行为

22.2 考研真题与典型题详解

一、单项选择题

1. 甲某乘坐某国际航班落地我国某机场，其随身携带毒品被我国海关查获。经查，甲某携带毒品净重超过500克，甲某的行为构成(　　)。[2024年法硕(法学、非法学)真题]

A. 贩卖毒品罪(预备)　　B. 运输毒品罪(未遂)

C. 非法持有毒品罪(中止)　　D. 走私毒品罪(既遂)

【解析】A项，甲某只是携带毒品过海关，未实施有偿转让毒品或以贩卖为目的而非法收购毒品的行为，不构成贩卖毒品罪。

B项，运输毒品罪要求在我国境内实施。甲某携带毒品被我国海关查获，不构成运输毒品罪。

C项，有证据能够证实已构成走私毒品罪的，以该罪论处，不应被认定为非法持有毒品罪。

D项，走私毒品罪是行为犯，该罪既遂不要求造成实际损害或现实危险状态，只需要行为完成一定程度即可达成既遂。甲某非法运输、携带毒品进出国(边)境，构成走私毒品罪；其乘坐国际航班通过空路输入毒品，当航空器到达我国领土时，即构成既遂。

2. 甲与母亲发生争执，一气之下将电脑显示器从五楼抛下，掉落到行人刘某身旁，导致刘某受惊摔伤，入院就医。派出所接警后，派两名民警着警服到场处置。甲突然掏出管制刀具追赶到场民警，严重危及民警人身安全。甲的行为应认定为(　　)。[2023年法硕

1D　2A

（非法学）真题］

A．高空抛物罪和袭警罪

B．高空抛物罪和妨害公务罪

C．以危险方法危害公共安全罪和袭警罪

D．以危险方法危害公共安全罪和妨害公务罪

【解析】AB两项，袭警罪，是指暴力袭击正在依法执行公务的人民警察。妨害公务罪，是指以暴力、威胁方法阻碍国家机关工作人员依法执行职务。甲用管制刀具袭击人民警察，严重危及民警人身安全，妨害警察正常执行公务，构成袭警罪和妨害公务罪。但袭警罪是妨害公务罪的特别法条，应优先适用，甲应认定为袭警罪。

CD两项，高空抛物罪，是指从建筑物或其他高空抛掷物品，情节严重的行为。以危险方法危害公共安全罪，是指使用与放火、爆炸、决水、投放危险物质方法危险性相当的其他危险方法，危害公共安全的行为。甲将电脑显示器从五楼抛下，达不到与放火、爆炸、决水等危险性相当的危害公共安全的程度，只成立高空抛物罪。

3．甲购买由乙开发的赌博软件，用于开设赌博网站，并和乙约定由乙维护该网站。截至案发，该网站收取赌资1300万元，乙收取开发及维护费用10万元。乙的行为应认定为（　　）。［2023年法硕（法学、非法学）真题］

A．帮助信息网络犯罪活动罪　　B．非法利用信息网络罪

C．拒不履行信息网络安全管理义务罪　　D．开设赌场罪

【解析】开设赌场罪，是指为赌博提供场所，设定赌博方式，提供赌具、筹码、资金等组织赌博的行为。以下行为，属于"开设赌场"：①建立赌博网站并接受投注的；②建立赌博网站并提供给他人组织赌博的；③为赌博网站担任代理并接受投注的；④参与赌博网站利润分成的。本题中，乙明知甲开设赌博网站仍为其提供开发、维护服务并收取利润分成，构成开设赌场罪的共犯。

4．文某在疫情防护期间，为发泄不满情绪，将发热门诊值班医生打成轻微伤，并损坏其防护用具，致使该医生被隔离观察无法正常从事诊疗工作，情节恶劣。文某的行为应认定为（　　）。［2022年法硕（法学、非法学）真题］

A．寻衅滋事罪　　B．故意伤害罪

C．妨害传染病防治罪　　D．故意毁坏财物罪

【解析】A项，寻衅滋事罪，是指行为人为寻求刺激、发泄情绪、逞强耍横等，无事生非，进行扰乱破坏，情节恶劣的行为。本题中，文某在疫情防护期间，为发泄不满情绪，将发热门诊值班医生打成轻微伤，并损坏其防护用具，致使值班医生无法正常工作，情节严重，符合寻衅滋事罪的构成要件。

B项，故意伤害罪要求造成轻伤以上的损害结果。但此处值班医生为轻微伤，文某不构成故意伤害罪。

C项，妨害传染病防治罪，是指违反传染病防治法的规定，引起甲类传染病以及依法

3D　4A

确定采取甲类传染病预防、控制措施的传染病传播或有传播严重危险的行为。此处文某的行为不足以引起疫情传播或有传播的严重危险，不构成妨害传染病防治罪。

D 项，故意毁坏财物罪，是指故意毁灭或损坏公私财物，数额较大或情节严重的行为。文某主观上没有毁坏财物的故意，客观上没有造成财物损坏，不构成故意毁坏财物罪。

5．甲在互联网上有偿提供制毒工艺视频。乙从甲处购买了该视频，并根据视频中的工艺试制少量毒品，后被抓获。甲的行为应认定为(　　)。[2021 年法硕(法学)真题]

A．非法利用信息网络罪　　B．传授犯罪方法罪

C．非法经营罪　　D．制造毒品罪(帮助犯)

【解析】根据《刑法》第 295 条规定，传授犯罪方法罪，是指用各种方式把犯罪方法故意传授给他人的行为。本题中，甲在互联网上有偿提供制毒工艺视频，利用网络传播的方式把犯罪方法故意传授给他人，构成传授犯罪方法罪。

6．甲驾车闯红灯，当场撞死行人王某。甲的朋友乙闻讯后让甲离开，并在交警调查时谎称是自己开车肇事。乙的行为应认定为(　　)。[2021 年法硕(法学)真题]

A．窝藏罪　　B．伪证罪　　C．交通肇事罪　　D．包庇罪

【解析】根据《刑法》第 310 条规定，包庇罪是指明知是犯罪的人而作假证明包庇的行为。本题中，乙明知甲是真正犯罪的人而在交警调查时作假证明包庇甲，其行为成立包庇罪。

二、多项选择题

甲企业违规在河流上游排放酸性有害工业废水，乙企业违规在河流下游排放碱性有害工业废水，两种废水在河流中混合，发生化学反应，产生了剧毒物质并致使多人身体受伤。对此，下列选项说法正确的有(　　)。[2024 年法硕(法学、非法学)真题]

A．甲企业的行为应认定为污染环境罪(基本犯)

B．甲企业的行为应认定为污染环境罪(结果加重犯)

C．乙企业的行为应认定为污染环境罪(基本犯)

D．乙企业的行为应认定为污染环境罪(结果加重犯)

【解析】污染环境罪，是指违反国家规定，排放、倾倒或处置有放射性的废物、含传染病病原体的废物、有毒物质或其他有害物质，严重污染环境的行为。同时根据《刑法》第 338 条规定，实施本罪行为致使多人重伤、严重疾病，或致人严重残疾、死亡的，适用升格法定刑，属于结果加重犯。本案中，甲、乙企业均属于违规排放工业废水，共同造成了多人身体受重伤的严重后果，均属于污染环境罪(结果加重犯)。

三、概念题

1．妨害公务罪[武大 2010 年研；人大 2009 年研；南开大学 2007 年研]

答：参见本章考点难点归纳相关内容。

5B　6D　　❙　　BD

2. 非法侵入计算机信息系统罪［南开大学2007年研］

答：非法侵入计算机信息系统罪，是指违反国家规定，侵入国家事务、国防建设、尖端科学技术领域的计算机信息系统的行为。本罪的构成特征是：①本罪的客体是国家对计算机信息系统安全的管理秩序和国家事务、国防建设、尖端科学技术领域的正常活动。②本罪在客观方面表现为违反国家规定，侵入国家事务、国防建设、尖端科学技术领域的计算机信息系统的行为。③本罪的主体为一般主体，即已满16周岁、具有刑事责任能力的自然人。④本罪的主观方面为故意。

3. 伪证罪［宁波大学2016年研；西安交大2008年研；西北政法2006年研］

答：参见本章考点难点归纳相关内容。

4. 窝藏罪［湖南师大2023年研］

答：窝藏、包庇罪，是指明知是犯罪的人，而为其提供隐藏处所、财物，帮助其逃匿或作假证明包庇的行为。本罪可分解为窝藏罪与包庇罪。窝藏罪，是指明知是犯罪的人而为其提供隐藏处所、财物，帮助其逃匿的行为。其构成特征，参见本章考点难点归纳相关内容。

5. 脱逃罪［上交2006年研］

答：脱逃罪，是指依法被关押的罪犯、被告人、犯罪嫌疑人从羁押、监管场所脱逃的行为。本罪的构成特征为：①本罪的客体是司法机关的正常监管秩序。②本罪在客观方面表现为从羁押、监管场所脱逃的行为。脱逃，是指脱离监管机关的实力支配的行为，具体表现为逃离关押场所。③本罪的主体为特殊主体，即被关押的罪犯、被告人、犯罪嫌疑人。④本罪的主观方面为故意。

6. 医疗事故罪［暨南大学2013年研］

答：参见本章考点难点归纳相关内容。

四、简答题

1. 简述妨害公务罪的概念及构成特征。［宁波大学2021年研］

相关试题：妨害公务罪的犯罪构成要件。［中国政法2020年研］

答：参见本章考点难点归纳相关内容。

2. 简述袭警罪的刑法规定和构成要件。［湖南师大2024年研］

答：参见本章考点难点归纳相关内容。

3. 简述招摇撞骗罪与诈骗罪的区别。［简答题，武大2013年研］

相关试题：诈骗罪与招摇撞骗罪［概念题，西北政法2005年研］

答：招摇撞骗罪，是指为了谋取非法利益，冒充国家机关工作人员进行招摇撞骗的行为。诈骗罪，是指以非法占有为目的，用虚构事实或隐瞒真相的方法，骗取数额较大的公私财物的行为。两罪虽均涉及欺骗行为，主观方面为故意，且可能同时侵害财产权益。但招摇撞骗罪重在惩罚冒充身份的行为，主要侵害国家机关的威信；诈骗罪重在惩罚非法占有他人财物的行为，主要侵害财产权益。二者的区别具体如下：

(1)犯罪客体不同。招摇撞骗罪侵犯的客体是国家机关的威信及其正常活动；诈骗罪侵犯的客体是公私财产所有权。

(2)客观方面(行为手段)不同。招摇撞骗罪在客观方面表现为冒充国家机关工作人员进行欺骗，行为方式不限于骗取财物。诈骗罪在客观方面表现为虚构事实、隐瞒真相骗取公私财物，不限于冒充身份。

(3)对骗取财物数额的要求不同。招摇撞骗罪对骗取财物的数额无限制。诈骗罪要求骗取财物数额较大。

(4)主观目的不同。招摇撞骗罪以骗取非法利益为目的，包括财物和其他非物质利益。诈骗罪则以非法占有公私财物为目的。

4. 简述寻衅滋事罪的客观方面。[2021年法硕(法学、非法学)真题]

答：参见本章考点难点归纳相关内容。

5. 简述黑社会性质组织的特征。[四川大学2022年研；武大2011年研；2010年法硕(非法学)真题]

相关试题：论黑社会性质组织。[论述题，北大2020年研]

答：根据《刑法》第294条第5款规定，黑社会性质组织应同时具备下列四个特征：

(1)组织特征。即形成较稳定的犯罪组织，人数较多，有明确的组织者、领导者，骨干成员基本固定。组织形成后，在一定时期内持续存在，应认定为"形成较稳定的犯罪组织"。黑社会性质组织成员既包括已有充分证据证明但尚未归案的组织成员，也包括虽有参加黑社会性质组织的行为但因尚未达到刑事责任年龄或因其他法定情形而未被起诉，或根据具体情节不作为犯罪处理的组织成员。

(2)经济特征。即有组织地通过违法犯罪活动或其他手段获取经济利益，具有一定的经济实力，以支持该组织的活动。在组织的形成、发展过程中，有组织地通过违法犯罪活动或其他不正当手段聚敛，有组织地以投资、控股、参股、合伙等方式通过合法的生产、经营活动获取经济利益，由组织成员提供或通过其他单位、组织、个人资助取得经济利益，属于"有组织地通过违法犯罪活动或其他手段获取经济利益"。

(3)行为特征。即以暴力、威胁或其他手段，有组织地多次进行违法犯罪活动，为非作恶，欺压、残害群众。黑社会性质组织实施的违法犯罪活动不仅包括利用信息网络实施违法犯罪活动，而且包括非暴力性的违法犯罪活动，但暴力或以暴力相威胁始终是黑社会性质组织实施违法犯罪活动的基本手段，并随时可能付诸实施。

(4)危害性特征。即通过实施违法犯罪活动，或利用国家工作人员的包庇或纵容，称霸一方，在一定区域或行业内，形成非法控制或重大影响，严重破坏经济、社会生活秩序。

黑社会性质组织具有犯罪行为多样性、犯罪组织严密性、犯罪手段强制性、犯罪活动区域性和社会危害严重性的特点。不具有这些特点的，不能认定为黑社会性质组织。

6. 简述传授犯罪方法罪的构成。[武大2006年研]

答：传授犯罪方法罪，是指故意使用各种方法向他人讲解、教授犯罪方法的行为。其构成特征如下：

(1)本罪的客体是正常的社会治安管理秩序。

(2)本罪在客观方面表现为使用各种方法向他人传授犯罪方法的行为。"传授犯罪方法",是指向他人传授实施一种或几种犯罪的技能、技术或技巧的行为。本罪的客观构成要件有两个要素:

①"传授"。指将犯罪的方法教给他人。传授犯罪方法的方式多样,涵盖公开或秘密、言词、文字图画、身体动作、面对面、经第三人转达、通信工具及媒体等方式。其对象可以是未成年人、精神病人,也可以是特定或不特定的个人、多数人。不论采取何种方式传授,均不影响本罪的成立。

②"犯罪方法"。指实施犯罪的一切经验、技巧、手段等,包括犯罪实行、预备、反侦查和逃避制裁的方法,且仅限于直接故意犯罪的方法。行为人构成本罪需传授"犯罪方法",传授一般违法方法不构成。本罪在客观上只要求行为人实施了传授犯罪方法的行为,无论被传授人是否实施了传授人所传授的犯罪方法,以及是否已经造成实际的危害结果,都不影响本罪的成立。

(3)本罪的主体为一般主体,即已满16周岁、具有刑事责任能力的自然人,多为有犯罪技能和经验的人。

(4)本罪的主观方面为故意。

7. 简述赌博罪的构成要件。[2016年法硕(非法学)真题]

答:赌博罪,是指以营利为目的,聚众赌博或者以赌博为业的行为。其构成特征如下:

(1)本罪的客体是国家对社会风尚的管理秩序。

(2)本罪在客观方面表现为以营利为目的,实施聚众赌博或以赌博为业的行为。具体包括两种情形:

①聚众赌博。指为赌博提供赌场、赌具,组织、招引他人赌博并从中抽头渔利(俗称"赌头")。以营利为目的,有下列情形之一的,属于"聚众赌博":a. 组织3人以上赌博,抽头渔利数额累计达5000元以上的;b. 组织3人以上赌博,赌资数额累计达5万元以上的;c. 组织3人以上赌博,参赌人数累计达20人以上的;d. 组织中国公民10人以上赴境外赌博,从中收取回扣、介绍费的。

②以赌博为业。指以赌博为常业,以赌博所得为主要生活来源或长期从事赌博活动且输赢数额巨大(俗称"赌棍")。

(3)本罪的主体为一般主体,即已满16周岁、具有刑事责任能力的自然人。

(4)本罪的主观方面为直接故意,且以营利为目的。营利目的包括:①通过赌博直接获取财物;②通过组织赌博抽头渔利。

8. 简述污染环境罪的构成要件。[2014年法硕(法学)真题]

答:参见本章考点难点归纳相关内容。

五、法条分析题

《刑法》第305条规定:"在刑事诉讼中,证人、鉴定人、记录人、翻译人对与案件有重要关系的情节,故意作虚假证明、鉴定、记录、翻译,意图陷害他人或隐匿罪证的,处三

年以下有期徒刑或拘役；情节严重的，处三年以上七年以下有期徒刑。”[北大2012年研]

试分析法条所涉及的罪名的构成要件。

相关试题：

(1)试述伪证罪的犯罪构成。[中南财大2005年研]

(2)简述伪证罪。[简答题，武大2005年研]

答：(1)上述法条规定的是伪证罪。伪证罪，是指在刑事诉讼中，证人、鉴定人、记录人、翻译人对与案件有重要关系的情节，故意作虚假证明、鉴定、记录、翻译，意图陷害他人或隐匿罪证的行为。

(2)本罪的构成要件，参见本章考点难点归纳相关内容。

六、案例分析题

1．甲窃取某市教育局存储考生信息的光盘，将其中大量考生的个人信息出卖牟利。乙(因过失犯罪正在缓刑考验期内)利用从甲处购买的考生信息，给考生拨打电话，冒充国家机关工作人员，虚构发放贫困学生助学金但需要预存一定数额资金等事实，骗取考生钱款。乙的哥哥丙明知乙的所作所为，仍帮助其转移巨额犯罪所得。丙在案发后为逃避抓捕，驾驶机动车撞击正在依法实施抓捕的人民警察，严重危及其人身安全。

经查：甲不认识乙，也不知道乙购买考生个人信息的具体用途。乙的诈骗行为既有既遂，又有未遂，且达到同一量刑幅度。乙的行为还导致一名被骗学生自杀。[2022年法硕(法学)真题]

请结合上述材料，回答下列问题并说明理由：

(1)对甲应该如何定罪处罚？

(2)对乙应该如何定罪处罚？

(3)对丙应该如何定罪处罚？

答：(1)甲的行为构成侵犯公民个人信息罪。

理由：根据《刑法》第253条之一规定，违反国家有关规定，以窃取或其他方法非法获取公民个人信息，情节严重的，构成侵犯公民个人信息罪。本案中，教育局系统中记录的考生信息是以电子方式记录的，能够识别特定自然人身份的各种信息，包括考生的姓名、身份证件号码、通讯方式等，属于“公民个人信息”。甲以非法手段侵入教育局系统盗取考生信息并卖出，情节严重，构成侵犯公民个人信息罪，既遂。

(2)乙的行为构成侵犯公民个人信息罪、招摇撞骗罪、诈骗罪，结合本案，应认定为侵犯公民个人信息罪与诈骗罪两罪，数罪并罚。乙的诈骗行为既有既遂，又有未遂，但因在同一量刑幅度内，应认定为诈骗罪既遂。其诈骗行为致人死亡，应在量刑时予以考虑。乙在缓刑考验期内又犯新罪，应撤销缓刑，数罪并罚。

理由：招摇撞骗罪，是指冒充国家机关工作人员进行招摇撞骗的行为。如果冒充国家机关工作人员招摇撞骗，骗取了包括财产在内的各种利益，一般以招摇撞骗罪论处。如果所骗取的财物数额特别巨大，应从一重罪处断，按重罪诈骗罪论处。

(3)丙明知乙实施电信诈骗犯罪仍为其转移赃款，构成诈骗罪的共犯。丙驾驶机动车撞击依法执行职务的人民警察的行为，严重危及其人身安全，构成妨害公务罪，应数罪并罚。

理由：诈骗罪，是指以非法占有为目的，用虚构事实或隐瞒真相的方法，骗取数额较大的公私财物的行为。妨害公务罪，是指以暴力、威胁方法阻碍国家机关工作人员依法执行职务，阻碍人民代表大会代表依法执行代表职务，在自然灾害和突发事件中阻碍红十字会工作人员依法履行职责的行为，或故意阻碍国家安全机关、公安机关依法执行国家安全工作任务，未使用暴力、威胁方法，造成严重后果的行为。

本案中，丙基于两个犯罪故意，实施了两个犯罪行为，符合两个犯罪构成要件，且两个行为之间不具有刑法上的牵连或吸收关系，应数罪并罚。

2. 甲承包经营某国有企业内部招待所。由于招待所生意不好，甲找来乙协商，由甲负责提供场所和管理，乙负责物色卖淫女。乙找来6名女性后，甲随即安排这些女性从事卖淫活动，并抽取50%的嫖资作为“管理费”。甲、乙平分非法所得。公安机关接到举报后，拘留了甲和乙，同时抓获了正在招待所内嫖娼的丙和卖淫女丁。另查明：丙先后3次到此嫖娼(其中一次，丙明知对方为13周岁的初中女生而与之进行了性交易)；丙和丁均患有梅毒。[2011年法硕(法学)真题]

请根据刑法的规定和理论，结合上述案情分析：

(1)甲、乙行为的性质，并请说明理由。

(2)丙、丁行为的性质，并请说明理由。

答：(1)甲构成组织卖淫罪，乙构成协助组织卖淫罪。理由如下：

①组织卖淫罪，是指以招募、雇佣、纠集、强迫、引诱、容留等手段，控制多人从事卖淫的行为。本案中，甲为卖淫女提供卖淫场所并且负责管理，且收取一定的嫖资，其行为符合组织卖淫罪的构成要件，构成组织卖淫罪。

②根据《刑法》第358条规定，为组织卖淫的人招募、运送人员或有其他协助组织他人卖淫的行为，构成协助组织卖淫罪。本案中，乙为甲招募女性卖淫的行为属于协助组织卖淫的行为，应单独成立协助组织卖淫罪，而不适用刑法总则中关于共犯的规定，不能以组织卖淫罪的共犯处罚。

(2)丙构成强奸罪，丙、丁可能构成传播性病罪。具体分体如下：

①丙与初中女生进行性交易的行为构成强奸罪。

理由：《刑法》第236条第2款规定，奸淫不满14周岁的幼女的，以强奸论，从重处罚。丙明知丁是未满14周岁的幼女，还与之发生性关系，成立强奸罪，且强奸幼女，从重处罚。

②丙与丁在身患梅毒的情形下进行嫖娼、卖淫活动，是否构成传播性病罪，要看其在嫖娼或卖淫时是否明知自己患有梅毒。传播性病罪，是指明知自己身患梅毒、淋病等严重性病，而进行卖淫或嫖娼活动的行为。

a. 如果丙或丁在进行嫖娼、卖淫时，明知自己患有梅毒，则构成传播性病罪。对丙的行为要按照强奸罪和传播性病罪分别定罪，数罪并罚；对丁按照传播性病罪定罪处罚。

b. 如果丙或丁事先不知道自己患有梅毒，则不构成传播性病罪。

第二十三章　危害国防利益罪

23.1　复习笔记

【知识框架（庖丁解牛）】

危害国防利益罪
- 概述
  - 概念、种类
  - 构成特征
    - 客体：国防利益
    - 客观方面：违反国防法律法规，严重危害国防利益
    - 主体：多为一般主体，少数为特殊主体
    - 主观方面：一般为故意
- 分述
  - 阻碍军人执行职务罪
  - 破坏武器装备、军事设施、军事通信罪
  - 接送不合格兵员罪

【通关提要（提纲挈领）】

本章主要介绍危害国防利益罪，内容比较简单，不是考查重点，且考查频率较低，了解即可。

【考点难点归纳（厚积薄发）】

考点：危害国防利益罪概述（见表 23－1）★

表 23－1　危害国防利益罪概述

要点	主要内容	
概念	指违反国防法律法规，故意或过失危害国防利益的行为	
构成特征	客体	国防利益
	客观方面	违反国防法律法规，严重危害国防利益的行为
	主体	多为一般主体，少数为特殊主体
	主观方面	一般为故意，个别为过失
分述	阻碍军人执行职务罪	指非军职人员以暴力、威胁方法阻碍军人依法执行职务的行为[行为犯]
	破坏武器装备、军事设施、军事通信罪	指故意破坏武器装备、军事设施、军事通信的行为
	接送不合格兵员罪	指征兵工作人员在征兵工作中徇私舞弊，接送不合格兵员入伍，情节严重的行为[情节犯]

23.2　考研真题与典型题详解

单项选择题

村民张某，为了筹集结婚费用，起了盗窃国防通信线路的念头，先后三次用钢丝钳等工具，偷剪该线路电缆两千余米，价值2万元，销赃后得赃款3000元，致使该线路中断通信3个多小时。张某的行为构成何罪？(　　)［法考真题］

A．盗窃罪　　B．破坏公用通信设备罪

C．破坏军事通信罪　　D．故意毁坏财物罪

【解析】张某的行为同时构成盗窃罪和破坏军事通信罪。由于剪断电缆是偷取电缆行为的着手行为，故张某实际上只有一个实行行为，符合想象竞合犯，因此对张某仅按破坏军事通信罪定罪即可。

C

第二十四章　贪污贿赂罪

24.1　复习笔记

【知识框架(庖丁解牛)】

- 贪污贿赂罪
  - 概述
    - 概念、种类
    - 构成特征
      - 客体：国家廉政建设制度和公共财产所有权
      - 客观方面：侵害国家廉政建设制度[贪污、挪用公款、受贿等]
      - 主体：多为国家工作人员，特殊主体
      - 主观方面：故意
  - 分述
    - 贪污罪：概念、构成特征、认定
    - 挪用公款罪
    - 受贿罪：概念、构成特征、认定
    - 利用影响力受贿罪
    - 行贿罪
    - 巨额财产来源不明罪
    - 私分国有资产罪

【通关提要(提纲挈领)】

本章主要介绍贪污贿赂罪，属于重点章节。本章绝大多数罪名都是身份犯，应注意不同罪名对身份的要求不同。此外，需重点掌握贪污罪、挪用公款罪以及受贿罪的相关内容，特别注意此罪与彼罪的区别。对于其他罪名也应理解掌握其构成特征。本章各种题型都有可能考查，特别是选择题、简答题和案例分析题，复习时要熟记重点罪名的构成特征。

【考点难点归纳(厚积薄发)】

考点一：贪污贿赂罪概述(见表24－1)　★★

表24－1　贪污贿赂罪概述

要点	主要内容
概念	指国家工作人员实施的贪污、受贿，或国有单位实施的受贿、私分国有资产等侵犯国家廉政建设制度，以及其他人员或单位实施的与受贿具有对向性的情节严重的行为

续表

要点		主要内容
构成特征	客体	国家廉政建设制度[职务廉洁性]和公共财产所有权
	客观方面	破坏国家廉政建设制度的行为[包括作为、不作为]
	主体	多为国家工作人员，特殊主体；少数是一般主体
	主观方面	故意

考点二：贪污罪（见表24－2） ★★★★

表24－2 贪污罪

要点		主要内容
概念		指国家工作人员利用职务便利，侵吞、窃取、骗取或以其他手段非法占有公共财物的行为[化公为私]
构成特征	客体	国家工作人员的职务廉洁性和公共财产所有权[犯罪对象是公共财物]
	客观方面	行为人利用职务便利，侵吞、窃取、骗取或以其他手段非法占有公共财物的行为。 ①利用职务便利：指利用主管、直接经手、管理财物的职权之便。 ②侵吞：指利用职务便利，将自己主管、经管、经手的公共财物非法据为己有。 ③窃取：指利用职务便利，秘密将自己合法管理的公共财物窃为己有。 ④骗取：指利用职务便利，虚构事实或隐瞒真相地非法占有公共财物
	主体	①国家工作人员[从事公务]，具体范围包括： a. 国家机关中从事公务的人员。 b. 国有公司、企业、事业单位、人民团体中从事公务的人员。 c. 国家机关、国有公司、企业、事业单位委派到非国有公司、企业、事业单位、社会团体从事公务的人员。 d. 其他依法从事公务的人员。 ②受国家机关、国有公司、企业、事业单位、人民团体委托管理、经营国有财产的人员
	主观方面	故意，且有非法占有目的
认定		与盗窃罪、诈骗罪、侵占罪的区别见表24－3，与职务侵占罪的区别见表24－4
既遂		以行为人是否实际控制财物为既遂标准

表24－3 贪污罪与侵占罪、盗窃罪、诈骗罪的区别

	贪污罪	侵占罪、盗窃罪、诈骗罪
客体	复杂客体，即国家工作人员的职务廉洁性和公共财产所有权	简单客体，即公私财产所有权
对象	公共财物	公私财物
客观方面	利用职务便利侵吞、窃取、骗取	不存在利用职务便利问题
主体	特殊主体	一般主体

表24－4 贪污罪与职务侵占罪的区别

	贪污罪	职务侵占罪
客体	复杂客体，即国家工作人员的职务廉洁性和公共财产所有权	简单客体，即单位财物所有权
对象	公共财物	本单位财物

续表

	贪污罪	职务侵占罪
主体	国家工作人员和受国家机关、国有公司、企业、事业单位、人民团体委托管理、经营国有财产的人员	公司、企业中不具有国家工作人员身份的工作人员

【真题链接】简述我国刑法规定贪污罪的构成特征。[简答题，中山大学2015年研]

考点三：挪用公款罪(见表24－5) ★★★★

表24－5 挪用公款罪

要点		主要内容
概念		指国家工作人员利用职务便利，挪用公款归个人使用，进行非法活动，或挪用公款数额较大进行营利活动，或挪用公款数额较大、超过3个月未还的行为[公款私用]
构成特征	客体	国家工作人员的职务廉洁性和公共财产的占有、使用、收益权[犯罪对象是公款与特定物]
	客观方面	①利用职务便利。 ②挪用公款归个人使用，包括： a. 将公款供本人、亲友或其他自然人使用的。 b. 以个人名义将公款供其他单位使用的。 c. 个人决定以单位名义将公款供其他单位使用，谋取个人利益的。 ③挪用行为的三种具体表现形式： a. 挪用公款归个人使用，进行非法活动[3万元]。 b. 挪用公款归个人使用，进行营利活动，且数额较大[5万元]。 c. 挪用公款归个人使用，数额较大[5万元]，超过3个月未还
	主体	国家工作人员[非国家工作人员按挪用资金罪定罪处罚]
	主观方面	故意，以暂时使用公款为目的
认定		与贪污罪的区别见表24－6
处罚		挪用用于救灾、抢险、防汛、优抚、扶贫、移民、救济款物归个人使用的，从重处罚

表24－6 挪用公款罪与贪污罪的区别

	挪用公款罪	贪污罪
次要客体	公共财产的占有、使用、收益权	公共财产所有权
犯罪对象	公款，例外情形下包括特定公物	公款和其他公共财物
客观行为方式	利用职务便利挪用公款，进行非法活动，或数额较大进行营利活动，或数额较大超过3个月未还	利用职务便利，以侵吞、窃取、骗取或以其他手段非法占有公共财物
主体范围	国家工作人员	国家工作人员，受国家机关、国有单位等委托管理、经营国有财产的人员
主观目的	暂时挪用，不以非法占有为目的	非法占有

【真题链接】

(1)简述挪用公款罪“归个人使用”的含义。[简答题，中国政法2023年研]

(2)挪用公款罪的构成要件。[简答题，湖南师大2023年研]

考点四：受贿罪(见表24－7)　★★★★

表24－7　受贿罪

<table>
<tr><th>要点</th><th colspan="2">主要内容</th></tr>
<tr><td>概念</td><td colspan="2">指国家工作人员利用职务便利，索取他人财物，或非法收受他人财物，为他人谋取利益的行为
[钱权交易，以收受财物为既遂标准]</td></tr>
<tr><td rowspan="4">构成特征</td><td>客体</td><td>国家工作人员的职务廉洁性[不可被收买，犯罪对象是贿赂]</td></tr>
<tr><td>客观方面</td><td>①两种基本行为方式：
a. 索取型受贿：利用职务便利，索取他人财物[索贿]。
b. 收受型受贿：利用职务便利，非法收受他人财物，为他人谋取利益。
②两种特殊类型的受贿：
a. 在经济往来中受贿。
b. 斡旋受贿又称间接受贿，指国家工作人员利用本人职权或地位形成的便利条件，通过其他国家工作人员职务上的行为[间接利用职权]，为请托人谋取不正当利益，索取或收受请托人财物的行为</td></tr>
<tr><td>主体</td><td>特殊主体，即国家工作人员</td></tr>
<tr><td>主观方面</td><td>故意</td></tr>
<tr><td>认定</td><td colspan="2">受贿罪与贪污罪的区别见表24－8，索贿型受贿与敲诈勒索罪的区别见表24－9</td></tr>
</table>

表24－8　受贿罪与贪污罪的区别

	受贿罪	贪污罪
客体	国家工作人员的职务廉洁性	复杂客体，国家公职人员的职务廉洁性、公共财产所有权
对象	他人财物	公共财物
客观行为表现	行为人利用职务便利，索取他人财物，或非法收受他人财物，为他人谋取利益	行为人利用职务便利，侵吞、窃取、骗取或其他方法非法占有公共财物
主体范围	国家工作人员	国家工作人员，受国家机关、国有公司、企业、事业单位、人民团体委托管理、经营国有财产的人员

表24－9　索贿型受贿与敲诈勒索罪的区别

	索贿型受贿	敲诈勒索罪
客体	单一客体	复杂客体
主体	国家工作人员	一般主体
客观方面	利用职务便利，索取他人财物，不采取暴力、胁迫等手段	使用暴力、胁迫手段，使被害人产生精神恐惧而被迫交出财物

【真题链接】

(1)请论述我国刑法中受贿罪的成立条件。[论述题，北大2025年研]

(2)简述受贿罪的概念与构成要件。[简答题，湖南师大2021年研]

(3)论述受贿罪的行为类型。[论述题，吉林大学2020年研]

(4)受贿罪的概念及构成要件。[论述题，四川大学2020年研]

考点五：利用影响力受贿罪(见表24-10) ★★★

表24-10 利用影响力受贿罪

要点		主要内容
概念		指国家工作人员的近亲属或其他与该国家工作人员关系密切的人，通过该国家工作人员职务上的行为，或利用该国家工作人员职权或地位形成的便利条件，以及离职的国家工作人员或其近亲属以及其他与其关系密切的人利用该离职的国家工作人员原职权或地位形成的便利条件，通过其他国家工作人员职务上的行为，为请托人谋取不正当利益，索取或收受请托人财物，数额较大或有其他较重情节的行为
构成特征	客体	国家工作人员的职务廉洁性
	客观方面	实施下列四种法定的利用影响力受贿行为之一，为请托人谋取不正当利益，索取或收受请托人财物： ①国家工作人员的关系密切人通过该国家工作人员职务上的行为。 ②国家工作人员的关系密切人利用该国家工作人员职权或地位形成的便利条件，通过其他国家工作人员职务上的行为。 ③离职的国家工作人员利用本人原职权或地位形成的便利条件，通过其他国家工作人员职务上的行为。 ④离职的国家工作人员的关系密切人利用该离职的国家工作人员原职权或地位形成的便利条件，通过其他国家工作人员职务上的行为
	主体	特殊主体，即对国家工作人员有影响力的特定人员
	主观方面	故意
认定		与受贿罪的界限：受贿罪的主体是在职国家工作人员

【真题链接】

(1)国家工作人员受贿罪和利用影响力受贿罪的构成要件。[论述题，上海交大2025年研]

(2)论述利用影响力受贿罪的概念、构成要件。[论述题，暨南大学2024年研]

(3)利用影响力受贿罪的行为方式。[论述题，宁波大学2017年研]

考点六：行贿罪(见表24-11) ★★

表24-11 行贿罪

要点		主要内容
概念		指为谋取不正当利益，给予国家工作人员财物，数额较大的行为[与受贿罪是对应犯]
构成特征	客体	国家工作人员的职务廉洁性[犯罪对象是国家工作人员]
	客观方面	为谋取不正当利益，给予国家工作人员财物，数额较大的行为
	主体	一般主体
	主观方面	故意，且以谋取不正当利益为目的
认定		①行贿罪谋取利益归个人所有，以交付财物为既遂标准。 ②与单位行贿罪的界限：体现单位意志，为单位谋取利益

考点七：其他常见罪名(见表 24 - 12)　★★

表 24 - 12　其他常见罪名

罪名	主要内容
巨额财产来源不明罪	指国家工作人员的财产、支出明显超出合法收入，差额巨大，经责令说明来源，本人不能说明其来源的行为
私分国有资产罪	指国家机关、国有公司、企业、事业单位、人民团体，违反国家规定，以单位名义将国有资产集体私分给个人，数额较大的行为

24.2　考研真题与典型题详解

一、单项选择题

1. 下列选项中，不可以作为受贿罪主体的是(　　)。[2024 年法硕(法学、非法学)真题]

A. 乡人民代表大会主席　　B. 合同制民警

C. 工人编制的镇工商所所长　　D. 火车站售票员

【解析】受贿罪的犯罪主体是国家工作人员。

B 项，合同制民警一般指各种辅警、协警，不是国家公务员，不可作为受贿罪的主体。

ACD 三项，乡人民代表大会主席属于依法履行职责的各级人大代表；工人编制的镇工商所所长属于从事公务的人员；火车站售票员属于铁路车务段的正式员工，具有铁路编制；这都属于国家工作人员。

2. 某村民委员会主任甲，未经集体讨论和表决同意，擅自将协助政府管理的社会捐助公益资金 100 万元借贷给他人用于经营活动。甲的行为应认定为(　　)。[2023 年法硕(法学、非法学)真题]

A. 职务侵占罪　　B. 挪用公款罪　　C. 挪用资金罪　　D. 挪用特定款物罪

【解析】挪用公款罪，是指国家工作人员利用职务上的便利，挪用公款归个人使用，进行非法活动，或挪用公款数额较大，进行营利活动，或挪用公款数额较大，超过 3 个月未还的行为。甲作为村委会主任协助政府管理社会捐助公益资金，可视为国家工作人员。其未经集体讨论和表决同意，擅自将协助政府管理的社会捐助公益资金 100 万元借贷给他人用于经营活动，属于挪用公款归个人使用，构成挪用公款罪。

3. 甲某是某县市场监督管理局某科室的科长。退休后，甲某的朋友丙找到甲某并请托甲某办事。甲某找到该县市场监督管理局现任局长帮丙免去了三万元罚款。甲的行为应认定为(　　)。[2024 年法硕(法学、非法学)真题]

A. 不构成犯罪　　B. 受贿罪

C. 利用影响力受贿罪　　D. 非国家工作人员受贿罪

【解析】AC 两项，利用影响力受贿罪，是指国家工作人员的近亲属或其他与该国家工作

1B　2B　3A

人员关系密切的人，通过该国家工作人员职务上的行为，或利用该国家工作人员职权或地位形成的便利条件，通过其他国家工作人员职务上的行为，为请托人谋取不正当利益，索取请托人财物或收受请托人财物，数额较大或有其他较重情节的行为。本案中，甲某虽利用原职权的便利条件请现任局长为丙谋取不正当利益，但没有索取或收受财物，因此不构成利用影响力受贿罪。即甲的行为不构成犯罪。

B 项，受贿罪的主体是国家工作人员。甲某已经退休，丧失国家工作人员身份，不构成受贿罪。

D 项，非国家工作人员受贿罪的主体为公司、企业或其他单位的工作人员，且要求利用职务上的便利。甲某非国家工作人员，也未利用职务便利，不构成非国家工作人员受贿罪。

4. 甲（市政府工作人员）接受请托人乙的 30 万元，通过妹夫刘某（市公安局干警）违规撤销了对乙的网上追逃信息。甲的行为应认定为（　　）。［2021 年法硕（法学）真题］

A. 介绍贿赂罪　　B. 利用影响力受贿罪

C. 滥用职权罪　　D. 受贿罪

【解析】根据《刑法》第 388 条之一规定，利用影响力受贿罪是指国家工作人员的近亲属或其他与该国家工作人员关系密切的人，通过该国家工作人员职务上的行为，或利用该国家工作人员职权或地位形成的便利条件，通过其他国家工作人员职务上的行为，为请托人谋取不正当利益，索取请托人财物或收受请托人财物，数额较大或有其他较重情节的行为。本题中，甲是与刘某关系密切的人，通过刘某职务上的行为撤销了乙的网上追逃信息，即为请托人乙谋取不正当利益，则甲的行为成立利用影响力受贿罪。

5. 下列关于行贿罪的表述，正确的是（　　）。［2023 年法硕（法学、非法学）真题］

A. 在经济往来中，给予国家工作人员以回扣的，不以行贿论处

B. 为谋取正当利益，给予国家工作人员以财物的，成立行贿罪

C. 行贿人在被追诉前主动交待行贿行为的，应当从轻或者减轻处罚

D. 因被勒索给予国家工作人员以财物，没有获得不正当利益的，不是行贿

【解析】ABD 三项，《刑法》第 389 条规定："为谋取不正当利益，给予国家工作人员以财物的，是行贿罪。在经济往来中，违反国家规定，给予国家工作人员以财物，数额较大的，或违反国家规定，给予国家工作人员以各种名义的回扣、手续费的，以行贿论处。因被勒索给予国家工作人员以财物，没有获得不正当利益的，不是行贿。"

C 项，《刑法》第 390 条第 3 款规定："行贿人在被追诉前主动交待行贿行为的，可以从轻或减轻处罚。其中，犯罪较轻的，对侦破重大案件起关键作用的，或有重大立功表现的，可以减轻或免除处罚。"

二、多项选择题

1. 关于贪污罪与挪用公款罪，下列说法正确的是（　　）。［2020 年法考真题］

A. 某灾区政府工作人员甲利用职务之便挪用救灾医疗器械，因不属于"公款"，故甲

4B　5D　|　1CD

的行为不成立挪用公款罪

B. 某国有公司出纳乙挪用本单位资金 100 万元，供自己购买股票，3 个月后又营利 100 万元，挪用公款的数额是 200 万元

C. 国有事业单位财务人员丁明知丙使用公款用于贩卖毒品，而将公款挪用给丙的，成立挪用公款罪的实行犯与贩卖毒品罪的帮助犯，实行数罪并罚

D. 某公立医院财务人员戊挪用单位办公经费 20 万元为自己购买商品房，后戊采取销毁账目的手段，使其中的 10 万元难以在单位财务账上反映出来，戊一直未归还上述所有款项，对戊应当以挪用公款罪、贪污罪实行并罚

【解析】A 项，挪用公款的行为对象既可以是公款，也可以是特定的公物。特定的公物，包括救灾、抢险、防汛、优抚、扶贫、移民等救济款物。因此甲的行为可以构成挪用公款罪。

B 项，挪用公款进行营利活动，所获取的利息、收益等违法所得，应当追缴，但不计入挪用公款的数额。则乙挪用公款的数额是 100 万元。

C 项，因挪用公款索取、收受贿赂构成犯罪的，或挪用公款进行非法活动构成其他犯罪的，依照数罪并罚的规定处罚。明知他人使用公款进行犯罪活动，而挪用公款给他人使用的，也应数罪并罚。

D 项，挪用公款罪与贪污罪的最大区别在于行为人主观上是否具有非法占有目的。戊采取销毁账目的手段，使挪用的办公经费 20 万元中的 10 万元难以在单位财务账上反映出来，对这 10 万元应认定为贪污罪，对另外 10 万元认定为挪用公款罪。

2. 下列选项中，属于挪用公款“归个人使用”的有（　　）。[2013 年法硕（非法学）真题]

A. 甲个人决定以单位名义将公款供一有限责任公司使用，自己未从中获利

B. 乙以单位名义将公款供某街道办企业使用，自己从中收取利息

C. 丙以个人名义将公款供某国有企业使用，自己未从中获利

D. 丁将公款借给朋友，供该朋友的孩子出国留学

【解析】有下列情形之一的，属于挪用公款“归个人使用”：①将公款供本人、亲友或其他自然人使用的；②以个人名义将公款供其他单位使用的；③个人决定以单位名义将公款供其他单位使用，谋取个人利益的。

三、概念题

1. 国家工作人员[人大 2012 年研]、**国家工作人员与国家机关工作人员**[武大 2009 年研]

答：（1）国家工作人员。《刑法》第 93 条规定：“本法所称国家工作人员，是指国家机关中从事公务的人员。国有公司、企业、事业单位、人民团体中从事公务的人员和国家机关、国有公司、企业、事业单位委派到非国有公司、企业、事业单位、社会团体从事公务的人员，以及其他依照法律从事公务的人员，以国家工作人员论。”其范围具体包括：①国家机关中从事公务的人员，包括各级国家权力机关、行政机关、监察机关、司法机关、军事机关中从事公务的人员。②国有公司、企业、事业单位、人民团体中从事公务的人员。

2BCD

③国家机关、国有公司、企业、事业单位委派到非国有公司、企业、事业单位、社会团体从事公务的人员。④其他依照法律从事公务的人员。

(2)国家机关工作人员。根据《全国法院审理经济犯罪案件工作座谈会纪要》，刑法中所称的国家机关工作人员，是指在国家机关中从事公务的人员，包括在各级国家权力机关、行政机关、司法机关和军事机关中从事公务的人员。根据相关立法解释规定，在依照法律、法规规定行使国家行政管理职权的组织中从事公务的人员，或在受国家机关委托代表国家行使职权的组织中从事公务的人员，或虽未列入国家机关人员编制但在国家机关中从事公务的人员，视为国家机关工作人员。在乡(镇)以上中国共产党机关、人民政协机关中从事公务的人员，司法实践中也应视为国家机关工作人员。

(3)国家工作人员的范围更广，国家机关工作人员包含在其内。二者的主要区别在于工作单位不同。国家机关工作人员仅限于国家机关内工作的人员，而国家工作人员还包括了在国有企业、事业单位等非国家机关单位工作的人员。

2. 私分国有资产罪与贪污罪[武大2011年研]

相关试题：贪污罪[广外2024年研；浙大2008年研]、**私分国有资产罪**[武大2009年研]

答：(1)贪污罪，是指国家工作人员利用职务上的便利，侵吞、窃取、骗取或以其他手段非法占有公共财物的行为。根据《刑法》第382条第2款规定，受国家机关、国有公司、企业、事业单位、人民团体委托管理、经营国有财产的人员，利用职务上的便利，侵吞、窃取、骗取或以其他手段非法占有国有财物的，以贪污论。

(2)私分国有资产罪，是指国家机关、国有公司、企业、事业单位、人民团体，违反国家规定，以单位名义将国有资产集体私分给个人，数额较大的行为。本罪的客观方面表现为违反国家规定，以单位名义将国有资产集体私分给个人，数额较大的行为。具体包括三个方面：①违反国家规定，这是构成本罪的前提条件；②以单位名义将国有资产集体私分给个人；③私分数额较大。

(3)两罪的主体都可由国家工作人员构成，主观罪过形式均为故意，其区别主要有：

①客观方面的表现不同。本罪以单位名义将国有资产集体私分给单位多数人员，常以合法形式公开进行。贪污罪在客观上表现为利用职务便利，以侵吞、盗窃、骗取等手段将公共财产非法占为己有，多在小范围内秘密进行。

②主体范围不同。本罪的主体是国家机关等单位，负刑事责任的是单位中直接负责的主管人员和其他直接责任人员，仅部分国家工作人员可构成。贪污罪的主体包括所有国家工作人员，以及受委托管理、经营国有财产的人员，属于个人犯罪。

③犯罪目的不同。本罪以单位成员共同非法分得国有财产为目的。贪污罪则以个人非法占有公共财产为目的。

3. 受贿罪[武大2015年研；人大2014年研；华侨大学2011年研]

答：参见本章考点难点归纳相关内容。

4. 利用影响力受贿罪[暨南大学2016年研；人大2015年研]

答：参见本章考点难点归纳相关内容。

四、简答题

1. 简述我国刑法规定贪污罪的构成特征。［中山大学2015年研］

答：参见本章考点难点归纳相关内容。

2. 挪用公款罪的构成要件。［湖南师大2023年研］

相关试题：

(1)简述挪用公款罪“归个人使用”的含义。［中国政法2023年研］

(2)简述挪用公款归个人使用及其不同类型。［暨南大学2016年研］

(3)论述挪用公款罪的构成特征。［论述题，中山大学2009年研］

答：参见本章考点难点归纳相关内容。

3. 挪用公款罪与贪污罪的区别。［武大2011年研；吉林大学2004年研］

答：参见本章考点难点归纳相关内容。

4. 简述行贿罪的成立条件。［2009年法硕真题］

答：参见本章考点难点归纳相关内容。

五、法条分析题

《刑法》第385条第1款规定：国家工作人员利用职务上的便利，索取他人财物的，或非法收受他人财物，为他人谋取利益的，是受贿罪。［2020年法硕(非法学)真题］

请分析：

(1)本款中的“利用职务上的便利”应如何理解？

(2)本款中的“为他人谋取利益”应如何理解？

(3)本款中的“财物”范围应如何确定？

答：(1)“利用职务上的便利”，是指利用本人职务范围内的权力和地位所形成的便利条件，即主管、直接经手、管理财物的职权之便。具体包括两种情形：

①利用本人职务上主管、负责、承办某项公共事务的职权。

②利用源于国家机关、国有公司、企业、事业单位、人民团体委托的职权。

若行为人利用的是与职权无关的方便条件(如熟悉作案环境或接近作案目标)，则不构成本罪。

(2)“为他人谋取利益”包括以下情形：

①实际或承诺为他人谋取利益的。

②明知他人有具体请托事项的。

③履职时未被请托，但事后基于该履职事由收受他人财物的。

④国家工作人员索取、收受具有上下级关系的下属或具有行政管理关系的被管理人员的财物，可能影响职权行使的。

(3)“财物”包括货币、物品和财产性利益。财产性利益包括可以折算为货币的物质利益，如房屋装修、债务免除等，以及需要支付货币的其他利益，如会员服务、旅游等。

六、论述题

1. 论述受贿罪的行为类型。[吉林大学2020年研]

相关试题：

(1)请论述我国刑法中受贿罪的成立条件。[北大2025年研]

(2)简述受贿罪的概念与构成要件。[简答题，湖南师大2021年研]

(3)受贿罪的概念及构成要件。[四川大学2020年研]

(4)试论受贿罪。[青岛大学2017年研]

(5)简述受贿罪的客观要件。[简答题，武大2014年研]

答：受贿罪的概念与构成特征，参见本章考点难点归纳相关内容。受贿罪在客观方面表现为行为人利用职务上的便利，索取他人财物，或非法收受他人财物，为他人谋取利益的行为。具体包括：

(1)两种基本行为方式：

①索取型受贿，即利用职务便利索取他人财物。“利用职务便利”含本人职权及有隶属、制约关系的他人职权。索贿具有主动性、勒索性的特点，主观恶性较大，不论是否“为他人谋取利益”均可构成受贿罪。

②收受型受贿，即利用职务便利非法收受他人财物，并为他人谋利。其特征有：a. 被动性，这是其与索取型贿赂最大的区别；b. 本质，权钱交易性。收受体现给付方主动、收受方被动，须“为他人谋取利益”才构成受贿罪。“为他人谋取利益”包括承诺、实施、实现三个阶段的行为，有其一即可。

(2)两种特殊类型的受贿：

①在经济往来中受贿。《刑法》第385条第2款规定，国家工作人员在经济往来中，违反国家规定，收受各种名义的回扣、手续费，归个人所有的，以受贿论处。若国家工作人员上交单位则不构成犯罪。

②斡旋受贿，又称间接受贿。《刑法》第388条规定，国家工作人员利用本人职权或地位形成的便利条件，通过其他国家工作人员职务上的行为，为请托人谋取不正当利益，索取请托人财物或收受请托人财物的，以受贿论处。其特征是：间接利用职权，谋取不正当利益。其违法性一般轻于直接利用职权受贿，故构成要件更严。

2. 论利用影响力受贿罪。[武大2011年研]

相关试题：

(1)国家工作人员受贿罪和利用影响力受贿罪的构成要件。[上海交大2025年研]

(2)论述利用影响力受贿罪的概念、构成要件。[暨南大学2024年研]

(3)利用影响力受贿罪的行为方式。[宁波大学2017年研]

(4)简述利用影响力受贿罪的概念和构成要件。[简答题，华东政法2012年研]

(5)简述利用影响力受贿罪的主体范围。[2012年法硕(非法学)真题]

答：(1)利用影响力受贿罪的概念与构成特征，参见本章考点难点归纳相关内容。

(2)利用影响力受贿罪的认定：

①利用影响力受贿罪与普通受贿罪的区别：

a. 犯罪主体不同。本罪的主体是国家工作人员的关系密切人、离职国家工作人员及其关系密切人。后罪的主体只能是国家工作人员。

b. 客观行为方式不同。本罪的主体因无职权需借助关系密切的国家工作人员行为受贿，方式复杂。后罪的主体可直接利用自身职务之便受贿。

②利用影响力受贿罪与斡旋受贿罪的区别：

a. 主体不同。本罪的主体是国家工作人员的关系密切人、离职国家工作人员及其关系密切人。后罪的主体是国家工作人员。

b. 影响力来源不同。本罪的影响力来源多样，包括国家工作人员职务职权、职权地位形成的便利条件及离职国家工作人员原职权地位形成的便利条件。后罪的影响力仅来自本人职权地位形成的便利条件。

③利用影响力受贿罪与受贿罪共犯的界限。区分的关键在于非国家工作人员与国家工作人员有无共同受贿故意。利用影响力受贿罪中，无共同受贿故意；受贿罪共犯中有此故意。

七、案例分析题

1. 王某之夫赵某是医院院长，在购买器材时收到回扣100万元，被监委会立案调查。王某为了减轻对其丈夫的处罚，找到了监委会的干部刘某。刘某看王某貌美，于是说自己不是案件承办人，但是和案件承办人很熟，可以帮王某去找案件承办人说情，但表示需要王某给20万元活动费，并暗示想和王某发生性关系。王某给了刘某20万元活动费，并多次和刘某发生性关系。但是刘某自始都没准备帮其找案件承办人说情。[中南财大2025年研]

问题：

(1)刘某是否构成强奸罪？请说明理由。

(2)刘某是否构成受贿罪？请说明理由。

(3)刘某是否构成诈骗罪？请说明理由。

答：(1)刘某不构成强奸罪。

理由：强奸罪，是指违背妇女意志，使用暴力、胁迫或其他手段，强行与妇女发生性交的行为。本案中，王某为了让刘某帮忙减轻丈夫的处罚，虽然可能不情愿，但从描述来看没有体现出刘某使用了暴力、胁迫或其他使王某不能反抗、不敢反抗、不知反抗的手段。王某是为了达到目的而主动配合刘某发生性关系，不符合强奸罪的构成要件。

(2)刘某构成受贿罪。

理由：受贿罪，是指国家工作人员利用职务上的便利，索取他人财物，或非法收受他人财物，为他人谋取利益的行为。刘某作为监委会干部，属于国家工作人员。他利用自己是监委会干部，声称和案件承办人很熟可以帮忙说情的职务便利，向王某索取20万元活动费并非法占有，且其行为表明有为他人谋取不正当利益(减轻对赵某的处罚)的意思表示，即使实际上自始没准备帮忙说情，也不影响受贿罪的构成。

(3)刘某构成诈骗罪。

理由：诈骗罪，是指以非法占有为目的，用虚构事实或隐瞒真相的方法，骗取公私财物，数额较大的行为。刘某虚构自己可以找案件承办人说情的事实，使王某陷入错误认识；

王某基于这种错误认识自愿交给刘某 20 万元活动费。刘某非法占有了这 20 万元，且数额较大，符合诈骗罪的构成要件。

同时，刘某的一个行为同时触犯受贿罪和诈骗罪，属于想象竞合犯，应从一重罪论处。

2. 甲系某公立医院副院长。2021 年 1 月，甲在招投标过程中收受某医疗器械公司所送的回扣款 50 万元，将其存入个人银行卡，并将其中部分用于单位医护人员聚餐、旅游等。2021 年 10 月，甲未经单位集体决策，私自将负责管理的专项补助资金 120 万元用于本院外科运动医学实验室的建设。2021 年 12 月，甲在实施一场外科手术时，由于技术上的疏忽，导致患者死亡。经查，甲所持的医师执业证书于手术两天前被吊销。[2023 年法硕(法学)真题]

请根据我国刑法的相关规定，对甲的上述行为进行评价。

答：甲的行为构成受贿罪、非法行医罪，应数罪并罚。

(1)甲的行为构成受贿罪。具体分析如下：

受贿罪，是指国家工作人员利用职务上的便利，索取他人财物，或非法收受他人财物，为他人谋取利益的行为。受贿罪的犯罪主体为国家机关工作人员，主观内容应为故意，客观上表现为行为人利用职务便利，向他人索取或收受财物并为他人谋利的行为。本案中，甲是公立医院的管理人员，属于国家工作人员的范畴，其利用职务便利收受医疗器械公司财物的行为构成受贿罪。

(2)甲的行为构成非法行医罪。具体分析如下：

非法行医罪，是指未取得医生执业资格的人非法行医，情节严重的行为。本案中，甲被吊销医师执业资格证书后，在手术过程中非法行医，导致就诊人死亡，情节严重，构成非法行医罪的结果加重犯，应加重处罚。

(3)甲对专项补助资金的挪用行为，不构成犯罪。具体分析如下：

①挪用特定款物罪，是指违反特定款物专用的财经管理制度，挪用国家用于救灾、抢险、防汛、优抚、扶贫、移民、救济款物，情节严重，致使国家和人民群众利益遭受重大损害的行为。

②挪用公款罪，是指国家工作人员利用职务上的便利，挪用公款归个人使用，进行非法活动的，或挪用公款数额较大，进行营利活动的，或挪用公款数额较大、超过 3 个月未还的行为。

本案中，甲将特定的专项补助资金挪作本院在外的运动医疗实验室建设，但专项补助资金不属于救灾、抢险、防汛、优抚、扶贫、移民、救济款物，不构成挪用特定款物罪；甲挪用公款并非属于“归个人使用”的情形，而是用于本院在外的运动医疗实验室建设，因此也不构成挪用公款罪。

3. 2015 年 10 月，某国有银行国际部主任甲利用主管业务的便利，将本单位公款 300 万元借给张某的公司使用。2016 年 4 月，甲被调离岗位，此时，借出的公款尚未归还。2016 年 6 月，因该银行建立电子对账系统，甲和接替其职务的乙为掩盖借款 300 万元给他人使用的事实，制作了金额为 50 万美元的虚假信用证材料。2016 年 11 月，该银行发现信用证材料不全，询问乙，乙承认上述事实。该银行报案后，乙通过电话指引侦查机关将甲

抓获。甲到案后，交代了全案。[2018 年法硕(法学)真题]

请根据上述材料，回答下列问题并说明理由：

(1)甲、乙的行为构成何罪？

(2)影响甲、乙刑事责任的因素有哪些？

答：(1)甲成立挪用公款罪，乙成立挪用公款罪(共犯)。具体分析如下：

挪用公款罪，是指国家工作人员利用职务上的便利，挪用公款归个人使用，进行非法活动的，或挪用公款数额较大、进行营利活动的，或挪用公款数额较大、超过 3 个月未还的行为。

本案中，甲是国有银行国际部的主任，属于国家工作人员，甲利用主管银行业务的职务便利，挪用 300 万元公款给张某的公司使用。根据《最高人民法院关于审理挪用公款案件具体应用法律若干问题的解释》第 1 条规定，挪用公款给私有公司、私有企业使用的，属于挪用公款归个人使用。同时甲挪用公款数额较大，且超过 3 个月未还。甲的行为符合挪用公款罪的构成要件。对于甲使用虚假信用证的行为，是甲为了应对银行建立电子对账系统，采取暂时平账的做法。甲在主观上并非以非法占有公款为目的。

乙明知甲挪用公款而不予归还的行为，还协助甲掩盖事实，成立挪用公款罪的共犯。

(2)对影响甲、乙的刑事责任的因素分析如下：

①甲是主犯，是结果加重犯，其行为构成坦白。《最高人民法院、最高人民检察院关于办理贪污贿赂刑事案件适用法律若干问题的解释》第 6 条规定，挪用公款归个人使用，进行营利活动或超过 3 个月未还，数额在 5 万元以上的，应认定为“数额较大”；数额在 500 万元以上的，应认定为“数额巨大”。挪用公款数额在 200 万元以上的，应认定为情节严重。我国刑事司法解释采从旧兼从轻原则，故甲挪用 300 万元归个人使用超过 3 个月未还的行为，构成数额较大且情节严重，处 5 年以上有期徒刑。甲到案后交代全案，构成坦白，可以从轻处罚。

②乙是从犯，其行为成立自首与重大立功。乙在犯罪时起到帮助作用，属于从犯中的帮助犯。对于从犯，应从轻、减轻处罚或免除处罚。乙在单位询问下主动承认犯罪事实的行为成立自首。对于自首的犯罪分子，可以从轻或减轻处罚。其中，犯罪较轻的，可以免除处罚。乙协助司法机关抓捕其他重大犯罪嫌疑人(包括同案犯)，按照司法机关的安排，以打电话、发信息等方式将其他犯罪嫌疑人(包括同案犯)约至指定地点的，属于协助抓捕其他犯罪嫌疑人。而甲可能被判处无期徒刑以上刑罚，属于“重大犯罪嫌疑人”，乙通过电话指引将甲抓获，属于协助司法机关抓捕其他重大犯罪嫌疑人(包括同案犯)，成立重大立功，可以减轻或免除处罚。

4. 某县扶贫办副主任甲，利用职务将一项造价 20 万元的扶贫工程定价 40 万元，对外招标。甲冒用 A 公司的营业执照、安全许可证等证明材料，参与该项目招标，又通过职权运作使“A 公司”中标。之后，甲以“A 公司”的名义将工程交给村民乙承建，并在工程完工验收后，利用职权将 40 万元工程款存到自己的银行账户，再向乙支付了 20 万元。

此后，乙承建并完成该县另一项扶贫工程。但因工程迟迟得不到验收，乙无法得到 50 万元的工程余款。

乙找到负责验收的甲，甲要乙“意思一下”。乙遂送 3 万元现金给甲。甲随即对该项目予以验收，乙顺利拿到工程余款。

乙的朋友丙得知乙送钱给甲的事情后，打电话给甲，要甲给其“保密费”10万元，否则向检察院举报。

甲担心事情闹大，不得已给了丙10万元。[2017年法硕(非法学)真题]

请根据上述材料，回答下列问题并说明理由：

(1)甲的行为构成何罪?

(2)乙的行为是否构成行贿罪?

(3)丙的行为构成何罪?

答：(1)甲的行为构成贪污罪和受贿罪。理由如下：

①贪污罪，是指国家工作人员利用职务上的便利，侵吞、窃取、骗取或以其他手段非法占有公共财物的行为。甲是负责扶贫工作的国家工作人员，利用职务上的便利，通过欺骗手段取得扶贫工程项目，非法占有了虚高工程款，其行为符合贪污罪的构成要件。

②受贿罪，是指国家工作人员利用职务上的便利，索取他人财物，或非法收受他人财物，为他人谋取利益的行为。甲负责验收时，公然索贿，在收受他人财物后才进行验收，其行为构成受贿罪。

(2)乙的行为不构成行贿罪。理由如下：

行贿罪，是指为谋取不正当利益，给予国家工作人员以财物的行为。行贿必须是行为人的主动行为，如果是被勒索不得不给予国家工作人员财物，没有获取不正当利益的，不是行贿罪。乙为了促使甲验收工程，以获得工程余款，在甲索贿的情形下给甲钱财，并不是为了谋取不正当利益，其行为不构成行贿罪。

(3)丙的行为构成敲诈勒索罪。理由如下：

敲诈勒索罪，是指以非法占有为目的，对公私财物的所有人、管理人实施威胁或要挟的方法，多次强行索取公私财物或索取数额较大的公私财物的行为。丙以非法占有为目的，利用甲的违法犯罪行为威胁甲使之产生恐惧，强行索取“保密费”10万元，其行为构成敲诈勒索罪。

5．2009年10月，甲被某市第一高中聘为会计。甲根据校长办公会的安排，将学校收取的学杂费存入以甲的名义开设的银行账户。2014年5月，校长乙虚构因公借款理由，指示甲从该账户中提取15万元现金。乙将这笔钱借给弟弟开茶楼。2014年12月，乙归还了15万元现金，甲遂用这笔钱为儿子购买住房，并虚列支出平账。2015年8月，审计机关审计时，甲向审计人员主动交代了上述事实，并退赔了15万元。[2016年法硕(法学)真题]

请依据上述材料，回答下列问题并说明理由：

(1)甲的犯罪行为应如何认定?

(2)乙的犯罪行为应如何认定?

(3)甲具有何种法定和酌定量刑情节?

答：(1)甲应认定为贪污罪。

理由：根据《刑法》第382条规定，国家工作人员利用职务上的便利，侵吞、窃取、骗取或以其他手段非法占有公共财物的，构成贪污罪。受国家机关、国有公司、企业、事业单位、人民团体委托管理、经营国有财产的人员，利用职务上的便利，侵吞、窃取、骗取或以其他手段非法占有国有财物的，以贪污论。

①甲利用管理学校财务的职务便利，侵吞乙归还的15万元公款，属于利用职务上的便利，以侵吞的手段非法占有公共财物的行为，符合贪污罪的客观要件。

②甲被聘为学校会计，属于受国有事业单位委托管理公共财产的人员，具备贪污罪的主体身份。

③甲采取虚列支出平账的方式侵吞公款，表明其主观上具有非法占有公共财物的目的，符合贪污罪的主观要件。

(2)乙应认定为挪用公款罪。

理由：根据《刑法》第384条规定，国家工作人员利用职务上的便利，挪用公款归个人使用，进行非法活动的，或挪用公款数额较大、进行营利活动的，或挪用公款数额较大、超过3个月未还的，构成挪用公款罪。

①乙利用校长职权，指使不知情的甲挪用公款，供亲友使用，进行营利活动，符合挪用公款罪的客观要件。

②乙是学校校长，属于国家工作人员，具备挪用公款罪的主体身份。

③乙归还了所挪用的公款，说明其不具有非法占有的目的，符合挪用公款罪的主观要件。

(3)①甲向审计机关主动交代了贪污的事实，符合自首的规定，属于法定量刑情节。

②甲退还了15万元，应认定为积极退赃，属于酌定量刑情节。

第二十五章　渎职罪

25.1　复习笔记

【知识框架（庖丁解牛）】

- 渎职罪
  - 概述
    - 概念、种类
    - 构成特征
      - 客体：国家机关的正常管理活动
      - 客观方面：各种严重渎职行为
      - 主体：身份犯，国家机关工作人员
      - 主观方面：多为故意，少数为过失
  - 分述
    - 一般国家机关工作人员渎职罪
      - 滥用职权罪
      - 玩忽职守罪
      - 故意泄露国家秘密罪
    - 司法工作人员渎职罪：徇私枉法罪；民事、行政枉法裁判罪
    - 特定国家机关工作人员渎职罪：食品、药品监管渎职罪

【通关提要（提纲挈领）】

本章主要介绍渎职罪，比较重要。学习时，要了解渎职罪的构成特征，注意“国家机关工作人员”这一特殊主体的概念，重点掌握滥用职权罪、玩忽职守罪、徇私枉法罪等重点罪名的构成特征和认定，要注意其与贪污受贿罪各罪名的区分。本章多考查概念题、简答题和案例分析题，要理解记忆。

【考点难点归纳（厚积薄发）】

考点一：渎职罪概述（见表 25－1）　★★

表 25－1　渎职罪概述

要点		主要内容
概念		指国家机关工作人员在公务活动中，滥用职权、玩忽职守、徇私舞弊，妨害国家管理活动，致使公共财产或国家与人民的利益遭受重大损失的行为
构成特征	客体	国家机关的正常管理活动
	客观方面	滥用职权、玩忽职守、徇私舞弊［严重渎职行为］并使公共财产、国家和人民利益遭受重大损失
	主体	特殊主体，即只能是国家机关工作人员［身份犯，但故意、过失泄露国家秘密罪除外］
	主观方面	多为故意，个别是过失

考点二：滥用职权罪(见表25－2) ★★★★

表25－2 滥用职权罪

要点		主要内容
概念		指国家机关工作人员超越职权，违法决定、处理其无权决定、处理的事项，或违反规定处理公务，致使公共财产、国家和人民利益遭受重大损失的行为
构成特征	客体	国家机关的正常活动
	客观方面	①滥用职权，分为两种情况： a. 超越职权，违法决定、处理其无权决定、处理的事项。[无权处理] b. 违反规定处理公务。[不适当、不正确地行使职权] ②滥用职权行为造成公共财产、国家和人民利益的重大损失
	主体	特殊主体，国家机关工作人员
	主观方面	故意
认定		①徇私舞弊是滥用职权罪的加重处罚情节。 ②本罪是概括规定；特定主体滥用职权犯罪有规定的适用特别规定

考点三：玩忽职守罪(见表25－3) ★★★

表25－3 玩忽职守罪

要点		主要内容
概念		指国家机关工作人员严重不负责任，不履行或不认真履行职责，致使公共财产、国家和人民利益遭受重大损失的行为
构成特征	客体	国家机关的正常活动
	客观方面	①玩忽职守行为：不履行[不作为]或不认真履行[作为]职责。 ②致使公共财产、国家和人民利益遭受重大损失
	主体	特殊主体，国家机关工作人员
	主观方面	过失
认定		与滥用职权罪的界限： ①主观方面不同。本罪为过失；滥用职权罪为故意。 ②客观行为方式不同。本罪为玩忽职守，不履行或不正确履行职责；滥用职权罪为超越或违反职权，积极作为

考点四：故意泄露国家秘密罪(见表25－4) ★★

表25－4 故意泄露国家秘密罪

要点		主要内容
概念		指国家机关工作人员或非国家机关工作人员违反保守国家秘密法的规定，故意泄露国家秘密，情节严重的行为
构成特征	客体	国家保密制度[犯罪对象是国家秘密，包括绝密、机密和秘密三级]
	客观方面	违反保守国家秘密法的规定，泄露国家秘密，情节严重的行为

续表

要点	主要内容	
构成特征	主体	特殊主体：①国家机关工作人员；②具有一定职责、可接触或知悉国家秘密的非国家机关工作人员
	主观方面	故意

考点五：徇私枉法罪（见表 25－5） ★★★

表 25－5　徇私枉法罪

要点	主要内容		
概念	指司法工作人员徇私枉法、徇情枉法，对明知是无罪的人而使他受追诉、对明知是有罪的人而故意包庇不使他受追诉，或在刑事审判活动中故意违背事实和法律作枉法裁判的行为		
构成特征	客体	司法机关的公正性	
	客观方面	①两种起因［动机］：徇私、徇情。 ②三种行为：枉法追诉、枉法包庇和枉法裁判	
	主体	司法工作人员	
	主观方面	故意，且有徇私、徇情动机	
认定	与非罪	主观上是否徇私	
	与诬告陷害罪	是否违背职责或利用职务便利	
	与妨害司法罪	是否利用职务便利	
	与民事、行政枉法裁判罪	主体	①前罪：审判人员＋负有侦查、检察、监管职责的人员。 ②后罪：审判人员
		发生领域	①前罪：刑事诉讼活动；②后罪：民事、行政审判活动
		客观方面	①前罪不要求情节严重；②后罪要求情节严重

【**真题链接**】简述徇私枉法罪的构成要件。［简答题，2020 年法硕（法学、非法学）真题］

考点六：食品、药品监管渎职罪（见表 25－6） ★★

表 25－6　食品、药品监管渎职罪

要点	主要内容	
概念	指负有食品药品安全监督管理职责的国家机关工作人员，滥用职权或玩忽职守，造成严重后果或有其他严重情节的行为	
构成特征	客体	国家正常的食品、药品安全监督管理活动
	客观方面	滥用职权或玩忽职守，造成严重后果或有其他严重情节的行为
	主体	特殊主体，负有食品、药品安全监督管理职责的国家机关工作人员
	主观方面	过失，但滥用职权时也可故意

25.2　考研真题与典型题详解

一、单项选择题

1. 甲某是资深军迷，其喜欢用专业器材拍摄停于我国某港口的军舰；且为了炫耀，甲某常常将拍摄的照片发送到某“军迷群”。事后查明，甲某拍摄的照片中大量涉及国家秘密，且照片被潜伏于“军迷群”的外国间谍获得。对于甲某的行为应认定为(　　)。[2024 年法硕(法学、非法学)真题]

A. 间谍罪　　B. 故意泄露国家秘密罪

C. 非法获取国家秘密罪　　D. 为境外刺探、非法提供国家秘密罪

【解析】A 项，间谍罪，是指参加间谍组织或接受间谍组织及其代理人的任务，或为敌人指示轰击目标，危害国家安全的行为。本案中，甲并不具有间谍罪的客观行为和主观故意，不成立间谍罪。

BC 两项，非法获取国家秘密罪，是指以窃取、刺探、收买的方法，非法取得国家秘密的行为。拍摄行为并不能证明采取了窃取、刺探、收买的方法，因此不构成非法获取国家秘密罪。故意泄露国家秘密罪，是指国家机关工作人员或非国家机关工作人员违反保守国家秘密法的规定，故意泄露国家秘密，情节严重的行为。甲某在微信群里散播涉密的军舰照片，可成立故意泄露国家秘密罪。

D 项，为境外窃取、刺探、收买、非法提供国家秘密、情报罪，是指为境外的机构、组织、人员窃取、刺探、收买、非法提供国家秘密或情报的行为。甲没有为境外刺探、非法提供国家秘密罪的故意，不成立该罪。

2. 国家机关工作人员甲，发现好友王某生产、销售不符合食品安全标准的食品后，滥用食品安全监管职权，未依法将王某移交司法机关追究刑事责任，情节严重。甲的行为应认定为(　　)。[2022 年法硕(非法学)真题]

A. 滥用职权罪　　B. 徇私枉法罪

C. 食品监管渎职罪　　D. 徇私舞弊不移交刑事案件罪

【解析】食品、药品监管渎职罪，是指负有食品药品安全监督管理职责的国家机关工作人员，滥用职权或玩忽职守，造成严重后果或有其他严重情节的行为。“玩忽职守”的情形包括：①瞒报、谎报食品安全事故、药品安全事件的；②对发现的严重食品药品安全违法行为未按规定查处的；③在药品和特殊食品审批审评过程中，对不符合条件的申请准予许可的；④依法应移交司法机关追究刑事责任不移交的；⑤有其他滥用职权或玩忽职守行为的。本案中，甲作为国家工作人员，具有食品监管职权，但其滥用职权，未依法将生产销售不符合安全标准食品的王某移交司法机关追究刑事责任，情节严重，符合上述④所述的情形，应认定为食品监管渎职罪。

A 项，食品监管渎职罪与滥用职权罪属于特别法条与一般法条的关系，应按特别法条的规定论处。

B 项，甲的行为不属于刑事诉讼中的活动，不构成徇私枉法罪。

1B　2C

D项，徇私舞弊不移交刑事案件罪的犯罪主体为行政执法人员，甲的身份不符合；食品、药品监管渎职罪的犯罪主体为负有食品、药品安全监督管理职责的国家机关工作人员，甲的身份符合。

3. 法官甲违背事实和法律，判决赵某的儿子无罪。事后，赵某按照和甲事前的约定，将5万元现金送给甲的妻子乙，乙打电话向甲问明情况后收下现金。关于甲、乙的行为，判断正确的是(　　)。[2016年法硕(非法学)真题]

A. 甲只构成徇私枉法罪，乙构成受贿罪

B. 甲只构成徇私枉法罪，乙构成利用影响力受贿罪

C. 甲构成徇私枉法罪和受贿罪，乙构成受贿罪

D. 甲构成受贿罪，乙不构成犯罪

【解析】《刑法》第399条规定，司法工作人员徇私枉法、徇情枉法，对明知是无罪的人而使他受追诉、对明知是有罪的人而故意包庇不使他受追诉，或在刑事审判活动中故意违背事实和法律作枉法裁判的，构成徇私枉法罪。法官甲在刑事审判中故意违背事实和法律枉法裁判，判决赵某儿子无罪，构成徇私枉法罪。

《刑法》第385条规定，国家工作人员利用职务上的便利，索取他人财物的，或非法收受他人财物，为他人谋取利益的，是受贿罪。甲作为国家工作人员，利用职务上的便利非法收受赵某的财物并为赵某的儿子开脱，甲同时构成受贿罪；乙在问明甲情况后收下赵某所送现金，是甲受贿罪的共犯。

二、概念题

1. 渎职罪[武大2006年研]

答：参见本章考点难点归纳相关内容。

2. 玩忽职守罪与滥用职权罪[人大2016年研]

相关试题：玩忽职守罪[人大2010年研]、**滥用职权罪**[上海交大2006年研]

答：参见本章简答题第2题答案。

3. 徇私枉法罪[武大2009年研；上海交大2007年研]

答：参见本章考点难点归纳相关内容。

三、简答题

1. 简述渎职罪的共同特征。[2016年法硕(法学)真题]

相关试题：简述渎职罪的概念和构成要件。[2011年法硕(非法学)真题]

答：参见本章考点难点归纳相关内容。

2. 玩忽职守罪与滥用职权罪的主要区别。[西北政法2006年研]

答：(1)二者的含义：

①玩忽职守罪，是指国家机关工作人员严重不负责任，不履行或不认真履行职责，致

使公共财产、国家和人民利益遭受重大损失的行为。

②滥用职权罪，是指国家机关工作人员超越职权，违法决定、处理其无权决定、处理的事项，或违反规定处理公务，致使公共财产、国家和人民利益遭受重大损失的行为。

(2)二者虽都属于渎职犯罪，主体都是国家机关工作人员，客观上都要求造成公共财产、国家和人民利益的重大损失，但有明显的区别，具体如下：

①主观方面不同。本罪在主观上只能出于过失，属于过失犯罪；滥用职权罪在主观上为故意，属于故意犯罪。

②客观行为方式不同。本罪在客观上表现为玩忽职守，即严重不负责任，不履行或不正确履行职责，如值班期间擅离职守、未按规定检查导致事故发生等。滥用职权罪在客观上表现滥用职权，即超越职权，违法决定、处理其无权决定、处理的事项，或违反规定处理公务，如违规审批、越权决策、徇私舞弊等。

综上，玩忽职守罪重在惩罚因过失导致的失职行为，滥用职权罪则惩罚故意滥用职权的行为。

3. 简述徇私枉法罪的构成要件。［2020年法硕（法学、非法学）真题］

相关试题：简述徇私枉法罪。［武大2005年研］

答：参见本章考点难点归纳相关内容。

4. 简述食品监管渎职罪的构成要件。［2013年法硕（法学）真题］

答：参见本章考点难点归纳相关内容。

四、案例分析题

人民法院查明成年人高某以下犯罪事实：

事实一：2006年7月2日，高某在拐卖妇女顾某过程中，将顾某强行奸淫，后又强迫其卖淫；7月9日将顾某出卖。在7月20日，高某还以出卖为目的偷盗两名婴儿。为防止婴儿哭闹，高某给婴儿喂了安眠药，因剂量不当导致其中一名婴儿死亡。另一名婴儿一直没有卖出去。

事实二：高某听说有人向公安机关举报了自己的上述事实，便带着10万元人民币，于2006年9月2日晚找到该县公安局分管刑事侦查工作的副局长任某（任某为高某父亲的战友，与高家关系甚密），请任某帮忙。任某在收下钱款后答应“想办法”。后来，任某找了个“理由”让办案人员对该举报材料进行了“技术”处理而没有立案。不久，任某调离公安机关。高某因“事实一”中的行为被司法机关采取强制措施后，主动交代了向任某送钱的事实。［2010年法硕（非法学）真题］

阅读分析上述材料后，请回答下列问题：

(1)“事实一”中高某的行为应如何定罪处罚？为什么？

(2)“事实二”中高某的行为应如何定罪处罚？为什么？

(3)“事实二”中任某的行为应如何定罪处罚？为什么？

答：(1)“事实一”中对高某应以拐卖妇女、儿童罪从重处罚。

理由：根据《刑法》第240条规定，以出卖为目的，拐卖妇女、儿童的行为，以及以出卖为目的偷盗儿童的行为都构成拐卖妇女、儿童罪。高某以出卖为目的拐卖妇女，又以出卖为目的偷盗儿童，其行为应定拐卖妇女、儿童罪，不实行数罪并罚。且拐卖妇女、儿童过程中奸淫被拐卖妇女的、强迫被拐卖妇女卖淫的、以出卖为目的偷盗婴儿的、造成被拐卖儿童死亡的，均属于拐卖妇女、儿童罪中适用较重法定刑的情节。因此对高某要以拐卖妇女、儿童罪在加重法定刑内处罚。

(2)“事实二”中对高某应以行贿罪论处，可以从轻或减轻处罚。

理由：行贿罪，是指为谋取非法利益，给予国家工作人员以财物的行为。高某为逃避法律制裁，给予任某财物，高某的行为构成行贿罪。在被采取强制措施后，高某如实供述了司法机关还未掌握的本人行贿罪行，以自首论。按照刑法分则的规定，行贿人在被追诉前主动交代行贿行为的，可以从轻或减轻处罚。

(3)“事实二”中对任某应以徇私枉法罪和受贿罪从一重罪论处。

理由：徇私枉法罪，是指在刑事诉讼过程中，司法工作人员徇私枉法、徇情枉法，对明知是无罪的人而使其受到追诉，对明知是有罪的人而故意包庇使其不受追诉，或在刑事审判活动中故意违背事实和法律作枉法裁判的行为。任某的行为显然构成该罪。同时，任某收受他人财物，利用职务之便为他人谋取不正当利益，构成受贿罪。根据《刑法》规定，徇私枉法过程中又收受他人财物的，属于牵连犯，应按其中的重罪定罪处罚。

第二十六章　军人违反职责罪

26.1　复习笔记

【知识框架(庖丁解牛)】

军人违反职责罪
- 概述：概念、构成特征、种类
- 分述
  - 危害作战利益的犯罪：战时违抗命令罪、战时临阵脱逃罪
  - 妨害部队正常管理活动和管理制度的犯罪：擅离、玩忽军事职守罪
  - 逃避军事义务的犯罪：军人叛逃罪、战时自伤罪
  - 危害武器装备、军用物资和军事设施的犯罪：武器装备肇事罪
  - 侵害人身、财产等权利的犯罪：虐待俘虏罪

【通关提要(提纲挈领)】

本章主要介绍军人违反职责罪，非重点内容，考查频率较低，简单了解即可。

【考点难点归纳(厚积薄发)】

考点：军人违反职责罪概述(见表26－1)　★

表26－1　军人违反职责罪概述

要点	主要内容	
概念	指军人违反职责，危害国家军事利益，依法应受刑罚处罚的行为	
构成特征	客体	国家军事利益[本质特征]
	客观方面	军人违反职责，实施了危害国家军事利益的行为[多数作为，少数不作为]
	主体	特殊主体，即军人
	主观方面	多为故意，少数是过失
分述	战时违抗命令罪	指军人在战时对上级的命令、指示，故意违抗、拒不执行，对作战造成危害的行为
	战时临阵脱逃罪	指参战军职人员在战场上或在战斗状态下贪生怕死、畏惧战斗而逃离部队的行为
	军人叛逃罪	指军职人员在履行公务期间，擅离岗位，叛逃境外或在境外叛逃，危害国家军事利益的行为
	武器装备肇事罪	指违反武器装备使用规定，情节严重，因而发生责任事故，致人重伤、死亡或造成其他严重后果的行为
	虐待俘虏罪	指虐待俘虏，情节恶劣的行为

26.2 考研真题与典型题详解

不定项选择题

甲为某部队班长，在某日夜间站岗时，将两发子弹压入冲锋枪的弹夹内，并将子弹上膛，未关保险。在换岗时，两名士兵走过来与甲说话，甲无意中触动扳机，造成走火，将一名战士击倒，经抢救无效死亡。下列说法哪些是错误的？（　　）[法考真题]

A. 甲的行为构成过失致人死亡罪

B. 甲的行为构成武器装备肇事罪

C. 枪支走火导致该战士死亡是意外事件

D. 对甲应以过失致人死亡罪与武器装备肇事罪数罪并罚

【解析】武器装备肇事罪，是指违反武器装备使用规定，情节严重，因而发生责任事故，致人重伤、死亡或者造成其他严重后果的行为。甲违反武器装备的使用规定，致使他人死亡，符合武器装备肇事罪的构成特征。致人死亡已经包括在武器装备肇事罪的构成之中，不再单独定罪。B项正确。

ACD

中石化测录井解释评价

典型案例集

（第一册）

吴柏志　慈兴华　张晋言　葛　祥　赵俊峰　编著

中国石化出版社
·北京·

图书在版编目（CIP）数据

中石化测录井解释评价典型案例集．第一册 / 吴柏志等编著．— 北京：中国石化出版社，2022.12

ISBN 978-7-5114-6954-0

Ⅰ. ①中… Ⅱ. ①吴… Ⅲ. ①油气测井 – 案例②录井 – 案例 Ⅳ．① TE151 ② TE242.9

中国版本图书馆 CIP 数据核字（2022）第 253408 号

中国石化出版社出版发行

地址：北京市东城区安定门外大街 58 号

邮编：100011　电话：(010) 57512500

发行部电话：(010) 57512575

http：//www.sinopec-press.com

E-mail：press@sinopec.com

北京科信印刷有限公司印刷

全国各地新华书店经销

*

787 毫米 ×1092 毫米 16 开本 35.5 印张 813 千字

2023 年 10 月第 1 版　2023 年 10 月第 1 次印刷

定价：86.00 元

序　言

测井、录井技术被誉为石油天然气勘探开发的眼睛，贯穿于油气田勘探与开发的全过程。中国的测录井技术紧跟石油工业的发展，从无到有，由弱到强，逐步成为中国石油工业工程技术持续创新发展的重要组成部分，有效保障了各大油气田的发现和开发。为满足不同阶段油气资源勘探开发需要，石油工业部、中国石化集团公司等相继组织编写了《测井解释图集》《现代测井技术应用典型实例》等涵盖国内陆地、海洋油气田的典型井油气测井评价成果案例，为不同时期更好地认识断块油气藏、复式油气藏提供了决策参考。新的发展阶段，复杂隐蔽油气藏成为各油田勘探开发的主战场，勘探开发对象由中浅层到深层、超深层，由常规油气藏到非常规油气藏转变，油气发现难度越来越大，长期稳产上产和效益开发都对测录井技术提出了更高的要求。充分综合利用测录井、地质、物探、试油测试等技术，发挥各学科作用，进行优势互补，是今后准确识别和评价油气藏的发展方向。

《中石化测录井解释评价典型案例集（第一册）》是测录井技术的融合，是在复杂储层地质、油藏和工程应用等方面较为系统的总结。该书汇集了近年中石化油气勘探开发中测录井解释评价技术应用的 78 个典型案例，涵盖了致密碎屑岩、碳酸盐岩、页岩油气和火成岩等五类油气藏。特别是近两年来，以经纬公司专业化重组为契机，加强测录融合和井震协同，测录井技术在复杂油气藏勘探开发中的作用得到进一步彰显。每个案例从地质概况、问题难点、应用方法、应用效果和结论认识等方面进行剖析，翔实地介绍了测录井技术在工程预警、压力预测、井眼稳定性评估、岩性识别、储集空间分析、缝洞特征精细刻画、流体性质分析、剩余油评价、产能预测、可钻性分析、地质和工程甜点评价、靶窗选取、完井方案和压裂设计、压裂效果检验、储气库特征评价等多个方面的综合应用成果，展现了测录井技术在复杂油气藏勘探开发中发挥的作用和优势。

本书所选实例内容丰富，具有很强的代表性，为准确评价油气资源提供了新思路、新方法，有助于进一步解决油气资源勘探开发遇到的难题，对从事测录井资料解释评价的相关技术人员具有很好的借鉴作用和指导意义。

前 言

中国石化各大油气田勘探开发对象日益复杂，包括致密碎屑岩、碳酸盐岩、火成岩、页岩油气和高含水油藏等复杂油气储层，油气藏隐蔽性更强，油气发现难度更大。主要面临致密碎屑岩储层有效性评价、油气水识别和产能评价，页岩油气储层甜点评价，碳酸盐岩和火成岩储层复杂岩性识别、缝洞精细刻画，高含水油藏剩余油精细评价等难题，给测录井资料的处理解释带来巨大挑战。

近十年，中国石化测录井技术取得了明显进步，高温测井、随钻地质导向、直推 / 过钻头等存储式测井、电成像 / 横波远探测 / 二维核磁 / 岩性扫描等成像类特殊测井技术、碳同位素 / 元素录井 / 核磁录井 / 三维定量荧光 / 拉曼激光 / 激光扫描共聚焦等先进录井技术，在各类复杂油气藏中得到广泛应用，提供的高精度测录井解释评价成果，较好地支撑了四川盆地页岩气、济阳坳陷页岩油、顺北超深断溶体碳酸盐岩油气藏等油气勘探重大突破和产能建设。

测井学作为石油工业十大学科之一，油气层测录井解释评价具有较强的理论性和实践性。本书编写目的主要是总结成功经验和失败教训，提供可借鉴的典型案例，推动完善各类复杂油气藏解释评价方法及技术规范，进一步促进测录井解释技术的融合，提高中国石化测录井处理解释水平，助推油气勘探开发的高质量发展。

《中石化测录井解释评价典型案例集（第一册）》由吴柏志、慈兴华、张晋言、葛祥牵头组织编写，张晋言、葛祥完成统稿工作，慈兴华审核，最终由吴柏志统一定稿。全书共 78 个案例，按油藏类型分为五章。第一章，碎屑岩油气藏。第二章，碳酸盐岩油气藏。第三章，页岩油气藏。第四章，火成岩油气藏。第五章，其他油气藏。

参加编写人员：胜利测井公司许东晖、王利滨、翟勇、卜凌梅、马雪团、黄新平、冷洪涛、罗景美、范英锋、柴婧、李西英、范中专、李珊、王志美、张小波；胜利录井公司马光强、牛强、张立生、向巧玲、崔秀辉、陈茜、孟方华、杨金莉、孙鹏、陈岩、都巾帅、孙钦钢、韩菲菲、张丽；中原测控公司陈汉林、孟韶彬、赵伟祥、王龚舒、李喜清、郑玉朝、杜淑艳、闫慧珍、孟宪涛、李凤琴、冉庆、王轩然、林秋野、张涛、张坤贞、邵国军、李美君、史凤香、潘素倩、李增莲、杨永灵、苏宏发、董珊珊、杨力华、宫玉平、盖春华、凌志红、兰永涛、周霞、杨瑾、马娟娟、申潜玲、侯立云、任海容、于倩、庄玮、姚蒙蒙、秦仓林；江汉测录井分公司叶应贵、何浩然、汪钰波、李芳、王婷、曾芙蓉、许丹丹；西南测控公司梁波、王崇敬、何传亮、缪祥禧、唐诚、刘忠明、袁艳丽、李永川；华北测控公司李建伟、李三明、齐真真、胡挺、王邦、田飞、万莹、刘红、刘明汐、杜石山、杨文强、刘波、张建龙、王磊、吴早平、王克军；华东测控分公司杨志强、龚劲松、马向东、唐其斌、陈建清、徐晨、曹书坡、张敏、张娟、王瑶、冯娟、刘梦青、林可英、陈德帅。编写过程中王京平、赵建勇、高俊、廖勇、王勋、冉利民、王圣春等给予大力支持，处理解释中心全体人员参与了组织、讨论修改等工作，史凤香对全书进行了校对，中国石化出版社的王靖惠在本书的出版方面给予了多次指导，在此一并致谢。

本书选取的案例以近年的探井为主，基本涵盖了中国石化所属的各个油气田或探区。案例编写突出测录融合、井震协同、多学科融合的技术特色，较全面地反映了近年来中国石化复杂储层测录井处理解释工作的技术水平和应用成果，可以为从事测录井解释及油气勘探的管理人员和专业技术人员提供借鉴。

由于笔者水平有限，书中不妥之处恳请批评指正。

编　者

二〇二三年五月

目录

contents

第一章　碎屑岩油气藏 ······························ 001

第二章　碳酸盐岩油气藏 …… 213

第三章　页岩油气藏 …… 339

第 一 章

碎屑岩油气藏

中国碎屑岩油气藏资源潜力巨大，主要分布在鄂尔多斯、渤海湾、柴达木、松辽、四川、准噶尔、塔里木等盆地，在志留系、泥盆系、石炭系、二叠系、三叠系、侏罗系、白垩系、古近系均有发育。随着主要含油气盆地油气勘探程度的不断提高和勘探难度的加大，致密碎屑岩油气藏成为全球非常规油气勘探的重点之一，致密碎屑岩储层具有低孔低渗的特征，纵向上非均质性强、横向连续性差，导致致密碎屑岩储层油气水关系复杂，油气水分异程度差，一般无统一的油气水界面，无统一的压力系统；同时由于裂缝的沟通作用，更增加了其复杂性。

中国石化碎屑岩储层在塔里木盆地、准噶尔盆地、松辽盆地、鄂尔多斯盆地、四川盆地、渤海湾盆地等均有发育，各盆地储层的主要特点描述如下。

（1）塔里木盆地碎屑岩储层广泛分布于志留系至第三系，其中上泥盆统东河砂岩，三叠系上、中、下油组，下白垩统卡普沙良群，上白垩统－下第三系及上第三系中新统等是盆地主要碎屑岩油气产层。本区碎屑岩油气藏具典型的“三高”特征，油藏埋藏深，一般在3000~6000m，地层温度高、压力高，地层水矿化度高；志留系、泥盆系储层是一套矿物成熟度和结构成熟度都很高的中－细粒石英砂岩、粉－细粒石英砂岩以及少量岩屑石英砂岩，石英含量一般大于60%，储集空间以粒间孔隙为主，少量的裂缝孔隙，为低孔低渗储集层，平均孔隙度为10.65%，平均渗透率为$1.15\times10^{-3}\mu m^2$，物性差，岩石矿物成分多样、孔隙结构复杂、地层水矿化度多变，致使储干界限不清，录井弱显示，流体识别难度大；三叠系、白垩系及古近系储层岩性为细砾岩、砂砾岩、含砾砂岩、细砂岩、粉砂岩等，厚度为141~469m，自上而下粒度变细；中部为泥岩段夹少量薄层砂岩，储层物性为中高孔渗储层，平均孔隙度为20%，平均渗透率为$683.5\times10^{-3}\mu m^2$，物性较好，由于受束缚水含量高、钻井液侵入等因素影响，部分油气层呈现低电阻率，甚至特低电阻率的特征，导致流体性质识别困难。

（2）准噶尔盆地碎屑岩油气藏主要为中浅层碎屑岩稠油油藏和深层碎屑岩油藏，前者主要分布在车排子及哈山地区的新近系、古近系、白垩系、侏罗系，属中高孔渗储层（孔隙度＞20%），储层埋深浅（＜1000m），岩石矿物成分复杂（砂砾岩、岩屑砂岩等），束缚水含量高（能达到40%），原油流动性差，储层流体性质评价结果与试油结果存在偏差，测井响应特征在第三系沙湾组、白垩系储层表现为自然伽马高值，导致砂泥岩划分困难；砂砾岩高电阻率与含油性高电阻率很难区分，造成流体性质识别困难。深层碎屑岩油藏主要为准中地区侏罗系低－特低孔渗储层（孔隙度为5%~18%），油气层埋藏深度（3500~6000m），成岩作用较强，储层致密，物性变化大，加之岩石矿物成分多样、孔隙结构复杂、地层水矿化度多变，束缚水含量高，且存在低阻油藏，致使储干界限、油气水界限模糊。

（3）松辽盆地碎屑岩油气藏主要分布在白垩系的泉头组、登娄库组、营城组和沙河子组，储层岩性复杂，砂砾岩、砂岩、粉砂岩等均有分布，矿物成分多样，分选中等－差，成熟度低，孔隙结构复杂，致使有效储层划分不清。个别断陷由于埋藏深（3500m 以下）、地层温度高（120℃以上）、成岩作用强，导致储层物性普遍较差，孔隙度＜10%、渗透率＜ $1 \times 10^{-3}\mu m^2$，属于特低孔低渗储层，且非均质性强。油气藏受岩性及构造双重控制，测井响应特征受岩性、储集空间影响较大，对含油气性反应不敏感，使得流体特征被弱化，造成流体识别困难，油气水层评价不准，部分油气层的电阻率呈现低阻特征。多数储层常规测试产能普遍较低或为干层，需要压裂获得产能，产能评价难度大。

（4）鄂尔多斯盆地碎屑岩油气藏主要分布在侏罗系延安组，三叠系延长组，二叠系下石盒子组、山西组和太原组，油气藏类型复杂，具有明显的低孔、低渗、低压及低丰度特征，产能与孔隙结构和矿物组成密切相关。碎屑岩油气层的物性相对差，岩性矿物成分多样、孔隙结构复杂、束缚水含量高、地层水矿化度多变，油气水关系复杂，油气藏受岩性及构造双重控制，局部油气层电阻率较低，电性对含油性反应不敏感，造成流体识别困难。其主要评价难点为岩性多样，主要有致密砂泥岩薄互层、致密砂砾岩、页岩、煤、白云岩、黄铁矿，利用常规测井技术识别难；物性差，孔隙结构复杂、储层识别难，有效储层的划分难；孔隙度低，骨架对测井信号的贡献大，油气水层电性特征不明显，油气层识别难；渗透率低，微裂缝局部发育，出油下限确定难；大部分储层常规试油为干层，压裂后产能较高，压后产能评价较难。

（5）四川盆地碎屑岩气藏主要分布在侏罗系和三叠系须家河组；储层主要是陆相碎屑岩，普遍岩性致密，随着埋深增加，物性逐渐变差。蓬莱镇组储层岩石孔隙度平均 8.73%，平均渗透率 $0.348 \times 10^{-3}\mu m^2$，孔隙类型以粒间溶孔为主，储层含水饱和度高，高－低电阻率气层共生。沙溪庙组储层孔隙度平均值为 7.48%；渗透率平均值为 $1.39 \times 10^{-3}\mu m^2$，主要为次生溶蚀孔隙，孔隙的连通性差，气藏富集主要受断层－砂体配置控制，导致气水关系复杂。须家河组储层随着深度的增加，原生孔隙逐渐减少，胶结作用越来越显著，平均孔隙度 4.77%，平均渗透率为 $0.19 \times 10^{-3}\mu m^2$，为低孔低渗和特低孔特低渗裂缝－孔隙型储层；储层致密且非均质性强，含气丰度不均，无统一的气水边界。整体而言，储层裂缝与流体识别，含气性定量是综合评价难点。

（6）渤海湾盆地碎屑岩油气藏主要分布在新近系馆陶组，古近系东营组、沙河街组，中生界及上古生界二叠系石盒子组、山西组及太原组，埋深兼具中浅层及深层。油藏类型以构造油气藏、地层油气藏为主。中浅层油气藏一般具有中高孔中高渗特征，油气层测录井特征较为明显。深层油气藏则具有岩石成分复杂、分选差、孔隙结构复杂、物性变化大、不同相带含油性及原油性质差异大等特点。低对比度油气层广泛存在，油层与干层、水层的物性及电性特征差异不明显，储层流体识别难度较大。

碎屑岩储层测录井解释与评价内容方法主要包括岩性矿物识别，有效储层分类划分，流体识别以及储层综合评价、有利区带预测等方面。中国石化在渤海湾、鄂尔多斯、四川等盆地碎屑岩勘探均取得重大成果，根据碎屑岩储层的特点与难点，形成了区域特色的测录井解释评价技术。针对低阻油层，综合利用气测、荧光实验、核磁共振等录井资料和常规测井、核磁共振测井资料，运用电阻率比值法、四性关系图版、薄层反演法，进行储层划分及流体性质判别，在东台坳陷 M40–20 井、迈陈凹陷北部斜坡 XW13 井和沙埝油田 SHX78 块应用取得了良好效果；针对致密砂岩评价，应用三维定量荧光、气测、罐顶气等录井方法识别流体性质，应用双矿物交会技术计算矿物含量，利用电成像识别岩性，核磁共振划分有效储层，在准中沙湾凹陷北部斜坡 ZH10 井、鄂尔多斯盆地伊陕斜坡 SH3 井和泌阳凹陷安棚深层系 ASH2 井应用取得了良好效果。针对油（气）水关系复杂储层，利用二维核磁共振测井技术解决油气识别和可动水评价难题，综合利用气测、地化等录井资料和常规测井资料，运用电阻率比值法、气测解释图版、测井交会图版，进行储层划分及流体性质判别，在四川盆地川西南铁山 – 威远构造带 DF5 井和高邮凹陷 W29 斜井应用取得了良好效果。

1 准中沙湾凹陷北部斜坡 ZH10 井下组合油气藏测录井综合解释评价

1 概况

ZH10 井构造位置为准噶尔盆地中央坳陷沙湾凹陷北部斜坡 ZH10 井背斜构造带，钻探目的是探索沙湾凹陷二叠系上乌尔禾组大型超覆背景下背斜圈闭含油气情况，同时兼探三叠系百口泉组（T_1b）、侏罗系八道湾组（J_1b）背斜圈闭、三工河组（J_1s）岩性圈闭的含油气性，实现多层系立体勘探。本井完钻井深 7802m，完钻层位二叠系下乌尔禾组。

准中莫西庄等地区前期探井的主要目的层为三工河组二段，南部永进地区的目的层为侏罗系齐古组、西山窑组，目前本地区深层勘探潜力尚不明确；邻区玛湖凹陷近几年在三叠系、二叠系取得重要勘探突破，特别是在凹陷的斜坡区及凹陷中心钻遇了厚层连续砂砾岩、砂岩油层，展现出准噶尔盆地深洼带三叠系、二叠系将成为新的勘探领域。本井的勘探，有望打开胜利准中探区三叠系、二叠系勘探新局面。

2 问题与难点

本井三开采用合成基钻井液，同时目的层上乌尔禾组、克拉玛依组埋藏深，埋深在 7000m 以深，油质偏轻，多以轻质油、凝析油、天然气为主，油质轻，逸散快。对于录井资料而言，油气显示级别明显降低，真假油气显示识别及油气层评价难度大。对于测井资料而言，由于深部储层成岩作用较强，储层致密，测井响应特征受岩石骨架影响大，利用常规测井资料评价低孔低渗储层品质难度较大，流体性质识别及油、干层划分困难。

3 解释评价

3.1 评价原则方法

录井的三维定量荧光、气测、罐顶气等资料，基于其对油气显示分析的直接性，对于深层流体性质的识别较为灵敏。测井信息评价利用密度、声波、中子三孔隙度曲线资料计算储层孔隙度，精细评价储层物性，结合电阻率、核磁共振综合识别流体性质。为提高解释成果评价精度，测录井信息结合，综合评价储层流体性质和产液特征。

3.2　三工河组合成基钻井液条件下的真假油气显示识别

通过工区三工河组油斑细砂岩在该井合成基钻井液条件下的浸泡对比实验，确定了该井合成基钻井液条件下三维荧光识别真假显示的方法（图 1）。从三维定量荧光谱图看，钻井液最佳激发波长 350~360nm，最佳发射波长 411nm；三工河组含油显示层最佳激发波长 320~330nm，最佳发射波长 365~380nm。本井应用最佳激发波长与最佳发射波长的不同判断油气真假显示。

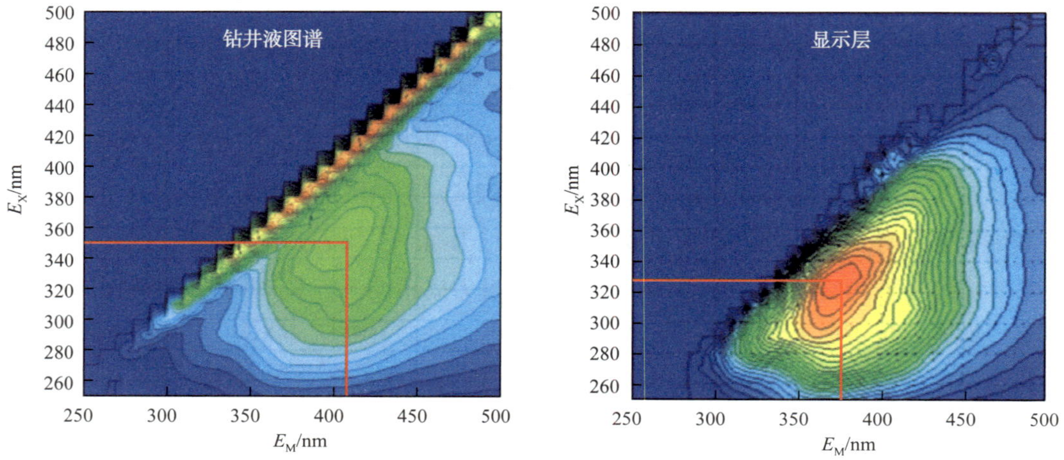

图 1　ZH10 井合成基钻井液及显示层三维荧光谱

3.3　主力层显示及评价

3.3.1　二叠系上乌尔禾组油气显示评价

上乌尔禾组岩屑录井井段 7595.00~7598.00m，岩屑录井未见油气显示，仅气测见异常（表 1），组分齐全，以甲烷为主（达到 95%），高钻井液密度（2.09g/cm^3）背景下全烃对比系数 6.8，表明储层油气显示活跃。

表 1　ZH10 井上乌尔禾组气测综合评价数据

井段 / m	厚度 / m	岩性	气测录井									钻井液性能 / (g/cm^3)
			全烃 / %	对比系数	C_1/ %	C_2/ %	C_3/ %	iC_4/ %	nC_4/ %	iC_5/ %	nC_5/ %	
7595~7598	3.0	灰色粉砂岩	5.73 ↑ 0.84	6.8	4.96 ↑ 0.69	0.228 ↑ 0.022	0.025 ↑ 0.003	0.003 ↑ 0.001	0.002 ↑ 0.001	0.001	0.001 ↑ 0.000	2.09

从气测对数图版、三角形图版、星形图版等气测图版看，7595.00~7598.00m 均反映为气层或凝析气层特征；从罐顶气分析看（表 2、图 2），该段轻烃组分含量较高，重烃组分含量较低，Σ（C_5~C_7）/Σ（C_1~C_4）远小于 0.1，组分个数 7~8，表现为油气混合带特征。

表 2　ZH10 井上乌尔禾组罐顶气分析数据

井深 / m	样品类型	岩性	$\Sigma(C_1\sim C_4)$ / (μL/L)	$\Sigma(C_5\sim C_7)$ / (μL/L)	$\frac{\Sigma(C_5\sim C_7)}{\Sigma(C_1\sim C_4)}$	C_1/ %	iC_4/nC_4	苯指数	组分个数
7596.0	岩屑	灰色粉砂岩	1550.55	12.625	0.007	59.382	10.970	0.000	7
7597.0	岩屑	灰色粉砂岩	1681.23	8.835	0.004	66.631	9.443	0.000	8
7598.0	岩屑	灰色粉砂岩	794.35	7.578	0.003	65.220	6.221	0.000	7

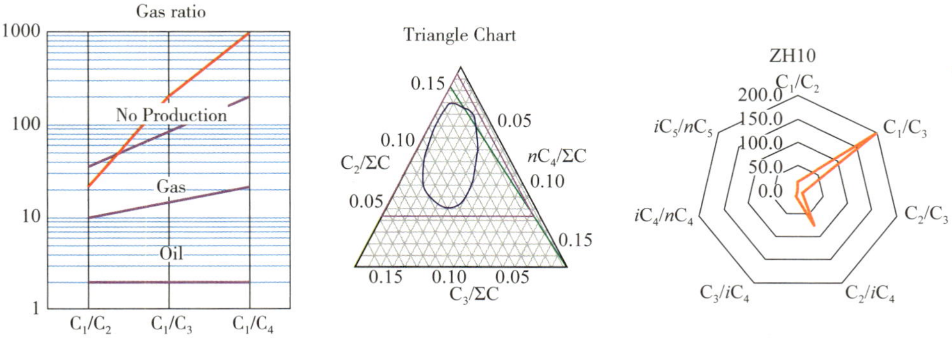

图 2　ZH10 井上乌尔禾组 7595.00~7598.00m 气测图版

测井资料显示，57 号层自然电位小幅度正异常，自然伽马数值较低，在 40~53API。三孔隙度曲线显示储层上部 7595.0~7597.3m 井段物性好于下部，中子 – 密度交会计算孔隙度约 9%，核磁共振测井计算有效孔隙度为 3%~7%，可动流体体积为 3.5%，核磁 T_2 谱为双峰特征，分布范围较宽，阵列感应深探测电阻率约 22Ω · m，岩电对应性好，说明具有较好的含油气丰度，密度数值较小，中子密度曲线重叠，声波时差和电阻率曲线重叠，均有较大的包络面积，表示具有较好的含气性。井深 7597.3m 以下，计算孔隙度 5.9%，电阻率数值平均为 13.7Ω · m，核磁共振测井计算有效孔隙度约为 3%，可动流体体积为 1%，物性较差，曲线重叠，无含气特征，解释干层。

综合测录井资料将 7595.0~7597.3m 解释为气层，有效厚度 2.3m（图 3 和图 4）。

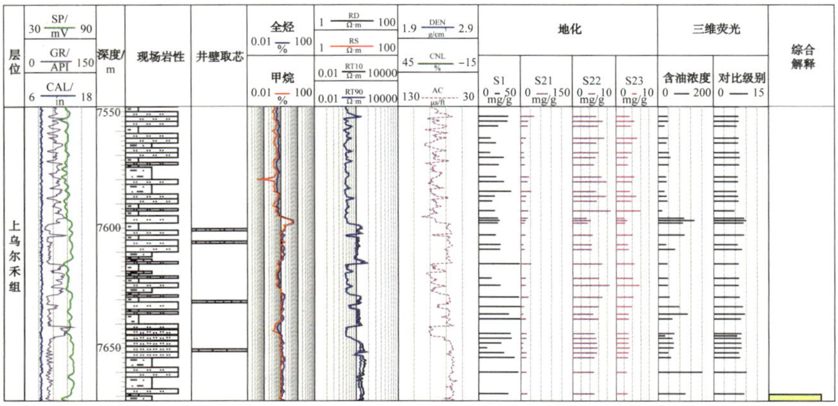

图 3　ZH10 井上乌尔禾组油气层评价图

58、60、61 号层，自然电位略有正异常，自然伽马数值在 45~58API，计算孔隙度平均值分别为 6.1%、5.5%、5.9%，核磁共振测井计算有效孔隙度为 3%~8%，可动流体体积为 1%~3%，阵列感应深探测电阻率为 10~28Ω · m，孔隙度曲线重叠未见挖掘效应，声波时差－电阻率重叠局部有包络现象，说明具有一定含气性，但储层物性较差，气测异常数值较低，井壁取芯为砂砾岩、砾岩，综合解释为干层（含气）（图 4）。

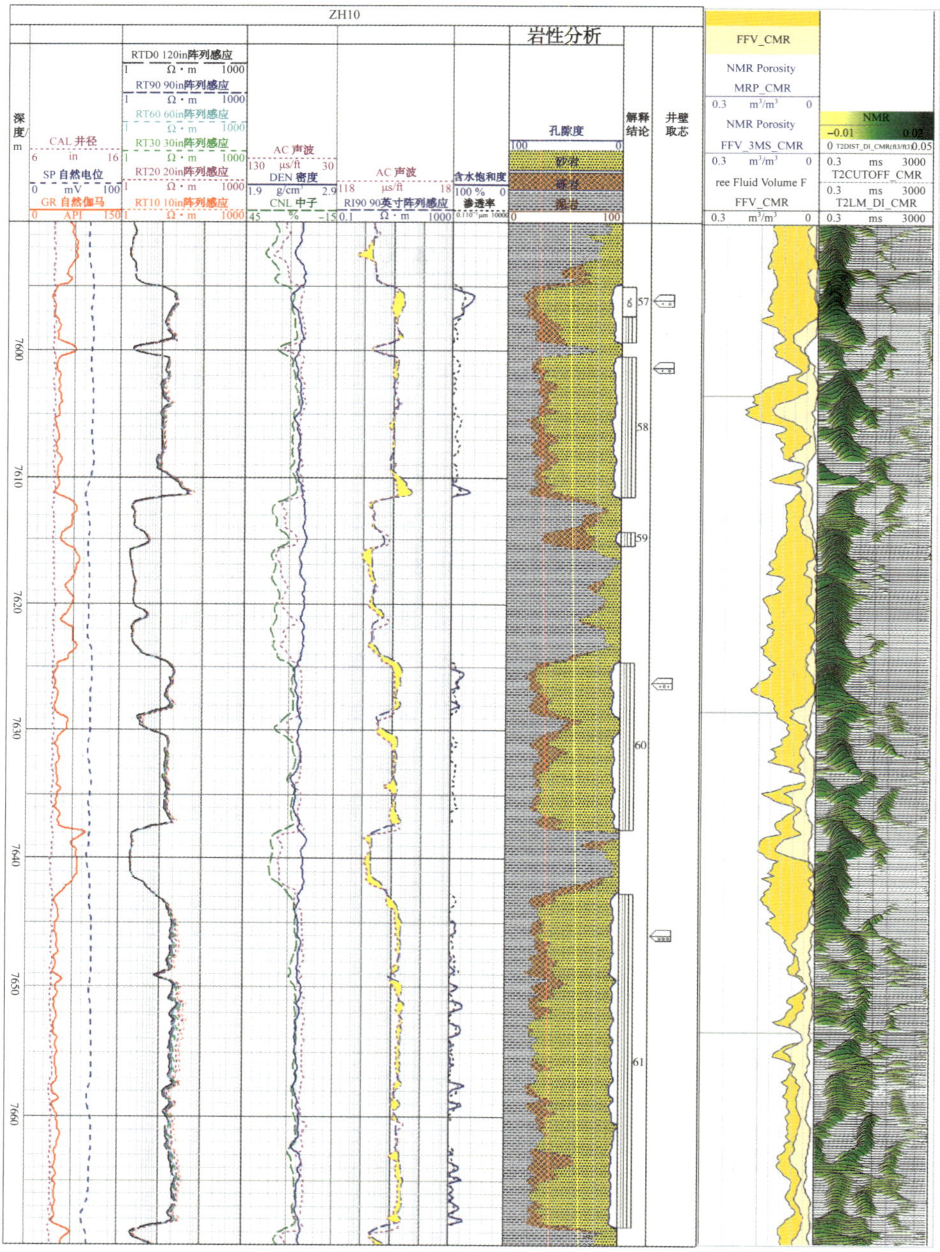

图 4　ZH10 井上乌尔禾组测井综合成果图

3.3.2　三叠系克拉玛依组油气显示评价

克拉玛依组井段 6693.00~6709.00m，岩屑三维荧光谱图分析为真显示（图 5），该层井壁取芯三维荧光谱图证实了岩屑见到的显示为真显示（图 6）。

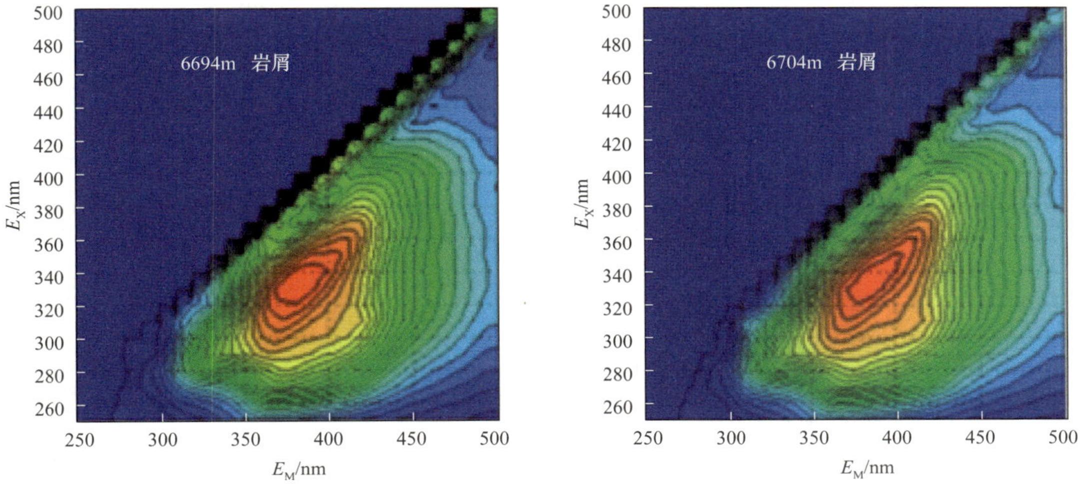

图 5　ZH10 井克拉玛依组 6693.00~6709.00m 储层岩屑三维定量荧光谱

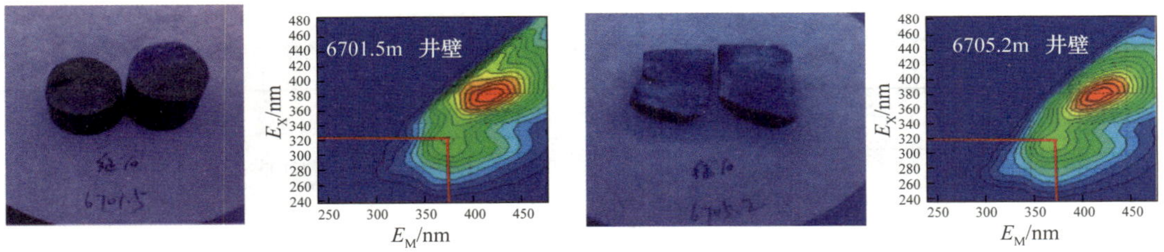

图 6　ZH10 井克拉玛依组 6693.00~6709.00m 储层井壁取芯三维定量荧光谱

表 3　ZH10 井克拉玛依组气测评价数据

井段 / m	厚度 / m	岩性	气测录井									钻井液性能 / (g/cm³)
			全烃 / %	对比系数	C_1/ %	C_2/ %	C_3/ %	iC_4/ %	nC_4/ %	iC_5/ %	nC_5/ %	
6693.0~6709.0	16.0	灰色荧光泥质粉砂岩、灰色荧光细砂岩	10.34 ↑ 0.82	12.6	9.86 ↑ 0.48	0.763 ↑ 0.030	0.029 ↑ 0.000	0.004 ↑ 0.000	0.005 ↑ 0.000	0.001 ↑ 0.000	0.001 ↑ 0.000	2.07

从气测录井数据看（表 3），克拉玛依组井段 6693.00~6709.00m 显示活跃，全烃涨幅达到 12.6，组分齐全，油气显示活跃性强。从气测对数图版、三角形图版、星形图版等气测图版看，6693.00~6709.00m 均反映为凝析气层特征。从罐顶气分析看（表 4、图 7），该段轻烃组分含量较高，重烃组分含量较低，Σ（C_5~C_7）/Σ（C_1~C_4）远小于 0.1，组分个数 6~8，表征为气层或凝析气层特征。

表 4　ZH10 井克拉玛依组罐顶气分析数据

井深 / m	样品类型	岩性	$\Sigma(C_1\sim C_4)$ / (μL/L)	$\Sigma(C_5\sim C_7)$ / (μL/L)	$\Sigma(C_5\sim C_7)$ / $\Sigma(C_1\sim C_4)$	C_1/ %	iC_4/nC_4	苯指数	组分个数
6695.0	岩屑	灰色荧光泥质粉砂岩	5259.75	54.065	0.010	63.084	0.905	0.000	6
6696.0	岩屑	灰色荧光泥质粉砂岩	1277.39	22.547	0.018	62.868	0.972	0.000	7
6699.0	岩屑	灰色荧光泥质粉砂岩	1981.21	7.897	0.004	61.631	2.443	0.000	7
6700.0	岩屑	灰色荧光泥质粉砂岩	494.31	1.578	0.003	65.220	2.221	0.000	6
6701.0	岩屑	灰色荧光泥质粉砂岩	533.70	2.837	0.005	54.062	2.481	0.000	6
6702.0	岩屑	灰色荧光泥质粉砂岩	380.79	1.570	0.004	53.847	1.265	0.000	6
6703.0	岩屑	灰色荧光泥质粉砂岩	112.48	1.878	0.017	38.038	0.829	0.000	6
6704.0	岩屑	灰色荧光泥质粉砂岩	439.20	5.771	0.013	46.850	2.426	0.000	6
6705.0	岩屑	灰色荧光细砂岩	397.20	4.117	0.010	43.053	4.216	0.000	6
6706.0	岩屑	灰色荧光细砂岩	524.59	1.996	0.004	39.822	12.433	0.000	6

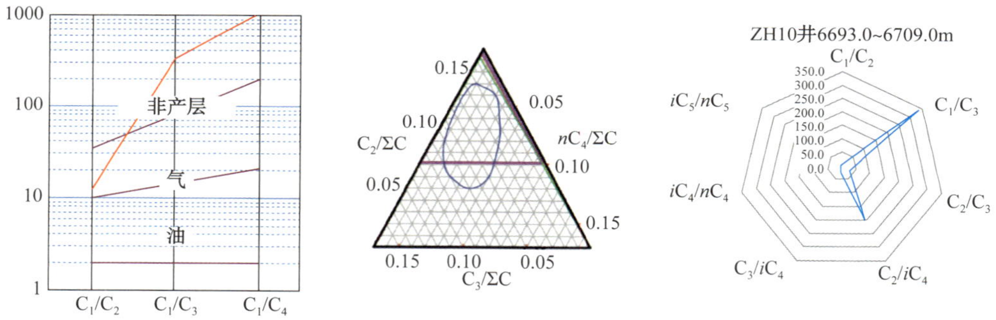

图 7　ZH10 井克拉玛依组 6693.00~6709.00m 气测解释图版

40 号层（6695.7~6711.4m）测井资料显示（图 8），该层自然伽马数值较低，约为 43API。三孔隙度曲线显示储层物性较好，中子 – 密度交会计算孔隙度约 16%，核磁共振测井计算有效孔隙度为 8%~21%，可动流体体积为 5%~9%，核磁 T_2 谱为双峰特征，分布范围较宽，阵列感应深探测电阻率数值约 5~8Ω · m，呈低侵特征（图 9）。与下部 41、42 号水层相比，物性好，但电性值相近。声波时差和电阻率曲线重叠，有较大的包络面积，表示该层具有较好的含气性。井壁取芯为荧光细砂岩、含砾细砂岩，气测异常数值较高。

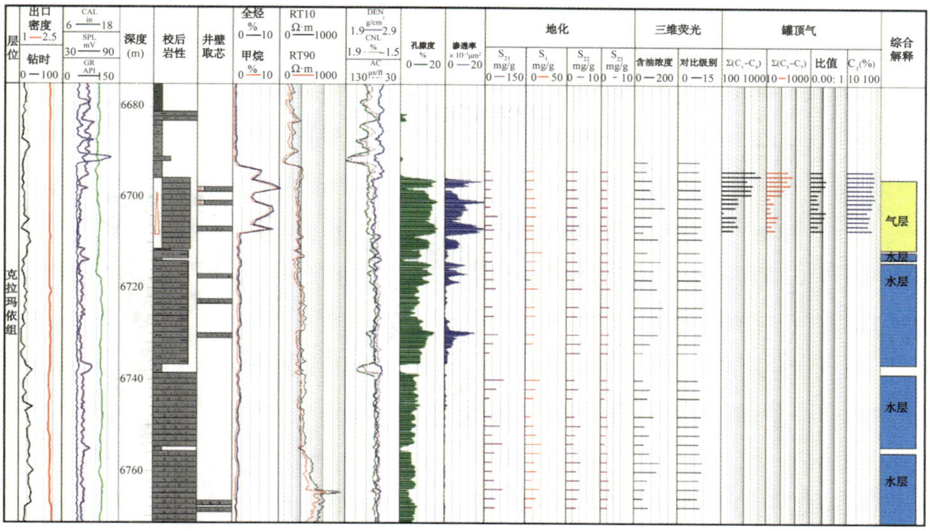

图 8　ZH10 井克拉玛依组油气层综合评价图

综合测录井资料将 6695.7~6711.4m 解释为凝析气层，有效厚度 15.7m。

在该井的解释评价过程中，充分发挥阵列感应侵入特征分析的优势，认为 46 号层 6755.7~6771.9m 和 6781.4~6800.0m 井段的高电阻率是由于合成基钻井液漏失所导致（图 10），综合评价为水层（含气）。2022 年 6 月 18 日，油田勘探部门为解决地质认识，射开 6781.7~6788.7m，3mm 油嘴放喷，日产水 21.1m³、油 0.99m³，累计产油 3.28m³、水 207m³，其中包含返出的黑色合成基泥浆钻井液 15.7m³，验证了侵入特性分析的有效性。

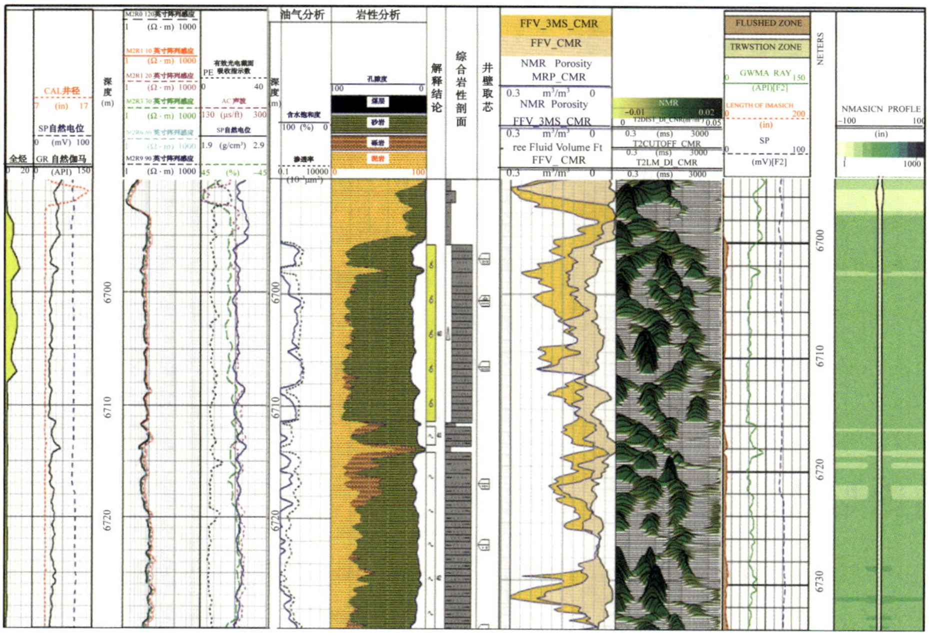

图 9　ZH10 井克拉玛依组测井综合成果图

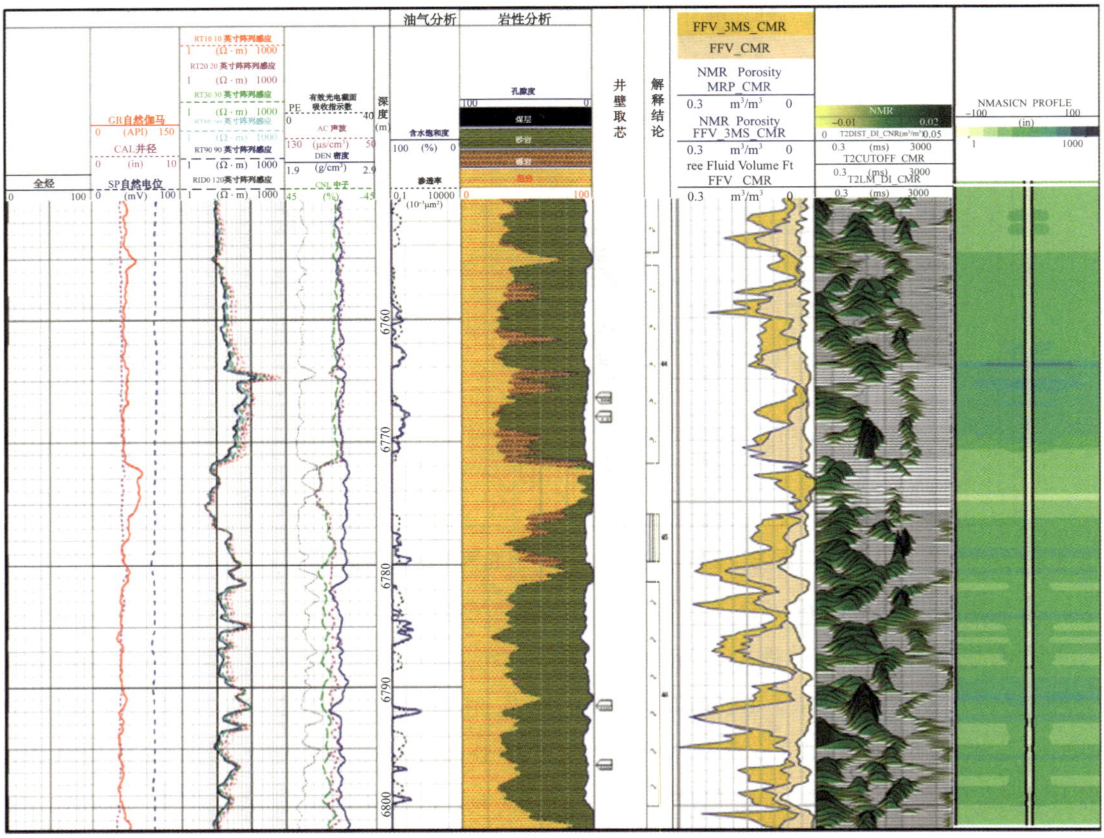

图 10　ZH10 井克拉玛依组测井综合成果图

4　试油（气）结果

上乌尔禾组 7595.0~7655.4m 井段试油（图 3、图 4、图 11），日产油 7.17t、气 9355m^3、水 38.2m^3，累产油 419t、水 1648m^3，原油密度 0.7928g/cm^3，天然气密度 0.7622g/cm^3，证实了测录井资料分析的准确性。揭示了准噶尔盆地超深层发育良好的储层及有利成藏条件，有望开辟新的资源接替阵地。

克拉玛依组 6695.7~6703.7m 井段试油（图 8、图 9、图 12），采用 2mm 油嘴控制放喷，日产油 42.30m^3、气 6531m^3，截至 2023 年 4 月 13 日，累产油 2283t，原油密度 0.8189g/cm^3，天然气密度 0.6180g/cm^3，验证了解释结论的正确性，助力实现了准中下组合勘探突破。

5　结论与认识

通过该井的综合评价，可以得到以下认识：①三维定量荧光录井资料可在合成基钻井液条件下有效识别油气显示，气测、罐顶气等录井资料对低孔低渗储层流体性质及含油丰度评价，具有独特优势；②岩电对应性、曲线重叠法在深层致密砂岩流体性质判识中具有较好应用效果；③利用核磁共振测井信息，可计算可动流体体积，准确评价储层有效性；④利用阵列感应处理计算泥浆侵入半径，深入研究侵入特性，可提高评价低对比度气藏的精度。

图 11　ZH10 井上乌尔禾组试油照片

图 12　ZH10 井克拉玛依组试油照片

编写单位：胜利测井公司　胜利地质录井公司
编 写 人：马雪团　崔秀辉
审 核 人：许东晖　张立生　向巧玲　卜凌梅
审 定 人：张晋言　牛　强　马光强

2 准中莫索湾凸起北翼 ZH110 井三工河组油气藏测录井综合解释评价

1 概况

ZH110 井是 2017 年 1 月 5 日完钻的一口评价井，构造位置为准噶尔盆地莫索湾凸起北翼 ZH102 井西侏罗系三工河组断块圈闭。目的层为侏罗系三工河组二段，钻探目的是评价 ZH102 井西断块圈闭侏罗系三工河组二段（J_1s_2）含油气情况。完钻井深 4420m，完钻层位三工河组一段。

中部 1 区块在区域构造位置上位于准噶尔盆地腹部的中央坳陷带，总体为一“凹”两“隆”的构造格局，庄北地区位于准噶尔盆地中央隆起马桥凸起西部倾末端，该区块的 ZH106 井、ZH107 井、ZH102 井和 ZH5 井均发现良好显示，ZH110 井处于 ZH102 区块的较高部位。侏罗系三工河组二段油藏类型为构造油藏。

2 问题与难点

本井目的层三工河组储层岩性跨度大，分为粉砂岩、细砂岩、中砂岩及砂砾岩等，储层岩石类型以长石岩屑砂岩为主，少量为岩屑长石砂岩，岩屑成分以火成岩和变质岩岩屑为主。储层类型主要为低孔渗储层，含油丰度普遍较低，储层纵向非均质性极强，油干、油水关系复杂，导致测录井资料识别油层、油水同层、干层的难度大。

3 解释评价

3.1 评价原则方法

测井评价主要应用双矿物交会技术计算矿物含量、孔隙度等地质参数，应用电阻率绝对值与差异法、孔隙度曲线重叠法、$P^{1/2}$ 概率分布法、饱和度法、核磁共振测井等综合判断流体性质；录井主要依据气测、热解地化、定量荧光、核磁共振录井、显微荧光薄片等资料综合进行流体性质判别。因此，本井利用录井资料分析储层的岩性、矿物组分、粒度、单点物性及结构、含油气性信息，利用测井信息定量评价储层的岩性、物性、含油性特征及纵向变化，测录井信息综合分析，精细评价储层的产液性质。

3.2 主力层显示及评价

3.2.1 岩性分析

三工河组二段 2 砂组的 14、15、16 号层为一套储层，位于侏罗系三工河组二段的底部。该段进行了钻井取芯，岩性主要为细砂岩、泥质细砂岩、灰质细砂岩、粉砂岩、泥质粉砂岩，含油级别为油斑、油迹。岩石薄片鉴定证实，岩性为长石岩屑砂岩，粒级为细粒－粗粒，主要由石英、长石、岩屑组成，岩屑主要成分为火成岩、变质石英岩、硅质岩和泥岩。

3.2.2 物性评价

扫描电镜图像显示，含油岩芯粒间孔较发育，局部较差，部分孔隙空间主要被自生石英、高岭石、绿泥石充填，伊利石少见，石英普遍见自生加大现象。不含油岩芯粒间孔不发育，可见颗粒间充填物挤压变形，颗粒表面及粒间孔主要被自生石英、高岭石、绿泥石充填，局部见伊利石充填。岩石薄片镜下可见微量粒间孔、粒间溶孔，孔径一般为 0.03~0.20mm。砂岩以中砂为主，少量粗砂、细砂，局部可见极细砂，细砂、极细砂集中呈条带状分布（图 1）。

录井核磁 T_2 谱图为双峰特征，含油细砂岩大小孔隙均比较发育，泥质细砂岩主要为小孔隙，仅见少量大孔隙。不含油岩芯发育小孔隙，仅见少量大孔隙（图 2）。

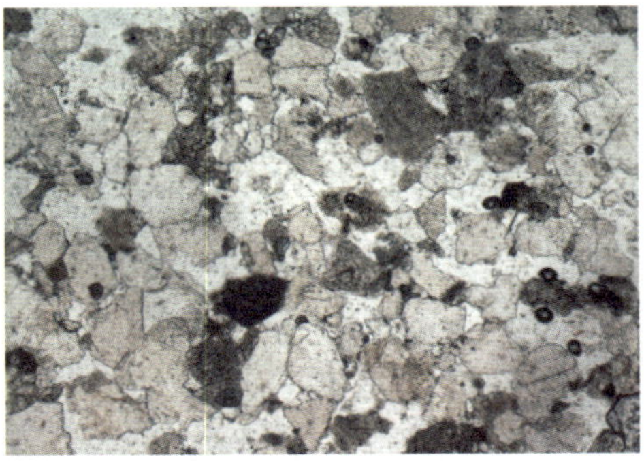

4294.45m中粒长石岩屑砂岩

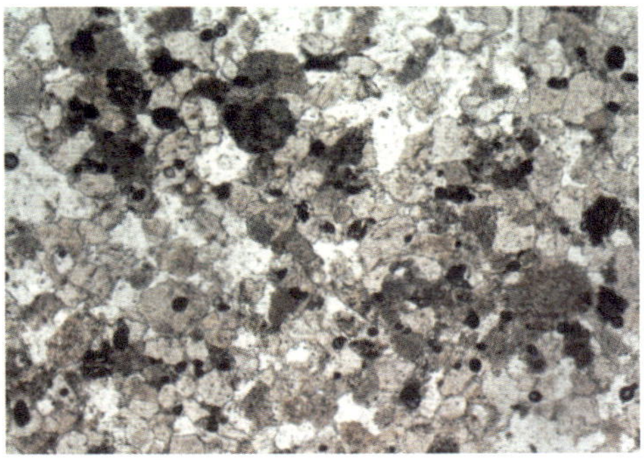

4295.25m中粒长石岩屑砂岩

图 1　ZH110 井三工河组二段 2 砂组铸体薄片图像

油斑细砂岩录井核磁孔隙度范围 11.64%~20.56%，平均孔隙度 14.9%；渗透率范围（2.98~45.46）$\times 10^{-3}\mu m^2$，平均渗透率 15.0 $\times 10^{-3}\mu m^2$，油斑泥质细砂岩和不含油岩芯物性则明显变差；常规含油岩芯孔隙度范围 9.1%~15.7%，平均孔隙度 12.8%；渗透率范围（4.24~56.5）$\times 10^{-3}\mu m^2$，平均渗透率 13.8 $\times 10^{-3}\mu m^2$，比录井核磁分析略低。测井孔隙度 5.18%~12.4%，渗透率（0.1~5.58）$\times 10^{-3}\mu m^2$，中子－密度交会计算孔隙度为 7%~12%，测井核磁共振 T_2 谱分布范围较宽，反映大孔径孔隙发育，计算有效孔隙度为 9%~11%，综合分析该段储层物性中等。

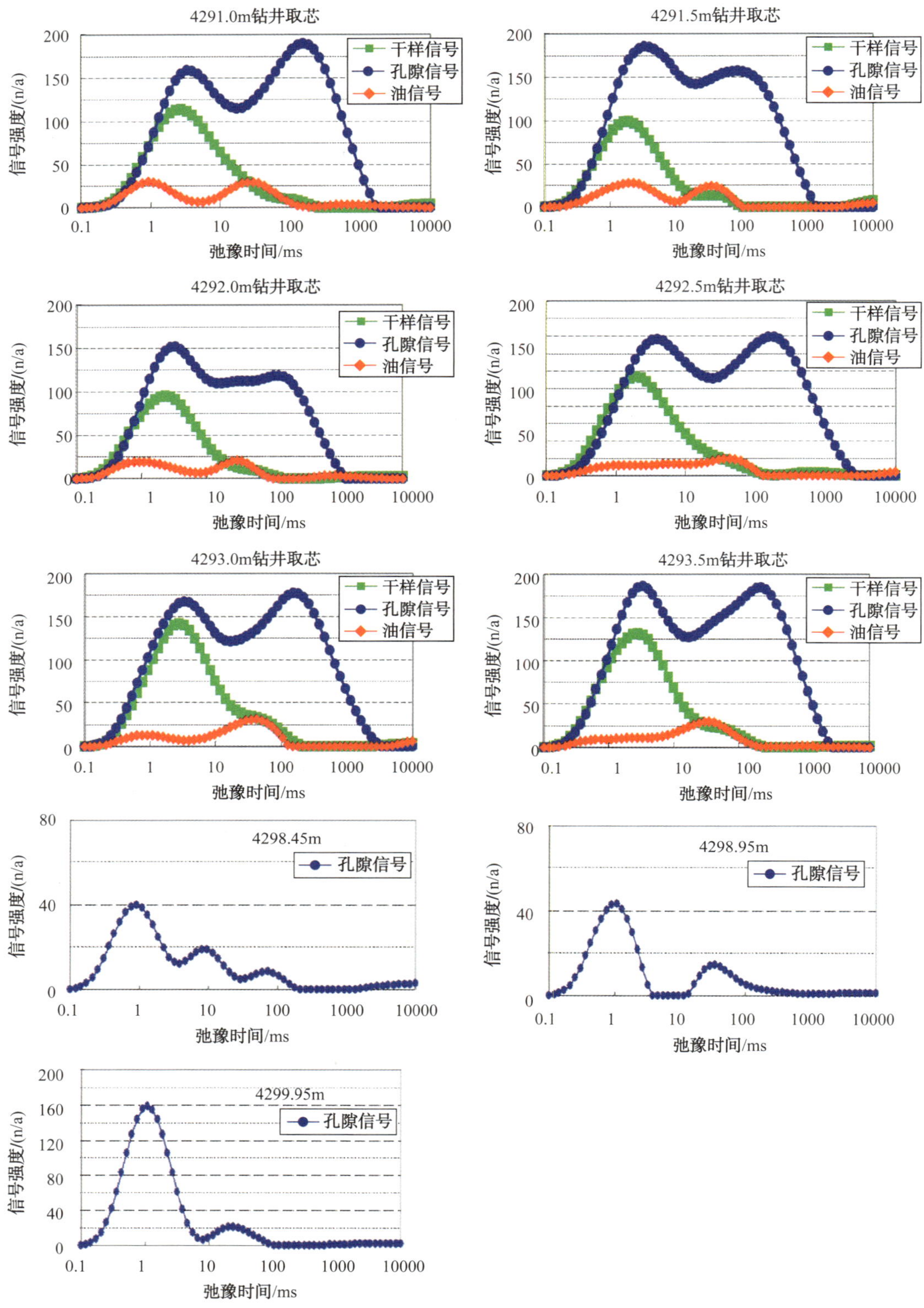

图 2　ZH110 井 4291.00~4299.95m 钻井取芯核磁共振谱图

3.2.3 含油气性分析

14、16号层分别位于储层的顶、底部，自然伽马中低值，自然电位幅度较小，中子、密度值均增大，阵列感应曲线重合，说明储层泥质含量高，渗透性差，测井综合解释为干层（图3）。15号层，井段4291.0~4297.8m，自然电位负异常幅度大，自然伽马数值较低，三孔隙度曲线显示储层非均质性较强，中子－密度交会计算孔隙度为7%~12%，测井核磁共振T_2谱可动流体体积为5%~7%，T_2谱有一定拖曳现象，表明储层具有一定的含油信息，阵列感应深探测电阻率在17~21Ω·m之间，明显高于1砂组的标准水层（5Ω·m）。物性好的井段阵列感应曲线表现为微高侵特征，说明储层含水。选取15、18号层测井曲线特征值计算$P^{1/2}$斜率，分别为0.103、0.0739，15号层斜率值明显高于18号层，说明含油性较好（图4）。气测录井全烃0.14% ↑ 4.32%，全烃对比系数30，说明油气活跃性较强，甲烷0.23% ↑ 1.94%，组分较齐全，钻井液相对密度1.20g/cm³，黏度65mPa·s。岩石热解、定量荧光评价为含油丰度较低，油质较轻（图5）。热蒸发烃色谱组分分布较为齐全，主峰碳C_{12}~C_{16}，呈规则梳状，基线平直，具有轻质油特征（图6）。显微荧光薄片表明岩石中孔隙较发育，连通性好，孔隙中荧光颜色呈黄绿色、绿色、暗绿色、棕褐色，含油面积较大，大孔中含油丰度高，小孔及颗粒边缘颜色变绿，具油水同层特征（图7）。

综合测录井资料，15号层解释为油水同层（图3、图8）。

4 试油（气）结果

ZH110井在4291.0~4297.8m井段进行试油，抽汲排液，日产油3.39t、水8.83m³，原油密度0.8430g/cm³，黏度4.86mPa·s，总矿化度25956mg/L，水型为碳酸氢钠型，试油结论为油水同层。

5 结论与认识

通过该井的综合评价，可以得到以下认识：①在致密砂岩储层，高分辨率阵列感应侵入特征能够较好地反映储层的流体性质；②核磁共振测井对储层孔隙结构特征分析、流体性质判识具有良好优势；③热解色谱、三维定量荧光录井可以对储层原油性质进行较为准确的评价；④显微荧光薄片结合核磁共振测井可以对储层微观流体分布状态进行较为准确的评价。

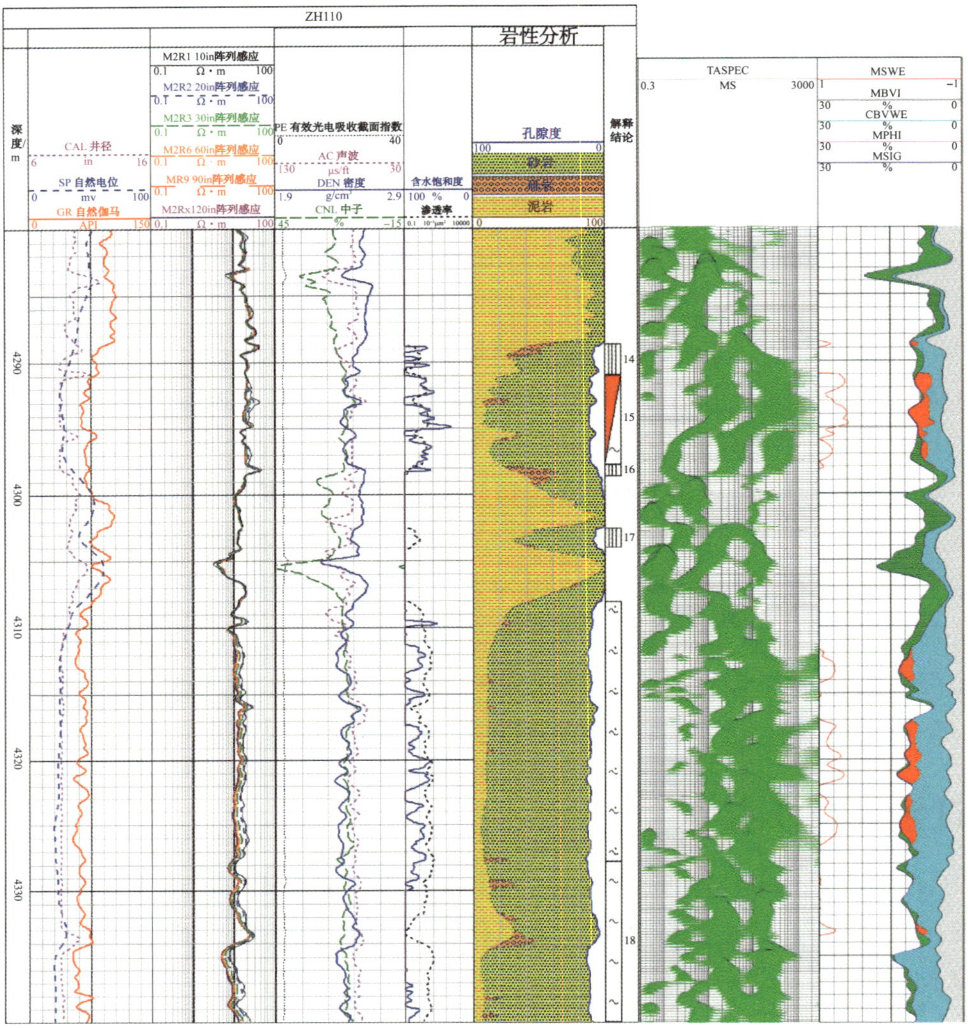

图 3　ZH110 井综合测井成果图

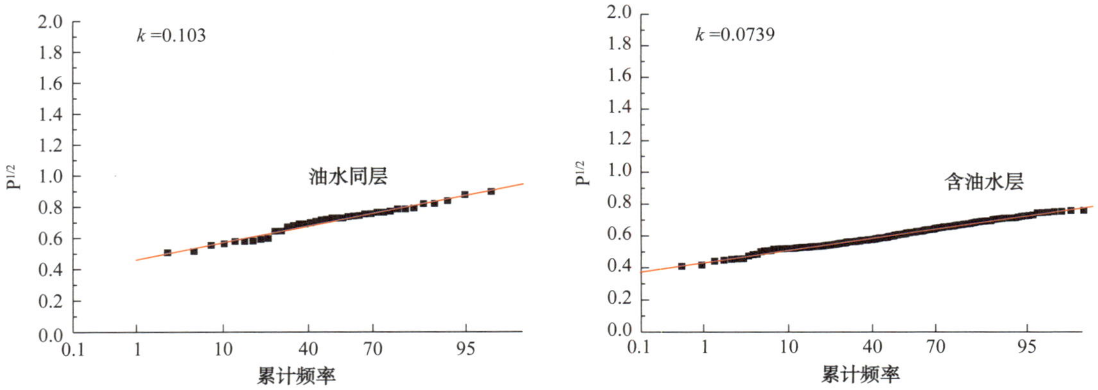

图 4　ZH110 井 15 号（油水同层）、18 号（上含油水层、下水层）$P^{1/2}$ 概率分布图

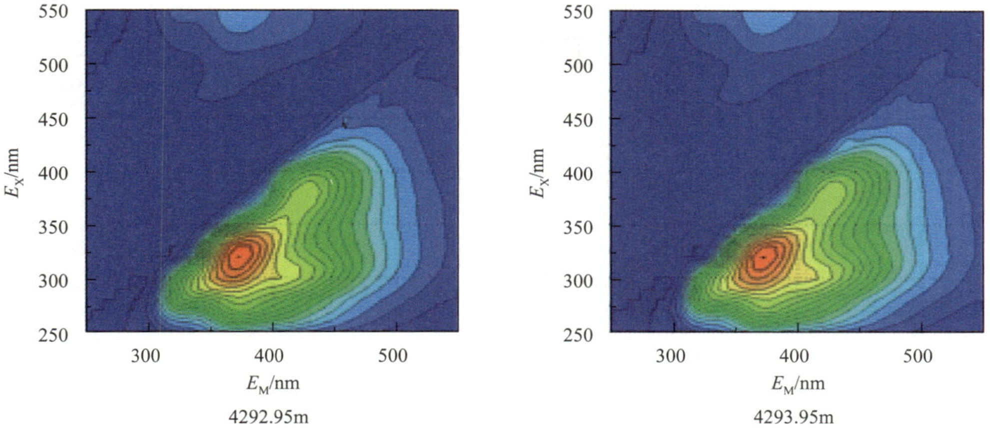

图 5　ZH110 井三二段二亚段三维定量荧光谱图

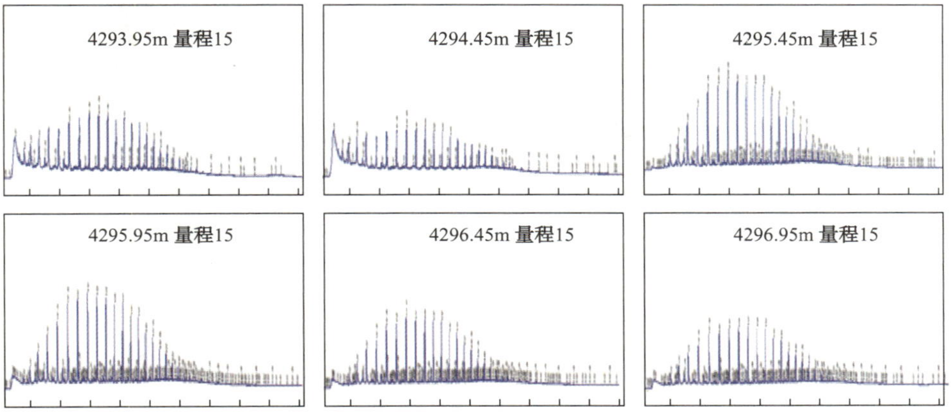

图 6　ZH110 井热蒸发烃谱图

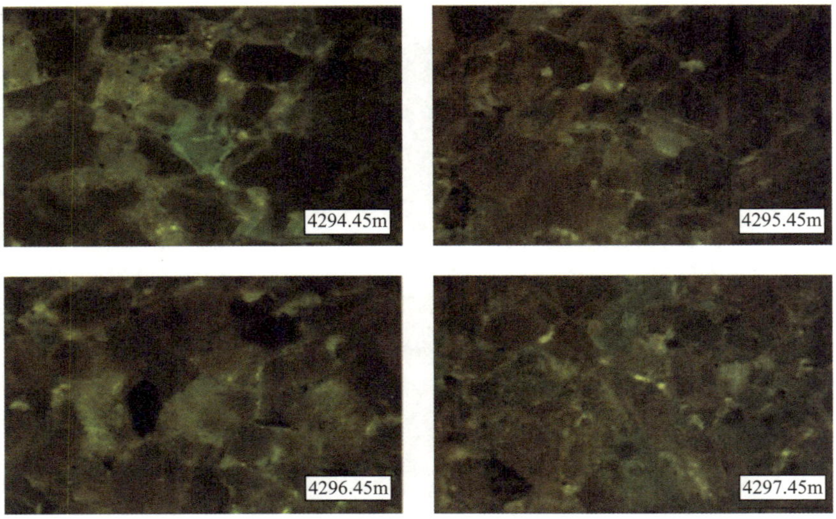

图 7　ZH110 井 4294.45~4297.45m 荧光薄片谱图

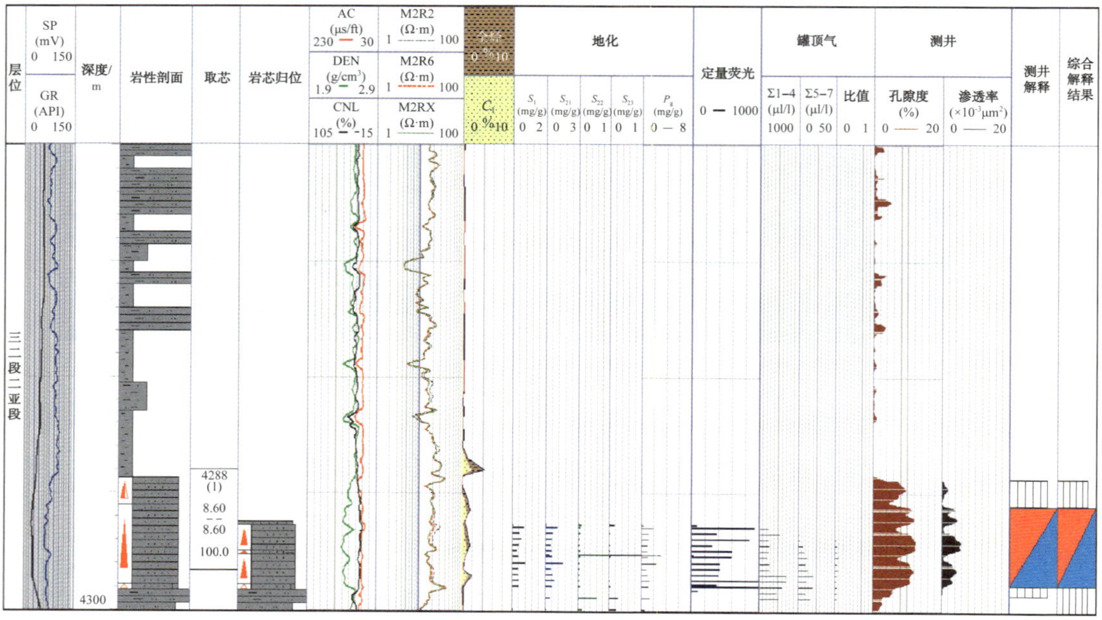

图 8　ZH110 井三工河组二段 2 砂组油气层录井综合评价图

编写单位：胜利测井公司　胜利地质录井公司
编 写 人：李　珊　向巧玲
审 核 人：许东晖　张立生　卜凌梅
审 定 人：张晋言　牛　强　马光强

3 东营凹陷北部陡坡带 FX801 井砂砾岩体油气藏测录井综合解释评价

1 概况

FX801 井位于济阳坳陷东营凹陷北部陡坡带 F8 砂砾岩体，钻探目的是向西扩大 F8 井区沙河街组四段（简称沙四段）含气范围，目的层为沙河街组四段下亚段（简称沙四下），完钻井深 4808.00m（垂深 4686.31m），完钻层位为沙四下。

东营凹陷北部陡坡带沙四下亚段盐膏层下发育巨厚的近岸砂砾岩体，该类砂砾岩体分布广、厚度大，具有形成大规模深层气藏的有利条件。井区已有多口井钻遇该类油藏，FS1 井、FS1–X1 井、FS3 井、F8 井均在目的层系获得工业气流，其中 FS1 井为凝析气藏、FS3 井为干气藏。F8 井 3935.1~4226.0m 井段测试，日产气 851m^3，见油花，证实该砂砾岩扇体天然气已成藏。

2 问题与难点

本井砂砾岩的母岩为陈家庄凸起震旦系变质岩，岩石矿物成分以石英、长石为主，岩石成分和结构成熟度均较低，常见片麻岩、灰岩以及泥岩岩块，放射性物质含量高，自然伽马普遍呈中高值，无法利用自然伽马信息对储层进行准确划分；岩性、物性（超低孔、低渗）及复杂孔隙结构等因素的影响，使测井信息反映储层储集质量和流体性质的能力非常模糊。导致对流体性质的判识可靠性大幅降低，增大了测井解释评价难度。对于录井而言，由于砂砾岩储层岩性复杂，油质轻，容易逸散，荧光显示微弱，可能导致各种资料的表征产生差异，影响流体性质的准确评价。

测录井评价过程中如何准确判识本井流体性质是“油”还是“气”，是本井油气水层解释评价的重点、难点。

此外，本井井身结构复杂，为四开井身结构，下了两层技术套管。四开后，钻井液对沙四下地层油气污染较为严重，真假油气显示难辨别，给油气层的解释评价工作也带来了极大困难。

3 解释评价

3.1 评价原则方法

开展储层“四性”关系评价，利用交会图法、聚类分析法、fisher 判别分析法准确划分岩性和储层，评价储层有效性。利用交会图版法、流体识别法、可动流体分析法、电阻率微分法、结合气测信息综合判断储层流体性质，确定解释结论。录井主要依据气测、钻时、岩石热解地化、定量荧光、多维核磁、罐顶气、热蒸发烃及后效显示情况综合进行流体性质的判别。

3.2 真假油气显示识别方法

利用三维定量荧光技术，结合现场气测、地化、罐顶气分析等数据综合对油气显示的真假进行判别。通过对比，得出污染钻井液三维荧光主峰波长 375nm 左右，真显示的岩屑三维荧光主峰波长 325~350nm。此外，真显示气测录井全烃显示往往与低钻时具有良好的正相关特征。

3.3 储层划分方法

由于岩石放射性物质含量高，无法单独利用自然伽马曲线对储层进行准确划分；井段 4468.5~4470.5m 为典型的泥岩（图 1），呈现大中子、高声波时差、相对低电阻率的特征；在砂砾岩储层段，中子、密度数值中等且曲线基本重合；此外，从中子 – 密度交会图看，砂砾岩数据点与泥岩数据点明显区分（图 2）。

3.4 主力层显示及评价

研究表明，该区盐下砂砾岩干层和有效储层的孔隙度界限为 3%，差油层的孔隙度为 3%~5%。该井测井解释划分的 61、63、65 号层（图 1），计算孔隙度为 4.0%~5.1%，渗透率为（0.035~2.08）$\times 10^{-3}\mu m^2$，含水饱和度为 79.7%，物性较差；深侧向电阻率数值大于 15Ω · m（受泥质影响有所降低），含水特征不明显，三孔隙度曲线重叠，与电阻率重叠无明显的含气特征，综合解释为差油层。

录井井段 4445.80~4455.00m，厚度 9.20m，岩性为灰色荧光含砾细砂岩（图 3）；井壁取芯见含油砂岩 4 颗；从核磁共振谱图中（图 4）看出，谱图形态多为双峰形，大小孔隙都有，以小孔隙为主。从井壁取芯样品扫描电镜照片上看（图 5），岩石致密，粒间孔喉不发育，颗粒间由高岭石、绿泥石等充填，微孔发育，主要发育于填隙物之间及局部长石被溶蚀后的微孔，连通性差。

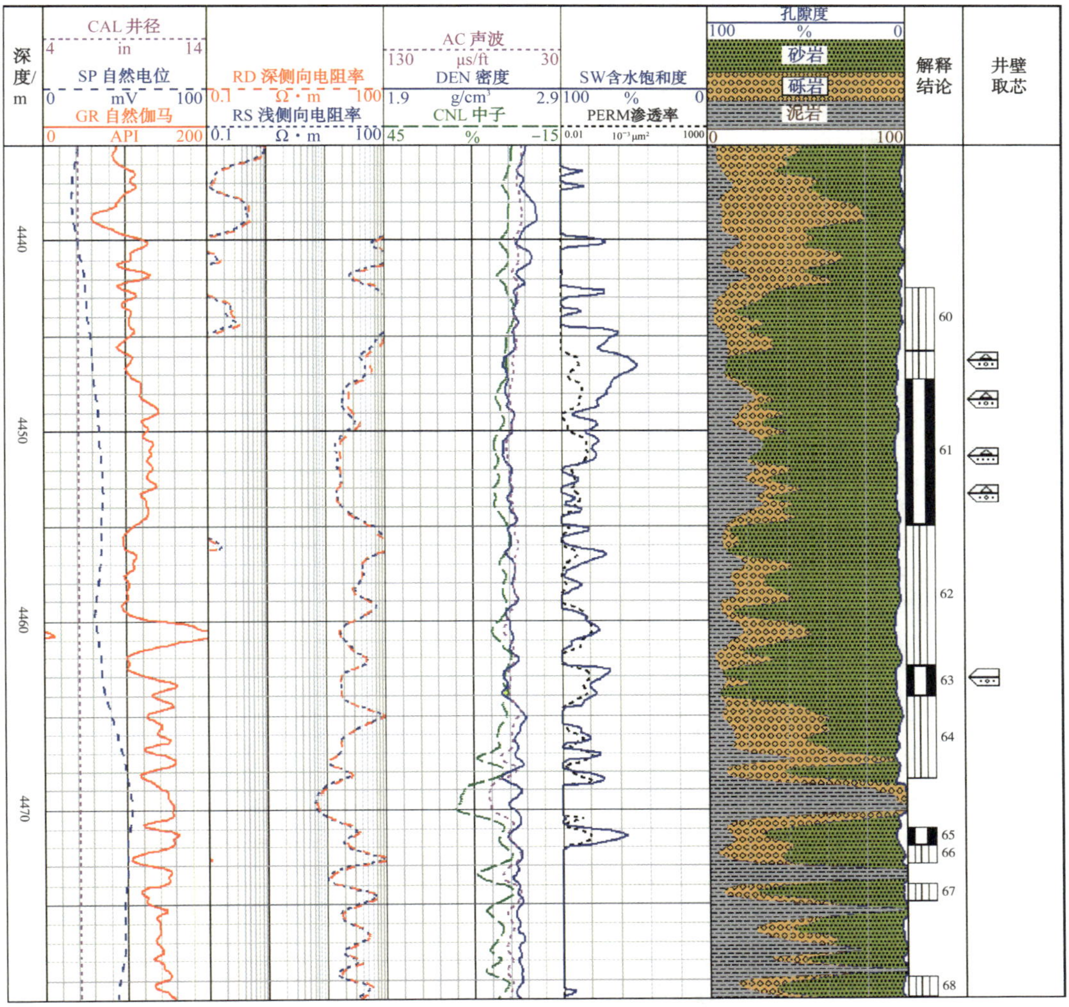

图 1　FX801 井综合测井成果图

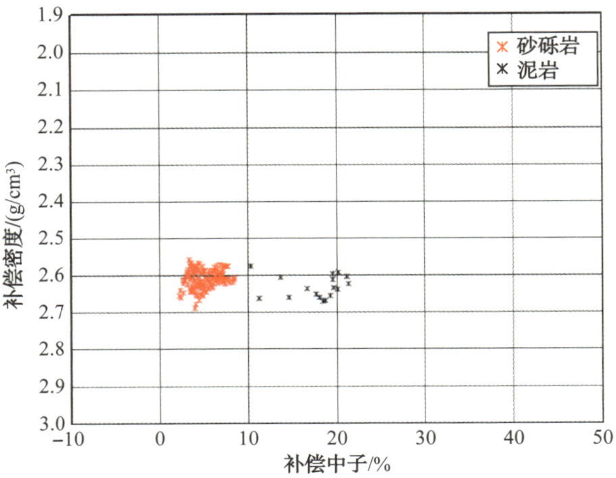

图 2　FX801 井中子－密度交会图

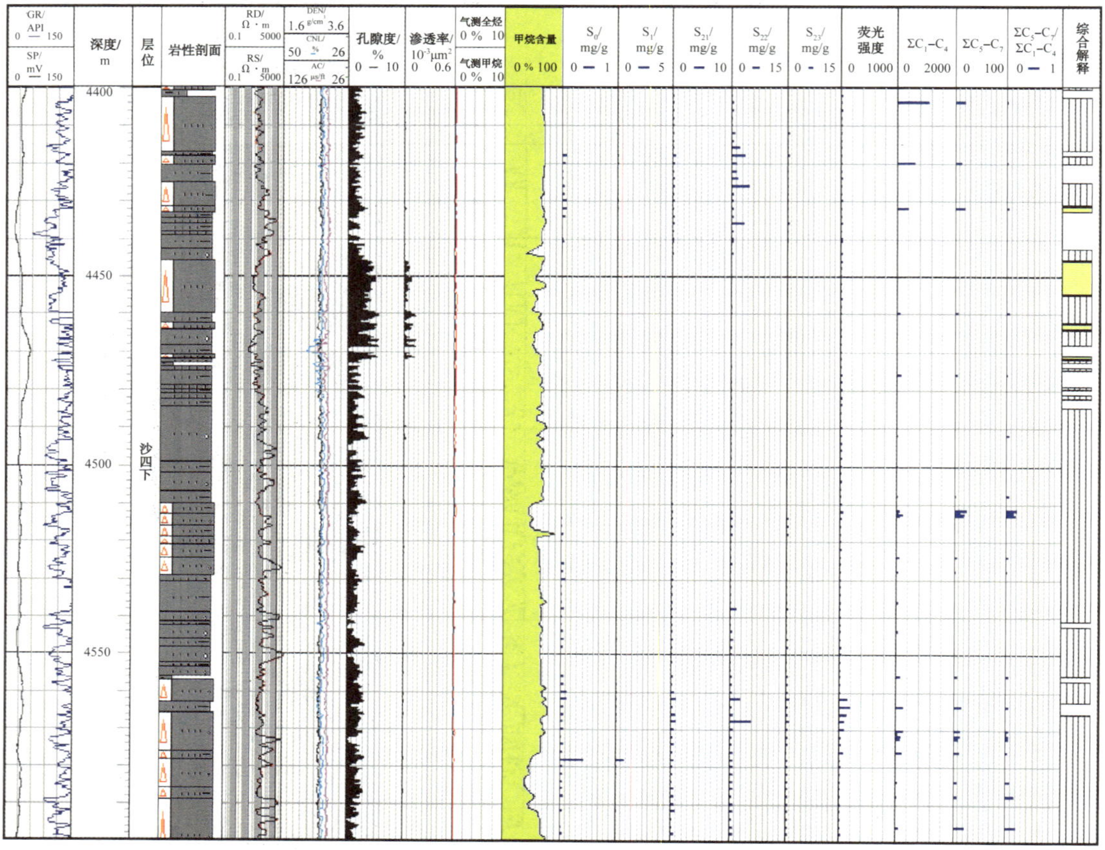

图3 FX801井沙四下油气显示综合评价图

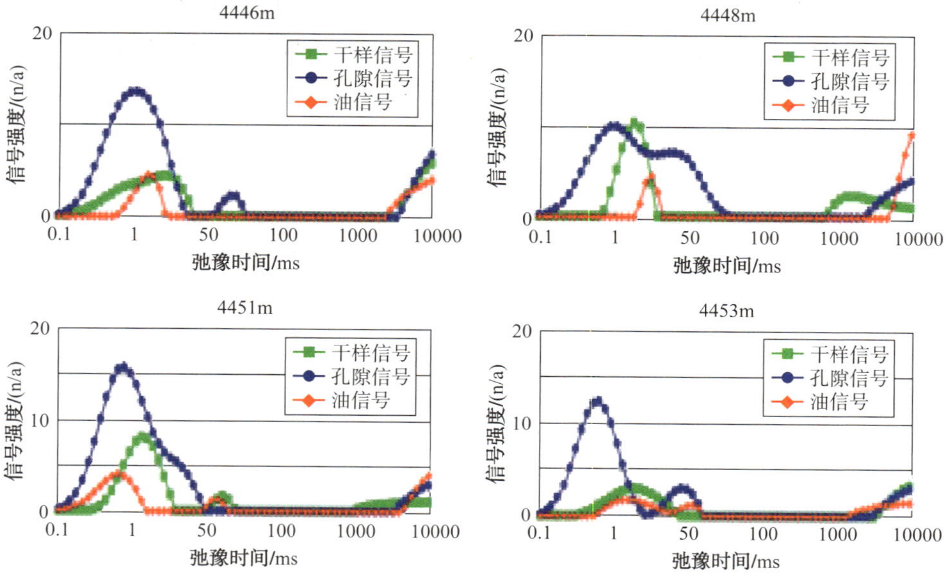

图4 FX801井4446m、4448m、4451m、4453m一维核磁谱图（井壁取芯）

图 5　FX801 井 4446m、4451m、4453m 扫描电镜照片（井壁取芯）

该段气测全烃 3.35% ↑ 6.04%，升幅不高，对比系数小于 2，分析油气活跃性不高；甲烷 1.12% ↑ 1.39%，甲烷相对含量 61.13%。岩屑滴照呈淡黄色，呈清晰晕状，边缘见亮环，定为二级，滴水渗入（图 6）。岩石热解 S_0：0.00mg/g，S_1：0.00mg/g，S_{21}：0.05mg/g，S_{22}：0.03mg/g，S_{23}：0.04mg/g，定量荧光强度值 174.60，含油浓度 69.21mg/L，井壁取芯核磁共振录井分析，孔隙度为 4.28%~7.21%，渗透率（0~0.02）$\times 10^{-3}\mu m^2$，含油饱和度 18.00%~23.33%，可动流体饱和度 5.67%~19.60%；热蒸发烃色谱录井：碳数范围为 nC_{14}~nC_{39}，$\sum C_{21}^{-} / \sum C_{22}^{+}$为 1.3948；罐顶气轻烃色谱分析：轻烃$\sum$（$C_1$~$C_4$）值为 98.237~112.360μL/L，重烃$\sum$（C_5~C_7）值为 0μL/L，显示为气层特征；显微荧光录井：井深 4446m、4448m 岩石碎屑分选一般，见少量砾石，成分为石英、长石和少量泥岩砾石，砂为中砂，次圆 – 次棱角状，孔隙式胶结，胶结物为泥质。井深 4451m 岩石碎屑分选一般，见少量砾石，成分为石英、长石和少量泥岩砾石，砂为细砂，次圆 – 次棱角状，孔隙式胶结，胶结物为泥质。井深 4453m 岩石碎屑分选一般，见少量砾石，成分为石英、长石和少量泥岩砾石，砂为中砂，次圆 – 次棱角状，孔隙式胶结，胶结物为泥质。以上井深均未见明显含油特征；三维荧光谱图表明（图 7），岩屑三维荧光发射波长 E_M 主峰为 350nm 左右，荧光强度 648.3~2186.7，油性指数 1.1，显示一定的含油丰度；多维核磁谱图（图 8）表明该层以油信号为主。

依据各项录井资料，录井解释为差气层。

图 6　FX801 井 4448m、4452m、4456m 荧光照片（岩屑）

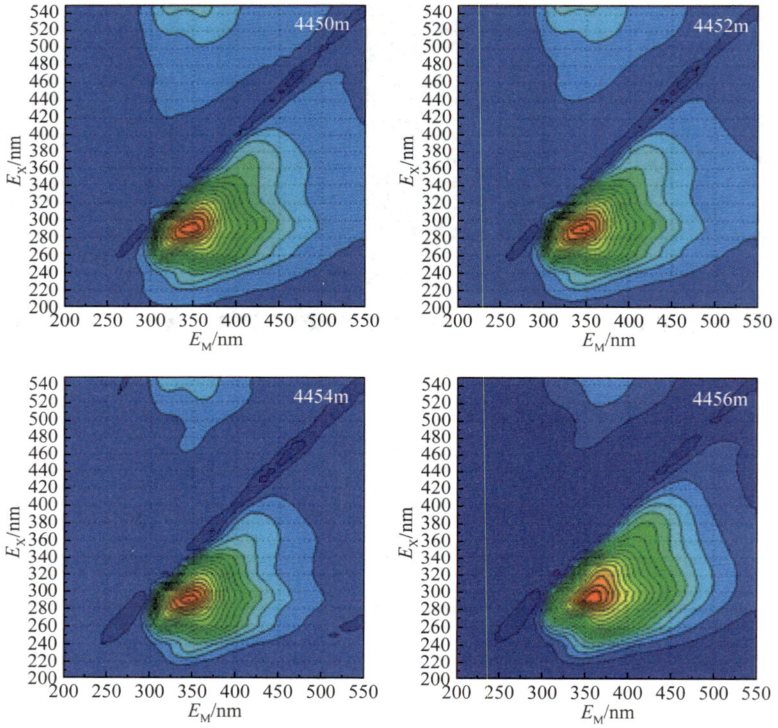

图 7　FX801 井 4450m、4452m、4454m、4456m 三维荧光谱图（岩屑）

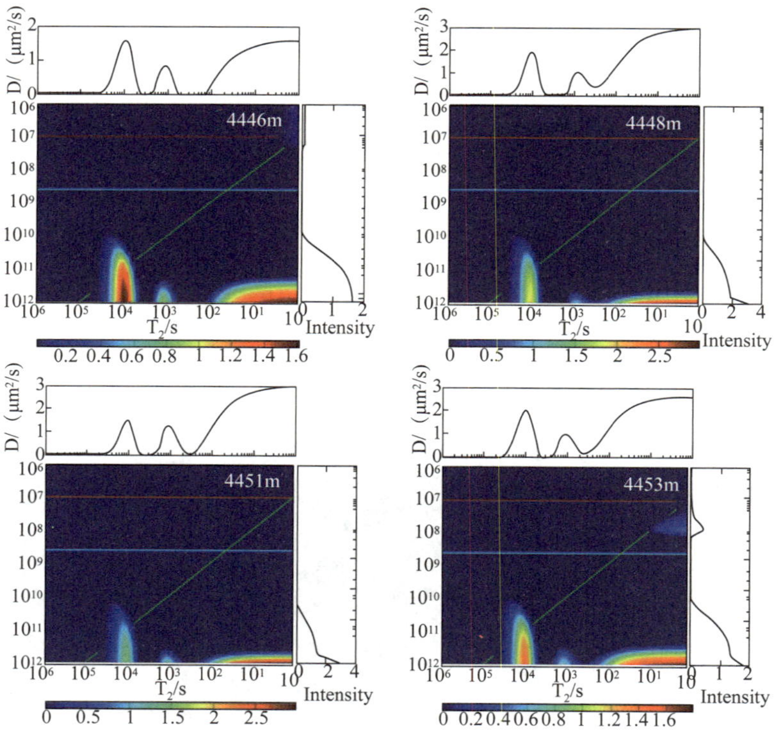

图 8　FX801 井 4446m、4448m、4451m、4453m 多维核磁谱图（井壁取芯）

4 试油（气）结果

本井 4446.00~4464.10m 井段常规试油，回收油 0.002t、水 0.39m^3（扣垫后）。油分析结果：密度 0.8840g/cm^3，黏度 26.0mPa · s，凝点 39℃，含硫 0.55%，为中含硫中质原油。水分析结果：压井液 Cl^-：6889mg/L，SO_4^{2-}：572mg/L，总矿化度 12357mg/L，水型为硫酸钠；4174.52m 反循环下水样 Cl^-：2365mg/L，SO_4^{2-}：366mg/L，总矿化度 4738mg/L，水型为硫酸钠；水分析受钻井液及压井液影响，且回收水量较少，分析认为地层不出水。采用回收量法计算，日产油 0.002t、水 0.37m^3（地面水）。试油结论为干层。

该井试油结果未见天然气，与录井解释存在一定差异，分析主要由于各种资料表征的差异性和解释方式的“粗放性”，造成最终录井综合解释结论的“可靠性降低”。

鉴于常规试油结论与录井解释的差异，对该段流体性质开展了二次分析，重新采用气测比值图版和烃类比值三角图版解释，投点落在油区，三角图版为倒三角形，为油层特征，交点落在椭圆线上，反映产能不高（图 9），3H 图版投点亦落在油区（图 10），表示储层流体以油为主。从多维核磁谱图看以油信号为主，未见水信号及气信号。结合本段含油丰度低、储层物性差的特征，二次解释为差油层。

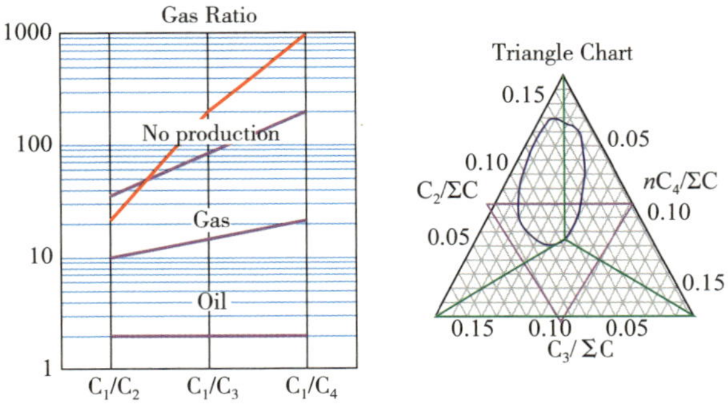

图 9 FX801 井气测比值图版和烃类比值三角图版

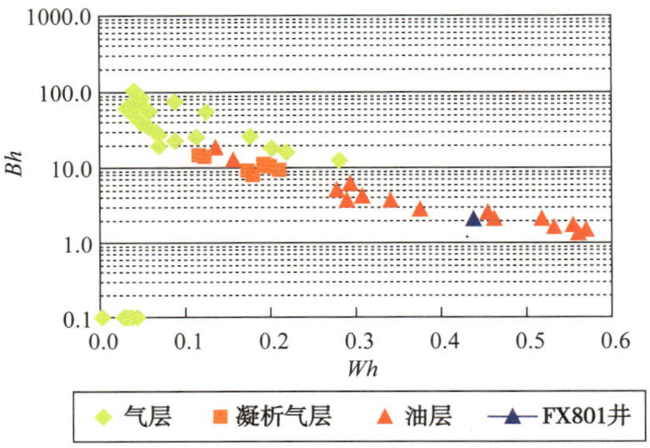

图 10 FX801 井气测 3H 图版

5 结论与认识

通过该井的综合评价，可以得到以下认识：①受储层非均质性及低孔低渗影响，各种录井、测井及分析化验资料有时出现表征矛盾，极大地降低了解释评价的精度。对于致密碎屑岩储层，必须从各参数表征的油藏物理意义入手，从各个不同角度综合分析，坚持综合性评价原则，全面、合理地认识流体性质。②综合应用气测比值图版、烃类比值三角图版、多维核磁录井技术，对致密砂岩储层流体性质评价精度的提高，较为有益。③对于岩性复杂的砂砾岩地层，测井项目应采集齐全，重点井应保证电成像、核磁共振数据的采集，以更好地评价储层。

编写单位：胜利测井公司　胜利地质录井公司
编 写 人：冷洪涛　陈　茜
审 核 人：许东晖　张立生　向巧玲　卜凌梅
审 定 人：张晋言　牛　强　马光强

4 东营凹陷博兴洼陷南斜坡 G95 井二氧化碳气藏测录井综合解释评价

1 概况

G95 井位于济阳坳陷东营凹陷博兴洼陷南斜坡西段，钻探目的是了解博兴洼陷西南部下第三系含油气情况，邻井 G93 井在沙四上纯下亚段试油获低产油流，G94 井在孔店组试油为油水同层。该井设计目的层：孔店组兼探东营组、沙河街组一段（简称沙一段）、沙河街组三段（简称沙三段）、沙河街组四段（简称沙四段）。完钻井深：2617.00m，于 2010 年 10 月完钻，完钻层位：中生界。

2 问题与难点

常规测井对于烃类气藏的评价，主要侧重利用三孔隙度曲线资料来完成，其中起敏感参数作用的中子测井资料，则是基于对地层中“含氢量”的分析而开展。对于二氧化碳气藏的评价，缺乏理论上的支撑，导致无法用“中子－密度”或“中子－声波”交会等方法识别气层；勘探实践证实，录井对于二氧化碳气藏的评价，其盲点在于检测过程中，储层中渗透或扩散到井筒的二氧化碳，由于受到偏碱性钻井液的中和作用而造成二氧化碳气体的显示大幅降低，随钻录井过程往往升幅不高或无异常幅度的变化，极易漏掉二氧化碳气层的发现和评价。因此，对于流体性质多样，包含二氧化碳气层的井区，对于二氧化碳气层的判识，是解释评价的难点和重点。

3 解释评价

3.1 评价原则

利用测井资料划分储层，定量评价储层孔隙度、饱和度、泥质含量等参数，判断流体性质，利用录井的含油性检测技术诸如气测、罐顶气、地化、定量荧光等辨识储层流体性质特征，尤其要注重气测非烃二氧化碳随钻及后效检测数据的变化。综合测录井资料对油气显示层开展综合评价。

3.2 主力层显示及评价

本井在东营组、沙一段、沙二段、沙三段与孔店组均无油气显示，沙四上纯下亚段见油气显示，集中在 13 号层 1647.5~1673.0m，岩性为细砂岩，顶部为油浸，中部为油斑和油迹，底部无油气显示，底部井壁取芯也无显示。测井响应特征显示，储层自然电位负异常，自然伽马数值为 45~60API，三孔隙度曲线按标准刻度显示岩性较纯的砂岩，井壁取芯与钻井取芯证实岩性为细砂岩（图 1）。

1643.0~1658.9m 连续取芯 2 筒，荧光滴照亮黄色，含油部分滴水呈馒头状。气测全烃由 0.15% ↑ 0.51%，甲烷 0.10% ↑ 0.33%，组分齐全。具有二氧化碳微幅异常，二氧化碳由 0.24% ↑ 0.65%，钻井液相对密度 1.13g/cm^3。热解地化 S_{21}：3.61mg/g，S_{22}：1.59mg/g，定量荧光强度 547，油性指数 2.7，表现为中等含油气丰度，油质为中质油；热蒸发烃谱图基线后方隆起，具含水特征（图 2）；核磁录井表现为双峰型，以可动孔隙为主（图 3），核磁孔隙度为 31.67%，渗透率 $6793.8\times10^{-3}\mu m^2$，录井核磁显示储层物性较好，但含油性较差。测井深侧向电阻率顶部为 9Ω · m，中部为 6~7Ω · m，下部为 5Ω · m，测井计算孔隙度顶部为 28% 左右、下部为 26% 左右，渗透率 $100\times10^{-3}\mu m^2$。邻井 G93 井的沙四上纯下亚段 2267.2~2269.0m 孔隙度 18%~20%，深感应电阻率 13~17Ω · m，井壁取芯显示为 4 颗油浸粉砂岩，经测试仪测试，折算日产油 0.23t、水 0m^3；后抽汲试油，日产油 0t、水 0.28m^3，累产油 0.09t，原油密度 0.8608g/cm^3，黏度 11.6mPa · s，试油结论为干层。周围邻井 H18、H23 全井无油气显示，H22 井（侧）见到油斑显示，JQ8 井虽下套管，但试油无油气。G93 井在沙四段试油，G94 井在孔店组试油，因井次和层位太少，无法建立四性关系图版。在分析本井测录井特性与邻井 G93 井试油的基础上，13 号层测井解释为上油层 1.0m，中油水同层 7.5m，下水层，录井各项资料反映出含油气丰度低的特征，解释为含油水层（图 4）。

4 试油（气）结果

2010 年 11 月至 2011 年 8 月四次试油，详细情况见表 1，井段分别为 1647.5~1650.5m、1651.5~1653.0m、1655.0~1656.5m、1667.5~1672.0m，前三段试气结果为二氧化碳气层，日产气分别为 13205m^3、12910m^3 和 13361m^3，第四段试气结果为二氧化碳气水同层，日产气 113m^3，日产水 9.38m^3。试油结论与测录井解释评价结果差异较大。

表 1　G95 井试油情况

序号	试油井段（自/至）/m	层数 厚度/m	试油日期 年/月/日	工作制度 油嘴/mm	日产量 油/t	气/m^3	水/m^3	累计 油/t 水/m^3	含水 含砂/%	水分析 氯离子 硫酸根/(mg/L)	矿化度/(mg/L) 水型	结论
1	1647.5	1	2010/11/12	5（孔板 20）	0	13205	0	0	0			气层
	1650.5	3	2010/12/2									

续表

序号	试油井段	层数	试油日期	工作制度	日产量			累计	含水	水分析		结论
	(自/至)/m	厚度/m	年/月/日	油嘴/mm	油/t	气/m^3	水/m^3	油/t 水/m^3	含砂/%	氯离子 硫酸根/(mg/L)	矿化度/(mg/L) 水型	
2	1651.5	1	2011/6/13	4(孔板 25)	0	12910	0	0	0			气层
	1653	1.5	2011/6/25									
3	1655	1	2011/7/8	4(孔板 20)	0	13361	0	0	0			气层
	1656.5	1.5	2011/7/17									
4	1667.5	1	2011/7/30	抽 1300/24	0	113	9.38		100	7152	23895	气水同层
	1672	4.5	2011/8/18					89.3	< 0.01	252	碳酸氢钠	

分析差异产生的原因，通过对该段的实时时间图的逐层分析，发现在钻进取芯及后效中，气测全烃、甲烷显示值较低，二氧化碳一般在 0.40% 左右，无明显幅度异常，但存在一个高值点 51.73%，经分析为后效显示（图 4）。通过对济阳坳陷发现有二氧化碳气藏井的统计分析，发现凡试气为二氧化碳气藏的井，仅有 Y104 井钻井过程中有微量二氧化碳显示，其他井均无显示（表 2）。究其原因，主要在于随钻过程中储层中通过渗透或扩散作用逸散到井筒中的二氧化碳，受到偏碱性钻井液中和作用，造成二氧化碳异常幅度减小或消除。后效中常见二氧化碳的原因，则主要是静止后的钻井液，井筒中对应储层井段可能形成局部二氧化碳饱和区，存在部分游离二氧化碳所致。

表 2 济阳坳陷二氧化碳气藏井钻探显示情况统计

井号	现场有显示	后效有显示	无显示	二氧化碳气量	试油结论	钻井液 pH 值	钻井液密度（g/cm^3）
G95			√	13771	气层	9	1.13
F54		√		22320	气水同层	9	1.19
Y104	√			微量气	含气水层	9	1.1
Y25			√	5880	气层	—	1.2
Y251			√	6431	气层	8	1.08
L5	√			—	—	9	1.12

探究胜利油气区二氧化碳气藏成因。前人研究表明，按成因，二氧化碳气藏有无机和有机两种。济阳坳陷二氧化碳气藏主要为无机幔源气成因，分布主要集中在 6 个区域（图 5）：阳信洼陷八里泊、Y25 井区；东营凹陷则主要集中在凹陷西部博兴洼陷西坡的花沟气田、H17 井区、平南、平方王气田。其共同特点一是靠近基底深度断裂，为成气断裂；二是基底断裂附近派生出一些次级断裂作为输气断裂。

根据戴金星二氧化碳成因的研究，凡天然气组分中二氧化碳体积分数超过 60% 者，其二氧化碳均属无机成因。G95 井两次测试管线喷出气体组分中二氧化碳分别为 91.38% 和 98.4%，二氧化碳占气体组分中的绝对优势，具有无机成因特征。

本井录井过程中于沙四段见到含油显示，但试油见到的是二氧化碳气藏。综合分析认为是先期油气藏遭到破坏后，后期又通过断层充注的幔源二氧化碳气藏造成的。本井西部及北部为高青－平南大断层，具有形成幔源气藏的气源条件；本井北部发育多条断层，且沙四段储层发育、物性较好，幔源气可沿断层或储层有效运移至本井区。

5 结论与认识

通过该井的综合评价，可以得到以下认识：①对于存在二氧化碳气层的井区，要注重气测二氧化碳气的微幅变化，尤其在随钻分析过程中要注意二氧化碳气后效显示的变化，这样有助于结合其他资料对是否存在二氧化碳气层予以甄别。②二氧化碳气层的电性特征与油层差异不明显，造成测井解释困难，加强二氧化碳气藏测井响应特征的研究在当前尤为迫切。③二氧化碳气藏的发现与解释评价工作在现阶段有较大难度，一是如何在钻探过程中发现二氧化碳气藏，二是采取何种有效的手段来解释钻探过程中发现的二氧化碳异常。以上都需要在实践中多加以总结，形成切实有效的解释方法。

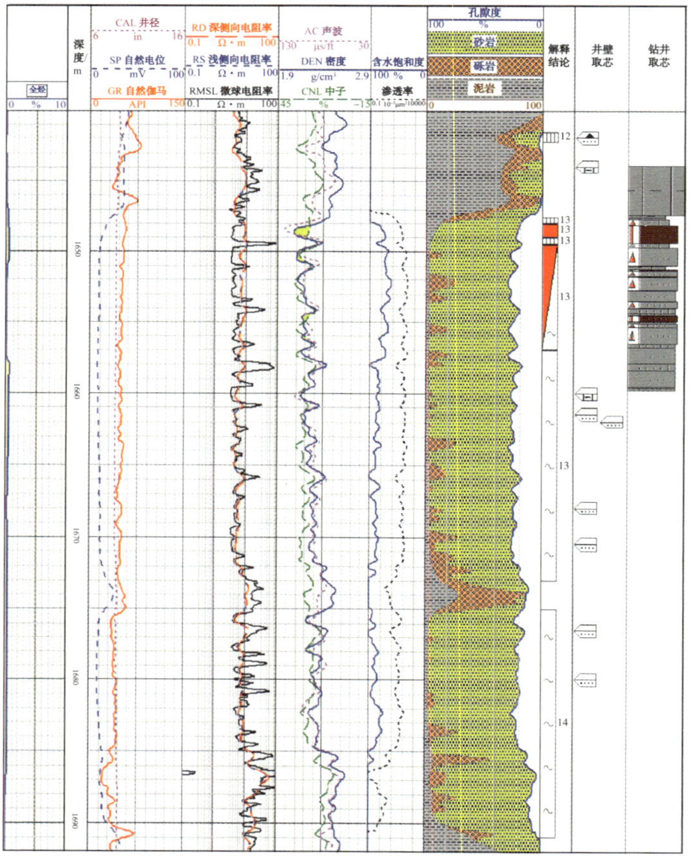

图 1 G95 井测井解释综合图

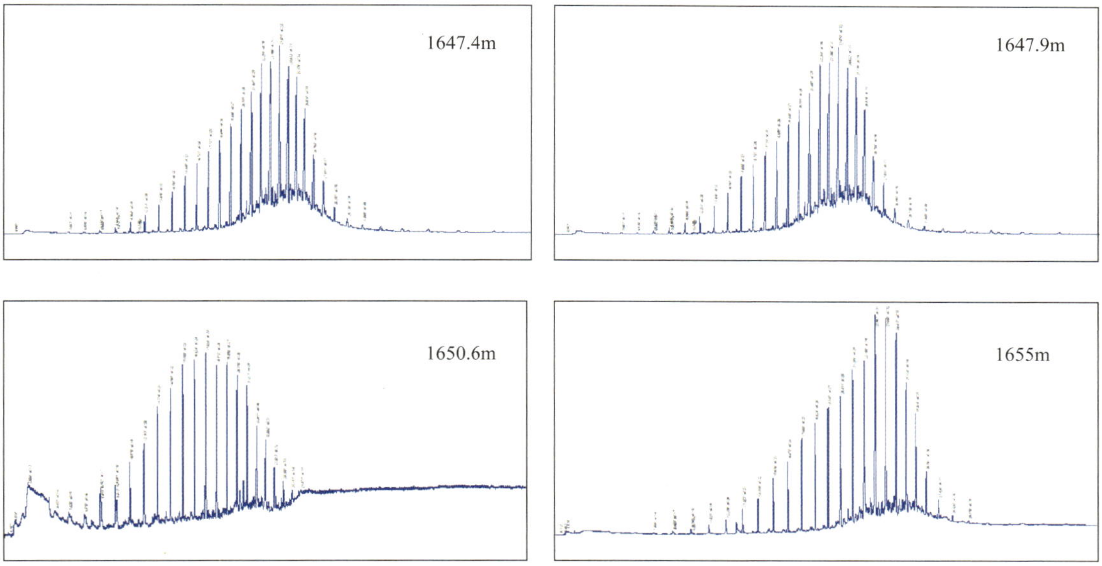

图 2　G95 井钻井取芯热蒸发烃谱图

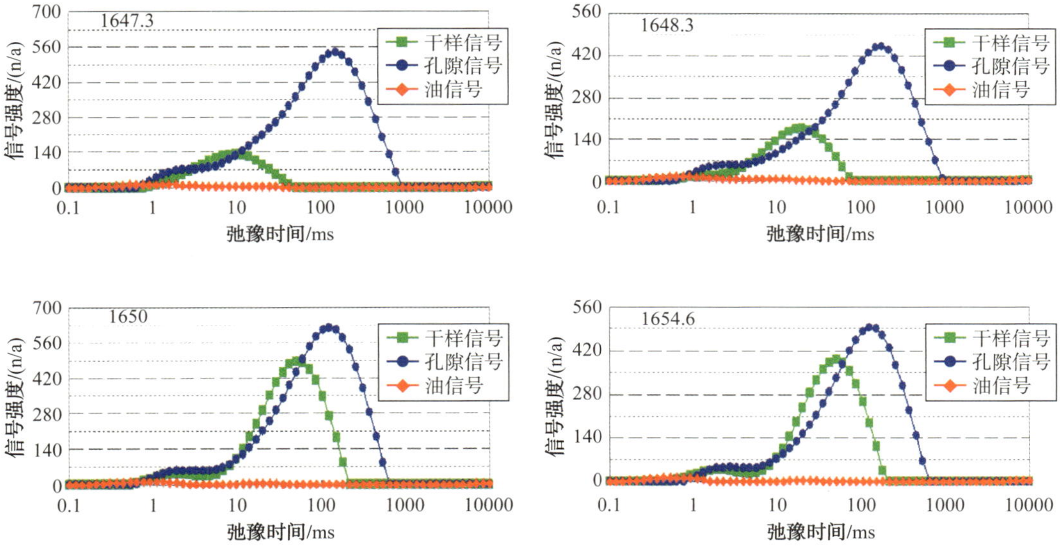

图 3　G95 井钻井取芯核磁共振录井谱图

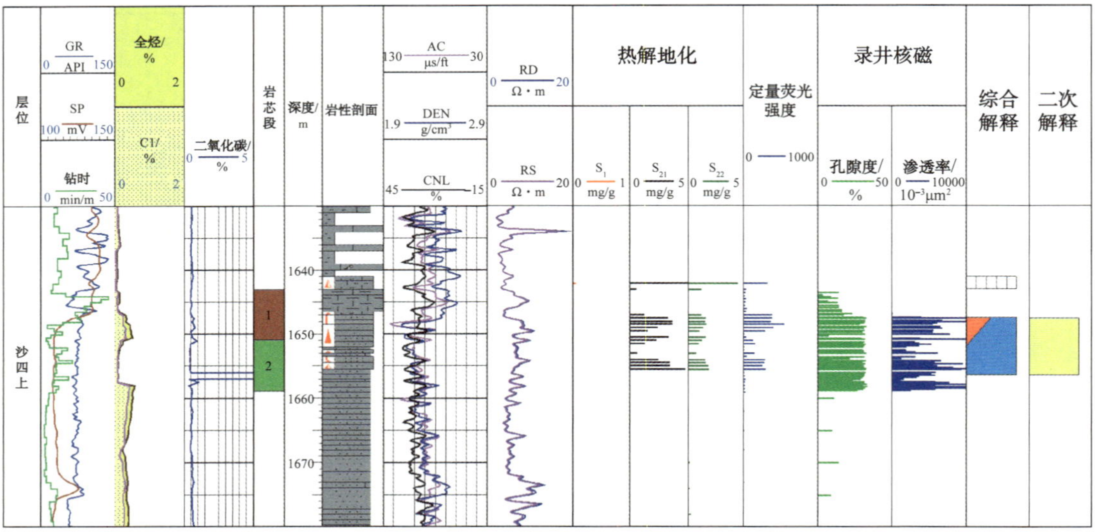

图 4　G95 井油气水层综合评价图

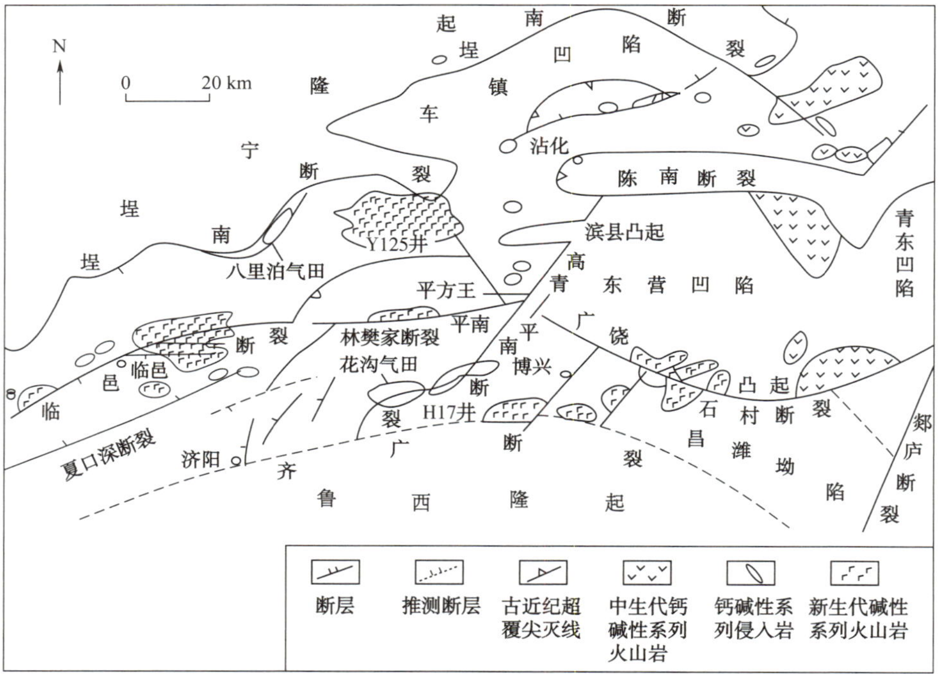

图 5　济阳凹陷二氧化碳气藏平面分布图

编写单位：胜利测井公司　胜利地质录井公司

编 写 人：罗景美　陈　岩

审 核 人：许东晖　张立生　向巧玲　卜凌梅

审 定 人：张晋言　牛　强　马光强

5 东营凹陷高青–平南断裂带 HGX101 井上古生界油气藏测录井综合解释评价

1 概况

HGX101 井位于济阳坳陷东营凹陷高青–平南断裂带上升盘，钻探目的是主探下古生界、兼探中生界。邻井 HG1 井在下古生界奥陶系和中生界测试分别获得了日产 0.67t 和 0.51t 的油流。HGX101 井于 2015 年 8 月完钻，完钻井深为 3438m（斜深），完钻层位下古生界奥陶系马家沟组。本井目地层之外，上古生界石炭系上石盒子组发现多层一级荧光显示，试油获得了工业油流。

2 问题与难点

上石盒子组岩性主要为大套石英砂岩，孔隙度在 10% 以下，属于致密碎屑岩储层。录井显示为一级荧光，油质轻、气油比低，导致气测全烃绝对含量低，热解地化、定量荧光等综合评价为低含油气丰度。从测井响应特征来看，油层与干层、水层的物性特征、电性特征差异不明显，属典型的低对比度致密碎屑岩复杂油气层，利用常规测井资料评价储层流体性质的难度较大。

3 解释评价

3.1 评价原则

对于低对比度致密碎屑岩复杂油气层，测井注重利用常规资料开展物性的评价。对于轻质油层，录井则要注重利用气测、罐顶气、三维荧光等资料开展流体性质及含油丰度的评价；辅助核磁录井等资料进行可动水的判识及分析。

3.2 主力层显示及评价

3.2.1 *初次评价*

上古生界上石盒子组奎山段 2479.0~2501.2m，录井为一级荧光显示，该段岩性为灰色石英砂岩、灰色含砾泥质细砂岩（录井为一级荧光显示）。气测异常明显，全烃由

0.22% ↑ 3.46%（钻井液相对密度 1.17g/cm^3），岩屑热解地化、定量荧光评价为低含油气丰度。组分齐全，甲烷相对百分含量为 71.1%，判断储层为含油丰度中等－低特征。该层自然电位负异常幅度较大，测井计算孔隙度为 7%~10%，深侧向电阻率为 13~30Ω·m，物性较好的井段储层电阻率较低，在 13Ω·m 左右，同时考虑到岩屑含油级别低，气测异常虽然较为明显，但绝对含量较低，分析可能含油饱和度不高，因此综合解释为油水同层。

3.2.2　二次评价

对该段顶部 2m 试油，7mm 油嘴自喷，获日产油 51t、气 4471m^3 的工业油气流。该段获工业油流后，对各项测录井资料进行“回头看”。本井上石盒子组岩性主要为大套石英砂岩，录井见多层一级荧光显示，含油级别低，导致对岩屑样品进行分析的热解地化、定量荧光均表现为低含油气丰度的特征。气测见多个局部异常，但绝对含量偏低，最高仅为 13.61%，考虑到气测全烃对比系数较高，在 3~24，测试段全烃对比系数达到 15.7，表明储层油气显示较为活跃。测试段气测异常表现为箱形的特征，与储层段厚度相当，表明油气充满了全部储层。罐顶气轻烃气相色谱自 2416m 出现重质组分 C_5~C_7，一般为 20~100μL/L，最高达到 993μL/L，组分个数由 1~2 个增加至 7~9 个，表明储层中流体性质以原油为主。

从井区前期钻探成果看，上古生界上石盒子组石英砂岩储层，由于成岩作用强，大大降低了储层原生的孔隙度和渗透率，测井计算平均孔隙度仅为 7.2%、平均渗透率为 2.1×10^{-3}μm^2，常规测井难以进行准确描述和识别，同时从本井的岩芯薄片分析看，其储集类型主要为孔隙和裂缝双重介质，在缺乏新技术测井资料下，储层流体性质判别存在困难。

随后钻探的 HG102 井测有电成像，从资料分析看，石英砂岩受构造作用改造，易形成裂缝，微裂缝主要以压裂缝和溶蚀缝等类型存在，起到主要渗流通道的作用，对改善孔隙型储层的储集性能有重要作用。

根据储层岩性、裂缝发育和测井曲线特征，将储层划分为破碎石英砂岩、裂缝－孔隙石英砂岩、基质孔隙砂岩三种岩相类型（图 1）。根据不同岩相的成像模式，标定常规测井信息，进而实现对致密复杂储层的岩性识别及储层评价。

破碎石英砂岩：裂缝最发育，多发于奎山段 1 砂组。成像测井 2315~2319m 可以看到地层扭曲变形特征，地层较为破碎，发育少量的小断层和不同角度的交错裂缝。常规测井曲线声波时差数值增大，可能出现跳跃，电阻率相对围岩数值略有降低，密度和中子孔隙度数值变化不大，自然电位存在异常，自然伽马低值（图 1）。

裂缝－孔隙石英砂岩：裂缝发育，裂缝沟通了储层的储集空间，多发于奎山段 1 砂组。成像测井 2334~2338m 可以看到角度近似的裂缝集中发育，地层没有发生错动和破碎。常规测井曲线上，声波时差数值略有增大，电阻率相对围岩数值略有降低，密度和中子孔隙度数值变化不大，自然电位存在异常，自然伽马低值（图 1）。

基质孔隙砂岩：裂缝不发育，基质孔隙为主要的渗流通道，多发育于奎山段 3 砂组及万山段。成像测井 2380~2385m 没有裂缝特征。常规测井曲线声波时差、密度和中子孔隙度曲线平直，电阻率相对围岩数值变化不大（图 1）。

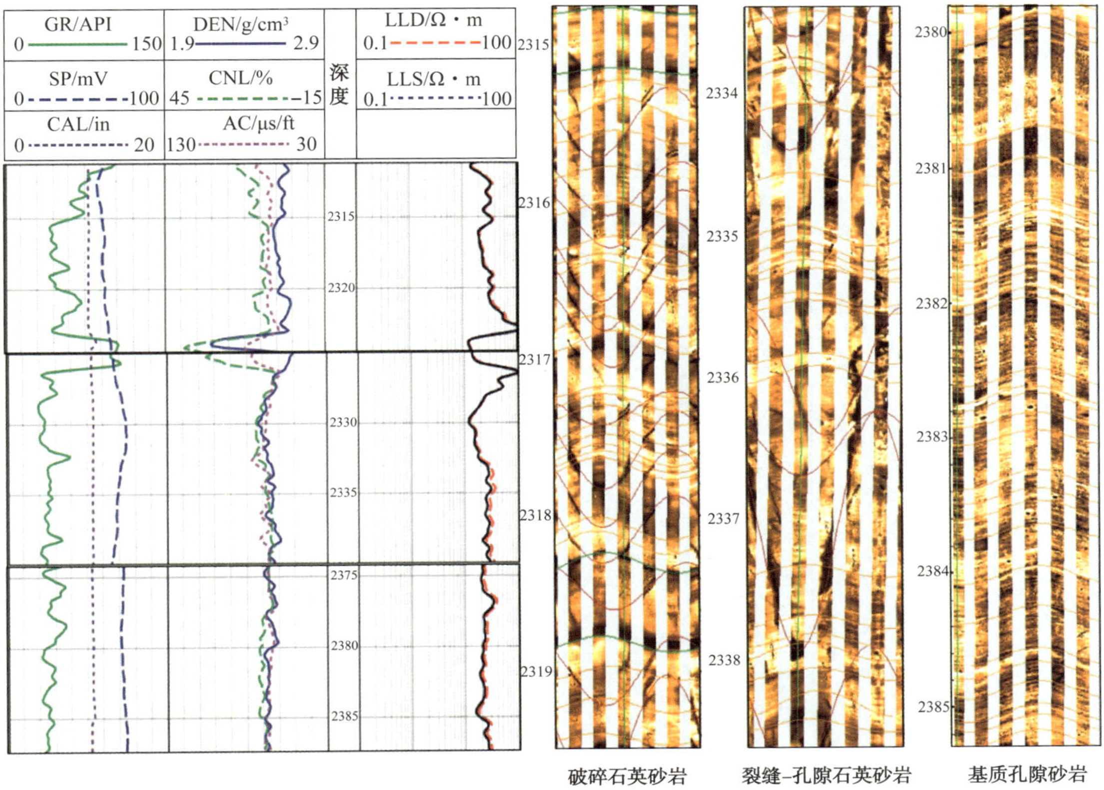

图 1　HG102 井裂缝储层测井响应特征

从测井资料来看，该层层内非均质性较强，导致油、水、干层在测井响应特征上差异不明显，流体性质判定难度大。奎山段 25 号层，井段 2479.0~2501.2m，该层顶部 2479.0~2481.5m 自然伽马数值较低，在 30API 左右，三孔隙度曲线按标准刻度重合性较好，显示为岩性较纯的石英砂岩特征，测井计算孔隙度在 8% 左右，对应的深侧向电阻率数值较高，为 30Ω · m，为油层特征。2481.5~2489.8m 自然伽马、自然电位数值逐渐抬升，反映泥质含量较高，岩性为含砾泥质砂岩，其中 2481.5~2484m 深侧向电阻率受泥质影响数值较低，为 13~20Ω · m，反映为物性较好的泥质砂岩油层特征。2489.8~2501.2m 测井曲线特征反映为石英砂岩与泥岩互层，声波曲线呈锯齿状、数值明显增大，可能裂缝较为发育，深侧向电阻率数值在 16~23Ω · m，测井解释为油干层（图 2）。

测录井资料综合评价，将 25 号层二次解释为油层。

储层有效性评价主要通过对核磁共振测井资料和毛管压力曲线相关性分析，在消除油气影响的前提下，建立伪毛管压力转换模型，进而求取描述储层孔隙结构的微观参数。通过测井资料及储层宏观、渗流和微观参数和试油成果分析，建立储层质量评价指数曲线直观评价储层有效性，解决了储层产能特征评价和流体性质识别的难题，取得了显著的效果。

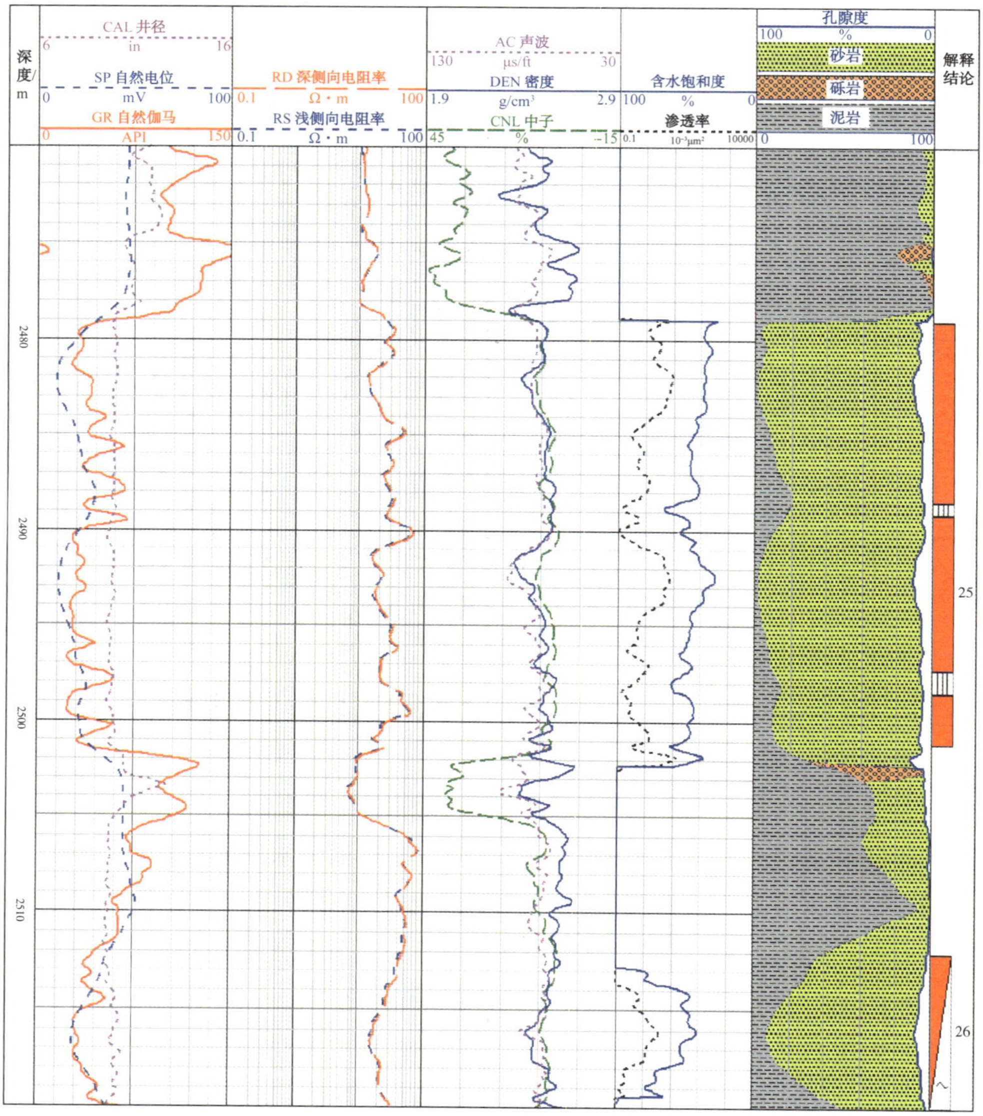

图 2　HGX101 井综合测井成果图

图 3、图 4 为 HGX101 井储层有效性综合评价成果图。25 号层（2479~2481m）岩性以纯石英砂岩为主，从图中可以看到本井裂缝更发育，以破碎型储层单元为主，评价本井生产能力更强，预测油相产能 56.7t/d，试油 43.44t/d，评价为Ⅰ、Ⅱ类储层，试油日产油 51t、气 4471m^3，二者基本吻合。

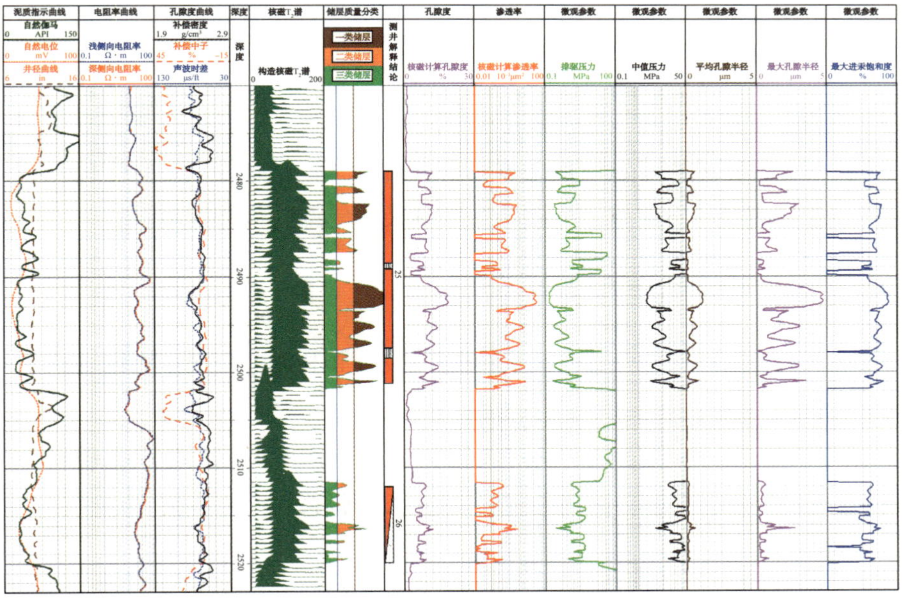

图 3　HGX101 井储层有效性综合评价成果图

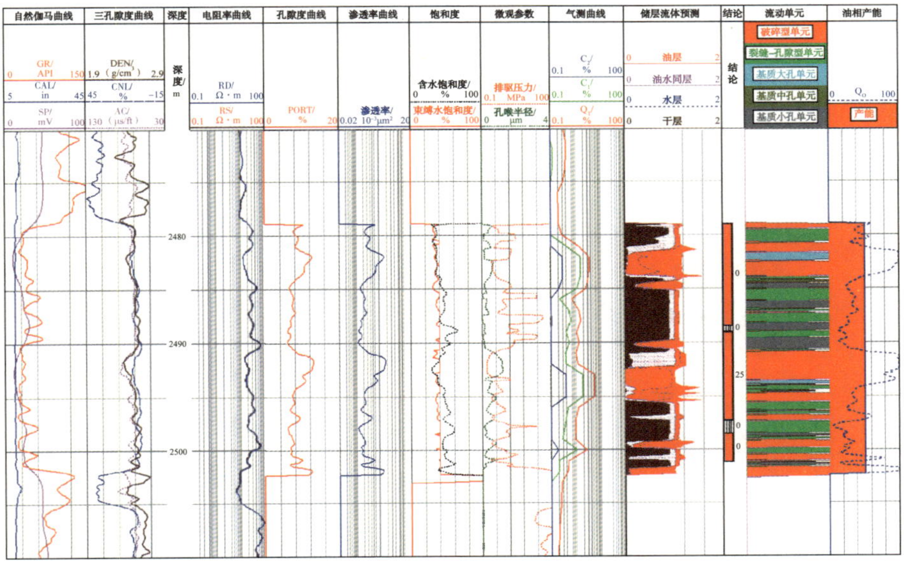

图 4　HGX101 井储层有效性综合评价成果图

4　试油（气）结果

对该段顶部 2479~2481m 试油，7mm 油嘴自喷，获日产油 51t、气 4471m^3 的工业油气流。

通过对 HGX101 井再认识，提升油层 6 层 59.9m、油水同层 2 层 11m。再评价结果，对该区上古生界致密砂岩油藏的认识和发现起到了重要作用。

5 结论与认识

通过该井的综合评价，可以得到以下认识：弱油气显示储层－荧光显示微弱或无，录井识别与评价均存在很大困难。所以为提高解释符合率，解释评价过程中应注重气测、三维荧光录井、常规测井、电成像、核磁共振等测录井信息的综合应用。

编写单位：胜利测井公司　胜利地质录井公司
编 写 人：柴　婧　向巧玲
审 核 人：许东晖　张立生　卜凌梅
审 定 人：张晋言　牛　强　马光强

6 埕宁隆起埕北低凸起 ZHHX25 井东营组油气藏测录井综合解释评价

1 概况

ZHHX25 井是一口预探井，位于渤海湾盆地埕宁隆起埕北低凸起桩海断裂带。钻探目的是了解桩海断裂带东部古近系及馆陶组含油气情况，设计垂深为 3850.00m（从海平面算起），A 靶垂深 2860.00m（从海平面算起），B 靶点垂深 3725.00m（从海平面算起），目的层为馆陶组上亚组（简称馆上段）、东营组、沙河街组一段（简称沙一段）。2020 年 4 月 15 日开钻，2020 年 5 月 29 日完钻，完钻斜深 4128.00m（垂深 3822.44m），完钻层位为中生界。实钻本井油气显示主要集中在馆陶组上亚组（简称馆上段）、东营组、沙河街组二段（简称沙二段）– 沙河街组三段（沙三段），目的层馆陶组下亚组（简称馆下段）、沙一段未见油显示。

2 问题与难点

本井区以东营组为主要目的层的钻探井比较少，邻井无东营组试油数据，对东营组油气层的流体性质、原油性质等认识不清，增加了该区东营组油气层解释评价的难度。

3 解释评价

3.1 评价原则

录井的气测、定量荧光、地化、热蒸发烃色谱、核磁共振、显微荧光等资料，基于其对油气显示分析的直接性，对于流体性质的识别较为灵敏。测井评价主要应用双矿物交会技术计算矿物含量、孔隙度等地质参数，应用电阻率绝对值与差异法、自然电位与电阻率对应性分析法、图版法、$P^{1/2}$ 正态概率分布法、孔隙度曲线重叠法等综合判断流体性质。

综合而言，对于储层物性较好的碎屑岩储层，录井、测井具有较好的表征和评价优势。

3.2 主力层显示及评价

3.2.1 岩性分析

测井解释36号层井段3542.6~3554.6m，厚度12.0m（图1），其中细砂岩8.9m/6层，泥质细砂岩3.1m/2层，该套储层位于东营组下部，地层特征以灰色、深灰色泥岩为主，夹中厚层浅灰色细砂岩、泥质细砂岩和薄层泥质粉砂岩、灰质粉砂岩。

3.2.2 流体性质分析

井段3542.6~3554.6m，岩屑录井为灰色油斑细砂岩（图2）、钻井取芯井段3546.51~3554.56m，进尺、芯长均为8.05m，含油气岩芯长度7.85m，占比达97.5%。岩芯观察（图3）见灰色油斑细砂岩，灰黄色油浸、富含油细砂岩，灰色油迹、油斑、油浸泥质细砂岩。灰黄色富含油细砂岩：含油部分灰黄色，不含油部分浅灰色。含油面积约占80%，含油较均匀、较饱满，具油味，微染手，油脂感弱，滴水呈珠状微渗，荧光干照亮黄色，滴照亮黄色。钻时14.2 ↓ 0.9min/m，全烃0.38% ↑ 100.00%，峰值C_1：69.501%，C_2：16.469%，C_3：26.686%，iC_4：3.641%，nC_4：14.942%，iC_5：6.220%，nC_5：14.039%，钻井液相对密度1.23 ↓ 0.96g/cm^{3}以下，黏度54 ↑ 119mPa·s，槽面油花占10%，气泡占30%，并发生油气侵（图4），反映该层气测组分齐全，涨幅明显，油气十分活跃，地层能量充足。

热解地化钻井取芯样品分析参数，$S_{1原}$：0.25~3.59mg/g，$S_{21原}$：3.66~18.05mg/g，$S_{22原}$：0.61~2.84mg/g，$S_{23原}$：0.46~1.48mg/g，反映含油气丰度高，油质为轻质油。

二维定量荧光钻井取芯样品分析参数，荧光强度1750~14105，含油浓度684.67~6012.59mg/l，荧光对比级别11.13~14.27，油性指数为0.32~0.78，反映含油气丰度高，油质为轻质油。

热蒸发烃谱图（图5），碳数范围nC_{13}~nC_{38}，碳数范围较宽，组分较齐全，主峰碳一般为nC_{19}，谱图形态呈规则梳状，基线平直，油质为轻质油。

显微荧光（图6）显示，岩石孔隙连通较好，发黄绿色荧光，少量橙褐色、灰绿色荧光，荧光强度多数较暗－较亮，少数中亮，荧光分布不均匀或较均匀，含油率多数一般或较好、少数含油率好。

该套储层自然电位正异常幅度较大，三孔隙度曲线按标准刻度显示上部3542.6~3550.0m重合性好，自然伽马数值较低，电阻率数值高为40~50Ω·m，深浅侧向电阻率侵入特征不明显，计算的含油饱和度较高，孔隙度数值约17%，渗透率数值约45×10^{-3}μm^2，该段属于岩性较纯、含油丰度较高、物性较好的典型油层（图1）；中部3550.0~3552.0m三孔隙度曲线重合性变差，自然伽马数值较高，约为75API，电阻率数值8~10Ω·m，岩性细、泥质含量重引起电阻率降低；底部3552.0~3554.6m三孔隙度曲线重合性差，物性变差，自然伽马数值高，泥质重，解释为干层。图 7 为该区块东营组已测试层孔隙度与电阻率交会图，该层明显落在油层区域，图 8 为东营组已测试层 $P^{1/2}$ 正态概率分布图，图中该层上部累计频率曲线斜率较大，为典型的油层特征，中部因岩性影响累计频率曲线斜率变小，仍显示为油层特征。核磁共振谱图（图 9）显示，以单峰型为主，大小孔隙均发育，孔隙度 7.46%~18.41%，76% 样品的孔隙度大于 10%，平均孔隙度 11.6%，测井计算的平均孔隙度 16.0%，平均渗透率 $12.55 \times 10^{-3} \mu m^2$，是物性较好的储层。核磁共振谱图（图 9）显示，大孔隙中几乎不含水。

通过以上测录井资料，说明该段岩性较纯、含油丰度较高、油质轻、物性较好，综合解释为油层。

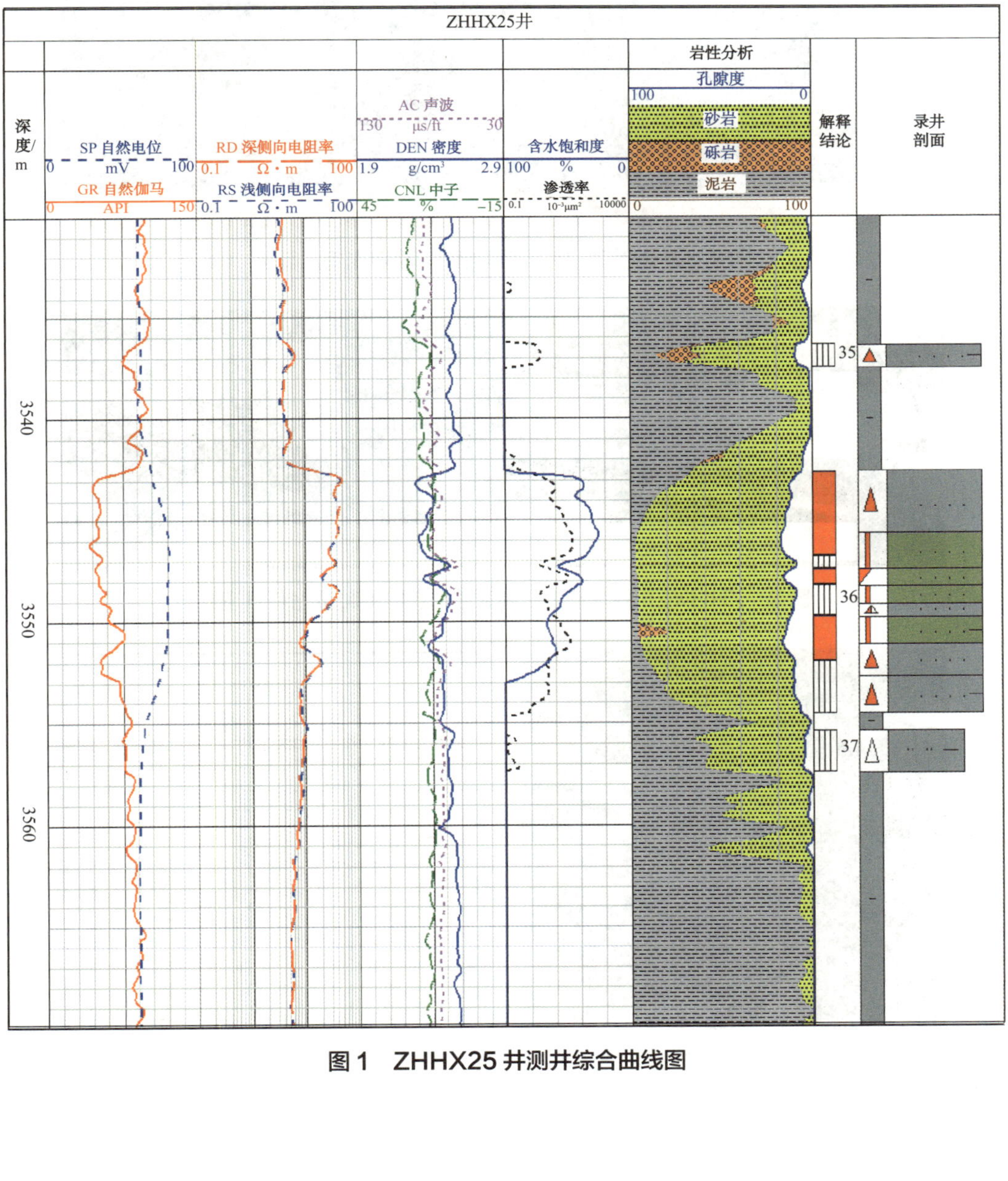

图 1　ZHHX25 井测井综合曲线图

3.2.3 储层产能、油藏分析

本井北侧断层活性强，纵向切割 T_2、Tr 不整合面，横向延伸距离远，与北侧 BZ25–1 油田的控藏断层具相似的活动性，可以作为桩东凹陷油气向北区南部运移的有利通道。本井区东北部和东部紧邻渤中凹陷和黄河口凹陷，凹陷内油气资源丰富，油气可通过断层及不整合面运移至本井区成藏。东营组 3+2 砂组发育三套储层，前两套储层砂泥比高，储层厚，侧向封堵断层断距小，造成砂层"见面"，侧向封堵能力差，未能成藏。高产层位于第三段砂体，储层物性好，储层上下为厚层泥岩，侧向封堵能力强，岩性较纯，为好的盖层，储盖层合理且具有良好构造背景，形成高产构造–岩性油气藏。

图 2 ZHHX25 井东营组岩屑样品荧光滴照照片

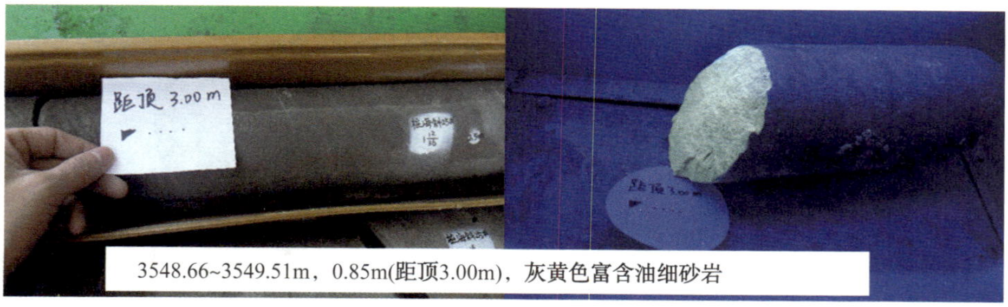

图 3 ZHHX25 井东营组钻井取芯样品实物和荧光滴照照片

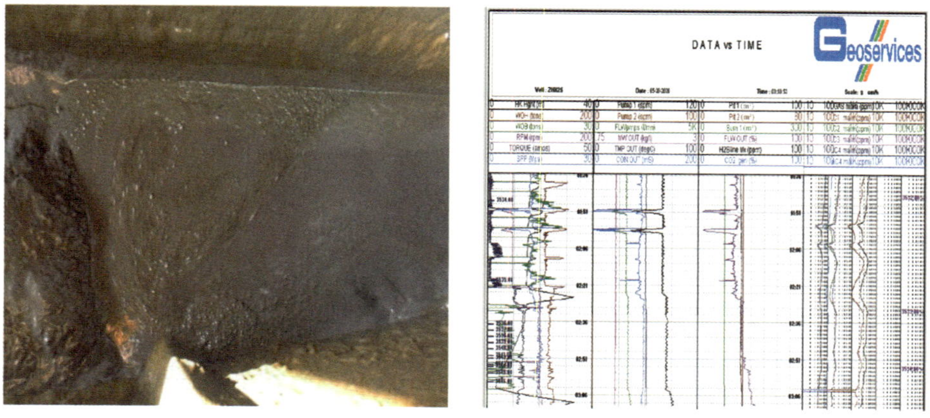

图 4 ZHHX25 井东营组槽面显示和油气侵显示图

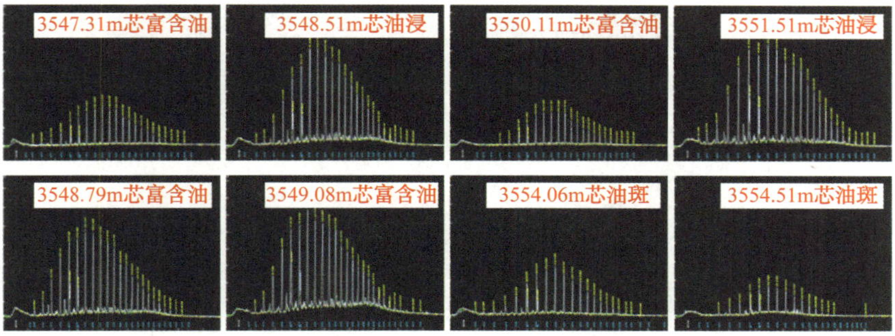

图 5　ZHHX25 井东营组钻井取芯样品热蒸发烃色谱图

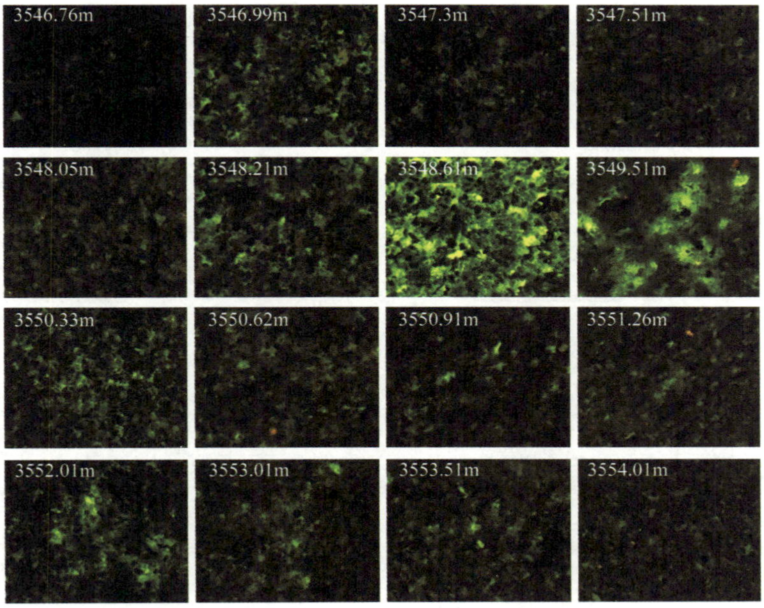

图 6　ZHHX25 井东营组钻井取芯样品显微荧光照片

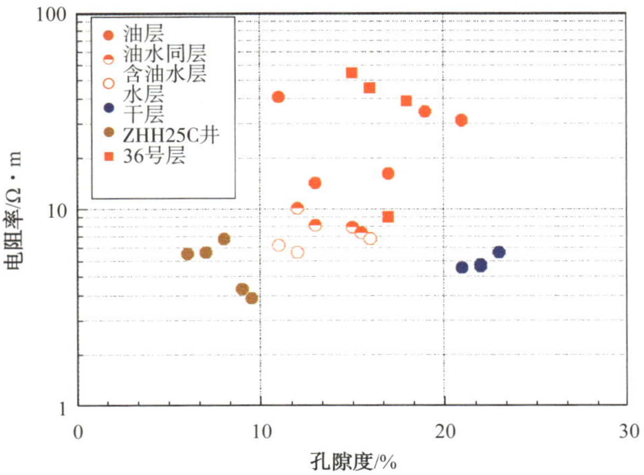

图 7　桩海地区孔隙度与电阻率交会图

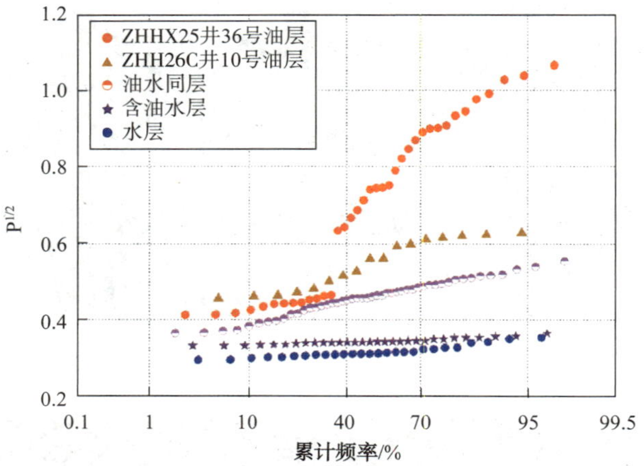

图 8　$P^{1/2}$ 正态概率分布图

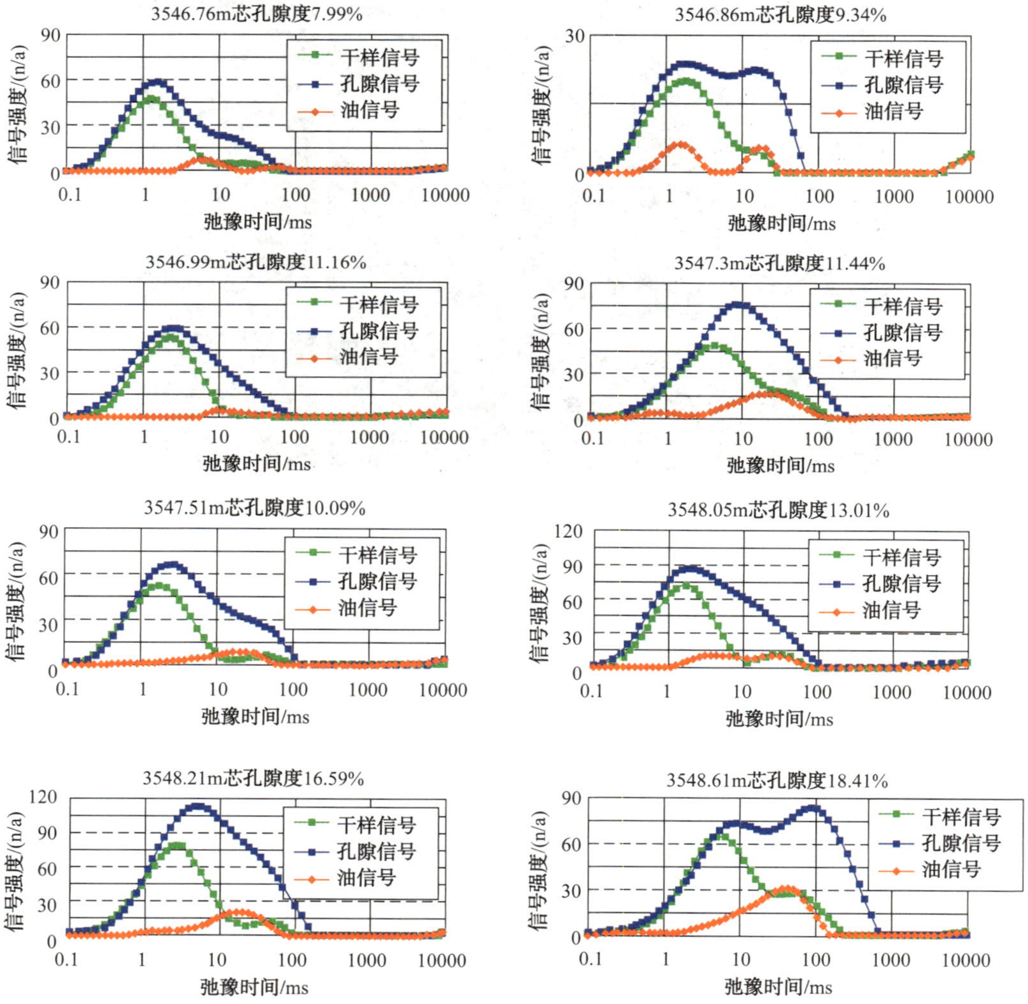

图 9　ZHHX25 井东营组钻井取芯样品核磁共振谱图

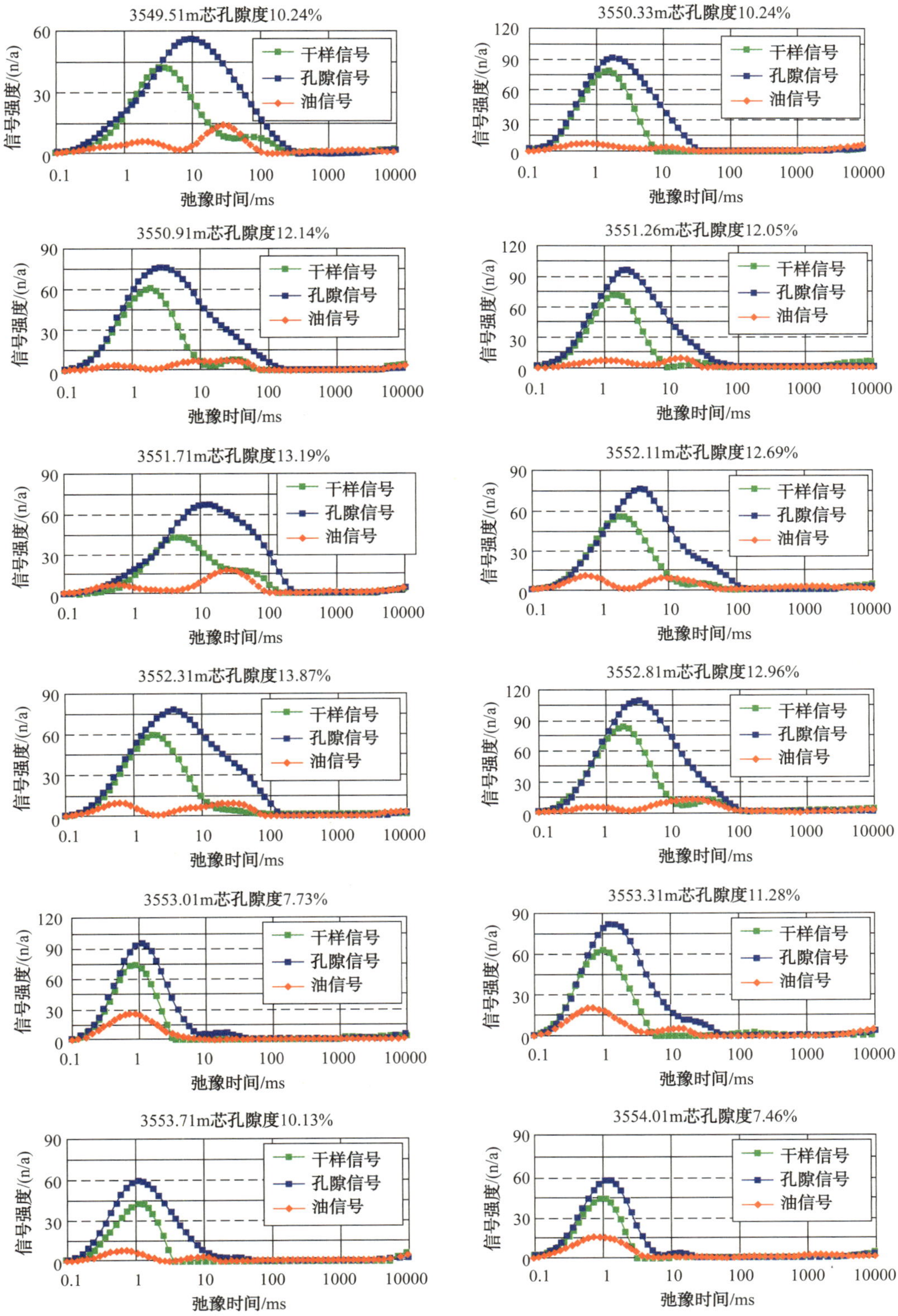

图9　ZHHX25井东营组钻井取芯样品核磁共振谱图（续图）

4 试油（气）结果

对东营组 3542.60~3547.00m 井段试油，10mm 油嘴自喷，日产气 31020m^3 、油 350t，密度 0.8469g/cm^3，黏度 6.33mPa · s，天然气相对密度 0.9254g/cm^3，试油结论油层。

5 结论与认识

通过该井的综合评价，可以得到以下认识：①测井资料显示对于电性较高、物性较好、含油丰度较高的典型油层，识别难度不大。②岩石热解色谱、定量荧光录井、地化录井分析资料对原油性质及含油丰度评价，具有独到优势，尤其对钻井取芯并含油性好的样品的分析，对流体性质评价更为灵敏、准确。③显微荧光技术可以将储层结构与烃类同时展现，既可以分析烃类（沥青质）类型、油质轻重，又可以分析含油丰度、含油率，还可以研究烃类的微观分布状态，以便更有效地分析储集空间的有效性，更加准确地判断油水层性质。④采用核磁共振录井技术，可以计算可动流体体积，准确评价储层有效性，对储层孔隙结构特征分析、流体性质判识具有良好优势。

编写单位：胜利测井公司　胜利地质录井公司
编 写 人：黄新平　韩菲菲
审 核 人：许东晖　张立生　向巧玲　卜凌梅
审 定 人：张晋言　牛　强　马光强

7 埕宁隆起埕北低凸起 ZHH26C 井东营组油气藏测录井综合解释评价

1 概况

ZHH26C 井位于渤海湾盆地埕宁隆起埕北低凸起桩海断裂带。钻探目的是了解桩海断裂带东部古近系含油气情况，兼探中生界，是针对 ZHH26 井实施的一口侧钻井。ZHH26 井钻探效果不理想，在东营组仅解释 1 套油水同层，沙河街组则解释多套干层。经讨论，甲方决定本井侧钻。

目的层为东营组、沙河街组一段（简称沙一段）、沙河街组三段（简称沙三段）、中生界；完钻井深 4280.0m（斜深），完钻层位中生界，于 2021 年 7 月 21 日完钻。实钻资料显示，本井于东营组、沙河街组一段（简称沙一段）、沙河街组二段（简称沙二段）、沙河街组三段（沙三段）、中生界地层均钻遇油气显示。

2 问题与难点

本井东营组第一性资料油气显示级别不高，岩屑录井及井壁取芯为油斑、荧光显示，井壁取芯的岩石热解、二维定量荧光等分析化验资料显示含油性较差。测井电阻率数值与邻近水层相比，电阻率增大倍数不到 3 倍，与 ZHH26 井油水同层电性相当；测井电阻率受岩性、物性，流体性质等多重因素影响响应较为复杂，如何准确判识流体性质，划分油气水层界限是本井解释评价的难点。

3 解释评价

3.1 解释原则方法

测井评价主要应用电阻率绝对值与差异法、图版法、$P^{1/2}$ 正态概率分布法、孔隙度曲线重叠法等综合判断流体性质。录井应用气测、定量荧光、地化、热蒸发烃色谱等资料，对流体性质进行识别。对于中孔中渗以上的碎屑岩储层，若测录井资料对流体性质的评价产生矛盾，综合评价时应加大测井资料的应用权重。

3.2 主力层显示及解释

3.2.1 岩性分析

测井解释 10 号层（图 1）井段 3261.0~3268.3m，储层岩性为浅灰色荧光灰质粉砂岩、浅灰色荧光粉砂岩、浅灰色油斑灰质粉砂岩；井壁取芯见油斑粉砂岩 1 颗，荧光粉砂岩 1 颗，荧光泥质粉砂岩 2 颗。

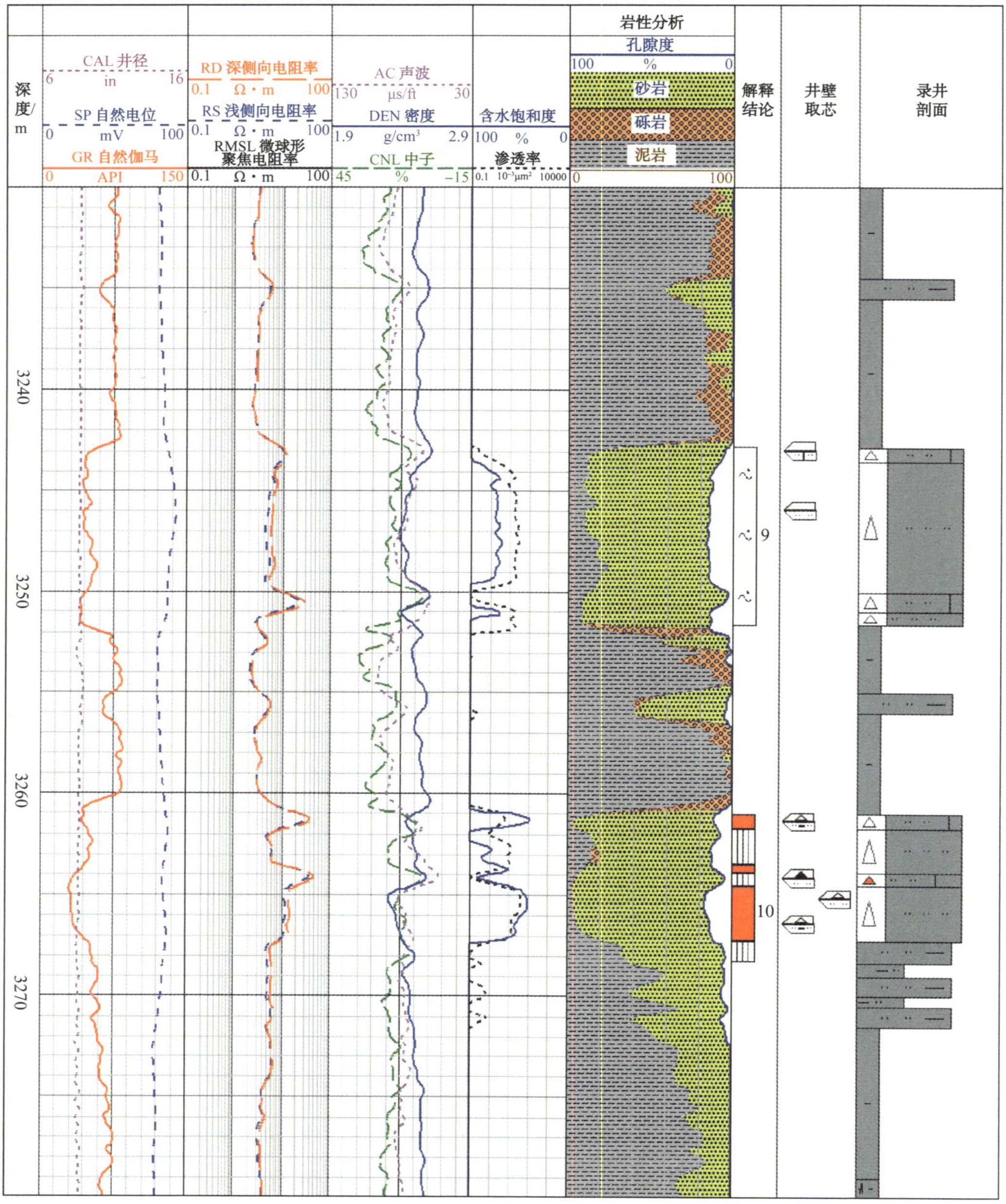

图 1　ZHH26C 井测井综合曲线图

3.2.2　流体性质分析

10 号层录井全烃由 0.18% ↑ 2.89%，全烃对比系数为 16，油斑井壁取芯热解地化 S_{21}：2.66mg/g、S_{22}：2.03mg/g，定量荧光含油级别 9.8，为低 – 中等含油气丰度特征，远低于邻井 ZHHX25 井东营组油层的分析数据，表现为含油水层特征（图 2）。

该段井径曲线接近钻头数值，储层自然电位正异常幅度较小，自然伽马数值较小，三孔隙度曲线按标准刻度显示该层上部 3261.0~3264.5m 重合性较差，自然伽马较高，数值在 45~53API，岩性以粉砂岩为主，夹灰质粉砂岩，泥质偏重，物性较差，储层偏干；中部 3264.5~3267.0m 三孔隙度曲线重合性较好，自然伽马数值较小，约 30API，岩性较纯，电阻率数值较高，约 15Ω · m，深浅侧向电阻率低侵特征明显，孔隙度 17.2%，渗透率 $41.3 \times 10^{-3}\mu m^2$；底部 3267.0~3268.3m 自然伽马数值高，岩性泥质重，物性差。邻近的 9 号层自然电位正异常幅度稍大，自然伽马数值较小，电阻率数值为 6.0~7.0Ω · m，三孔隙度曲线显示重合性较好、物性好。

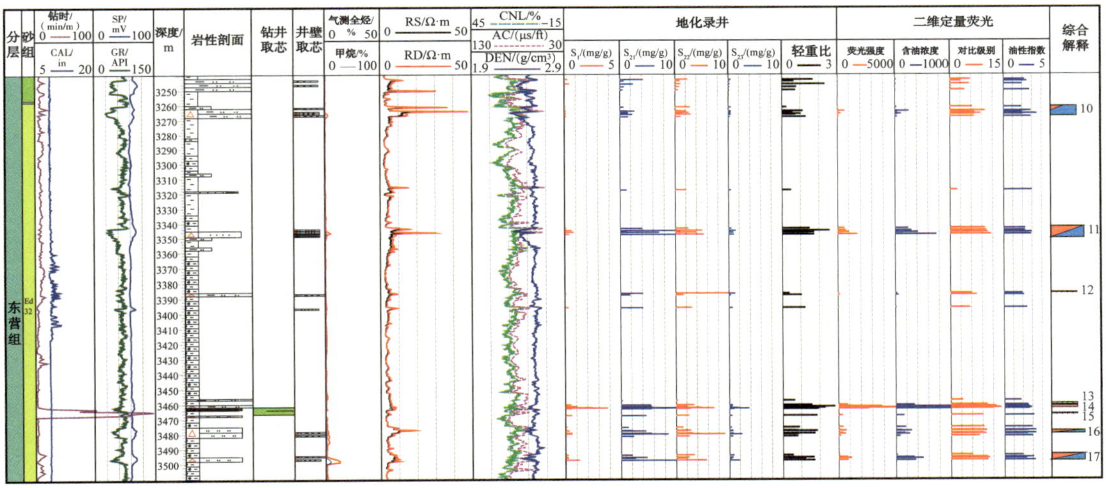

图 2　ZHH26C 井录井综合评价图

井壁取芯和岩屑录井资料显示 10 号层比 9 号层含油性级别高，依据该区块东营组已测试层结果制作孔隙度与电阻率交会图，该层落在油层和油水同层边界区域（图 3），分析东营组已测试层 $P^{1/2}$ 正态概率分布图，显示该层累计频率曲线斜率较大，为油层特征（图 4），本井与原井眼对比分析显示，储层物性变好，电阻率数值增大，含油性比原井眼好（图 5），从过本井与原井眼的地震剖面图上看，本井构造位置比原井眼高，虽然砂体厚度有所减薄，但高部位含油性变好（图 6）。综合各类信息分析该层岩性较细，非均质性较强，中部含油性较好，属于低含油幅度油层，解释为油干层，其中油层有效厚度 3.8m。

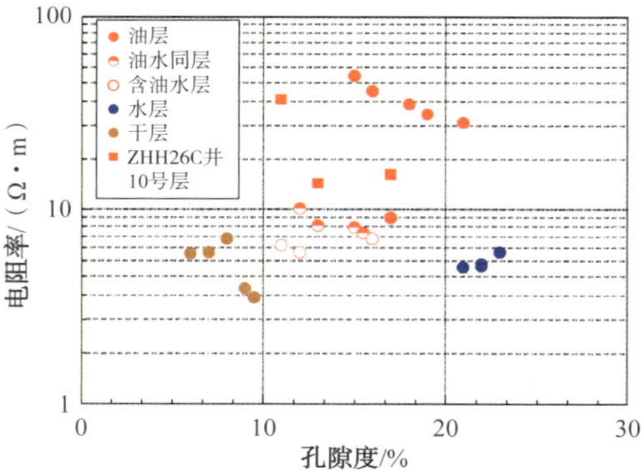

图 3 桩海地区孔隙度与电阻率交会图

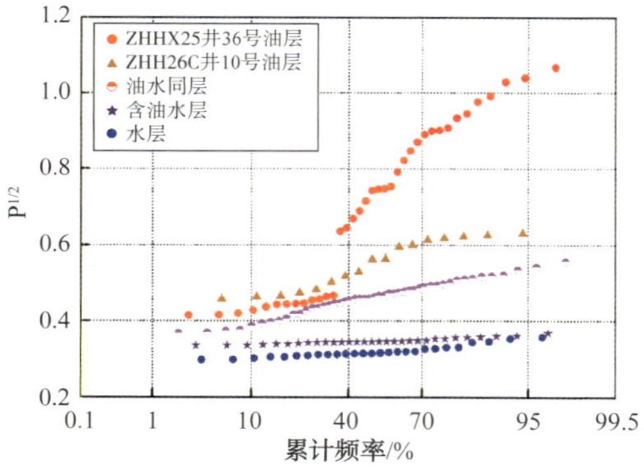

图 4 $P^{1/2}$ 法正态概率分布图

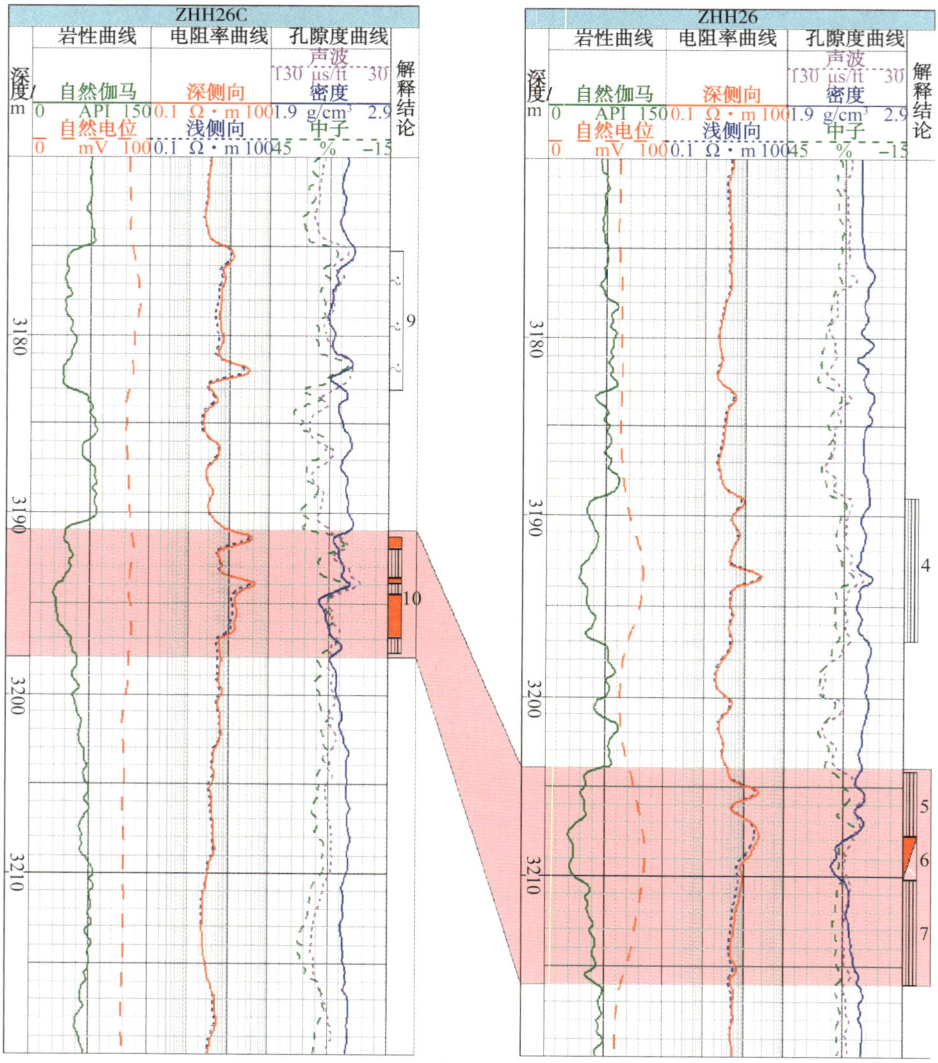

图 5 ZHH26C 与 ZHH26 对比图

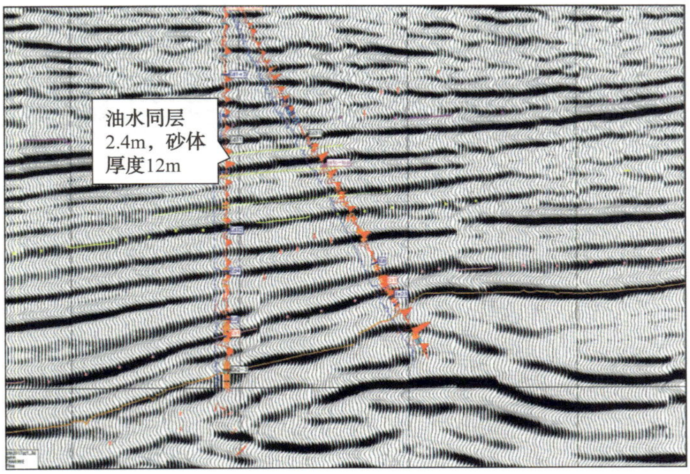

图 6 桩海地区 ZHH26-ZHH26C 连井地震剖面

4 试油（气）结果

2021 年 11 月 6 日对东营组 3261.0~3268.3m 井段试油，采用 8mm 油嘴求产，油压 0.65MPa，折算日产油 105.2m^3、气 535m^3，不含水。

5 结论与认识

通过该井的综合评价，可以得到以下认识：①该井由于受盐水钻井液的影响，自然电位呈正异常且幅度较小，划分储层时依据自然伽马曲线，也要结合自然电位及三孔隙度曲线信息。②各项录井、测井及分析化验资料出现表征矛盾时，结合区块油气藏边界高度，综合分析岩性、物性对电性的影响，全面认识该区块东营组流体性质，对解释评价结论的取舍可以起到有益的补充作用。③对于中孔中渗以上的碎屑岩轻质油层，录井因烃类挥发的原因可能造成含油丰度及流体性质判别失误，若与测录井资料对产液性质的评价产生矛盾，综合评价结论的取舍应加大测井资料的权重比例。

编写单位：胜利测井公司　胜利地质录井公司
编 写 人：黄新平　向巧玲
审 核 人：许东晖　张立生　卜凌梅
审 定 人：张晋言　牛　强　马光强

8 沾化凹陷三合村洼陷 KX1-1 井馆陶组油气藏测录井综合解释评价

1 概况

KX1-1 井位于济阳坳陷沾化凹陷三合村洼陷，钻探目的是向南扩大 KX1 井区馆陶组含油气范围。设计井深 1515m，目的层为馆陶组下亚组（简称馆下段）；完钻井深 1509m，完钻层位是奥陶系。井区馆下段砂砾岩体发育，储集物性好，油藏类型为岩性油气藏。

2 问题与难点

对于存在次生油藏的井区，次生油藏往往保留原生油藏的某些特点，造成一些原生油藏的“含油”假象特征，即录井岩屑及井壁取芯录井见到高级别显示，但地化、三维荧光及热蒸发烃录井分析值较低，貌似录井资料出现表征矛盾。对于测井资料而言，当油气层交互存在时，测井电阻率因受流体性质变化影响不明显，加以解释评价时可能受录井第一性资料的认识影响，不能坚持本专业的解释评价方法，很容易导致解释失误。因此，对于油气层交互存在的本井区，如何准确判识本井流体性质是“油”还是“气”，是油气水层解释评价的重点。

3 解释评价

3.1 解释原则

对于储层物性为高孔高渗的碎屑岩井区，录井气测及测井资料均是评价油气显示层的最重要的信息。测井应侧重电阻率及三孔隙度曲线资料的综合应用划分油气水层；录井则应强化气测与地化等其他反映含油气丰度资料的逻辑认识。从油气地质成藏的角度解剖地质现象，准确认识和评价油气层。

3.2 主力层显示及初次评价

KX1-1 井 1435.0~1438.7m，岩性为灰白色荧光含砾细砂岩，井壁取芯见油浸砂岩 2 颗，油斑砂岩 4 颗，井壁取芯荧光滴照淡黄色，油浸级滴水试验缓渗，油斑级滴水试验渗入。井径曲线显示该段扩径，自然电位具有负异常，自然伽马数值小，三孔隙度曲线趋于重合，为较纯的砂岩（图 1）。测井孔隙度为 30%~37%，测井渗透率 $968\times10^{-3}\mu m^2$，为物性好的储层。

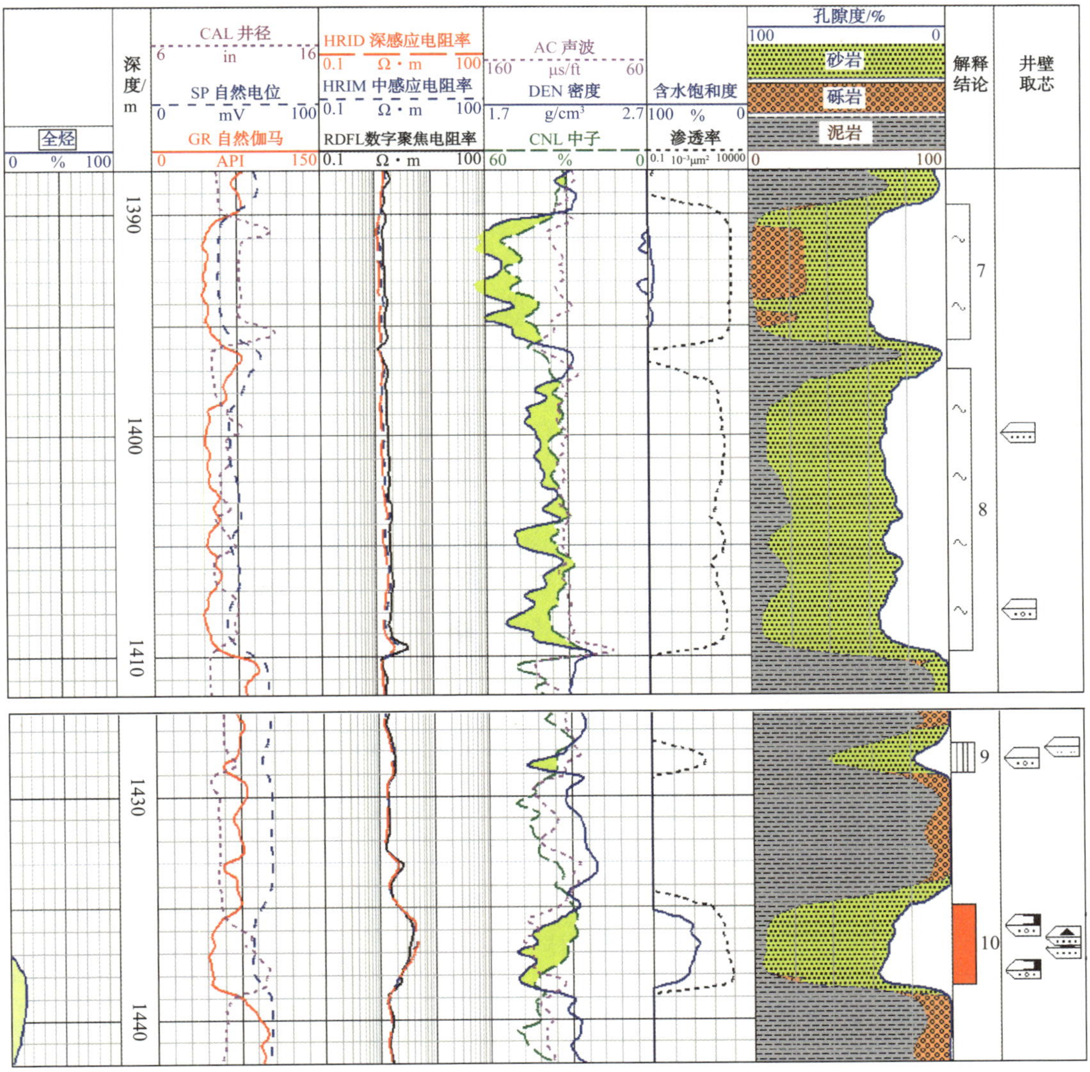

图 1　KX1-1 井测井综合曲线图

气测全烃 0.03% ↑ 14.13%，甲烷 0.02% ↑ 10.62%，显示异常较明显，表明储层油气活跃性较强；岩石热解地化分析（壁）S_0：0mg/g，S_1：0.07mg/g，S_{21}：0.87mg/g，S_{22}：0.42mg/g，S_{23}：0.07mg/g，含油气丰度较低（图 2）；定量荧光强度（壁）：570~1290，含油气丰度中等；热蒸发烃图谱显示，基线较平直，含油气丰度较低（图 3）；显微荧光分析孔隙连通较好，黄色、黄绿色及灰绿色荧光，强度中亮－较暗，发光不均匀，中亮－亮黄色、黄绿色斑点状分布，连通孔隙中多发较暗的灰绿色荧光，样品孔隙中含水明显（图 4）。综合各项资料分析，该层油气活跃性较强，但各项分析化验值较低，荧光薄片发绿色荧光，与稠油荧光区别明显，表现为含水特征，分析储层可能含油不饱满，因此录井解释为油水同层。

该段深侧向电阻率2.5~4.0Ω·m，同一层系物性相近的水层（8号层）电阻率为1.2~1.5Ω·m，中子与密度重合，类似挖掘效应特征，但声波时差数值无明显增大现象。本层电阻率与水层的比值大于2倍，储层电阻率较高，孔隙度曲线按标准刻度后，具有挖掘效应，同时声波时差数值明显增大，为含气特征（图1、图7）；依据邻井目的层试油资料与测井响应特征分析，制作测井孔隙度与电阻率交会图（图7），该层落在油区内，综合各项资料测井解释为油层（含气）。

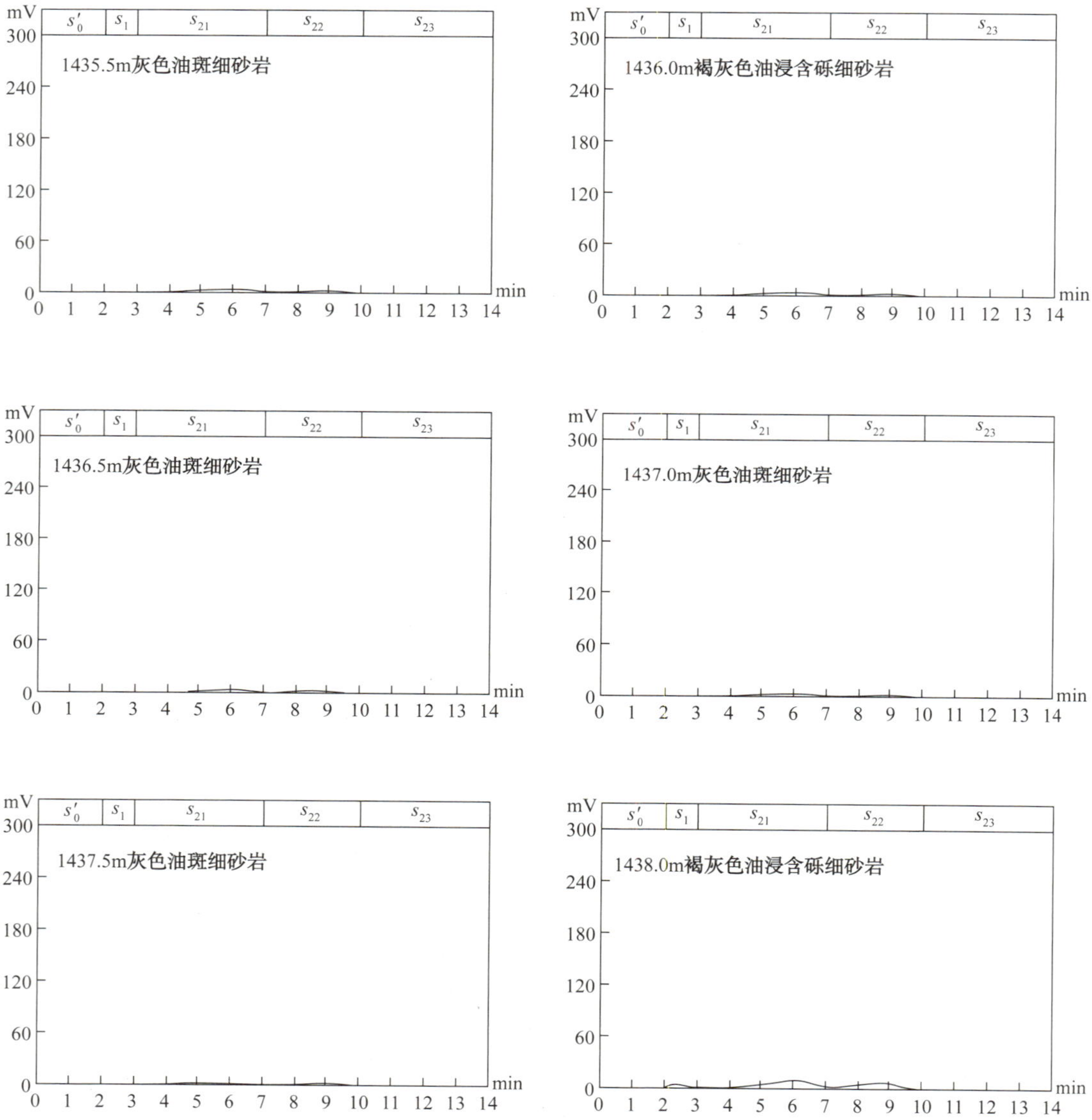

图2 KX1-1井井壁取芯样品地化分析谱图

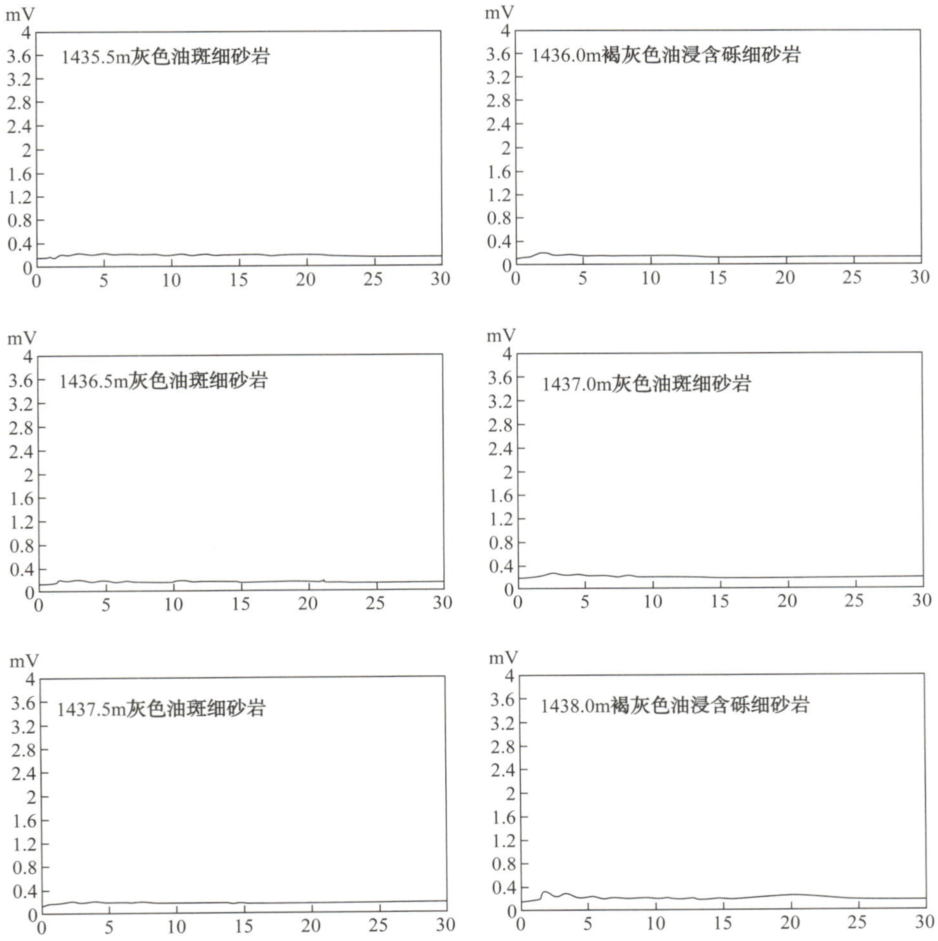

图 3　KX1-1 井井壁取芯样品热蒸发烃谱图

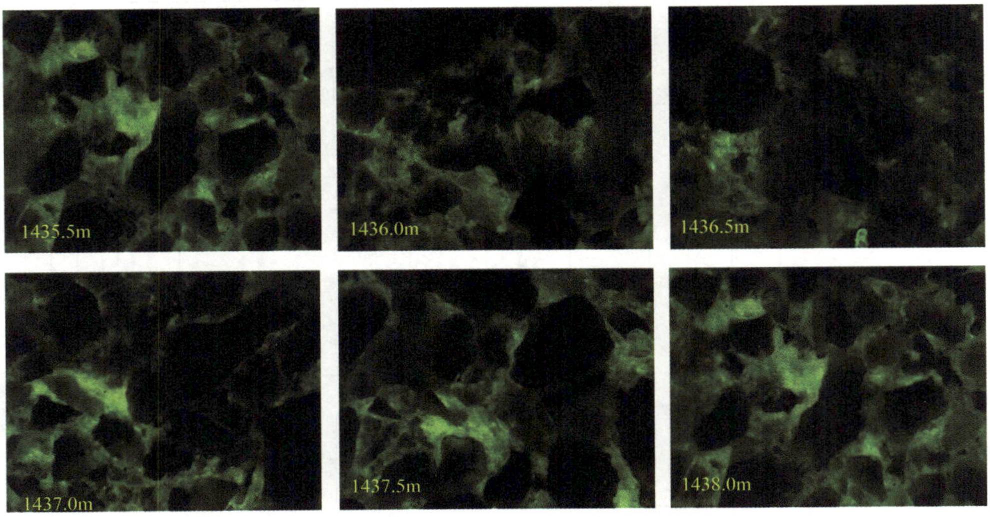

图 4　KX1-1 井井壁取芯样品荧光薄片照片

3.3 二次评价

后对该井段 5mm 油嘴试油，日产气 43103m^3，结论为气层。因此对该段流体性质开展了二次分析，气测比值图版和烃类比值三角图版，投点落在气区，表示储层含气且产能较高（图 5）。在井区重质油及井壁取芯见油浸的背景下，反映“油”信息的热解、地化定量荧光分析值低，表明储层中不是油，荧光薄片反映的荧光信息与区域重质油特征不符，表现为“残余油”的特征，测井资料反映储层具有含气的特征，二次解释为气层。

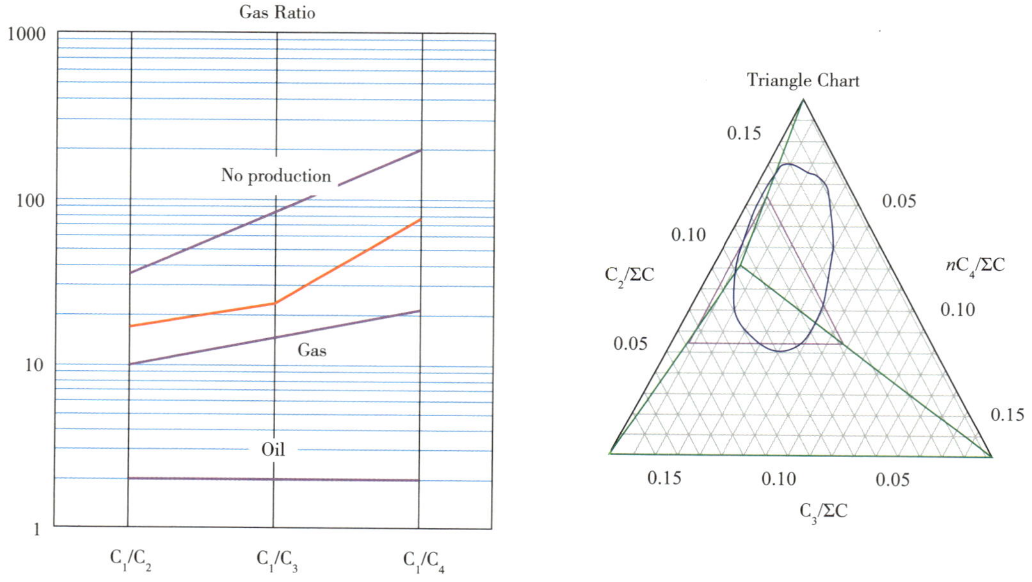

图 5　KX1-1 井气测比值图版和烃类比值三角图版

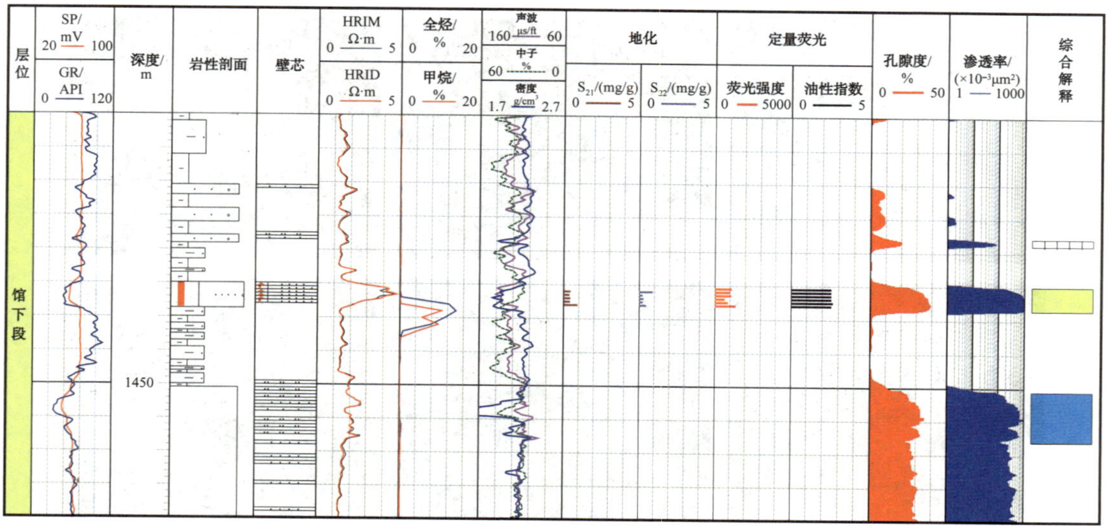

图 6　KX1-1 井油气层二次解释评价图

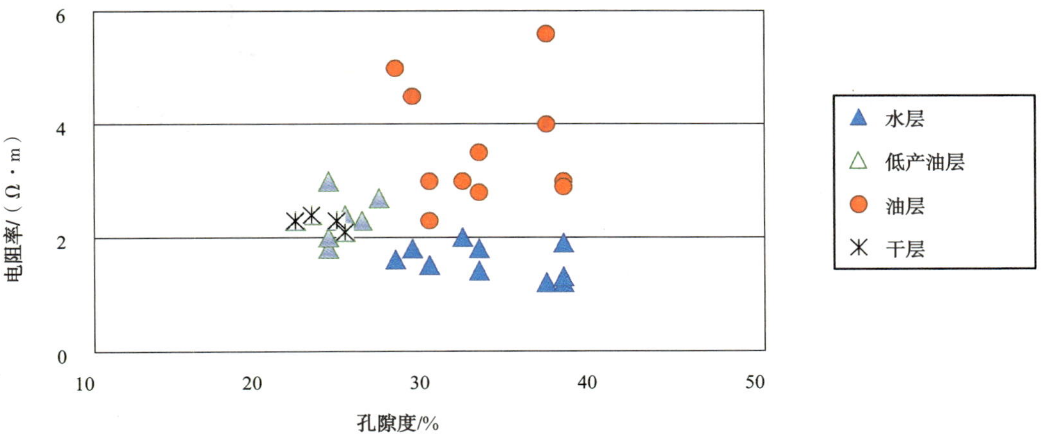

图7　垦西区块孔隙度与电阻率交会图

4　试油（气）结果

井段1435.0~1438.7m试油，5mm油嘴，日产气43103m^3，结论为气层。气组分显示：甲烷为89.44%，乙烷为2.43%，丙烷为3.6%，正丁烷为0.67%。完井测试后，测录井对该层流体性质重新进行判识，解释为气层。截至目前，该区在馆陶组试油井流体性质仍为中-重质油，KX1-1井为一特例。本井的再认识对KX1-1井区馆下段油气藏类型的重新认识和发现起到了重要作用。

5　结论与认识

通过该井的综合评价，可以得到以下认识：①对于储层物性为高孔高渗的碎屑岩井区，录井气测及测井资料均是评价油气显示最重要的信息。测井应侧重电阻率及三孔隙度曲线资料的综合应用划分油气水层；录井则应强化气测与地化等其他反映含油气丰度资料的逻辑认识。从油气地质成藏的角度解剖地质现象，准确认识和评价油气层。②综合应用气测比值图版、烃类比值三角图版、孔隙度曲线重叠，对浅层流体性质评价较为准确。③解释评价过程中应坚持针对性评价原则，综合资料表征认识，从成藏的角度认识地质现象。

编写单位：胜利测井公司　胜利地质录井公司
编 写 人：罗景美　孟方华
审 核 人：许东晖　张立生　向巧玲　卜凌梅
审 定 人：张晋言　牛　强　马光强

9 准中阜康凹陷东部北斜坡 D701 井齐古组油气藏测录井综合解释评价

1 概况

D701 井位于准噶尔盆地中央坳陷阜康凹陷东部北斜坡，主探侏罗系三工河组，兼探侏罗系头屯河组，钻探目的是评价 D7 井区侏罗系含油气情况。完钻井深为 5332m，完钻时间 2015 年 4 月 13 日。该区 2013 年完钻的 D7 井在侏罗系三工河组井段 5278.4~5293.5m 试油，7.94mm 油嘴，见油花，日产气 878m^3、水 125m^3，在头屯河组井段 3968~3973m 试油，泵抽日产油 0.04t。D701 井的部署是为了进一步了解该区侏罗系的含油气情况。

2 问题与难点

本井侏罗系储层为致密砂岩储层，具有低孔低渗特点，小孔隙、细喉道，非均质性强，油气水关系复杂，油质轻，逸散快，录井显示弱；孔渗关系复杂，油、干层界限难确定；束缚水含量高，储层的测井响应特征在很大程度上受岩性和孔隙结构控制，反映储层孔隙流体性质和渗流特性的信息弱，导致储层参数计算精度低，油（气）水层识别难度大。

3 解释评价

3.1 解释原则方法

测井综合利用常规、核磁测井资料特征分析、$P^{1/2}$ 正态分布法，录井侧重气测录井、核磁共振录井、热解地化分析、定量荧光、显微荧光等参数分析法，对储层流体性质进行综合评价。尤其要侧重对显微荧光录井的认识。

3.2 主力层显示及评价

本井侏罗系齐古组 3898.8~3910.0m 井段，岩性为棕褐色荧光含砾细砂岩，该层段钻井取芯为油迹、荧光含砾细砂岩、细砂岩，岩芯观察油质轻，含气试验有明显气泡，含油部分滴水缓渗。气测全烃升幅明显，热解地化、定量荧光分析丰度较低，但轻重比指数较高，说明油质较轻，有一定的含油气丰度，核磁共振录井以大孔隙为主，孔隙度为12.9%，物性较好；显微荧光镜下荧光呈亮黄色、黄色、暗绿色，主要为孔隙含油，且孔隙连通性好，局部有水分布。热蒸发烃谱图基线平直，组分齐全，主峰碳为 nC_{12}，说明含油质较轻（图 3）。录井分析认为本层具含水特征，解释为含油水层。

测井自然伽马数值较低，自然电位负异常，深探测电阻率为 15~23Ω·m，声波时差数值 71~80μs/ft，中子－密度交会计算孔隙度约 9%~13%，渗透率约（1~8）$\times 10^{-3}\mu m^2$，上部三孔隙度曲线一致性较好，中下部受井眼影响中子测井值明显偏大，不同探测深度电阻率差异增大（图 1）；核磁共振测井虽受井眼影响较大，但局部 T_2 谱仍有一定的拖曳现象，具含烃特征；测井计算 $P^{1/2}$ 斜率为 0.15（图 2）。邻井 D7 井对应井段 3968~3976m（图 3），岩性为荧光粉砂岩，储层深探测电阻率为 11~29Ω·m，计算孔隙度约 10%。本井常规测井资料与 D7 井相对比，电阻率数值相差不大，孔隙度数值较 D7 井增大，主要是受井眼影响大，故对孔隙度进行了校正。从两口井测录井资料对比来看（表 1），D701 井气测要好于 D7 井，热解地化分析数据绝对值低于 D7 井，但轻重比指数高于 D7 井，核磁共振录井物性略好于 D7 井。整体来看，D701 井物性、含油性均略好于 D7 井。D7 井在头屯河组试油，日产油 0.04t，结论为干层。测井综合分析 D701 井为油水同层。

4 试油（气）结果

D701 井 3898.8~3906.0m 井段试油，5mm 油嘴放喷，日产油 33.2t、气 30172m^3，原油密度 0.7903g/cm^3，黏度 1.41mPa·s，试油结论为油层，与原测录井解释结论油水同层及含油水层不符。究其原因，本井在原解释时，对于录井而言，忽略了轻质油的轻烃组分易挥发特性对含油丰度评价的影响，加以钻井取芯含油级别低，滴水实验缓渗及对显微荧光薄片照片分析局部“含水”的评价错觉。

试油后，重点对显微荧光薄片资料重新进行了分析，认为照片中的暗绿色并不是水的响应，而是油质轻的特征。结合岩芯物性分析资料、显微荧光的再次分析结果，对本井进行的二次处理解释，排除了储层含水认识，最终解释为油层（图 4）。

5 结论与认识

通过该井的综合评价，可以得到以下认识：①本井为低孔低渗储层，随着岩性变细，束缚水含量增加，含油饱和度和电阻率数值随之降低，油水层的电性差异减小。②轻质油气藏因原油的挥发特性可能造成录井含油丰度分析化验参数略低，综合评价时要考虑其影响。③显微荧光薄片荧光颜色受多种因素影响，因此在利用显微荧光薄片进行含水性评价时，必须要考虑原油油质对荧光颜色的影响。

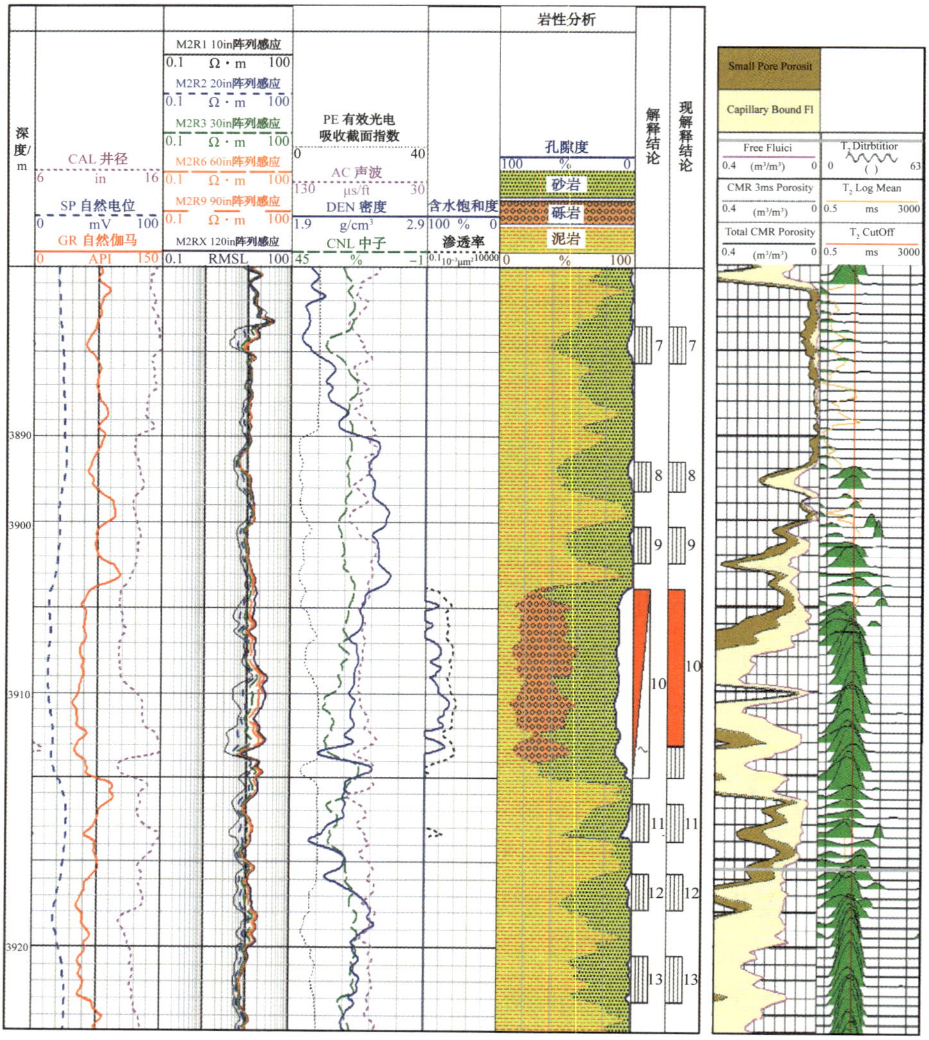

图 1　D701 井综合测井成果图

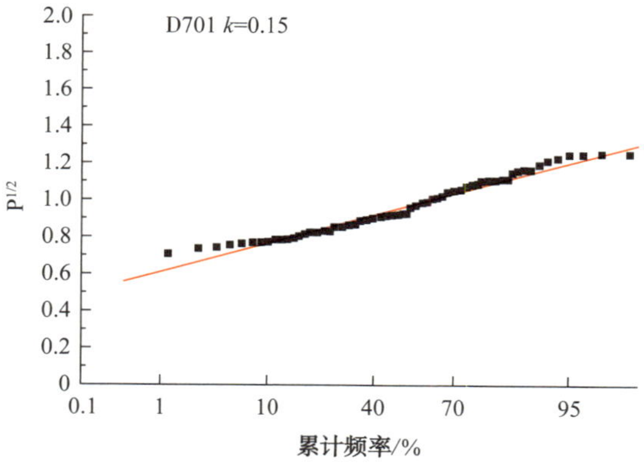

图 2　D701 井 $P^{1/2}$ 概率分布图

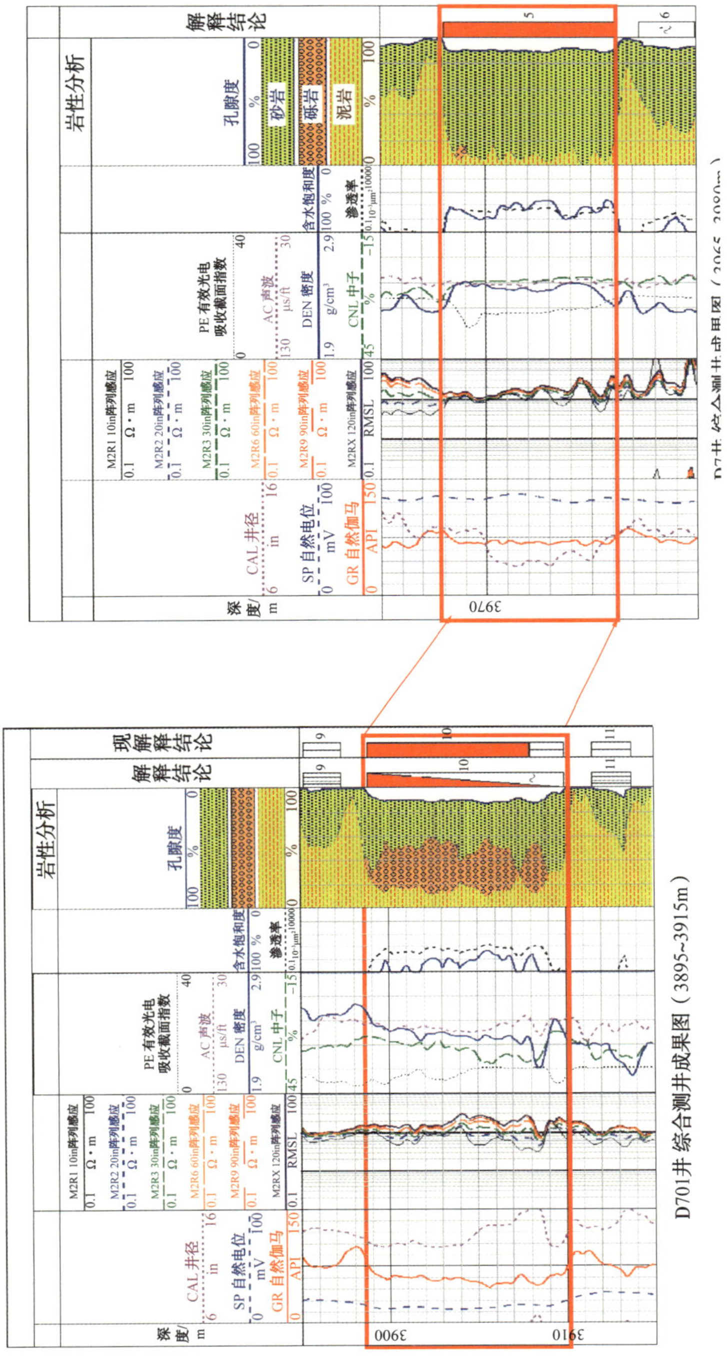

图 3　D7 井与 D701 井综合测井成果图对比

表 1　D7、D701 井油气显示

井号	井段 / m	厚度 / m	岩性	气测						地化分析参数						定量荧光		核磁共振		解释结论
				钻时 / (min/m)	全烃 / %	C_1/ %	C_2/ %	C_3/ %	相对密度 / (g/cm^3)	$S_{0原}$/ (mg/g)	$S_{1原}$/ (mg/g)	$S_{21原}$/ (mg/g)	$S_{22原}$/ (mg/g)	$S_{23原}$/ (mg/g)	轻重比	强度	***R***	孔隙度 / %	渗透率 / $10^{-3}\mu m^2$	
D701	3897~3899	2	灰色荧光泥质粉砂岩	21.3↓16.8	15.67↑0.06	8.09↑0.06	1.255↑0.002	0.623↑0.001	1.38											油水同层
	3900~3907.5	7.5	灰色荧光含砾细砂岩、灰色荧光油迹细砂岩	10↓7	2.09↑0.04	1.75↑0.01	0.31↑0.001	0.12↑0.002	1.42	0	0.03	0.62	0.13	0.06	3.42	12.8	0.59	12.88	10.49	油水同层
D7	3971~3978	7	灰色荧光粉砂岩	83.2↓13.4	3.71↑0.05	0.95↑0.01	0.42↑0.01	0.12↑0.01	1.45	0.01	0.19	1.14	0.27	0.14	3.25	42.7	0.5	9.18（测井）	4.12（测井）	油水同层
	3980~3983	3	灰色荧光粉砂岩	23.3↓14	0.07↑0.05	0.03	0.004↑0.003	0.004↑0.001	1.46	0	0.01	0.80	0.30	0.18	1.67	34.8	0.4	6.32（测井）	1.03（测井）	含油水层

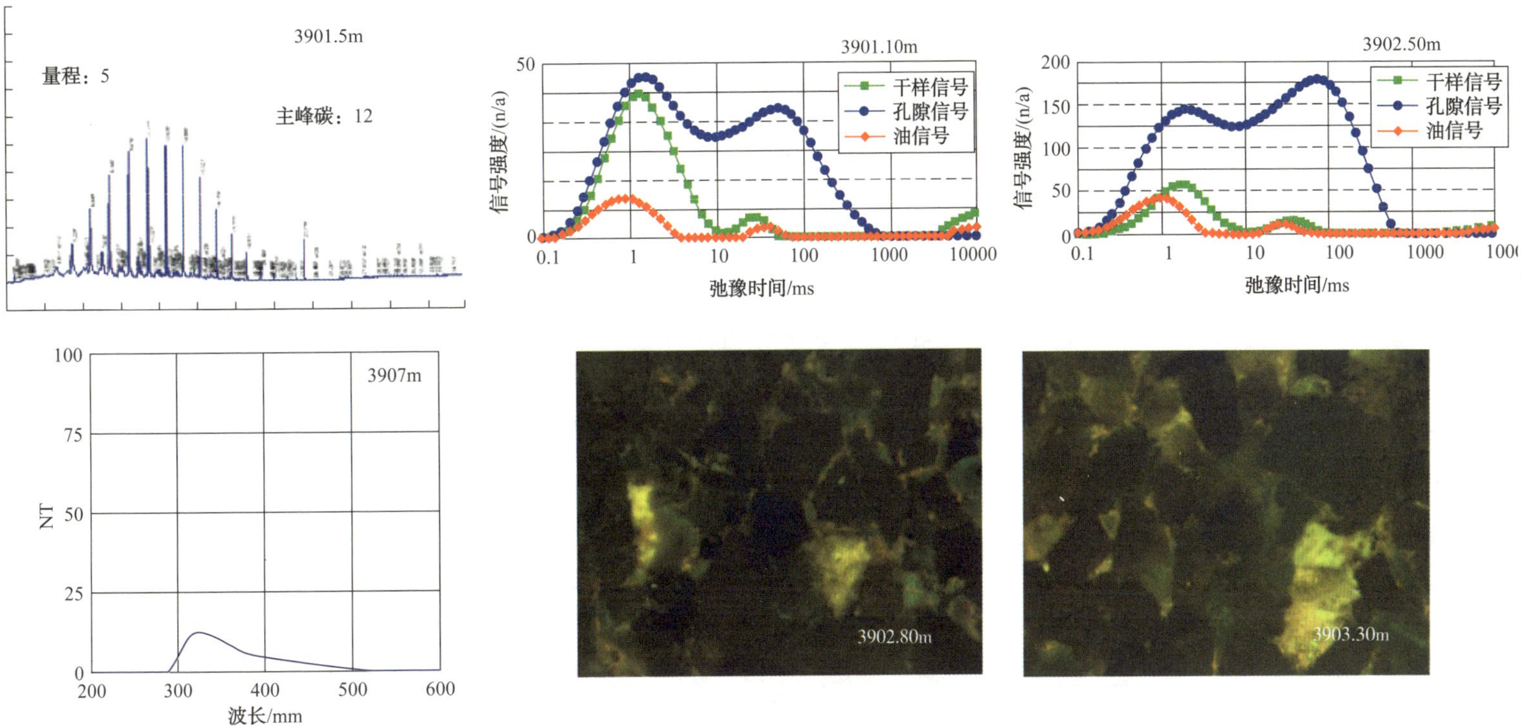

图 4　D701 井各项录井资料谱图

编写单位：胜利测井公司　胜利地质录井公司

编 写 人：马雪团　陈　岩

审 核 人：许东晖　张立生　向巧玲　卜凌梅

审 定 人：张晋言　牛　强　马光强

10 拐子湖凹陷 GC1 井砂砾岩储层测录井综合解释评价

1 概况

GC1 井地处内蒙古自治区阿拉善右旗东风镇，构造上位于银额盆地拐子湖凹陷西部斜坡，是该区块的第一口参数井。目的层为中生界白垩系下统银根组、苏红图组、巴音戈壁组。钻探目的:（1）探索拐子湖凹陷中生界地层层序、厚度、岩性、烃源岩发育情况和生储盖组合关系，兼探其含油气性;（2）为凹陷石油地质评价研究提供资料;（3）为下一步地球物理勘探和解释提供参数。本井于 2016 年 3 月 23 日完钻，完钻井深 3800.00m，完钻层位前中生界。

本井钻遇主力含油层段为巴音戈壁组二段（简称巴二段），也是本区的主力含油层段。本套储层岩性复杂，是由细砂岩、含砾细砂岩、砂砾岩岩性组合构成的碎屑岩储层。本套储层成组性好，但区域上总厚度、单层厚度变化较大。

2 问题与难点

拐子湖凹陷岩性复杂多样，地层岩性、含油性及录井油气显示特征与邻区差异明显。邻区银额盆地居延海坳陷路井凹陷、查干德勒苏坳陷查干凹陷有测试资料。路井凹陷 E1 井对中生界底部进行 DST 测试，获轻质油 $2.58m^3/d$。查干凹陷乌力吉构造带的 X6 井巴二段获轻质油 6.7t/d、气 $129m^3/d$ 的工业油气流。

GC1 井主力含油层段为巴二段，是由细砂岩、含砾细砂岩、砂砾岩岩性组合构成的碎屑岩储层，岩性复杂，储层非均质性强，含油性分布不均，流体性质与原油性质解释评价难度较大。X6 井出油层气测、地化录井表现含油性差，测井显示储层物性差，对 GC1 井解释评价参考意义不大。因此在邻区试油资料少、储层岩性复杂的情形下，如何准确判断该井巴二段的储层流体性质与原油性质，是该井的解释难点。

3 解释评价

综合利用气测、定量荧光、地化、岩屑图像等录井资料和测井资料，运用气测烃比值图版、三角图版，定量荧光与地化轻重比，岩屑图像荧光图像，激光扫描共聚焦录井参数，测井电阻率交会图与孔渗参数模型计算等方法，进行储层流体性质与油质判别，对GC1井巴二段3415.4~3463.0m以砂砾岩、含砾砂岩为主的储层进行综合评价。

GC1井巴二段油气显示集中分布在3415.4~3463.0m，岩芯录井见油浸、油斑、油迹显示。岩芯出筒见黄绿色原油呈斑块状外渗，含油不饱满，分布不均匀，荧光灯下亮黄色，浸水试验见米粒状气泡逸出。取芯过程中油气显示活跃，槽面见原油溢流，槽面可见黄绿色条带状油花，占槽面5%~30%，米粒状气泡占槽面10%~40%，槽面上涨2cm。本段油气显示特征明显，岩芯录井、荧光录井、钻井液性能变化以及槽面显示均为油层的反应特征（图1）。

图1　GC1井巴二段岩芯图、荧光图

巴二段储层岩性为细砂岩、含砾细砂岩、砂砾岩，岩芯物性分析孔隙度在9.4%~14.5%，平均值为12.4%，渗透率（1.19~91.6）$\times 10^{-3}\mu m^2$，平均值为14.26$\times 10^{-3}\mu m^2$，总体评价为中－低孔、中－低渗型储层。

（1）气测录井：根据气测全烃含量及组分组成情况、曲线峰形特征、气测图版综合判断油、气、水层（图2、图9）。

综合解释29~31号层，电测解释85~88号层，井段3420.01~3437.73m，气测显示活跃，全烃4.096%↑99.990%，比值2.61~16.25，C_1：1.606%↑55.311%，气测烃组分齐全，甲烷相对含量在30.29%~62.87%，为油显示特征；气测烃比值图版投点落在油区、三角图版为倒三角形且投点落在价值区内，表示储层含油且具有产能，油显示特征明显。

综合解释32号层，电测解释89号层，井段3442.60~3446.82m，气测显示活跃，全烃54.308%↑85.355%，比值5.75，C_1：1.234%↑6.458%，气测烃组分齐全，甲烷相对含量为25.67%，为油显示特征；气测烃比值图版投点落在油区、三角图版为倒三角形且投点落在价值区内，表示储层含油且具有产能，油显示特征明显。

（2）三维定量荧光录井：定量荧光分析含油浓度：339.264mg/L~1801.13mg/L，荧光级别10.1~12.5，主峰波长365nm~370nm，油性指数：1.3~1.4，表明含油性好，为明显油层显示特征，原油性质为轻质（图3、图4）。

（3）岩石热解地化录井：地化分析含烃量S_1：5.470~17.283mg/g，S_2：0.711~1.894mg/g，Pg：6.786~19.635mg/g，S_1/S_2：4.674~12.531，OPI：0.806~0.880，表明含油性好，为明显油层显示特征，原油性质为凝析油－轻质（图5、图6）。

（4）岩屑图像录井：岩屑图像荧光颜色为亮黄绿色、绿色，亮度系数：62.97~115.46，表明油质较轻，含烃面积：5.38%~38.03%，含烃丰度：38.68%~68.45%，表明含油性好，为明显油层显示特征（图7）。

（5）激光扫描共聚焦录井：对巴二段7个样品进行了储层评价，共解释二类储层4层，非储层3层。其中3423.33m样品：雷达覆盖指数低，云模型图上位于Ⅱ类储层与Ⅲ类储层边界，属于Ⅱ类储层；3424.00m样品离散度较高，储层厚度大，但渗透率较低，综合评价为Ⅱ类储层；3437.39m样品：储层厚度大，但渗透率较低，综合评价Ⅱ类储层；3445.16m：样品为本井显示最好的一层，离散度有很大改善，各参数值都较均匀，此类储层开发过程中更容易形成优势通道，该段压裂试油求产获得高产工业油气流；激光扫描共聚焦分析结果与测试结论吻合（表1、表2、表3）。

表 1　GC1 井巴二段激光扫描共聚焦储层物性特征及孔喉结构分级

井深 / m	孔隙度 / %	渗透率 / $10^{-3}\mu m^2$	孔径 /μm			喉道 /μm			孔喉大小分级	孔喉类型
			孔隙数目	一般	最大	喉道数目	一般	最大		
3421.73	9.1	0.372	561	5~75	165	47	2.5~12.5	13.76	小孔 – 较细喉	缩颈型
3422.18	8.1	0.389	1242	5~60	195	49	2.5~12.5	13.76	小孔 – 较细喉	片状
3423.33	10.8	0.964	184	10~75	210	23	5~17.5	24.08	中孔 – 较细喉	缩颈型
3424.00	11.2	0.964	166	8~75	> 285	31	5~25	27.52	中孔 – 中喉	缩颈型
3437.39	14.4	3.200	253	9~90	195	44	5~30	36.12	中孔 – 中喉	缩颈型
3437.79	2.3	0.124	202	5~45	75	7	2.5~12.5	13.76	小孔 – 较细喉	片状
3445.16	14.3	22.000	221	5~45	> 285	45	5~40	44.72	中孔 – 中喉	缩颈型

表 2　GC1 井巴二段激光扫描共聚焦孔隙度 – 孔隙结构参数分析数据

深度 / m	岩性	孔隙度 / %	平均孔径 / μm	平均配位数	孔喉比	均质系数	备注
3421.73	深灰色泥岩砂质条带	9.1	15.1	1.13	4.96	0.34	第 11 次取芯第 7 块
3422.18	灰色泥质粉砂岩	8.1	8.9	1.14	2.94	0.27	第 11 次取芯第 11 块
3423.33	灰褐色油斑细砂岩	10.8	31.7	1.50	5.75	0.59	第 11 次取芯第 17 块
3424.00	灰褐色油斑细砂岩	11.2	32.9	1.32	2.21	0.66	第 11 次取芯第 21 块
3437.39	棕褐色油浸砂砾岩	14.4	28.8	1.43	3.28	0.52	第 12 次取芯第 19 块
3437.79	灰色荧光中砂岩	2.3	15.9	1.12	7.31	0.49	第 13 次取芯第 2 块
3445.16	棕褐色油浸含砾细砂岩	14.3	32.2	1.62	2.43	0.67	第 13 次取芯第 33 块

表 3　GC1 井巴二段录井多参数储层解释成果

井深 / m	解释参数标准化数值								雷达覆盖指数	熵值	云模型所在区域	结论
	孔隙度 / %	渗透率 / $10^{-3}\mu m^2$	储层厚度 / m	平均孔径 / μm	孔喉平均值 / μm	喉道类型	均质系数	配位数				
3421.73	2.32	0.56	2.1	2.01	1.75	2.5	2.20	1.41				非储层
3422.18	2.12	0.58	2.1	1.34	1.72	2.0	1.85	1.43				非储层
3423.33	2.74	1.44	2.1	3.09	2.49	2.5	3.93	2.50	19.0	4.29	C 区	Ⅱ类储层
3424.00	2.86	1.44	6	3.15	3.15	2.5	4.30	1.90	26.1	5.87	C 区	Ⅱ类储层
3437.39	3.82	1.74	6	2.94	3.23	3.0	3.40	2.27	28.5	6.41	C 区	Ⅱ类储层
3437.79	0.69	0.19	6	2.09	2.10	1.5	3.18	1.40				非储层
3445.16	3.79	2.95	3.6	3.11	3.58	4.0	4.35	3.10	35.7	8.04	C 区	Ⅱ类储层
说明：本解释方法通过激光共聚焦分析、综合录井、地质录井等录井技术获取解释评价参数												

（6）测井电性特征：测井深感应电阻率 13.7~42.4Ω·m，深侧向电阻率 20.1~43.3Ω·m，声波时差值 222.0~243.9μs/m；中子值 10.3%~14.4%；密度值 2.40~2.50g/cm³。孔隙度 10.6%~15.2%，渗透率（2.74~13.64）$\times 10^{-3}\mu m^2$，含油饱和度 64.3%~75.7%，油层特征明显（图 8、图 9）。

从地质、气测、三维定量荧光、地化、岩屑图像等各项录井参数综合分析，结合测井参数特征，综合解释为油层，油质为轻质，与试油结论吻合（图 9）。

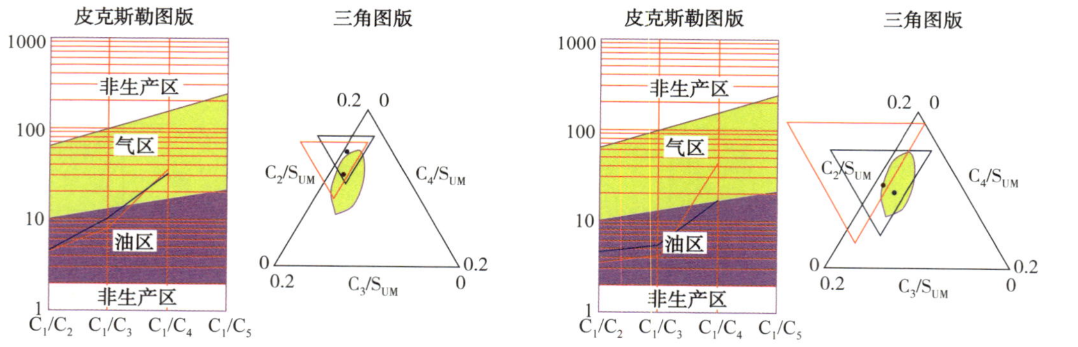

气体含量			相对百分比		气体比值		
井深	3418.00	3421.00	3418.00	3421.00	井深	3418.00	3421.00
C_1	1.469	4.152	73.9%	72.7%	C_1/C_2	4	5
C_2	0.327	0.896	16.4%	15.7%	C_1/C_3	10	8
C_3	0.147	0.547	7.4%	9.6%	C_1/C_4	14	15
iC_4	0.102	0.273	5.1%	4.8%	C_1/C_5		
nC_4	0.046	0.117	2.3%	2.0%		结论	
iC_5	0.000	0.000	0.0%	0.0%			
S_{UM}	1.989	5.712	100.0%	100.0%		干层	油层

气体含量			相对百分比		气体比值		
井深	3423.00	3425.00	3423.00	3425.00	井深	3423.00	3425.00
C_1	5.559	16.364	68.9%	64.9%	C_1/C_2	5	4
C_2	1.218	4.639	15.1%	18.4%	C_1/C_3	6	4
C_3	0.983	3.857	12.2%	15.3%	C_1/C_4	7	7
iC_4	0.846	2.186	10.5%	8.7%	C_1/C_5		
nC_4	0.314	0.342	3.9%	1.4%		结论	
iC_5	0.000	0.000	0.0%	0.0%			
S_{UM}	8.074	25.202	100.0%	100.0%		油层	油层

图 2　GC1 井巴二段气测解释图版

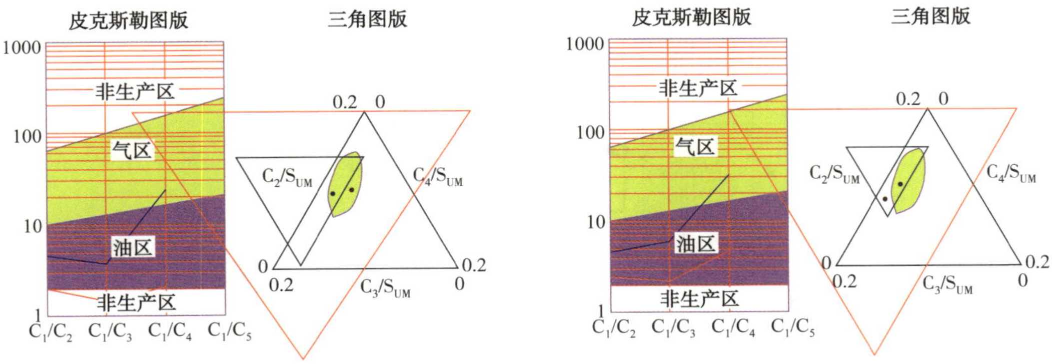

气体含量			相对百分比		气体比值		
井深	3437.00	3447.11	3437.00	3447.00	井深	3437.00	3447.00
C_1	59.429	6.425	66.1%	37.9%	C_1/C_2	5	2
C_2	12.419	3.132	24.1%	18.8%	C_1/C_3	4	2
C_3	15.459	4.359	27.2%	25.8%	C_1/C_4	8	2
iC_4	7.466	4.152	8.3%	14.5%	C_1/C_5		
nC_4	2.424	2.936	2.7%	12.6%		结论	
iC_5	0.000	0.000	0.0%	0.0%			
S_{UM}	89.01	16.855	100.0%	100.0%		油层	油层

气体含量			相对百分比		气体比值		
井深	3458.00	3464.00	3458.00	3464.00	井深	3458.00	3464.00
C_1	10.264	3.829	71.1%	48.5%	C_1/C_2	5	2
C_2	2.183	1.562	15.1%	19.8%	C_1/C_3	6	2
C_3	1.672	1.749	11.6%	22.1%	C_1/C_4	12	2
iC_4	0.853	2.438	5.9%	30.9%	C_1/C_5		
nC_4	0.319	0.759	2.2%	9.6%		结论	
iC_5	0.000	0.000	0.0%	0.0%			
S_{UM}	14.438	7.899	100.0%	100.0%		差油层	干层

图 2　GC1 井巴二段气测解释图版（续图）

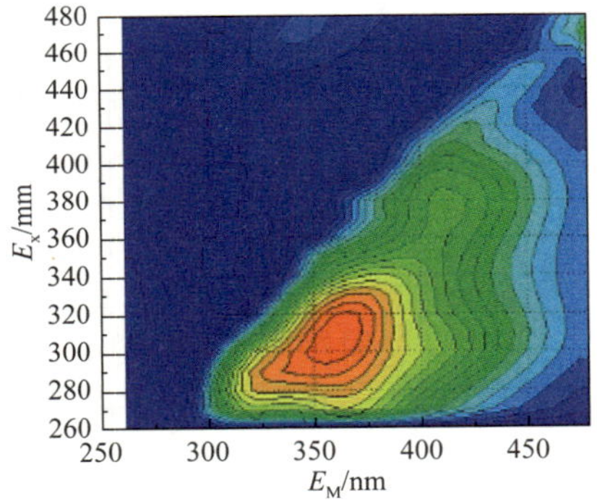

3420.5m三维定量荧光指纹图

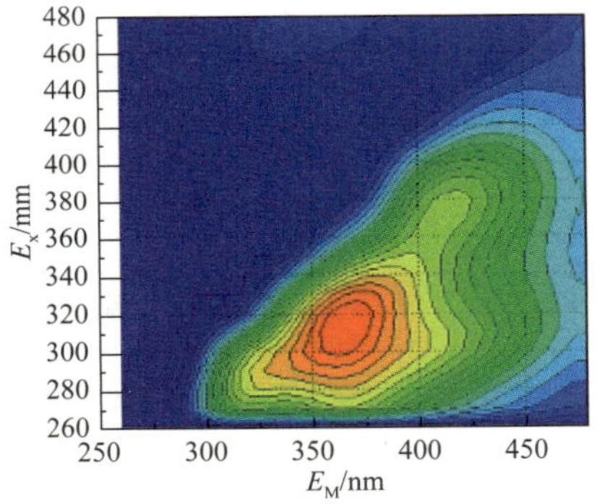

3435.5m三维定量荧光指纹图

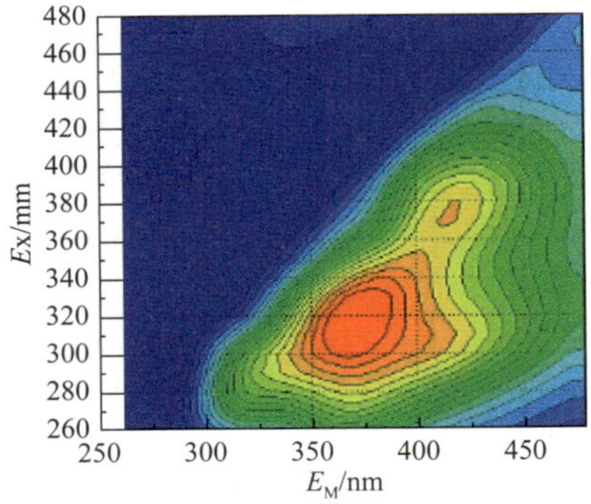

3446.5m三维定量荧光指纹图

图 3　GC1 井巴二段三维定量荧光指纹图

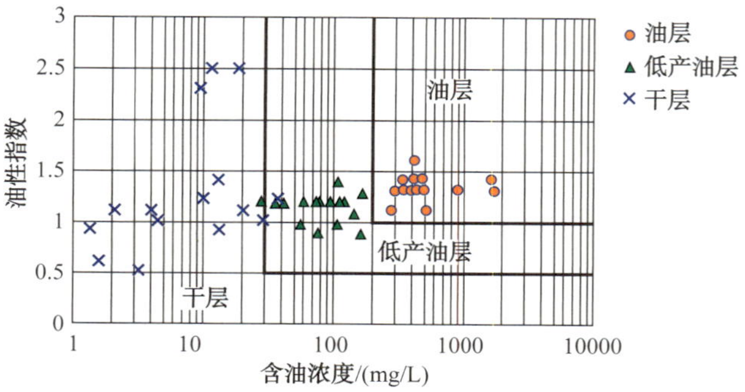

图 4　GC1 井巴二段三维定量荧光解释图版

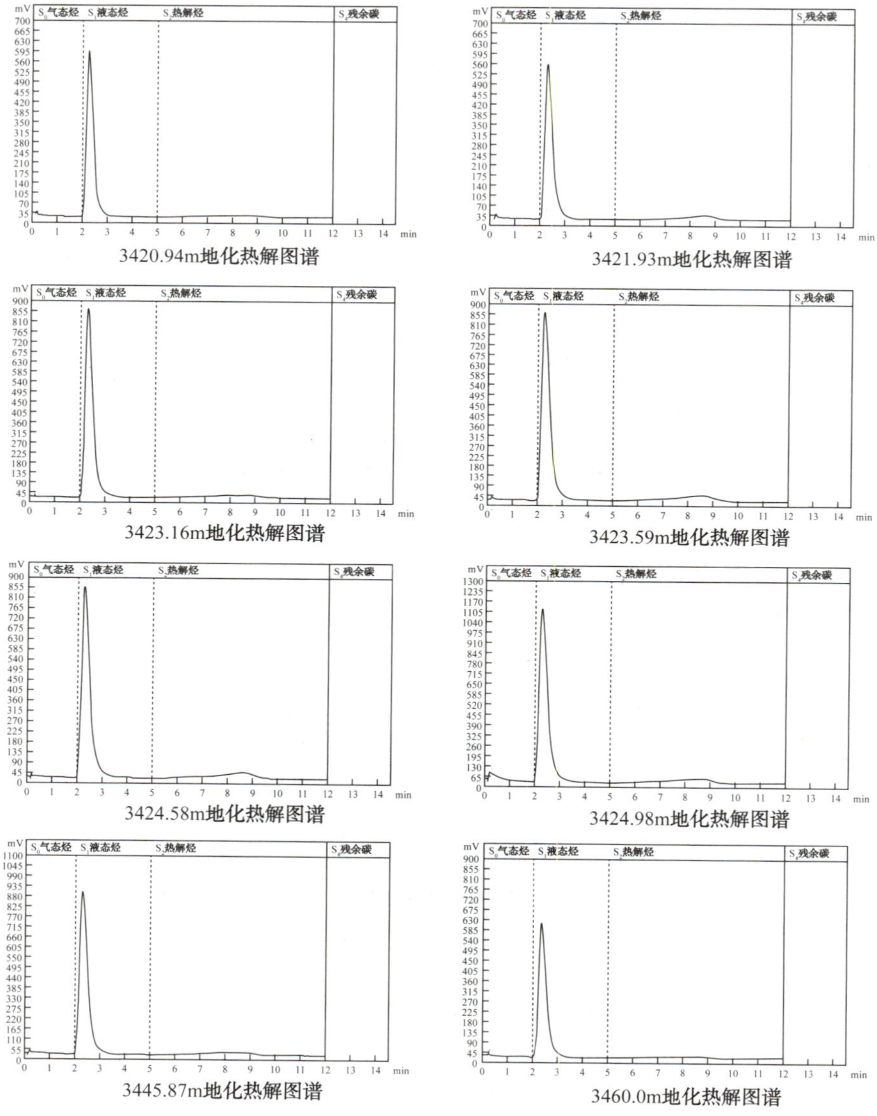

图 5　GC1 井巴二段岩石热解地化图谱

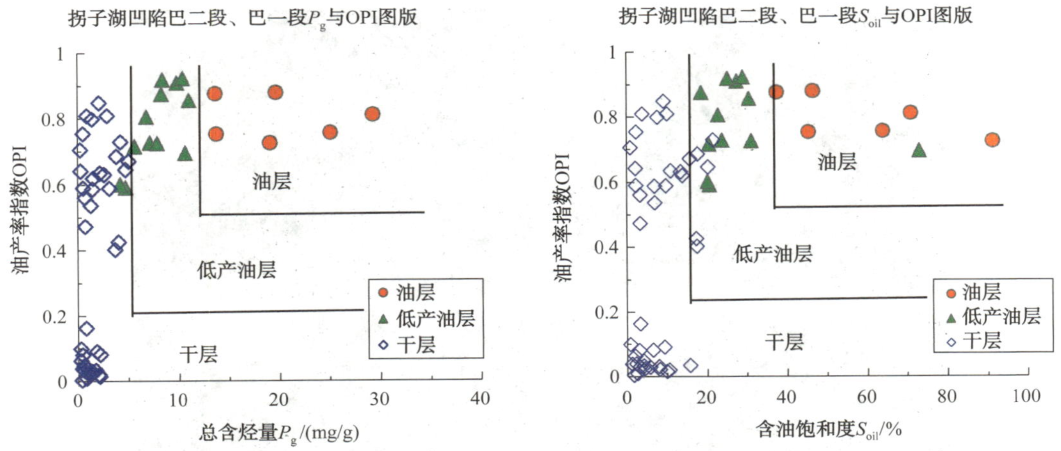

图 6　GC1 井巴二段岩石热解地化解释图版

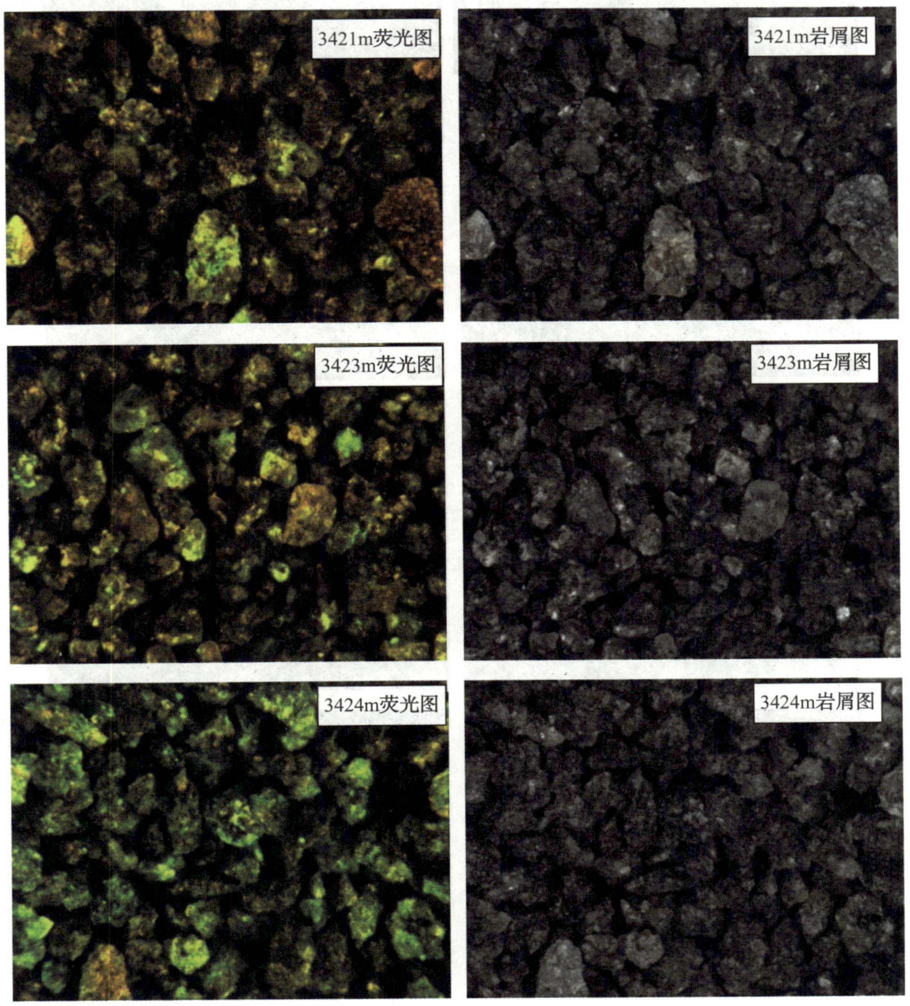

图 7　GC1 井巴二段岩屑图像荧光图、岩屑图

图 7　GC1 井巴二段岩屑图像荧光图、岩屑图（续图）

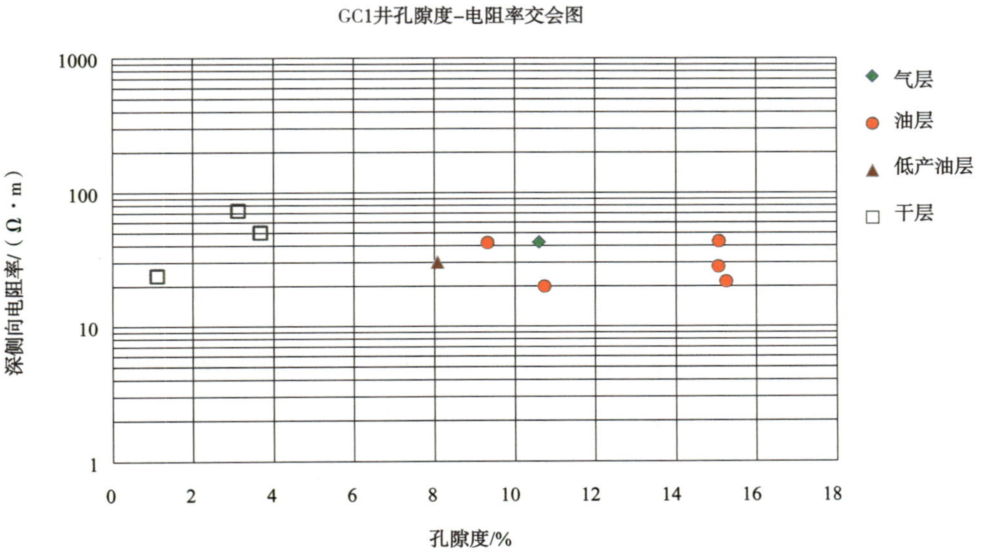

图 8 GC1 井巴二段测井解释图版

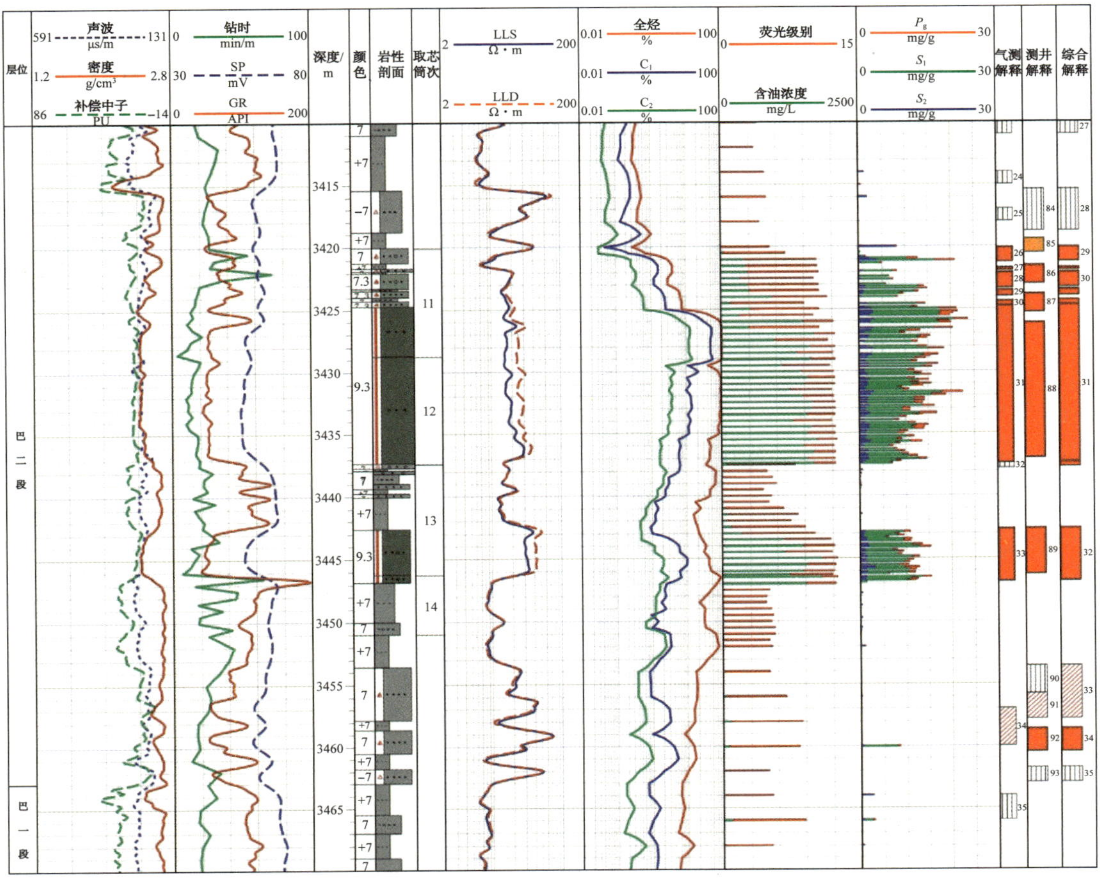

图 9 GC1 井 3410~3470m 综合解释成果图

4 试油（气）结果

GC1 井巴二段井段 3419.4~3460.5m（22.6m/7 层）试油，压裂后 3mm 油嘴放喷，日产油 42.45t、气 7290m^3，油气比 141m^3/t，原油密度为 0.8216g/cm^3，为轻质油。综合解释对流体性质与原油性质判别与试油吻合。

5 结论与认识

（1）拐子湖凹陷，常规测录井资料对储层流体性质评价较为灵敏、准确，气测录井组分特征对区分油、气层作用明显，但对油质判别存在局限性。

（2）特殊录井技术对储层流体性质评价具有较好辅助作用。本井定量荧光、岩石热解地化、岩屑图像录井资料对原油性质判别发挥重要作用，激光扫描共聚焦录井可以提高储层物性评价精度。

编写单位：中原测控公司
编 写 人：林秋野
审 核 人：王粪舒
审 定 人：孟韶彬　何浩然

11 杭锦旗 J30–5 井致密砂岩气层测录井综合解释评价

1 概况

杭锦旗探区（包括杭锦旗区块和杭南区块）位于鄂尔多斯盆地北部，横跨伊盟隆起和伊陕斜坡两大一级构造单元，总面积为 9825km^2。古生界二叠系石盒子组和山西组是主要含气层位。

J30–5 井构造上位于鄂尔多斯盆地伊陕斜坡北部，是一口气藏评价井，钻探目的：（1）评价目的层直井产能；（2）评价下石盒子组盒 1 段、山西组山 2 段储层及气层展布特征。本井于 2019 年 6 月 3 日完钻，完钻井深 3715m，完钻层位中元古界。

2 问题与难点

主要目的层段存在高伽马储层，测井常规资料很难判别储层和岩性；杭锦旗地区二叠系局部气层受地层水矿化度高、钻井液侵入、孔隙度小、束缚水含量高等因素影响，导致电阻率数值较低，流体性质判别困难（图 1）。

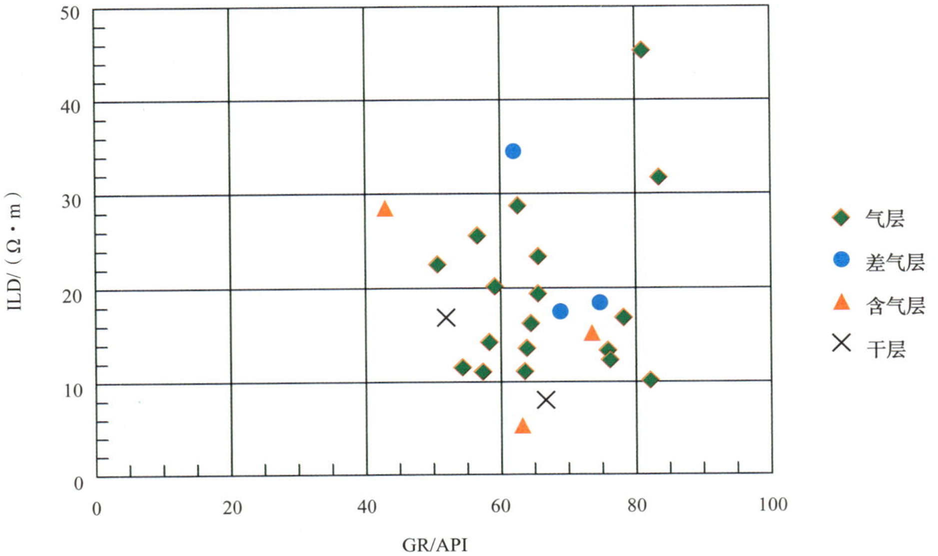

图 1　杭锦旗探区储层 GR–ILD 交会图

3 解释评价

3.1 自然伽马与电阻率－三孔隙度曲线结合识别高伽马储层

4~5 号层（3493~3502m）自然伽马曲线数值大部分在 35API 左右，其中 3494.6m 左右存在厚度约 0.6m 的高伽马尖子，对应地层双感应数值较低，呈双轨特征，三孔隙度曲线显示与上下地层基本一致，整体为较纯的砂岩特征，与高伽马曲线并不对应。岩性密度与微球电阻率的纵向分辨率比自然伽马小，岩性密度和微球电阻率未见明显夹层特征，分析认为高伽马处为物性好的储层（图 2）。

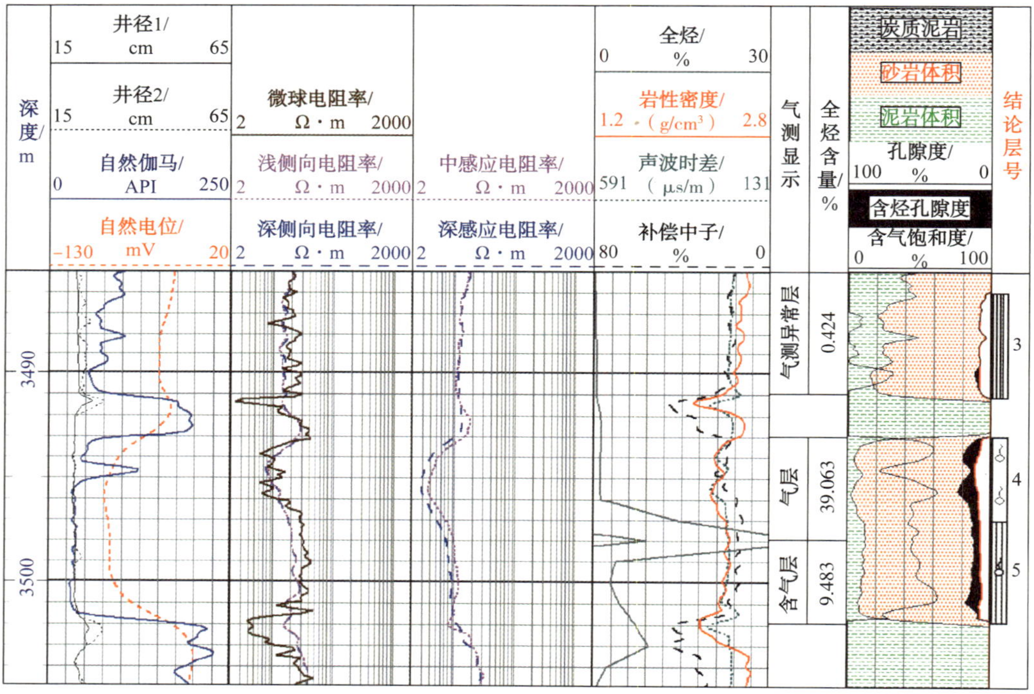

图 2　J30-5 井测井综合成果图（3485~3505m）

3.2 电成像资料识别高伽马储层

泥岩的低电阻率特征在 XRMI 静态图像上呈棕褐色到暗黑色条带显示，3494.6m 左右的高伽马曲线所对应的静态图像与上下颜色接近，为棕黄色特征，局部呈亮黄色，进一步判定该处为物性好的油气渗流通道，由于吸附高放射性物质导致自然伽马数值较高（图 3）。

3.3 综合利用常规组合、核磁共振、多极子阵列声波识别气层

4~5 号层（3493~3502m）井径曲线接近钻头直径；自然伽马除 3494.6m 外，整体数值较低；上部电阻率数值较低，深侧向在 8Ω·m 左右，深感应在 3Ω·m 左右，下部电阻

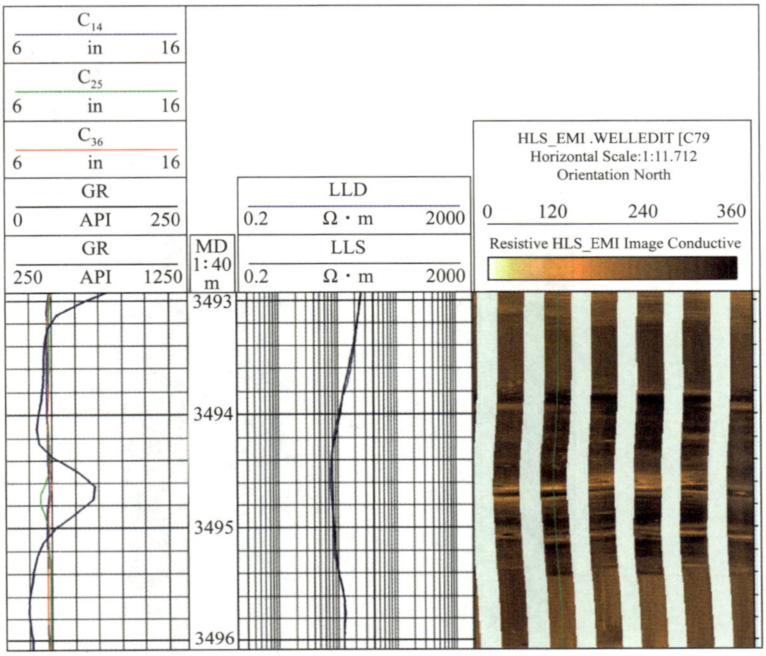

图 3　J30-5 井电成像特征图（3493~3496m）

率数值略高，深侧向在 20Ω·m 左右，深感应在 10Ω·m 左右，上部物性好的储层双感应数值较低，呈双轨特征（据区域解释标准，J30 井区含水层深感应数值小于 18Ω·m，深侧向数值小于 12Ω·m）；三孔隙度显示上部和下部物性存在一定差异，上部高声波时差、高中子、低密度，下部物性比上部略差；中子与密度曲线呈挖掘效应，含气特征明显。4~5 号层为同一厚砂体内的连层，结合气测及常规曲线特征分析，储层含气，从气水分布规律上不可能存在上水下气的情况，因此综合分析 4 号层为某种成因的低电阻率气层，5 号层物性略差，为差气层。

核磁差谱处理时，将两种 TW 测得的 T_2 谱相减，基本消除水的信号，突出烃信号，从而达到识别油、气、水层的目的，一般气层比油层的差谱要弱一些；移谱是由于气或轻质油的扩散系数较大，因此扩散弛豫时间较小，即 T_2 谱越前移。4~5 号层可动流体信号较强，有差谱信号，长回波间隔 T_2 谱较短回波间隔的 T_2 谱前移明显，含气特征明显（图 4）。

当岩样孔隙流体改变时，岩样的体积模量会相应改变。一般通过模拟不同饱和度下纵横波速度和实验测的不同饱和度下的纵横波速度，然后做纵横波速度的平方交会图，其斜率可指示体积模量的变化量，进而研究岩样的体积模量。岩石的体积模量与岩样的纵横波速度及密度的关系为：

$$V_p^2 = \frac{K}{\rho} + \frac{4}{3} V_s^2 \tag{1}$$

式中：V_p 为岩石样品的纵波速度，m/s；V_s 为岩石样品的横波速度，m/s；ρ 为岩石样

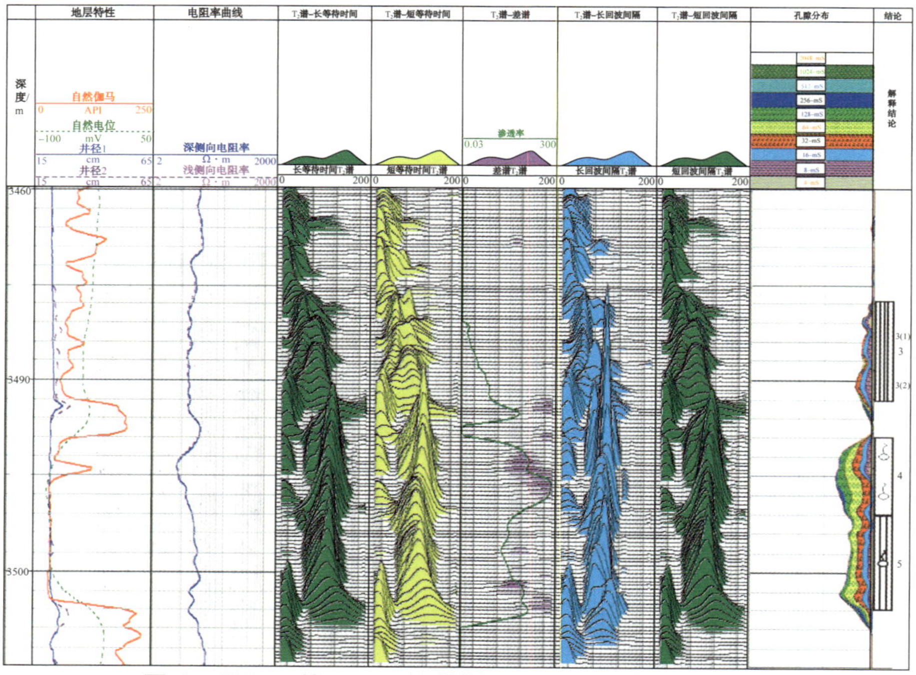

图 4　J30-5 井 4~5 层核磁共振解释成果图（D9TWE2）

品的密度，g/cm^3；K 为岩石体积模量，GPa。

完全含水岩石纵横波速度平方关系式中的截距大于含气岩石的纵横波速度平方关系式中的截距。纯气层随孔隙度增大，纵横波速度均减小，但纵波速度减小幅度更大。在 V_p^2–V_s^2 交会图中好的气层斜率更大，斜率存在以下规律：干层＜含气层＜差气层＜气层。

4~5 号层的 V_p^2–V_s^2 交会图明显看出 4、5 号层的截距最小，斜率最大，说明含气饱和度较高，是典型的气层特征。

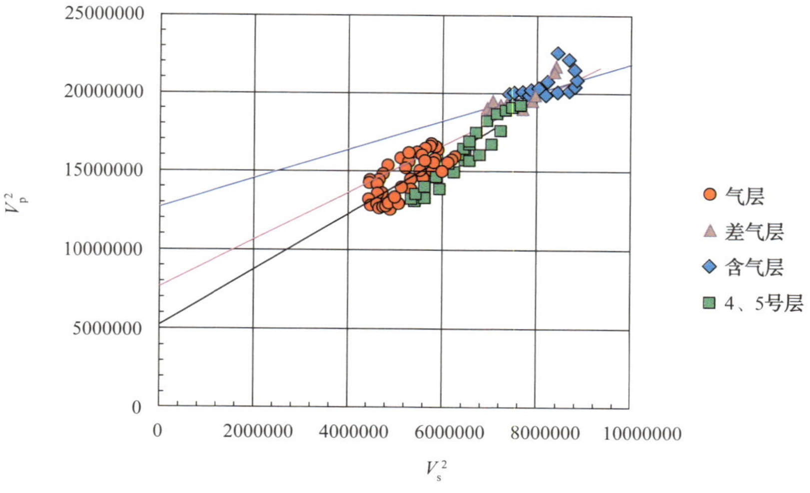

图 5　J30-5 井 4~5 号层偶极声波 V_p^2–V_s^2 交会图

3.4 气测录井图版法识别气层

录井综合解释 4 号层（对应测井解释 4~5 号层），井段 3493.0~3498.0m，厚度 5.0m，气测 ΣC：1.261% ↑ 39.063%，槽面见约 10% 鱼仔状气泡，泡径约 0.5mm，液面上涨 1cm。现场解释：气层（表 1）。

表 1 J30-5 井录井 4 号层气测显示

层位	层号	深 / m	视厚 / m	岩性	录井评价	全烃 / %	基值 / %	C_1/ %	C_2/ %	C_3/ %	iC_4/ %	nC_4/ %
盒 1 段	4	3493.0~3498.0	5.0	浅灰色细砂岩	气层	39.063	1.261	36.584	1.732	0.209	0.028	0.047

运用皮克斯勒图版对录井 4 号层气测数值分析，纵坐标为对数坐标，表示比值。如：$\log_{10}(C_1/C_2)$；横坐标为等间距，代表各组分比值名称。烃比值曲线反映 4 号层的甲烷组分占比较大，是典型的可开采干气层。

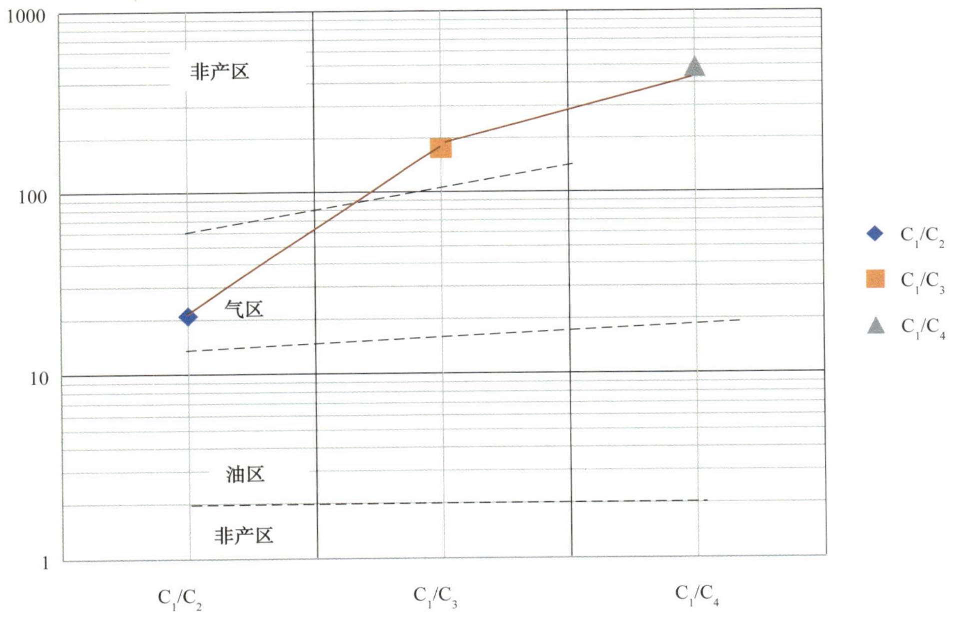

图 6 J30-5 井录井 4 号层气测标准图版

4 试油（气）结果

测录井结合，综合分析 J30-5 井盒 1 段储层，结合电成像资料，分析认为 4~5 号层内存在高伽马储集段；运用测井常规组合、核磁共振、多极子阵列声波和气测等资料，综合解释 4 号层为气层，5 号层为差气层。2019 年 10 月 13 日对盒 1 段 3493.0~3497.0m（测井 4~5 号层）射孔，产气达 $2.26 \times 10^4 m^3/d$。

5 结论与认识

（1）常规测井资料结合电成像资料确定 J30–5 井盒 1 段存在高伽马储层，提高了储层解释精度。

（2）综合运用常规测井、核磁共振、多极子阵列声波、气测等资料，准确识别了低电阻率气层。

编写单位：中原测控公司
编 写 人：杨力华　吴明键
审 核 人：赵伟祥　孟宪涛
审 定 人：陈汉林　何浩然

12 普光地区 PL3 井致密砂岩气藏测录井综合解释评价

1 概况

PL3 井地处四川省宣汉县，构造上位于四川盆地川东断褶带黄金口构造普光东向斜，钻探目的是评价千佛崖组 2、4 砂组河道砂岩储层及含气情况。本井于 2019 年 10 月 13 日完钻，完钻井深为 3979.00m，完钻层位千佛崖组。本井导眼段钻遇千佛崖 4 砂体厚度 22m，落实了本井区河道呈北东南西向展布。为获取更高产能，设计水平井侧钻，水平井段钻遇砂岩段 499m，气藏剖面见图 1。

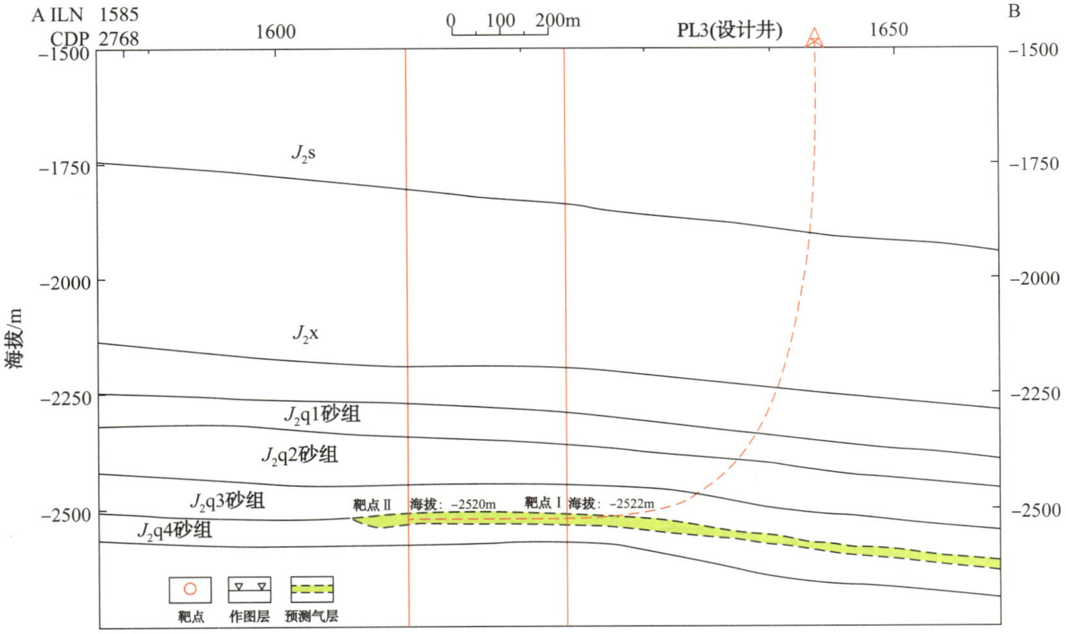

图 1 PL3 井气藏剖面

普光探区从 2009 年起一直围绕陆相须家河组滚动评价，部署了 PL1、PL2、PL1-2H 这 3 口滚动评价井，均获气流，但储层物性差未获稳定产能；2015 年至今，主攻海相、兼顾陆相，通过老井复查，普光地区侏罗系油气显示活跃，特别是千佛崖组多口井点火成功，预示陆相浅层良好的勘探前景，本井是转变陆相成藏条件评价思路后针对千佛崖组部署的第一口陆相专探井。

2 问题与难点

普光地区千佛崖组勘探程度相对较低，目前本区尚无致密气的综合解释评价标准，亟须合适的解释评价方法认识和评价储层以支撑后续的勘探开发。由于本区致密砂岩含气饱和度、孔隙度和渗透率都很低，导电和渗流机理复杂，导致了复杂的测井响应关系，气层在测井曲线上响应不明显，测井识别气层困难。另一方面，低渗储层在钻进过程中检测到的气测数据主要来源于破碎气，而破碎气受钻井工程参数影响非常大。由于钻头大小、钻井液密度、钻时快慢等工程参数的差别，使得相同层段、相同储层类型检测到的气测值不具可比性，因此依据气测值识别气层也容易出现偏差。

3 解释评价

本文对本区陆相致密气试气井的投产结果分析，根据测录井响应特征优选了评价参数，对评价参数分别进行了全烃值的校正处理、单位含气峰面积和 C_1 增量的计算以及气测曲线形态分析，最后结合测井孔隙度建立了致密气气层解释标准，依据该标准对本井水平段各显示层进行了综合解释。

3.1 评价参数优选

本区陆相致密气试气井的投产结果分析表明，产气能力是气测显示值、显示厚度和储层物性的综合体现，因此评价气层除了气测参数，还要充分考虑储层储集类型特征和储层有效厚度、物性和含气饱满程度等因素。主要气层评价参数有气测异常曲线形态及厚度、单位地层显示厚度，气测异常显示的全烃值、甲烷值、基质抬升、钻时比值等，辅助参数有气泡、槽面上涨、地层压力、后效显示及测井孔隙度、电阻率等参数。其主要评价参数地质含义见表1。

表1 普光地区陆相气层评价参数及地质含义

参数类型	序号	参数名称	地质含义	评价意义
含气丰度参数	1	全烃	地层含烃量	烃类含量
	2	厚度比	单位地层显示厚度	含气丰度
	3	含气指数	单位地层含烃量系数	含气丰度及能量
	4	单层厚度	含气储层有效厚度	含气丰度
	5	气泡	储层含气量、能量	含气丰度及能量
	6	槽面上涨	储层能量	含气丰度及能量
	7	气测曲线单位峰面积	显示层单位含烃指数	储层能量和丰度

续表

参数类型	序号	参数名称	地质含义	评价意义
	8	C_1 增量	地层含烃量	储层能量和丰度
	9	密度下降	流体性质、地层能量	流体性质及能量
	10	黏度上升	流体性质、地层能量	流体性质及能量
	11	地层压力	储层能量	含气丰度
	12	后效显示	流体性质、地层能量	气丰度及能量
物性参数	1	钻时比值	地层可钻性指数	储层物性
	2	孔隙度	地层孔隙体积百分数	储层物性

依据测、录井特征分析结果，最终选取了全烃值、单位含气峰面积、C_1 增量、孔隙度和气测曲线组合形态这几项对产能影响明显、响应特征好、地质含义明确的参数作为主要评价参数。

3.2 数据资料分析与预处理

1）全烃值校正

录井过程中，气测录井资料主要受到来自地层因素的影响、钻井条件的影响和录井技术自身条件的影响。由于低渗储层中的气测值受钻井工程参数影响最大，所以在进行全烃值校正时重点针对钻井工程参数影响的气测值进行了分析和校正。

影响气测值的钻井参数主要有钻速、钻头直径和钻井液排量。在钻井过程中，钻头直径越大、机械钻速越快，单位深度和时间内破碎的岩屑就越多，进入钻井液的油气越多。反之，当钻头直径越小，钻速下降，单位深度和时间内破碎的岩屑越少，脱气器从钻井液中脱出的地层气也少。在钻速一定的条件下，钻井液泵排量大，单位体积钻井液所含的油气量就相对减少，破碎的油气被冲淡，气测显示就越低。要修正钻头直径及钻速、钻井液排量对气测值的影响，可以将原始气测值乘冲淡系数，得到即修正后的气测值（计算公式见式 1、式 2）。

为了使气测参数便于比较，假设了一种采用标准钻速、标准钻头、标准排量进行钻井的理想状态，即三个参数在某一层位或某一井段是一恒定值时，检测到的气测值即为标准气测值，标准气层的冲淡系数公式见式 3。将其他井或层段以该标准层钻井参数作为参照进行校正处理，即可获得钻井参数校正处理后的气测计算公式（式 4）。标准参数的确定依据数学统计结合实际情况确定。

$$E_0=4V_{标}\times ROP_{标}/(\pi D_{标}^2) \quad （式 1）$$

$$QT^*=QT_{实}\times E=4\,QT_{实}\times V_{实}\times ROP/(\pi D^2) \quad （式 2）$$

$$E_{标}=4\,V_{实}\times ROP_{实}/(\pi D_{实}^2) \quad （式 3）$$

$$QT^*=QT_{实}\times E/E_0=QT_{实}\times V_{实}\times ROP_{实}D_{标}^2/V_{标}\times ROP_{标}\times D_{实}^2 \quad （式 4）$$

QT^*——校正后的气测值，%；

$QT_{实}$——目标层实际检测气测值，%；

$ROP_{实}$——实际钻时，min/m；

$ROP_{标}$——标准钻时，min/m；

$V_{实}$——目标层实际排量，L/s；

$V_{标}$——标准排量，L/s；

$D_{实}$——目标层使用钻头直径，mm；

$D_{标}$——标准钻头直径，mm。

2）单位峰面积计算

一个含气层的全烃曲线有基值、峰高和拖尾，通过计算全烃曲线峰面积与异常显示厚度之比得到单位峰面积作为反映含气丰度的定量化参数。单位峰面积越大，全烃含量越高，反之越低（图2）。

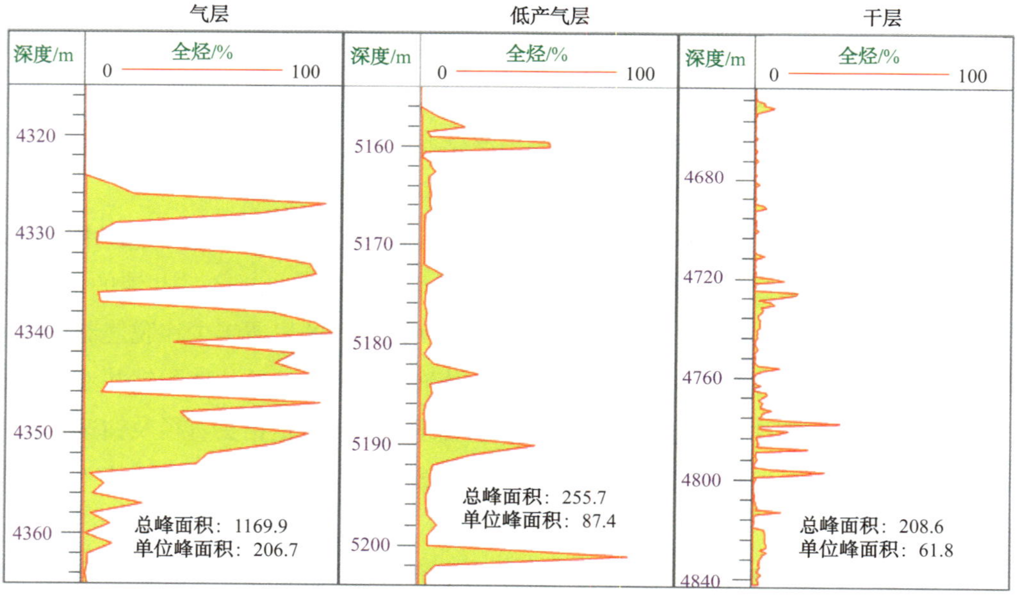

图2　典型的气测曲线峰面积图形

3）气测曲线形态分析

气测曲线是一条实时检测地层烃类气体的连续曲线，它的高低、形态，直接反映出油气在纵横向上的变化情况，所以通过全烃曲线形态及变化可以对储层特征及流体性质作出初步的判断。结合井漏、薄片、取芯、分析化验、成像测井等资料，对试气段的单峰曲线形态进行综合分析，不同形态反映不同的含气特征。

中－高值饱满箱状、指状：曲线箱状形态饱满，峰值高，表明储集层物性纵向均匀，含气均匀。以基质孔隙、裂缝－孔隙、溶蚀孔洞缝为主，一般解释为气层，试气多获中－

高产气流（图 3a）。

低 – 中值正三角形状：表明储集层物性纵向上不均匀，上部物性差全烃低，下部物性好含气丰度高。曲线前沿缓慢爬升，后沿陡，高点在下部（图 3b）。

低 – 中值倒三角形状：在储集层物性纵向上均匀的条件下，上部物性好含气多、下部物性差含气少。曲线前沿陡，后沿缓慢回落，高点在上部（图 3c）。

中 – 高值箱型锯齿状：全烃曲线呈锯齿形或波浪形。表明储集层物性不均匀，物性好的层段含气丰度高，物性差的层段不含气或含少量气，但整体含气比较饱满（图 3d）。

高值尖峰状：表明储集层物性不均匀，上下部物性致密，中部物性好。快起快落，前后沿较陡，多出现在碳酸盐岩、致密砂岩等非均质储层中，为裂缝显示特征，由于含气丰度高、能量比较足，一般出现大量气泡和槽面上涨，为气层或低产气层特征（图 3e）。

低 – 中值尖峰状：表明储集层物性不均匀，上下部物性致密，中部物性较好。快起快落，前后沿较陡，多出现在碳酸盐岩、致密砂岩等非均质储层，多为裂缝显示特征。由于显示低、厚度薄、丰度低、能力不足，一般为干层或干层含气特征（图 3f）。

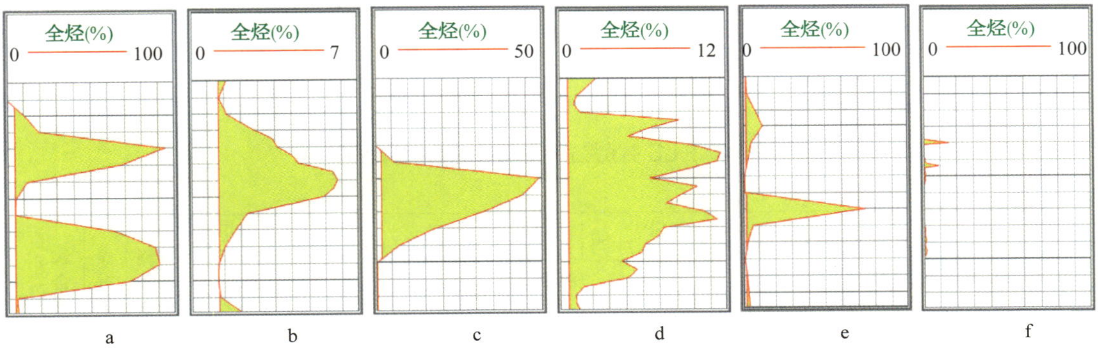

图 3　典型的气测曲线形态

3.3　致密砂岩气层解释标准的建立

应用气测校正公式对测试段的气测值进行校正处理后，依据测试段的不同产能的校正全烃、单位含气峰面积、C_1 增量、气测曲线形态等参数大小或形态，结合测井孔隙度建立了普光地区陆相致密砂岩测录井解释标准（表 2）。

表 2　普光地区陆相致密砂岩测录井综合解释标准

流体性质	校正全烃 / %	单位含气峰面积 / km^2	C_1 增量 / %	孔隙度 / %	气测曲线组合形态
气层	≥ 20.0	≥ 15.0	≥ 30.0	≥ 2.5	高值山峰状或箱状
低产气层	5.0~20.0	3.0~15.0	8~30.0	＞ 1.5	中 – 高值山峰状或箱状
干层	＜ 5.0	＜ 3.0	＜ 8.0	＜ 6.0	单峰状

3.4 储层综合解释

依据建立的测录井解释标准对本井侧钻段19层显示进行了综合解释，解释低产气层2层，干层17层。其中，第14层3653.00~3720.00m，全烃值最大8.88%，校正全烃8.39%，C_1增量6.41，计算单位含气峰面积3.77，曲线形态为山峰状，测井解释孔隙度为1.5%~3.5%，综合解释为低产气层。第17层3784.00~3837.00m，全烃值最大6.19%，校正全烃5.92%，C_1增量3.34%，计算单位含气峰面积1.28km^2，曲线形态为山峰状，测井解释孔隙度为1.6%~3.1%，综合解释为低产气层（图4）。综合分析认为对整个水平段压裂测试有望获得低产气层（图5）。

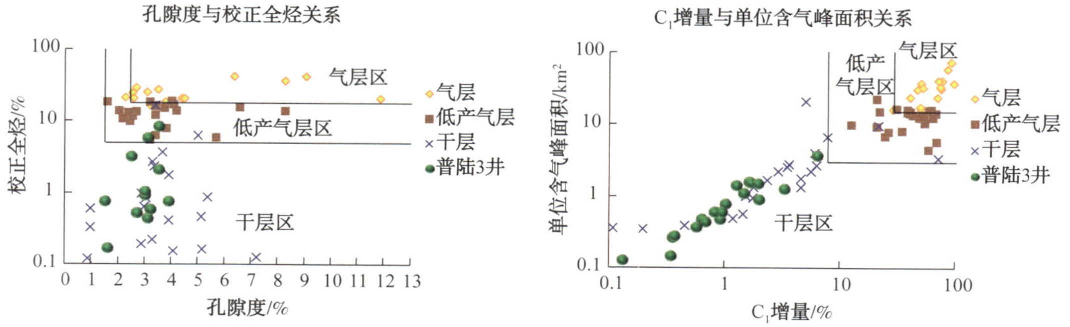

图4 PL3井侧钻段测录井综合解释图版

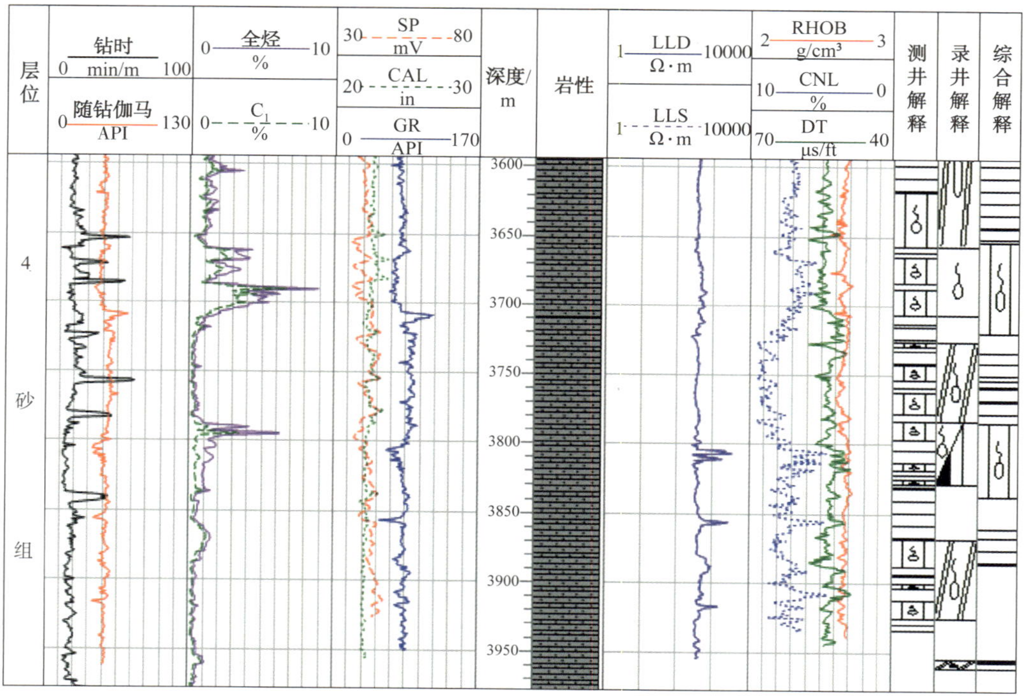

图5 PL3井测录井综合解释评价

4 试油（气）结果

本井综合解释低产气层 120m，占比 36.5%；第 1 段（3866~3930m）对应录井综合解释为干层的 18、19 两个小层，小型压裂测试和主压裂施工，出口返出少量砂约 $0.2m^3$，火焰高 3~4m；全井试气（4.5~13）$\times 10^4 m^3/d$，与解释结论较吻合，验证了解释方法的可行性。

5 结论与认识

（1）根据普光地区致密砂岩气藏特点，通过气测值的校正分析，优选综合参数建立的测录井综合解释标准，是该工区致密砂岩储层解释的首次尝试。

（2）目前，陆相致密气的测试层段较少，基于测试资料开展的产能井特征分析可能不太全面，由此建立的解释评价标准有待于今后的进一步完善。

编写单位：中原测控公司
编 写 人：宫玉平
审 核 人：郑玉朝　闫慧珍
审 定 人：孟韶彬　何浩然

13 通南巴马路背构造 M10 井断缝体储层测录井综合解释评价

1 概况

M10 井位于四川省通江县新场镇巴州村六组，是中原油田普光分公司部署在四川盆地川北坳陷通江向斜兴隆断褶带的一口定向评价井，主探须家河组二段下亚段（简称须二下亚段）溶蚀沟道砂岩、须家河组二段上亚段（简称须二上亚段）砂岩储层发育及含气情况；兼探雷口坡组顶部不整合岩溶、须四段砂岩储层发育及含气情况，验证雷口坡组顶部岩溶体系储层发育模式。

2 问题与难点

通南巴区块为 2018 年中原油田新流转区块，区块认识需要加深，结合岩芯分析情况，重新制订了须家河组解释标准，非常规致密砂岩气储层下限的确定与后期标准验证是本井的重点。

3 解释评价

沙溪庙组至雷口坡组顶部为碎屑岩地层，根据邻井试气投产结果，结合川东北地区和普光陆相储层的评价标准，重新建立通南巴区块碎屑岩解释标准，利用孔隙度 – 电阻率、孔隙度 – 含水饱和度交会图分析法，结合地质录井资料并利用电成像分析储层特征，以此来进行储层流体性质识别。

3.1 解释标准的确定

通过对通南巴区块的 6 口老井测试投产数据、测井曲线响应特征总结，参考地质录井、钻井取芯资料，确定通南巴储层解释标准如下（图 1、图 2）：

气层：$\Phi \geqslant 6\%$；当裂缝较发育时，$\Phi \geqslant 3.5\%$；$Sg \geqslant 50\%$；

低产气层：$3.5\% \leqslant \Phi < 6\%$，裂缝不发育，$50\% > Sg \geqslant 30\%$；

含气层：$\Phi < 3.5\%$，$30\% > Sg \geqslant 20\%$，且气测有异常显示；

干层：$\Phi < 3.5\%$，气测显示差。

其中 Φ 为孔隙度，Sg 为含气饱和度。

3.2 气水判别方法

孔隙度－电阻率交会图分析法：用电阻率与孔隙度交会图，扣除物性的影响，直观地反映储层的数据点是否落在区域图版的相关储层类型范围内，判断出储层流体性质（图 3）。M10 井碎屑岩储层类型为孔隙型和裂缝－孔隙型，计算平均孔隙度为 0.53%~4.40%。

孔隙度－含水饱和度交会图分析法：当储层含气时，交会点呈现单边双曲线特征；储层含水时，交会点将跳离这种关系，在交会图上向右上方移动或呈散乱分布特征，据此判断油气层与水层。由 M10 井储层孔隙度－含水饱和度交会图（图 4）可以看出，气层和低产气层数据点基本呈单边双曲线分布。

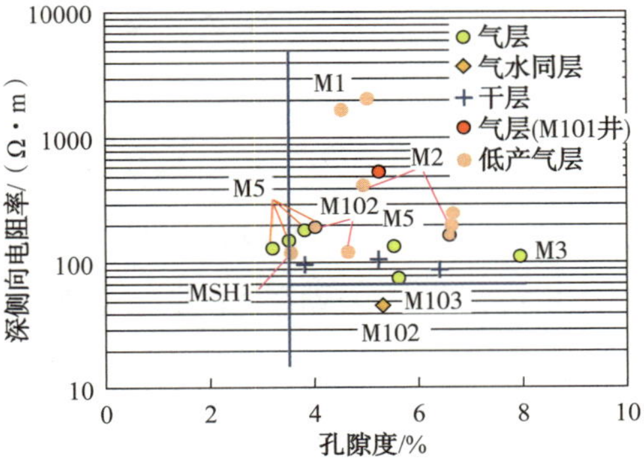

图 1　孔隙度－电阻率交会图（碎屑岩）邻井测试层

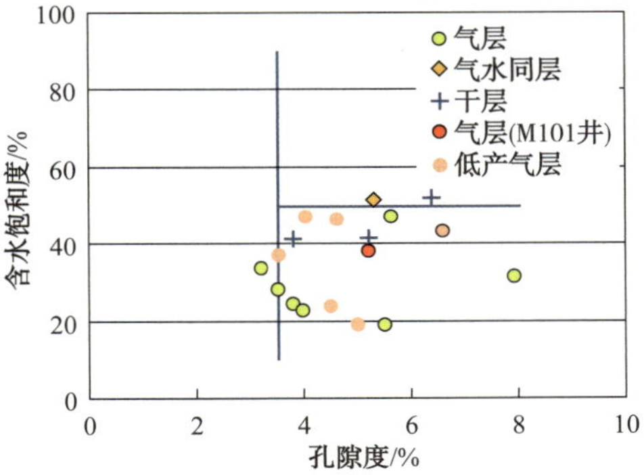

图 2　孔隙度－含水饱和度交会图（碎屑岩）邻井测试层

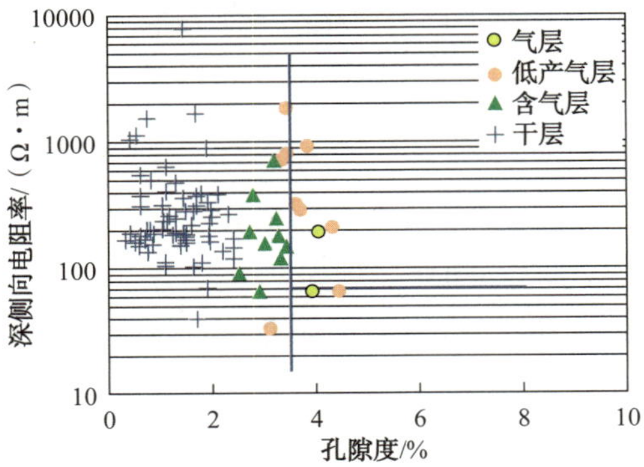

图 3　M10 井孔隙度－电阻率交会图（碎屑岩）

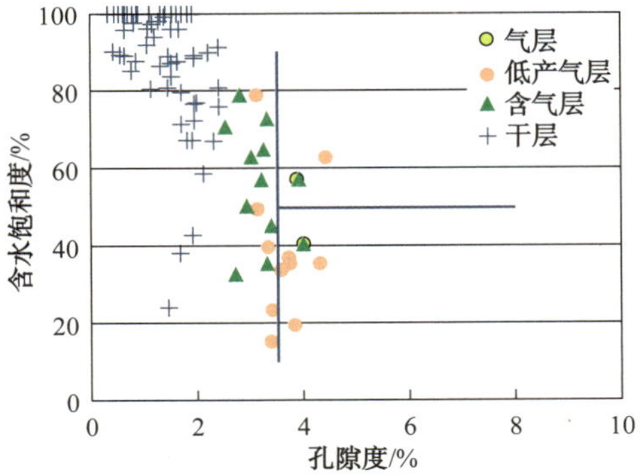

图 4　M10 井孔隙度－含水饱和度交会图（碎屑岩）

3.3 须家河组储层解释评价

须二下亚段 85~90 号层 3920.5~3940.1m，岩性为砂岩；自然伽马数值在 35~50API，井径接近钻头直径；85、87、89、90 号层物性相对较好，计算的孔隙度为 3.3%~3.8%，深侧向电阻率数值较高，为 186.3~940.9Ω·m；结合电成像资料见多条半充填缝。该段共解释低产气层 4 层 13.6m，干层 2 层 5.4m（图 5）。

地质录井见三处气测异常，最高一处全烃为 0.669% ↑ 7.365%，C_1 为 0.576% ↑ 7.326%。86、88 号层物性较差，电阻高，含气性差；在此处共钻井取芯 5 次，总进尺 26.20m，芯长 25.85m，取芯井段 3924.67~3932.42m，岩芯出筒观察有气泡，浸水实验见针尖状气泡断续冒出。录井资料见表 1。

表 1 M10 井 3918.87~3940.04m 油气显示

井段 /m	厚度 /m	岩性	气测值 /%		槽面显示情况	现场解释
			总烃	C_1		
3918.87~3924.67	5.80	灰色细砂岩	0.669% ↑ 7.365%	0.576% ↑ 7.326%	无	微含气层
3924.83~3935.04	10.21	灰色、浅灰色细砂岩	0.542% ↑ 3.104%	0.379% ↑ 3.026%	无	微含气层
3935.54~3940.04	4.50	灰色含砾细砂岩	0.560% ↑ 3.338%	0.416% ↑ 3.202%	无	微含气层

本井在须二段底部储层物性、含气性比邻井 M101 井略差，本段计算的孔隙度在 3.3%~3.8%，基质孔隙度相对较小，与 M101 井相比相对较差，电成像上有半充填缝发育，对孔隙度的沟通有一定作用。对应邻井 M101 井该层位 3229~3246m 射孔测试，孔隙度平均为 5.2%，日产气 $60.11\times10^4m^3$（图 6）。

4 试油（气）结果

M10 井须家河组 3920.0~3942.0m 井段对应低产气层和干层，试气求产日产气 $1.14\times10^4m^3$，测试结果验证了解释结果与试气结果相吻合，建立的解释标准准确可靠。

5 结论与认识

（1）常规测井结合电成像以及邻井等资料，可有效判断储层性质。

（2）对通南巴区块碎屑岩重新建立了解释标准，试气结果证实标准具有较强的可操作性，提高了解释符合率。

（3）测井解释与录井解释需要相互配合，相互佐证。

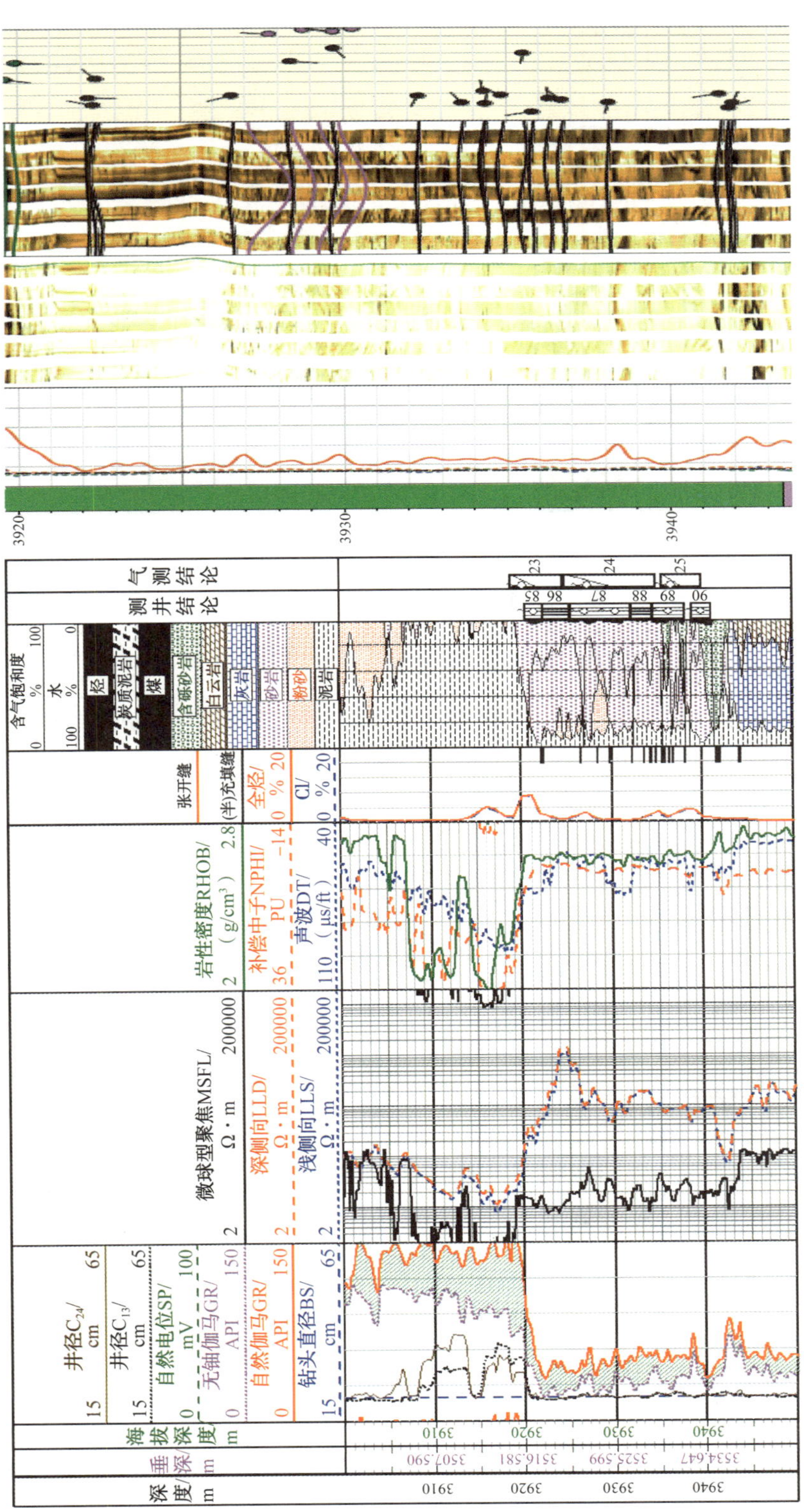

图 5 M10 井测井组合成果图（85~90 号层）

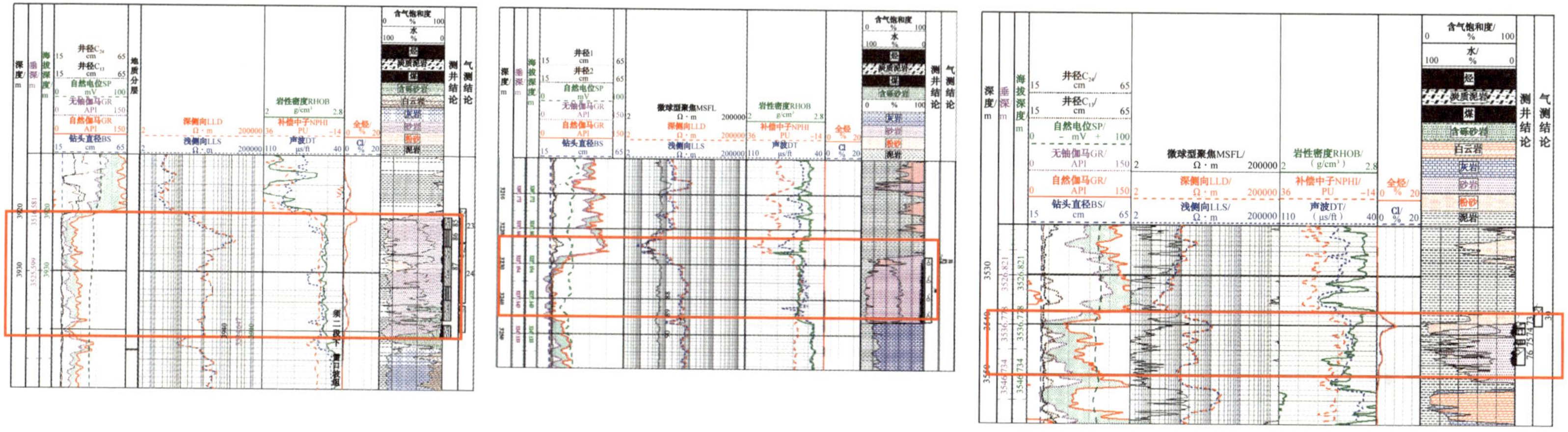

图 6　M10 井与 M101 井、M9 井须二下亚段对比图

编写单位：中原测控公司
编 写 人：姚蒙蒙
审 核 人：杜淑艳　王轩然
审 定 人：陈汉林　何浩然

14 川东北兴隆断褶带 M301 井致密砂岩测录井综合解释评价

1 概况

M301 井是部署在四川盆地川北坳陷通江向斜兴隆断褶带的一口评价井，上三叠统须家河组四段（简称须四段）为主要勘探目的层，兼探中三叠统雷口坡组和侏罗系地层。该井于 2022 年 1 月 23 日钻至井深 5330.0m 提前完钻，完钻层位为须家河组二段（简称须二段）。目的层沉积环境主要发育三角洲前缘水下分流河道微相，储层岩石类型主要为岩屑砂岩、岩屑石英砂岩。

2 问题与难点

M301 井储层非均质性较强，且孔隙结构复杂，储集空间主要以粒间孔、裂缝为主，为特低孔、低渗的裂缝 – 孔隙型储层，有效储层难以识别；致密储层电阻率受岩性、物性影响大，测井信息反映储层及流体性质的能力减弱，导致流体性质识别难度大。

3 解释评价

（1）交会图法识别储层

依据建立的通南巴区块测试投产井孔隙度 – 电阻率交会图图版，做本井孔隙度 – 电阻率交会图。根据数据点位置，结合图版，对储层进行解释评价（图 1）。

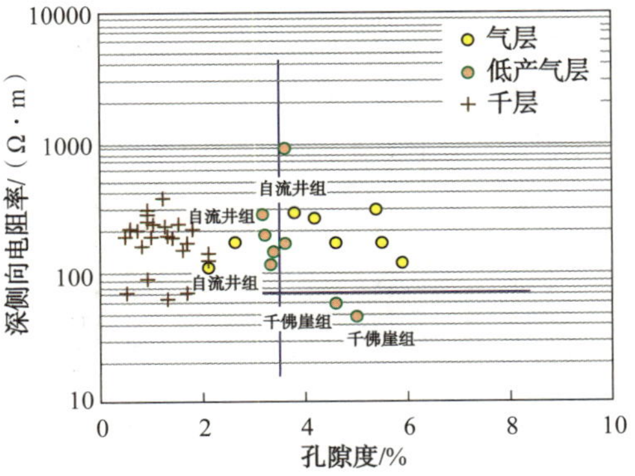

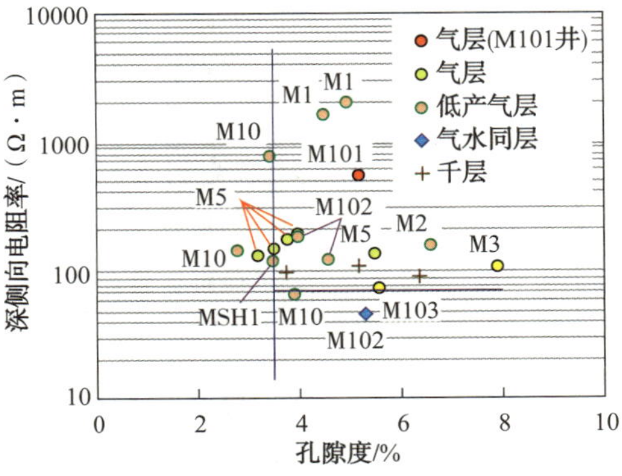

图 1 孔隙度 – 电阻率交会图（本井 – 区块试气层图版）

（2）岩芯资料应用

M301 井分别在自流井组和须家河组进行了钻井取芯，将岩芯与测井资料对比分析，掌握不同岩性及裂缝发育段在测井曲线上的响应特征（图 2）。

图 2　现场观察岩芯、观看岩芯薄片照片（5000.51m，灰色细粒岩屑砂岩）

根据岩芯实验分析数据，校正测井评价参数，使计算的地质参数及测井解释结论更精确。如下图所示，计算后的测井孔隙度与岩芯分析数据较为接近，说明计算的数值准确可靠（图 3）。

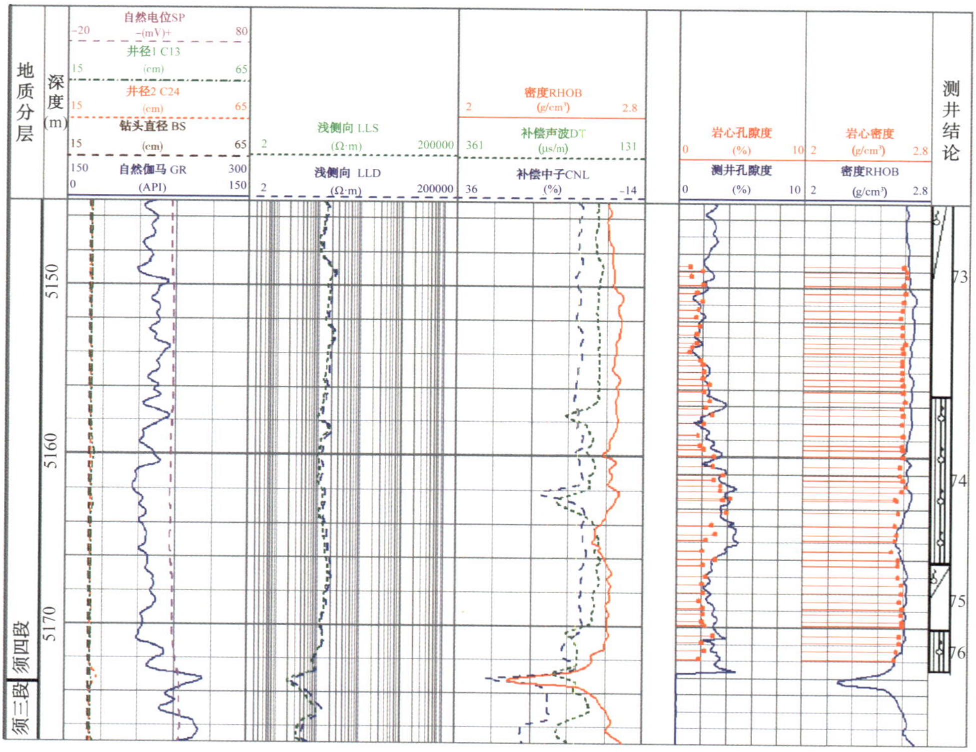

图 3　M301 井岩芯归位测井综合图

（3）特殊测井资料助力致密储层评价

电成像资料对极致密的非均质性储层评价起到了关键作用，应用偶极声波资料可以较好地评价储层含气性。

30 号层测井曲线显示，岩性致密，物性差，岩芯分析孔隙度主要分布在 1.1%~2.0%，渗透率在（0.02~0.08）×$10^{-3}\mu m^2$，依据岩芯物性分析数据和常规测井资料，解释为含气层（图 4）。电成像资料反映 4846~4849m 井段，存在 4 条高导缝和 2 条（半）充填缝，高导缝开度较大，裂缝宽度为 0.4~2.3mm，裂缝水动力宽度为 0.7~3.5mm，显示 30 号层裂缝发育段物性较好。

偶极资料助力储层含气性分析。砂岩储层含气时，纵横波速度比下降、泊松比减小、体积压缩系数增大，体积压缩系数与纵横波速度比、泊松比包络面积明显。该井 30~34 号层纵横波速度比减小，体积压缩系数增大，纵横波速度比与体积压缩系数存在包络面积，说明该井段有一定含气性。

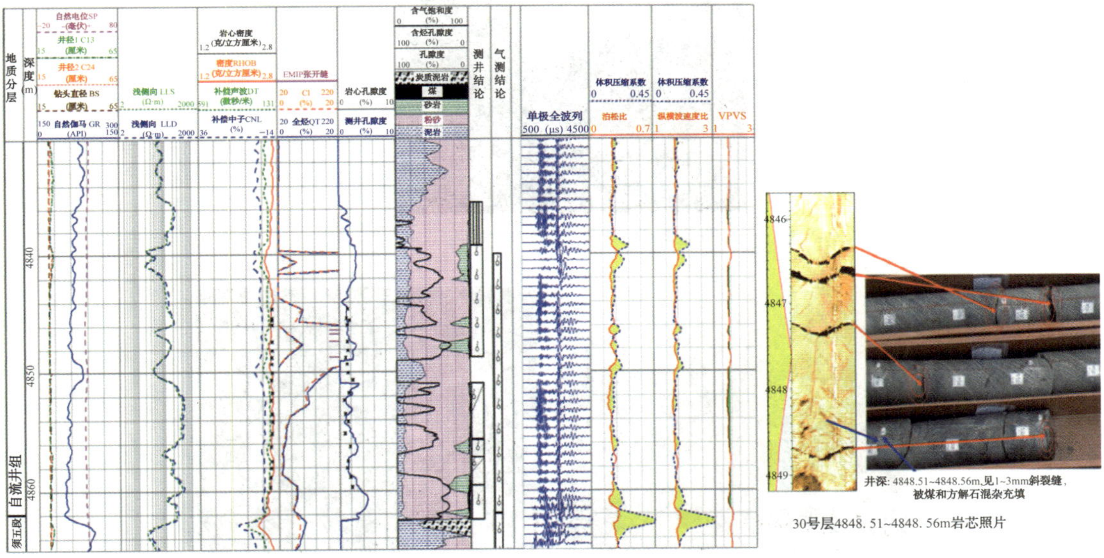

图 4　M301 井测井综合图（30−34 号层）

（4）测录井一体化评价

30 号层测井资料反映具有一定含气性，而录井资料显示含气性好，测录井一体化评价可以对储层做出更准确评价。

1）2021 年 12 月 9 日，M301 井 4844.03m 井段现场排气点火，火焰高度 0.7~2.0m，火焰呈橘黄色（图 5 左）；

2）4844.03~4860.03m 井段两次取芯，观察岩芯，局部见微弱米粒状气泡断续逸出；浸水试验局部见微弱线珠状气泡连续逸出（图 5 中）；

3）该段储层砂体厚度大，测井常规曲线无明显岩性非均质特征，岩屑显示该砂组局部岩性为含砾细砂岩；从岩芯薄片分析，储层非均质，细砂岩局部含砾（图 5 右）；

4）钻井进入该段储层，钻时随物性变化明显；随着储层含气性变好，泥浆黏度在 4840.0m 附近明显增大，钻井液密度降低，由 2.00 ↓ 1.86g/cm^3（图 6）；

5）该层段气测显示好，∑C：0.32% ↑ 99.99%，C_1：0.22% ↑ 94.56%；共进行 11 次后效测量，全烃值最高 99.99%。槽面见 25% 小米粒状气泡，上涨 2cm，计算油气上蹿速度 28.49m/h（图 6）。

综合分析，30 号层物性好、含气饱满，测录井一体化评价为气层。

节流循环点火(2021年12月9日)

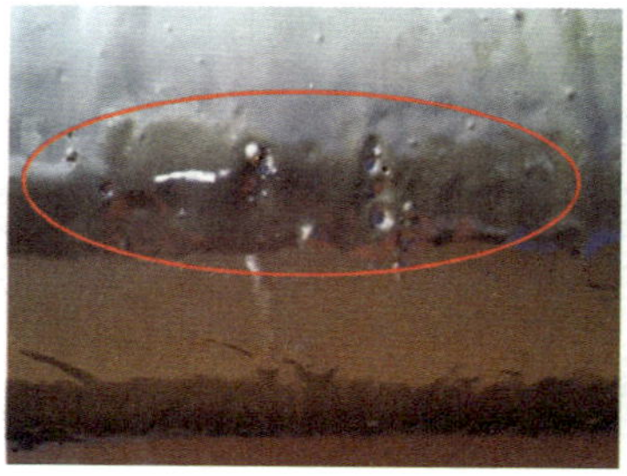

4844m灰色含砾细砂岩

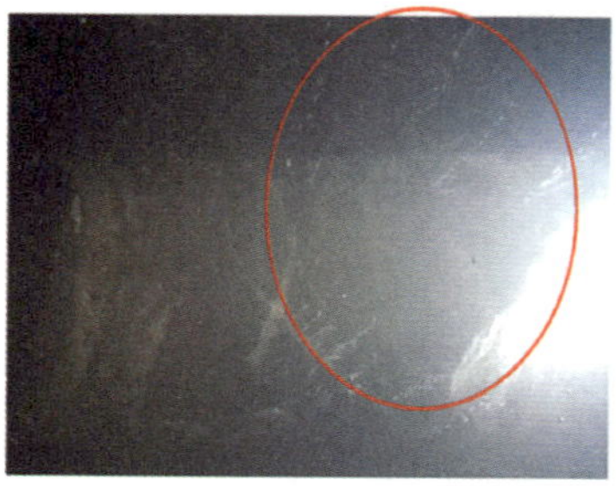

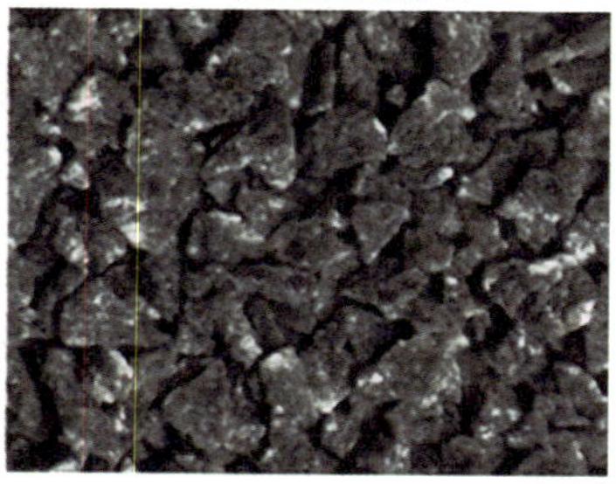

井深4846.00m灰色细砂岩

图 5　M301 井节流循环点火照片和岩芯照片

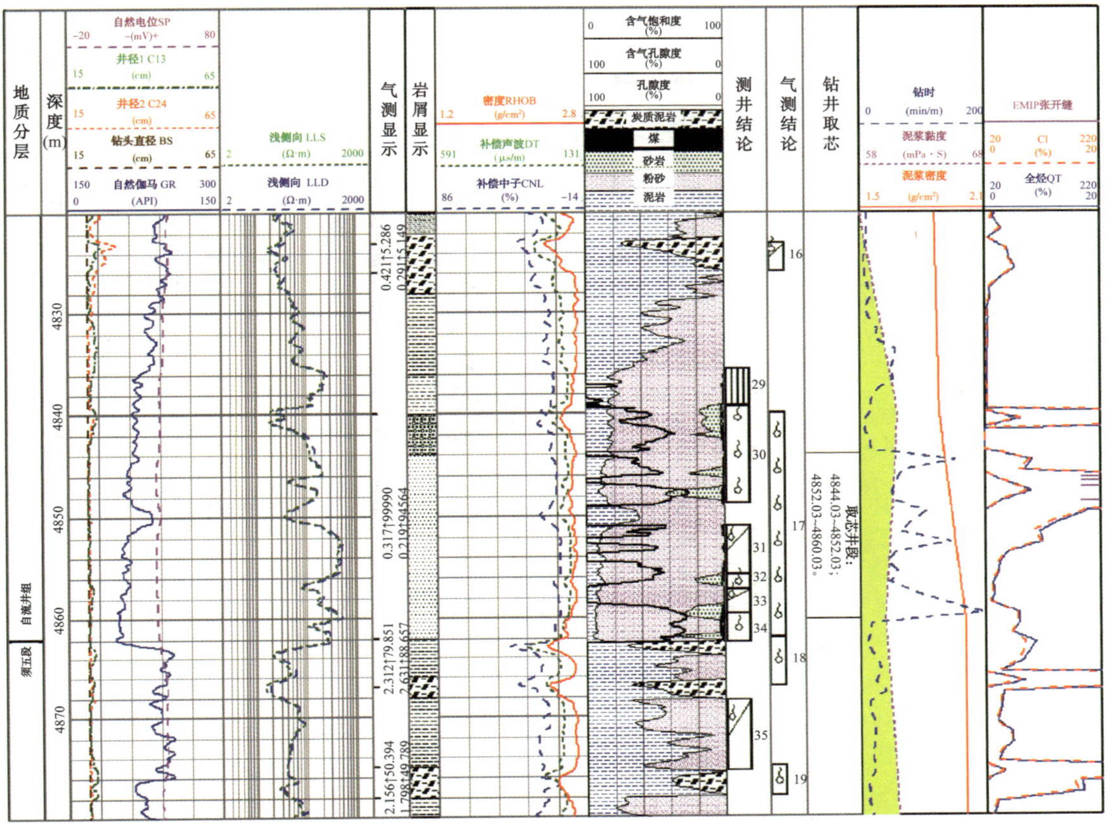

图 6　M301 井测录井综合图

4　试油（气）结果

2022 年 5 月，M301 井压裂试气后，8mm 油嘴日产气 $6.6\times10^4m^3$，获得较高工业气流。M301 井实际试气井段为须四段 1 砂组 5141~5173m、须四段 3 砂组 4987.4~4998.8m 及须五段 4905~4923m、4923~4953m 四段，该井后期加测产气剖面测井（图 7），产气剖面及试气结果验证了裸眼井评价结论准确。

5　结论与认识

（1）多技术组合提升陆相致密气层识别能力。电成像测井有利于储层有效性评价，偶极声波测井对储层含气性评价及工程施工起着至关重要的作用，应作为致密砂岩储层评价的必测项目。

（2）测录井一体化解释有利于提升致密气层评价能力。

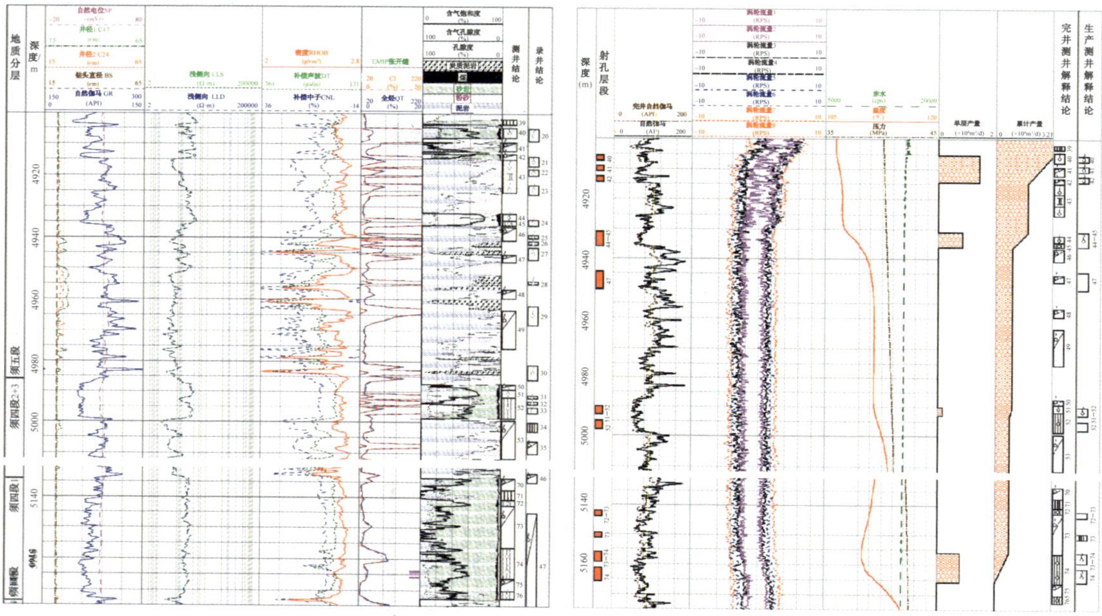

图 7　M301 井试气层位与产气剖面解释结果对比图

编写单位：中原测控公司

编 写 人：马娟娟

审 核 人：李凤琴

审 定 人：陈汉林　何浩然

15 川东高陆褶皱带 ZH1 井近源致密砂岩油气藏测录井综合解释评价

1 概况

ZH1 井是位于四川盆地川东高陆褶皱带拔山寺向斜忠县Ⅱ号岩性圈闭上的一口预探井，钻探目的：（1）主探侏罗系凉高山组二段砂岩储层发育情况及含油性；（2）兼探凉高山组二段页岩发育情况及页岩油勘探潜力。目的层：主探中侏罗统凉高山组二段砂岩，兼探凉高山组二段页岩。设计导眼井井深：2165.00m（垂深），导眼井完钻井深：2630.00m，完钻层位：下侏罗统自流井组大安寨段。水平井完钻井深：3850.00m，完钻层位：下侏罗统凉高山组（图 1）。

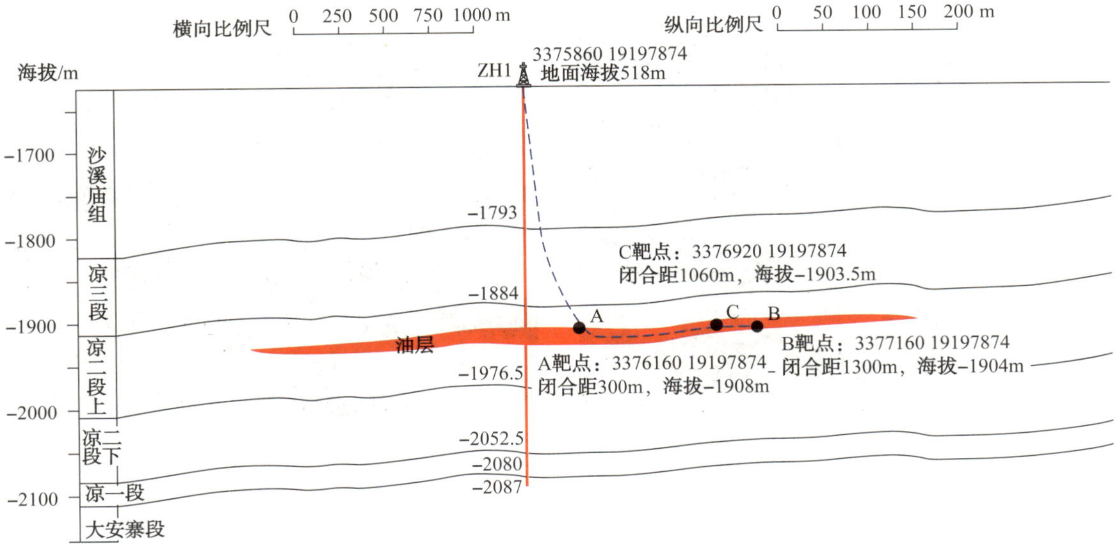

图 1　ZH1 井油藏剖面图

2 问题与难点

川东高陆褶皱带地区地质条件复杂，凉高山组砂岩与页岩交替变化，致密砂岩储层与页岩油气层同时存在，砂岩与页岩解释评价区别较大；凉高山组凉二段砂岩属于中孔低渗致密砂岩储层，尚未建立该区块正式碎屑岩储集层划分与评价的正式标准。

3 解释评价

3.1 矿物组分特征

根据 ZH1 井凉二段取芯段（2468.0~2486.0m）全岩分析统计，凉二段砂岩储层岩石类型较单一，主要为长石岩屑砂岩和石英砂岩，石英长石含量较高，石英（38.7%~62.7%）平均 50.5%，长石（18.5%~36%）平均 26.9%，黏土（8.1%~32.9%）平均 20.4%。黏土类型以绿泥石、伊蒙混层为主。

3.2 物性特征

3.2.1 凉二段砂岩物性特征

凉二段砂岩岩芯（2468.0~2486.0m）物性分析显示（图 2），孔隙度为 5.4%~13.6%，平均为 9.5%；渗透率一般为（0.151~0.364）$\times 10^{-3}\mu m^2$，平均为 $0.218\times 10^{-3}\mu m^2$，孔隙以小、中孔为主，为特低孔、特低渗储层，呈现出典型的致密砂岩特征。

从 ZH1 井岩芯铸体薄片可以看出，凉二段砂岩粒度整体偏细，主要为细 – 粉砂级，孔隙主要以原生孔隙为主，次生溶蚀孔隙少。微孔为粒间黏土内微孔（图 2）。

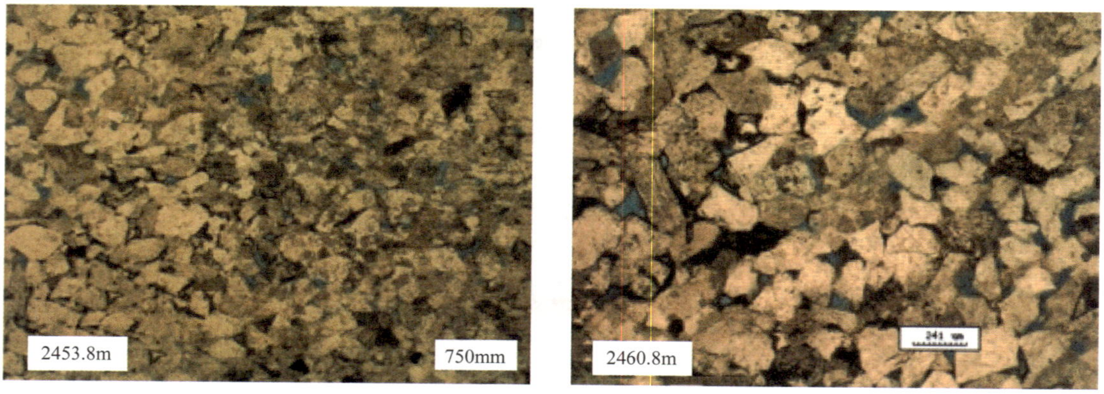

图 2 ZH1 井凉高山组凉二段实测孔隙度统计图

凉二段砂岩压汞曲线排驱压力高，最高可达到 2.46Pd，显示连通孔隙为较狭窄的喉道，喉道分选和孔隙结构较差。

3.2.2 孔隙度计算

孔隙度是反映储层物性特征的一个重要参数。准确计算孔隙度也是保证含水饱和度、渗透率等其他储层参数计算精度的前提。测井确定地层孔隙度的方法主要有常规三孔隙测井反演孔隙度与核磁孔隙度计算。

ZH1 井 2000~2630m 井段井眼均较规则，三孔隙度测井曲线质量相对较好，可以利用补偿中子与体积密度或补偿声波和体积密度组合计算孔隙度，本井用补偿声波、补偿中子及体积密度组合建立孔隙度计算模型如下：

$$POR=56.4949+0.1118\times AC-0.9885\times CNL-24.6375\times DEN$$

通过多曲线拟合的方法计算的孔隙度在本区块与岩芯分析孔隙度一致性较好，图 3 为根据统计关系式所计算储层孔隙度与岩芯孔隙度的对比图，通过对比发现，计算孔隙度参数模型是合理可行的。

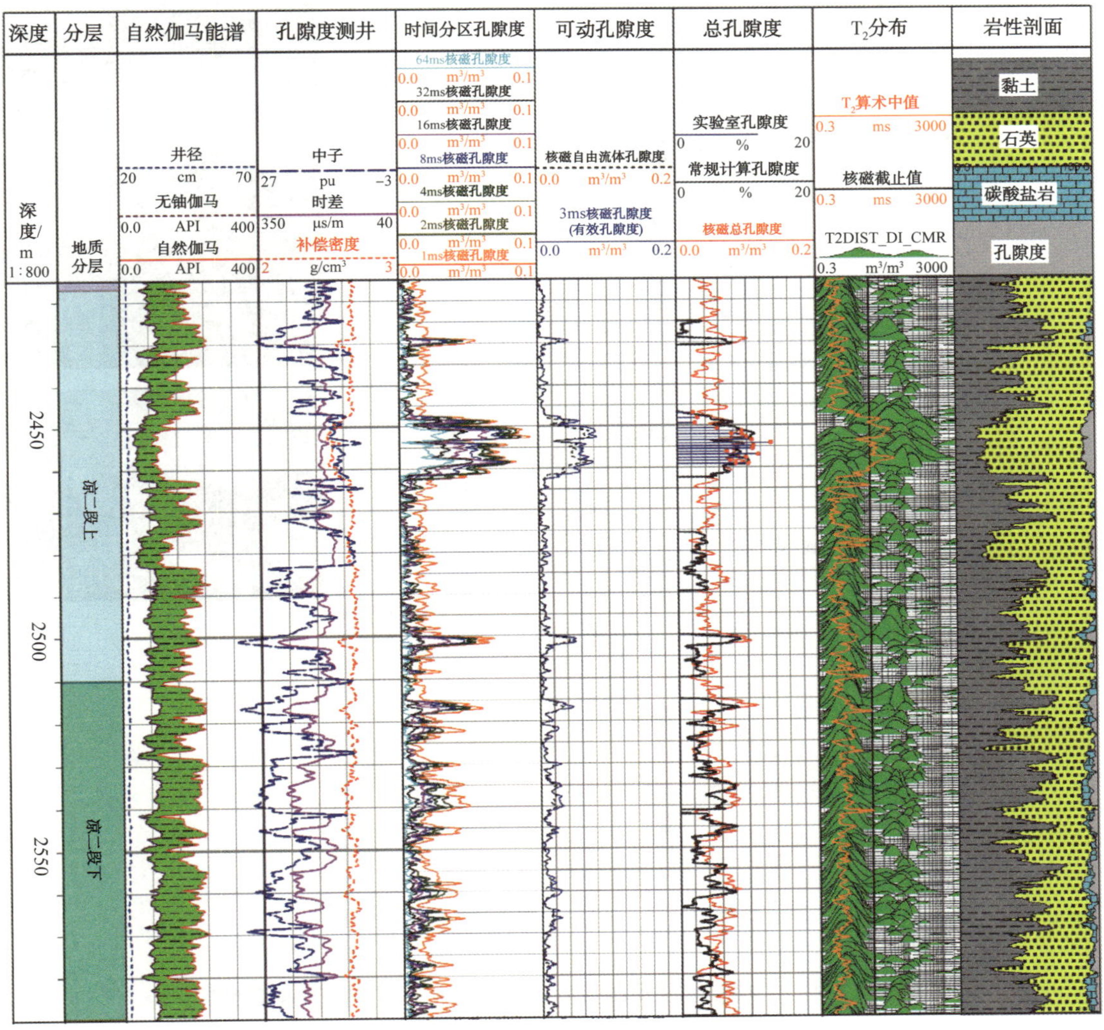

图 3　ZH1 井计算孔隙度、核磁孔隙度与岩芯分析孔隙度对比图

核磁测井，可以准确提供地层中孔隙度的大小，也可以提供与岩石的孔喉半径和孔隙结构有关的区间孔隙度。通过测井计算孔隙度、核磁孔隙度与岩芯分析孔隙度对比（图 3），核磁孔隙度与计算的孔隙度、实验结果吻合程度较高，也可以满足本区块评价孔隙的需要。

3.2.3 裂缝特征

ZH1 井致密砂岩未见明显的天然裂缝，岩芯可见中、细砂岩交错、平行层理（图 4），电成像致密砂岩段可见明暗相间的层理（图 5），显示砂岩层理缝的发育特征。

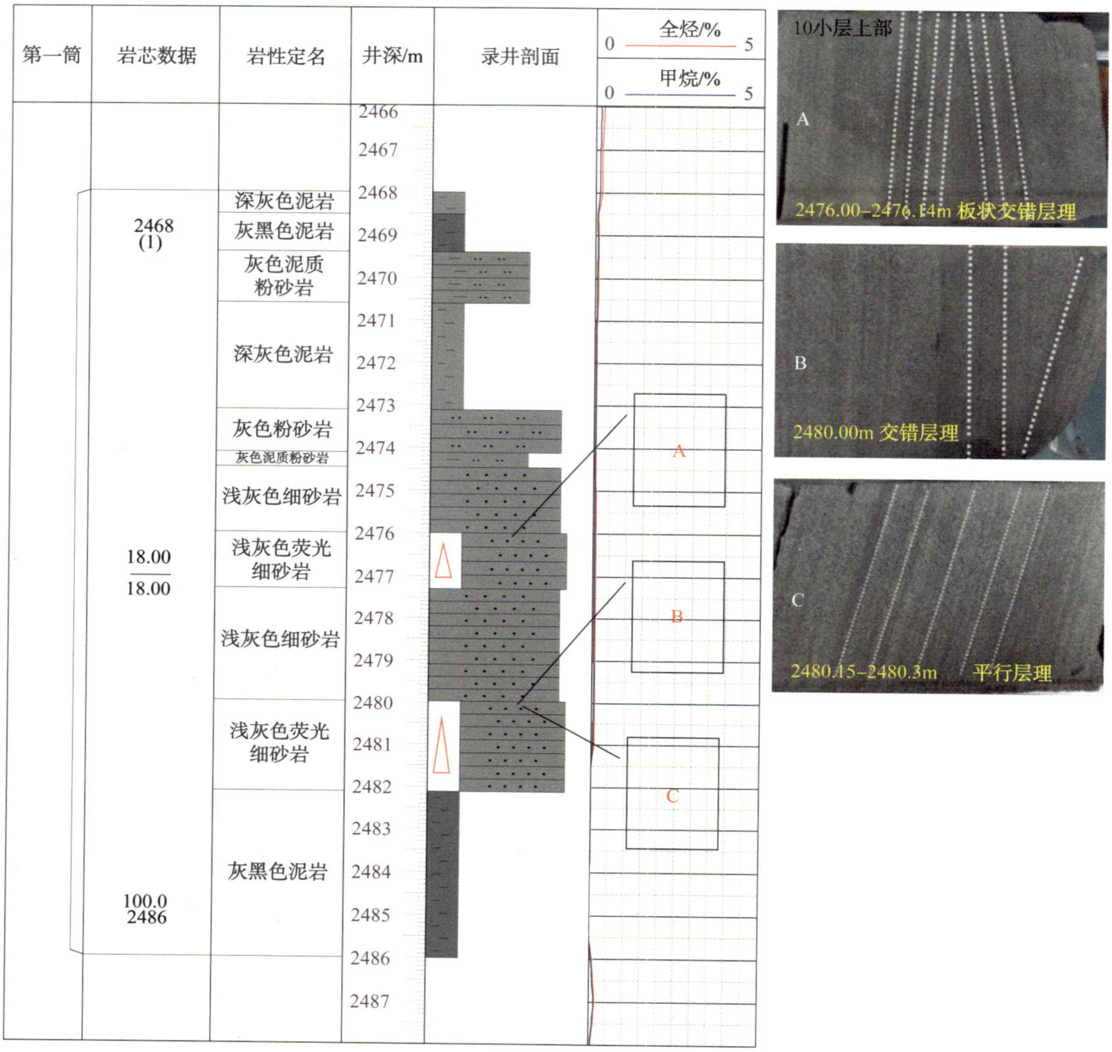

图 4 ZH1 井 2468.0~2486.0m 岩芯剖面图与对应的砂岩层理特征

3.3 地化特征

ZH1 井凉二下段 2500.2~2590.1m，为厚度约 90m 的页岩段，具有较好的生烃条件，为凉二段上段砂岩储层提供油气条件，因此对 ZH1 井凉二段下段的页岩烃源岩进行地化特征分析对本井致密砂岩分析有重要的作用。

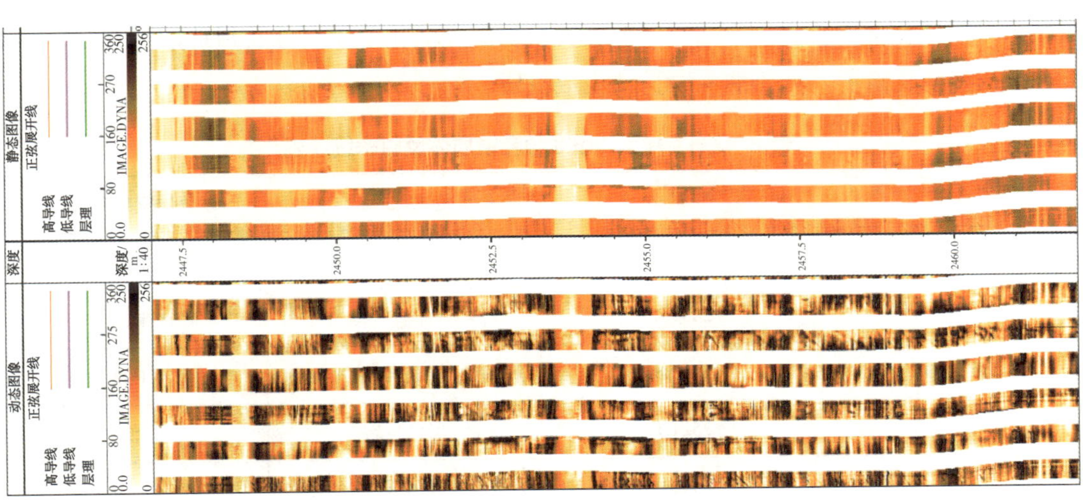

图 5 ZH1 井砂岩电成像层理特征

3.3.1 烃源岩有机质丰度

ZH1 井主要采用 TOC 对凉二段页岩的有机质丰度进行表征与评价。凉二下段泥页岩可分为上下两段，上段（2510.0~2547.0m）整体以灰黑色为主，TOC 在 2% 左右，下段（2547.0~2596.2m）以深灰色为主，TOC 在 1.0% 左右。凉二下段泥页岩实验室岩石热解 TOC 为 0.51%~3.63%，平均 1.48%；TOC 大于 1% 占比 68.6%，大于 2% 占比 23.5%；录井 TOC 测量为 0.26%~2.73%，平均 1.32%；TOC 大于 1% 占比 65.4%，大于 2% 占比 18.1%。

总体来看，ZH1 井凉二段泥页岩有机碳含量基本都在 0.5% 以上，大于 1% 的泥页岩厚度 58.1m，大于 2% 的泥页岩厚度 10m。上段：TOC 含量平均 1.77%，大于 0.5% 的泥页岩厚度 28.7m，大于 1% 的页岩厚度 27.8m，大于 2% 的页岩厚度 10m，属于好生油岩（见行业标准 SY/T 5735—1995《陆相烃源岩地球化学评价方法中陆相烃源岩有机质丰度评价标准》，表 1）；下段：TOC 含量平均 0.98%，大于 0.5% 的泥页岩厚度 41.1m，大于 1% 的页岩厚度 30.3m，大于 2% 的页岩厚度 0m，属于中等生油岩。

表 1 陆相烃源岩有机质丰度评价标准

指标	湖盆水体类型	非生油岩	生油岩类型			
			差	中等	好	最好
TOC/%	淡水－半咸水	＜ 0.4	0.4~0.6	＞ 0.6~1.0	＞ 1.0~2.0	＞ 2.0
	咸水－超咸水	＜ 0.2	0.2~0.4	＞ 0.4~0.6	＞ 0.6~0.8	＞ 0.8

3.3.2 有机质热演化程度

ZH1 井的烃源岩镜质体反射率统计表见表 2，凉高山组烃源岩热演化程度 1.28%~1.39%，平均 1.31%，低于东岳庙段 1.41%~2.09%，从行业标准 SY/T 5735—1995 陆相烃源岩地球化学评价方法中陆相烃源岩有机质成烃演化阶段划分及判别指标来看凉高山组进入成熟演化阶段，处于油－凝析油生成阶段。

表 2 ZH1 井凉二段烃源岩镜质体反射率统计表

层位	井深 /m	岩性	镜质体反射率 R_o/%
凉二上段	2470.44	泥岩	1.28
凉二上段	2499.40	泥岩	1.29
凉二上段	2501.80	泥岩	1.32
凉二下段	2521.17	黑色页岩	1.29
凉二下段	2540.08	黑色页岩	1.39
平均			1.31

3.3.3 有机碳含量测井计算

有机质（干酪根）具有特殊的物理性质，如它的导电性差、自然放射性强、密度接近于水的密度、属于轻组分、声波时差接近 550μs/m、含氢指数接近 67%。因此，对于生油岩，测井曲线具有自然伽马强度增加、密度减小、电阻率增大等特征。

基于生油岩在不同测井曲线上的响应，可利用自然伽马、自然伽马能谱、电阻率、密度及声波测井资料来评价生油岩，利用回归分析建立测井解释模型，计算有机碳 TOC、游离烃 S_1、热解烃 S_2、热解生烃潜量、镜质组反射率等反映生油岩丰度、成熟度的参数。

分别做 ZH1 井有机碳 TOC 与测井曲线的交会图，其中有机碳与声波曲线的相关性最好，补偿中子次之。有机碳和密度曲线相关性一般，和铀含量与地层电阻率曲线相关性差。

根据与岩芯数据对比 ZH1 井使用声波来定量计算有机碳含量。TOC 计算公式为：

$$TOC=0.0129\times AC-0.1982$$

图 6 为 ZH1 井取芯分析 TOC 含量与常规测井方法计算 TOC 含量及斯伦贝谢岩性扫描计算 TOC 含量的对比图，从图中分析可知，2380~2600m 岩芯分析 TOC 平均为 1.15%，测井计算 TOC 平均为 1.08%。岩芯分析 TOC 与测井计算 TOC 具有较好的一致性，大小基本吻合。

从 ZH1 井凉二下段页岩具有一定厚度，是最有利的生油带，泥页岩有机碳含量的变化范围为 0.26%~3.63%，有机质丰度一般大于 1.0%，普遍偏高，说明凉高山组烃源岩属于较好－中等烃源岩，且烃源岩处于成熟阶段，具有较好的生烃潜力，可为凉二上段提供油气资源。

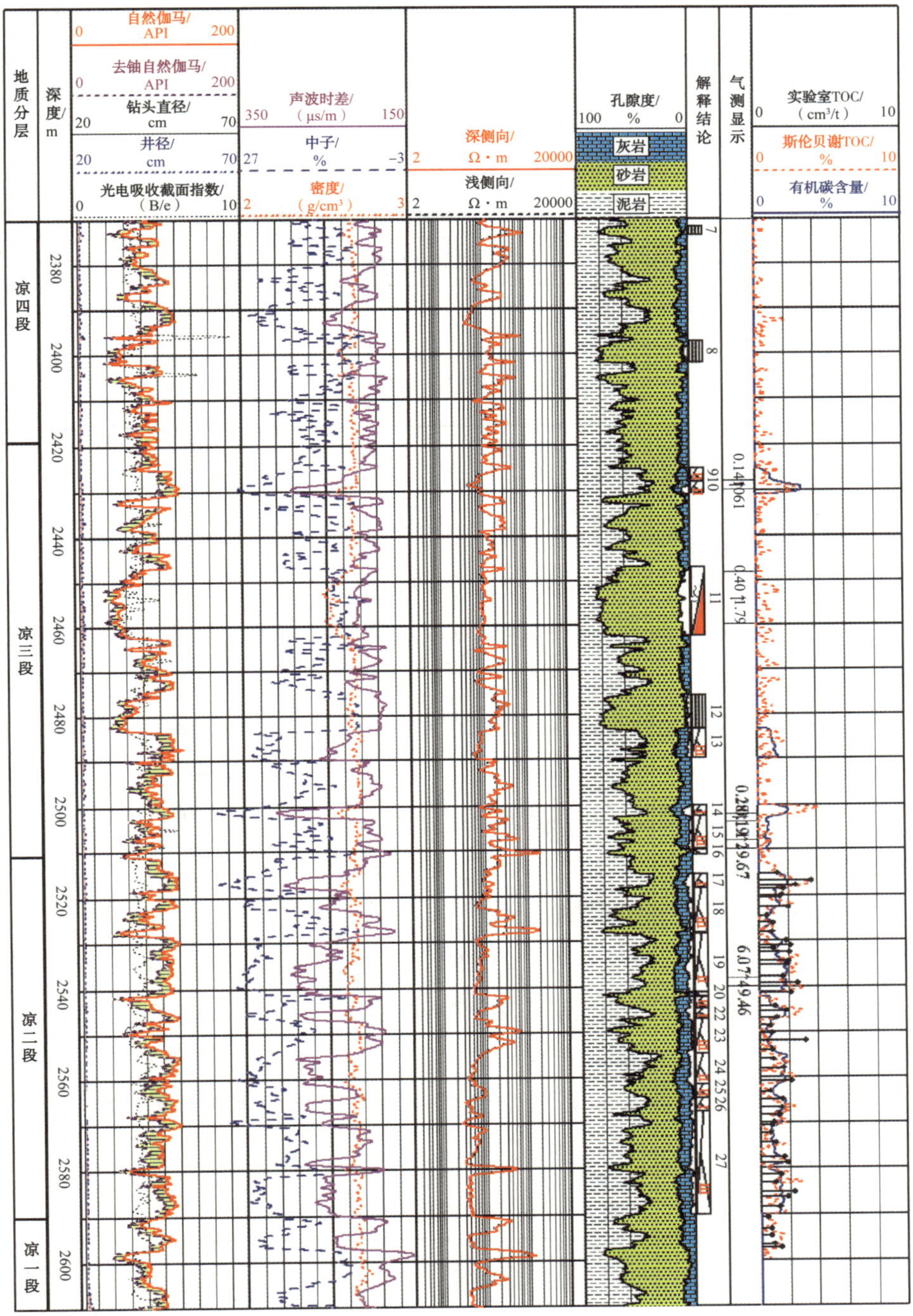

图 6 ZH1 井取芯分析 TOC 含量与测井计算 TOC 含量对比图

3.4 解释评价标准

针对四川盆地川东高陡褶皱带拔山寺向斜致密储层非均质性强、喉道分选及孔隙结构较差、邻近烃源岩等特点，采用核磁共振、电成像、岩性扫描等特殊测井技术评价了致密砂岩储层岩性、物性及烃源岩的地化特征参数，并在水平井中优化配置测录井项目，优选水平段穿行靶窗和压裂层段选取。按照 ZH1 井凉二段砂岩储层岩芯资料、测井资料与区域地质资料，建立了砂岩有效储层划分标准，并形成了红星地区陆相页岩气初步划分标准（表 3）。

表 3　红星地区陆相页岩气初步划分标准

级别＼参数	陆相页岩气层评价参数取值			
	总有机碳含量 /%	脆性矿物含量 /%	孔隙度 /%	总含气量 /（m^3/t）
Ⅰ类页岩气层	≥ 1.0	≥ 45	≥ 5.0	≥ 2.0
Ⅱ类页岩气层	0.7~1.0	38~45	3.0~5.0	1.0~2.0
Ⅲ类页岩气层	＜ 0.7	＜ 38	＜ 3.0	＜ 1.0

3.5　ZH1HF 水平井应用

3.5.1　ZH1HF 水平井轨迹归位分析

以导眼井 ZH1 凉二段砂岩油气层（2447.0~2462.5m）为箱体，钻探了 ZH1HF 水平井，对 ZH1HF 井水平段进行垂深校正后的地层厚度与地层真实厚度相差不大。在假定地层真实厚度基本不变的情况下，设计水平穿越 ZH1 井 2447.0~2462.5m 砂岩层，共 15.5m，划分为①～⑤小层。根据本井水平段对应目的层在测井曲线上一些明显特征控制点，寻找并计算出这些特征点对应在 ZH1 井中的深度位置，详细描述井眼轨迹在各个小层的穿行情况，并结合地震剖面进行局部调整，尽可能地还原地层的真实形态。图 7 可以看出 ZH1HF 井水平段地层对比分析，能很好地进行地层穿行的剖面绘制。

3.5.2　ZH1HF 水平井解释情况

按照 ZH1 井凉二段储层解释标准，ZH1HF 井共解释储层 29 层 1360.6m，其中，油气同层 13 层 1080.0m，Ⅲ类页岩油气层 1 层 17.8m，干层（含油气）13 层 152.0m，干层 12 层 110.8m。

结合测井解释成果数据与岩石力学参数对水平段进行了压裂分段，总共分 10 段（图 8、表 4）。

表 4　ZH1HF 井压裂分段统计

段号	井段 /m	段号	井段 /m
1	2583~2691	6	3274~3344
2	2691~2822	7	3344~3492
3	2822~3033	8	3492~3579
4	3033~3209	9	3579~3696
5	3209~3274	10	3696~3800

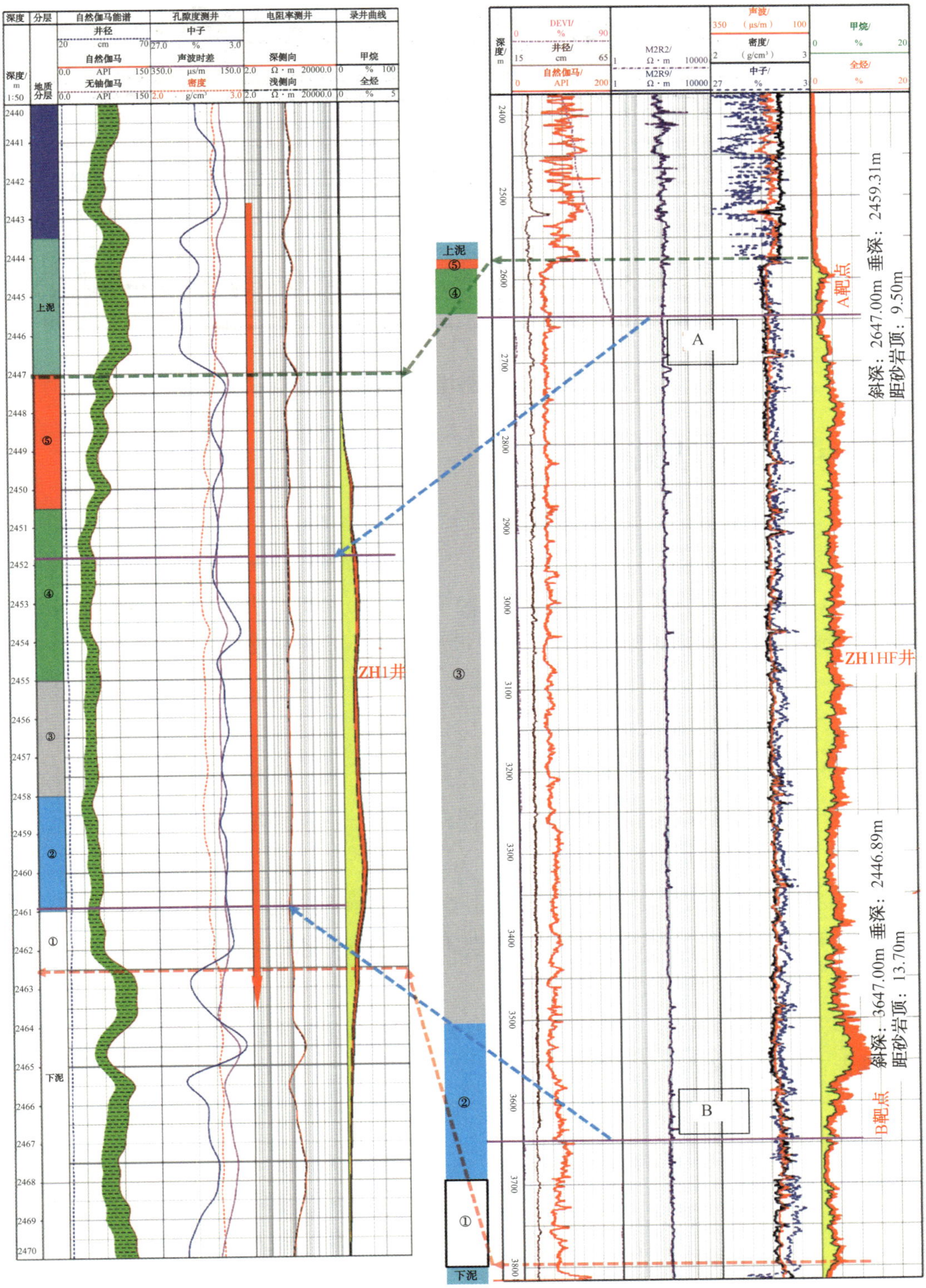

图 7　ZH1HF 井斜深与导眼井对比图

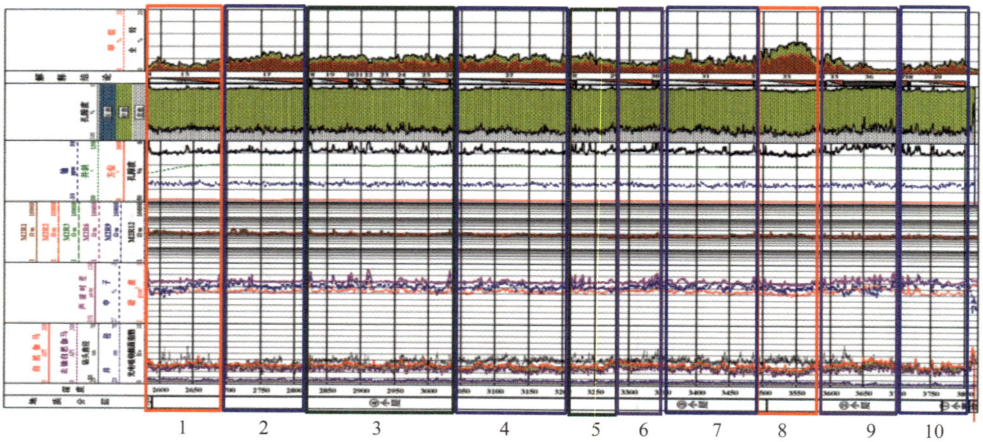

图 8 ZH1HF 井测井解释压裂分段图

4 试油（气）结果

ZH1HF 井水平段凉高山组凉二段砂岩油气层穿行率 100%，于 2021 年 2 月 7 日—20 日进行测试求产，完成了 3 个制度试气工作，选定 6mm 油嘴、20mm 孔板测试稳定生产数据为产量值，2 月 19 日 00：00—10：00，连续测试 10 小时，井口套压 1.82~1.84MPa，火焰高 4~5m，日产气量 $6.03\times10^4m^3$，见少量油，打开了该区致密砂岩储层勘探评价新局面。

5 结论与认识

（1）基于岩芯实验室分析化验资料，建立了岩性组合、孔隙度、有机碳等关键地质评价参数方法，实现了有利储集层识别；

（2）初步建立了以物性与电性组合的致密砂岩储层解释图版；

（3）加强致密砂岩储层含油性的主控因素研究，寻找致密砂岩储层与下部烃源岩之间关系，寻找二者之间最佳的开发层序特征；

（4）本井从导眼井成像、多极子阵列声波测井解释成果来看裂缝不发育，但层理较发育，层理发育情况对储层改造具有影响。

编写单位：江汉测录井分公司
编 写 人：李 芳
审 核 人：何浩然
审 定 人：叶应贵 何传亮

16 潜江凹陷 H20X-4 井湖相混积岩测录井综合解释评价

1 概况

H20X-4 井位于江汉盆地潜江凹陷潭口地区。钻探目的：①潜四下段页岩层系统取芯，落实潜四下页岩油勘探潜力。②获取潜四下段各项地质参数、地球物理资料及钻完井等工程资料，为工程工艺改造提供依据。目的层：主探潜江组潜四下段，兼探潜 3^4–10 韵律。设计井深：4590.00m（垂深），完钻井深：4624.00m，完钻层位：荆沙组。

混积岩储层是盐岩层相变的产物，相带窄、厚度大。潜江凹陷内的混积岩储层在潭口－代河地区、钟市地区、广华地区、蚌湖向斜等均有分布，其中潭口－代河地区潜江组具有优质的烃源岩段，潜 $3^{3下}$–3^4 油组混积岩形成了较好的储集空间进行原油运移与储存。

2022 年江汉油田勘探处组织对潭口地区潜 $3^{3下}$–3^4 油组混积岩储层 2127.00~2411.00m 进行老井复查，其中包含 H20X-4 井 10 韵律 2305.0~2313.0m 灰质砂岩储层，原解释干层经复查评价为油层并进行试油。

2 问题与难点

（1）储层分类评价难度大。根据实验室 X 衍射全岩数据显示，潭口地区潜 $3^{3下}$–3^4 油组混积岩主要有黏土矿物、石英、长石、方解石、白云石、钙芒硝、石膏等多种岩性，多变的矿物类型、多种孔隙空间类型、复杂的孔隙结构等因素耦合、叠加，导致了混积岩岩石物理响应特征复杂，对其认识不明确，依托测井资料进行储层分类评价的难度大。

（2）流体性质难以准确识别。储层电阻率测井响应特征差异小，不利于通过测井资料识别产层的流体性质，急需建立相应的混积岩储层流体性质识别方法，实现对混积岩储层流体性质的准确识别，助力以潭口地区混积岩为代表的强蒸发环境中形成的湖相混积岩类油气藏的开发。

3 解释评价

1. 沉积韵律分析

H20X-4 井位于钟潭断裂带的高陡构造上，区域井的潜 $3^{3下}$–3^4 油组相对稳定，将潜

$3^{3下}$–3^4 油组分为 1~11 个韵律，其中的 3^4 油组 10 韵律，具有优质的烃源岩，储层厚度较大，并且其上、下均为致密盐岩层封堵，纵向油气运移条件差，侧向因渗透性较好具有良好的输导能力，为混积岩储层最具代表的一个韵律。

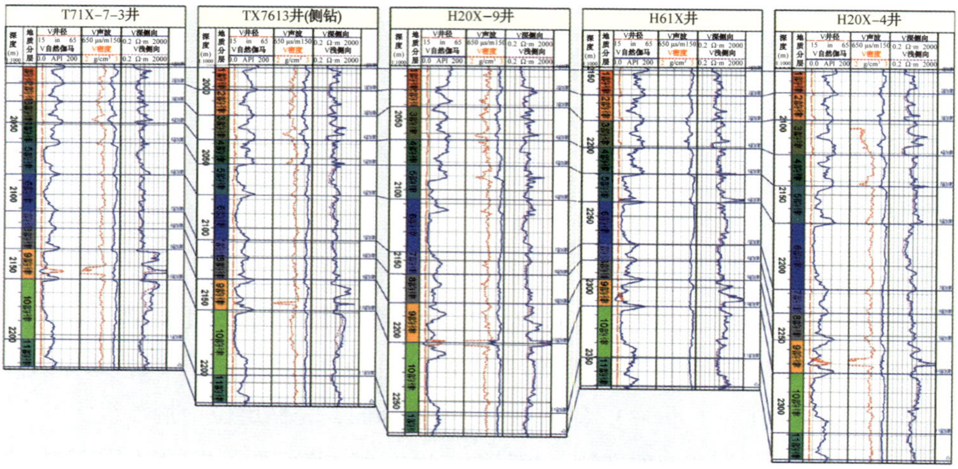

图 1　H20X-4 井 1~11 韵律邻井垂深对比图

图 1 为 H20X-4 井及其邻井的 1~11 个韵律垂深对比图，纵向上看 1~11 韵律形态较为相似，垂向厚度差异不大，顶部为一套泥岩盖层，1~4 韵律厚度相对较薄，自然伽马曲线呈“V”形变化，声波与密度曲线变化明显，电阻率曲线为相对高值；5~6 韵律具有一定厚度，部分井 5~6 韵律之间有盐层发育，自然伽马曲线呈“箱”形变化，声波与密度曲线变化相对较小，电阻率曲线为相对低值；8 韵律厚度相对较薄，自然伽马曲线呈“V”形变化，声波与密度曲线变化不明显，电阻率曲线为相对低值；9 韵律横向上均为盐岩加钙芒硝岩的特征，自然伽马曲线呈现明显低值，局部扩径，电阻率曲线呈现明显高值；10 韵律具有一定厚度，自然伽马曲线呈现“箱”形变化，声波与密度曲线变化相对较小，电阻率曲线为相对高值；11 韵律厚度相对较薄，自然伽马曲线呈现“V”形变化，声波与密度曲线变化不明显，电阻率曲线为相对低值；11 韵律底部为一套盐层。

2. 岩性识别

潭口地区潜 $3^{3下}$–3^4 油组混积岩岩性复杂，通过对关键井取芯井段岩芯资料的综合分析，确定组成岩石的各矿物成分含量，依据其矿物类型及含量多少，将研究区内岩性划分为四大类，分别是碳酸盐类矿物、陆源碎屑矿物、黏土矿物与膏盐类矿物。X 射线衍射全岩分析技术（XRD）能准确分析岩石样品进行矿物类型及含量判断，但受地层是否有取芯以及取样数量的限制，依靠实验分析手段难以建立连续的岩性剖面。测井资料可获得连续的地层信息，但混积岩储层矿物类型复杂、非均质性强，传统的岩性测井识别方法不能满足该类储层研究精度，需借助新的岩性识别方法，实现对混积岩复杂岩性储层矿物类型的识别及定量计算。

通过分析不同岩性的测井响应特征差异进行区分，遴选自然伽马、光电吸收截面指数、双侧向、声波、密度、中子等岩性敏感曲线划分岩性。对关键取芯井 H20X–4 井岩芯资料分析，潭口地区潜$3^{3下}$–3^{4}混积岩储层主要分为三种岩性：自然伽马相对低值，光电吸收截面指数相对高值的砂质碳酸岩；自然伽马相对低值 / 中值，光电吸收截面指数相对中值的含灰 / 云砂岩；自然伽马相对中值，光电吸收截面指数相对中值 / 高值的泥晶质碳酸盐岩。H20X–4 井试油层位存在砂质灰岩和含灰 / 云砂岩两种岩性（图 2）。

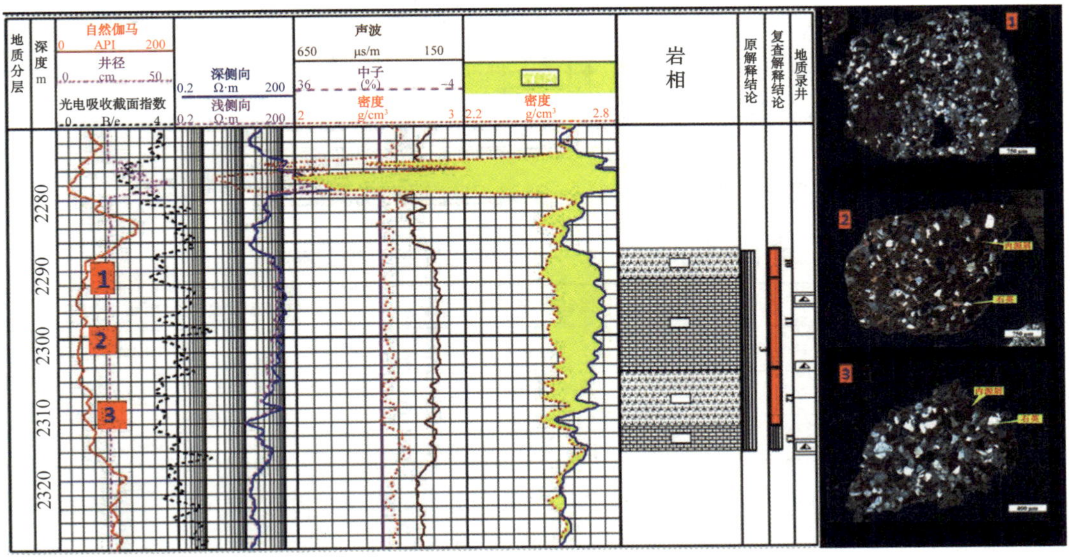

图 2　H20X–4 井储层对应岩性图

通过对关键井取芯井段测井响应特征与相同层位岩芯岩屑资料的综合分析，采取不同的研究方法识别岩性并加以区分，本研究区块储层岩性主要包含砂岩、泥岩、含灰 / 云砂岩、砂质碳酸盐岩以及泥晶质碳酸盐岩等。

（1）交会图分析法

岩性识别常用的方式为交会图法，主要反映两种或两种以上的测井响应参数与地质参数之间的关系。选取敏感曲线分别制作自然伽马 – 密度交会图、自然伽马 – 光电吸收截面指数交会图、密度 – 光电吸收截面指数交会图、声波 – 光电吸收截面指数交会图，确定潭口地区潜$3^{3下}$–3^{4}油组混积岩岩性识别标准。先将岩性分为三类即砂岩、泥岩、混积岩，用交会图法进行划分，识别出混积岩储层，再运用交会图法划分混积岩储层三大岩性。

图 3 是运用岩性识别图版识别砂岩、泥岩以及混积岩。砂岩的自然伽马在 50~85API，光电吸收截面指数在 1.8~3.14B/e；泥岩的自然伽马大于 100API，光电吸收截面指数大于 3.14B/e；混积岩的自然伽马在 30~80API，光电吸收截面指数在 3.14~5.08B/e（表 1）。

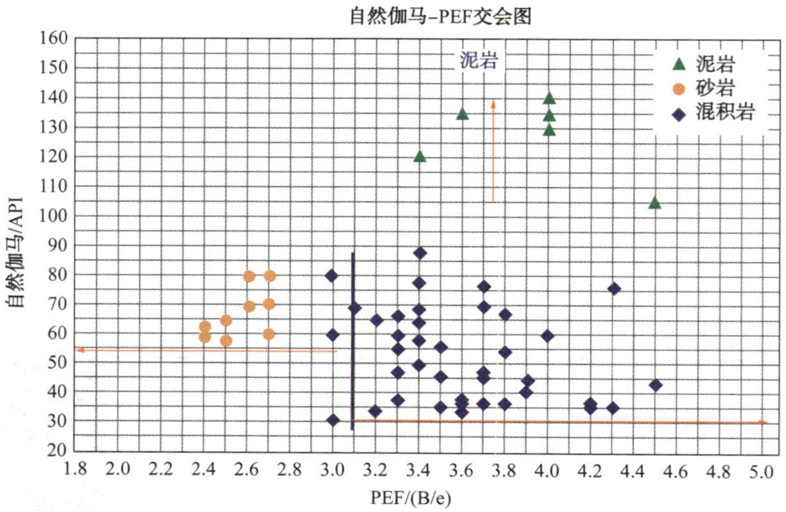

图 3　潭口地区潜 $3^{3下}$–3^4 油组储层岩性分类交会图

表 1　潭口地区潜 $3^{3下}$–3^4 油组储层岩性识别标准

岩性	自然伽马 /API	光电吸收截面指数 /（B/e）
砂岩	50~85	1.8~3.14
混积岩	30~80	3.14~5.08
泥岩	＞ 100	＞ 3.4

图 4、图 5 是运用岩性识别图版细分混积岩。混积岩主要由砂质灰岩、含灰 / 云砂岩、泥晶质碳酸盐岩组成。含灰 / 云砂岩的自然伽马 50~80API，光电吸收截面指数小于 3.2B/e，声波时差 190~230μs/m，密度 2.53~2.67g/cm^3；砂质灰岩的自然伽马小于 60API，光电吸收截面指数大于 3.5B/e，声波时差小于 215μs/m，密度 2.55~2.65g/cm^3；泥晶质碳酸盐岩的自然伽马大于 80API，光电吸收截面指数大于 3.5B/e，声波时差大于 210μs/m，密度 2.53~2.63g/cm^3（表 2）。

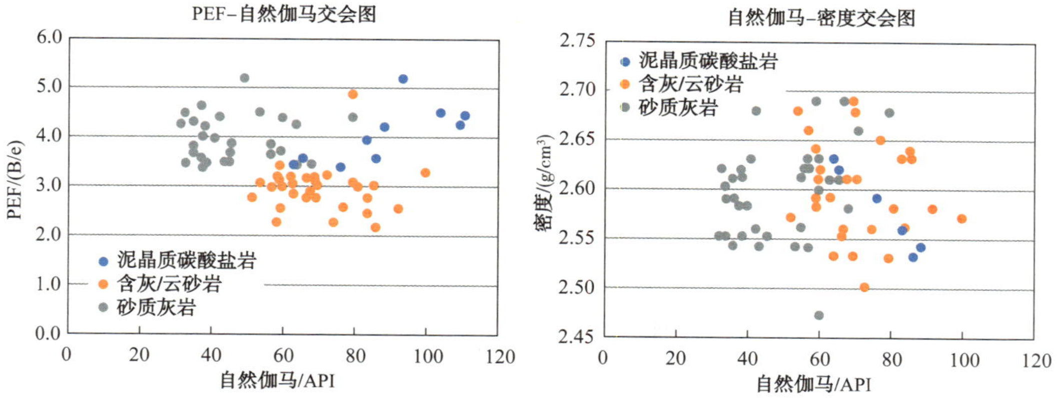

图 4　自然伽马 – 光电吸收截面指数、自然伽马 – 密度交会图

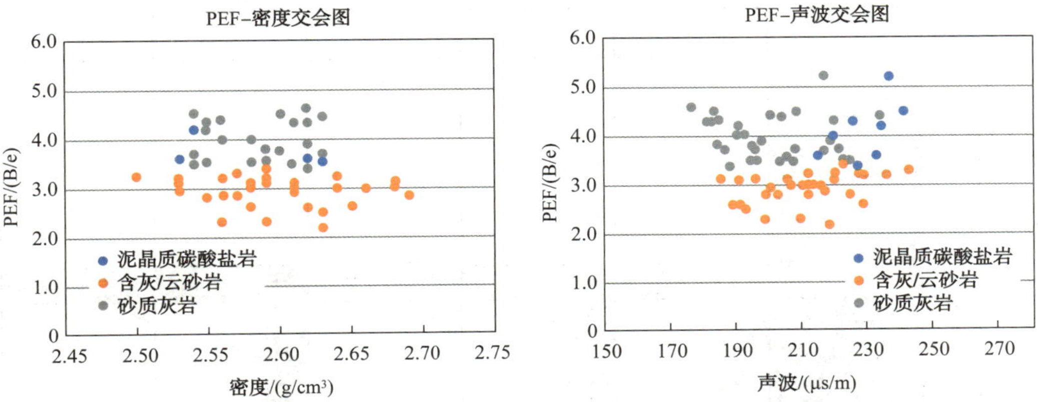

图 5　光电吸收截面指数 – 密度、光电吸收截面指数 – 声波交会图

表 2　潭口地区潜 $3^{3下}$–3^4 混积岩储层岩性识别标准

岩性	自然伽马（API）	声波时差（μs/m）	密度（g/cm³）	PEF（B/e）
砂质碳酸盐岩	＜ 60	＜ 215	2.55~2.65	＞ 3.5
含灰 / 云砂岩	50~80	190~230	2.53~2.67	＜ 3.2
泥晶质碳酸盐岩	＞ 80	＞ 210	2.53~2.63	＞ 3.5

（2）雷达图分析法

雷达图是一种数据表征技术，能够对多变量数据资料进行综合分析，适合于在二维平面上直观、形象地反映多个指标的变动规律，一条雷达图曲线正好可以表征一组测井相数据集。雷达图分析法就是一种相识别法的应用，通过建立标准井的测井相识别曲线集，运用曲线差异对比或面积法，来识别未知井段储层岩性、含油气性的解释技术。

通过自然伽马、光电吸收截面指数、声波时差、密度等曲线，制作潭口地区潜 $3^{3下}$–3^4 油组段雷达图识别岩性图（图 6）。泥晶质碳酸盐岩自然伽马离差值最大，其次是含灰 / 云砂岩（说明：图中自然伽马及电阻数值除以 10，声波数值除以 100）。

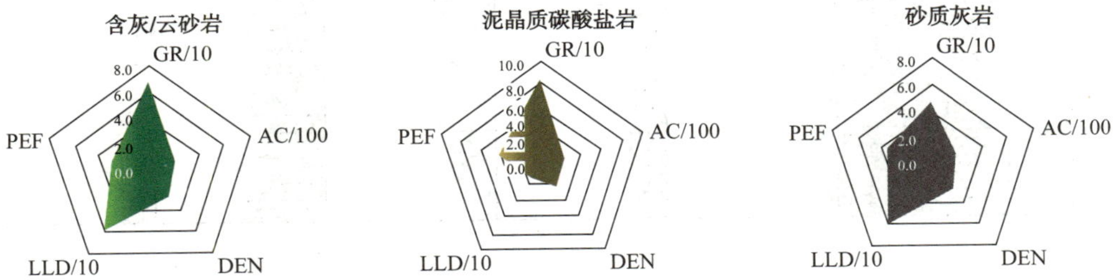

图 6　混积岩三种岩性雷达图

此外，岩性扫描测井可以实现地层岩性剖面的准确计算，图 7 为 H20X–4 井复查取得成效后，邻井采集的岩性扫描测井与 XRD 分析结果相比较，两种数据的变化趋势和数值大小均基本一致，吻合度较高，可以在纵向上连续划分出地层的岩性剖面。

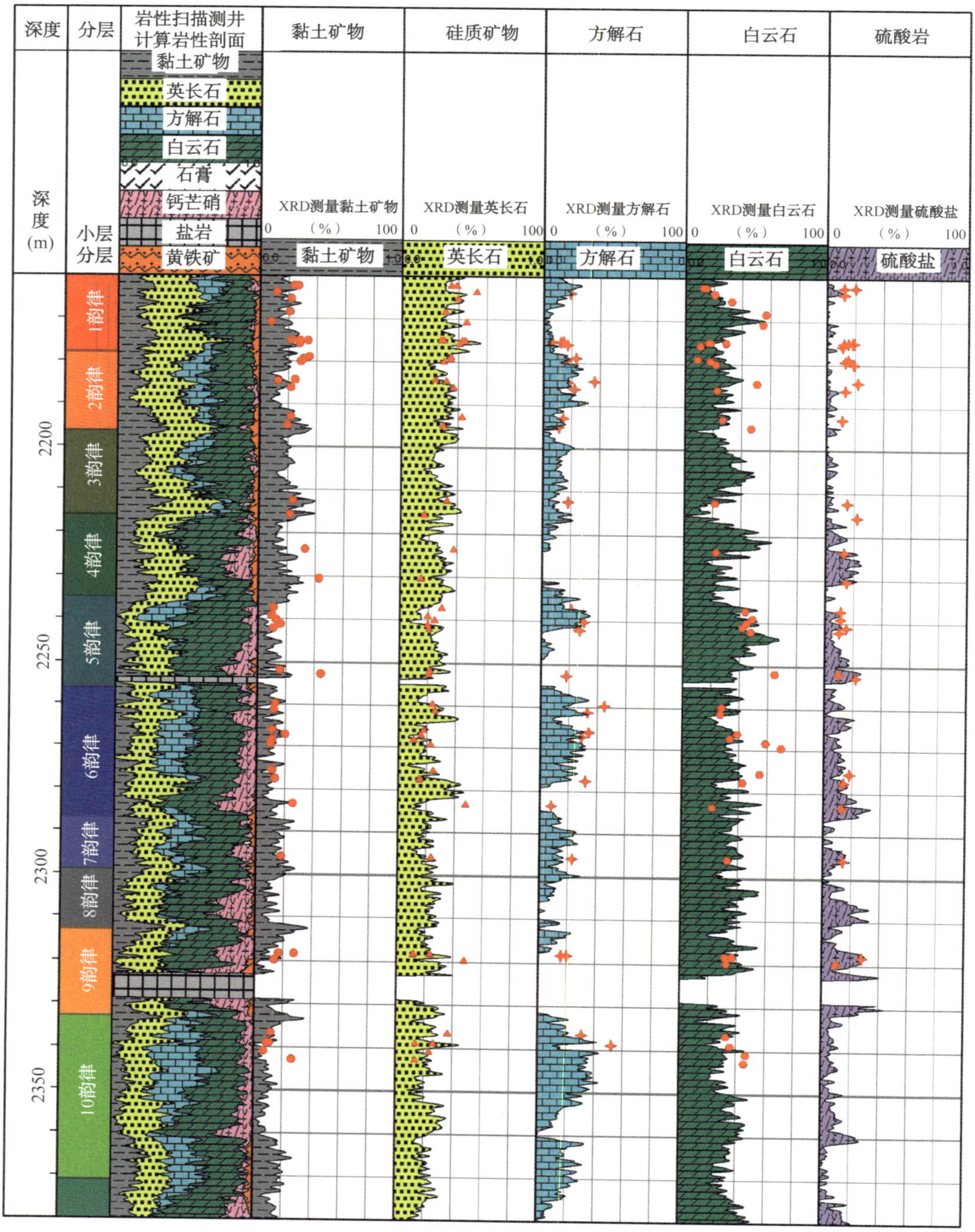

图 7　H61X 井岩性扫描测井与 XRD 分析结果对比图

3. 储层划分方法及标准

在此次老井复查研究过程中，因以前对潭口地区潜 $3^{3下}$–3^4 油组段岩性认识不足，发现潜 $3^{3下}$–3^4 油组存在储层未划分和储层错分现象。因此在二次解释过程中，应用关键井测井资料作地层对比，比照试油结果分析各井的“四性”关系，通过岩屑及测井资料，分析储层岩性特征，结合气测和录井显示，分析储层的含油性，综合分析岩性、物性和流体性质对测井响应特征的影响，通过自然伽马、光电吸收截面指数、双侧向、声波、密度、中子等曲线划分储层。一般分为以下几个步骤。

（1）排除纯泥岩：自然伽马极大值，自然电位无幅度差，光电吸收截面指数小于3.5B/e，对应的孔隙度曲线显示为高中子（中子一般呈现明显的极大值）、高声波、高密度测井特征，电阻率值较低；

（2）寻找自然伽马相对低值，光电吸收截面指数相对高值的砂质灰岩段，自然伽马相对低值 / 中值，光电吸收截面指数相对中值的含灰 / 云砂岩段，自然伽马相对中值，光电吸收截面指数相对中值 / 高值的泥晶质碳酸盐岩段；

（3）根据上述特征划分储层厚度，并根据声波、密度、中子等曲线计算的孔隙度大小划分储层级别。

4. 综合解释

对本井潜 $3^{3下}$ – 潜 3^{4} 油组 2127.0~2411.0m 储层进行测井二次解释，解释结果见图 8。

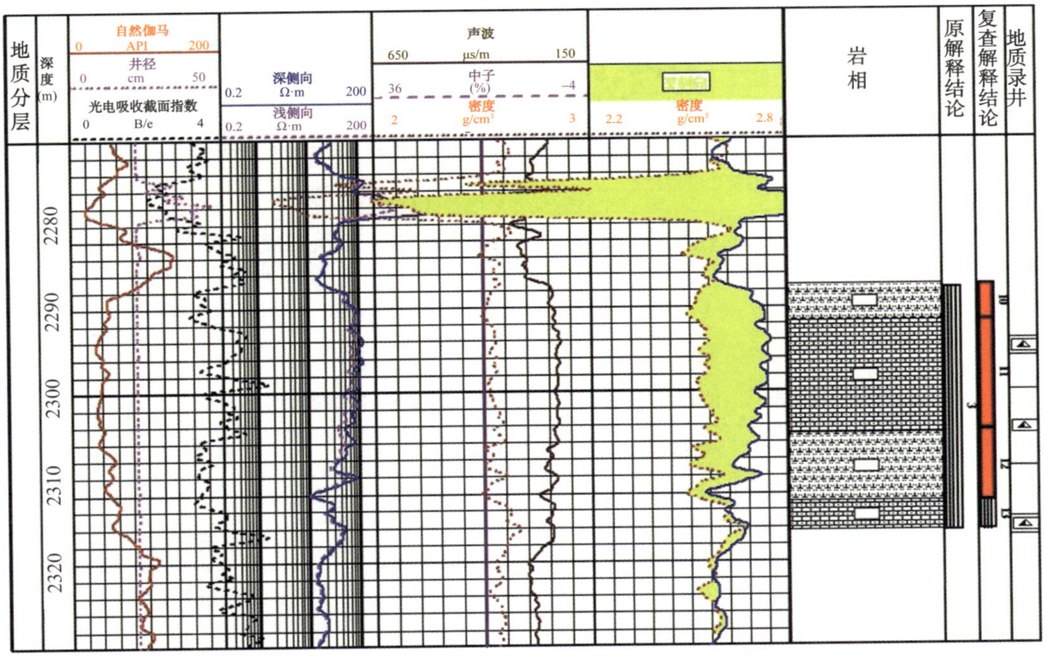

图 8 H20X-4 井二次解释对比图

目前，基于 H20X-4 井、H20X-10 井、T71X-7-5C 井等 8 口井的潜 $3^{3下}$–3^{4} 油组的试油数据，绘制了密度 – 深侧向及声波 – 深侧向的交会图识别油层、干层和水层（图 9、图 10）。

因为不同岩性储层在测井曲线上存在不同的测井响应特征，通过四性关系与测井响应规律，初步制订了潭口地区潜 $3^{3下}$ – 潜 3^{4} 油组段不同岩性储层的解释标准（表 3）。

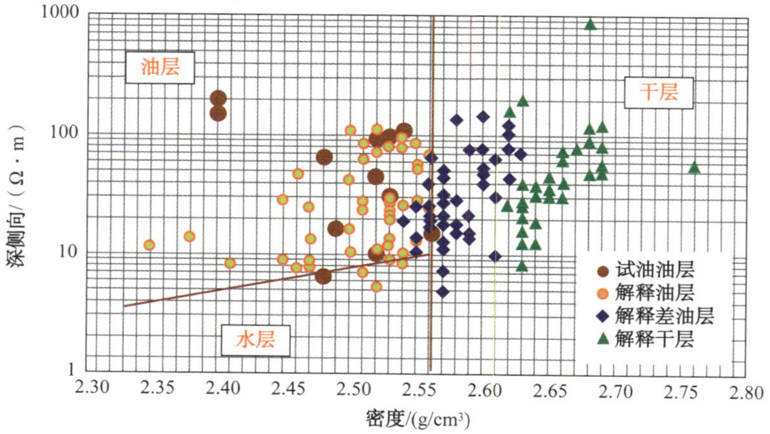

图 9　密度 – 深侧向交会图

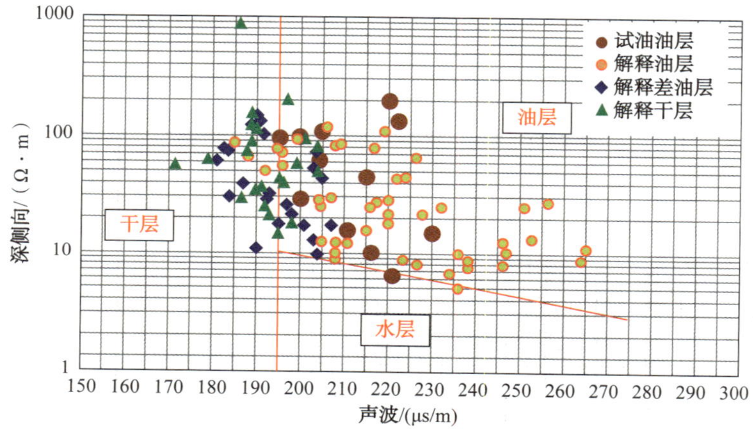

图 10　声波 – 深侧向交会图

表 3　潭口地区潜 $3^{3下}$–3^4 混积岩储层的解释标准

岩相	解释结论	密度 /（g/cm³）	声波时差 /（μs/m）	电阻率 /（Ω·m）	备注（参考井）
砂质灰岩	油层	＜ 2.6	≥ 180	—	H20–4、T71–5–5C 井的 10 韵律
	差油层	≈ 2.6		＞ 47	H202 井 6 韵律
	可疑层	＜ 2.6	≥ 200	≈ 10	H20–9 井 6 韵律
	干层	＞ 2.62		＞ 100	T71–1–6C 井 6 韵律
含灰 / 云砂岩	油层	＜ 2.56	≥ 200	＞ 6	T761C 井 5、6 韵律
	差油层	≈ 2.56			
	干层	＞ 2.60			
泥晶质碳酸盐岩	油层	＜ 2.6		＞ 6	H20–9 井 3^3 上部地层；泥质不能太重
	差油层	＜ 2.6			泥质比较重
	干层	＞ 2.62			

4 试油（气）结果

本井对潜 3^4 油组 10 韵律层进行试油，在 2300.0~2310.0m 井段进行复合酸压加砂压裂的措施，2022 年 10 月 10 日开始放喷测试，当日见油，10 月 21 日–10 月 22 日采用 3mm 油嘴控制放喷，获得日产油 26.22m^3 的高产工业油流，创出了混积岩新类型油藏的自喷产量新高，从而证实了潜江凹陷混积岩油气藏具有较大的潜力。

5 结论与认识

（1）研究成果提供的岩性图版能够快速识别岩性，指导混积岩储层进行储层划分。

（2）通过测井、录井和试油井资料，初步建立混积岩储层测井解释图版，用于潭口潜 3 下混积岩储层解释评价。

编写单位：江汉测录井分公司
编 写 人：许丹丹
审 核 人：何浩然
审 定 人：叶应贵　何传亮

17 川西南平缓构造带铁山－威远构造资阳斜坡预探井 DF5 井测录井综合解释评价

1 概况

DF5 井是中石化西南油气分公司部署在四川盆地川西南平缓构造带铁山－威远构造资阳斜坡的一口预探井，以三叠系须家河组五段、二段为主要目的层，兼探须六段、须四段；设计井深 2025.00m。该井于 2020 年 4 月 26 日钻至井深 2021.00m 完钻，层位：三叠系雷口坡组。

2 问题与难点

资阳地区须家河组处于三角洲前缘有利沉积相带，储层主要发育在水下分流河道微相，岩性以细、中粒岩屑砂岩、岩屑石英砂岩为主。该区河道砂体岩性变化多样、孔渗性差、非均质性强、横向变化大，储层类型多样、气水关系复杂。由于该矿权区整体位于大型平缓构造带的斜坡区，前期的探井在须五段都普遍含水，解释和测试结论都为气水同层或含气水层。本井目的层保存条件如何，能否成藏是地质家最为关心的问题，因此，本井解释评价最大的难点在于流体性质的识别。

3 解释评价

本井开展了综合录井，应用气测、钻井液、钻时等参数，在目的层须五段 1492.0~1526.8m 共解释出 3 层不同级别的油气显示层，井段分别为 1492.9~1506.0m、1509.7~1517.0m、1520.6~1526.8m，厚度分别为 13.1m、7.3m、6.2m，岩性为灰色细粒岩屑石英砂岩，钻时变化 2~8min/m，气测异常最明显时 $\sum C$ 2.956% ↑ 56.441%，C_1 1.601% ↑ 32.466%，钻井液性能：ρ1.45 ↓ 1.41g/cm^3，FV 50 ↑ 55s，岩芯氯离子 224~240ppm，出口电导 15.3~15.6ms/cm，出口温度 35.1~35.8℃，槽面最高见 30% 针尖状气泡；岩芯入水偶见针尖状气泡。录井解释为含气层、气层（图 1）。

针对须五段地层设计了常规综合、电成像以及二维核磁共振测井。常规曲线反映该层砂体厚度较大，岩性较纯，具有较好的储集空间；孔隙度曲线表明储层孔隙较发育，补偿中子曲线具有明显的“挖掘效应”，表明储层有一定的含气特征（图 2）。电成像及取芯显

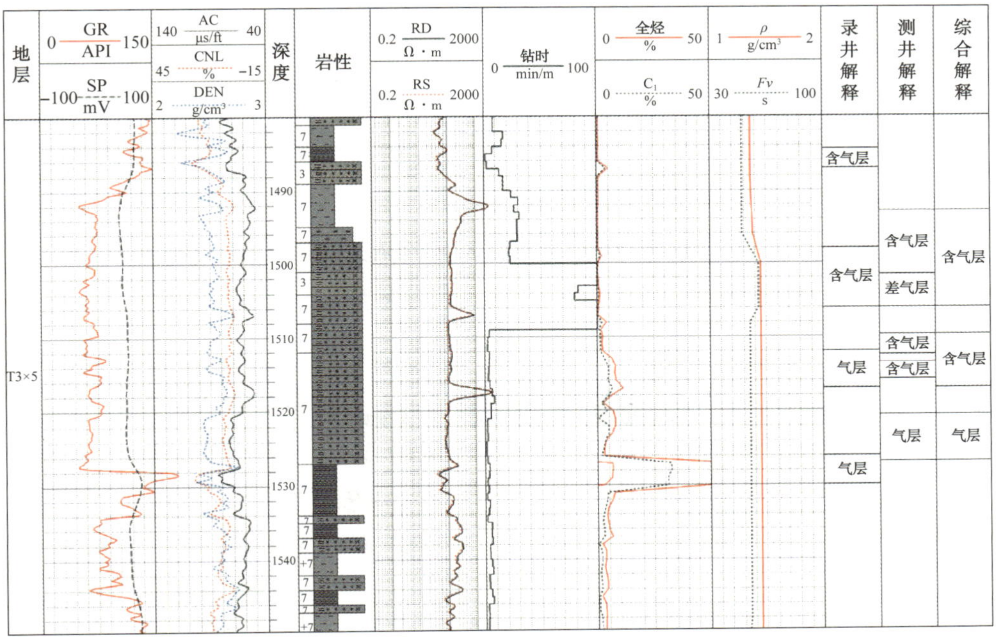

图 1　DF5 井须家河组五段测、录井曲线图

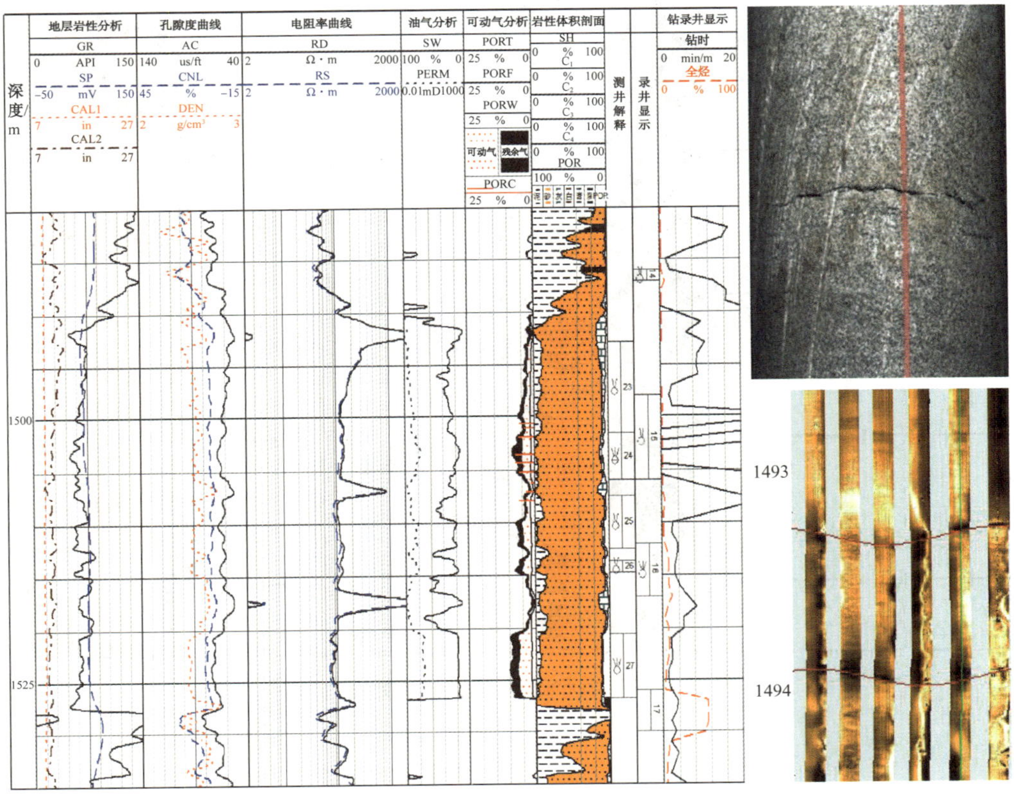

图 2　DF5 井须家河组五段测录井组合图

示裂缝不发育，仅发育一些平缝，属于孔隙性储层。但是在物性最好的 1520~1527m，补偿中子曲线测量值增大，三孔隙度曲线形态趋同，天然气的“挖掘效应”不突出，且电阻率具有一定程度降低，常规测井曲线呈现疑似含水特征。

通过二维核磁处理（图 3），成果指示束缚流体谱不发育，可动流体谱发育，谱信号位于中 – 大孔径区域，天然气谱发育且连续；T_2–T_1 二维交会图显示（图 4），天然气信号明显，有一定的轻烃信号，可动水信号不明显。分析认为该层无产水风险，以气为主，储层中的少量凝析油造成补偿中子曲线值略升高，综合解释该层为凝析气层。

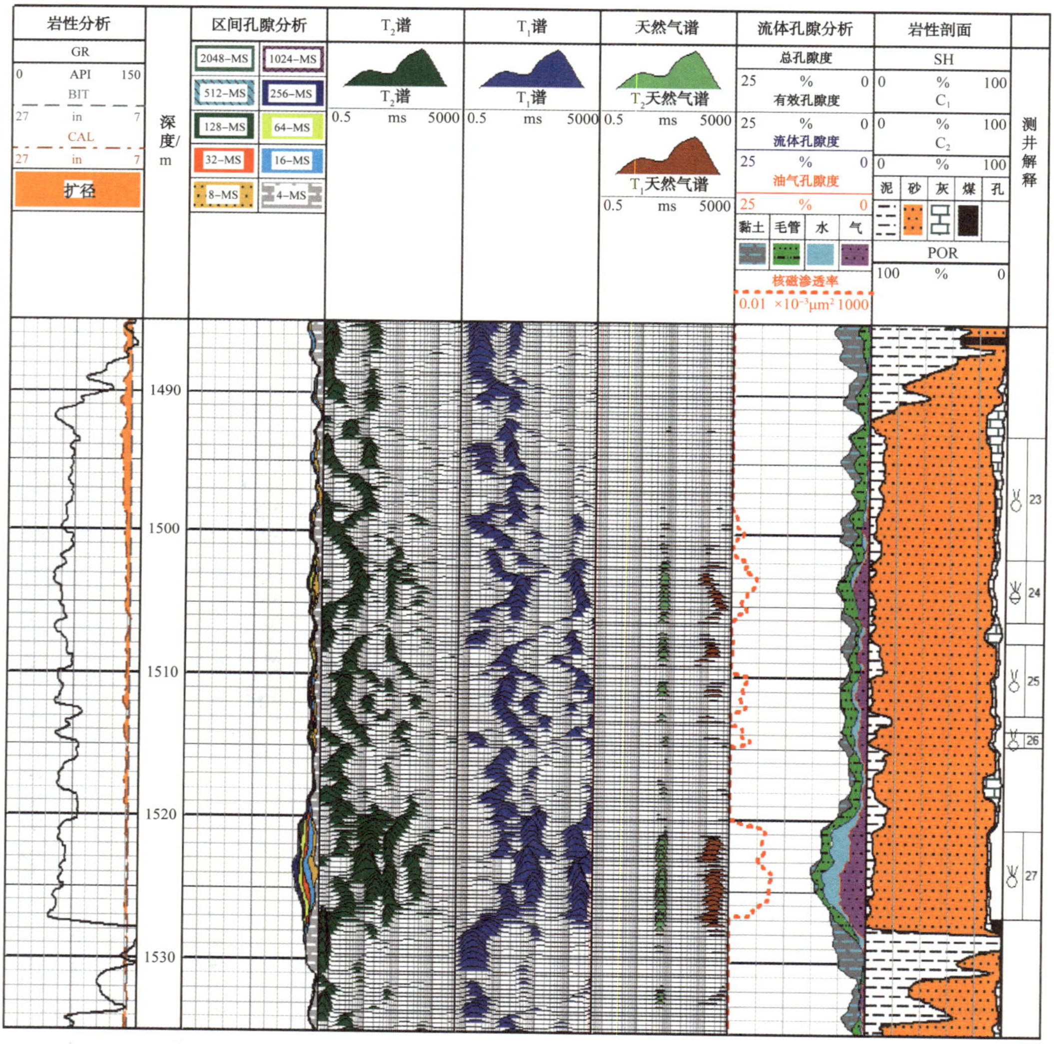

图 3　DF5 井须家河组五段核磁处理成果图

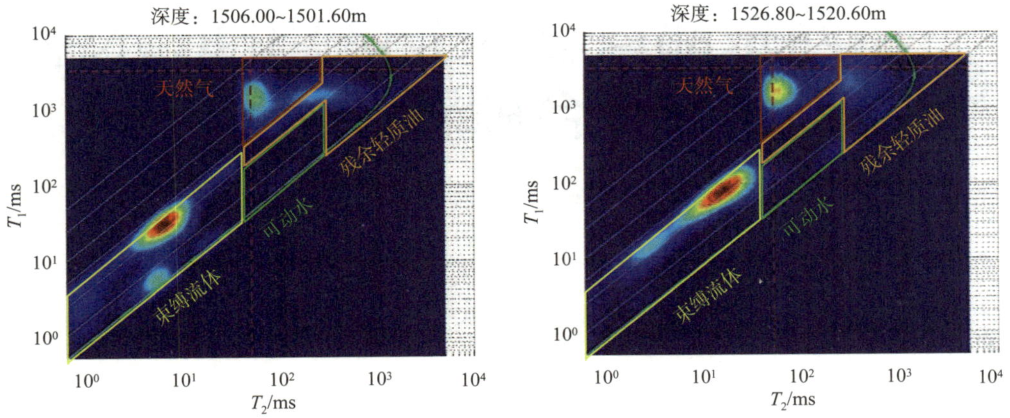

图 4　DF5 井须家河组五段二维核磁交会图

4　试油（气）结果

对须五段 1501~1526m 压裂测试获得天然气 $1.4 \times 10^4 m^3/d$，并见凝析油，与解释结论一致。

2020 年下半年，针对该层部署了 DF501HF 水平井，水平段 1714~2935m 测试获天然气产量 $21.67 \times 10^4 m^3/d$，无阻流量 $34.20 \times 10^4 m^3/d$，实现了东峰场构造的重大勘探突破。2021 年，资阳地区须五段新增预测储量 364.15 亿方，证实源内成藏体系具有良好勘探潜力。

5　结论与认识

（1）本井解释情况证实，常规录井资料对资阳斜坡带须家河组的油气检测效果灵敏有效，优质储层段气测显示明显。

（2）仅用常规测井曲线进行复杂储层流体性质解释，具有一定难度。通过开展二维核磁共振测井研究，建立孔隙结构、流体识别等评价方法，解决了本井致密油气藏油气识别和可动水评价难题，更加细致和全面地剖析储层特征，较好地支撑了致密储层的解释评价与测试选层，为探井决策提供了有力的技术支撑。

编写单位：西南测控公司
编 写 人：刘忠明　袁艳丽
审 核 人：王崇敬
审 定 人：葛　祥

18 川西东部斜坡 JSH318HF 水平井测录井综合解释评价

1 概况

JSH318HF 井是在四川盆地川西坳陷东部斜坡永太构造部署的一口评价井，主要目的层为上沙溪庙组 JS_3^{1-2} 砂组。变更设计井深 3854.44m、垂深 2760.00m、水平段长 916.00m，地理位置位于四川省德阳市中江县通济镇文桥村 4 组。2020 年 10 月 8 日钻至井深 3978.00m 完钻，层位：下沙溪庙组。

2 问题与难点

一是河道砂体非均质性强、横向变化大，地层界线岩电特征不明显，地质导向靶点预测和轨迹在优质储层内穿行难度大。二是由于工程安全风险，根据西南分公司开发 2020 第 53 号文件决定取消补偿中子测井。因中子测井项目取消，只凭借单声波曲线进行孔隙度和含气性的识别，难度较大。而本井计划采用多段多簇大规模体积压裂技术，需要准确评价储层参数为后续施工提供支撑。

3 解释评价

针对地质导向难题，本井制订了入窗前采用多井精细对比，精细建模，入窗后全天监控井况与轨迹，修正模型，根据实钻情况提供轨迹优化建议的技术措施。本井入窗前综合应用随钻 GR、岩性组合、气测特征，多信息准确预测靶点垂深，并提出了 2 次轨迹优化调整建议，保证轨迹顺利着陆；水平段充分应用好随钻测录信息，及时修正模型，实现了水平段长穿优质砂岩储层，含气砂岩钻遇率 100%（图 1）。

2020 年 9 月 6 日钻至井深 2606m 时，根据剑门关组底及实钻 JP_2^1 砂体与邻井 JSH220HF 对比，初步预测本井 JS_3^{1-2} 砂顶垂深 2765m 左右，与设计 JS_3^{1-2} 砂顶 2766m 相差不大；设计 A 靶点垂深 2777m（设计砂体厚度 24m，入砂 11m 着陆），而 JSH220HF 导眼井测井解释储层垂厚 13m，本井按邻井储层厚度保守预计 13m 厚，原设计入砂 11m 着陆可能偏深，建议进一步优化 A 靶点深度。经汇报甲方采纳建议于 9 月 7 日进行第一次轨迹优化，上调 A、B 靶垂深 15.00m（垂深 2760m），进入目的层含气砂体垂深 7m 着陆。9 月 10 日钻

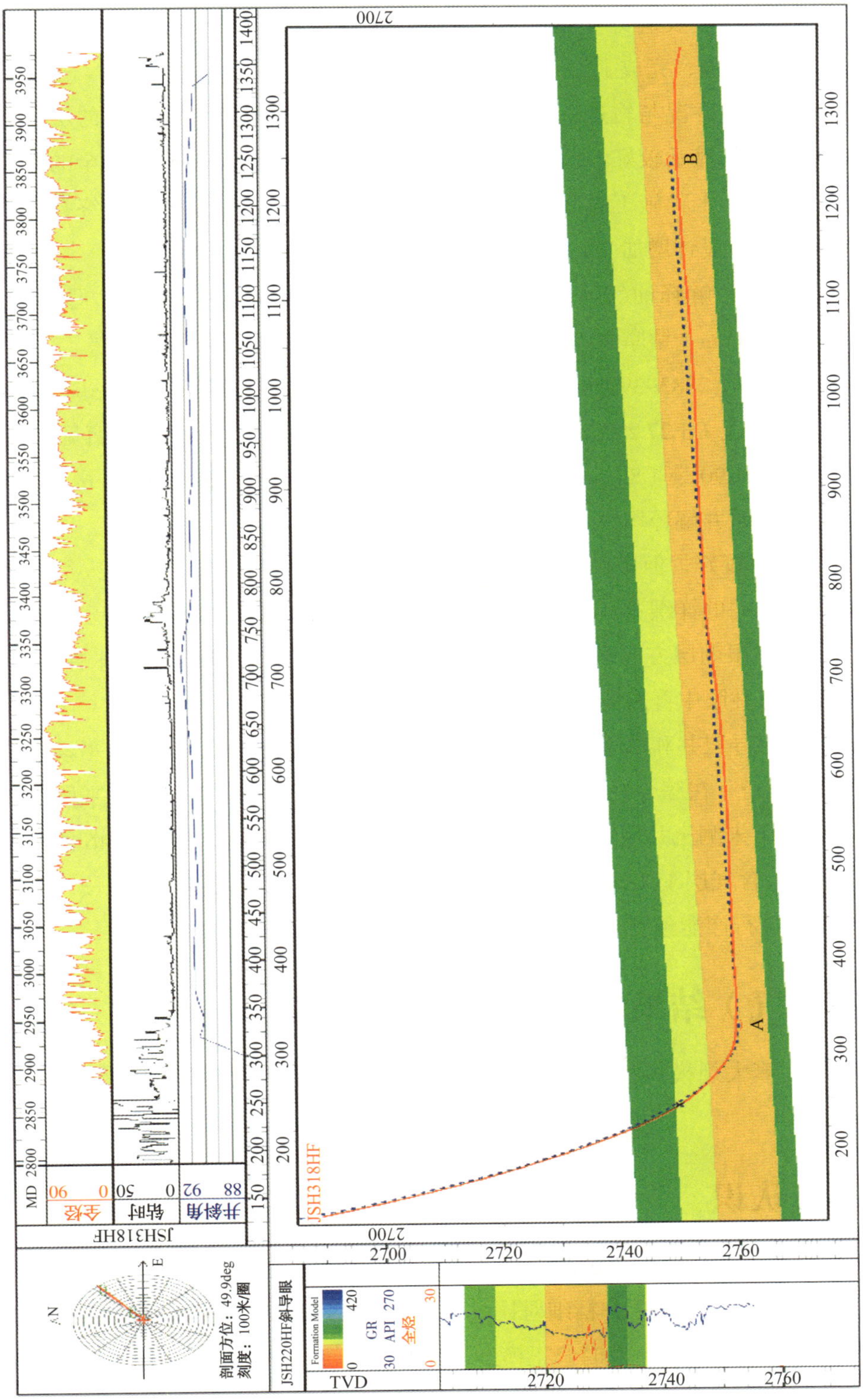

图 1　JSH318HF 井目的层地质模型图

至2704m，由于靶点提高，下部造斜率较大，为保证井身轨迹符合要求以及井眼轨迹的圆滑，结合工程造斜难度及避免轨迹复杂，向甲方提出A靶点垂深不大于2768m（防穿砂底）的建议并得以实施，完成了第二次轨迹优化。

水平段全天监控井况与轨迹，及时修正模型，确保本井轨迹一直在目的层砂体中穿行，轨迹平滑且油气显示较好。钻至设计井深3905m接甲方通知在确保安全的前提下稳斜加深钻进，后鉴于工程施工难度较大，井下易发生复杂情况钻至3978m终孔，加深井段气测显示良好，较设计增加73m优质储层。

采用气测录井，解释油气显示层8段，JS_3^{1-2}砂组2858.0~3978.0m（钻厚1120.0m），除顶部2858.0~2883.0m（钻厚25.0m）为微含气层外，其余1095.0m均为气层。

主要油气显示段2883~3978m，岩性为浅绿灰色中粒岩屑长石砂岩。钻时：2~36min/m；气测值高峰时∑Cn 27.299% ↑ 86.857%，C_1 21.457% ↑ 77.795%，槽面见50%针尖状气泡；钻井液ρ 1.90 ↓ 1.85g/cm^3，FV 61 ↑ 68s；出口电导41.6~42.5mS/cm，出口温度52.1~54.3℃。现场录井解释均为气层（图2）。

本井录井显示较好，但是声波曲线显示物性一般。测井解释前，研究人员梳理了工作区水平段声波测井的详细资料，并且调研了国内同行关于水平井声波测井资料的研究成果。得到水平井井眼顺层方向穿越砂体，与直井井眼垂直层理方向穿越砂体有较大不同，造成声波测值比直井眼中普遍偏低的认识。

通过多口井直导眼井和水平段同型号仪器的声波测值比较分析，本井水平段声波测值比直井偏低2~3μs/ft。在综合处理解释中，对声波测值进行了校正，最终水平段共解释储层858.9m/123段（未测至井底）：Ⅰ类气层98.3m/20段；Ⅱ类气层392.8m/46段；Ⅲ类气层253.6m/40段，含气层114.2m/17段，且含气丰度高（图3）。采用储层段长、孔隙度以及饱和度等参数进行产能预测，预测本井无阻流量为30×10^4m^3。

4 试油（气）结果

通过多段多簇大规模体积压裂技术，本井2905~3918m经加砂压裂获得天然气产量25.6×10^4m^3/d。

5 结论与认识

（1）气层录井识别油气层灵敏准确，为水平井测井解释提供重要参考。

（2）本井在造斜段采用多井精细对比，开展2次轨迹优化调整，保证轨迹顺利着陆，水平段全天监控井况与轨迹，及时修正模型，确保本井轨迹一直在目的层砂体中穿行，轨迹平滑且油气显示较好。

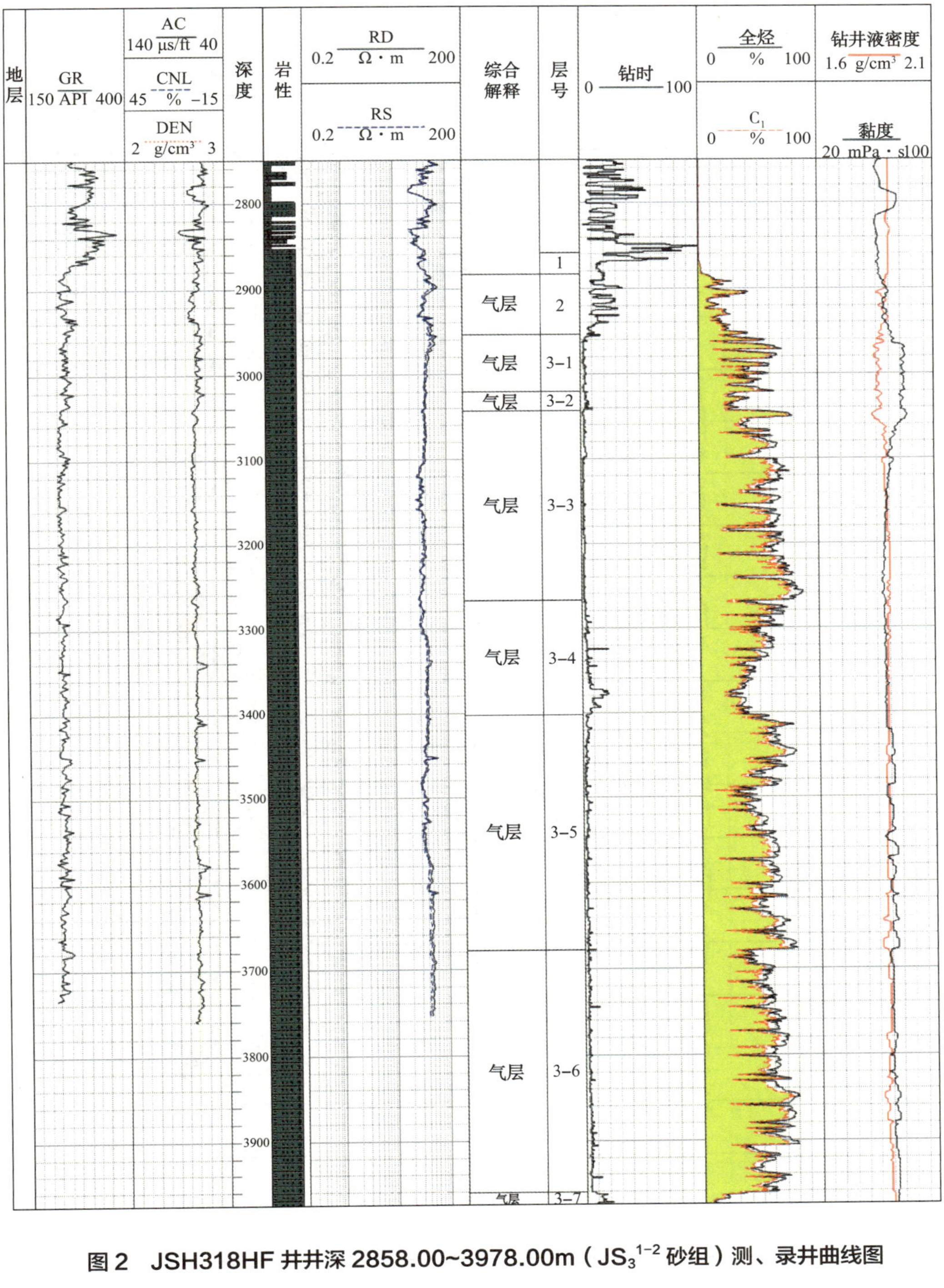

图 2　JSH318HF 井井深 2858.00~3978.00m（JS_3^{1-2} 砂组）测、录井曲线图

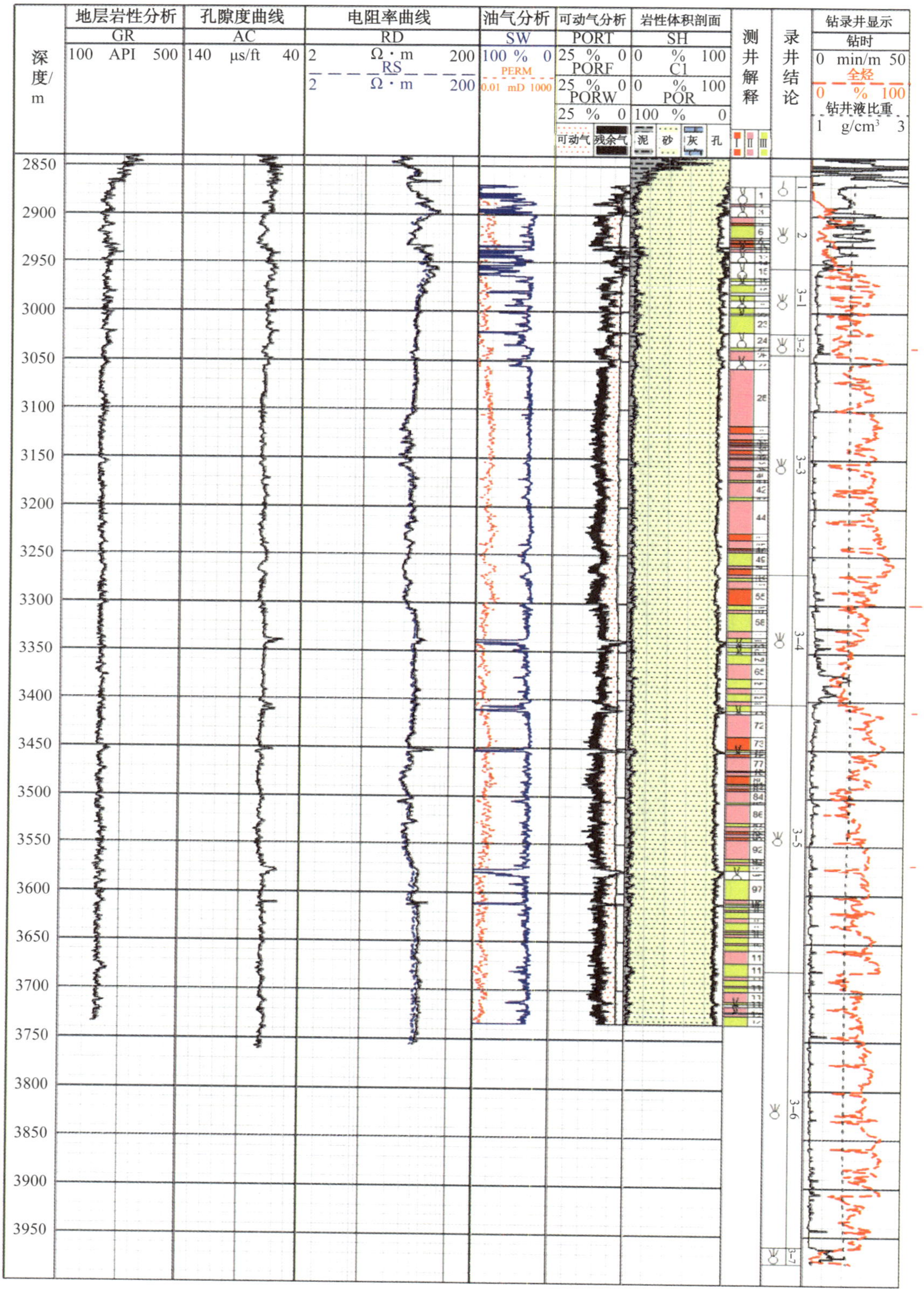

图 3 JSH318HF 井测井解释成果图

（3）对于本区上沙溪庙组 JS_3^{1-2} 砂组，在水平段测井过程中，由于井眼方向与砂体为顺层关系，通常造成水平段声波测值偏低，且偏低程度与储层岩性、物性、储层宏观和微观结构以及仪器类型有关。需要开展井区直井和水平段测井资料研究，提出合理的校正量，开展测井解释工作。

编写单位：西南测控公司
编 写 人：袁艳丽　刘忠明
审 核 人：王崇敬
审 定 人：葛　祥

19 川西东部斜坡 ZHJ20 井裂缝性气层测录井综合解释评价

1 概况

ZHJ20 井是部署在四川盆地川西坳陷东部斜坡回龙构造的一口预探井；主要目的层须家河组二段（简称须二段）TX_2^1 砂组、TX_2^3 砂组、TX_2^5 砂组，兼顾目的层须家河组四段（简称须四段）TX_4^3 砂组（根据与邻井对比分析，设计中的 TX_4^3 应为 TX_4^8 砂组）；设计井深 4483.00m；地理位置位于四川省德阳市中江县回龙镇长沟村 10 组。2021 年 3 月 3 日钻至井深 4432.00m 完钻，层位三叠系马鞍塘组。

2 问题与难点

本井主要目的层须二段，邻井资料少，河道砂体岩性变化多样、孔渗性差、非均质性强、横向变化大，储层类型多样。发育多套叠置砂体，气水关系复杂，加上裂缝发育，储层评价、流体识别难度大。

由于本井进行了多段储层合试，急需搞清楚地层产气与出水位置。

3 解释评价

目的层须二段现场录井气测显示较好，特别是须二段 TX_2^8 砂组钻遇裂缝性气层，气测值迅速上升并发生溢流。测井解释在 TX_2^1–TX_2^4 砂组主要解释为差气层、含气层（图 1）；TX_2^5、TX_2^6 砂组储层欠发育；TX_2^7 砂组明显含水（图 2）；TX_2^8、TX_2^9 砂组主要解释为含气层。

区域上须二段砂体发育，基质孔隙度一般，裂缝发育往往是高产井的特征。本井基质孔隙度与实验分析结果较为吻合，符合地层实际地质背景。TX_4^1–TX_4^2 砂组测井响应特征较为相似，即基质孔隙欠发育、裂缝欠发育，主要为少量低角度缝，地层视电阻率为 40~50Ω·m，已经接近区域上的气层电性下限 40Ω·m。通过核磁测井处理成果看，TX_4^1–TX_4^2 砂组整体上无可动水信息。因此 TX_4^1–TX_4^2 砂组解释结论以含气层和差气层为主。

TX_2^7 砂组电阻率最低不到 20Ω·m，含水特征明显，电成像静态图上呈显著暗色调，二维核磁交会成果图见可动水信号，因此解释为气水同层。

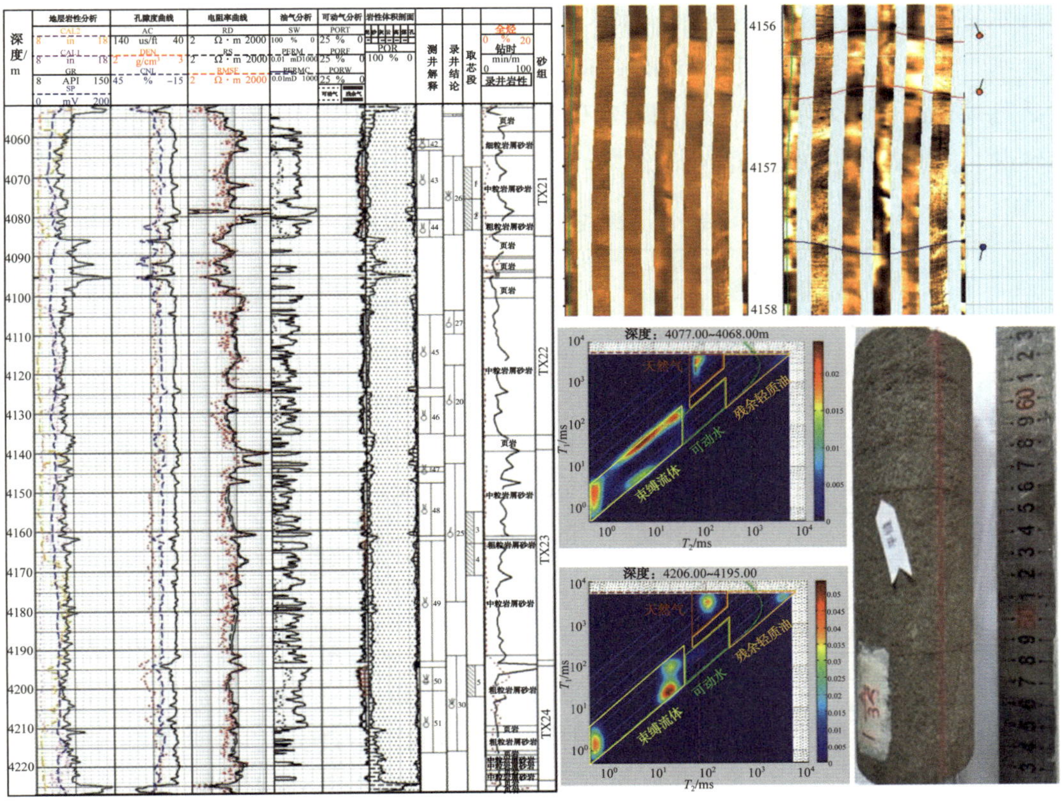

图 1　ZHJ20 井 TX_2^1–TX_2^4 砂组解释成果图

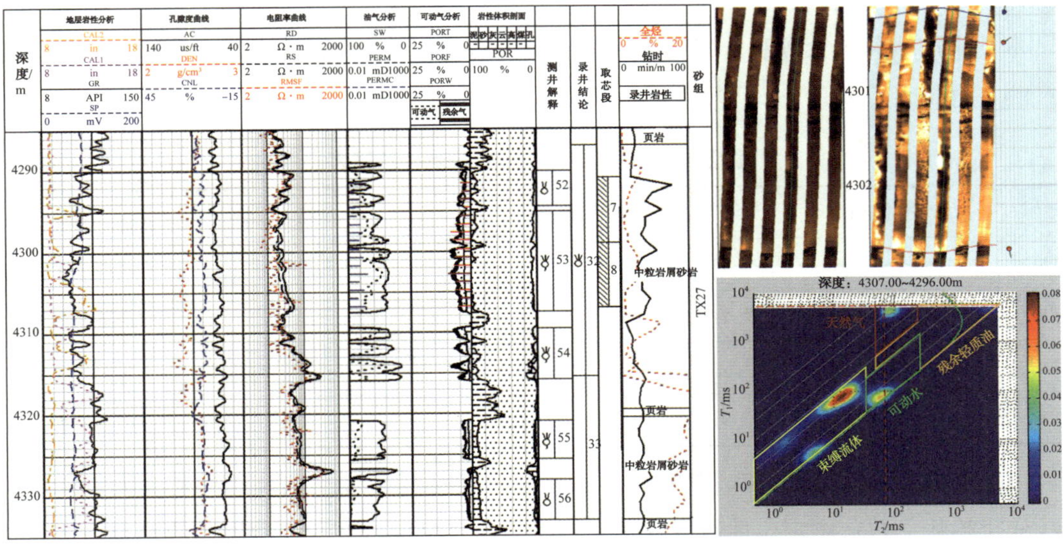

图 2　ZHJ20 井 TX_2^7 砂组解释成果图

本井测试分两回次进行（见表 1），TX_2^7+TX_2^9 砂组进行一回次测试，测试结果为天然气 $5.9\times10^4m^3/d$，产液 $153.6m^3/d$；TX_2^1–TX_2^4 砂组进行一回次测试，目前返排率 80%，具有含水特征。从测井和录井解释成果来看，储层下部 TX_2^7 砂组电阻率低于 20Ω·m，确定含水。产水是否只来自 TX_2^7 砂组，由于本井 TX_2^1–TX_2^9 砂体在纵向上连续发育，砂体间要么直接相连，要么为薄层泥岩相隔，在大段压裂的情况下，无法确定各个砂组的真实产液情况。因此，甲方决定加测生产测井。

表 1　ZHJ20 井须二段测试施工表

砂组	井段/m	簇数	施工压力/MPa	施工排量/m^3/min	入地液量/m^3	入地砂量/m^3	返排率/%	初期产量/（10^4m^3/d）
TX_2^1	4068.0~4085.0	2	94.0~108.0	10.0~12.0	1368.0	81.0	80.0	2.5
TX_2^2	4107.0~4115.0	2	93.0~111.0	8.0~12.0	1479.0	82.0		
	4128.0~4133.0	1	97.0~114.0	6.2~12.0	1316.0	42.0		
TX_2^3	4155.0~4175.0	3	92.0~110.0	10.0~12.0	1683.0	102.0		
TX_2^4	4195.0~4211.0	4	94.0~112.0	10.0~12.0	1493.0	80.0		
TX_2^7	4302.0~4324.0	3	101.0~116.0	1.0~8.7	2051.9	55.1	115.0	5.9
TX_2^9	4372.0~4377.0	1	84.0~120.0	0.5~10.0	1182.8	55.7		

测井目的是了解地层产出状况，确定主产气通道位置，为下一步制定合理的工作制度、开发方案调整提供依据。因此西南测控向甲方建议进行自喷井生产测井系列测井，通过 HRD–BⅡ型测井系统测井，获取井筒压力、温度、持水率、流量剖面。测量井段的选择方面，由于 TX_2^7+TX_2^9 在综合解释成果上已经明确为气水同层（图 2），因此仅对 TX_2^1–TX_2^4 砂组进行产气剖面测井。

本井生产测井施工顺利，资料准确可靠，搞清井下产液的实际情况，ZHJ20 井须二段生产测井解释表（表 2）。

表 2　ZHJ20 井须二段生产测井解释表

砂组	井段/m	解释结论	气产量/（10^4m^3/d）	水产量/（m^3/d）	结论
TX_2^1	4068.0~4071.0	含气层	0.3		次要产气层
TX_2^2	4112.5~4115.0	含气层		13.1	次要产水层
TX_2^3	4155.0~4158.0	含气层	1.3		主要产气层
TX_2^4	4195.0~4200.0	差气层	0.8	33.2	主要产水层

（1）4068.0~4071.0m（TX_2^1）井段：该井段自然伽马曲线与综合测井所测的自然伽马曲线变化趋势一致；磁定位曲线变化正常；压力曲线呈梯度变化；井温曲线略呈负异常现象，具有产气特征；微差井温曲线异常；流体密度基线无明显变化，响应为纯气特征；该段流量曲线略有变化，显示该层为次要产层。综合分析该井段产气，为次要产气层，解释软件处理结果产气 3000m^3/d（图 3）。

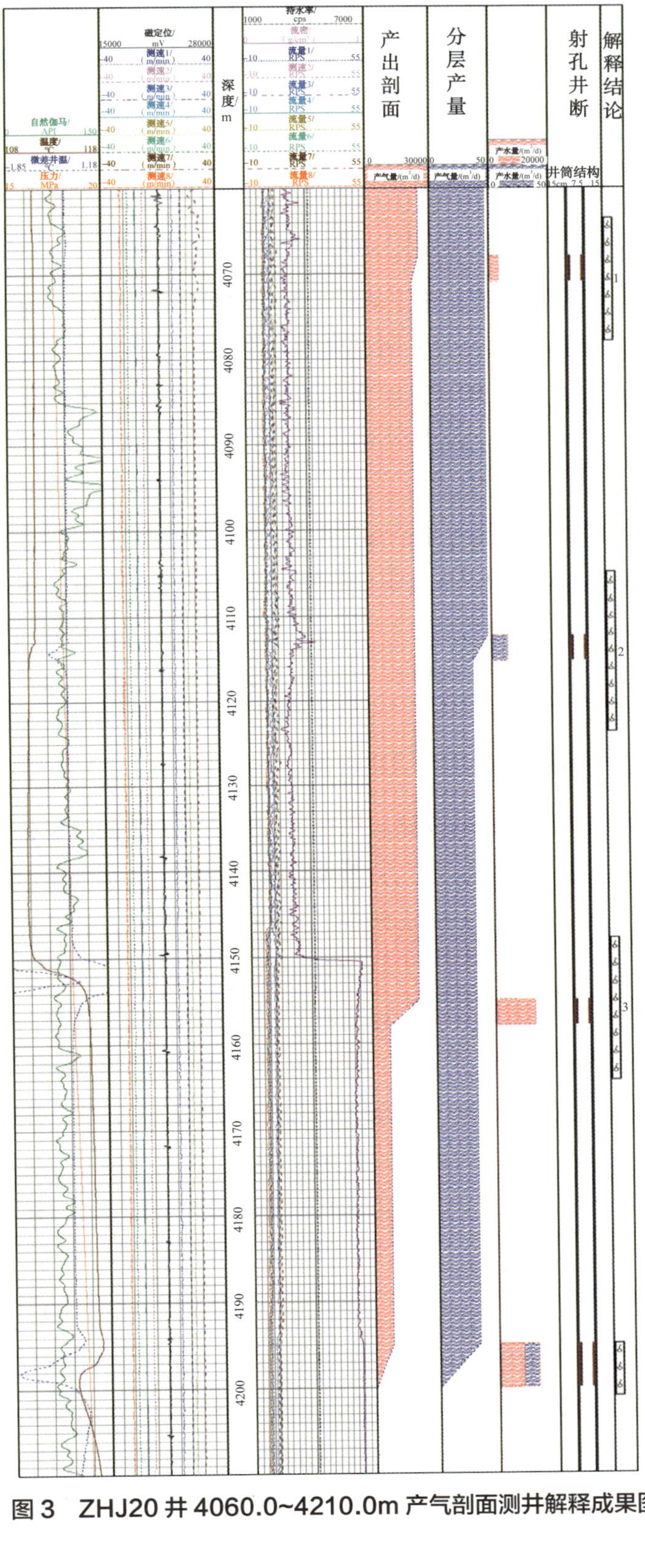

图 3　ZHJ20 井 4060.0~4210.0m 产气剖面测井解释成果图

（2）4112.5~4115.0m（TX_2^2）井段：该井段自然伽马曲线与综合测井所测的自然伽马曲线变化趋势一致；磁定位曲线变化正常；压力曲线呈梯度变化；井温曲线呈明显正异常现象，具有产水特征；微差井温曲线明显异常；产层流体密度明显增大，响应为纯水特征；该段流量曲线有较明显变化，为次要产水层。综合分析该井段产水，解释软件处理结果产水 13.1m^3/d（图 3）。

（3）4155.0~4158.0m（TX_2^3）井段：该井段自然伽马曲线与综合测井所测的自然伽马曲线变化趋势一致；磁定位曲线变化正常；压力曲线呈梯度变化；井温曲线呈明显负异常现象，具有产气特征；微差井温曲线明显异常；产层流体密度明显降低，响应为纯气特征；该段流量曲线明显变化，显示该层为主要产层。综合分析该井段产气，为主要产气层，解释软件处理结果产气 13300m^3/d（图 3）。

（4）4195.0~4200.0m（TX_2^4）井段：该井段自然伽马曲线与综合测井所测的自然伽马曲线变化趋势一致；磁定位曲线变化正常；压力曲线呈梯度变化；井温曲线呈明显正异常现象，具有产水特征；微差井温曲线明显异常；产层流体密度明显降低，响应为产气特征；该段流量曲线明显变化，显示该层为主要产气层。综合分析该井段气、水同产，为主要产水层，次要产气层，解释软件处理结果产气 8200m^3/d、产水 33.2m^3/d（图 3）。

4 试油（气）结果

根据生产测井的认识成果与前期储层综合评价结论有一定的矛盾，且产气、产水层互相叠置。从区域地质特征上分析，须二砂组成藏压力较低，气水分异不完全。地层水的分布同时受到构造、裂缝发育情况、储层物性、成岩作用等多种因素影响。

首先，二次分析 TX_2^1–TX_2^4 砂组测井曲线特征与解释成果，发现 4 个砂组岩性、物性以及测井响应特征存在明显差异。说明对于须二段各个砂组应进行分别建模、分别建立储层综合评价标准，前期单一的气层电性下限不符合不同砂组实际情况。其次，测井仪器探测距离较小，仅能反映井壁附近情况，当地层远端出现裂缝时，加上压裂改造，可能导致地层的高产，也可能因为裂缝沟通远端的封存水，因而出现与测井评价不一致的情况。因此今后对于该区域的测井评价，应加强区域地质特征研究与总结，并建议甲方对重点井补充声波远探测测井。

5 结论与认识

（1）须二段常规气测录井测值灵敏准确，为测井解释提供重要参考。

（2）在多套砂体联合测试或者水平段多段分簇式压裂的情况，地质研究人员无法了解各段实际生产情况。通过生产测井搞清楚各个井段实际产液情况，对提高工程认识、地质认识以及储量申报具有实际的意义，尤其是在地层产水不明确时更是如此。

（3）为准确识别地层远端裂缝，应补充声波远探测测井。

（4）须二段 TX_2^1–TX_2^4 砂组岩性、物性以及测井响应特征差异明显。为提高解释符合率，各个砂组应进行分别建模、分别建立储层综合评价标准。

编写单位：西南测控公司
编 写 人：刘忠明　袁艳丽
审 核 人：王崇敬
审 定 人：葛　祥

20 川西新场构造 X8–2 井氮气钻井条件录井解释评价

1 概况

X8–2 井是中国石油化工股份有限公司西南油气分公司在四川盆地川西坳陷新场构造部署的一口定向评价井，主要目的层为须二段上亚段 TX_2^2 砂组，兼顾中亚段 TX_2^4 砂组。设计井深 5328.00m、垂深 4995.00m，变更设计井深 5293.00m、垂深 4995.00m，实际完钻井深 4940.83m、垂深 4742.85m。本井于 2020 年 2 月 25 日开钻，2020 年 8 月 27 日（氮气钻）钻至井深 4940.83m 获产提前完钻，完钻层位为三叠系上统须家河组二段。本井在井深 4905.50~4940.83m 为氮气钻井特殊录井。

2 问题与难点

本井目的层须二段储层属超低孔、超低渗型致密砂岩储层，需要及时发现和有效保护油气层。氮气钻井是以氮气作为钻井循环介质的一种欠平衡钻完井方式，与常规钻井不同，可有效避免储层污染。氮气钻录井面临岩屑呈粉末状，岩性识别不准，出口管为岩屑与气体的混合体，气体分离困难，环空流速大气测解释难。

3 解释评价

本井在须二段 4905.50~4940.83m 实施了氮气钻井，氮气钻井井段岩屑呈粉末状，岩性识别困难。通过不同元素曲线组合特征来进行岩性识别。根据元素录井图分析，本井自 4900m 开始 P、S、Cl、Ba 元素从（尖峰状）高值显著减小，Si 元素开始增大，说明已从须三段含煤地层进入须二段砂岩段；顶部钙质含量高为致密层，4905~4920m Ca 元素含量 5.62%，自 4920m 开始 Si 元素含量升高，Ca 元素降低至 2.79%，气测值开始升高，说明地层岩性石英含量升高，储层物性与含气性有变好的趋势（图 1）。

在排砂管线采集气样时，由于固体气体混合，地层出水时甚至是固液气三相混合，如果没有对气体样品有效净化，将对检测设备造成严重损害。排砂管气体样品净化装置结构示意见图 2。井口带压气体通过气样净化装置的“三重净化”后，实现连续、干燥、无尘的气体进入气体参数检测系统和综合录井色谱仪。

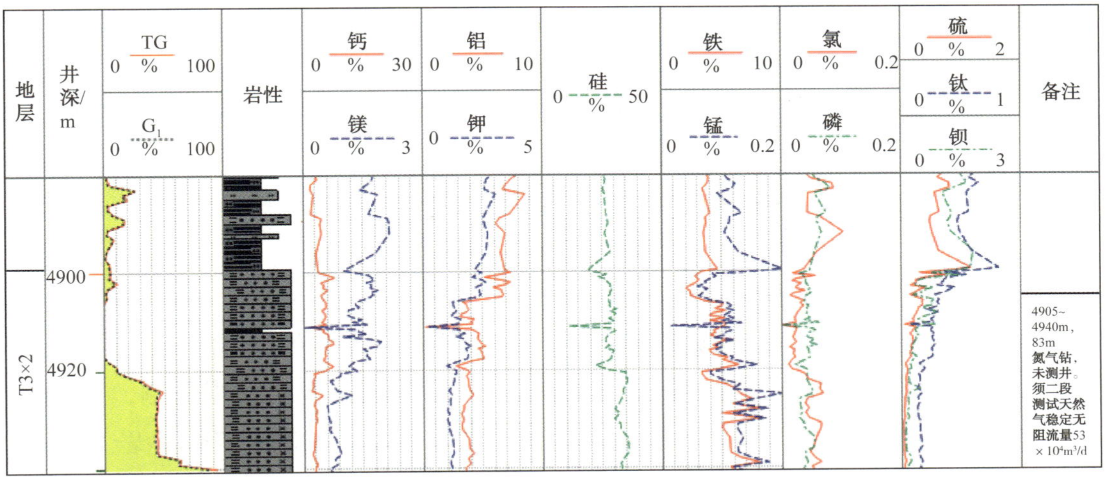

图1　X8-2井元素录井图

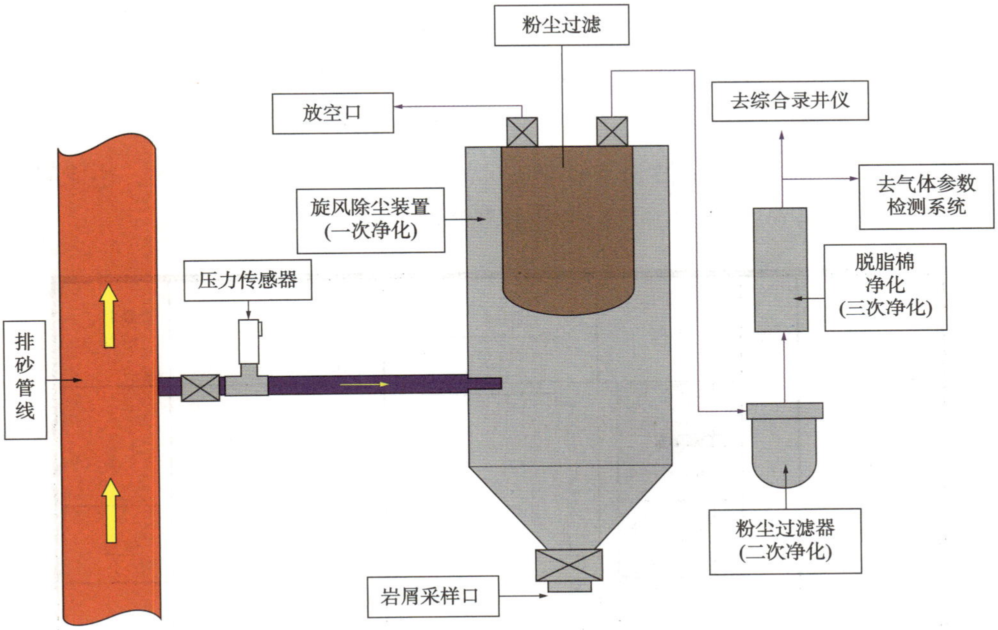

图2　净化装置结构示意图

氮气钻进过程中，环空流体为氮气，与天然气性质完全不同，井底处于负压状态，可有效保护气层不被污染，解放油气层，产能释放充分，气测异常明显，氮气钻井工艺对气测录井的影响因素显著少于常规钻井液。因此氮气钻井条件下的气测资料能真实反映地层含气性，这样就具备了利用气测资料进行地层含气性定量解释的前提条件。目前氮气钻井监测系统还不能对排沙管线的流体参数进行实时监测，现场只能采用压缩机的排量替代排沙管线流量来计算天然气每分钟产量（需忽略进出口气体压力、温度影响）。计算公式：

$$q_g=\frac{Q\times K/100}{1-K/100}$$

式中：q_g 为天然气每分钟产量 m^3/min；Q 为压缩机排量 m^3/min；K 为稳定状态的全烃含量 %。

采用氮气钻井稳定气测值可计算天然气无阻流量为：

$$Q_g=q_g\times 60\times 24/10000$$

式中：Q_g 为气井的无阻流量 $10^4m^3/d$。

得到天然气无阻流量后，可以根据产气量行业标准进行气测综合解释。

从井深 4905.50m 开始使用气体钻井采样分析系统对氮气钻井实时监测，4917.00~4940.83m 综合解释气显示 2 层，岩性为浅灰色中粒岩屑砂岩、中粒岩屑石英砂岩。

（1）井深 4917.00~4924.00m，钻厚 7.00m，垂深 4723.78~4729.38m，垂厚 5.60m。钻时 6~17min/m，气测值高峰时 ΣC_n 0.013% ↑ 48.453%，C_1 0.016% ↑ 45.784%；计算氮气钻条件下的天然气无阻流量为 $6.8\times 10^4m^3/d$。录井解释为气层（图 3）。

（2）井深 4937.00~4940.83m，钻厚 3.83m，垂深 4739.79~4742.85m，垂厚 3.06m。钻时 1~20min/m，气测值高峰时 ΣC_n 44.904% ↑ 93.558%，C_1 42.965% ↑ 88.683%；计算氮气钻条件下的天然气无阻流量为 $32.5\times 10^4m^3/d$。因在该层气测值急剧上升，快速回落，裂缝特征明显（图 4 第⑥层），录井解释为裂缝型气层（图 3）。

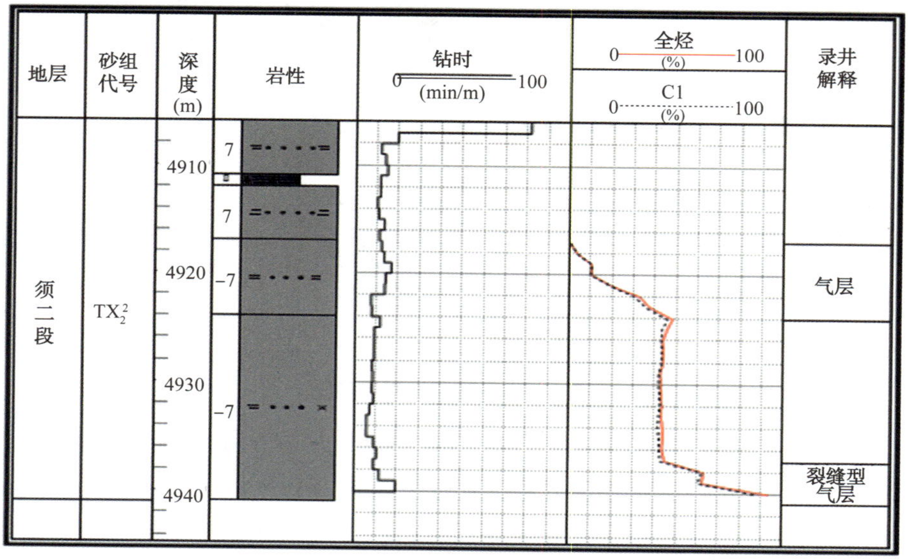

图 3 X8-2 井 4917.00~4940.83m 录井曲线图

根据气体钻气测显示值逐层增加的特点，氮气钻条件下的天然气无阻流量采用最后一层稳定气测值来计算，本井天然气无阻流量为 $32.5\times 10^4m^3/d$，参考产量一般为无阻流量的 1/3–1/4 的行业规范，本井天然气产量为（8.1~10.8）$\times 10^4m^3/d$。

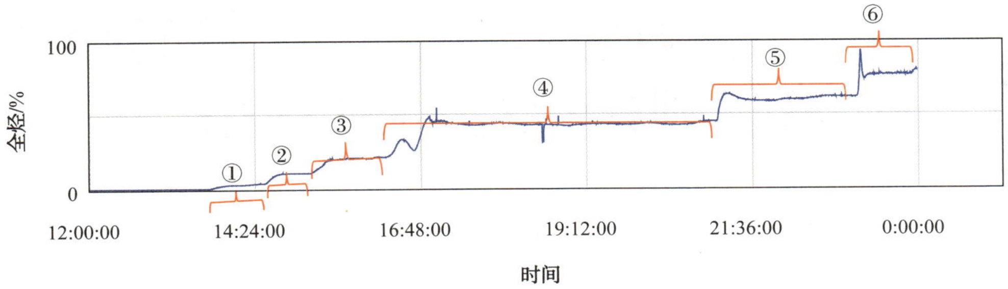

图 4　X8-2 井 4917.00~4940.83m 录井气测曲线图

4　试油（气）结果

须二段裸眼测试，2020 年 9 月 1 日产气量为 $8.2\times10^4m^3$，产量是同工区内使用钻井液钻井的 2 倍以上。截至 2021 年 11 月，油压 8.63MPa，日产气 $7.2\times10^4m^3$，累计产气 $3054\times10^4m^3$。

5　结论与认识

（1）元素含量变化与气测异常程度相关性较好，高 Ca、Mg 井段的气测异常较弱，优质储层段的 Ca、Mg 含量较顶部层段低 1 倍左右。

（2）氮气钻工艺条件下气测异常明显。应用气体钻产量计算方法，获得了较准确的产量。

编写单位：西南测控公司
编 写 人：袁艳丽
审 核 人：王崇敬
审 定 人：葛　祥

21 川东北兴隆断褶带 M6 井的断缝体储层测录综合解释评价

1 概况

M6 井是勘探分公司部署在四川盆地川东北通江凹陷兴隆断褶带的一口预探井。钻井目的是甩开预探通江南部地区须家河组油气富集带储层发育情况及含气性，进一步扩大勘探成果。获取须家河组储层岩电及流体资料，验证储层地球物理属性，深化川东北通江地区陆相天然气高产富集主控因素和目标评价认识。2020 年 8 月 28 日开钻，2021 年 6 月 20 日完钻，完钻井深 5643.0m，层位：三叠系雷口坡组。

2 问题与难点

须家河地层砂体发育，储层岩性与物性信息往往掩盖地层流体信息。储层物性较差，储层信息在测井曲线上的响应往往较为微弱。由于孔隙型储层和裂缝性储层同时发育，优质的断缝体是高产的保障，准确识别裂缝与断层以及井周远端裂缝是测井解释的关键。M6 井泥浆密度达到 2.22g/cm^3，导致气显示微弱，井壁形成大量压裂缝，对流体性质识别和裂缝评价带来较大干扰。

3 解释评价

须二段采集了常规综合、电成像和偶极声波测井资料，录井几乎无显示，仅解释 2 米含气层。综合解释成果（图 1）显示须二储层段岩性较纯，三孔隙度反映基质具有一定孔隙，整体较为致密。5394.0~5400.5m 储层孔隙相对欠发育，5401.5~5418.5m 储层孔隙稍发育。通过孔隙度 – 含水饱和度交会图和 P$^{1/2}$ 法进行流体识别，孔隙度 – 含水饱和度交会图数据点分布呈明显双曲线（图 1 右上），P$^{1/2}$ 法作图数据点斜率较高（图 1 右下），反映储层不含水。利用偶极声波处理成果的泊松比和体积压缩系数交会图进行含气识别（图 1 左第 5 道），可见须二储层段气响应特征明显。

本井压裂缝较为发育（图 2 右），一定程度上影响了天然裂缝的识别。从声波远探测处理成果看（图 2 左），横波反射在井壁远端具有明显的斜条纹特征，反映本段地层有一定的远端裂缝特征。

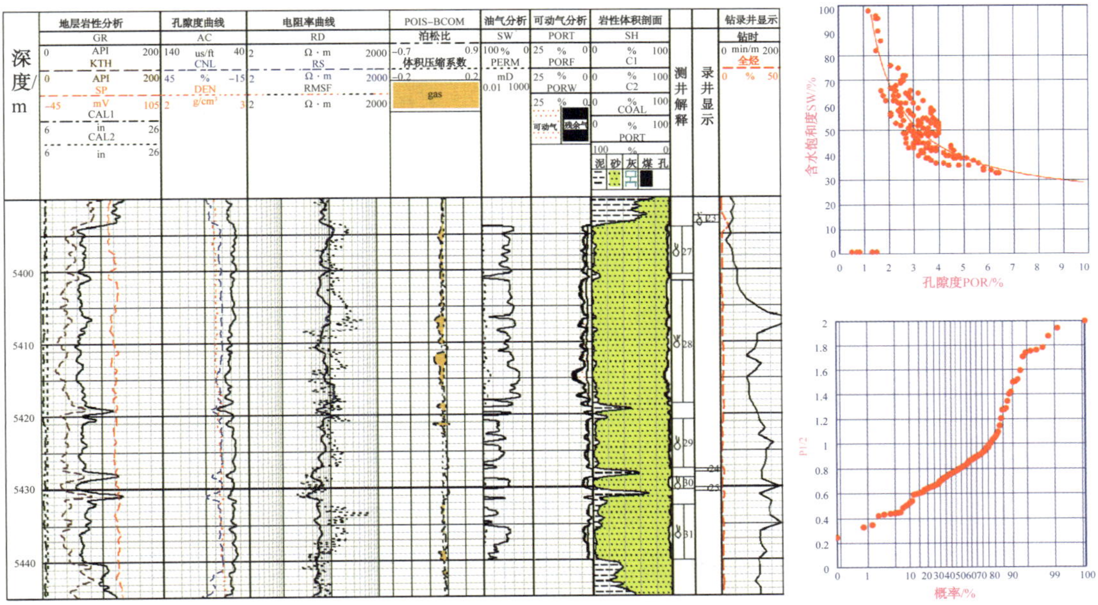

图 1　M6 井须二段综合解释成果图

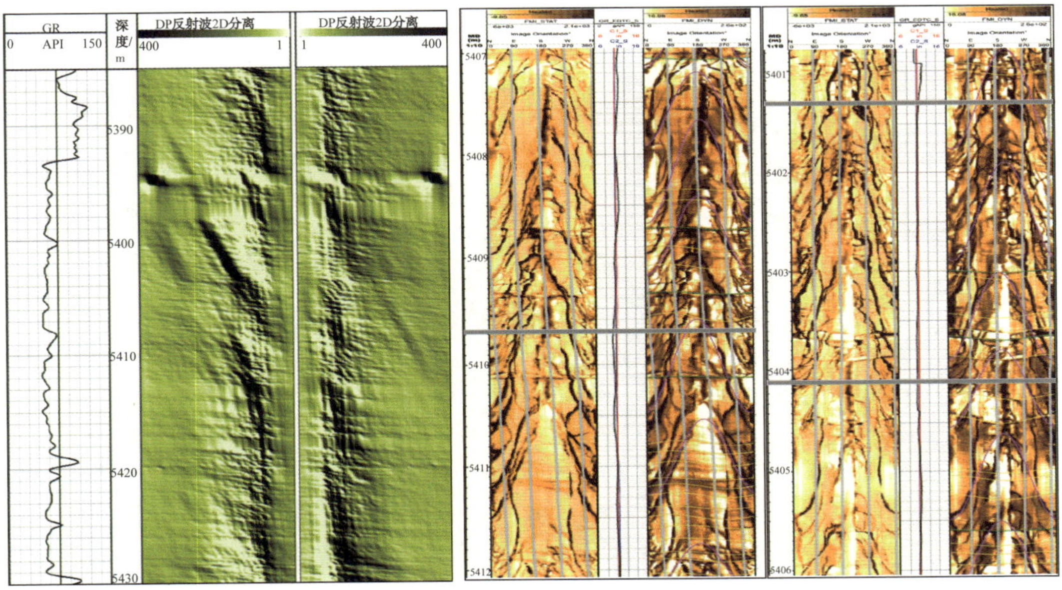

图 2　M6 井须二段断缝体识别成果图

钻井过程中在须二段 5410.92~5410.99m 漏失泥浆 253.31m^3，声波曲线在此处有典型齿状特征，同时电阻率数值降低，分析认为可能裂缝发育。电成像资料虽然在该井段附近存在压裂诱导缝，但是在 5407.0~5412.0m 及上下井段仍然见大量高角度天然裂缝（360°贯穿井筒），且在最大主应力方向（近东西向）上被压裂诱导缝叠加增强了对比度，一定程度上对天然裂缝有掩盖，增加了天然裂缝识别和解释评价的难度。该井轨迹在须二段靠近断层，虽然基质孔隙度一般，考虑高角度裂缝的沟通，因此须二段为典型的断缝体储层，有望获得高产。

综上所述，须二段测井解释了气层 17.0m/1 层、含气层 22.3m/4 层，并建议对须二段气层段进行测试。

4 试油（气）结果

M6 井须二段上亚段 5393.5~5423m 常规射孔测试获日产 $36.7\times10^4m^3$ 高产天然气流。

5 结论与认识

致密砂岩气难以识别，原因在于储层孔隙度极低，尤其是采用高密度钻井液钻井的时候，录井显示微弱。为了发现储层，需要高质量的测井资料，尤其是电成像测井、声波远探测技术等特殊资料与新技术的应用，方能更加全面描述储层特征。针对断缝体储层更应着重开展裂缝特征评价，裂缝与储层以及断裂带的匹配关系研究，以期发现隐蔽的高产层。

编写单位：西南测控公司
编 写 人：刘忠明
审 核 人：王崇敬
审 定 人：葛 祥

22 川北低缓构造带 BZH1HF 井致密砂岩油气藏测录井综合解释评价

1 概况

BZH1HF 井是中石化勘探分公司部署在四川盆地巴中中部断褶带的一口水平井，钻探目的是落实巴中地区凉高山组水下分流河道砂岩产能和资源潜力，探索侏罗系致密砂岩储层压裂工程工艺，本井 2022 年 6 月 16 日钻至井深 5265.0m 完钻，完钻层位为中侏罗统凉高山组二段砂岩。

2 问题与难点

该区凉高山组二段发育南北向和东西向两条河道，河道叠置。河道砂体横向变化大，水平段轨迹控制和砂体追踪难度较大，BZH1HF 井是针对凉高山组水下分流河道的第一口水平井，无成功经验可借鉴。凉高山组储层致密、孔渗性差、非均质性强，导致储层识别难度大，容易漏判和误判。

3 解释评价

应用 XRF 元素录井技术，通过邻井元陆 175 井元素建模，总结出砂岩段表现为 Si、Na 元素高值，泥岩 Al、Fe、K 元素相对高值；凉高山组三段泥岩与凉高山组二段主河道下部泥岩元素对比，差异较明显，凉高山组三段下部泥岩具有低钙、铁、铝、钾，高钠特征，而凉高山组二段主河道砂体下部泥岩相对具有高钙、铁、铝、钾，低钠特征。通过直导眼储层特征的分析总结，为水平轨迹调整提供有力支撑。

对本井目的层段进行元素录井（图 1），应用交会图判断砂、泥岩岩性，能显著提高砂泥岩识别准确度；现场识别出目的层中存在一套高钙、硅、钠，低铁、铝、低钾砂体是主河道砂体，其储层发育且气显示最好。

在水平段钻井过程中，3944m 之后明显的低钙、高铁，同时岩屑见泥岩，判断下穿目的层，因此及时增斜，井轨迹在 4155m 井段重新进入凉高山组二段主河道。在 4515m 之后的井段，发生同样的情况，井轨迹得到及时调整，调整后井轨迹重回目的层。两次成功调整轨迹，说明对目的层及其上下围岩的特征认识是较为准确的。

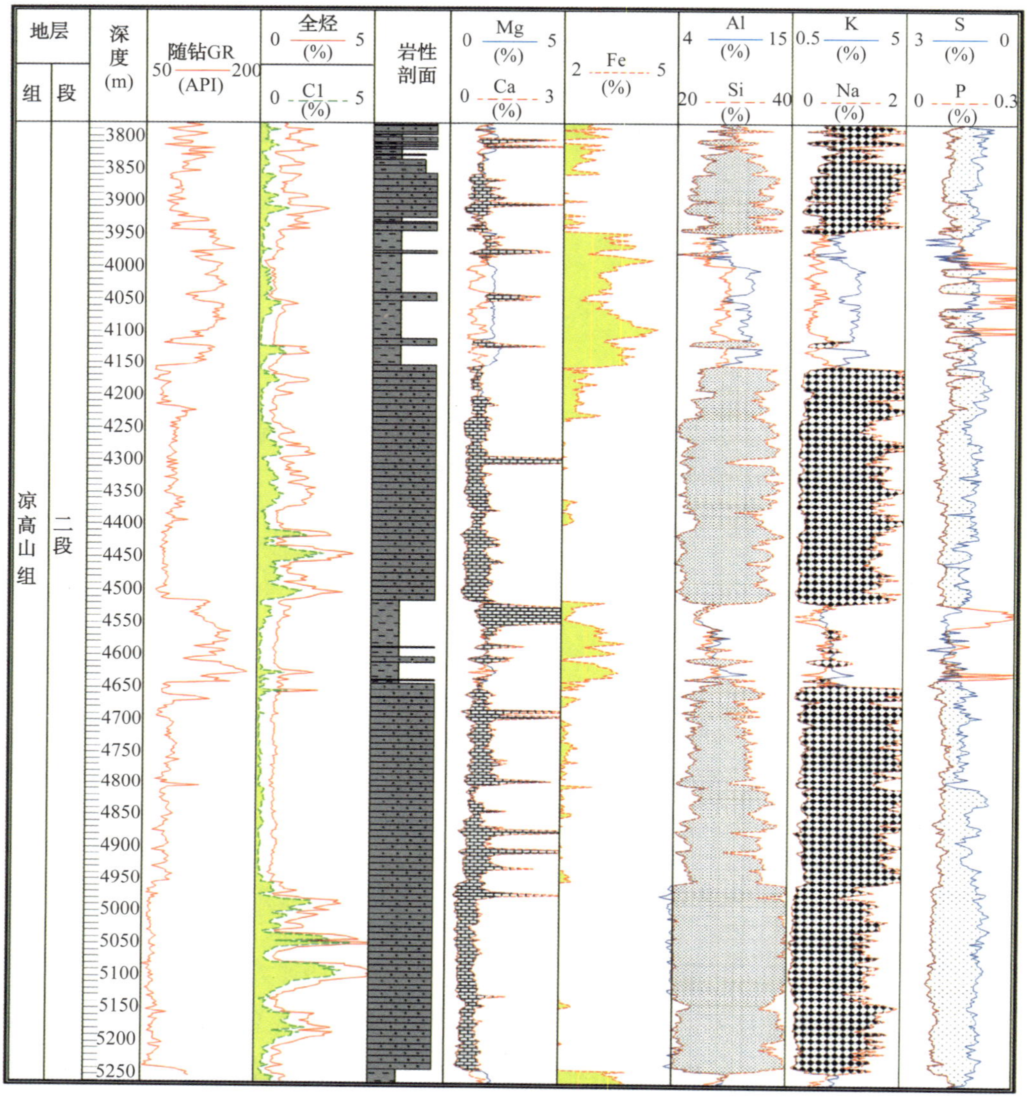

图 1 BZH1HF 井凉高山组二段 3780.00~5265.00m 元素交会图

依据地质模型、实钻地质资料以及常规测井资料，分析井轨迹穿行情况（图 2），虽然由于构造变化，两段轨迹穿出目的层，但水平段井轨迹主要在凉二段下部砂岩中穿行，有效储层钻遇率 96.1%。

目的层凉高山组采集了常规综合和多极子阵列声波测井。水平段储层声波测值主要在 53.2~63.8μs/ft，均值 59μs/ft；密度测值 2.54~2.64g/cm^3，均值 2.58g/cm^3；中子测值 8.4%~12.8%，均值 10.8%；90in 感应电阻率为 64~116.8Ω·m，均值 88.6Ω·m；从测井曲线（图 3）看水平段储层较致密，岩石力学处理成果显示储层破裂压力较高，达 80~90MPa。斯通利波能量总体较强、局部有衰减，斯通利波未见明显“人字形”反射现象，表现为孔隙型致密砂岩储层特征。

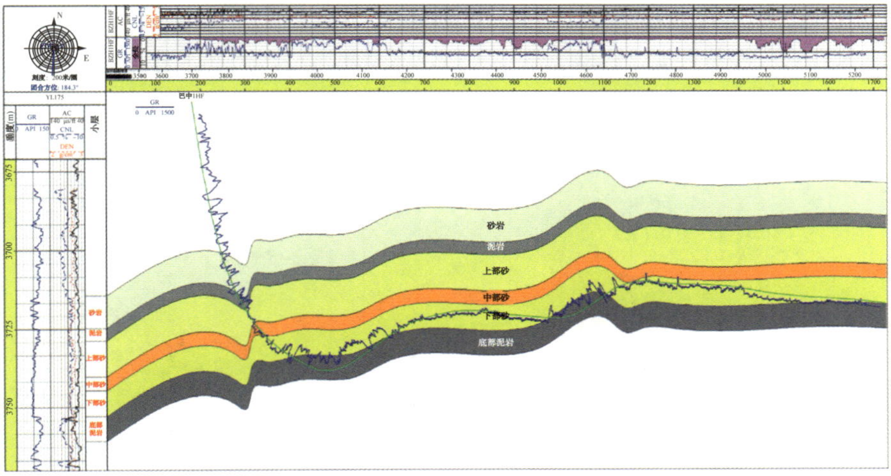

图 2　BZH1HF 井轨迹穿行图

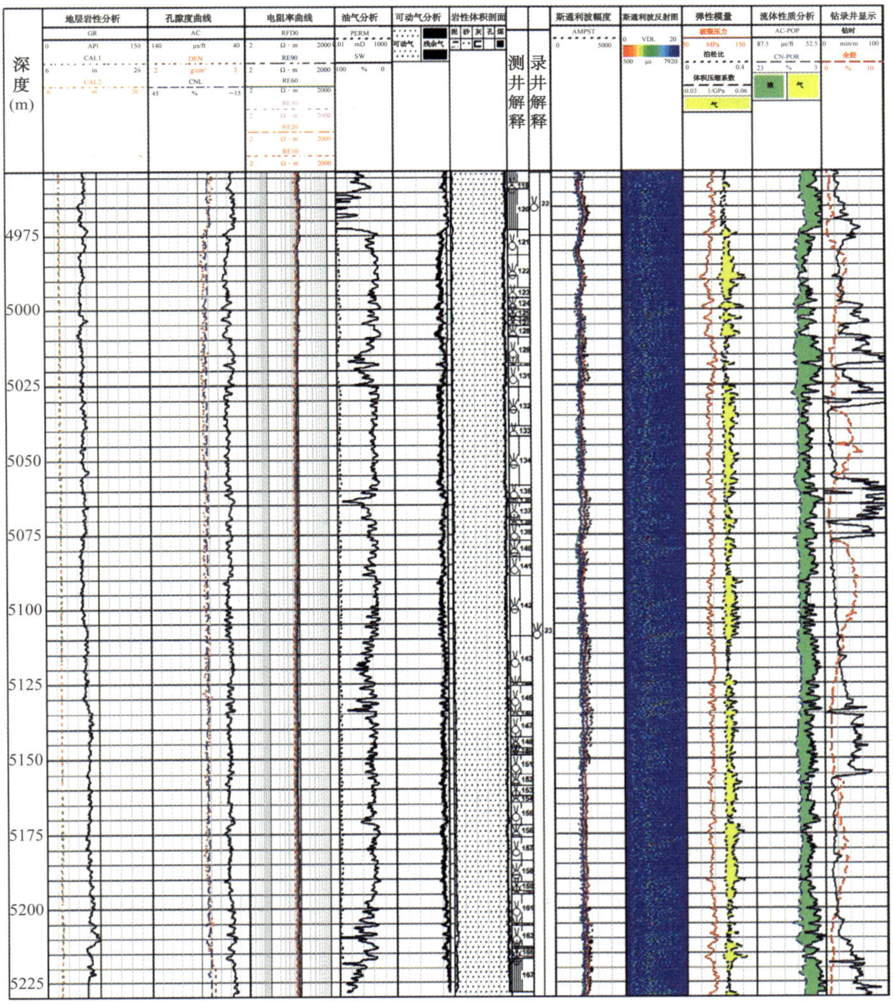

图 3　BZH1HF 井水平段综合解释成果图（4953~5230m）

利用邻区凉高山组岩芯分析资料，分别建立声波、中子与岩芯分析孔隙度交会图（图4），发现凉高山组储层砂岩骨架为52.5μs/ft，低于石英砂岩骨架值55.5μs/ft。根据中子和声波与岩芯孔隙度回归分析，选用声波－中子交会图解释模型，水平段孔隙度1.7%~5.8%，平均4.4%，解释储层937.7m，储层钻遇率87.2%。

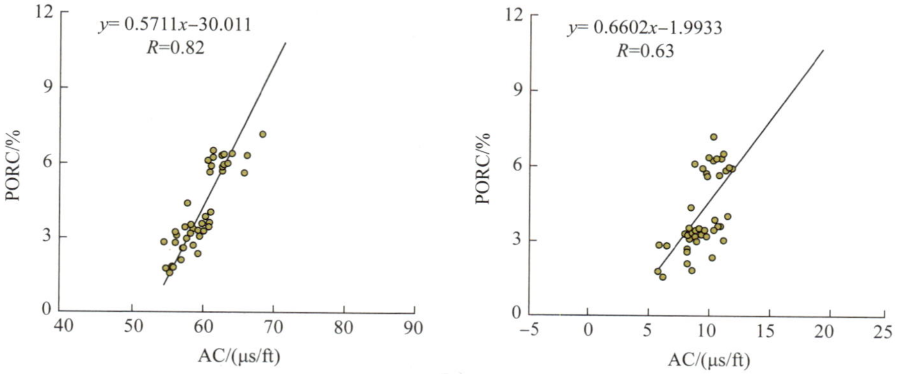

图4 川东北地区凉高山组AC-PORC、CNL-PORC交会图

通过多极子阵列声波测井资料解释成果，利用泊松比和体积压缩系数进行重叠分析，当致密层或者泥岩段重合，受天然气影响，储层段会出现显著的重叠面积，分析结果显示BZH1HF井水平段储层泊松比和体积压缩系数重叠面积较大（图3右起第三道），表明储层含气性较好。利用岩芯孔隙度分析成果，对声波和中子曲线进行等孔隙刻度（图3右起第二道），可见中子视孔隙度整体高于声波孔隙度，反映储层非干气气层的特征。从气测分析，显示层全烃值和C_1组分间差异较大，指示有重烃组分。本井感应电阻率测值接近90Ω·m，测井解释孔隙度均值4.4%，水平段含水风险较小。综合分析本井凉高山组二段为凝析油气层特征，但是储层致密、裂缝欠发育，破裂压力较大。

4 试油（气）结果

勘探分公司采纳了测井解释的测试建议，分段压裂建议见表1，最终BZH1HF井水平段试获天然气产量$2.3\times10^4m^3/d$、油31t/d。

5 结论与认识

（1）XRF元素录井技术可协助准确识别岩性，利用岩石中Ca、Fe、K、Al、Si、Na等元素含量的变化，准确判断砂泥岩顶、底界面及优质储层位置。

（2）本井通过分析化验数据，确定了声波骨架值，解决了孔隙度等参数计算误差大、储层识别难等问题，为该区解释评价与地质认识提供新思路。

表1 BZH1HF井测试建议表

分段	顶深/m	底深/m	段长/m	孔隙度/%	破裂压力/MPa	有效储层	备注
1	5183.8	5240.0	56.2	—	—	以含油气层为主，部分差油气层	避射套管接箍
2	5109.2	5183.8	74.6	4.4	87.4	以含油气层为主，少部分差油气层	
3	5042.0	5109.2	67.2	4.8	86.6	以差油气层为主，部分含油气层	
4	4973.1	5042.0	68.9	4.8	86.8	差油气层、含油气层	
5	4890.1	4973.1	83.0	3.1	90.3	以含油气层为主，少部分差油气层	
6	4812.5	4890.1	77.6	4.2	88.7	以含油气层为主，少部分差油气层	
7	4731.7	4812.5	80.8	3.6	90.4	以含油气层为主，少部分差油气层	
8	4641.8	4731.7	89.9	2.7	91.8	含油气层	
9	4453.3	4514.4	61.1	5.7	87.4	差油气层、少部分含油气层	
10	4386.0	4453.3	67.3	5.1	88.7	差油气层、部分含油气层	
11	4320.7	4386.0	65.3	5.3	87.1	差油气层、少部分含油气层	
12	4247.9	4320.7	72.8	5.1	88.1	差油气层、部分含油气层	
13	4155.9	4247.9	92.0	4.6	89.4	以含油气层为主，部分差油气层	

编写单位：西南测控公司
编 写 人：刘忠明 李永川
审 核 人：王崇敬
审 定 人：葛 祥

23 川西坳陷 XSH101 井断缝体储层测录综合解释评价

1 概况

XSH101 井是中国石油化工股份有限公司西南油气分公司在四川盆地川西坳陷新场构造带新盛构造部署的一口以上三叠统须家河组二段 TX_2^1、TX_2^2 砂组为目的层，兼顾 TX_2^4、TX_2^5 砂组的评价井。完钻井深 5238.00m，垂深 4870.73m，完钻层位：三叠系上统须家河组二段。

2 问题与难点

XSH101 井位于 I 类断缝体区，靠近断层、斜裂缝发育，该区须二段处于高能水下分流河道有利沉积微相内，岩性以岩屑砂岩为主，平均孔隙度为 3.65%，平均基质渗透率 $0.098\times10^{-3}\mu m^2$，属于特低孔、致密储层，测录井识别难度较大。此外，须二段气藏获产的关键受控于裂缝发育程度及裂缝有效性，因此准确识别和评价裂缝有效性也是测录井解释的关键。

3 解释评价

实钻须二段岩性以中粒岩屑砂岩、细粒岩屑砂岩为主，气显示较好，气测全烃最高 19.95%，岩屑薄片镜下见粒间溶孔、粒内溶孔。应用常规综合录井，在目的层须二段现场解释气层、含气层、微含气层共 281m/11 层。

从测井曲线来看，三孔隙度曲线反映 TX_2^1–TX_2^4 砂组有一定基质孔隙度，TX_2^1–TX_2^3 砂组电阻率较高，TX_2^4 砂组电阻率低于气层下限。最终须二段测井解释 1 层气层 11.9m、3 层差气层 57.4m、含气层 17 层 130.4m、1 层气水同层 15.3m 以及含气水层 1 层 10.5m（位于 TX_2^4 砂组）。总体上，储层物性较差，TX_2^1 砂组物性相对较好（图 1）。

依据成像测井资料处理成果可见本井须二段裂缝较为发育，共解释 149 条裂缝，其中低角度裂缝发育 74 条，斜交缝 68 条，高角度裂缝相对欠发育，共发育 7 条；高导裂缝主要发育在 4715~4783m（TX_2^1）、4926~4954m（TX_2^2）、5082~5118m（TX_2^4）。

高导裂缝的倾向为南南西向，走向为北西西 – 南东东向，通过诱导缝和井眼崩落确定最大主应力方位为近东西向，高导缝走向与最大水平主应力方向夹角较小，反映裂缝有效性较好（图2）。

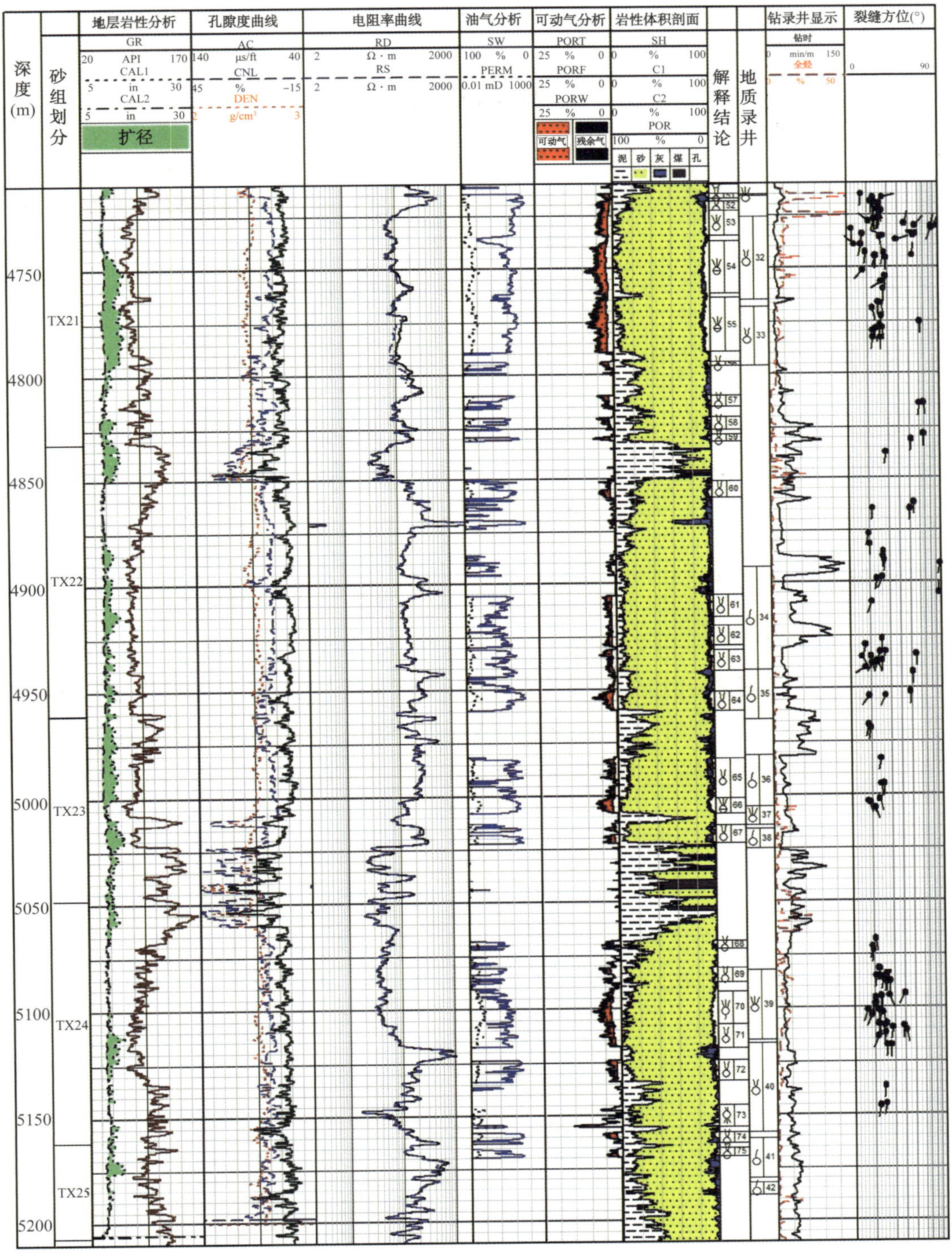

图1　XSH101井须家河组二段综合解释成果图

综合各项资料建议对 TX_2^1–TX_2^3 砂组进行测试，有望获得较好产量。

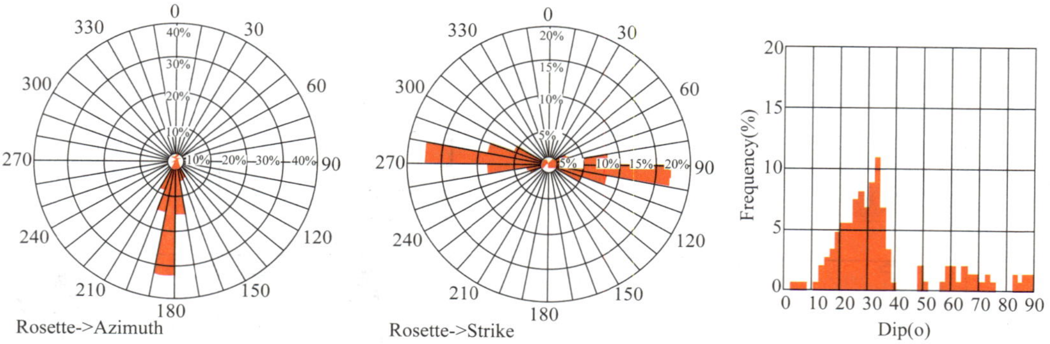

图 2　须家河组二段高导裂缝产状统计图

4　试油（气）结果

TX_2^4 砂组 5086~5096m 井段进行压裂试气，在敞井下获天然气产量 $0.6394\times10^4m^3/d$，产水 $2.4m^3/d$。TX_2^{1+2} 砂组 4870~4960m、4715~4830m 井段进行射孔 + 桥塞分段压裂，获得天然气绝对无阻流量 $26.71\times10^4m^3/d$，折算天然气产量 $8.91\times10^4m^3/d$，属中产工业气层。

5　结论与认识

（1）常规录井资料对本区须家河组的油气检测灵敏有效，优质储层段气测显示明显。

（2）须二段致密储层的测井评价应着重进行裂缝分析，有效裂缝走向往往与区域最大主应力方向呈小夹角。裂缝与基质孔隙的匹配是获产的关键。建议后续井应进行多极子阵列声波远探测和电成像测井，加强裂缝评价。

编写单位：西南测控公司
编 写 人：刘忠明　李永川
审 核 人：王崇敬
审 定 人：葛　祥

24 鄂尔多斯盆地天环向斜 QW1 井低对比度致密砂岩测录井综合解释评价

1 概况

QW1 井是华北油气分公司在鄂尔多斯盆地天环向斜中段部署的一口预探井（直井），主要目的是探索该井区长 9 构造 – 岩性圈闭砂体发育状况及含油性，兼探延安组及延长组其他层位含油性。该井位于 ND41 井南东约 1.3km，麻黄山西区块东北部圈湾子凸起 ND41–ND42 井区长 9_1 构造 – 岩性圈闭内。区域沉积相研究成果表明，麻黄山西区块延长组长 9_1 沉积期主要发育辫状河三角洲平原亚相，辫状河道砂体规模较大，QW1 井位于辫状河道砂体的主体部位。

QW1 井设计井深 2895.00m，目的层为延长组长 9_1 亚油层组。该井于 2021 年 5 月 14 日开钻，6 月 7 日完钻，完钻井深 2896.00m，井底层位延长组长 10 油层组。实钻资料显示，本井区烃源岩厚度较大，已有多口井于延安组、延长组多套层系试获较好油气成果。

2 问题与难点

该区块地质条件复杂、储层类型多。目的层段岩性复杂、储层电性对含油性反应不敏感，油水层电阻率差别小，流体性质识别难。

3 解释评价

录井的岩芯、气测、荧光等资料，对中生界致密砂岩储层的流体性质评价较为灵敏。测井评价主要应用电阻率绝对值与差异法、图版法、孔隙度曲线重叠法、饱和度等综合判断流体性质。测录井资料结合，可开展储层的综合评价。

（1）定性分析

井段 2780.0~2788.0m 为取芯井段，主要岩性为灰色油斑中砂岩和灰色油迹中砂岩，其显示见表 1、图 1。该段砂岩厚达 33m，有显示的砂岩 21.84m，占比 66%，储层厚度大。

表 1 QW1 井油气显示

编号	地层代号	地质									气测												钻井液		
		井段 / m	视厚 / m	岩性	录井评价	荧光直照		系列对比			钻时 / (min/m)	全烃 / %	基值 / %	净增值 / %	对比系数	C_1/ %	C_2/ %	C_3/ %	iC_4/ %	nC_4/ %	iC_5/ %	nC_5/ %	密度 / (g/cm³)	黏度 / mPa·s	槽面观察
						颜色	发光岩属占比 /%	溶液色	荧光色	级别															
54	长 9 段	2778.00~2780.00	2.00	灰色油迹细砂岩	油迹	暗黄色	< 10	淡茶色	淡乳白色	6	8↓5	1.604	0.650	0.954	2.47	0.598	0.130	0.196	0.026	0.086	0.021	0.017	1.1		
55	长 9 段	2780.00~2782.00	2.00	灰色荧光细砂岩	荧光	暗黄色	< 5	无	淡乳白色	4	30↓18	0.281	0.221	0.060	1.27	0.022	0.010	0.010	0.003	0.013	0.006	0.006	1.1		
56	长 9 段	2782.00~2784.66	2.66	灰色油斑中砂岩	油斑	亮黄色	40~50	淡茶色	淡乳白色	8	19↓14	0.558	0.221	0.337	2.52	0.107	0.027	0.027	0.011	0.035	0.011	0.011	1.1		
57	长 9 段	2784.66~2785.09	0.43	灰色油迹中砂岩	油迹	亮黄色	10	淡茶色	淡乳白色	8	16	0.476	0.221	0.255	2.15	0.081	0.022	0.022	0.008	0.028	0.009	0.009	1.1		
58	长 9 段	2785.09~2786.30	1.21	灰色油斑中砂岩	油斑	亮黄色	40~50	淡茶色	淡乳白色	8	17~20	0.554	0.221	0.333	2.51	0.080	0.022	0.022	0.011	0.033	0.012	0.012	1.1		
59	长 9 段	2786.30~2788.00	1.70	灰色油迹中砂岩	油迹	亮黄色	10	淡茶色	淡乳白色	8	20↓11	0.256	0.221	0.035	1.16	0.035	0.011	0.011	0.004	0.013	0.004	0.004	1.1	41	无
60	长 9 段	2788.00~2788.15	0.15	灰色油迹细砂岩	油迹	亮黄色	10	淡茶色	淡乳白色	8	29	0.476	0.221	0.255	2.15	0.081	0.022	0.043	0.008	0.028	0.009	0.009	1.1	41	无
61	长 9 段	2788.15~2792.94	4.79	灰色荧光细砂岩	荧光	亮黄色	5	淡茶色	淡乳白色	6	22↓15	1.394	0.221	1.173	6.31	0.448	0.099	0.147	0.019	0.070	0.020	0.020	1.1	41	无
62	长 9 段	2793.17~2795.07	1.90	灰色油斑中砂岩	油斑	亮黄色	40~50	淡茶色	淡乳白色	8	16↑23	0.934	0.655	0.279	1.43	0.208	0.053	0.095	0.017	0.058	0.018	0.018	1.1	41	无
63	长 9 段	2799.00~2804.00	5.00	灰色荧光细砂岩	荧光	暗黄色	< 5	无	淡乳白色	4	5↓4	1.385	0.684	0.701	2.02	0.346	0.062	0.152	0.034	0.098	0.028	0.024	1.1	41	无

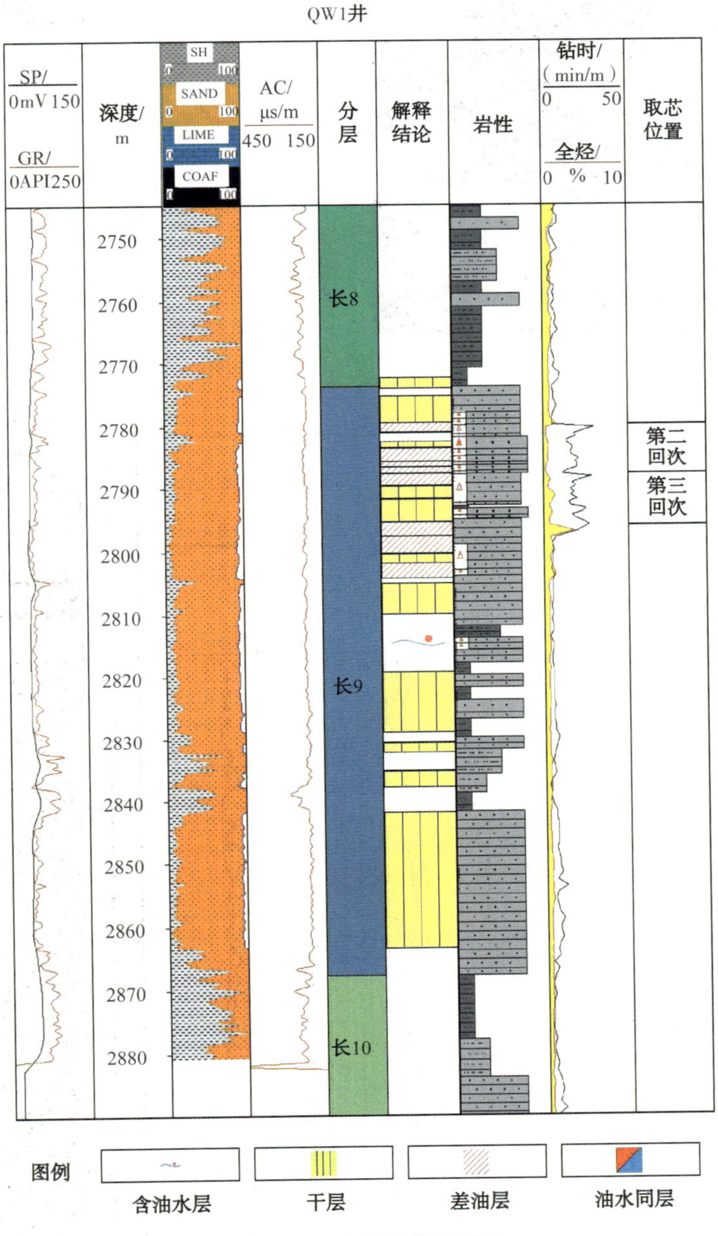

图1 QW1井综合录井图

录井现场解释以中砂为主，镜下特征也为中粒结构，颗粒排列杂乱，巨砂10%，中砂80%；颗粒次棱角状–次圆，分选好（图2）。测井响应特征表明（图3），该层段自然伽马曲线呈齿状；自然电位曲线略呈负异常显示，表明该层岩性不均一，渗透性一般。从三孔隙度测井曲线来看，均有一定起伏变化，声波时差曲线值为214.4~222.0μs/m，均值为218.1μs/m；中子曲线均值为15.4%，密度曲线值为2.38~2.47g/cm^3，均值为2.42g/cm^3，反映该层孔隙性较好，且上部略好于下部。

图 2　薄片镜下显示（2785.65m）

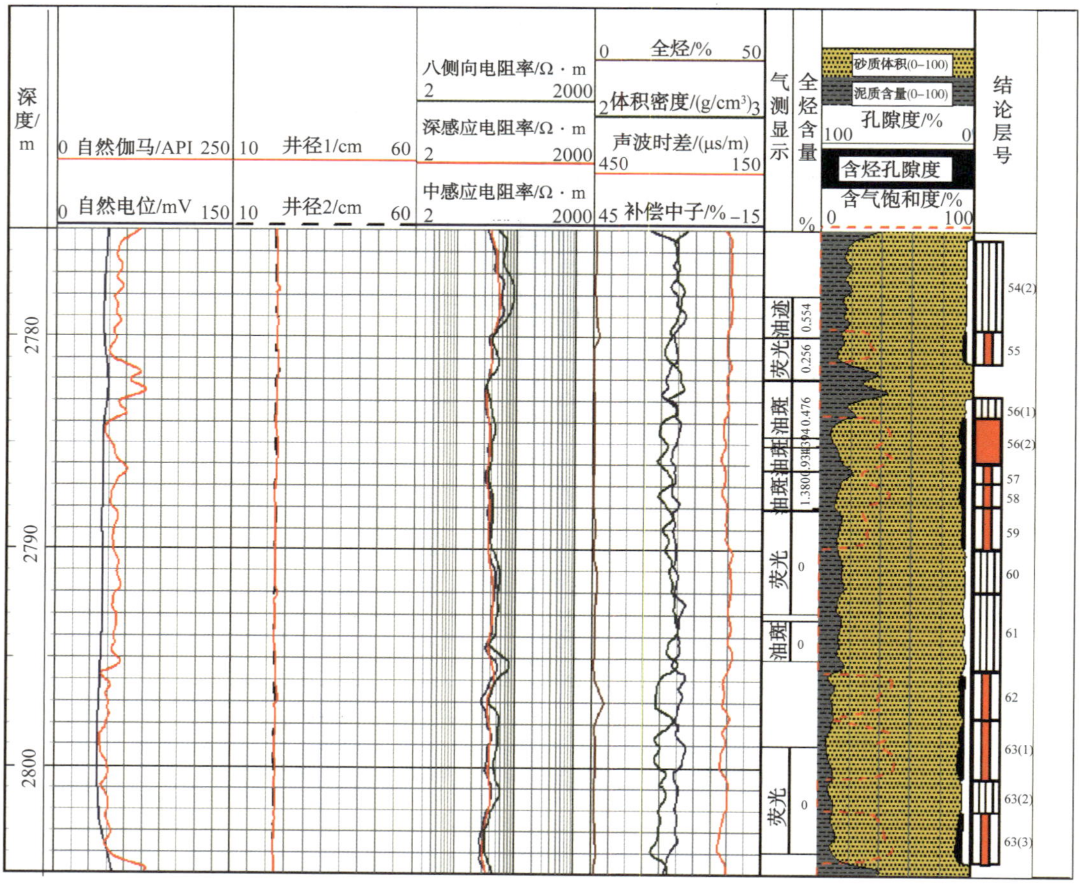

图 3　QW1 井综合测井成果图

岩芯出筒柱面可见原油条带状外渗（图 4），荧光可见纵面直照呈条带状亮黄色荧光，发光面积 40%~50%，含油岩屑占比大（图 5），滴水不渗，水滴呈珠状，整体为油斑的显示特征，测井曲线中子与密度有一定的包络面积，均指示有较好的含油气性。其中全烃显示由 0.22% ↑ 0.56%，净增值 0.337%，对比系数 2.52，全烃增幅不大，考虑为受取芯影响。

图 4　岩芯 $2^{36}/_{51}$ 原油外渗

图 5　岩芯 $2^{36}/_{51}$ 荧光图像

（2）综合解释

依据本区块建立的声波时差–电阻率交会图版，本层段数据点落在油层、差油层范围内（图 6），测井解释为油层 2.2m/1 层、差油层 2.0m/2 层，三层有效厚度 4.2m。

综合测录井资料将 2783.70~2787.90m 段的 56（2）解释为油层，57、58 两层解释为差油层。

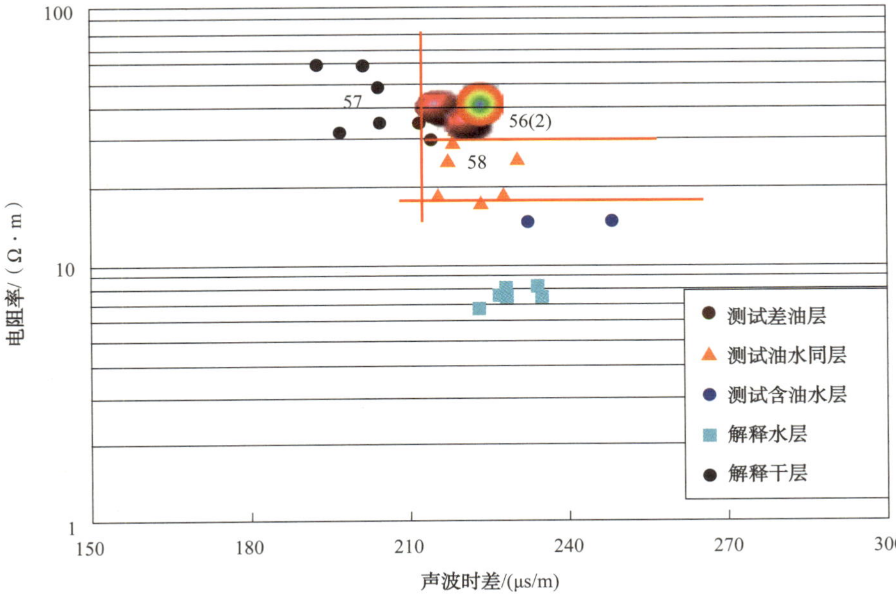

图 6　声波时差与电阻率交会图

4　试油（气）结果

井段 2784.00~2786.00m 压裂试油，日产油 3.84t、水 $0m^3$，结论为油层，证实了测录井资料分析的准确性。

5 结论与认识

（1）岩芯观察、气测录井、荧光录井资料因其检测油气的直接性，可用于对中生界致密砂岩储层的流体性质定性评价。

（2）中生界致密砂岩储层电性对含油性反应不敏感，油水层电阻率差别小，流体性质识别难，需要加强区块研究，在新增试油井的基础上完善解释标准和图版。

编写单位：华北测控公司
编 写 人：万 莹 刘 红
审 核 人：王 邦
审 定 人：冉利民 周贤斌

25 泌阳凹陷 ASH2 井致密砂砾岩储层测录井综合解释评价

1 概况

ASH2 井构造位置位于南襄盆地泌阳凹陷赵凹－安棚鼻状构造。本井是一口评价井，设计井深 3800m，完钻井深 3810.00m，设计主要目的层为核三段－大仓房组。实钻资料显示，本井处于泌阳凹陷深凹区，生油能力较好，核三段上部砂层物性好，下部较差，因此综合评价本井生储盖组合配置较好，油气藏类型为岩性－构造油气藏。设计井周围的 B213、B441 等井在 H_3Ⅸ油组，B253、B265 井在大仓房组均已钻遇良好油气显示，并获得工业油气流。该区岩性主要为砂砾岩、砾状砂岩、含砾不等粒砂岩、细砂岩、粉砂岩等，孔隙度 3%~5%，储集层为致密砂砾岩储层。

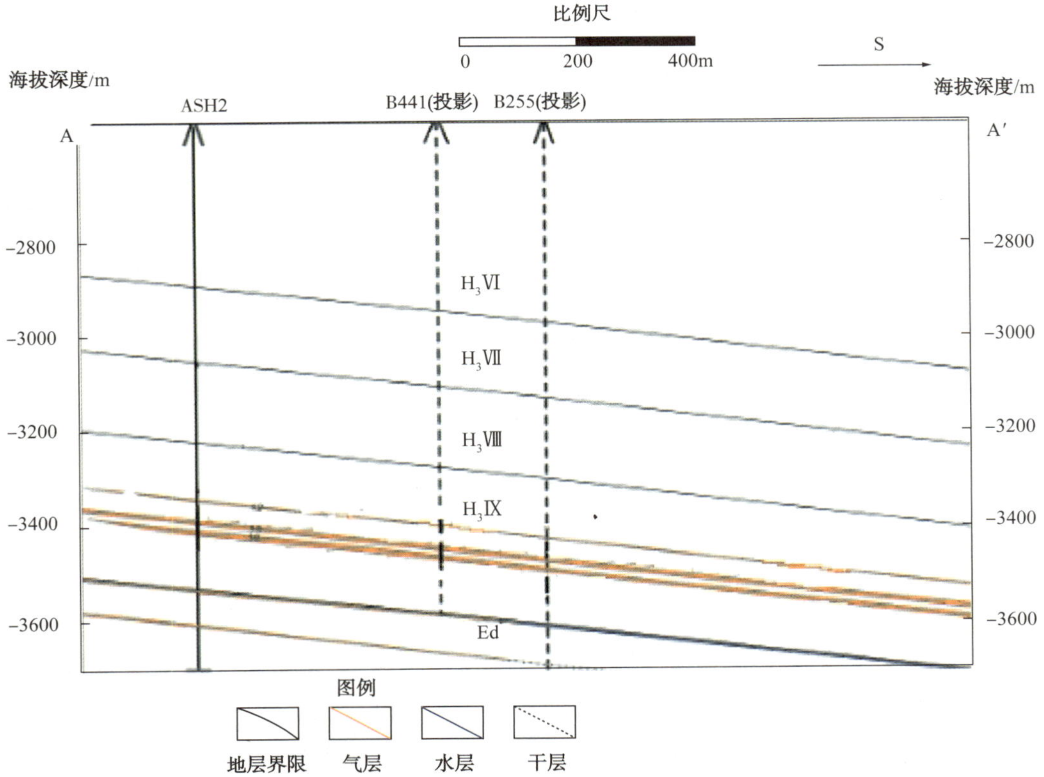

图 1　ASH2 井油藏剖面图

2 问题与难点

ASH2 井目的层埋藏较深，一般在 3000m 以下，属于砂砾岩特低孔低渗致密储层。由于深部储层成岩作用较强，层理发育，基质孔隙与次生孔隙并存，储集空间复杂且致密，油气体积相对贡献少，测井曲线主要反映岩石骨架信息，电阻率曲线主要反映岩石骨架电阻率，表现为泥岩高阻，砂岩相对低阻，油气信息显示较弱，三孔隙曲线也不能较好识别有效储层，孔隙结构复杂造成低阻水层和低阻气层同时存在，流体识别困难，解释气层井段高孔低阻的部分层段也可能是水层，常规测井资料评价储层流体难度极大。同时由于目的层油质偏轻，多以轻质油、凝析油、天然气为主，逸散快，含油气岩屑显示级别低，地化分析数据低，岩性颗粒的粗细与含油性关系显示不明显，如何判断致密砂砾岩有效储层和流体性质是测录井解释难点。

3 解释评价

应用岩芯资料刻度电成像测井资料和常规测井资料，进行岩性识别；应用岩芯物性分析资料刻度核磁测井资料，精确计算评价储层有效孔隙度，利用偶极声波测井资料识别裂缝信息。即岩芯资料刻度常规测井、特殊测井资料，结合录井气测、岩石热解地化等资料，优势互补，综合进行砂砾岩致密储层有效性、流体识别评价。

3.1 岩性识别

根据常规测井中的自然伽马、电阻率和三孔隙度曲线识别砂岩和泥岩，结合电成像识别砂砾岩，含砾细砂岩。通过取芯段岩性描述，并对电成像曲线进行标定，总结出不同岩性的电成像特征，细砂岩电成像显示为棕色，颜色较均匀。含砾砂岩和砂砾岩表现为棕色背景下亮色的黄点，指示含有砾石。因此电成像可以很好地识别复杂砂砾岩储层，见图 2。取芯及录井气测显示，见表 1、表 2。

井段 2248.00~2569m，3663~3690m 岩屑录井及钻井取芯为含气、荧光、油迹显示。录井资料显示见表 1，井段 3678.00~3696.10m 为取芯井段，钻井取芯见表 2。

3.2 有效储层划分

综合应用岩芯分析资料、核磁测井资料评价储层有效孔隙度，划分有效储层；通过对比核磁有效孔隙度和岩芯分析孔隙度，两者相关性好，核磁测井能够有效计算孔隙度，可信度高。因此应用核磁孔隙度划分有效储层以及干层，孔隙度 > 5% 为有效储层，孔隙度 < 5% 为干层。结合电成像和偶极子识别的裂缝，孔隙度 < 5% 的裂缝发育段划分为有效储层，具体储层划分见图 5。

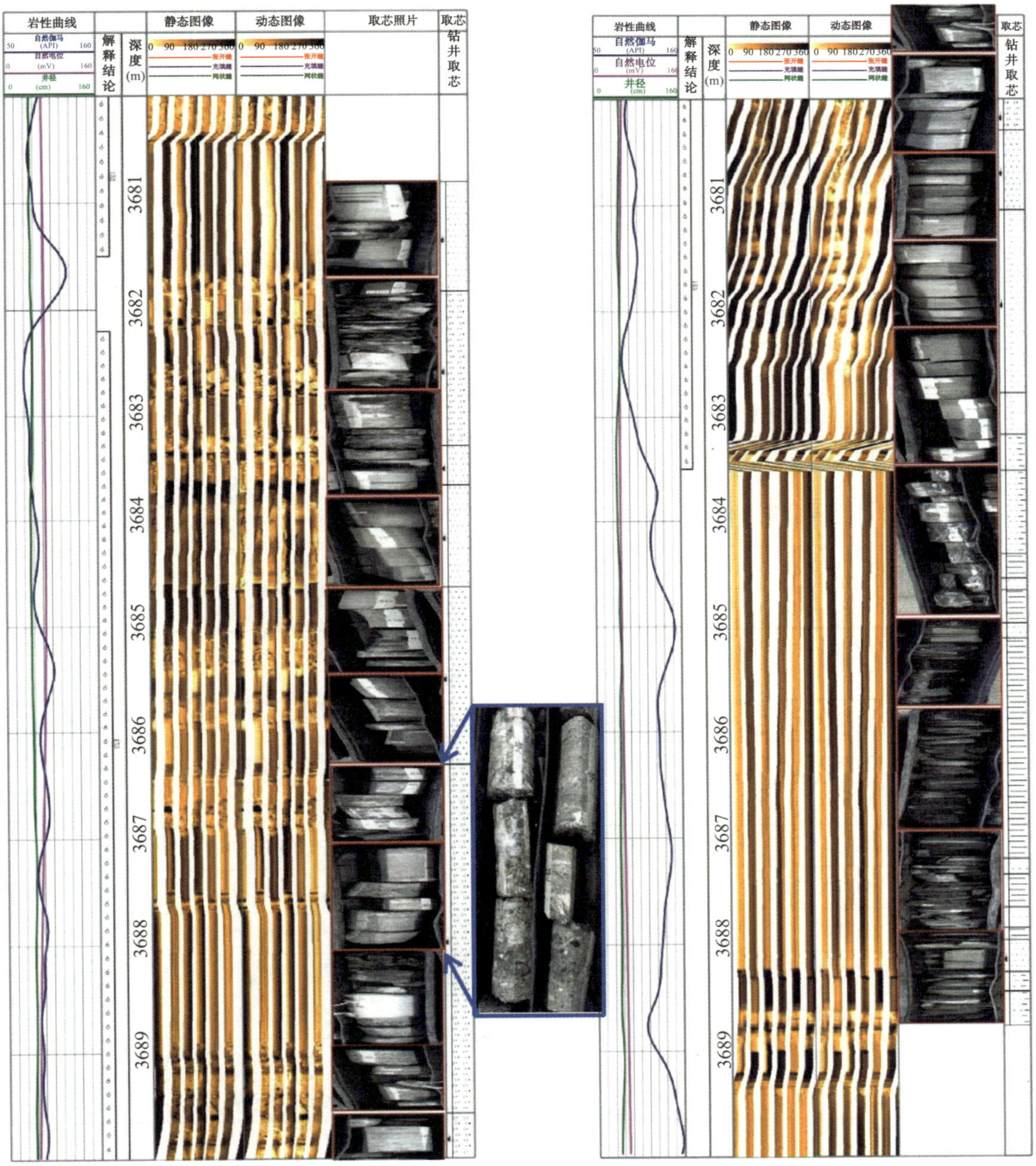

图 2 ASH2 井电成像和取芯对比识别岩性

表 1　ASH2 井油气显示（部分）

序号	井段 /m	岩性	地化数据			气测数据 /%		解释结果
			S_0/（mg/g）	S_1/（mg/g）	S_2/（mg/g）	ΣC	C_1	
1	2248~2253	褐灰色油迹细砂岩	0.762	7.905	2.251	0.143 ↑ 0.043	0.038 ↑ 0.005	油水层
2	2385~2386	褐灰色油迹细砂岩	1.102	17.773	5.712	1.546	0.868	差油层
3	2466~2468	褐灰色油迹细砂岩	0.663	6.322	3.723	3.1 ↑ 0.98	1.133 ↑ 0.270	差油层
4	2557~2569	灰褐色油斑细砂岩	0.617	14.943	8.236	4.332 ↑ 1.155	2.181 ↑ 0.537	油层
5	3663~3666	灰白色含气砾状砂岩	0.106	0.415	0.562	2.232 ↑ 0.656	1.601 ↑ 0.067	气层
6	3678~3679	浅灰色含气细砂岩	0.023	0.048	0.128	0.664	0.188	差气层
7	3679~3681	灰白色含气砂砾岩	0.044	0.117	0.349	0.535	0.118	气层
8	3681~3682	浅灰色含气细砂岩	0.036	0.077	0.281	0.43	0.043	气层
9	3684~3687	灰白色含气砂砾岩	0.023	0.044	0.149	0.509 ↑ 0.349	0.179 ↑ 0.047	气层
10	3687~3688	浅灰色含气砾状砂岩	0.019	0.035	0.095	0.447	0.173	气层
11	3688~3690	浅灰色含气含砾细砂岩	0.019	0.037	0.117	0.495	0.196	气层

表 2　岩芯岩性描述

序号	起始深度 /m	终止深度 /m	厚度 /m	取芯岩性	显示
1	3678.00	3679.02	1.02	浅灰色含气细砂岩	含气
2	3679.02	3680.48	1.46	灰白色含气砂砾岩	含气
3	3680.48	3680.85	0.37	灰白色含气含砾细砂岩	含气
4	3680.85	3681.82	0.97	浅灰色含气细砂岩	含气
5	3681.82	3683.5	1.68	灰白色含气砾状砂岩	含气
6	3683.5	3686.76	3.26	灰白色含气砂砾岩	含气
7	3687.48	3688.23	0.75	浅灰色含气砾状砂岩	含气
8	3688.23	3689.96	1.73	浅灰色含气含砾细砂岩	含气
9	3695.15	3695.45	0.3	浅灰色含气细砂岩	含气

3.3　流体识别

利用中子－密度曲线重叠、核磁测井以及偶极子声波测井等方法手段，结合录井气测、岩石热解地化等资料综合识别 150~153、158~160 号层流体性质；录井显示情况看，3666~3694m、3750~3759m 气测的全烃值中等，为气的显示特征；地化数据偏低，荧光显示偏弱，但气测三角图版及烃比值图版仍显示为气层，见图 3、图 4。

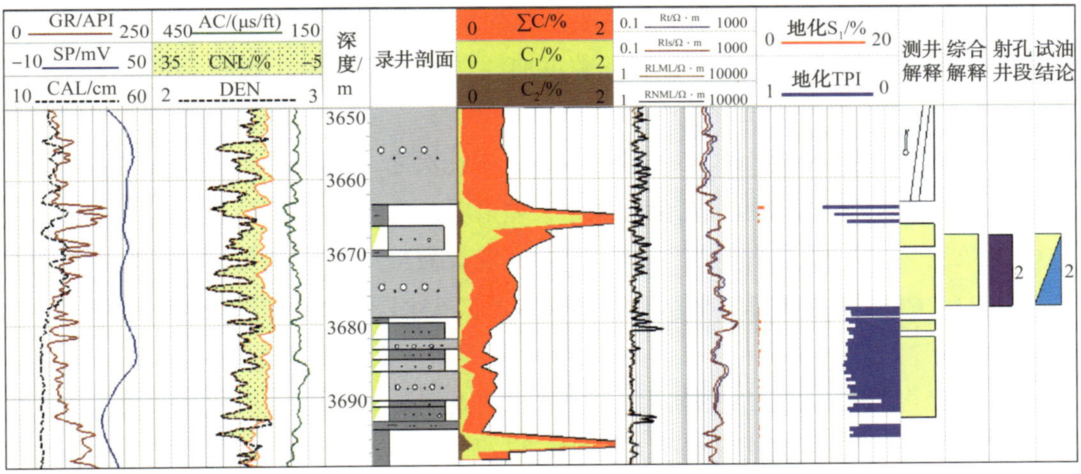

图 3　ASH2 井油气层评价图

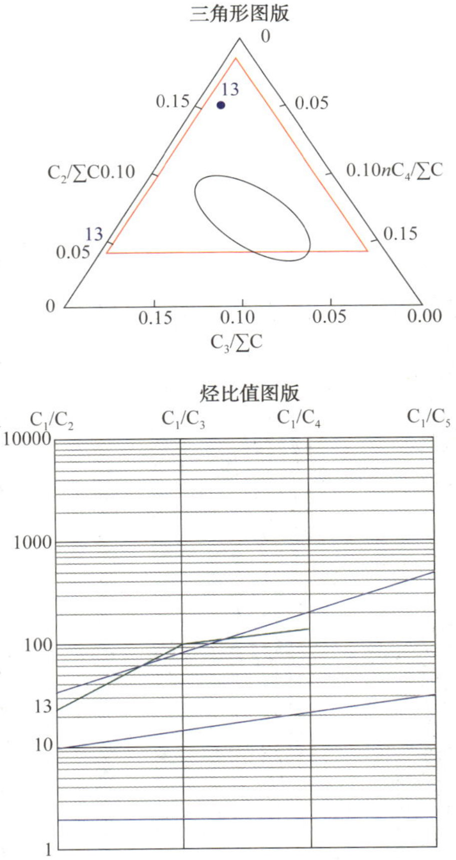

序号	井段/m	C_1	C_2	C_3	iC_4	nC_4	iC_5	nC_5	三角形解释	烃比值解释
13	3663.00~3666.00	1.6009	0.0693	0.0164	0.0049	0.0055	0.0057	0.0063	非价值层	气层

图 4　ASH2 井气测评价图版

常规测井显示储层自然电位异常幅度小，自然伽马低值，深侧向电阻率 37~243Ω·m，深浅侧向差异大，显示储层发育，三孔隙度曲线显示岩性较纯、致密，取芯显示岩性复杂。

核磁共振测井显示孔隙结构以小孔隙为主，中孔次之，孔隙度 5% 以下，2%~3% 的小孔隙占比大，核磁渗透率低，可动孔隙小，差谱弱，显示岩性致密。

电成像测井静态成像图显示，3666~3694m 发育裂缝 7 条，3728~3760m 发育裂缝 2 条；在 2682~2684m 成像图砾石显示明显，取芯岩芯描述岩性为砂砾岩，岩性复杂，非均质性强（图 5）。

正交偶极子阵列声波测井全波图上可以看出“人字纹”较发育，表明储层裂缝发育，纵横波速度比相比上下围岩明显减小，各向异性较强，表示含气。

3666~3694m、3750~3759m 综合常规测井及特殊项目测井，核磁可动孔隙度相对较大，电阻率 50Ω·m 以上。中子 – 声波、中子 – 密度曲线按标准刻度重叠，有挖掘效应特征，指示含气；多极子阵列声波纵横波速度比相比围岩明显减小，表示含气；录井及地化显示为气层，并结合区域油气藏、储层物性及流体性质特征，综合解释为气层。3728~3746m 解释为含气层，详细解释结果见图 5。

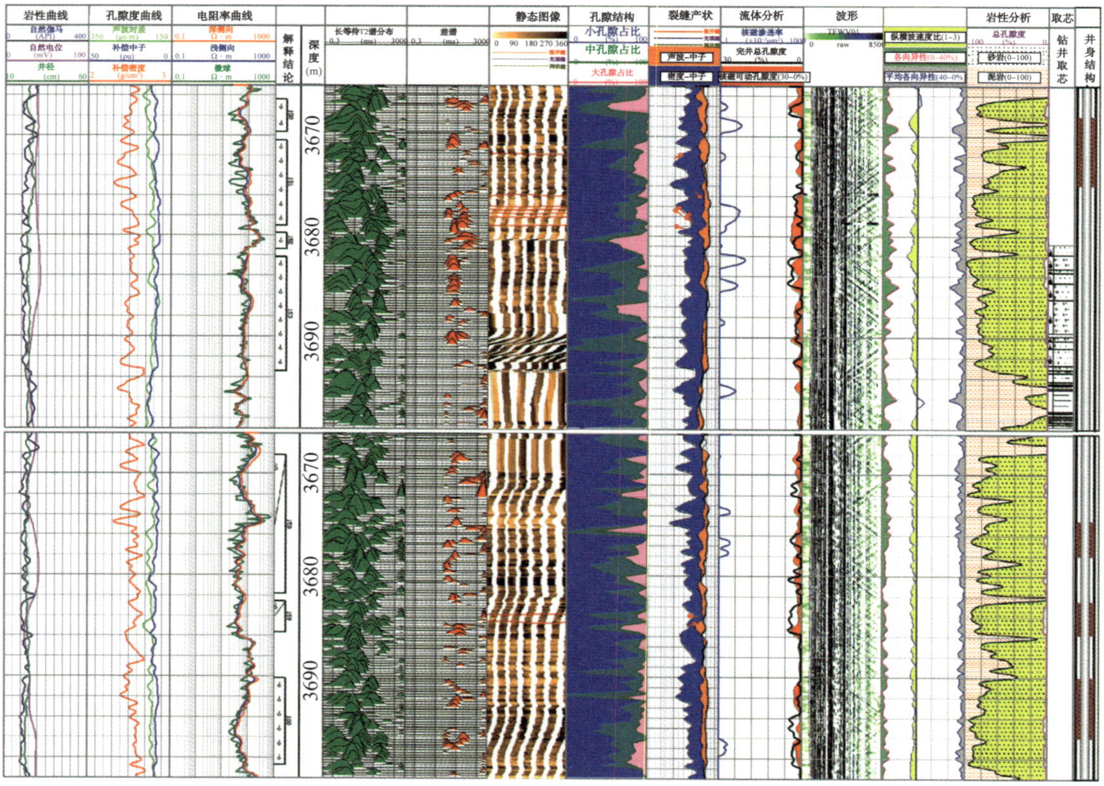

图 5　ASH2 井综合测井成果图

4 试油（气）结果

对井段 3668.0~3753.0m 进行压裂，入井压裂液 1408 方，加陶粒 105.9m^3。压裂后，试油期间累计产气 90545m^3，出水 1436.7m^3，返排率 99.6%，氯离子含量 83551mg/L，试油结果为气水同层。

该地区其他井压裂试油结果也均是气水同出，原因是致密砂砾岩岩性、孔隙结构复杂，没有统一气水界面，气驱替水不充分；压汞实验显示该区束缚水含量高达 60%~70%，压裂后改变了孔隙结构，束缚水转化为游离水。

5 结论与认识

（1）砂砾岩储层测井信息受岩石成分、孔隙结构复杂的影响，储层有效性及流体性质识别评价难度较大。

（2）特低孔低渗造成录井各项参数显示含油气丰度偏低，需完善气测录井对低孔、低渗轻质油气藏的评价方法。

（3）复杂致密砂砾岩储层产液分析时需要加强区块研究，综合录井、测井特殊项目，多方位综合分析，达到准确评价油气层的目的。

编写单位：华北测控公司
编 写 人：杜石山　杨文强
审 核 人：李三明
审 定 人：冉利民　周贤斌

26 准西车排子凸起 CH308 井复杂矿物碎屑岩储层测录井综合解释评价

1 概况

本井地处新疆维吾尔自治区伊犁哈萨克自治州乌苏市铁架子村东，构造位置位于准噶尔盆地西部隆起车排子凸起 CH72 井北岩性圈闭，钻探目的：（1）主探 CH72 井北古近系岩性圈闭的含油气性；（2）获取各项地质、地球物理参数，为勘探部署研究提供依据。实钻资料显示本井区设计井储集条件好，春 124E 井测井解释平均孔隙度 21.64%，平均渗透率 $332\times10^{-3}\mu m^2$，为中孔中渗储层；CH72 井测井解释平均孔隙度 26.56%，平均渗透率 $578.8\times10^{-3}\mu m^2$，为高孔高渗储层。表明该区砂体储层物性好，具备较好的储集条件，油藏类型为构造油气藏。

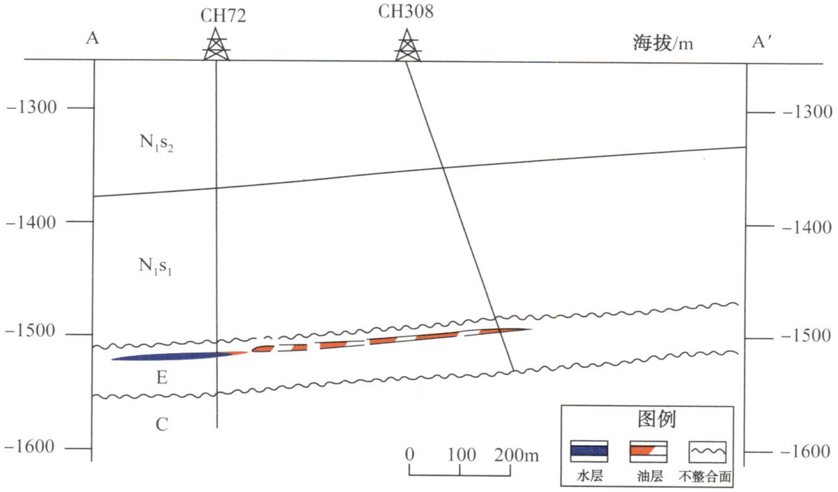

图 1　CH308 井油气藏剖面图

2 问题与难点

该区古近系分布在区域中南部，是春光油田的主要勘探区块，区块古近系储层岩性、物性和测井自然伽马、自然电位、电阻率曲线对应性差；所捞取岩屑细碎、岩样混杂、代表性差，储层非均质性强，岩性与电性对应性复杂，给有效储层厚度、流体识别带来一定的困难。

3　解释评价

利用无铀伽马结合自然电位、补偿中子来识别岩性、划分储层。综合应用录井的气测、岩石热解色谱资料、电阻率与声波 / 密度交会图版法、饱和度等方法判断流体性质。

3.1　基础资料分析

井段 1833.0~1838.0m 岩屑录井及钻井取芯为荧光显示。录井资料显示见表 1、图 2、图 3。

表 1　CH308 井油气显示

井段 / m	视厚 / m	岩性	含油岩屑占岩屑含量 / %	荧光显示		气测显示 /%								地化显示					综合解释
				颜色	级别	全烃	C_1	C_2	C_3	iC_4	nC_4	iC_5	nC_5	S_0	S_1	S_2	TPI	原油性质	
1833.0~1838.0	5.0	灰褐色油斑细砂岩	10	亮黄色	9	27.930 ↑ 0.007	10.628 ↑ 0.072	2.320 ↑ 0.002	2.257 ↑ 0	0.132 ↑ 0	0.037 ↑ 0	0.035 ↑ 0	0.008 ↑ 0	0.41	3.51	5.75	0.40	中质	油层

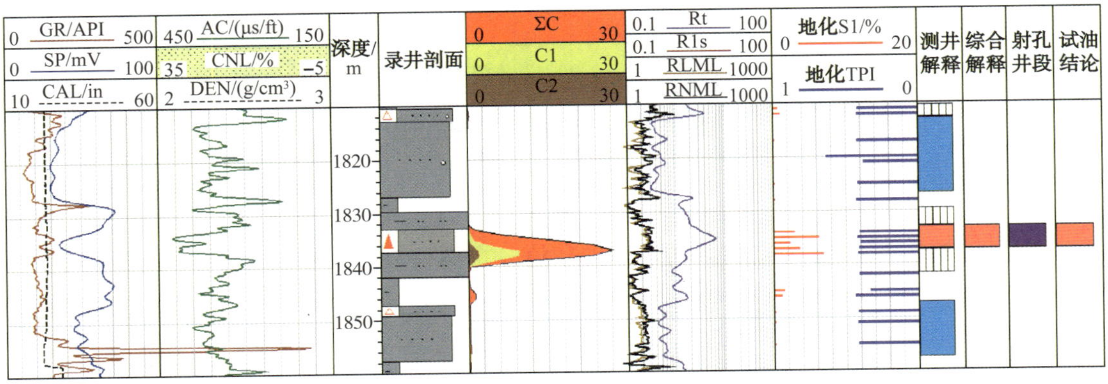

图 2　CH308 井油气层评价图

解释人	耿显刚	评价日期	2020/4/30

三角形图版

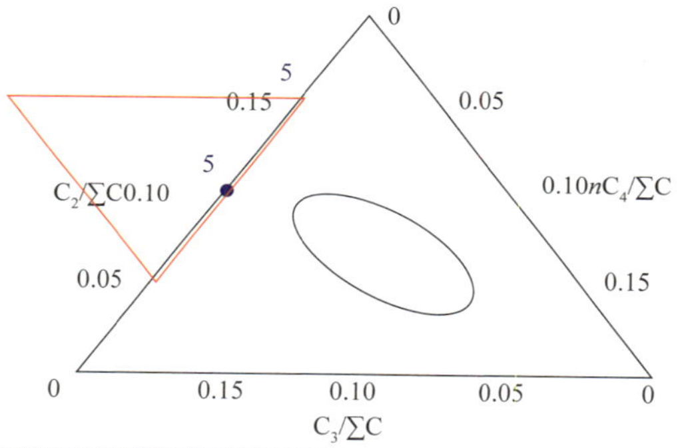

烃比值图版

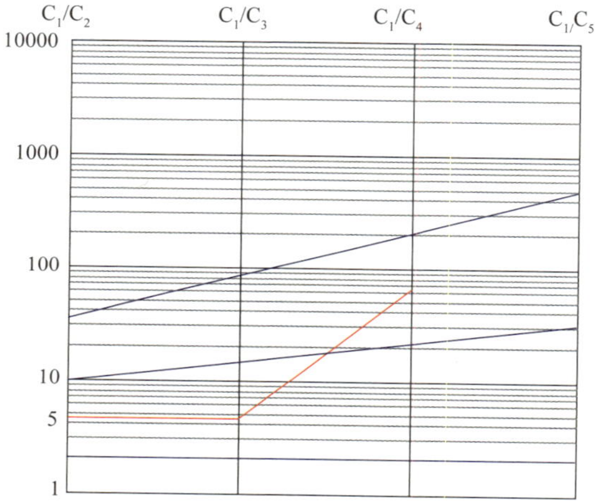

序号	井段	C_1	C_2	C_3	iC_4	nC_4	iC_5	nC_5	三角形解释	烃比值解释
5	1833.00~1838.00	10.6279	2.3202	2.2566	0.1317	0.0336	0.0345	0.0081	非价值层	油层

图3 CH308井气测评价图版

3.2 岩性识别

本区域储层非均质性较强，电阻率呈高值，自然伽马多呈中高值，仅依据自然伽马并不能很好地划分储层。无铀伽马结合反映储层渗透性的自然电位、对岩性反应灵敏的补偿中子，综合划分储层。1810~1812m井段处，虽然自然伽马高值，但无铀伽马较低，自然电位负异常，补偿中子也显示是砂岩储层，结合录井不含油特征，最终划分为干层。1812~1816m井段处，自然伽马依然是高值，但微电极呈现正差异，自然电位异常幅度较大，三孔隙也明显增大，因此仍应划分为水层。油层上下各细分出干层，虽然自然电位异常不明显，但自然伽马值较低，补偿中子反映为砂岩岩性。

3.3 综合解释

29号层，井段1833.0~1838.0m，无铀伽马曲线低值，自然电位曲线呈现负异常，感应电阻率径向差异较小。声波时差420μs/m、补偿密度2.1g/cm^3，物性好。深感应电阻率5.25Ω·m，电阻率与物性匹配很好。录井气测曲线形态饱满，全烃绝对值较高、烃组分齐全且甲烷含量较高，具轻质-中质油的油层特征，烃比值图版地化录井含油明显，均显示为油层特征（图3）。另外根据古近系解释标准，本层的电阻率、声波、密度均在交会图上的油层区域（图4、图5），最终29号层解释为油层（图6）。29号油层层段内，测井曲线显示仍有物性稍差的薄层，具体表现为声波、中子孔隙曲线低值尖峰，密度曲线高值尖峰。最有利的井段为1833.7~1836.3m，无铀伽马低值，电阻率高值，三孔隙与上部水层物性相当。而1829.8~1833.7m、1836.3~1841.8m井段，无铀伽马相对较高，三孔隙也反映泥质含量较重。

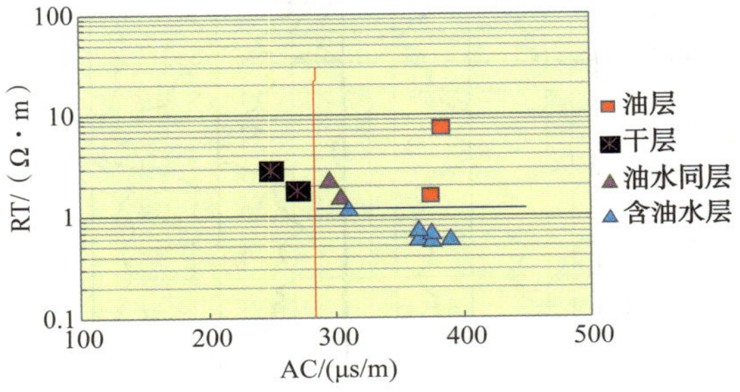

图4　古近系RT-AC交会图

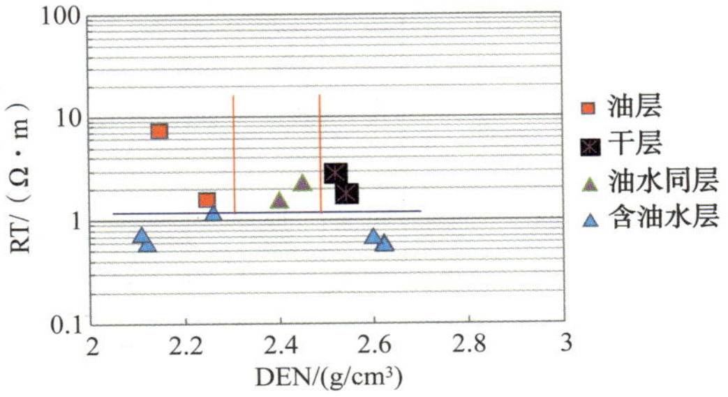

图5　古近系RT-DEN交会图

4　试油（气）结果

对1832.8~1837.2m试油，用5mm油嘴控制放喷，油压2.2MPa，套压2.4MPa，日产油31.46m^3。4月22日用3mm油嘴控制放喷，油压1.4MPa，套压1.8MPa，日产油9m^3，共自喷产油76.05m^3，不产水，试油结果为油层，解释结果与试油结果相符，取得了良好的效果，为下一步更好地评价解释油气层打下了坚实的基础，预计可新增石油地质储量9.3万吨，对古近系下一步勘探具有重要的指导意义。

5　结论与认识

（1）利用气测图版及曲线形态法评价古近系的储层及利用地化参数法评价油层性质效果较好。

（2）春光古近系储层测井自然伽马、自然电位、电阻率曲线匹配性差，需整体结合自然电位、补偿中子、微电极资料及录井气测才能较好的反映有效储层厚度。

（3）针对古近系所捞取岩屑细碎、岩样混杂、代表性差，录井岩性识别困难的现象，建议增加元素录井、全岩分析等识别岩性的录井项目。

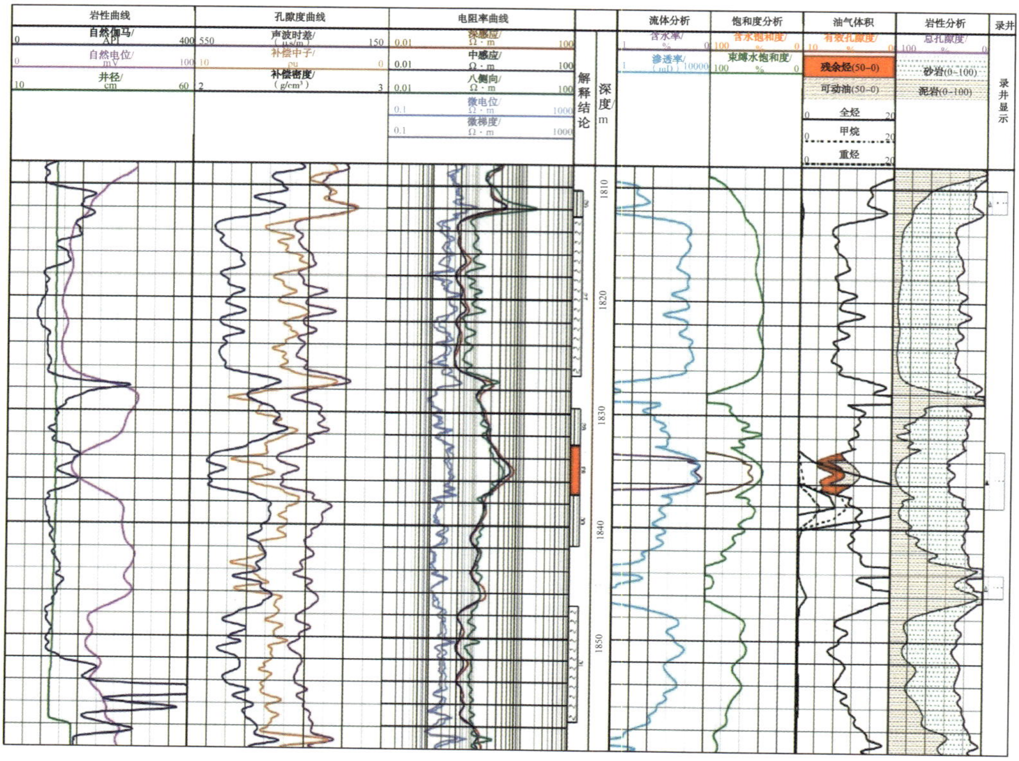

图6 CH308井综合成果图

编写单位：华北测控公司
编 写 人：杜石山　刘　波
审 核 人：李三明
审 定 人：冉利民　周贤斌

27 南阳凹陷 N174 井断层—岩性油气藏测录井综合解释评价

1 概况

N174 井地处河南省唐河县张店镇郭庄东北约 70m，构造位置位于南襄盆地南阳凹陷张店地区 ZH19 井东断层 – 岩性圈闭，钻探 ZH19 井东断层 – 岩性圈闭含油气性，增加新的地质储量。本井区目的层段物性及测录井资料统计，该区储层厚度 1~4m，孔隙度一般 5%~20%，平均 15%，渗透率一般（10~500）$\times 10^{-3}\mu m^2$，平均 $100\times 10^{-3}\mu m^2$，属中 – 低孔、中 – 低渗储层，物性中等。本井区圈闭为断层 – 岩性圈闭，来自北部物源的砂体向南延伸至该区，向河道侧缘逐渐减薄变干，与近东西向北掉断层配置形成断层 – 岩性圈闭，油气藏类型为断层 + 岩性圈闭油气藏（图 1）。

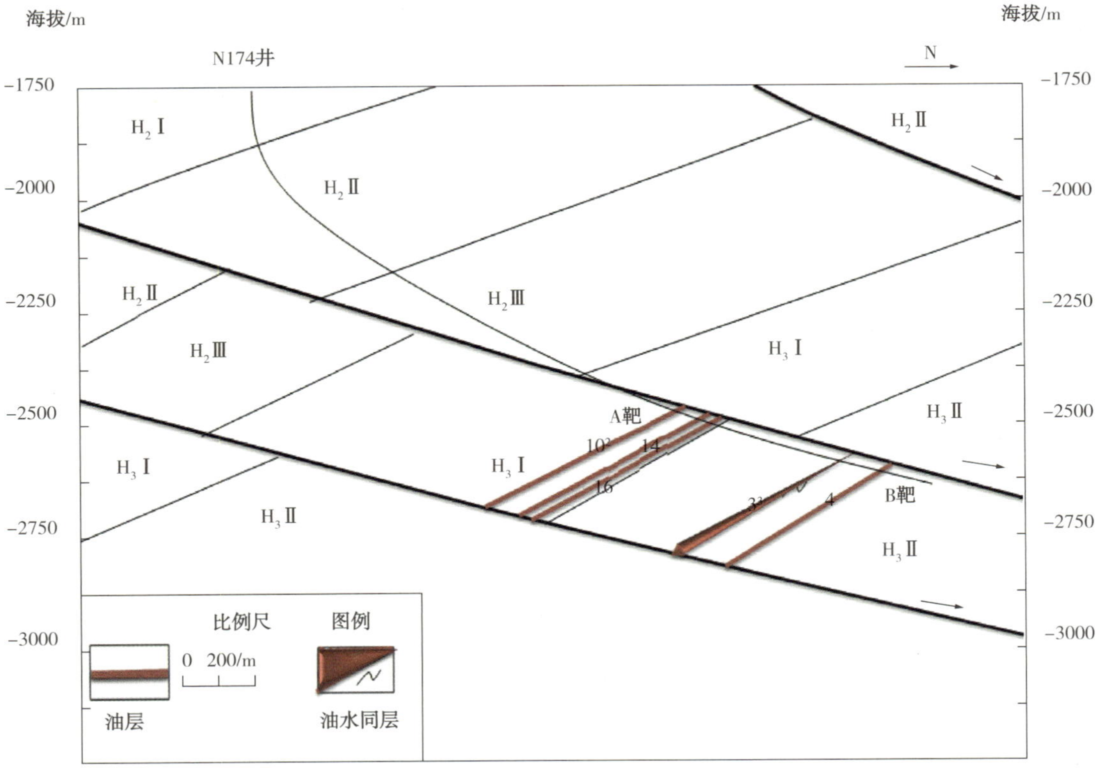

图 1 N174 井油气藏剖面图

2 问题与难点

该地区部分储层岩芯有良好显示、油味浓、地化录井分析结果很好，具有典型油层特征，但常规试油及压裂未能获得工业油流。同时本区的油质很复杂，既有轻质油，也有中质油，给解释带来一定的困难；高显示级别干层、水层，低显示级别油层屡见不鲜。对于测井资料而言，由于本区域油水关系复杂，既有高阻水层，也有低阻油层，致使电性响应特征复杂，利用常规测井资料评价流体性质难度较大，油、水层划分困难。

3 解释评价

综合录井、气测和测井资料，运用气测评价图、电阻率绝对值与差异、声波和电阻率交会图等方法进行储层划分及判断流体识别。

3.1 录井解释

本井岩屑显示较好，均为油迹，气测显示整体反映为气层特征；地化数据绝对值 S_1 普遍达 4.0mg/g 以上，TPI 值均高于 0.7 以上，具中 – 轻质油特征。2981.0~2985.0m、2987.0~2989.0m 气测显示特征明显，曲线形态饱满，呈箱状分布，特别是甲烷值相对较高，地化 S_1 达到 4.0mg/g 以上，录井解释为油层；3142.0~3148.0m 气测显示特征较明显，曲线形态呈三角形，甲烷含量相对较高，判断为储层含水，地化 S_1 为 3.63mg/g，比上面一层显示稍差，解释为油水同层；3191.0~3193.0m 气测显示特征明显，曲线形态饱满，气测组分主要为甲烷，地化 S_1 高达 4.35mg/g，录井解释为油层。

井段 2981.0~2985.0m、2987.0~2989.0m、3142.0~3148.0m、3191.0~3193.0m 录井资料显示见表 1、图 2。

表 1 N174 井油气显示

序号	井段 /m	岩性	气测数据 /%								地化数据 /（mg/g）				综合解释
			ΣC	C_1	C_2	C_3	iC_4	nC_4	iC_5	nC_5	S_0	S_1	S_2	TPI	
1	2981.0~2985.0	灰褐色油迹细砂岩	3.630↑0.516	2.560↑0.220	0.327↑0.024	0.168↑0.019	0.027↑0.003	0.061↑0.006	0.022↑0	0.029↑0	0.961	4.056	1.214	0.803	油层
2	2987.0~2989.0	灰褐色油迹细砂岩	5.181↑1.752	4.263↑1.079	0.356↑0.111	0.127↑0.088	0.015↑0.009	0.035↑0.019	0.013↑0.010	0.020↑0.015	0.832	4.015	1.378	0.771	油层
3	3142.0~3148.0	灰褐色油迹细砂岩	3.796↑0.708	3.214↑0.386	0.249↑0.035	0.123↑0.021	0.019↑0.003	0.051↑0.006	0.017↑0	0.030↑0	0.793	3.634	1.46	0.747	油水同层
4	3191.0~3193.0	灰褐色油迹细砂岩	8.819↑2.334	5.853↑1.312	0.413↑0.163	0.174↑0.106	0.028↑0.019	0.054↑0.043	0.020↑0.017	0.025↑0.024	0.665	4.349	1.747	0.742	油层

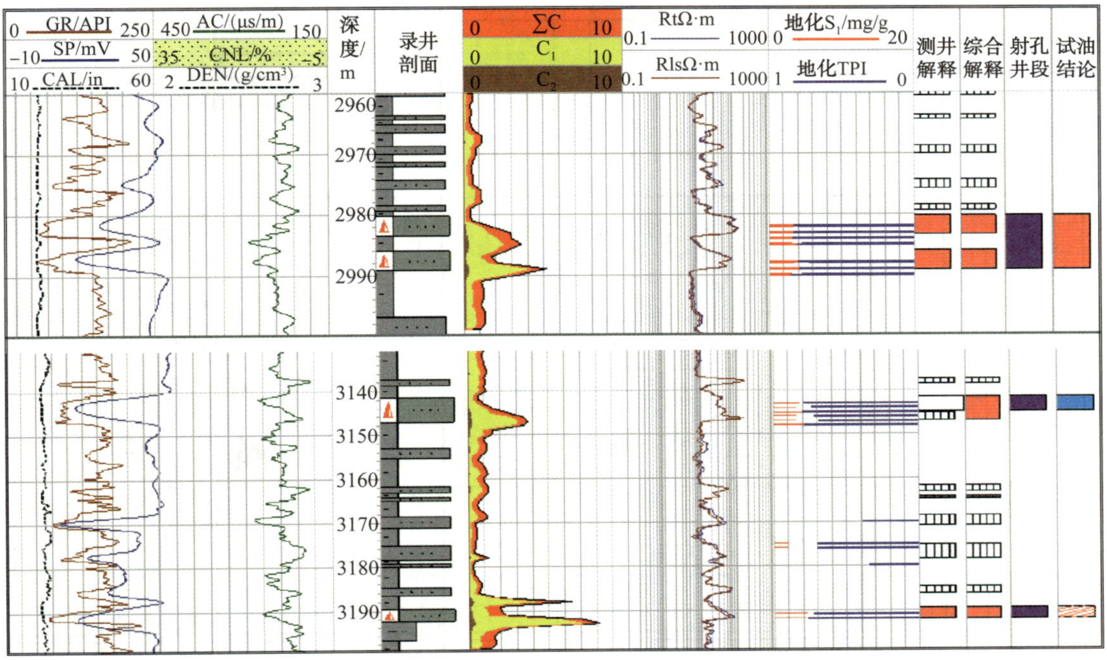

图 2　N174 井油气层评价图

3.2　测井评价

综合录井、气测和测井资料，测井评价主要运用气测评价图、电阻率绝对值与差异、声波和电阻率交会图等方法进行储层划分及判断流体性质。

测井响应特征表明（图 3）：

（1）42、43 号层（2980.3~2989.2m），42 号储层自然电位异常幅度适中，43 号储层自然电位异常幅度相对偏大，自然伽马相对低值，深侧向电阻率（61~135Ω·m）均大于 50Ω·m，声波时差分别为 242μs/m、258μs/m。从自然伽马、自然电位及三孔隙度曲线综合分析储层岩性较纯，解释为油层。

（2）58 号层（3141.4~3145.1m），储层自然电位异常幅度相对偏大，自然伽马相对低值，深侧向电阻率 33Ω·m，声波时差为 262μs/m。从自然伽马、自然电位及三孔隙度曲线综合分析储层岩性较纯，解释为油水同层。

（3）65 号层（3189.6~3192.4m），储层自然电位异常幅度相对适中，自然伽马相对低值，深侧向电阻率 51Ω·m，声波时差为 260μs/m。从自然伽马、自然电位及三孔隙度曲线综合分析储层岩性较纯，解释为油层。

依据邻井目的层试油资料与测井响应特征分析，制作声波时差与电阻率交会图（图 4），表明岩性、物性相近的油层、油水同层和水层电阻率在交会图上难以区分。测井解释油层 9.2m/3 层，油水同层 3.7m/1 层，有效厚度 9.8m。

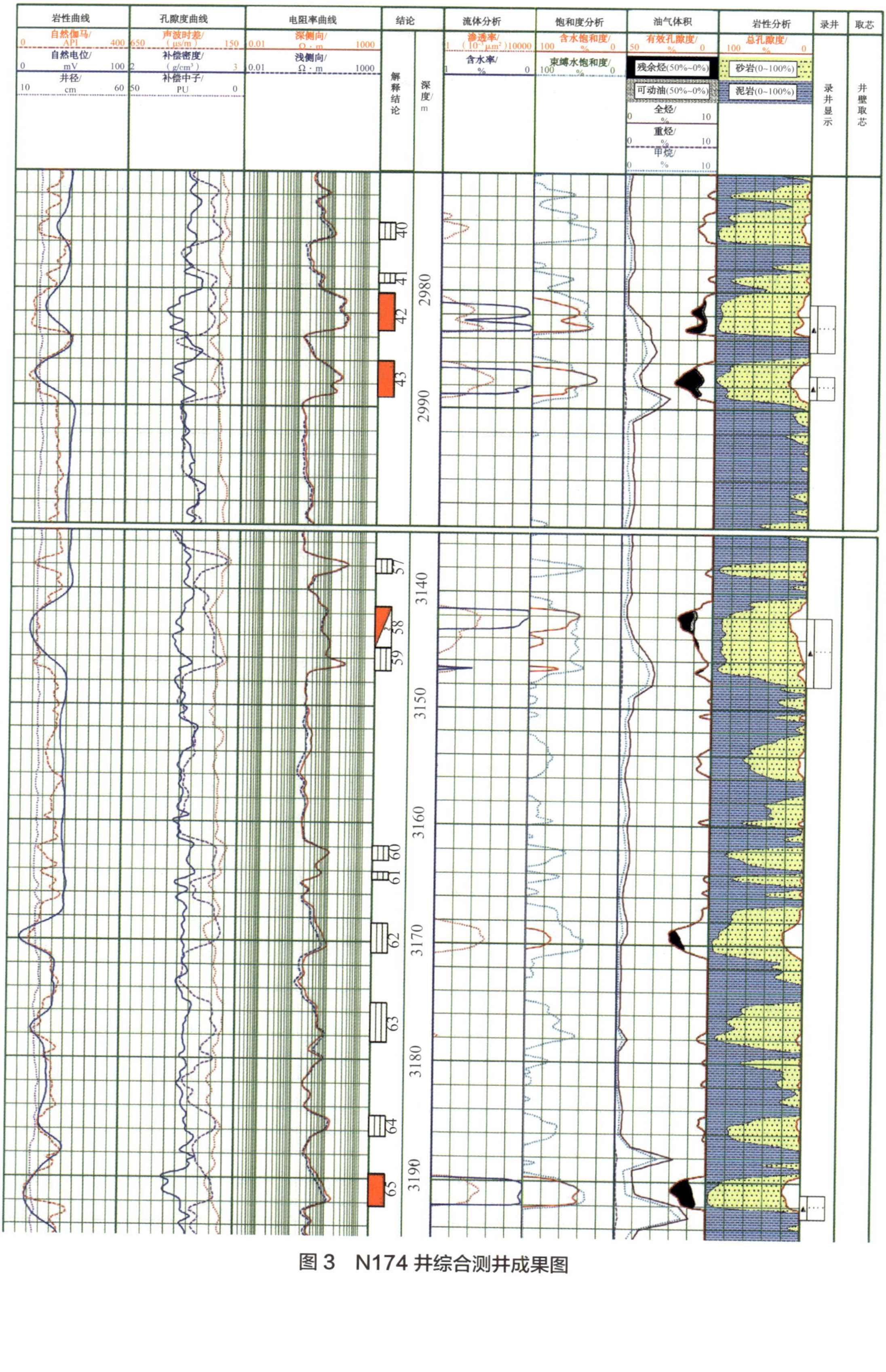

图3　N174井综合测井成果图

3.3 综合结论

综合测录井资料将井段 2981.0~2985.0m、2987.0~2989.0m、3191.0~3193.0m 解释为油层，将井段 3142.0~3148.0m 解释为油水同层。

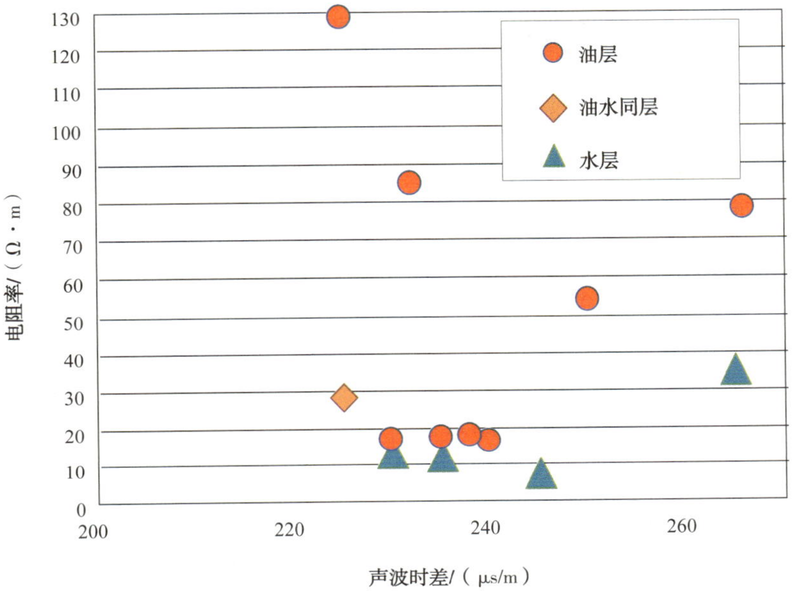

图 4　声波时差与电阻率交会图

4　试油（气）结果

第 1 试油层：3189.6~3192.4m，1 层 2.8m；层位：核三段，放喷共产气 19006m^3。试油结果为低产气层。

第 2 试油层：3141.4~3145.1m，1 层 3.7m；层位：核三段，日产水 4.2m^3。试油结果为水层。

第 3 试油层：2980.3~2989.2m，2 层 6.4m；层位：核三段，累计产油 43.44m^3、气 27454m^3。试油结果为油层。

该井的钻探成功证明张店地区核三段深层系具有一定增储空间。张店鼻状构造两翼的砂体展布和产能情况在不同层位具有较大差异，沉积规律的研究对于寻找优质储层具有非常重要的意义。

从试油结论上看，解释结论和试油结论第 1、3 层相符，第 2 层不相符，第 2 层解释为油水同层，试油为水层，分析出水原因为全烃和地化的绝对值相对偏低，且全烃曲线呈尖峰状且曲线形态不饱满。另外地层电阻率曲线在层的顶部虽有含油特征，但电阻率值在本区域来说相对较低，该小层在平面上也处于相对低位。

5 显示与储层性质不相符的原因

造成高显示级别测试为干层、水层，低显示级别测试为油层原因有以下两点：

（1）油藏类型的影响，油藏类型以断鼻、断块油藏为主，断层 + 岩性油藏次之。该区断块发育，在马店鼻状构造背景上，地层被多条断层切割成断块圈闭形成的油气藏，因运移通道的影响，该类油气藏易形成高显示级别的干、水层。

（2）含油井段长的影响：该井区纵向含油井段长，个别井含油井段达到 500.0m。随着埋深的增加容易形成轻质凝析油层或气层（从本井产气就可以验证这一点），而轻质油层或气层易使岩屑录井显示级别相对较低。

6 结论与认识

（1）油气层解释除了考虑气测、地化值的相对大小，还要充分考虑气测曲线形态及显示层的厚度、储层厚度及构造位置等因素。

（2）常规测井对复杂储层含水性识别困难，建议采集核磁共振等更多的地层信息，便于准确评价特殊储层流体性质。

（3）井段：3189.6~3192.4m，录井显示为油层特征，且本区块以产油为主，所有邻井都没有产气历史，测录井均解释为油层，试油结果为低产气层。本井 43、62、65 号层挖掘效应都相对明显，且全烃中甲烷含量高，表现为气层特征，油气层解释工作中要加强测录融合，提高解释评价准确性。

编写单位：华北测控公司
编 写 人：杜石山　张建龙
审 核 人：李三明
审 定 人：冉利民　周贤斌

28 天环向斜 HH5101H 井断缝体储层测录井综合解释评价

1 概况

HH5101H 井是华北油气分公司在鄂尔多斯盆地天环向斜南部署的一口评价井（水平井），主要目的是进一步评价何家坪目标区 HH51 井区中生界延长组长 8_1 油藏的分布范围，落实长 8_1 断缝体发育情况，为储量升级提供依据。何家坪目标区位于镇泾地区东南部，长 7 油页岩发育，油源供给充足，HH5101H 井位于有利烃源岩发育区；何家坪目标区 HH51 井区延长组长 8_1 时期主要发育三角洲前缘亚相，水下分流河道砂体在继承前期发育的基础之上，在不同沉积期横向上又有所迁移，储层砂体发育，该区断缝发育。

HH5101H 井设计了导眼和水平段，导眼段完钻层位长 9m，靶前距 870m；水平段 A 点靶前距 400m，水平段长 500m。该井于 2022 年 7 月 24 日开钻，8 月 6 日导眼段完钻，8 月 21 日水平段完钻，完钻井深 2189.00m，完钻层位延长组长 8_1 油层组。水平段钻遇断缝体油层，架空槽返浆始终伴有原油溢出，达到用水平井技术评价长 8_1 产能的目的。

2 问题与难点

该区块储层类型多、孔隙结构及地质条件复杂，断缝体发育，地质导向及储层评价难。地质导向主要体现在导眼段断缝体识别及油藏剖面精准预测、水平段 A 靶点着陆、水平段轨迹调整，提高油层、断缝体油层钻遇率。储层评价难点主要体现在目的层段储层类型多样，基质孔隙、微裂隙及断缝体储层均有发育，不同储层类型发育规模对测井响应特征影响不同，断缝体发育与否对单井产能影响大，不同类型储层分类识别难。

3 解释评价

3.1 地质导向及断缝体评价

1）实钻导眼分析与轨迹调整

导眼于长 7 井段 1920~1921m、长 8 井段 1974~1978m，工程参数变化不明显，岩性为褐灰色油斑细砂岩，岩屑混杂；气测全烃快速升高至 99.29% 饱和，振动筛大量原油溢出

（架空槽由于泥浆流速快，槽面观察不明显）；自钻开显示层后，每次接单根停开泵，气测后效值 70%~99% 饱和，架空槽及振动筛有原油溢出。现场判断钻遇断缝体所致。

图 1　导眼段断缝体岩屑混杂、振动筛原油溢出图

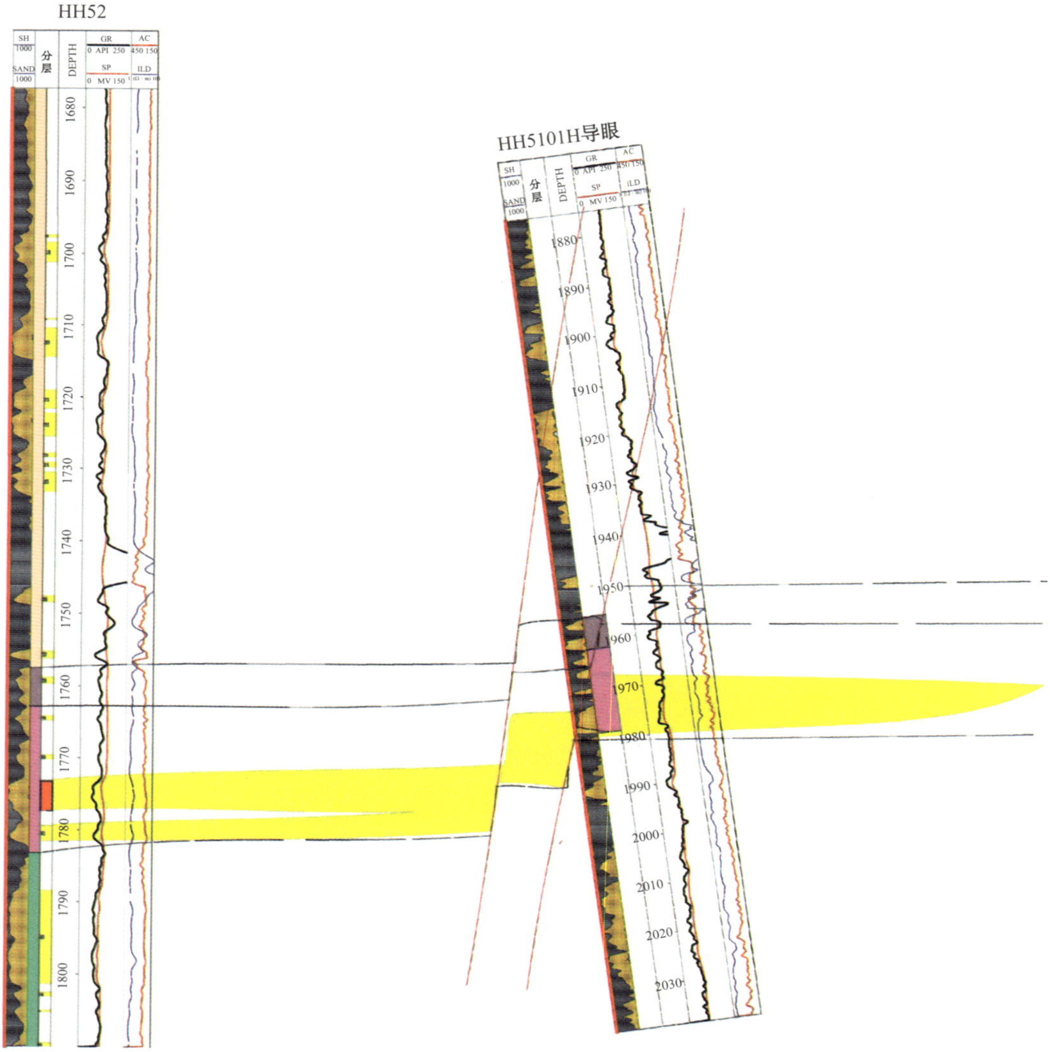

图 2　实钻导眼分析及模型优化图

通过 HH52 井 –HH5101H 井导眼井 –HH52–1 井地层对比，发现地层由南向北埋深逐渐升高，HH5101H 导眼处于构造高点。由对比可看出，砂体往 B 靶点方向变厚。地震资料显示，本井地层水平段钻遇两套断层，且砂体逐渐变厚。在地层对比及断层识别的基础上，判定砂岩厚度与设计吻合，按断层发育的模式，重新进行了轨迹设计方案调整。

2）侧钻随钻跟踪与 A 靶点着陆

根据本井侧钻段与导眼段实钻地层数据对比，侧钻段长 7 油页岩顶为 1740.50m，导眼段为 1738.61m，较导眼段深 1.89m；导眼段目的层砂顶 1762.62m，随着位移增加，预测目的层砂顶垂深 1765.0m，较导眼段砂顶深 2.38m，较设计砂顶 1767.00m 浅约 2.0m，预测 A 靶点垂深 1766.00m。由于 A 靶点轨迹距离本井导眼段距离较近，实钻与导眼段对比较好，建议本井 A 靶点按照垂深 1766.00m 着陆。本井实钻目的层砂顶垂深 1764.55m，A 靶点垂深 1766.32m，实际进入砂体 1.77m，井深满足调整设计着陆要求。

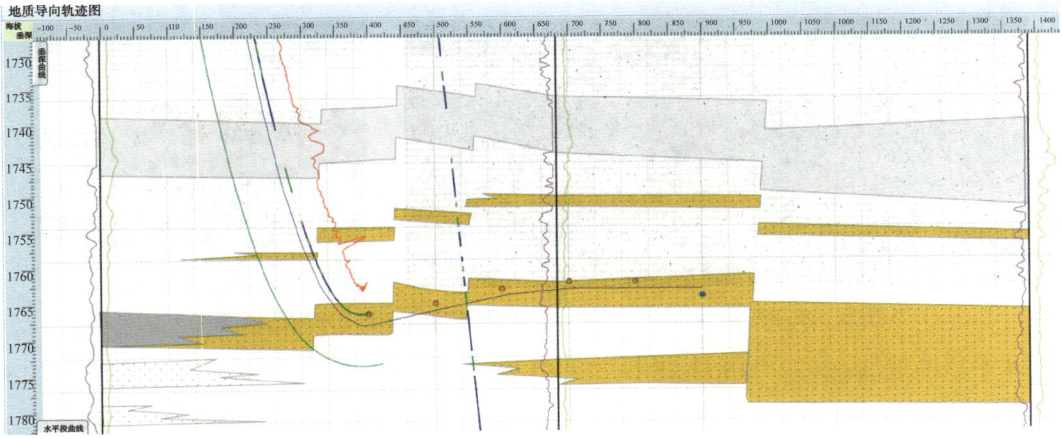

图 3　断缝体薄储层精准着陆图

3）水平段轨迹控制

2022 年 8 月 18 日水平段钻进，根据导眼井目的层砂体厚度推算，本井目的层砂体垂厚 3m 左右，为了水平段后期顺利施工，考虑到地层倾角影响，决定匹配地层倾角钻进，尽量使钻头在目的层砂体中部穿行。通过 HH52 井和导眼井目的层顶垂深及水平位移计算平均地层倾角上倾 1.13°。本井水平段长 200.00m；砂岩段长 200.00m，砂岩钻遇率 100.00%；含油段长 200.00m，含油砂岩钻遇率 100.00%；水平段显示全烃最高 99.989%，最低 0.483%，平均 56.044%。

4）断缝体评价及提前完钻建议

水平段断缝①：2022 年 8 月 18 日 20：05 水平段钻至井深 2009.00m，迟到井深 2005.00m，工程参数变化不明显，岩性为褐灰色油斑细砂岩，气测全烃快速升高至 99.98% 饱和（裂缝井段 2004~2006m，厚度 2.0m，预测垂深 1765.80~1765.86m，垂厚

0.06m），振动筛见原油溢出，判断钻遇裂缝油层。

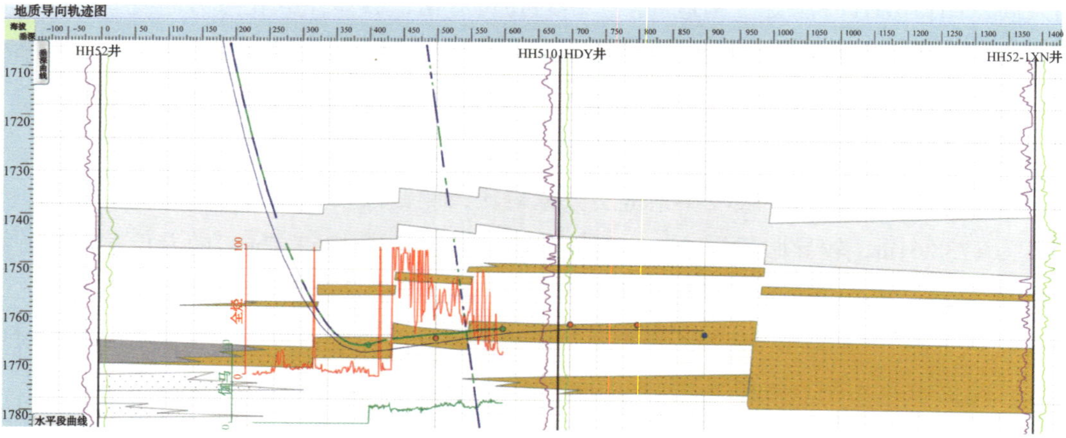

图 4　断缝体薄储层水平段钻进图

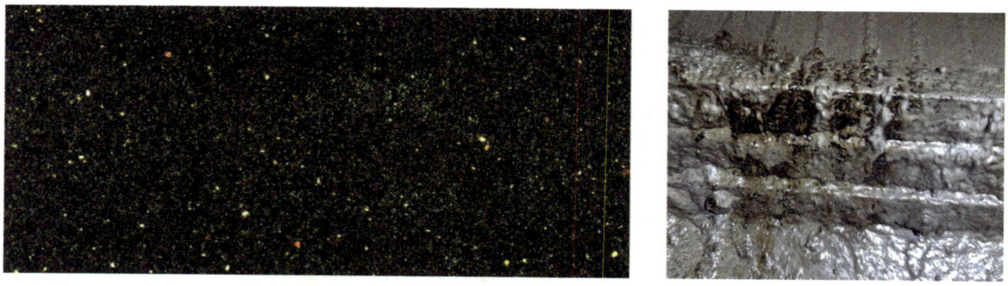

图 5　水平段断缝体岩屑扫描、振动筛原油溢出图（水平段断缝①）

水平段断缝②：2022 年 8 月 18 日 22：05 水平段钻至井深 2023.69m，岩屑返至 2015m（接单根井深 2014.19m）。立压由 11.3 ↑ 11.9MPa，出口流量 30 ↑ 31L/s，总池体积由 64.9 ↑ 65.9m^3，泥浆密度 0.95 ↓ 0.93g/cm^3，黏度 43 ↑ 46mPa · s。停泵后有泥浆及原油溢出，确认发生溢流，立即关井，静止观察关井立压 0MPa，关井套压 0.1MPa，泥浆池总体积增加 1m^3，03：30 关井、点火，火焰高度 3~5m，火焰颜色橘黄色；04：00 节流循环，排气点火，火焰高度 0.5~1.5m，直至火焰熄灭后开井；8：00 循环泥浆（使用替浆前原浆逐渐混入泡沫钻井液中）。

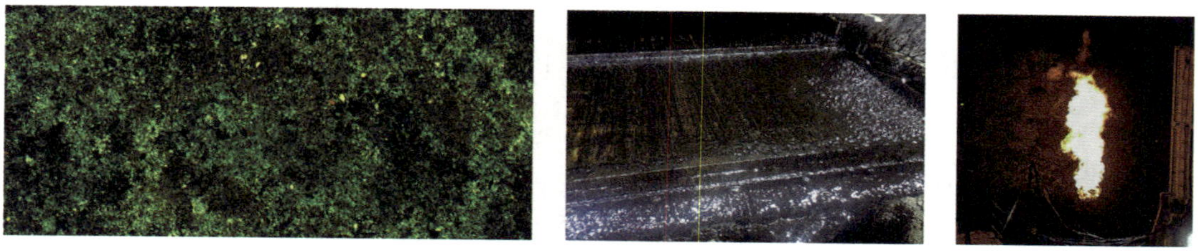

图 6　水平段断缝体岩屑扫描、振动筛原油溢出、关井点火图（水平段断缝②）

录井现场溢流分析判断：（1）出现全烃饱和及溢流是停泵测斜和接单根的位置，说明正常钻进时，泥浆液柱压力与地层压力平衡，停泵导致打破平衡，大量油气进入泥浆且发生油气浸现象，形成溢流。（2）根据钻时判断，在 2017m 再次钻遇裂缝，两个裂缝被同时打开，导致地层压力大于泥浆液柱压力，从而发生溢流。自 8 月 18 日发生溢流之后，井筒及泥浆中混有大量原油，造成泥浆油气浸，气测全烃值失真，停开泵及单根峰气测全烃饱和。

现场建议提前完钻。2022 年 8 月 20 日 14：30 接油气勘探管理部《关于镇泾区块 HH5101H 井完钻的通知 8.20》，决定钻穿设计 F4（闭合距 542m 处），在 A2（闭合距 600m 处）完钻。现场钻进至井深 2189.00m，闭合距 600.62m，符合完钻要求。

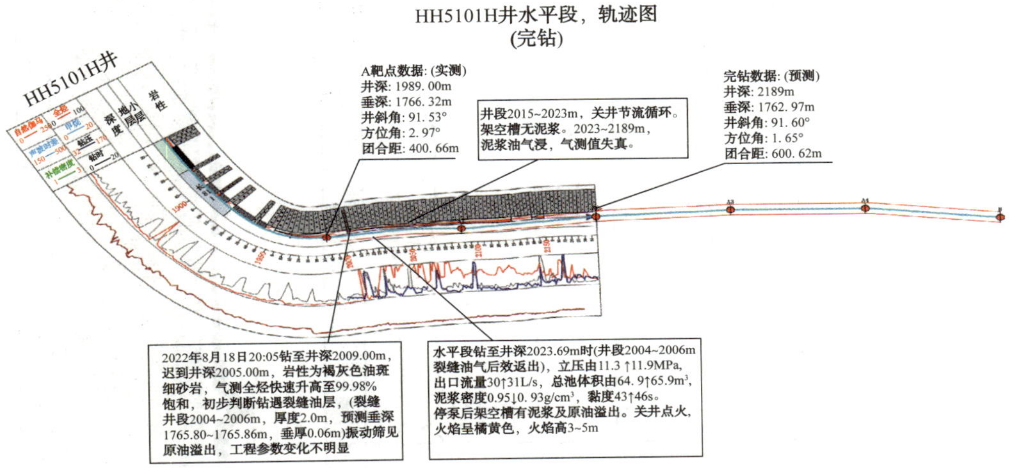

图 7　HH5101H 井现场显示、断缝体评价及提前完钻综合图

3.2　断缝体测井评价

测井资料识别断缝体发育段是本井评价的重点，主要应用电阻率绝对值与差异法、交会图版法、电性及物性曲线差异性变化结合实钻钻时及槽面显示等综合判断储层类型，在此基础上，结合录井含油显示及测井解释图版进行流体性质识别。录井的岩芯、气测、荧光等资料，对中生界致密砂岩储层的流体性质评价较为灵敏。测录井资料结合，可开展储层的综合解释评价。

图 8 为该井水平段综合解释成果图，第 24 层录井现场解释以中砂为主，饱含油级别，录井时见原油约 40%，槽面上涨约 4.0cm，总池体积增加 1m^3 发生溢流，钻时明显变短。测井响应特征表明，该层段井眼扩径严重，自然伽马曲线呈齿状变化；三孔隙度曲线均起伏变化明显，声波时差区间值为 226.3~439.2μs/m，均值为 334.1μs/m；中子曲线区间值为 9.4%~28.6%，均值为 16.9%；密度曲线减小明显，区间值为 2.27~2.57g/cm^3，均值为 2.41g/cm^3，反映该层孔隙性较好，双感应电阻率曲线较上下储层降低明显，深感应电阻率从背景值 30Ω · m 显著下降到 5.5Ω · m，结合录井饱含油显示，表明该层含油性好，

裂缝发育。综合解释结果：泥质含量为 8.6%，孔隙度为 18.2%，渗透率为 $2.61 \times 10^{-3} \mu m^2$，含油饱和度为 59.4%，解释结论为裂隙油层。

综合分析认为 2003~2006m、2116~2120m 井段低角度裂缝发育，2013~2018m 井段中高角度裂缝发育。

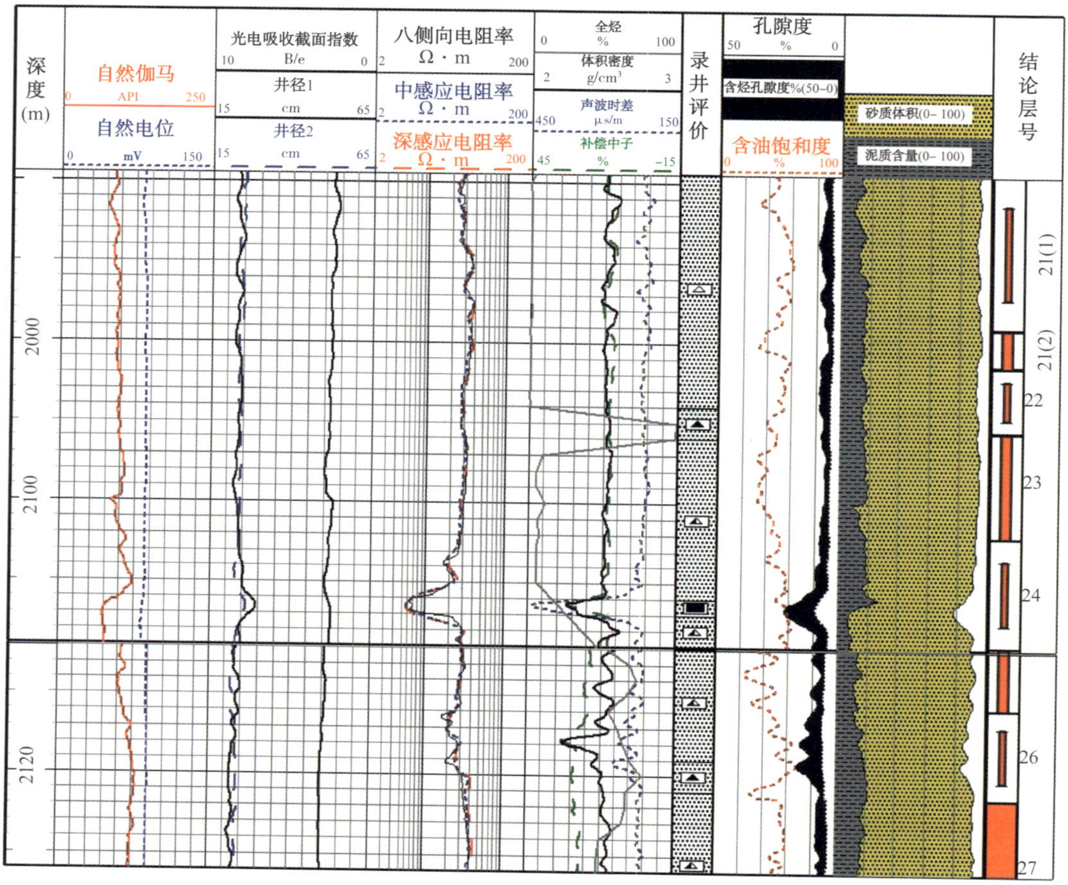

图 8　HH5101H 井水平段综合解释成果图

4　试油（气）结果

通过测录井综合解释评价，确定重点投产层段。（1）井段：1905.00~1907.00m；（2）井段：2004.00~2006.00m；（3）井段：2016.00~2017.00m；（4）井段：2119.00~2121.00m；（5）井段：2156.00~2160.00m，均为典型断缝体储层，其中第 3、第 4 和第 5 段储层裂隙异常发育，并与地震解释的断层段吻合，综合解释为 I 类断缝体储层。通过对断缝体储层进行压裂试油，日产油 14.95t、水 25.01t，证实了对断缝体储层的含油性评价认识。

通过邻井对比分析，本井邻井 HH52 和 HH52-1 井长 8 段物性较差，裂隙不发育，综合解释为差油层（图 9 和图 10），两口井测试分别日产油 0.5t 和 0.6t，与差油层解释结论吻合，本井日产油 14.95t，断缝体储层发育使储层品质得到大大改善，产能得到了显著提高。因此，断缝体发育与否对该类储层品质及产能影响巨大，亦在一定程度上决定了该类储层勘探开发前景。

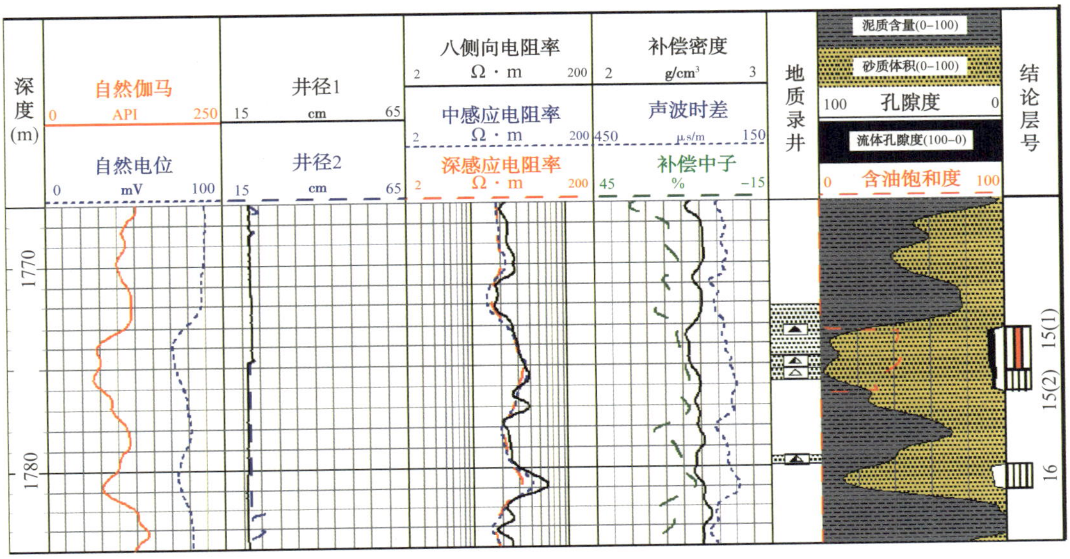

图 9　HH52 井长 8 段综合解释成果图

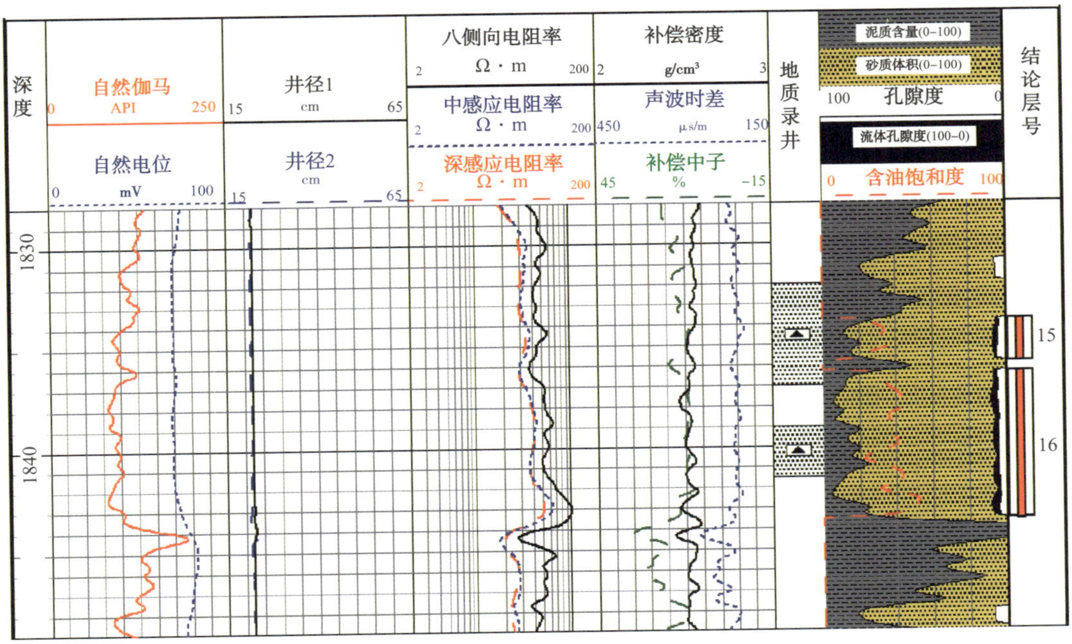

图 9　HH52-1 井长 8 段综合解释成果图

5 结论与认识

（1）通过地质导向及现场录井评价，本井油气显示活跃，气测后效显示好，钻井过程有大量原油溢出，指示含油性较好，根据钻时及钻井溢流情况，指示断缝体发育。

（2）通过测录井资料综合分析，本井导眼段与水平段均钻遇断缝体油层，整体物性、含油性较好，裂隙较发育，解释裂隙油层5层，根据测录井综合评价，现场建议比原设计提前完钻。

（3）对主要断缝体储层测试，本井获日产油14.95t高产工业产能，指示了断缝体对储层产能的积极贡献。

（4）建议针对该类水平井应采集声波远探测测井项目，结合过井地震剖面，测录融合、井震协同开展综合解释，提高对断缝体储层的认识和评价准确性。

编写单位：华北测控公司
编 写 人：王 磊 吴早平
审 核 人：齐真真
审 定 人：冉利民 周贤斌

29 迈陈凹陷北部斜坡 XW13 井低阻储层测录井综合解释评价

1 概况

XW13 井位于广东省湛江市徐闻县迈陈镇昌俸上村东南 750m，是北部湾盆地迈陈凹陷北部斜坡带上的一口评价井，钻探目的是探徐闻 1 块 E_3w_2、E_3w_3 构造圈闭含油气情况。设计垂深 3437m，目的层为涠洲组二段和涠洲组三段。

本井 2020 年 6 月 10 日开钻，2020 年 7 月 1 日完钻，完钻斜深 3410m（垂深 2998.49m），完钻层位为涠洲组三段。邻井 XW6 井涠洲组三段已获工业油流，抽汲日产油 8.33t、气 1778m^3，涠洲组二段一直未获工业油流。

2 问题与难点

本井储层评价难点，表现为以下三个方面：一是徐闻地区涠洲组油层电阻率数值低，不能准确地反映储层含油饱和度；二是受储层复杂的矿物组分、岩性、物性、水性及含油性等综合影响，难以单独用测井资料有效判断流体性质；三是涠洲组二段油气显示层段未进行钻井取芯，无法进行核磁共振录井、定量荧光录井等分析，地化录井用岩屑资料进行实验，使实验室录井分析结果可靠性变差。

3 解释评价

结合现场地质录井、气测、地化录井、常规测井等资料，在四性关系分析基础上对储层进行综合评价。

3.1 岩性分析

该区涠洲组是辫状河三角洲沉积，为砂泥岩剖面，岩性一般为粉砂岩－细砂岩，分选好、磨圆好，泥质胶结，较疏松。从岩屑录井看本井涠洲组二段 2153~2170m 井段，从上而下岩性为浅灰色油迹细砂岩、浅灰色油迹粉砂岩、浅灰色荧光粉砂岩；井壁取芯为浅灰色粉砂岩、浅灰色油迹粉砂岩；钻时较上下地层明显降低，平均 3min/m，从钻时看出砂岩较疏松（图 1）。

3.2 物性分析

测井资料采用复杂岩性处理程序，通过中子－密度交会法计算孔隙度，涠洲组二段干层的孔隙度小于5%，有效储层孔隙度一般在12%~18%，测井解释4号层、5号层、7号层的孔隙度为16%左右。油气显示段储层物性较好。

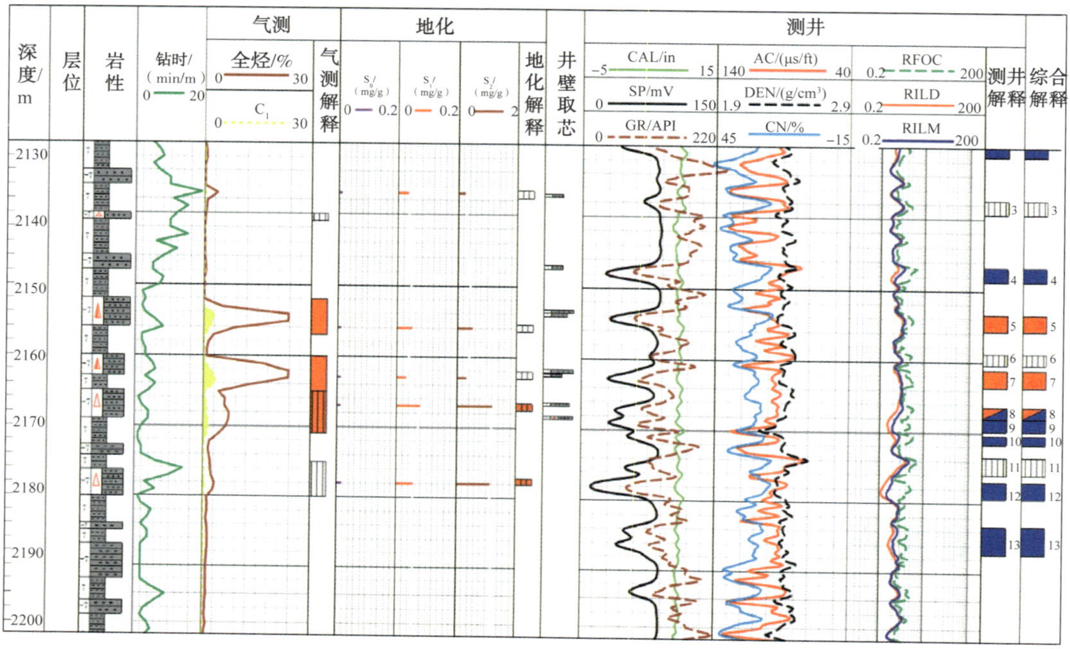

图1 XW13井涠洲组二段测录井综合成果图

3.3 录井解释评价

涠洲组二段2153~2170m，岩屑录井发现荧光、油迹显示3层11m；2153~2170m井壁取芯仅在2169m处发现一油迹显示。气测录井：2156~2161m，全烃0.279%↑23.59%，升高83.7倍，烃组分齐全，甲烷含量低，为12.9%，三角形解释图版内三角形为大倒三角形（图2）；2164~2169m，全烃0.988%↑23.80%，升高23倍，烃组分齐全，甲烷含量低，为14.2%，三角形解释图版内三角形为大倒三角形；2169~2175m，全烃4.255%↑7.081%，升高0.7倍。烃组分齐全，三角形解释图版内三角形为大倒三角形（图3）。2156~2161m、2164~2169m，烃组分齐全，三角形解释图版为大倒三角形，交会点落在价值区的下边缘，为油层显示特征，由于甲烷含量较低，气测录井将上述两层均解释为轻质油层。2169~2175m显示特征与上部气测异常层相一致，应具有相同的流体特性，但峰值降低，升高倍数低至0.6倍，气测解释为油干层（表1）。

表 1　XW13 井气测显示

深度 /m	全烃峰值 /%	全烃基值 /%	全烃升高倍数	甲烷含量 /%	气测解释结论
2156.0~2161.0	23.587	0.279	84.5	3.042	轻质油层
2164.0~2169.0	23.825	0.988	24.1	3.391	轻质油层
2169.0~2175.0	7.081	4.255	0.60	1.444	油干层

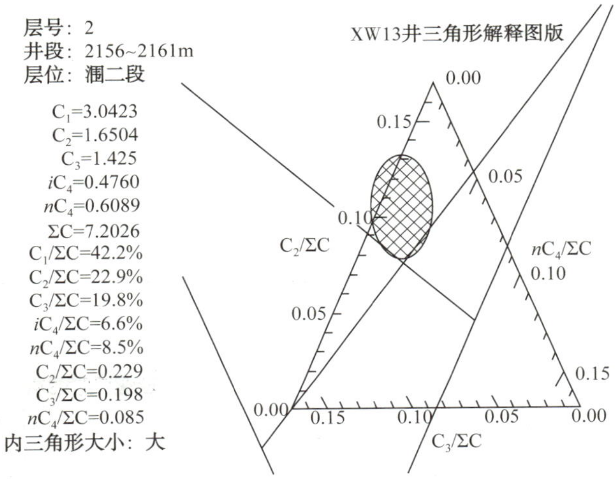

图 2　2155.0~2161.0m 气测三角图

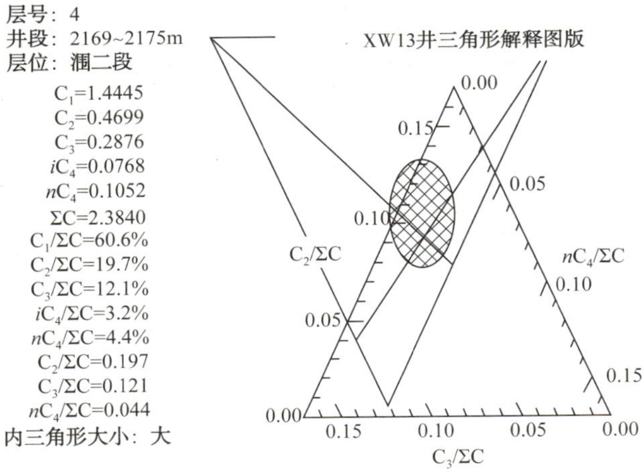

图 3　2169.0~2175.0m 气测三角图

地化录井：2156m 处岩屑地化录井 S_0 为 0.012mg/g，S_1 为 0.0495mg/g，S_2 为 0.5179mg/g，相对含油饱和度 1.58%，解释干层（图 1）；2163m 处岩屑地化录井 S_0 为 0.012mg/g，S_1 为 0.0314mg/g，S_2 为 0.3259mg/g，相对含油饱和度 0.84%，解释干层；2167m 处岩屑地化录井 S_0 为 0.012mg/g，S_1 为 0.0782mg/g，S_2 为 0.1894mg/g，相对含油饱和度 3.84%，解释油干层（图 1）。

含油性分析情况：2156~2161m、2164~2169m 地质录井为油迹显示，井壁取芯无显示；气测录井解释为轻质油层；地化录井解释为干层。

3.4 测井解释评价

从电性特征看，测井解释 5 号层、7 号层自然伽马中值，数值为 90API 左右，自然电位曲线负异常幅度大，微电极曲线明显正差异，补偿密度、补偿中子曲线一定程度分离，补偿声波测井数值为 310.0μs/m 左右，表明储层泥质含量稍重（泥质含量 20% 左右）、但渗透性好（图 4）。地层电阻率测井数值为 3.0Ω · m 左右，底部相邻水层电阻率为 1.5Ω · m 左右，电阻率值是水层电阻率的 2 倍，本地区涠洲组二段尚未发现油层作参考，测井计算含油饱和度平均为 30.0%，仅从以上资料分析测井解释级别为油水同层比较合适；而 8 号层底部电阻率曲线明显下滑，为比较典型的油水同层（图 5）。

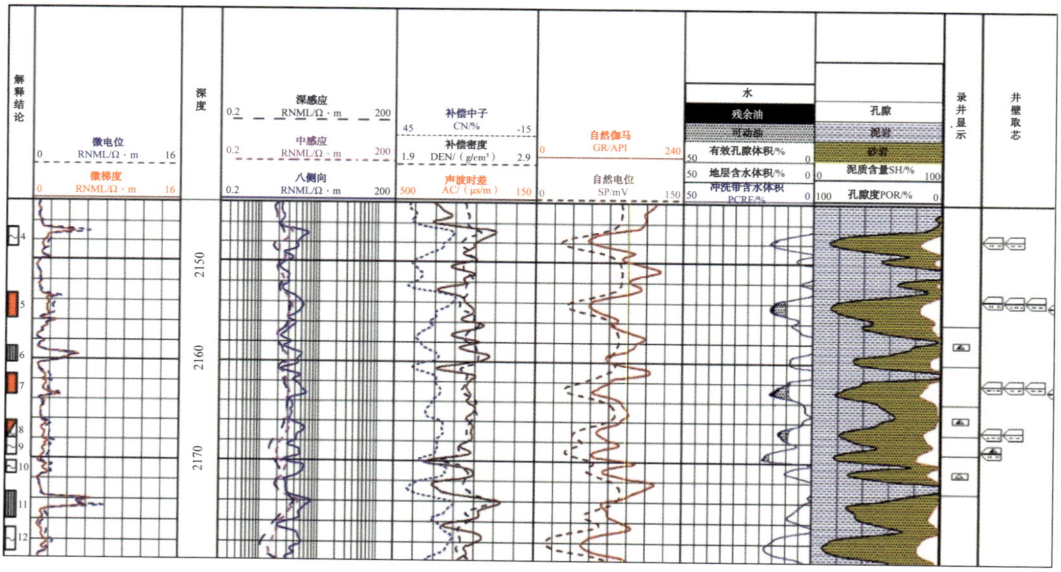

图 4　XW13 井涠洲组二段测井处理成果图

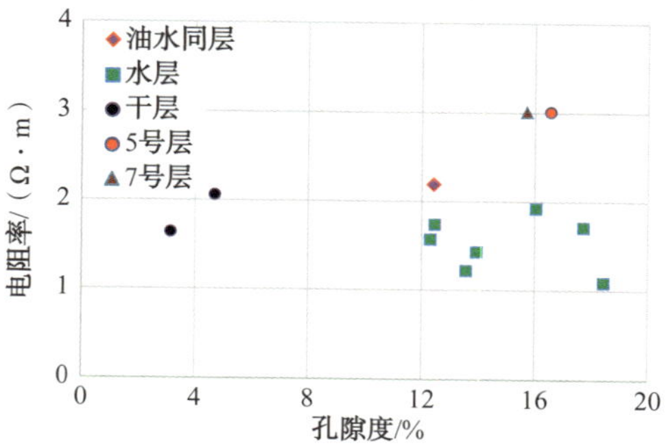

图 5　XW13 井涠洲组二段孔隙度与电阻率交会图

3.5 综合评价

在钻井过程中，轻质油极易散失，会导致井壁取芯显示级别受较大影响；本井的地化实验采用录井岩屑样品，由于岩屑在采集、运输及存放过程中，有较大的油气散失，极大地影响了含油性的结果，所以地化实验数值偏低。

测井解释没有邻井作参考且未充分认识储层四性关系的情况下，仅通过与水层的倍数关系解释，依据不充分。储层的电性特征受岩性、物性、含油性及水性特征的综合影响：涠洲组二段为辫状河三角洲沉积，发育分选好且疏松的细砂岩、粉砂岩；储层物性较好；该地区容易散失的轻质油一定程度影响测井电性特征；测井 12 号层明显水层电阻率仅为 1.0Ω·m，表明地层水矿化度较高。岩性、物性、含油性及水性特征综合导致该地区涠洲组二段发育低电阻率油层，测井 5 号层、7 号层可解释为油层。

涠洲组二段岩性特征为“砂包泥”，储层岩性以大套砂岩为主，泥岩为辅，储层上部不发育区域性盖层，这种岩性组合不利于油气的保存，难以形成优质的构造圈闭，且油气显示层段上下均发育明显水层，构造部位的高低不是油气聚集的主控因素，所以判定本井涠洲组二段不发育构造圈闭。本井油藏类型可能为断层封堵导致油气成藏的断层－岩性油藏，这种油藏规模一般不大，进一步开发对地震资料的精准度要求较高，后期开发需进一步研究。

通过综合评价认为：

（1）本井测井解释的 5 号层、7 号层为轻质油油层，岩性为细砂岩、粉砂岩；储层有效孔隙度为 16% 左右；储层含油性好。

（2）由于油质轻，在钻井过程中井眼及岩屑受钻井液的冲洗及浸泡，含油气情况的现场采集受到一定程度的影响。

（3）该地区涠洲组二段受储层岩性、物性、含油性及水性特征综合影响发育低阻油层。

（4）本井发现油藏类型可能为断层－岩性油藏，后期开发布井需进一步分析研究。

4 试油（气）结果

在分析低电阻率油层成因的基础上，综合运用录井信息，应用气测三角图版法、测井交会图等技术对 5 号层、7 号层四性关系进行分析，综合解释为油层。为落实徐闻地区涠洲组二段储层产能并验证油层电性特征，建议对测井解释 5 号及 7 号层抽汲求产，抽汲测试日产油 8.3t，试油结论为油层，原油密度 0.81g/cm^3，黏度 2.5mPa·s，试油结果与测井解释相吻合。

5 结论与认识

（1）气测、地化、轻烃等录井资料对含油丰度、含水饱和度、油气比、油气轻重比、油质类型能综合评价，对完井及试油给予客观的参考，并为邻井的钻探提供准确的一手资料。

（2）在综合分析的过程中，充分考虑现场、工程、地质、油藏等综合情况，才能去伪存真，综合分析，可以极大提高解释符合率。

（3）在测录井综合评价过程中，通过多学科互融互补，可以克服单一解释方法的局限性，提高解释评价的符合率。

编写单位：华东测控公司
编 写 人：曹书坡 陈德帅
审 核 人：杨志强 唐其斌
审 定 人：吴见萌 周贤斌

30 高邮凹陷 W29X 井复杂油水关系油藏测录井综合解释评价

1 概况

W29 块位于高邮凹陷北斜坡瓦庄构造，地层产状总体南倾北抬。阜宁组三段（E_1f_3）、一段（E_1f_1）主要发育三角洲前缘砂体，砂体物源分别来自北方和西北方向。圈闭的西北一侧主要受断层控制，而其他方向上主要依靠砂体减薄、尖灭形成有效封挡。W29X 井是高邮凹陷北斜坡瓦庄构造 W29 块的一口预探井，钻探目的：探 W29 块阜宁组含油气情况。

本井为定向井，设计井深 3240.84m，2020 年 12 月 23 日完钻，完钻井深 3130.00m；目的层为 E_1f_3、E_1f_1，完钻层位 E_1f_1。本井在 1545.00m 附近开始造斜，完井实测最大井斜 47.8°，方位 339°。

2 问题与难点

本井 E_1f_3 上部 4 号油层属于常规油藏，下部 17 号层却属于低电阻率油藏，低电阻率油藏与常规油藏共存，油水关系复杂，不能使用同一套判别油水关系的图版，储层评价较困难。

3 解释评价

综合利用气测、地化、核磁共振等录井资料和常规测井资料，运用电阻率比值法、气测解释图版、测井交会图版，进行储层划分及流体性质判别，开展低电阻率储层的综合评价。

3.1 4 号层综合评价

4 号层（2347.5~2355.0m）为常规储层，厚 7.5m。测井响应特征：自然伽马曲线中低值，平均为 65API，自然电位曲线负异常幅度大；深感应电阻率平均为 7.4Ω·m，补偿声波数值平均为 328μs/m，补偿密度 2.18g/cm^3，补偿中子孔隙度平均为 31%，储层物性较好，含油饱和度最大为 55.3%；钻井取芯取得 1.04m 灰黄色油斑粉砂岩（图 1）。

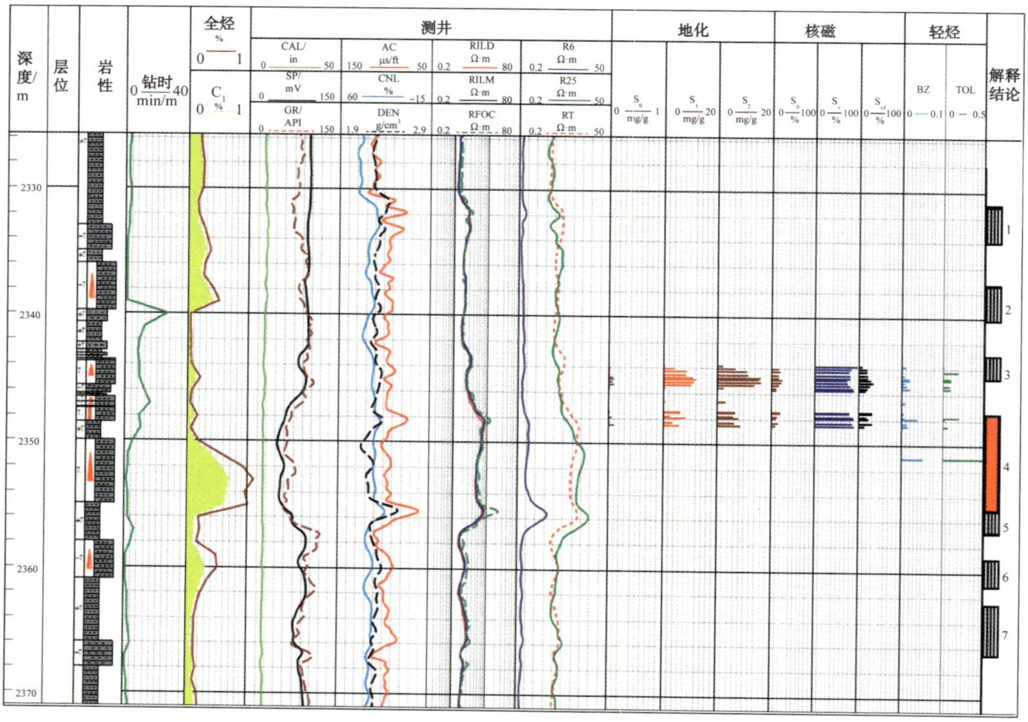

图 1 W29X 井测录井综合解释图（2326~2371m）

岩屑录井：灰褐色油斑粉砂岩，泥质胶结，疏松，与稀盐酸不反应。荧光湿照：亮黄色；干照：亮黄色；三氯甲烷浸泡液：棕色，泡照：浓乳白色。钻时 1~10min/m，钻井液性能无变化，相对密度 1.22g/cm^3、黏度 52mPa·s。

气测录井（2350.0~2355.0m）：钻时 5min/m 降至 1min/m。全烃由 0.19% ↑ 1.093%，升高了 4.8 倍。烃组分：甲烷 87.7%，乙烷 3.4%，丙烷 2.9%，异丁烷 2.1%，正丁烷 3.9%。二氧化碳为 0%，无变化。钻井液相对密度 1.21~1.22g/cm^3，黏度 52mPa·s，无变化。三角形解释图版内三角形为中正三角形。气测解释为油层（图 2）。

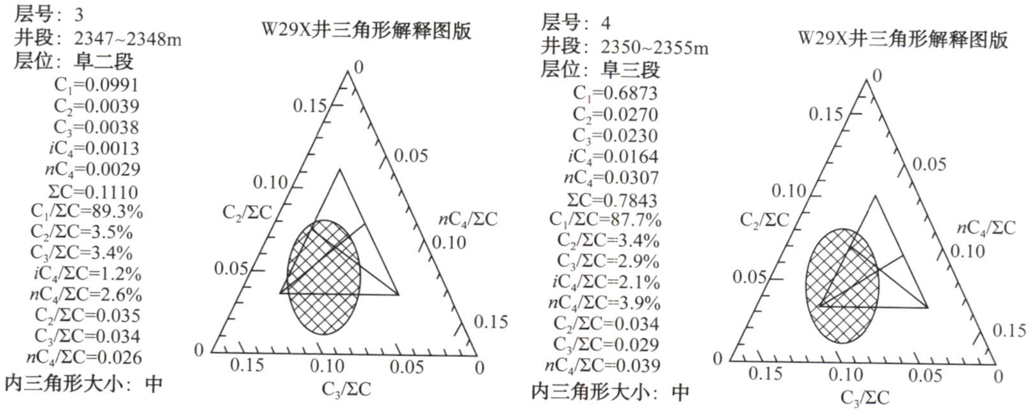

图 2 W29X 井气测录井三角形解释图（2347~2348m、2350~2356m）

地化解释（2347.3~2355.0m）：S_0 为 0.044mg/g，S_1 为 5.341mg/g，S_2 为 6.980mg/g，OPI 为 0.42mg/g，相对含油饱和度 14.56%，解释为油层（图 3）。

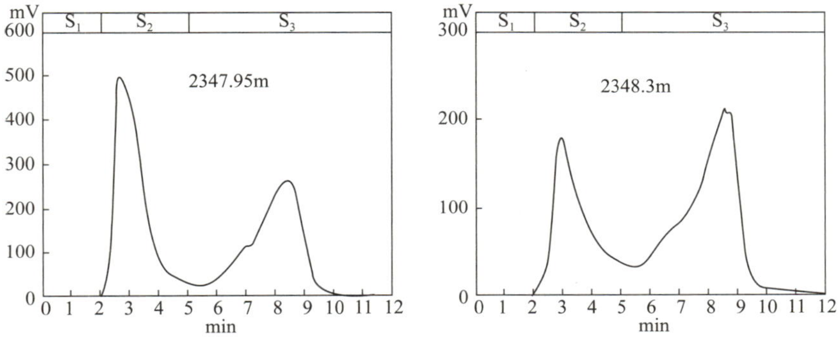

图 3　W29X 井地化分析图谱（2347.95m、2348.30m）

岩样核磁解释（2347.3~2355.0m）：孔隙度平均值为 19.95%，渗透率平均值为 $9.09\times10^{-3}\mu m^2$，束缚水饱和度平均值为 62.86%，物性类别二类，含油饱和度平均值为 14.14%，可动水饱和度平均值为 22.99%，解释为油层（图 4）。

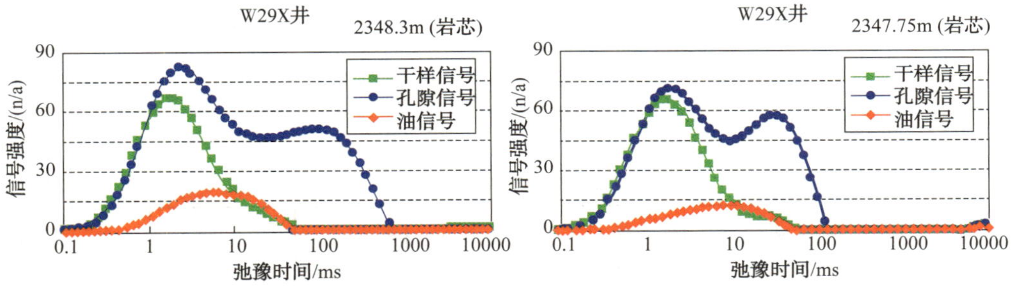

孔隙度/%	21	渗透率/mD	15.06
含油饱和度/%	15.31	含气饱和度/%	--
束缚水饱和度/%	53.2	可动水饱和度/%	31.49
含水饱和度/%	84.69	初始状态束缚水饱和度/%	30.46
初始状态可动水饱和度/%	0.11	初始状态含水饱和度/%	30.57
含油孔隙度/%	3.08	可动流体饱和度/%	32.2

孔隙度/%	19.54	渗透率/mD	3.01
含油饱和度/%	13.43	含气饱和度/%	--
束缚水饱和度/%	68.75	可动水饱和度/%	17.82
含水饱和度/%	86.57	初始状态束缚水饱和度/%	42.73
初始状态可动水饱和度/%	0.45	初始状态含水饱和度/%	43.19
含油孔隙度/%	2.48	可动流体饱和度/%	18.56

图 4　W29X 井核磁分析图谱（2348.3m、2347.75m）

轻烃录井（2347.3~2355.0m）：C_1 为 0.271%，$\Sigma(C_1-C_5)/\Sigma(C_1-C_9)$ 为 5.744，$\Sigma(C_6-C_9)/\Sigma(C_1-C_9)$ 为 94.256，BZ/CYC_6 为 6.395，TOL/$MCYC_6$ 为 5.438，解释为油层。

4 号层综合解释为油层。

3.2　17 号层综合评价

本区域油层的视地层电阻率下限为 8Ω·m，补偿声波数值下限为 300μs/m，本井 4 号层深感应电阻率平均为 7.4Ω·m，补偿声波数值平均为 328μs/m，基本落于油层区域内；17 号层深感应电阻率平均为 2.3Ω·m，补偿声波数值平均为 311μs/m，落于水层和油水同层之间，物性较好但电阻率偏低，按解释标准应该解释为水层（含油）（图 5）。

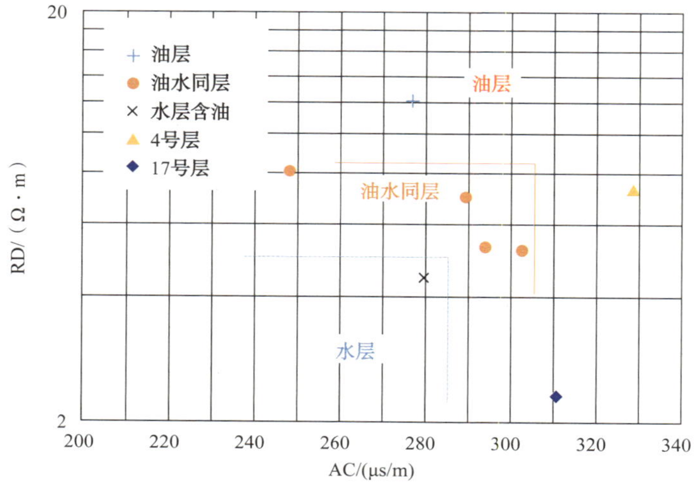

图 5　W29 块地层声波电阻率交会图

17 号层（2437.0~2441.0m）为低电阻率储层。测井响应特征：自然伽马曲线中高值，数值为 84API，自然电位曲线负异常幅度较大，微电极曲线正差异，补偿声波数值为 311μs/m，物性与下部水层相当，补偿密度 2.33g/cm^3，补偿中子孔隙度为 29%，含油饱和度平均为 27%，深感应电阻率为 2.3Ω·m，与下部水层相比电阻率增大倍数为 1.4，电阻率低，按照常规储层解释标准，不能达到油层与水层电阻率的倍数关系，但录井显示较好，综合解释为油水同层（图 6）。

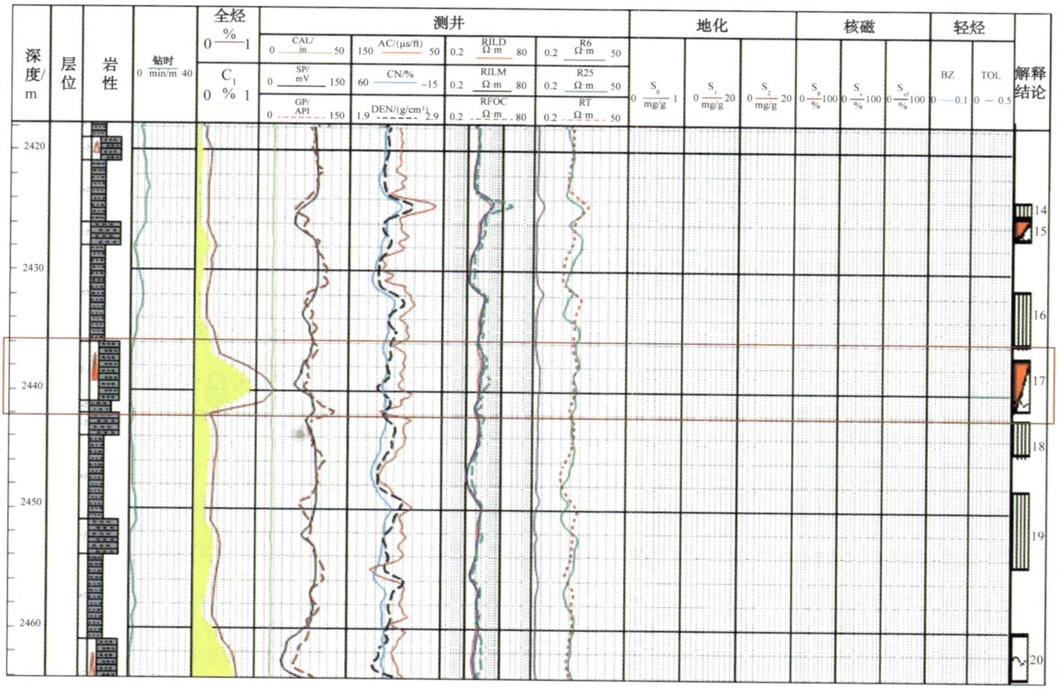

图 6　W29X 井测录井综合解释图（2420~2464m）

岩屑录井：灰褐色油斑粉砂岩，泥质胶结，疏松，与稀盐酸不反应。荧光湿照：亮黄色；干照：亮黄色；三氯甲烷浸泡液：棕色；泡照：浓乳白色。钻时 1min/m，钻井液性能无变化，相对密度 1.22g/cm^3、黏度 53mPa · s。

气测录井（2436.0~2442.0m）：钻时 2min/m 降至 1min/m。全烃 0.421% ↑ 1.284%，升高了 2 倍。烃组分：甲烷 92.3%，乙烷 3.1%，丙烷 2.2%，异丁烷 0.9%，正丁烷 1.5%。二氧化碳为 0% 无变化。钻井液相对密度 1.21~1.22cm^3，黏度 53mPa · s 无变化。三角形解释图版内三角形为中正三角形。气测解释油水同层（图 7）。

轻烃录井（2437.0~2441.4m）：C_1 为 0.027%，Σ（C_1~C_5）/ Σ（C_1~C_9）为 7.560，Σ（C_6~C_9）/ Σ（C_1~C_9）为 92.44，解释为油水同层。

17 号层综合解释为油水同层。

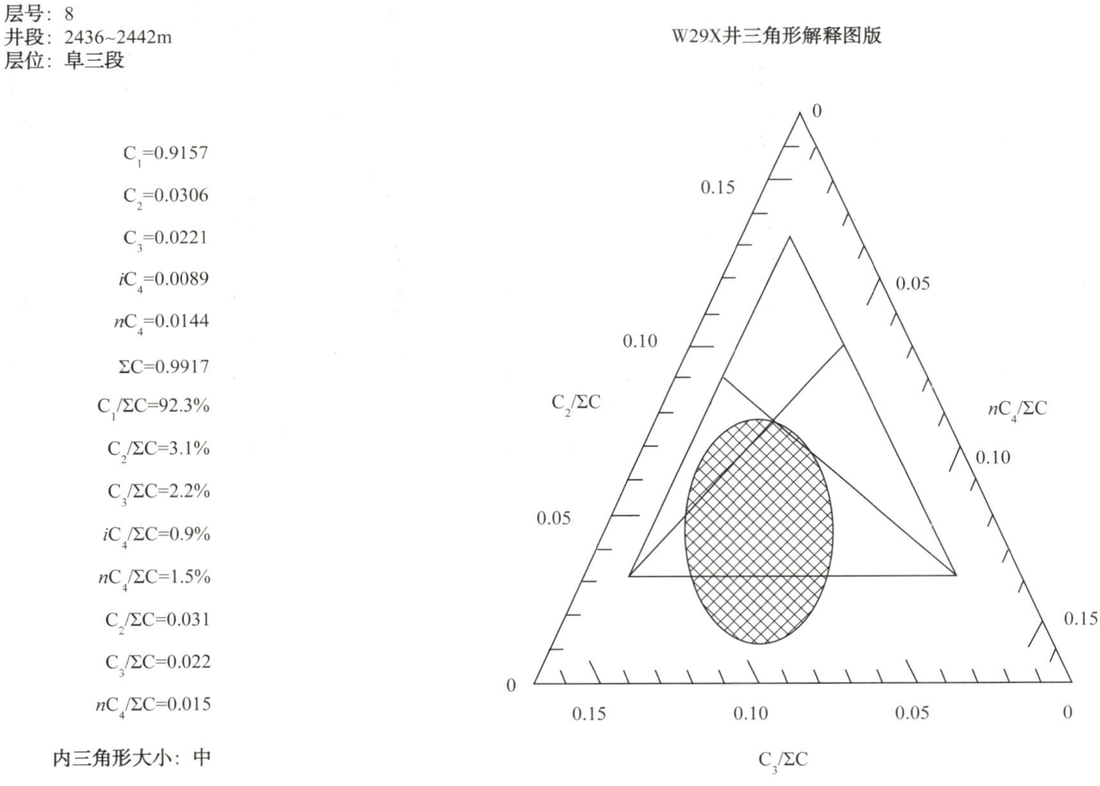

图 7　W29X 井气测录井三角形解释图（2436~2442m）

后续钻探 W29-1XA，W29-2 井，与 W29X 井构造上距离较近。作出连井地层对比图（图 8），地层稳定，小层可比性较好。

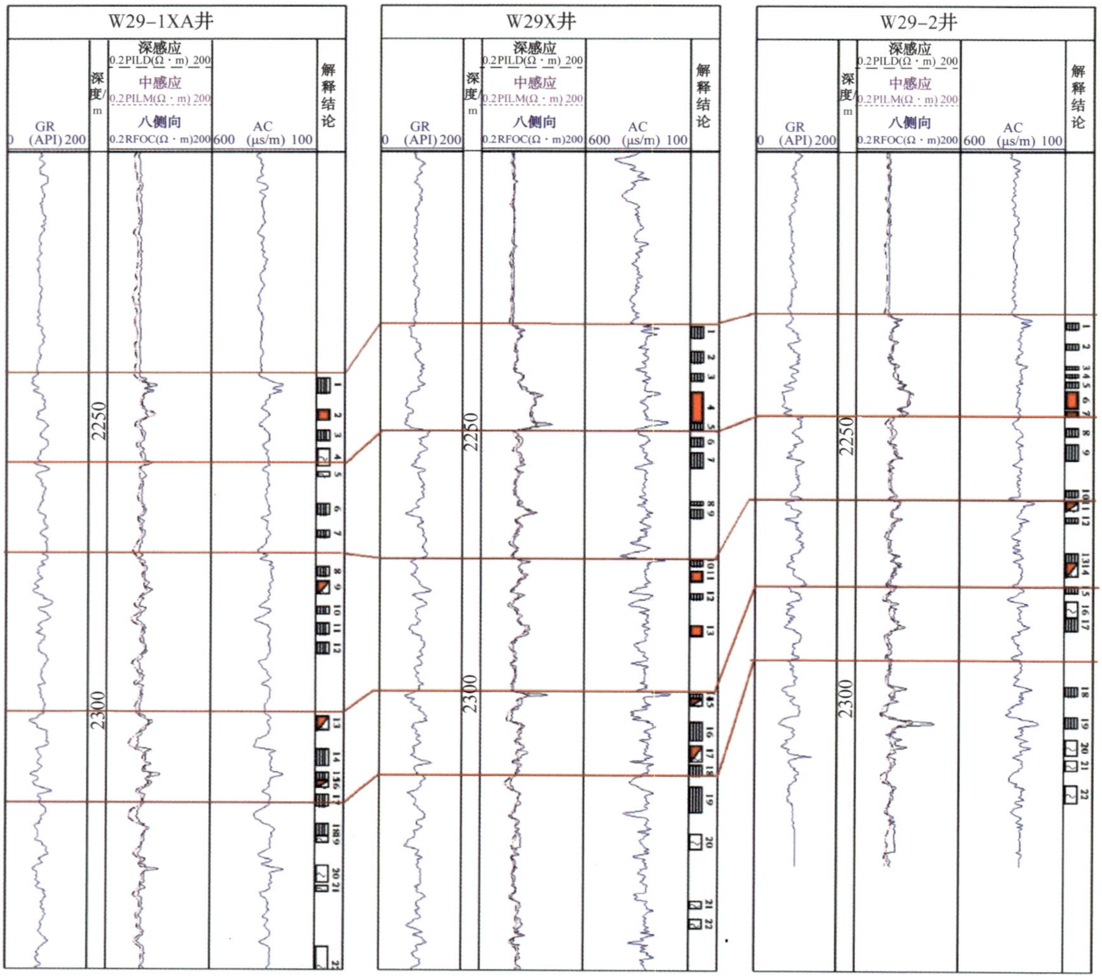

图8　W29-1XA、W29X、W29-2井地层对比图

4　试油（气）结果

与W29X井17号层属于同层位的W29-1XA井9号层、13号层（2333.1~2361.84m），抽汲日产油1.0m^3、水19.8m^3，试油结果为油水同层。

本井17号层电阻率偏低，按照解释标准，应解释为含油水层。但在综合各项资料，充分考虑泥质含量高对电阻率的影响，将17号层解释为油水同层。W29X井2021年1月26日，射开$E_1f_3^1$层系17号层（2437.0~2441.4m），抽汲折算日产油4.59m^3、水39.81m^3，试油结果为油水同层（图9）。

试油结果验证了解释结论的准确性。

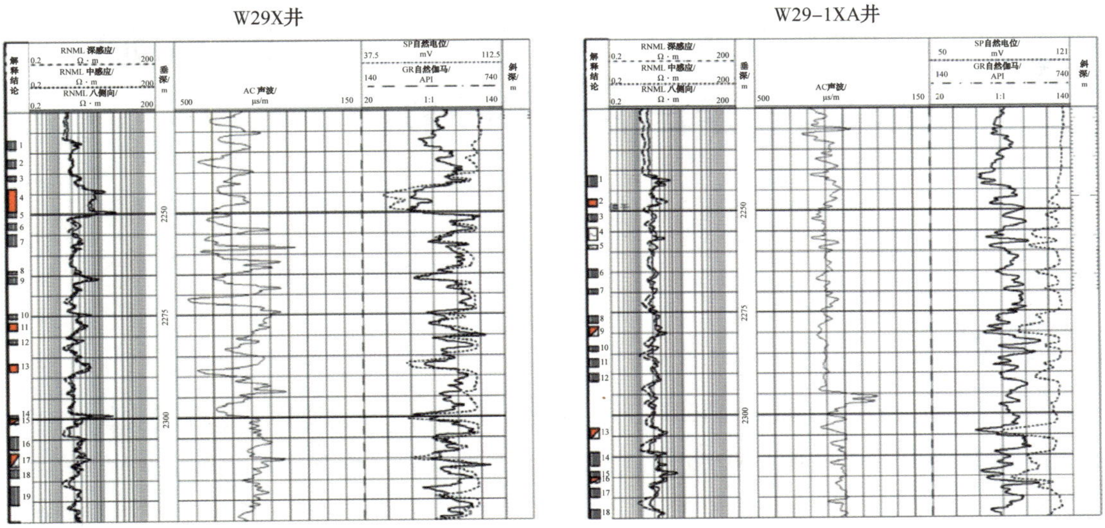

图 9 W29X、W29-1XA 井试油层对比图

5 结论与认识

（1）苏北盆地复杂小断块垂深不大的一套地层中常常存在多套油水系统，常规油藏和低电阻率油藏由于地层空间展布有限而不能很好地区分。

（2）低电阻率油藏成因复杂，测井评价时需要结合气测、核磁共振等录井信息，进行储层流体性质判别，确保在低对比度曲线特征情况下油、水层的识别。

编写单位：华东测控公司
编 写 人：王 瑶 陈建清
审 核 人：杨志强 马向东
审 定 人：吴见萌 周贤斌

31 金湖凹陷 M40-20 井低阻油藏测录井综合解释评价

1 概况

M40 断块位于东台坳陷金湖凹陷闵桥构造，阜宁组三段（简称阜三段）油藏为构造控制的层状油藏，含油面积 0.9km^2，地质储量 107×10^{4}t，构造主要由南北两条断层控制，南部 M40 断层是控制和影响油气聚集、成藏的主要因素。该油藏具有统一的油水界面，油藏埋深 1500~1630m，地层温度为 61.23℃，原始地层压力为 14.9MPa，压力系数为 0.978~1.0078，属于常压力系统。M40-20 井设计为 M40 断块低部位的一口注水井，目的层为阜宁组三段油藏，完钻日期 2008 年 8 月 7 日。

2 问题与难点

低电阻率油层准确识别，是本井的解释难点。

3 解释评价

综合利用气测、荧光实验、核磁共振等录井资料和常规测井、核磁共振测井特殊测井项目，运用电阻率比值法、四性关系图版、薄层反演法，进行储层划分及流体性质判别，开展低阻储层的综合评价。

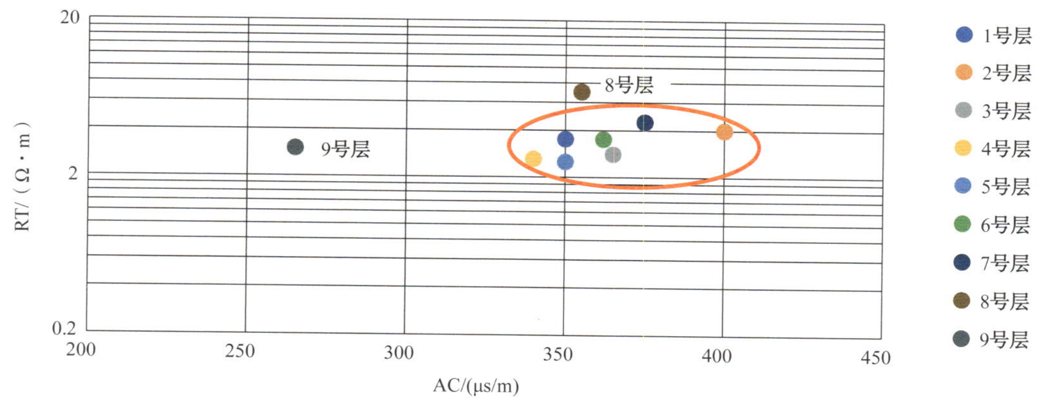

图 1 M40-20 井电阻率 - 声波时差交会图

3.1 录井及井壁取芯分析

本井通过岩屑、钻时、荧光等录井工作，在阜三段发现油斑 2 层 12.0m、油迹 2 层 6.5m、荧光 3 层 3.5m（表 1）。撞击式井壁取芯共取 10 个深度 19 颗芯，其中油浸 1 颗、油斑 9 颗、油迹 3 颗、不含油 6 颗（另有 3 颗不含油岩芯未统计在表内）。

表 1　M40-20 井碎屑岩油气显示综合表（阜三段）

序号	井段 / m	厚度 / m	岩性	含油岩屑 / %	钻时 /（min/m）	钻井液显示		荧光显示	井壁取芯 / 颗		
						相对密度	黏度 / mPa·s	颜色	含油	荧光	不含油
1	1585.0–1587.0	2.0	浅灰色荧光粉砂岩		3–7	1.14	43	浅乳白	2		
2	1588.5–1589.5	1.0	浅灰色荧光粉砂岩		3–5	1.14	43	浅乳白			
3	1596.0–1601.5	5.5	灰褐色油斑粉砂岩	30	1–8	1.14	44	乳黄色	2		1
4	1605.0–1608.5	3.5	灰色油迹粉砂岩	4	3–5	1.14	45	乳白色	1		2
5	1611.5–1613.5	2.0	灰褐色油斑粉砂岩	30	2–5	1.14	45	乳黄色			
	1613.5–1615.5	2.0	灰褐色油斑粉砂岩	30	2–5	1.14	45	乳黄色			
	1615.5–1618.0	2.5	灰褐色油斑粉砂岩	30	5–6	1.14	45	乳黄色	3		
6	1625.5–1628.5	3.0	灰色油迹粉砂岩	4	1–2	1.14	45	乳白色	5		
7	1633.5–1634.0	0.5	浅灰色荧光泥质粉砂岩		4–6	1.14	46	浅乳白			

3.2 岩样核磁共振分析

对 1571.2~1657.2m 井段井壁取芯样品进行核磁共振分析，根据分析结果，计算出储层的孔隙度、渗透率、含油饱和度、含水饱和度、可动水饱和度、束缚水饱和度、可动流体饱和度、含油孔隙度等储层参数，对储层的物性及含油性作出分类和解释（表 2、表 3）。

表 2　M40-20 井旋转式井壁取芯样品核磁分析数据汇总表

深度 / m	岩性	孔隙度 / %	渗透率 / $10^{-3}\mu m^2$	含油饱和度 / %	含水饱和度 / %	束缚水饱和度 / %	可动水饱和度 / %	含油孔隙度 / %	可动流体饱和度 / %
1572.0	灰色泥质粉砂岩	19.68	1.14	1.47	98.53	93.02	5.51	0.35	5.59
1572.0	灰色泥质粉砂岩	19.69	0.05	3.94	96.06	94.49	1.57	0.58	1.75
1586.0	灰色油迹粉砂岩	27.89	2.68	13.20	86.80	82.62	4.19	3.50	5.87
1586.0	灰色油迹粉砂岩	26.71	25.14	21.02	78.98	58.73	20.25	5.45	25.51
1586.0	灰褐色油斑粉砂岩	28.26	0.22	3.58	96.42	94.41	2.01	0.81	2.57
1598.0	浅灰色油迹粉砂岩	29.86	144.90	28.21	71.79	42.55	29.23	8.27	37.00
1600.7	浅灰色油迹粉砂岩	28.66	24.52	18.93	81.07	62.40	18.67	5.26	23.22
1605.4	灰色泥质粉砂岩	24.27	0.25	2.61	97.39	92.22	5.17	0.43	5.33
1618.8	灰色油迹粉砂岩	17.74	19.42	34.30	65.70	41.67	24.02	5.95	33.15
1618.8	灰色油迹粉砂岩	10.97	0.35	25.36	74.64	67.00	7.64	2.63	13.26
1626.4	灰褐色油斑粉砂岩	28.10	41.62	19.04	80.96	55.03	25.93	5.18	32.69
1627.7	灰褐色油斑粉砂岩	27.78	62.43	22.84	77.16	49.41	27.75	6.18	35.81

表 3　M40-20 井岩样核磁共振解释成果表

层号	井深 / m	岩芯样品数量 / 个	孔隙度 / %	渗透率 / $\times10^{-3}\mu m^2$	束缚水饱和度 / %	物性类别	含油饱和度 / %	可动水饱和度 / %	解释结论
1	1571.20–1572.20	2	19.69	0.1	93.76	五类	2.71	3.54	干层
2	1585.20–1587.00	3	27.62	0.35	78.59	五类	12.6	8.82	油干层
3	1596.20–1601.30	2	9.26	84.71	52.48	三类	23.57	23.95	油层
4	1605.10–1608.50	1	24.27	0.25	92.22	五类	2.61	5.17	干层
6	1613.70–1615.40	2	14.36	9.89	54.33	三类	29.83	15.83	油层
8	1625.30–1628.40	2	27.94	52.03	52.22	二类	20.94	26.84	油层

（1）1596.2~1601.3m（3 号层）核磁共振岩样分析孔隙度分布在 28.66%~29.86%，渗透率分布在（24.52~144.90）$\times10^{-3}\mu m^2$，束缚水饱和度分布在 42.55%~62.40%，为三类储集层；含油饱和度分布在 18.93%~28.21%，含油孔隙度大于 3.0%，可动水饱和度分布在 18.67%~29.23%，储集层可动流体饱和度分布在 23.22%~37.00%，T_2 弛豫谱表现为较高可动流体特征，解释为油层（图 2）。

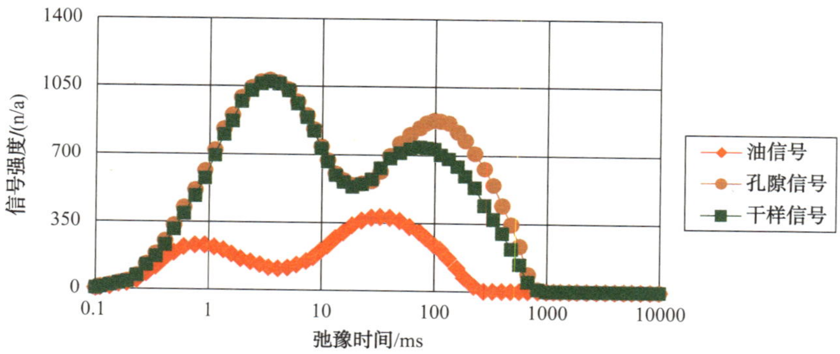

图 2　M40-20 井 T_2 弛豫谱（1598.00m）

（2）1625.3~1628.4m（8 号层）核磁共振岩样分析孔隙度分布在 27.78%~28.10%，渗透率分布在（41.62~62.43）$\times10^{-3}\mu m^2$，束缚水饱和度分布在 49.41%~55.03%，为二类储集层；含油饱和度分布在 19.04%~22.84%，含油孔隙度大于 3.0%，可动水饱和度分布在 25.93%~27.75%，储集层可动流体饱和度分布在 32.69%~35.81%，T_2 弛豫谱表现为较高可动流体特征，解释为油层（图 3）。

根据岩样核磁分析，储层束缚水饱和度含量与地层电阻率存在一定关系，束缚水饱和度越高，对应储层电阻率值越低（图 4）。

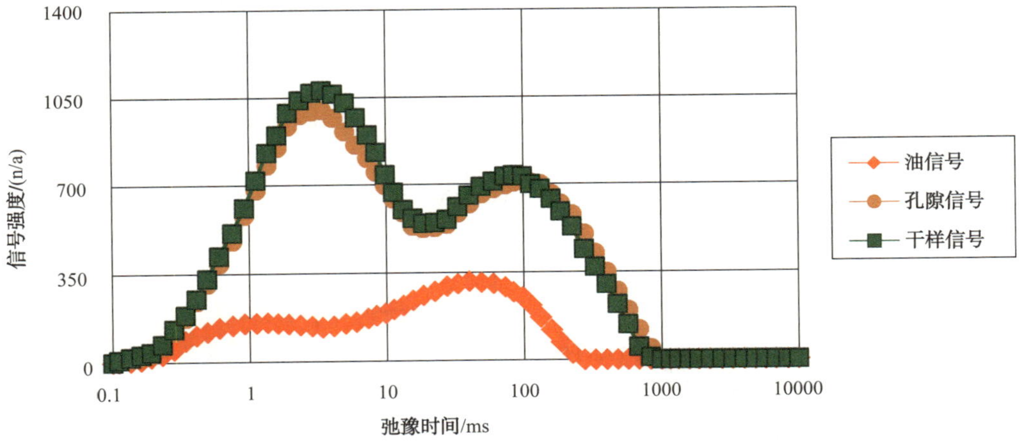

图 3　M40−20 井 T_2 弛豫谱（1627.70m）

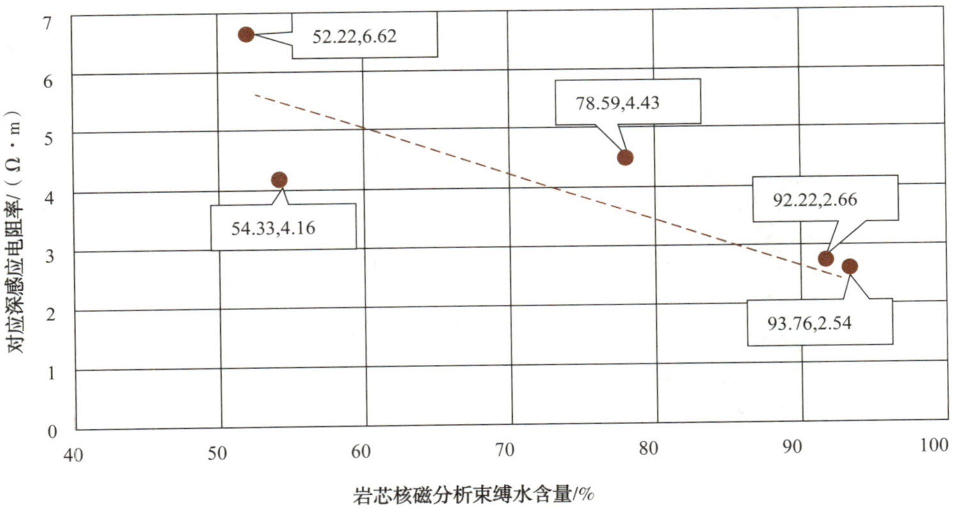

图 4　M40−20 井岩芯核磁分析束缚水饱和度与电阻率关系

3.3　核磁共振测井解释

图 5 为核磁共振测井的处理成果图。从核磁资料对该段的分析表明，所有的储层都有可动油气，根据储层物性的差异，产能会有高低。低电阻率是由于储层泥质含量增加，导致束缚水含量增加引起的，并不是可动水。从 1~6 号层的标准 T_2 谱可看出，储层呈双峰特征，前峰的幅度大、范围宽，黏土与毛管束缚水峰重叠，说明储层的束缚水含量重；后峰幅度低平，说明储层的可动流体所占体积较小；差谱图与处理成果图上均见明显的油气特征谱，说明储层中存在油气；尽管计算核磁的含油饱和度不高，但由于大量束缚水的存在，储层的可动流体以油为主，所以这类储层可认为是有效储层，解释为油层（图 5）。

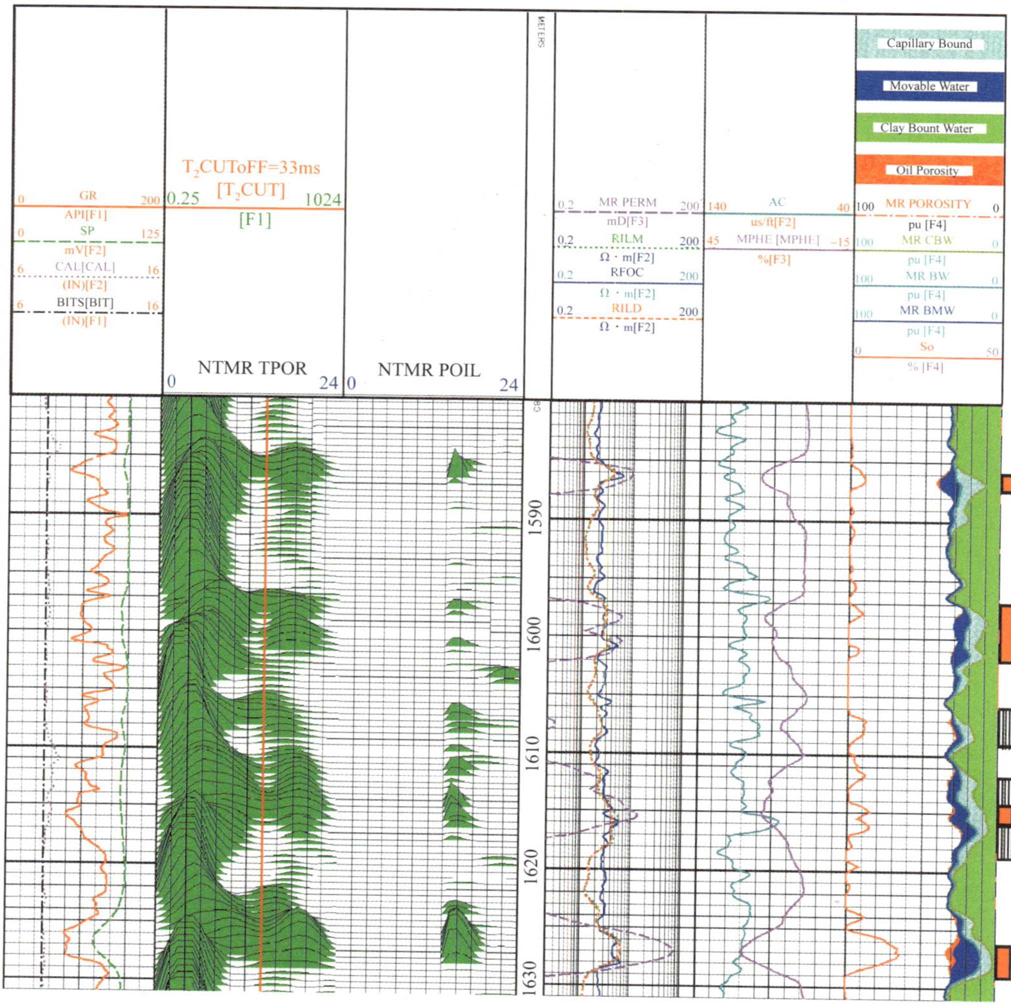

图 5　M40-20 井核磁共振处理成果图

3.4　薄层反演计算分析

本井为典型高泥质含量储层，采用薄层分析程序能剔除泥质含量对电阻率的影响，通过反演计算出储层的真实电阻率，然后通过该电阻率计算储层真实含油饱和度。本井用薄层反演处理后的地层电阻率和饱和度与常规资料相比，2 号层受泥质含量影响小，处理后电阻率和含油饱和度有一定升高，但是变化不大；3 号层处理后的电阻率显示该层分为 3 层薄互层，电阻率数值分别为 5.5Ω · m、4.4Ω · m 和 4.9Ω · m，数值有一定程度升高，计算的含油饱和度明显抬升，显示为油层特征；6 号层反演后的电阻率显示该层分为 2 层薄互层，电阻率数值分别为 5.9Ω · m 和 8.5Ω · m，该层底部由于岩性致密导致电阻率数值升高较多，计算的含油饱和度明显抬升，显示为油层特征。薄层反演处理成果和常规处理成果图（图 6）。

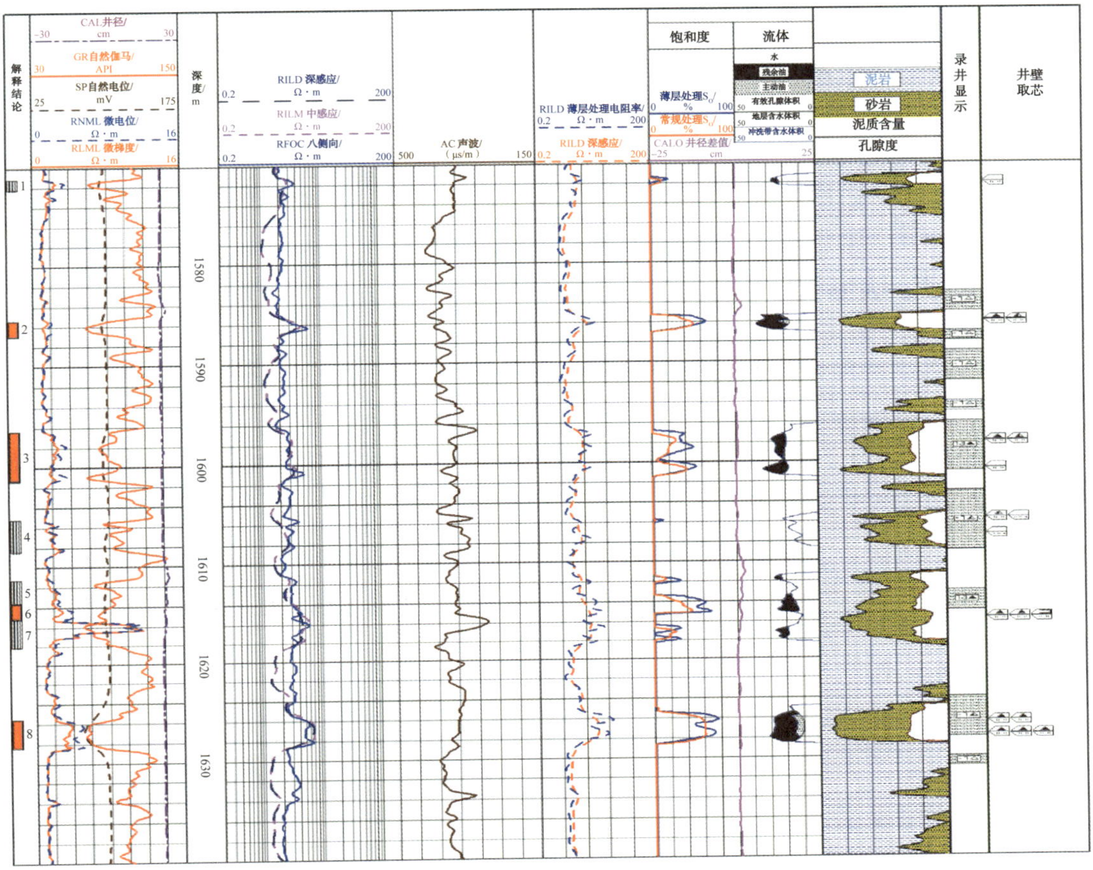

图 6 M40-20 井测井曲线成果图

4 试油（气）结果

运用综合录井、井壁取芯及核磁岩样分析等录井分析技术，结合核磁共振测井、薄层反演计算分析以及常规测井资料综合解释 2、3、6、8 号层为油层。为落实 2、3、6、8 号层的产能、流体性质、压力、渗流参数等资料进行了测试，为储层精细评价提供依据。测试资料反映测试层属于中渗层，地层流动系数（15.16~15.24）$\times 10^{-3}\mu m^2.m/mPa\cdot s$，地层系数（303.07~304.86）$\times 10^{-3}\mu m^2 m$，地层有效渗透率（17.83~17.93）$\times 10^{-3}\mu m^2$。储层表皮系数 –0.55~–0.51，流动效率 1.13~1.14。测试结果该井 2、3、6、8 号层为油层，产油 4.1t/d，不含水。测试资料验证了解释结论的正确性。

表 4 M40-20 井原油分析成果表

取样位置	MFE 管柱
取样深度	1585.2~1628.4m
密度	0.8732g/cm^3

续表

黏度	41.15mPa·s
含水量	10.47%
凝固点	34℃
备注	馏分未分析

5 结论与认识

（1）本井低阻油层成因主要是由于储层泥质含量增加，导致束缚水含量增加，引起测井地层电阻率数值偏低。

（2）低阻油层中，常规的测井方法不能有效识别自由水与束缚水，使得常规测井解释结果与生产测试结果发生矛盾。

（3）在低阻油层油藏，岩芯核磁分析和核磁共振测井方法不受储层束缚水含量的影响，能有效区分储层的流体性质，特别是对于可动油、可动水以及束缚水有非常好的识别能力，是该类储层的有效评价方法。

编写单位：华东测控公司
编 写 人：张 娟 陈建清
审 核 人：杨志强 马向东
审 定 人：吴见萌 周贤斌

32 沙埝油田 SHX78 块低阻油层解释失误分析

1 概况

SHX78 井位于高邮坳陷北斜坡，是 SH78 断块的一口勘探评价井，也是一口发现井，钻探目的是评价 SHX78 井区阜宁组三段（简称阜三段）含油气情况，于 2017 年 4 月完钻，完钻井深为 2392m，完钻层位阜三段，该井完钻后，后期先后钻探了 SH78-1、SH78-2、SH78-3 三口井。

SH78-1 井及 SH78-3 井构造部位比 SHX78 井高，SH78-2 井部位比 SHX78 井低，阜三段为两套油水系统，沉积厚度大，较稳定。砂体总厚度：SHX78 井为 89.8m；SH78-1 井为 83.9m，SH78-2 井为 61.3m；SH78-3 井为 110.7m。

本区块的储层岩性为粉砂岩、泥质粉砂岩，中孔中渗，地层水矿化度高，电阻率低，该区块这 4 口井岩屑录井均见油斑、油迹和荧光等级别油气显示；气测录井组分齐全，全烃峰值相比基值有一定的升高倍数；该区块为低电阻率油藏，影响因素多。

SHX78 井完井后，按区块邻井的解释经验和参数对该井进行解释，完井后对 5、6 号层进行合试，抽汲折算日产油 19.4m^3，含水 6.8%，试油结论为油层；5、6 号层测井解释结论是油水同层，按照探井解释成功率考核标准与试油相符。后期完钻的 SH78-1 井和 SH78-3 井位于该区块构造最高部位，SH78-2 井构造部位稍低，通过对 SHX78 井的试油成果分析和总结，分别对后续完钻的三口井进行解释评价，经试油，SH78-1 井试油 8~17 号层、20 号层及 25 号层，日产液 20 方，试油为水层；SH78-2 井试油 8 号层及 12 号层合试，日产液 16.4 方，试油为水层，解释结论与试油结论不符。

2 问题及难点

该区块解释的主要难点为构造低部位的井出油，高部位的井反而出水，油水关系复杂，难以对储层的流体性质做出正确评价。

3 解释评价

利用测录井综合资料分析法、地层对比法、构造分析法，对试油层再分析。

3.1 综合评价

由于该区块油层在电性、物性等特征上变化不大，岩屑录井主要为油迹、荧光级别显示，气测曲线显示全烃及甲烷含量不高，地质信息上各项数据均表明为弱油气显示；SHX78 井 3 号层有钻井取芯；常规测井的储层电性、物性等特征在这几口井基本相似，难以加以识别。

SHX78 井 3 号层岩性为泥质粉砂岩，测井响应特征：自然伽马测井响应中低值，数值为 68API，自然电位测井响应负异常幅度较大，补偿声波测井数值为 291μs/m，地层孔隙度为 25.2%，储层物性较好，深感应电阻率测井数值为 4.1Ω·m。钻井取芯见油斑、油迹显示。气测录井全烃基值为 0.06%，峰值为 0.255%，升高倍数 3.25 倍，气测解释为干层。地化分析 S_0 为 0.026mg/g，S_1 为 3.203mg/g，地化解释为含油水层。岩样核磁分析孔隙度平均 18.5%，渗透率平均小于 $1\times10^{-3}\mu m^2$，含油饱和度为 9.07%~18.52%，束缚水饱和度平均 86.56%，岩样核磁分析解释为油干层（图 1~ 图 3）。从核磁分析来看束缚水含量高。测录井综合解释为油水同层。

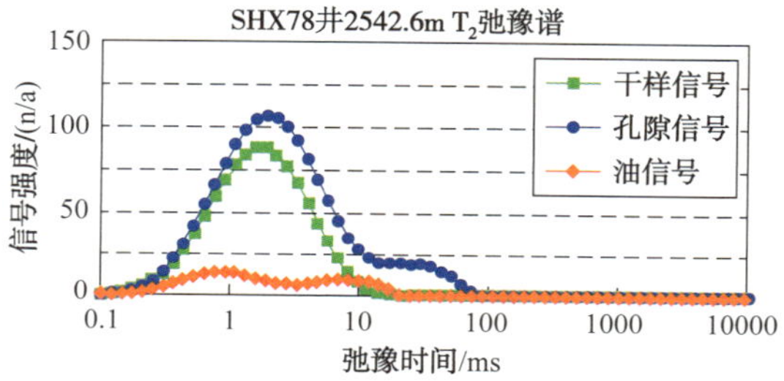

图 1 SHX78 井核磁岩样分析（2541.4m）

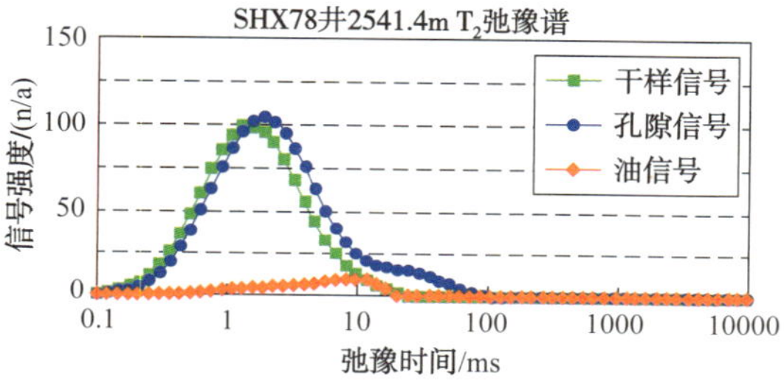

图 2 SHX78 井核磁岩样分析（2542.6m）

5 号层岩性为泥质粉砂岩，测井响应特征：自然伽马测井响应低值，数值为 67API，自然电位测井响应负异常幅度较大，补偿声波测井数值为 317μs/m，地层孔隙度为 30.2%，储层物性较好，地层电阻率测井数值为 4.6Ω·m，岩屑录井为荧光显示。气测录井全烃基值为 0.417%，峰值为 2.810%，升高倍数 5.74 倍，气测解释为油层（偏干）。测录井综合解释为油水同层（图 4）。

3.2 地层对比与构造分析

根据 SHX78 井及该构造北边 SH7-45 井的相应层位试油成果，制作交会解释图版（图 5、图 6）；SH78-1、SH78-2 井对应层的数据点落在图版的油区内，测井综合解释为油层，但试油结论为水层。另外，SH78-1 井经试油水性资料 CL^-：10443mg/L，SH78-2 井试油水性资料 CL^-：12780mg/L，两口井水性基本相同。通过地层对比，继续深化地质规律与地质现象的认识，找出本区块阜三段 1 砂体和阜三段 2 砂体的标志层，并对各砂体进行小层划分；通过各井垂深对比，落实各井构造高低情况；分析表明，SH78-1 井和 SH78-3 井位于构造最高部位，SH78-2 井部位相对最低（图 7）。

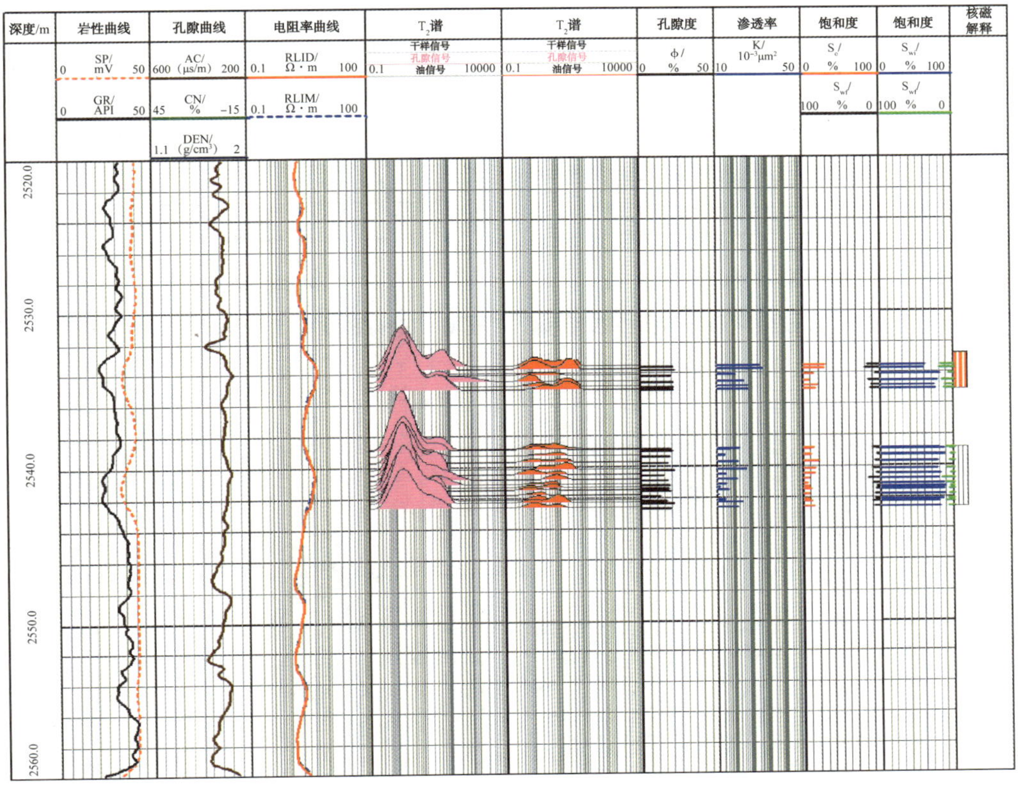

图 3　SHX78 井 2520~2560m 核磁共振测－录井剖面图

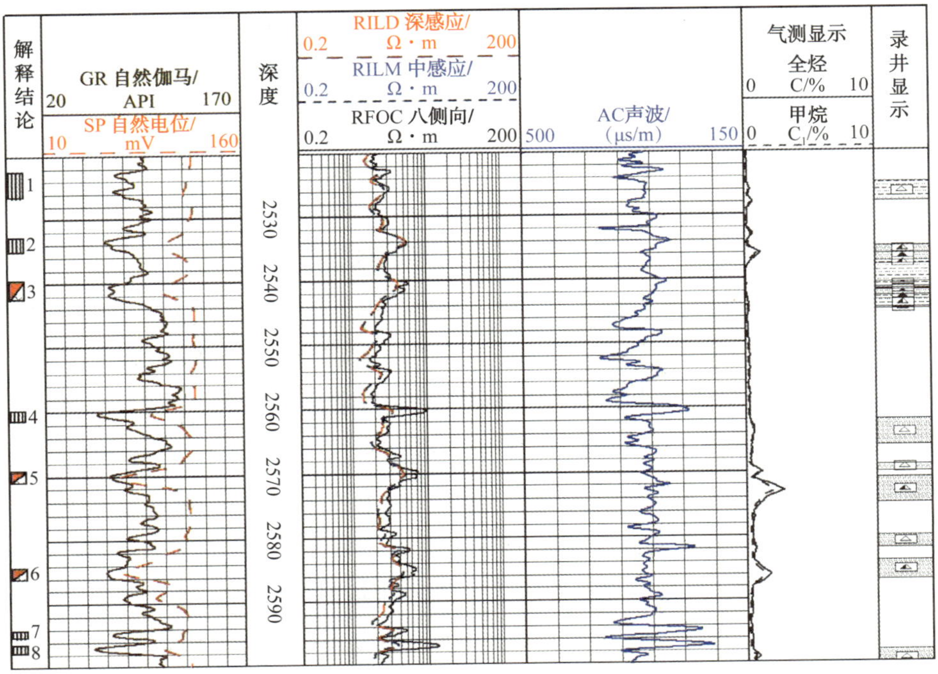

图 4　SHX78 井 2520~2600m 测录井曲线图

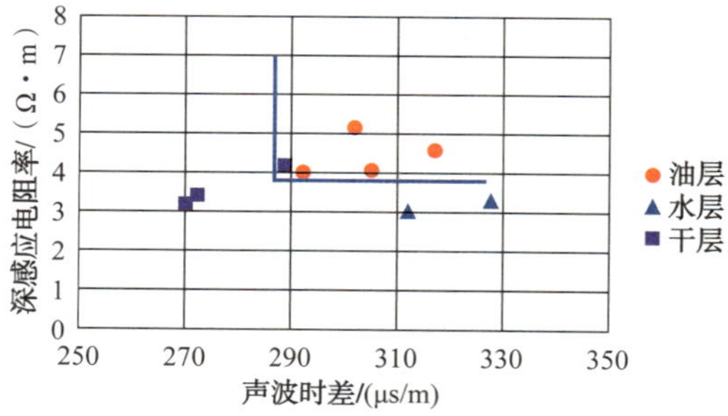

图 5　SH78 块 $E_1f_3^1$ 砂体声波－电阻率交会图

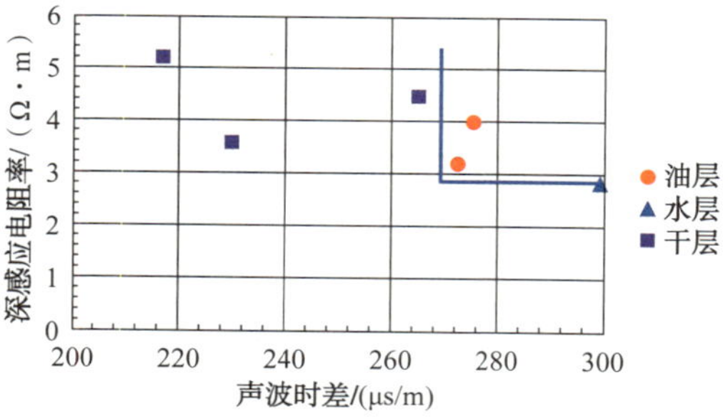

图 6　SH78 块 $E_1f_3^2$ 砂体声波－电阻率交会图

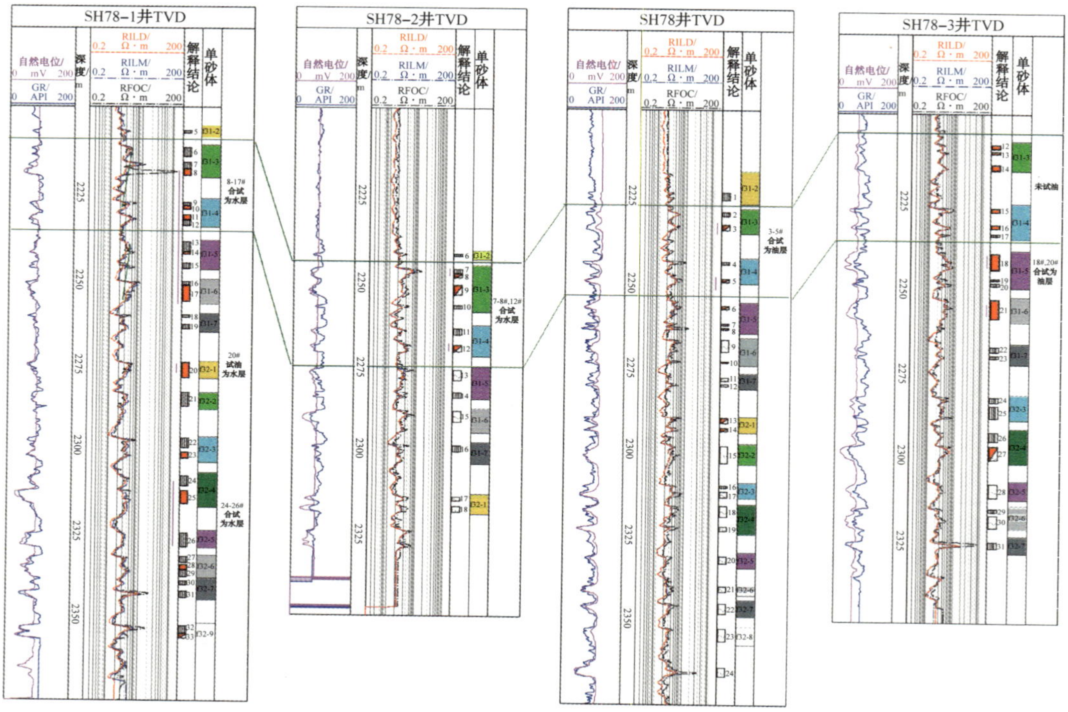

图 7　SH78 块储层垂深对比图

经过测录井资料对比、分析、再认识，沙埝构造是由一系列东西向北倾断层控制的多个断鼻或断块构造，地层产状南倾北抬，油气成藏受构造和砂体双重控制，北北东向南倾主断层和北东向西倾小断层可控制形成较为富集的层状油藏。SHX78 井 3 号层（2538.8~2542.7m）岩性为泥质粉砂岩，核磁分析结果；孔隙度分布在 12.45%~21.72%，渗透率分布（0.04~2.02）$\times 10^{-3}\mu m^2$，束缚水饱和度分布在 76.85％~89.33％；对 SH78-1 井 7-12 号层试油，CL^- 为 10295mg/L，对 SH78-2 井 1、8、12 号层试油，CL^- 为 12780mg/L，说明了该区块为岩性细，地层水矿化度高，束缚水含量高的低电阻率油气藏特征；经试油后与甲方研究院回馈，构造分析认为 SH78 含油区块是由两条断层组成的一个复杂含油断块，其中 SHX78 和 SH78-3 井部署在含油块的高部位，在含油块控圈断层下降盘部署的

SH78-1 井在控藏圈闭范围之外，因此不含油。SH78-3 井、SHX78 井同属一块，位于断层上升盘，SH78-3 井部位高于 SHX78 井；SH78-1 井、SH78-2 井同属一块，位于断层下降盘，SH78-1 井部位高于 SH78-2 井，对构造的重新认识，解决测井评价的疑难与困惑。

4 认识

对 SH78 区块的再评价认识，储层测井电性的特征基本相同，横向对比较好，有一致性，在电性认识上无法解决高部位井试油出水问题，最终华东油田勘探开发研究院对构造重新认识，认为该区块高部位井储层出水，存在井间小断层等地质现象，对构造进行了重新解释，为该区块的后续井位部署提供有力借鉴依据。

5 结论与认识

（1）本区块的储层评价难点充分体现了苏北盆地小、碎、贫、散的特点。

（2）测录井综合解释结果与试油结果有一定分歧，表明苏北盆地断块油藏解释的复杂性。在测井解释时，一方面应该兼顾考虑该地区横向对比得出的油水界面深度；另外根据 SH78-1 井 -SH78-2 井区块的试油资料，全井段试油都为水层，其中 SH78-1 井为构造高部位，因此这个区块目前只能当成水层来解释，究其原因就是存在断层。

编写单位：华东测控公司
编 写 人：张 敏
审 核 人：杨志强 马向东
审 定 人：赵俊峰 周贤斌

33 高邮凹陷永安油田 Y7-27 井老井精细化评价

1 概况

Y7-27 井是位于东台坳陷高邮凹陷永安构造 Y7 断块的一口开发井。主要含油层系为三垛组垛一段（简称垛一段）和戴南组戴一段（简称戴一段）。垛一段上报探明含油面积 $0.2km^2$，地质储量 20×10^4t，戴一段探明含油面积 $1.0km^2$，石油地质储量 128×10^4t，天然气地质储量 $2.69\times10^8m^3$。钻探目的是提高采收率，完善井网。本井于 2010 年 12 月完钻，完钻井深为 3191.0m，完钻层位戴一段。

永安油田 Y7 断块于 1995 年投入开发，属正常压力系统。1998 年 12 月投入注水开发，目前共有 8 口注水井，开井 8 口，日注水 $368.1m^3$，注入压力 25MPa。截至 2010 年 9 月底，累计注水 $69.1\times10^4m^3$，累计注采比 0.76，地下亏空 $22.3\times10^4m^3$。

2 问题与难点

Y7 区块的垛一段试油、生产井较少，储层流体性质等认识不够完善。测井项目单一，未测中子－密度。在本区块有伴生气存在的情况下，只靠单声波曲线难以辨别油、气层，难以对储层的流体性质做出正确评价。

3 解释评价

对测井资料较单一的老井进行复查时，要从油藏构造角度分析，测录井相结合，并充分借助全谱饱和度测井等生产测井资料在评价剩余油、区分油气方面的优势，对老井进行精细化评价。

3.1 常规资料解释评价

2010 年 Y7-27 井完井后，测试、生产层均为戴南组储层，在 2016—2018 年度按照勘探开发处部署，我们对永安地区 70 余井次进行了复查，复查前本井处于停产状态。从本层上看，2 号层测井响应为自然伽马均值为 70API，自然电位负异常幅度较大，深感应电阻率均值为 7.2Ω · m，声波时差均值为 282μs/m，微电极呈正差异，薄层反演后电阻率略有增加；从纵向上分析，下部 3 号层深感应电阻率均值为 2.9Ω · m，声波时差值为 285μs/m，为明显水层特征；而两层相比，声波时差相当，但 2 号层电阻率较 3 号层增大 2.5 倍（图 1），且地质录井为浅灰色荧光粉砂岩、3 颗井壁取芯均为荧光粉砂岩。从横向上作 Y7–6、Y7–9、Y7–27 井连井剖面可见砂层组呈逐渐抬高趋势，Y7–27 井垛一段砂层组较完整，潜力层处于构造高部位，而 Y7–9 井垛一段对应砂层组（深感应电阻率 9Ω · m，声波时差 275μs/m）已试获工业油气流（图 2）。通过储层曲线纵横向对比，结合动态监测资料，掌握了当前井筒状况和油藏地质概况。认为 2 号层电阻率曲线不够饱满，三电阻率曲线呈一定增阻侵入特征；录井、井壁取芯等均为荧光显示，但本砂层组低部位试油有油气流，因此将本井的 2 号层解释为气水同层。

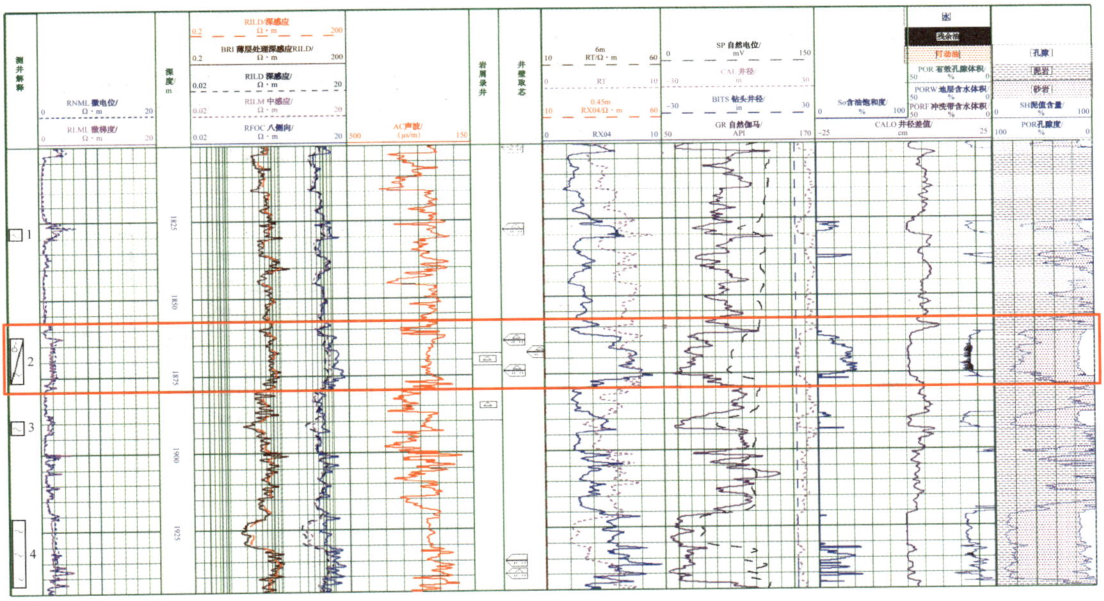

图 1　Y7–27 井组合曲线图

3.2　全谱饱和度测井与精细解释评价

因常规测井中单声波难以区分储层中是否有气，而全谱饱和度测井能有效地区分储层含油气的情况：中子寿命在识别气层、高矿化度水层上具有优势；C/O 比在识别含油性上具有优势。因此，为落实 1800.0~1950.0m 井段含油气情况，采用全谱饱和度测井进行再次复查。通过全谱饱和度测井资料分析：①全谱碳氧比显示：1、3、4 号层测量的碳氧比曲线明显低值呈现水层特征；纵向上看，2 号层碳氧比值较高，但包络图不够饱满，尤其层中下部碳氧比值有明显下降趋势，呈含水特征；②全谱俘获截面、中子伽马分析：1、2 号层中子伽马值略高于泥岩段，3、4 号层中子伽马值明显高于纯泥岩井段，2、3、4 号层俘获截面值较低，但不具备气层的挖掘效应特征，且 2 号层 C/O 比较高，含油性较含气性好，3、4 号层的地层电阻率值明显偏低；③矿化度分析：矿化度曲线主要反映地层中氯元素的含量，即地层水的含量。纵向上看，2 号层矿化度值最低，而电性资料显示该层的电阻率在 1~4 号层中最高，呈现含油特征。故通过全谱分析认为本井 2 号层为油水同层（表 1、图 3）。

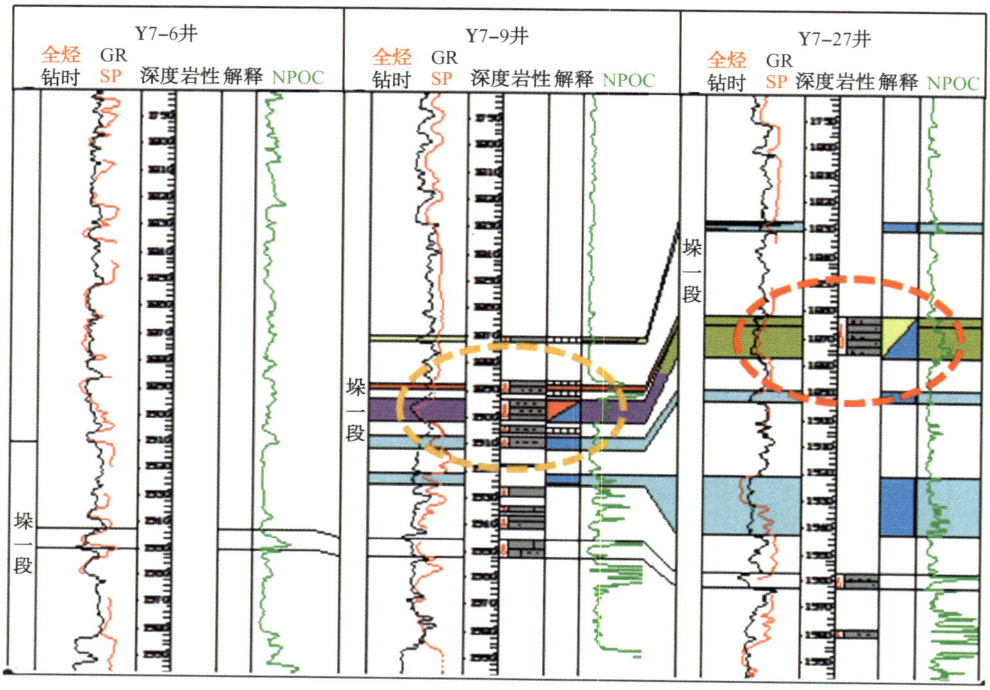

图 2　Y7-27 井与邻井连井对比图

表 1　Y7-27 井全谱饱和度测井解释成果表

层号	起始深度 / m	结束深度 / m	层厚 / m	孔隙度 / %	含油饱和度 / %	液体渗透率 / ($10^{-3}\mu m^3$)	产水率 / %	解释结论
1	1826.8	1830.5	3.7	12.3	25.3	0.935	100.0	水层
2	1862.0	1876.8	14.8	14.6	46.9	3.398	46.5	油水同层
3	1888.9	1893.4	4.5	16.4	26.8	6.698	100.0	水层
4	1920.8	1942.6	21.8	15.0	28.3	19.321	100.0	水层

4　试油（气）结果

2017 年 6 月对本井垛一段的 2 号层（1862.0~1870.0m）进行复查试气，目的是取得复查试油层的自然产能、流体性质、压力等储层渗流参数资料。测试结果显示储层呈均质复合渗流特征，低渗层；折算压力系数为 0.9911，属于正常压力系统。2017 年 7 月投产 2 号层，油 1.7t/d，水 2.4m^3/d；含水 58.4%，为油水同层，符合复查解释结论。

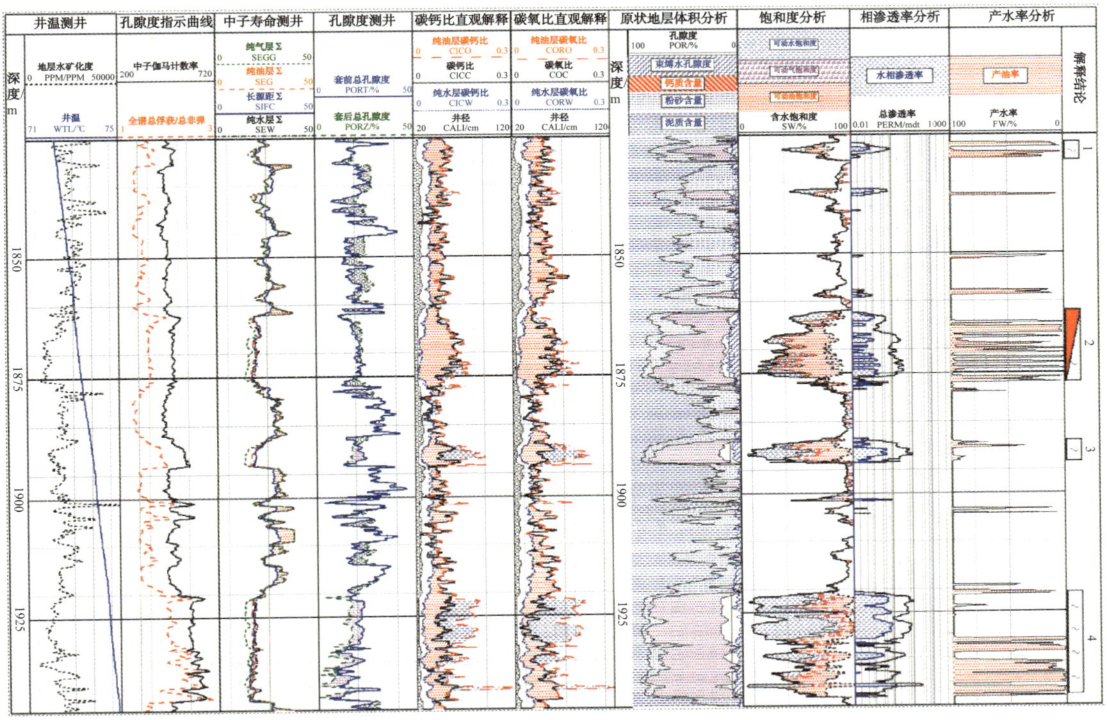

图3 Y7-27井全谱饱和度测井成果图

5 结论与认识

（1）砂岩油、气层电阻率曲线响应特征相似，仅靠单声波曲线难以识别油、气层，应结合邻井生产试油资料，加测补偿中子、补偿密度曲线；并充分利用全谱饱和度测井等新技术以便更准确区分油气层。

（2）轻质油会造成录井、井壁取芯等显示弱，在解释过程中应充分了解区块所产原油性质，能够更好地对储层进行准确有效的评价。

（3）在对测井系列不完善的老井进行复查时，推广全谱饱和度等生产测井技术可以更有效识别剩余油气。

编写单位：华东测控公司
编 写 人：林可英 唐其斌
审 核 人：杨志强 马向东
审 定 人：赵俊峰 周贤斌

第二章

碳酸盐岩油气藏

2000 年以来，我国在碳酸盐岩油气勘探中取得了巨大进展，塔里木盆地和四川盆地等大型含油气盆地的海相油气勘探成果亮点纷呈，储量和产量持续增长，成为我国原油稳产 2 亿吨、天然气快速上产的主要阵地。以中国石化在四川盆地的勘探为例，矿权区内海相常规天然气资源量 8.2 万亿方，约占矿权区内天然气资源总量的四分之一，提供了三分之一的探明储量，还贡献了近二分之一的年产量。

从全国来看，我国已发现的油气资源可采储量和油气产量中，碳酸盐岩油气藏只占 18%，相对于全球 60% 的比例来说，中国碳酸盐岩油气勘探存在巨大的发展空间。同时也反映出，我国碳酸盐岩油气藏勘探技术同国外相比，还存在较大差距。这既有地质演化和成藏模式复杂、勘探程度低和勘探难度大等方面的原因，也存在复杂储层解释评价缺乏系统理论、方法支持的原因。相对于国外碳酸盐岩油气藏，我国碳酸盐岩油气藏地质年代更古老，主要分布在中生代、古生代和新元古代，埋藏深度更大，探井深度已经超过 9000m。碳酸盐岩储层非均质性强，以次生孔隙为主，缝洞分布规律复杂，流体性质多样，储层和流体性质评价成为制约碳酸盐岩油气藏勘探开发的技术瓶颈。

近年来，中国石化在四川盆地、塔里木盆地、渤海湾盆地、鄂尔多斯盆地等的碳酸盐岩油气藏勘探中取得了重大突破，各盆地储层的主要特点及分布如下。

（1）四川盆地碳酸盐岩气藏主要分布在三叠系、二叠系、寒武系、震旦系。储层埋藏深、岩石成分及储集空间复杂、非均质性强，气水关系复杂，泥浆侵入等因素严重影响流体性质判识，储层识别、参数计算，综合评价难度较大。同时，海相油气井具有高温、高压、小井眼和井筒不规则的特点，常使用高密度钻井液，气测显示微弱。

（2）塔里木盆地碳酸盐岩油气藏主要分布在奥陶系，次为寒武系，油气层埋藏较深，纵横向非均质性强，产能与缝洞发育程度息息相关。如顺北地区碳酸盐岩油气藏具有明显的断裂带“控储控藏控富”特征，由于钻遇断裂与溶洞极易发生井漏，钻井时需要尽可能避开断裂及溶洞，但不能离油气赋存的缝洞过远（一般控制在 5m 以内为佳），否则不利于后期的压裂改造。

（3）渤海湾盆地碳酸盐岩油气藏主要分布在下古生界、沙河街组四段上部和一段中、下部，碳酸盐岩潜山发育裂缝型、溶蚀型和孔洞型 3 种基本储层类型，储层埋藏深、构造及流体性质复杂，储集空间类型多、结构复杂、分布极不均匀，岩性成分复杂，形成机理及成岩作用多样，电阻率测量结果受岩石骨架和孔隙结构影响严重，反映储层流体性质的能力较弱。

（4）鄂尔多斯盆地碳酸盐岩油气藏主要分布在奥陶系马家沟组，储层物性差，埋深较深，产能与裂缝、溶孔发育程度有密切关系。碳酸盐岩油气层具有明显的裂缝－溶孔洞控制含气性的特征，非均质性强、各向异性明显，储层孔隙类型复杂多变，裂缝、溶孔发育规模不一，形式多样，测录井响应复杂。

解释过程中，坚持测录井信息融合、综合评价的原则，对储集层的岩性、物性、储集空间、流体性质、油气成因等进行综合评价。主要利用自然伽马、电阻率、三孔隙度及薄片镜下鉴定、岩芯观察等测录井资料划分有利储集层段，在沾化凹陷孤北潜山带 BGX405 井、大牛地气田伊陕斜坡 SH3 井等取得较好应用效果；利用元素录井、修正的机械比能指数、中子－密度交会图等识别岩性、计算孔隙度，在车镇凹陷车西洼陷北带 CHG27 井、川西龙门山前带 PZH6-2D 井等取得良好效果；利用微电阻率成像测井判识储集空间类型，电成像与声波远探测技术结合刻画井旁 80m 内缝洞储集体发育情况及分布方位，在塔北阿克库勒凸起应用效果良好；利用录井气测、岩石热解地化、定量荧光、电阻率侵入特征、孔隙度－电阻率交会图、阻抗－电阻率 / 自然伽马比值交会图、二维核磁共振等资料，识别流体性质，在普光地区 M1 井、川北马路背构造 M7 井、川东高陡构造带 PQ1 井等取得良好效果；碳同位素资料可以辅助油气成因判别。

34 沾化凹陷孤北潜山带 BGX405 井潜山风化壳油气藏测录井综合解释评价

1 概况

BGX405 井位于济阳坳陷沾化凹陷孤北潜山带中部，钻探目的是向北扩大孤北潜山带西段 BGX404 块古生界含油气范围。本井于 2021 年 8 月 30 日完钻，完钻井深 4931.00m（垂深 4447.5m），完钻层位奥陶系上马家沟组，实钻于奥陶系八陡组、上马家沟组钻遇气测异常，且见荧光显示。

2 问题与难点

本井下古生界为碳酸盐岩油气藏，钻遇多层气测异常及荧光显示，因该区油质较轻，岩屑滴照仅见少量淡黄色放射状光束，从气测组分看甲烷相对百分含量高于 90%，初步认为储层中以含气为主。已有研究资料证实，BGX405 井区下古生界存在两种油源，一是渤南洼陷沙河街组三段、沙河街组四段沉积了厚层暗色泥岩，勘探证实以油型气为主；另一种是孤北地区东侧发育一石炭 – 二叠系沉积次洼，沉积了较厚层煤系地层，可为本井区下古生界提供煤型气源。虽然本井区部分钻遇下古生界试油井通过油源对比证实，下古生界油源主要来自西部渤南洼陷沙河街组，但不能排除本井下古生界钻遇的多层气测显示来自东部煤系地层的可能性。该区多口下古生界井试油流体性质多样，以油为主或油气同出或以气为主见少量油，对本井而言，如何判识储层空间类型、低含油丰度段储层的流体性质及确定油气来源，是测录解释难点。

3 解释评价

3.1 解释原则方法

利用电阻率、三孔隙度及自然伽马等曲线划分有利储集层段，利用中子 – 密度交会图识别岩性、计算孔隙度；综合利用气测、定量荧光等录井资料结合测井资料，辅助应用气测图版、烃类比值三角图版、3H 组分比值法及碳同位素分析数据进行流体性质判别，开展碳酸盐岩储层的综合评价，解释评价时，应特别坚持测录井综合评价原则，即融合测录井信息对储层岩性、物性、储集空间、流体性质、油气成因等进行综合评价。

3.2 下古生界显示及评价

3.2.1 岩性分析

本井下古生界岩性为灰岩、白云岩、泥灰岩、泥质白云岩、白云质灰岩，从岩矿鉴定结果看，白云岩局部见结晶现象，为粉晶、细晶结构，结晶较好白云岩以豹斑状态分布于灰岩中，形成豹皮灰岩，局部见角砾状灰岩、白云质灰岩，结合已有研究资料，下古生界储集性能较好的储层主要为白云岩及含白云质灰岩，白云质成分易产生裂缝及溶蚀孔洞。

图 1 为下古生界中子 – 密度交会图，数据点主要落在灰岩与白云岩线之间，反映出地层岩性主要为灰岩、白云质灰岩、灰质白云岩及少量白云岩。

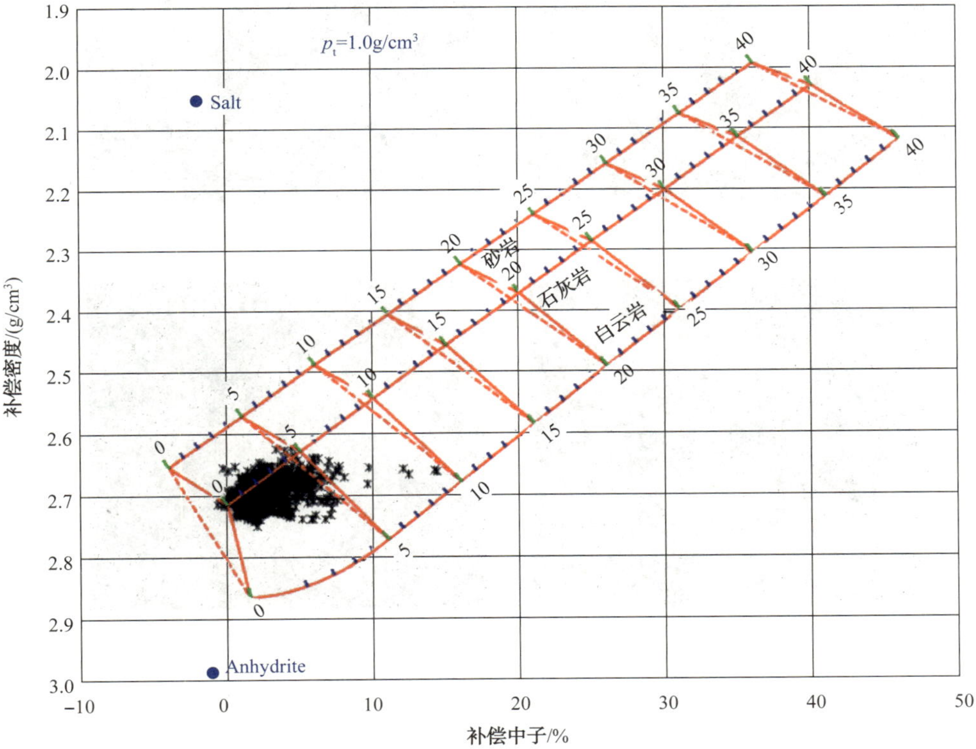

图 1　BGX405 井中子 – 密度交会图

3.2.2 储集物性评价

本井下古生界潜山顶部 4725~4738m、4852m 气测异常显示段岩石薄片表明储层裂缝发育，白云岩见粉晶、细晶结构，发育晶间孔，白云石结晶程度较好等特征。本井下古生界处于挤压隆起带高部位，构造活动强烈，顶部灰岩、白云岩发育构造缝、碎裂缝及溶蚀孔，是碳酸盐岩重要的储集空间和渗流通道，具备较好储集空间（图 2）。

4725泥质泥晶白云岩

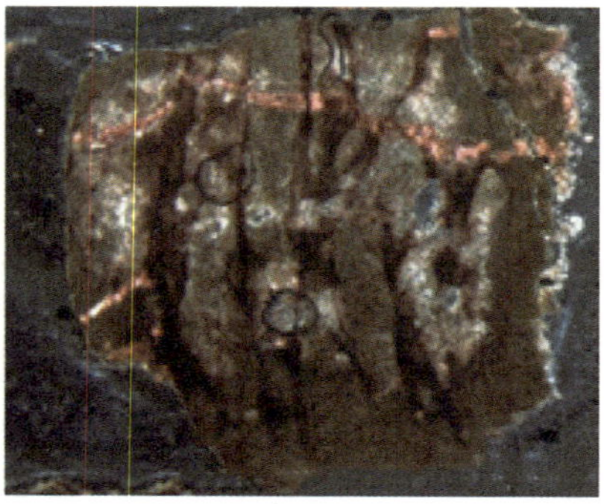

4727泥质泥晶白云岩

4727角砾状灰岩

4734含泥粉晶云岩

4738含泥粉晶云岩

4852白云质灰岩

图 2　BGX405 井奥陶系岩矿图像

本井下古生界 4852m 气测升幅最明显（测井解释 64 号层，图 3），自然伽马低值（13API），岩性纯、泥质含量较低；电阻率呈相对低值（60Ω·m）；该处测井曲线表现出物性较好特征，声波时差数值由 60μs/ft 增大到 75μs/ft，中子数值由 3% 增大到 15%，密度数值由 2.69g/cm^3 减小至 2.65g/cm^3，测井孔隙度平均值为 7.4%（最大值为 10.5%），测井渗透率为 2.54×10^{-3}μm^2，解释为Ⅰ类层，另外，下古生界顶部 4726~4744m 气测异常明显，测井孔隙度在 3.1%~4.9%，测井渗透率（0.149~0.732）×10^{-3}μm^2，解释Ⅲ类层 7.4m/4 层。因无成像测井资料，常规测井不能评价储集空间类型以及微裂缝的发育情况。

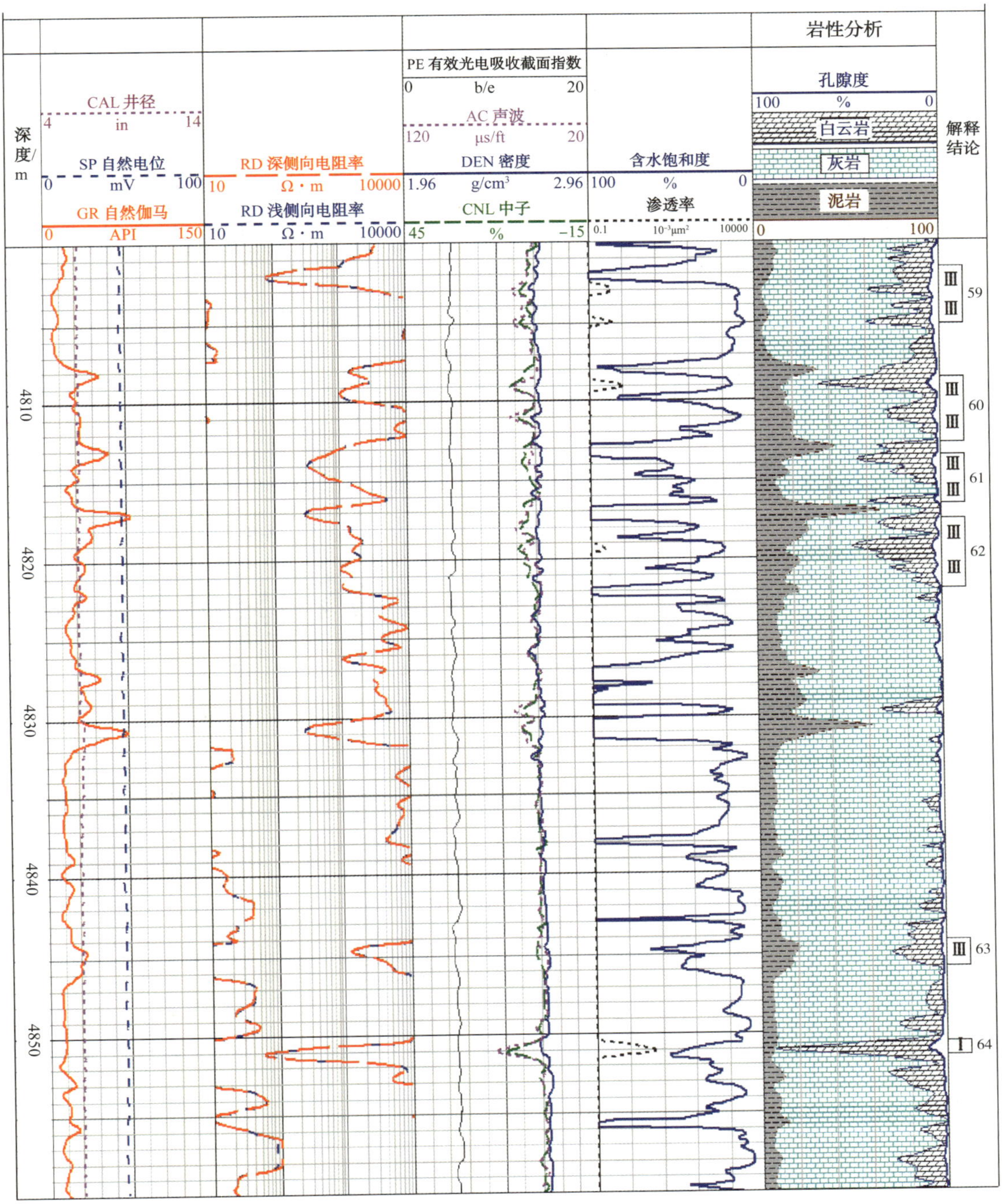

图 3 BGX405 井综合测井成果图

3.2.3 含油气性分析

本井在下古生界奥陶系八陡组 4726.2~4738.3m 钻遇含气层 8.6m/3 层；上马家沟组 4742.8~4899.1m 见荧光显示 7.0m/5 层。

表1　BGX405井下古生界油气层统计

层位	井段/m	厚度/m	岩性	全烃/%	烃组分/%						甲烷百分含量/%	地化						定量荧光	
					C_1	C_2	C_3	iC_4	nC_4	C_5		类型	S_0	S_1	S_{21}	S_{22}	S_{23}	浓度	级别
八陡组	4726.2~4729.5	3.3	灰色白云质灰岩	1.33~9.39	0.77~8.52	0.040~0.317	0.025~0.039	0.004~0.006	0.007~0.008	0.002~0.003	95.8	屑	0	0.00	0.149	0.12	0.04	4.67	3.9
												屑	0	0.01	0.233	0.14	0.06	5.62	4.2
	4730~4738.3	5.3/2	灰色灰岩	2.06~12.83	1.60~10.40	0.048~0.655	0.007~0.128	0.002~0.031	0.002~0.032	0.003~0.024	92.1	屑	0	0.01	0.159	0.12	0.05	2.71	3.1
												屑	0	0.00	0.117	0.12	0.05	3.69	3.6
												屑	0	0.02	0.325	0.16	0.08	1.99	2.7
	4742.8~4744.0	1.2	灰色荧光白云质灰岩	1.54~3.13	1.24~2.83	0.065~0.189	0.018~0.028	0.011~0.023	0.010~0.011	0.013~0.018	90.8	屑	0	0.01	0.308	0.22	0.09	4.85	4.0
上马家沟组	4820.0~4822.1	2.1	灰色荧光灰岩	0.11~0.87	0.04~0.77	0.002~0.029	0.001~0.006	0.001~0.003	0.001~0.003	0.002~0.003	94.2	屑	0	0.00	0.054	0.09	0.07	8.61	4.8
	4850.6~4851.6	1.0	灰色荧光灰岩	0.26~24.12	0.21~21.50	0.011~0.123	0.004~0.105	0.004~0.017	0.003~0.015	0.006~0.007	98.7	屑	0	0.00	0.005	0.03	0.03	3.78	3.6
	4889.0~4890.6	1.6	灰色荧光灰岩	0.28~0.52	0.23~0.44	0.007~0.019	0.002~0.005	0.002~0.003	0.002~0.003	0.004~	92.1	屑	0	0.02	0.315	0.27	0.05	9.37	4.9
	4898.0~4899.1	1.1	灰色荧光白云质灰岩	0.23~0.79	0.18~0.38	0.005~0.019	0.002~0.005	0.002~0.003	0.002~0.003	0.003~0.004	90.9	屑	0	0.00	0.124	0.21	0.05	5.78	4.2

从表 1 看，潜山顶部气测升幅明显，油气活跃性强，内幕地层在 4850.6~4851.6m 见明显气测异常，热解地化及三维荧光分析的含油丰度却未见明显异常。

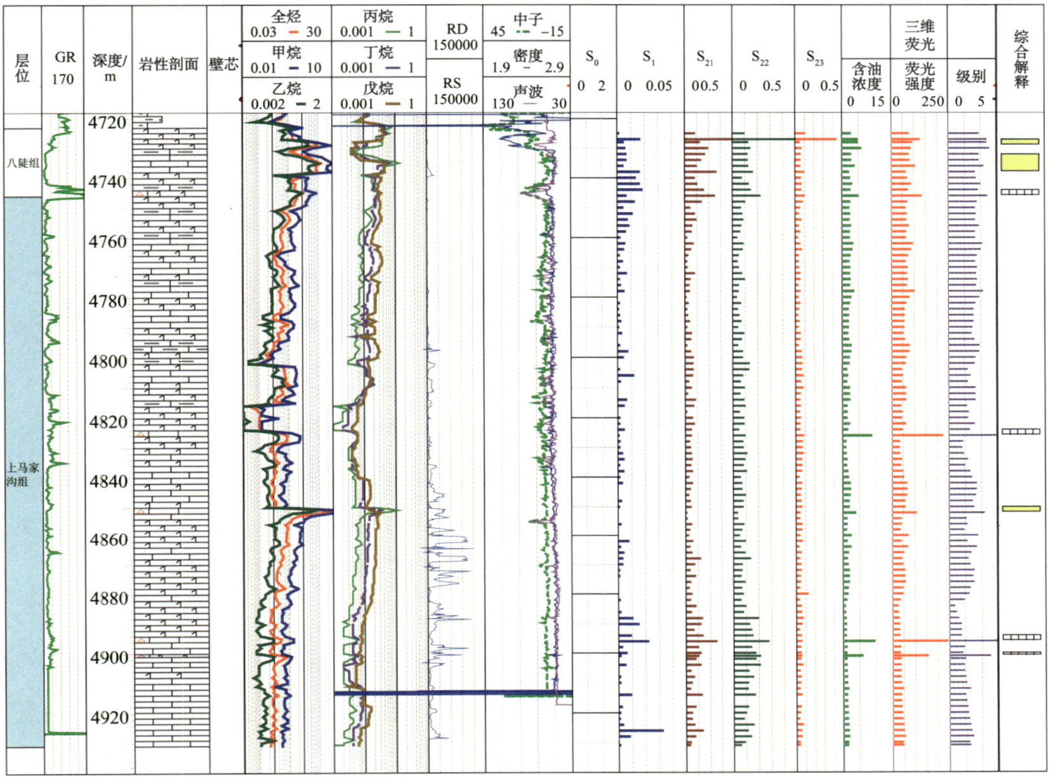

图 4　BGX405 井下古生界油气层评价图

3.2.4　流体性质分析

本井下古生界气测组分以甲烷为主，相对百分含量高于 90%，乙烷含量明显下降，丙烷、戊烷含量均较低，表明储层中烃类流体主要以含气为主。

与区域 B930 井、CHG271 井上古生界测试煤气层段（煤成气），BG403 井、BG401 井、BGX6 井下古生界测试油气同出段（油型气），BSH8 井沙四段凝析气（油型气），FSH3 井沙四段下亚段干气层（油型气）的各项气测组分及 3H 法对比参数及图版进行对比。

（1）本井下古钻进气、后效气、中途测试气组分甲烷相对百分含量与本井上古生界煤层气及东营北带砂砾岩体 FSH3 井沙四段干气层含量相当，而邻井 BGX6 井、BG403 井、BG401 井下古生界油气同出试油段甲烷百分含量在 50.5%~87.8%，其中 BG403 井天然气产量较高，表现出甲烷含量占比较高特征。而 BGX6、BG403、BG401 井在下古生界气测全烃值与本井相当的情况下，其 C_2~C_5 单个气测组分的绝对含量值均明显高于 BGX405 井，特别是表征液态组分的丁烷百分含量明显较 BGX405 井高（表 2），说明储层中含有较多重烃，与 BGX405 井主要以甲、乙烷为主特征不同，初步排除地层中流体含油特征。

（2）本井上古生界煤层气 C_1/C_2、C_1/C_3、C_1/C_4 数据与同井区 B930 井、车西地区 CHG27 井上古生界的数据相似，上述两口井试油证实为煤成气，而与 FSH3 井干气层各项组分比值相差较大（表 3）。

（3）3H 比值法是依据 3 条不同烃组分的组合特征值来判断储层流体性质的，其参数分别定义为：

$$WH=100\times(C_2+C_3+iC_4+nC_4+iC_5+nC_5)/(C_1+C_2+C_3+iC_4+nC_4+iC_5+nC_5)$$

$$BH=(C_1+C_2)/(C_3+iC_4+nC_4+iC_5+nC_5)$$

$$CH=(iC_4+nC_4+iC_5+nC_5)/C_3$$

式中，WH 为烃湿度比，是重烃与全烃的比，是指示油气基本特征类型的指标；BH 为烃平衡比，是帮助识别煤层效应，因为煤层气含有大量 C_1 和 C_2，通过比值可以把煤层气和石油显示区别开；CH 为烃特征比，是用来解释介于油气之间的一类模糊显示。

传统 3H 解释模型中：0.50 < WH < 17.50，BH < WH，CH < 0.50，为可采湿气或凝析气；0.50 < WH < 17.50，BH < WH，CH > 0.50，为凝析油或高气油比的轻质油。如果 WH < 0.50 和 BH > 100.0，那么该区间相当于只有非常轻的干气，没有生产能力。如果 0.50 < WH < 17.50 和 WH < BH < 100.0，那么该区间相当于有可能开采的天然气，天然气的湿度和密度随着两条曲线的汇聚而增大。

依据公式可知，煤层气由于含有大量 C_1 和 C_2，那么 BH 值一定是明显高于油型气的 BH 值，图 5 为将上述几口井应用比值计算出的 WH、BH 值根据测试出的油型气、煤型气的交会图版，图 6 为将胜利油区不同区块、不同层位的油型气（BGX6、BG403、BG401、BSH8、FSH3）和煤成气（B930、CHG271）的 WH 湿度比、BH 平衡比、CH 特征比、甲烷相对百分含量及甲烷与乙烷、丙烷、丁烷比值采用曲线形式进行井间对比，在对比曲线中，通过表征煤层气的 BH 平衡比和甲烷与其他组分的比值可以直观看出本井与油型气井特征不同，而与煤成气井特征相似。

首先结合湿度比 WH 和平衡比 BH 交会图版及曲线图（图 5、图 6），油型气井（BG403 井、BSH8 井等）烃平衡比 BH 值较低，烃湿度比 WH 值较高，说明流体中重烃占比高，而煤成气井（B930 井、CHG271 井、BGX405 井上古生界煤层气）烃平衡比 BH 值高，烃湿度比 WH 值低，表明流体中重烃含量低，且表征煤成气指数的烃平衡比 BH 高，在 WH（湿度比）和 BH（平衡比）交会图版上，BGX405 井投点落在煤成气区（图 5）。

对中途测试气进行了碳同位素分析（表 4），本井下古生界测试气 $\delta^{13}C_1$ 同位素值在 −36.55 ‰~−34.71 ‰，$\delta^{13}C_2$ 同位素值在 −22.18 ‰~−20.04 ‰，$\delta^{13}C_3$ 同位素值在 −19.42‰~−12.09‰，与 CHG27 井古生界煤成气 $\delta^{13}C_1$、C_2、C_3 同位素值数据相近，而与 BGX404 井对比，$\delta^{13}C_1$、C_2、C_3 同位素值相对变重，根据国内、国际研究资料，煤成气较油型气相对重，综合国内、国际图版（图 9），本井投点落于煤成气区，确定下古生界气源来自孤北地区东侧石炭 – 二叠系烃源岩。

本井下古生界中途测试气和钻进气、下古生界后效气及上古生界煤层气的气测比值图版和烃类比值三角图版投点均落在气区，与 B930 井上古生界测试气层段、FSH3 井沙四段干气层图版特征一致，而 BSH8 井沙四段凝析气层、BG401 井下古生界油气同出段则落于油区或油气同出区，差别较大（图 8）。

综合对比分析认为，BGX405 井下古生界储层流体性质为气层。

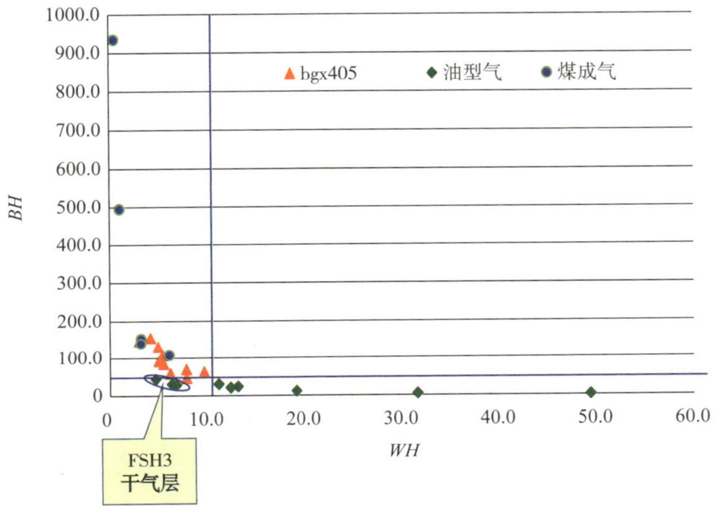

图 5　BGX405 井区 WH 与 BH 交会图版

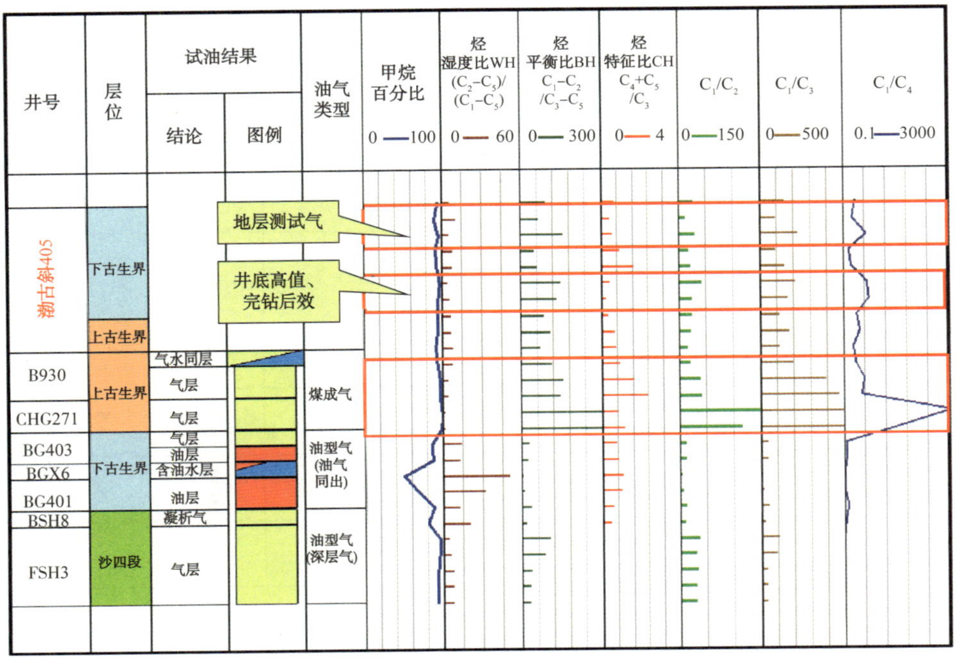

图 6　济阳坳陷 3H 法气测比值曲线图

表 2 BGX405 井区下古生界气测数据

井号	层位	顶深/m	底深/m	厚度/m	岩性	气测录井/%							升幅倍数	甲烷百分比/%	相对密度	槽面显示	试油
						全烃	C_1	C_2	C_3	iC_4	nC_4	C_s					
BGX405	八陡—马家沟组	4727	4729	2	灰色白云质灰岩	9.39↑1.33	8.52↑0.77	0.32↑0.04	0.039↑0.025	0.006↑0.004	0.0081↑0.007	0.003↑0.002	7	95.8	1.04	后效见气泡	
		4732	4738	6	灰色灰岩	12.83↑2.06	10.4↑1.6	0.655↑0.048	0.128↑0.007	0.031↑0.002	0.032↑0.002	0.024↑0.003	6	92.1	1.04		
		4850	4852	2.0	灰色荧光灰岩	24.12↑0.26	21.5↑0.21	0.123↑0.011	0.105↑0.044	0.017↑0.004	0.015↑0.003	0.014↑0.011	93	98.7	1.08		
		4894	4896	2.0	灰色荧光灰岩	0.52↑0.28	0.44↑0.23	0.0191↑0.007	0.005↑0.002	0.003↑0.002	0.003↑0.002	0.007↑0.004	1.9	92.1	1.08		
BGX6		4513.2	4516.4	3.2	灰色荧光白云质灰岩	5.89↑0.16	3.51↑0.11	0.460↑0.012	0.183↑0.005	0.0381↑0.002	0.064↑0.002	0.069↑0.003	36.8	81.2	1.00		出水为主：少量油花（钻进中槽面活跃，密度达 1.35，可能油层被压死）
		4527	4539.4	12.4	灰色油斑白云质灰岩、荧光泥灰岩	21.83↑1.16	6.33↑0.51	2.201↑0.027	2.486↑0.017	0.609↑0.008	0.9781↑0.018	0.795↑0.032	136.4	50.5	1.13↓1.1	油花 35%气泡 50%	
		4654	4657	3.0	灰色荧光灰岩	9.54↑0.33	4.77↑0.07	0.567↑0.006	0.198↑0.000	0.093↑0.001	0.098↑0.000	0.09↑0.004	29	82	1.27↓46		
BG403		3859.5	3866	6.5	灰色荧光灰质白云岩	9.60↑0.17	4.87↑0.06	0.437↑0.006	0.139↑0.002	0.027↑0.000	0.046↑0.001	0.044↑0	56.5	87.5	1.1		3850.5~3889.3m 日油 232.9t，日气 43824m³，日水 5.72m³，油水同层
		3867	3873.5	6.5	灰色荧光灰岩	5.07↑0.13	2.35↑0.09	0.216↑0.005	0.063↑0.003	0.011↑0.000	0.0201↑0.001	0.018↑0	39	87.8	1.1		

续表

井号	层位	顶深 / m	底深 / m	厚度 / m	岩性	气测录井 /% 全烃	C_1	C_2	C_3	iC_4	nC_4	C_s	升幅倍数	甲烷百分比 /%	相对密度	槽面显示	试油
BG 403	八陡－马家沟组	4293	4297	4.0	灰色荧光灰岩	4.89↑0.17	2.97↑0.08	0.313↑0.007	0.084↑0.002	0.025↑0.001	0.012↑0.001	0.018	29	86.79	1.08		4280~4320m 酸压后低产气层，瞬时峰值气产量 13286m³，测试仪日油 0.72t
BG 401		3979	3981.2	2.2	褐灰色荧光白云岩	24.43	15.35	3.328	1.951	0.242	0.793	0.804	1	68.3	1.35		3971~4046.66m 日油 25.1t，日气 38821m³，油层
		4026	4029	3	褐灰色荧光灰岩	25.58↑0.47	21.63↑0.18	2.750↑0.023	0.793↑0.008	0.115↑0.002	0.181↑0.003	0.093↑0.005	54.4	84.6	1.09		
		4090	4094	4.0	褐灰色荧光灰岩	5.6↑0.05	1.781↑0.03	0.199↑0.003	0.082↑0.001	0.017↑0.001	0.017↑0.002	0.031↑0.004	112	83.7	1.09		3971~4090m 中途测试，日油 0.75t，低产油层

表 3　济阳坳陷油型、煤成气气测组分统计

井号	油气类型	试油层位	井深 /m	全烃 /%	烃组分 /% C_1	C_2	C_3	iC_4	nC_4	iC_5	nC_s	甲烷百分比 /%	烃湿度比 / WH	烃平衡比 / BH	烃特征比 / CH	C_1/C_2	C_1/C_3	C_1/C_4
BGX 405	中途测试气	下古生界	4727~4931	100	89.6	3.75	0.647	0.14	0.13	0.0611	0.051	94.94	5.1	91.0	0.6	23.9	138.5	336.3
	下古钻进气		4728	7.52	3.18	0.29	0.039	0	0.01	0.002	0.003	90.26	9.7	61.9	0.4	11.1	81.5	265.0
			4729	9.39	8.52	0.32	0.038	0.01	0.01	0.003	0.003	95.79	4.2	155.0	0.5	26.9	224.2	655.4
			4735	12.83	10.4	0.66	0.128	0.03	0.03	0.023	0.026	92.08	7.9	46.1	0.9	15.9	81.3	165.1
			4737	8.63	6.49	0.32	0.046	0.01	0.01	0.023	0.021	93.72	6.3	57.7	1.6	20.5	141.1	231.8
			4851	24.12	21.5	0.52	0.105	0.02	0.02	0.007	0.007	96.96	3.0	145.8	0.4	41.1	204.8	671.9
	下古后效气		4931	100	88.6	3.96	0.569	0.07	0.06	0.01	0.008	95.00	5.0	130.7	0.2	22.4	155.7	732.1
			4800	64.43	62.1	2.88	0.591	0.09	0.08	0.016	0.011	94.44	5.6	83.3	0.3	21.6	105.1	383.5

续表

井号	油气类型	试油层位	井深 /m	全烃 /%	烃组分 /%							甲烷百分比 /%	烃湿度比 / WH	烃平衡比 / BH	烃特征比 / CH	C_1/C_2	C_1/C_3	C_1/C_4
					C_1	C_2	C_3	iC_4	nC_4	iC_5	nC_s							
BGX 405	上古煤层气		4509	31.49	26.5	1.28	0.16	0.02	0.04	0.02	0.022	94.52	5.5	107.3	0.6	20.7	165.6	464.9
			4510	23.42	15.3	1.08	0142	0.02	0.03	0.02	0.022	92.08	7.9	68.9	0.7	14.2	107.5	287.9
B930	上古煤成气	上古生界	3617~3624.5	77.29	56	3.13	0.293	0.08	0.08	0.045	0.052	93.84	6.2	107.8	0.9	17.9	191.0	354.2
			3664~3684	20.49	20	0.54	0.052	0.02	0.02	0.032	0.016	96.76	3.2	153.6	1.6	37.3	385.4	589.4
			3761~3772	24.28	21.5	0.55	0.047	0.02	0.02	0.037	0.032	96.80	3.2	140.2	2.3	38.8	456.6	523.4
CHG 271		上古－下古	5555	84.65	83.8	0.4	0.05	0.01	0.02	0.006	0.007	99.42	0.6	935.1	0.8	208.4	1675.2	3102.2
			5557	67.72	53	0.47	0.052	0.01	0.03	0.009	0.014	98.92	1.1	495.4	1.1	112.8	1019.8	1607.0
BG 403	油型气	下古生界	4296	4.89	2.97	0.31	0.084	0.03	0.01	0.007	0.011	86.79	13.2	23.6	0.7	9.5	35.4	80.3
			3859	9.6	4.87	0.44	0.139	0.03	0.05	0.019	0.025	87.54	12.5	20.7	0.8	11.1	35.0	66.7
BGX 6			4530	21.39	7.03	2.17	2.363	0.61	0.98	0.399	0.373	50.53	49.5	1.9	1.0	3.2	3.0	4.4
BG 401			3981.2	24.43	15.4	3.33	1.951	0.24	0.79	0.3	0.504	68.3	31.7	4.93	0.94	4.6	7.9	14.8
			4002	3.19	1.73	0.16	0.042	0.01	0.01	0.002	0.004	88.8	11.2	29.94	0.50	11.1	41.2	115.3
BSH 8	深层凝析气	沙四段	4664	86.51	68.3	9.54	4.8	0.48	1.24	0.105	0.119	80.7	19.3	11.54	0.40	7.2	14.2	39.8
FSH 3	深层干气		4795	1.93	0.99	0.03	0.01	0	0	0	0	96.1	3.9	102.00	0.00	33.0	99.0	0.0
			4796	1.73	0.8	0.03	0.01	0	0	0	0	95.2	4.8	83.00	0.00	26.7	80.0	0.0
			4797	0.79	0.29	0.01	0.01	0	0	0	0	93.5	6.5	30.00	0.00	29.0	29.0	0.0
			4798	0.74	0.27	0.01	0.01	0	0	0	0	93.1	6.9	28.00	0.00	27.0	27.0	0.0

3.2.5　储层产能、油藏分析

从测井物性看，解释Ⅰ类层1m/1层，Ⅲ类层42.7m/17层，整体物性较差，下古生界内幕储层中4850~4851m气测全烃0.26%↑24.12%（表1），全烃对比系数93，油气活跃性最强，潜山顶部4726.2~4738.3m段气测全烃异常明显，最高值分别为1.33%↑9.39%、2.06%↑12.83%、1.54%↑3.13%，对比系数为6~7。下古生界油气活跃性与测井物性有较好相关性（图7），测井物性好，裂缝发育段气测升幅明显，物性变差则油气活跃性相应变差。结合本井下古生界钻进气、后效气三角图版中三顶点交线处于蓝色价值区边缘，测井物性多为Ⅲ类层仅见厚度较薄Ⅰ类层1m/1层，分析产能不高，但经过压裂酸化改造，可能具备较好产能（图8）。

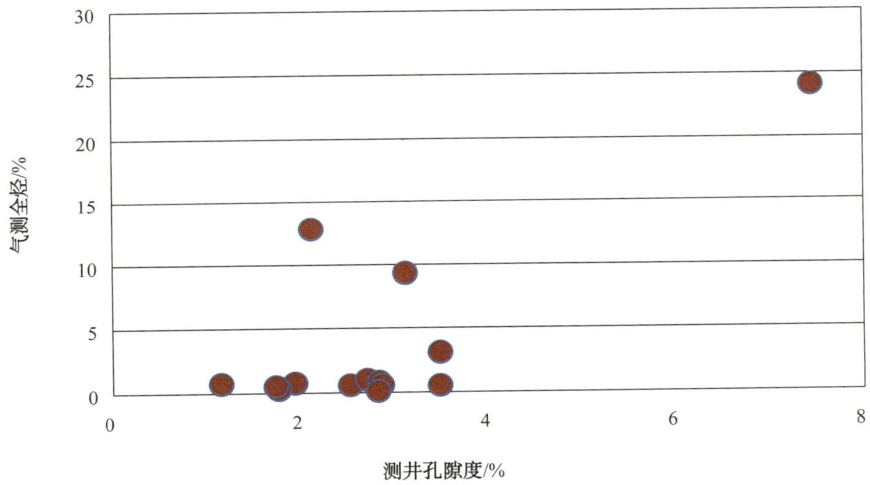

图7　BGX405井下古生界测井孔隙度与气测全烃关系图

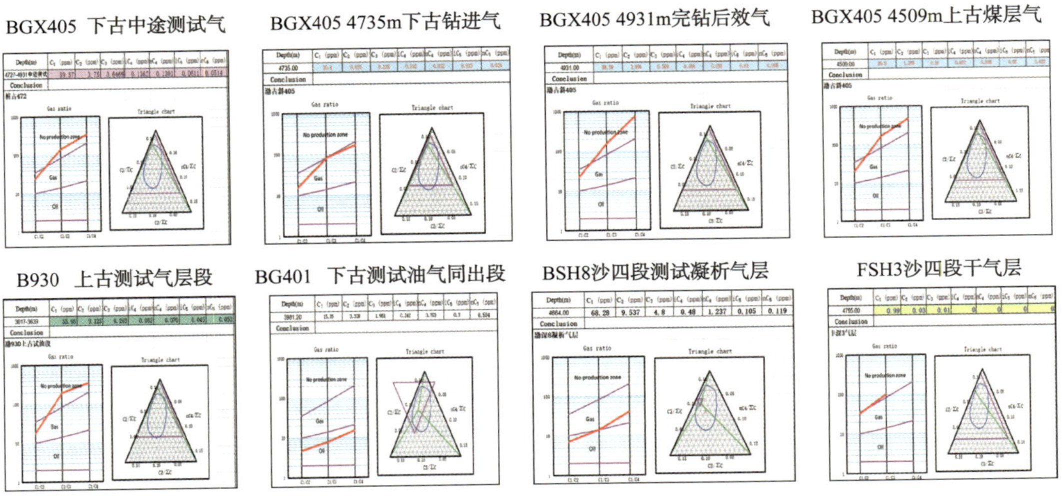

图8　济阳坳陷油型气、煤成气三角图版及皮克斯勒图版

4 试油（气）结果

对下古生界井段 4726.61~4931.00m 进行中途测试，经测试一开、二开分别用 6mm、5mm 油嘴放喷，出口气大，经测气体可燃，无硫化氢。采用垫圈流量计测气产量 7540~7870m^3/d，结论为低产气层。

5 结论与认识

通过该井的综合评价，可以得到以下认识：①利用气测录井甲烷相对百分含量及气测组分比值数据，结合测井物性参数，对下古生界碳酸盐岩储层流体性质及产能评价具有较好应用效果。②孤北潜山带先期钻探井下古生界油气源经对比均来自渤南洼陷油气，而 BGX405 井通过气测录井参数对比及碳同位素录井技术证实下古生界油气源来自东部石炭－二叠系，对该区下一步下古生界勘探及开发有重要意义，油源对比方法对其他区域勘探具有借鉴意义。③确定裂缝发育段是裂缝性油气藏产层评价的前提，仅用常规测井资料对此类油气藏评价存在较大困难；应测量电成像等测井资料，进行缝、洞的识别及评价，具有较高应用价值。

表 4 BGX405 井－BGX404 井—CHG27 井碳同位素分析数据

井号	井段 /m	层位	碳同位素值 /‰		
			C_1	C_2	C_3
BGX405	4727~4931	下古生界	-34.91	-20.32	-16.53
			-35.15	-20.62	-13.86
			-34.71	-20.04	-12.09
			-35.83	-21.41	-16.96
			-36.55	-21.38	-12.55
			-35.33	-21.14	-12.24
			-36.51	-22.18	-19.42
			-36.14	-20.70	-14.17
BGX404	4843~4819	太原组	-40.0	-25.3	-23.3
CHG27	4940.23~5505	上古－下古	-34.67	-18.57	-20.71

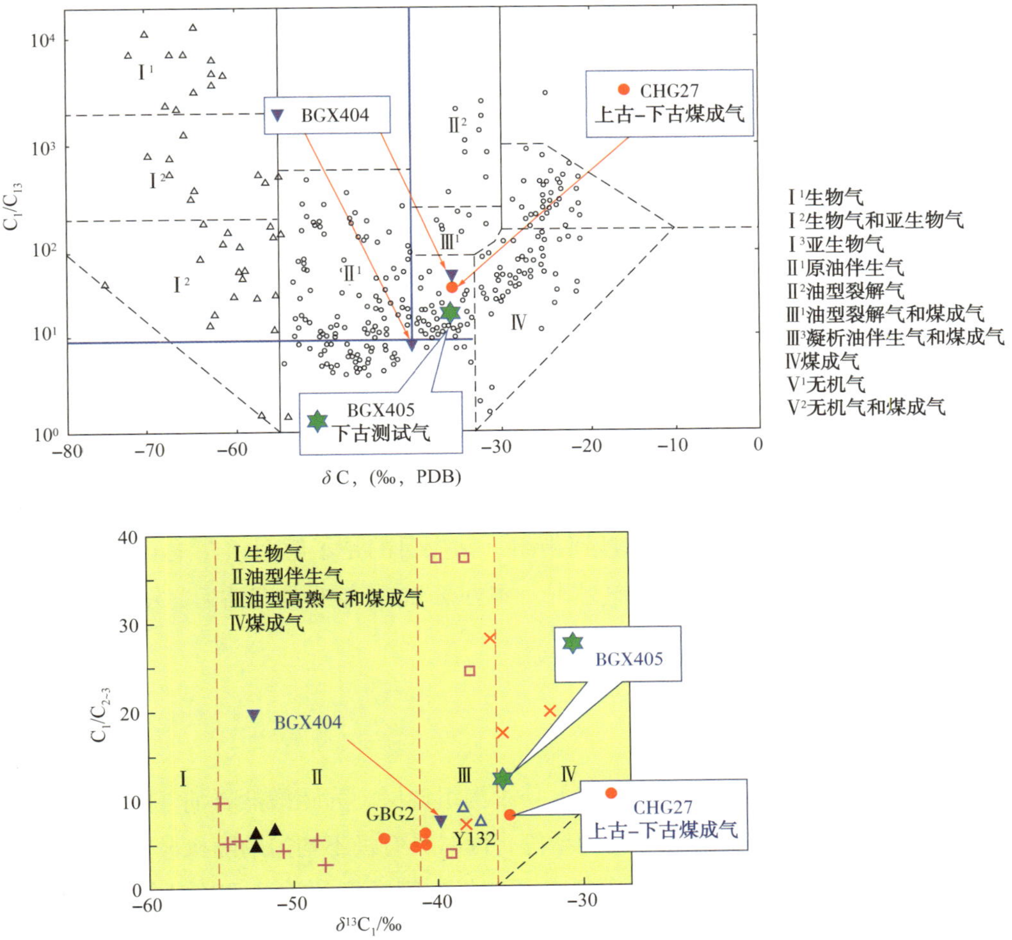

图9　碳同位素油源判定标准及图版

编写单位：胜利测井公司　胜利地质录井公司
编　写　人：冷洪涛　孙　鹏
审　核　人：许东晖　张立生　向巧玲　卜凌梅
审　定　人：张晋言　牛　强　马光强

35 车镇凹陷车西洼陷北带 CHG27 井潜山风化壳油气藏测录井综合解释评价

1 概况

CHG27 井位于济阳坳陷车镇凹陷车西洼陷北带埕南断层下降盘，是一口预探井，也是一口发现井，目的层下古生界、沙河街组，钻探目的是了解车镇凹陷 CHG27 井区古生界含油气情况，兼探沙河街组含油气情况。本井于 2016 年 9 月完钻，完钻井深为 5505m，完钻层位下古生界。

2 问题与难点

本井下古生界钻遇奥陶系八陡组和上马家沟组地层，为碳酸盐岩油气藏，主要储集空间类型有裂缝型、孔洞型、裂缝－孔洞型等，同时具有极不均匀的随机分布特征，导致该类储层非均质性强。利用常规测井资料进行储集空间类型评价及准确计算裂缝孔隙度等地质参数难度较大；由于基质孔隙度低，电阻率测量结果受岩石骨架和孔隙结构影响严重，反映储层流体性质的能力较弱，加上钻井液侵入的影响，测井信息难以识别储层流体性质。

另外，依据富台潜山下古生界源储对接关系，认为该区存在超压下油气倒灌现象，下古生界油气应该来源于沙河街组烃源岩；同时实钻证实井区煤系地层埋深均在 4900m 以上，上古生界已进入二次生烃门限，能够二次生烃形成煤成气，如何判别下古生界“是油是气”也是本井的解释评价重点。

3 解释评价

3.1 解释原则及方法

通过测录井信息融合对储层进行岩性、物性、储集空间、流体性质、油气成因等综合评价。利用电阻率、三孔隙度及自然伽马等测井曲线划分有利储集层段；中子－密度交会图识别岩性、计算孔隙度；微电阻率成像测井判断储集空间类型，定量描述裂缝的倾向、倾角、密度、宽度、孔隙度等参数。录井气测、岩石热解地化、定量荧光、罐顶气等资料，是油气显示的第一性资料，对于深层流体性质的识别较为灵敏；碳同位素资料可以辅助油气成因判别。

3.2　下古生界显示及评价

3.2.1　岩性分析

利用测井结合岩屑录井资料综合进行岩性识别。图 1 为下古生界中子 – 密度交会图，数据点主要落在灰岩与白云岩线之间，少量点落在硬石膏点附近，反映出地层岩性主要为灰岩、白云岩以及二者之间的过渡岩性，含少量硬石膏，与录井剖面具有较好一致性。

微电阻率成像测井具有分辨率高、信息量大等优势，更加清晰地显示了地层岩性特征：马家沟组主要为灰岩夹薄层云岩、膏质云岩，较致密，发育零星裂缝，局部井段见孤立溶蚀孔；八陡组岩性主要为灰岩、云质、膏质云岩夹薄层灰质泥岩，局部井段裂缝发育，沿裂缝见溶蚀扩大，发育斑状、点状不均匀溶蚀孔。

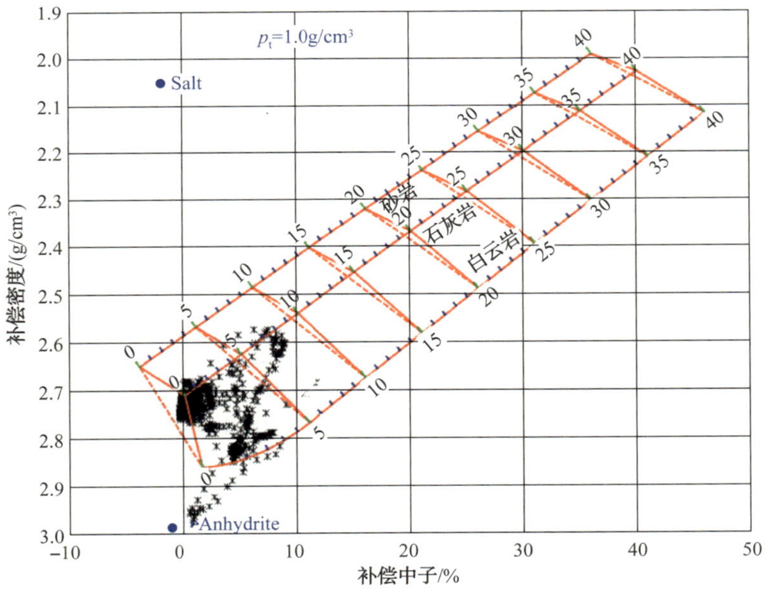

图 1　CHG27 井中子 – 密度交会图

3.2.2　储层评价分析

本井在下古生界共解释Ⅰ类层 4.6m/3 层；Ⅱ类层 6.0m/3 层；Ⅲ类层 27.0m/10 层。微电阻率成像测井显示储层裂缝、孔洞发育，储层类型主要为裂缝 – 孔隙型以及孔隙 – 裂缝型。

图 2 为下古生界储层集中发育段综合测井成果图。有效光电吸收截面指数 PE 曲线数值在 3.1~5.1b/e，较好地反映了储层岩性以白云岩为主，白云质灰岩次之；储层自然伽马数值较低（5~8API），岩性较纯。149 号层（5329.2~5332.0m）、150 号层（5333.5~5334.6m），

电阻率相对低值（130~180Ω·m），深、浅侧向电阻率略呈低侵特征；中子、声波时差数值明显增大、密度数值明显降低，中子–密度交会计算孔隙度大于10%，测井反映储层物性较好。

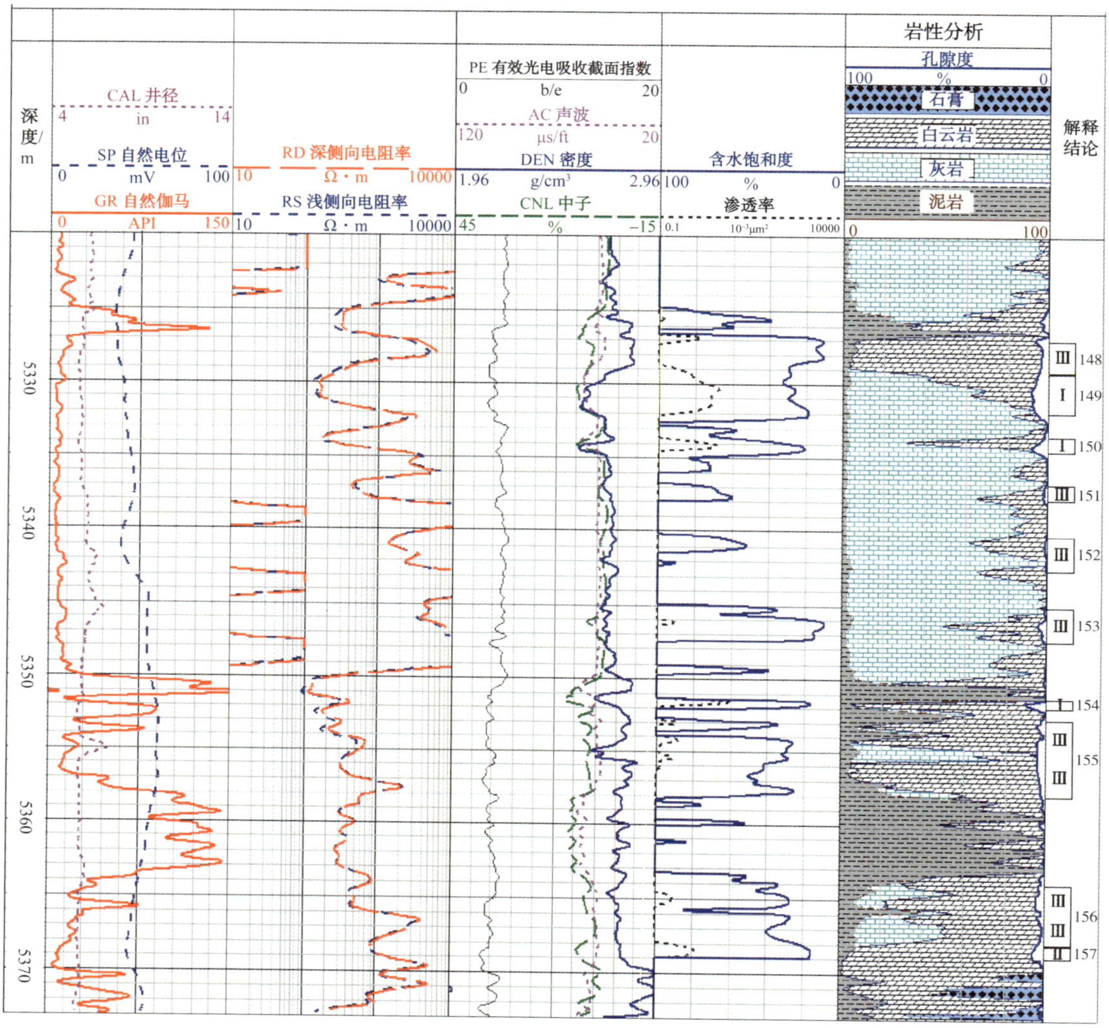

图2　CHG27井综合测井成果图

图3为储层发育段微电阻率成像测井成果图，图中包含了裂缝的倾向、倾角、密度、宽度、长度、孔隙度等信息。149号与150号层成像测井计算的裂缝密度3.0（1/m）、裂缝宽度353μm、裂缝长度4.1m/m^2、裂缝孔隙度0.005%。149号、150号综合解释为Ⅰ类层。

微电阻率成像测井在裂缝、溶蚀孔洞识别及评价方面发挥了重要作用。由图4可见，149号层：高角度网状缝发育、沿裂缝见溶蚀扩大，图像中见不均匀斑状、点状溶蚀孔发育，有效性较好，为典型的裂缝–孔隙型储层；151号层（5335.5~5339m）：有高角度网状缝、诱导缝、溶蚀多为针孔状，但连通性较差，为孔隙–裂缝型储层。

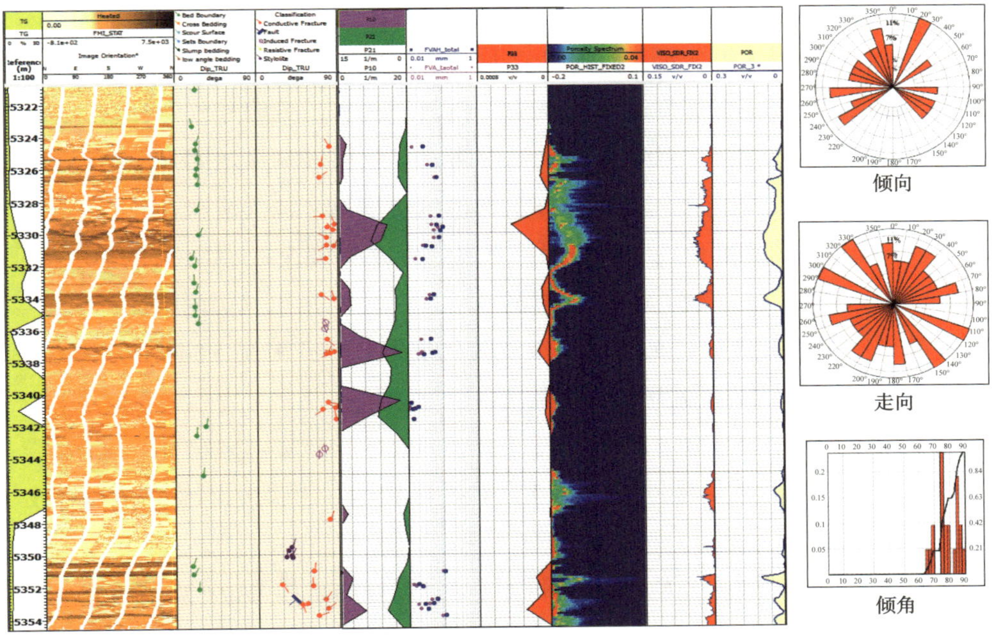

图 3　CHG27 井微电阻率成像图

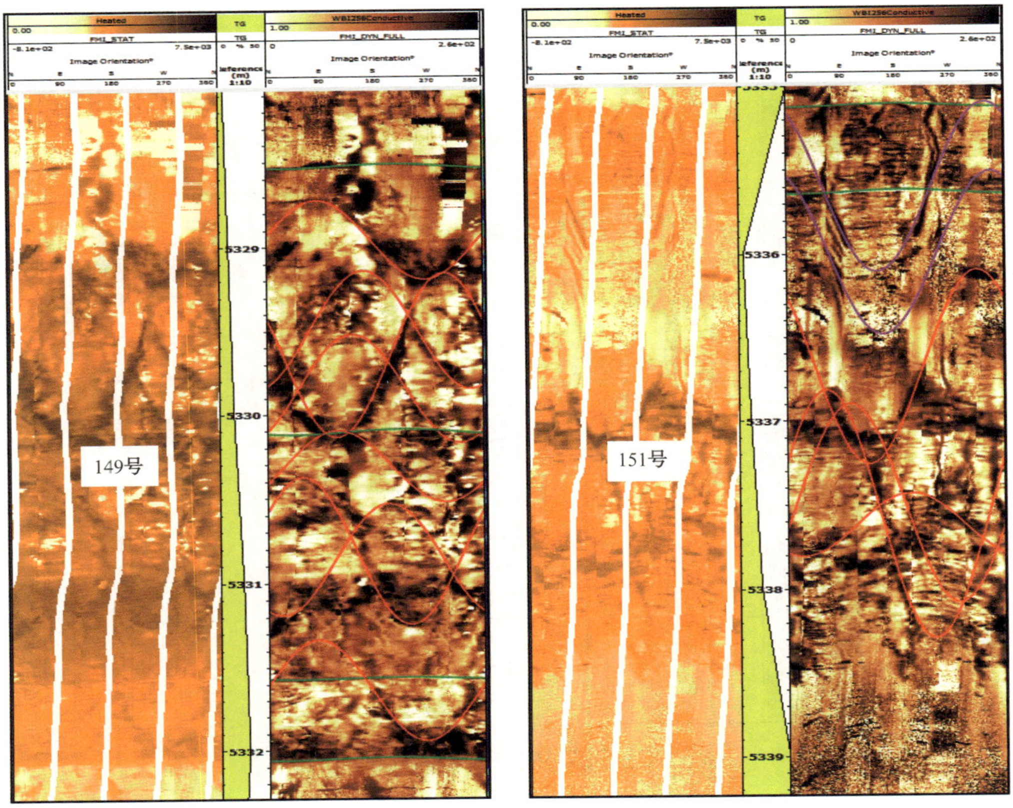

图 4　CHG27 井成像测井图

3.2.3 含油气性分析

下古生界岩屑录井未见显示，但气测录井多处见异常显示。

井段 5329.2~5332.0m，岩性为灰色灰岩、白云质灰岩，见明显气测异常，岩屑未见显示，录井资料显示见图 5。从录井显示情况看，显示层气测显示明显，全烃最高值达到 89.99%，气测全烃对比系数 4.0 倍，显示含油气丰度高，油气活跃性较强；岩石热解地化、定量荧光分析值均低值；气测甲烷相对含量 96.9%~98.5%，为干气的显示特征，乙烷 / 丙烷 =29.1 > 1.3，正丁烷 / 异丁烷 =0.67 < 1.54，均显示出气层的特征；中子－密度曲线按标准刻度呈挖掘效应特征，同样表现为气层特征；孔隙度 5.84%~7.32%，渗透率（1.518~2.390）$\times 10^{-3}\mu m^2$，测井解释为 I 类层。

碳同位素分析显示 CHG27 井甲烷碳同位素 –47.41‰~–34.67‰，乙烷碳同位素 –18.57‰~–16.21‰，丙烷碳同位素 –20.71‰~–17.93‰；甲烷碳同位素落在煤成气区；因此气体类型为煤型气（表 1、表 2、图 6）。

综合测录井资料及气测全烃与储层孔隙度具有良好的正相关特征（图 5），结合碳同位素分析，解释为气层（煤成气）。

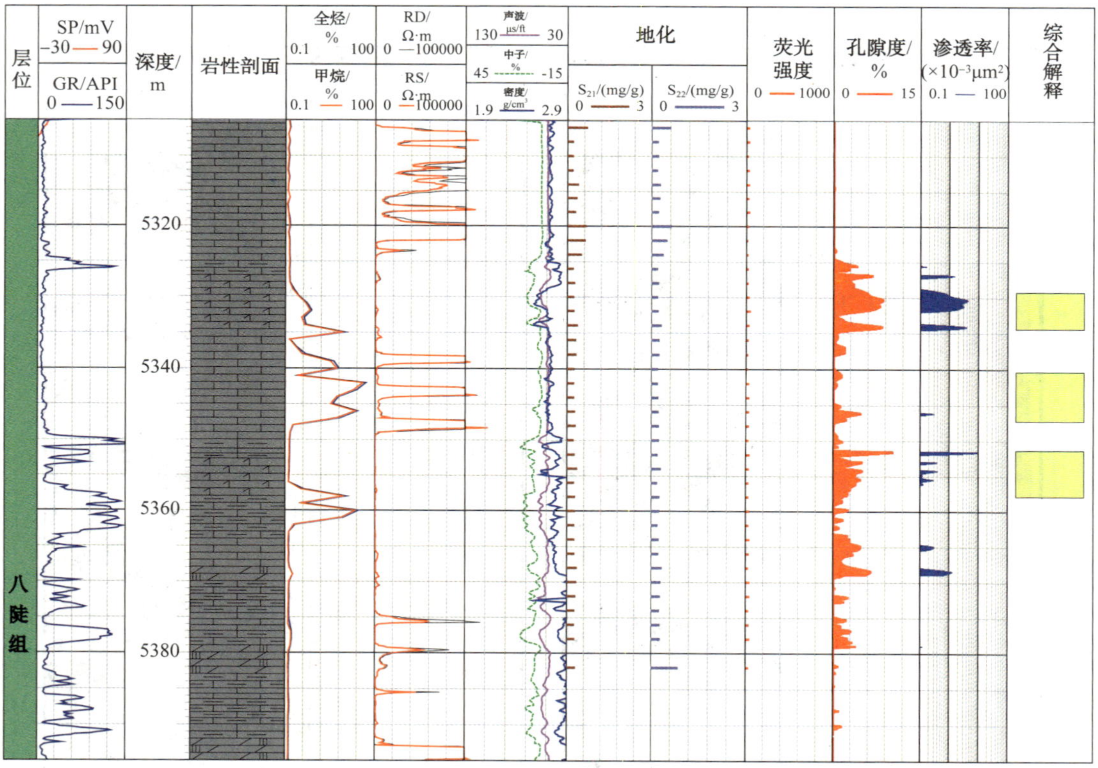

图 5 CHG27 井下古生界油气层评价图

表 1　CHG27 井气体类型划分标准数据

类型 组分	$\delta^{13}C$/‰	
	油型气	煤成气
CH_4	−52~−36	−36~−31
C_2H_6	−36~−28	−28~−22
C_3H_8	−32~−28	−26~−18
C_4H_{10}	−30~−24	−26~−20
C_5H_{12}	−30~−24	−26~−18

表 2　CHG27 井气层气体分析数据

样品号	碳同位素值 /‰			烃类组分 /%		
	C_1	C_2	C_3	C_1	C_2	C_3
1	−47.41	—	—	10.02	—	—
2	−35.61	−17.87	—	10.16	0.09	0.004
3	−34.67	−18.57	−20.71	11.19	0.08	—
4	−35.38	−17.3	−17.93	22.44	0.23	0.015
5	−35.97	—	—	5.09	—	—
6	−35.65	−16.21	−18.23	40	0.33	0.018

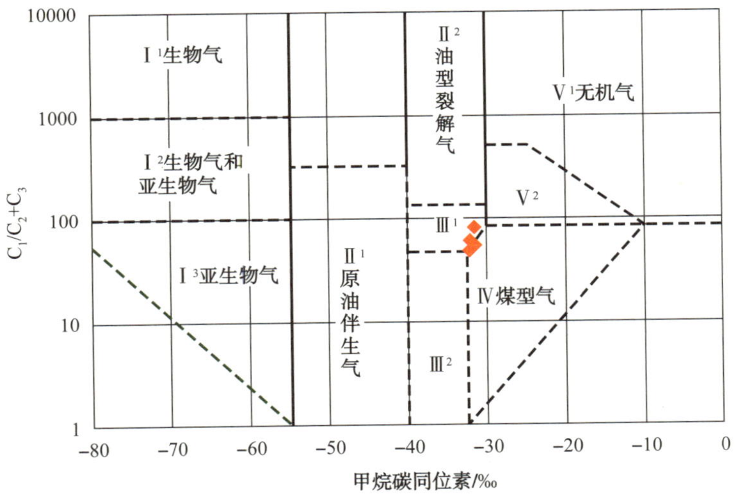

图 6　CHG27 井气层甲烷碳同位素图版

4　试油（气）结果

井段 4940.23~5505.00m 测试，3mm 油嘴放喷，4mm 油嘴求产，日产气 53330.0m^3；5mm 油嘴求产，日产气 68960.0m^3；6mm 油嘴求产，日产气 77080.0m^3，结论为气层。

5 结论与认识

通过该井的综合评价，可以得到以下认识：①对于碳酸盐岩地层，测录井信息融合可更为全面、准确地评价储层。②裂缝对孔洞的连通起到了重要作用；利用微电阻率扫描成像测井进行缝、洞的识别及评价是最有效的方法。③甲烷相对含量 C_1 结合乙烷 / 丙烷（C_2/C_3）及正丁烷 / 异丁烷（iC_4/nC_4）值对储层流体性质评价，尤其是气层评价具有独特优势。④碳同位素分析资料因其检测油气的直接性，能够准确对油气成因进行评价。

编写单位：胜利测井公司　胜利地质录井公司
编 写 人：冷洪涛　孟方华
审 核 人：许东晖　张立生　向巧玲　卜凌梅
审 定 人：张晋言　牛　强　马光强

36 沾化凹陷邵家洼陷 SHP67C 井湖相灰泥滩油气藏测录井综合解释评价

1 概况

SHP67C 井构造位置位于济阳坳陷沾化凹陷邵家洼陷带南坡，钻探目的是了解邵家南坡 SH67 块沙河街组四段（简称沙四段）含油气情况，目的层沙四段上亚段 1–2 砂组（Es_4s–1/Es_4s–2）。本井完钻井深：3472.00m（斜深），完钻层位：沙四段，于 2020 年 2 月 13 日完钻。

2 问题与难点

本井目的层沙四段岩性为泥灰岩、砂质灰岩、灰岩和灰质细砂岩，为湖滩礁相碳酸盐岩沉积，受济阳运动影响，灰岩微裂缝发育，未被充填，同时发育有少量的溶蚀孔。裂缝和溶蚀孔极大改善了储层的渗透性。储集空间复杂，基质与次生孔隙并存，非均质性强，孔隙结构复杂，导致层内、层间油水分布复杂化。电阻率测量结果受岩石骨架与孔隙结构影响严重，反映储层孔隙流体的信息弱，同时裂缝系统钻井液深侵入特点，常规测井资料评价储层质量难度较大，油、干、水层划分困难。

3 解释评价

3.1 解释原则及方法

针对主探目的层沙四上 1–2 砂组流体性质及含油性综合评价，录井主要应用气测、岩石热解地化、三维荧光、热蒸发烃、多维核磁、荧光薄片等分析化验参数开展含油性评价。测井主要通过双矿物交会技术计算矿物含量、孔隙度等地质参数，应用电阻率绝对值与差异法、孔隙度曲线重叠法、$P^{1/2}$ 概率分布、饱和度等方法综合开展储层物性及流体性质分析。

3.2 主力层显示及评价

3.2.1 显示及解释结果

沙四上亚段含油丰富。合计见油斑级显示 2.64m/2 层，油迹级显示 7.40m/3 层，荧光级显示 80.70m/23 层。在井段 3170.50~3177.50m 钻井取芯 1 筒，进尺 7.00m，芯长 7.00m，收获率 100%，岩性主要为灰色油斑灰质细砂岩、泥质粗砂岩、灰色灰岩等；岩芯上部以砂岩为主，中下部以灰岩为主，见油斑灰质细砂岩 1.87m、油斑灰岩 0.44m、荧光灰岩 0.33m。综合解释油层 23.84m/6 层，差油层 11.80m/3 层，干层 142.66m/35 层（图 1、表 1）。如图所示，油气显示主要集中在沙四上 1 砂组、2 砂组顶部。

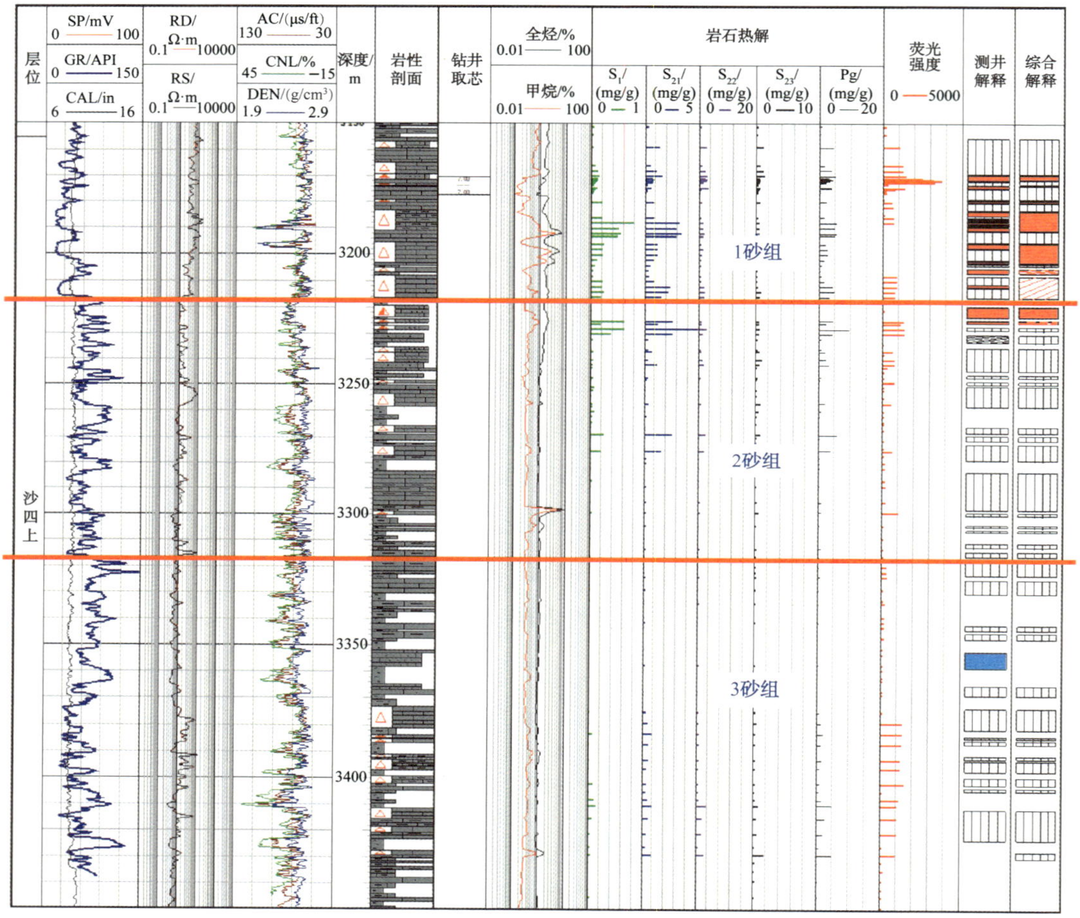

图 1　SHP67C 井录井油气层综合评价

表 1 SHP67C 井沙四上 1 砂组、2 砂组油气层评价

层位	顶深 / m	底深 / m	厚度 / m	岩性	气测录井								钻井液性能	地化录井								三维定量荧光		综合解释
					全烃	C_1	C_2	C_3	iC_4	nC_4	iC_5	nC_5		深度 / m	类别	S_0/(mg/g)	S_1/(mg/g)	S_{21}/(mg/g)	S_{22}/(mg/g)	S_{23}/(mg/g)	Pg	强度	油性指数	
沙四上1砂组	3169.2	3171.4	2.2	灰色油斑灰质细砂岩	2.22↑1.19	1.07↑1.02	0.049↑0.023	0.056↑0.031	0.037↑0.024	0.012↑0.008	0.021↑0.016	0.022↑0.016	1.2543	3171.2	芯	0.06	0.10	0.76	2.33	0.34	3.59	2573.3	2.2	油层
	3173.2	3173.6	0.4	灰色油斑灰岩	1.62	0.27	0.041	0.047	0.046	0.015	0.014	0.000	1.2544	3174.6	芯	0.06	0.09	0.49	2.83	0.47	3.93	1314.1	2.0	油层
	3179.1	3180.4	1.3	灰色荧光灰岩	2.01↑1.37	0.40↑0.21	0.047↑0.023	0.097↑0.047	0.074↑0.040	0.026↑0.014	0.036↑0.023	0.044↑0.026	1.2544	3180.0	屑	0.00	0.20	0.80	0.97	0.49	2.45	537.9	0.9	油层
	3183.3	3191.0	7.7	灰色荧光泥灰岩	6.93↑1.60	3.97↑0.23	0.221↑0.020	0.216↑0.046	0.110↑0.042	0.039↑0.014	0.048↑0.024	0.052↑0.028	1.2544	3188.0	屑	0.00	0.77	3.10	1.19	0.30	5.36	625.6	1.0	油层
	3195.4	3203.2	7.8	灰色荧光灰岩	5.60↑1.46	2.78↑0.18	0.153↑0.015	0.158↑0.029	0.090↑0.030	0.030↑0.010	0.044↑0.019	0.046↑0.021	1.2544	3200.0	屑	0.00	0.21	1.07	0.95	0.30	2.54	775.1	1.0	油层
	3205.0	3207.0	2.0	灰色荧光灰岩	1.69	0.36	0.025	0.04	0.036	0.011	0.024	0.025	1.2544	3206.0	屑	0.00	0.03	0.26	0.24	0.06	0.60	779.8	1.1	差油层
	3207.9	3216.3	8.4	灰色荧光灰岩	1.67	0.4	0.021	0.032	0.031	0.01	0.022	0.022	1.2544	3212.0	屑	0.00	0.18	2.29	1.55	0.17	4.19	860.4	1.1	差油层
沙四上2砂组	3219.4	3223.8	4.4	灰色油迹灰质细砂岩	1.85↑1.41	0.64↑0.25	0.029↑0.012	0.035↑0.022	0.028↑0.022	0.009↑0.007	0.019↑0.016	0.019↑0.016	1.2544	3225.0	屑	0.00	0.61	2.59	0.93	0.25	4.38	1299.8	1.4	油层
	3224.5	3225.9	1.4	灰色油迹细砂岩	2.25↑1.85	0.90↑0.64	0.042↑0.029	0.048↑0.035	0.035↑0.028	0.011↑0.009	0.022↑0.019	0.022↑0.019	1.2544	3226.0	屑	0.00	0.17	1.15	0.92	0.26	2.50	1114.1	1.4	差油层

3.2.2 主力层评价

3.2.2.1 录井评价

沙四上 1 砂组井段 3169.2~3171.4m、3173.15~3173.59m，厚度 2.2m、0.44m，录井岩性为灰色油斑灰质细砂岩、灰色油斑灰岩，钻井取芯见油斑显示 2.31m、荧光显示 0.33m，岩芯观察裂缝及孔洞含油饱满（图 2）；气测全烃 0.88%~1.62%，甲烷 0.14%~0.27%，油气活跃性中等；岩石热解录井 S_0：0.06mg/g，S_{11}：0.10mg/g，S_{21}：0.76mg/g，S_{22}：2.33mg/g，S_{23}：0.34mg/g，原油性质为中质油。三维定量荧光分析：主峰荧光激发波长 E_X380nm，主峰荧光发射波长 E_M419nm，荧光强度 3239.22，含油浓度 124.86mg/L，对比级别 8.7，原油性质为中质油，含油气丰度高。热蒸发烃录井：色谱组分较齐全，检测碳数范围 nC_{14}~nC_{22}，主碳峰为 nC_{19}，$\sum C_{21}^-/\sum C_{22}^+$ 为 13.5440，为中质油特征（图 3）。荧光薄片分析：井深 3170.8~3172.5m，油斑砂岩岩石整体连通一般，发橙褐色、黄绿色荧光，荧光强度较亮，荧光在大小孔隙中分布均匀，显示含油饱满，含油率较好；井深 3173.2~3173.5m，油斑灰岩，岩石整体不发光，只在微裂缝处见少量黄色荧光，含油率低（图 4）。岩芯核磁共振录井分析：井深 3170.6~3173.5m，孔隙度 1.04%~31.23%，渗透率（0~4.740）$\times 10^{-3}\mu m^2$，含油饱和度 5.44%~39.35%，砂岩大孔隙较发育，灰岩裂缝较发育（图 5）。测井孔隙度 1.25%~5.23%，渗透率（0.001~0.311）$\times 10^{-3}\mu m^2$，解释为油层（4.0m/2 层）。综合以上各项测、录井资料，综合解释为油层（2.64m/2 层）。

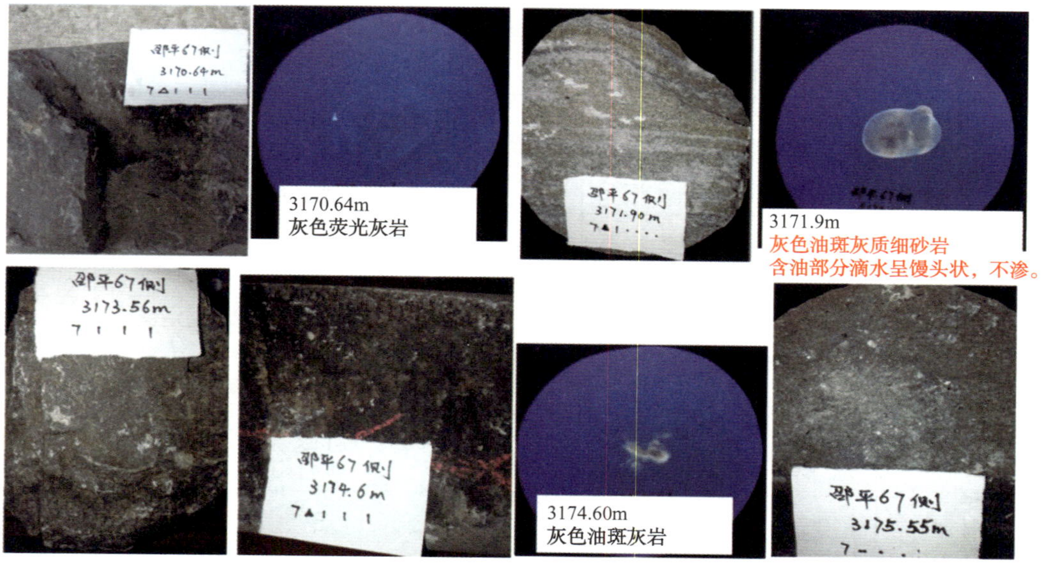

图 2 井深 3171.9m、3174.6m 岩芯荧光图片

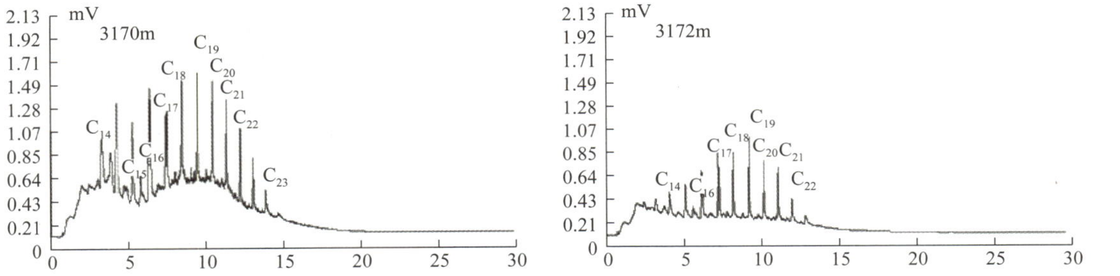

图3　井深3172m、3170m岩芯热蒸发烃谱图

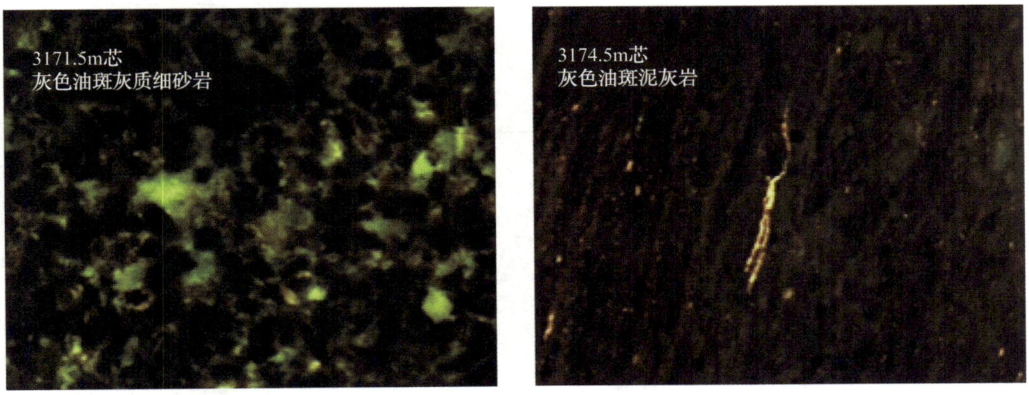

图4　井深3171.5m、3174.5m岩芯显微荧光镜下图片

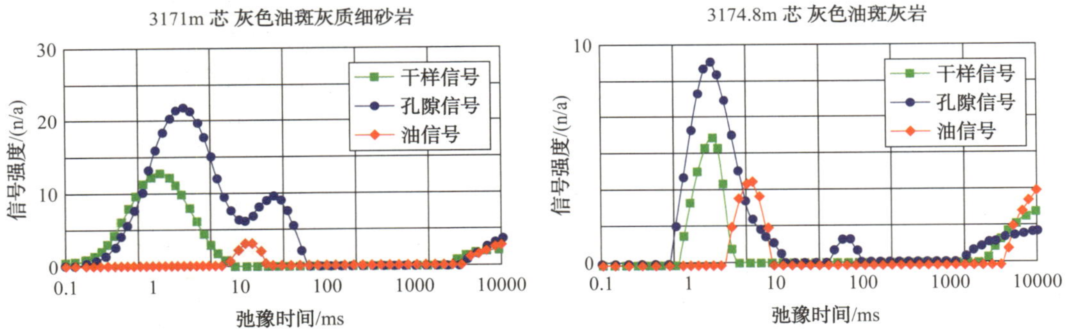

图5　井深3171m、3174.8m岩芯核磁共振图谱

3.2.2.2　测井评价

沙四湖相碳酸盐岩主要为3155.0~3216.3m（图6），井径曲线无扩径，表明本井段井眼稳定，储层自然电位异常幅度小，自然伽马数值变化范围10~60API，钻井取芯描述岩性为灰质细砂岩、灰色灰岩，取芯深度归位后可知，高自然伽马井段为砂岩，低自然伽马井段为灰岩，自然伽马、三孔隙度曲线呈现砂岩与灰岩间互的特征，深侧向电阻率20~150Ω·m。14号层（3169.2~3171.8m）、16号层（3173.5~3174.9m），电阻率在28~100Ω·m，孔隙度数值大于5%，钻井取芯显示为油斑灰质细砂岩和油斑灰岩。油斑

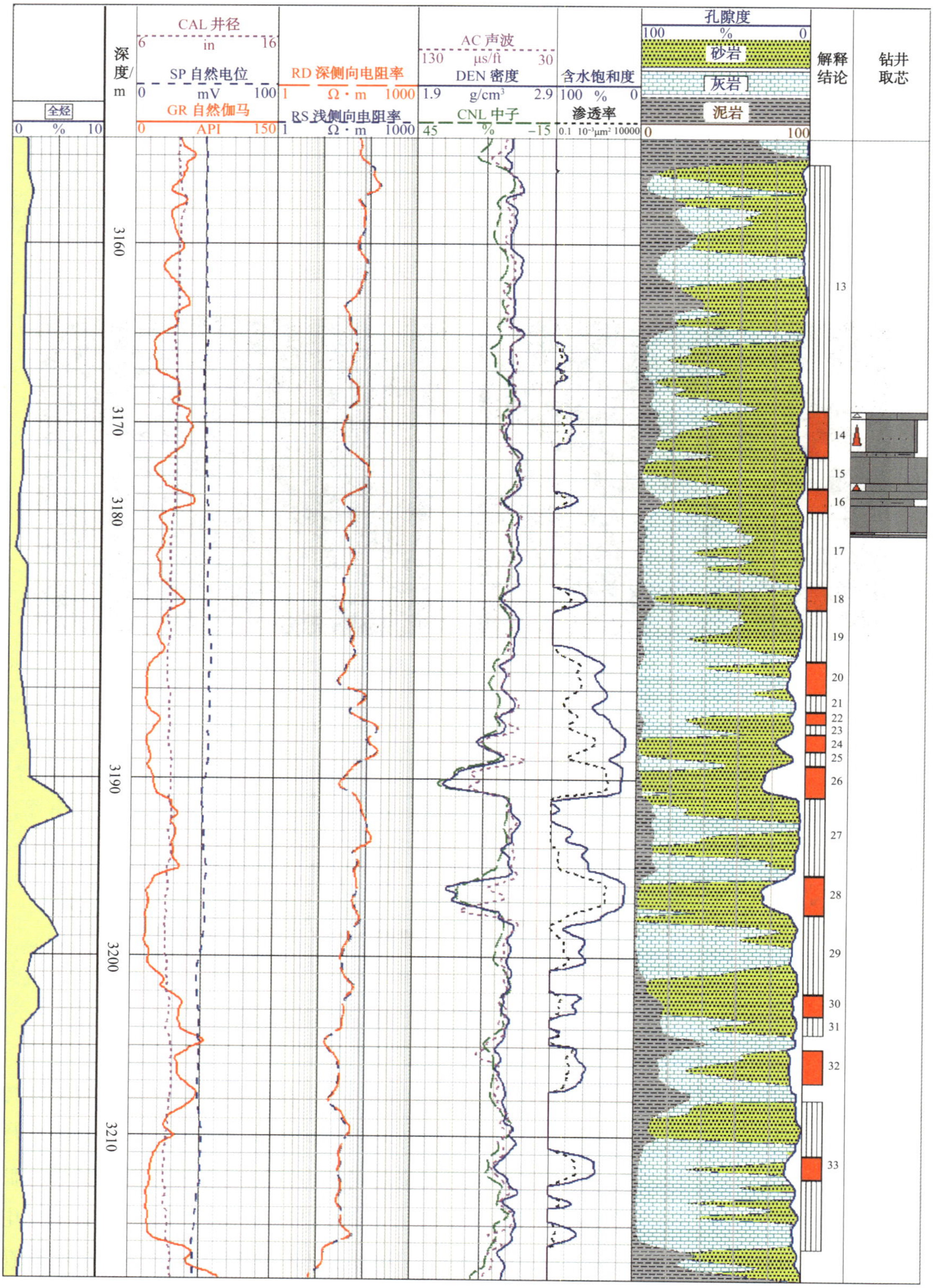

图 6　SHP67C 井测井解释综合图

灰质细砂岩显示棕褐色原油分布不均匀，呈斑块状分布，含油面积占 40%；油斑灰岩显示含油部分呈灰褐色，不含油部分呈灰色，成分为方解石，隐晶结构、致密、裂缝较发育，灰褐色原油分布不均匀，沿裂缝面呈斑块状分布，含油裂缝占总裂缝 20%，含油部分滴水呈馒头状，综合测录资料将上述两层解释为油层。26 号层（3189.2~3191.0m）与 28 号层（3195.4~3197.6m），自然伽马 10API，为纯灰岩特征，密度数值降低、中子与声波时差数值增大，电阻率随孔隙度增大而降低，显示具有非常好的储集空间，为溶洞的测井特性，处理基质孔隙度大于 20% 以上，SHP67 井（导眼）对应此层段灰岩地层的井壁取芯含油级别为油斑，从区域上分析，本井位于 LX73 井、SH548 井与 SH56 井中间，这三口井的电性特征与试油结果见表 2。这两层物性与电性特征较 LX73 井的出油层明显变好，综合分析上述两层均解释为油层，且是产能主力贡献层。18~24 号层，33~34 号层，储集空间虽不如 26 与 28 号层储集空间有利，仍具有低密度、中子与声波时差数值增大的特征，处理的结果显示基质孔隙度接近或大于 5% 的储层，解释为油层。

表 2　邻井测井响应与试油统计

井名	试油井段 /m	层位	深电阻率 /Ω · m	孔隙度 /%	日产油 /t	日产气 /m^3	日产水 /m^3	试油结论
SH548	2911~2932	沙四段	50~100	6~10.5	14.3		3.92	油层
LX73	3711.4~3737	沙四段	12.5~67	7~11.5	6.36	287	0	油层
SH56	2698~2732	沙四段	25~36	14~16	1.8		3.2	油层

4　试油（气）结果

2020 年 3 月 26 日到 3 月 31 日试油，井段 3171.8~3223.8m，高导流弹动态负压射孔测试联作，日产油 44.6t、气 $0.31 \times 10^4 m^3$，油密度 $0.8614 g/cm^3$，试油结论为油层，证实测录井解释结论是正确的。

5　结论与认识

通过该井的综合评价，可以得到以下认识：①针对碳酸盐岩储层评价，荧光薄片、多维核磁等录井技术能有效判识流体性质、裂缝发育情况，提高油气层评价的准确性。②常规测井信息综合识别岩性，定量计算孔隙度、含油饱和度参数，进而精细评价储层质量，判断流体性质。

编写单位：胜利测井公司　胜利地质录井公司
编 写 人：罗景美　杨金莉
审 核 人：许东晖　张立生　向巧玲　卜凌梅
审 定 人：张晋言　牛　强　马光强

37 沾化凹陷桩海潜山 ZHGX473 井潜山油气藏测录井综合解释评价

1　概况

ZHGX473 井是位于济阳坳陷沾化凹陷桩海潜山 ZHGX473 块构造高部位的一口评价井，钻探目的是向西扩大桩古潜山古生界含油气范围。主要勘探目的层为下古生界碳酸盐岩，经长时间的风化剥蚀，裂缝和孔洞发育，具有良好的储集空间，储集空间类型以溶蚀孔－裂缝为主，四周被古近系地层超覆，有利于油气聚集。本井完钻井深 4553.00m（斜深），于 2017 年 8 月 8 日完钻。本井有效储层主要发育在奥陶系上马家沟组底部、下马家沟组、冶里－亮甲山组，均见到油气显示。

2　问题与难点

碳酸盐岩储层非均质性强，裂缝型、孔洞型、裂缝－孔洞复合型等复杂的储集空间类型导致了该类储层具有极强的各向异性。电阻率测量结果受岩性骨架和孔隙结构影响严重，反映储层孔隙流体的信息较弱，储层流体性质难以识别，需要结合录井资料进行流体性质判识。

3　解释评价

3.1　解释原则方法

对于碳酸盐岩储层而言，受复杂储集空间影响，电阻率反映油气信号的能力被弱化。主要应用其三孔隙度曲线资料结合电阻率高低进行岩性、物性评价，利用电成像测井资料描述储集空间类型和产状，计算裂缝参数和孔隙度，综合多种信息对储层类别进行划分；对于储层产液性质的分析，则侧重应用录井气测、地化、三维荧光录井等资料进行含油气丰度及流体性质的评价。通过测井物性及录井含油气性的对应关系，综合分析储层产液性质。具体评价一般采用下述方法。

下古生界储层岩性一般为灰岩、白云岩。测井自然伽马曲线低值，三孔隙度曲线在标准灰岩刻度下，基本重合的为较纯致密灰岩，致密灰岩密度数值接近灰岩骨架值，对应电阻率数值为高值。白云岩相对于灰岩，密度数值较高、电阻率高值，有风化剥蚀、裂缝、溶洞较发育的地层，物性较好，对应的电阻率数值基本为中等数值。一般情况下，孔隙度 ≥ 10.0% 解释为Ⅰ类储层；5.0% ≤孔隙度 < 10.0% 解释为Ⅱ类储层；3.0% ≤孔隙度 < 5.0% 解释为Ⅲ类储层。此外，利用电成像测井资料可对储层的储集空间类型、次生孔隙的发育程度、裂缝进行定量描述，应用成像测井图像填充技术，可完成对成像信息进行全覆盖处理（图 5），提高了对该类储层的评价精度。

对于下古生界缝洞型储层流体性质的判别，一般采用录井资料。录井资料在解释评价过程中可采用常规的气测、工程参数、热解地化、三维荧光、热蒸发烃色谱录井进行评价。其中气测升幅是表征油气活跃性的较好参数，通过计算甲烷相对百分含量及重烃组分齐全否，可以初步判断钻遇流体是气层还是油层，再进一步通过气测三角图版、星形图版和皮克斯勒图版等方法可以确定该储层中流体性质的具体类型（油型、煤成、凝析等成因），是处于价值区还是非价值区，通过岩屑中见到的含油岩屑肉眼观察、滴水实验、滴照亮度及地化与三维荧光确定的含油丰度，来综合判断钻遇显示段含油饱满程度等。

3.2 下古生界显示及评价

3.2.1 储层整体发育特征

该井电成像测井揭示，上马家沟组局部溶蚀孔洞发育，呈团块状或顺层分布特征，潜山顶部发育少量高导缝，上马家沟组下部裂缝发育较多，缝密度、缝长度、缝开启程度均较上部地层好。下马家沟组溶蚀孔洞普遍发育，局部溶蚀程度较重，部分溶蚀程度相对较轻，裂缝发育较为均匀。马家沟组储集类型主要为孔隙 – 裂缝型。孔隙、裂缝均发育，以孔隙为主。

表 1 ZHGX473 井奥陶系有效储层占比统计

地层	地层垂厚 /m	储层垂厚 /m	有效储层占比 /%	有效储层岩性占比 /%	
				白云岩	灰岩
上马家沟组	89.2	2.8	3.1	100	0
下马家沟组	161.2	10.74	6.7	59	41
冶里 – 亮甲山组	115.9	2.42	2.1	100	0

总体来看，上、下马家沟组，冶里 – 亮甲山组有效储层发育，下马家沟组有效储层优于上马家沟组和冶里 – 亮甲山组（表 1），物性较好储层多以白云岩为主，其次为灰岩。

3.2.2 主力层显示及评价

3.2.2.1 马家沟组储层

上马家沟组底部到下马家沟组，测井解释 59~70 号层，该段地层由于长期遭受风化剥蚀，裂缝、溶洞较发育，电阻率 170~30000Ω · m，孔隙度为 3%~13%，自然伽马曲线低值；其中 63 号层，电阻率 27Ω · m，中子 – 密度交会计算孔隙度 13%，溶蚀孔洞发育，溶蚀特征呈团块状，局部顺层溶蚀，溶蚀程度不均，测井解释为Ⅰ类层 1.3m/1 层。该段录井见荧光显示，气测全烃 0.16%~6.51%。

下马家沟组中部－底部井段4240~4385m气测基值明显抬升，其中该段顶部见尖峰状高值，说明该段油气活跃性强，裂缝发育。气测全烃值与储层物性呈现良好的正相关特征。

纵观上、下马家沟组油气显示，录井气测组分齐全、甲烷相对百分含量在65%~70%，说明该段储层中流体以油为主，与区域水层气的甲烷相对含量一般＞90%、重烃组分不全的特征差别较大。参考地化、定量荧光分析数据，气测高值段含油丰度相对略高。此外，从气测三角图版及皮克斯勒图版看（图3），右边的三角图版中玫红色内三角形与黑色三角形对比，为中等－大的倒三角形，$C_3/\Sigma C$、$nC_4/\Sigma C$、$C_2/\Sigma C$三条边的顶点连出的绿色线在表征产层区域的蓝色椭圆内。据已有资料证实，中、大倒三角形为油层特征；皮克斯勒图版则表征为红色线条处于油区，与井区试油为油层井特征一致，综合以上特征，录井解释油层1.3m。

此外，60、62、64号层，电阻率50~500Ω·m，中子－密度交会计算孔隙度5%~10%，成像为深棕色呈低电阻率特征，溶蚀孔洞发育，顺层分布，测井解释为Ⅱ类层4.1m/3层。该段综合录井白云岩见荧光、油斑显示，气测全烃由0.57%↑3.75%，结合甲烷相对含量、气测图版、含油丰度，物性与含油性对应关系分析，认为该段具备一定产能，录井解释油层4.1m/3层。

需要说明的是，按照电成像测井资料解释处理结果，凡解释Ⅰ类、Ⅱ类层的储层，静态图像棕黑色，反映电阻率低，溶蚀程度重，Ⅲ类层静态图像呈浅棕色，溶蚀程度相对较弱（图1–图3、图7）。

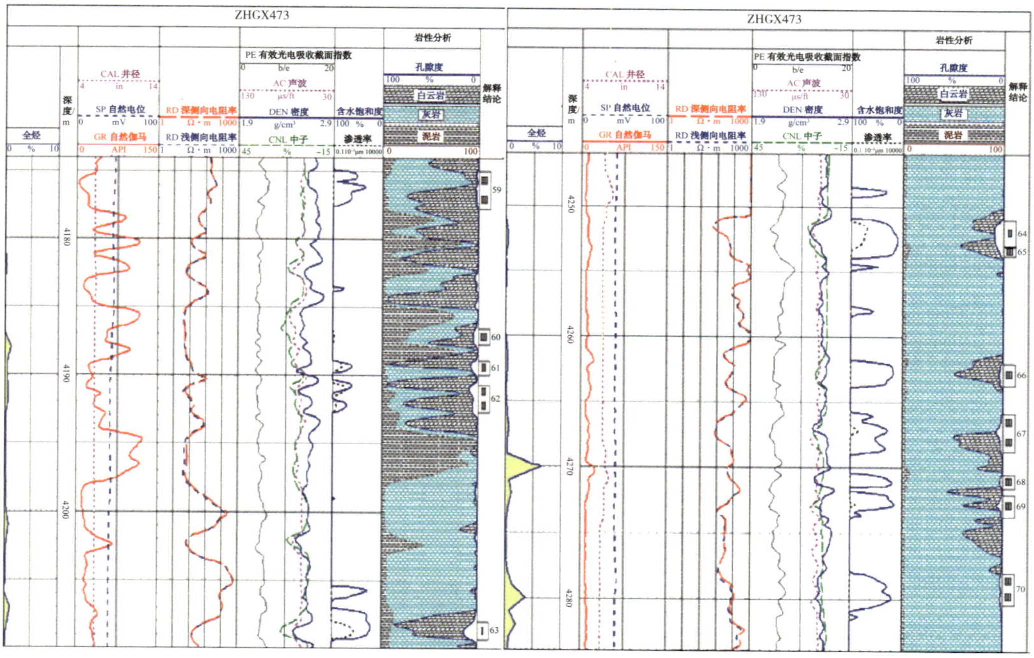

图1 ZHGX473井马家沟组常规测井曲线图

59号、71号储层裂缝发育，裂缝边缘局部溶蚀，最大裂缝宽度0.5mm，最大裂缝视孔隙度0.25%

60~70号、72号、73号、74号层溶蚀孔洞发育，溶蚀特征呈团块状，局部顺层溶蚀，溶蚀程度不均，一类、二类层静态图像棕黑色，反映电阻率低，溶蚀程度重，三类层静态图像呈浅棕色，溶蚀程度相对较弱

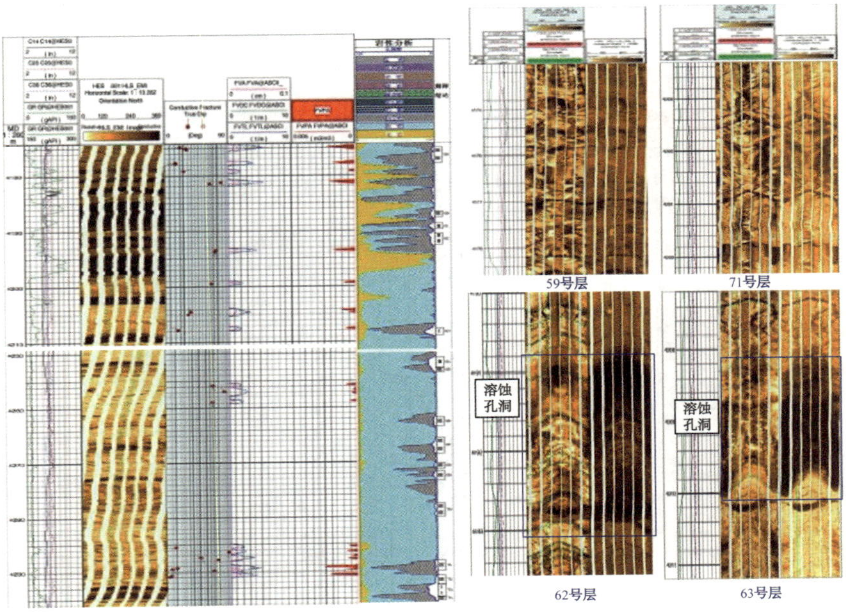

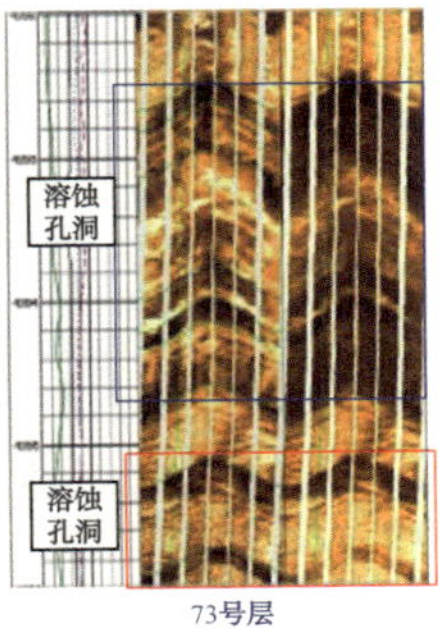

图 2　ZHGX473 井马家沟组成像测井分析图

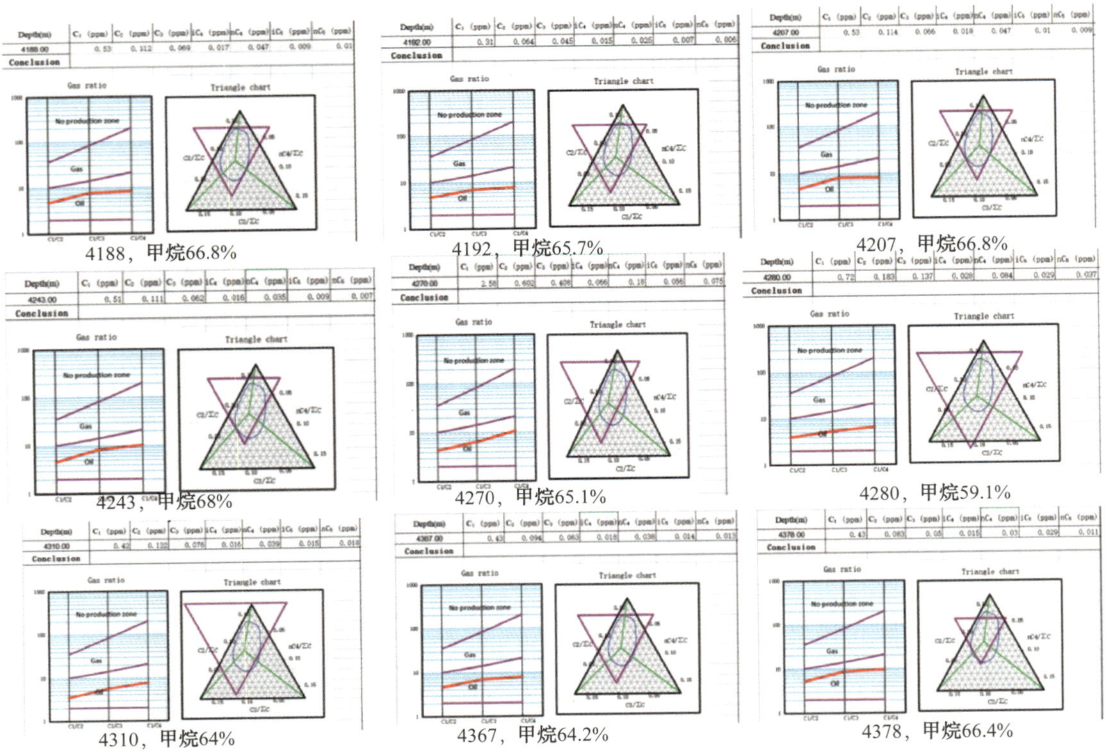

图 3　ZHGX473 井马家沟组气测三角图版及皮克斯勒图版

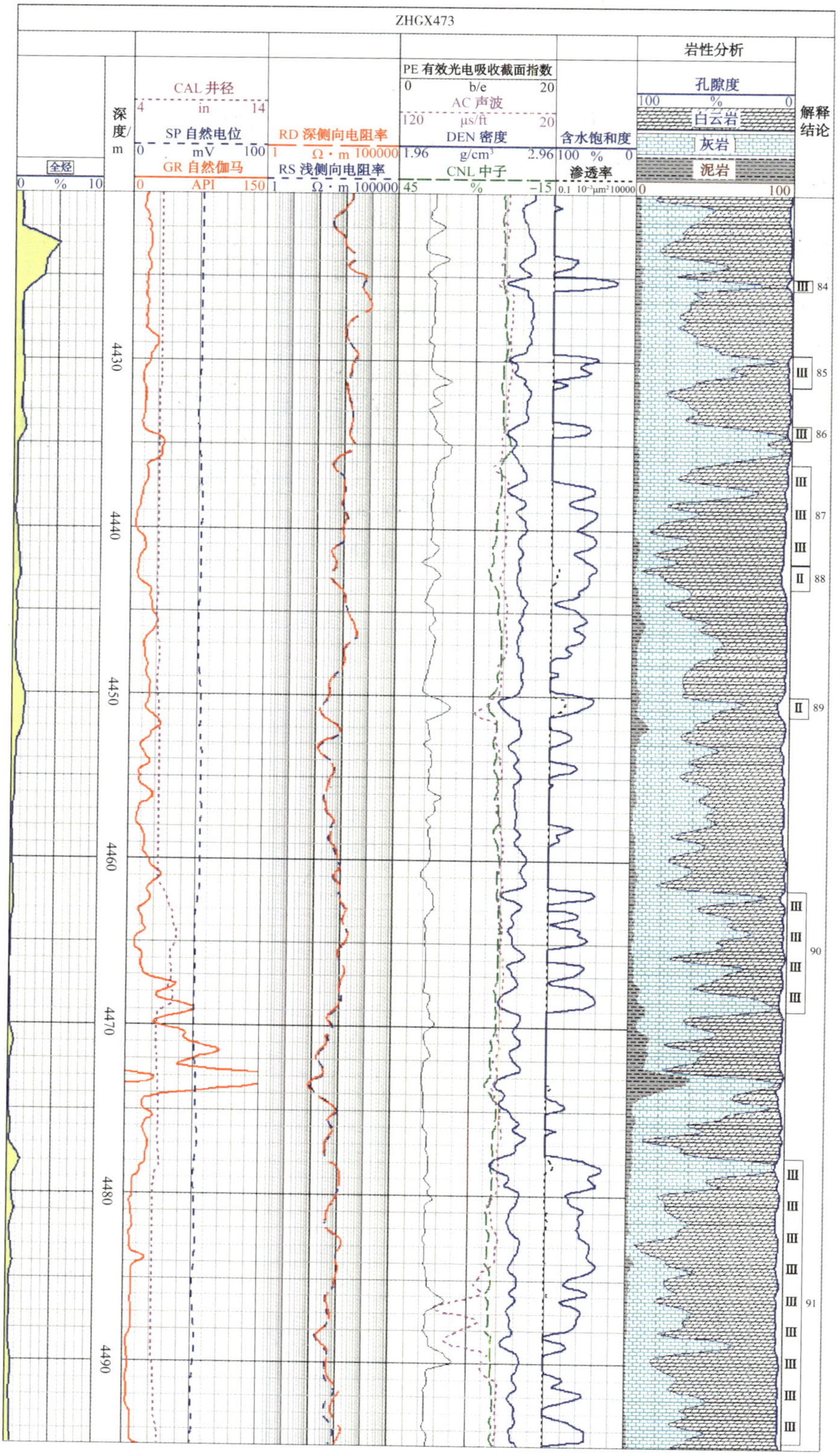

图 4 ZHGX473 井冶里－亮甲山组测井曲线图

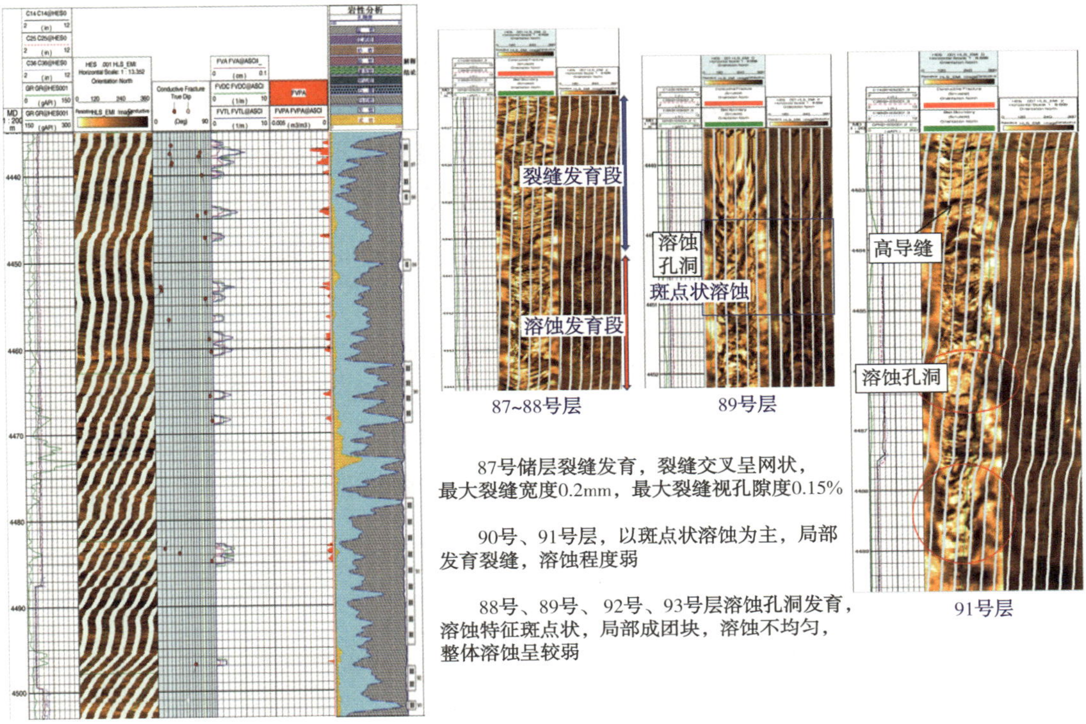

图 5　ZHGX473 井冶里－亮甲山组成像测井图

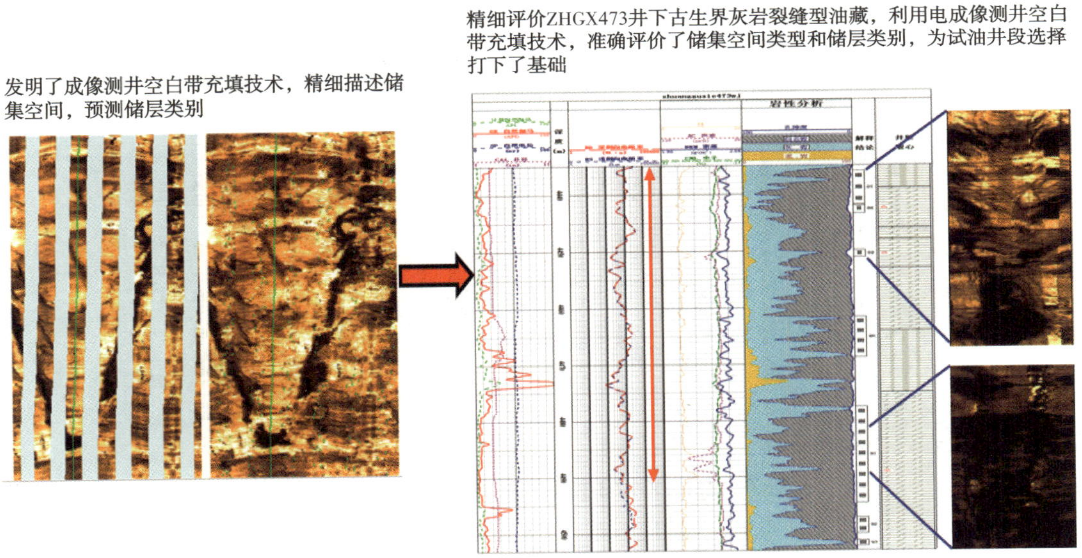

图 6　ZHGX473 井冶里－亮甲山组综合评价图

3.2.2.2　冶里－亮甲山组储层

冶里－亮甲山组井段 4425~4495m，88、89 号层，电阻率数值为 30~50Ω·m，中子－密度交会计算孔隙度为 5%~9%，自然伽马曲线低值，成像显示溶蚀孔洞发育，溶蚀特征斑点状，局部成团块，溶蚀不均匀，整体溶蚀程度较弱。综合以上特征，测井解释为Ⅱ类层 2.4m/2 层。该段综合录井灰质白云岩见荧光显示，气测明显异常，全烃由 0.22% ↑ 5.22%，表明储层具有较强的油气活跃性，该段甲烷相对含量为 60%~70%，气测组分齐全，从气测全烃值高低不等推测该段缝洞发育存在非均质性，通过气测三角图版及皮克斯勒图版可看出流体分布于油区且处于产能区，地化、定量荧光表现出油气活跃性较好及物性较好处含油丰度相对较高，表明该段储层具备一定产能，录井解释油层 6.7m/1 层、差油层 0.9m/1 层。

其他井段储层测井解释为Ⅲ类层，一般电阻率数值较高，数值多为 50~1000Ω·m，计算孔隙度为 3%~5%。其中，87 号储层裂缝发育，裂缝交叉呈网状，最大裂缝宽度 0.2mm，最大裂缝视孔隙度 0.15%。90、91 号层，斑点状溶蚀为主，局部发育裂缝，溶蚀程度弱。结合录井为荧光白云质灰岩，气测见微幅异常，录井解释差油层 17.3m/2 层（图 4~图 8）。

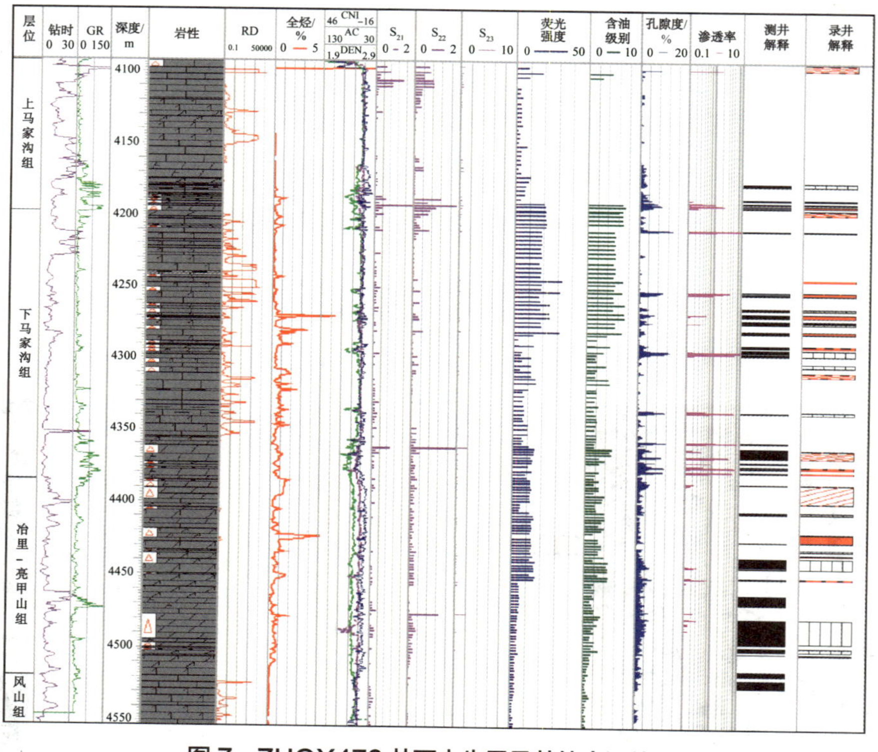

图 7　ZHGX473 井下古生界录井综合评价图

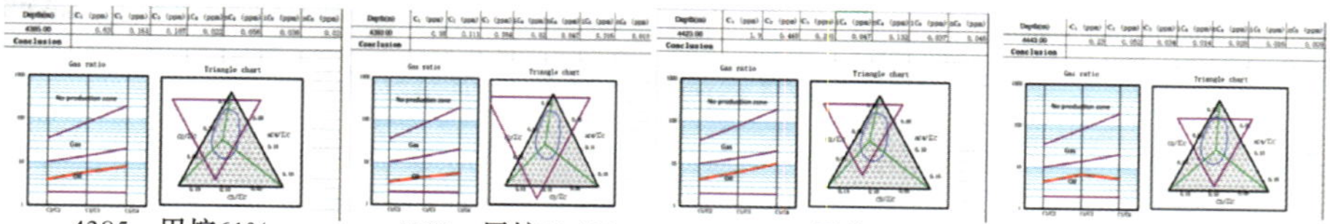

4385，甲烷61%　　4393，甲烷61.1%　　4423，甲烷65.5%　　4443，甲烷60.1%

图 8　ZHGX473 井冶里－亮甲山组气测三角图版及皮克斯勒图版

4 试油（气）结果

2017 年 7 月 26 日，对奥陶系马家沟组 4097.0~4280.0m 井段进行中途测试，日产油 12.6t、水 $0m^3$，密度 $0.8568g/cm^3$，黏度 11mPa · s。2018 年 1 月 4 日，对奥陶系冶里－亮甲山组 4421.0~4490.0m 井段进行试油，酸压：日产油 116t、水 $0m^3$，密度 $0.8433g/cm^3$，黏度 6.13mPa · s。

5 结论与认识

通过该井的综合评价，可以得到以下认识：①孔隙度和电阻率曲线的综合响应特征及相关性，对下古生界储层的识别划分起到极其重要作用；②电阻率成像测井在定性、定量识别裂缝、溶蚀孔洞等方面发挥了其独特的优势，与常规测井资料结合，提高了碳酸盐岩储层评价的精度；③解释过程中，参考荧光滴照及荧光显示层的密集程度可辅助推测缝洞发育段，结合气测升幅及含油丰度特征，应用三角图版及皮克斯勒图版、甲烷相对含量及组分特征，通过与区域及原油性质相当的油层进行各项对比，可有效提高下古生界油气层评价及流体性质判识精度。

编写单位：胜利测井公司　胜利地质录井公司
编 写 人：李西英　孙　鹏
审 核 人：许东晖　张立生　向巧玲　卜凌梅
审 定 人：张晋言　牛　强　马光强

38 车镇凹陷大王庄地区 CHGX40 井湖相礁灰岩油气藏测录井综合解释评价

1 概况

CHGX40 井是位于济阳坳陷车镇凹陷大王庄潜山带的一口预探井，钻探目的是探索大王西断层下降盘古生界含油气情况，兼探沙河街组。目的层主探下古生界、上古生界，兼探沙河街组，本井于 2022 年 2 月 3 日开钻，2022 年 3 月 19 日钻至井深 3470.00m（垂深 2974.01m）完钻，完钻层位：奥陶系。实钻证实，本井目的层古生界储层发育，整体油气显示弱，含油气丰度低，未形成有价值的油气藏。兼探目的层沙河街组四段（简称沙四段）储层发育，岩屑录井见油斑、荧光级显示，综合解释为油层、干层。

2 问题与难点

该井区兼探目的层沙四段储层为湖相碳酸盐岩沉积。岩性为泥灰岩、灰岩，微裂缝发育，未被充填，同时发育有少量的溶蚀孔。裂缝和溶蚀孔极大地改善了储层的渗透性。由于岩石类型及岩性组合、储集空间均较为复杂，储层非均质性强，导致层内、层间油水分布的复杂化。测井响应受岩性等因素影响较大，油层、干层、水层划分困难。

3 解释评价

3.1 评价原则及方法

针对沙四段湖相碳酸盐岩储层，主要利用测井三孔隙度曲线资料结合电阻率曲线开展储层定量评价。利用录井岩石热解地化、三维荧光、热蒸发烃等分析化验参数进行流体性质及含油丰度分析，综合测井物性及含油丰度对应关系进行产液性质的综合评价。

3.2 主力层显示及评价

3.2.1 测井评价

应用湖相碳酸盐岩测井识别评价技术，对本井沙四段碳酸盐岩储层进行测井响应特征分析，识别五类岩性，应用双矿物交会技术计算矿物含量、孔隙度等地质参数，应用交会图法、图版法等综合判断流体性质。

依据邻井目的层试油资料与测井响应特征分析，制作声波与电阻率交会图（图 1），分岩性建立油水层解释标准（表 1）。

表 1　不同岩性测井响应特征

岩性	电性	测井值
礁灰岩－生物灰岩	电性不明显，10Ω · m 也可能是油层	声波时差数值大于 70μs/ft
混积岩	老井系列太多，电性不明显，低于 20Ω · m 基本是水层，20~30Ω · m 有油有水	声波时差数值大于 75μs/ft
泥灰岩	油层电阻率大于 40Ω · m，水层电阻率基本小于 30Ω · m	声波时差数值大于 70μs/ft
白云岩	水层收集井较少，油层电阻率基本大于 20Ω · m	声波时差数值大于 53μs/ft
灰岩	小于 30Ω · m 基本含水，油水同出或者水层	声波时差数值大于 53μs/ft

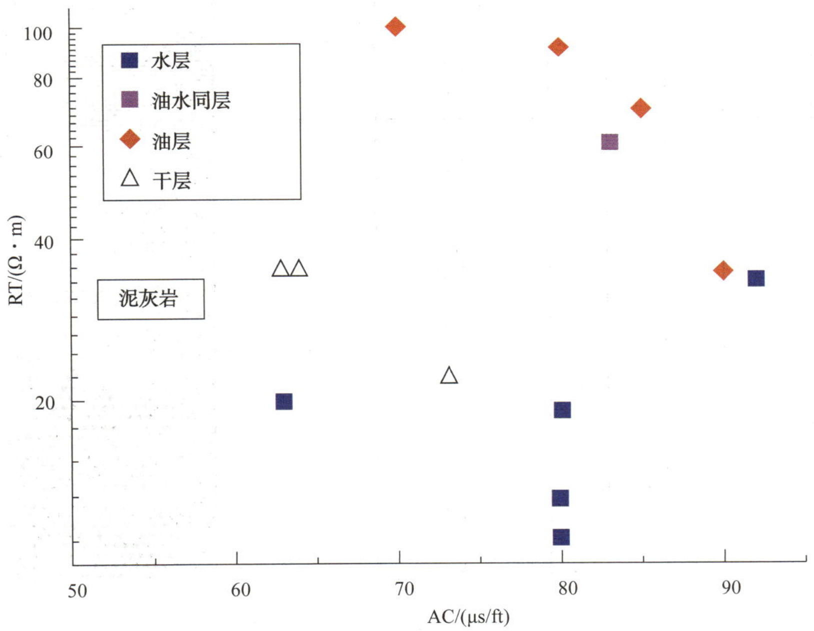

图 1　声波与电阻率交会图

井段 2685.0~2710.0m，岩性为泥灰岩，在 2687.8~2696.8m 解释油层 3.7m/3 层。其中 12 号层从测井响应特征看，自然伽马低值，三孔隙度曲线显示密度数值有明显降低，三孔隙度曲线按标准刻度重合性较好，声波时差数值在 70~77μs/ft，反映储层泥质含量相对变低、物性好，储集空间类型以孔隙型为主。中子－密度交会计算孔隙度为 10%~16%，渗透率为（10~50）$\times 10^{-3}\mu m^2$，侧向电阻率数值较高，为 40~300Ω · m，岩电对应性好（图 2）。岩屑录井及井壁取芯为灰色油斑泥灰岩，结合本井区电性标准，测井综合解释为油层。

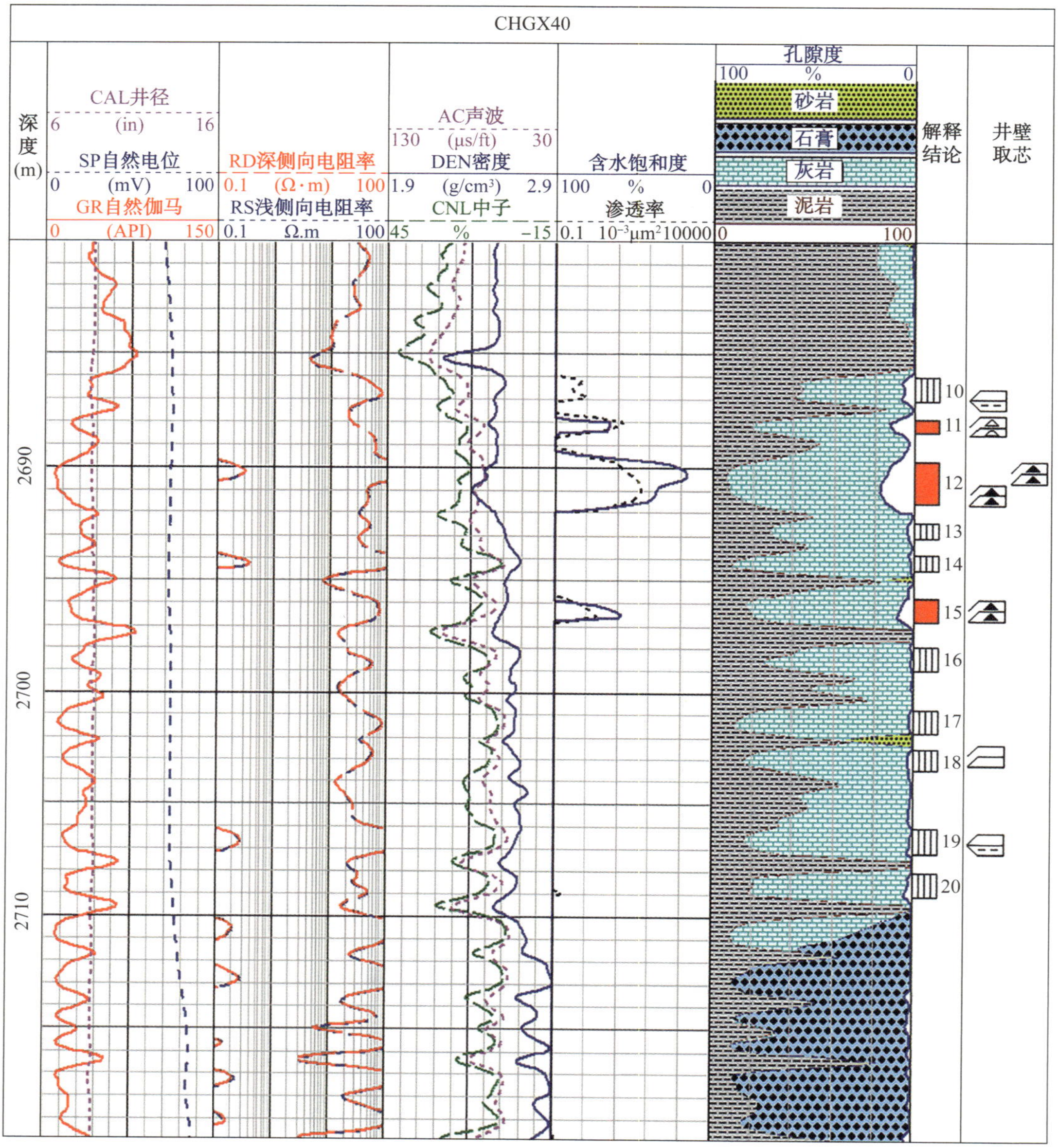

图 2　CHGX40 井综合测井成果图

3.2.2　录井综合评价

沙四段见油斑级显示 4.9m/4 层，荧光级显示 1.9m/2 层。综合解释油层 3.7m/3 层，干层 8.0m/8 层（图 3）。

井段 2687.2~2688.5m、2689.7~2691.6m、2689.7~2691.6m，3.7m/3 层，岩性为灰色油斑泥灰岩，井壁取芯：见灰色油斑灰岩 3 颗，荧光灰岩 1 颗（图 4）。气测全烃 0.67% ↑ 8.05%，甲烷 0.53% ↑ 7.34%，乙烷 0.014% ↑ 0.658%，丙烷 0.002% ↑ 0.055%，异丁烷 0.002% ↑ 0.018%，正丁烷 0.003% ↑ 0.046%，异戊烷 0.004% ↑ 0.04%，正戊烷

0.003% ↑ 0.027%，气测有明显升幅，表明油气活跃性较强；地化值为 S_0：0.0095~0.0124mg/g，S_1：0.23~0.82mg/g，S_{21}：2.34~6.98mg/g，S_{22}：4.86~14.61mg/g，S_{23}：0.29~1.86mg/g；定量荧光评价值 1770.2~7524.0，油性指数 1.7~2.4，均表明含油气丰度较高；热蒸发烃色谱图谱（图 5）表明，谱图不规则、组分齐全，含油丰度较高，主峰碳 C_{28} 附近，基线隆起，油质为重质油；测井孔隙度 6.1%~14.1%，渗透率（0.928~29.937）$\times 10^{-3}\mu m^2$。综合各项测录井资料分析，本段油气活跃，地化、定量荧光分析值表明含油气丰度较高，物性中等，结合井壁取芯、地化、定量荧光、热蒸发烃谱图等资料，综合评价为油层。

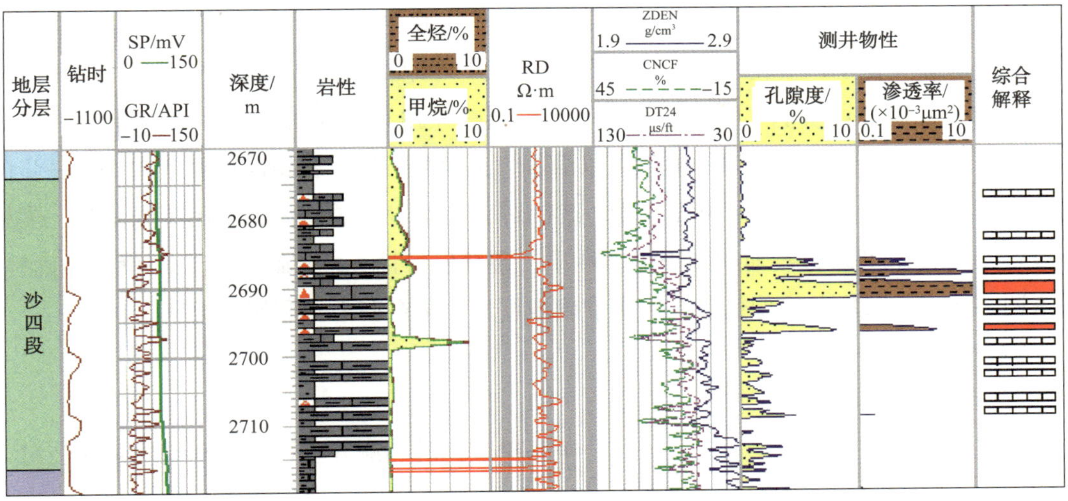

图 3 CHGX40 井沙四段录井油气层综合评价图

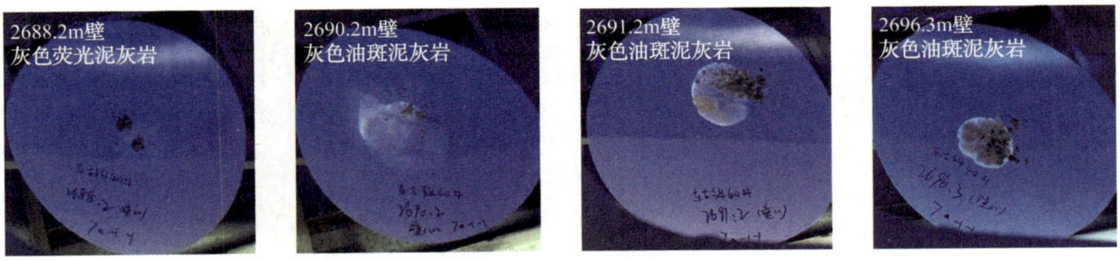

图 4 CHGX40 井 2687.20~2691.60m 井壁取芯荧光滴照照片

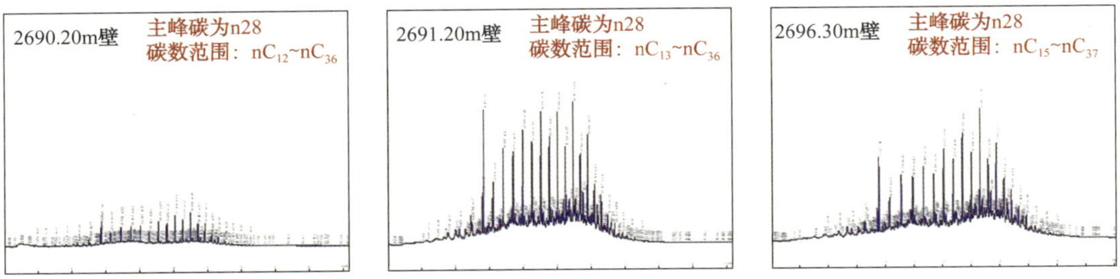

图 5 CHGX40 井 2687.20~2691.60m 井壁取芯热蒸发烃谱图

4 试油（气）结果

2022 年 7 月 4 日至 7 月 19 日，对沙四段 2687.8~2696.8m 井段，采用超高温高导流弹动态负压射孔试油，压裂后，日产油 8.94t，原油密度 0.9838g/cm^3。结论为油层，证实了测录井资料分析的准确性。

5 结论与认识

通过该井的综合评价，可以得到以下认识：①该井在沙四段湖相碳酸盐岩地层采用湖相碳酸盐岩测井识别评价技术，细分五大类岩性，识别储层空间类型，根据建立的不同岩性储层解释标准，评价储层流体性质，解释油层 3.7m/3 层，试油日产油 8.94t，该井的试油成功证实了来自大王北洼陷的油气可以沿着大王西断层进行长距离运聚成藏，进一步向南扩大了 D117 井区沙四段含油气范围。②针对碳酸盐岩储层评价，利用荧光薄片、多维核磁等录井技术可以有效辅助判识流体性质、裂缝发育情况，提高油气层评价的准确性。对于测井而言，采集电成像信息，可更准确地评价储集空间类型和储层类别。

编写单位：胜利测井公司　胜利地质录井公司
编 写 人：柴　婧　张　丽
审 核 人：许东晖　张立生　向巧玲　卜凌梅
审 定 人：张晋言　牛　强　马光强

39 塔北阿克库勒凸起西北斜坡 TH12471H 井下古生界储层声波远探测测井评价

1 概况

TH12471H 井地理位置位于新疆维吾尔自治区库车市境内 AD21 井南西方向，构造位置位于阿克库勒凸起西北斜坡部位，测线位置为十区西高精度三维工区。

2 问题与难点

TH12471H 原井眼下古生界实钻后测井解释 2 层Ⅱ类储层，7 层Ⅲ类储层，其中 2 层Ⅱ类储层和 5 层Ⅲ类储层集中在进 T_7^4 地震反射界面后直井段，靠近 B1 靶点处无明显储层显示，靠近 B2 靶点处发育两层Ⅲ类储层。原井眼未进行多极子阵列声波测井，不能进行远探测处理分析井旁储层发育情况，根据实钻情况推断本井储集体附近天然裂缝不发育，靠酸压造缝向下沟通有较大风险，因此决定回填重钻，B1 点垂深下调 25m，B2 点垂深下调 30m。重钻后加测了多极子阵列声波测井，水平井中能否有效提取弱反射波以及如何进行近井以及远井缝洞体的刻画是本井的评价难点。

3 解释评价

3.1 评价原理

声波远探测技术通过复杂的波场处理技术，将极微弱的反射波进行提取与处理，从而得到井壁外的缝洞等地质体发育信息。借助近年来形成的低对比度微弱反射横波信息提取技术，实现了强直达波、反射斯通利波干扰下超弱反射横波信号的增强与提取；采用基于时间慢度域的偶极反射横波成像方法，实现快捷、精准远探测成像；设计裂缝、洞、孔及其相互组合的三种模型，通过有限差分、声波绕射理论等进行数值模拟，建立了条带状、弧状、斑块状三大类远探测成像解释模式，并与地质现象建立联系，用来指导实际井的远探测成像解释。

3.2　主力层评价

对 TH12471H 重钻后的多极子阵列声波测井资料进行远探测处理（图 1），6605~6620m、6630~6645m 井外 10~18m 范围内存在较弱的斑块状反射信号，推测为较小尺度的缝洞发育体；6705~6713m 井外 20~25m 范围内存在较弱的斑块状反射信号，推测为较小尺度的缝洞发育体；6780~6900m 井外 10~25m 范围内存在多组较强的反射信号，基本连成片，推测为集中发育的缝洞储集体，常规电阻率曲线呈低值，表明近井有储层发育，综合分析近井与远井储层可能相互连通。

6675~6850m 井外 27m 左右存在呈条带状分布的反射信号（图 2），根据远探测范围及反射体位置关系分析，该反射异常体可能为原井眼轨迹，了解井史得知，原井眼水泥回填至 6700m，6700m 至井底为空井眼，这将大大增加反射波的强度，进一步确认为原井眼的反射。中间有些井段未能识别出井眼特征，特别是在 2 个井眼距离较近的井段，推测与井眼回填有关（可能当井斜角较大时，回填效果较差，井眼与地层的波阻抗较大，反射波信号强；井斜角较小时，回填效果较好，井眼与地层的波阻抗较小，反射波信号较弱）。同时将远探测评价成果与三维地震立体雕刻图进行对比可知，远探测刻画上下两套缝洞储集体与地震资料有良好的一致性。

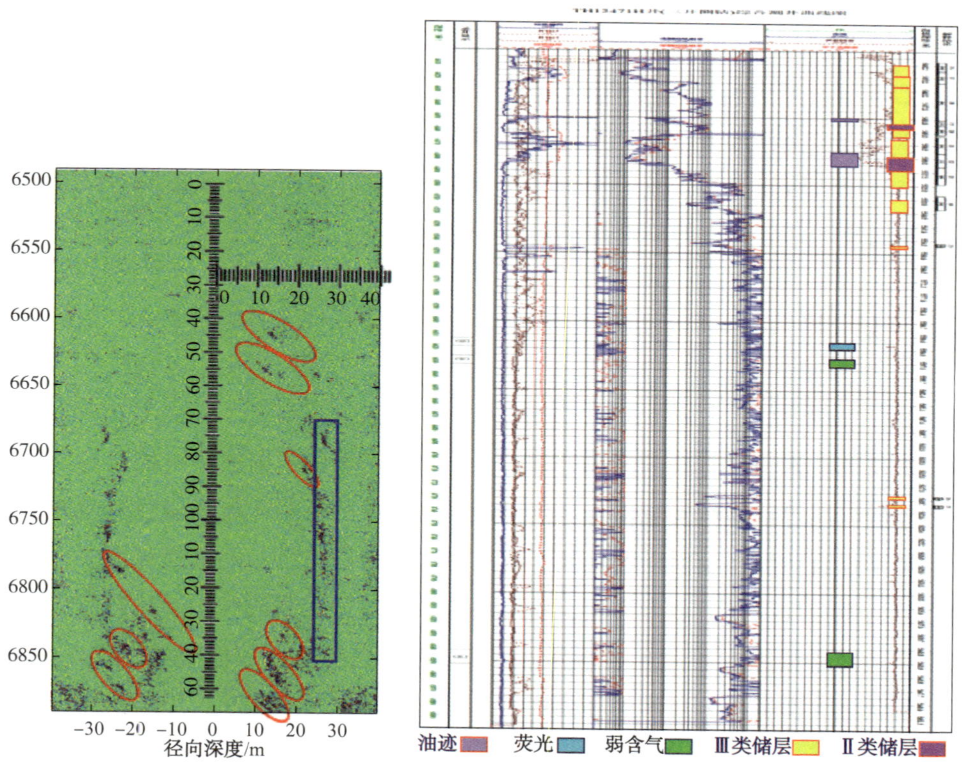

图 1　TH12471H 井远探测处理成果图

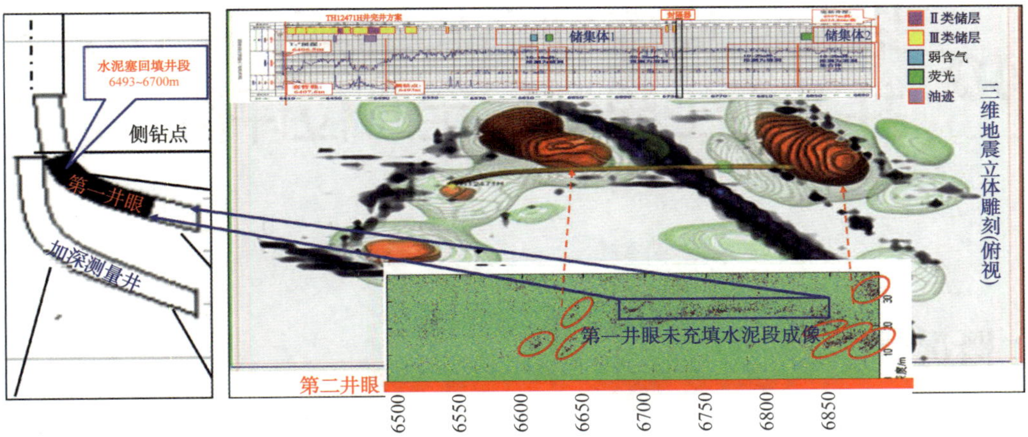

图 2　TH12471H 井远探测与三维地震雕刻对比图

4　试油（气）结果

完井方案讨论中参考了远探测评价成果，认为本井中深部发育两套储集体，储集体附近裂缝较发育，录井显示进入储集体发育段钻时明显降低，气测变好；鹰山组测井解释Ⅱ类储层 2 层，厚度为 14.5m（斜）/12.8m（垂）；Ⅲ类储层 10 层，厚度为 90.5m（斜）/79.3m（垂），储层的储集空间整体发育裂缝－孔洞型。本井分段酸压两套储集体，一体化动用，试油最高日产液 77.1m^3。

5　结论与认识

通过该井的声波远探测测井评价，可以得到以下认识：①对多极子阵列声波测井资料进行远探测处理可实现井外 40m 范围内缝洞体的刻画。② TH12471H 井原井眼未见好储层，未进行声波远探测测井；重钻井眼声波远探测显示井外发育两套缝洞储集体，精细标定地震资料后，助力完井方案建议的制定。

编写单位：胜利测井公司
编 写 人：王志美
审 核 人：翟　勇
审 定 人：许东晖　马光强

40 塔北阿克库勒凸起轴部 TK515CH 井下古生界储层定方位评价

1 概况

TK515CH 井地理位置位于新疆维吾尔自治区库车市境内 S61CH 井井口北西方向，平距 1140m，构造位置位于阿克库勒凸起轴部，测线位置为艾协克工区三维。

2 问题与难点

TK515 井于 2012 年 1 月 26 日完钻，完钻井深 5661m，完钻层位奥陶系中－下统鹰山组，截至 2021 年 12 月 26 日累计产油 2.6×10^4t、水 2.39×10^4t。综合该井各项资料分析，目前已无转层潜力。地震储层预测资料显示，该井南东方向 345.46m 处 T74 地震反射波下呈“串珠状”反射特征，预测缝洞型储层发育，决定实施短半径侧钻，井名为 TK515CH，设计侧钻方位 157°。本井考虑原井筒的完整性同时兼顾避开原直井缝洞体，因此要求侧钻前对原直井三开裸眼段进行声波远探测施工，主要评价难点是如何刻画井旁缝洞体发育情况及分布方位，为侧钻井井眼轨迹优化提供依据。

3 解释评价

3.1 评价原理

声波远探测技术通过复杂的波场处理技术，将极微弱的反射波进行提取与处理，从而得到井壁外的缝洞等地质体发育信息。借助近年来形成的低对比度微弱反射横波信息提取技术，实现了强直达波、反射斯通利波干扰下超弱反射横波信号的增强与提取；采用基于时间慢度域的偶极反射横波成像方法，实现快捷、精准远探测成像；针对目前声波远探测处理得到的反射体只能确定走向而不能确定倾向的问题，利用偶极发射、四分量接收器分别接收，根据相位差异进行处理，初步实现远探测缝洞异常体方位定向测量；设计裂缝、洞、孔及其相互组合的三种模型，通过有限差分、声波绕射理论等进行数值模拟，建立了条带状、弧状、斑块状三大类远探测成像解释模式，并与地质现象建立联系，用来指导实际井的远探测成像解释。

3.2 井旁缝洞体的识别

TK515 井偶极声波远探测处理结果显示在 5492~5571m 内存在多组明显反射异常，有缝洞型储层发育（图 1），具体分析如下。

（1）5486~5513m：井外 30m 范围见斑点状反射异常，5502~5513m 井外 20~25m 范围见带状反射异常，周围及近井伴有斑点状反射异常，0 度切片最清晰，认为近井有溶蚀孔洞发育，沿近南北向展布。

（2）5492~5547m：井外 20~55m 范围见明显近似条带状反射异常，45° 切片最清晰，推测井外有裂缝或溶蚀孔洞发育，缝洞体沿北东向展布。本井段录井有显示：5492~5494m、5501~5502m、5503~5505m、5527~5530m 气测异常，5511~5512m 油迹。由此推测近井的反射异常与井眼有一定的沟通。

（3）5530~5545m：井外 45~60m 范围内见明显带状反射异常，45° 切片最清晰，推测井外有裂缝或溶蚀孔洞发育，缝洞体沿北东向展布。

（4）5548~5571m：井外 20~25m 范围内见明显带状反射异常，45° 切片最清晰，推测井外有裂缝或溶蚀孔洞发育，缝洞体沿北东向展布。

（5）5544~5571m：井外 45~60m 范围内见明显带状反射异常，45° 切片最清晰，推测井外有裂缝或溶蚀孔洞发育，缝洞体沿北东向展布。

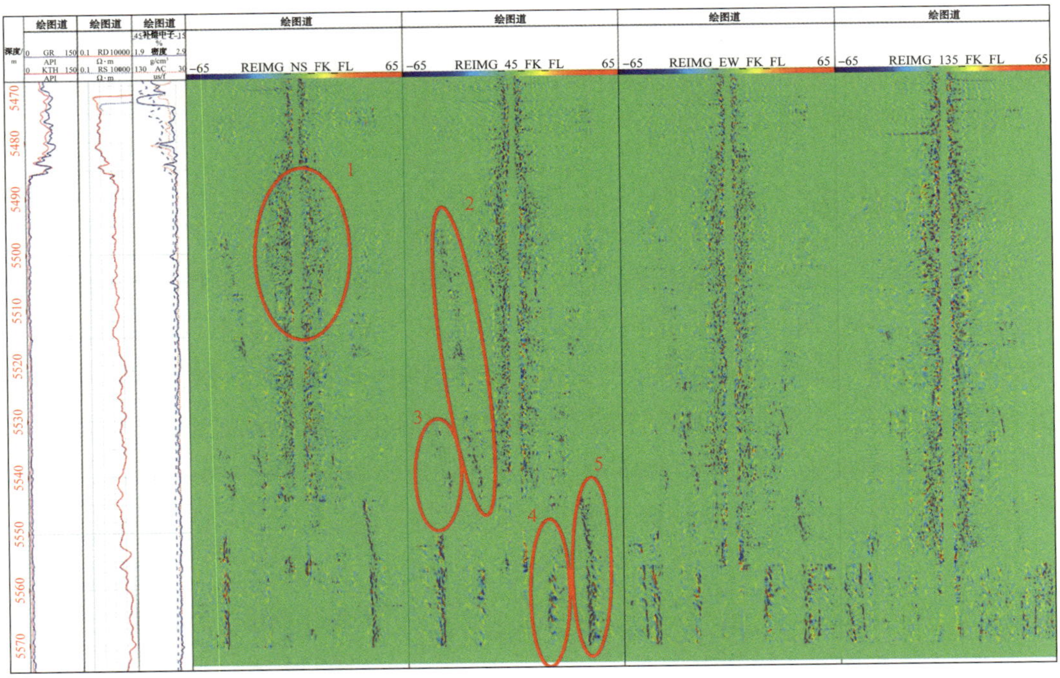

图 1　TK515 井远探测处理成果图（5469.59~5575m）

根据不同偏振方向的图像分析，5540m 以上的反射体主要在 45° 方向清楚，且未见明显过井特征，推测该组缝洞体在近井发育。5540m 以下的反射体北东方向最清楚，但各个方向均有不同程度的显示，故推测井眼钻穿该组缝洞体。受测量井段限制，远探测最深测到 5571m，根据井史资料，该井钻至井深 5611.76m 时发生放空，放空井段 5611.76~5621.41m，继续钻进至 5625.76m 发生井漏。因此推测下部的缝洞体应继续向下延伸至与井眼相交。

3.3 井旁缝洞体的方位识别

针对目前声波远探测处理得到的反射体只能确定走向而不能确定倾向的问题，利用偶极发射、四分量接收器分别接收，根据相位差异进行处理，初步实现远探测缝洞异常体方位定向测量。对比不同方向幅度大小认为（图 2），5492~5547m 段的反射体在 150° 方向幅度相对较大，判断缝洞体位于井眼的南东方向；5532~5571m 段的反射体在 110° 方向幅度相对较大，判断缝洞体位于井眼的南东东方向。根据侧钻设计可知，TK515CH 既要考虑原井筒的完整性同时也尽量避开原直井缝洞体，因此需上提侧钻点至巴楚组进行 193.7mm 套管开窗一开次侧钻，设计侧钻点为 5430m，侧钻方位为 150°，由此推测，侧钻后可能会钻遇 5540m 以上的缝洞体。

4 试油（气）结果

TK515CH 向 150° 方向侧钻至斜深 5494.03~5527m 发生漏失，该井段水平位移 25~60m，在直井眼远探测范围内，通过对比垂深及远探测评价成果分析认为，漏失段对应于远探测分析的 5492~5547m 段储层，侧钻井眼钻遇了该段缝洞体，实钻情况验证了远探测处理及定方位结果的可靠性（图 3）。

5 结论与认识

通过该井的定方位评价缝洞体技术的应用，可以得到以下认识：①利用针对性的声波远探测测井仪器可实现井外 65m 范围内缝洞体的刻画，结合偶极发射、四分量接收器分别接收的技术实现对井外异常体方位的识别，为侧钻井井眼轨迹优化提供依据。②根据反射异常幅度判断，5540m 以下缝洞储层的发育程度明显好于 5540m 以上。根据不同偏振方向的反射图像推测，上下两段缝洞体储层存在一定的沟通。因 5570~5661m 试油为水层，故侧钻后酸压有沟通底部水层的可能。

编写单位：胜利测井公司
编 写 人：王志美
审 核 人：翟　勇
审 定 人：许东晖　马光强

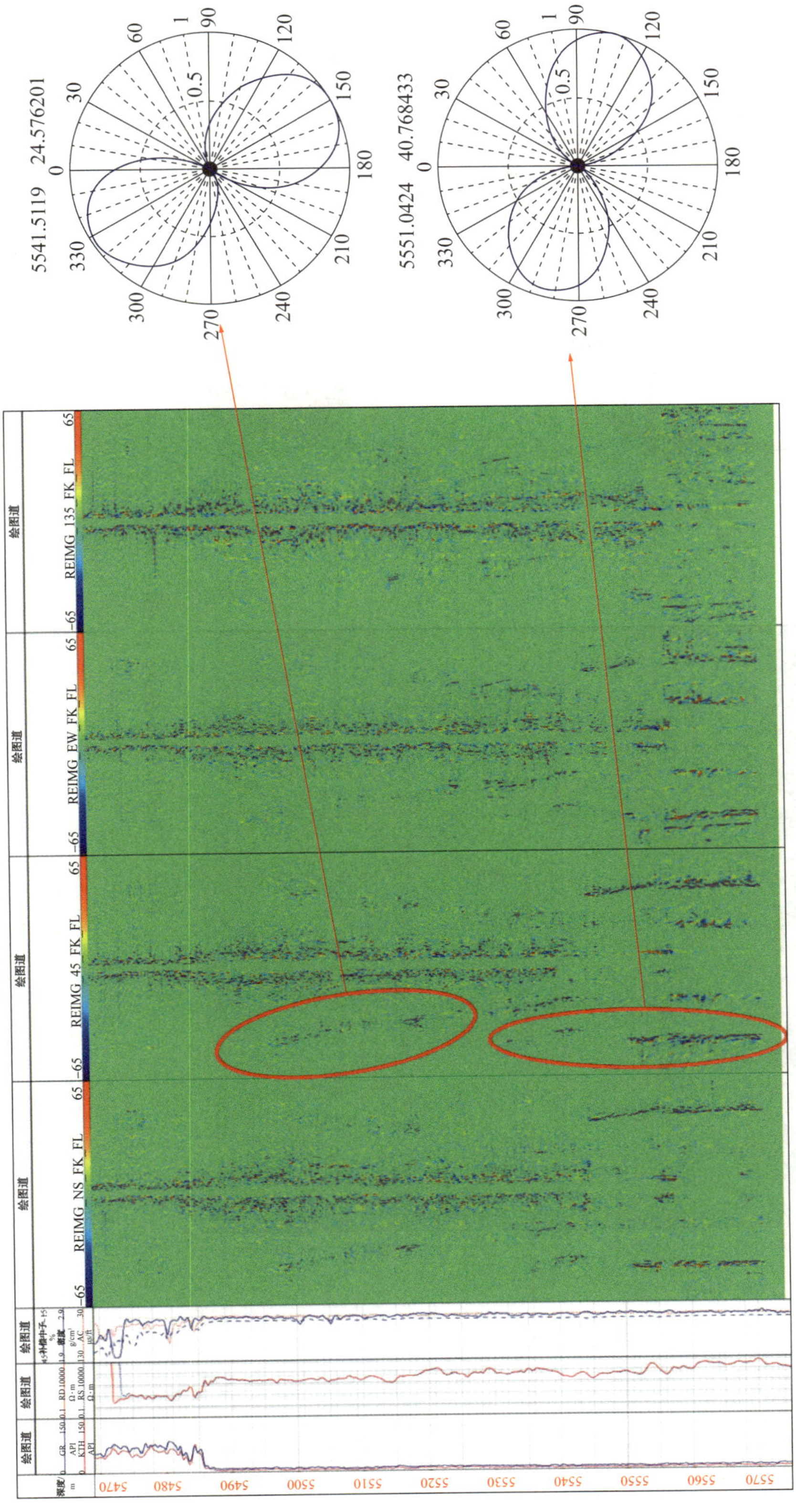

图2 TK515井远探测方位分析

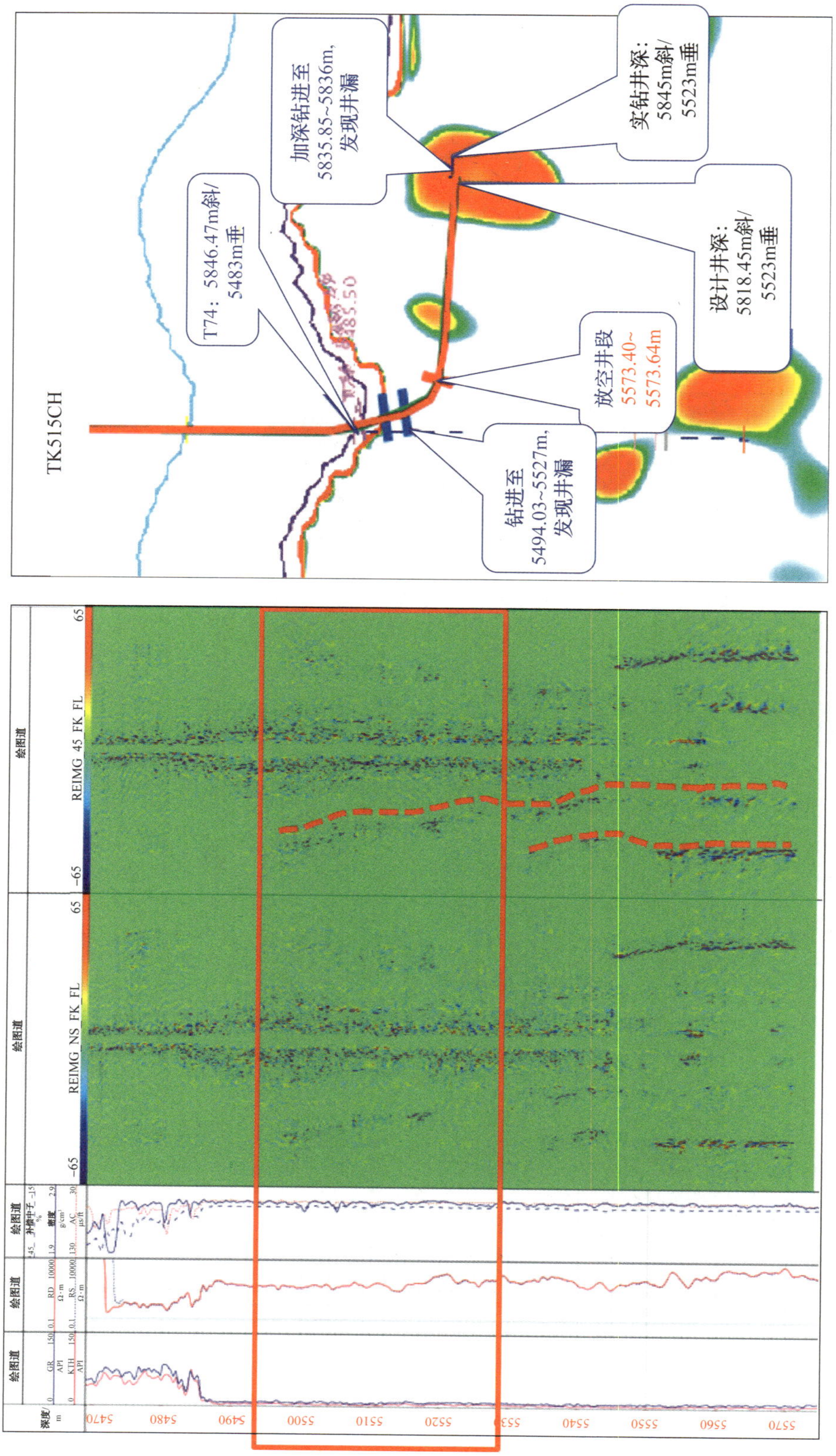

图3 TK515井侧钻结果分析图

41 文留构造 W276-5 井白云岩裂缝型储层测录井综合解释评价

1 概况

W276-5 井地理位置位于 W275 井井口北西约 140m，构造位置为文留构造 W276 断块区，是一口开发井（定向井）。钻探目的是完善 W276 块沙河街组二段下亚段（简称沙二下）注采井网，挖掘油藏潜力（图 1）。2004 年 3 月 2 日完钻，完钻井深 2641.00m，完钻层位沙二下亚段。

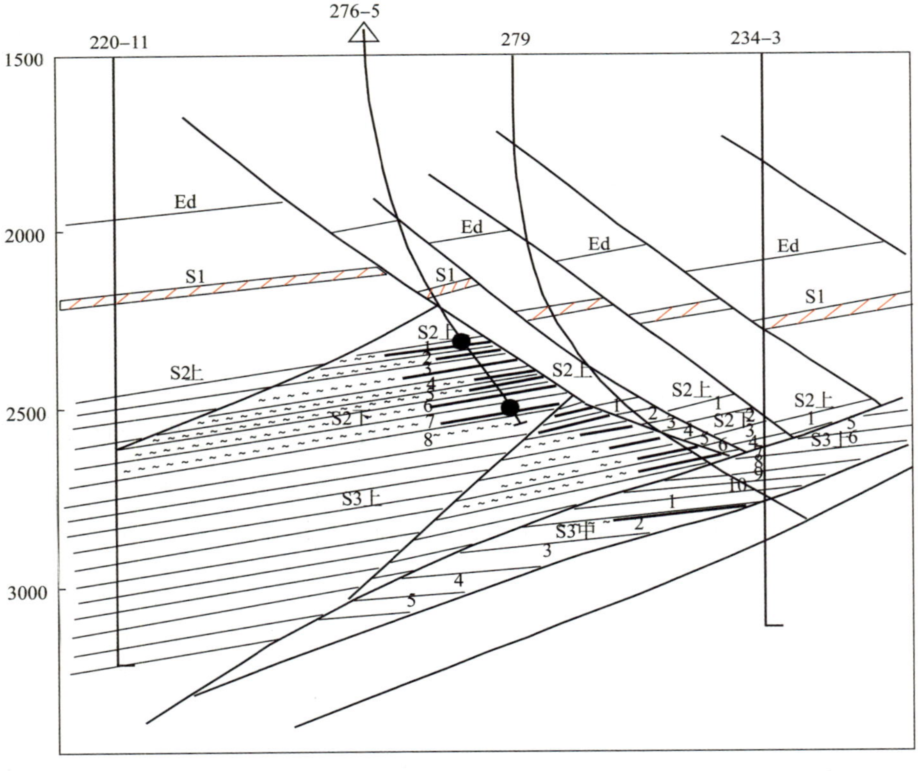

图 1 过 W276-5 井油藏剖面图

2 问题与难点

本井现场录井沙河街组一段（简称沙一段）岩性为灰黄色荧光白云质粉砂岩，滴照浅黄色，四氯化碳浸泡乳白色，荧光系列对比8级，岩屑复查岩性为粉砂质白云岩见裂缝，并且邻井W275井同层补孔日增油3.5t，因此判断本井在该层存在潜力。然而白云岩储层裂缝识别主要依据岩芯和成像测井资料完成，本井为开发井，没有取芯资料和成像测井等直接评价裂缝的测井数据，裂缝发育程度很难评价，因此给该层的解释评价带来很大困难。

3 解释评价

根据研究区邻井岩芯观察和薄片鉴定资料，可以确定研究地层的白云岩、泥质白云岩、白云质泥岩、泥岩等岩性类型，通过对取芯井段不同岩性对应的测井曲线典型特征进行深入分析表明，测井电阻率、微电极、自然伽马和声波等对岩性反应灵敏，特征清楚，因此可以利用邻井岩芯和测井资料建立的裂缝识别模型，进行该井白云岩裂缝发育程度评价。

3.1 岩性分析

岩性主要为灰色泥岩与白云质泥岩夹灰色粉砂岩、粉砂质白云岩，通过显示段岩性复查，油层段岩性为灰黄色荧光粉砂质白云岩。

3.2 储层评价

由于单一测井数据识别裂缝存在多解性，利用现有技术方法不能准确表征储层裂缝的发育状况，且识别裂缝精度较低，存在误判的现象。为了克服现有技术的不足，本文提出一种白云岩裂缝评价新方法，可提高对致密白云岩储层裂缝发育的识别精度，进而为致密白云岩油气藏的合理开发提供科学依据。

3.2.1 白云岩裂缝发育程度识别方法

（1）利用研究区岩芯观察和薄片鉴定资料，对致密白云岩储层岩性进行精细划分，并对不同岩性段的裂缝特征进行描述，通过数学模型表征裂缝的发育程度（其中所述裂缝特征至少包括裂缝线密度值），进而建立不同岩性段与裂缝特征的对应关系图表。

研究区域的致密白云岩储层精细划分为白云岩、白云质泥岩和泥岩，每一个岩性段均对应不同的地层厚度，对整个测井深度进行岩芯刻度，可对每一个岩性段的裂缝特征进行描述，其中每一个岩性段的裂缝特征通常可以描述为裂缝倾角、裂缝与岩层夹角、裂缝长度、裂缝开度、裂缝充填情况以及裂缝线密度特征值。

其中，不同岩性段的裂缝线密度特征值，是指与垂向测井方向的岩性段，相交的裂缝条数与该岩性段的直线长度的比值：

$$Y = L_{fD} = \frac{n_f}{L_B}$$

式中：L_{fD}为裂缝线密度特征；n_f为裂缝的条数；L_B为垂向测井方向直线的长度，m。

对于每一个岩性段，均可以通过上述公式计算，得到该岩性段的裂缝线密度特征值。由于薄夹层的测井数据容易受上下围岩的影响而不准确，因此，岩性段的测井数据和对应裂缝线密度特征值，需要剔除地层厚度 < 30cm 岩性段对应的所有测井数据以及裂缝线密度值。

（2）利用散点法，将不同岩性段的裂缝线密度特征值与测井参数交会，从中筛选出敏感测井参数。

将每一个岩性段的裂缝线密度特征值，与该岩性段的每一类测井参数值的平均值，进行散点法交会分析，若该类测井参数与该岩性段的裂缝线密度特征的相关性，达到预设阈值，则认为该类测井参数对裂缝响应敏感。综合每一岩性段对应的敏感测井参数，得到多类敏感测井参数。

在本方法中得到的多类敏感测井参数，包括三类常规测井参数 AC、DEN、CAL，以及两类组合测井参数 AC/DEN 和 AC/GR。

（3）建立所述多类敏感测井参数，与不同岩性的裂缝线密度特征值之间的定量评价模型。

通过上述步骤（2）筛选出了五类敏感测井参数后，对得到的敏感测井参数进行归一化处理：

$$X=\frac{X^{*}-X_{min}}{X_{max}-X_{min}}$$

式中：X 为归一化后的测井参数；$X\in[0,1]$；X^{*} 为原始测井参数；X_{max} 为该岩性段的该类测井参数的最大值；X_{min} 为该岩性段的该类测井参数的最小值。

对于每一个岩性段，根据该岩性段的裂缝线密度特征值，以及每一个测井点的多类敏感测井参数值，采用多元线性回归，建立多类敏感测井参数与裂缝线密度特征值之间的定量评价模型。具体对于每一个岩性段，选取 80% 的测井点的多类敏感测井参数值，以及该岩性段的裂缝线密度特征值，建立定量评价模型：

$$Y=\alpha^{*}AC+\beta^{*}CAL+\gamma^{*}DEN+\delta^{*}\frac{AC}{DEN}+\varepsilon^{*}\frac{AC}{GR}+\tau$$

式中：α、β、γ、δ、ε、τ 分别为裂缝线密度拟合系数；Y 为裂缝线密度特征值，条 /m；AC 为声波，μs/m；CAL 为井径，cm；DEN 为地层密度，g/cm^3；GR 为自然伽马，API；AC/DEN 与 AC/GR 分别为一种测井组合数据。

拟合得到定量评价模型后，对于每一个岩性段，采用另外 20% 的测井点的多类测井参数值，来验证建立的所述定量评价模型的有效性。验证定量评价模型有效性的方法：根据每一个测井点的多类敏感测井参数值和建立的所述定量评价模型，计算得到每一个测井点所在位置的裂缝线密度值，将计算得到的裂缝线密度值 Y_i，与描述裂缝线密度特征值 L_{fD} 进行比较，若准确率达到预期，则确定对应的裂缝线密度拟合参数，输出定量评价模型，若准确率未达到预期，则重新拟合，直到判别为有效为止，输出定量评价模型。根据有效的定量评价模型，可对未知岩性段的裂缝线密度进行预测，进而对该层段的裂缝发育程度进行识别。具体实现时，根据建立的定量评价模型和岩性段每一个测井点的多类敏感测井参数，计算得出裂缝线密度值，进而得到裂缝线密度值，并绘制成裂缝线密度曲线，得到未知井段的裂缝线密度预测曲线图。最后，根据裂缝线密度曲线特征，对致密白云岩储层的裂缝发育程度进行识别。

另外，通过前述步骤（2）得到多类敏感测井参数后，对每一个岩性段的多类敏感测井参数进行归一化，利用蜘蛛网图将参数映射到正五边形的数轴上，建立该岩性段的裂缝发育程度测井相图版，定性识别不同岩性段的裂缝发育程度。

3.2.2 文留地区沙一段白云岩储层裂缝发育程度识别模板

文留地区致密白云岩储层岩性精细划分为白云岩、含泥白云岩、泥质白云岩、白云质泥岩、含白云泥岩、泥岩，通过岩芯观察对不同岩性裂缝线密度值进行统计，建立不同厚度、不同岩性岩石与裂缝线密度对应关系。

从敏感曲线筛选结果可得，不同岩性中的裂缝响应，在不同类别的测井曲线中敏感性不一。为便于观察，利用蜘蛛网图对裂缝发育程度进行分析需要分岩性进行，建立不同岩性裂缝发育程度测井相模式图版。

根据岩芯段裂缝线密度的分布聚类，分出“裂缝不发育”（裂缝线密度＜3条/m）和“裂缝高发育”（裂缝线密度≥10条/m），将不同岩性层段的裂缝不发育段和裂缝高发育段建立测井数据对应关系。

将目的层测井数据进行极差归一化处理，把六类岩性中特征图版相似的岩性合并，最终分三大类岩性。可以看出，不同岩性、不同裂缝发育程度在蜘蛛网图中存在明显差异，裂缝高发育测井相总体特征为：*AC*、*AC*/*DEN*、*AC*/*GR* 增大，*DEN* 降低（与裂缝开度有关，泥质白云岩中增高）、CAL 缩径（与裂缝开度有关，泥质白云岩中扩径）。

从敏感曲线筛选到裂缝发育程度与测井多参数分析，均体现出常规测井预测裂缝发育段的有效性。为方便利用常规测井对未知井进行裂缝线密度预测，建立裂缝识别的多参数数学模型。通过 SPSS 软件数据分别对三个致密白云岩储层测井相进行多参数线性拟合（图 2）。多参数裂缝线密度 Y 指数数学回归判别公式如下。

图版Ⅰ：$Y=9.566\times DEN-63.348\times AC+0.721\times\dfrac{AC}{GR}+63.597\times\dfrac{AC}{DEN}-3.072\times CAL-4.802$

图版Ⅱ：$Y=2.121\times DEN-0.813\times\dfrac{AC}{GR}+2.319\times\dfrac{AC}{DEN}-11.508\times CAL+1.037$

图版Ⅲ：$Y=0.34\times DEN+1.492\times AC-0.869\times\dfrac{AC}{GR}-0.23\times CAL-0.275$

利用该类储层裂缝线密度 Y 指数判别裂缝发育程度：$Y<1.5$，裂缝不发育；$1.5\leqslant Y<3$，裂缝低发育；$3\leqslant Y<5$，裂缝中等发育；$Y\geqslant 5$，裂缝高发育。

图版编号	图版Ⅰ	图版Ⅱ	图版Ⅲ
岩性范围	白云岩、含泥白云岩	泥质白云岩	白云质泥岩、含白云泥岩、泥岩
数据点数量	14	7	14
裂缝弱发育段(裂缝线密度<3条/m)	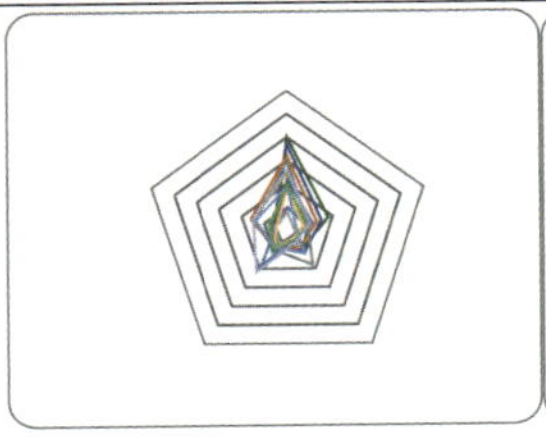	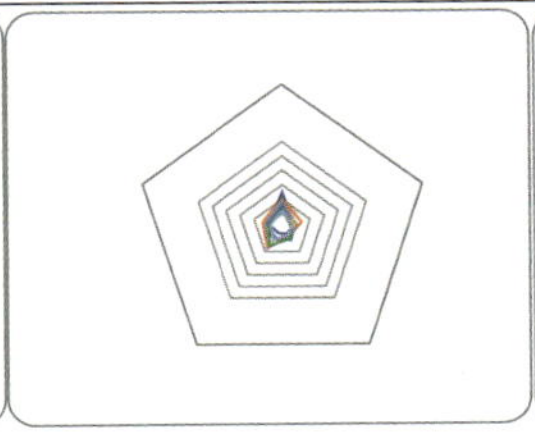	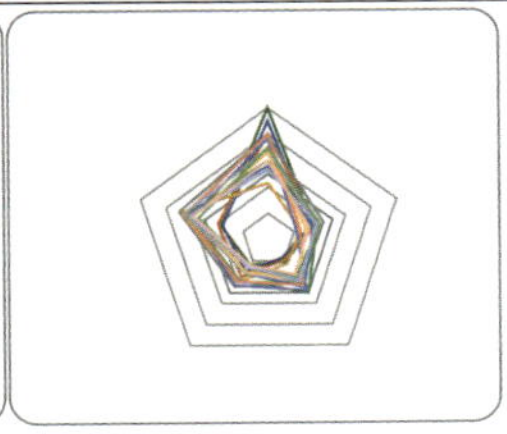
裂缝高发育段(裂缝线密度≥10条/m)	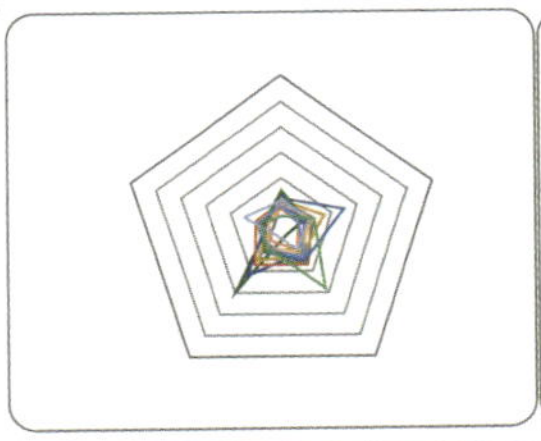	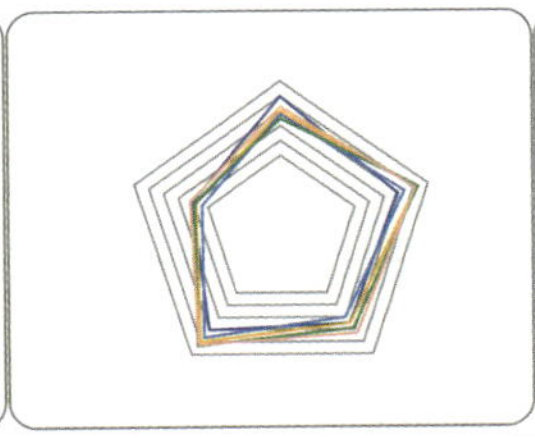	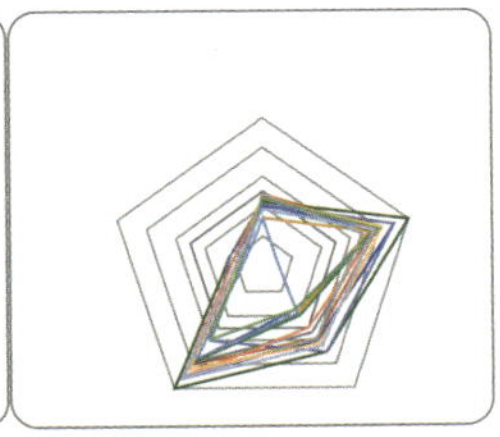

图2　不同岩性白云岩裂缝发育程度识别图版

利用以上方法判别该井裂缝较发育（图3）。

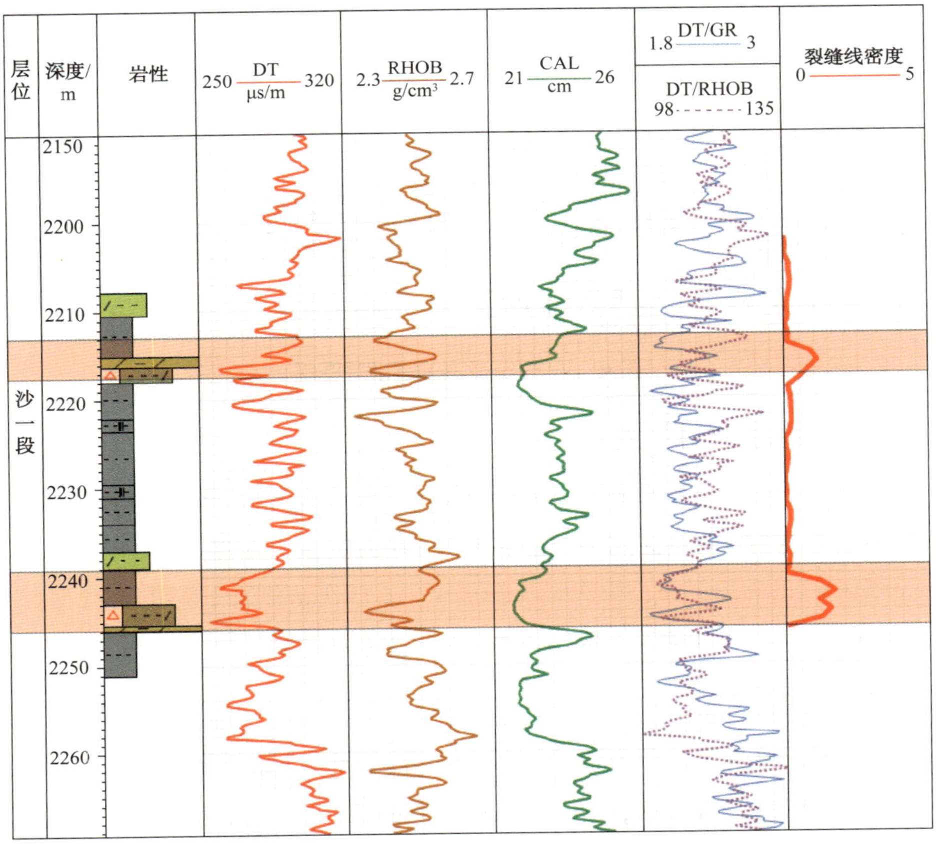

图3　W276-5井裂缝发育情况评价图

3.3 含油气性及流体性质分析

井段 2216.3~2217.9m，1.6m/1 层，测井解释 17 号层为低产油层；储层岩性特征：灰黄色荧光粉砂质白云岩，滴照浅黄色，四氯化碳浸泡乳白色，荧光系列对比 8 级，电性特征：声波时差 267.2μs/m、电阻率 4.1Ω · m、孔隙度 18.0%、含油饱和度 53.1%、自然伽马比值 1.30、微电极幅度差 0.2Ω · m，复查结论油层。井段 2242.9~2245.3m，2.4m/1 层，测井解释 18 号层为差油层；储层岩性特征：灰黄色荧光粉砂质白云岩，滴照浅黄色，四氯化碳浸泡乳白色，荧光系列对比 8 级，电性特征：声波时差 279.1μs/m、电阻率 8.2Ω.m、孔隙度 18.9%、含油饱和度 68.6%、微电极幅度差 0.1Ω · m，复查结论油层（表 1、图 4）。

表 1　W276-5 井复查解释成果

井段 /m	厚度 /m	岩性	声波时差 /（μs/m）	地层真电阻率 / Ω · m	含油饱和度 / %	地层孔隙 / %	电测解释	二次解释
2216.3~2217.9	1.6	灰黄色荧光白云质粉砂岩	267.2	4.1	53.1	18	低产油层	油层
2242.9~2245.3	2.4	灰黄色荧光白云质粉砂岩	279.1	8.2	68.6	18.9	低产油层	油层

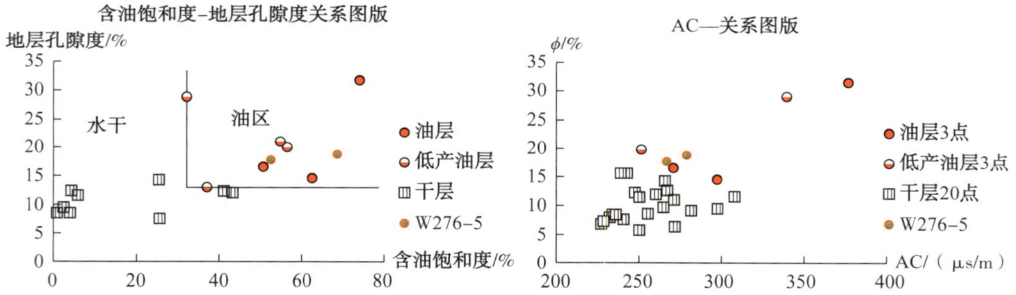

图 4　W276-5 井复查解释图版

3.4 储层产能、油藏分析

W276 断块构造位置处于东濮凹陷中央隆起带文留构造西翼，WX2 号断层下降盘。东隔 WX2 号断层与 W209 断块区相望，南邻 W266 块开发区，西接 W220 断块，北连 W38 断块区，由东向西呈扇形展布，构造面积 3.0Km^2。本区块钻井油气显示较好，白云岩厚度较大，邻井 W275 井获工业油流，构造条件有利，为有利油藏。

3.5 老井测试建议

该井井段 2216.3~2217.9m，1.6m/1 层，井段 2242.9~2245.3m，2.4m/1 层，储层岩性为灰黄色荧光粉砂质白云岩，用该方法判断裂缝线密度值都大于 1.5，二次解释为油层（图 5）。建议对 2216.3~2245.3m，4.0m/2 层油层进行补孔试油，落实产能。

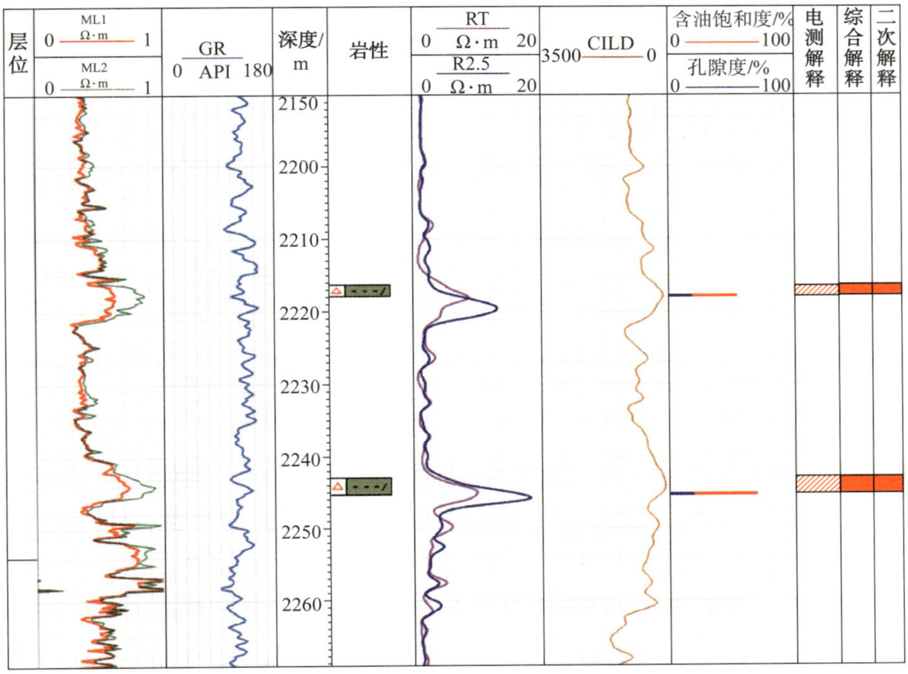

图 5 W276-5 井综合评价图

4 试油（气）结果

本井白云岩储层段不是目的层段，前期未投产，老井复查后提出试油建议，2019 年 3 月 16 日补孔沙河街组一段下亚段，井段 2216.3~2245.3m，4.0m/2 层，日产液 17.8m^3，日产油 0.3t。

5 结论与认识

（1）白云岩储层具有低孔、致密的特征，裂缝的发育明显改善了储层的渗流能力，有望使该类储层油气藏的开采具有工业价值，所以致密白云岩储层裂缝识别评价，成为该类油气藏勘探开发上的重点关注问题。

（2）新方法在取芯等资料不全的情况下，可提高识别致密白云岩类油藏中裂缝发育的精度，进而为致密白云岩油气藏的合理开发提供科学依据。

编写单位：中原测控公司
编 写 人：潘素倩
审 核 人：王粪舒
审 定 人：孟韶彬 何传亮

42 普光地区 M1 井茅口组岩溶储层解释评价

1 概况

M1 井是部署在东岳寨构造带双石庙构造东南翼的一口预探井。钻探目的一是探索双石庙石炭系储层发育与含气性；二是落实飞仙关组四段（简称飞四段）和嘉陵江组二段（简称嘉二段）储层发育及含气性。2015 年 10 月 4 日完钻，完钻井深 5549m。因 M1 井部署时普光地区茅口组均未钻遇岩溶储层，故未将茅口组作为钻探目的层。

普光地区茅口组具备规模岩溶储层发育条件，岩溶储层分布受沉积相和古地貌控制，生屑滩受岩溶改造，储层“多期多套、叠置连片”具备发育多套大面积分布的储层条件（图 1）。

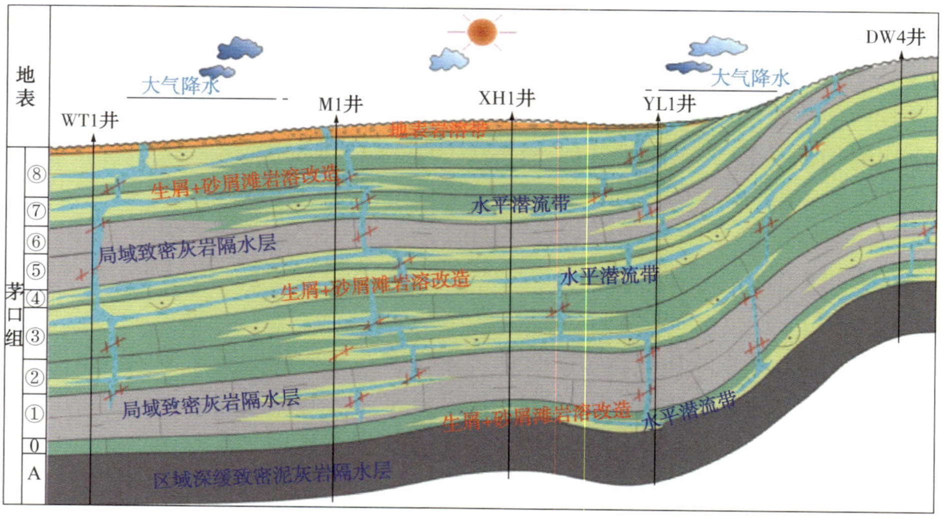

图 1 普光地区茅口组岩溶储层气藏发育模型图

2 问题与难点

碳酸盐岩溶蚀缝洞型储层在普光海相地层尚属勘探初级阶段，勘探对象从孔隙型向裂缝孔洞型储层转变，由于缝洞型储层孔隙结构复杂，非均质性极强，使得储层流体性质识别及储层有效性分析存在较大困难。

该井茅口组三段（简称茅三段）碳酸盐岩溶蚀缝洞型储层，岩屑细小混杂，且无岩芯资料，常规气测、岩屑录井等手段对岩溶储层岩性、物性特征识别困难；茅三段岩溶储层测井电阻率曲线受钻井液浸入及导电矿物影响，流体性质无法准确判别，因此如何准确识别评价该储层岩性特征、储集空间类型、储层气、水层解释及储层有效性分析是该井综合解释评价的难点。

3 解释评价

综合应用岩矿鉴定技术、气测曲线形态特征分析、地质分析和测井解释成果，对疑难解释评价层进行了岩性分析、储层识别评价、含气性、流体性质分析以及储层产能分析。

3.1 岩性分析

应用岩矿薄片鉴定技术，明确 A、B、C 三个层段岩性特征。在没有岩芯样品且地层存在漏失情况下，为避免岩屑细小混杂带来的识别误差，对该层及附近井段每包岩屑进行至少五次选样，以鉴定名称居多者作为最终岩性定名。A 层岩性为膏质泥晶云岩、灰质细晶云岩；B 层岩性为含灰粉晶白云岩和含灰质粉晶白云岩；C 层岩性为含灰砂屑白云岩。

3.2 储层识别评价

薄片鉴定 A、B、C 层段存在溶蚀孔洞、基质孔缝（图 2），A、B 层钻井过程中有钻井液漏失现象，且 A 层漏失规模较 B 层大，A 层井径扩径明显，反映 A 层较 B 层孔洞发育。电成像解释 A 层溶孔相对发育，B、C 层裂缝相对发育（图 3），综合微观特征、井径特征及电成像结论，确定 A 层为溶蚀孔洞型储层、B 层为缝洞型储层、C 层为孔隙－裂缝型储层。测井二次解释 A 层厚度 4.4m，孔隙度 8.2%、渗透率 $4.75\times10^{-3}\mu m$，B 层厚度 0.8m，孔隙度 2.70%、渗透率 $0.02\times10^{-3}\mu m$，C 层厚度 3.5m，孔隙度 2.1%、渗透率 $0.01\times10^{-3}\mu m$。根据川东北地区经验，评价 A 层为二类储层；B 层、C 层为三类储层。

3.3 含气性及流体性质分析

气测数据显示 A、B、C 三个层段全烃值偏低，分别为 3.481%、1.221%、4.516%，对比区域获产能井，本井气测值明显偏低，地层含气性较差。

根据气测曲线形态定性识别方法（表 1），A 层曲线形态呈丘形且具有一定厚度，具含水层特征，但与水层不同的是本层气测高点在曲线上部，具有上气下水特征，电阻率值明显偏低，分析除受孔洞影响外，还受地层水影响；结合地质分析，原始沉积形成的碳酸盐岩 U、TH、K 含量非常低，A 层 U 值明显偏高，但 K、TH 含量较低，A 层发育溶蚀缝洞，薄片鉴定无泥质岩类充填，U 值偏高排除泥质含量影响，分析与孔洞中地层水活动有关。

B 层气测曲线呈低值且厚度较薄，含气量明显不足。C 层曲线形态呈中－低小尖峰状，表明含气丰度低、能力不足，具干层含气特征。

碳酸盐岩基质孔隙低，由于孔、洞、缝的存在，孔隙结构复杂，测井参数流体响应信息微弱，根据测井解释 A、B、C 三层段的孔隙度、渗透率及电阻率数值，A 层孔隙度和渗透率值较高，但电阻率值明显偏低，具水层特征，B、C 两层段孔隙度、渗透率值均偏低，尤其是渗透率值低于区域有效储层值。

根据气测曲线形态分析、地质分析及储层评价参数进行流体识别综合评价，二次解释 A 层为气水同层，B 层、C 层为干层（图 4）。

3.4 储层产能分析

储层产能与储层有效性有很大关系，借鉴川东－川南茅口组顶部孔渗特征，与有效储层关系研究成果，孔隙度 $\phi > 2\%$，渗透率 $k > 1 \times 10^{-3}\mu m$ 时为有效储层，反之为无效储层。对 A、B、C 层储层有效性进行评价：A 层为有效储层；B、C 层因渗透率较低，评价为无效储层。

A 层电成像资料表明溶蚀孔洞发育，纵向连通性较好（图 3A），孔渗特征显示为有效储层。但较区域产层有明显差异。A 层平均自然伽马值 50.5API，对比区域茅口组顶部产能井段伽马值平均 20API，侧面反映 A 层溶蚀孔缝局部充填，薄片鉴定显示溶蚀孔洞充填硬石膏、沥青质（图 2）。

B 层、C 层电成像资料显示地层非均质性强，局部发育裂缝（图 3B），薄片鉴定显示溶蚀缝洞、晶间孔缝有沥青质充填（图 2），测井解释孔隙度及渗透率值明显偏低，储层有效性明显较差，评价为无效储层。

综合分析本井 A、B、C 层段储层产能明显低于区域对应产层。

4 试油（气）结果

对 A、B、C 三层合试，射孔测试折算日产气（0.46~1.29）$\times 10^4 m^3$、水 260~960m^3，为气水同层，气样分析为以甲烷为主高含硫干气、地层水，单独对 C 层进行酸化后测试为干层，表明该层渗透性差，挤酸后没有远端能力供给。试气结论与解释结论吻合（图 4）。

5 结论与认识

（1）岩矿薄片鉴定技术结合测井资料，能够准确识别储层岩性及微观特征。

（2）综合应用薄片鉴定技术、气测曲线形态特征分析、地质分析和测井资料解释方法，能够提高岩溶储层解释评价准确度。

（3）通过该井茅口组顶部储层解释评价研究，明确了本区茅口组顶部岩溶型储层储集物性及流体特征，虽未获得较高产能，但对本区勘探方向制定具有重要意义。

膏质泥晶云岩
硬石膏充填裂缝和溶蚀孔中

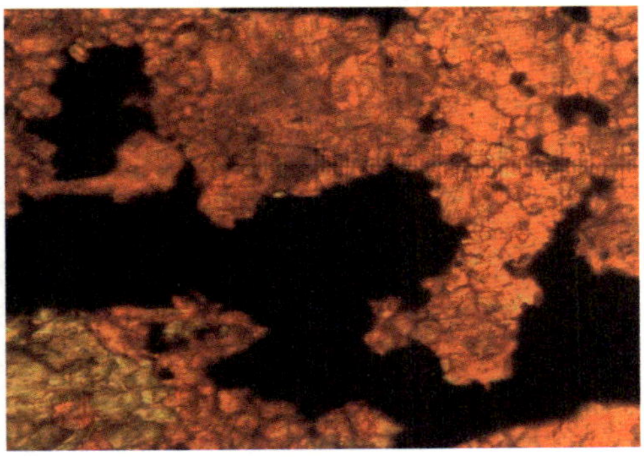

含灰质粉晶云岩
溶蚀孔洞充填沥青质

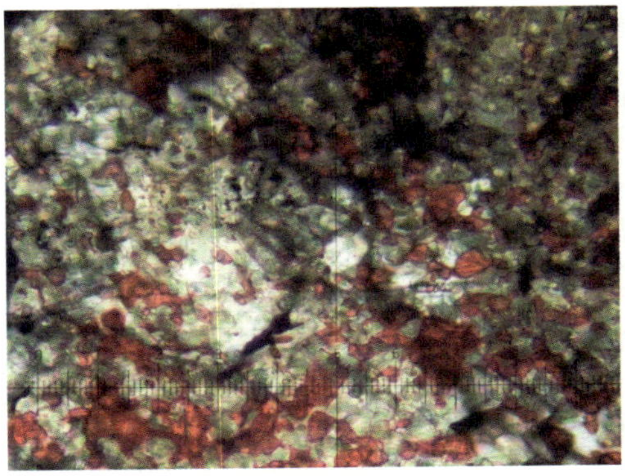

灰质白云岩
晶间孔缝(残余)充填沥青质

含灰砂屑云岩中
残余粒间孔隙

图 2　岩屑薄片鉴定储层储集特征

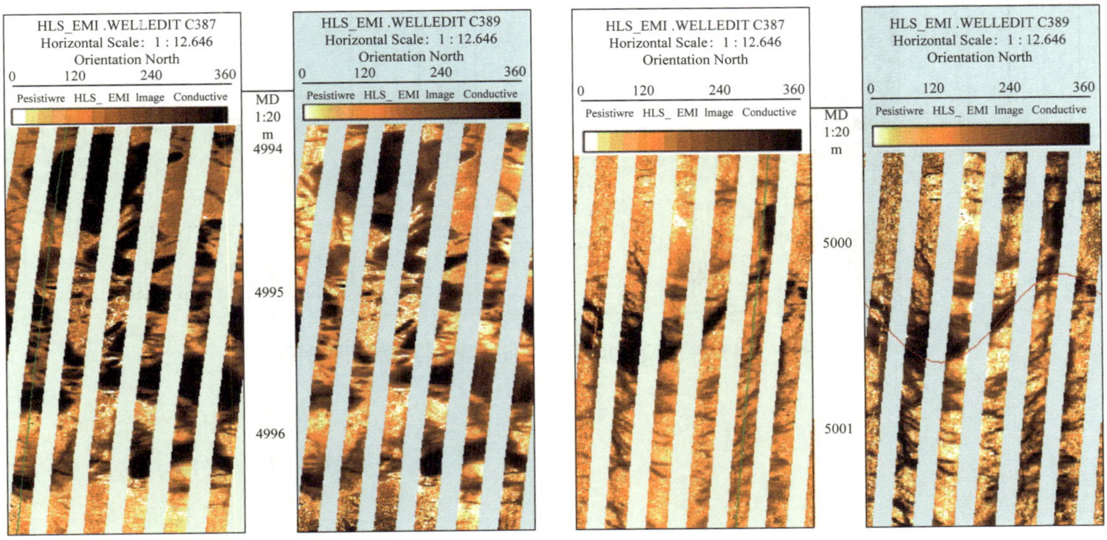

图 3　A 层段成像图（左）、B、C 层段成像图（右）

表1　普光地区气测曲线形态含气性定性识别

产层类型	曲线形态	储层含气性特征	图片示例
中－高产气层	中－高值饱满箱状－指状	峰值高，含气特征丰满，储层有效厚度大，物性纵向均匀，含气均匀，储层以基质孔隙、裂缝－孔隙、溶蚀孔洞缝为主	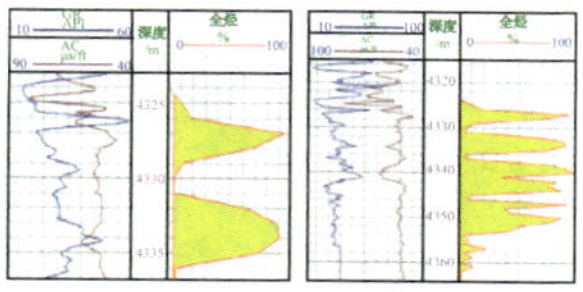
低产气层	高值尖峰状	储层有效厚度较薄，物性不均匀，上下部物性致密，中部物性好；气测值快起快落，前后沿较陡呈高值尖峰状，含气丰度高、能量足，一般在碳酸盐岩、致密砂岩等非均质储层中，为裂缝显示特征	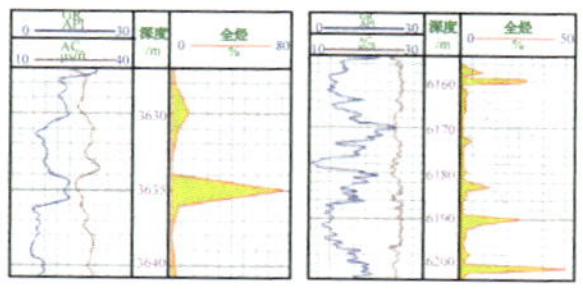
干层含气	低－中值尖峰状	储集层物性不均匀，上下部物性致密，中部较好。气测值快起快落，前后沿较陡，多出现在碳酸盐岩、致密砂岩等非均质储层，多为裂缝显示特征。一般显示低、厚度薄、丰度低、能力不足	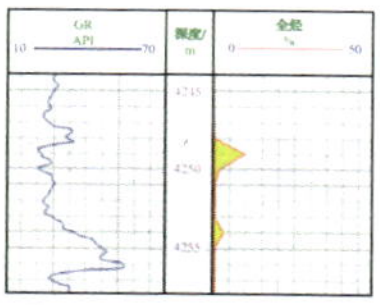
水层	低－中值正三角形状	物性纵向不均匀，上部差气测值低，下部好含气丰度高，曲线前沿缓慢爬升，后沿陡，高点在下部；水层气测曲线主要呈低幅指状、丘状、箱状，一般含气量低或不饱和	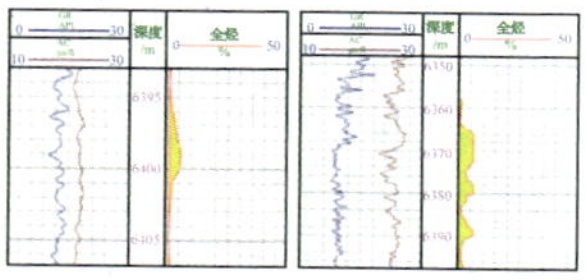

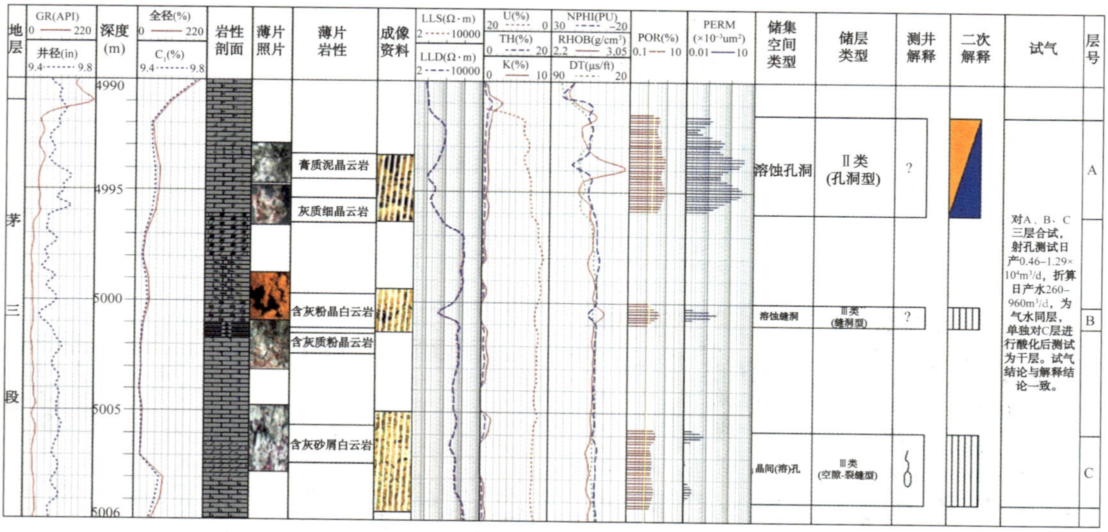

图4　M1井茅口组顶部岩溶储层测录井解释评价图

编写单位：中原测控公司

编 写 人：张坤贞

审 核 人：郑玉朝

审 定 人：孟韶彬　何传亮

43 川东宣汉洼陷 XH1 井生屑灰岩储层综合解释评价

1 概况

XH1 井钻探目的是探宣汉洼陷北次洼茅口组浅滩 + 岩溶储层及含气情况，设计垂深为 6500m，目的层为茅口组、飞仙关组三段（简称飞三段）和栖霞组。2019 年 6 月 12 日开钻，2020 年 2 月 21 日完钻，完钻斜深 6365m（垂深 6344.55m），完钻层位韩家店组。邻井 M1 井在茅口组测试日产气 $1.29\times10^4m^3$，QX3 井在茅口组测试日产气 $2.39\times10^4m^3$。

2 问题与难点

茅口组地层岩性为生屑灰岩，受岩性影响储层响应特征不明显，难点在于如何利用常规资料和电成像等测井资料准确评价致密灰岩储层的流体性质及含气性。

3 解释评价

以常规测井资料为基础，结合电成像资料，参考钻井取芯和录井资料，进行岩性识别及裂缝识别，运用多维交会法和波阻抗与电阻率、波阻抗与电阻率 / 自然伽马交会等方法，进行储层划分及流体性质判别，开展茅口组生屑灰岩储层的综合评价。

3.1 岩性特征分析

利用 XRMI 成像测井特征差异，结合常规测井曲线、地质录井和岩芯数据等资料，对地层岩性进行识别分析。

茅口组岩性主要为深灰色生屑灰岩、深灰色灰岩、深灰色泥质灰岩，多呈块状构造，层理不发育，裂缝较发育，井壁见多处不规则垂直缝发育，局部有溶孔发育。

泥质灰岩常见于茅口组一段（简称茅一段），常规测井曲线特征表现为相对较高的自然伽马，一般在 30API 以上，中子值高，可达 10% 以上，与灰岩相比，密度值变化不明显，接近 $2.65g/cm^3$，中子值大于 0，高声波时差，一般在 50μs/ft 以上，电阻率相对较低，多在 10Ω · m 以下；在电成像上常见黑色泥质条带发育表现为暗褐色与黄色交互条带状分布，可见层理发育。录井分析泥质灰岩成分主要为方解石，含量占 70%~75%，泥质含量占 25%~30%（图 1）。

灰岩常规测井曲线特征表现为较低的自然伽马，一般在 30API 以下，中子值接近 0，声波时差和密度在致密岩性处接近理论测井值，声波时差在 50μs/ft 左右、密度值接近 2.7g/cm^3，致密灰岩电阻率极高，往往在 2000Ω·m 以上；电成像多呈中高阻黄色图像显示，局部受裂缝影响，颜色呈暗黄色，多呈块状，层理不发育。录井分析灰岩成分主要为方解石，含量 90%~95%，其他为泥质；岩矿薄片镜下观察：生物碎屑支撑结构，以泥晶方解石为主，局部粗晶，方解石含量 87%~99%；见少量粉 – 细晶白云石，呈星点、斑点状不均匀分布；偶见斑点状暗色碳泥质；蜓类化石丰富，局部见保存较完整蜓类化石；微裂隙发育，未充填、暗色碳泥质或次生方解石充填（图 1）。

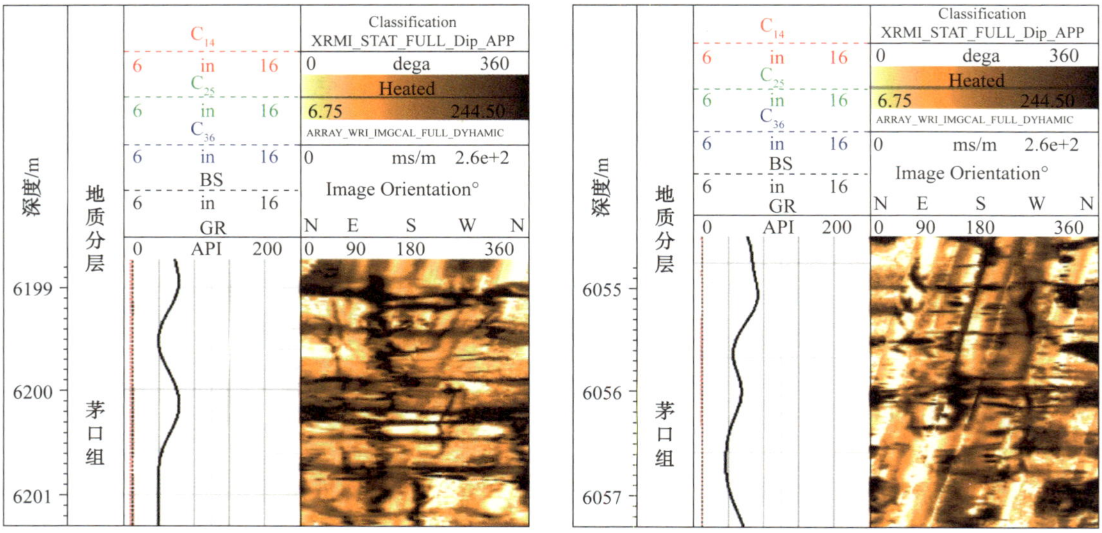

泥质灰岩　　　　灰岩

图 1　茅口组不同岩性电成像特征图

3.2　裂缝、溶蚀孔洞识别与评价

电成像资料显示，茅口组有裂缝发育但不集中，XRMI 测井静态图像为黄色，见多条暗褐色正弦状条纹和浅褐色断续的波状条纹，这些条纹大部分角度低，近似平行，又有若干高角度条纹与这些低角度条纹相交，解释为高导缝；茅口组见少量溶孔发育，图像呈现为高阻或中高阻亮黄色背景下见少量黑褐色斑点、针孔状孔洞轮廓（图 2）。

3.3　流体性质判别

通过对区域地质特征及储层测井响应特征的认识不断深入，形成了两种有效的气层测井识别方法：（1）利用孔隙度、电阻率、自然伽马等测井曲线，进行多维交会，克服孔隙度 – 电阻率传统解释方法的不足，排除岩性的影响，从而实现在多维角度上更清晰直观地判别气层、水层，形成了“自然伽马 – 电阻率 – 孔隙度”三维交会法识别气层（图 3）；

（2）通过岩石物理性质研究，利用储层内流体性质不同，波阻抗存在差异，形成了视波阻抗多参数交会识别气层法（图 4、图 5）。

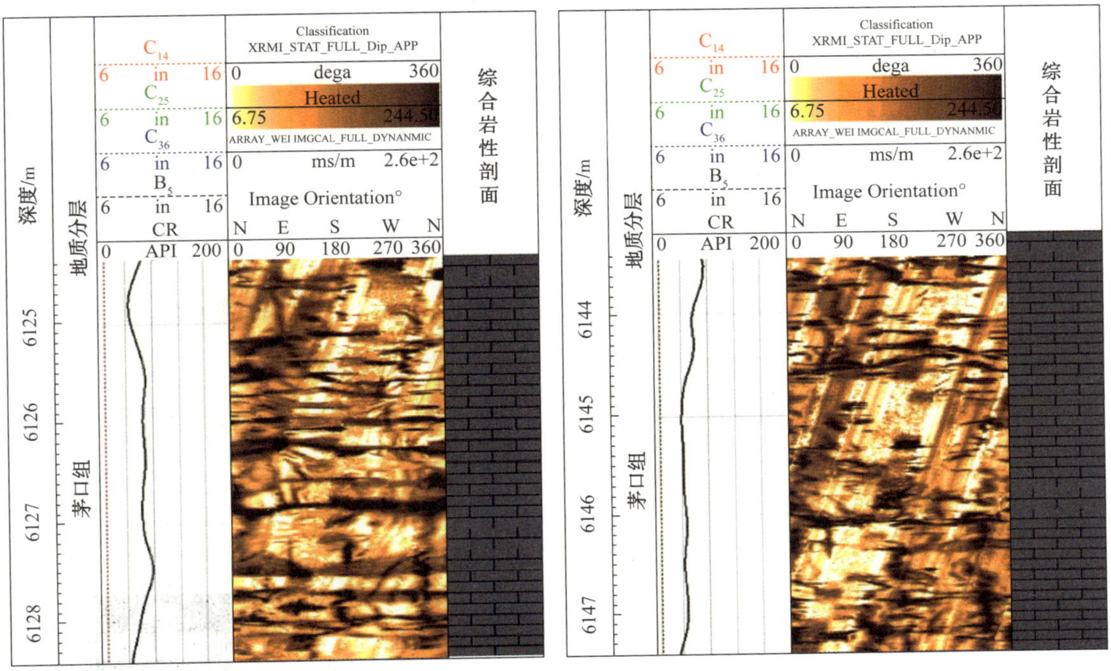

图 2　茅口组裂缝、溶蚀孔洞轮廓电成像特征图

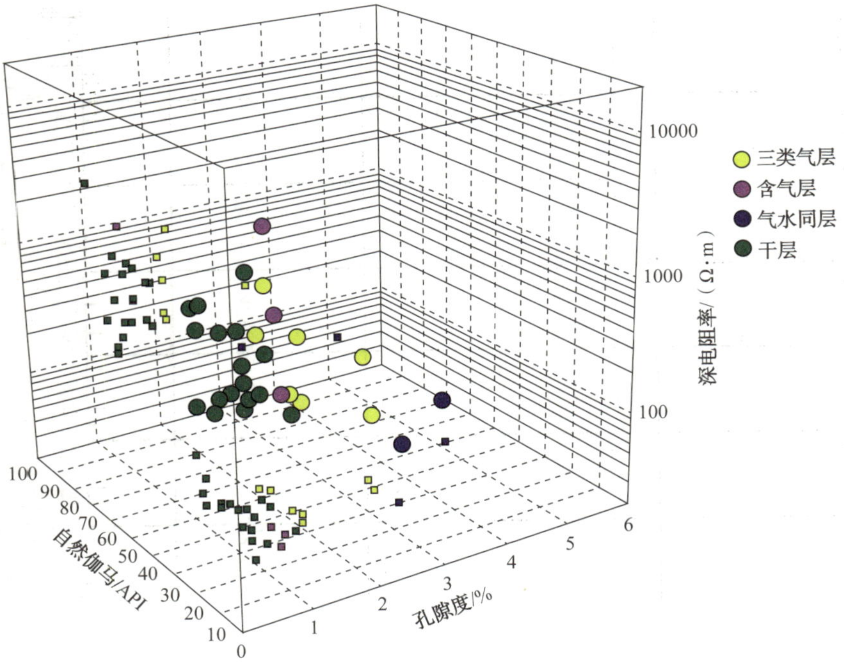

图 3　自然伽马－电阻率－孔隙度三维交会法识别气层

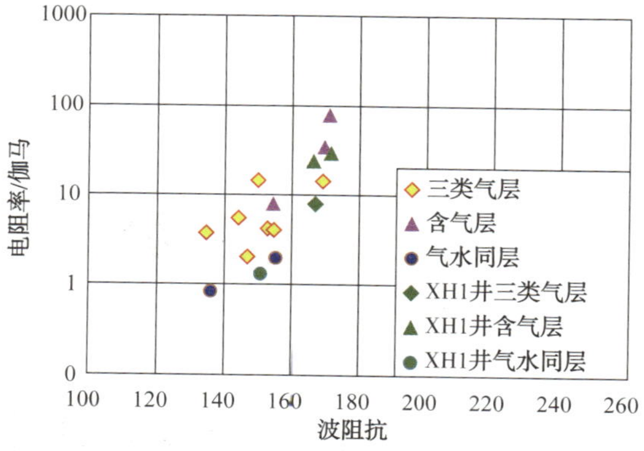

图 4　波阻抗与电阻率 / 自然伽马交会图

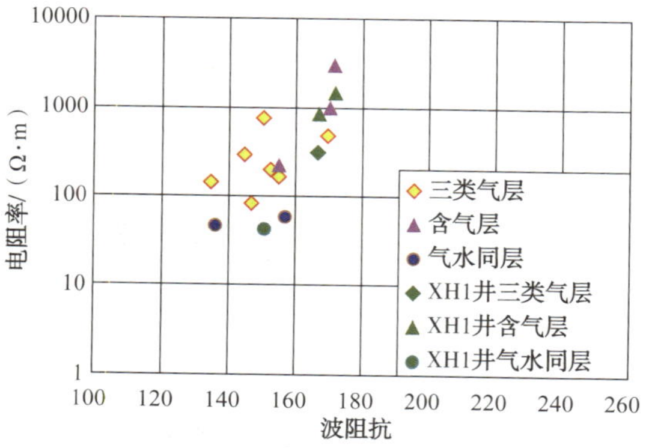

图 5　波阻抗与电阻率交会图

视波阻抗与电阻率 / 自然伽马的交会图，显示含气储层电阻率 / 自然伽马值增大（图 4）。视波阻抗与电阻率的交会图显示，气水同层波阻抗数值明显低于含气层，相同波阻抗储层，气层电阻率明显较高。

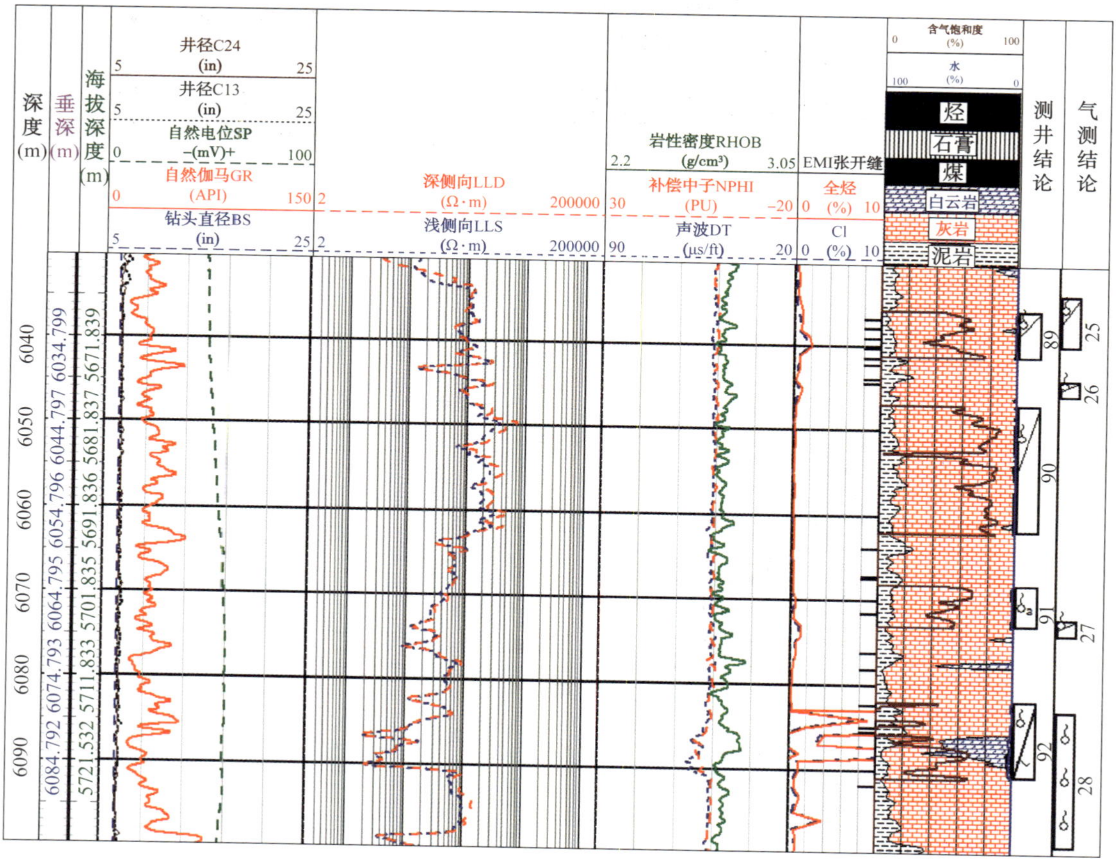

图 6　XH1 井组合成果图

XH1 井测井资料显示茅口组井眼规则，孔隙度曲线显示该段储层物性较差，顶部和底部储层电阻率较高，有含气性，中部储层电阻率上高下低呈现上气下水的特征。

在 6027.0~6094.9m 井段钻井取芯 4 次，合计进尺 45.0m，合计芯长 8.3m，见含气芯长 6.9m。该段见气测异常显示 11 层 85.0m。综合测井曲线特征，应用视波阻抗与电阻率 / 自然伽马和视波阻抗与电阻率两种气层识别方法，测井综合解释气水同层 1 层 8.9m、三类气层 3 层 15.8m、含气层 5 层 70.5m。

4 试油（气）结果

茅口组 6025~6091m 投产测试，日产气 $5.1\times10^4m^3$、水 $116m^3$，测井解释结论与试气结果吻合。

5 结论与认识

（1）在非均质性强的碳酸盐岩岩溶储层中，利用常规测井资料和电成像资料识别储层发育是比较有效的方法；在复杂岩性背景下，提出的“自然伽马－电阻率－孔隙度”三维交会法识别气层，具有较好的应用效果。

（2）通过遴选孔隙度模型敏感曲线，分析岩石波阻抗特征，利用电阻率与波阻抗的差异性识别气层，弥补了孔隙度－电阻率交会方法的不足。

编写单位：中原测控公司
编 写 人：盖春华
审 核 人：杜淑艳　孟宪涛
审 定 人：陈汉林　何传亮

44 普光气田 YL1 井海相岩溶储层测录井综合评价

1 概况

YL1 井位于四川盆地川东断褶带，是东岳寨－双石庙构造的一口预探井，2019 年 12 月 24 日完钻，完钻井深为 5890m，完钻层位二叠系中统茅口组。钻探目的主探飞仙关组一、二段台缘斜坡带颗粒滩储层；兼探千佛崖组河道砂岩、长兴组礁前斜坡带、茅口组不整合岩溶储层及含气情况。主要目的层飞仙关组气测全烃数值较低，而次要目的层龙潭组和茅口组气测数值高。邻井 M1 井茅口组最高日产气 $1.29\times10^4m^3$。

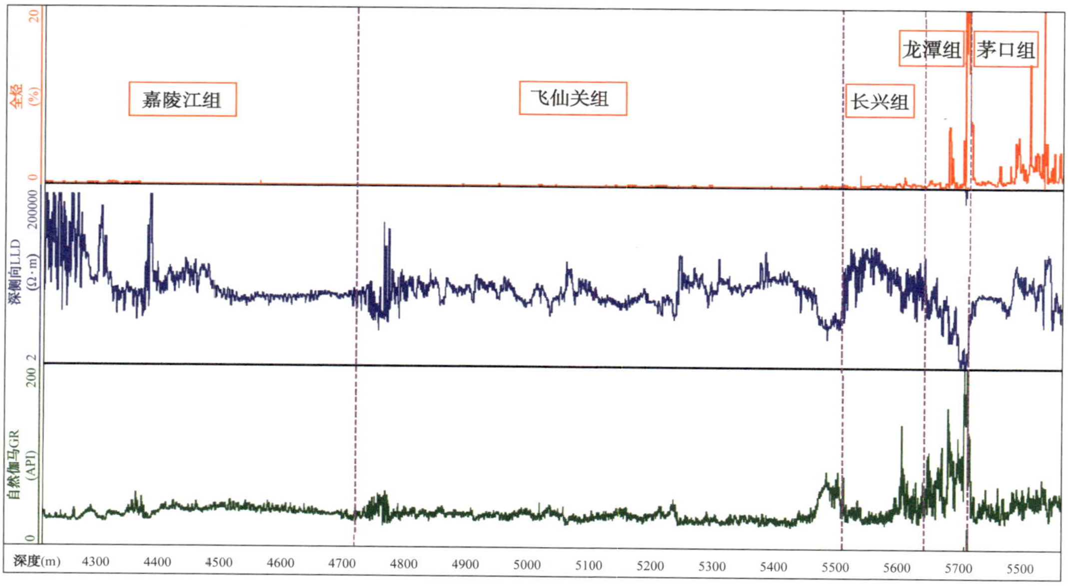

图 1　YL1 井海相地层气测全烃

2 问题与难点

YL1 井茅口组地层岩性为碳酸盐岩，次生孔隙（孔洞和裂缝）发育，很难用常规资料判别；本井茅口组地层和区域邻井差异性较大，由于次生孔隙、白云岩化的影响，茅口组地层三孔隙度曲线变化不明显，储层识别困难。

3 解释评价

3.1 与沉积相带相结合进行储层识别

本井茅口组主要岩性为泥晶灰岩、含生屑灰岩和生屑灰岩，为开阔台地相沉积，由下往上水体变浅，由滩间海向台内滩过渡。电成像测井资料显示，茅口组有大量垂直裂缝存在，多处存在不规则溶蚀缝，可以判断茅口组顶部形成了垂直渗流带，说明茅口组顶部风化程度较高，易形成储层，储层相对比较发育。双侧向测井曲线有明显的正差异，且钻井过程中局部发生裂缝性漏失，显示垂直缝相对比较发育。

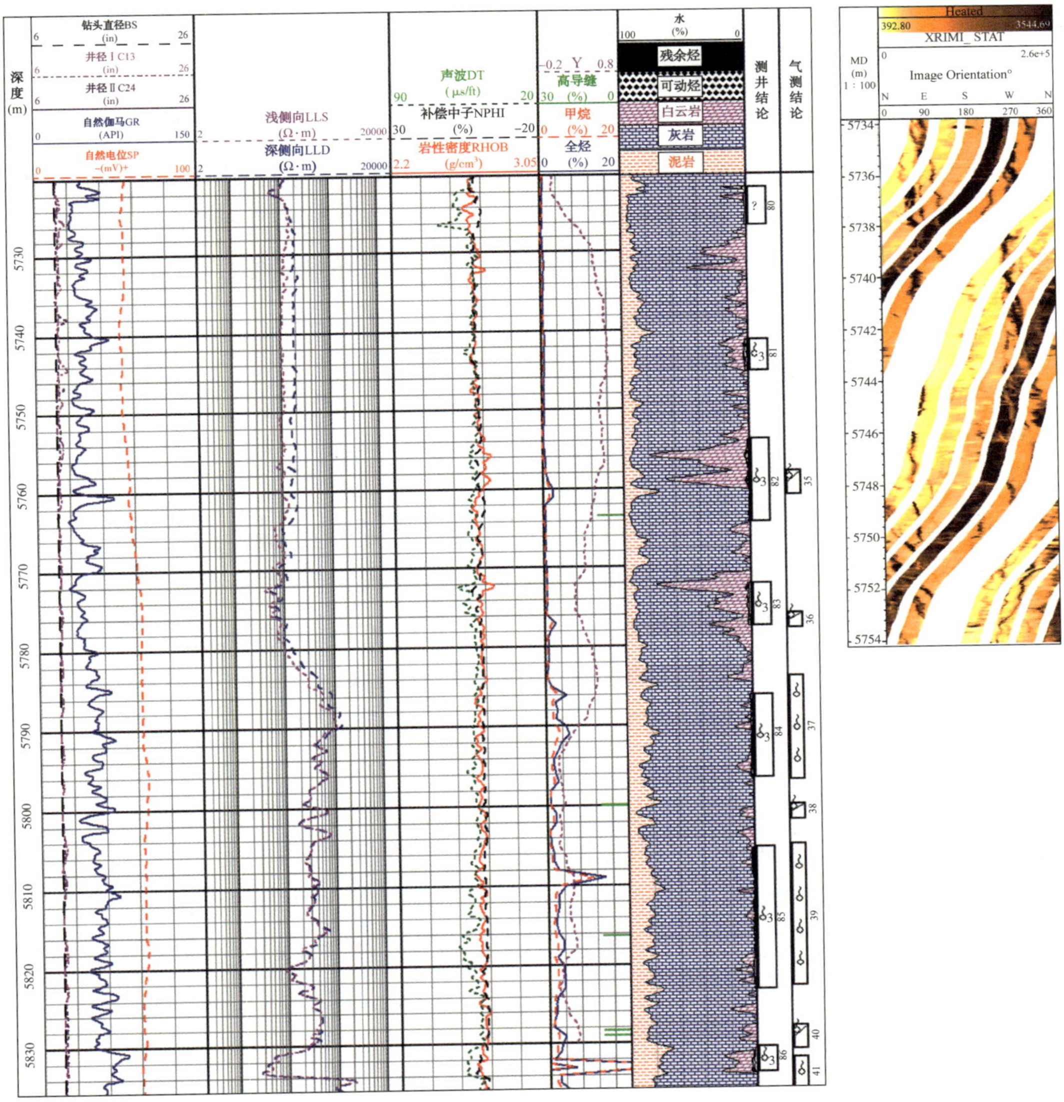

图 2　YL1 井测井组合成果图（80~86 号层）

3.2 采用自然伽马－三孔隙特征和岩性相结合定性划分储层

第一道岩性曲线，5780m 以上自然伽马数值较低，岩性相对较纯，5780m 以下自然伽马数值略高，泥质含量略重；第二道电阻率曲线，上部电阻率数值较低，在 100Ω · m 左右，双侧向呈正差异，且呈 U 形下降；第三道三孔隙度曲线大部分接近灰岩骨架线，局部密度数值大于 2.71g/cm^3，声波时差呈增大趋势，白云岩化作用使晶粒增大、岩性变疏松，产生大量的晶间孔，储层物性明显变好。整体来看，上部地层的物性和渗透性相对较好，下部受泥质影响，双侧向重叠，渗透性略差，但下部声波时差和气测曲线均指示有含气特征。

3.3 电成像测井资料助力有效储层识别

水平裂缝能加强侧向测井的聚焦作用，使测量的电阻率降低，而且水平裂缝对深侧向的聚焦作用比浅侧向更强，从而使 LLD < LLS，即为负差异。高角度裂缝为电极型仪器提供了低阻通道（并联），使侧向测井的电阻率降低，由于高角度裂缝的有效导电截面在径向上是逐渐增大的，因此裂缝与孔隙的有效导电截面之比远大于深侧向，从而使 LLD > LLS，即正差异。所以，深、浅侧向数值差异一定程度上是由裂缝的产状决定的。基于以上测井响应特征，根据长江大学陈胜的《双侧向幅度差异评价裂缝参数在油田的应用》中建立的裂缝性储层裂缝倾角判别的数学模型：

$$Y=\frac{LLD-LLS}{\sqrt{LLD\times LLS}} \tag{1}$$

式中：LLS 为浅侧向电阻率，Ω · m；LLD 为深侧向电阻率，Ω · m，Y 为裂缝角度判别因子，无量纲。

当 $Y<0$ 时，为水平裂缝（角度 < 0.1），当 $0\leqslant Y\leqslant 0.1$ 时为倾斜裂缝（角度在 30° 与 70° 之间），当 $Y>0.1$ 时，为高角度裂缝（角度大于 70° ）。

YL1 井 82 号层和 83 号层对应的 Y 值较大，大于 0.2，在电成像图上见到角度较大的裂缝和一些纵向缝，试气层段解释有 5 段孔洞，说明该段储层储集空间类型为孔隙－缝洞型。

3.4 测录一体化储层综合评价

测井解释 80~85 号层，其中 80、81 号层未见气测异常显示，82~85 号层见气测异常显示，但全烃数值较低，而 86 号层气测数值较高，∑C：0.899% ↑ 32.792%，气测后效显示∑C：0.515% ↑ 85.827%，对应的电成像资料垂直缝、高角度缝多，测井深浅侧向数值较低，呈正差异，钻井液侵入特征明显，分析认为钻井液密度略大，钻井液压力大于地层压力，使气测全烃数值偏低，当钻井液密度从 1.96g/cm^3 下降到 1.9g/cm^3 时，钻井液密度变小，钻井液压力降低，易于地层中的气体逸出。

测井解释 86 号层（对应录井综合解释 41 号层），气测∑C：0.899% ↑ 32.792%，槽面见 5% 针孔状气泡；后效显示较好，气测∑C：0.515% ↑ 85.827%，钻井液密度 2 ↓ 1.85g/cm^3，黏度 90 ↑ 103mPa·s，槽面见 20% 针孔状气泡。综合分析，气测数值主要受钻井液密度影响，钻井液黏度影响较小（5833m 井温 118℃，钻井液黏度随温度升高而降低）。

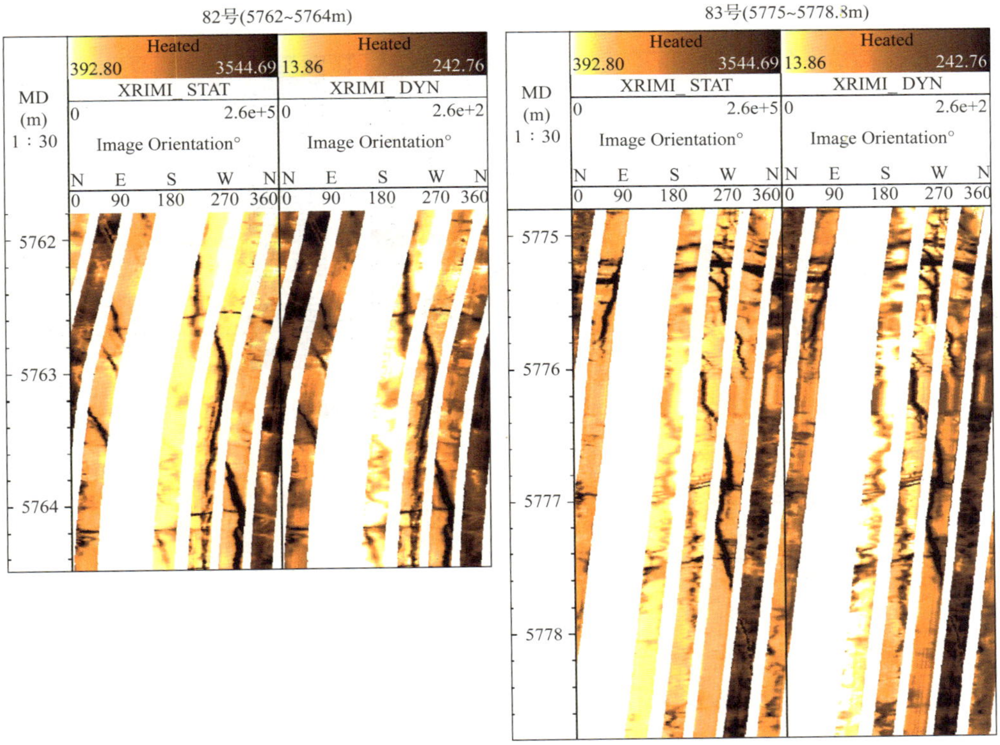

图 3　YL1 井电成像图（82~83 号层）

表 1　YL1 井油气显示（5758~5836m）

序号	井段 / m	厚度 / m	岩性	全烃 /%	钻井液参数			槽面显示情况	录井现场解释	测井层号
					密度 / （g/cm^3）	黏度 / mPa·s	Cl$^-$/ （mg/L）			
1	5758~5761	3	灰色灰岩	0.737 ↑ 2.487	2.00 ↓ 1.97	88 ↑ 90	117860	无	含气层	82
2	5776~5778	2	灰色灰岩	0.618 ↑ 2.559	1.96	87	116440	无	含气层	83
3	5784~5797	13	深灰色灰岩	0.649 ↑ 5.625	1.96	87	116440	无	气层	84
4	5800~5802	2	灰色灰岩	1.009 ↑ 2.222	1.96	87	116440	无	含气层	
5	5805~5823	18	深灰色灰岩	0.901 ↑ 14.000	1.96 ↓ 1.94	87 ↑ 89	116440	无	气层	85
6	5828~5831	3	深灰色灰岩	1.225 ↑ 3.836	1.96	88	116440	无	含气层	
7	5832~5836	4	深灰色灰岩	0.899 ↑ 32.792	1.96 ↓ 1.90	88 ↑ 95	116440	针尖状气泡约占 5%	气层	86

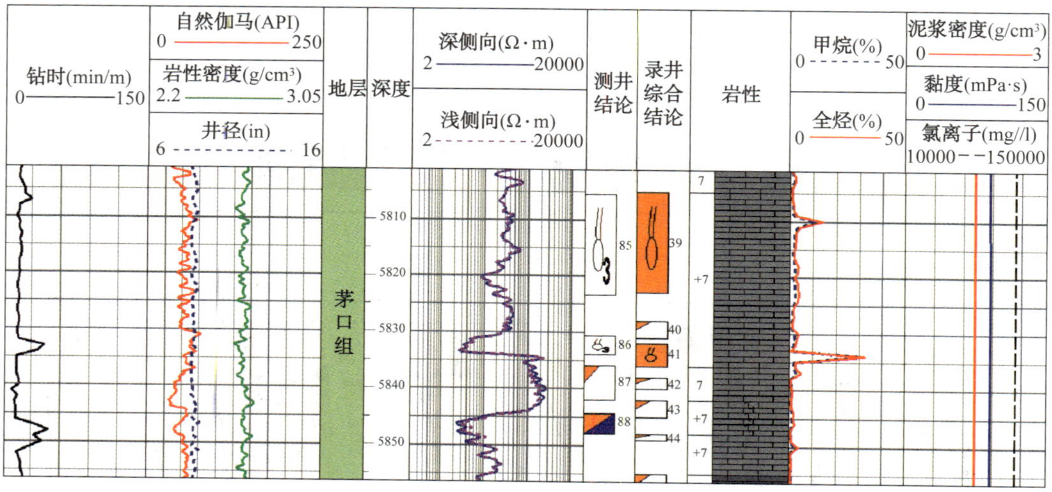

图 4 茅口组录井综合解释 41 号层成果图

4 试油（气）结果

综合利用测录井资料分析，茅口组岩溶储层的储集空间类型为孔隙－缝洞型，流体类型为干气，测井解释 80 号层为可疑层，81~85 号层为Ⅲ类气层。2020 年 7 月 14 日对茅口组 5721.4~5820.6m（测井 80~85 号层）酸压试气，产量高达 $16.44\times10^4m^3/d$，确定了茅口组不整合岩溶储层及含气情况，拓展了普光区块的勘探场面。

5 结论与认识

（1）电成像资料对海相岩溶储层溶蚀孔洞和裂缝的识别，具有极强优势；

（2）双侧向的差异与裂缝的角度有一定的相关性，裂缝角度判别因子指示茅口组顶部裂缝角度较大，成像图上裂缝特征以高角度裂缝和纵向缝为主；

（3）测录井综合判别储层流体性质，含气储层的声波时差较大，密度较小；气测数值与气测后效直观反映储层的含气情况。

编写单位：中原测控公司
编 写 人：杨力华 张飞龙
审 核 人：杜淑艳 孟宪涛
审 定 人：陈汉林 何传亮

45 川北马路背构造 M7 井风化壳岩溶储层测录井综合解释评价

1 概况

M7 井位于四川盆地川北坳陷通南巴构造带涪阳坝次级构造带马路背构造，设计井深 3281.00m（垂深），完钻井深 3320.00m，完钻层位雷口坡组，主要评价雷口坡组岩溶储层、须家河组二段上亚段及自流井组河道砂岩的储层条件与产能情况。

该井雷口坡组顶部发育岩溶储层，通南巴地区雷口坡组，由于中上部地层发生了范围广、强度较大的风化壳岩溶作用，雷五段普遍缺失，仅残存雷一～雷四段 2 亚段下部地层，雷四段 3 亚段及雷四段 2 亚段上部地层被剥蚀殆尽。对于雷口坡组的岩溶储层，雷四段在研究区内残存情况存在很大差异，且白云岩化程度变化较大。

2 问题与难点

雷口坡组岩溶储层白云岩化程度变化较大、储集空间类型复杂，岩溶储层发育非均质性强，因此准确识别岩性、判断储集空间类型难度较大；雷口坡组勘探程度较低，可借鉴的资料较少，流体性质分析较困难。

3 解释评价

利用钻井、录井、常规测井和电成像测井资料，对储层岩性、储集空间类型和流体性质进行分析，开展雷口坡组岩溶储层的综合评价。

3.1 常规测井资料与钻井工程复杂状况结合判断储层发育情况

钻井资料显示雷口坡组碳酸盐岩 3215~3300m 井段地层可钻性较好，正常钻进过程中钻时曲线稳定在 7min/m 左右，顶部 3185~3215m 地层渗漏井段的钻时曲线数值较大（图 1 中第 5 道）。

气测录井资料显示雷口坡组钻进过程中钻井液密度为 1.48g/cm^3 情况下本段气测仍显示较活跃，最高处全烃值为 27.407%，C_1 为 25.764%，说明地层有明显含气性（表 1、图 1 中第 5 道），为测井解释提供了第一手资料。

表 1　M7 井雷口坡组油气显示

序号	井段 /m	厚度 /m	岩性	气测显示 /%		槽面显示情况	气测解释
				ΣC	C_1		
41	3197.00~3203.00	7.0	灰色细砂岩	2.102↑6.416	1.916↑6.374	无	含气层
42	3210.00~3212.00	2.0	灰黑色泥岩	2.100↑6.238	1.929↑6.057	无	含气层
43	3215.00~3232.00	17.0	灰色灰岩	6.207↑16.968	5.241↑16.463	无	气层
44	3265.00~3267.00	2.0	灰色灰岩	3.340↑15.542	3.210↑15.121	无	气层
45	3285.00~3287.00	2.0	灰色灰岩	3.931↑8.738	3.692↑7.598	无	气层
46	3290.00~3292.00	2.0	灰色灰岩	4.182↑27.407	3.976↑25.764	无	气层

常规测井处理成果表明，雷口坡组顶部 3194.5~3300m 地层岩性为白云质灰岩和灰岩，灰岩地层存在一定白云岩化作用（图 1 中第 4 道），3194.5~3208m 地层岩性与录井岩屑有一定差异，结合区域地质资料分析以测井解释岩性为准（图 1 中第 6、7 道）。通过钻、测、录、地质等资料综合分析，有白云岩化的地层易发育岩溶储层，电阻率曲线值较围岩有下降趋势，三孔隙曲线显示孔隙度具有增大特征，在钻井过程中有井漏现象（漏失钻井液 300 多方），综合分析该段储层发育。

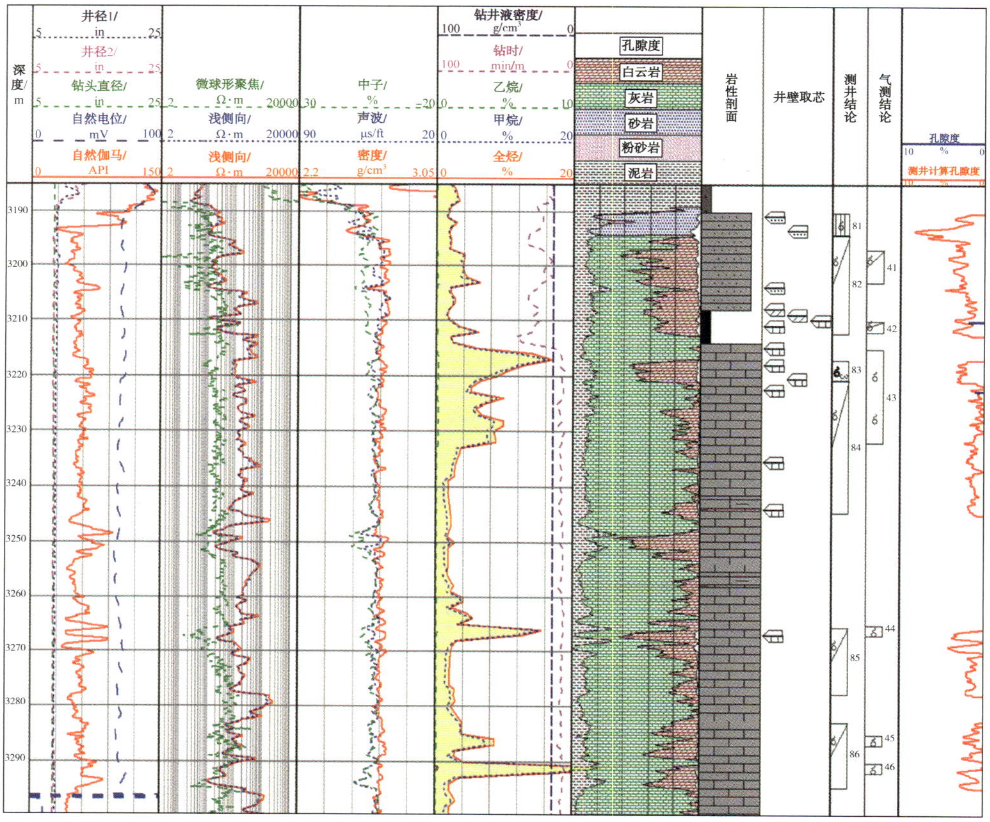

图 1　M7 井钻井、录井、测井、取芯综合成果图

3.2 电成像资料孔隙结构处理判断储层连通性

电成像资料显示在雷口坡组顶部 3195~3212m 地层高角度裂缝较发育，呈正弦暗线特征，溶蚀孔洞由上至下发育逐渐变少，为垂直渗流带的岩溶储层特征（表 2、图 2）。垂直渗流带的岩溶储层在常规测井资料上特征表现为自然伽马数值较低，曲线呈微锯齿状；双侧向电阻率数值相对较低，且由上至下、由低变高，幅度差为正差异；中子和声波时差曲线呈中 - 高值，密度曲线呈中 - 低值（图 2）。电成像孔隙度分布谱资料显示，雷口坡组岩溶储层储集空间类型为缝洞型，孔隙以连通型为主，3203m 以下孔隙连通性较差，另外高角度裂缝以及溶蚀孔洞为主的岩溶储层，由于其溶蚀强度不均匀，因此储层具有较强的非均质性（图 3）。

表 2　M7 井雷口坡组岩溶储层垂直渗流带分布特征统计

井段 /m	岩溶发育程度	特征描述
3195~3204	发育	高角度裂缝较发育，有不规则正弦暗线、暗斑状的溶孔等，交替出现
3204~3212	岩溶零星发育段	与之上 9m 不同，整体为明暗相间的颜色，暗色为少量裂缝发育，说明岩溶不发育，仅零星可见岩溶现象，如不规则正弦暗线
3212~3214	岩溶不发育	成像图上为干净的棕黄色块状

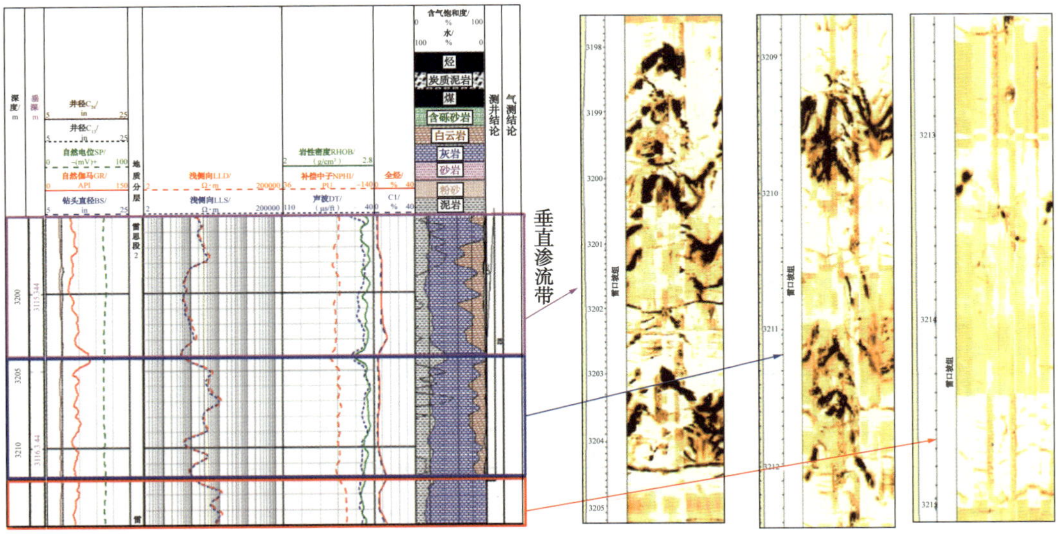

图 2　M7 井垂直渗流带分析图

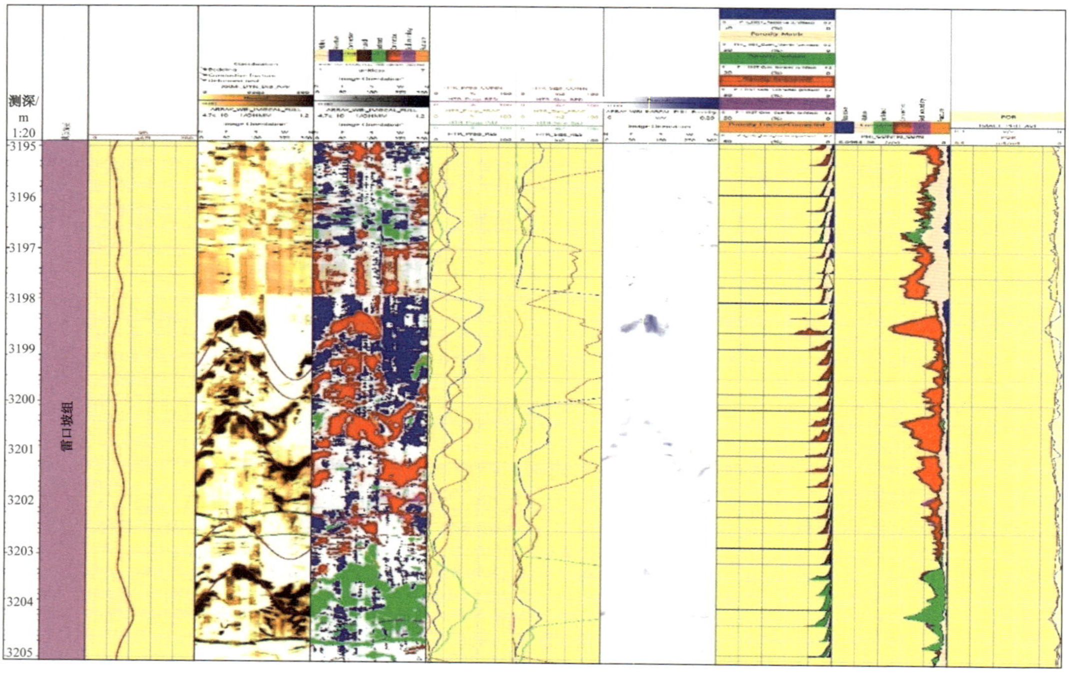

图 3　M7 井孔隙结构分布图

3.3　储层流体性质判别

由于区块内雷口坡组试油资料较少，参考川东北普光气田碳酸盐岩储层解释标准（见表 3），对本井岩溶储层进行了综合解释评价。

表 3　川东北普光气田碳酸盐岩储层评价标准

参数 结论	孔隙度 / %	含气饱和度 / %
一类气层	$\phi \geqslant 10$	$Sg \geqslant 50$
二类气层	$5 \leqslant \phi < 10$	$Sg \geqslant 50$
三类气层	$2 \leqslant \phi < 5$	$Sg \geqslant 30$
含气层	$1.5 < \phi < 2$	$Sg \geqslant 20$
气水同层	$\phi \geqslant 2$	$20 \leqslant Sg < 30$

82~86 号层，岩性为白云质灰岩，储层物性整体相对较好，测井计算孔隙度在 1%~2.6%，成像资料显示有开度较大的高角度裂缝发育，对应段见气测异常显示，局部见尖刺状上升，气测显示最好处全烃由 4.182% ↑ 27.407%，C_1 由 3.976% ↑ 25.764%（表 1），综合录井、地质、测井等各项资料分析认为该层含气性明显，解释有Ⅲ类气层、含气层（表 4、图 1）。岩芯分析资料显示 3210m、3222.6m 深度的孔隙度分别为 1.9% 和 1.2%，与测井计算孔隙度吻合（图 1 中第 11 道）。

表 4 M7 井雷口坡组测井解释成果表

层号	深度 / m	厚度 / m	自然伽马 / API	声波时差 / (μs/ft)	密度 / (g/cm^3)	补偿中子 / %	深侧向电阻率 / Ω·m	浅侧向电阻率 / Ω·m	孔隙度 / %	渗透率 / $\times 10^{-3}um^2$	含气饱和度 / %	泥质含量 / %	解释结论
82	3194.3~3212.3	18.0	45.1	46.7	2.75	4.6	278.6	251.7	2.0	0.002	27.2	16.3	含气层
83	3217.0~3220.8	3.8	62.7	53.1	2.70	4.1	290.3	240.4	2.6	0.008	38.5	22.9	三类气层
84	3220.8~3244.8	24.0	59.1	51.1	2.70	2.3	548.3	483.9	1.0	0.001	16.5	20.1	含气层
85	3265.4~3277.8	12.4	59.1	51.3	2.71	3.7	391.0	353.5	1.7	0.012	24.1	20.8	含气层
86	3282.8~3294.6	11.8	62.4	53.1	2.72	3.6	277.0	247.5	1.1	0.002	6.1	23.0	含气层

4 试油（气）结果

雷口坡组 3198–3245m 试气，获日产 $34.8 \times 10^4 m^3$ 高产气流，证实了测录井资料分析的可靠性。

5 结论与认识

（1）测、录井及工程资料融合，在储层综合评价中起到了重要作用。

（2）电成像资料在分析雷口坡组岩溶储层渗流带类型、储层连通性的准确识别和评价中起到了关键性作用。

（3）雷口坡组岩溶储层具有钻时曲线增大、伴有钻井液渗漏情况发生；气测异常显示明显；测井资料三孔隙度显示物性好，电阻率降低、电成像显示有裂缝和溶蚀孔洞发育等特征。

编写单位：中原测控公司
编 写 人：凌志红
审 核 人：杜淑艳 冉 庆
审 定 人：陈汉林 何浩然

46 川东南灰泥灰岩储层声波远探测综合评价技术

1 概况

川东南多口新钻井在茅口组一段灰泥灰岩储层实现了油气勘探突破，作为一种新型非常规气藏得到了大量关注。茅一段主要发育灰泥灰岩，总有机碳含量平均值为0.76%~1.1%，平面上自北西向南东呈增大趋势。茅一段灰泥灰岩储集空间主要包含有机质孔、无机孔和微裂缝三大类，有机质孔在川东南地区茅一段灰泥灰岩储层中并不占主导地位，微裂缝是灰泥灰岩最重要的储集空间，同时，灰泥灰岩非均质性明显，连通性较差，裂缝对于改善孔隙之间的连通性具有重要影响。

FB1 井和 XT1 井是四川盆地川南低陡褶皱带部署的两口重点预探井，两口井目的层均为下二叠统茅口组，FB1 是一口灰泥灰岩气藏突破井。FB1 井、XT1 井与邻井 JSH1 井和 YH1 井茅一段地层对比（图 1），从测井曲线特征分析，岩性、物性、电性特征相近。JFH1 井全烃最高上↑ 65.492%，槽面见 5%~30% 针尖状气泡，钻井液密度 1.24~1.51g/cm^3，在茅一段 1208.0~1297.0m 井段射孔酸压测试，日产气 1.67×10^{4}m^3。YH1 井全烃最高升至 53.744%，钻井液密度 2.09~2.18g/cm^3，在茅一段 4293.0~4352.0m 井段射孔酸压测试，日产气 3.06×10^{4}m^3。从收集的区域试气投产结果，在测井特征相近的情况下产能存在较大差异。

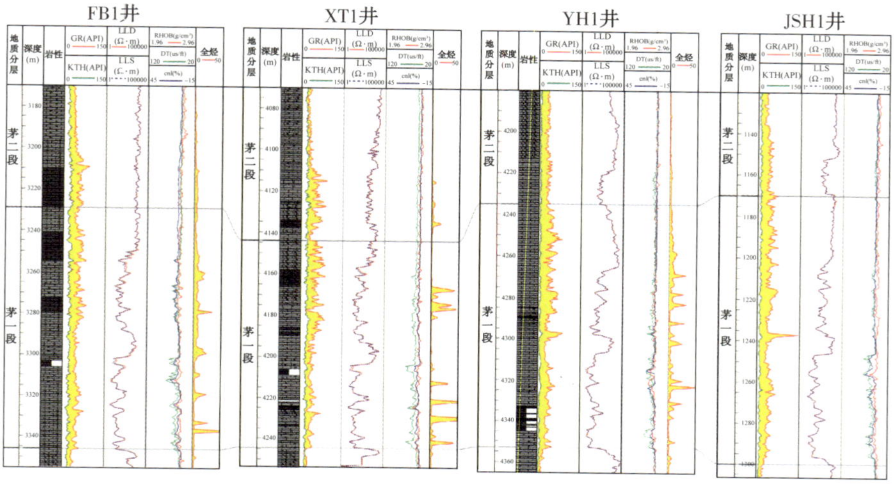

图 1　茅一段邻井地层对比图

2 问题及难点

通过不同试气井相同层位、相同岩性对比，在岩性、物性、测井曲线特征相近的情况下，产气量存在明显的差异，需要分析储层非均质性、储集空间类型复杂的影响。现有解释技术准确识别储层有效性存在一定难度，需要探索利用测井资料综合评价井眼远端地层含气性及产能预测方法。

3 解释评价

3.1 储层四性分析

灰泥灰岩储层特征在测井曲线上呈现中高自然伽马、低无铀伽马，自然伽马与无铀伽马曲线幅度差异大（图 5、图 6），电阻率为“低值尖刺状”，三孔隙曲线表现为“高声波时差、高中子、低密度”（图 2、图 3）。

岩性：茅一段地层以泥质灰岩和灰泥灰岩为主，具“瘤状”特征。沉积相带位于台地缓坡相带，分为外缓坡和中缓坡。地层岩性及测井响应特征均不相同，顶部中缓坡相带为高阻致密深灰色灰岩，中下部外缓坡相带为相对低阻的深灰色生屑灰岩、含云灰岩、含泥灰岩地层（图 2、图 3）。茅一段具有眼皮眼球状、纹层状、团块状、互层状、块状构造，集中发育眼皮眼球状结构、纹层状结构、团块状结构、互层状结构（图 2、图 4）。

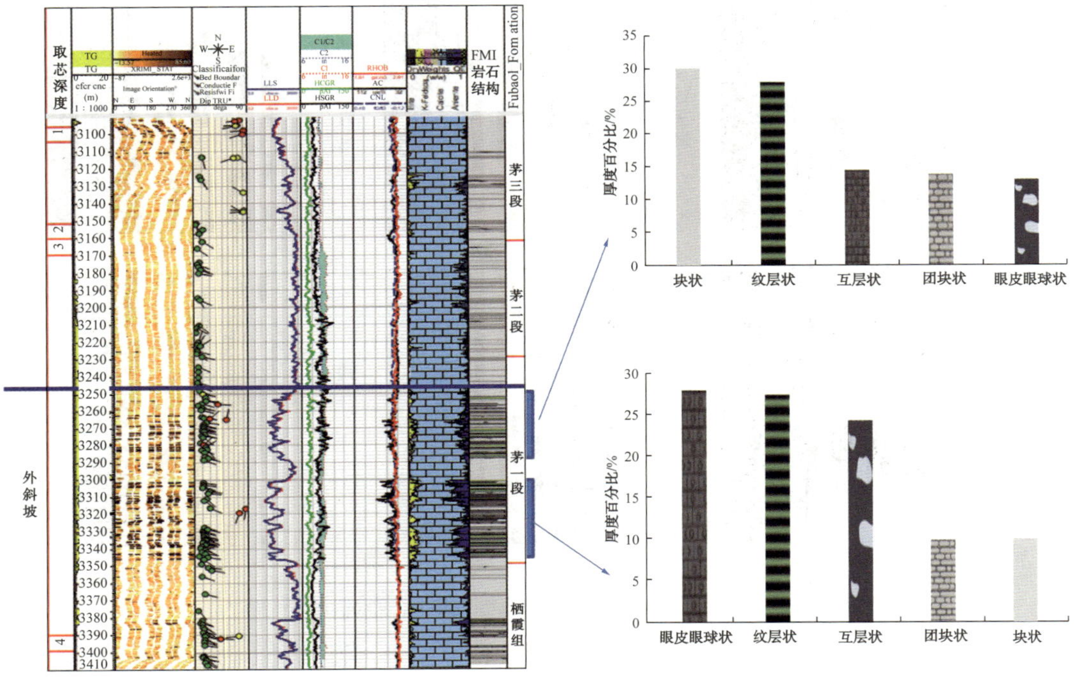

图 2 FB1 井茅一段电成像测井特征分析图

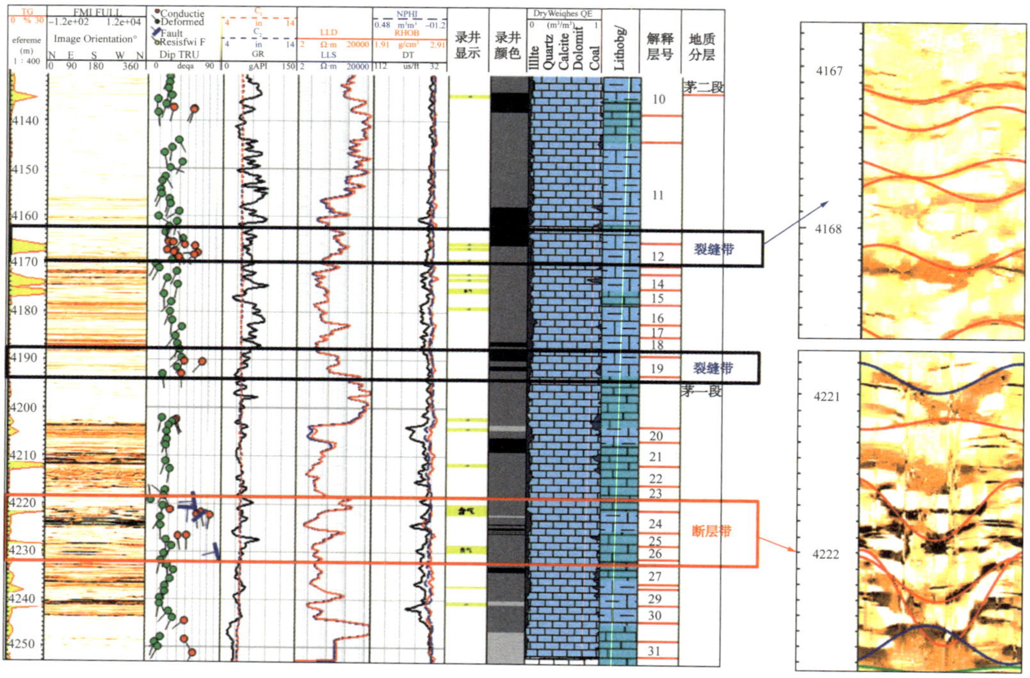

图3　XT1 井茅一段测井特征综合成果图

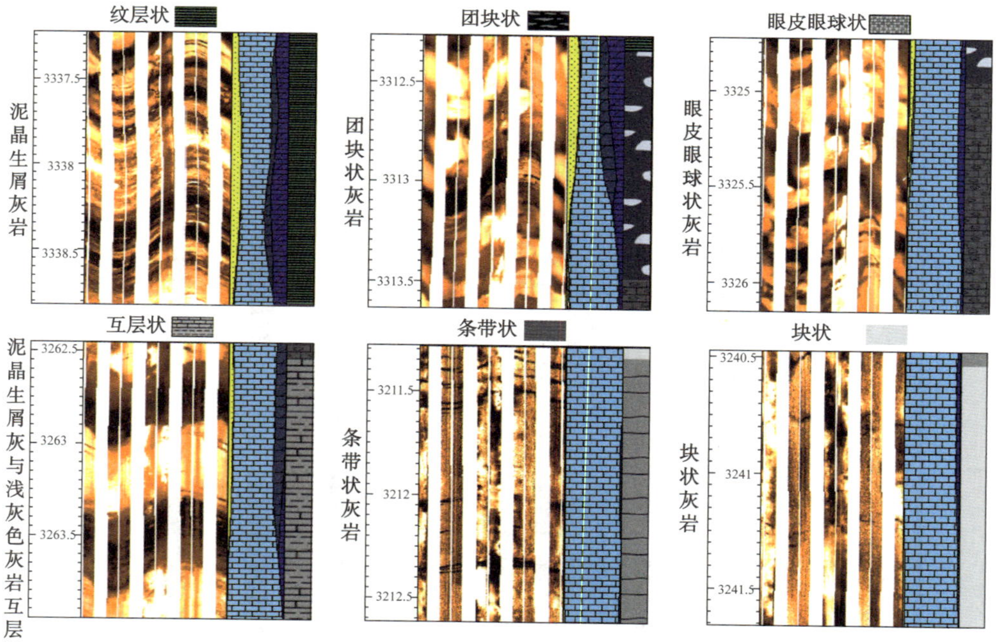

图4　FB1 井茅一段电成像地层结构分析图

物性：储层主要发育于茅一段中下部外缓坡相地层中，裂隙型（含）气层发育段呈现低电阻率、高声波时差、高中子响应特征，电成像图像显示为团块状或薄层状构造；裂隙不发育层段则呈现低声波时差、低中子、高电阻率响应特征，多呈现互层状构造特征。灰泥灰岩储集空间主要包含有机质孔、无机孔和微裂缝三大类，其中有机质孔可分为独立、包裹滑石和黄铁矿晶间孔隙，无机孔可分为粒间孔、晶间孔、晶体内部溶孔，微裂缝可分为滑石缝、粒缘缝、应力缝。根据 YH1 井茅一段实验分析，孔隙度为 0.51%~5.16%，平均 2.04%；渗透率为（0.0001~0.1220）$\times 10^{-3}\mu m^2$，平均 $0.0012\times 10^{-3}\mu m^2$，整体渗流能力较弱。

电性：电阻率数值与茅二段相比明显大幅度下降，最低小于 10Ω · m，储层电阻率为 20~80Ω · m。电阻率变化范围较大，在高能环境中，电阻率数值高低主要反映地层构造及裂隙发育程度，与流体性质无密切相关性，团块状及眼球构造、裂隙越发育的地层视电阻率越低。

含气性：地质录井资料显示茅一段含气性较好。茅一段多井气测显示活跃，气测异常显示数值较高；钻井取芯显示岩芯见小孔洞且未被充填或裂缝发育、方解石半充填，局部可见溶孔，方解石充填；岩芯裂缝零星针孔状气泡断续逸出，局部呈串珠状。

3.2 储层综合评价

以常规、电成像、声波远探测测井资料为基础，结合钻井、录井、地质等资料，对茅一段储层进行精细解释。

从测井、录井等资料综合分析，FB1 井和 XT1 井茅口组一段气测显示活跃，FB1 井全烃最高上升至 78.45%，槽面见 30% 针尖状气泡，钻井液密度 2.01~2.20g/cm^3，井段 3273.0~3279.0m 共测得后效 59 次，全烃最高 97%，节流循环排气一次，橘黄色火焰高度 2~4m。井段 3319.0~3321.48m 钻井时发生井漏现象，累计漏失 129.8m^3，漏速 36.6m^3/h，为地层裂缝性漏失。XT1 井全烃最高上升至 60.25%，钻井液密度 1.94~2.52g/cm^3。从气测全烃数值对比，FB1 井略高于 XT1 井，但 XT1 井钻井液密度明显大于 FB1 井。

两口井常规测井资料曲线响应特征相近，FB1 井三孔隙曲线变化较 XT1 井大（图 5、图 6），眼皮眼球状结构更为明显。

两口井电成像处理结果显示裂缝发育程度存在明显差异，XT1 井中低角度裂缝比 FB1 井发育（图 2、图 3），两口井在泥晶灰岩中均发育孔洞－裂缝型储层，XT1 井茅一段取芯见溶孔特征（图 6），FB1 井茅一段无取芯，电成像资料未见明显溶孔发育。

从声波远探测处理结果对比，FB1 井茅一段最大井斜 23.794°，在顶部 3252.0~3257.0m 井段，井外约 14.0m 存在高约 5.0m 的裂缝，推测此裂缝走向为东西向（图 5），茅一段底部和栖霞组顶部 3341.0~3346.0m 井段，井外 4.0m 存在高约 5.0m 的高角度裂缝，推测此裂缝走向为北东向（图 5）。XT1 井最大井斜 24.958°，位于茅口组，茅一段井旁见 5 条斜裂缝发育段。两口井声波远探测资料处理结果均显示地层层界面信号强，井旁远端裂缝特征均不明显，XT1 井好于 FB1 井。

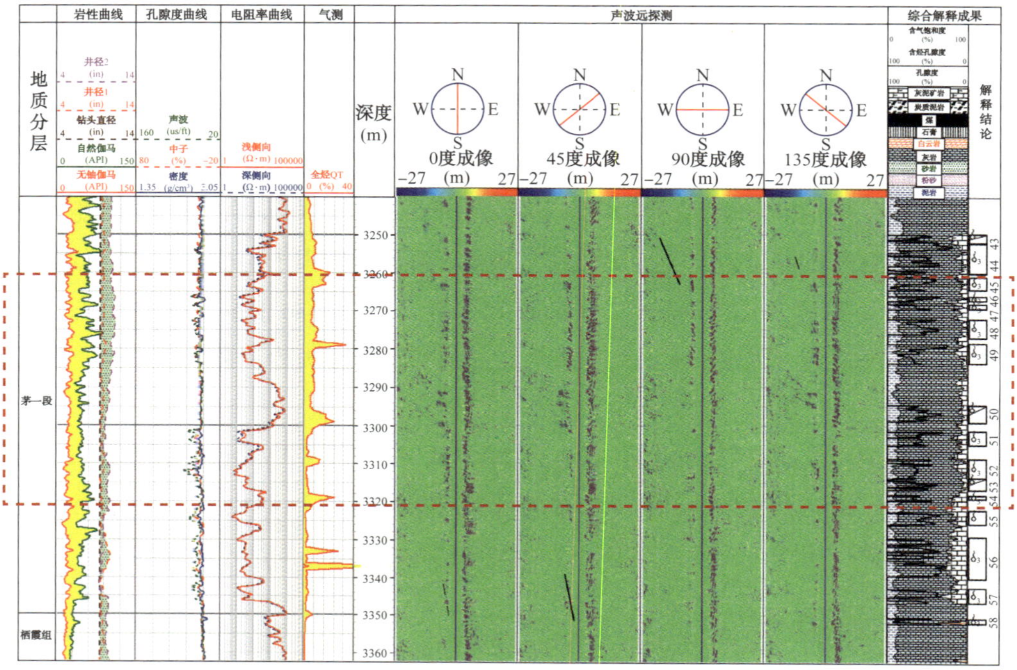

图 5　FB1 井茅一段常规及声波远探测成果图

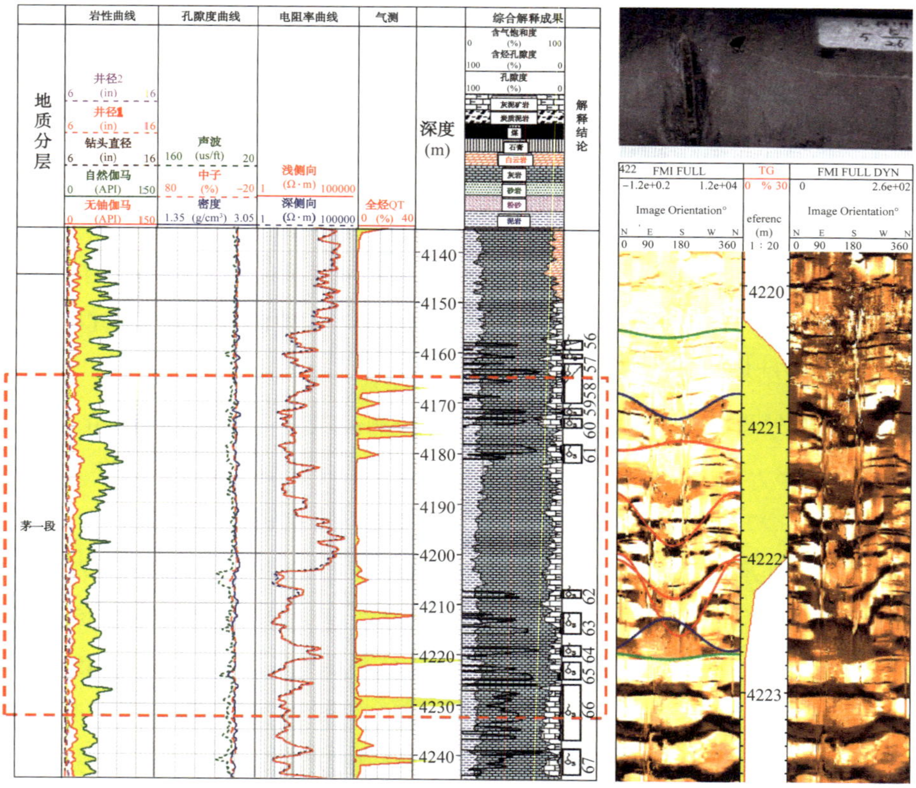

图 6　XT1 井茅一段综合成果图

综合各项资料对两口井储层进行解释，均以Ⅲ类气层为主。

3.3 储层产能分析

利用声波远探测资料进行了井旁流体性质识别，由于不同渗透地层流体分布不同，会造成井眼不同深度波速不同，到达不同探测器的声波信号会通过不同的路径传播，可以测得在各个深度到达不同探测器的最短时间的声波信号，通过这个最短时间信号就能探测到各个不同速度层的信息，进行层析成像，进而分析井旁数十米范围的储层含气情况。

FB1 井利用声波远探测资料进行了井旁流体性质识别，从图 7 可以看出，该井发育多层含气段，互层状；井段 3125.0~3200.0 在井周 15.0m 之内以红色为主，井周不含气，15.0m 之外见淡黄色，气体信号较为明显，远井眼具有气信号；井段 3260.0~3330.0m 气信号强，产能强，25m 范围内预测含气饱满，25m 之外含气性可能亦饱满，井周气测有较强显示，局部见红色，井周不含气，其中 3300.0~3330.0m 为主要气产能贡献层（蓝色实线框为测试井段）；3330.0~3350.0m 气产能较强，井周气体信号多分布在 10.0m 以内，10.0m 之外含气量少量，整体明显比上部含气量减少。

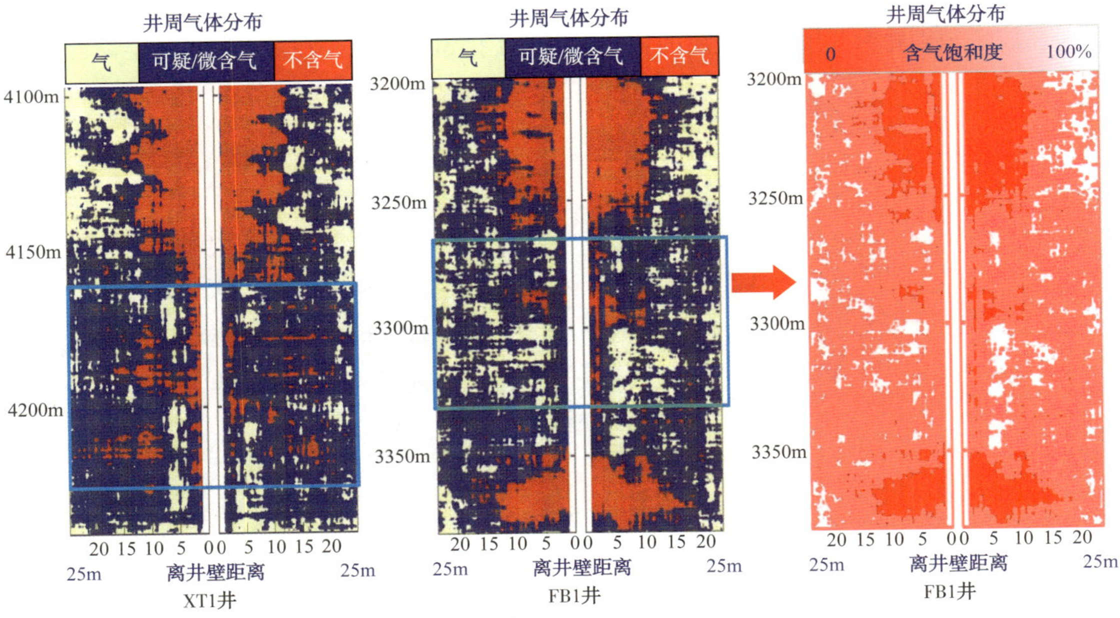

图 7 FB1 井和 XT1 井井周流体识别图

XT1 井 4080.0~4150.0m 在井周 15.0m 之内以红色为主，井周不含气，15.0m 之外见淡黄色，气体信号明显，呈倾斜状；4200.0~4205.0m 发育倾斜气层，可见明显的红色斜倾状，井周 10.0m 之内，有一定的含气性；4215.0m 以下气产能增强，井周气体信号多分布在 10.0m 以内，该段中低角度裂缝较为发育，取芯有溶孔特征，与井周分析结果吻合。

从两口井井周流体识别图得出，FB1 井（蓝色实线框为测试井段）储层产能明显要好于 XT1 井（蓝色实线框为测试井段），预计两口井有望获得一定的含气产能。

4 试油（气）结果

FB1 井茅一段从井周流体分布处理结果显示，井周气体信号强。2022 年 5 月 24 日，茅口组茅一段 3261.0~3320.0m 井段测试（图 5 红色虚线框），10mm 油嘴放喷最高日产气 $51.24\times10^4m^3$，目前日产气 $6.7\times10^4m^3$，实现茅一段灰泥灰岩新型气藏重大突破。

XT1 井茅一段从井周流体分布处理结果显示井周气体信号多分布在 10m 以内，显示远端含气性较弱．茅一段 4165.0~4232.0m（图 6 红色虚线框）进行试气，获得日产气 $3.75\times10^4m^3$。

5 结论与认识

（1）利用声波远探测及电成像资料可以分析井眼及远端地层缝洞等发育情况，有利于非均质储层的整体准确评价。

（2）声波远探测速度场的变化受流体、岩性、地层产状、各向异性等影响，对利用技术分析方法识别井旁几十米内地层的含气性进行了探索性研究，在灰泥灰岩储层评价中发挥了积极作用。

编写单位：中原测控公司
编 写 人：侯立云
审 核 人：赵伟祥
审 定 人：陈汉林　何传亮

47 川东高陡构造带 PQ1 井潮坪相白云岩储层测录井综合解释评价

1 概况

平桥区块位于四川盆地川东高陡褶皱带，洗象池群发育一套区域性潮坪相白云岩储层，具有分布范围广、厚度稳定的特点，局部由于构造及溶蚀作用影响，可形成相对优质的储层，厚度 50~100m，孔隙度可达 2%~4%，目前洗象池群成为接力勘探开发的重要新层系。

PQ1 井是位于四川盆地川东高陡褶皱带平桥断背斜构造的一口风险探井，钻探目的：①落实涪陵南部平桥构造中上寒武统－下奥陶潮坪相白云岩储层含油气性，获取该套储层各项地球物理参数，为储层预测提供资料；②探索下志留龙马溪组－上奥陶五峰组页岩气侧向对接供烃的“晚期它源成藏模式”，推动川东高陡构造带下组合勘探。该井目的层：主探中上寒武统－下奥陶统潮坪相白云岩储层，设计井深为 3500m（垂深），完钻井深为 4234m，完钻层位是中寒武统覃家庙组。

2 问题与难点

（1）平桥区块寒武系洗象池群由灰岩、泥质灰岩、泥质云岩、云岩等岩性组成，储层段以细粉晶白云岩、残余颗粒云岩为主，储层岩性复杂；

（2）PQ1 井特殊测井（核磁、电成像）及岩芯资料显示，洗象池群储集空间类型复杂，孔隙结构多样，加之裂缝影响，储集空间识别困难；

（3）平桥区块寒武系洗象池群气层识别标准未建立，流体性质判别困难，气、水层敏感参数尚不明确，需开展参数研究。

3 解释评价

鄂西渝东（建南、涪陵北）地区碳酸盐岩储层解释标准，主要根据孔隙大小及裂缝发育程度将储层划分为Ⅰ类、Ⅱ类、Ⅲ类、Ⅳ类储层，划分标准见表 1、表 2、表 3。平桥 1 区块寒武系洗象池群碳酸盐岩储层评价标准未建立，参考上述标准，通过开展岩性识别、储集空间、流体性质识别分析，对 PQ1 井洗象池储层进行综合评价。

表 1 鄂西渝东（建南、涪陵北）地区碳酸盐岩储层划分标准

储层划分	测井参数标准
Ⅰ类储层	① $\phi \geqslant 10\%$ ② $\phi \geqslant 5\%$，裂缝、溶洞发育，渗透性好
Ⅱ类储层	① $5\% \leqslant \phi < 10\%$ ② $2\% \leqslant \phi < 5\%$，裂缝、溶洞发育，渗透性好
Ⅲ类储层	① $2\% \leqslant \phi < 5\%$ ② $\phi \approx 2\%$，裂缝、溶洞发育一般
干层	$\phi < 2\%$，裂缝、溶洞不发育或仅有较孤立的裂缝发育

表 2 鄂西渝东（建南、涪陵北）地区碳酸盐岩储层流体性质识别标准

流体性质识别		气层	气水同层 & 含气水层	水层	差气层（含气层）	干层
深侧向电阻率 / Ω · m	飞三段（灰岩为主）	① > 500 ②高角度裂缝储层 $R_d/R_s > 1$	100~500	① ≤ 100 ②高角度裂缝储层 $R_d/R_s \leqslant 1$	< 5000	≥ 5000
	长二段（白云岩为主）	① > 300 ②高角度裂缝储层 $R_d/R_s > 1$	100~300	① ≤ 100 ②高角度裂缝储层 $R_d/R_s \leqslant 1$		

表 3 鄂西渝东（建南、涪陵北）地区碳酸盐岩储层类型识别标准

储层类型	测井曲线响应特征					
	双侧向	电成像	地层倾角	全波列	偶极横波	核磁
孔隙－裂缝（溶洞）型	R_d/R_s 异常明显	①图像色彩异常 ②裂缝、溶洞显示	①倾角电导率高导异常 ②裂缝特征显示	衰减	衰减反射	T_2 特征值 25~1000
裂缝（溶洞）－孔隙型						T_2 特征值 200~700
孔隙型	R_d/R_s 基本无异常	①图像色彩异常 ②溶孔、溶洞显示	倾角电导率高导异常	衰减	衰减	T_2 特征值 50

3.1 岩性识别

PQ1 井录井岩性描述洗象池群上段以白云岩为主，顶部见少量灰岩和灰质白云岩，局部夹少量泥质白云岩，洗象池群下段以白云岩为主，顶部见少量灰岩和灰质白云岩，局部夹少量石膏质白云岩和泥质白云岩。针对其复杂岩性，测井主要通过骨架参数法、曲线叠加法和交会图法进行岩性识别。

3.1.1 骨架参数法

不同岩性的测井骨架值不同（表 4），白云岩去铀伽马低值、密度值 $2.87g/cm^3$、声波值 143μs/m、中子值 1%~3%、光电吸收截面指数值 3.14b/e；灰岩去铀伽马低值、密度值 $2.71g/cm^3$、声波值 156μs/m、中子值 0%、光电吸收截面指数值 5.08b/e；泥岩去铀伽马高值，密度值 $2.2 \sim 2.8g/cm^3$、声波相对高值、中子值 25%~50%、光电吸收截面指数值 3.42b/e。

在根据骨架值判断岩性时，先利用伽马值判断泥岩，再依据光电吸收截面指数、中子等判断白云岩和灰岩。

表 4　不同岩性测井特征表

测井项目	泥岩	灰岩	白云岩
光电吸收截面指数 /（B/e）	3.42	5.08	3.14
去铀伽马 /API	高值	低值	低值
声波 /（μs/m）	高值	156	143
中子 /%	25~50	0	1~3
密度 /（g/cm^3）	2.2~2.8	2.71	2.87

3.1.2　曲线叠加法

通过对 PQ1 井冼象池群储层测井响应特征的分析，选取对碳酸盐岩储层测井响应较为敏感的去铀伽马、密度、声波时差、光电吸收截面指数和补偿中子测井曲线，利用曲线重叠法来识别岩性并划分优质储层。

对 PQ1 井储层敏感曲线进行不同组合的叠加对比显示（见图 1），优质储层具有低去铀伽马、低密度、高声波时差、高中子孔隙度的特征。光电吸收截面指数、去铀伽马、三孔隙度曲线叠加，具有明显的“幅度差”，且孔隙度曲线叠加明显幅度差越大的层段，电阻率越低，储层越好。通过测井曲线叠加法可知 PQ1 井自上而下岩性组合：灰岩－白云岩－泥岩－灰岩－白云岩。

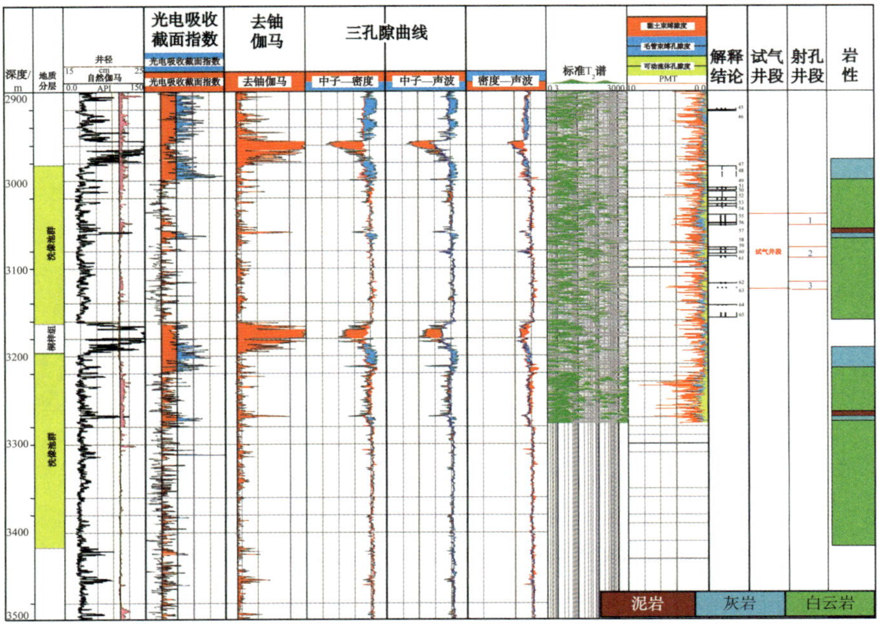

图 1　PQ1 井冼象池群测井曲线叠加岩性识别图

3.1.3 交会图法

交会图版主要反映两种或两种以上的测井响应参数与某种地质参数之间的关系。

储层在岩性、物性一定时，储层的含气性特征主要在电阻率上反映。泥质含量低且致密的岩石，往往响应为相对高电阻率值，当储层发育且具有一定厚度时，则显示为高电阻率值背景下的相对低值，并与三孔隙度曲线有较好的相关性。当储层物性较好时，双侧向电阻率曲线受储层物性（孔隙和裂缝）和流体性质影响，表现出明显的降低（与致密岩石对比），并具一定的深浅侧向电阻率幅度差异。

由于中子孔隙度测井受"挖掘效应"的影响，天然气对快中子的减速能力比石灰岩骨架还低，将显示较低的含氢指数，使气层的中子测井值减小幅度较大，表现出中子孔隙度测量值整体偏小。

洗象池群泥岩、灰岩与白云岩储层测井响应特征差异较大，储层识别图版显示（图2），声波、密度、中子、电阻率、自然伽马、铀曲线对碳酸盐岩储层有较好的识别效果，其中自然伽马、中子和电阻率的识别效果最好。

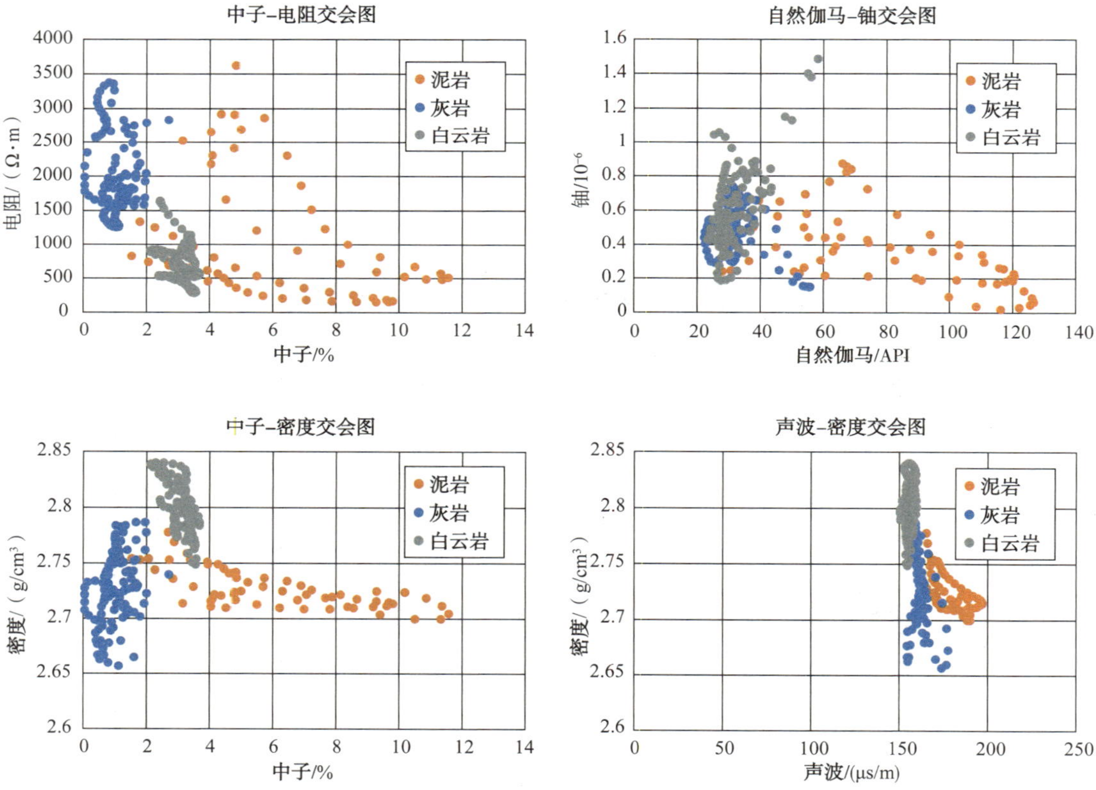

图2 PQ1井洗象池群测井曲线交会岩性识别图

本井基于不同岩性测井响应特征值的差异性，利用测井曲线叠加法快速识别划分岩性，通过交会图分析法进一步验证岩性分析结果，综合判识储层岩性。

3.2 储集空间

PQ1 井洗象池群储集空间复杂，孔隙结构多样，通过特殊测井（核磁、电成像）结合岩芯资料，依据测井响应特征将储层储集空间划分为 4 种类型：孔隙型、缝洞型、溶洞型、孔隙－裂缝－洞复合型，划分依据见表 5。

孔隙型储层渗滤通道以孔隙为主，在 CMR 核磁测井 T_2 谱图上表现为谱峰靠前、呈驼峰状、不具有拖尾特征，T_2 特征值较小，在 50~60ms，可动流体孔隙度较小，毛管束缚孔隙度和黏土束缚孔隙度较大，孔隙结构以小孔为主；在成像图上孔洞、裂缝特征均不明显（图 3）。

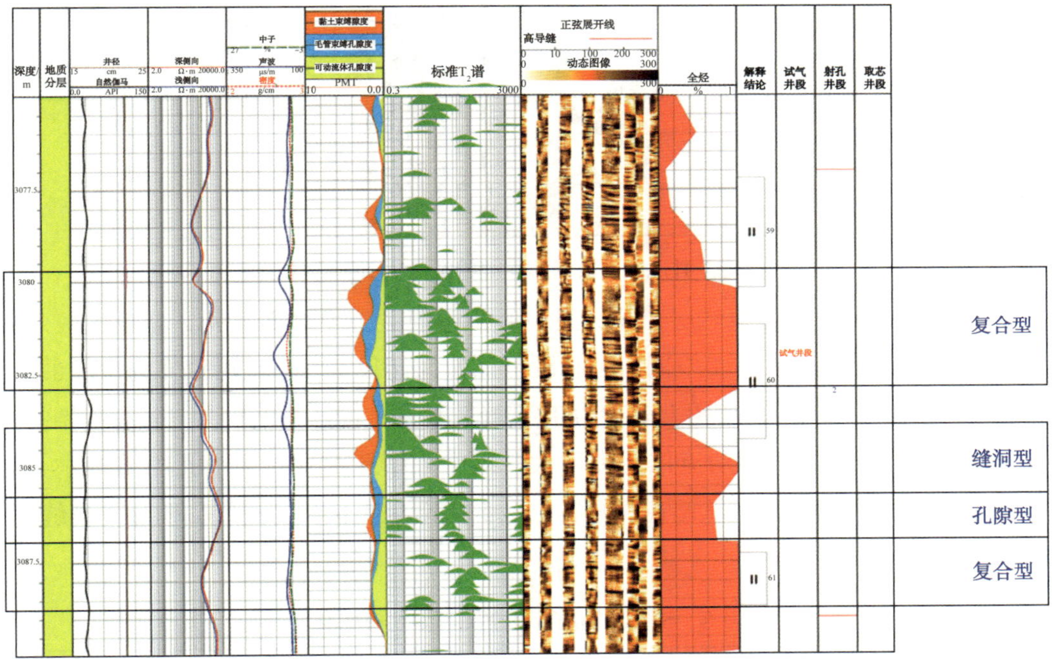

图 3　PQ1 井洗象池群储层裂缝特征（3075~3090m）

缝洞型储层主要以裂缝为主要储集空间和渗流通道，原生孔隙和次生孔隙欠发育或发育少。在 CMR 核磁测井 T_2 谱图上表现为谱峰靠后具有拖尾特征，T_2 特征值在 200~300ms，可动流体孔隙度较大，毛管束缚孔隙度和黏土束缚孔隙度较小，孔隙结构以中、大孔为主；成像图上显示正弦状暗色裂缝特征明显，裂缝宽度较宽可形成缝洞（图 3、图 4）。

溶洞型储层主要以溶洞为主要储集空间，次生孔隙较发育。在 CMR 核磁测井 T_2 谱图上表现为谱峰靠后，一般不具有拖尾特征，T_2 特征值在 300~700ms，可动流体孔隙度较大，毛管束缚孔隙度和黏土束缚孔隙度较小，孔隙结构以中、大孔为主；在成像图上呈低阻暗色团块状溶洞特征明显，有的溶洞可被裂缝沟通（图 4）。

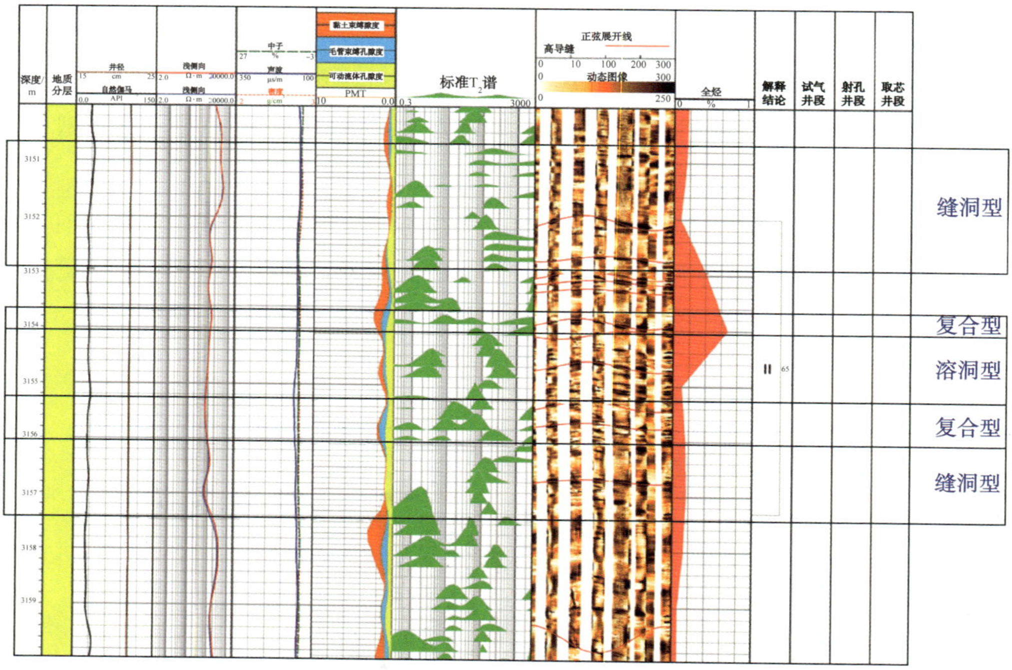

图 4　PQ1 井洗象池群储层裂缝特征（3150~3160m）

孔隙 – 裂缝 – 洞复合型储层，其储集空间中不但裂缝发育而且孔、洞也比较发育，孔、洞是这类储层的主要储集空间，裂缝既可以作为储集空间，也可以作为主要的渗流通道。在 CMR 核磁测井 T_2 谱图上表现为 T_2 谱峰较复杂，谱峰跨度较大，具有拖尾特征，T_2 特征值在 25~1000ms，可动流体孔隙度大，黏土束缚孔隙度较大，孔隙结构小、中、大孔都有；在成像图上正弦状暗色裂缝特征及低阻暗色团块状溶洞特征明显，裂缝发育（图 3、图 4）。

表 5　洗象池储层储集空间类型划分标准

储集空间类型	核磁测井特征	电成像测井特征
孔隙型	T_2 谱峰靠前、呈驼峰状、不具有拖尾特征，T_2 特征值较小，在 50~60ms，可动流体孔隙度较小，毛管束缚孔隙度和黏土束缚孔隙度较大，孔隙结构以小孔为主	成像图上孔洞、裂缝特征均不明显
缝洞型	T_2 谱峰靠后具有拖尾特征，T_2 特征值在 200~300ms，可动流体孔隙度较大，毛管束缚孔隙度和黏土束缚孔隙度较小，孔隙结构以中、大孔为主	成像图上显示正弦状暗色裂缝特征明显，裂缝宽度较宽可形成缝洞
溶洞型	T_2 谱峰靠后，一般不具有拖尾特征，T_2 特征值在 300~700ms，可动流体孔隙度较大，毛管束缚孔隙度和黏土束缚孔隙度较小，孔隙结构以中、大孔为主	成像图上呈低阻暗色团块状溶洞特征明显，有的溶洞可被裂缝沟通
孔隙 – 裂缝 – 洞复合型	T_2 谱峰较复杂，谱峰跨度较大，具有拖尾特征，T_2 特征值在 25~1000ms，可动流体孔隙度大，黏土束缚孔隙度较大，孔隙结构小、中、大孔都有	成像图上正弦状暗色裂缝特征及低阻暗色团块状溶洞特征明显，裂缝发育

3.3 流体性质识别

针对平桥区块寒武系洗象池群碳酸盐岩储层气层识别标准未建立，流体性质判别困难，碳酸盐岩储层气、水层敏感参数尚不明确的难题，本井将通过气测显示、电阻率大小和交会图法进行储层流体性质判别。

3.3.1 气测显示

录井中 PQ1 井洗象池群见 9 层油气显示，其中第 6 层（全烃 0.08% ↑ 5.91%；甲烷 0.076% ↑ 5.644%）和第 7 层（全烃 0.07% ↑ 4.94%；甲烷 0.05% ↑ 4.645%）油气显示相对较好综合解释为裂缝含气层，两层厚 26m（表 6）。气测显示全烃曲线呈尖峰状异常，表明气测值较基值高、气测值变化快，表明储集空间与裂缝等因素有关。

表 6　PQ1 井洗象池群气测显示

序号	井段 /m	厚度 /m	岩性	全烃 /%	甲烷 /%	钻井液参数		槽面显示情况	综合解释
						相对密度 /（g/cm³）	黏度 /（mPa·s）		
1	3015.5~3018.5	3	浅灰色泥晶白云岩	0.06 ↑ 0.29	0.039 ↑ 0.260	1.32	65	无	裂缝微含气层
2	3020~3022.5	2.5	浅灰色泥晶白云岩	0.05 ↑ 1.24	0.024 ↑ 1.202	1.32	65	无	裂缝含气层
3	3027~3033	6	浅灰色粉晶白云岩、灰色泥晶白云岩	0.08 ↑ 2.81	0.065 ↑ 2.623	1.32	65	无	裂缝含气层
4	3037~3044	7	浅灰色粉晶白云岩、灰色泥晶白云岩	0.06 ↑ 0.98	0.045 ↑ 0.898	1.33	63	无	裂缝微含气层
5	3048~3050	2	浅灰色粉晶白云岩	0.17 ↑ 0.62	0.152 ↑ 0.548	1.33	63	无	裂缝微含气层
6	3074~3090	16	浅灰色粉晶白云岩	0.08 ↑ 5.91	0.076 ↑ 5.644	1.33 ↓ 1.32	65 ↑ 66	无	裂缝含气层
7	3117~3127	10	浅灰色粉晶白云岩	0.07 ↑ 4.94	0.050 ↑ 4.645	1.31 ↓ 1.30	63 ↑ 64	无	裂缝含气层
8	3152~3154	2	浅灰色粉晶白云岩	0.09 ↑ 0.68	0.071 ↑ 0.536	1.31	63	无	裂缝微含气层
9	3226~3227	1	灰色泥晶白云岩	0.06 ↑ 0.45	0.044 ↑ 0.439	1.31	60	无	裂缝微含气层

3.3.2 电阻率大小

邻井资料显示，JSH1 井电阻率在 40~75Ω·m，测井解释为水层；JFH1 井电阻率在 125~350Ω·m，测井解释气层电阻率 273Ω·m，测井解释水层电阻率 98Ω·m；PSH1 井电阻率在 160Ω·m 附近。JFH1 井气测显示比 PQ1 井略好，但酸压后试气未见气，相同物性条件下 JSH1 井和 JFH1 井电阻率相对较低，为含水特征；PQ1 井电阻率相对较大，在 500~1000Ω·m，为含气特征（图 5）。

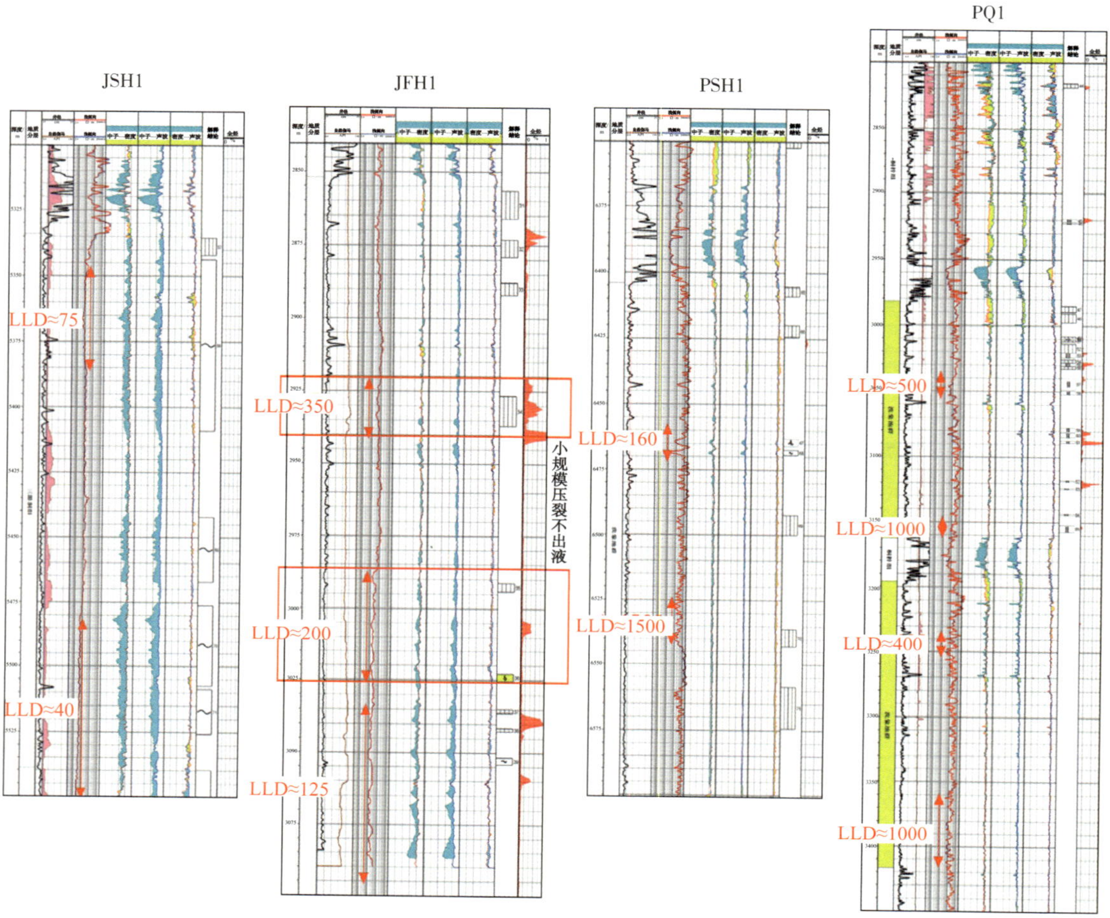

图 5　PQ1 井与邻井洗象池群电阻对比图

3.3.3　交会图法

利用声波、中子、密度和电阻率交会识别流体性质。通过对比不同井可知：中子和电阻率有较好的负相关关系，可用于识别气水层；相同物性条件下 JSH1 井和 JFH1 井电阻率相对较低，为低电阻率高中子的含水特征（图 6）。

中子和电阻率做交会（图 7）可知：气层位于电阻率大于 300Ω·m、中子小于 3.5% 区域。

通过气测显示的大小，形态，进行初步含气性判断，结合电阻率大小及交会图版识别地层流体。

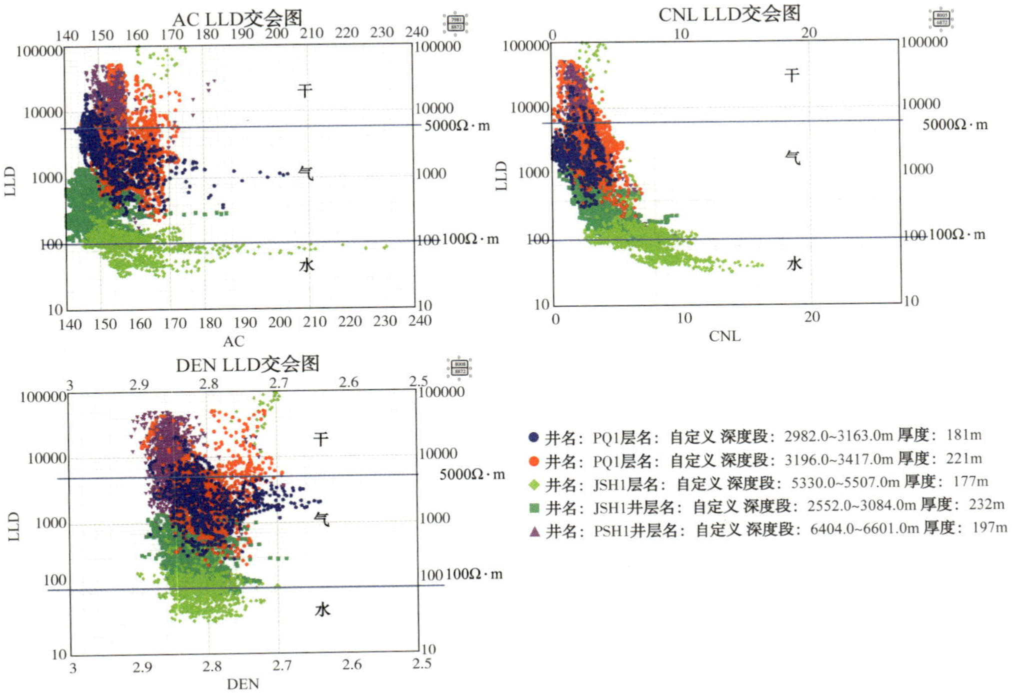

图6 PQ1井声波、中子、密度和电阻交会图

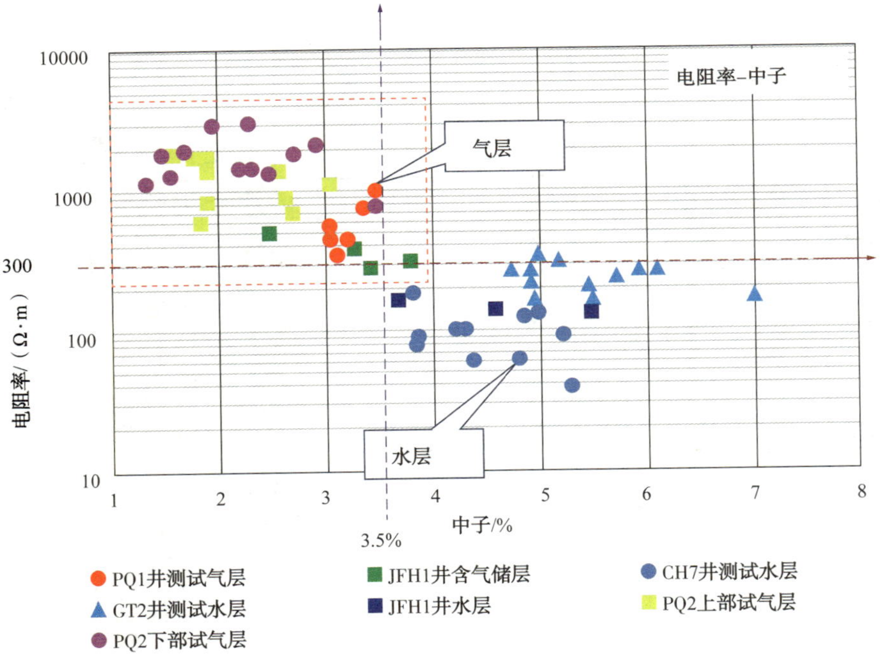

图7 川东洗象池群流体性质判别图版

基于气测显示、电阻率统计、交会图，初步建立洗象池群流体判别标准（表7），用于本井解释评价。

表 7　川东洗象池群流体性质判别标准

储层类型	电阻率 /（Ω·m）	中子 / %	气测
气层、气水同层	＞ 300	≤ 3.5	显示异常活跃、有一定异常显示
水层、含气水层	≤ 300	＞ 3.5%	无异常显示

针对平桥地区洗象池群储层岩性复杂、孔隙空间类型多样、流体性质难以判别等特点，基于测井响应特征采用骨架法、叠加法和交会图法综合识别储层岩性，利用核磁、电成像等特殊测井技术评价储集空间类型，通过气测显示、电阻率对比、交会图统计判别可能气水界限。在洗象池群共解释 19 层（表 8），其中Ⅱ类储层差气层 25.1m/7 层，Ⅲ类储层含气层 9.5m/5 层，干层（含气）25.4m/7 层。

4　试油（气）结果

PQ1 井测井曲线出现明显重复，分析钻遇断层（图 8），对断层上盘的Ⅱ类储层差气层 3039.8~3124.3m（储集空间以缝洞型及复合型）测试，获得日产 $25.13\times10^4m^3$ 工业气流，新增含气面积 $17.29km^2$，新增控制储量 $112.61\times10^8m^3$。证实了"侧向供烃、新生古储"的新成藏模式，实现了川东下组合勘探重大突破。

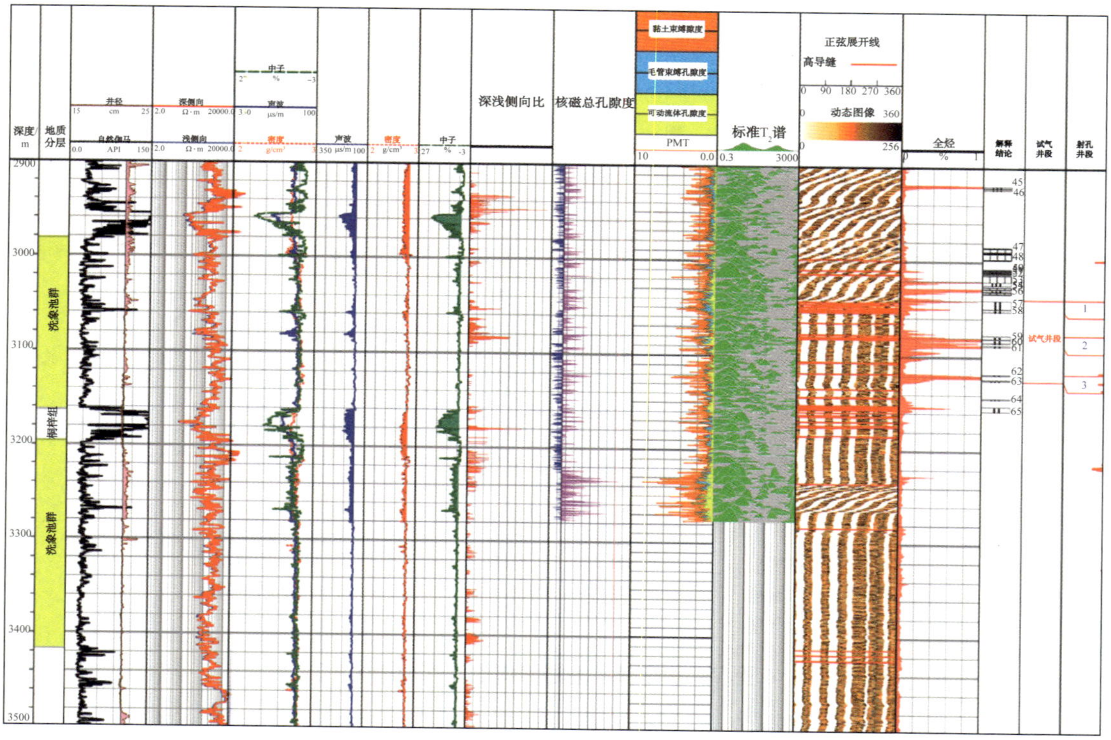

图 8　PQ1 井综合解释成果图

表 8 PQ1 井（洗象池群）测井解释成果

层号	井段 / m	厚度 / m	声波时差 / (μs/m)	密度 / (g/cm³)	中子 / %	深侧向 / Ω·m	含气饱和度 / %	孔隙度 / %	渗透率 / $10^{-3}\mu m^2$	解释结论	储层类型	备注	层位
1	2985.0~2989.6	4.6	161	2.74	1.2	1704.0	5.9	0.7	0.02	干层		含气	洗象池群
2	2990.8~2997.3	6.5	164	2.71	0.9	2376.3	8.7	0.7	0.03	干层		含气	
3	3007.9~3009.3	1.4	151	2.82	2.9	3778.0	13.6	1.1	0.01	干层		含气	
4	3009.3~3010.6	1.3	153	2.84	3.3	1319.6	51.2	2.3	0.08	Ⅲ类储层	孔隙型	含气层	
5	3010.6~3012.0	1.4	150	2.85	3.2	3006.5	0.5	0.2	0.01	干层		含气	
6	3013.5~3020.6	7.1	152	2.82	3.6	2363.1	12.7	1.3	0.01	干层		含气	
7	3020.6~3023.9	3.3	154	2.80	4.1	1087.3	52.0	2.4	0.08	Ⅲ类储层	孔隙型	含气层	
8	3025.7~3028.0	2.3	150	2.82	2.9	5285.0	5.7	0.7	0.02	干层		含气	
9	3028.0~3030.7	2.7	153	2.81	3.1	2394.3	50.0	2.3	0.05	Ⅲ类储层	孔隙型		
10	3030.7~3032.8	2.1	150	2.82	2.4	2628.4	11.7	1.1	0.03	干层		含气	
11	3039.8~3048.7	8.9	155	2.80	3.2	710.7	61.4	3.4	0.19	Ⅱ类储层	孔隙－裂缝型	差气层	
12	3049.5~3052.0	2.5	157	2.81	2.9	512.3	60.4	3.3	0.15	Ⅱ类储层	孔隙－裂缝型	差气层	
13	3077.2~3080.2	3.0	166	2.82	2.5	758.0	62.3	3.0	0.14	Ⅱ类储层	孔隙－裂缝型	差气层	
14	3081.2~3084.3	3.1	176	2.79	2.8	1018.1	61.5	3.8	0.21	Ⅱ类储层	裂缝－孔隙型	差气层	
15	3087.3~3088.7	1.4	164	2.78	3.3	1226.8	67.8	4.4	0.14	Ⅱ类储层	孔隙型	差气层	
16	3117.5~3118.4	0.9	158	2.80	3.4	1100.7	64.0	3.5	0.13	Ⅱ类储层	裂缝－孔隙型	差气层	
17	3123.3~3124.3	1.0	153	2.83	2.7	2025.2	50.6	2.7	0.09	Ⅲ类储层	裂缝－孔隙型	含气层	
18	3143.2~3144.4	1.2	149	2.84	2.4	1198.2	51.1	2.6	0.09	Ⅲ类储层	裂缝－孔隙型	含气层	
19	3152.0~3157.3	5.3	156	2.81	2.8	1074.0	60.2	2.8	0.10	Ⅱ类储层	孔隙－裂缝型	差气层	

PQ1井洗象池组下盘与上盘测井响应特征差异不大，而气测显示变差，下盘储层流体性质可能发生改变，建议对下盘进行测试验证气测显示对流体性质判识的敏感性。

PQ1井试气井段3076~3089m，泥浆密度1.32g/cm³，全烃最大5.91%，深侧向最低324Ω·m，对应JFH1井2926~2937.5m，泥浆密度1.5g/cm³，全烃最大9.446%，深侧向最低282Ω·m，可见JFH1井气测优于PQ1井，但电阻率偏低，目前JFH1井小规模压裂测试不出液，建议加大压裂规模对JFH1井进行测试，进一步验证洗象池组物性、电性的气水界线和产能界线。

5 结论与认识

（1）针对洗象池组储层复杂岩性，基于骨架参数法、曲线叠加法和交会图法识别岩性，实现了有利储集层岩性识别。

（2）洗象池组储层成像测井显示溶洞发育的块状白云岩和层理缝发育的层状白云岩；核磁测井可见孔隙、裂缝和溶洞不同组合的储集空间，主要归类为孔隙型、缝洞型、溶洞型和复合型。其中缝洞型或复合型储集层为有利储集层段，对应气测呈明显尖峰状异常。

（3）通过区域测井资料对比发现部分井中子对水层敏感性较强外，其余资料对流体性质、气水界线难以识别，建议对平桥1断层下盘和JFH1井洗象池对应层位储层进行试气，进一步获得流体性质判识依据。

编写单位：江汉测录井分公司
编 写 人：王 婷
审 核 人：何浩然
审 定 人：叶应贵 王崇敬

48 川西梓潼凹陷 YX1 井缝洞型储层测录井综合解释评价

1 概况

YX1 井是中石化西南油气分公司部署在四川盆地川西坳陷梓潼凹陷永兴构造的一口预探井，以雷口坡组雷四 3 亚段（简称雷四 3 亚段）为主要目的层，兼探须家河组须四段和须二段，设计井深 5810m，该井于 2021 年 7 月 1 日钻至井深 5810m 完钻，层位：雷四段。

2 问题与难点

邻井 TSH1 井在雷四 3 亚段测试产微量气，以产水为主；FG1 井揭示雷四 3 亚段白云岩段已经剥蚀殆尽，整个雷口坡组未钻揭优质储层，未见油气显示。本井邻井资料少、储层埋藏超深，泥浆密度偏高、气测显示微弱，储层非均质性强，储层特征以及气水关系不明。本区域海相层系尚未取得勘探突破，储层评价难度大。

3 解释评价

本井开展了综合录井与元素录井，应用气测、钻井液、钻时等参数，开展了录井孔隙度计算，在雷口坡组解释Ⅲ类储层 1 层，井段 5715~5723m，厚度 8m，取芯显示岩性为灰色含灰质微 – 粉晶白云岩、藻砂屑白云岩，局部针孔、裂缝发育（图 1）。

在钻井过程中，经过与邻井对比，马鞍塘组二段（简称马二段）地层厚度在西边邻井 TSH1 井为 40m，东边邻井 FG1 井为 22m，钻进至 5713.5m 时，马二段厚度已钻至 23.5m，返出岩性为灰黑色页岩、灰色粉砂岩，元素录井 Si 含量上升，Ca 含量下降，在邻井 TSH1 井和 FG1 井马二段底部均有此特征，由此判断地层已至马二段底部，经汇报后决定起钻取芯。取芯井段 5713.50~5720.50m，取芯进尺 7.00m，岩芯长 3.85m（顶部缺失 0.35m，底部缺失 2.80m），取芯收获率 55%，取芯层位：马二段、雷四段。岩性为灰色、深灰色微晶白云岩、灰质白云岩，顶部灰黑色页岩。准确获取马二段 – 雷四段不整合面岩芯。

含硫气藏一般使用较高密度的钻井液，导致在钻进时 5717~5723m 气测显示微弱，全烃最高值 1.607%，但在划扩眼时全烃值上升至原来的 7.65 倍，全烃最高值达 12.295%，显示该储层有较好的含气性，结合修正的机械比能指数、利用元素拟合的孔隙度值，录井解释为Ⅲ类储层（含气层）见图 2。

图 1　YX1 井雷口坡组 5717.26~5717.39m 取芯图和 5716.87m 岩石显微照片

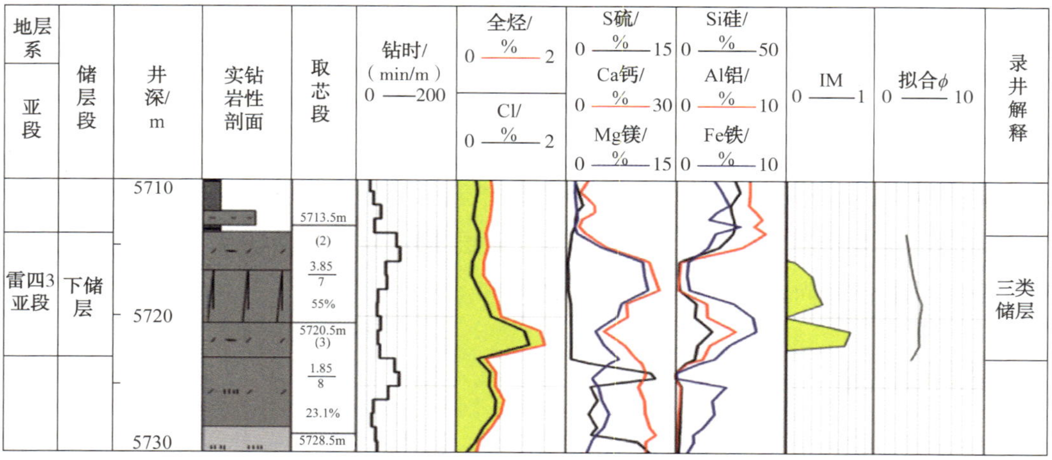

图 2　YX1 井雷口坡组录井解释成果图

测井常规综合处理成果（图 3）显示，雷口坡组 5715~5722.7m，储层中部明显扩径，岩性处理成果指示该层主要为白云岩，常规处理孔隙度与岩芯分析孔隙度较为接近，但是 2%~4% 的孔隙度值，已经接近川西雷口坡组气藏有效储层物性下限。

根据偶极声波测井成果，进行含气性识别。岩石力学参数的研究成果表明，泥岩的泊松比较大（0.2~0.3），灰岩的泊松比变化范围较大（0.18~0.35），致密砂岩相对泥岩有所减小，体积压缩系数较小；饱含水的砂岩泊松比与泥岩相当或减小，体积压缩系数更小；当储层饱含气时其泊松比明显降低，尤其当含气饱和度大于 80% 以上，泊松比值急剧降低，体积压缩系数也明显增大。因此，利用泊松比与体积压缩系数交会面积的大小能较好地识别储层的含气性，用这种交会法判断第 103 层有一定的油气响应特征（图 4 左第四道）。利用纵横波速度比方法，发现 5715~5722.7m 白云岩储层段内部分数据点分布于骨架点下方的含气区（图 4 右），反映储层具有一定的含气性。声波远探测资料显示 5715~5720m 井段远端裂缝特征响应明显（图 5 左）；从电成像谱分解处理成果看，5717.5~5721.5m 井段电成像谱峰后移，反映储层次生孔隙发育（图 5 右）。

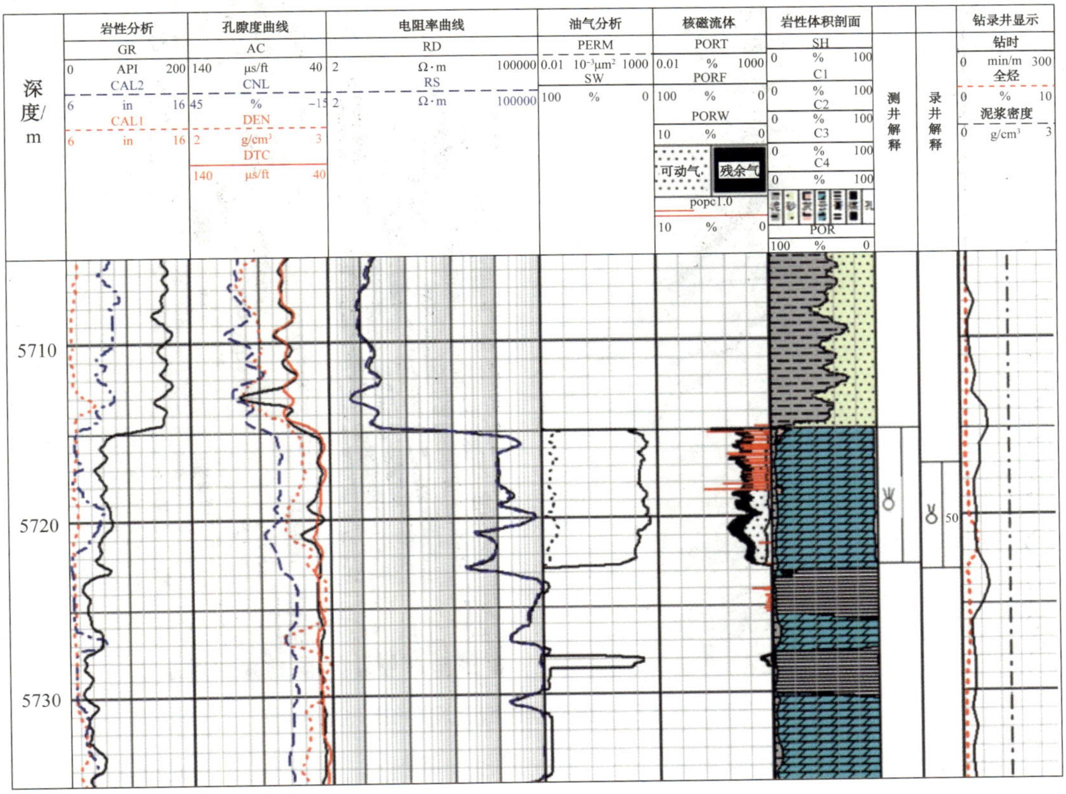

图 3　YX1 井雷口坡组 5700~5735m 测井曲线及处理成果图

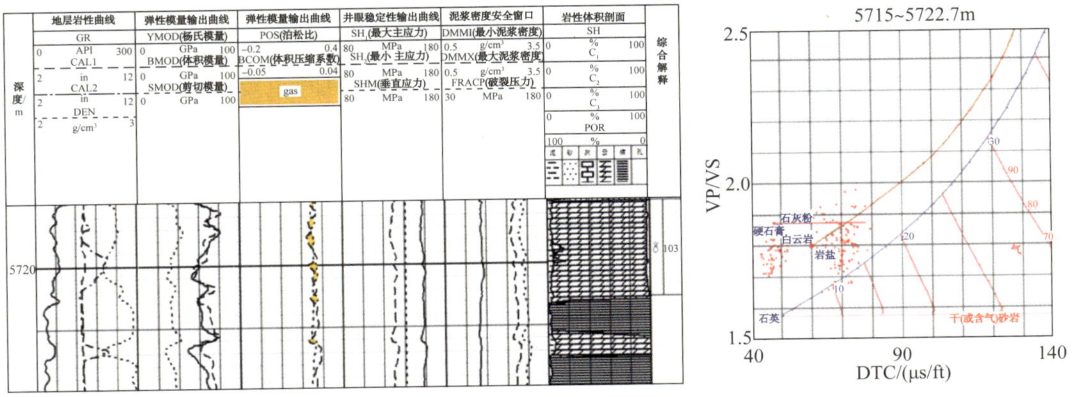

图 4　YX1 井雷口坡组 5700~5735m 偶极声波处理成果展示图

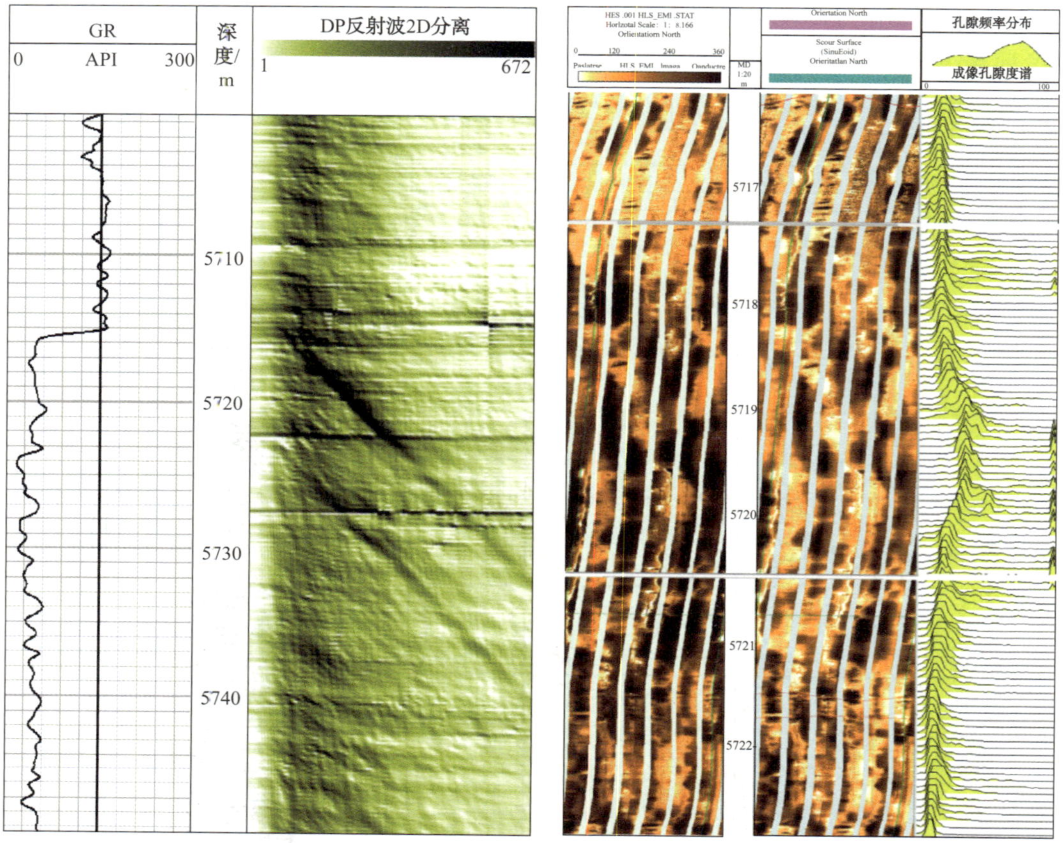

图5 YX1井雷口坡组储层裂缝孔洞评价综合成果图

本段进行了二维核磁共振测井，由于井眼扩径，资料有一定失真，为此开展了扩径段孔隙度校正，校正后核磁计算的有效孔隙度平均值为2.8%，储层的毛管和可动流体孔隙度差异明显，可动流体孔隙度为2.2%。与常规资料和岩芯分析结果基本一致，指示物性一般。

从核磁T_2、T_1分布谱来看，测量井段内钻井液流体峰信号显著，其中5715~5723m可动流体信号明显，指示该段储层较发育，孔径相对较大，弛豫时间主要分布在100~300ms，常规电阻率值较低，电性与物性具有较好的对应性，分析认为储层发育。从T_2–T_1二维交会图来看（图6），该段二维交会图版上显示有四种信号，其中左下角的两种信号呈明显较强的特征，主要为钻井液信号，有一定的毛管束缚流体信号；可动水区域内信号较弱，含水迹象不显著；天然气区域内信号较强，其中5720~5722.7m的天然气区域内信号更强，指示含气特征明显。

综上所述，雷口坡组顶部储层物性较差，接近雷口坡组常规认识的孔隙度下限，但是通过录井特征、偶极、核磁等多手段综合评价认为，雷口坡组顶部储层有一定的含气性，且储层发育次生孔隙、远端裂缝，考虑到作为区域探井意义，综合解释为Ⅲ类气层，建议对雷口坡组5715~5722.7m进行测试。

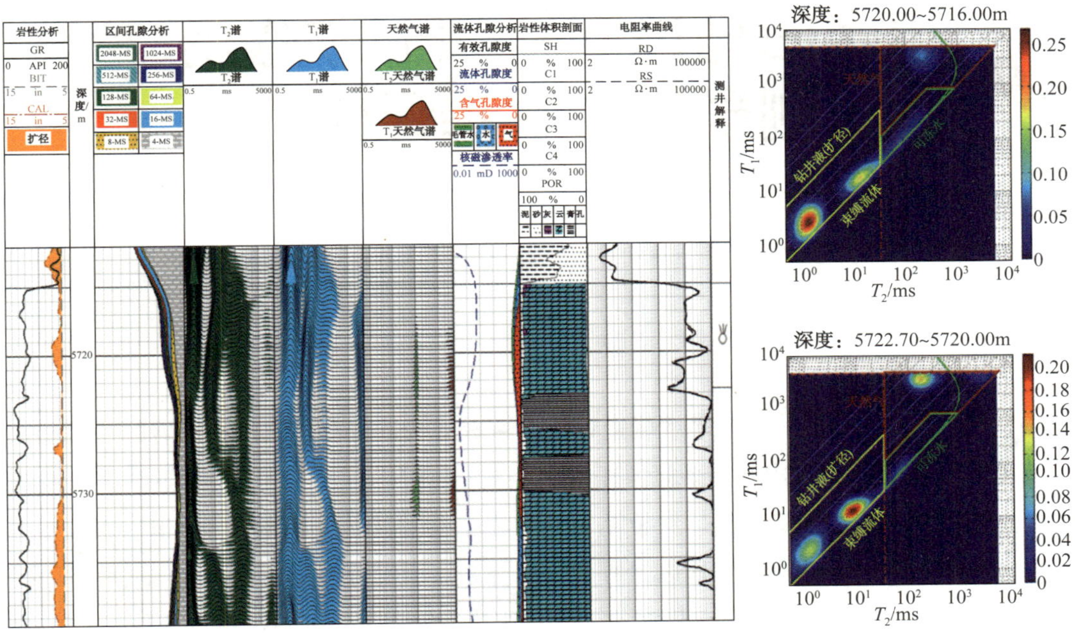

图 6　YX1 井雷口坡组二维核磁处理成果图

4　试油（气）结果

雷四段 5715~5723m 经过酸压改造，测试获日产 11.11×10^4 方的工业气流，取得了川西地区雷口坡组斜坡带岩性气藏勘探的重大突破，对整个川西坳陷斜坡带勘探具有重大意义。

5　结论与认识

（1）敏感元素能准确识别雷四段主要储层岩性，元素录井能解决雷口坡组细小岩屑难以识别的难题。利用修正的机械比能指数结合拟合孔隙度、敏感元素、气测录井资料能准确评价储层。

（2）岩矿、元素、多极子阵列声波、成像、核磁等特殊测录井技术，能更加全面地反映地层信息，从而提出更加合理的测试建议，助力 YX1 井获工业气流，实现川西地区雷口坡组斜坡带岩性气藏勘探的重大突破。

编写单位：西南测控公司
编 写 人：刘忠明　袁艳丽
审 核 人：王崇敬
审 定 人：葛　祥

49 川西白马镇向斜 JH1 井复杂岩性储层测录综合解释评价

1 概况

JH1 井是在四川盆地川西南平缓构造带铁山－威远构造带白马镇向斜部署的一口预探井，地理位置位于四川省内江市威远县靖和镇石岭村 12 组。该井以二叠系下统茅口组为目的层，兼探二叠系下统栖霞组、三叠系下统嘉陵江组、三叠系中统雷口坡组、志留系下统石牛栏组；以探索威远－荣县地区二叠系～三叠系储层发育情况及含气性、获取目的层储层实物资料、深化威远－荣县地区二叠系茅口组成藏认识为主要目的；设计井深 3210m，2020 年 2 月 19 日钻至井深 3187m 按设计完钻原则完钻，完钻层位为志留系下统龙马溪组。

2 问题与难点

本井勘探对象为二、三叠系海相碳酸盐气藏，具有岩性复杂、含气性差异大、储层非均质性强等特点，且威远－荣县工区各井均未针对海相碳酸盐岩储层段进行测试，储层准确评价难度大。

3 解释评价

应用气测录井在目的层茅口组共解释出 14 层不同显示级别的油气层，油气显示较好的 2 层为井深 2855~2870m、2881~2913.7m，钻厚分别为 15.0m、32.7m，岩性为灰黑色生屑灰岩，钻时为 12~87min/m；气测值高峰时 $\sum C_n$ 0.823% ↑ 8.860%，C_1 0.645% ↑ 7.531%，槽面见 10% 针尖状气泡；钻井液密度 1.63 ↓ 1.61g/cm^3，F_v 68 ↑ 71s；录井解释为气层（图 1）。

针对勘探新区和岩性复杂的情况，在茅口组设计常规综合、核磁、多极子阵列声波和电成像测井，以便全面评价储层。从常规综合曲线看（图 2），茅口组茅二段与茅一段测井响应特征差异较大，茅二段：低伽马、高电阻率、低声波、低中子、高密度，反映储层较为致密；茅一段高伽马、低电阻率、低中子、高声波、高密度，反映储层岩性较为复杂。茅二段和茅一段孔径小，有效孔隙度低。二维核磁测井交会图显示茅二段地层中见明显的可动水信号（图 3），而在茅一段低电阻率井段却只见天然气信号，无可动水信号（图 4）。

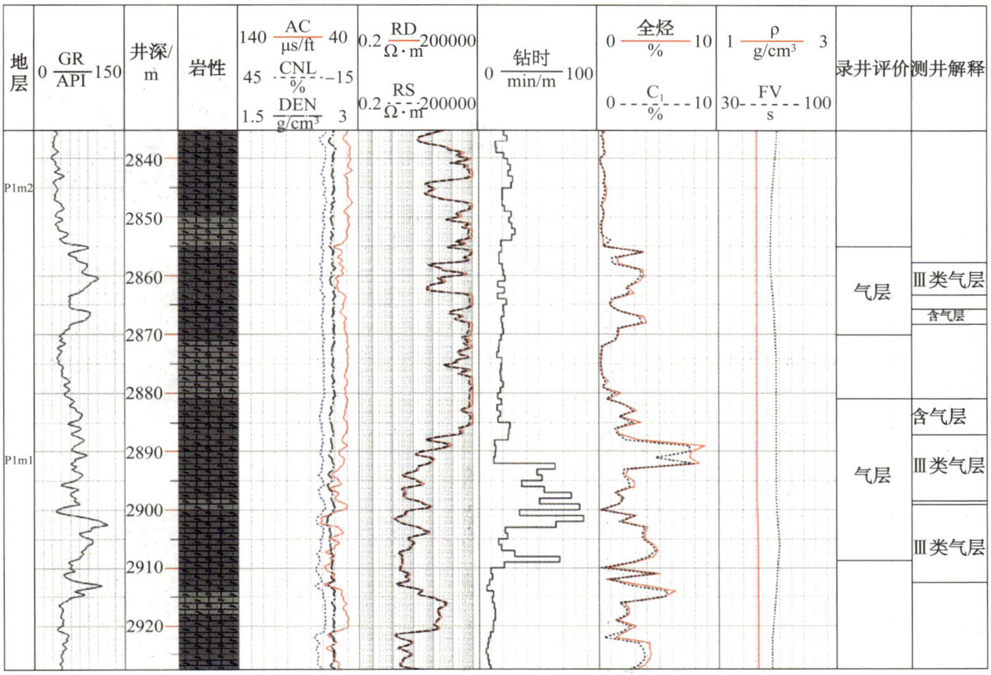

图1 JH1井井深2855~2921m（茅口组）录、测井曲线图

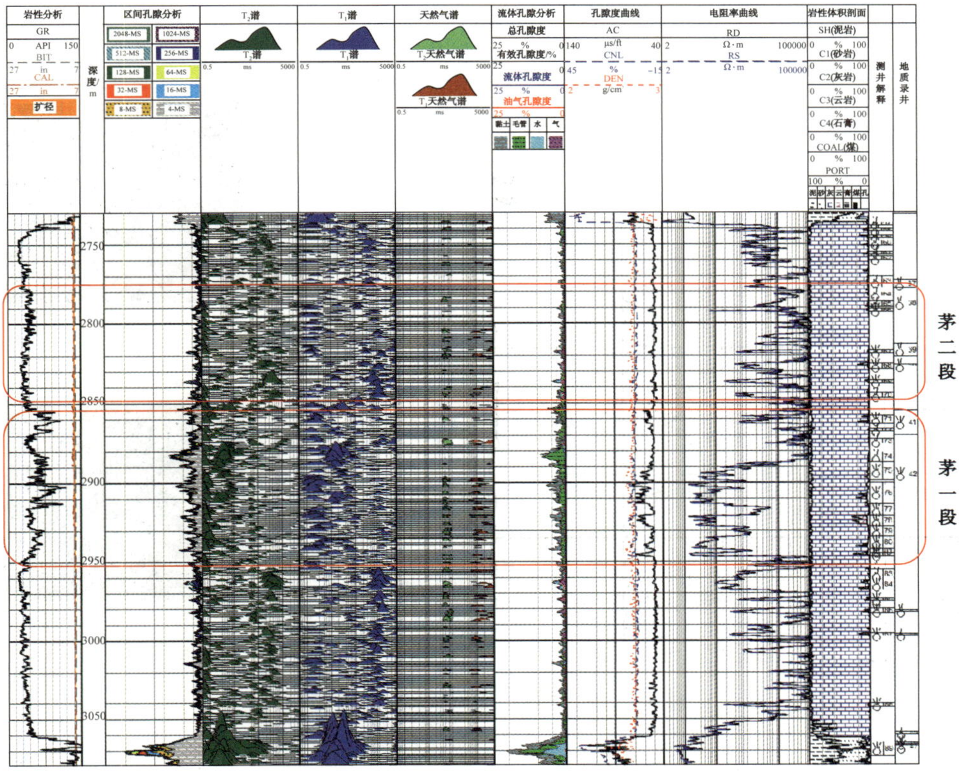

图2 JH1井茅口组综合解释成果图

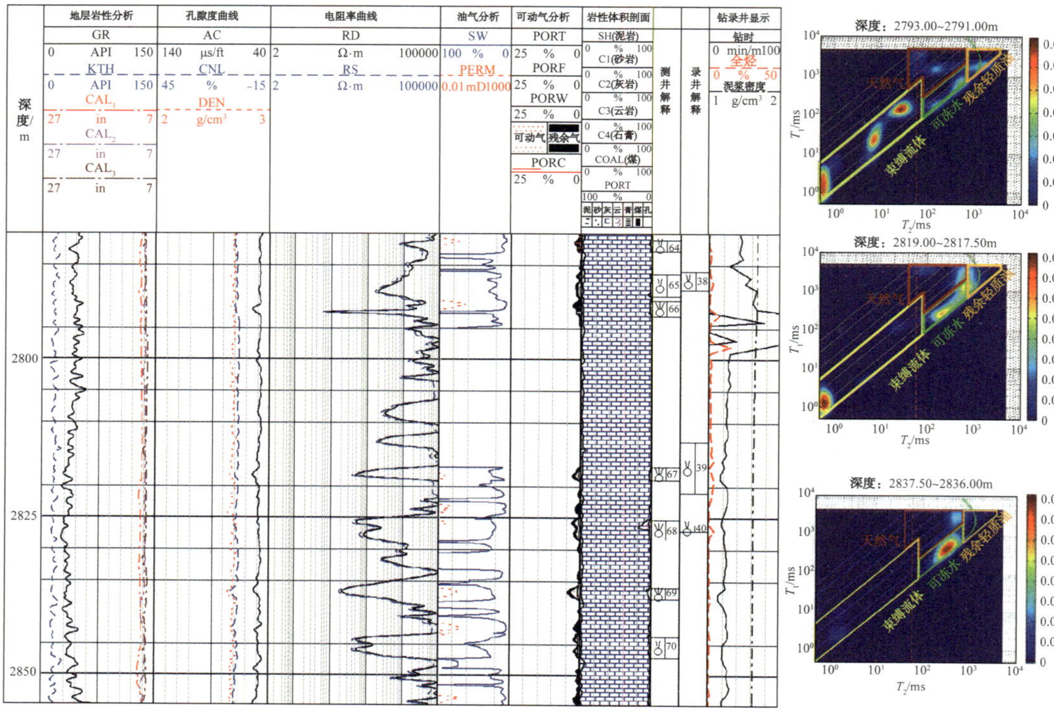

图 3　JH1 井茅口组二段综合解释成果图

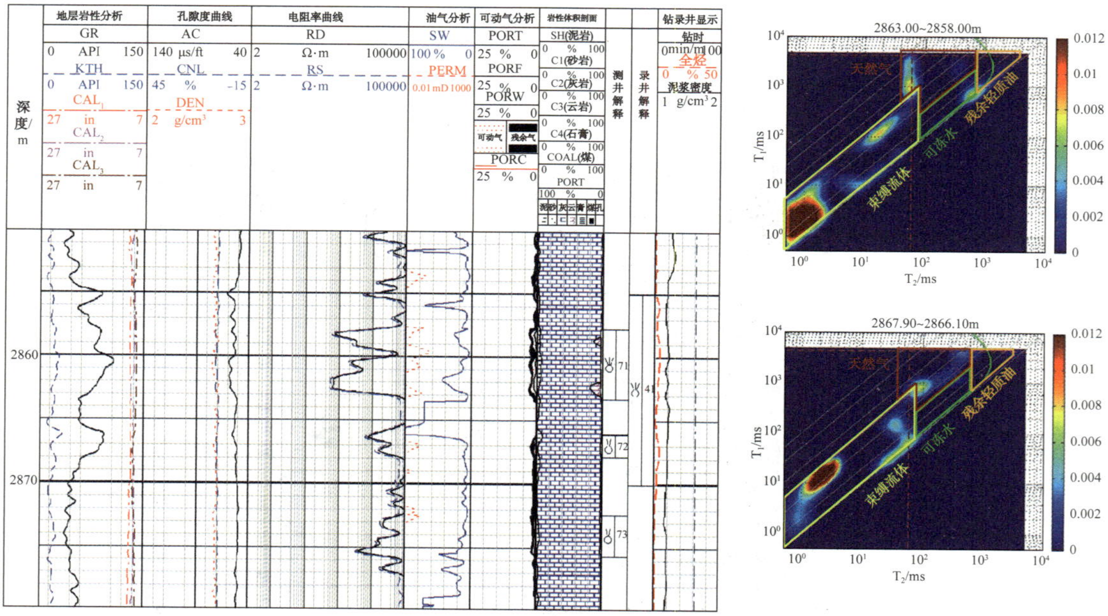

图 4　JH1 井茅口组一段综合解释成果图

在茅二段地层中，侧向电阻率较高，二维核磁处理成果显示有可动流体，结合钻井信息分析认为：根据邻井东胜构造 MY1 井地层压力系数为 1.28，JH1 井预测茅口－栖霞组地层孔隙度压力系数为 1.30~1.45，而实测钻井液密度为 1.77~1.78g/cm^3，因此地层存在部分侵入现象，特别是物性较好和裂缝发育段，T_2–T_1 交会图上出现可动水信号。从 T_2 谱分布来看，茅一段低阻段孔径较小，因而侵入不显著。

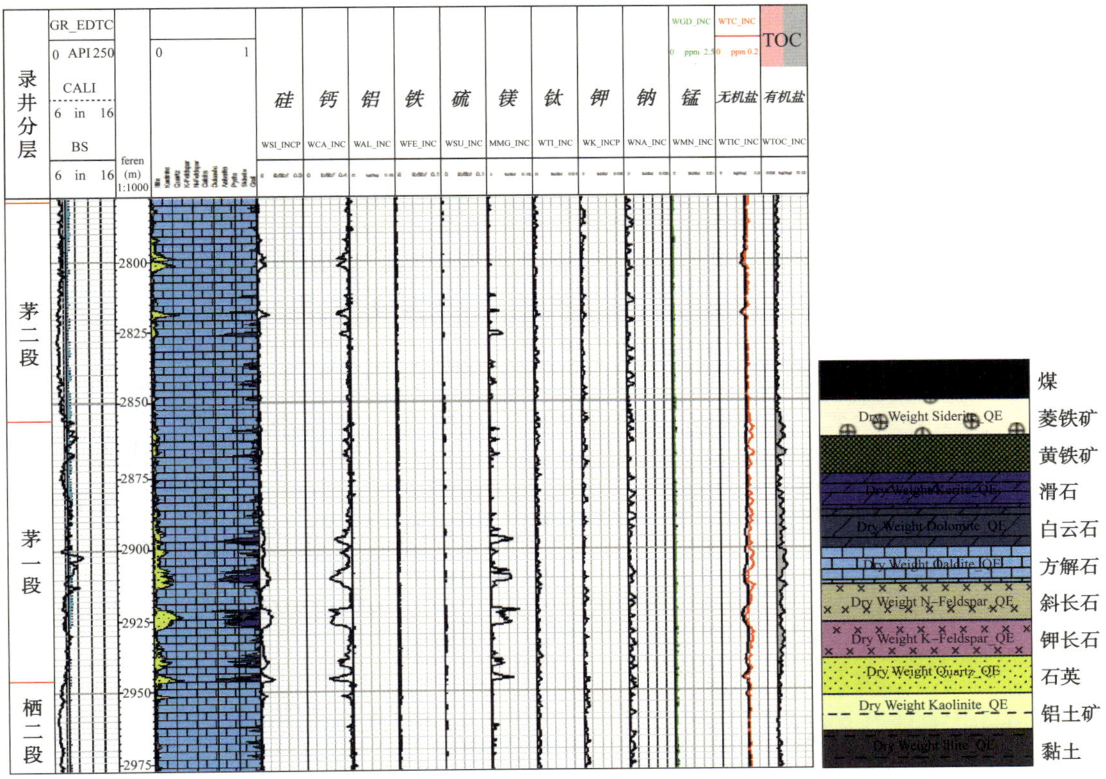

图 5　JH1 井岩性扫描解释成果图（2795~2975m）

现场录井在茅一段发现硅质和滑石成分，岩性扫描解释在茅二段和茅一段地层中见石英和滑石等矿物成分（图 5 中左起第四道）。前人研究认为滑石在成岩作用中体积收缩，易产生狭小密集的微裂隙，形成良好的储集空间的同时也导致储层更易导电，因此，本井茅一段电阻率较低，且二维核磁交会图上茅一段地层中无可动水信号，主要是滑石等成分和储层微观结构引起，不是流体性质导致。

利用常规综合、岩性扫描、二维核磁共振测井等资料在茅口组二段和一段共解释 110.0m/25 层，其中气层 71.1m/12 层、含气层 38.9m/13 层，储层不含水。

4　试油（气）结果

对二叠系下统茅口组一段 2855~2868m、2890~2912m、2912~2940m 进行射孔酸化压裂测试，折算天然气产量 12.5234 × 10^{4}m^3/d。

5 结论与认识

（1）本井主要目的层茅口组储层发育，岩性为生屑泥晶灰岩，岩芯有效缝不发育，孔渗性较低，以含气层及Ⅲ类储层为主，局部气显示较好，但因钻井液密度偏高，导致整体气测值偏低，后续该区钻井应在保障井内安全的前提下适当降低钻井液密度。

（2）结合钻录井信息以及区域地质信息，可以为测井解释提供更多参考信息。本井解释过程中，利用区域上地层压力与钻井液密度的差异，发现存在地层侵入的情况，利用核磁谱信息发现了储层孔隙结构的差异与钻井液侵入的影响关系，解释了碳酸盐岩低阻不含水的现象，为茅口组的突破奠定了基础。

（3）JH1 井茅口组解释成果为后续复杂岩性和孔隙结构的储层评价提供了思路和成功案例，也说明茅口组在威远区块具有良好勘探前景，为区域立体勘探打开了局面。

编写单位：西南测控公司
编 写 人：刘忠明　袁艳丽
审 核 人：王崇敬
审 定 人：葛　祥

50 川西龙门山前带 PZH6-2D 大斜度定向井测录综合解释评价

1 概况

PZH6-2D 井是中国石油化工股份有限公司西南油气分公司在四川盆地川西坳陷龙门山前断褶带鸭子河构造部署的一口开发定向井。该井以雷口坡组雷四段 TL_4^{3-3}、TL_4^{3-4} 为主要目的层，兼顾雷四段 TL_4^{3-1} 层，设计井深 6994.00m/ 垂深 5883.00m，实钻过程中优化轨迹后调整 B 靶点垂深为 5689.0m。本井于 2020 年 6 月 18 日钻至井深 6516.00m/ 垂深 5690.67m，气测显示全烃维持在 10%~15%，录井及地质导向方建议加深钻进，甲方采纳建议，20 日加深钻至井深 6616.00m 完钻，完钻层位雷四段 TL_4^{3-3}。

2 问题与难点

本井为大斜度定向井，井况复杂导致岩屑混杂，不易识别其真实岩性；海相储层高含硫、安全风险大，钻井液密度偏高，气显示微弱，储层非均质性强、气水关系复杂，储层评价难度大。

3 解释评价

根据彭州气田区域地质特征，应用元素录井、气测录井等手段开展了地质建模工作。全井重要调整建议或方案共 3 次。并建议加深钻进，实钻过程中采纳了建议，实际加深钻进 100m。全井揭示主要目的层 3 号层段长 569.00m（井深 6047.00~6616.00m），兼顾目的层 1 号层段长 14.00m（井深 5901.00~5915.00m），2 号层段长 45.00m（井深 5915.00~5960.00m），实现了地质目的（图 1）。

应用气测录井、元素录井等，在目的层雷四段解释 9 层不同级别的油气显示层，主要油气显示层段 585m/5 层，岩性为灰色藻屑 ~ 藻凝块白云岩。钻时：5~77min/m；气测值高峰时 Σ Cn 0.975% ↑ 41.505%（高峰含停泵后效），C_1 0.636% ↑ 39.949%；槽面见 20% 针尖状气泡；钻井液 ρ 1.50 ↓ 1.47g/cm^3，Fv 69 ↑ 74s；出口电导 54.66~149.11mS/cm，出口温度 47.33~52.78℃；核磁孔隙度 1.41%~3.49%，平均 2.25%；核磁渗透率（0.001~0.03）× 10^{-3}μm^2，平均 0.005 × 10^{-3}μm^2；录井解释为微含气层 ~ 气层（图 2）。

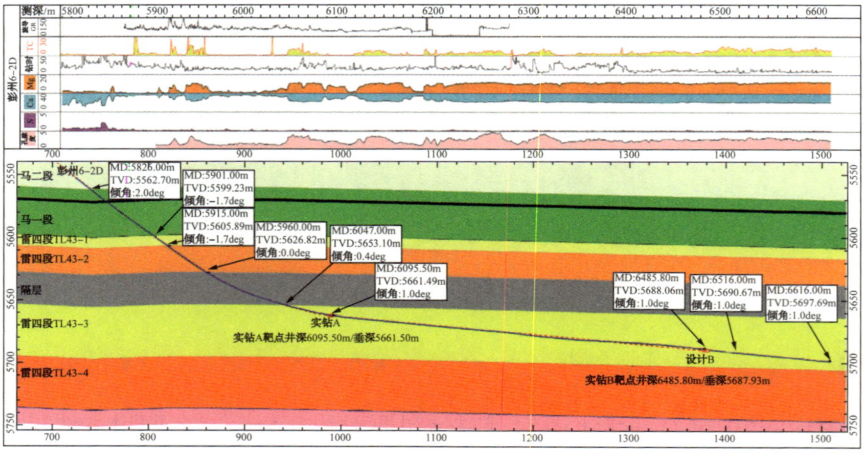

图1 PZH6-2D 井录井随钻导向跟踪图

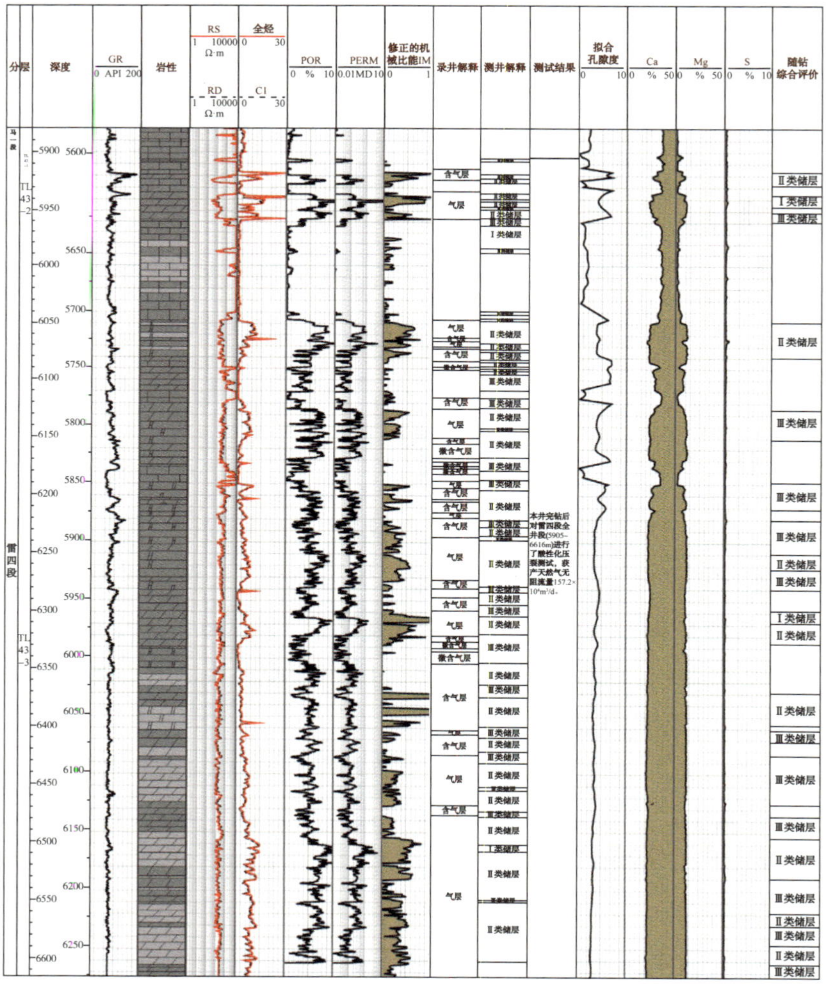

图2 PZH6-2D 井随钻综合评价图

据前期研究成果，川西气田雷口坡组气藏两个含气区气水界面已经基本确定，本井位于构造高部位，因此含水风险不高。测井解释的重点在于准确进行储层物性和含气性的解释。

由于井控风险较高，彭州地区大斜度井取消了中子测井，只进行标准测井和二维核磁共振测井，给准确识别岩性和物性，带来了较大挑战。

通过开展测录井解释联合攻关，解决了储层矿物成分和孔隙度准确计算的难题。利用优质储层（纯云岩）、上储层和下储层之间的隔层（纯灰岩）标定元素录井的 Mg/Ca 曲线，结合地质认识解决了岩性准确识别的问题。根据储层岩性动态计算变骨架参数，从而使用单声波曲线完成孔隙度计算，对计算成果采用核磁计算孔隙度进行标定，从而准确计算出储层孔隙度（图 3）。

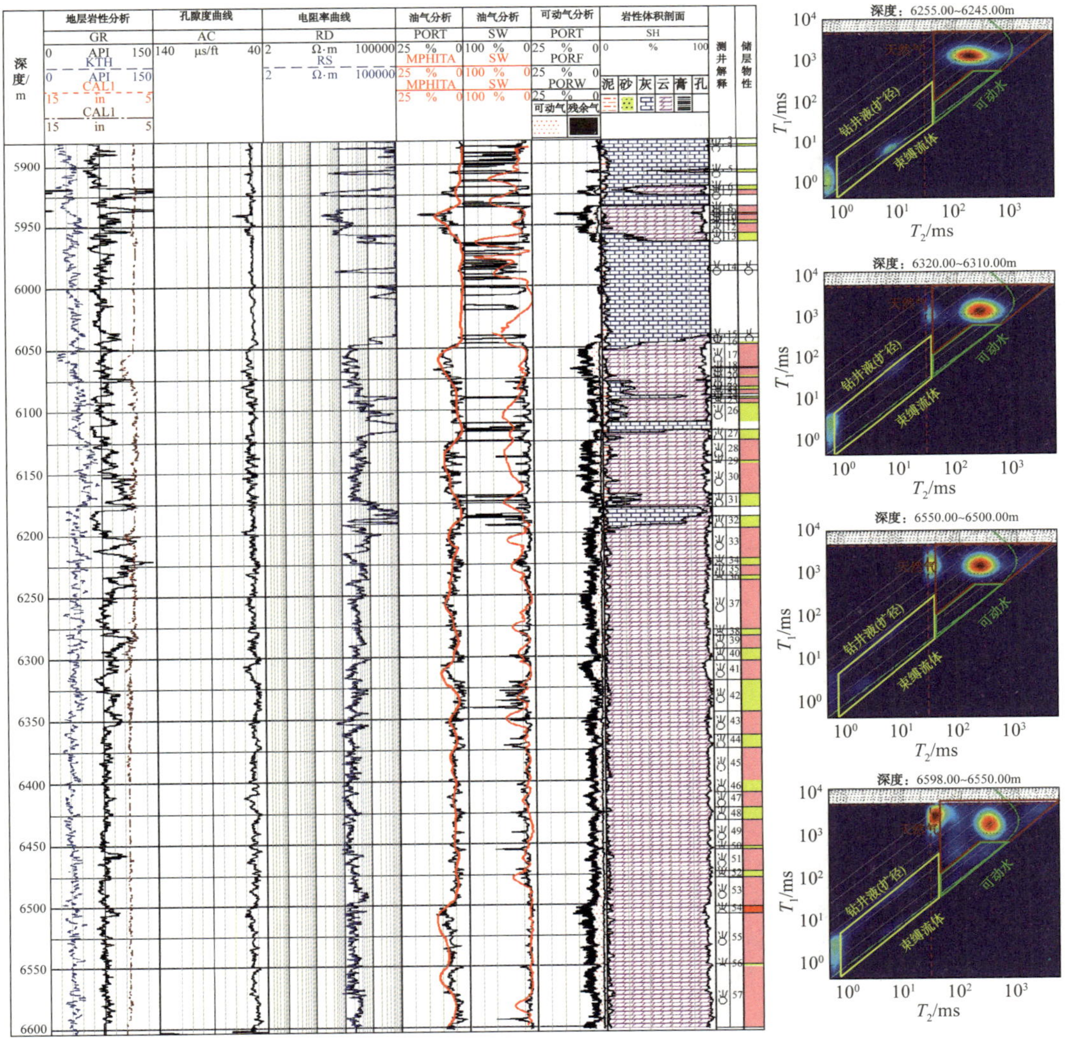

图 3　PZH6-2D 井测井综合评价图

根据核磁共振录井成果解释Ⅰ+Ⅱ类储层累计560.00m，Ⅲ类储层累计24m。利用核磁标定声波的方法，测井解释Ⅰ+Ⅱ类储层累计537.9m，Ⅲ类储层36m。解释成果具有较好的一致性。

利用二维核磁测井资料，结合常规测井资料，对上、下储层段流体性质进行了准确识别，测量井段均为含气储层，不含可动水，该认识最终获测试证实。

4　试油（气）结果

完钻后本井对雷四段全井段（5905~6616m）进行了酸化压裂测试，经酸压改造，5905~6616m测试获产天然气无阻流量157.2×$10^4m^3/d$。

5　结论与认识

（1）根据元素、气测、核磁孔隙度等资料，开展了地质建模工作，可准确识别目的层，为轨迹优化提供了依据，确保了长穿优质储层。

（2）针对彭州地区雷口坡组测井资料情况，采用核磁测井孔隙度标定声波曲线，并结合录井的岩屑矿物含量分析与元素录井资料，能准确进行雷四顶部储层矿物含量和孔隙度计算。

编写单位：西南测控公司
编 写 人：袁艳丽　刘忠明
审 核 人：王崇敬
审 定 人：葛　祥

51 川中北部斜坡带 CHSH1 超深井测录综合解释评价

1 概况

CHSH1 井是中国石油化工股份有限公司西南油气分公司在四川盆地川中隆起北部斜坡带柏垭鼻状构造部署的一口以震旦系上统灯影组四段为主要目的层的预探井，兼探寒武系下统龙王庙组，完钻井深 8420.00m，完钻层位：震旦系上统灯影组四段。

2 问题与难点

四川盆地海相层系的油气勘探程度较低，该区域栖霞组以下地层无实钻参考资料，邻区 MSH1 井钻达灯影组，但距离较远。本井主要目的层灯影组四段以碳酸盐岩台地沉积为主，优质储层与早期暴露溶蚀及云化作用密切相关，现场如何有效识别储层、识别流体性质是本井的解释难点。本井地质条件异常复杂，目的层超高温超高压力，给测井资料采集、测录井综合评价带来极大挑战。

3 解释评价

为了做好 CHSH1 井的解释评价，开展了四川盆地下组合地层油气地质调查和分析。同时期中石化钻达震旦系地层的还有 MSH1 井，该井震旦系和寒武系储层发育，但是油气显示较差。地质分析认为主要原因是震旦系和寒武系储层的烃源岩主要为寒武系筇竹寺组，而 MSH1 井在震旦纪到早奥陶纪时期位于古构造低部位，位于古海槽，造成烃源岩埋藏深度大，过早进入生烃门限，导致 MSH1 井寒武系和震旦系地层气显示较差。通过调研中石油高石梯－磨溪地区震旦系灯影组、龙王庙组油气成果发现，该地区位于古今构造高点，生储条件均较好，为大型油气田的形成奠定了良好基础。

（1）寒武系评价

CHSH1 井四开钻井过程中，油气显示活跃。寒武系洗象池组～筇竹寺组共识别出含气储层 20 层，累计厚度 290m（表 1），其中龙王庙组和筇竹寺组含气储层较发育，含气储层分别占地层厚度的 34.50%、46.71%。

表 1　CHSH1 井储层统计

	含气储层厚度 /（m/ 层）	地层厚度 /m	含气储层厚度占比 /%
洗象池群	23.50/5	123.50	19.03
陡坡寺组	4.00/1	69.00	5.80
龙王庙组	29.50/7	85.50	34.50
沧浪铺组	3.50/1	121.50	2.88
仙女洞组	23.50/2	77.00	30.52
筇竹寺组	206.00/4	441.00	46.71

以龙王庙组为例，本井岩性为灰色细晶白云岩、砂质白云岩，含砂白云岩、白云岩、含泥白云岩，综合解释储层共计 29.50m/7 层，在钻井液密度 1.90g/cm^3 的条件下，全烃值最高达 10.329%，显示较好；镜下薄片发育溶蚀孔及微裂缝，未充填，岩芯针尖孔及溶蚀孔发育（图 1），局部见少量裂缝，泥质半充填～全充填，岩芯孔隙度 1.1%~3.6%，渗透率（0.0274~0.0669）×10^{-3}μm^2，表现为低孔低渗的储集特征。

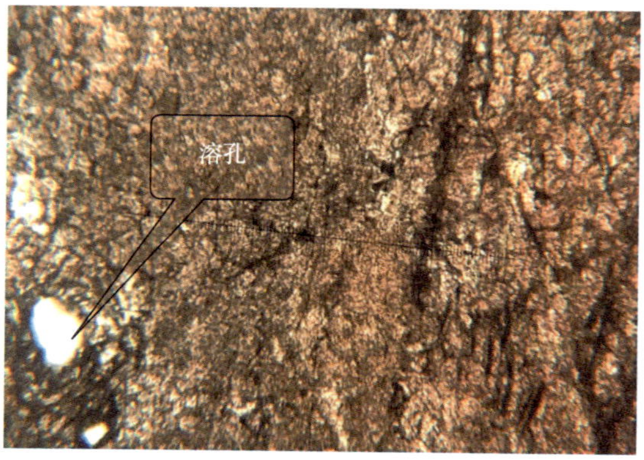

井深7506.36m砂质白云岩，单偏光，10×10

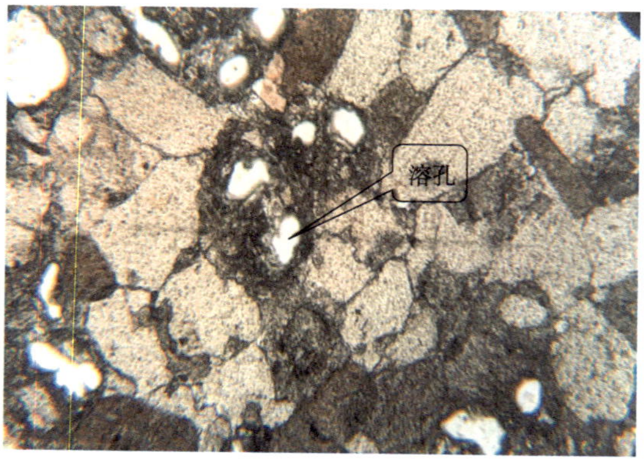

井深7506.00m细晶白云岩，单偏光，10×10

图 1　岩石镜下薄片照片

从测井曲线看（图 2），龙王庙岩性较纯，白云化程度高，三孔隙度曲线反映储层孔隙发育，电阻率中到高值，反映储层岩性、物性、含气性均较好。结合录井岩性特征，测井开展了储层岩性识别、物性参数计算、流体识别等工作，龙王庙组最终解释Ⅱ类气层 11.6m、Ⅲ类气层 7.2m。同样地，寒武系洗象池组、陡坡寺储层发育，油气显示活跃，整个寒武系利用测录井资料累计解释了Ⅱ类气层 29.7m、Ⅲ类气层 31.4m、含气层 18.7m，且不含水。

寒武系筇竹寺组同样油气显示活跃，按照页岩气储层评价思路，综合解释 6 层页岩气层，累计厚度 176.1m，包括Ⅰ类页岩气层 19.8m/2 层；Ⅱ类页岩气层 142.4m/3 层、Ⅲ类页岩气层 13.8m/1 层。总孔隙度 3.2%~8.2%、TOC 含量 2.8%~6.3%、总含气量 1.9~6.4m^3/t。

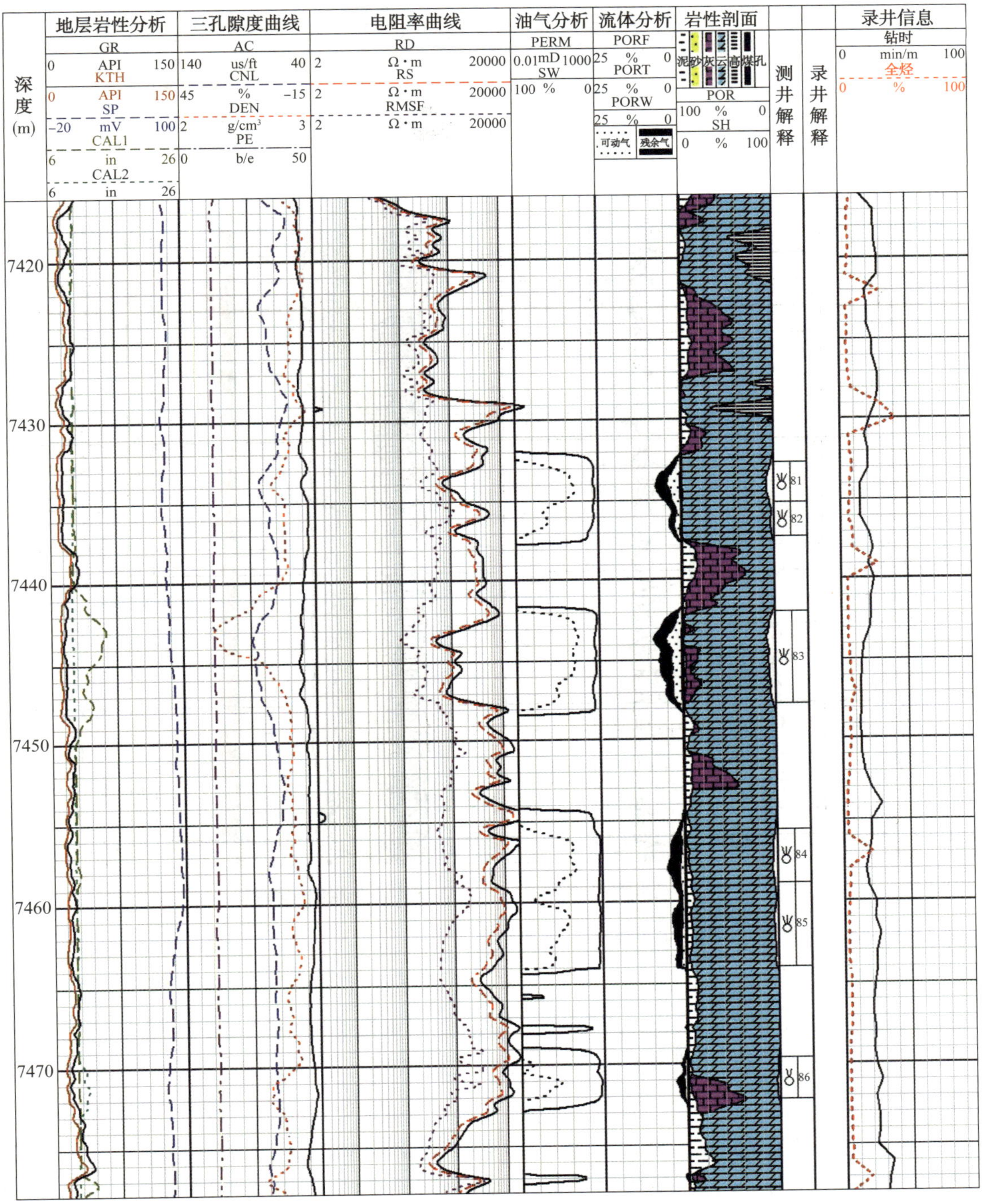

图 2　CHSH1 井四开龙王庙组测井综合解释成果图

筇竹寺组作为烃源岩，录井气显示活跃，测井评价反映储层品质好，为寒武系其他地层提供了丰富的烃类供给，钻井过程中全烃显示较好，测井曲线表现为高声波、低密度、高电阻率，为优质的页岩气储层的特征。(图 3)。

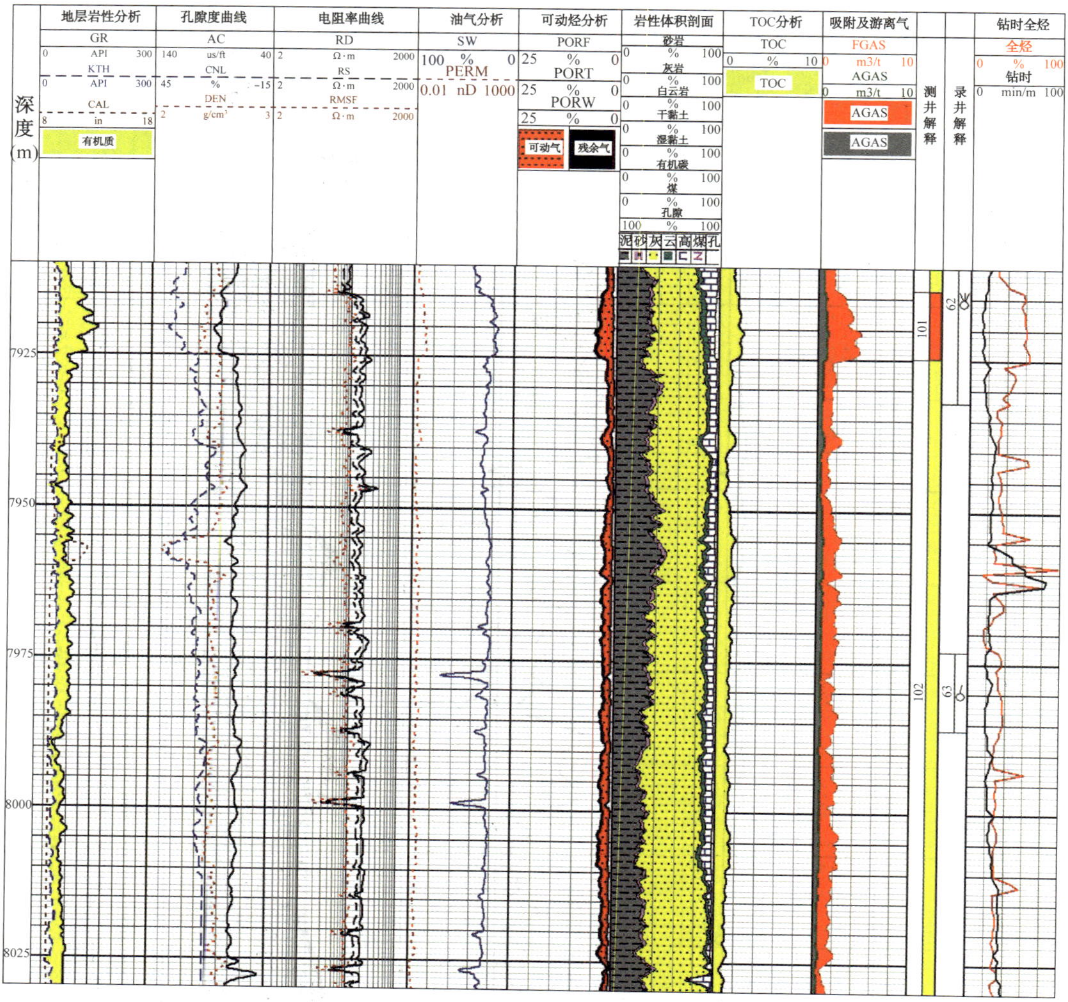

图 3　CHSH1 井四开筇竹寺组测井综合解释成果图

（2）震旦系灯影组测录井评价

应用常规综合录井、岩屑薄片以及元素分析数据，有效解决了灯影组储层识别问题。本井目的层灯影组岩性为浅灰、灰色中晶白云岩、藻屑细晶白云岩、藻迹粉晶白云岩及亮晶藻凝块白云岩，侧钻井段解释气层～微含气层共 5 层，累计厚度 115m，全烃值最高达 67.79%；回填井段解释气层～含气层共 6 层，累计厚度 50.73m，全烃值最高达 48.347%，在井深 8153.63~8153.76m 出现放空现象，镜下薄片显示本段溶孔及微裂缝发育，有机质半充填～未充填，溶孔、裂缝分布不均、连通性较好（图 4、图 5），回填井段岩芯面孔率高达 25%，裂缝发育，沥青质半充填～未充填，局部被泥质及石英颗粒全充填，岩芯孔隙度 3.4%~7.9%，渗透率（0.044~129.051）$\times 10^{-3}\mu m^2$，在孔隙度变化不明显的情况下，渗透率表现出较强的非均值性，反映孔隙后期改造作用明显，有利于优质储层发育，储层类型为裂缝～孔隙型。

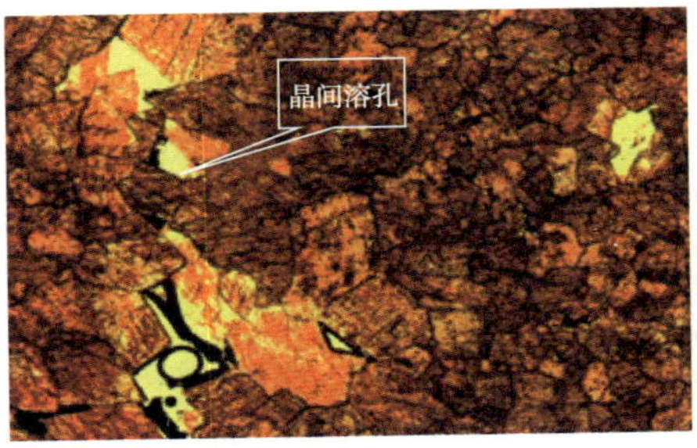

8158.00m中晶白云岩，单偏光，10×10

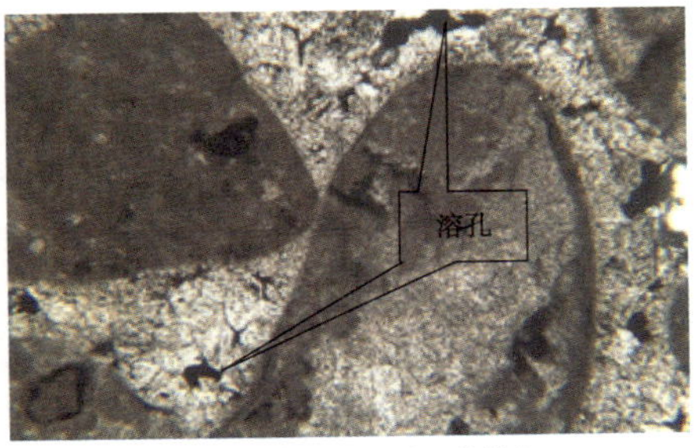

8222.00m亮晶藻凝块白云岩，单偏光，10×10

图 4　侧钻段岩石镜下薄片照片

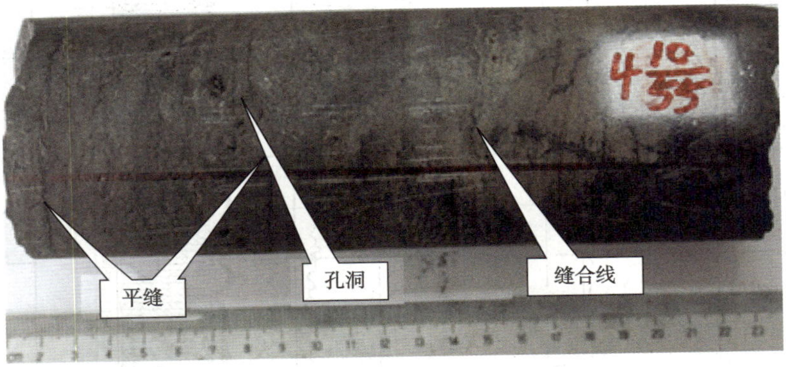

图 5　CHSH1 井四回次岩芯平缝及缝合线发育照片

五开井底测量温度为 178℃，考虑到钻井井筒温度通常会低于地层真实温度，根据地温梯度预测了井底实际地层温度超过 190℃。超高井温会导致中子仪器测值偏低，进行测井综合评价时，首先对中子曲线进行了井温、钻井液密度校正，校正后补偿中子曲线与原始补偿中子曲线关系见图 6，可见校正以后补偿中子曲线与原始曲线有较大变化，校正工作对后续储层评价工作意义重大。

灯四段顶部储层表现为井径规则、低伽马、高中子、高声波、低密度；电阻率在高阻背景下降低（图 7）；成像测井见溶蚀孔发育、局部发育低角度和斜交缝（图 8）。电性特征较好，反映含气丰度。应用校正以后的补偿中子曲线参与综合处理解释，在灯四段顶部解释一套优质储层，累计厚度 75.2m，包括 5 层Ⅱ类气层，累计 12.3m；9 层Ⅲ类气层，累计 62.9m。

由于川北探区灯影组钻井较少，针对灯影组的储层评价标准，进行了公开文献资料调研。本井灯影组储层电阻率 300Ω · m 至数千，含水风险较小。前面分析认为，本井寒武系筇竹寺组烃源层地化参数优良，可为寒武系和震旦系地层提

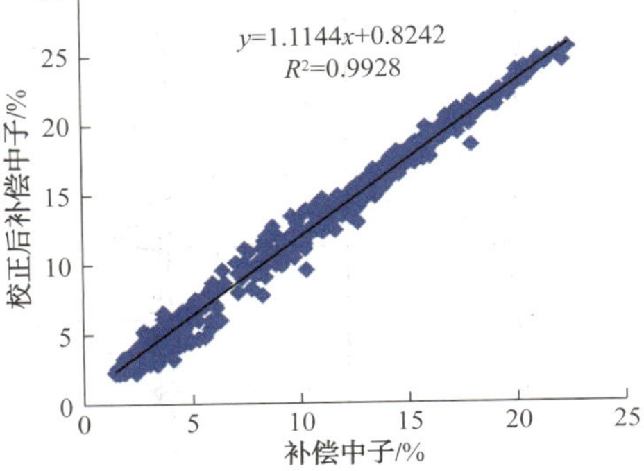

图 6　CHSH1 井五开补偿中子校正成果图

供充足的烃源供给。因此，综合分析认为灯影组顶部这一套优质储层不含水，综合评价为气层。

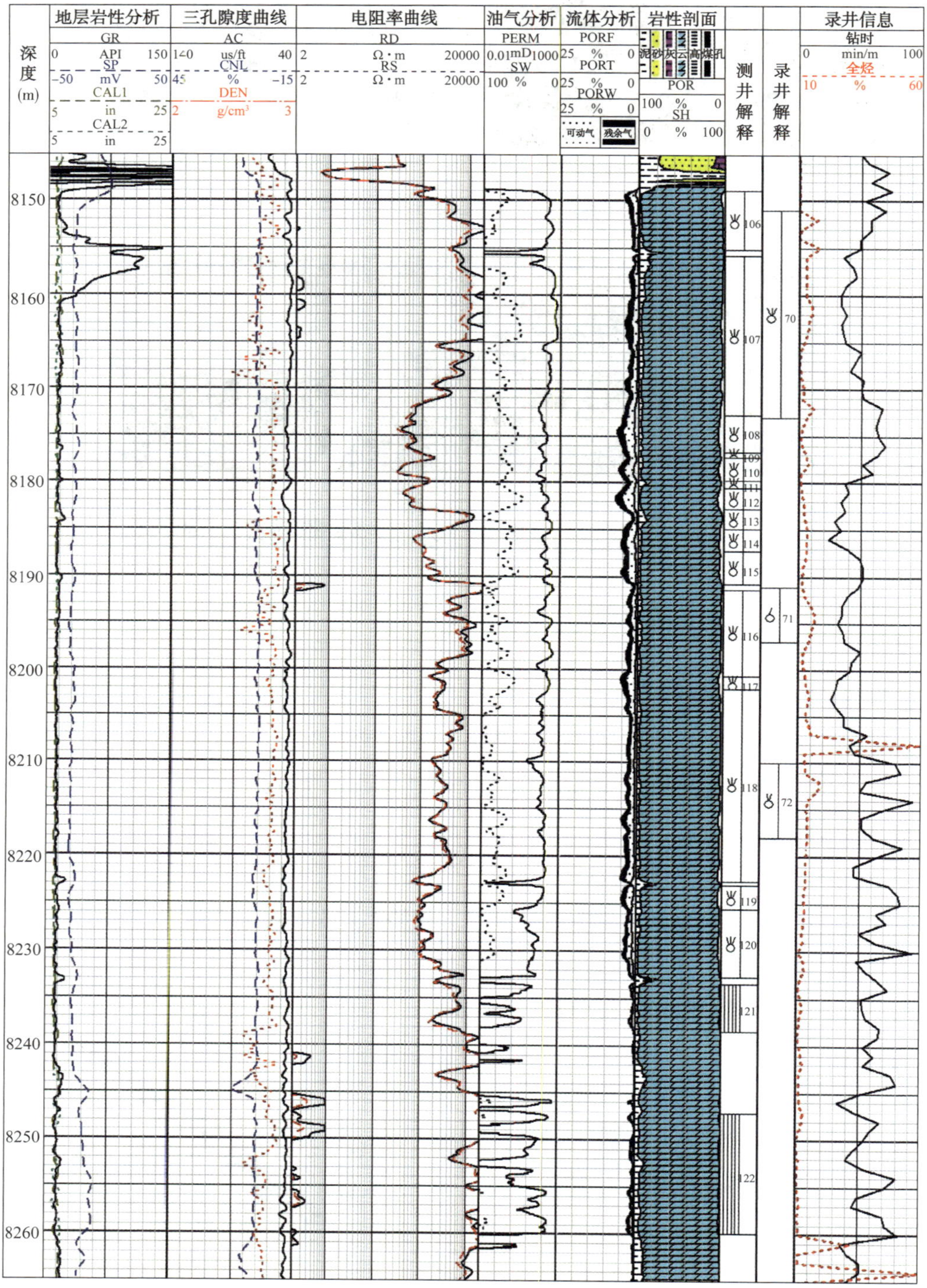

图7 CHSH1井灯四段综合解释成果图

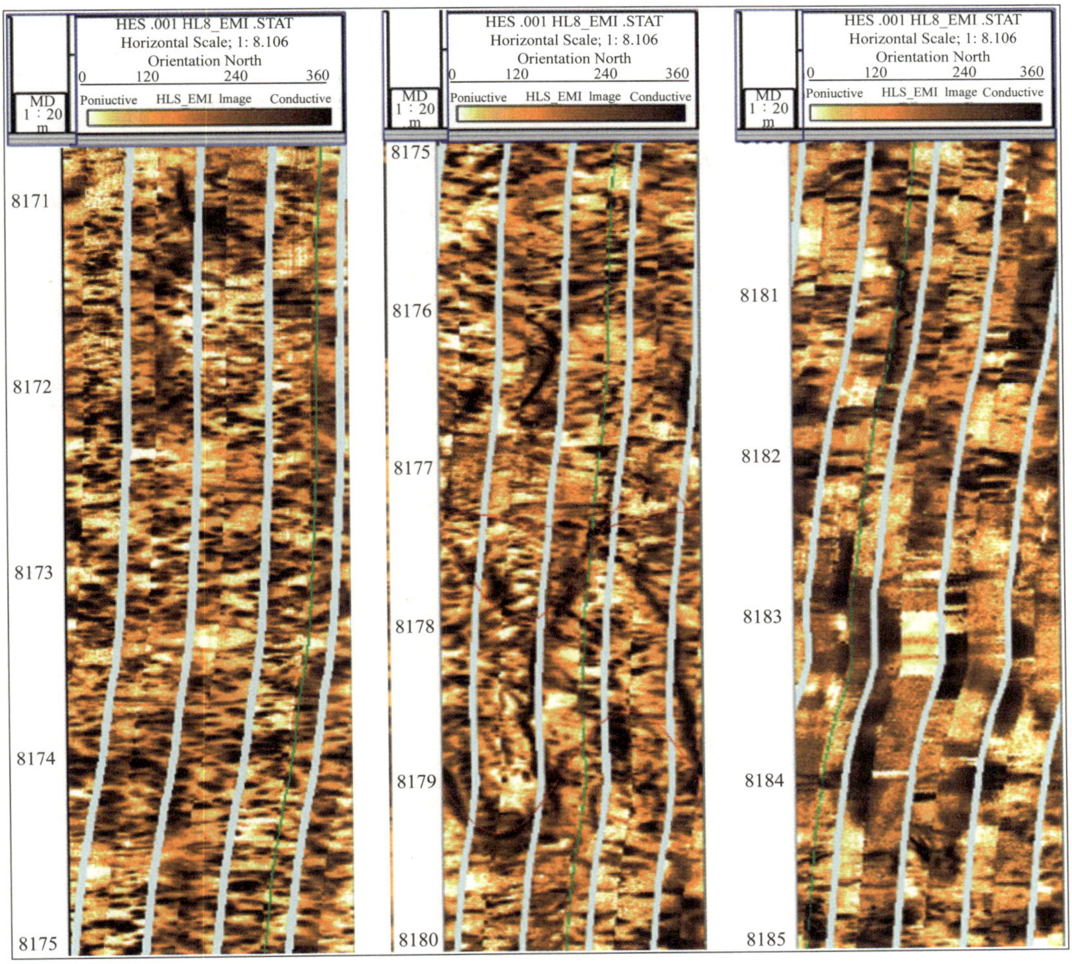

图 8 灯影组电成像处理成果图

4 试油（气）结果

根据本井测录井评价成果，向甲方建议对震旦系顶部优质储层进行第一回次测试，对龙王庙组和仙女洞组进行第二回次测试。该测试建议获得甲方采纳，但是由于超深井测试的工程问题，导致本井测试工作未完成。

参考本井揭示的油气成果，中石油相关单位随后在川中隆起北部斜坡带的相邻构造位置部署风险探井 PT1 井，在灯影组获得了超 $100\times10^4m^3/d$ 的测试产量。

5 结论与认识

（1）常规气测录井资料对本区灯影组的油气检测效果灵敏有效，优质储层段气测显示明显。

（2）常规综合录井结合薄片镜下鉴定、岩芯观察及岩芯物性分析，可以有效的识别出优质储层。

（3）受超深井高温环境影响，中子测值将偏低。在高温井测井处理解释前，需要对补偿中子测井曲线进行温度和钻井液影响校正，方能正确评价储层。

（4）CHSH1 井筇竹寺组良好的烃源品质，预示了川中隆起北部斜坡带下组合的含油气潜力，为四川盆地下组合勘探提供了成功思路。

编写单位：西南测控公司
编 写 人：刘忠明　李永川
审 核 人：王崇敬
审 定 人：葛　祥

52 大牛地气田伊陕斜坡 SH3 井缝洞型白云岩储层测录井综合解释评价

1 概况

SH3 井是华北油气分公司部署在大牛地气田中部石板太斜坡成藏带东部的一口预探井，主要目的是重点探索奥陶系马家沟组马四段黄家圈闭储层发育情况及其含气性，兼顾评价马五 $_6$ 和马五 $_7$ 亚段储层发育情况及含气性。该井位于圈闭构造较高位置和裂缝发育带，储层相对发育，具备天然气富集成藏的地质条件。SH3 井设计井深 3600.00m，目的层为马四段，兼探马五 $_6$ 和马五 $_7$ 亚段。于 2021 年 3 月 20 日开钻，2021 年 4 月 11 日完钻，完钻井深 3615.00m，完钻层位太古界。实钻资料显示，本井区烃源岩厚度较大，石板太斜坡成藏带已有多口井分别在马五 $_7$ 亚段和马五 $_6$ 亚段取得产能突破，在马四段取得气流突破，证实了盐下含气层系具有良好的成藏条件。

2 问题与难点

大牛地区块纵向上岩石矿物变化大，特别是目前勘探重点层位马五 $_{6+7}$ 岩性复杂，发育含膏白云岩、黏土质白云岩、泥晶白云岩、白云质泥岩、泥岩等岩性，后期岩溶改造又形成颗粒支撑角砾岩、杂基支撑角砾岩等岩性，岩性复杂；碳酸盐岩地层非均质性强、各向异性明显，储层孔隙类型复杂多变，裂缝、溶孔发育规模不一，形式多样，测井响应非常复杂，给测井评价带来了多解性、不确定性和模糊性。

3 解释评价

3.1 录井综合分析评价

录井气测、薄片、元素等资料，基于其对油气显示分析的直接性，对深层储集空间类型、流体性质评价较敏感。测井评价主要应用双矿物交会技术计算矿物含量、孔隙度等地质参数，应用交会图版、电阻率差异法、饱和度结合录井全烃值等综合判断流体性质，开展储层的综合评价。

岩芯录井井段 2990.00~3007.07m，根据岩芯观察，本段发育灰色含灰白云岩、灰黑色灰岩、灰色灰质白云岩，岩芯较破碎，发育高角度裂缝及水平缝；通过元素录井技术分析，本段元素特征为：Mg 高值（8.984%）、Ca 低值（21.089%），元素曲线基本重合，元素解释为含灰白云岩（图 1），属白云岩储层；马四$_1$白云岩储集空间类型主要发育有溶蚀孔、晶间孔、微裂缝，通过薄片分析可以看出此段裂缝较发育（图 2、图 3），为基质－裂缝性储层；本段 35 层随钻气测全烃由 0.084% 上升至 0.746%，净增值 0.662%（取芯钻进），利用气测录井快速解释判定为气测异常层；综合岩芯、元素、气测、薄片等录井资料，评价为基质－裂缝型气测异常层（表 1）。本井段测井解释泥质含量较低，孔隙度高、渗透率中等，属中等储集层（图 4）。

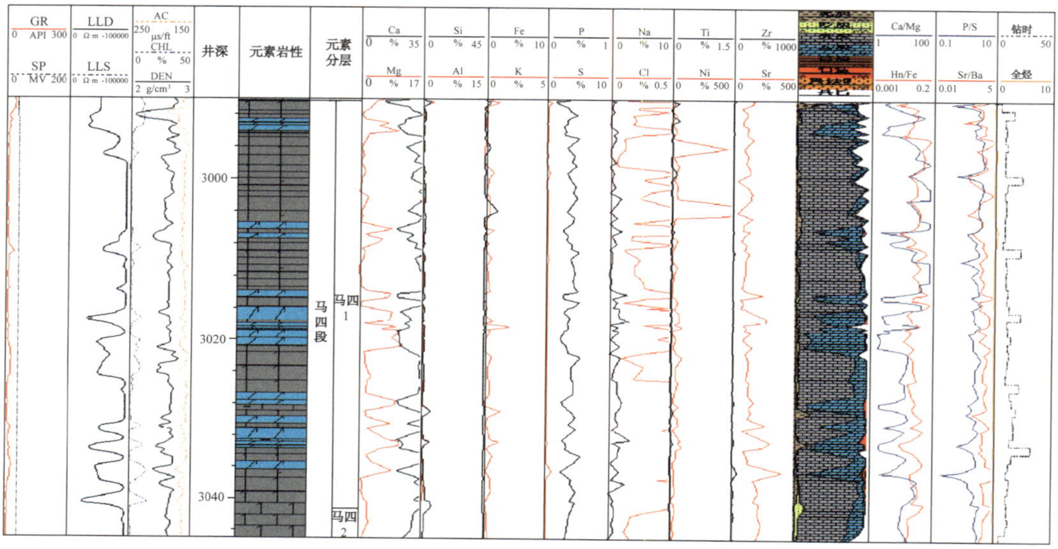

图 1　SH3 井马四$_1$测井－元素综合剖面图

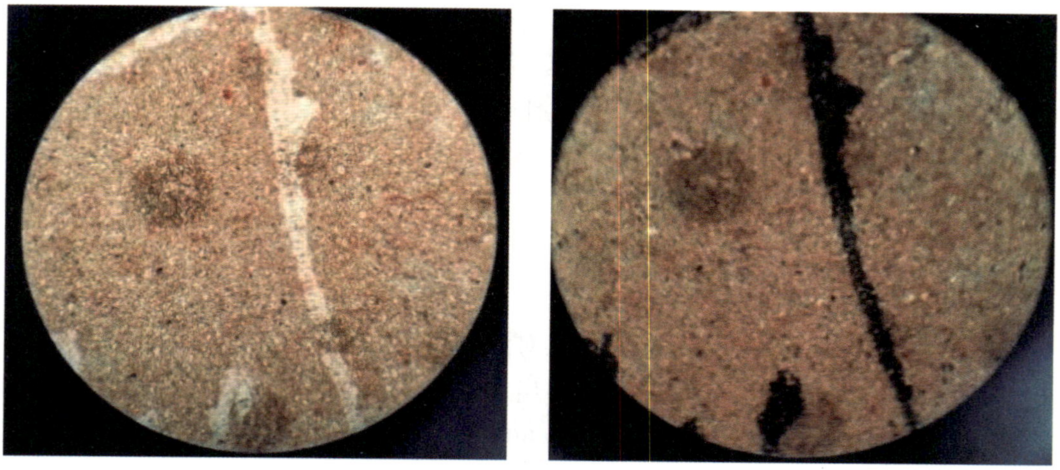

图 2　3005.59m，灰色含灰白云岩，纵向裂缝未填充

图 3　灰色含灰白云岩，纵向裂缝未填充（3005.59~3005.85m）

表 1　SH3 井 2993.0~3006.0m 油气显示

地质								气测											钻井液			备注
层号	井深 / m	视厚 / m	岩性	录井评价	荧光直照	系列对比		钻时 / (min/m)	全烃 / %	基值 / %	净增值 / %	C_1/ %	C_2/ %	C_3/ %	iC_4/ %	nC_4/ %	H_2/ %	CO_2/ %	密度 / (g/cm³)	黏度 / (mPa·s)	槽面观察	
					颜色	溶液色	荧光色															
33	2993.00~2994.00	1.00	灰色含灰白云岩	可疑基质 – 缝洞型气测异常层	无	无	无	10	0.191	0.075	0.116	0.111	0.005	0.001	0.001	0.000	0.013	0.106	1.15	63	无	取芯
34	2995.50~2996.50	1.00	灰黑色灰岩	缝洞型气测异常层	无	无	无	12↓10	0.414	0.094	0.320	0.347	0.014	0.002			0.015	0.093	1.15	63	无	取芯
35	3005.00~3006.00	1.00	灰色含灰白云岩	基质 – 裂缝型气测异常层	无	无	无	24	0.746	0.084	0.662	0.556	0.029	0.004			0.017	0.105	1.15	65	无	取芯

3.2 综合评价

SH3 井综合测井成果图表明（图 4），第 33 号层的储层自然电位异常幅度小，自然伽马值较低，深侧向电阻率 71~87Ω·m，微球曲线明显降低，声波时差明显增大，密度变小，显示裂缝发育。依据试气资料与测井响应特征分析，制作测井声波时差与侧向电阻率交会图（图 5），第 33 层数据点落在裂缝型气层范围内。测井解释为裂隙气层，有效厚度 1.9m。依据该评价标准综合测录井资料第 34、35 层分别解释为含气层和差气层。

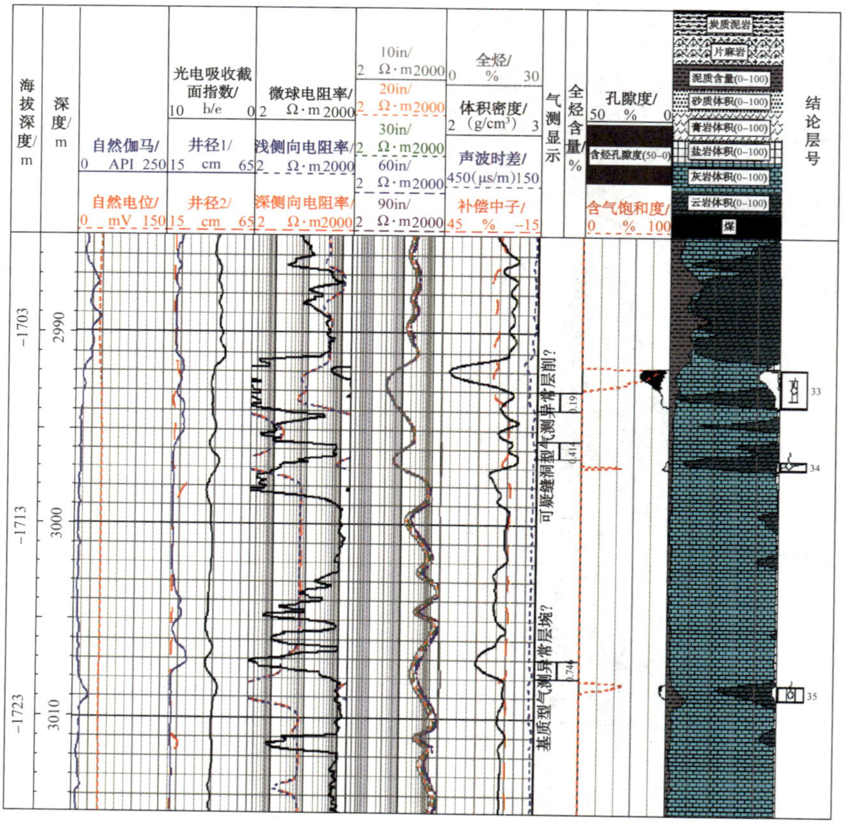

图 4　SH3 井综合测井成果图

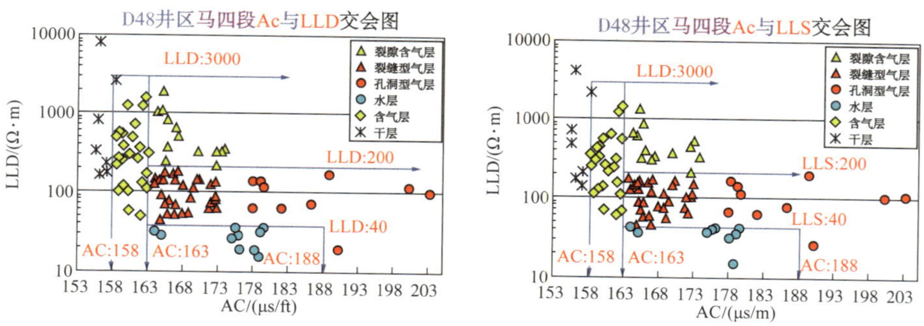

图 5　声波时差与侧向电阻率交会图

4 试油（气）结果

井段 2991.8~2993.7m，3008.2~3009.0m 压裂试气，日产气 $0.9\times10^4m^3$，实现了下古生界奥陶系马四段白云岩储层勘探重大突破，证实了测录井资料分析的准确性。

5 结论与认识

（1）元素录井技术结合常规岩屑、岩芯录井技术可对下古生界碳酸盐岩的岩石成分进行定量分析，本井马四段主要发育灰黑色灰岩，局部发育灰色含灰白云岩、灰色灰质白云岩。

（2）通过岩芯观察、薄片分析、马四$_1$白云岩储集空间类型主要有溶蚀孔、晶间孔、微裂缝；灰岩储集空间类型主要为微裂缝。

（3）气测录井资料因其检测油气的直接性，对深层流体性质评价较敏感，在碳酸盐岩储层中具有独特优势，结合储层储集空间类型，可快速识别流体性质。

（4）为准确评价下古生界储层有效性，需要加强区块研究，建立测井解释标准，采集核磁共振信息，计算可动流体体积，准确评价储层有效性。

（5）后期需要加强测录井对大牛地气田下古生界储层的综合评价分析，利用元素录井、X 衍射、薄片分析，结合测井成像技术等综合资料对下古生界储层形成系统的评价方法。

编写单位：华北测控公司
编 写 人：刘明汐　田　飞
审 核 人：王　邦
审 定 人：冉利民　周贤斌

第 三 章

页岩油气藏

中国页岩油气资源潜力大且地质条件优越，各地质历史时期的页岩地层均十分发育，既有有机质丰度达到很好－极好标准的南方海相页岩地层，也有北方陆相页岩地层。我国页岩气资源丰富，地质资源量达 $80\times10^{12}m^3$，累计探明地质储量 $1.8\times10^{12}m^3$（郭为等，2023），页岩油技术可采资源量为 618×10^8t（马永生等，2022），有着广阔的勘探开发前景。中国页岩油气主要分布在四川、鄂尔多斯、渤海湾、苏北、松辽、江汉、吐哈、塔里木和准噶尔等含油气盆地。页岩气资源主要分布于下古生界的下寒武统、下志留统－上奥陶统顶部，主要为海相页岩，以扬子克拉通地区最为典型。上扬子地区下寒武统普遍发育黑色泥页岩，有机碳含量较高，最高可达12%，为中国页岩气勘探最有潜力的地区。页岩油资源主要分布于陆相富含油气盆地二叠系至古近系的多套富有机质页岩层系中，主要为陆相页岩，具有岩相类型多、储层非均质性强、有机质类型多、热演化程度较低、储集空间以无机孔和微裂缝为主、原油可流动性相对较差等特点（马永生等，2022）。

页岩油气藏与其他类型油气藏的显著差别在于其具有典型的“自生自储”特点，这也导致了页岩油气资源评价及开发工程技术的显著不同。国内外公开发表的研究文献显示，页岩油气地层评价主要内容包括页岩油气识别、页岩生烃潜力评价、页岩储集参数计算及岩石力学特性分析等。页岩油气的测录井评价与解释主要集中在岩相判识、矿物组分含量计算、元素化学地层剖面建立、地化参数的计算、储层压力参数预测、物性和含油气性分析的地质甜点评价，以及可压裂性分析的工程甜点评价等方面。

中国石化在四川盆地、渤海湾盆地、苏北盆地等的页岩油气勘探均获得重大进展，取得了良好的勘探效果，根据其主要分布及特点形成了区域特色的测录井解释评价技术。

（1）四川盆地页岩油气藏分布在三种类型多套富有机质页岩地层中，寒武系筇竹寺组、奥陶系五峰组－志留系龙马溪组海相、二叠系吴家坪组海陆过渡相、侏罗系千佛崖与自流井组湖相是盆地富有机质页岩的典型代表。不同区域、不同类型页岩油气藏的岩性、储层、地层压力、可压性等均不同，通过综合应用元素、地化、定量荧光、岩性扫描、成像、多极子阵列声波、微地震压裂监测等多项测录井新技术，综合评价岩层的岩相、地化特性、可流动性、含油气性、物性、可压裂性等特征分析，建立了评价地质工程“双甜点”的技术系列。近年来，在JSH103HF井筇竹寺组页岩气，PSH1井、DY7井五峰组－志留系龙马溪组超深页岩气、JY10井五峰组－志留系龙马溪组常压页岩气，HY1井吴家坪组常压页岩气，LY1井自流井组页岩油、PLY1井千佛崖页岩油气等井应用取得良好的效果。

（2）渤海湾盆地页岩油主要分布在古近系沙河街组三段、沙河街组四段，页岩厚度大，有机质丰度高、成熟度分布范围宽，具有基质孔隙且普遍发育微裂隙，矿物成分复杂、岩石类型丰富、储层非均质性极强，受有机质丰度、矿物含量、孔隙度等多重影响，有效储层识别和储层渗流能力评价难度大。运用显微荧光、扫描电镜、多维核磁、碳同位素、成像测井、岩性扫描测井、多极子阵列声波等多项测录井新技术，通过含油性、储集性、可动性、可压性评价，建立了页岩油地质工程“双甜点”评价的技术系列及解释标准，FYP1、NX55、BYP5、FY1HF 等井应用证实了解释评价技术的有效性。

（3）苏北盆地页岩油藏主要分布在古近系阜宁组，岩石类型较复杂、脆性矿物含量整体较高，有效储集空间为微裂缝和孔隙，有机质丰度较低，是苏北盆地页岩油藏的典型特征。由于勘探程度低，页岩层有效性及含油性评价难度较大。应用地化录井、元素测录井、成像测井、核磁共振测井、多极子阵列声波测井等方法，初步建立了一套适合区域储层特征的地质工程双甜点评价技术和解释标准。在 SHD1、HY1HF 等井中应用取得良好的效果。

（4）江汉盆地页岩油储层主要分布在潜江凹陷古近系潜江组，为常压的盐间页岩油藏，以富碳纹层状泥质云岩相为主，具有优质的烃源、良好的储层，含油性好；油藏富集的关键因素为储集条件和含油性。盐间页岩油储层受岩石类型复杂、薄互层变化频繁，储集空间复杂，物性变化大等影响，储层与含油性评价难度大，应用岩石热解色谱、定量荧光录井技术，加强测井解释技术研究，准确计算孔隙度、含水饱和度等参数，初步建立了区域页岩油解释评价标准，在 BYY1HF、W99 等井应用中取得较好效果。

53 博兴洼陷 FYP1 井富灰质基质型页岩油测录井综合解释评价

1 概况

FYP1 井位于济阳坳陷东营凹陷博兴洼陷 F119 井鼻状构造带。目的层：沙河街组四段纯上亚段（简称纯上亚段）。钻探目的：探索博兴洼陷北部纯上亚段页岩含油气情况。本井导眼井实钻井深 3550.0m（垂深 3364.0m），完钻层位为沙河街组四段纯下亚段（简称纯下亚段）；水平井实钻井深 5364.00（垂深 3564.0m），完钻层位为纯上亚段。

博兴洼陷沙河街组三段（简称沙三段）、沙四段暗色泥岩发育，有机质丰富，热演化程度高，为成熟的烃源岩。博兴洼陷镜质组反射率（R_o）为 0.7%，对应深度 3200.0m，明显浅于东营凹陷 R_o 为 0.7% 的深度（3500.0~3600.0m）。本井区纯上亚段 2 砂组成熟度高、含油性好，发育碳酸盐岩夹层，产出条件好，属中高演化程度富碳酸盐岩页岩油甜点区。本井区纯上亚段含油性好，薄互层泥灰岩夹层发育，可压性好，形成构造 – 岩性油气藏。

2 问题与难点

本井为博兴洼陷第一口中成熟度富碳酸盐岩页岩油水平井，井区页岩油储层属陆相湖盆沉积相，油气存在于富含有机质的泥页岩及碳酸盐岩、砂岩薄夹层中，矿物成分复杂、岩石类型丰富、储层非均质性极强。页岩油的解释评价不同于常规油气层评价方法，受有机质丰度、碳酸盐岩含量、黏土含量、孔隙度、流体性质等多因素影响，有效储层识别和储层渗流能力评价难度大，故运用各种测录井技术如何准确对页岩油层岩性、储集性、含油性、可压性“四性”开展评价为本井难点。

3 解释评价

测井研究立足甜点评价，利用常规测井资料曲线重叠法和幅度变化分析法划分岩相，建立多参数评价标准，实现页岩油地质甜点评价，利用正交多极子声波测井计算岩层的脆性指数等工程参数，进行可压性评价，评价工程甜点，为精细优化选层提供技术支持。

录井综合利用碳同位素数据进行烃源岩评价；利用岩矿薄片、多维核磁、气测数据结合岩性和测井物性进行储集性综合评价；利用元素录井结合测井资料进行脆性评价；利用碳同位素数据结合气测、地化进行含油气评价。

3.1 岩相分析

以 FYP1（导眼）井岩芯观察与分析为基础，细分为 7 种岩相类型：富有机质纹层状亮晶灰岩泥岩互层、富有机质纹层状泥质灰岩、富有机质纹层状灰质泥岩、富有机质层状泥质灰岩、富有机质层状灰质泥岩、含有机质隐晶纹层含泥灰岩、含有机质灰质砂岩（图 1）。

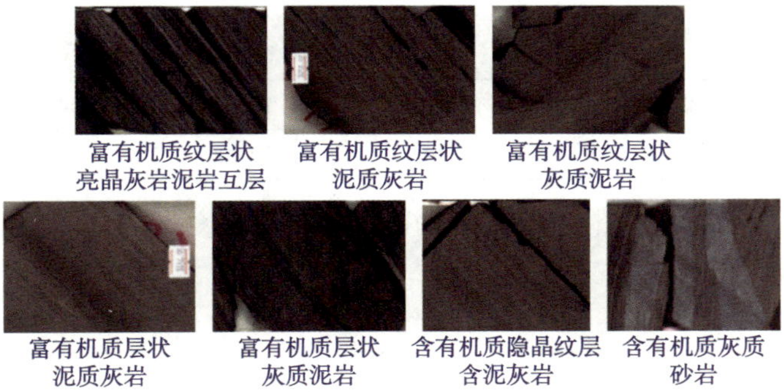

图 1　FYP1 井岩相图

岩芯刻度测井信息建立测井相，进行了岩性识别，泥质灰岩测井特征为“两高三低”：高电阻率、高密度、低自然伽马、低声波时差、低中子；灰质泥岩测井特征为“四高一低”：高电阻率、中高自然伽马、高中子、高声波时差、低密度；有机质含量通过曲线重叠法定性分析，重叠黄色区域宽的井段电阻率高、声波时差大的地层为富有机质地层，重叠黄色区域窄的井段电阻率低、声波时差增大，为含有机质的地层（图 2）。

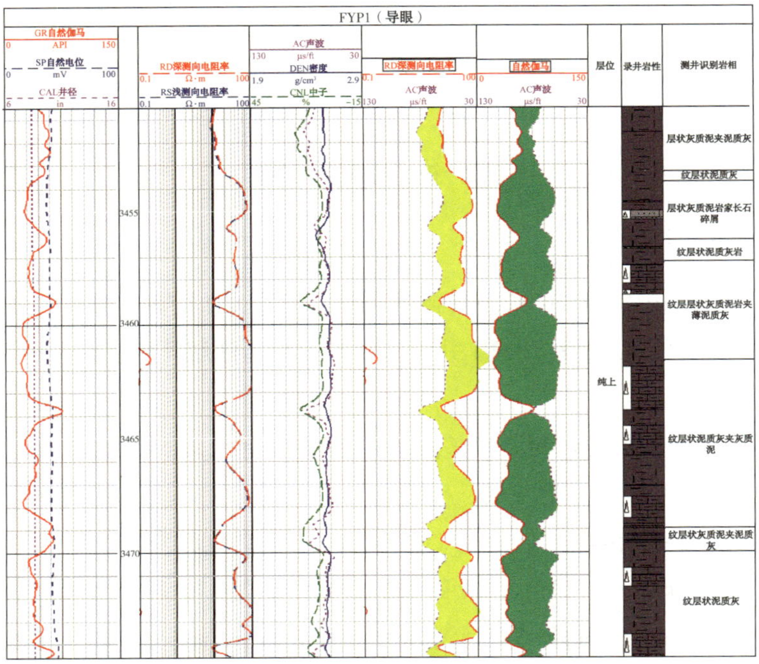

图 2　FYP1（导眼）井测井识别岩相图

3.2 源岩条件评价

根据热解地化烃源岩分析数据，井段 3100~3540m 烃源岩评价为Ⅰ型成熟好烃源岩（表 1）。

表 1 FYP1（导眼）井烃源岩评价表

序号	井深 /m	厚度 /m	岩性	S_0/（mg/g）	S_1/（mg/g）	S_2/（mg/g）	P_g/（mg/g）	S_t/（mg/g）	T_{max}/℃	有机质类型	烃源岩分级	成熟度
1	3100~3320	220	深灰色泥岩	0	1.99	11.19	13.18	25.74	443	Ⅰ	好	成熟
2	3320~3540	220	深灰色泥岩	0	3.14	7.76	10.90	22.18	447	Ⅰ	好	成熟

从碳同位素评价谱图（图 3）看，本井烃源岩成熟度在 0.7%~1.0%，为演化阶段中期，流体处于易流动阶段。

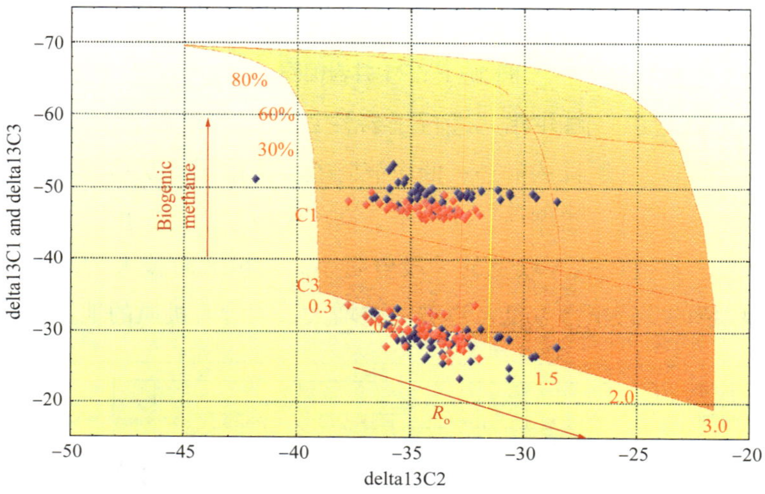

图 3 碳同位素评价谱图

3.3 储集性评价

FYP1（导眼）井箱体 3470~3473m，测井利用多矿物方法计算孔隙度为 5.4%，上下Ⅰ类页岩油层计算孔隙度可达 7.5%，FYP1 井（水平段）页岩油层孔隙度测井计算在 3%~7.5%，储集空间好。

取芯段岩芯镜下呈明暗相间条带（图 4），储集空间为多尺度的层理缝和高角度构造缝，层理缝多未充填，构造缝半充填。

FYP1 井（水平段）多维核磁谱图（图 5）看，夹层型页岩呈双峰或三峰特征，岩石孔喉多数 < 0.4um，为基质孔隙（干酪根网状孔、矿物晶间孔等），存在 > 0.4um 的相对大孔、粒间孔和少量微裂缝。储集空间主要为有机质孔隙，裂缝欠发育。核磁孔隙度一般在 5%~6%。

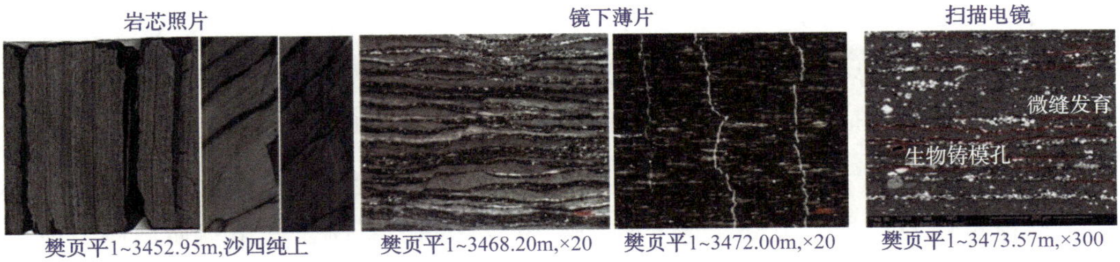

图 4　FYP1（导眼）井取芯段分析化验谱图

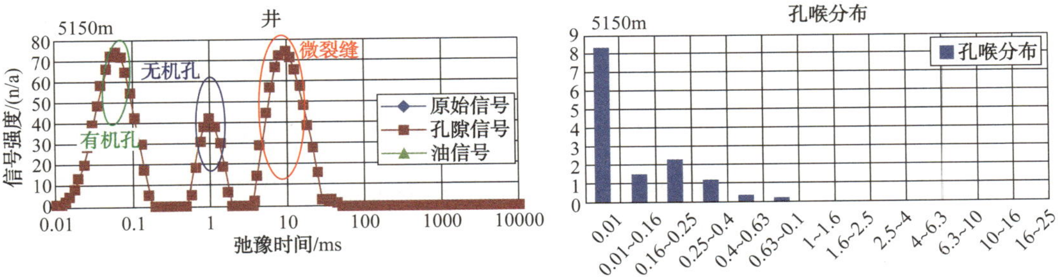

图 5　FYP1 井（水平段）5150m 多维核磁谱图

夹层在页岩油中起着储集、支撑和导流作用，碳酸盐岩、砂岩夹层储集能力好，且往往与纹层状泥质灰岩相共生，物性、含油性好。本井水平段碳酸盐岩夹层较发育，夹层占比 73.5%，水平段 3642~5012m 夹层占比 84.3%，储集能力较好；井段 5012~5364m 夹层占比 32.7%，储集能力略差。FYP1 井整体物性较好。

3.4　含油气评价

测井电阻率与声波重叠法显示本段有机质含量高，含油性好。

录井根据即时测得泥浆气甲烷碳同位素值分馏程度，同时参考 2 天、4 天、8 天不同时间序列下岩屑气甲烷、乙烷、丙烷组分含量值变化及综合录井仪所测得的气测全烃、甲烷值共同评价地质甜点段。

水平段井段 3324~3635m、3828~4089m、4450~4827m 气测录井异常明显，地化分析数值高，碳同位素分馏程度高，不同时间序列下的 C_1–C_3 组分含量高，含油性好；井段 3635~3828m、4089~4450m、4827~5364m 气测录井异常较明显，地化、定量荧光分析数值较高，碳同位素分馏程度较高，不同时间序列下的 C_1–C_3 组分含量较高，含油性中等－差。

3.5　可压性评价

地应力方向评价：

正交多极子声波处理成果表明，利用各向异性确定最大主应力方向为 88°，钻进方位为 21°，与最大水平主应力方向夹角为 67°，有利于后期压裂形成复杂网状裂缝（图 6 右）。

岩石力学脆性指数计算：

脆性指数是评估页岩可压性的一个极其重要的参数，与录井和测井根据矿物含量计算的脆性指数不同的是，岩石力学脆性指数是基于页岩的机械特性形成的评价页岩脆性的方法。

杨氏模量以及泊松比反映了岩石应力－应变共同的影响，比单独使用应力或者应变更能准确地量化脆性，具有较高杨氏模量以及低泊松比的岩石更容易发生脆性破裂。Rickman 等（2008）根据杨氏模量和泊松比提出了量化脆性指数 BI 的方法，如下式所示：

$$BI=\frac{1}{2}\left(\frac{E-E_{min}}{E_{max}-E_{min}}+\frac{\upsilon_{max}-\upsilon}{\upsilon_{max}-\upsilon_{min}}\right)$$

式中，E_{max} 和 E_{min} 分别为研究层段内的最大和最小杨氏模量，GPa；υ_{max} 和 υ_{min} 分别为研究层段内的最大和最小泊松比，无量纲。其中，根据声波法得到的为动态弹性参数，需要进行动静态转换得到静态弹性参数。

岩石力学实验结果表明，东营凹陷页岩层 BI ≥ 60 时可压性好，BI 为 50~60 时可压性中等，BI 为 40~50 时可压性差。

可压性分析：

多极子阵列声波信息是设计和优化页岩油分级压裂方案不可或缺的重要信息。根据岩石力学脆性指数、破裂压力、矿物脆性指数等动静态参数的匹配关系，评价页岩的可压性。

FYP1 井测井计算的脆性矿物含量基本大于 70%。正交多极子声波处理成果表明，地层纵、横波变化幅度较小，计算获得的岩层应力差、破裂压力、岩石力学脆性指数等变化较小。水平段的岩石力学脆性指数多大于 50，根据破裂压力及脆性指数的匹配关系对储层进行可压性划分，该井可压性级别好的井段为 986m，中等以上井段达 1400m，整体可压性较好（图 6 左）

录井脆性评价主要参考元素灰质指数，灰质指数计算方法为：

［（Ca+Mg）－（Ca+Mg）min］/［（Ca+Mg）max－（Ca+Mg）min］×100，用于评价灰岩及地层灰质含量变化，同时评价地层可压性；

评价标准为脆性高：灰质指数 > 60%；脆性中等：灰质指数 40%~60%；脆性差：灰质指数 < 40%。

井段 3582~4144m、4202~5012m、5143~5364m 脆性高，灰质指数 > 60%，可压性好：3264~3582m、4147~4202m、5012~5143m 脆性中等－差，灰质指数在 30%~60%，可压性中等－差。

测录井综合分析评价认为本井整体可压性较好。

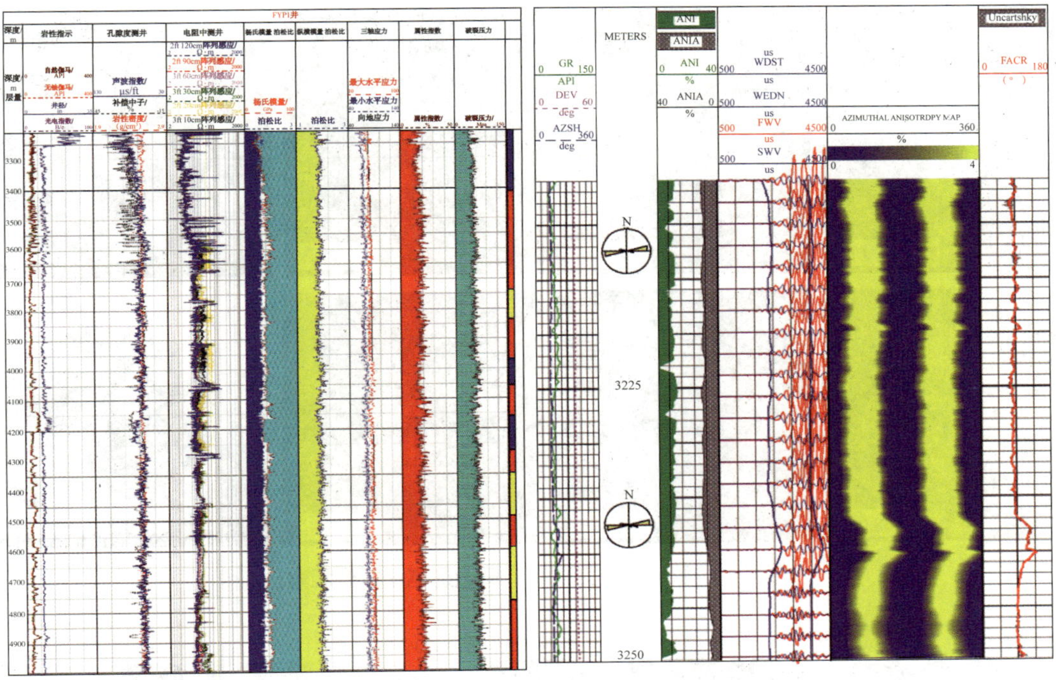

图 6　FYP1 井（水平段）可压性分析和确定最大主应力分析图

3.6　导眼井选层综合评价

重点对 FYP1（导眼）井 3449~3500m 进行分析，钻井取芯为纹层状泥灰岩，具有高 TOC、高碳酸盐含量的特点。微裂缝中油充填，荧光明显，方解石纹层充填油，荧光明显；有机质纹层荧光相对方解石纹层显示弱。页岩油主要赋存方解石晶间孔、溶孔（图 7、图 8）。

测井响应特征表明（图 9），29 号储层自然伽马中等值，深侧向电阻率 40Ω · m，三孔隙度曲线按标准刻度显示有薄砂条特征且物性较好，钻井取芯为油斑灰质砂岩，综合解释为 Ⅰ 类页岩油层。37 号储层自然伽马中低值，深侧向电阻率 70Ω · m，密度曲线有降低趋势，显示泥灰岩特征且物性较好，综合解释为 Ⅰ 类页岩油层。42 号储层自然伽马中低值，深侧向电阻率 40~60Ω · m，为泥灰岩特征，三孔隙度曲线有重合趋势显示物性好，综合解释为 Ⅰ 类页岩油层。其他层物性略差或泥质重，解释 Ⅱ 、Ⅲ 类页岩油层。工程模拟水平井箱体位于 3470~3473.4m，岩性为富有机质泥质灰岩相，计算孔隙度为 5.4%，储集空间好。模拟压裂改造井段为 3453~3480m，可以将 29、37 号 Ⅰ 类页岩油层压开。

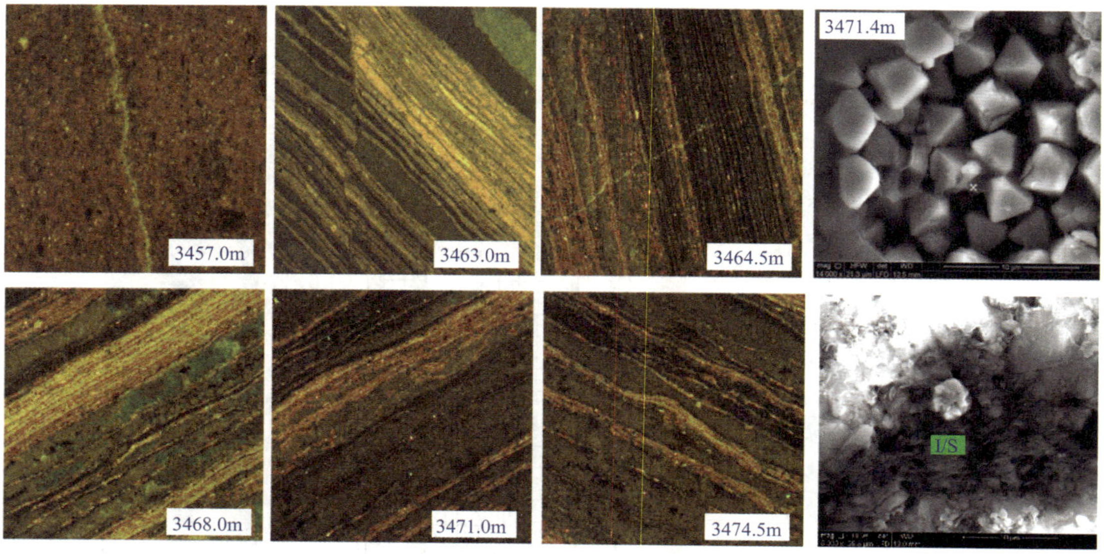

图 7 导眼岩芯荧光薄片、背散射电子图像观察

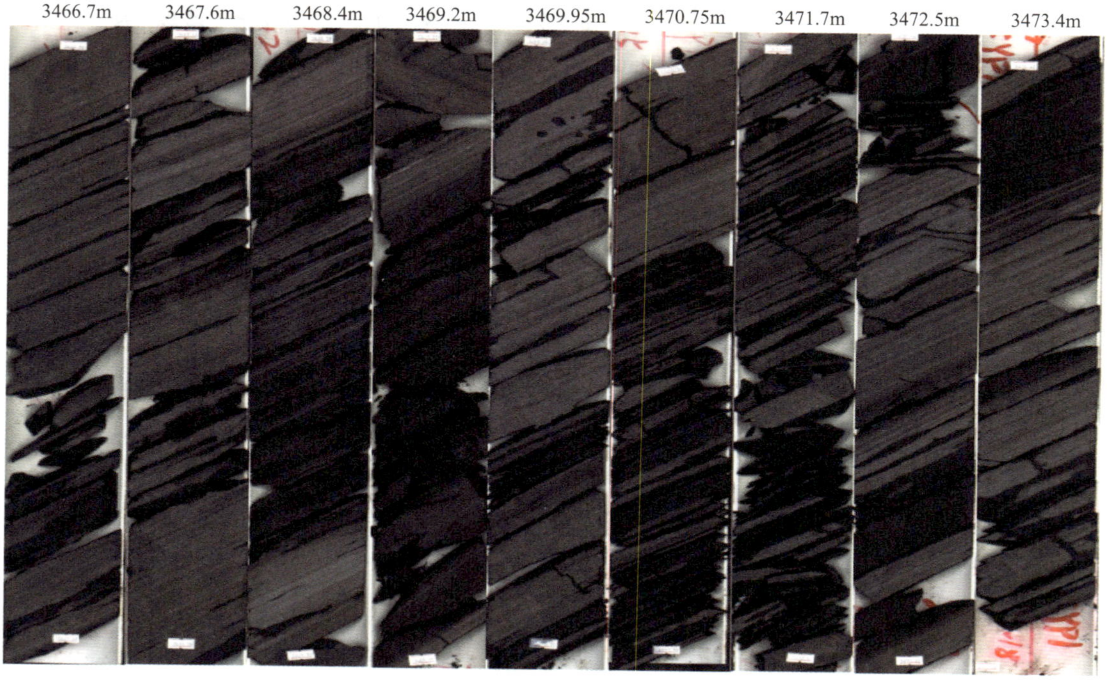

图 8 导眼岩芯肉眼观察

3.7 水平段综合评价

FYP1 井（水平段）解释Ⅰ类页岩油层 18.9m/2 层，Ⅱ类页岩油层 293m/14 层，Ⅲ类页岩油层 1091m/41 层，其中井段 3324~3635m、3760~4147m、4313~4890m 为本井“地质、工程”双甜点段（图 10）。

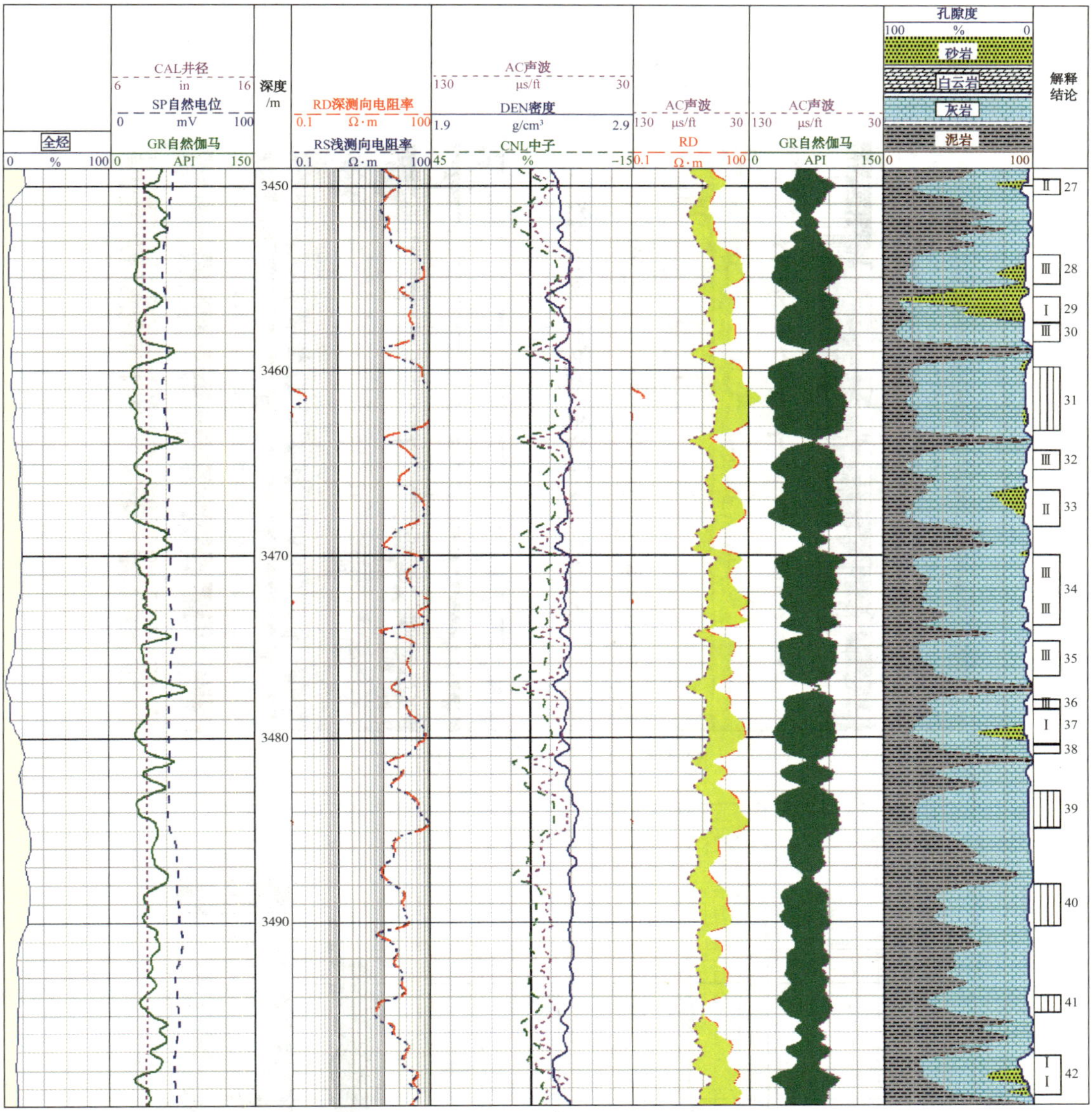

图 9 FYP1（导眼）井测井综合评价图

井段 3878~3925m 压裂产量较高，储层自然伽马低值，显示脆性矿物含量高，电阻率数值在 50~300Ω·m，三孔隙度有重合的趋势，密度减小，中子减小，显示孔隙度增大且含油性好，大部分气测井段大于 80%，且岩石力学分析结果表明该段可压性较好，综合解释为Ⅱ类页岩油层（图 11），物性差、脆性矿物含量低、可压性变差的井段解释Ⅲ类页岩油层。另外正交多极子声波测井的斯通利波幅度显示多处井段均有不同程度衰减，推测微裂缝发育（图 12）。

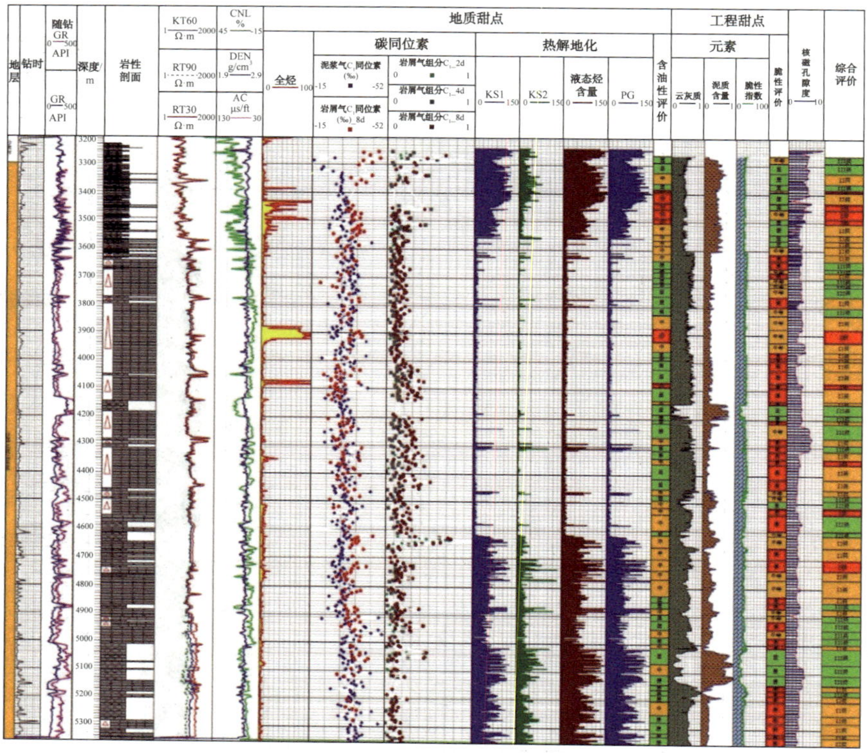

图 10　FYP1 井油气层评价图

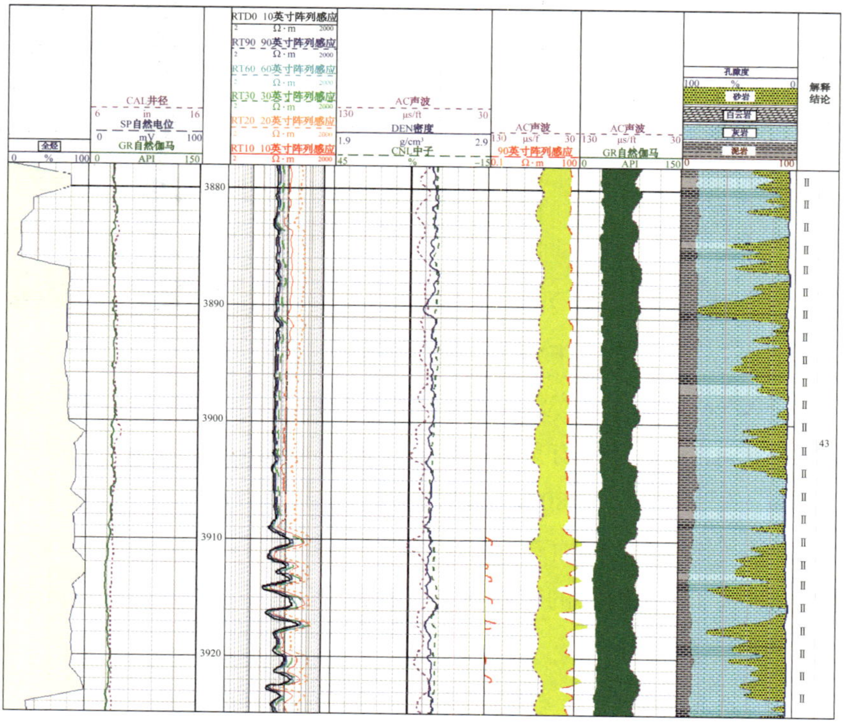

图 11　FYP1 井（水平段）综合测井成果图（3878~3925m）

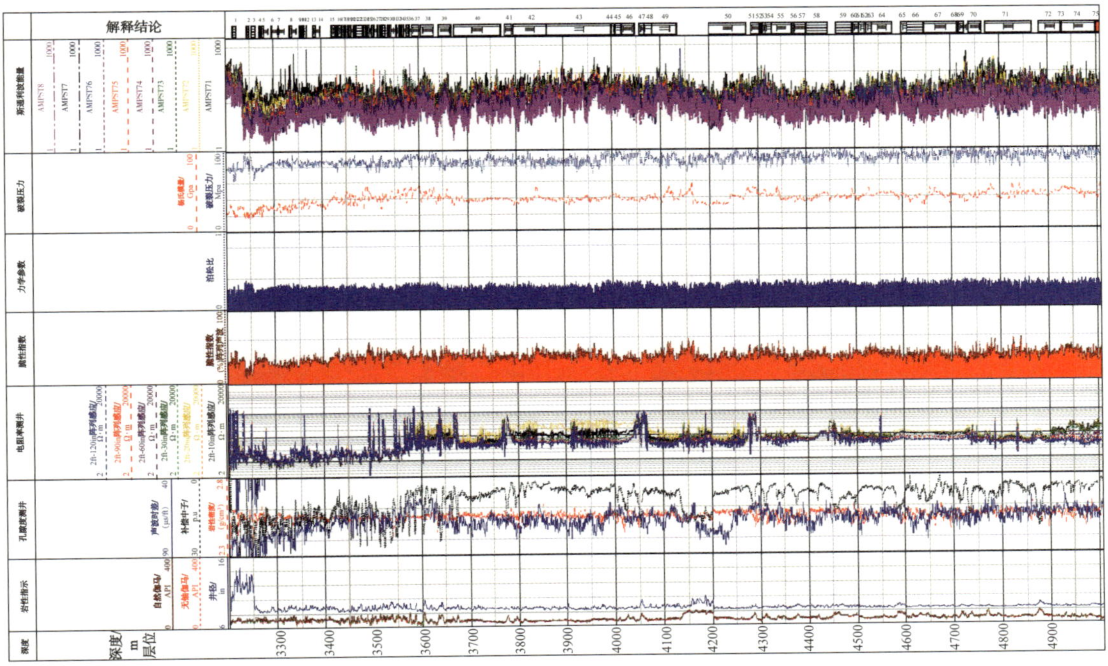

图 12　FYP1 井（水平段）斯通利波衰减图

4　试油（气）结果

本井水平段 3600~5309m，设计优化分 30 段，应用多尺度组合缝网压裂技术改造试油，采用 8mm 油嘴，日油 171t、气 15823m^3。目前 3mm 油嘴生产，井口压力 11.08MPa，日油 22.7t、气 1406m^3，含水 49.5%，证实了测录井评价结果的可靠性。

FYP1 井创国内页岩油单井日产最高纪录。本井化学示踪剂产液剖面评价表明，30 段均有贡献（图 13），第 8、11、25 段出油最多。产量贡献率与加砂量呈正相关，有利岩相泥质灰页岩压裂改造效果最好、产能贡献率高，非有利岩相段灰质泥岩相，通过优化射孔方式，也可获得高产。

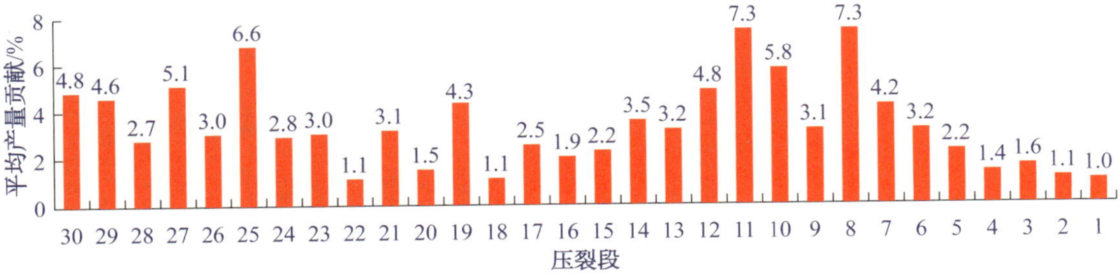

图 13　FYP1 井压裂产能贡献图

5 结论与认识

（1）FYP1 井是博兴洼陷纯上亚段 2 砂组第一口中等演化程度富灰质页岩油井，建立的测录井评价方法，可为后续开发井解释提供技术支持。

（2）针对 FYP1 井页岩油储层解释层划分难度大、评价参数众多的问题，运用多项新技术开展岩性、储集性、含油性、可压性“四性”研究，建立本井页岩油地质工程双甜点评价方法。

（3）化学示踪剂产液剖面评价与测录井地质工程双甜点评价结果一致性较好，证实了测录井资料评价结果的可靠性。

编写单位：胜利测井公司　胜利地质录井公司
编 写 人：范中专　都巾帅
审 核 人：许东晖　张立生　向巧玲　卜凌梅
审 定 人：张晋言　牛　强　何浩然

54 牛庄洼陷 NX55 井中低成熟度页岩油测录井综合解释评价

1 概况

NX55 井位于济阳坳陷东营凹陷牛庄－六户洼陷带的一口预探井，钻探目的了解牛庄－六户洼陷王 53 断阶带沙河街组含油气情况。于 2019 年 9 月 29 日完钻，完钻井深 3883.00m（垂深 3701.00m），完钻层位：沙河街组四段纯上亚段（简称纯上亚段）。实钻本井在沙河街组三段（简称沙三下）及沙四上纯上亚段发育较厚的泥岩，且气测显示较好，因此本井以开发非常规页岩油为主。

2 问题与难点

页岩油是主要以游离态和吸附态赋存于富有机质页岩及其碳酸盐岩、砂岩薄夹层中的液态烃。页岩油储层与常规油藏相比，其含油性与岩性、物性参数、地化参数密切相关。页岩油储层对源岩的分布和生烃能力的要求更高，只有大面积稳定分布且有机质含量较高的页岩层系才能获得页岩油的经济开发，有机质在页岩油储层的形成中起着举足轻重的控制作用。

NX55 井钻探主要目的是勘探沙四上纯上亚段（ES4sc5）5 砂岩层的含油气情况。完钻后测录资料证实目的层砂体不发育，但测录井资料综合反映，在沙三下（ES3x）及沙四上纯上亚段（ES4sc）发育富含有机质较厚的页岩段，该井区页岩段已钻井对比显示，测井响应特征接近、但试油产量却差别很大，测井有效储层划分难度大。

3 解释评价

测井应用多井对比分析法、曲线重叠法及多参数综合对比法，结合自然伽马、电阻率、三孔隙度曲线之间的配比关系；录井应用岩矿鉴定、X 衍射全岩分析、多维核磁录井、扫描电镜、显微荧光录井、热解地化录井等录井项目，测录井资料综合分析对本井页岩油进行了岩相划分，储集特征、含油性、可压性等分析评价，找出页岩油的地质甜点及工程甜点，对今后非常规页岩油评价具有积极的指导意义。

3.1 岩相识别

对本井取芯井段纯上亚段井深3783.55~3790.63m进行系统观察、描述，并对岩芯资料进行了分析化验（岩芯段20个深度进行了岩矿薄片、X衍射全岩分析、扫描电镜、多维核磁、显微荧光等分析化验项目）。对岩芯划分出了五大类的岩相类型，以下将对各类岩相分别进行描述。

纹层状灰质泥岩相：3783.55~3785.80m。岩相为灰质泥质互层，纹层极发育，性脆，纹层间发育灰质条带，微裂缝发育，方解石、黏土矿物含量高（图1）。

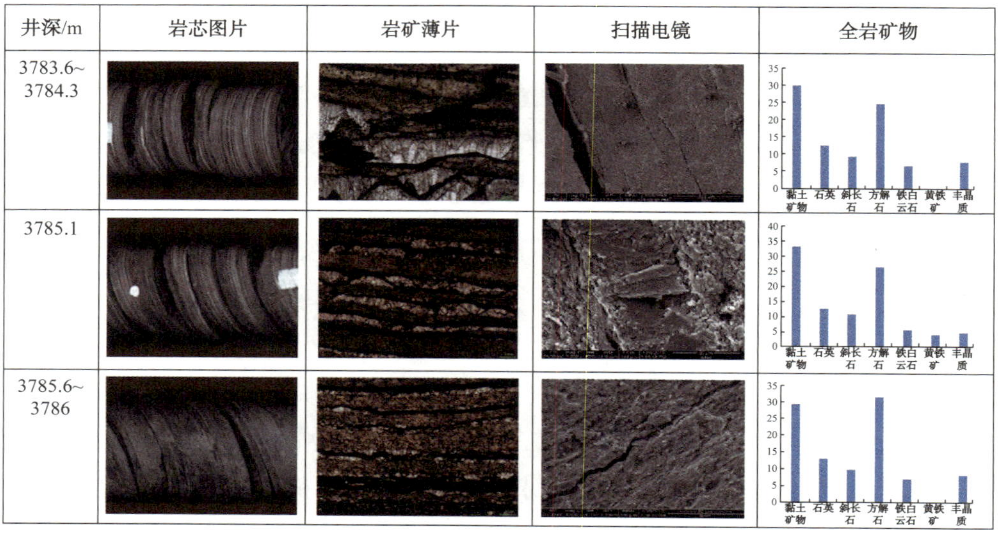

图1 纹层状灰质泥岩相特征

层状灰质泥岩相：3788.9~3789.3m、3789.93~3790.63m。岩相呈层状构造，发育竹叶状灰质团块，灰质含量较高，碳酸盐岩矿物呈条带状分布，见有机质带，黏土矿物、碳酸盐岩矿物含量高（图2）。

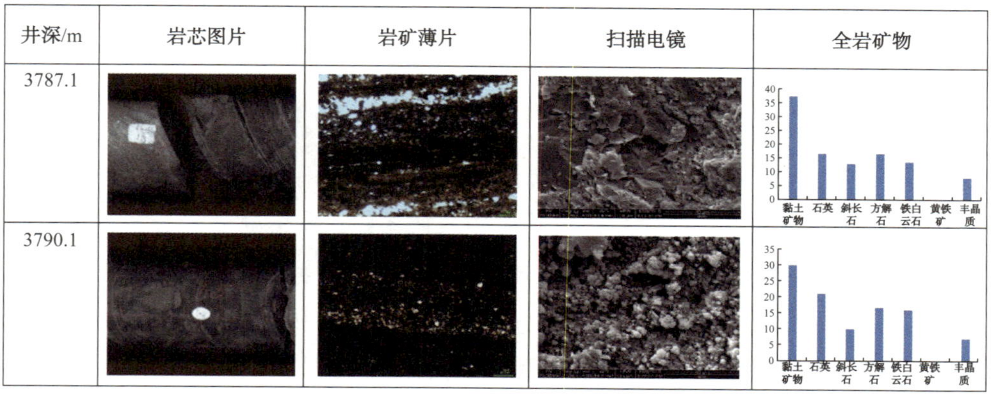

图2 层状灰质泥岩相特征

层状泥岩相：3786.1~3786.6m，岩相泥质含量高，泥质层状发育，灰质发育程度低，黏土矿物含量高（图 3）。

井深/m	岩芯图片	岩矿薄片	扫描电镜	全岩矿物
3786.4~3786.6	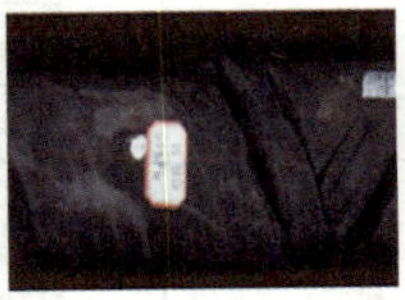			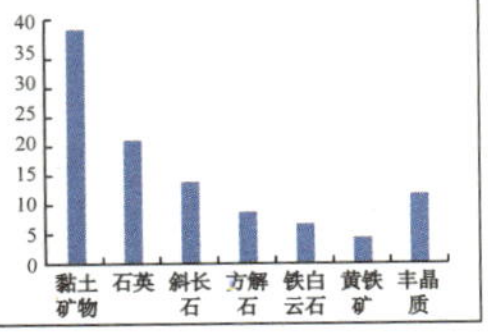

图 3　层状泥岩相特征

块状砂质泥岩相：3786.75~3786.95m。岩相泥质含量高，石英矿物多，泥质块状发育，黏土矿物、石英含量高（图 4）。

井深/m	岩芯图片	岩矿薄片	扫描电镜	全岩矿物
3786.6	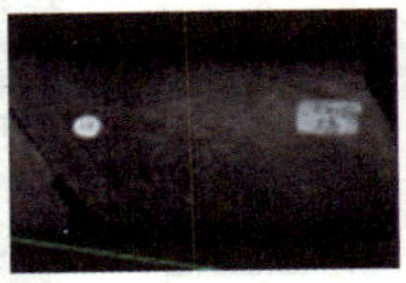			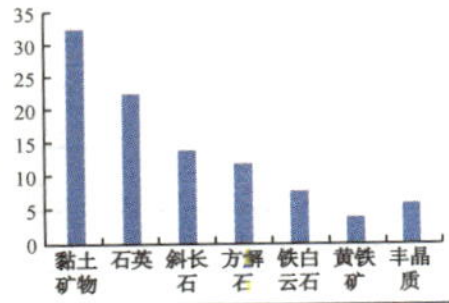

图 4　块状砂质泥岩相特征

块状泥岩相：3788.33~3788.9m。岩相泥质含量高，泥质块状发育，灰质发育程度低，黏土矿物含量高。

岩芯刻度测井信息建立测井相，对沙三下及沙四上进行了岩相识别（图 5）。泥质灰岩测井特征为“两高三低”：高电阻率、高密度、低自然伽马、低声波时差、低中子；灰质泥岩测井特征为“四高一低”：高电阻率、中高自然伽马、高中子、高声波时差、低密度；有机质含量通过曲线重叠法定性分析，重叠黄色区域宽的井段电阻率高，声波时差大的地层为富有机质地层，重叠黄色区域窄的井段电阻率低，声波时差增大，为含有机质的地层。

从沙三下地层到沙四上，综合测录井分析，考虑岩性及有机质发育程度，本井主要识别出六类有利岩相及其他岩相。六类有利岩相分别为富有机质纹层状灰质泥岩相、富有机质层状灰质泥岩相、富有机质层状泥岩相、含有机质层状灰质泥岩相、含有机质块状泥岩相、含有机质块状砂质泥岩相，其中富有机质层状灰质泥岩相和富有机质层状泥岩相占比较高，两者可达 51%。TOC 含量小于 1% 的岩相，占比只有 13%。有利岩相常常是组合出现，富有机质层状泥质灰 / 灰质泥互层，测井响应特征为五锯齿状：锯齿状电阻率、锯齿状自然伽马、锯齿状声波时差、中子、密度；含有机质纹层状泥质灰 / 灰质泥互层，测井特征为五中等：中高电阻率、中高自然伽马、中等声波时差、中等中子、中等密度。总体上看 NX55 井有利岩相较发育，具有较好的页岩油储层岩性基础。

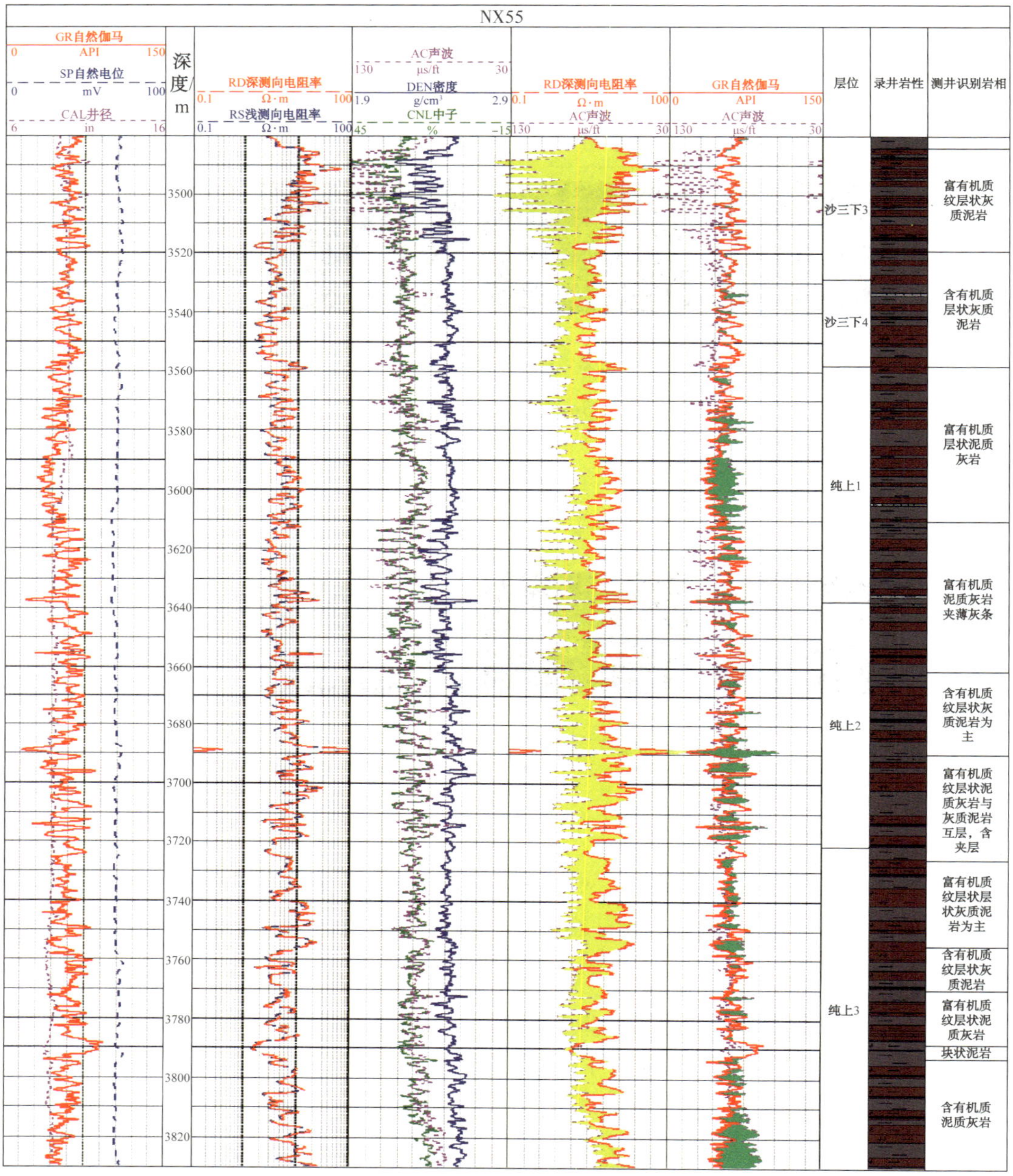

图 5　NX55 井测井岩相识别图

利用曲线重叠法结合进行频次分析变化，对有利岩相测井响应特征进行分析，富有机质层状泥质灰岩相测井响应特征为三孔隙度呈双轨特征，相对比较平直，中等电阻率、中低自然伽马，曲线重叠显示高 TOC。富有机质纹层状泥质灰岩测井响应特征为中高电阻率、低自然伽马、低声波时差，三孔隙度随电阻率升高变小，曲线重叠显示高 TOC。含有机质层状泥质灰岩测井响应特征为中高电阻率、低自然伽马、低声波时差，三孔隙度相对比较平直，曲线重叠显示相对低 TOC（图 6）。

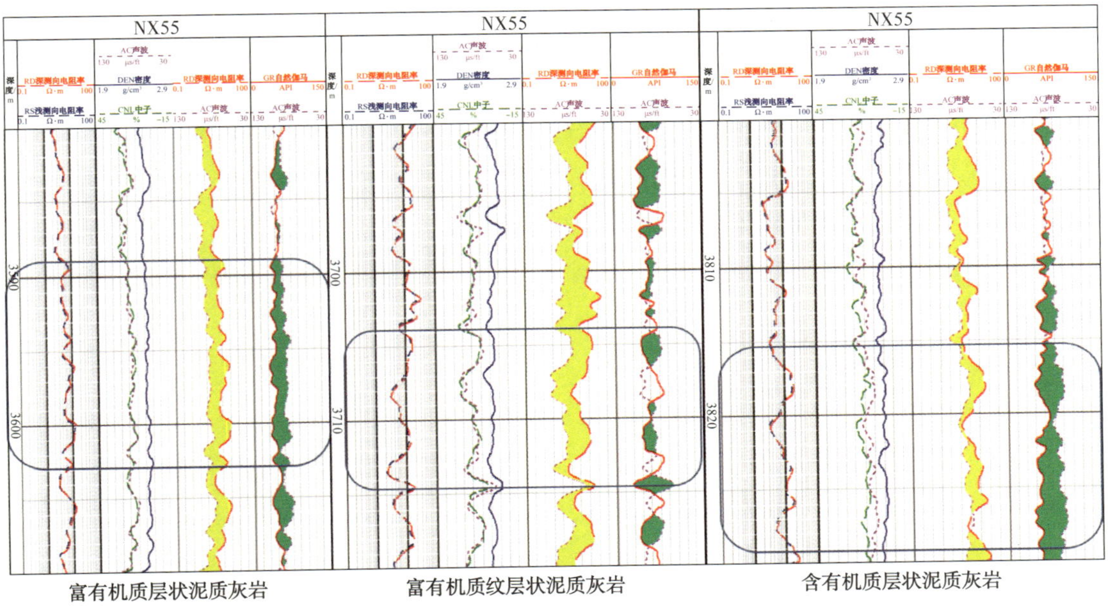

图 6 不同类型泥质灰岩相测井曲线识别图

富有机质纹层状灰质泥岩测井响应特征为三孔隙度呈毛刺状分布，高电阻率，高声波时差、高中子、低密度、中高自然伽马，曲线重叠显示高 TOC。含有机质层状灰质泥岩测井响应特征为三孔隙度曲线相对比较平直，中等电阻率，中等声波时差、中等中子、中高密度、中高自然伽马，曲线重叠显示低 TOC（图 7）。

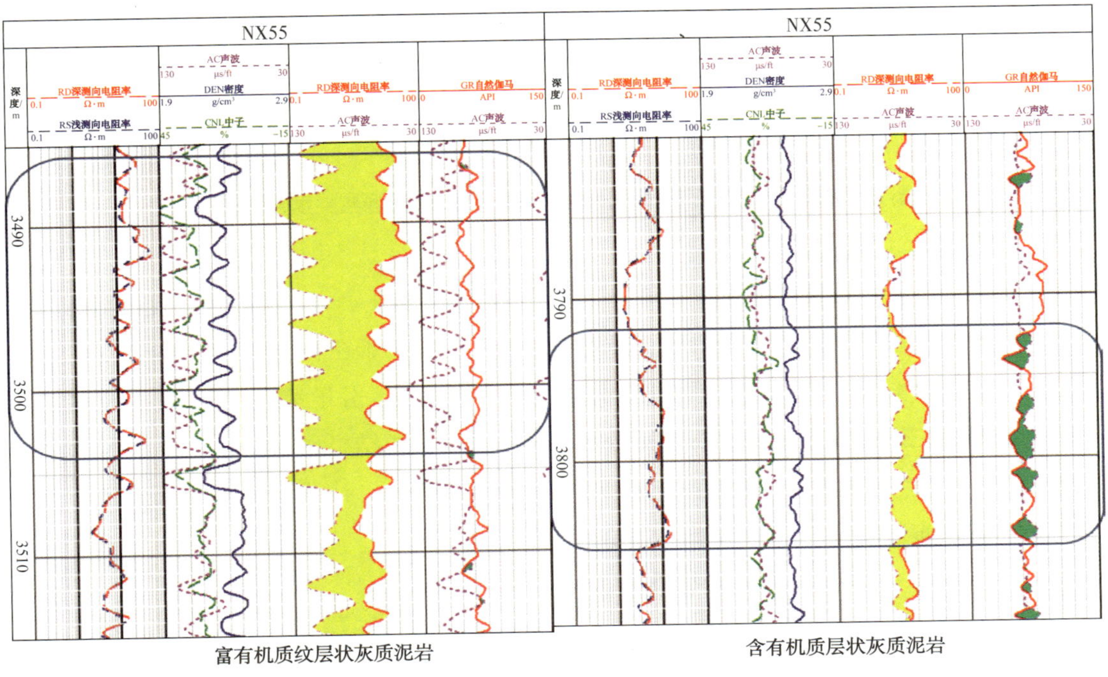

图 7 不同类型灰质泥岩相测井曲线识别图

3.2 烃源岩特征

3.2.1 有机质丰度

利用热解地化录井的有机碳（TOC）、生烃潜量 Pg 等指标进行烃源岩有机质丰度的判别。本井泥页岩样品的地球化学数据分析结果表明：沙三下井段 3345.00~3559.50m，泥质岩段岩石热解有机碳含量主要分布在 2.021%~2.981%，平均可达 2.31%，生烃潜量 Pg 在 4.71~25.53mg/g，平均 15.56mg/g，Pg 指数基本都大于 6，有机质丰度较高，综合评价为好烃源岩。

3.2.2 有机质类型

根据岩石热解烃源岩分析结果及 NX55 井 HI–Tmax、D–Tmax 烃源岩类型判别图版（图 8），沙三下井段 3345.00~3559.50m，四个砂组氢指数 HI 在 286.09~1264.04mg/g，平均 789.87mg/g；降解潜率 D 在 23.75%~104.92%，平均 65.56%。有机质类型以 Ⅰ 型为主，Ⅱ 1 型次之，有机质类型较好。

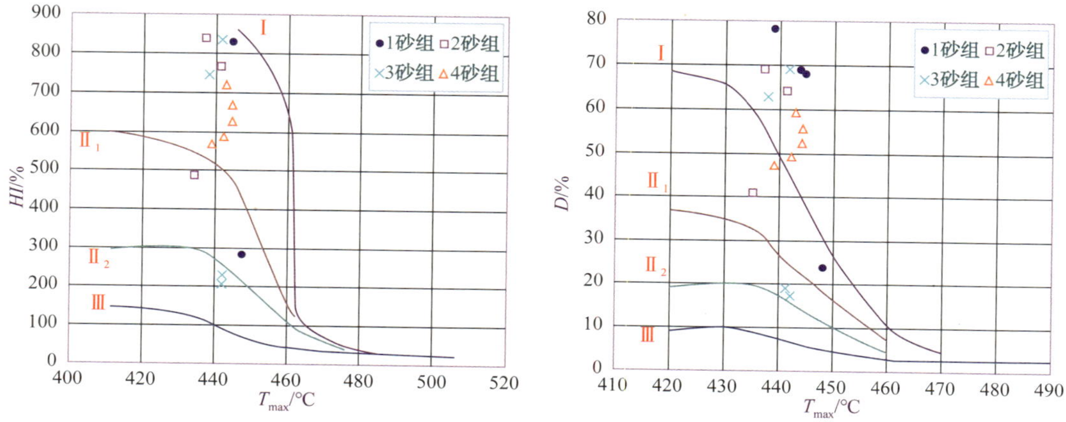

图 8　NX55 井沙三下 HI–Tmax、D–Tmax 烃源岩类型判别图版

3.2.3 有机质成熟度

从理论上分析，成熟度处在“石油窗”范围内的富有机质页岩均是勘探开发的目标。实际上，低成熟阶段的液态烃分子量大、黏度高且流动性差，难在页岩微 – 纳米孔隙间运移，页岩油产量一般很低。随着成熟度增加，将形成更多极性低、分子量小、流动性好的烃类。

对本井沙三下烃源岩进行岩石热解分析，岩石热解分析结果显示：Tmax 在 435~448℃，平均 442℃。参考 HI–Tmax 烃源岩成熟度判别图版（图 9），并结合地层埋深，认为沙三下均处于成熟演化阶段。

3.2.4 测井曲线分析有机质富集程度

利用电阻率和声波时差曲线重叠发现，电阻率数值高，声波时差数值大，有机质含量高。沙三下 3 砂组有机质富集（黄色区域面积最大），沙三下 4 砂组有机质含量较 3 砂组

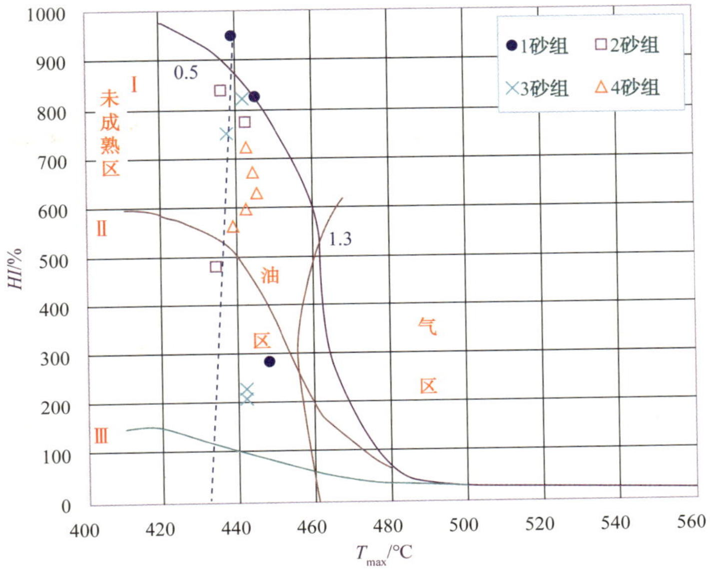

图 9　NX55 井沙三下 HI-Tmax 烃源岩成熟度判别图版

少。根据有机质成熟度和深度的关系，沙三下成熟度比沙四上略低。沙四上纯上 1 砂组，纯上 2 砂组中下部，纯上 3 砂组上部为富有机质地层（图 5）。

3.3　储集性特征

3.3.1　储集空间

页岩油储层储集空间类型不同于常规储集层，多维核磁图谱显示本井岩芯段页岩油储层平均孔隙度 8.07%，储集空间主要为孔隙，含有少量微裂缝，孔隙类型主要为矿物颗粒之间的晶间孔。从不同岩相对应的多维核磁图谱特征来看，纹层状岩相晶间孔较层状岩相发育程度低，但微裂缝较层状岩相相对发育（表 1，图 10）。

表 1　NX55 井岩芯多维核磁检测结果

井深 /m	样品描述	孔隙度 /%	束缚流体饱和度 /%	可动流体饱和度 /%
3783.5	富有机质纹层状灰质泥岩相	5.56	95.73	4.27
3784.3	富有机质纹层状灰质泥岩相	3.98	95.33	4.67
3785.1	富有机质纹层状灰质泥岩相	8.78	95.44	4.56
3787	富有机质层状灰质泥岩相	7.03	97.99	2.01
3787.8	富有机质层状灰质泥岩相	13.47	99.40	0.60
3788	富有机质层状灰质泥岩相	7.75	97.62	2.38
3789	富有机质纹层状灰质泥岩相	8.65	98.48	1.52
3789.5	富有机质层状灰质泥岩相	7.57	96.67	3.33
3790.1	富有机质层状灰质泥岩相	9.84	98.10	1.90

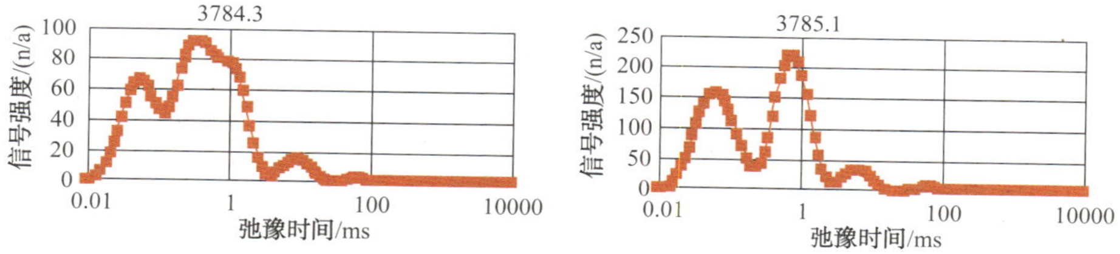

图 10-1　NX55 井纹层状岩相岩芯段多维核磁图谱

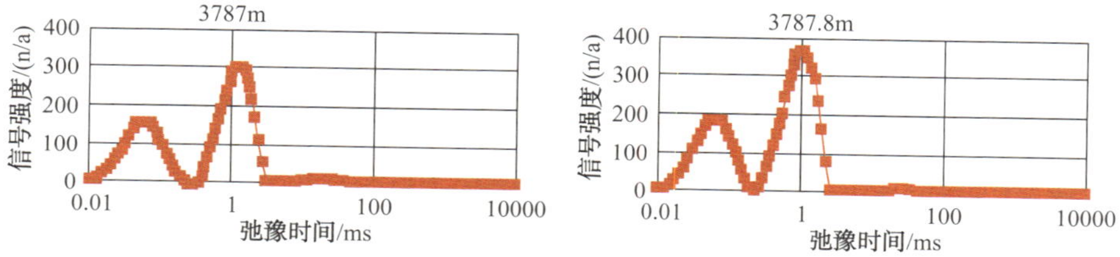

图 10-2　NX55 井层状岩相岩芯段多维核磁图谱

NX55 井纹层状岩相微裂缝较发育，其中包括低角度、规模较小的纹层缝以及高角度、规模较大的构造缝（图 11、图 12）。纹层缝为泥质、灰质纹层之间的夹缝，为主要的微裂缝类型。

图 11　NX55 井 3784.3m、3785.1m、3786m 纹层状岩相岩矿图像

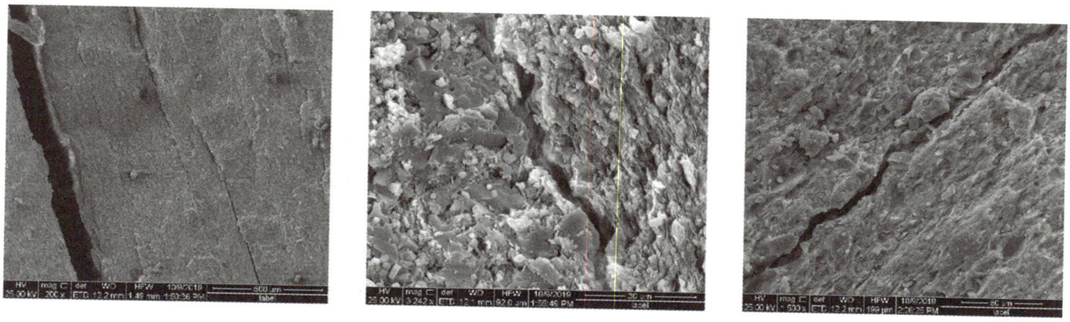

图 12　NX55 井 3783.6m、3783.6m、3785.6m 纹层状岩相扫描电镜图像

对于层状、块状岩相储集空间多为孔隙，主要是矿物晶间孔。从图 13、图 14 可以看出，层状岩相中矿物颗粒（主要为方解石和石英）呈层状有规则地定向排列，块状岩相的矿物颗粒则分布零散，没有规律。

图 13 NX55 井 3787.8m、3790.1m、3786.6m 层状、块状岩相岩矿图像

图 14 NX55 井 3788m、3788m、3786.6m 层状、块状岩相扫描电镜图像

3.3.2 物性特征

页岩储层物性参数主要包括孔隙度、渗透率。岩石孔隙度直接决定了页岩储油潜力；渗透率制约页岩油的产能。孔隙度及裂缝发育程度与含油丰度呈正相关关系。总体上，页岩孔隙度越大，含油性越好。页岩油藏总体呈现超低 – 低孔隙度特征，纯页岩储层孔隙度一般为 4%~6%。渗透率是除气油比与 TOC 含量外影响液态烃流动性的第三个重要因素。页岩油储层一般呈现超低渗 – 低渗特征，优质的页岩油储层渗透率应大于 $0.01\times10^{-3}\mu m^2$。

沙三下：测井孔隙度 1.7%~14.9%，平均 4.3%，测井渗透率（0.002~21.783）$\times10^{-3}\mu m^2$，平均 $0.532\times10^{-3}\mu m^2$，评价为超低孔超低渗储层（图 15）。

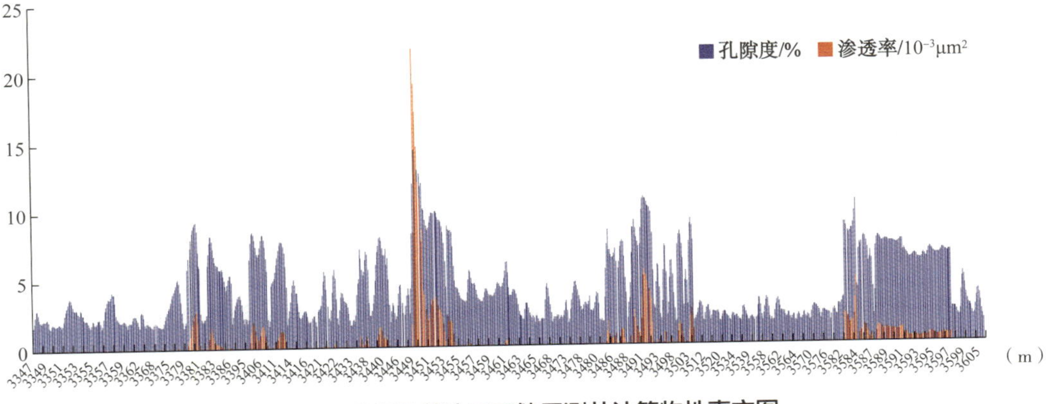

图 15 NX55 井沙三下储层测井计算物性直方图

沙四上测井计算与岩芯分析表明，亮晶纹层孔隙度较高，分布范围 5%~10%；孔径呈双峰态，小于 10nm 占 55%，大于 100nm 占 26%。隐晶纹层泥质灰页岩次之，分布范围 4%~8%；孔径呈双峰态，小于 10nm 占 71%，大于 100nm 占 15%。层状岩相孔隙度低，平均 3%；孔径呈双峰态，小于 10nm 的峰突出，小于 100nm 占 90%。亮晶纹层物性最好，沙四上物性比沙三下明显变好。

3.4 可压性评价

泥页岩油气勘探开发过程中往往采用多级分段压裂工艺才能获得工业油气流，泥页岩脆性评价成为划分有利泥页岩储层以及制订压裂方案的一项重要工作。脆性指数是影响页岩基质孔隙、微裂缝发育程度以及页岩储层可压裂性的重要因素。本次研究主要利用 X 衍射元素录井的单元素含量的差异及灰质指数、砂质指数、脆性指数的变化，结合测井资料进行储层评价。

泥页岩组成矿物主要有黏土矿物、石英、碳酸盐岩矿物、次要矿物有长石、黄铁矿、菱铁矿、硬石膏等，富含石英、碳酸盐岩矿物的泥岩段脆性较强，在断裂活动等构造作用下，脆性地层比富含以黏土矿物为主的塑性地层更容易形成裂缝，因此，其含量的高低是影响裂缝发育的重要因素。Al 元素主要集中在黏土矿物中，其含量变化可以反映出黏土矿物含量的多少。Si、Ca 和 Mg 元素含量在一定程度上可以反映石英和碳酸盐岩矿物的含量，利用这 3 种元素含量随埋深的变化对泥页岩脆性进行定性评价，同时引入硅质指数、灰质指数和脆性指数 3 个评价参数进行定量评价（硅质指数、灰质指数和脆性指数分别用于表征地层中石英矿物、碳酸盐岩矿物和脆性矿物的含量）。测井方面，NX55 井因未采集正交多极子阵列声波资料，主要应用曲线重叠法定性评价脆性，利用三孔隙度曲线及伽马计算脆性矿物含量（灰质、砂质），定量评价脆性，从而进行可压性分析。按脆性划分标准（脆性高：脆性指数 $>$ 0.6；脆性中等：脆性指数 0.4~0.6；脆性差：脆性指数 $<$ 0.4）进行脆性评价。

本井沙三下－沙四上 3345.0~3883.0m 进行了系统的 X 射线元素录井分析化验，于纯上亚段岩芯段进行了全岩岩矿分析，根据全岩岩矿结果计算脆性指数，与元素含量计算得到脆性指数结果基本一致。根据全岩和元素分析，本井平均脆性指数 0.61，沙三下平均脆性指数 0.62，多为 0.40~0.70，宏观上脆性指数基本均大于 0.5，属于中－高脆性页岩油层。不同岩相脆性对比来看：灰质泥岩相、砂质泥岩相（0.63）＞泥岩相（0.59）（图 16、图 17）。

测井沙三下、沙四纯上亚段 1~3 砂组计算的脆性矿物含量为 50%~60%，脆性矿物含量相对较高，可压性较好，从自然伽马与声波时差曲线重叠来看，定性分析沙四上纯上亚段的 1 砂组中下部、2 砂组、3 砂组中部，绿色区域面积最宽，可压性最好（图 5）。

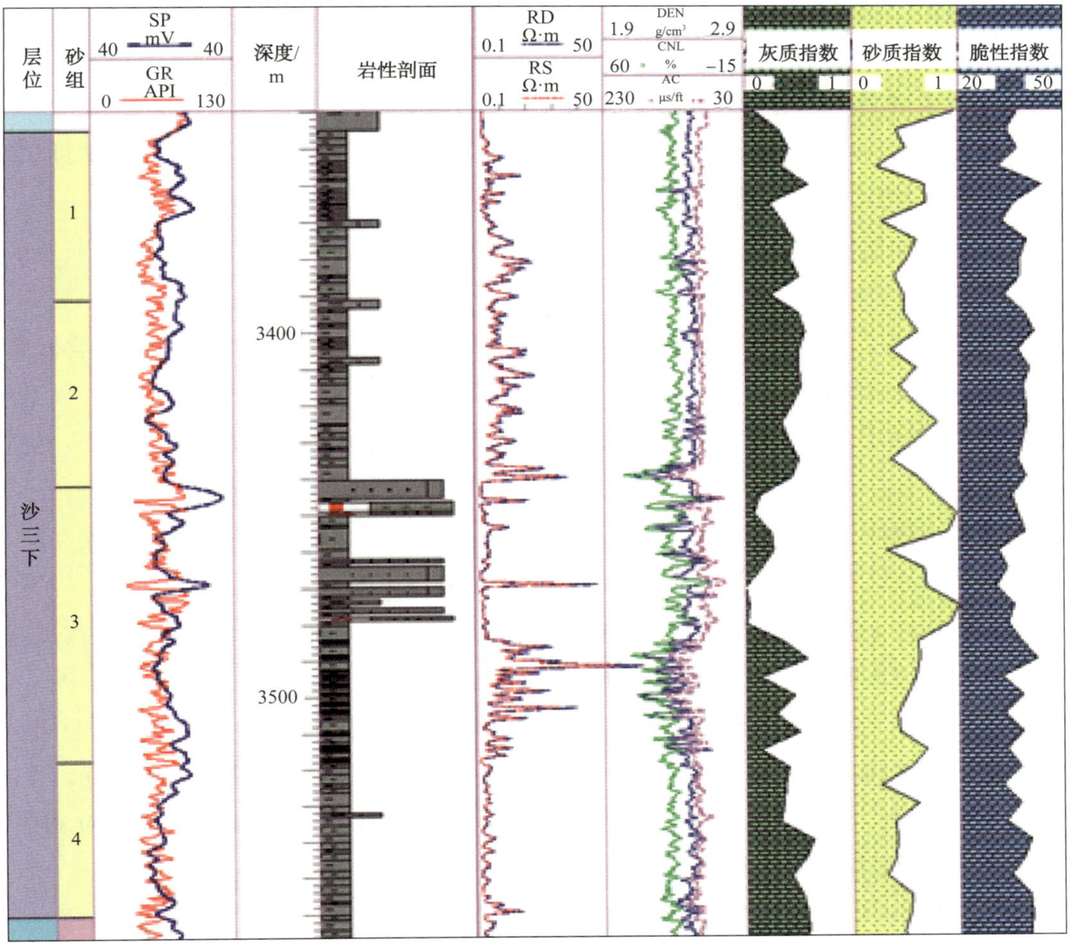

图 16　NX55 井沙三下脆性指数图

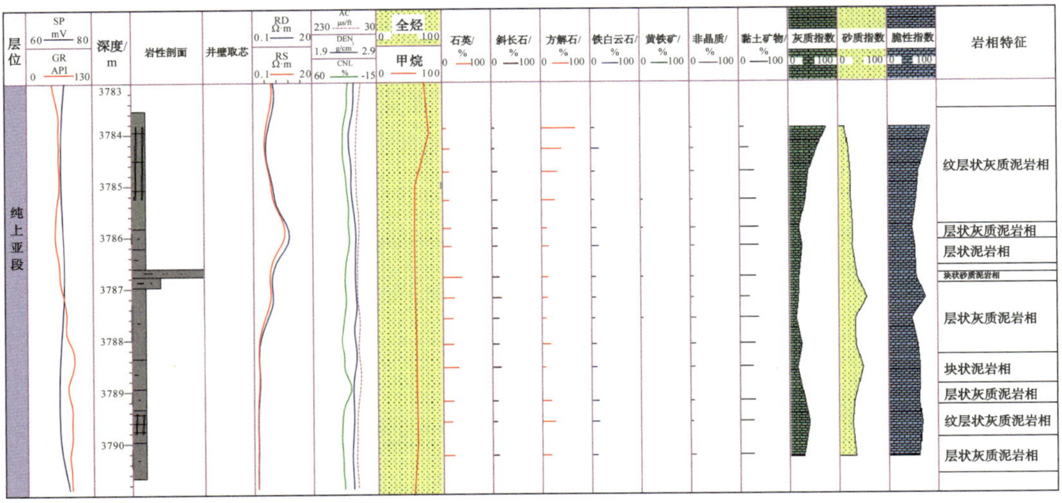

图 17　NX55 井岩芯段脆性指数图

3.5 泥页岩综合评价

3.5.1 录井第一性资料评价（以沙三下为例）

录井参考胜利油田页岩油层分类标准，结合不同岩相的烃源岩、含油性、储集性、脆性特征等各项参数，将本井页岩油层分为三类（表2）：

Ⅰ类页岩油层，有机质丰度高，孔隙发育物性好，气测明显高值，含砂质、灰质高，脆性高；

Ⅱ类页岩油层，有机质丰度较高，孔隙较发育物性较好，气测异常较明显，含砂质、灰质较高，脆性中等；

Ⅲ类页岩油层，有机质丰度低，孔隙发育物性低，气测异常不明显，含砂质、灰质低，脆性低。

录井重点对沙三下测井解释段页岩油储层进行综合评价，共划分Ⅰ类页岩油层9.4m/4层，Ⅱ类页岩油层15.5m/10层，Ⅲ类页岩油层9.3m/6层（图18）。

综合解释的Ⅰ类页岩油层主要集中在沙三下的上部和中下部，Ⅱ类页岩油层占有较大比例，分布均匀，Ⅲ类页岩油层主要集中在3砂组的顶部。

从表3沙三下各砂组页岩油层参数表来看，1砂组有机质丰度高，物性差，脆性差；2砂组有机质丰度高，物性好，含油性好，脆性高；3砂组有利岩相发育多，物性好，含油性好；4砂组有利岩相发育少，有机质丰度低，含油性差。综合评价认为2砂组和3砂组为沙三下页岩油储层较好的砂组（表3）。

表2 NX55井页岩油层评价标准

评价要素	评价参数	参数标准		
		Ⅰ类	Ⅱ类	Ⅲ类
地质甜点	S_1/（mg/g）	＞3.0	2.0~3.0	1.0~2.0
	TOC/%	＞4.0	2.0~4.0	1.0~2.0
	S_1/TOC	＞100	50~100	＜50
	岩相	纹层状	层状	块状
	基质孔隙度/%	＞8	5~8	＜5
	TOC＞1.0%累计厚度/m	＞40	30~40	＜30
工程甜点	脆性指数	0.6~0.8	0.3~0.6	0.1~0.3
	脆性矿物含量/%	＞60	60~50	40~50
	埋深/m	＜3500	3500~4000	＞4000
	构造背景	正向构造	斜坡	负向构造

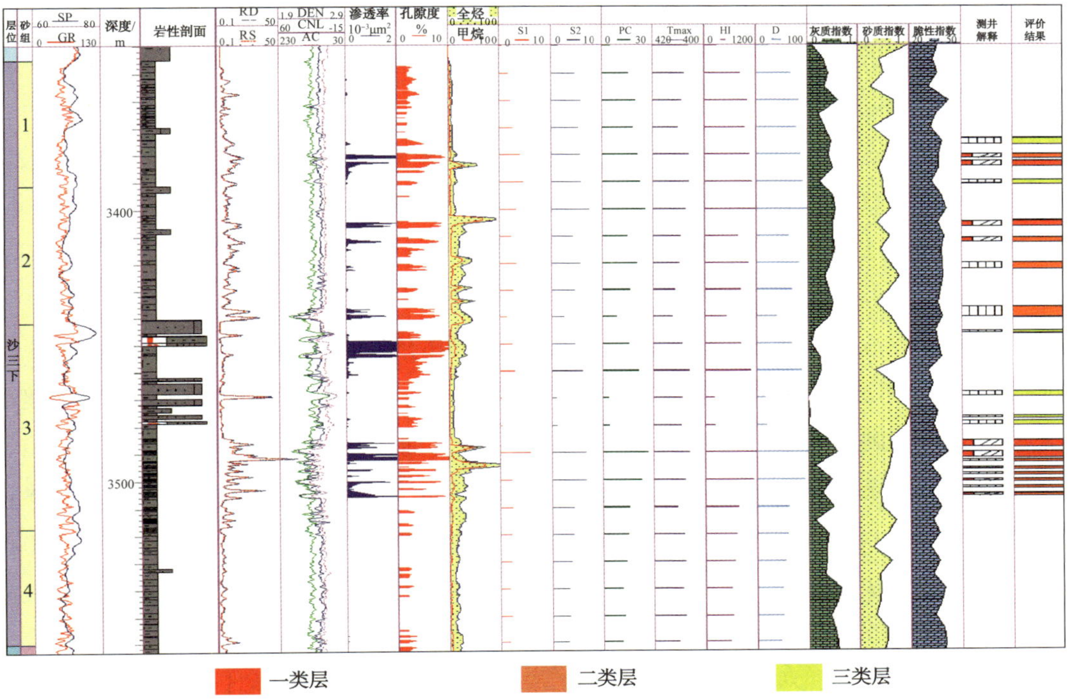

图 18　NX55 井沙三下页岩油储层综合评价图

表 3　NX55 井沙三下各砂组页岩油储层参数表

砂组	有利岩相	有机质丰度 /PG	孔隙度 /%	含油性 /S_1/S_2	脆性	综合评价
1	富有机质 30m 含有机质 9.2m	16.9	3.32	S_1：2.2 S_2：12.3	0.58	一类 2.3m/1 层 二类 1.5m/1 层 三类 4.1m/2 层
2	富有机质 36.6m 含有机质 12.9m	18	4.59	S_1：2.5 S_2：14.3	0.71	一类 1.9m/1 层 二类 8.4m/3 层
3	富有机质 44.5m 含有机质 2.2m	16.4	4.92	S_1：2.3 S_2：13	0.57	一类 5.2m/2 层 二类 5.6m/6 层 三类 5.2m/4 层
4	富有机质 27.5m 含有机质 16m	12.4	4.25	S_1：1.9 S_2：10.7	0.63	—

3.5.2　测井综合评价页岩油层

沙三下 3 砂组（如 3485~3505m）为富有机质的灰质泥岩相，测井响应特征为：受有机质含量、层理和碳酸盐岩含量的多重影响，三孔隙度曲线为毛刺状，电阻率数值高，自然伽马数值中等，反映有机质富集，脆性矿物含量中等，中子与声波时差曲线重叠，在声波时差曲线上部，且该段气测最高升至 100%，油花 2%，气泡 30%，测录井均反映有机质丰度高，地质甜点高，但成岩作用差，可压性差。虽测井计算孔隙度为 6%~11%，但黏土含量高，有效孔隙度小，该段未压裂试油（图 19）。

沙三下 4 砂组（如 3530~3550m）为含有机质的灰质泥岩相，测井响应特征为：自然伽马与 3 砂组接近，但电阻率数值降低，声波时差数值减小，反映 4 砂组有机质丰度明显降低（图 19）。

测井方面重点对沙四纯上试油层段进行页岩油储层评价，对该类型有利页岩油层段测井响应特征进行总结。

沙四上纯上 1 砂组（如 3586~3600m）岩相为富有机质层状泥质灰岩相夹薄层泥质砂岩、砂质泥岩薄层，测井响应特征为中低自然伽马，中高电阻率，三孔隙度曲线为密度在上，中子、声波时差在下的双轨特征，从测井曲线的配置关系来看，自然伽马数值低于 55API，中子与声波时差曲线重叠，中子与声波时差曲线重合或者在声波时差之上，密度曲线略有降低，反映物性好，计算孔隙度为 7%~8%，含油性好，该段气测升至 100%，有油花气泡显示，测录井显示该段连续性强，含油性好，可压性好；纯上 3 砂组 3752~3758m，测井响应特征与纯上 1 砂组接近，均解释Ⅱ类页岩油层；纯上 2 砂组（如 3688~3720m）为富有机质的层状泥质灰岩相，脆性矿物含量高，但电阻率数值高，三孔隙度曲线密度数值高，反映岩性致密，物性较差，基本解释干层（图 19）。

应用多井对比法，对 NX55 井、NX311 井、FY1 井三口井的纯上 1 砂组进行分析，确定有利页岩油层段的测井响应特征。

纯上 1 砂组在牛庄洼陷分布稳定，但产能差别大，NX55 井分四段压裂获得高产，NX311 井纯上 1 砂组压裂试油，日产油 0.79t、水 0.96m^3，为低产页岩油层，FY1 井纯上 1 砂组基本为干层。说明物性、含油性差别较大。

从密度－声波时差交会图发现，三口井密度数值接近，NX55 的声波时差数值普遍偏大，其次是 NX311 井，反映 NX55 储层物性好。NX55 的密度值为 2.5~2.55g/cm^3（图 20 左图）。

中子－声波时差交会图表明，声波时差小于 80us/ft，中子小于 15%，为碳酸盐岩等矿物含量高的干层；声波时差为 80~90us/ft，中子在 15%~20%，为物性较好、脆性矿物含量较高、含油性较好的页岩油层；而声波时差大于 90us/ft，中子大于 20%，表明为黏土含量增大的干层（图 20 右图）。

从三口井的自然伽马与孔隙度曲线交会图可知，NX55 具有自然伽马数值最低的特点，反映碳酸盐岩含量高，脆性矿物多。同时 NX55 具有埋深最深，有机质成熟度高的特征。含油性最好的页岩油段声波时差为 80~90μs/ft，密度为 2.5~2.55g/cm^3，中子为 15%~20%，自然伽马为 35~40API（图 21）。从中子孔隙度与声波时差孔隙度差值和密度孔隙度与声波时差孔隙度差值交会图可以看出，物性好、含油丰度高的页岩与低丰度页岩区分明显。在密度值接近的情况下，声波时差数值大，中子数值减小，储层物性好，含油性好（图 22 左）。

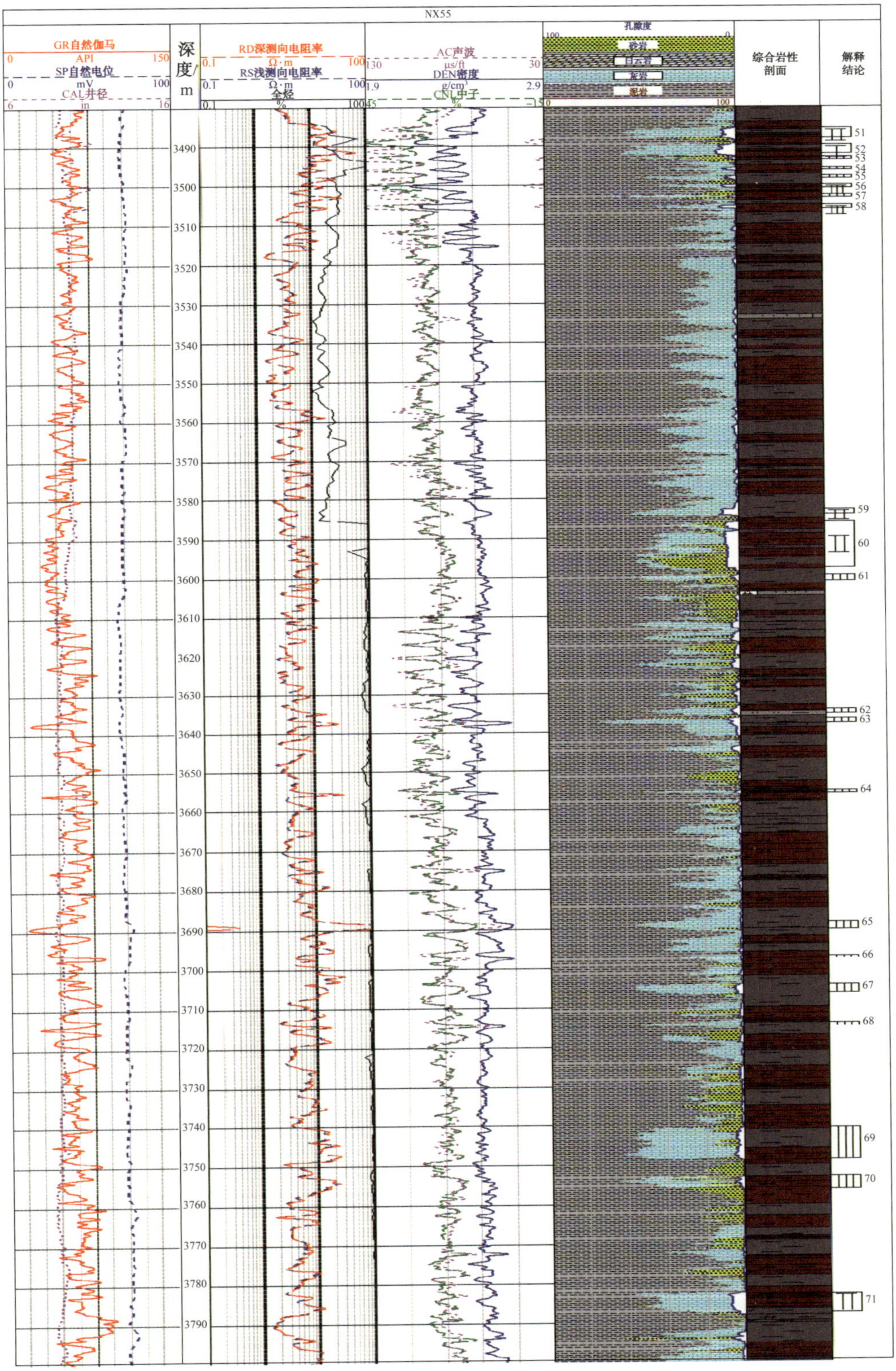

图 19　NX55 井测井评价图

电阻率受岩性非均质的影响，数值的大小较难反映其含油性。电阻率大于 10Ω · m，反映干酪根富集或者致密岩性含量高，而电阻率小于 4Ω · m，反映岩层泥质含量增高。含油性较好的页岩油层段具有电阻率数值中等的特点（图 22 右）。

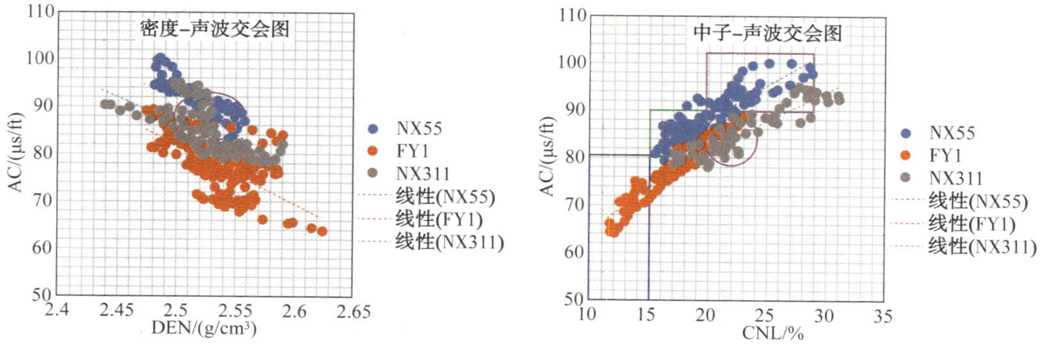

图 20　NX55 井 –NX311 井 –FY1 井密度、中子与声波时差交会图

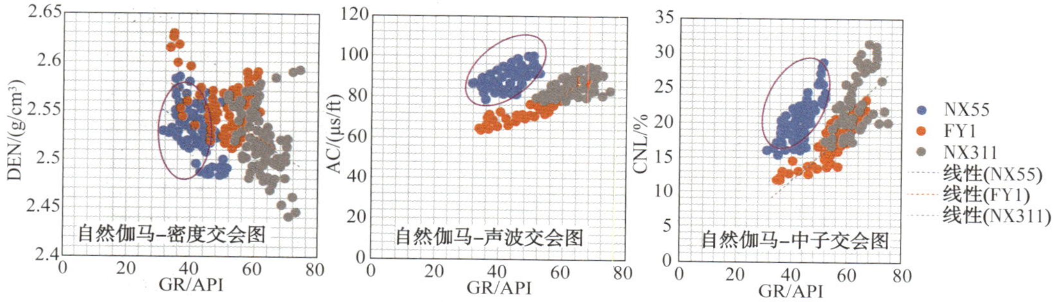

图 21　NX55 井 –NX311 井 –FY1 井自然伽马与三孔隙度交会图

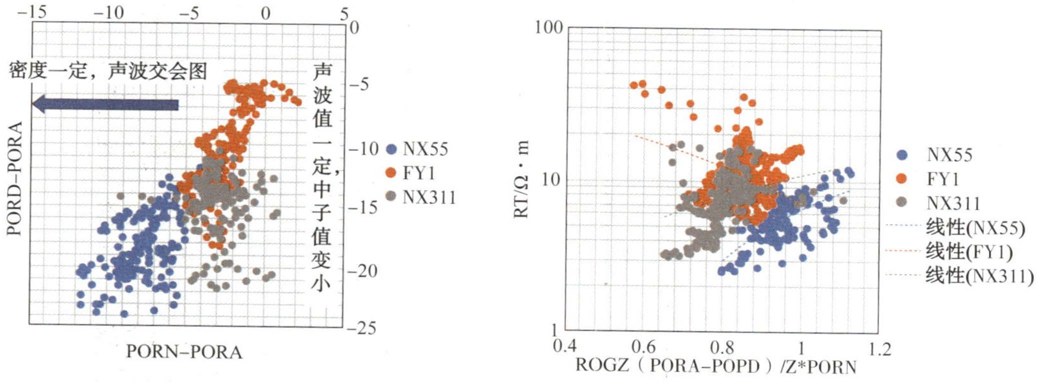

图 22　NX55 井 –NX311 井 –FY1 井孔隙度差值法交会与岩性指数法交会图

有利页岩油储层具有自然伽马数值低，电阻率数值中等，三孔隙度曲线具有密度略有降低，在密度数值接近的条件下，声波时差增大，中子减小，反映储层物性好，含油性好，综合有利岩相、结合物性、含油性及可压性对 NX55 井综合评价解释 I 类页岩油层

2.4m/1层；Ⅱ类页岩油层27.3m/7层；Ⅲ类页岩油层3.9m/3层。

4 试油（气）结果

（1）对本井3588.50~3786.00m分四段进行压裂试油，采用2mm油嘴放喷求产，日产油27.1t、水4.32m^3（为地面水）、气1040m^3，累计产油1125t、水936m^3（为地面水），原油密度0.9116g/cm^3，黏度51.8mPa·s，试油结论为油层。示踪剂显示，测井响应特征接近的第一、四压裂段（纯上1、3砂组），出油量为最高，与测录井评价结果对应性好。

（2）NX55井取得突破后，胜利油田在该块部署钻探了开发油藏评价井——NX55-X1井，并完钻2口水平开发井NY1-1HF井、NY1-2HF井，试油均获高产，NY1-1HF井自喷，日产油峰值为108.4t，NY1-2HF井压裂日产油峰值为217.5t，目前该区已完成页岩油开发先导实验井组产能建设。

5 结论与认识

通过曲线叠合法、交会图法等，在岩相划分的基础上，选取TOC、孔隙度、S_1/S_2、脆性矿物含量等作为页岩油储层综合评价的主要指标，测录井综合评价划分出页岩油的地质甜点及工程甜点，对今后非常规页岩油评价具有积极的指导意义。

编写单位：胜利测井公司　胜利地质录井公司
编 写 人：范中专　陈　岩
审 核 人：许东晖　张立生　向巧玲　卜凌梅
审 定 人：张晋言　牛　强　何浩然

55 渤南洼陷 BYP5 井高演化程度页岩油测录井综合解释评价

1 概况

BYP5 井位于济阳坳陷沾化凹陷渤南洼陷东次洼，目的层沙河街组三段下亚段（简称沙三下亚段），钻探目的探索渤南洼陷东次洼沙三下亚段高演化程度区页岩含油气情况。本井区沙三下发育了厚度较大的泥页岩，生烃潜力好。测井孔隙度 3.338%~7.926%，渗透率（0.045~1.432）$\times 10^{-3}\mu m^2$，储层物性中等。并且该层段油页岩灰质含量高，油气易于压裂开采。

设计导眼井垂深 4310.00m，靶点垂深 4100.00m；水平井 A 靶垂深 4115.00m，B 靶垂深 4354.00m，A~B 靶间水平距离 1018.65m。导眼井于井深 4703.00m 钻遇泥膏岩，执行导眼井完钻原则于井深 4711m（垂深 4479.20m）完钻。测井和井壁取芯后，经讨论决定，BYP5 井水平井选择 13 上砂组 2 小层（沙三下 13s-2）小层作为目的层进行钻探，水平井于井深 5379.59m（垂深 4308.67m）完钻，完钻层位：沙三下。

2 问题与难点

本井作为渤南洼陷第一口探索沙三下高演化程度的页岩油专探井，先钻探导眼井优化选层，再钻探水平井。井区属陆相湖盆页岩油储层，沙三下地层矿物成分复杂，页岩油评价方法有别于常规储层，本井存在以下评价难点：

（1）导眼井的页岩油甜点段评价，如何应用测录井资料综合评价，建立评价体系，为水平井钻探优选目标层；

（2）沙三下有机质富集，有机质特殊的物理性质对测井曲线影响较大，储层电阻率高，三孔隙度曲线受有机质含量、物性、岩性的多重影响，页岩油甜点段分级难度大，储层渗流能力评价难。

3 解释评价

页岩油储层测录井评价的核心是围绕包括含油性、储集性、可动性、可压性等评价指标优选地质甜点和工程甜点。

测井研究立足甜点评价，将常规测井、成像测井、元素测井、核磁共振等测井资料与地质分析资料相结合，提取反映岩相、物性等地质参数的敏感曲线，进行岩相识别，构建地质参数计算模型，建立多参数评价页岩油层的标准，进行有利页岩油储集段划分，实现测井信息定量评价页岩油地质甜点，利用正交多极子声波计算岩石力学脆性指数、破裂压力等工程参数，进行可压性评价，形成地质工程双甜点，精细优化选层。

录井评价应用气测、岩石热解地化、碳同位素、显微荧光薄片、多维核磁等录井技术综合评价地质甜点段，应用元素录井、全岩矿物等录井技术评价工程甜点段。

BYP5 井所在井区为高演化程度富碳酸盐岩页岩油储层类型，自生自储，成熟度高，可动性好。导眼井主要综合岩相、储集性、含油性、可压性四项条件对比以下 3 层段的地质工程双甜点评价，①号层井段 3995.0~4070.0m，②号层井段 4210.0~4240.0m，③号层井段 4267.0~4327.5m，为水平井优选靶窗提供依据。

3.1 岩相评价

BYP5 井①、②号层井段在 4023~4267m 井壁取芯证实岩性以深灰色油泥岩、灰质油泥岩为主（图 1），③号层井段在 4267~4338.1m 进行钻井取芯，岩相为含有机质层状灰质泥岩相，录井描述岩性为深灰色或灰褐色块状灰质油泥岩、灰质泥岩、深灰色荧光泥灰岩，部分井段为荧光含砾细砂岩（图 2）。

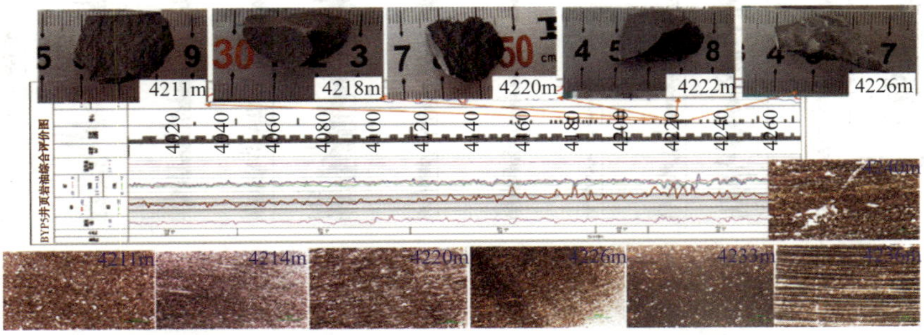

图 1　BYP5 井 4210.0~4240m 井壁取芯岩相特征

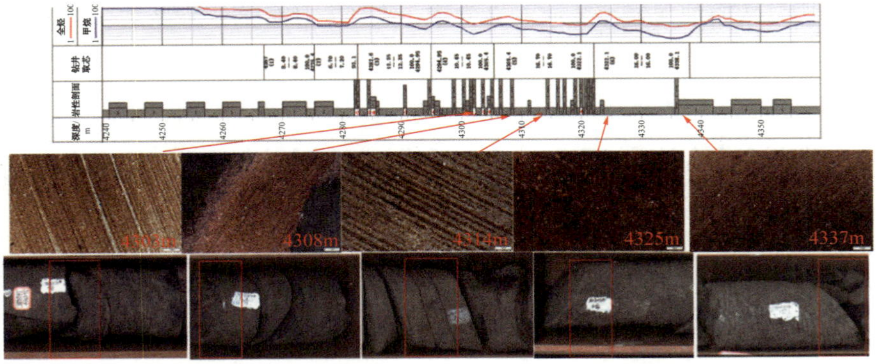

图 2　BYP5 井 4267.0~4327.5m 岩芯岩相特征

利用岩性扫描测井对本井岩性进行评价，发现铁、铝、镁、钾和钠元素整体较低，硅和钙呈负相关性。导眼段黏土含量平均 19.9%，石英平均 26.8%，方解石平均 37.9%，白云石平均 13.2%，黄铁矿平均 2.1%。4280m 以上黏土含量相对较高（①、②层段），下部黏土含量有所降低（③号层段）。③号层段以泥质灰岩为主，脆性矿物含量高，①、②号层泥质灰岩和灰质泥岩均发育，脆性矿物含量略低（图 3）。

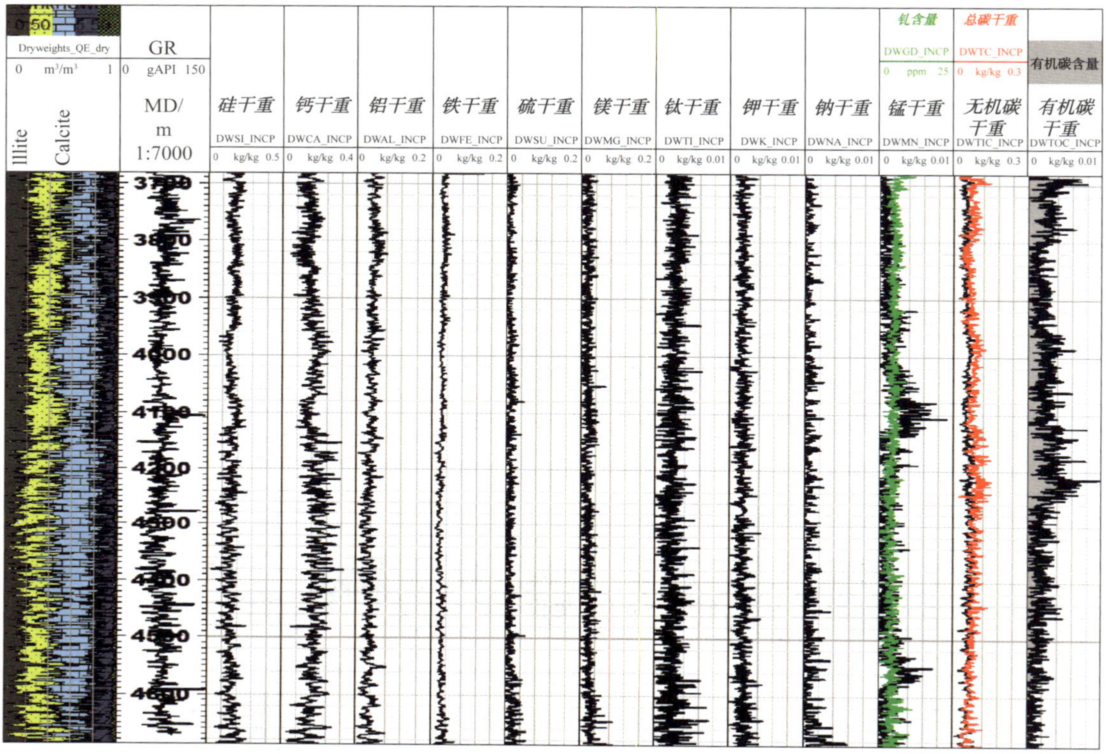

图 3　BYP5 井（导眼）岩性扫描测井分析图

结合电成像测井，取芯段元素分析结果和元素扫描测井的结果具有良好的一致性。取芯段划分的灰质泥岩和泥灰岩等岩性与基于元素测井得到的岩性类型一致性高（图 4）。

钻井取芯段以灰质油泥岩、灰质泥岩为主，夹薄灰质砂岩、泥灰岩。测井响应特征为灰质砂岩自然伽马中低值，电阻率中等值，中子密度曲线按标准刻度有重合的趋势，声波时差数值增大，反映可能存在裂缝；泥灰岩一般为自然伽马中低值，电阻率中高值，中子密度曲线按标准刻度重合性差，且孔隙度较低，自然伽马随灰质含量增多变低。灰质油泥岩、灰质泥岩一般为自然伽马中高值，泥质重，自然伽马数值升高，中子数值增大；灰质重，自然伽马数值降低，中子数值减小。取芯段整体自然伽马较低，分析为本井脆性最好的井段（③号层段）（图 5）。

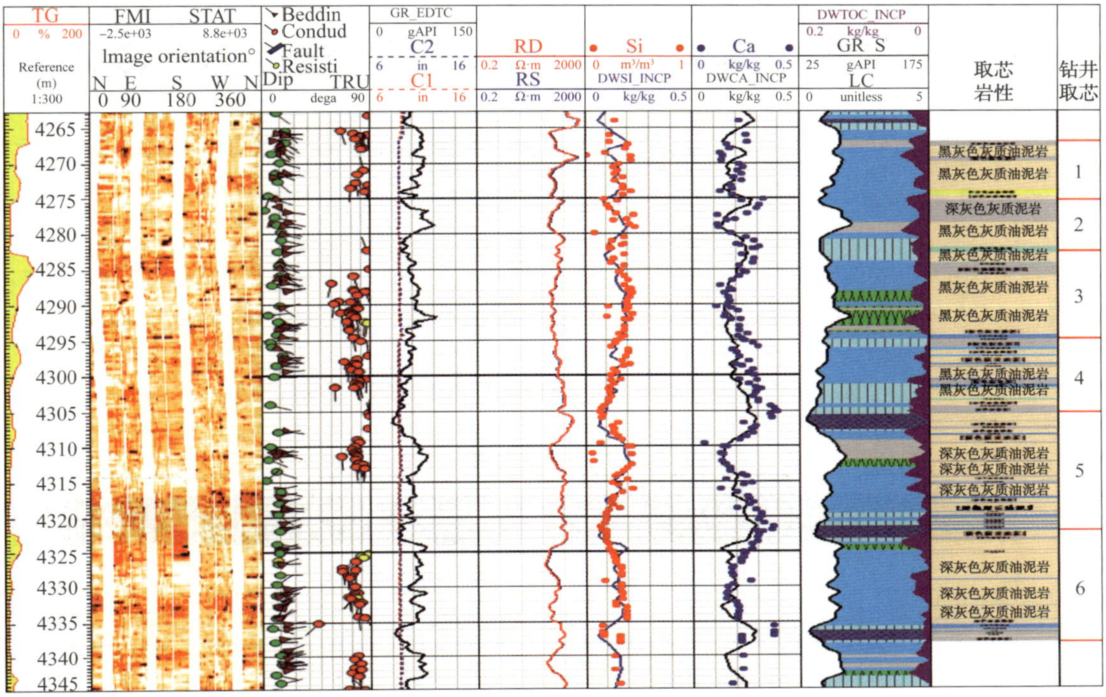

图 4　BYP5 井（导眼）取芯段元素测井分析结果

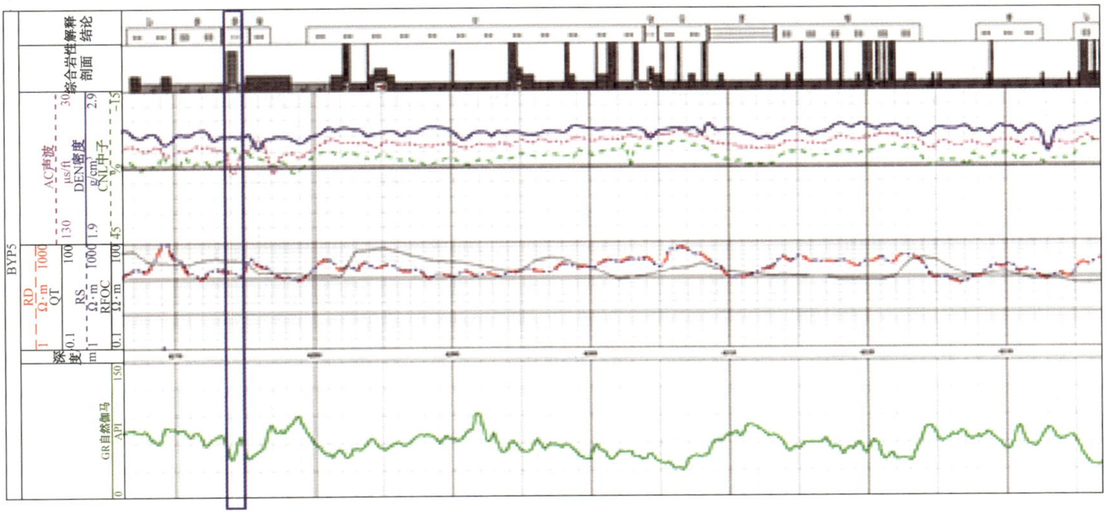

图 5　BYP5 井（导眼）取芯段测井曲线图（③号层段）

旋转井壁取芯段以灰质油泥岩、灰质泥岩、油泥岩为主，夹两颗砂岩。砂岩薄夹层的测井响应特征不明显，可能厚度小于测井最低分辨率。该段电阻率极高，分析为有机质最富集的层段，但自然伽马整体相对较高，脆性不如钻井取芯段（图 6）。

①号层段测井响应特征为三孔隙度双轨，自然伽马数值中高值，中子孔隙度大，显示为泥质含量重的井段（图 7）。

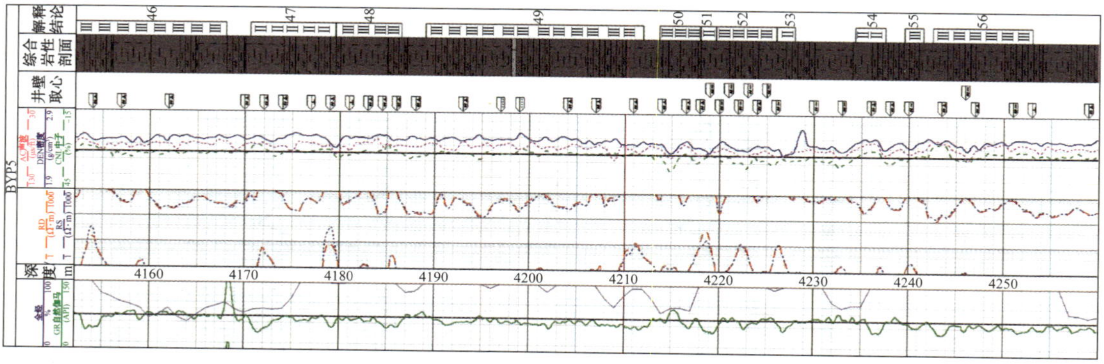

图 6　BYP5 井（导眼）井壁取芯段测井曲线图（②号层段）

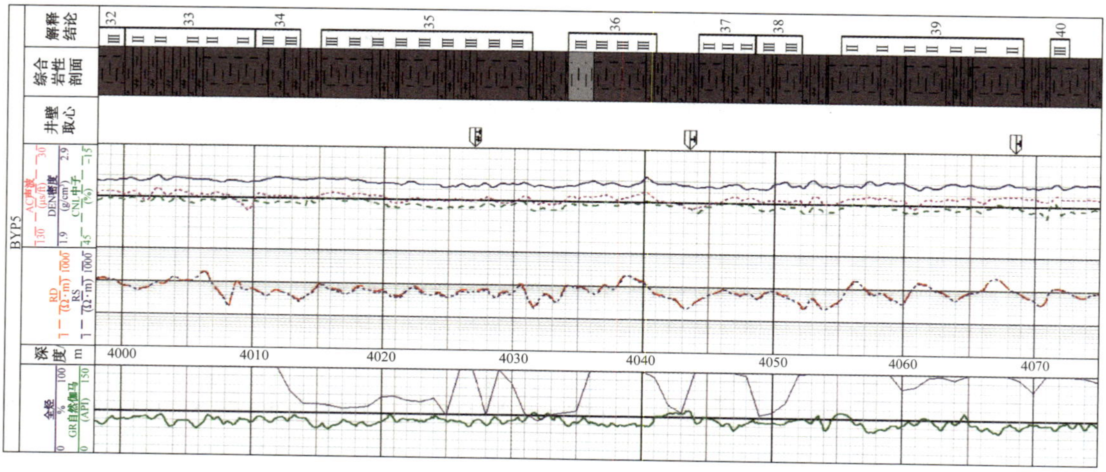

图 7　BYP5 井（导眼）井壁取芯段测井曲线图（①号层段）

3.2　储集性评价

测井资料采用两种方法计算孔隙度，一种是根据岩性扫描测井得到变骨架密度，另一种是用多矿物模型计算孔隙度（考虑干酪根影响），本井骨架密度平均为 2.76g/cm³，①号层段计算孔隙度 6% 左右，②号层段计算孔隙度 5.5% 左右，③号层段计算孔隙度 5.0%，结合成像测井分析，本井高导缝和高阻缝较发育（图 8），以高角度裂缝为主，走向均为近东西向，层理缝倾角较低和层面一致。裂缝主要分布层段 3815~3896m、3997~4137m、4179~4365m、4418~4607m，3 段都位于裂缝较为发育的层段，见层理缝、高导缝，整体储集性都较好（图 8）。取芯段成像与岩芯的层理缝、高导缝对应性好（图 9），岩芯可以刻度电成像，进行储集性综合分析。

从岩芯实物、岩石薄片分析，③号层岩相特征为灰质砂质纹层较发育（图 2），②号层含灰质砂质层状较发育，井深 4220m 方解石 60%，泥质 40%，灰质与泥质形成透镜体状平行层理（图 1）；从多维核磁谱图及孔喉分布图看（图 10），③号层岩石孔隙主要以微细孔为主，局部大孔发育，岩石孔喉主要分布在＜1.0μm，核磁孔隙度在1.004%~4.236%，平均2.405%，物性较差；①号层、②号层岩石孔隙主要以微细孔为主，局部大孔发育，岩石孔喉主要分布在＜1.0μm（图11），核磁孔隙度在0.71%~6.11%，物性对比①＞②＞③（图12）。

测井计算的孔隙度结合成像测井，与岩矿薄片、多维核磁资料显示，储集性测录综合评价：①＞②＞③。

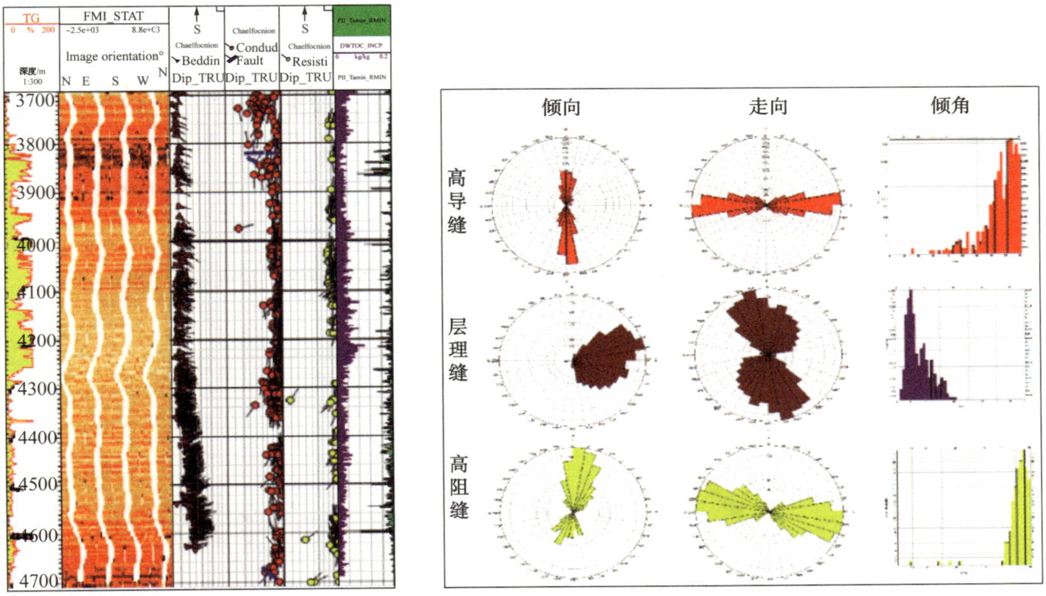

图8　BYP5井（导眼）成像测井裂缝分析图

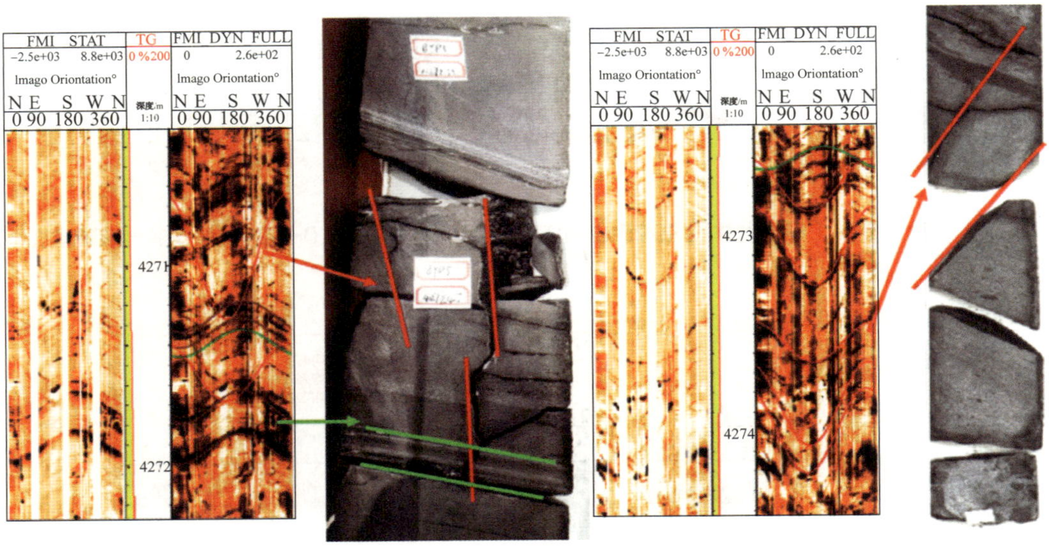

图9　BYP5井（导眼）成像测井与岩芯图

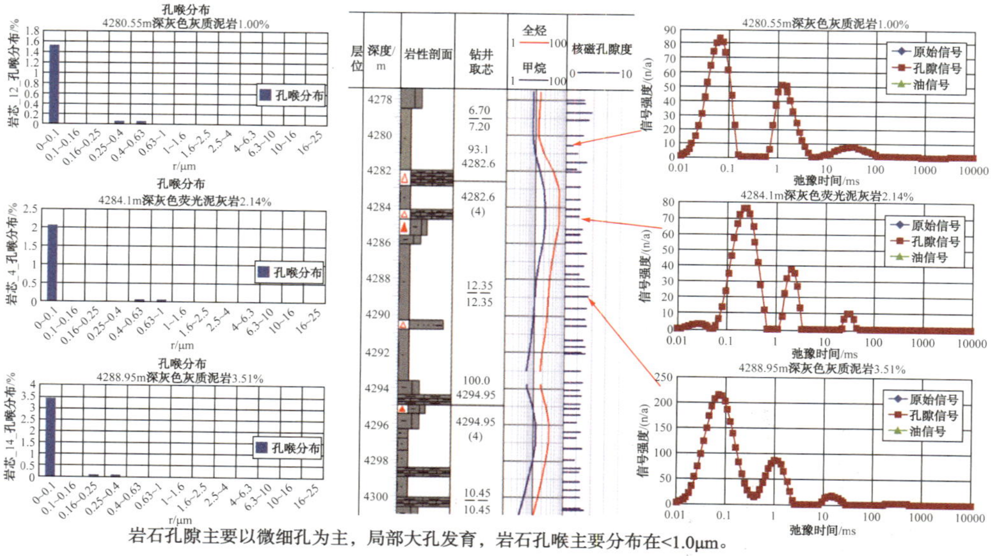

图 10　BYP5 井（导眼）井段 4267.0~4327.5m 多维核磁谱及孔喉分布图

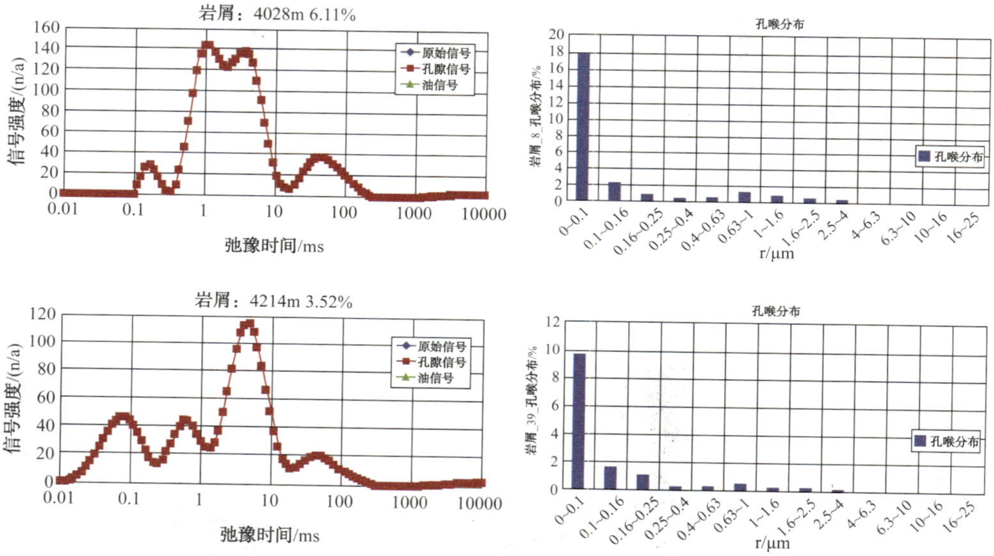

图 11　BYP5 井（导眼）井段 3995.0~4070.0m、井段 4210.0~4240.0m 多维核磁谱图

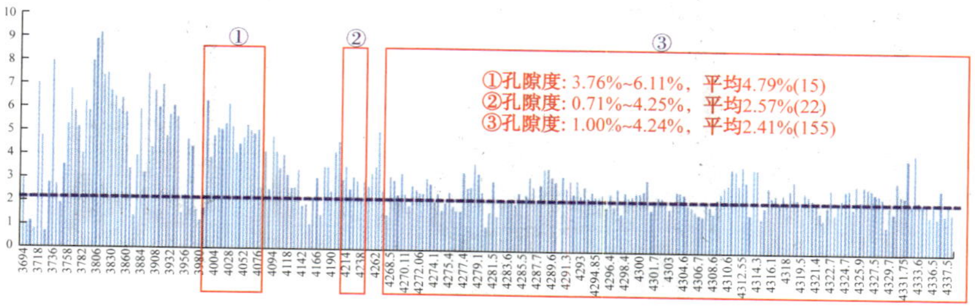

图 12　BYP5 井（导眼）井段 3995.0~4338.0m 核磁孔隙度柱状图

3.3 含油性评价

录井主要应用气测、岩石热解地化、碳同位素、显微荧光薄片、多维核磁等多项录井资料，测井应用电阻率、孔隙度等曲线的配置关系结合岩性扫描测井，利用敏感曲线多参数综合评价页岩油储层含油性，评价分为好、中等、差三个级别。

③号层井段 4267.0~4327.5m 为设计水平井目标层沙三下 13s–3 小层，即本井钻井取芯段。从气测、地化 S_1、TOC 参数看，该段含油气丰度低（表 1）；从碳同位素曲线看，岩屑气组分含量低（图 13）；从三维荧光指纹图看，该段含油浓度 24.2~68.3mg/L，平均 40.3mg/L，荧光级别 6.3~7.8，平均 7.0，含油丰度低（图 14）；荧光薄片（图 15）显示微裂缝、有机质纹层发育差，荧光显示弱；气测、地化 S_1、TOC、三维荧光、荧光薄片等多项资料均显示含油性差。

①号层井段 3995.0~4070.0m、②号层井段 4210.0~4240.0m，两段气测值均达到 100%，碳同位素岩屑气组分含量②号层比①号层高（图 13），地化 S_1、TOC 参数看，②号层优于①号层（表 2）。

测井计算 TOC 含量有两种方法，一是利用元素测井计算 TOC，二是利用地区统计回归规律计算，②号层段测井计算 TOC 在 2%~5%，S_1 为 2mg/g，S_2 为 20mg/g 左右，为全井含油性最好的井段；其次为①号层段，计算 TOC 在 2% 左右，S_1 为 2mg/g，S_2 为 9mg/g 左右；③号层段计算 TOC 基本小于 2%，S_1 为 1mg/g，S_2 为 5mg/g 左右；③号层段计算的数值最低。另外电阻率与声波时差曲线重叠发现，②号层段电阻率数值高，反映有机质含量的黄色区域最宽，定性说明了②号层段有机质含量最高（图 20）。成像资料显示，大段气测异常段油气显示与裂缝对应较好。

因此，含油性综合评价② > ① > ③。

表 1　BYP5 井（导眼）4267.0~4327.5m 油气显示

顶界/m	底界/m	厚度/m	岩性	气测录井						相对密度/(g/cm³)	地化录井			
				全烃	C_1	C_2	C_3	iC_4	nC_4		S_1 原/(mg/g)	S_2 原/(mg/g)	TOC	S_1/TOC
4267.0	4293.0	26.0	深灰色油斑灰质泥岩、荧光泥灰岩、深灰色灰质油泥岩	67.4 ↑ 11.4	23.6 ↑ 7.3	4.89 ↑ 1.52	2.1 ↑ 0.85	0.34 ↑ 0.12	0.75 ↑ 0.31	1.80	1.14	2.48	1.08	105.56
4293.0	4308.0	15.0	深灰色油斑灰质泥岩、荧光泥灰岩、深灰色灰质油泥岩	8.5~35.6	2.7~13.5	0.7~27	0.39~13	0.07~0.16	0.17~0.38	1.80	0.56	1.91	0.90	62.22
4308.0	4315.0	7.0	深灰色灰质油泥岩、灰色泥灰岩	10.7~22	4~10	0.9~1.8	0.53~0.9	0.07~012	0.18~0.28	1.80	0.92	2.65	1.10	83.64
4315.0	4327.5	12.5	深灰色油斑泥灰岩、泥灰岩、深灰色灰质油泥岩	34.5 ↑ 7.7	14 ↑ 2.6	2.7 ↑ 0.7	1.2 ↑ 0.46	0.16 ↑ 0.06	0.36 ↑ 0.16	1.80	0.59	1.56	2.07	28.50

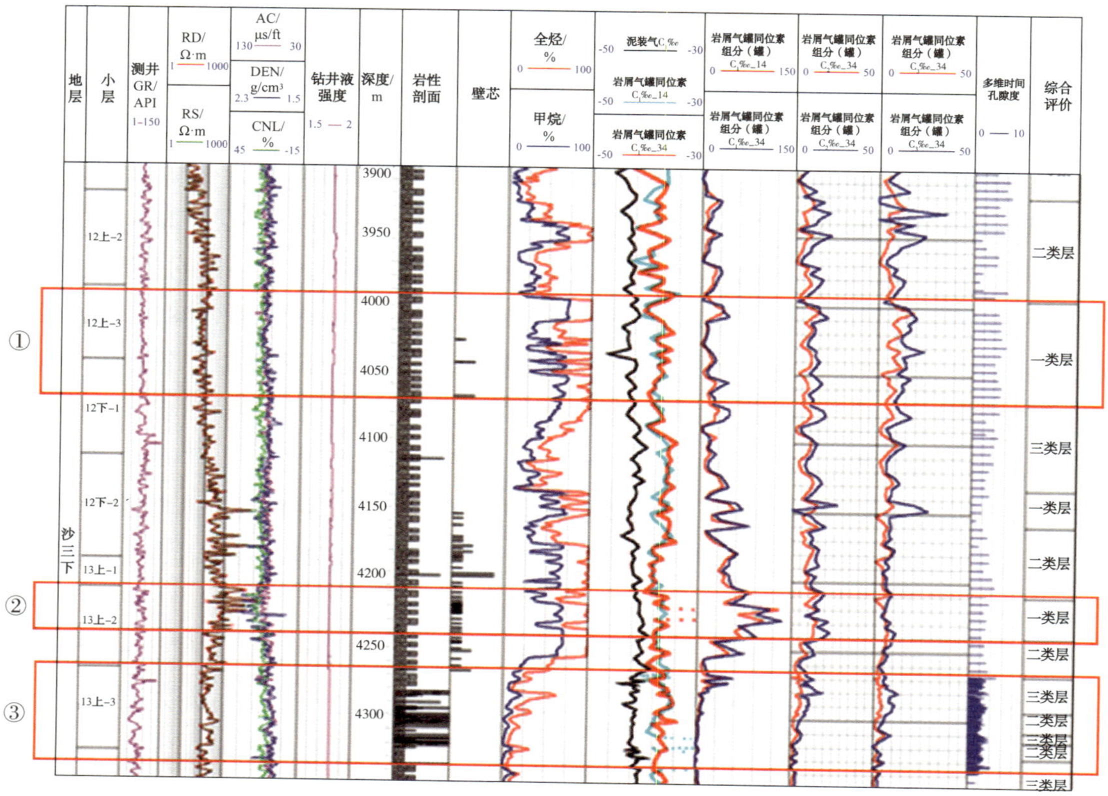

图 13 BYP5 井（导眼）①②③号层段碳同位素对比图

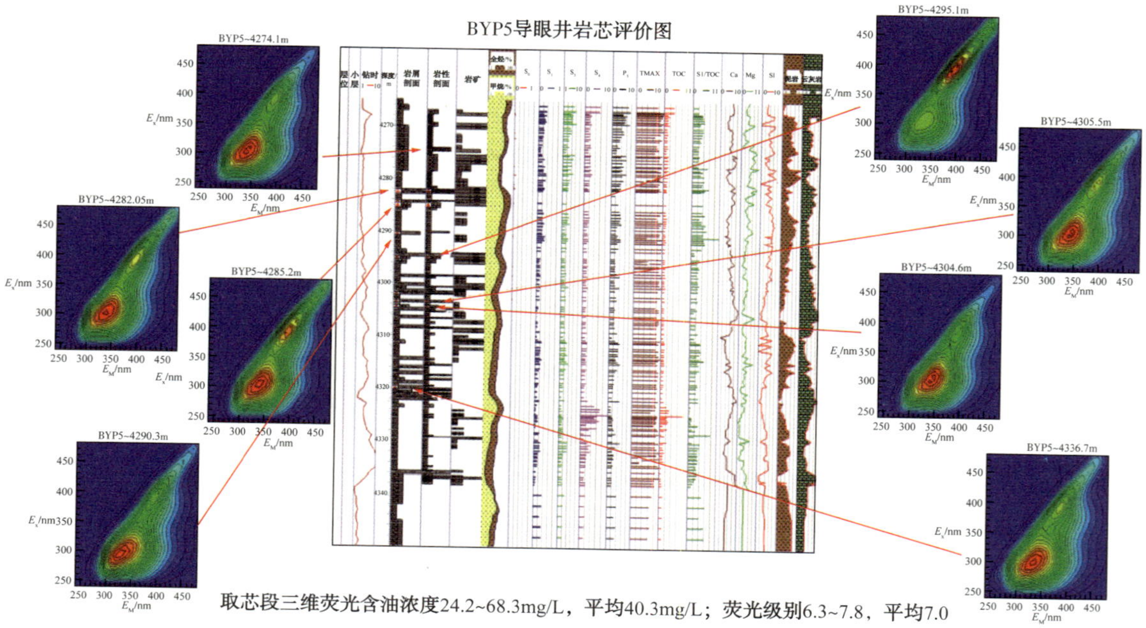

图 14 BYP5 井（导眼）井段 4267.0~4327.5m 三维荧光指纹图

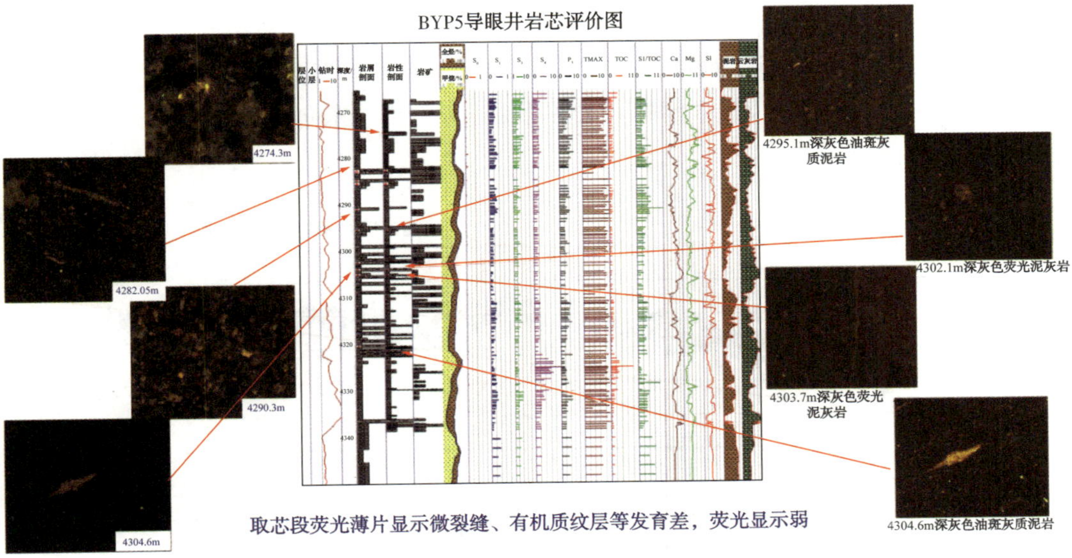

图 15 BYP5 井（导眼）4267.0~4327.5m 荧光薄片谱图

表 2 BYP5 井（导眼）井段 3995.0~4070.0m、井段 4210.0~4240.0m 油气显示

顶界 / m	底界 / m	厚度 / m	岩性	气测录井						相对密度 / (g/cm^3)	地化录井			
				全烃	C_1	C_2	C_3	iC_4	nC_4		S_1 原 / (mg/g)	S_2 原 / (mg/g)	TOC	S_1/TOC
3995.0	4070.0	75.0	褐灰色灰质油泥岩、深灰色灰质泥岩	29.64~100	12.27~74.7	2.256~22.075	1.069~13.19	0.131~1.254	0.39~4.005	1.78	2.50	5.97	3.42	73.10
4210.0	4240.0	30.0	褐灰色灰质油泥岩、深灰色灰质泥岩	100.0 ↑ 59.0	71.53 ↑ 32.4	23.14 ↑ 6.27	10.53 ↑ 2.47	1.03 ↑ 0.32	2.46 ↑ 0.76	1.80	2.19	10.54	6.61	33.13

3.4 可压性评价

根据区域地质资料和本井录井随钻地层压力监测资料分析，导眼井井段 3766.00~4711.00m，层位：沙三下 ~ 沙四上，采用 PDC 钻头钻进，dc 指数在 0.25~1.04，地层压力梯度为 1.50~1.83MPa/100m，破裂压力梯度为 1.89~2.21MPa/100m，综合评价为异常高压层。其中沙三下下部地层（斜深 3766~4267m）为异常高压段，岩性主要为深灰色灰质泥岩、褐灰色灰质油泥岩，压力系数在 1.50~1.85。地层压力越高，地下流体的能量越足，可动性越好（图 16）。

利用正交偶极子声波测井计算破裂压力 70~95MPa，平均 83.6MPa，最大水平主应力为 75~100MPa，平均 88.2MPa，最小水平主应力为 65~90MPa，平均 78.1MPa，水平应力差 5~17MPa，平均 10.1MPa，储层段孔隙压力系数计算结果为 1.56~1.70；底部压力系数 1.73（图 17 左）。③号层段岩相为含有机质泥质灰岩相，①②号层段为富有机质泥质灰岩或灰质泥岩相，综合脆性指数、破裂压力、应力差等岩层机械特性参数分析，整体可压性好。根据本井横波各向异性法选取各向异性较强的井段，确定最大主应力方向为96.4° 左右，推测最大水平主应力方向为近东西向。水平井钻进方位为北东向，易于后期压裂形成复杂网状裂缝（图17右）。

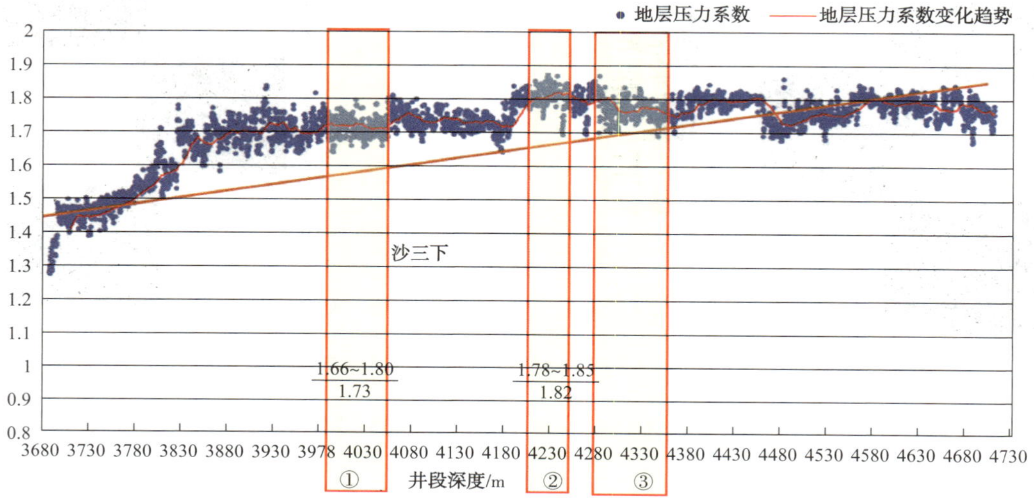

图16　BYP5井（导眼）地层压力系数图

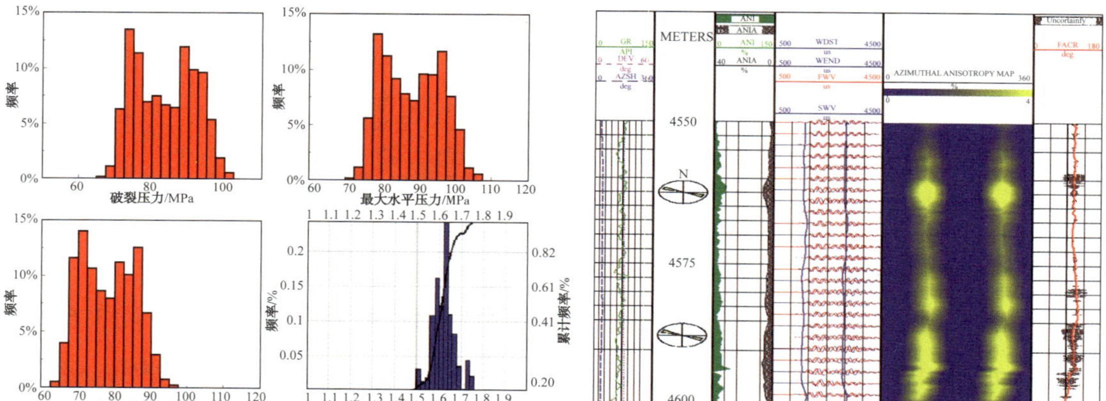

图17　BYP5井（导眼）正交偶极子声波岩石力学统计图

从元素录井脆性评价图分析（图18、图19），③号层井段4293~4308m，云灰质含量平均66%，脆性高；井段4315~4326m，云灰质含量平均64%，脆性高。①号层云灰质含量平均55.0%，脆性中等－高，②号层云灰质含量平均63.0%，脆性高。

元素测井综合常规测井曲线整体评价，③号层段伽马数值最低，计算的脆性矿物含量约85%，①号层段伽马略高，计算的脆性矿物含量约80%，①号层段与②号层段，脆性矿物含量接近，从岩石力学泊松比和杨氏模量计算的岩石力学脆性指数分析，③号层段脆性指数 40% 左右，①②号层段在 35% 左右。自然伽马和声波时差曲线重叠发现，③号层段绿色区域最宽，定性说明了③号层段可压性最好。

可压性综合评价：③ > ② > ①。

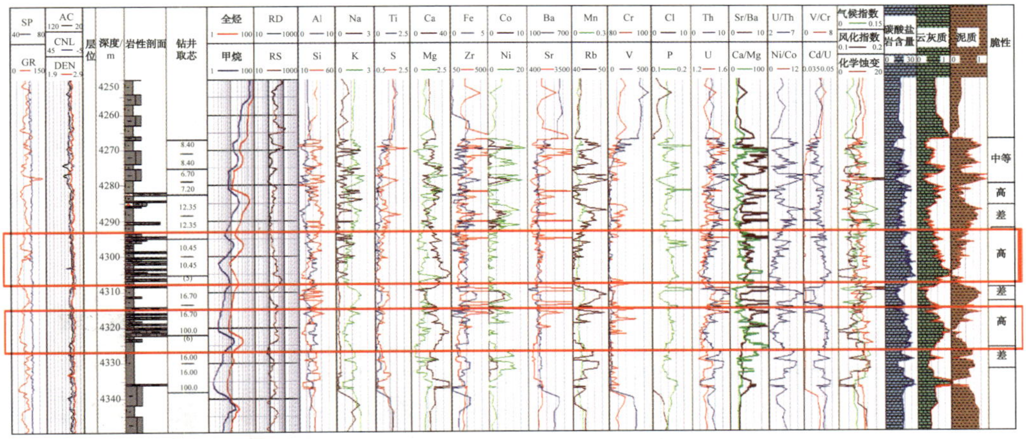

图 18　BYP5 井（导眼）4267.0~4327.5m 元素脆性评价图

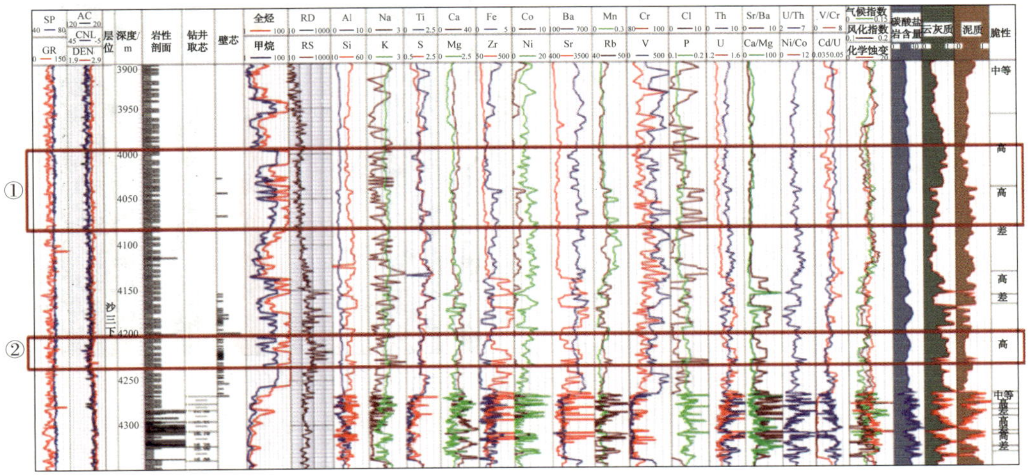

图 19　BYP5 井（导眼）3995.0~4070.0m、4210.0~4240.0m 元素脆性评价图

3.5　导眼井选层综合评价

综合测录井岩相、储集性、含油性、可压性等分析认为，③号层段可压性好，但含油性差；②号层 4210~4230m 含油性最好、可压性较好。因此，建议更改原水平井设计目的层，将②号层 4210~4230m 作为水平井目的层箱体，甲方采纳了建议（图 20）。

重点分析 BYP5（导眼）沙三下 4218~4220m（水平井箱体段），井壁取芯为深灰色油泥岩、灰质油泥岩，薄片分析显示井深 4220m 的岩样含灰质砂质层状构造发育，方解石 60%，泥质 40%，灰质与泥质形成透镜体状平行层理，测井响应特征表明（图 20），51 号储层自然伽马中等值，深侧向电阻率 2000Ω · m 左右，电阻率数值高可能与碳酸盐岩含量高、有机质含量高或储层致密有关，但三孔隙度曲线按标准刻度有重合趋势且显示孔隙度大，测井计算 TOC 为 4%~5%，S_1 为 2mg/g 左右，S_2 为 20mg/g 左右，与录井数据基本一致，气测全烃升到 100%，利用测井曲线重叠法，自然伽马和声波时差曲线重叠表明该段脆性矿物含量高，电阻率和声波时差曲线重叠表明有机质含量高，正交多极子声波测井的斯通利波显示幅度有衰减，推测发育微裂缝，成像资料显示（图 21），该段为层状的烃源岩，综合解释为Ⅱ类页岩油气层。而 50 号储层，电阻率数值也较高，虽然密度减小、声波时差增大，但中子也增大，自然伽马数值高，虽有机质富集，但黏土含量高，脆性矿物相对较低，综合解释为Ⅲ类页岩油气层。

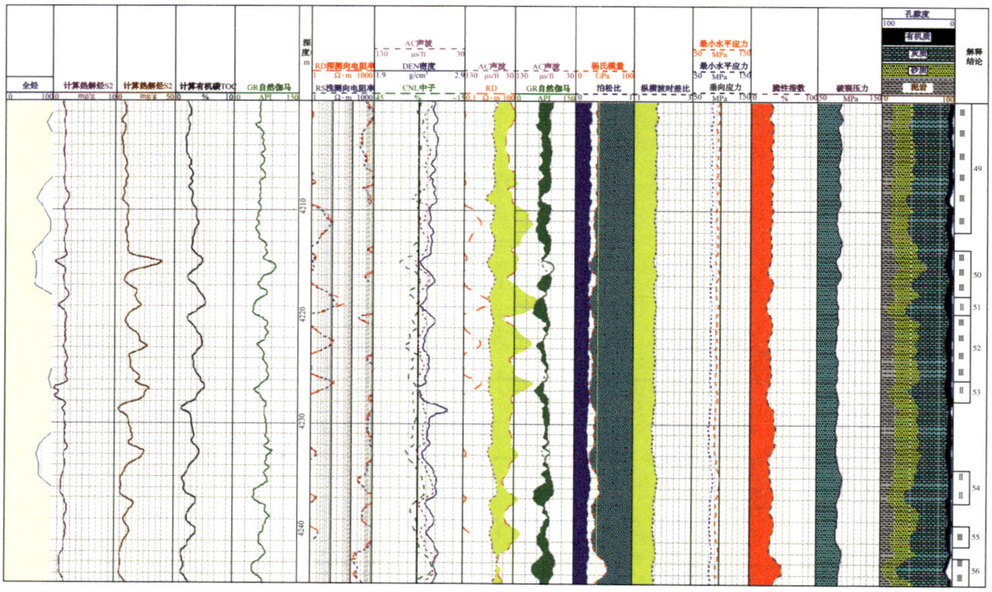

图 20　BYP5 井（导眼）井页岩油测井综合评价图（4200~4245m）

4　试油（气）结果

对水平井 4249~5270m 井段，优化分 21 段压裂后试油，化学示踪剂产液剖面评价，21 段均有贡献，采用 5mm 油嘴生产，日油 29.72t、气产量 33540m^3，综合含水 75.46%，截至 2021 年 11 月 24 日，累计产油 8779.06t、气 9382435m^3。

5　结论与认识

（1）利用测录井技术综合评价导眼井甜点段，提出更改箱体目的层的建议，将导眼井沙三下 13s–2 小层井段 4210~4230m（斜深）作为水平井箱体段，甲方采纳了建议，最终选取 4218~4220m 为靶核。

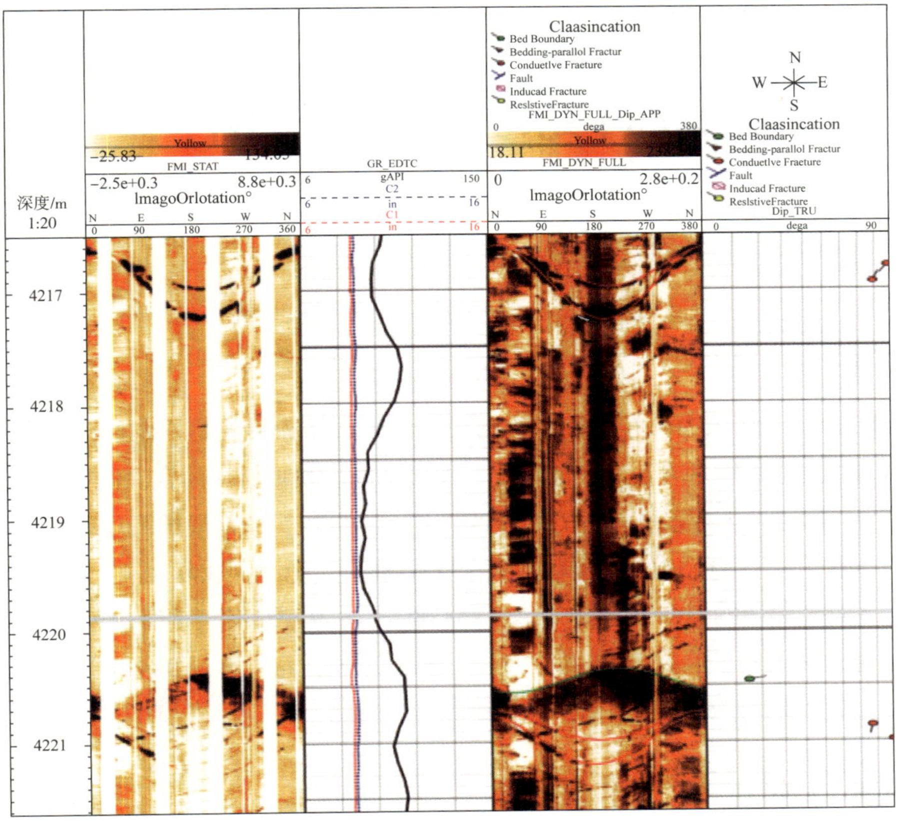

图 21　BYP5 井（导眼）井成像测井图

（2）首次总结了第一口渤南洼陷高演化程度页岩油高产储层的测录井响应特征与甜点识别方法，可指导该区开发井的测录井解释。

（3）常规测井曲线结合成像测井、岩性扫描测井、核磁及正交多极子声波测井，可定性定量准确评价地质甜点和工程甜点。

（4）碳同位素、多维核磁、元素录井等录井新技术，在页岩油储层甜点段判识中发挥了重要的作用，为箱体优选和压裂选层决策提供了有力支持。

（5）鉴于不同元素在箱体上下明显的变化特征，能够为指导水平井轨迹提供帮助，建议加大元素测录井技术并投入使用，建立沙三下亚段元素数据库，寻找与电性、岩性等标志层的元素特征规律，为后期页岩油水平井施工提供支持。

编写单位：胜利测井公司　胜利地质录井公司
编 写 人：范中专　杨金莉
审 核 人：许东晖　张立生　向巧玲　卜凌梅
审 定 人：张晋言　牛　强　何浩然

56 东营凹陷 FY1HF 井混合质页岩油测录井综合解释评价

1 概况

FY1HF 井位于济阳坳陷东营凹陷东部民丰洼陷，钻探目的是探索民丰洼陷不同岩相类型和不同热演化程度页岩油的产能情况，评价不同岩相页岩油的含油性和可压性。原设计目的层为沙四段纯上亚段 3 小层，后更改设计，目的层为沙四段纯下亚段 2 小层。

设计导眼井垂深 3790.00m，A 靶垂深 3790.00m，完钻井深 3890.0m，垂深 3854m。设计水平井 A 靶垂深 3780.00m，B 靶垂深 3855.00m，A~B 靶间水平距离 1811m。实际钻探后 A 靶垂深 3784.32m，B 靶垂深 3841.00m，于井深 5794m（垂深 3841m）完钻，水平段长度为 1811m，完钻层位：沙四段纯下亚段。

2 问题与难点

该井作为民丰洼陷第一口探索纯下页岩油的探井，先钻探导眼井优化选层，再钻探水平井。该井存在以下评价难点：

（1）如何应用测录井资料综合评价导眼井的页岩油甜点段，建立评价体系，为水平井靶窗选取提供依据；

（2）水平井油基钻井液条件下岩屑如何清洗，如何消除油基钻井液对地化参数的影响；

（3）与牛庄洼陷不同的是，民丰洼陷页岩的矿物成分更加复杂，陆源碎屑长石 + 石英含量增大，与灰岩 + 云岩含量相近，为混基质页岩，不同井段有机质丰度也有明显差别，测井曲线受有机质含量、物性、岩性等多重因素的影响，有效储层难以识别，储层渗流能力评价难。

3 解释评价

页岩油储层测录井评价的核心是围绕含油性、储集性、可动性和可压性“四性”开展地质甜点和工程甜点评价。

录井方面应用气测、岩石热解地化、碳同位素、显微荧光薄片、多维核磁等录井技术综合评价地质甜点段，应用元素录井、全岩矿物等录井技术评价工程甜点段；测井研究立足甜点评价，将常规测井结合成像测井、元素测井、核磁共振测井与地质分析资料，提取反映岩相、物性等地质参数的敏感曲线，进行岩相识别，构建地质参数计算模型，建立多参数测井页岩油层评价标准，评价页岩油地质甜点，利用正交多极子声波测井计算岩层的脆性指数等工程参数，结合元素测井、常规测井等信息进行可压性评价，评价地质工程双甜点，精细优化选层。

3.1 含油性评价

FY1HF 井区邻井 FSH2 井在纯下见到油斑白云岩，槽面见油花 5%，气泡 30%~50%，中途测试为低产油层，显示该井区纯下油气显示活跃。本井在该层段钻井取芯 17.02m，见灰褐色油页岩 5.45m，含气实验见少量细小连续气泡。从 FY1HF 导眼井综合评价图看（图 1），沙四上纯上亚段取芯段气测值较低，局部高值异常，平均 3.87%，油气显示不活跃；地化 S_1 在 3.48~22.43mg/g，平均 9.90mg/g（29 个岩芯样品），TOC 在 1.10%~6.85%，平均 3.35%（29 个岩芯样品）。井深 3597.3m、3603.5m 荧光薄片显示（图 2）：含砂质高的条带荧光强度较高，泥质含量高、碳酸盐岩含量高的条带荧光强度弱或不发荧光。纯下亚段取芯段气测高达 100%，槽面见无色透明气泡 15%，油气显示活跃；地化 S_1 在 1.69~14.68mg/g，平均 7.94mg/g（17 个岩芯样品），TOC 在 0.83%~6.16%，平均 3.22%（17 个岩芯样品）。井深 3786.4m、3795.5m 荧光薄片显示（图 2）：含砂质高的条带荧光强度较高，泥质含量高、碳酸盐岩含量高的条带荧光强度弱或不发荧光，荧光整体较纯上弱。

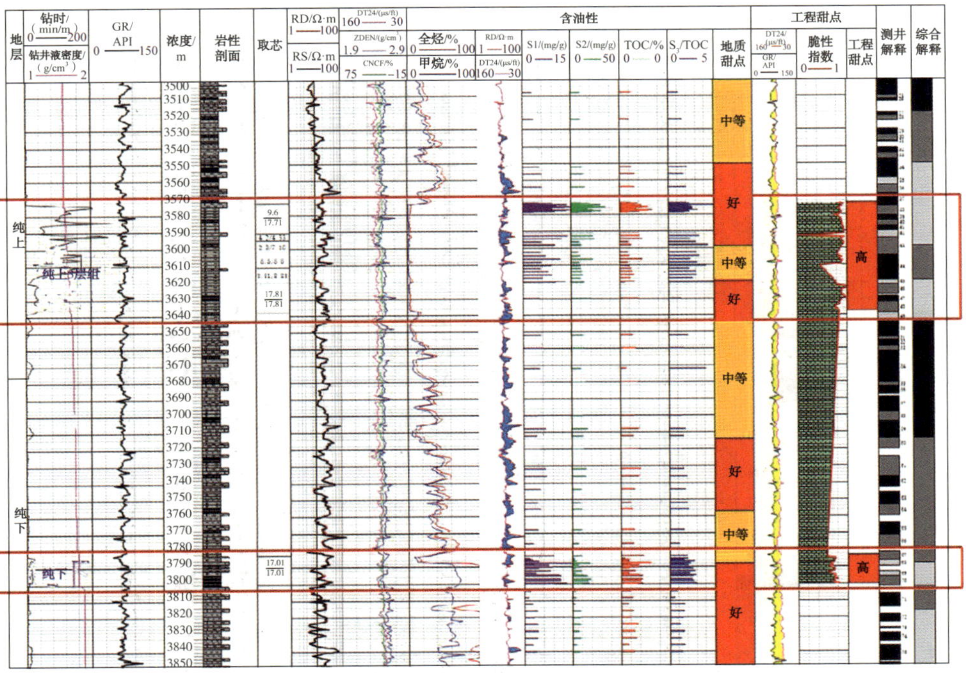

图 1 FY1HF 井导眼井综合评价图

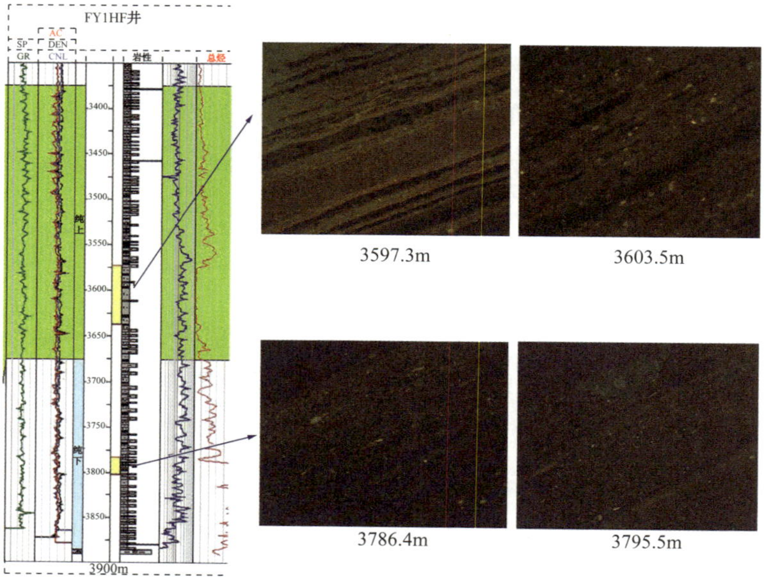

图2 FY1HF井导眼井纯上、纯下荧光薄片对比图

元素测井显示沙四上TOC最大7.5%，平均2.4%。纯上岩芯段TOC平均3%，最大6.6%，S_1平均7.5；纯下岩芯段TOC平均3%，最大5.9%，S_1平均9.7（图3）。

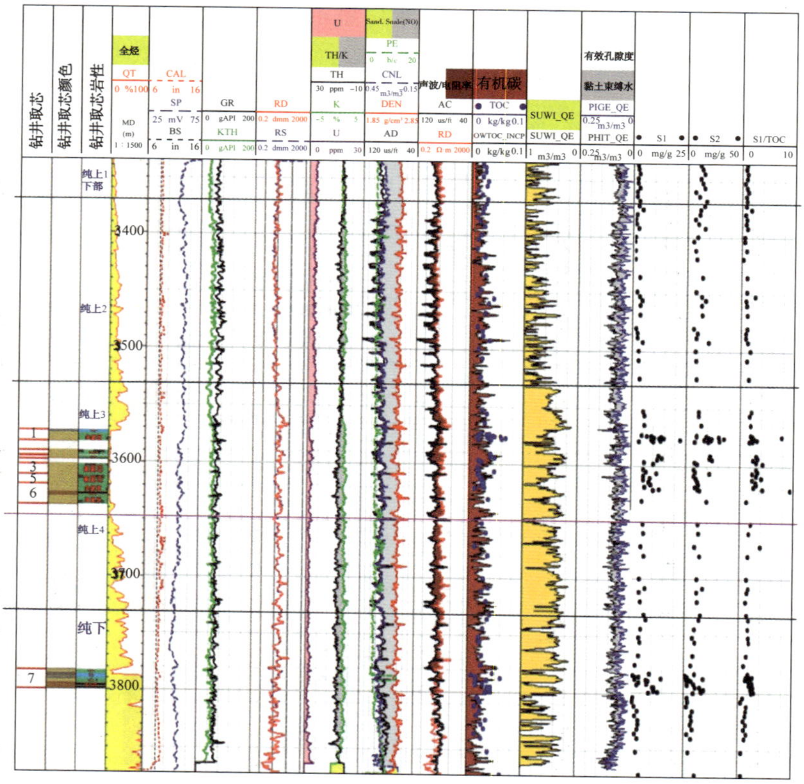

图3 FY1HF井导眼段TOC、S1图

3.2 储集性评价

3.2.1 岩性评价

FY1HF 导眼井纯上亚段岩芯实物观察岩性主要为深灰色灰质泥岩、褐灰色油泥岩、灰褐色油页岩，颜色较深，纹层不发育；纯下亚段岩芯实物观察岩性主要为深灰色灰质泥岩、褐灰色油泥岩、灰褐色油页岩，纹层发育。从岩芯实物、岩矿薄片、全岩分析等谱图看（图 4），纯上亚段碳酸盐含量平均 35%，长英质平均 30%，黏土矿物平均 30%。

FY1HF 井铁、铝、镁、钾和钠元素整体较低，硅和钙呈负相关性。沙四上黏土含量平均 25.3%，石英平均 32.4%，方解石平均 31.9%，白云石平均 7.4%，黄铁矿平均 2.7%。沙四上底部碳酸盐岩矿物含量有逐渐增加趋势（图 5）。

FY1HF 井页岩油层岩性主要为混合质页岩。测井曲线与富灰型页岩油地层比，电阻率数值略低，伽马数值高，三孔隙度偏大且为双轨特征。

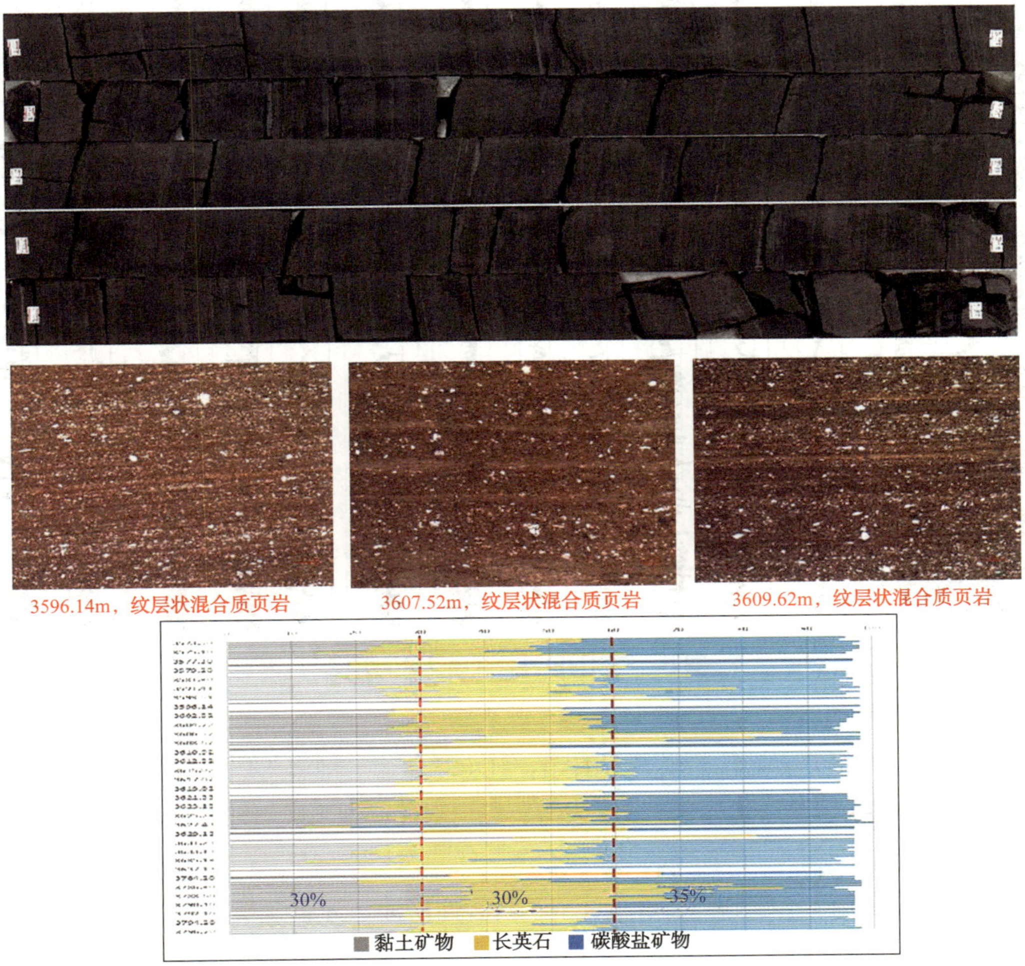

图 4　FY1HF 井导眼段纯上岩相谱图

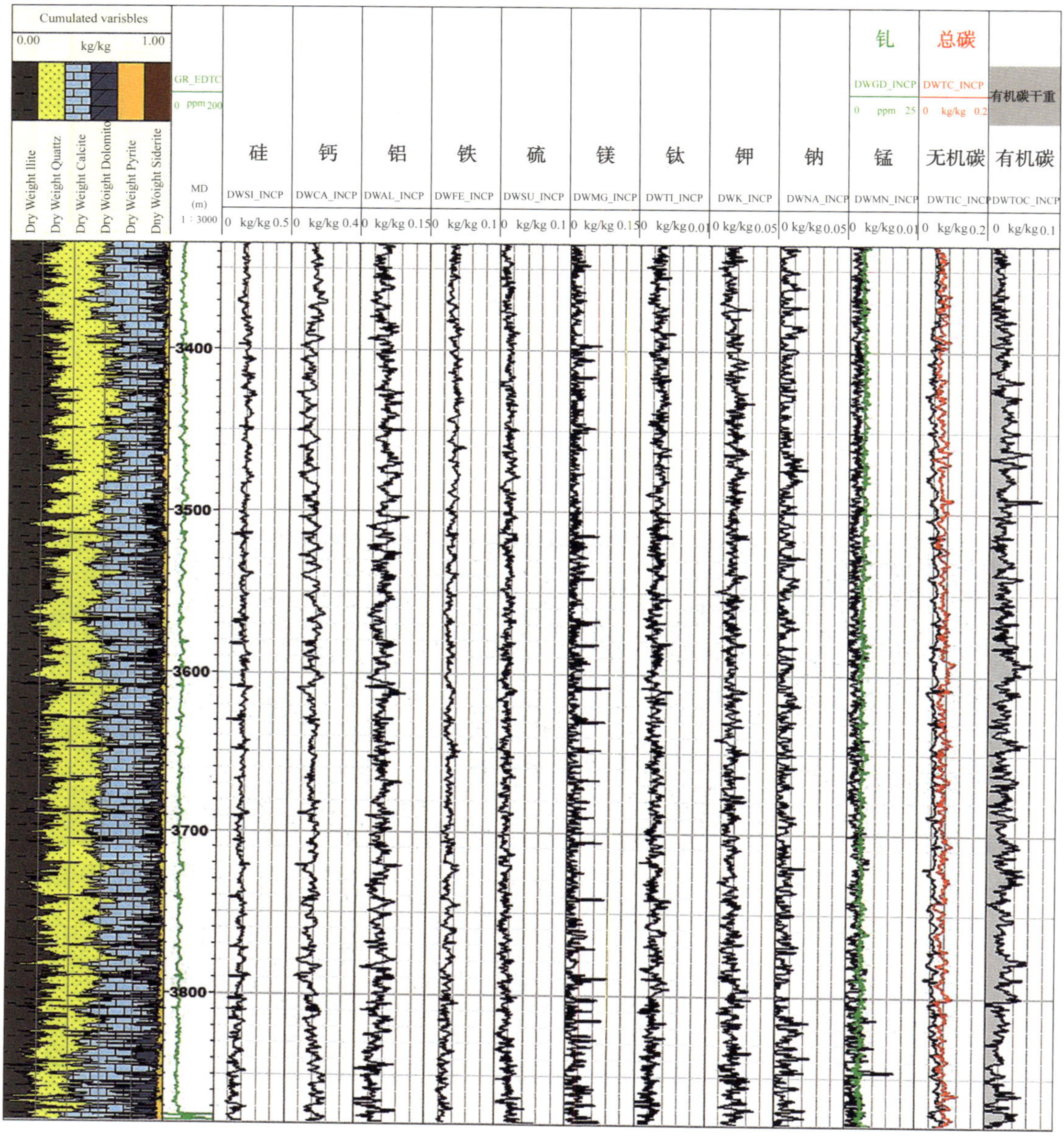

图 5　FY1HF 井导眼段元素测井图

3.2.2　物性评价

从 FY1HF 导眼井岩芯段岩矿薄片看出，纯上 3 层组、纯下 1 层组纹层发育，灰质呈条带状分布，砂质呈星点状分布，纹层发育；纵向对比，纯下纹层发育，微裂缝发育，岩相更为有利（图 6）。

从岩芯样品核磁共振 T1–T2 谱图看，不同岩性的油水分布含量不同；井深 3789.1m、3798.1m 为油页岩，这两个样品束缚油含量相对较高，物性也相对较好（图 7）。

纯上岩芯段孔隙度平均 7.7%，最小 1.8%，最大 16.5%，纯下岩芯段孔隙度平均 9%，最小 6.1%，最大 13.4%。水平段核磁有效孔隙度平均 7.9%，可动油孔隙度平均 3.5%。FY1HF 井属于基质孔隙度较大的页岩油地层。

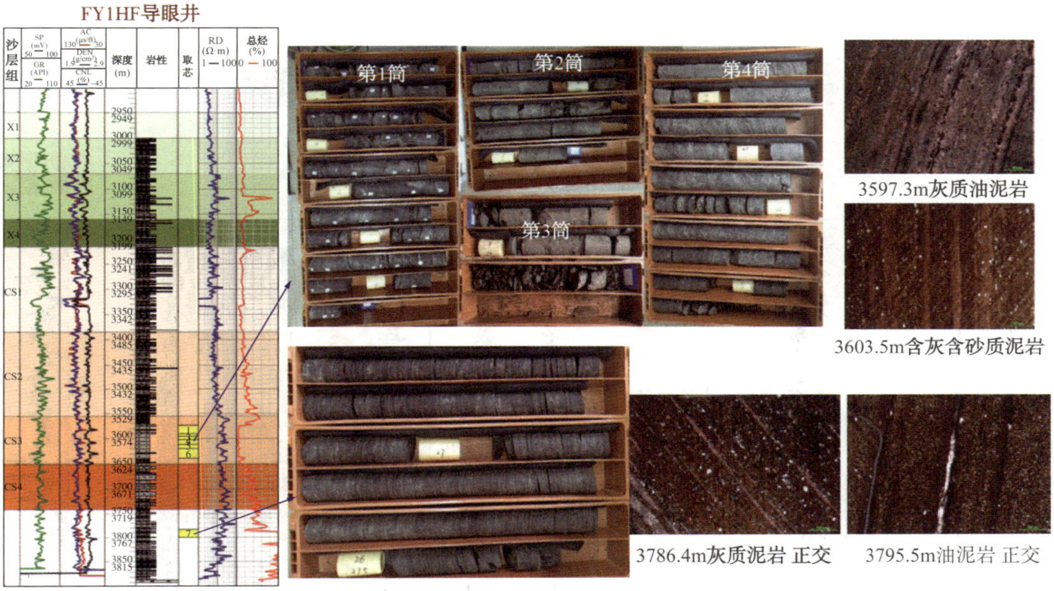

图 6　FY1HF 井导眼段岩芯、岩矿薄片纯上、纯下对比图

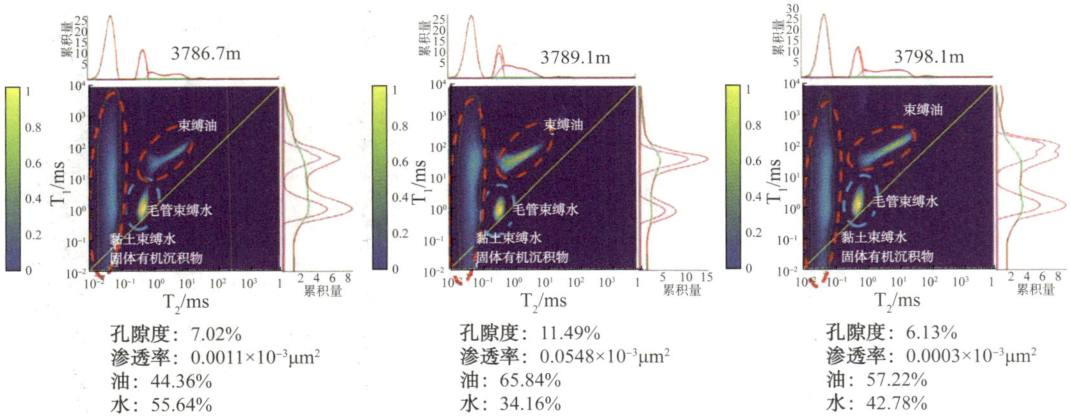

图 7　FY1HF 井导眼段多维核磁谱图

3.3　可动性评价

FY1HF 井整体裂缝发育程度较低，其中水平段以闭合缝为主，主要为孔隙型页岩油储层，造斜段局部开启缝较发育，可能发育裂缝孔隙型页岩油储层（图 8）。

FY1HF 导眼井岩芯实测 Ro，纯上 3 层组 Ro 为 0.63%~0.66%，平均 0.64%；纯下亚段 Ro 为 0.71%~0.72%，平均 0.715%，可以说明纯下储层为中高演化程度，较纯上 3 层组可动性好（图 9）。

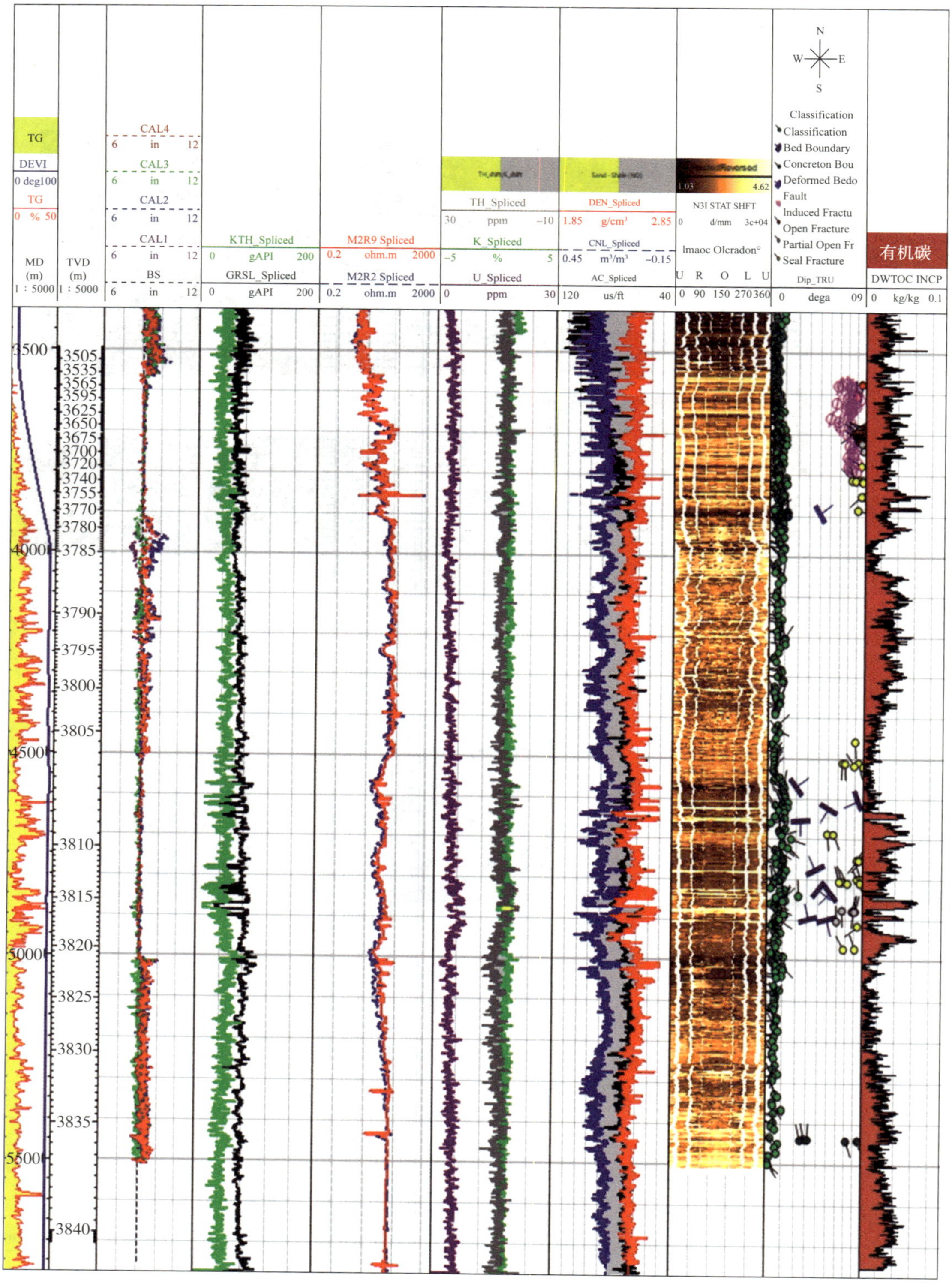

图 8　FY1HF 井（水平段）裂缝图

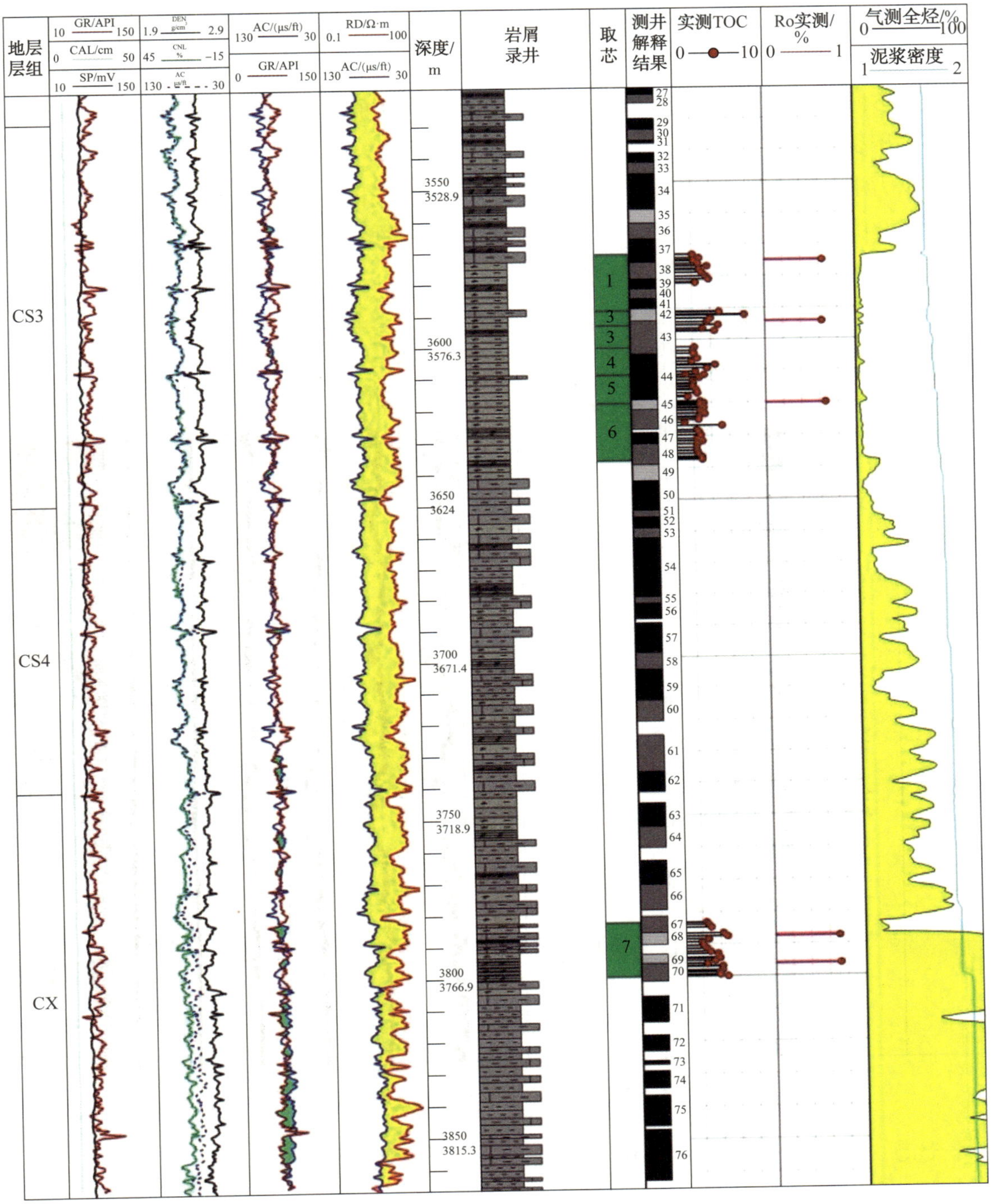

图 9　FY1HF 导眼井岩芯实测成熟度图

3.4　可压性评价

FY1HF 导眼井岩芯段元素分析，脆性指数 0.57~0.84，平均 0.71，评价为脆性高。水平井元素分析，脆性指数 0.22~0.90，平均 0.49，脆性中等（图 10）。

FY1HF 导眼井地层各向异性整体较弱。统计各向异性方向约为 119°，总体反映现今最大水平主应力方向为北西西－南东东向。如果后期钻水平井，可以考虑沿垂直最大水平主应力方向即北北东向，或与最大水平主应力呈较大夹角钻进，这样有利于后期压裂形成更多的压裂缝（图 11）。

从力学角度出发，测井计算的岩石力学脆性指数大于 50%，结合常规测井处理解释结论，综合脆性指数、破裂压力、应力差等岩层机械特性参数分析对页岩做了可压性分析，整体评价水平段页岩可压性较好（图 12）。

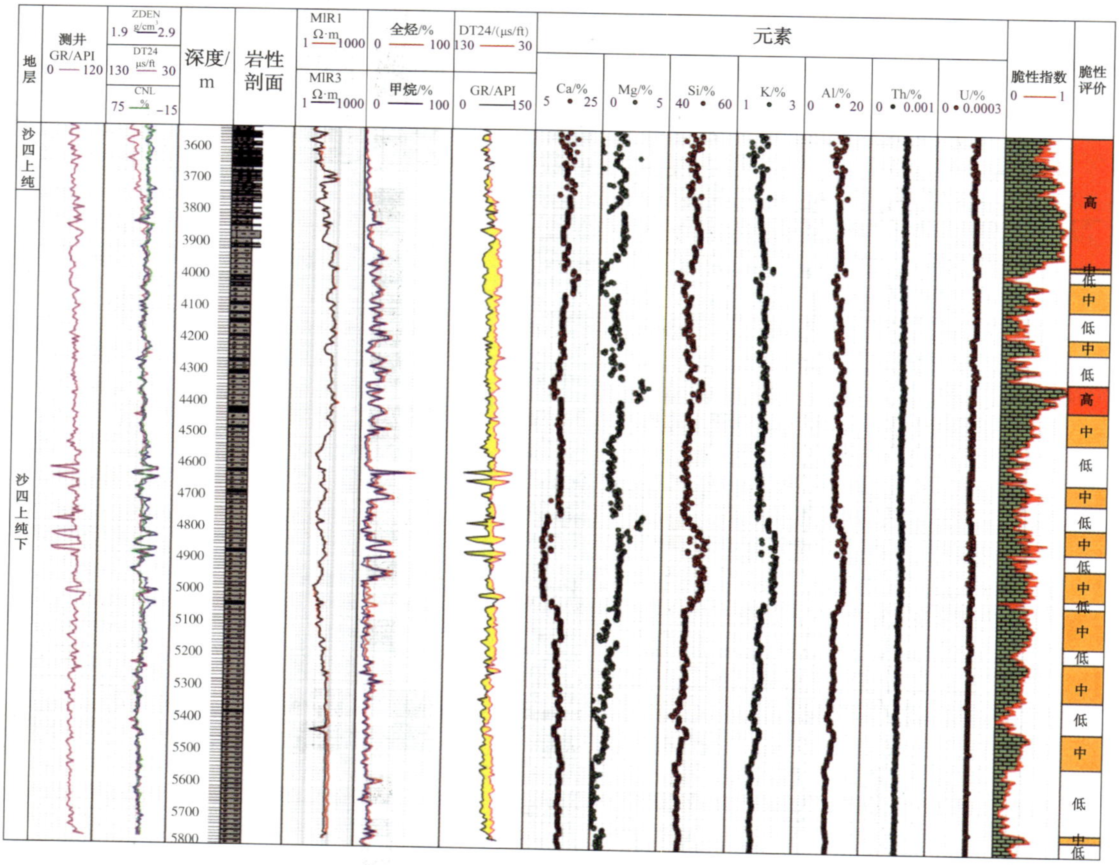

图 10　FY1HF 井水平段脆性评价图

3.5　导眼箱体段综合评价

FY1HF 水平井箱体实钻基本位于导眼 3792~3801m，属箱体中下部，测井曲线响应特征为中高伽马 45~75API，侧向电阻率 10~30Ω·m，三孔隙度曲线受有机质及层理的影响显示孔隙度大，且孔隙度增大处电阻率升高（图 13）。

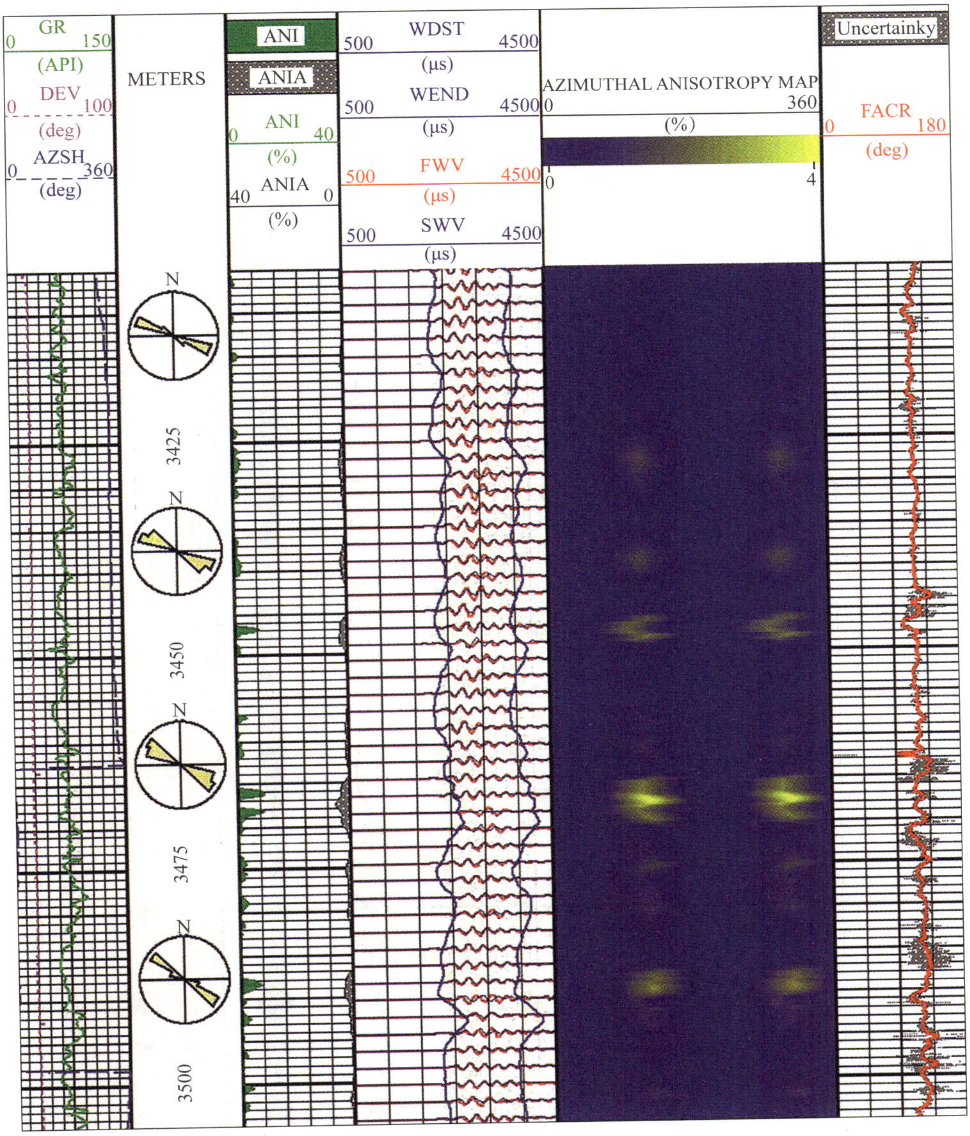

图 11　FY1HF 井导眼段各向异性图

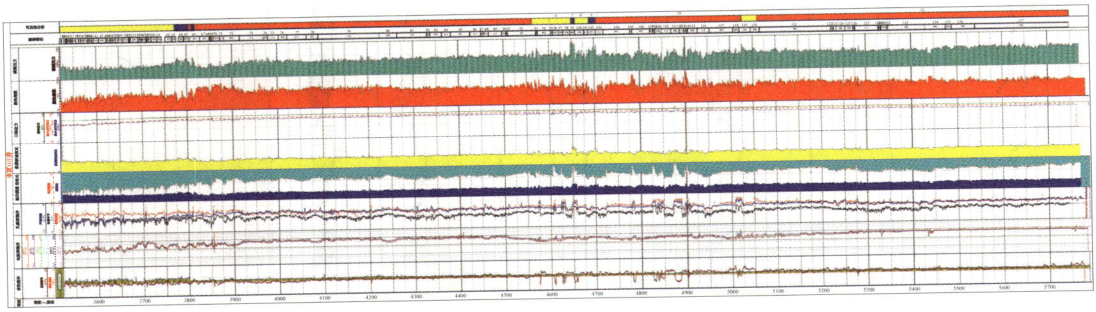

图 12　FY1HF（水平段）可压性分析图

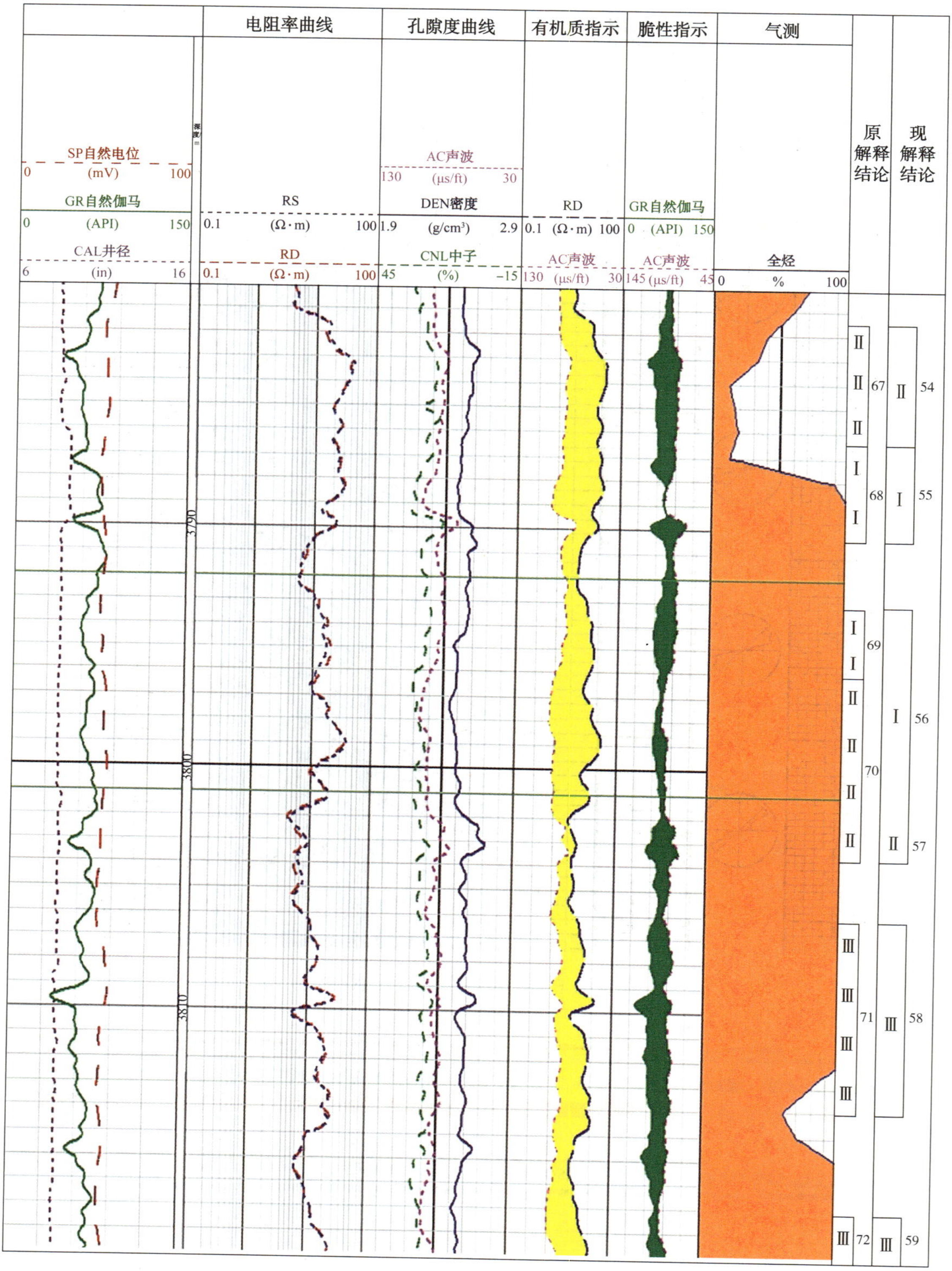

图 13　FY1HF 导眼段测井曲线图

导眼井实钻优选靶窗为纯下亚段斜深 3787~3802m（垂深 3754.4~3768.5m），录井气测升幅到 100%，地化 S_1 均值 7.94mg/g，TOC 均值 3.22%，多维核磁孔隙 6.13%~11.49%，岩矿薄片、荧光薄片显示，纯下灰质纹层、砂质纹层更为发育，油页岩夹亮晶纹层相对较多（图 14）。

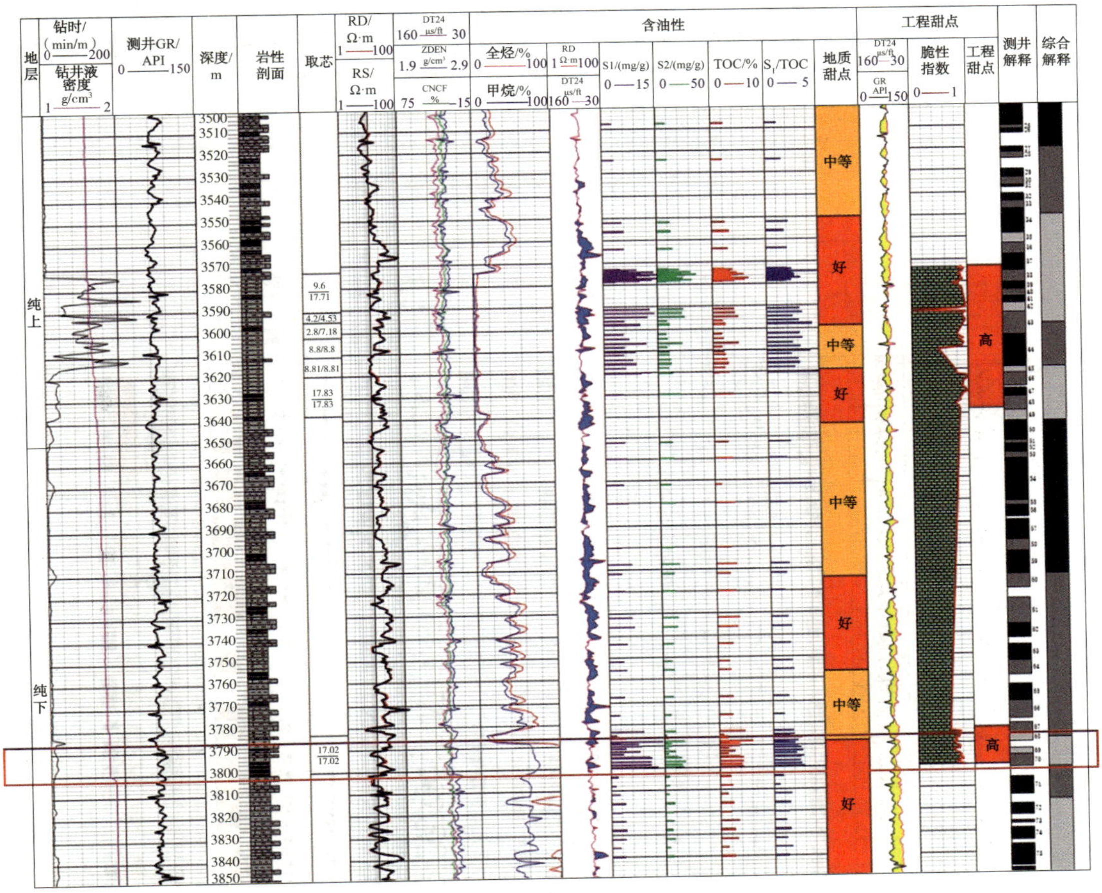

图 14 FY1HF 导眼段页岩油综合评价图

3.6 水平段综合评价

FY1HF 水平段虽然裂缝发育较少（图 15），但基质孔隙度大，属于高孔隙度、高 TOC 的储层。岩石力学分析结果表明，可压性相对较好的井段为 3805~3811m、3818~4562m、4705~5025m 及 5056~5748.2m（图 15）。综合地质和工程参数，本井共解释Ⅰ类页岩油层 572.4m/23 层；Ⅱ类页岩油层 1219.2m/47 层；Ⅲ类页岩油层 408.3m/41 层；录井依据气测、地化、有机碳、碳同位素、元素等技术综合评价Ⅰ类页岩油层 579.0m/10 层、Ⅱ类页岩油层 935.0m/12 层、Ⅲ类页岩油层 742.0m/13 层（图 16）。

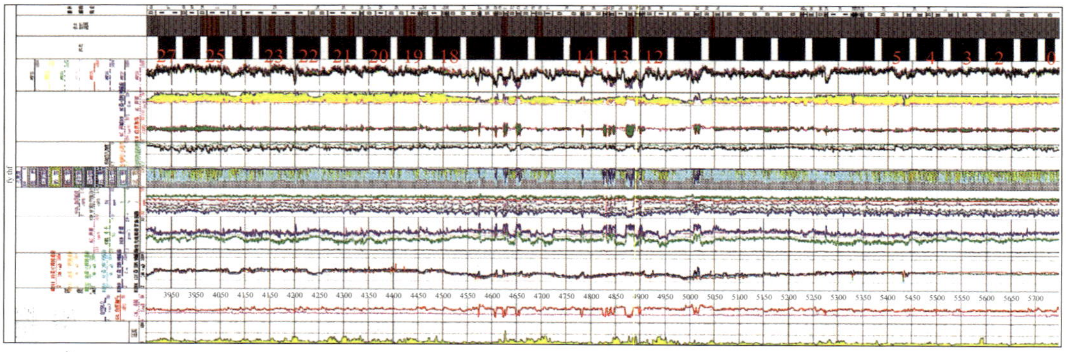

图 15　FY1HF 水平段测井评价图

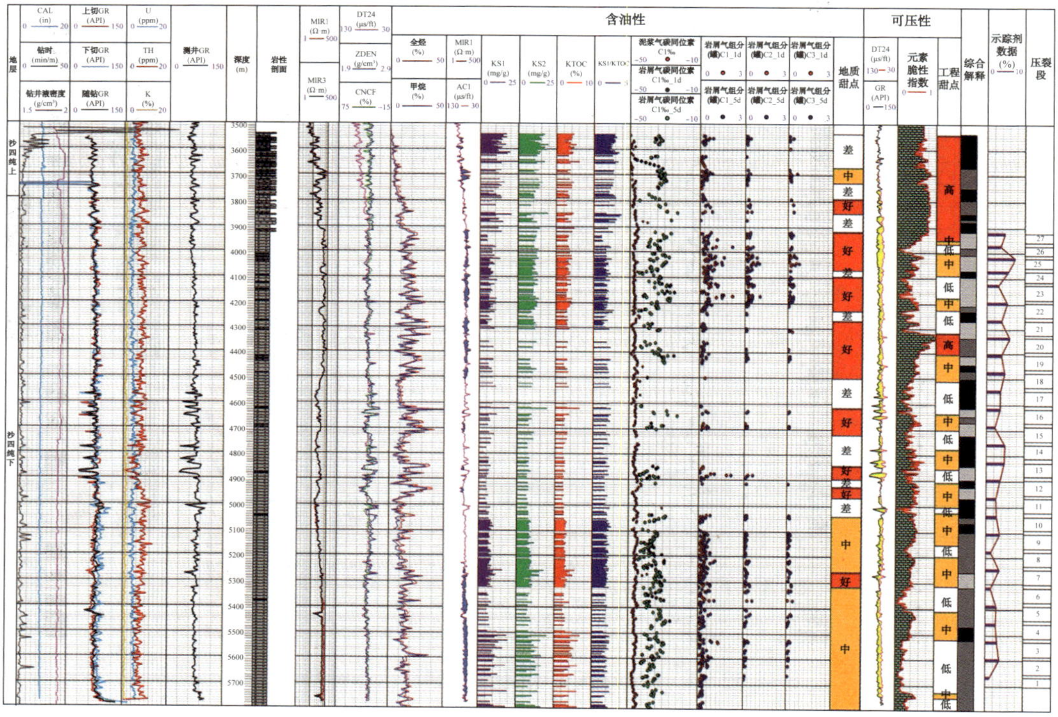

图 16　FY1HF 水平段页岩油综合评价图

4　试油（气）结果

对沙河街组沙四上纯下亚段压裂试油。峰值日产油 229.5 吨、气 41275m³，目前 4mm 油嘴放喷，油压 31.26MPa，日产油 88.1 吨、气 16755m³，累产 126 天，累计产油 13799.3 吨、气 233.77×10⁴m³。示踪剂结果证实了测录井资料评价的准确性（图 16）。

5 结论与认识

（1）利用测录井技术综合评价导眼井甜点段，建议纯下为水平井箱体段，被甲方采纳。

（2）FY1HF 井作为民丰洼陷第一口高产突破井，证实了民丰洼陷纯下亚段高孔隙高 TOC 的页岩油具有良好的勘探开发潜力。

（3）录井岩石热解地化、有机碳、碳同位素、岩矿薄片、荧光薄片、元素等特色技术，在页岩油储层双甜点评价中发挥了重要作用。

（4）常规测井曲线结合成像测井、岩性扫描测井、核磁及正交多极子声波测井，可定量准确评价地质甜点和工程甜点。

编写单位：胜利测井公司　胜利地质录井公司
编 写 人：范中专　杨金莉
审 核 人：许东晖　张立生　向巧玲　卜凌梅
审 定 人：张晋言　牛　强　何浩然

57 东濮凹陷 WG4 井泥页岩裂缝型储层测录井综合解释评价

1 概况

WG4 井地处河南省濮阳县户部寨乡，构造上位于东濮凹陷中央隆起带文留构造北部，是文卫濮接合部的一口评价井，钻探目的是评价文卫下古生界潜山以及沙河街组三段上亚段（简称沙三上）8~10 砂组泥岩裂缝的含油气情况及地层构造储层特征，目的层为沙三上亚段、下古生界奥陶系。该井于 2012 年 6 月 3 日完钻，完钻井深 4600.00m，完钻层位寒武系。

WG4 井区钻探资料表明，该区域沙三上 9~10 砂组见油气显示，其中 WG2 井显示最好，钻井过程中发生溢流，钻井液密度 1.41 ↓ 1.00g/cm^3，黏度 52mPa · s ↑滴流，循环放喷见暗黑色原油，W300、W18 井在 10 砂组均见到不同级别油气显示，说明该区有一定的勘探前景。

2 问题与难点

WG4 井沙三上 8~10 砂组地层厚度 98.0m，钻井取芯 64.9m，以厚层深灰色泥页岩为主，见薄层盐岩，岩芯粒度细、颜色深，裂缝发育，储集类型为泥页岩裂缝型储层。WG4 井沙三上 8~10 砂组泥页岩段岩屑录井未见荧光显示，气测无异常，电测未解释，自然伽马可以区分出泥页岩与盐岩，电阻率值在盐岩段呈高值，在泥页岩段无明显变化，依靠常规录井和测井不能准确识别泥页岩裂缝储层含油性（图 1）。

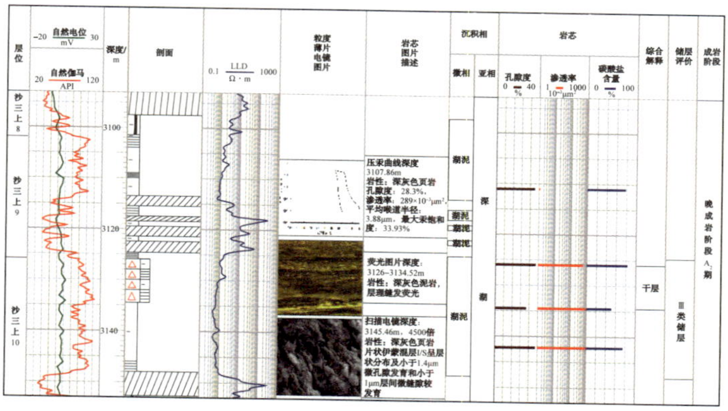

图 1　WG4 井沙三上 9~10 砂组储层评价图

3 解释评价

3.1 岩性分析

WG4 井沙三上 8~10 砂组为厚层深灰色泥页岩与灰白色盐层互层，上部盐岩发育。取芯段 3102.06~3177.76m，岩芯多为深灰色泥页岩，泥页岩段发育层理缝 11 条，充填斜裂缝 3 条，薄片中见页理缝，均为水平层理缝及充填缝（图 2）。

图 2 WG4 井岩芯实物照片与显微镜下照片

3.2 储层评价

WG4 井处于深水盐湖相沉积，沙三上 8~10 砂组为厚层泥页岩与盐岩不等厚互层，砂岩不发育，储层为泥岩裂缝储层，根据东濮凹陷泥页岩储层评价标准（表 1），主要选取泥页岩有机质丰度、脆性矿物含量、泥页岩成藏系统厚度、储集空间类型、黏土矿物含量等参数，参考有机质热演化程度、有效层厚度等参数评价泥页岩储层。

表 1 东濮凹陷泥页岩储层评价标准

储层类型	热演化程度 / Ro	有效厚度 / m	系统厚度 / m	脆性矿物含量 / %	储集空间类型
Ⅰ	> 0.6	> 3	> 30	> 50	粒间孔缝、网状缝、层理缝
Ⅱ	> 0.6	> 3	> 25	> 40	裂缝、层理缝
Ⅲ	< 0.6	< 3	< 25	< 40	裂缝、粒间微孔缝

根据 WG4 井泥岩段数据资料：WG4 井沙三上 9~10 砂组热演化程度 > 0.8；有机碳含量一般为 0.05%~10.02%，平均 1.65%；系统厚度分别为 16.8m 和 22.3m，大部分单层厚度都在 3.0m 以上；岩芯孔隙度分布在 13.2%~37%，渗透率分布在（9.51~5950）$\times 10^{-3}\mu m^2$；压汞曲线多以低进汞饱和度、分选差的曲线形态为主；岩芯观察，该套泥岩的裂缝多被泥质和膏质充填，缝隙多以页岩的页理缝为主，储层发育情况整体不如南面的濮深 18-1 井好，综合评价为三类储层。

3.3 含油性评价

岩屑图像录井：井深 3111.06m 泥页岩岩芯，图像显示荧光颜色为黄绿色，产状呈星点状，含烃面积 3.28%，含烃丰度为 27.7%，解释为干层（图 3）。

三维荧光录井：从谱图来看，井深 3116m 对应荧光强度表征点为 E_x330nm、E_M365nm，按照中原中重质油谱图特征（E_X310~330nm、E_M350~370nm），WG4 井油质判断为中重质，对比级别 5.7，油性指数 1.1，相当含油量 7.68mg/l（图 4）。

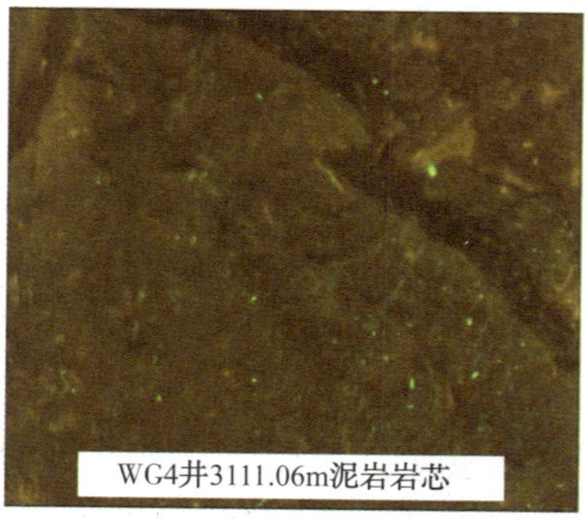

图 3 WG4 井岩屑图像识别图片

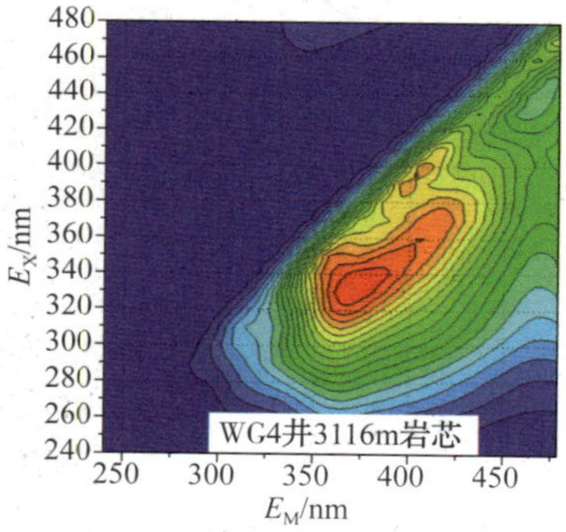

图 4 WG4 井三维荧光识别图片

地质录井参数 Gi 值：选取含油级别、槽面油花、气泡、钻井液性能变化及后效等 7 项地质参数量化，依据各参数对油气层显示有效性制定权值，综合计算求得 Gi 值，代表了录井参数的综合特征，反映储层含油气性的好坏，具有较好的区域可比性（图 5）。Gi 值具体量化方法如下。

$$G_i = \sum^{10} G_{ij} \times \delta_j$$

G_i：第 *i* 解释层的地质综合解释参数。G_{ij}：第 i 层第 j 项参数得分值。δ_j：第 j 项参数所占权重。气测参数：全烃（QT）、全烃增大率（QT/JZ）。QT/JZ：全烃异常值与基值之比，反映地层流体烃类物质含量。综合录井：DC 指数。DC 指数：反映地层可钻性。

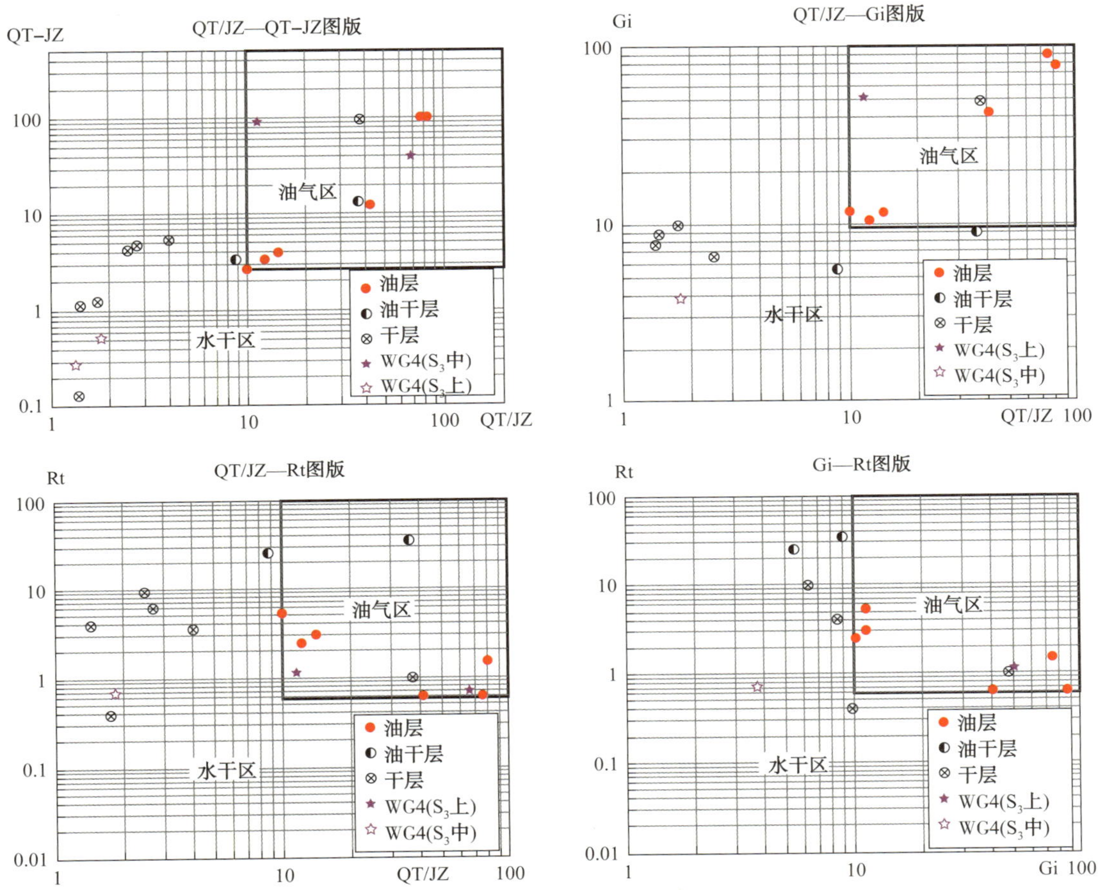

图 5　WG4 井泥岩裂缝油气层判别图版

根据 WG4 井的地质录井参数做油气层、水干层的解释图版，可以看出 WG4 井沙三上的油气层的分布特征与地质录井参数有很好的相关性。

4　试油（气）结果

WG4 井沙三上 8~10 砂组泥页岩段常规录井未见显示，测井资料也未能有效识别；通过岩屑图像、三维定量荧光技术及地质录井参数 Gi 值发现该泥页岩段有明显的油气显示，为下步勘探部署方向和深化地质认识提供了第一手资料。

5 结论与认识

（1）WG4 井区沙三上 8~10 砂组储层有效性较差。

（2）岩屑图像、三维定量荧光录井对低显示、弱油气显示储层识别评价具有独特优势。

编写单位：中原测控公司
编 写 人：杨永灵
审 核 人：郑玉朝
审 定 人：孟韶彬　何浩然

58 普光气田 PLY1 井陆相湖盆页岩气测录井综合解释评价

1 概况

PLY1 井地处四川省宣汉县普光镇，构造上位于四川盆地川东断褶带黄金口构造带普光东向斜。目的层为侏罗系千佛崖组千一段③小层。钻探目的是探索侏罗系千佛崖组千一段优质页岩储层含气情况及产能。导眼井设计垂深 3490.00m，A 靶垂深 3393.40m。水平井设计穿行位置为距③小层顶 10m（3389.5m），靶窗层上下高 2m，总计 4m，靶窗层顶底为 3387.5~3391.5m，设计水平段长 1400m。本井实钻在设计靶窗范围内穿行，实钻水平段长 1431.00m，箱体钻遇率 100%。

普光地区侏罗系千一段发育富有机质泥岩段，具有形成页岩气有利条件，岩性组合以黑色纹层状硅质泥岩与灰黑色砂质泥岩为主，烃源岩热演化程度高，有机质丰富，含气性好。该井区③ ~ ④小层纹层状硅质泥岩的黏土矿物含量介于 33.8%~46.2%，石英含量介于 44.9%~54.5%，脆性较好并且大量发育的粉砂质纹层有利于压裂时复杂缝网的形成，是普光地区目前最有利的湖相页岩气勘探甜点区。

该井导眼井实钻井深 3512.00.00m（垂深 3510.55m），完钻层位为自流井组大安寨段；水平井实钻井深 5041.00m（垂深 3373.25m），完钻层位为千佛崖组千一段③小层。实钻资料显示，本井区千佛崖组千一段③小层含气性好，发育厚层薄互层泥灰岩夹层，可压性好，形成陆相页岩气藏。

2 问题与难点

PLY1 井是普光气田第一口陆相页岩气风险探井，该井区属陆相湖盆页岩气储层，油气赋存于富含有机质的泥页岩及砂岩薄夹层中，工区内有关泥页岩测录井响应模式、地质和工程等关键参数评价模型、储层有效性划分及解释标准等基础研究薄弱，有效储层识别和储层渗流能力评价难度大。本井的解释评价主要包括导眼井靶窗优选和水平段综合评价两部分内容，因此，如何运用测录井资料划分岩相和小层、准确评价烃源岩、识别有效储集层、完成含气性和可压性的评价，是该井测录井综合解释评价的重点。

3 解释评价

该井测录井综合解释评价包括两部分内容，一是以岩芯分析化验和测录资料为基础的导眼井靶窗优选评价，主要是对导眼段岩相分析及小层划分、源岩条件评价、储集层评价、含气性评价和可压性评价 6 个方面深入研究的基础上，开展地质甜点层优选和工程品质分析，提出靶窗优选方案。二是利用导眼井气测、X 射线元素录井、声波、密度等测录井数据，对页岩储层 TOC、含气量、孔隙度、矿物成分含量、脆性指数、弹性模量等地质工程甜点参数进行拟合，建立评价模型，实现水平段页岩储层综合解释评价，提出页岩气水平段压裂方案。

3.1 岩相分析及小层划分

3.1.1 岩相分析

PLY1 导眼井岩芯观察及岩石薄片鉴定成果表明，目的层千一段主要包括六种岩相类型：低碳纹层状硅质页岩相、中碳块状硅质页岩相、低碳粉砂质泥岩相、低碳介壳页岩相、低碳介壳粉砂岩相、含碳泥质粉砂岩相（图 1）。岩石薄片鉴定成果表明，其中黑色纹层状页岩主要由泥质组成，见个别粉砂级碎屑颗粒，薄片下显微层理较发育、有机质、石英及黏土矿物呈明显的定向排列，粉砂质纹层发育，整体沿长轴连续或断续发育。纹层状硅质泥岩的黏土矿物含量介于 33.8%~46.2%，石英含量介于 44.9%~54.5%，脆性较好并且大量发育的粉砂质纹层有利于压裂时复杂缝网的形成。

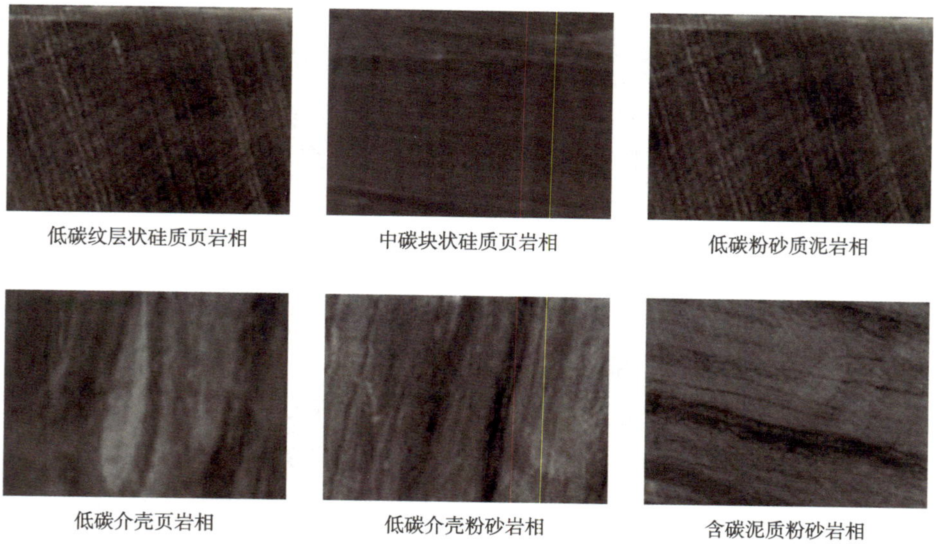

图 1 PLY1 导眼井岩芯照片及岩石薄片照片

测井根据岩芯描述，进行了岩性识别，泥页岩测井响应特征：中高自然伽马，铀值 5~7ppm，高中子、高声波时差、低密度、中低电阻率，核磁资料显示以小孔径孔隙为主，电成像呈暗黄色、黑褐色层状分布，页理发育。泥质粉砂岩测井响应特征：中低自然伽马，铀、钍、钾均低值，三孔隙度测井曲线收敛，中高电阻率，电成像呈橘黄色，夹暗色条带，可见层理或裂缝，偶极声波变密度图显示首波到达时间均较早，波列清晰，纵波、横波、斯通利波衰减小。泥岩测井响应特征：中高自然伽马，在互容刻度下三孔隙测井曲线呈双规，低电阻率，电成像图有暗色团块状显示，通常有纹层发育，纵波、横波和斯通利波的首波到达晚，纵波衰减小，横波和斯通利波衰减大。

3.1.2 小层划分

根据岩相分析和测井曲线特征，对千一③小层进行精细划分，选取岩性和电性标志层6个，细分为5个小层（3a~3e）。其中，3b小层和3c小层页岩发育，其电阻率－孔隙度曲线叠合图表明（图2），该段地层富含有机质，指示泥页岩储层较发育。

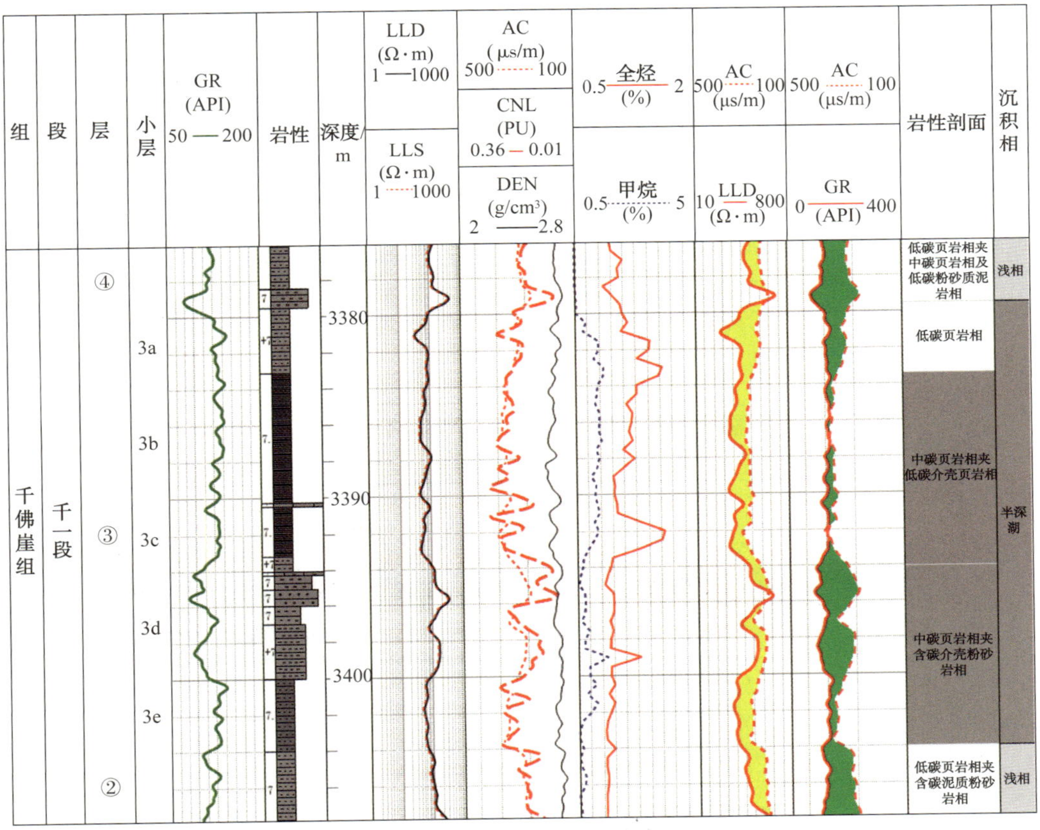

图2 PLY1导眼井测录井识别岩相图

3.2 源岩条件评价

3.2.1 小层有机质丰度（TOC）对比分析

根据地化热解烃源岩分析数据，对比PLY1导眼井各小层暗色泥页岩TOC均值及中位值（图3），认为半深湖相的③小层页岩层不仅厚度最大，而且TOC最高，介于

0.5%~2.39%，平均 1.42%，②、④小层页岩地化品质次之，说明从生烃角度分析，③小层页岩是千一段生烃能力最好的一套页岩层段。

从 PLY1 导眼井千一段 TOC 纵向变化柱状图分析（图 4），TOC 变化趋势与岩性、三孔隙度曲线变化趋势一致，③小层表现出高 TOC、高声波时差、高自然伽马、高中子的厚层黑色页岩特点，也证明了生烃品质最好的小层为③小层。

3.2.2 有机质热演化程度

从 PLY1 导眼井千一段实测 Ro 频数直方图看（图 5），镜质体反射率都在 1.6 以上，该井千一段烃源岩热演化程度主峰区间 1.9%~2.2%，处于过成熟演化阶段。

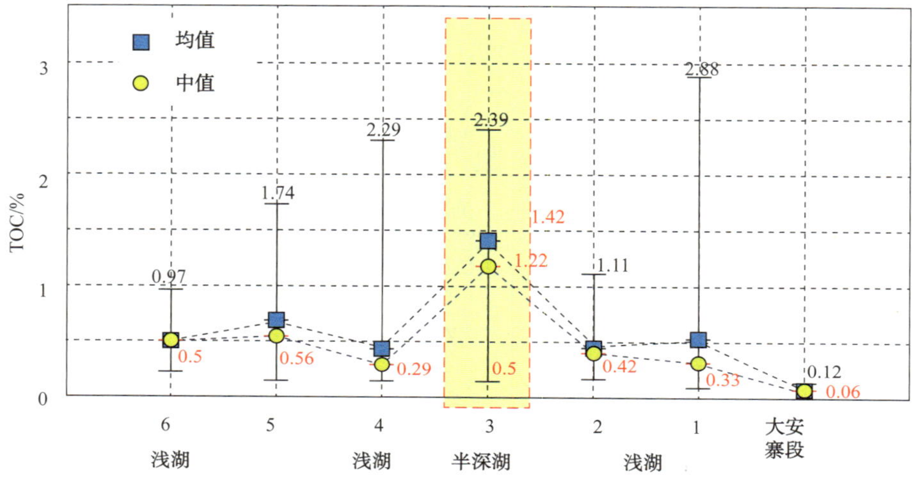

图 3 PLY1 导眼井小层 TOC 对比箱状图

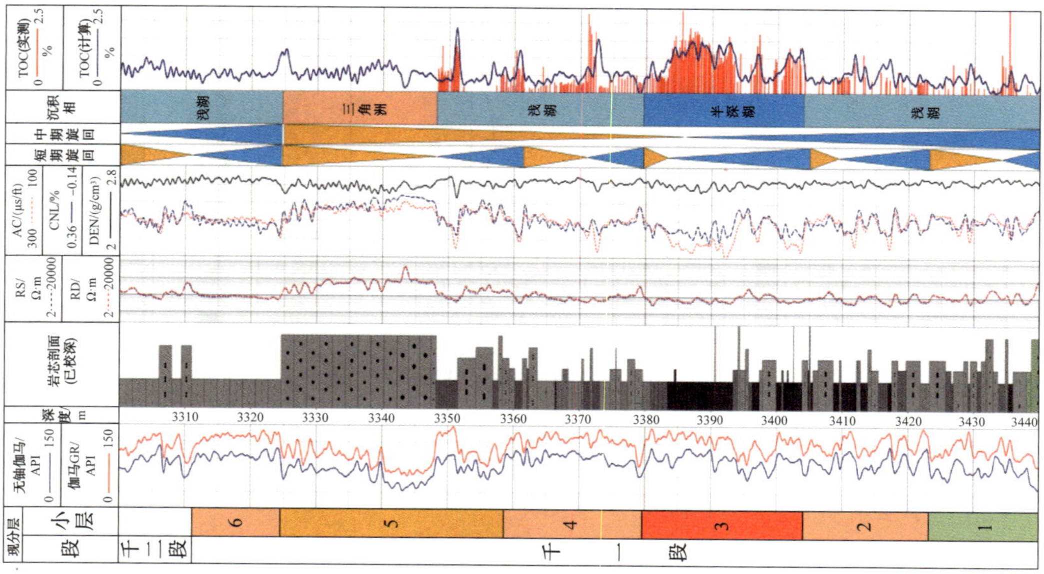

图 4 PLY1 导眼井千一段 TOC 纵向变化柱状图

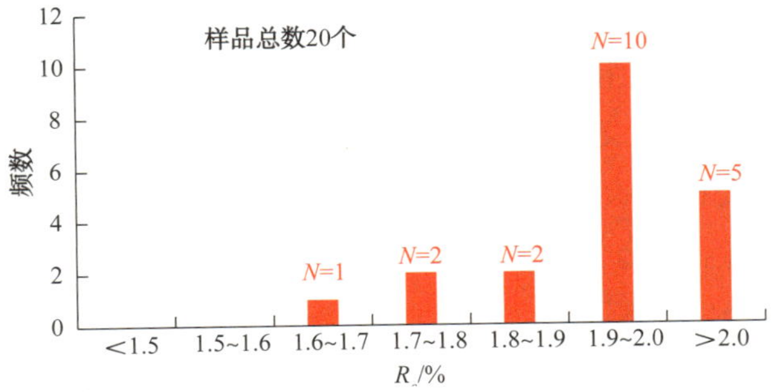

图5 PLY1导眼井千一段实测 R_o 频数直方图

3.3 储集性评价

3.3.1 孔隙类型

取芯段岩芯镜下观察表明（图6），千一段③小层储层储集空间类型以有机孔、粒间孔（脆性矿物晶间孔、黏土矿物片间孔）、微裂缝为主。激光共聚焦镜下观察表明，微裂缝发育多为粒缘缝和黏土矿物层间缝，其缝径主要分布在38.16~63.16nm，以线条状、三角状纳米级孔隙为主，且黏土矿物常与有机质伴生形成有机质–黏土矿物复合体，偶尔夹有分散状石英颗粒。

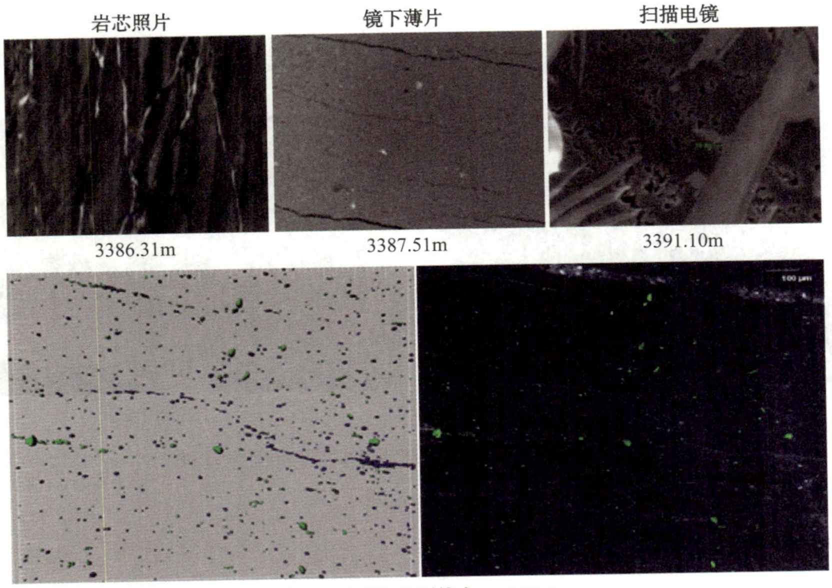

激光共聚焦微裂缝识别技术，3386.31m

图6 PLY1导眼井取芯段分析化验谱图

3.3.2 物性特征

PLY1导眼井③小层孔隙度介于2.5%~6.2%，平均4.69%，渗透率平均值为 $0.002\times10^{-3}\mu m^2$，储集空间好，其中3b小段孔隙度最高，3c小段次之，其次为3e、3d及3a小段。

3.3.3　裂缝特征

岩芯观察显示该区千佛崖组裂缝较发育，但大部分裂缝被方解石或泥质半充填－全充填，其中垂直裂缝占42%，斜交缝占35%，水平缝占23%。

PLY1导眼井成像资料显示，③小层裂缝不发育，层理较发育，局部有交叉暗色正弦线特征，见极少部分暗色团块。

3.4　含气性评价

3.4.1　气测录井

PLY1导眼井③小层，井段3379.0~3393.0m，厚度14.0m，岩性：灰黑色页岩，钻时48~78min/0.5m，气测值∑C：0.955%↑1.574%，C_1：0.502%↑0.859%，C_2：0.013%↑0.086%，C_3：0.002%↑0.012%，iC_4、nC_4均为0.001%，H_2S：0，CO_2：0.01%，氯离子含量17750mg/L，出口温度47.60℃，电导率16.3ms/cm，池体积115.6m^3，钻井液密度1.41g/cm^3，黏度65mPa·s，槽面无显示。气测解释为页岩气层。

气测显示偏低原因分析，钻开本层前逐步提密度至1.41g/cm^3，同时该段处于钻井取芯井段，致使本层气显示值偏低。

3.4.2　岩芯现场浸水实验

PLY1导眼井③小层靶窗层3b、3c小段，岩性为黑色页岩，岩芯浸水试验效果较好，见米粒状气泡从岩芯页理间呈串珠状连续逸出（图7），说明该段页岩含气性好。

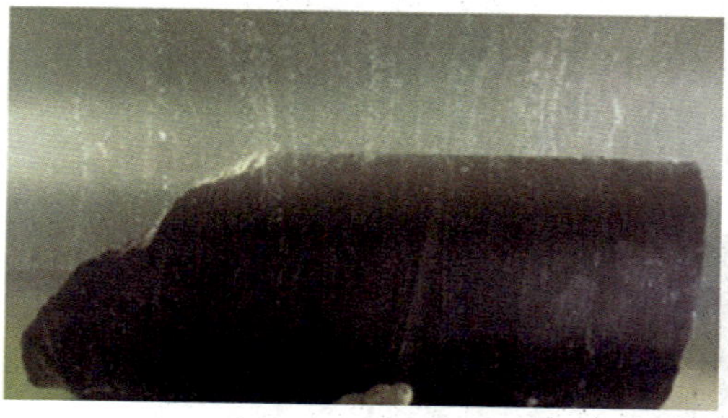

3385.60m

3390.38m

图7　PLY1导眼井取芯段岩芯现场浸水实验

3.4.3　岩芯现场解析

PLY1导眼井③小层泥页岩含气量介于0.66~3.38m^3/t，其中3c小段现场含气量最高（中位值2.35m^3/t）、3b小段次之（中位值2.13m^3/t），其次为3e、3d及3a小段。

3.4.4　测井含气性评价

导眼井③小层测井计算孔隙度介于4.8%~6.2%，平均5.46%；有机碳含量1%~2%；含气量平均为2.0m^3/t；脆性指数40%左右；其中3b和3c小段自然伽马131API，密度平均值2.63g/cm^3，声波时差值为274.2μs/m，孔隙度为6.2%，电阻率为63.5Ω·m，测井计算的总含气量为 2.6m³/t。储层品质及含气性相比③小层其他小层段最好。

3.4.5 含气性综合评价

对比 PLY1 导眼井各小层暗色泥页岩现场解析法实测含气量（图 8），③小层页岩层含气性最好，介于 0.32~3.38m³/t，均值 1.503m³/t，无论是最小值、最大值还是均值，均明显高于其他 4 个小层，说明千一段优质页岩气层为③小层。

从千一段小层含气性变化规律分析（图 9），含气性与岩性、TOC 变化趋势较为吻合，说明高 TOC 页岩段即为含气性较好的页岩气层，本井③小层为千一段优质页岩层。

3.5 可压性评价

3.5.1 矿物特征分析

录井岩石薄片鉴定和 X 衍射分析结果表明，普光地区千佛崖组千一段③小层泥页岩石英含量较高，主要分布于 43.7%~62.3%，平均值为 49.33%，黏土含量主要分布于 13.6%~46.2%，平均值为 35.97%，④、⑤小层石英含量分别为 44.97% 和 47.14%，黏土含量介于 21.0%~51.7% 以及 26.5%~45.4%（图 10）。

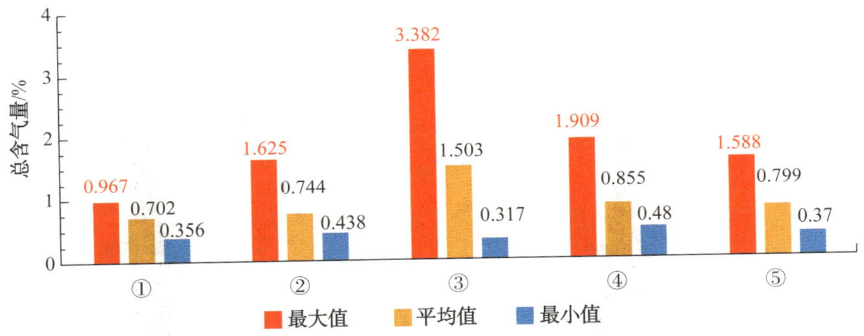

图 8 PLY1 导眼井现场测试总含气量小层对比直方图

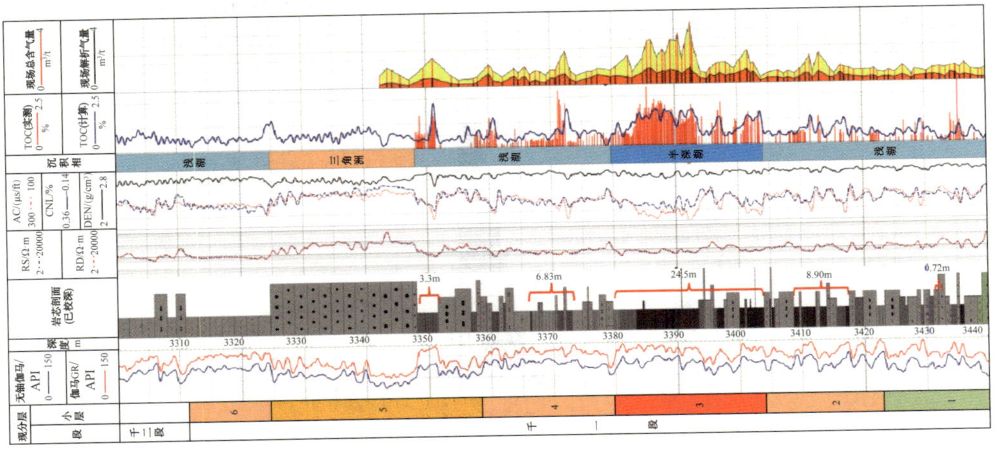

图 9 PLY1 导眼井千一段含气量纵向变化柱状图

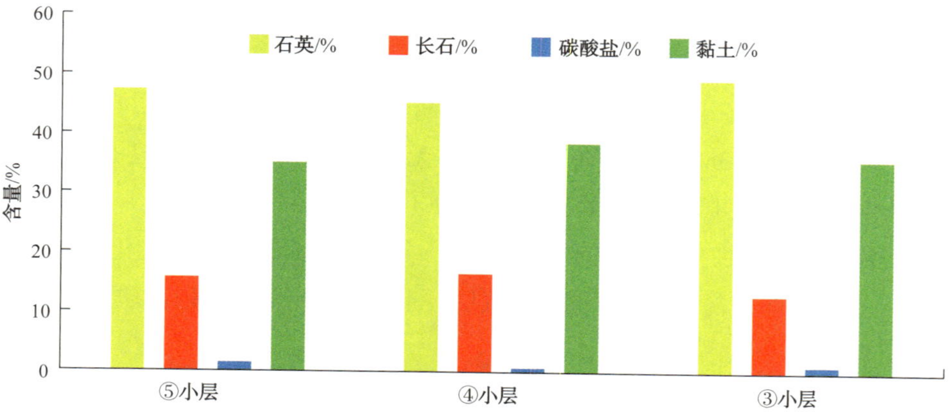

图 10　普光地区千佛崖组千一段③～⑤小层全岩矿物组分（实测）含量柱状图

3.5.2　*岩石力学特征分析*

对导眼井计算的岩石力学参数（图 11）与实验室岩芯三轴力学实验数据进行了动态与静态拟合转换，静态计算结果表明（图 12）导眼井千一段杨氏模量 20~40GPa，脆性指数 35%~60%，破裂压力 75~115MPa，其中③小层破裂压力较低，为 70~85MPa。

依据导眼井岩石力学计算拟合模型，对水平井工程参数进行了标定（图 13），结果显示，千一段杨氏模量 13~32GPa，脆性指数 46%~64%，破裂压力 78~94MPa。

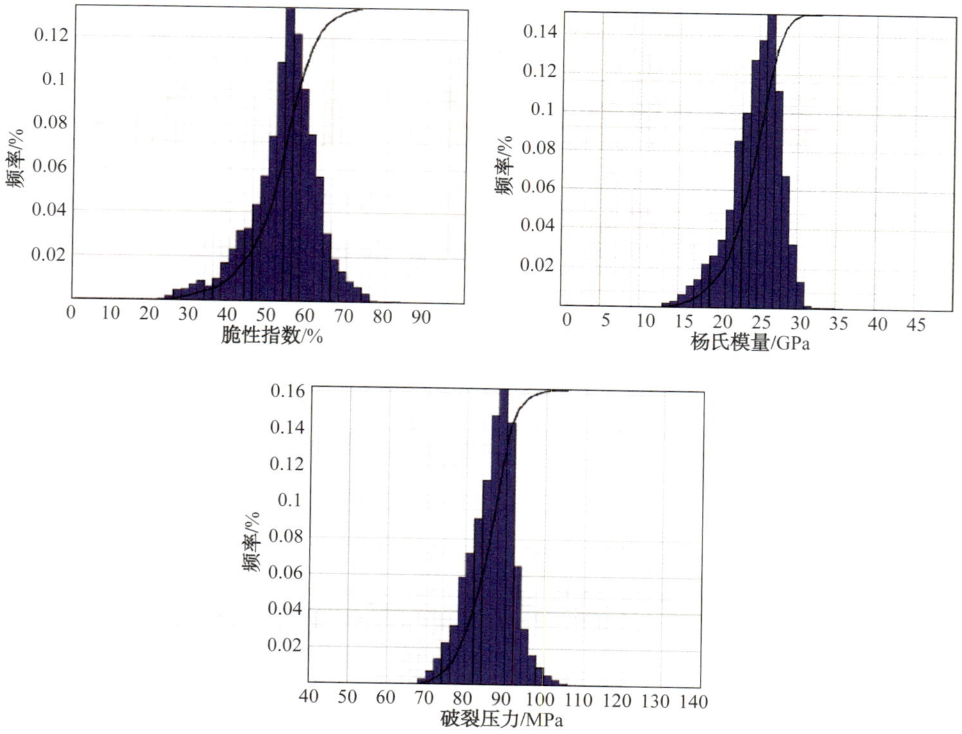

图 11　PLY1 导眼井千佛崖组岩石力学参数直方图

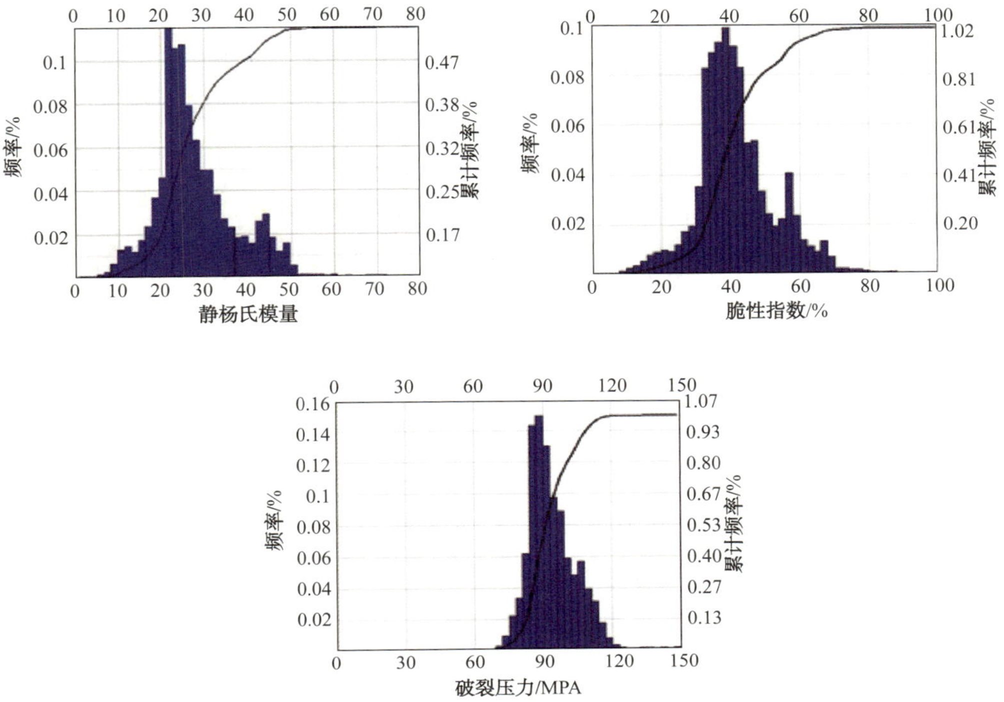

图 12　PLY1 导眼井千佛崖组储层工程参数统计直方图

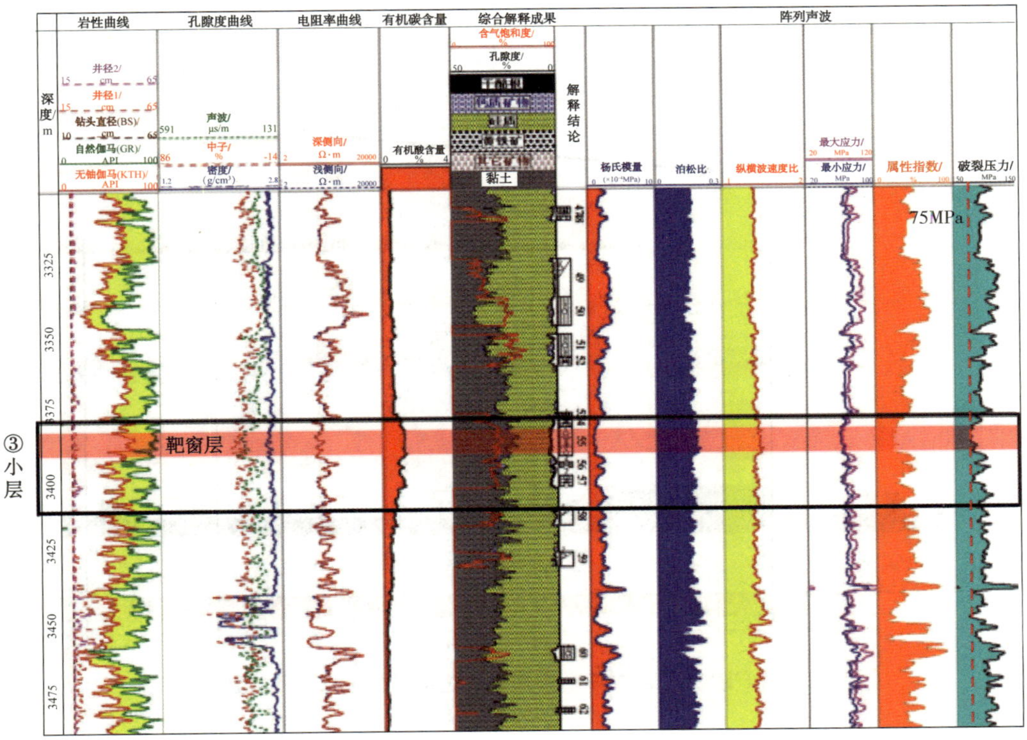

图 13　PLY1 水平段千佛崖组储层工程参数统计图

水平段偶极声波资料显示，地层纵、横波变化幅度较小，计算的地层应力、破裂压力、脆性指数等变化较小。综合分析认为，③小层纵向上层理、纹理发育，横向非均质性较强，黏土含量高，压裂改造纵向延伸困难，不易形成复杂缝，需优化压裂工程设计。从横波各向异性法确定，最大主应力方向为 85° 左右（选取井斜较小井段），钻进方位为北西 15°，接近最小主应力方向，有利于后期压裂形成复杂网状裂缝。

3.6 PLY1 导眼井靶窗优选

3.6.1 地质甜点层优选

基于 TOC 与含气性对比，结合实测③小层含气饱和度、孔隙度（图 14），测井拟合全井段页岩孔隙度（图 15），综合评价认为 PLY1 井千一段甜点层为③小层。依据如下：1）③小层为段内优质生烃层段，TOC 最高；2）③小层为段内优质页岩气层，含气性最好；3）偶极声波测井表明在井眼相对规则，成像未见明显裂缝前提下，③小层纵波、横波、斯通利波波形明显滞后，反映千一段③小层页岩段含气性较好；4）TOC、孔隙度、含气量、含气饱和度、页岩岩性、电性等多个参数具备明显的正相关性，证实了③小层（24.5m）为段内厚度最大、丰度最大、含气性最好、物性最佳的页岩气甜点层。

3.6.2 工程品质分析

开展千一段①～⑤小层岩石力学实验，其中②～⑤小层泊松比小于 0.25，抗拉强度 4.56~16.16MPa，I 型断裂韧性 0.361~0.720MPa/m，整体弹性模量较高，并且垂向应力大于最大水平主应力，说明压裂过程中裂缝不易沿层理面扩展。

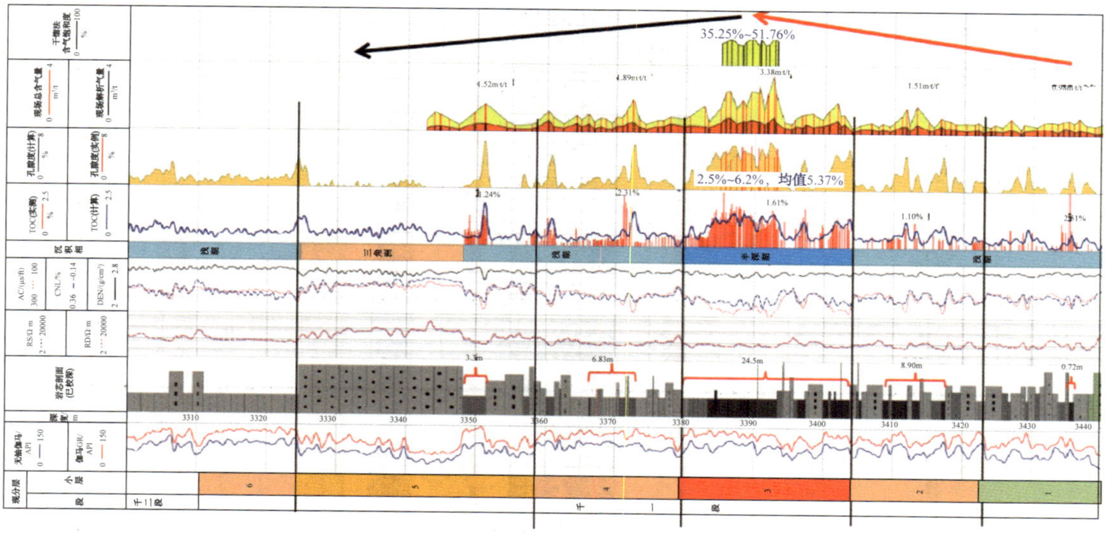

图 14 PLY1 导眼井千一段页岩气重点参数纵向变化柱状图

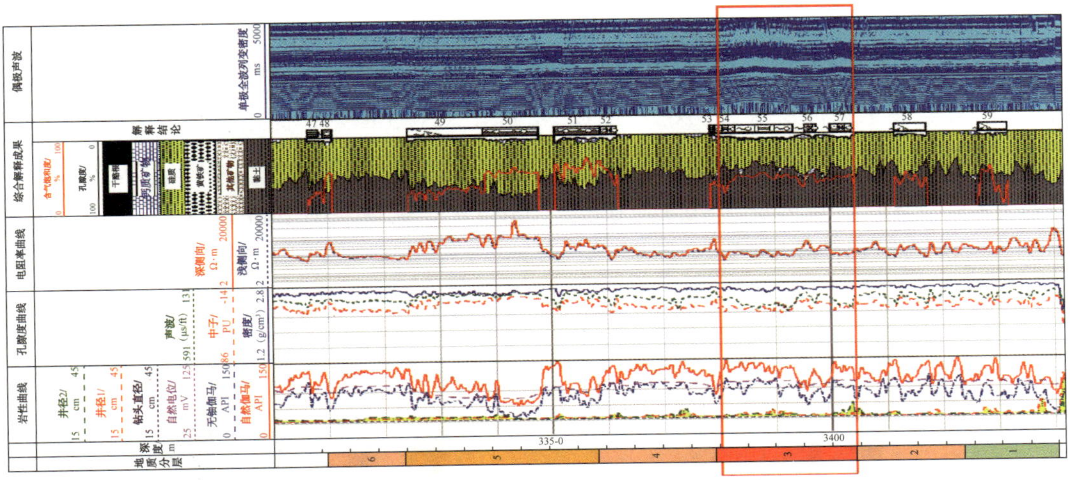

图 15　PLY1 导眼井干一段偶极子声波测井解释成果

从实测全岩矿物组成及其模拟数据分析（图 16），⑤小层黏土矿物含量较高、杨氏模量高、泊松比低、纵向岩性较均质；④小层黏土矿物含量较高、脆性矿物中等、杨氏模量中等、泊松比较低等；③小层黏土矿物含量高、杨氏模量低、泊松比高、纵向力学非均质较强；②小层黏土矿物含量高、脆性矿物低、杨氏模量中等、泊松比中等。

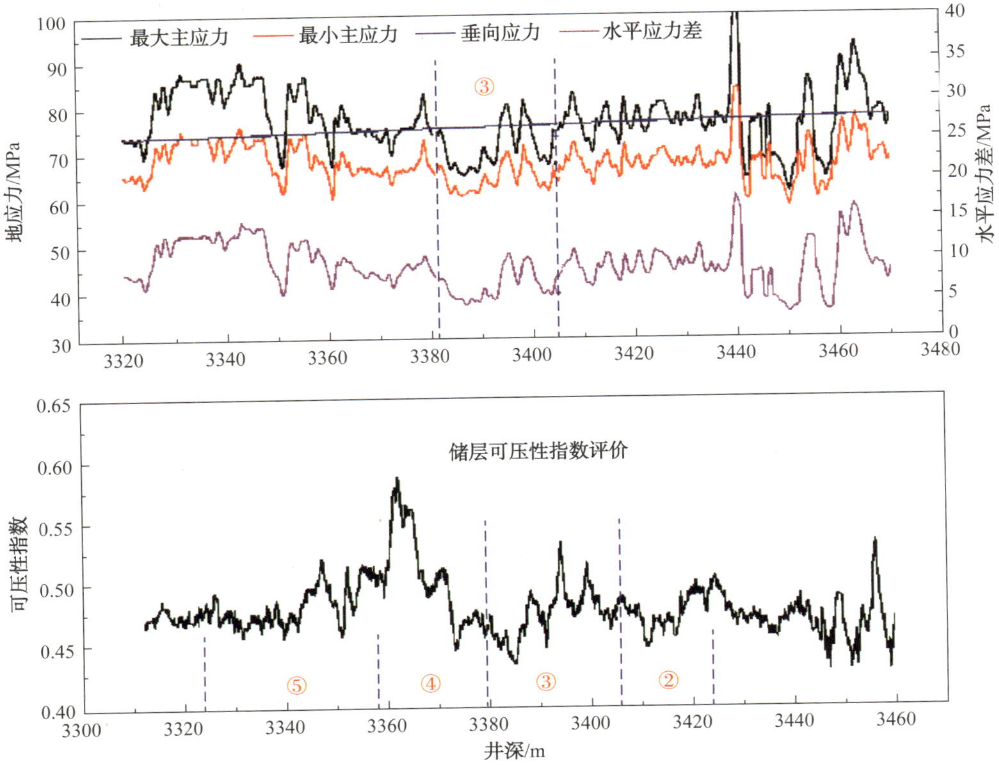

图 16　PLY1 导眼井干一段小层可压性及地应力特征纵向变化示意图

3.6.3 靶窗优选

综合 PLY1 导眼井实钻认识、甜点层优选结果，页岩气水平井靶窗优选原则为富有机质页岩发育、储集物性及含气性好、可压性好。按照上述原则，优选③小层上页岩段 14m（3379.5~3393.5m）为有利靶窗（图 17）。水平井穿行靶窗则建议进一步在 10.07m 黑色页岩段内穿行，穿行位置为距③小层顶 10m（3389.5m），靶窗层上下高 2m（总计 4m；靶窗层顶底：3387.5~3391.5m）。

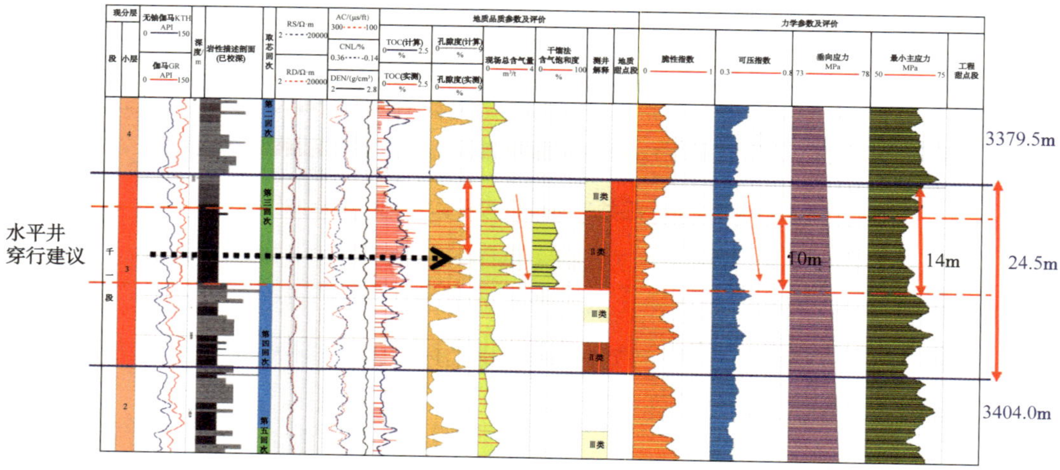

图 17 PLY1 导眼井千一段陆相页岩气靶窗优选柱状图

3.7 水平段综合评价

该案例主要是针对普光陆相页岩气，形成的一套陆相页岩气水平段压裂分段测录井评价方法，该方法主要是利用导眼井气测、X 射线元素录井、声波、密度等测录井数据，对页岩储层 TOC、含气量、孔隙度、矿物成分含量、脆性指数、弹性模量等地质工程甜点参数进行拟合，建立拟合模型，应用到水平段页岩储层解释评价中的一种方法，并初步形成了普光陆相页岩气储层压裂选段评价方法及标准，提出页岩气水平段压裂选段方案。

3.7.1 储层评价模型

应用 PLY1 导眼井数据建立了页岩气储层地质甜点及矿物参数的计算模型，主要包括含气量、TOC、孔隙度、岩石密度、硅质矿物、碳酸盐矿物、黏土矿物等。建立的计算模型能准确地反映出纵向上的整体变化趋势，计算结果满足页岩储层的随钻评价需求（图 18）。

3.7.2 评价标准

根据区域相关研究资料，在参考相关页岩气录井评价标准的基础上，结合计算的评价参数，初步建立了 PLY1 井页岩气储层综合评价标准。主要根据含气量、TOC、孔隙度、脆性矿物的参数值区间，将页岩气层评价划分为Ⅰ类气层、Ⅱ类气层、Ⅲ类气层三个等级（表 1）。

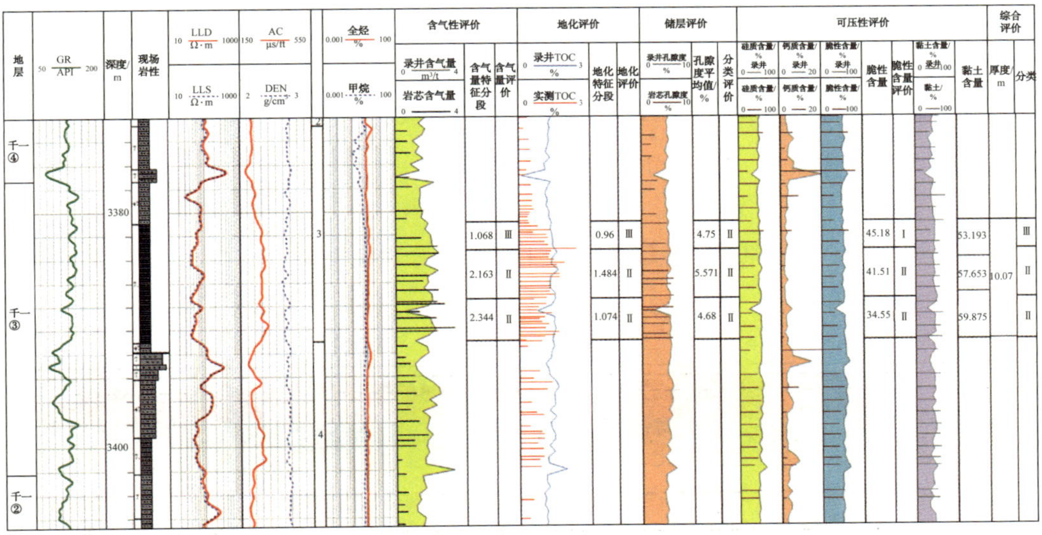

图 18　PLY1 导眼井页岩评价参数模型对比图

表 1　PLY1 井页岩储层测录井评价标准

储层分类	评价因素				
	孔隙度 /%	TOC/%	含气量 / (m^3/t)	脆性指数 /%	层理缝
Ⅰ类页岩气层	＞ 5.0	＞ 1.5	＞ 2.5	＞ 40	发育 – 较发育
Ⅱ类页岩气层	3.0 ≤ ϕ ≤ 5.0	1.0 ≤ TOC ≤ 1.5	1.5 ≤ SG ≤ 2.5	＞ 40	较发育
Ⅲ类页岩气层	＜ 3.0	＜ 1.0	＜ 1.5	＞ 40	欠发育 – 较发育

评价依据:《页岩气藏描述技术规范》(NB/T 14001—2015)、《页岩气地质评价方法》(GB/T 31483—2015)、《陆相页岩气储层评价方法》(DB 61/T 1017—2016)。

3.7.3　分类方法

评价方法包括五部分内容：一是地质甜点评价中，两个或两个以上的参数达到某个级别，即定义为该级别。二是脆性评价依据脆性指数评价。三是地质甜点与脆性评价结论不一致时，选低级别作为最终结论。四是含气量与密度叠合可作为分类参考依据，主要分为叠合面积大、部分叠合、无叠合、完全分开。五是泊松比、气测显示、岩石组分等参数作为参考依据。

综合测录井对水平段页岩储层地质、工程甜点参数的解释评价成果，应用页岩储层测录井评价标准，开展了水平段钻后分段评价，形成了本井水平段压裂分段方案。

3.7.4　测录井综合解释

①录井解释

本井评价页岩段长 1493.00m，包括着陆前 62.00m（井段 3548.00~3610.00m），共划分 20 段，其中Ⅰ类气层 2 层 397.00m、Ⅱ类气层 9 层 702.00m、Ⅲ类气层 7 层 322.00m、

非页岩储层 2 层 72.00m，Ⅰ+Ⅱ类优质储层钻遇率 73.61%（图 19）。

②测井解释

测井解释Ⅰ类页岩气层 11 层 177.2m、Ⅱ类页岩气层 13 层 1131.4m、Ⅲ类页岩气层 8 层 125.4m。

3.7.5　压裂试气分段方案

根据全烃、TOC、孔隙度、含气量、脆性指数及力学参数等，PLY1 井水平段 3548.00~5041.00m，厚度 1493.00m，细分为 11 个试气井段。

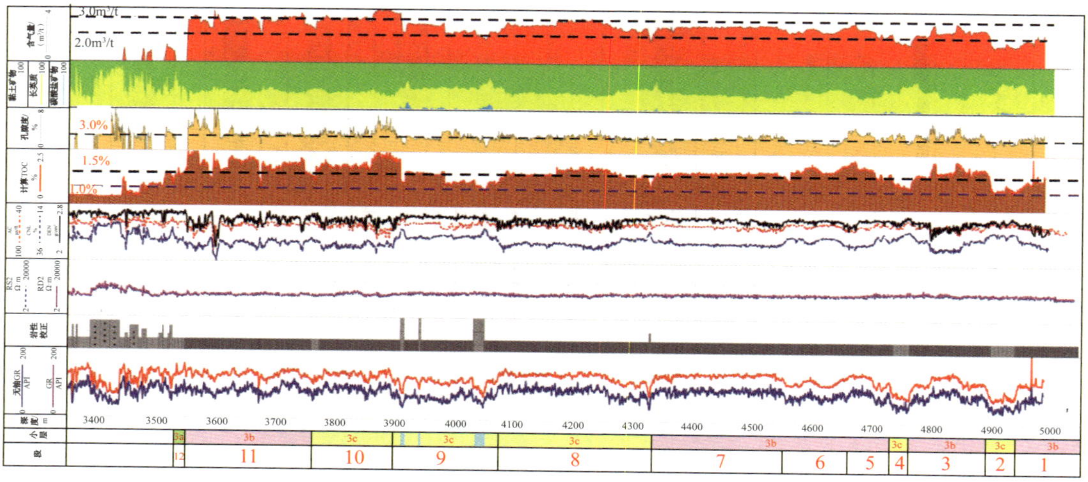

图 19　PLY1 井③小层综合评价柱状图（水平井）

4　试油（气）结果

（1）试气情况

PLY1 井采用“多尺度裂缝强加砂 + 双暂堵 + 层内穿层压裂”压裂工艺，对本井水平段进行压裂试气，根据地质工程双甜点，参考固井质量，对目的层水平段 3548.00~5041.00m 进行压裂求产，试气段长 1344m，分 23 段 111 簇改造，压裂施工加砂符合率 98.3%。用 Φ10mm 气嘴、Φ36mm 孔板试气求产，压力 7.8~7.69MPa，火焰高度 9~10m，呈橘黄色，最高日产油 10t、气 $11.0\times10^4m^3$，平均约 $7.16\times10^4m^3/d$。

（2）流体性质情况

流体性质分析表明，天然气成分 CH_4 含量 91.288%，CO_2 含量 0.203%，He 含量 0.036%，不含 H_2S，属于低含二氧化碳天然气湿气藏。

（3）评价效果分析

截至 2022 年 4 月 19 日，该井试采 67 天，累产天然气 $419.7\times10^4m^3$、原油 $345.8m^3$，在普光东向斜侏罗系千佛崖组落实页岩气有利区资源量 $6500\times10^8m^3$，证实了测录井资料分析的准确性，标志着中原油田在川东北工区实现了页岩气勘探重大突破，为中长期发展开辟资源接替新阵地。

5　结论与认识

（1）基于地质甜点和工程品质甜点评价，提出了靶窗优选方案，为水平井成功钻探提供了依据。

（2）通过敏感参数优选，初步形成了普光陆相页岩气储层压裂选段评价方法及标准，解决了普光陆相页岩气水平井钻后压裂分段技术难题。

（3）试气成果证实了测录井综合解释的准确性，为后续开发井解释提供技术支持。

（4）目前该区井较少，后续需持续加强区块综合研究，不断总结试油气规律，完善陆相页岩气水平井压裂分段评价方法及标准。

编写单位：中原测控公司
编 写 人：郑玉朝　李增莲　李美君
审 核 人：赵伟祥　王龚舒
审 定 人：陈汉林　孟韶彬　何浩然

59 川东黄泥塘高陡构造 PSH1 井超深页岩气测录井综合解释评价

1 概况

PSH1 井位于重庆市梁平区云龙镇同心村 5 组，构造位置为四川盆地川东隔挡式褶皱带黄泥塘高陡构造带宝顶 –1 潜伏构造。

该井设计井深 6690.00m，完钻井深 6601.00m，完钻层位为洗象池群，泥页岩有利储层集中于龙马溪组 – 五峰组。该段地层烃源岩有机碳含量大多在 1.0% 以上，干酪根类型为Ⅰ型，Ro 值在 2.2%~3.0%。黄泥塘地区邻近烃源岩厚度中心，有效烃源岩（TOC > 0.5%），厚 100~120m，生烃强度为（60~80）$\times 10^9 m^3/km^2$，具有形成大中型油气田的物质基础。

2 问题与难点

PSH1 井龙马溪组 – 五峰组储层岩性为泥页岩，储层孔隙度在 1.9%~6.1%，渗透率在（0.003~0.561）$\times 10^{-3} \mu m^2$，储层电阻率数值在 13.2~33.0Ω・m，为典型的低孔低渗低电阻率页岩储层，常规测井资料识别有效储层及流体性质存在较大困难。

3 解释评价

结合四川盆地页岩气分布具体情况，综合利用取芯、气测、地化等录井资料和测井资料，运用测井曲线特征分析、声波幅度衰减分析、体积压缩系数 – 泊松比重叠等方法，参考邻区解释标准（见表 1），按照储层的测井解释分级惯例，采用定量与定性相结合的办法，依次优先考虑孔隙度、有机碳含量、总含气量并参考其他的测井曲线，划分为Ⅰ类（好）、Ⅱ类（中）、Ⅲ类（差）泥页岩气层、泥页岩干层。

表 1 泥页岩气层储层解释标准

	孔隙度 /%	有机碳含量 /%	总含气量 /（m^3/t）	含气饱和度 /%
Ⅰ类泥页岩气层	$\phi \geq 4.0$	TOC ≥ 4.0	Gas ≥ 3.0	Sg ≥ 60
Ⅱ类泥页岩气层	$2.0 \leq \phi < 4.0$	2.0 ≤ TOC < 4.0	2.0 ≤ Gas < 3.0	40 ≤ Sg < 60
Ⅲ类泥页岩气层	$1.0 \leq \phi < 2.0$	1.0 ≤ TOC < 2.0	1.0 ≤ Gas < 2.0	Sg < 40
泥页岩干层	$\phi < 1.0$	< 1.0	Gas < 1.0	Sg < 40

3.1 录井资料分析

龙马溪组－五峰组（5899.0~5966.0m）：全烃 0.71% ↑ 8.74%，甲烷 0.69% ↑ 8.54%，黑灰色泥岩、灰黑色碳质泥岩，槽面岩芯含气试验 5917.66~5966.00m 见成排线状气泡及少量串珠状气泡沿微裂缝连续逸出，5900~5918m、5950.0~5966.0m 气测显示相对较好（图 1）。

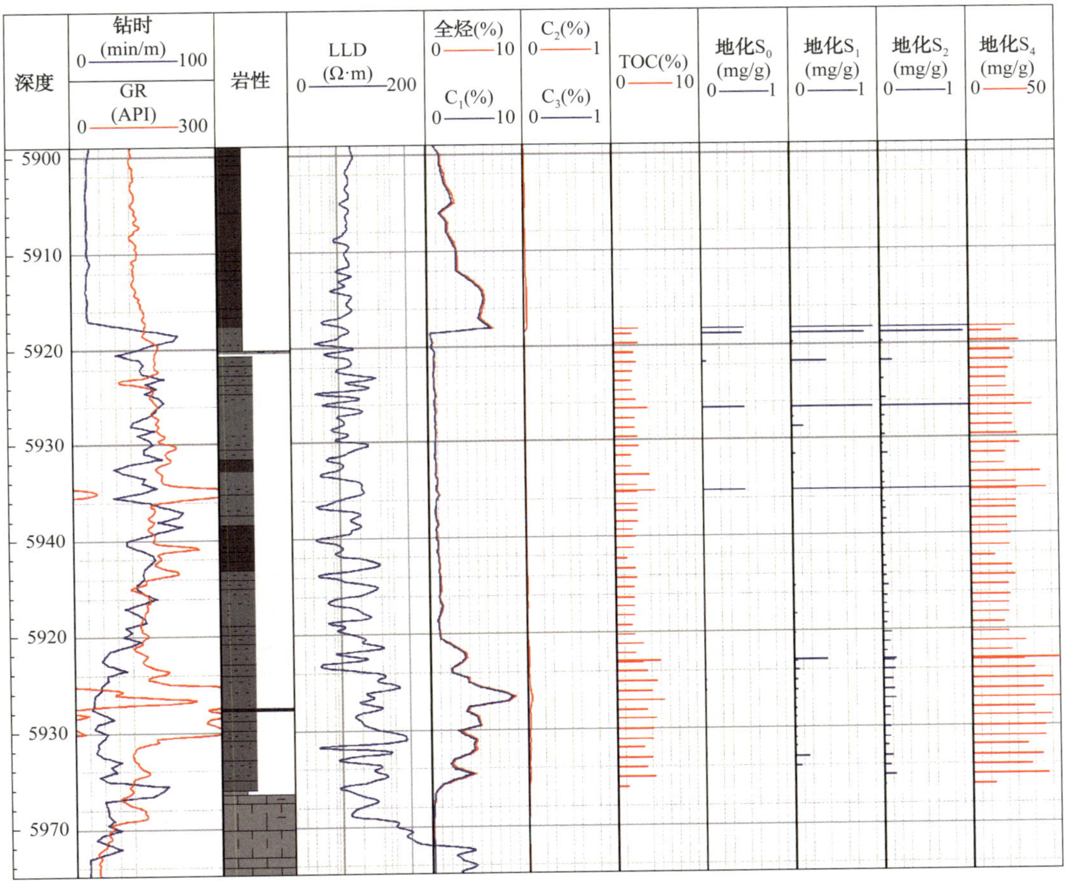

图 1 PSH1 井龙马溪－五峰组录井显示

3.2 体积压缩系数－泊松比重叠分析

经验统计表明，储层含气时泊松比数值降低，含气饱和度越高其值越低；通过研究弹性模量，发现岩层的体积压缩系数与岩层的纵横波时差比有关，而且其变化范围比时差变化范围要大得多；因此，将泊松比、体积压缩系数以地区非含气储层的正常值为基线迭合在一起，在含气段，两者受轻烃影响的方向相反，两曲线间必然会产生偏移，偏移距离的大小客观上反映了含气量的多少，可按照充填面积来判断储层含气程度，气层会表现具有较大的充填面积，而水层基本没有充填，基本迭合的一般认为是干层。

利用此方法对 PSH1 井含气异常段进行识别（图 2）：55~59 号层岩性以泥页岩为主，

泊松比值范围在 0.17~0.32，体积压缩系数值范围在 0.24~0.52；59 号层泊松比和体积压缩系数曲线重叠后有较大面积充填，纵横波速度比值整体较低，且下降明显，推测该层段含气性较好；57、58 号层重叠后面积充填较小，含气性偏差；54 号层基本无重叠，纵横波速度比下降不明显，物性差，该层偏干。

3.3 声波幅度衰减分析

弹性波在地下介质中传播时有衰减现象，其衰减系数对地下介质的含气性、孔隙流体饱和度、岩性以及渗透率等评价具有重要意义。利用多极子阵列声波数据计算得到的纵波、横波和斯通利波幅度与衰减系数有利于储层评价。

PSH1 井龙马溪组 – 五峰组井径规则，通过纵波、横波和斯通利波声波能量分析辅助判断含气性（图 2）。55~59 号层岩性以泥页岩为主，纵波幅度与上下地层相比明显下降，有衰减现象。55 号层横波幅度整体较低，有衰减，57~59 号层因硅质矿物成分增加，横波波形幅度增大，基本无衰减。55~59 号层斯通利波衰减不明显；54 号层全波列波形无明显衰减现象。整体表明该井段岩性致密，55~59 号层纵波幅度有衰减现象，推测 55~59 号层含气，而 54 号层纵波幅度未见衰减现象，推测该层偏干。

3.4 测录井综合分析

59 号层自然伽马数值和铀值均为高值，反映储层有机质含量高；计算的孔隙度为 5.9%，有机碳含量为 4.9%，总含气量为 3.6m^3/t，有机碳含量和含气量较高，显示该层含气性好；多极子阵列声波测井资料显示纵横波速度比、泊松比下降明显，泊松比和体积压缩系数曲线重叠后有较大面积充填，波形幅度有衰减现象，指示储层含气性好；该层地质录井气测上升较高，综合解释为Ⅰ类泥页岩气层（表 2、图 2）。

56、58 号层自然伽马数值和铀值均较高，反映储层有机质含量较高；计算的孔隙度分别为 3.9%、2.6%，有机碳含量均为 2.6%，总含气量均为 2.3m^3/t，含气性较好；多极子阵列声波测井资料显示该两层纵横波速度比、泊松比下降明显，波形幅度有衰减现象，但仅在 56 号层泊松比和体积压缩系数曲线重叠后有充填，指示储层含气性较好；该两层地质录井气测无明显变化，综合解释为Ⅱ类泥页岩气层（表 2、图 2）。

55、57 号层自然伽马数值和铀值均略低；计算的孔隙度分别为 1.9%、2.1%，有机碳含量分别为 1.7%、1.6%，总含气量均为 1.6m^3/t，显示两层含气性较差；多极子阵列声波测井资料显示 55、57 号层纵波幅度有衰减现象；地质录井气测仅在 55 号层上部较高，综合分析，该两层解释为Ⅲ类泥页岩气层（表 2、图 2）。

54 号层自然伽马数值和铀值低；计算的孔隙度为 1.0%，有机碳含量为 0.9%，总含气量均为 0.9m^3/t，显示该层偏干；多极子阵列声波测井资料无含气显示；地质录井气测在该层下部较高，综合解释为干层（表 2、图 2）。

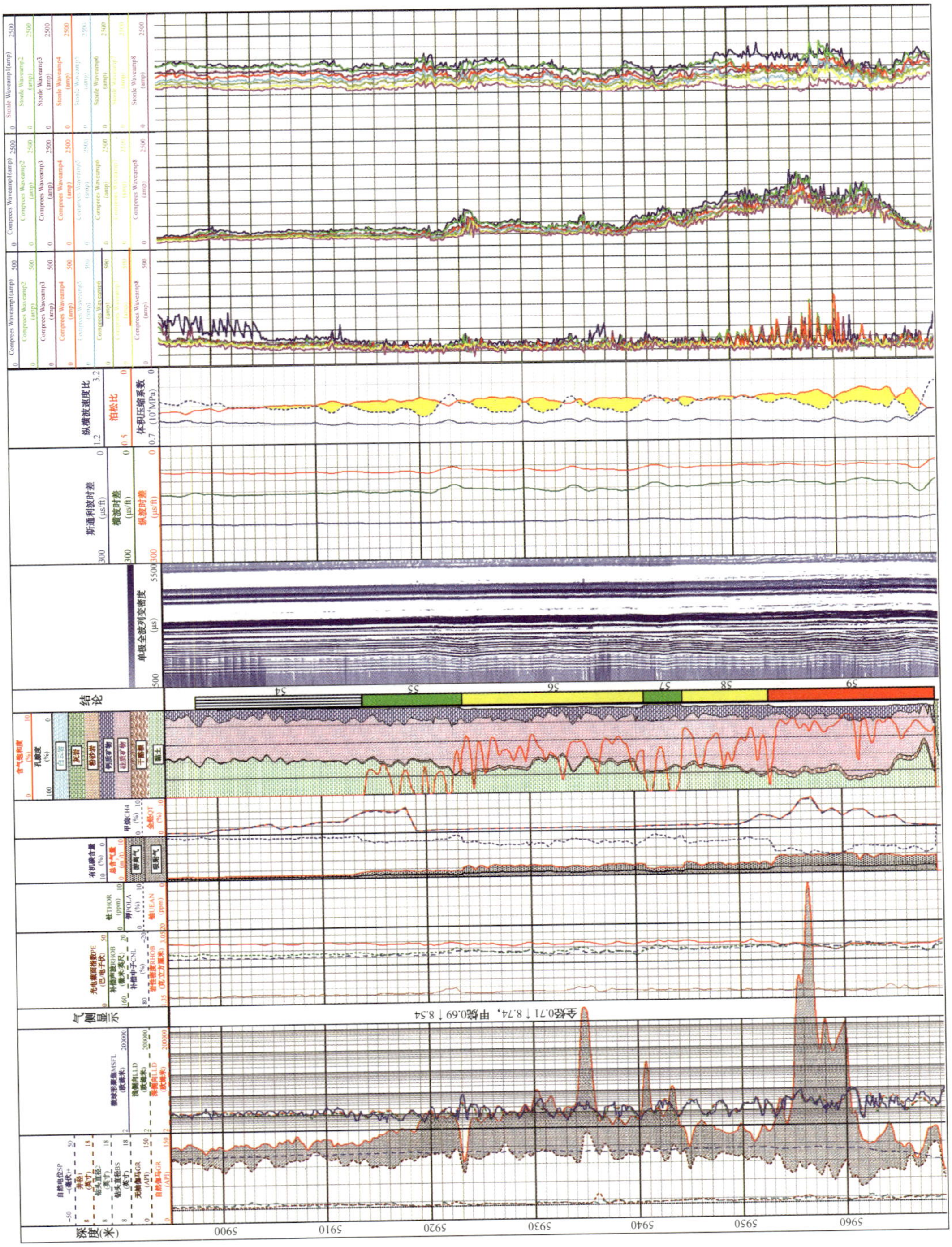

图 2　PSH1 井龙马溪－五峰组测井解释成果图

表 2 PSH1 井龙马溪组 - 五峰组测井解释成果表（泥页岩）

层号	井段 / m	厚度 / m	自然伽马 / API	深侧向电阻率 / Ω·m	补偿中子 / %	密度 / (g/cm³)	声波时差 / (μs/ft)	孔隙度 / %	含水饱和度 / %	页岩储层参数					解释结论
										黏土矿物含量 / %	硅质矿物含量 / %	钙质矿物含量 / %	有机碳含量 / %	总含气量 / (m³/t)	
54	5898.0~5914.0	16.0	127.0	13.7	18.3	2.7	68.3	1.0	100.0	40.0	46.5	11.6	0.9	0.9	干层
55	5914.0~5923.6	9.6	152.2	12.9	16.6	2.66	68.3	1.9	82.4	33.8	48.6	14.0	1.7	1.6	Ⅲ类泥页岩气层
56	5923.6~5941.0	17.4	187.9	13.3	15.5	2.62	69.1	3.9	53.6	30.4	52.0	11.1	2.6	2.3	Ⅱ类泥页岩气层
57	5941.0~5944.8	3.8	173.5	17.0	13.4	2.64	64.6	2.1	81.2	23.7	56.4	16.2	1.6	1.6	Ⅲ类泥页岩气层
58	5944.8~5953.0	8.2	141.9	18.1	13.4	2.62	64.7	3.9	49.5	23.7	57.8	11.9	2.6	2.3	Ⅱ类泥页岩气层
59	5953.0~5969.0	16.0	205.9	29.5	12.0	2.52	67.2	5.9	30.8	20.8	57.6	10.7	4.9	3.6	Ⅰ类泥页岩气层

4 试油（气）结果

针对龙马溪组 - 五峰组进行了压裂试气，日产气 7000m³，结论为页岩气层，证实了测录井资料定性分析的准确性，但也在一定程度上体现了页岩气储层定量解释的复杂性。

5 结论与认识

（1）结合录井资料与常规测井资料，运用测井声波幅度衰减分析、体积压缩系数、泊松比重叠等方法能够有效识别页岩气层。

（2）深层页岩气热演化程度高、可压性差，与浅层页岩气的差异依赖储层参数的精细评价，建议核磁共振测井、碳同位素等特殊测录井方法作为必测项目，达到储层参数精细描述。

编写单位：中原测控公司
编 写 人：兰永涛 周 霞
审 核 人：赵伟祥
审 定 人：陈汉林 何浩然

60 川东高陡褶皱带 HY1HF 井常压页岩气测录井综合解释评价

1 概况

HY1 井是部署在四川盆地川东高陡褶皱带石柱复向斜建南构造的一口预探井（图 1），钻探目的：①评价红星地区吴家坪组吴二段及茅口组茅四段页岩发育情况及含气性，进一步明确二叠系中部页岩气资源潜力；②评价红星地区 3500~4000m 埋深页岩储层、含气性、改造工艺，为提交探明储量提供支撑。目的层：主探上二叠统吴家坪组吴二段，兼探茅口组茅四段优质页岩气层段。

HY1HF 井为 HY1 井同平台水平井，设计井深：5050.00m，完钻井深：5150.00m，完钻层位：吴家坪组吴二段。

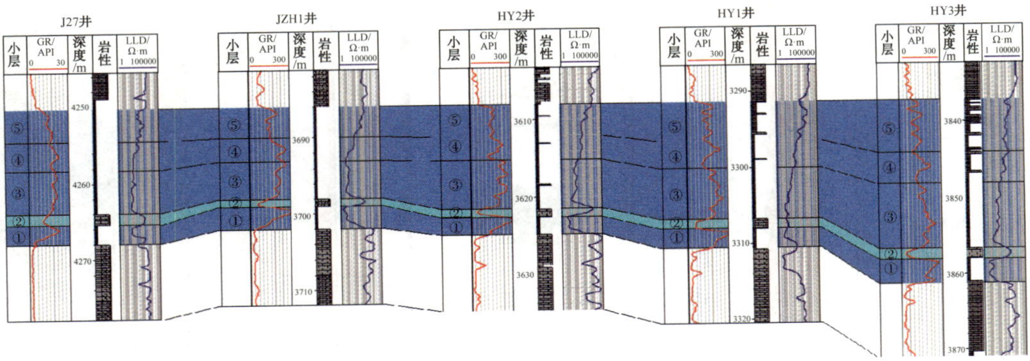

图 1 HY1 井油藏剖面图

2 问题与难点

（1）合成基钻井液导致电成像等测井资料难以测量，水平井裂缝识别难度增大；

（2）页岩地层的非均质性导致水平井测井记录的裂缝信息更加复杂；

（3）研究区页岩纵向非均质性强，多夹层，可压性评价难度大。

3 解释评价

录井的岩芯、气测、薄片分析等资料，基于其对油气显示分析的直接性，对页岩储层的流体性质评价较为灵敏。测井评价基于岩芯分析测试资料，利用岩石物理学和数理统计学方法，建立页岩储层“六性”评价模型，实现优质页岩储层划分。

3.1 地化特征

3.1.1 有机质丰度

页岩气可以吸附在页岩有机质和黏土颗粒表面，因此有机质丰度不仅影响了页岩的生烃强度，同时也影响着页岩中有机质孔隙的发育以及吸附气的含量，通常具有高有机质丰度的页岩具有高的生烃潜力以及高含量的吸附气。有机质丰度的表征参数主要包括有机碳含量（TOC）、氯仿沥青“A”以及总烃（HC）含量、岩石热解参数（生烃潜量，S_1+S_2）等。本次主要采用 TOC 对吴家坪组含气页岩的有机质丰度进行表征与评价（表 1、图 2）。

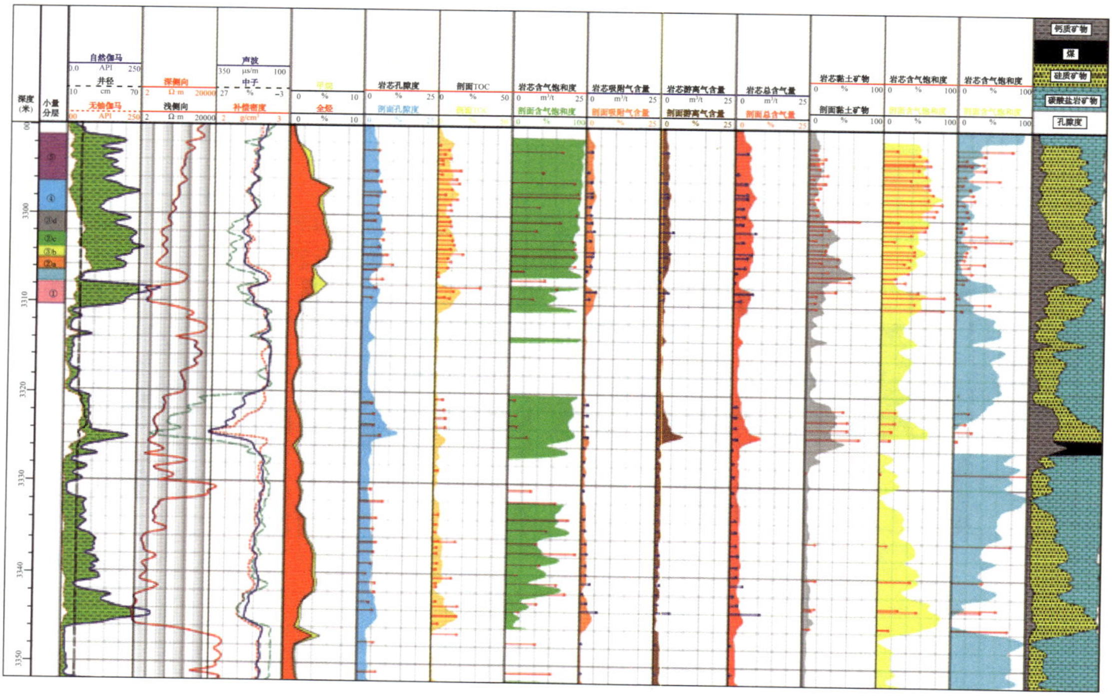

图 2 HY1 井吴二段各小层岩芯柱状图

表 1 吴家坪组页岩气储层划分参考依据

储层类型	划分依据						
	测井响应特征				储层参数		
	AC/（μs/m）	DEN/（g/cm³）	CNL/%	U/ppm	TOC/%	TGAS/（m³/t）	POR/%
Ⅰ类页岩气层	AC ＞ 220	DEN ≤ 2.45	CNL ＞ 12	U ＞ 20	TOC ≥ 8	TGAS ≥ 5	POR ≥ 5

续表

储层类型	划分依据						
	测井响应特征				储层参数		
	AC/(μs/m)	DEN/(g/cm³)	CNL/%	U/ppm	TOC/%	TGAS/(m^3/t)	POR/%
Ⅱ类页岩气层	200 < AC ≤ 220	2.45 ≤ DEN < 2.60	8 < CNL ≤ 12	15 < U ≤ 20	6 ≤ TOC < 8	3.5 ≤ TGAS < 5	4 ≤ POR < 5
Ⅲ类页岩气层	AC ≤ 200	DEN ≥ 2.60	CNL ≤ 8	U ≤ 15	TOC < 6	TGAS < 3.5	POR < 4

HY1 井钻探提示吴二段页岩 TOC 整体含量高，平均 8.77%，其中⑤小层主要为Ⅱ类，④、③、①主要为Ⅰ类。

3.1.2 有机质类型

有机质类型反映了烃源岩有机质的质量，不同的成油母质类型通常具有不同的油气生成能力。不同干酪根类型的页岩都可以生成天然气，干酪根的类型不仅影响烃源岩层的产气数量，而且可影响天然气的吸附率和扩散率。

通过对研究区 HY1 井取芯样品进行干酪根碳同位素检测，吴家坪组天然气碳同位素在 –27.91‰ ~–31.00‰，平均 –29.68‰；有机质类型主要为Ⅰ型干酪根（表 2）。

表 2 HY1 井吴家坪 – 茅口组天然气碳同位素测试数据表

序号	样号	顶深 /m	底深 /m	层位	δ¹³C/‰					
					CO_2	CH_4	C_2H_6	C_3H_8	iC_4	nC_4
1	H–1–12T_2	3297.81	3297.97	吴家坪组	2.47	–29.33	–39.14	/	/	/
2	H–1–13T_2	3296.7	3296.85	吴家坪组	2.83	–28.59	–38.92	/	/	/
3	H–1–14T_2	3296.3	3296.45	吴家坪组	3.25	–30.57	/	/	/	/
4	H–1–15T_2	3295.09	3295.26	吴家坪组	2.95	–29.20	–39.69	/	/	/
5	H–1–16T_2	3294.01	3294.18	吴家坪组	1.72	–31.37	–37.60	/	/	/
6	H–1–17T_2	3291.75	3291.91	吴家坪组	2.65	–27.91	–39.00	/	/	/
7	H–3–3T_2	3341.06	3341.235	吴家坪组	2.32	–31.00	–37.31	/	/	/
8	H–3–7T_2	3336.61	3336.76	吴家坪组	0.71	–29.50	–36.40	/	/	/

3.1.3 有机质热演化程度

吴家坪组烃源岩，由于缺乏来源于高等植物的标准镜质组，对这类烃源岩提出了利用测定沥青反射率（Rb）来换算镜质组反射率的方法，本次利用 Ro=0.6569 × Rb+0.3364 换算镜质组反射率。

HY1 井吴家坪组测定了样品沥青质反射率，经换算镜质组反射率平均为 2.06%，表明吴家坪组进入过成熟演化阶段，处于干气生成阶段。

3.1.4 有机碳含量计算

页岩的高自然伽马值与地层的干酪根含量有关，铀元素的存在使干酪根的自然伽马值增高，而其他两种放射性元素钍和钾与普通泥岩并没有明显的差异，甚至与普通泥岩比起来，钾、钍的含量更低。根据以上理论，我们知道 TOC 含量应该与放射性有一定关系。通过交会图可知（图 3）岩芯有机碳含量与铀曲线的相关性较好。

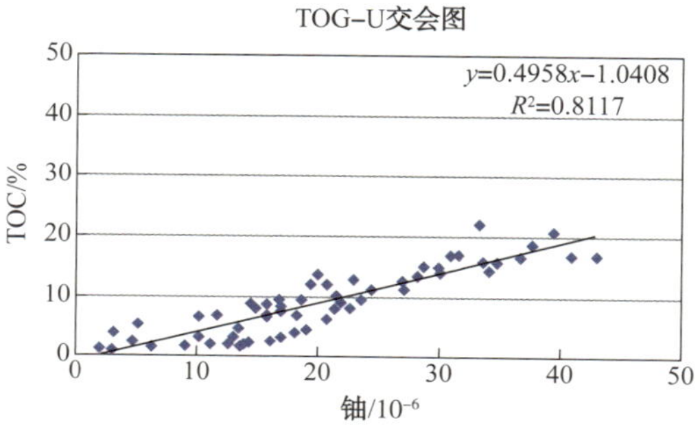

图 3　岩芯 TOC-U 交会图

TOC=0.4958U−1.0408

通过以上方法计算 TOC 含量在本区块与岩芯分析 TOC 吻合度较高（图 2）。

3.2 矿物组分特征

根据 HY1 井全岩分析统计（图 4、图 5），吴二段页岩碳酸盐岩含量高（平均 29.15%），黏土含量低（平均 17.15%）、脆性矿物含量高（平均 78.8%）。吴二段石英：12.5%~83.2%，平均 43.1%；长石：微量约 8.7%，平均 3.83%；碳酸盐：微量约 73.1%，平均 22.48%；黄铁矿：1%~20.5%，平均 8.3%；黏土：6.1%~67.1%，平均 21.95%。

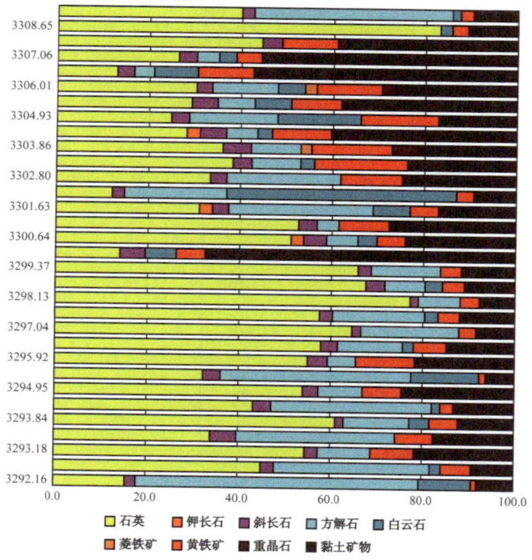

图 4　HY1 井吴二段全岩分析

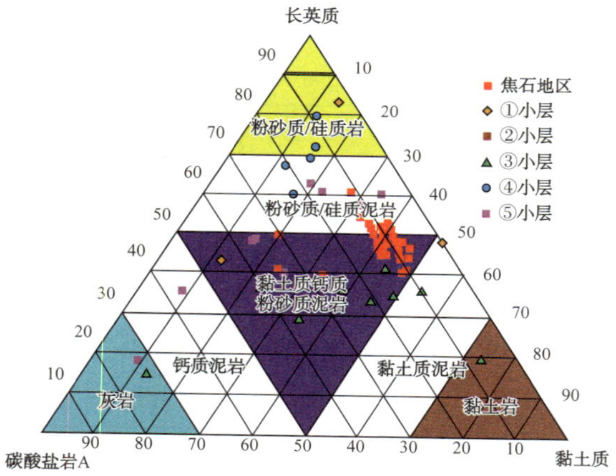

图 5　HY1 井矿物组分三角模型分布图

与焦石坝龙马溪组相比，吴家坪组页岩砂质含量低，硅质含量高且为主体，黏土含量低，碳酸盐矿物含量高且多具泥晶结构，胶结作用相对较强。与涪陵龙马溪页岩对比具有低黏土、低长石，高硅质、高黄铁矿的特征（图 6）。

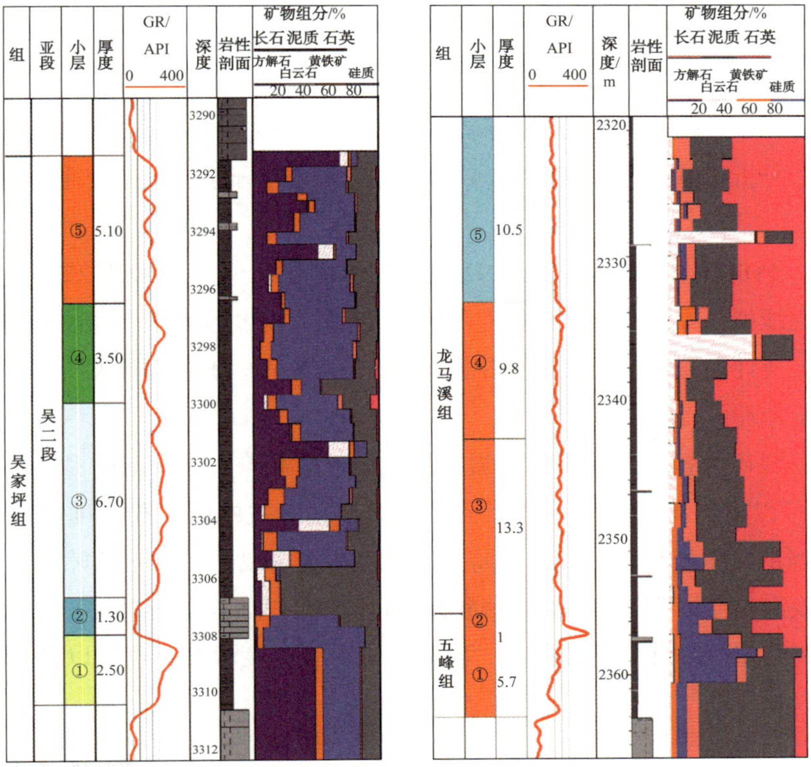

图 6　HY1 井、焦页 11-4 井矿物成分对比图

3.6　物性特征

吴家坪组页岩段岩芯分析显示（图 2），吴二段页岩整体孔隙度大，平均 5.53%，有机孔发育，孔径相对较小。

吴家坪组孔径分布显示：页岩以微孔和介孔为主，大孔相对欠发育，整体较涪陵龙马溪组孔径小（图 7、图 8）。

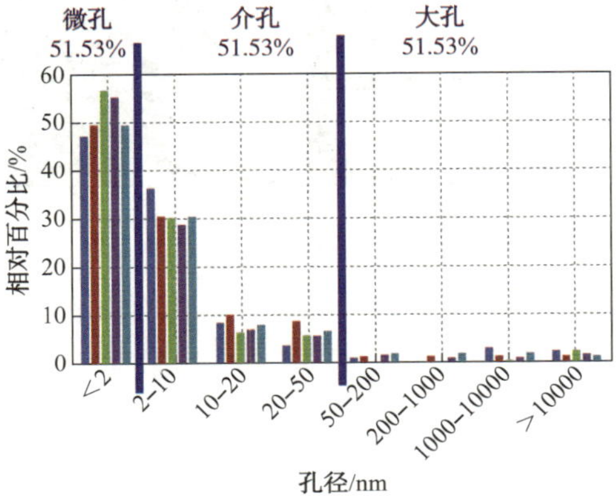

图 7　HY1 井吴家坪组孔径分布图

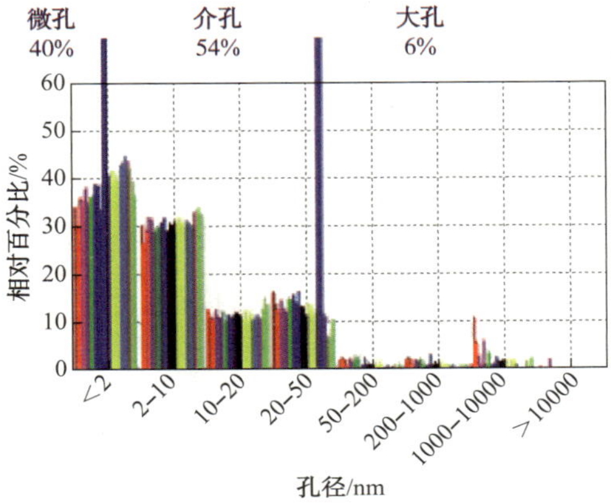

图 8　焦页 51-2 井五峰组－龙马溪组孔径分布图

3.7 孔隙度计算

方法一：因泥页岩的矿物成分复杂，各组分含量变化范围大，导致密度、声波、中子骨架值均不可知，三孔隙度曲线已经不能像在砂岩、碳酸盐岩地层一样直接用于孔隙度计算。采用岩芯分析孔隙度与体积密度、声波时差、补偿中子多参数拟合建立页岩孔隙度计算模型。

$$POR=0.160772\times CNL-4.92934\times DEN+0.032168\times AC+7.372562$$

通过多曲线拟合方法计算的孔隙度在本区块与岩芯分析孔隙度一致性较好，图 2 为根据统计关系式所计算泥页岩孔隙度与岩芯孔隙度的对比图，通过对比发现，以此计算孔隙度参数模型是合理可行的。

方法二：核磁共振测量结果不受岩石骨架成分的影响，可以准确提供地层中孔隙度的大小，也可以提供与岩石的孔喉半径和孔隙结构有关的区间孔隙度。依据岩性的不同，采用恰当的自由流体截止值，可将总孔隙度划分为黏土束缚水孔隙度、毛细管束缚流体孔隙度及自由流体孔隙度。通过测井计算孔隙度、岩芯分析孔隙度、核磁孔隙度对比（图 9），核磁孔隙度与计算的孔隙度、实验结果吻合程度较高，也可以满足本区块评价孔隙性。

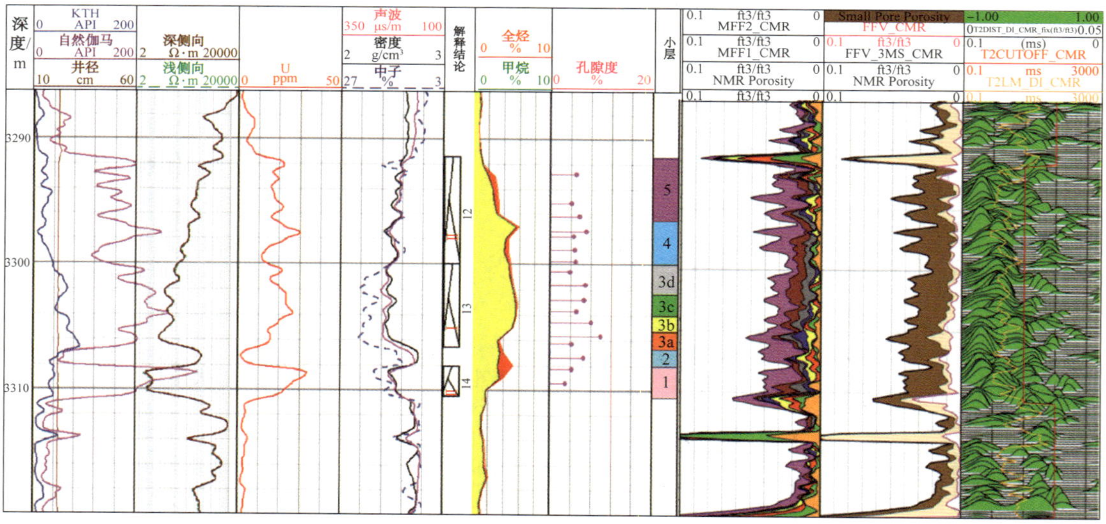

图 9 HY1 井岩芯分析孔隙度与核磁孔隙度对比图

根据 HY1 井孔隙度计算模型，测井解释建南区块吴二段孔隙度为 I 类（> 5%）页岩气层（表 3、图 10）。

表 3　吴二段孔隙度解释成果

层号	井段 / m	厚度 / m	声波时差 / （μs/m）	密度 / （g/cm^3）	中子 / %	孔隙度 / %	渗透率 / $10^{-3}\mu m^2$	解释结论
12	3291.4~3300.0	8.6	210	2.53	10.3	4.2	0.14	Ⅱ类页岩气层
13	3300.0~3306.6	6.6	238	2.49	18.6	5.6	0.19	Ⅰ类页岩气层
14	3308.1~3310.5	2.4	216	2.54	14.2	3.7	0.12	Ⅱ类页岩气层
15	3320.4~3324.4	4.0	269	2.52	36.3			可疑层

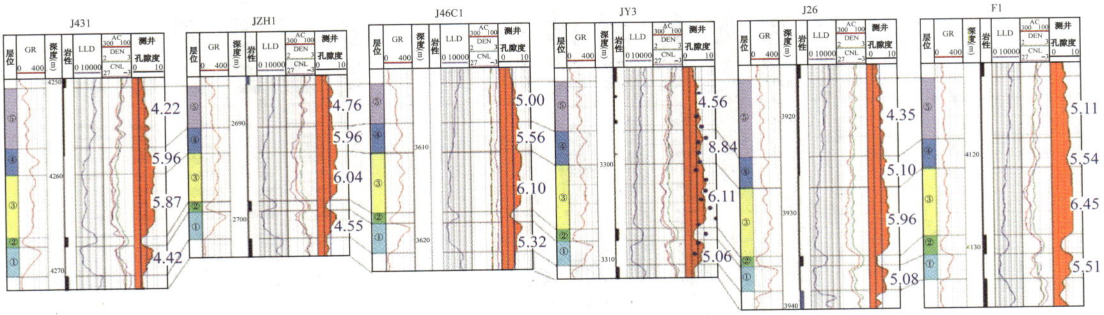

图 10　吴家坪组吴二段孔隙度横向对比图

3.8　裂缝特征

结合岩芯与电成像（图 11、图 12），吴家坪组吴二段③小层电成像呈纹层状，④、⑤小层呈细层状、块状，与岩芯标定一致，电成像可以较好反映层理缝的发育情况。

图 11　吴家坪组岩芯图

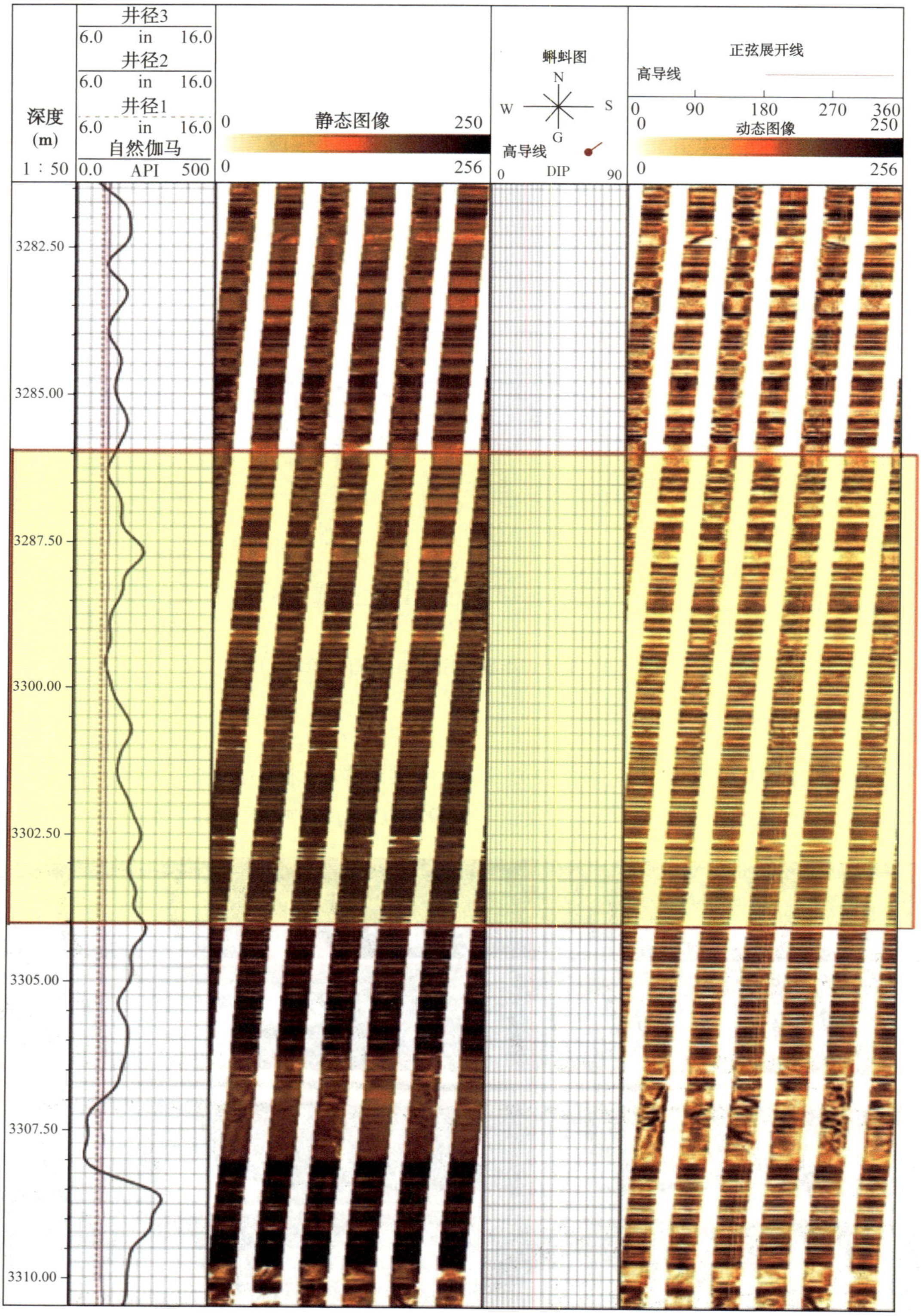

图12 吴家坪组电成像曲线图

4　含气性评价

吴二段取芯钻进中气测显示好，全烃 1.75%~5.98%；其中③、④层气测全烃相对更高，平均值分别为 4.8%、5.0%。

吴二段页岩导眼井岩芯实测含气量 0.59~6.99m³/t，平均 3.81m³/t；③、④层含气量平均 3.47~4.35m³/t，解释标准见表 1。

通过对现场解析总含气量与测井曲线拟合分析认为，总含气量与密度曲线存在较好负相关线性关系，与铀曲线存在较好的正相关关系，密度越小，铀含量越高，总含气量越大（图 13、图 14）。

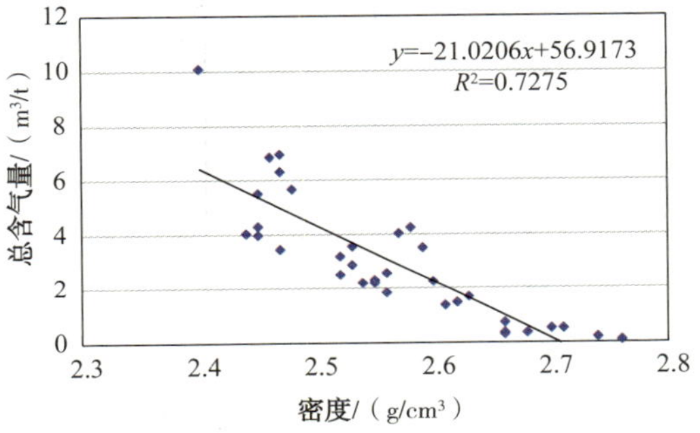

图 13　含气量－密度交会图

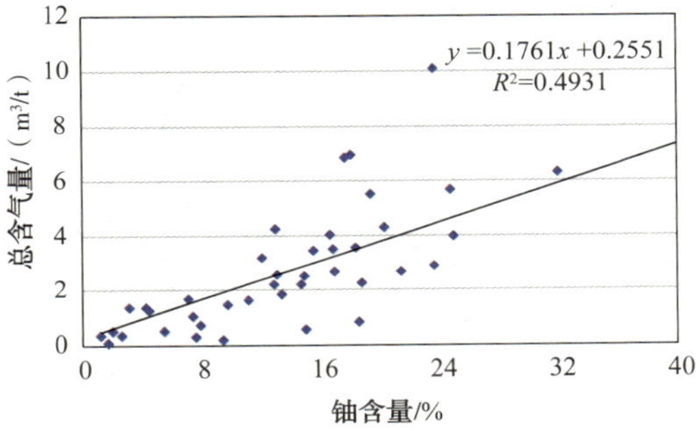

图 14　含气量－铀交会图

参照吴家坪组页岩气储层划分标准（表 1），吴家坪组页岩整体评价以Ⅰ类、Ⅱ类页岩气层为主。应用上述分类标准对 HY1 井进行储层划分（图 15），吴家坪－茅口组地层共解释 7 层，其中Ⅲ类页岩气层 10.1m/1 层，Ⅱ类页岩气层 11.0m/2 层，Ⅰ类页岩气层 17.9m/3 层，可疑层 4.0m/1 层（表 4）。

综合页岩厚度、原生品质、含气性等指标评价，吴二段③～⑤小层为优质页岩层段，可作为一套页岩气层开发。

表 4　HY1 井吴家坪－茅口组解释数据表

层号	井段 / m	厚度 / m	声波时差 / (μs/m)	密度 / (g/cm³)	中子 / %	深侧向 / (Ω·m)	孔隙度 / %	TOC/ %	总含气量 / (m³/t)	解释结论
12	3291.4~3300.0	8.6	210	2.53	10.3	445.3	4.2	7.9	3.24	Ⅱ类页岩气层
13	3300.0~3306.6	6.6	238	2.49	18.6	43.7	5.6	8.1	4.13	Ⅰ类页岩气层
14	3308.1~3310.5	2.4	216	2.54	14.2	9.8	3.7	9.3	3.17	Ⅱ类页岩气层
15	3320.4~3324.4	4.0	269	2.52	36.3	4.2				可疑层
16	3332.0~3342.1	10.1	190	2.59	6.8	9.5	3.5	6.1	2.29	Ⅲ类页岩气层
17	3342.1~3345.7	3.6	217	2.45	12.7	2.4	4.5	9.1	4.92	Ⅰ类页岩气层
18	3352.0~3359.7	7.7	215	2.42	13.8	15.5	4.4	10.8	5.39	Ⅰ类页岩气层

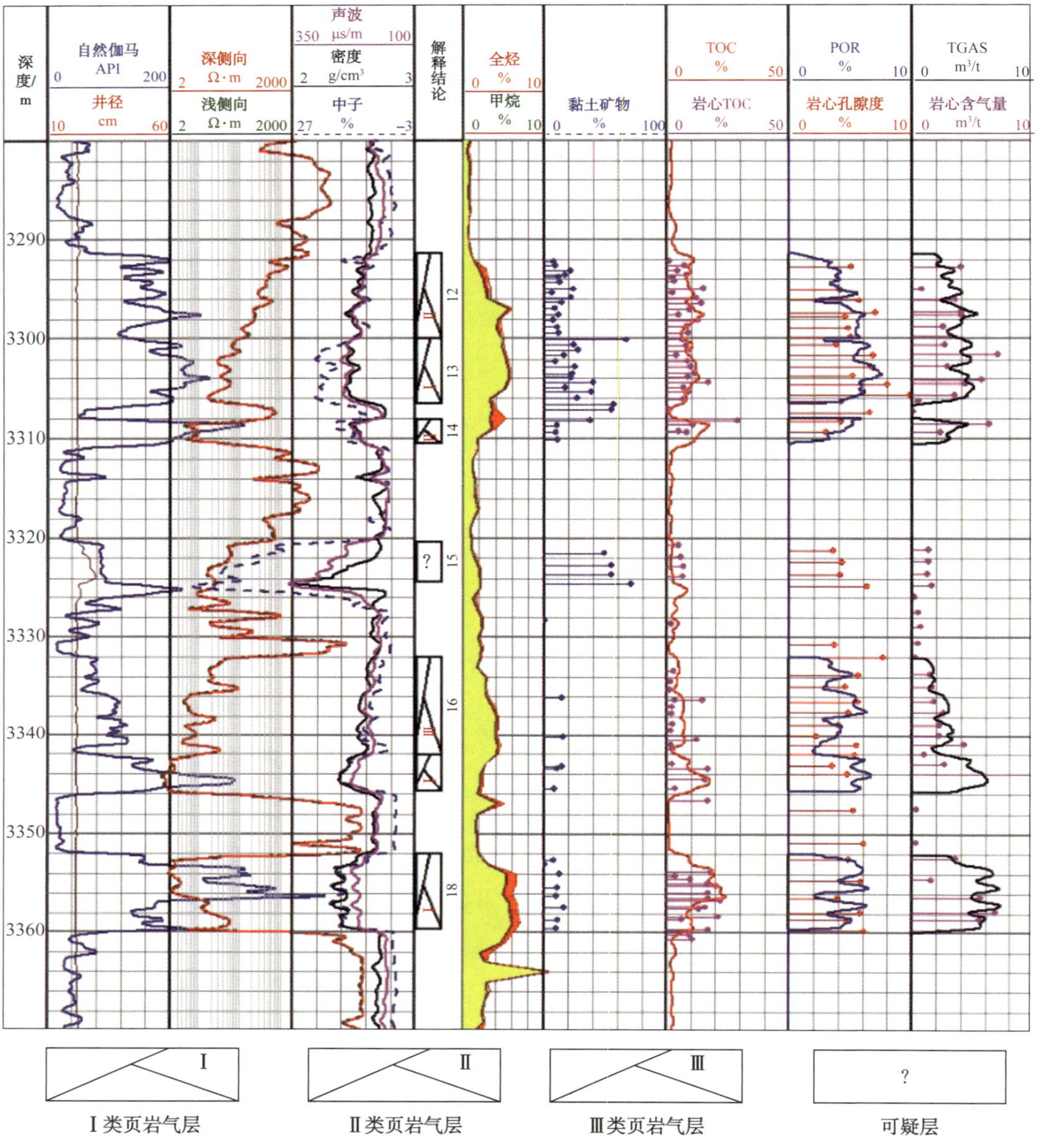

图 15　HY1 井综合评价图

5　HY1HF 水平井应用

5.1　HY1HF 水平井轨迹归位分析

参照导眼井 HY1 井，HY1HF 井（图 16）自上向下，依次穿行过吴家坪组吴二段⑤、④小层，在③ d 进入 A 靶点，之后继续向下穿过③ c、③ b、③ a 进入②小层，在②小层向上折返穿过③ a、③ b、③ c、③ d 进入④小层，在④小层再次对称向下穿过③ d、③ c、

③b、③a后，进入②小层，在②小层再次对称向上穿行，穿过③a、③b、③c、③d进入④小层，在④小层进入B靶点，轨迹穿行结束。水平段轨迹穿行图（图17）。

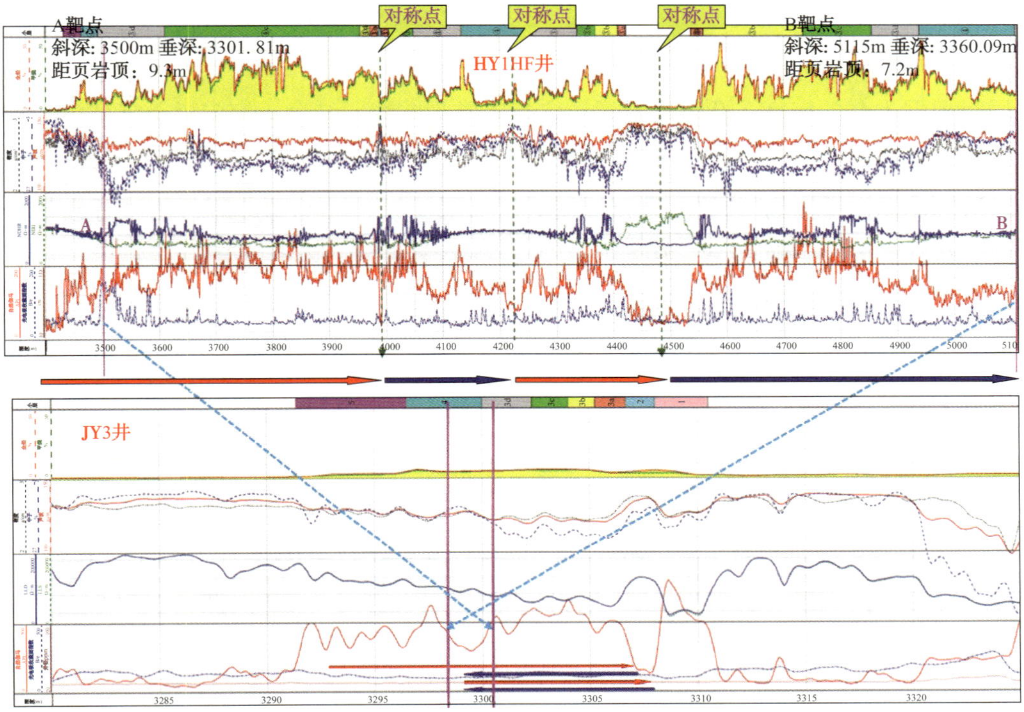

图16　HY1HF井水平井斜深对比图

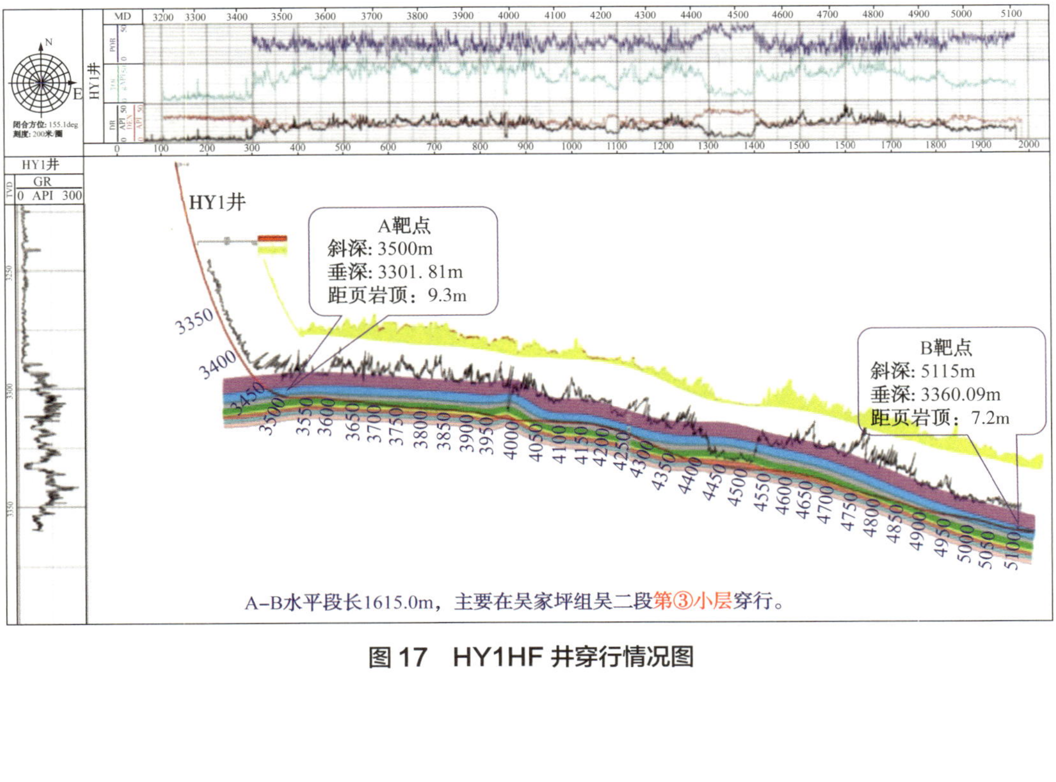

图17　HY1HF井穿行情况图

5.2 HY1HF 水平井解释情况

HY1HF 井共解释 24 层，其中Ⅱ类页岩气层段 497.9m/11 层，Ⅰ类页岩气层段 1073.0m/11 层，干层（含气）117.8m/2 层。孔隙度为 3.9%~6.3%，TOC 为 3.8%~9.1%，总含气量为 3.7~6.9m^3/t。

同时根据本井的密度、孔隙度、泥质含量等常规曲线，结合正交多极子阵列声波测井提取的纵、横波时差资料，计算了本井岩石的泊松比、杨氏模量、破裂压力、脆性指数、应力差异系数等岩石力学参数。吴家坪组页岩储层（3433.1~5141.0m），通过对比各小层泊松比、杨氏模量、脆性指数、破裂压力等岩石力学参数，③小层 B、C、D 段，泊松比小、杨氏模量大、脆性指数高、破裂压力小，可压性最好。

结合测井解释成果数据与岩石力学参数对水平段进行了压裂分段总共 13 段，其中最长的段长 178m。

6 试油（气）结果

HY1HF 井水平段吴家坪组吴二段页岩气层穿行率 100%，测试日产气稳定在 $6\times10^4m^3$，已累计产气 600 多 $\times10^4m^3$。支撑了 HY1 井区吴家坪组页岩气提交预测储量 $1051.03\times10^8m^3$，打开了南方海相二叠系页岩气勘探评价新局面。

7 结论与认识

（1）基于岩芯实验室分析化验资料，结合地质、测井资料建立了吴家坪组孔隙度、有机碳、含气量等关键地质评价参数方法，实现了有利储集层识别。

（2）该区二叠系第一口导眼井 HY1 解释过程中，针对吴家坪组储层进行了精细评价，进行了吴二段优质页岩段“七性”分析，为水平段靶窗选取提供了依据。

（3）通过常规资料与多极子阵列声波资料相结合，对 HY1HF 井进行了水平井压裂分段优化建议，工程院参考测井分段制作压裂方案，后续压裂改造获得圆满成功。

编写单位：江汉测录井分公司
编 写 人：曾芙蓉
审 核 人：何浩然
审 定 人：叶应贵　何传亮

61 潜江凹陷 BYY2 井盐间页岩油测录井综合解释评价

1 概况

BYY2 井位于湖北省潜江市江汉油田广华寺农林处，是江汉盆地潜江凹陷蚌湖向斜南坡上的一口预探井，井型为直井。钻探目的：①潜江组四段下亚段（潜四下段）页岩层系统取芯，落实潜四下页岩油勘探潜力；②获取潜四下段各项地质参数、地球物理资料及钻完井等的工程工艺资料，为工程工艺改造提供依据。目的层：主探潜江组潜四下段，兼探潜江组三段 4–10 韵律层。设计井深 4590.00m（垂深），完钻井深 4624.00m，完钻层位荆沙组。

2 问题与难点

岩性识别难。盐间页岩油储层岩石类型复杂、薄互层变化频繁，岩性难以识别，因实际测井值与理论骨架值差别太大且变化范围宽，采用常规方法来分析矿物成分困难，不但难以调整参数，而且处理结果与岩芯分析结果比较差别较大。

物性特征评价难。盐间页岩油储集空间非常复杂，粒间孔、晶间孔、晶间溶孔以及网状缝、洞发育不均，物性差异变化大，常规测井评价方法存在局限性。

含油性评价难。盐间页岩油储层因裂缝和孔洞的存在，岩石导电机理十分复杂，岩电实验分析难度较大，导致油层、干层的界线划分不清。

3 解释评价

录井的气测、岩石热解、三维定量荧光图谱等资料，基于其对油气显示分析的直接性，对于页岩油储层流体性质的识别较为灵敏。测井评价主要基于岩芯分析测试资料，利用岩石物理学和数理统计学方法，建立盐间页岩油储层评价模型，利用雷达图识别岩性及岩相，结合录井的气测、岩石热解、三维定量荧光图谱等资料，对页岩储层进行精细评价。

3.1 录井解释评价

井段 2788.0~2837.0m（2810.00~2828.80m 为取芯井段），岩屑录井及钻井取芯为油浸显示 3.00m/2 层，油斑显示 9.88m/1 层。录井显示见表 1。

表 1　BYY2 井 2689.00~2837.00m 油气显示

层位	井段/m	厚度/m	岩性	新方法				气测				综合解释
				S_0	S_0	S_0	相当油含量	全烃/%		C_1/%		
				mg/g	mg/g	mg/g	mg/L	基值	异常	基值	异常	
潜 3^3 油组	2689~2690	1	灰褐色油浸泥岩	0.07	16.39	30.37	51	0.38	0.47	0.16	0.18	页岩油
	2710~2711	1	灰褐色油浸泥岩	0.54	17.16	34.84	19	0.4	0.48	0.07	0.09	页岩油
	2732~2734	2	灰褐色油浸泥岩	0.56	14.28	35.72	108	0.51	1.1	0.1	0.54	页岩油
	2767~2768	1	灰褐色油浸泥岩	0.41	13.11	41.57	100	0.66	0.97	0.16	0.33	页岩油
潜 3^4 油组	2788~2789	1	灰褐色油浸泥岩	0.33	19.96	43.01	97	0.64	0.72	0.13	0.17	页岩油
	2817~2826.88	9.88	灰褐色油斑钙芒硝质泥岩、白云质泥岩	0.17	13.94	8.42	2243					页岩油
	2835~2837	2	灰褐色油浸泥岩	0.56	9.96	14.97	153	1.04	1.22	0.11	0.19	页岩油

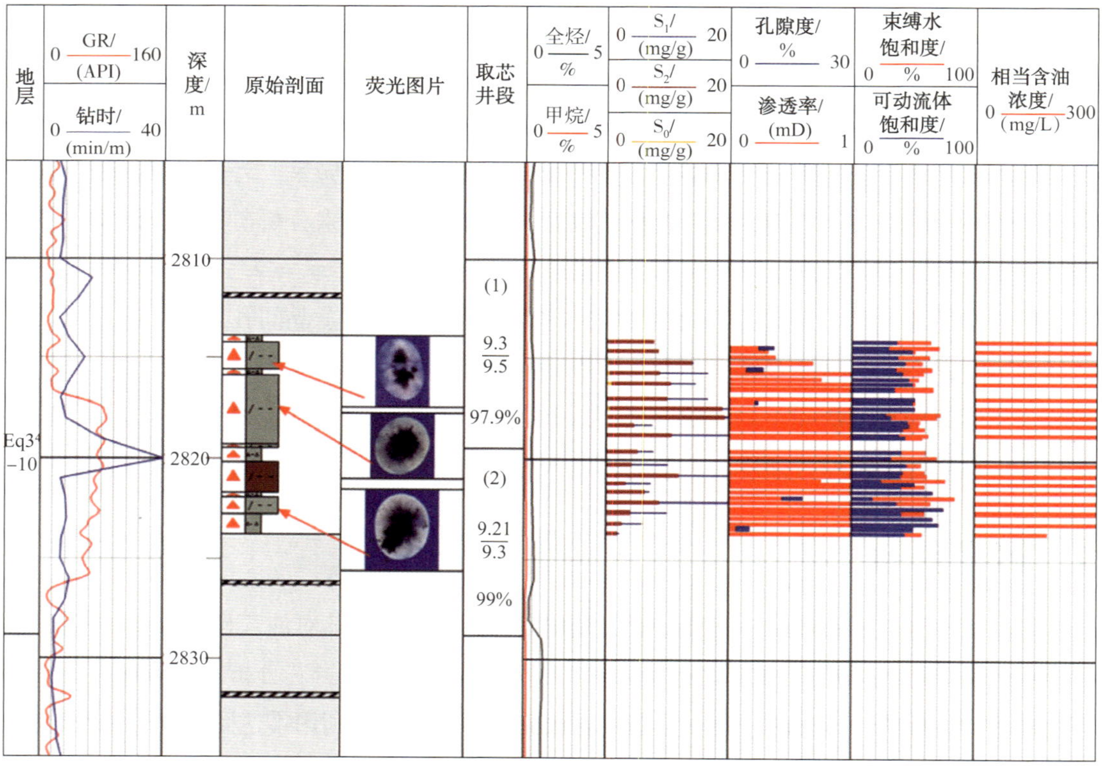

图 1　BYY2 井油气层评价图

井段：2817.00~2826.88m。岩石热解解释：页岩油，解释参数：S_0：0.17mg/g，S_1：13.94mg/g，S_2：8.42mg/g（图 1）。三维定量荧光解释：页岩油，解释参数：荧光强度 20638.11，含油浓度 2243.63mg/l（图 2、表 2）。

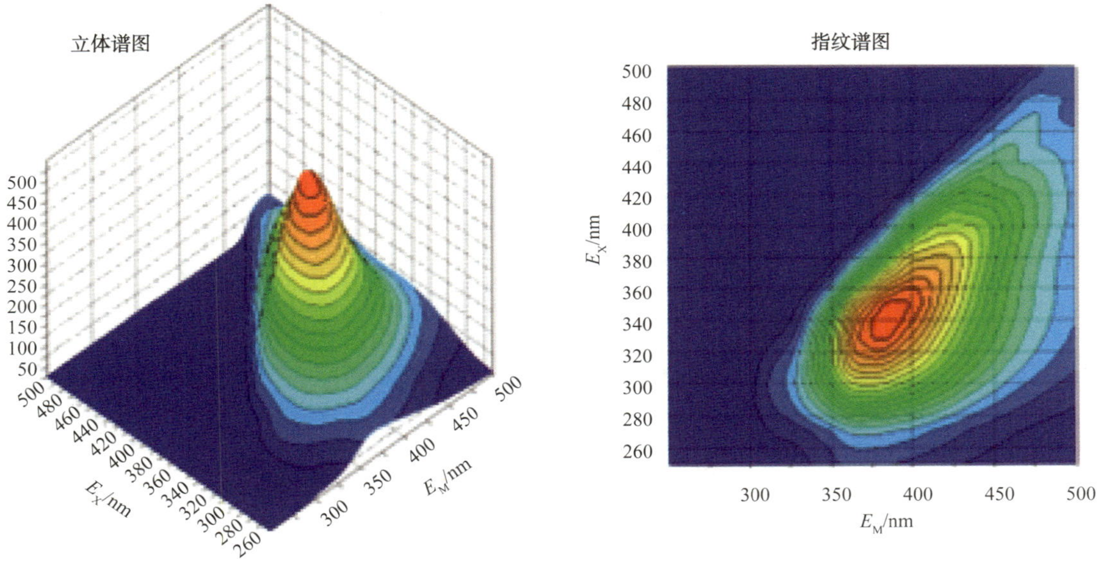

图 2　BYY2 井 2817.00~2825.80m 三维定量荧光图谱

表 2　江汉盆地页岩油录井新方法评价标准

岩石热解		定量荧光	
S_1/（mg/g）	Pg/（mg/g）	含油浓度 /（mg/L）	解释结论
＞ 10	＞ 30	＞ 1000	油层
5~10	20~30	300~1000	差油层
＜ 5	＜ 20	＜ 300	干层

3.2　测井解释评价

3.2.1　岩性、岩相识别

本井主要采用雷达图识别技术来识别盐间页岩油储层岩性（图 3），雷达图显示，自然伽马、电阻率、铀、中子曲线对岩相岩性识别最为敏感，密度、声波、PE 次之。富碳纹层状泥质白云岩相具有中高自然伽马、中高电阻率、高中子、高铀、中低密度、中高声波时差和中高 PE 值特征；富碳纹层状云 / 灰质泥岩相具有中高自然伽马、中铀、中高电阻率、中高中子、中等密度、中高声波时差和中 PE 值特征；富碳钙芒硝充填纹层状白云质泥岩相具有中等自然伽马、中低铀、低电阻率、中等中子、高密度、中等声波时差和中低 PE 值特征。其中富碳纹层状泥质白云岩相岩性类别为一类，富碳纹层状云 / 灰质泥岩相岩性类别为二类，富碳钙芒硝充填纹层状白云质泥岩相岩性类别为三类。

盐间页岩油储层岩性非常复杂，通过最优化多矿物模型主要处理出的岩性矿物包括钙质矿物、硅质矿物、钙芒硝、盐岩和黏土等（图 4）。

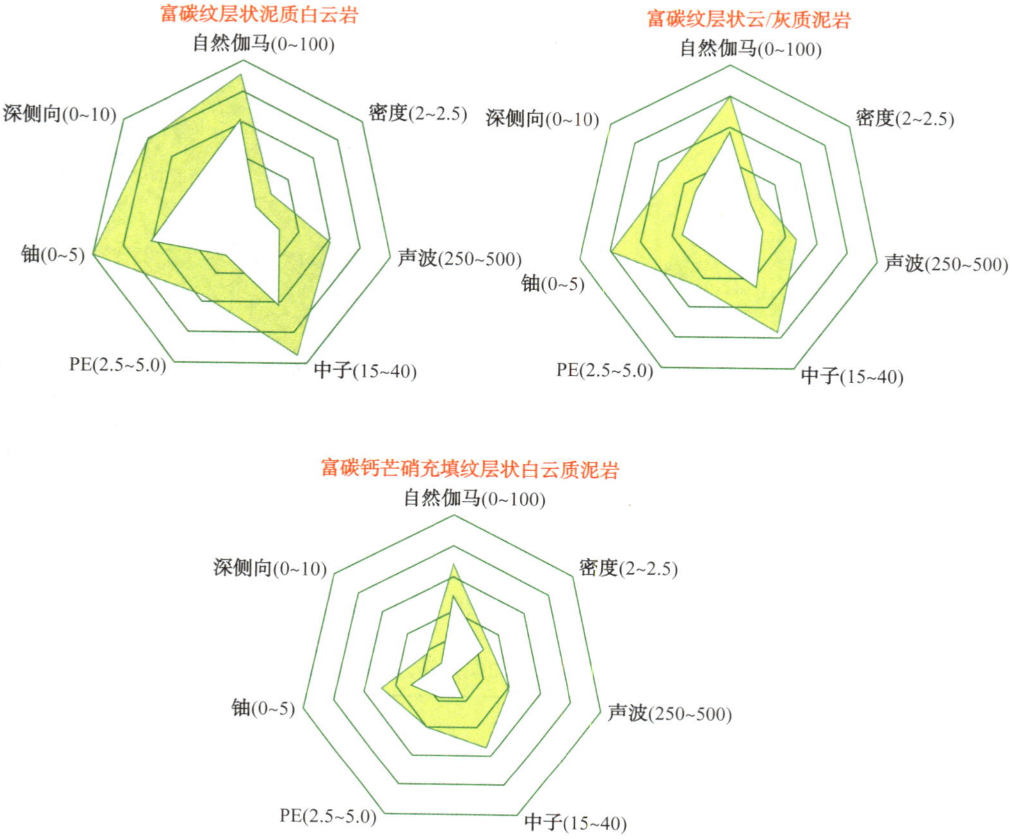

图 3　江汉盐间页岩油岩性岩相识别雷达图

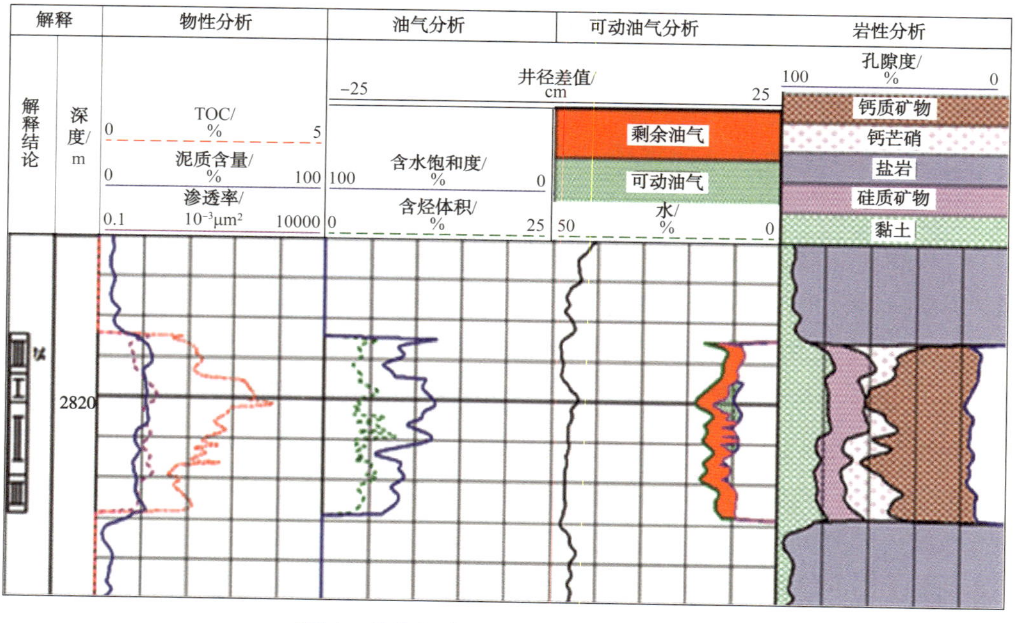

图 4　盐间页岩层岩性剖面处理成果图

3.2.2 物性特征

BYY2 井岩芯孔径分析资料显示，富碳纹层状泥质白云岩相白云石晶间孔、溶蚀孔洞发育，孔径分布介于 1.066~2000nm，有效孔隙占 70%；富碳纹层状云质泥岩相沸石溶孔、黏土矿物粒间孔发育，孔径分布介于 0.841~29657nm，有效孔隙占 45%；富碳钙芒硝充填纹层状泥质云岩相基质孔堵塞，偶有裂缝发育，孔径分布 0.914~3200nm，有效孔隙占 13%，碳酸盐含量的增加可改善储层物性（图 5）。

根据岩芯分析资料，结合三孔隙度测井曲线特征，拟合出一套页岩油储层岩芯刻度孔隙度解释模型（图 6），中子计算的孔隙度对应性较好。

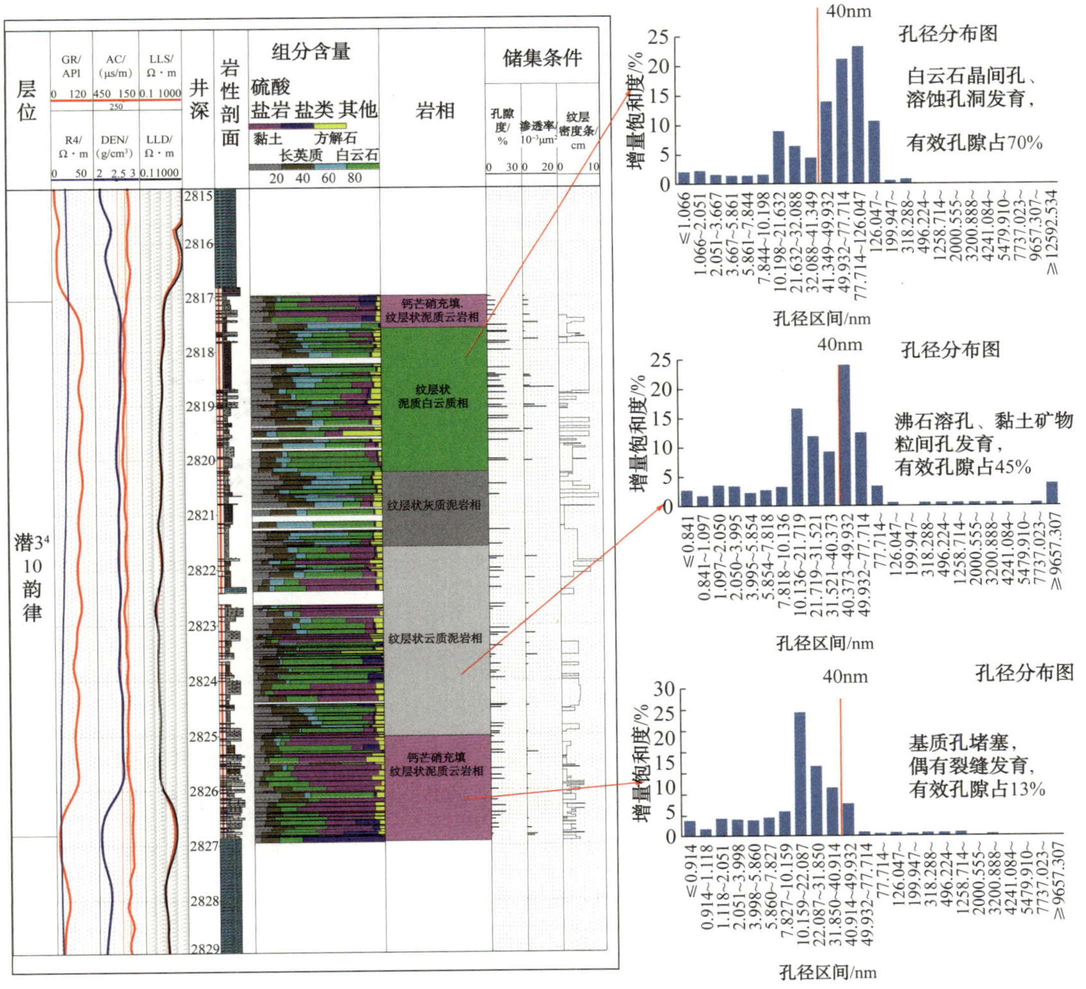

图 5 BYY2 井不同岩相孔径分布图

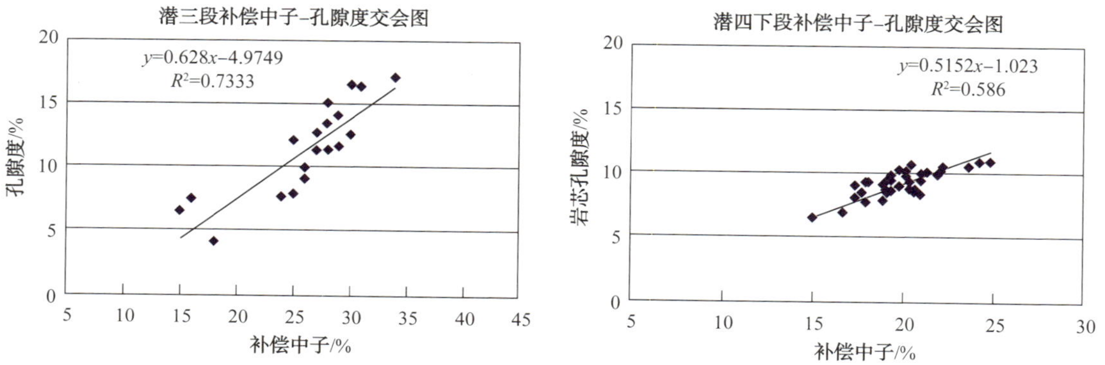

图6 潜三段、潜四段补偿中子–岩芯孔隙度交会图

3.2.3 渗透率

地层渗透率受多种因素制约，页岩在矿物组分、颗粒粒度、孔隙和裂缝的结构、储集特征等方面与碎屑岩、碳酸盐岩不尽相同。通过岩芯物性分析获得渗透率数据后可用于验证和重新修正渗透率计算模型。渗透率解释模型根据岩芯资料拟合（图7）。

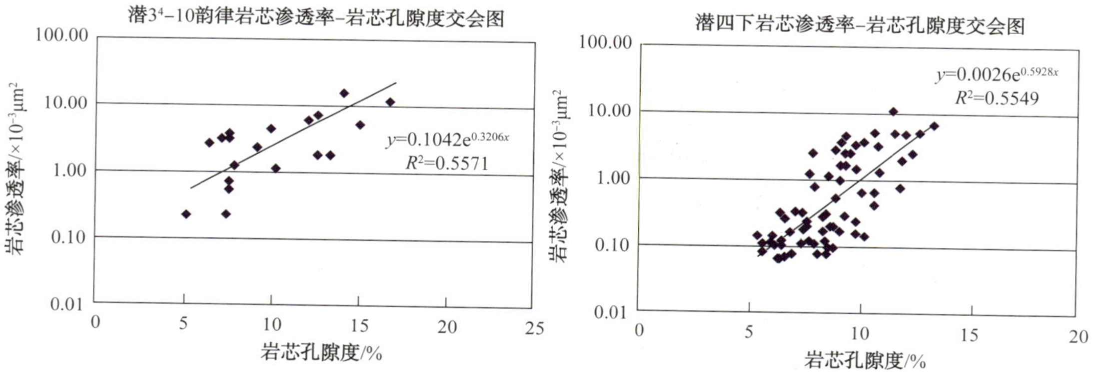

图7 潜三段、潜四段岩芯渗透率–岩芯孔隙度交会图

3.2.4 含水饱和度

页岩的含水饱和度是与地层孔隙度和泥质含量紧密相关的参数，由于页岩的含水饱和度岩芯实验的局限性，复杂的饱和度公式例如双水模型等其中的许多参数无法准确得到，因此在进行页岩含水饱和度计算时，采用了Simandoux计算公式计算含油饱和度（S_o）。采用Simandoux公式计算S_o与斯伦贝谢岩芯标定S_o进行了对比（图8），图中显示采用Simandoux公式计算S_o与斯伦贝谢岩芯标定S_o相关性较好。

3.2.5 测井解释标准

在分析试油、测试数据的基础上，依据测井曲线及计算矿物含量、孔隙度、TOC、含油饱和度等参数；综合气测、录井、槽面显示等其他井筒资料，建立识别和划分不同类型页岩油有利储集段的测井解释图版；制定分类评价标准，实现页岩油有利储集段类别的划分。

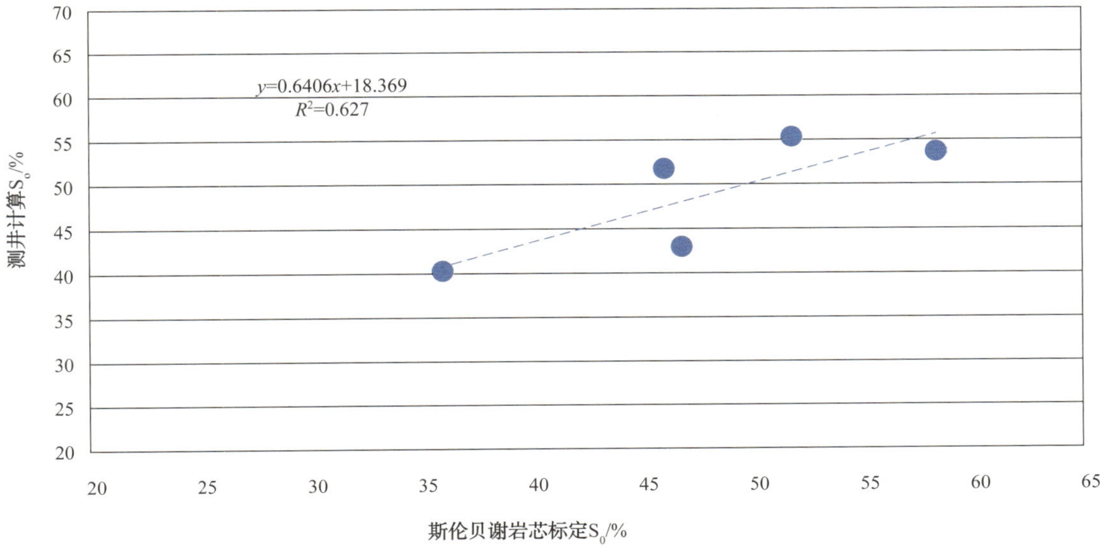

图 8 斯伦贝谢岩芯标定 S_o 与测井计算 S_o 交会图

3.3 测井解释成果

测井响应特征表明（图 9），2819.00~2824.00m 物性参数显示较好；电成像显示为纹层状及细纹层状泥页岩；深侧向电阻率中低值；偶极声波资料显示水平应力差异很小，有利于形成复杂缝。测井解释为Ⅰ、Ⅱ类页岩油层。

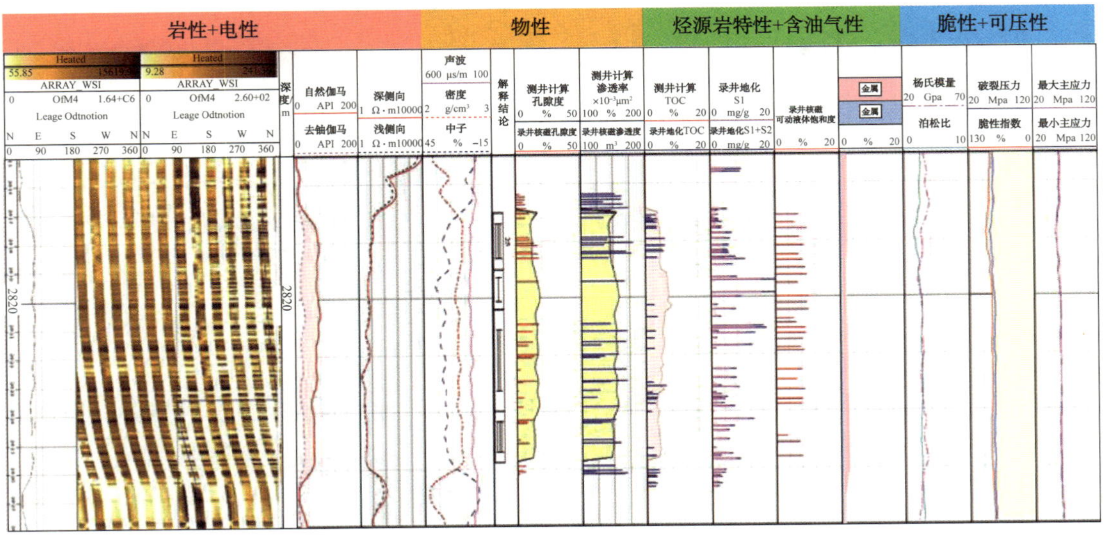

图 9 BYY2 井综合解释成果图

3.4 综合解释

综合测录井资料将 2817.00~2825.80m 段解释为Ⅰ、Ⅱ、Ⅲ类页岩油层（表 3）。

表 3　BYY2 井 2817.00~2825.80m 综合解释成果

层号	井段/m	厚度/m	测井参数					测井结论	录井参数					录井结论
			声波时差/(μs/m)	密度/(g/cm³)	中子/%	深侧向/(Ω·m)	TOC/%	解释结论	S_0/(mg/g)	S_1/m(mg/g)	S_2/m(mg/g)	含油浓度/(mg/L)	荧光强度	解释结论
1	2817.0~2819.0	2.0	256	2.54	23.4	12.5	2.0	Ⅲ类页岩油	0.17	13.94	8.42	2243.63	20638.11	页岩油
2	2819.0~2820.4	1.4	269	2.45	31.2	5.2	3.5	Ⅰ类页岩油						
3	2820.4~2824.0	3.6	259	2.48	27.9	4.1	2.4	Ⅱ类页岩油						
4	2824.0~2825.8	1.8	254	2.53	25.8	3.1	2.0	Ⅲ类页岩油						

4　试油（气）结果

本井对潜$_3^4$油组 10 韵律层进行试油，试油井段 2819.0~2824.0m 进行加砂压裂试油，仅获日产 1t 的产量，但同区块的 BYY1HF 井试油获日产 5t 的工业油流，相邻区块的 W99 井试油获日产 4t 的工业油流，从而证实了潜江凹陷盐间页岩油藏具有较大的潜力，但是油气藏的富集程度分布不均。

5　结论与认识

（1）岩石热解色谱、定量荧光录井资料对盐间页岩油储层原油性质及含油丰度评价，具有独特优势。

（2）富碳纹层状泥质白云岩具有较好的孔隙度、孔径、TOC、含油饱和度等参数，是有利的储集层。

编写单位：江汉测录井分公司
编 写 人：汪钰波
审 核 人：何浩然
审 定 人：叶应贵　何传亮

62 川北阆中－平昌缓坡带 LY1 井陆相页岩油气测录井综合解释评价

1 概况

LY1 井是中石化西南油气分公司部署在四川盆地川北坳陷阆中－平昌缓坡带老鸦鼻状构造的一口风险预探井，以大安寨段 JZ_4^2 亚段（简称大二亚段）为主要目的层，兼探上沙溪庙组、千佛崖组二段、东岳庙段，设计井深 3250m，该井于 2021 年 3 月 28 日钻至井深 3226m 完钻，层位：T_3x^5。

2 问题与难点

本井邻井资料少，早期主要针对大安寨段、千佛崖组致密油气藏进行勘探开发，区内侏罗系页岩油气勘探程度低。工区内为浅湖－半深湖相沉积，优质页岩厚 20~43m，有机质类型以 $Ⅱ_2$ 型为主，Ro 介于 0.9%~1.3%，处于最佳生油窗期，西南部以油为主、北东部以凝析气为主，TOC 含量平均 1.0%~1.45%。本井位于工区南部，优质页岩厚约 35m，TOC 含量大于 1.4%，邻井 CHSH58 井发生轻微井涌，钻遇页岩含油气层 3 层 14.61m。本井为区内按照页岩油气评价思路及改造方式部署的第一口页岩油气探井，区域内千佛崖组、自流井组高压裂缝性气层非均质性较强，储集空间复杂，常规录井储层评价较为困难。页岩油气层测井评价方法有别于页岩气层，大安寨段储层测井特征与成熟区川南龙马溪组有较大差异，主要表现在储集空间、储层岩石力学特征差异较大。工区陆相页岩油气是中石化在四川盆地研究的空白区，无成熟经验可借鉴，因此本井的测井评价工作具有较大难度。

3 解释评价

本井除了常规岩屑录井、气测录井，还开展了元素录井、定量荧光录井和地化录井。

本井综合运用元素分析各参数值的变化趋势、图谱对比和曲线响应特征，结合岩屑、薄片资料，进行了岩性识别和地层划分；综合运用气测录井、定量荧光录井和地化录井资料，按有机质类型、丰度、成熟度定量评价标准对烃源岩进行评价，评价标准如下。

表 1　有机质丰度评价标准

参数	最好生油岩	好生油岩	中等生油岩	差生油岩	很差生油岩
TOC/%	＞ 2	2~1	1~0.6	0.6~0.4	＜ 0.4
Pg/（mg/g）	＞ 20	20~6	6~2	＜ 2	

表 2　我国烃源岩有机质成熟度的 T_{max} 范围

类别	未成熟	成熟			干气
		生油	凝析油	湿气	
Ⅰ	＜ 437	437~460	450~465	460~490	＞ 490
$Ⅱ_1$	＜ 435	435~455	447~460	455~490	＞ 490
$Ⅱ_2$	＜ 435	435~455	447~460	455~490	＞ 490
Ⅲ	＜ 432	432~460	445~470	460~505	＞ 505

表 3　烃源岩有机质类型评价标准

类别	类型	D/%	HI/（mg/gTOC）	St/（mg/g）
Ⅰ	腐泥	＞ 50	＞ 600	＞ 20
$Ⅱ_1$	腐殖腐泥	20~50	250~600	5~20
$Ⅱ_2$	腐泥腐殖	10~20	120~250	2~5
Ⅲ	腐殖	＜ 10	＜ 120	＜ 2

大二亚段主要油气显示层段为 2903.71~2916.00m、2916.00~2917.00m、2917.00~2951.14m，钻厚分别为 12.29m、1.00m、34.14m，岩性为灰黑色页岩与褐灰色介屑灰岩。高峰时气测值 ΣC_n 0.522% ↑ 19.733%，槽面见 10% 针尖状气泡；岩芯入水见泡径 0.5~1.5mm 鱼籽状、串珠状气泡从孔隙、缝洞冒出，持续时间 15 分钟未完。定量荧光录井油性指数 1.0~1.2，含油浓度 21.17~141.41mg/l，荧光级别 6.1~8.6；地化 TOC 0.10%~3.15%。录井解释为（裂缝型）含油气层 ~ 油气层。

通过录井资料分析，井深 2913.85~2925.00m 在气测值、烃源岩类型、干酪根类型、有机质成熟度方面匹配关系最好，综合评价该段为本井最好储层（图 1）。

通过文献调研结合川南龙马溪组页岩气相关研究成果，建立了适合于本井的黏土含量计算、矿物含量计算、岩石力学参数计算、裂解烃计算等模型。

（1）黏土含量：

$$SH=（\mathrm{KTH}-\mathrm{KTH}_{min}）/（\mathrm{KTH}_{max}-\mathrm{KTH}_{min}）$$

$$V_{sh}=（2^{\mathrm{GCUR}\times SH}-1）/（2^{\mathrm{GCUR}}-1）$$

当地层富含有机质时，可以根据三孔隙度曲线交会进行计算：

$$V_{sh}=\left|\frac{\Phi_D-\Phi_N}{\Phi_{DSH}-\Phi_{NSH}}\right|$$

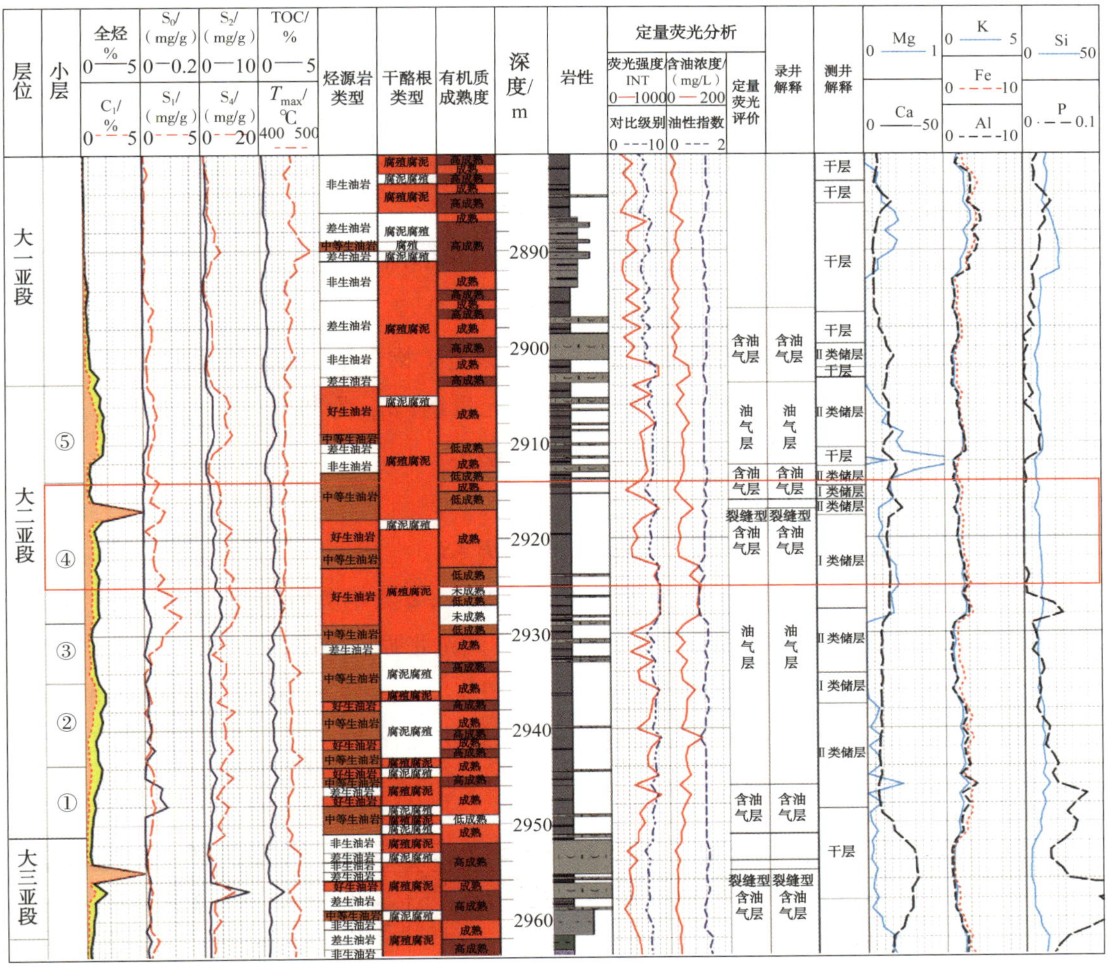

图 1　LY1 井大安寨段特殊录井综合评价图

（2）矿物含量：

根据页岩地层矿物及流体组分，建立计算页岩气矿物组分的体积模型，如下：

$$\rho_b=\rho_{guat}\cdot v_{guat}+\rho_{ca}\cdot v_{ca}+\rho_{cl1}\cdot v_{cl1}+\rho_{kero}\cdot v_{kero}+\phi\cdot\rho_f$$

$$\varphi_n=\varphi_{guat}\cdot\varphi_{guat}+\varphi_{ca}\cdot v_{ca}+\varphi_{cl1}\cdot v_{cl1}+\varphi_{kero}\cdot v_{kero}+\phi\cdot\varphi_f$$

$$\Delta t=\Delta t_{guat}\cdot v_{guat}+\Delta t_{ca}\cdot v_{ca}+\Delta t_{cl1}\cdot v_{cl1}+\Delta t_{kero}\cdot v_{kero}+\Delta t\cdot\varphi_f$$

$$GR=GR_{guat}\cdot v_{guat}+GR_{ca}\cdot v_{ca}+GR_{cl1}\cdot v_{cl1}+GT_{kero}\cdot v_{kero}$$

（3）TOC 含量：

$$\Delta\lg R=\lg\frac{R_t}{R_{基线}}+k(\Delta t-\Delta t_{基线})$$

$$\mathrm{TOC}=\Delta\lg R\times10^{2.297-01688R_o}$$

（4）S_1 热解游离烃含量：

$$S_1=0.07\times \mathrm{AC}-0.7\times\lg(R_t)-0.05\times \mathrm{GR}$$

（5）含水饱和度：

$$\frac{1}{R_t}=\frac{V_{sh}\times S_w}{R_{sh}}+\frac{S_w^n\times\phi_e^m}{aR_w}$$

（6）岩石力学参数模型：

泊松比：$\mu=[(v_p/v_s)^2-2]/[(v_p/v_s)^2-1]$

弹性模量：$E=[\rho v_s^2(3v_p^2-4v_s^2)]/(v_p^2-c_s^2)$

脆性指数：$BRIT_1=1-SH-POR-VTOC$

$$BRIT_2=(E_{Brit}+\mu_{Brit})/2$$

式中：$BRIT_1$、$BRIT_2$ 为脆性指数，%；SH 为黏土矿物含量；POR 为孔隙度；VTOC 为有机质含量。E_{Brit} 为归一化化后的杨氏模量值，无量纲；μ_{Brit} 为归一化后的泊松比，无量纲，杨氏模量越大且泊松比越小，则岩石的脆性越好。

破裂压力（采用水力压裂公式）：

$$P_f=3\sigma h-\sigma H-aP_p+S_t$$

式中：P_f 为破裂压力，MPa；S_t 为抗张强度，MPa；a 为毕奥特系数，P_p 为孔隙压力，H 为深度。在裂缝性地层中，岩石刚性大大减弱，其抗张强度很小。

通过建立的模型完成 LY1（HF）井千佛崖二段－自流井组东岳庙段储层的测井解释，计算结果与岩芯分析情况基本一致（图 2）。图上可以看出岩石的黏土含量、钙质含量、有机碳、孔隙度与岩芯结果吻合性较好。

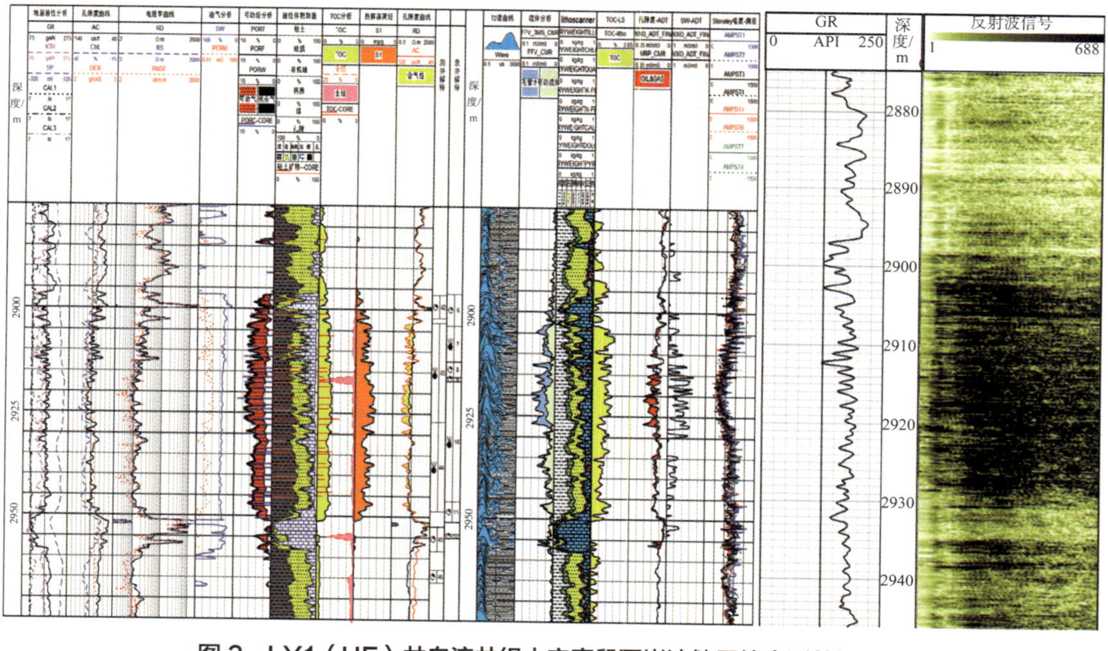

图 2　LY1（HF）井自流井组大安寨段页岩油储层综合测井解释图

常规及核磁指示储层物性较好，流体信号显著，有机碳及热解游离烃含量相对较高；

多极子阵列声波反映储层的有效性较好，含油气特征明显；电成像图像上的页理发育特征明显；岩性扫描和介电扫描指示黏土矿物含量中等，脆性矿物含量较高，储层的含油气面积较大；偶极远探测处理成果在优质储层段见显著斑块状反射特征。测井综合评价认为2912.0~2927.0m页岩油储层品质最好。工程品质来看优质页岩油储层泊松比0.281~0.291、杨氏模量16.207~18.496MPa、最大主应力59.03~60.79MPa，最小主应力40.68~42.44MPa，最大、最小主应力差18.8MPa、破裂压力49.191~51.849MPa，与页岩气储层具有显著区别，施工难度较大。

通过测录井的综合评价，建议优选自流井组大二亚段④号小层中上部（井深2912.0~2927.0m）为水平井靶窗的建议，获得甲方采纳。水平井LY1HF井完钻井深4750.0m，水平段长1630.0m。千佛崖组解释4层页岩含油层，累计视厚31.6m；自流井组大安寨段解释储层6层，累计视厚1025.8m，均为页岩油气层。水平钻井过程中，现场录井提出轨迹调整建议4次，利用方位伽马+元素分析、气测辅助判断钻头位置，确保了优质储层钻遇率（图3）。

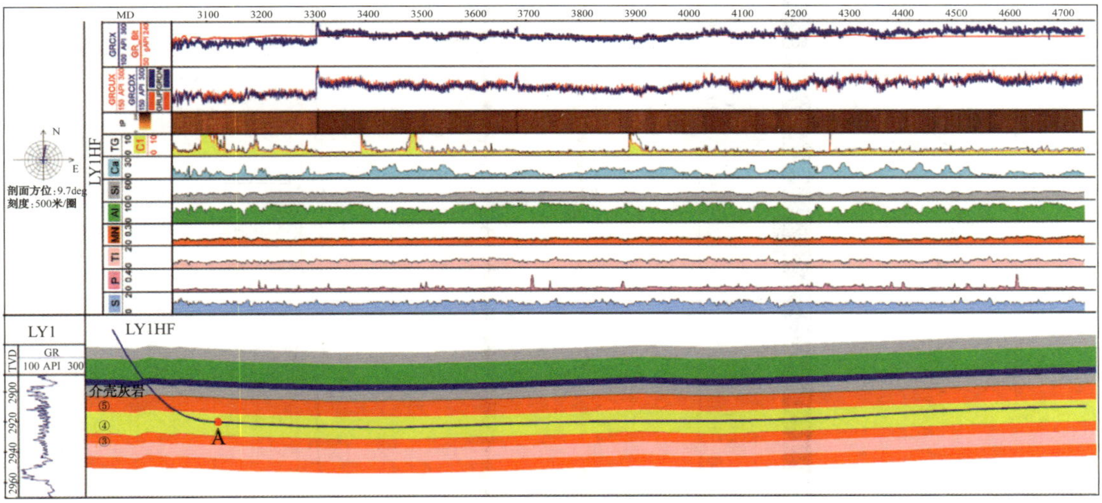

图3 LY1HF井水平井轨迹评价图

水平段气显示较好，气测值0.856%~49.262%、普遍在2%~5%，根据气测录井解释油气显示1630.00m/11段，其中油气显示较好的为造斜段综合解释第9层以及水平段综合解释第11-1、11-4、11-5、11-6、11-9、11-11层（图4）。

水平段测井资料显示储层特征较好，统计TOC范围为0.9%~1.9%，平均为1.5%，主要集中在1.3%~1.9%；S_1范围为0.5~2.4mg/g，平均为1.6mg/g，主要集中在1.1~2.3mg/g；孔隙度范围为4.9%~6.9%，平均为6.2%，主要集中在5.5%~6.9%。大部分井段斯通利波较明显衰减，横波反射反映储层段远端裂缝特征不显著；远探测处理成果图斑块状反射信号集中发育，表明该段页岩油储层物性较好，页岩油特征显著（图5）。

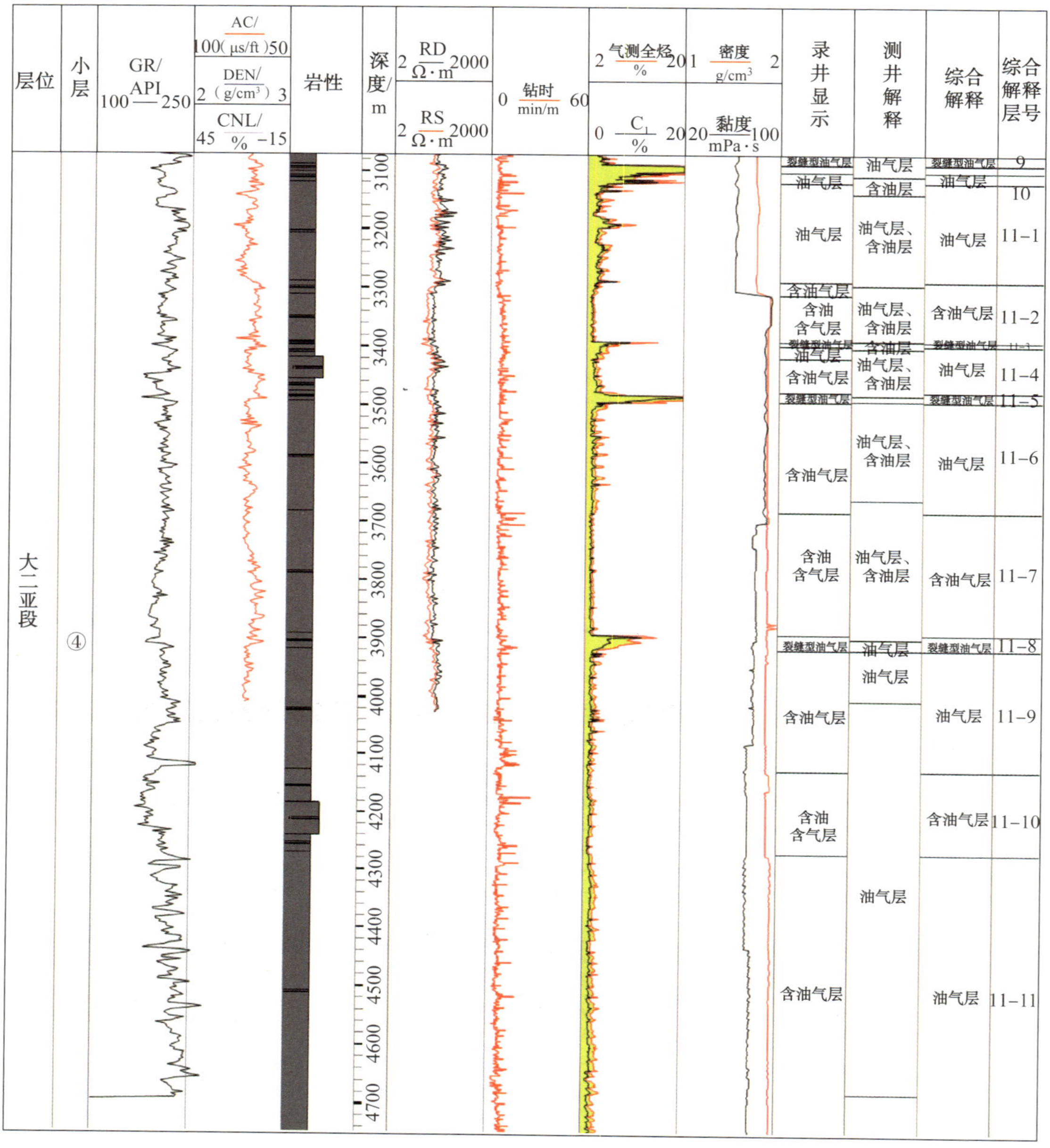

图 4　LY1HF 井井深 3070.00~4750m（大二亚段）测、录井曲线图

4　试油（气）结果

截至 2022 年 11 月累计排液 13230m³，返排率 20.76%（入地液量 63728.53m³，井筒容积 49.89m³），日产气约 1000m³，累计产气 12100m³，累计产油 31.7m³。2022 年 11 月至今因工程原因测试中断。

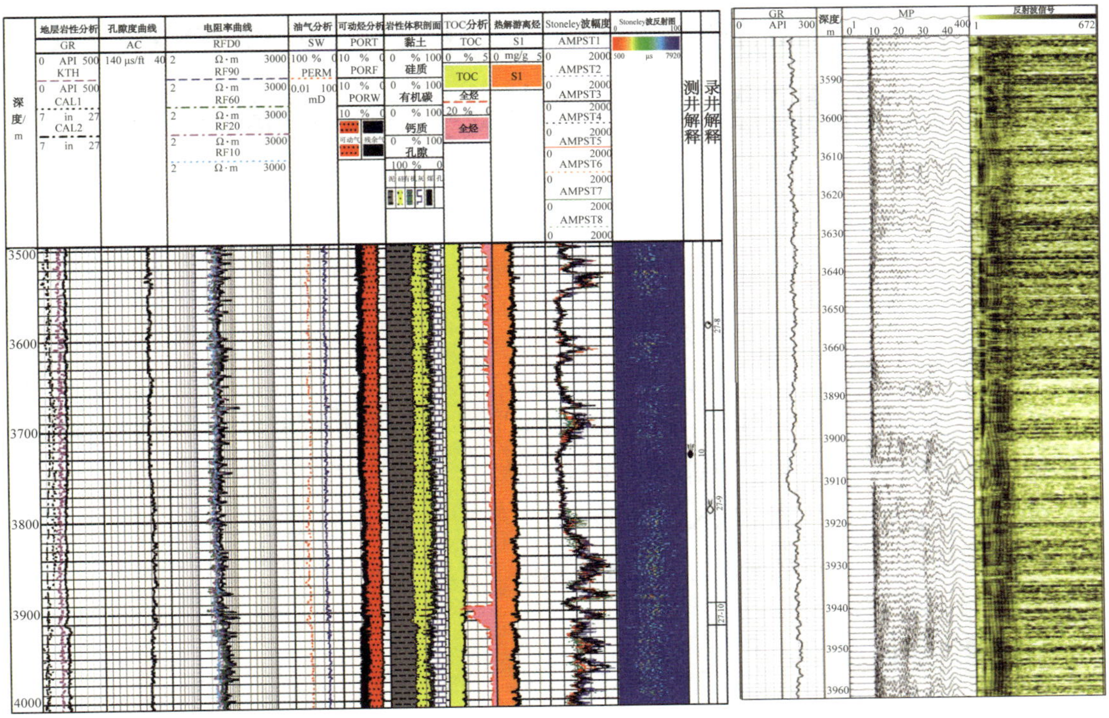

图 5　LY1HF 井水平段测井综合解释图（3445.0~4008.0m）

5　结论与认识

（1）通过常规地质录井、综合录井、元素录井、荧光录井及地化录井，可对页岩储层段进行岩性、含油气性评价，对气测值、烃源岩类型、干酪根类型、有机质成熟度等方面之间的匹配关系进行分析和评价，为水平段靶窗选取、水平井轨迹优化提供依据。

（2）本井是川北阆中地区第一口陆相页岩油气井，解释模型与参数选择合理，计算成果与岩芯分析一致，LY1 井的解释与研究工作，为后续页岩油气相关评价研究的开展积累宝贵经验。

编写单位：西南测控公司
编 写 人：袁艳丽　刘忠明
审 核 人：王崇敬
审 定 人：葛　祥

63 威远构造 JSH103HF 井寒武系筇竹寺组页岩气测录井综合解释评价

1 概况

JSH103HF 井是中国石油化工股份有限公司西南油气分公司部署于四川盆地川西南威远构造西南翼斜坡的评价井，以 JSH103 井为导眼井、以寒武系筇竹寺组页岩气层为目的层。目的在于评价井研－犍为地区筇竹寺组⑥～⑧号层粉砂质页岩勘探潜力、探索压裂改造工艺、力争获得筇竹寺组页岩气勘探商业发现。

2 问题与难点

寒武系筇竹寺组在 JSH1 井直井测试获得了 $2.55\times10^4m^3/d$ 的页岩气产能，水平井 JY1HF 井在⑨号层获得 $8.4\times10^4m^3/d$ 页岩气产能，取得了勘探突破，但是试采效果不理想。

筇竹寺组储层厚度大，但是页岩有机质丰度低、储层物性差，优质储层薄，如何确定水平段目标层位，没有成功经验可借鉴。优质储层横向特征是否稳定，保持水平井轨迹在优质页岩储层中的位置和延伸长度，是实钻过程中的一个难点。压裂施工是否成功，也是 JSH103HF 井能否取得突破的关键，需要评价压裂施工效果，为调整压裂施工策略提供支撑。

3 解释评价

3.1 直导眼综合解释

筇竹寺组进行了常规综合、多极子阵列声波和岩性扫描测井，利用地质工程双甜点评价技术，通过岩性扫描测井解释成果统计，筇竹寺组黏土含量约 25%~45%，平均 32%；硅质矿物含量较高，平均 49.4%，以石英为主；碳酸盐岩矿物含量约 10%~30%，平均 16.8%，黄铁矿含量约 1.8%。测量段 TOC 含量较低，平均仅 0.4%，最高值约 2.6%。

常规综合以及多极子阵列声波解释成果（图 1），表明筇竹寺组⑥～⑧小层具备“高孔、高脆、高含气性特征”的特征，符合最优地质和工程条件（表 1）。电成像资料处理成果显示⑧号层以及⑥号层顶部裂缝少量发育，其余井段裂缝欠发育。因此建议水平段目的层选择⑦小层中部。

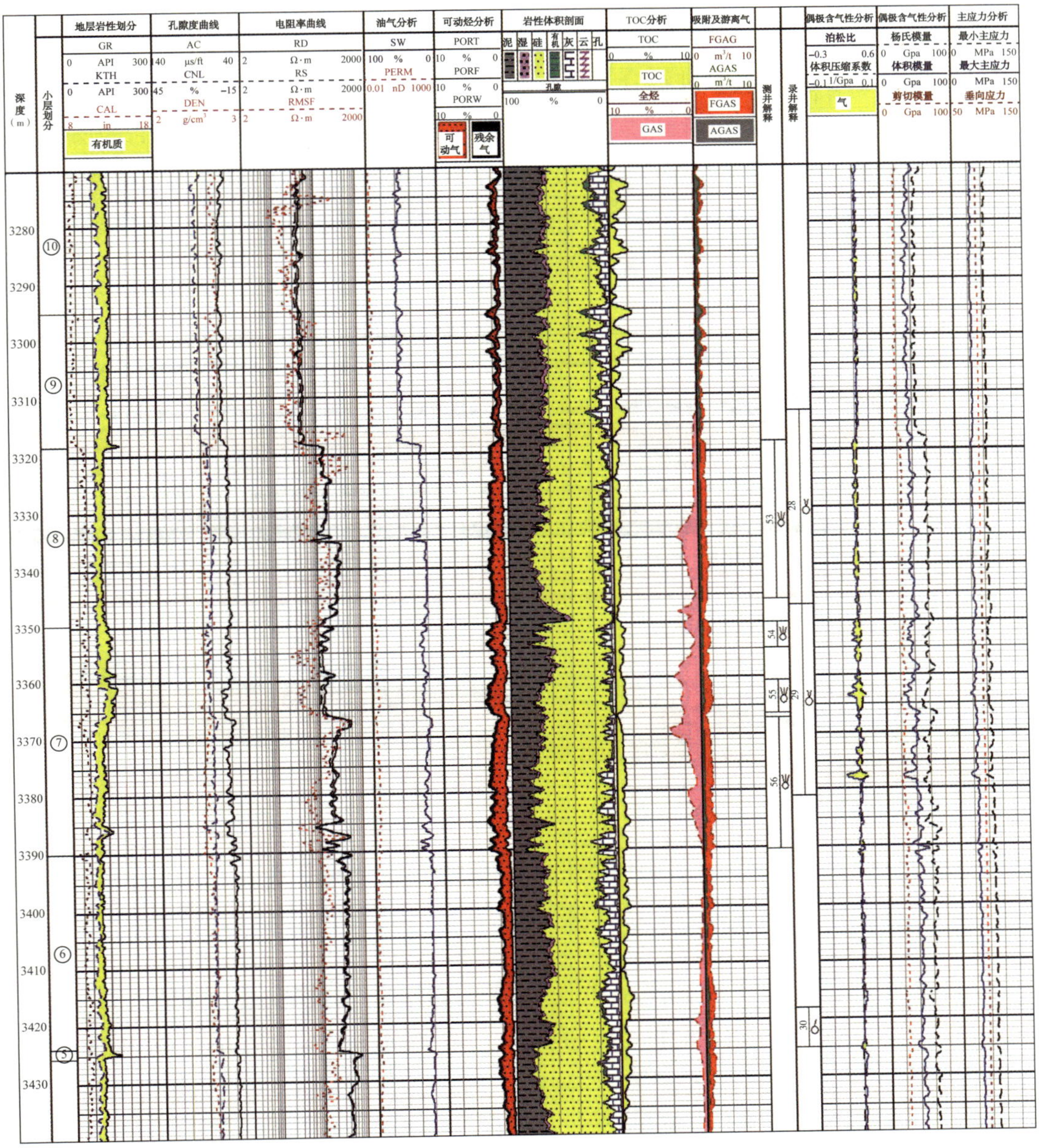

图 1 JSH103HF 井直导眼筇竹寺组综合解释成果图

表 1 JSH103HF 井直导眼筇竹寺组⑨～⑥小层解释成果统计表

小层	厚度 / m	TOC/ %	含气量 / (m^3/t)	孔隙度 / %	硅质含量 / %	钙质含量 / %	脆性矿物含量 / %	黏土矿物含量 / %	游离气与吸附气比值
⑨	23.5	0.4	0.9	1.9	51.2	17.4	68.6	29.1	1.5
⑧	31.4	0.5	2.4	2.3	63.9	14.4	78.3	18.9	2.5
⑦	40.2	0.8	2.5	2.9	61	13.4	74.4	21.9	3.6
⑥	33.9	0.4	2.2	1.9	64.2	14.5	78.7	18.7	2.3

3.2 水平段轨迹控制

钻前根据导眼井 JSH103 井综合录井、测井、实验分析等数据，利用录井综合地质导向系统，优选控制点，建立初始地层模型，随钻卡准各控制点、准确识别出目的层。依据随钻伽马、元素、气测曲线特征，水平段识别 1 条隐蔽断层，造斜段提出调整建议 1 次，水平段提出主要调整建议 5 次。最终水平段长穿优质储层，实钻水平段长 2005.0m，⑦号小层段长 2005.0m，优质储层钻遇率 100%（图 2）。

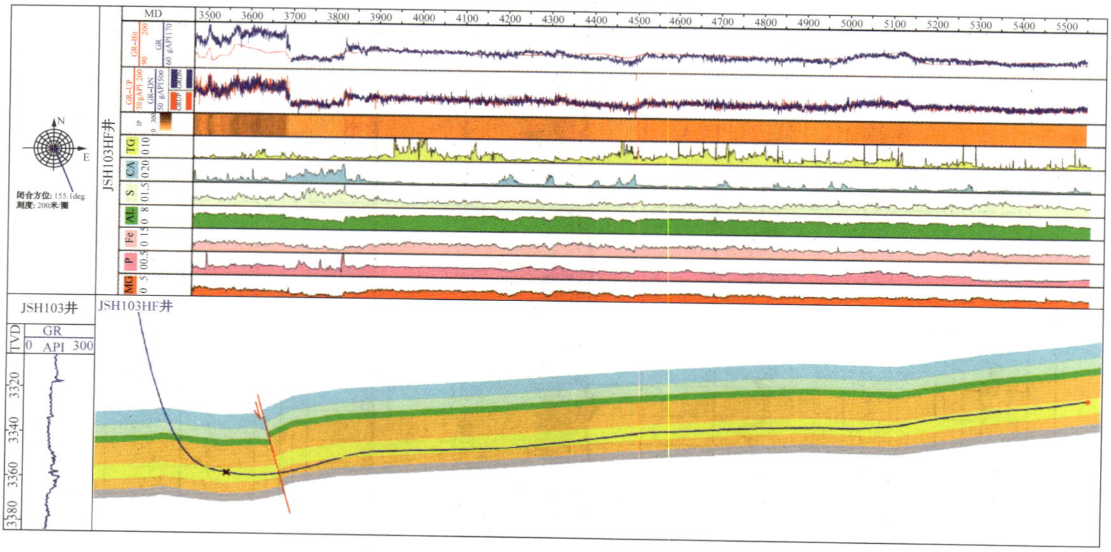

图 2　JSH103HF 井水平段轨迹优化调整图

3.3 水平段综合解释

水平段实钻岩性为灰色、深灰色粉砂质页岩和灰质页岩，气测异常最明显时 ΣC_n 1.282% ↑ 15.635%，$C_1$0.821% ↑ 10.688%，钻时变化 3~32min/m，钻井液性能：ρ 1.73~1.78g/cm³，漏斗黏度（FV）67 ↑ 80mPa · s，出口电导 15.9~31.2mS/cm，出口温度 51.2~66.8℃，槽面最高见 5% 针尖状气泡，现场解释为气层。

测井解释成果（图 3）统计 A 靶后页岩气层占比 92.74%，脆性指数约 74.9%，孔隙度为 3.0%，有机碳含量约 1.1%，总含气量约 2.5m³/t。斯通利波反射及声波远探测反映筇竹寺组水平段裂缝总体上欠发育。

根据直井解释成果⑧号层及⑥号层中发育少量裂缝，分别距离井轨迹 30 米和 18 米左右。由于裂缝数量较少，规模不大，因此在偶极声波远探测上裂缝响应特征不明显。考虑到筇竹寺组有效页岩储层厚度较大，天然裂缝对产量提升作用较大，前期页岩气压裂施工经验表明，水平段压裂有可能沟通⑧号层及⑥号层裂缝。

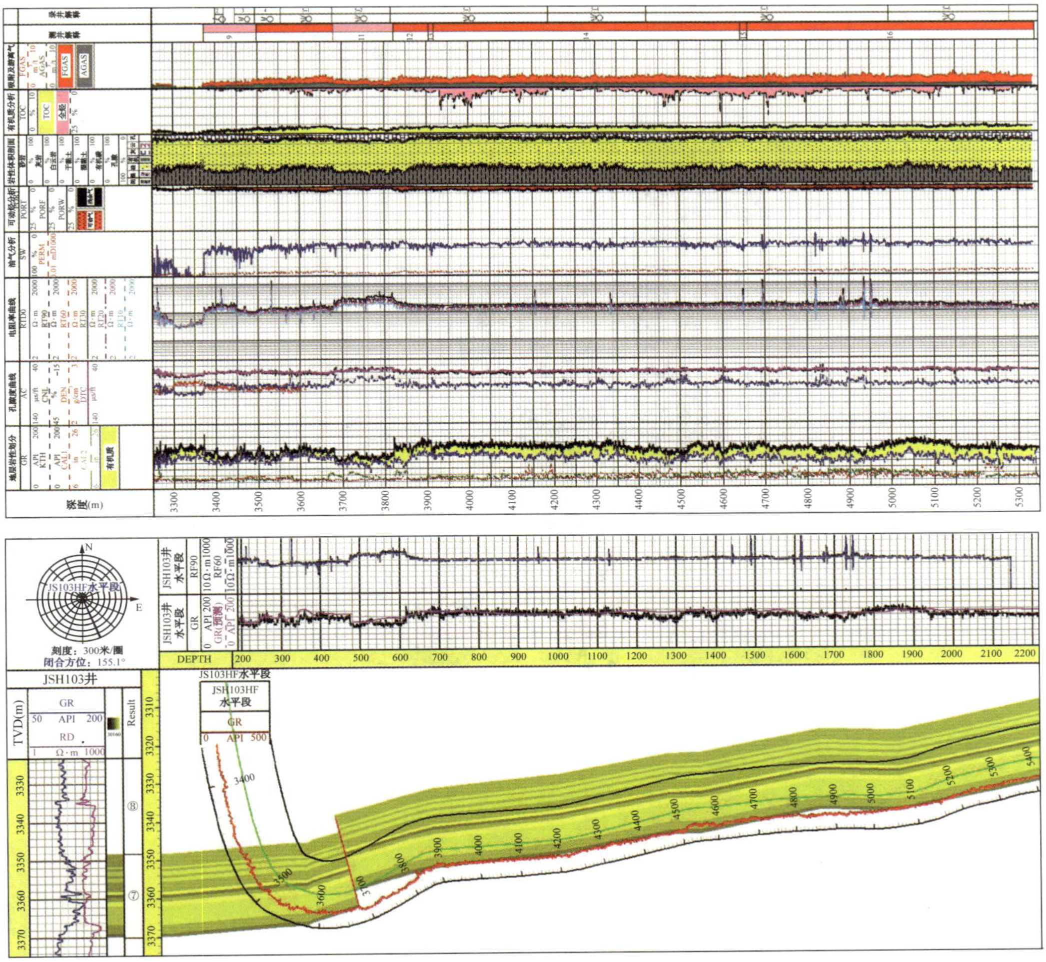

图 3　JSH103HF 井水平段综合解释成果图

3.4　微地震监测

为了评价压裂效果，优化工程工艺，2022 年 6 月 29 至 9 月 19 日，JSH103HF 井压裂施工时进行了微地震监测。共监测到微地震事件 2809 个（图 4），绝大部分的事件在 –3.0~–0.5，属于正常破裂事件（事件 1667 个）。其中震级大于 –0.5 的事件有 1142 个，推测为压裂沟通井壁远端天然缝的响应。

根据波及体范围统计，井筒两翼改造范围近似对称，两侧延伸平均 150 米；缝高在井筒上下不对称，向上改造区域略大于向下，上高平均值 21m，下高平均值 19m。从波及体范围统计，天然裂缝响应事件主要为⑥小层的天然裂缝。

整个施工过程中，共计 9 段进行了暂堵施工。通过微地震监测（图 5），以第 14 段为例，可见暂堵后微地震事件点（红色）主要出现在前期已经改造过的区域，并且向两侧远端延伸，延伸幅度不明显，说明暂堵施工后缝网的复杂程度增加，暂堵效果良好。

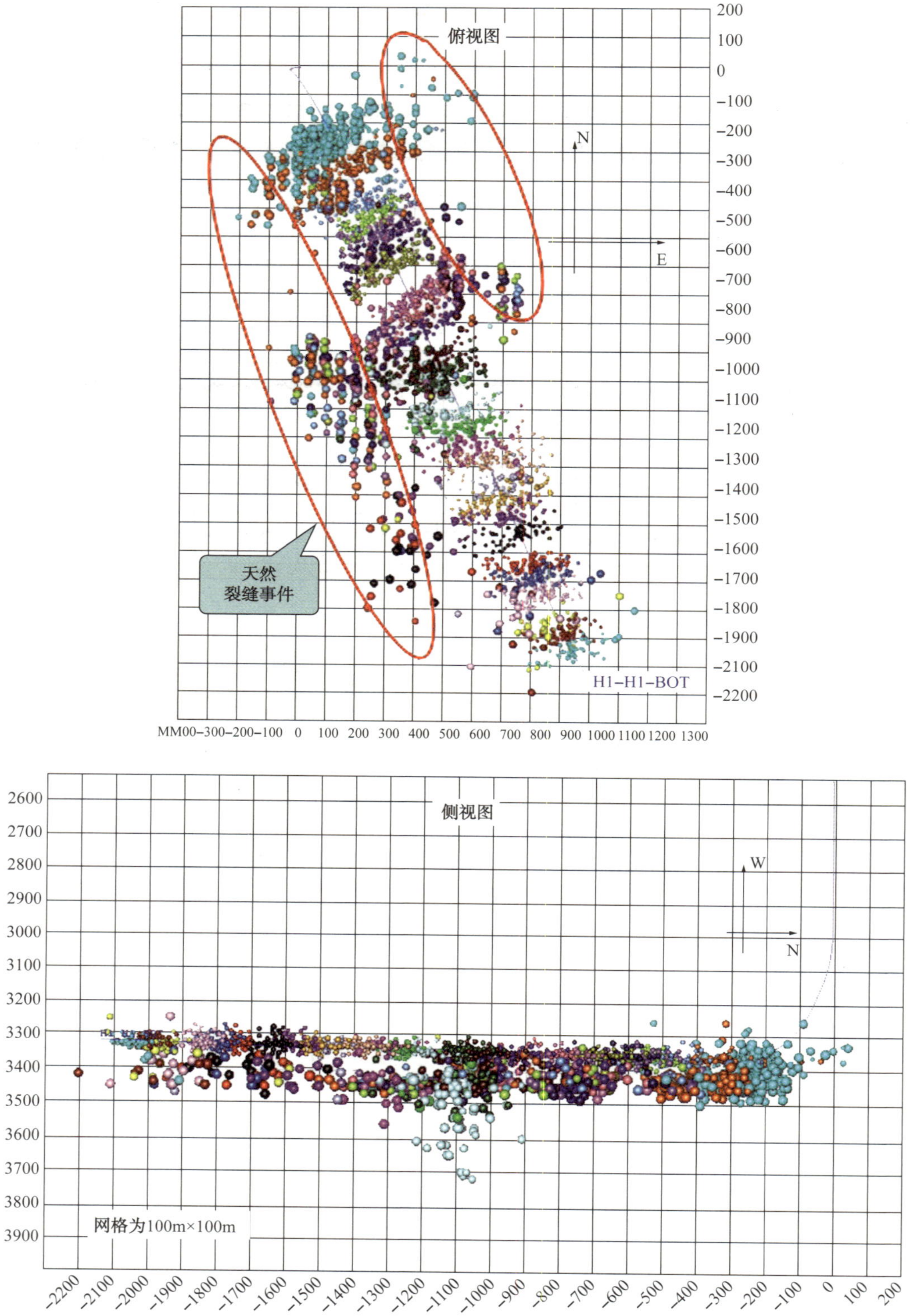

图 4　JSH103HF 井所有微地震事件俯视图（左）、侧视图（右）

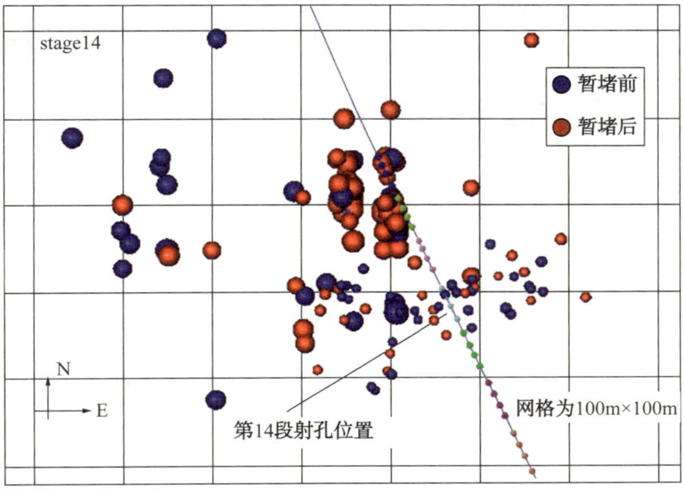

图 5　JSH103HF 井暂堵施工微地震对比分析图（第 14 段）

通过微地震监测能及时评价压裂效果，为一段一策提供技术支持。监测表明 JSH103HF 井水平段压裂施工较为成功，主缝形态突出，次生缝发育明显，形成了天然缝 + 主缝 + 次生缝相结合的复杂缝网，基本达到了体积改造的目的。

4　试油（气）结果

JSH103HF 井水平段压裂改造段长 2076m，测试压力 18.7MPa，测试产气 $25.9 \times 10^4 m^3/d$，计算无阻流量 $53.6 \times 10^4 m^3/d$。试采单位压降产率 $403 \times 10^4 m^3/MPa$，稳产特征明显。

5　结论与认识

（1）成像测井、多极子阵列声波远探、地质导向、微地震压裂监测等技术应用效果好，助力 JSH103HF 井成功突破寒武系筇竹寺组页岩气，打开了四川盆地勘探新局面，建议在工区推广应用。

（2）通过工程地质双甜点，聚焦有利层段⑦号小层，现场优选卡准控制点保证水平段长穿有利层段，是 JSH103HF 获得成功的基础。开展水平段压裂施工效果评价，一段一策，造缝效果好，是 JSH103HF 获得高产的关键。

编写单位：西南测控公司
编 写 人：刘忠明　李永川
审 核 人：王崇敬
审 定 人：葛　祥

64 川东南丁山构造 DY7 井页岩气测录综合解释评价

1 概况

DY7 井是中国石油化工股份有限公司勘探分公司部署在川东南丁山构造东部向斜的一口预探井，构造位置为川东南丁山构造东部向斜。钻探目的是整体控制丁山－东溪页岩气富气带，为探明储量申报打好基础，探索不同构造样式的高产富集条件。导眼井设计井深 4144m，水平井设计井深 5915m。导眼井完钻层位奥陶系中统宝塔组，完钻井深 4146m。水平井完钻层位下志留统龙马溪组优质页岩气层段，完钻井深 5915m（斜深），垂深 4461.86m。

2 问题与难点

丁山地区五峰组－龙马溪组为浅水－深水陆棚相沉积，沉积环境不稳定，岩性纵向变化大，矿物成分复杂，有机质富集、有机质成熟度和岩石结构的变化对测井电阻率曲线数值影响较大，仅通过电性特征难以识别优质页岩气储层。

3 解释评价

页岩气地质与工程甜点的评价参数主要包括有机碳含量、热成熟度、含气量、孔隙度、天然裂缝特性参数、孔隙压力、脆性指数、破裂压力等，在分析目标层系页岩气储层岩石物理特征基础上，建立储层的“岩相甜点”“物性甜点”“流体甜点”“工程甜点”识别与评价模型，形成地质工程甜点测井综合评价技术。

3.1 “岩相甜点”识别

利用岩性与矿物组分特性分析，以电成像为基础识别与划分有利岩相，找出“岩相甜点”。

丁山地区下志留统龙马溪－上奥陶统五峰组主要发育富含有机质的灰黑色碳质页岩、灰黑色粉砂质页岩、灰黑色含碳含粉砂页岩、灰黑色页岩、黑灰色含介壳泥质白云岩。一类页岩气层岩性主要为灰黑色碳质页岩、含碳页岩，二类页岩气层岩性主要为灰黑色粉砂质页岩、含碳含粉砂页岩。岩芯及电成像测井图显示水平纹层发育，见顺层或团块状黄铁矿，笔石含量最高可达 90%，局部发育高阻缝，从电成像测井图上可以很清晰识别出

DY7 井深层优质页岩（图 1）。

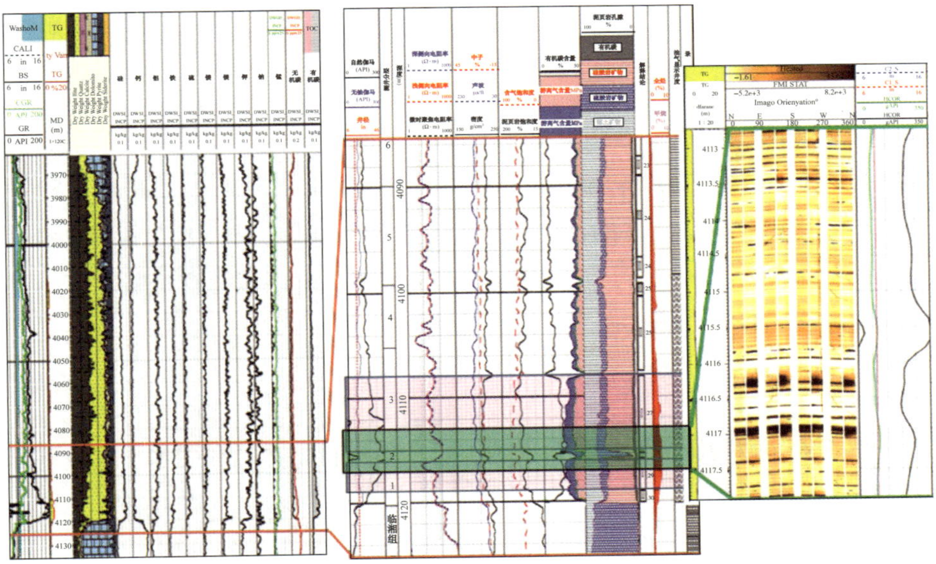

图 1　DY7 井岩相特征图

3.2　“物性甜点”识别

从多种实验手段出发，研究物性、孔隙结构特征，找出“物性甜点”。

DY7 井优质页岩气层段密度、中子数值呈减小趋势，密度数值最小 2.46g/cm^3 左右，中子数值最小 8% 左右；声波数值较上覆地层有增大趋势，数值最大在 90μs/ft 左右，孔隙度 3.0%~5.5%（图 2）。

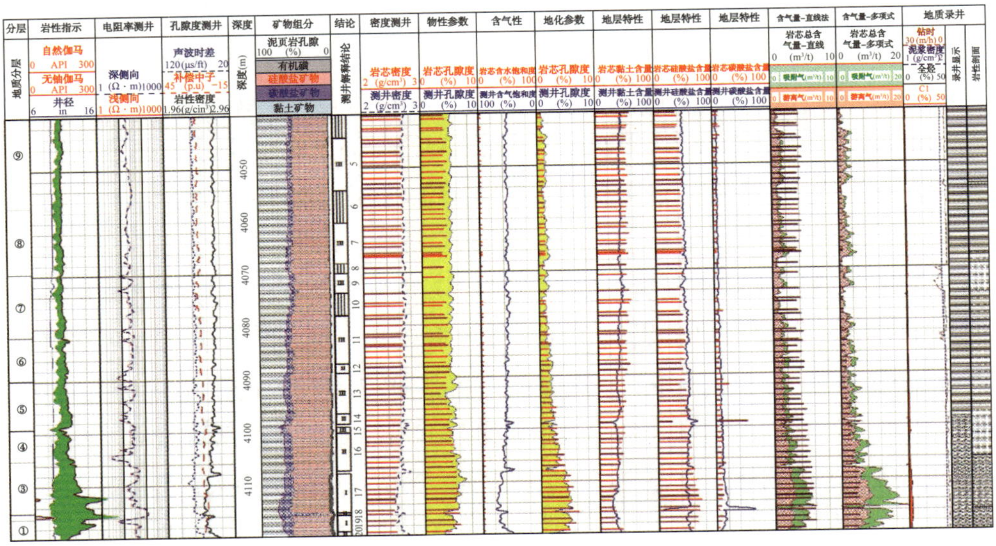

图 2　DY7 井计算参数图

3.3 “流体甜点”评价

综合实验分析、录井、测井等多种信息建立页岩含气量计算方法，评价页岩含气性，找出“流体甜点”。

DY7 井优质页岩气层段（五峰组－龙一段一亚段）16 个岩芯样品现场实测解吸气含量介于 0.49~1.45m^3/t，平均为 0.95m^3/t；总含气量介于 2.03~13.24m^3/t，平均 6.69m^3/t。

利用中子－密度非电法测井信息计算游离气含气饱和度方法，测井解释总含气量（压力系数 1.5）介于 0.28~10.65m^3/t，平均 2.63m^3/t；优质页岩层段总含气量（压力系数 1.5）介于 2.7~10.65m^3/t，平均 4.84m^3/t。

3.4 “工程甜点”评价

利用脆性指数和破裂压力两个参数对地层可压性进行划分，利用水平应力差异系数对地层的造缝能力进行评价。

DY7 井 4084~4118m 井段脆性指数大，破裂压力小，表明可压性好（图 3）。

DY7 井地层各向异性整体较弱，页岩气储层段统计各向异性方向约为 87.3°，总体反应现今最大水平主应力方向为近东西向。如果后期钻水平井，可以考虑沿垂直最大水平主应力方向即南北向，或与最大水平主应力呈较大夹角钻进，这样有利于后期压裂形成更多的压裂缝。

3.5 综合评价

从测井曲线特征看，优质页岩气层段铀含量数值较大，达 35×10^{-6}；电阻率数值最大达 100Ω·m；密度、中子数值呈减小趋势，密度数值最小 2.46g/cm^3 左右，中子数值最小 8% 左右；声波数值与上覆地层相比有增大趋势，数值最大 90μs/ft 左右；电成像图上显示水平纹层发育。测井计算黏土含量 23.6%~26.3%，较上覆地层呈减小趋势；碳酸盐岩含量 15.4%~44.4%；泥页岩孔隙度 3.0%~5.5%。测井计算一类页岩气层段有机碳含量 4.3%，总含气量在 4.4m^3/t，二类页岩气层段有机碳含量 2.7%，总含气量 2.8m^3/t（图 4）。

通过与区域内邻井对比分析可以看出，DY7 井与邻井在储层厚度、地化特征等方面存在一定差异。丁山区块页岩气储层总体厚度较大，DY7 井一类页岩气储层厚度为 9~11.5m，小于区域外其他邻井。岩性方面：包括 DY7 井在内的丁山区块页岩气储层，自上而下为页岩、粉砂质页岩、含碳含粉砂页岩和碳质页岩，优质页岩储层黏土含量为 17%~33%，略高于区域外其他邻井。含气性方面：DY7 井地层压力大，气测显示较好。物性方面：与区块内邻井相比总体差异不大，三孔隙度曲线数值相当。电性方面：同岩性地层，DY1 井电阻率高于 DY7 井和 DY3、DY4 井。地化特征：DY7 井的有机碳含量及总含气量好于 DY1 井、差于 DY4 井、与 DY3 井相当（图 5）。

总体评价：DY7 井页岩气储层物性好，有机质丰度高，总含气量和游离气含量都较高，脆性矿物含量高，储层品质总体较好。

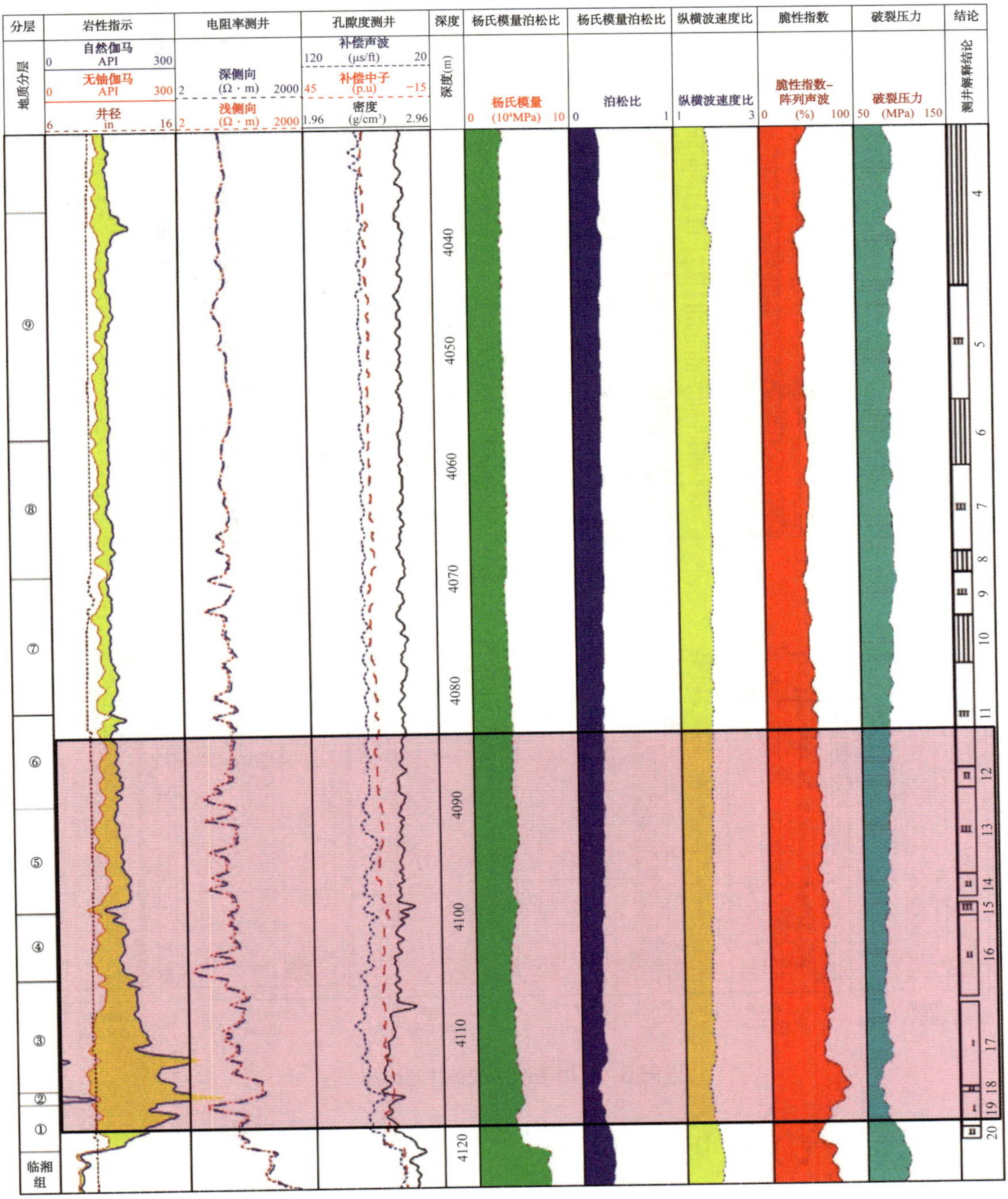

图 3　DY7 井可压性分析图

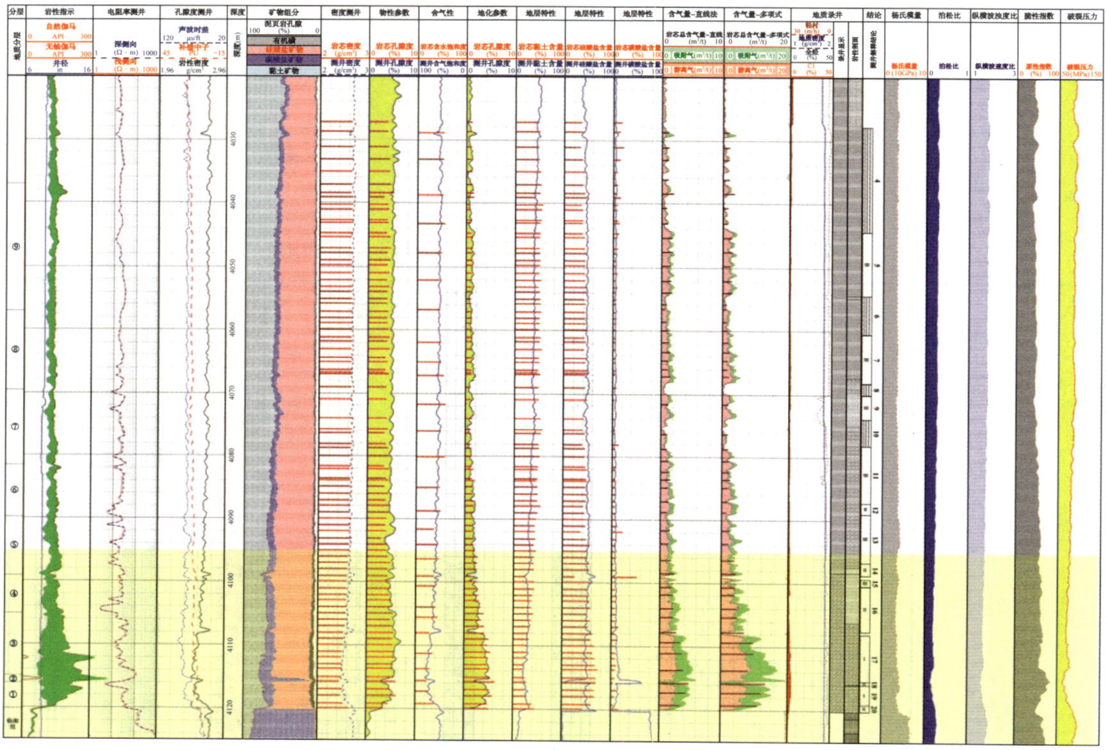

图 4　DY7 井综合评价图

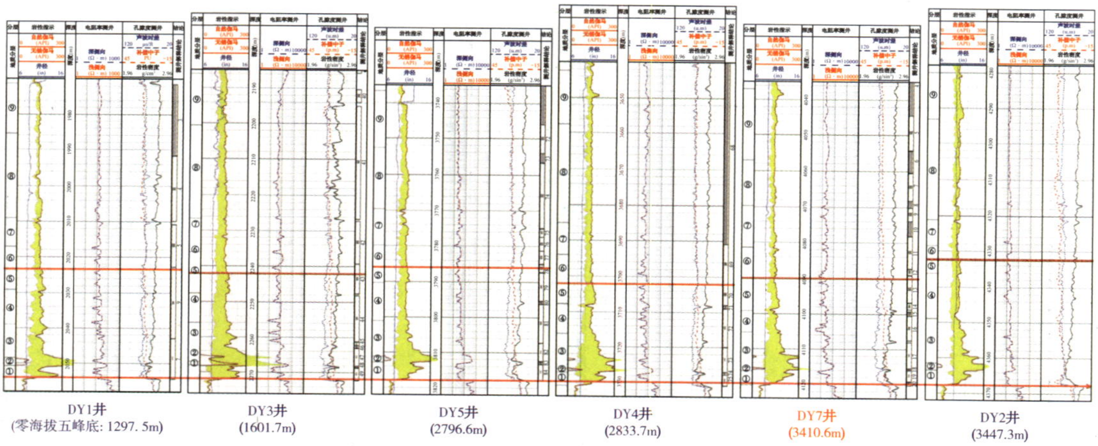

图 5　丁山构造区域多井对比图

4　试油（气）结果

利用测录井技术综合评价出 DY7 井甜点段，建议①～⑤为水平井箱体段，被甲方采纳。利用优质储层的甜点特征指导 DY7 井侧钻水平井地质导向，在地层倾角变化较大的情况下，水平段轨迹控制好，①~③最优靶窗钻遇率100%，见图6。完井压裂试气，日气 $42.8\times10^4m^2$。

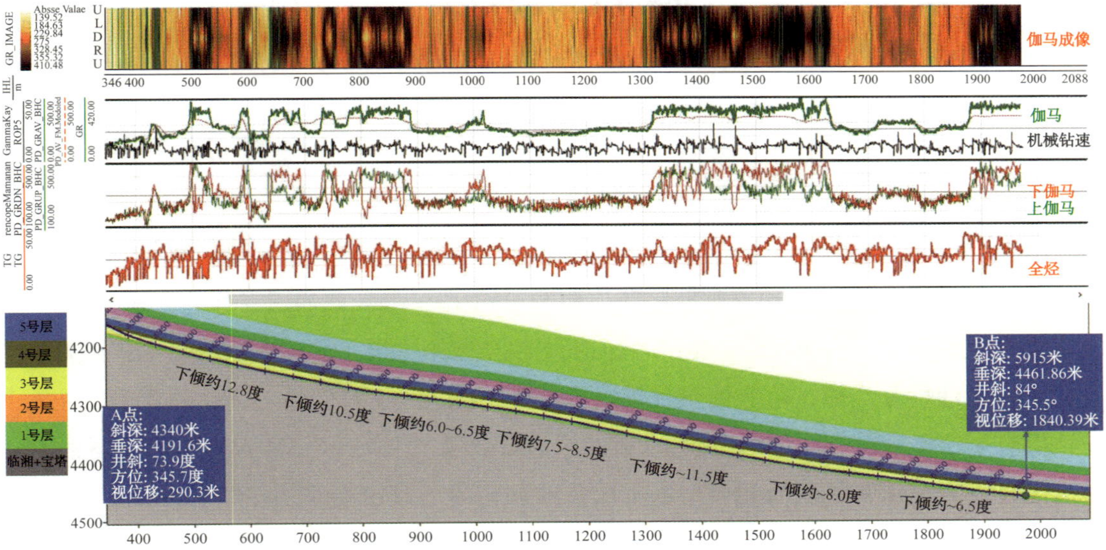

图6　DY7井（侧钻水平井）实钻轨迹图

5　结论与认识

（1）常规测井曲线结合成像测井、岩性扫描测井、正交多极子声波测井，定性定量准确评价储层甜点和工程甜点，支撑了水平井靶窗优选工作。

（2）DY7井侧钻水平井长穿有机质丰度高、脆性矿物含量高的优质页岩气层段，获得高产突破。

编写单位：胜利测井公司　华北测控公司
编 写 人：张小波　王克军
审 核 人：王利滨　翟　勇　胡　挺
审 定 人：许东晖　王广利　王崇敬

65 高邮凹陷花庄构造 HY1HF 井定测录导一体化案例

1 概况

HY1HF 井位于苏北盆地高邮凹陷花庄构造 HY1 块，是江苏油田在苏北盆地部署的第一口页岩油水平井，钻探目的是系统评价 HY1 块阜宁组二段（简称阜二段）“山字形”亚段泥页岩含油性及产能，落实储量规模。本井于 2021 年 11 月完钻，完钻井深为 5785m，完钻层位阜宁组一段（简称阜一段）。目的层为阜二段“山字形”V4–V8 小层，岩性主要为灰黑色泥岩、深灰色灰质泥岩，水平段轨迹在相当于 HY1 导眼井 3650~3700m（斜深）之间穿行。

2 问题与难点

（1）阜二段泥岩易垮塌，井下温度高，定向风险大。

（2）油基钻井液下油气显示识别困难。

（3）井区水平井主方向微构造及断层发育，钻井复杂多，随钻曲线质量差，“山字形”段各小层伽马曲线特征差异不明显，导致卡层及轨迹控制困难，实现成功入靶和保证箱体钻遇率控制难度大。

（4）裸眼段长（2006.0m），测井项目多（常规 + 交叉偶极子数字声波），采用常规的“湿接头”测井工艺需要时间长且趟次多。

3 定测录导一体化综合应用

（1）为了确保该井顺利施工，石化经纬成立了以华东测控为主的 HY1HF 井定测录导一体化施工项目组。创新数字化、精细化管理模式，利用信息远程传输和综合地质导向系统，将定向、测井、录井、导向四项专业技术及资料集成融合，通过搭建信息共享平台，应用互联网通过专家在线支持、前后方联动，实现钻前地质建模、随钻模型及轨迹动态调整，快速决策，有效提高水平井中靶率、钻遇率及钻井时效。

（2）HY1HF 井 311mm 井眼通过使用高效混合钻头及配合使用扭摆系统，有效缓解了滑动钻进托压的问题。

选取斯伦贝谢 Slimpulse+MCR 仪器，提供了 4 条不同测深电阻率曲线和 1 条自然伽马曲线；采用连续波脉冲器及高效能锂电池供电，对钻井液铁质粉末容忍度相对较高；电阻率测量采用井眼补偿，消除井壁不规则对电阻率测量的影响；配套脉冲器、定向探管、自然伽马探管可耐 175℃高温，各模块相对独立，一旦发生电阻率高温失效情况，仍可提供 MWD 功能和自然伽马曲线；并能够满足油基钻井液的要求，保证了入井的成功率及数据的稳定性。

定向通过轨迹扭矩、屈曲系数、摩阻计算，论证轨迹合理性、可行性，最终实现轨迹的地质与工程双优化。

（3）HY1HF 井录井利用岩屑颜色深浅与岩石有机质含量高低的相关性，以及岩屑的形态、均匀程度和岩屑的脆性、地层的层理、裂缝发育情况的相关性，对岩屑的本色、形态、均匀程度进行认真细致的描述，初步推断泥页岩品质和地层裂缝发育程度。

油基钻井液对气测值中的 C_4、C_5 的溶解性更强，对 C_1、C_2 影响相对小。所以利用气测值的 C_1、C_2 含量变化发现和评价页岩油更为有利。裂缝油气储集层气测常呈“尖峰状”高值，而好的储集层常呈“箱状”中－高值，依此识别有利的箱体储集段。

油基钻井液对地化参数影响较大，通过拟合水平井 V–7 小层下部的油基钻井液与导眼井 V–7 小层下部的水基钻井液下的 S_1、S_2 和 TOC 数据，将油基钻井液下的地化数据矫正为水基钻井液下的地化数据，S_1、S_2、TOC 的矫正系数分别为 1.52、5.18、1.02。

（4）利用导眼井、邻井资料建立初始地质模型（图 1）和轨迹关键控制点。根据导眼井岩芯、气测、元素、地化、核磁、岩矿鉴定及物探等资料，分析井区构造趋势和储层甜点的空间展布特征，进行靶点预测和轨迹优化设计，识别水平段方向钻遇微构造及断层的可能性，作出钻井工程地质预警。

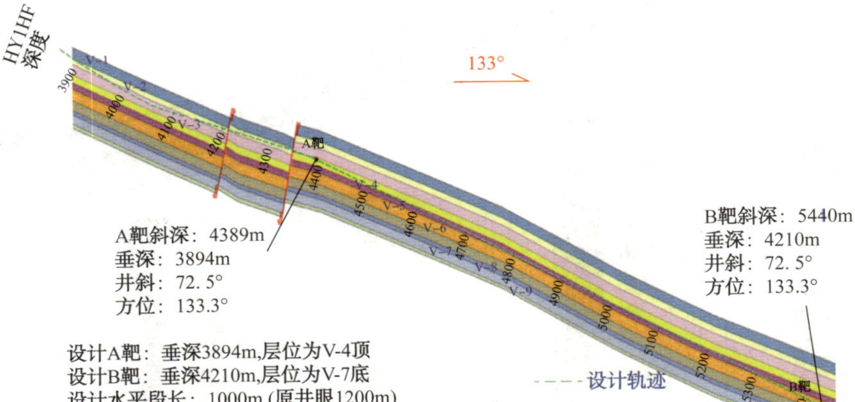

图 1　HY1HF 井初始地质模型

针对断层发育的实际情况，实钻中“给定控制点”代替“标志层逐层逼近控制”，克服断层对A靶预测精度的影响：V-4小层曲线自上而下由低到高，底部伽马值最高；上部电阻率有一个高值，特征明显，易于识别，并结合元素录井+气测+地化录井资料跟踪对比控制，确保入靶准确判断。

鉴于构造复杂可能引起的井身轨迹复杂，水平段以物探资料为主，采用地震逐点引导技术，依据多种方法预测断层，预测钻头前地层倾角、动态修正待钻轨迹，结合元素录井+随钻伽马+气测资料进行水平段实时跟踪对比，给出精确的轨迹控制点提前优化轨迹，当断层断距较小且断层产状不明时，则预留20m左右断距空间，将轨迹调整至保险的层位。实时调整，控制钻头在箱体中最佳位置穿行，确保优质储层钻遇率。

（5）HY1HF井采用直推存储式测井工艺一次完成所有常规测井项目。在钻进过程中，现场判断地层变化较大，疑似断层较多，通过成像资料，在4297.3~4299.5m、5626~5627m识别出两条断层。其次利用成像上的“哭脸”与“笑脸”模式分析出井轨迹相对于地层的钻进方向，判别出本井在4018m、4454m、4888m和5318m成像上存在四个明显的钻进方向反切点。结合以上信息，将常规测井曲线与导眼井进行精细对比，得到较为可靠的地层分析结果（图2）。

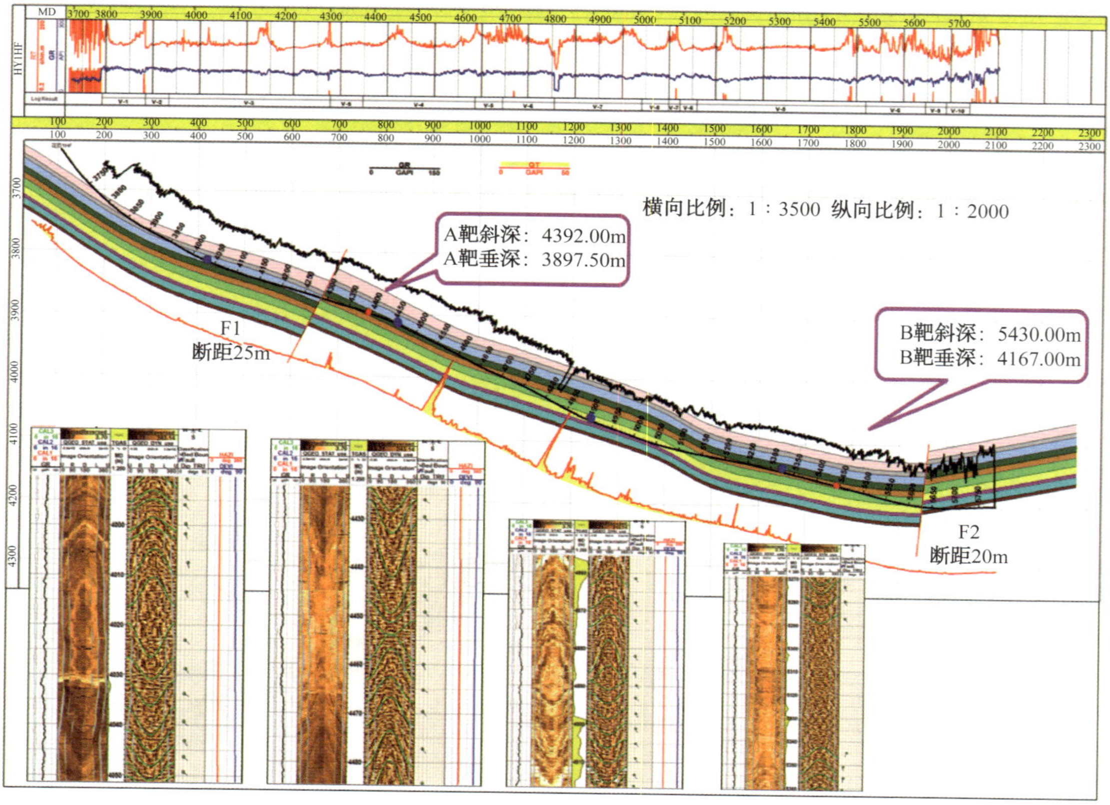

图2 HY1HF井完钻地质模型

4 试油（气）结果

本井阜二段页岩测井解释划分 20 层（图 3），井段：3781.0~5720.0m 解释累计视厚 1939.0m，其中Ⅰ类页岩油层 303.7m/3 层；Ⅱ类页岩油层 669.2m/8 层；Ⅲ类页岩油层 955.6m/8 层；干层 10.5m/1 层。2022 年 2 月 6 日对井段 4392~5670m 压裂后放喷排采，最高日产油 29.7t。

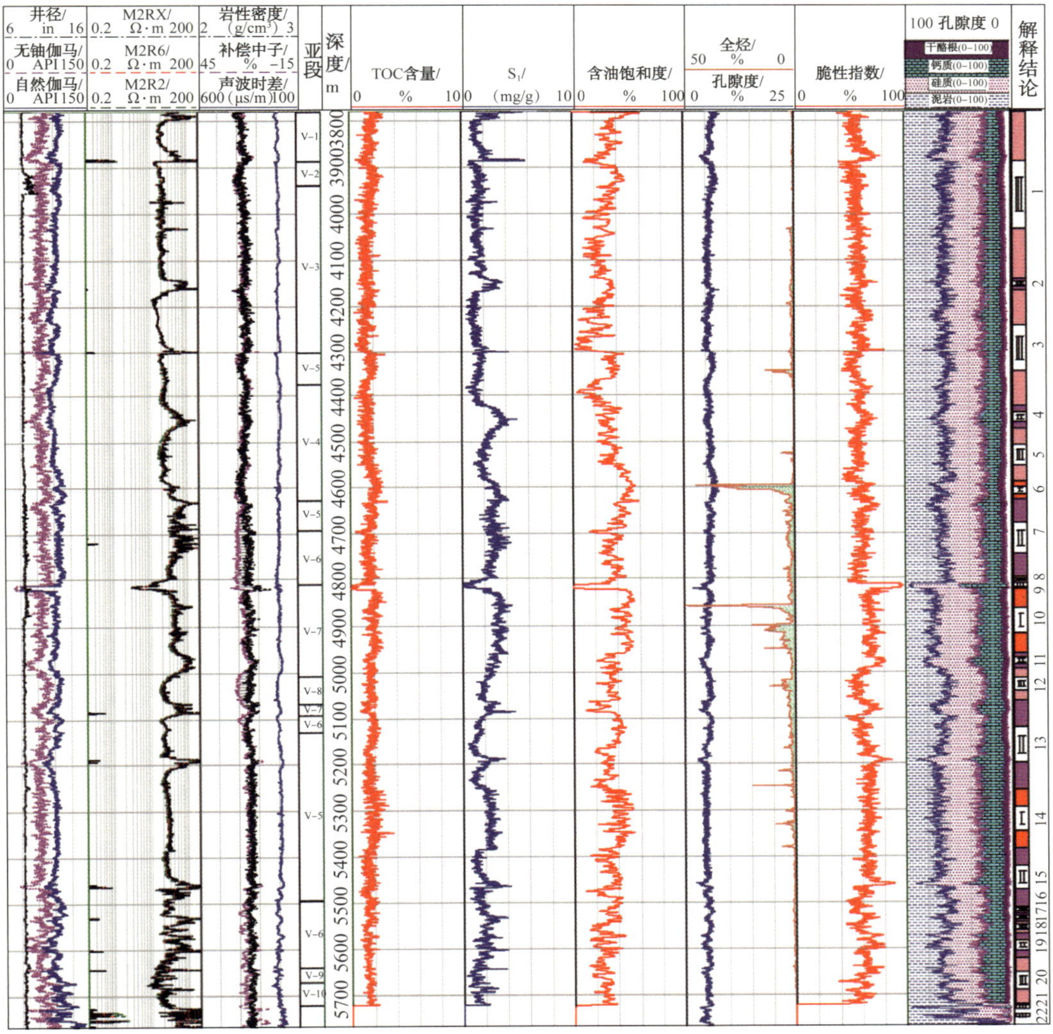

图 3 HY1HF 井综合解释成果图

5 结论与认识

（1）定测录导一体化技术服务模式运行效果良好，HY1HF 井水平段长 1393m，层位卡准率、中靶率、优质储层钻遇率均达 100%。

（2）采用直推式存储式测井工艺一次完成，测井一次成功率100%，节约测井时效40余小时。

（3）在入靶段钻进过程中，定向段平均狗腿度4.57°/30m，满足设计要求；在水平段钻进过程中，水平段复合钻进占比84.5%，提高了钻进时效。

（4）针对江苏油田页岩油区块井下高温及构造复杂等一系列难题，优选耐高温能力强、性能稳定的仪器更适用于苏北页岩油地层“四提”目标的实现。

（5）水平井地质导向过程中，主要利用随钻伽马、随钻电阻率、元素、气测、地层厚度资料并辅以岩性、钻时、地化等资料对目的层卡取起到了关键作用。

（6）选用同层位矫正法，可以较好地将油基钻井液下岩屑的地化实验数据校正为水基钻井液条件下的地化数据，为高邮凹陷花庄区块水平井页岩油储层提供了与导眼井HY1井统一的地化评价标准。

（7）综合利用测录井资料可以对HY1HF井页岩油进行更为详细准确的评价。

（8）通过定向、录井、导向工程师密切配合，实现信息共享，思路互通，实现定录导一体化，在满足地质目的的同时，提高了施工效率，为页岩油开发提供了经纬智慧。

编写单位：华东测控公司
编 写 人：马向东　徐　晨
审 核 人：杨志强
审 定 人：吴见萌　周贤斌

66 川东平桥背斜 JY10 井常压页岩气测录井综合解释评价

1 概况

JY10 井是华东油气分公司在四川盆地川东高陡褶皱带平桥背斜南鞍部上倾斜坡部署的一口预探井，其钻探目的：（1）落实平桥背斜南鞍部上倾斜坡五峰 – 龙马溪组优质页岩分布及含气性，实现勘探突破，为滚动建产奠定基础；（2）获取平桥背斜构造带南斜坡地层地球物理参数，为开发水平井设计、地震资料处理和解释提供依据。本井 2017 年 10 月 20 日完钻，完钻井深 3433.0m。

2 问题与难点

JY10 井是一口预探井，处于常压区域，其地层压力系数较低（压力系数为 1.12），全井气测显示较低（气测值最高 2.437%），如何利用丰富的测井资料，结合录井信息评价常压条件下页岩储层品质，建立该区块常压页岩气解释量版是本井评价的难点。

3 解释评价

3.1 测井分析方法

该井测井项目包括常规测井、岩性扫描、电成像、偶极声波等，综合利用气测、地化分析、解析分析等录井资料和常规、特殊项目测井资料，建立常压下页岩气储层参数测井精细化评价模型。

3.1.1 岩性评价

页岩岩性复杂，常规测井资料计算矿物组分存在较大困难，岩性扫描测井（Litho Scanner）通过采集地层俘获谱及非弹性谱，在此基础上进行剥谱分析及氧闭合模型分析，计算精确的元素含量，确定矿物组分含量，JY10 井通过岩性扫描测井计算元素及矿物含量（图 1）。

本井龙马溪组下段 – 五峰组页岩储层段黏土含量相对上部地层明显降低，平均 31.7%，底部低至 16%~40%；硅质矿物含量平均约 54.5%，以石英为主，碳酸盐岩矿物较多，含量 5%~35%，平均约 11%；黄铁矿含量明显增多，平均 2.7%；TOC 含量相对上段地层明显增高，平均 3.1%，最高可达 4.8%。

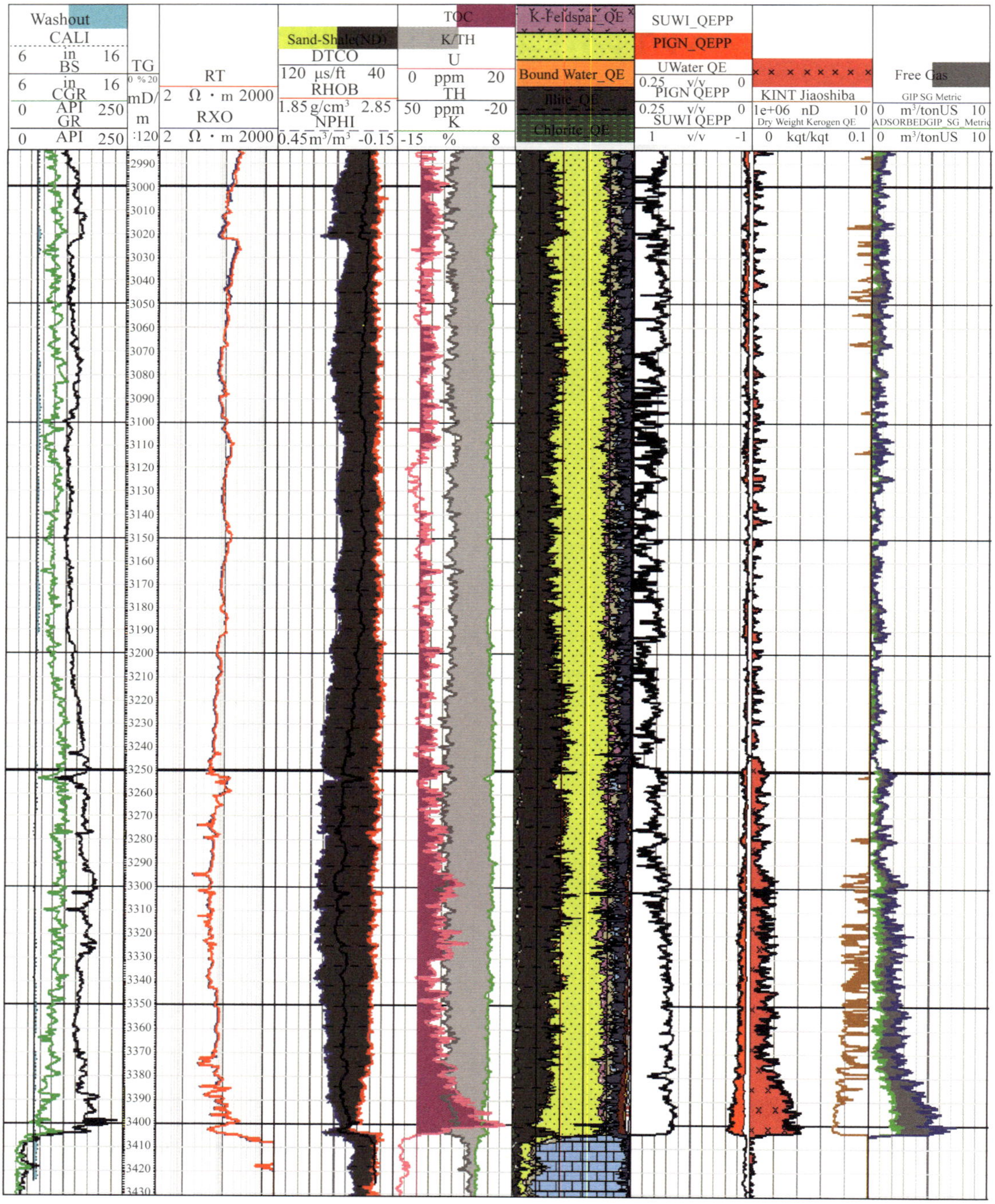

图 1　LithoScanner 岩性扫描测井处理成果图

3.1.2　物性分析

基于常规测井，孔隙度的计算可以借鉴传统的三孔隙计算模型，但是可靠性降低。因泥页岩孔隙结构比较复杂，其中的有机质性质接近于流体，但又占据了矿物骨架体积，需建立新的孔隙度模型，借鉴泥质校正思路，对密度孔隙度进行建模，以获得有效孔隙度。

3.1.3 有机特性评价

有机质是形成油气的物质基础，评价有机质首先得对有机碳含量（TOC）进行评价。根据以往烃源岩评价的经验，优选出两类 TOC 含量测井计算方法，即线形回归法（图 2）和Δ logR 法，对比结果，最终选用密度与有机碳含量线性回归法。

3.1.4 含气性评价

页岩气主要由吸附气和游离气两部分组成，游离气含量计算公式为：

$$V_{游离}=\frac{P_2T_1m_{岩}}{P_1T_2\rho_{岩}}\phi(1-S_w)$$

式中：$V_{游离}$——游离气含量，m^3/t；P_1——地面状态下的压力，Pa；P_2——地层下某深度处的静水压力，Pa；$m_{岩}$——岩石的质量，t，取 1t；T_1——常温（20℃）对应的热力学温度，K；T_2——地下某深度处所对应的热力学温度，K。

由公式可以看出，游离气含量计算与温度密切相关，也就是与地层压力密切相关，常压页岩气一般游离气含量较低，但本井呈现较高的游离气含量，这也是高产的一个重要原因。

在同一地区有机质类型相同的情况下，页岩的吸附气含量也与有机质含量具有较好的相关性，即同补偿密度、TOC 含量、U 之间含量都具有较好的相关性，通过对比分析，最后选用吸附气含量和有机碳含量回归（图 3），相关系数较高。

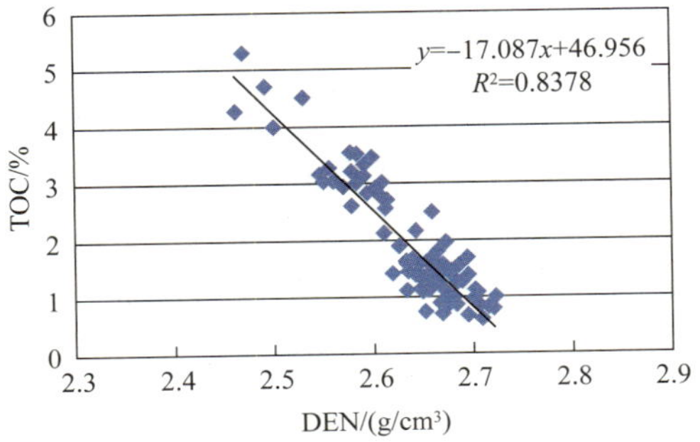

图 2 JY10 井密度与有机碳含量交会图

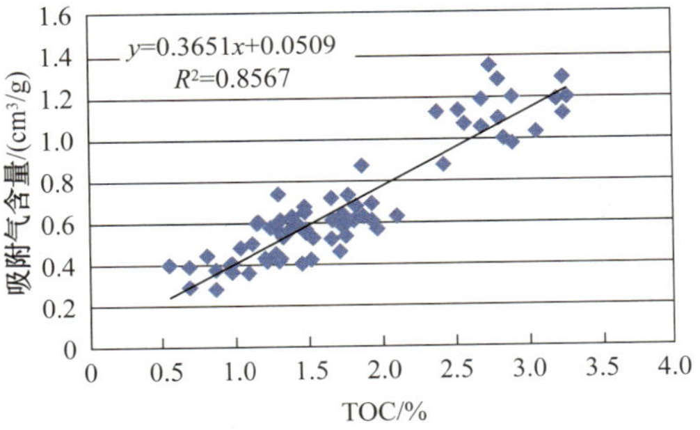

图 3 JY10 井有机碳与吸附气含量交会图

3.1.5 可压性评价

利用偶极声波测井可以进行地层各向异性分析、岩石力学分析、脆性分析等，为储层评价和后期工程施工提供数据支持。常压页岩气储层最大与最小地应力差异系数较大，基本大于 20%，本井在 10% 左右（图 4），更有利于储层改造后网状缝的形成。底部 3374.0~3404.2m 段页岩，泊松比和纵横波速比较低，岩石脆性指数也最高（图 6），反映该段页岩相对易于压裂造缝，这是高产的另一个原因。

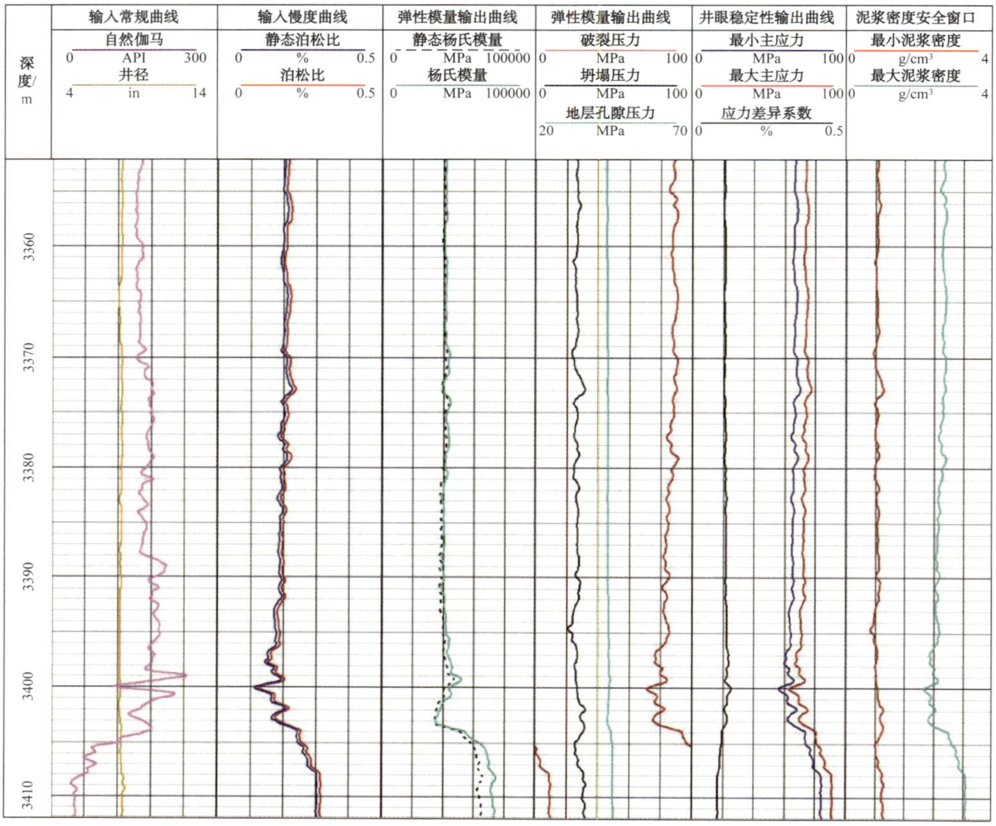

图 4　JY10 井岩石力学处理成果图

3.1.6　裂缝及产状评价

通过电成像测井进行裂缝分析，本井共发育 77 条高阻缝。裂缝主要发育在龙马溪组龙一段与龙三段地层内，龙一段地层内以 1~3 号层裂缝较为发育（图 5），裂缝总体走向以北东 - 南西向为主，北西 - 南东向次之，倾角为 17°~84°，倾角主频为 66.4°，便于压裂改造。本井钻井诱导缝分析表明，龙一段储层段钻井诱导缝走向为北西 - 南东向。表明龙一段储层段内现今最大水平地应力方向为北西 - 南东向（135°）。本井测量段内地层产状比较稳定，倾向北东东，走向北北西 - 南南东，地层倾角为 8°~25°，倾角主频为 15.5°。其中 1~3 号小层地层倾角为 8°~15°，倾角主频为 12.5°。

3.2　录井分析方法

3.2.1　气测值分析

首先针对现场气测全烃低的特点，通过全脱分析验证气测结果，现场全脱分析全烃显示为 2.658%，二者相差不大，确认现场气测数据采集正确。本井目的层为取芯钻进，破碎岩屑较少，根据邻井经验，取芯时气测大约为正常钻进气测的四分之一，因此确定本井主要目的层正常钻进气测值大约为 9.0%，解释为含气层。

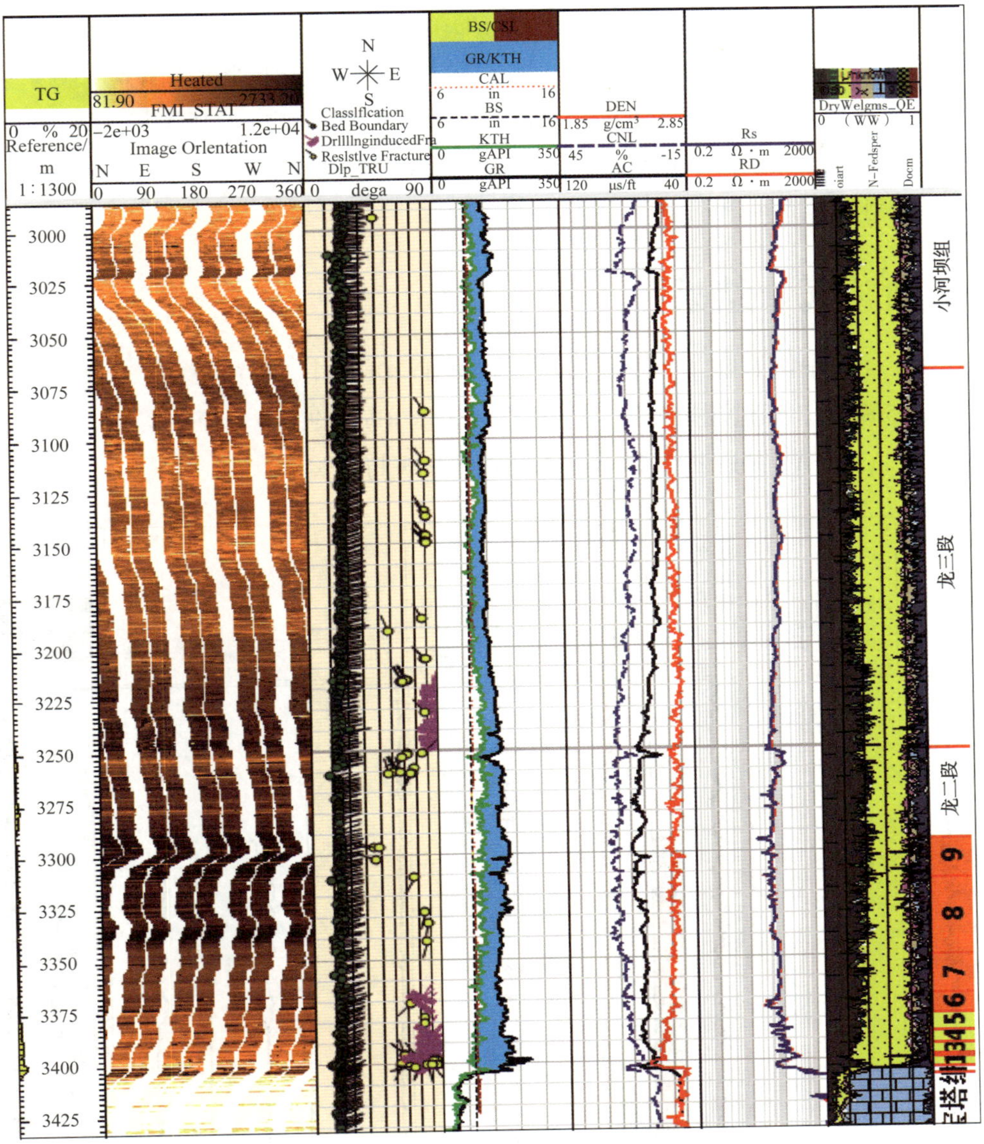

图5 JY10井电成像综合分析图

3.2.2 元素录井分析

通过岩芯元素分析黏土含量24.3%~59.0%，平均35.5%；硅质17.0%~68.7%，平均51.3%；黏土含量与其他井相当。龙马溪－五峰组页岩随深度增加，黏土含量逐渐降低，脆性矿物含量逐渐升高，岩石脆性指数在底部3374.0~3404.0m最高。

3.2.3 现场解析

通过现场解析，表明井段3374.0~3404.0m显示较好，解析气：1.0924~1.2877cm^3/g，损失气：3.7451~4.8189cm^3/g，总含气量：4.8770~6.1065cm^3/g。

本井目的层气测异常较低，录井根据现场情况对气测数据进行了经验校正，通过常规测井资料、特殊项目测井资料、录井资料的结合建立了多参数计算量版，利用量版对JY10井的岩性、物性、有机特性、含气性、脆性等进行了精细评价（图6），测录井资料综合分析表明：JY10井龙马溪组页岩层由上至下品质逐渐变好，其底部3395.0~3404.0m为优质页岩段，孔隙度平均4.7%，含气量平均5.96m^3/t，脆性指数较高，达到65%，建议作为水平井靶窗。

4 试油（气）结果

2018年4月中国石化华东油气分公司部署JY10HF井，靶窗范围：3392.0~3404.0m，水平段长1500.0m，经过压裂测试，获得了14.32×10^{4}m^{3}的工业气流，实现该地区页岩气产量突破。JY10-SY2井区获2019年中石化商业发现特等奖。

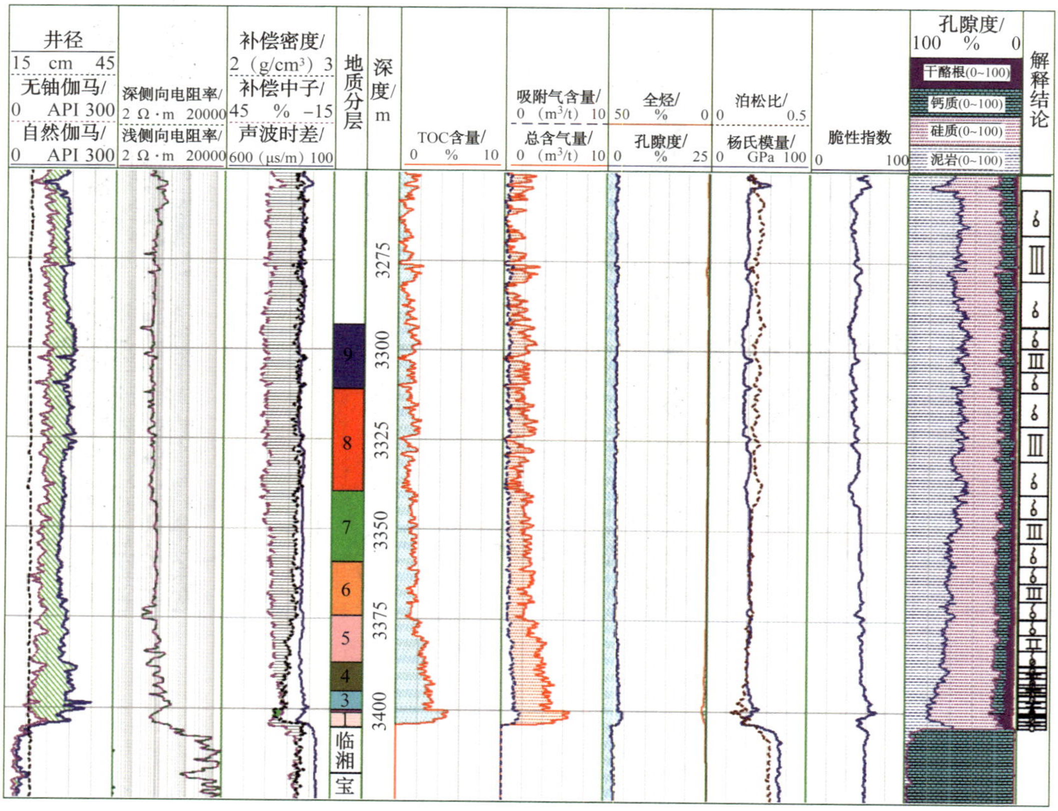

图6 JY10井主要参数分析成果图

5 结论与认识

（1）常压页岩气一般游离气含量较低、产气量也较低，但常压页岩气的甜点区也可呈现较高的游离气含量及较高的产气量。

（2）常压页岩气解释评价要基于测录井资料相结合，重点在于挖掘特殊测录井项目上的丰富信息，通过常规测井资料、特殊项目测井资料与录井资料的结合形成系统的页岩气地质、工程一体化评价技术，从而进行精细化评价，找出常压条件下的页岩甜点。

（3）钻井取芯会对气测结果产生一定影响，要结合地化分析、解析分析、测井含气性分析等对页岩含气性进行综合评价。

编写单位：华东测控公司
编 写 人：冯 娟
审 核 人：杨志强 龚劲松
审 定 人：吴见萌 周贤斌

67 溱潼凹陷小型断陷盆地页岩油测录井综合解释评价—以 SHD1 井为例

1 概况

SHD1 井为华东油气分公司在溱潼凹陷沙垛构造部署的一口风险探井，主要目的层为阜宁组二段，钻探目的是探索阜宁组二段火成岩及其蚀变带含油气性，通过测录井综合分析认为本井在火山岩及其上、下蚀变带油气显示不好，却在阜二段下部泥页岩层段发现良好油气显示，初步落实阜二段页岩油一类有利区面积 87.8km^2，资源量 1.09×10^9t；二类有利区面积 333.8km^2，资源量 0.56×10^9t。本井于 2021 年 7 月 11 日完钻，完钻井深 3930.0m，7 月 21 日侧钻 SHD1 补充井（水平井），9 月 2 日完钻，完钻井深 4500.0m。

2 问题与难点

作为苏北盆地第一口页岩油井，针对阜二段泥灰岩，无可参考的解释模型，解释评价难度较大。如何基于岩屑录井、岩芯分析、地化分析、气测分析等资料，根据测井响应特征及处理解释成果，对页岩储层的岩性、物性、地化特性、含油性、可压性等进行甜点综合评价，建立页岩解释分类标准，是本井的解释难点。

3 解释评价

页岩油测井评价核心是确定储集层有效性及含油性，围绕源岩特性、储集性、含油性、脆性等特性及其匹配关系，综合利用气测图版、地化分析、元素分析、成像测井、核磁共振测井、多极子阵列声波测井等方法，对页岩地质甜点、工程甜点进行评价，初步建立了一套适合该井储层特征的地质、工程一体化评价方法。

3.1 岩性特征分析

结合岩芯分析及 FMI 电成像资料可知阜二段岩性以灰黑色泥岩为主，夹薄层的泥质灰岩和泥灰岩，3544.5~3612.8m 为基性浅层侵入岩辉绿岩；结构以纹层状为主，局部层段见块状、变形构造和富钙质结核状特征。

3.2 TOC 分析

采用元素测井计算、常规资料线性回归、地化实验分析三种方法分析 TOC。元素测井计算 TOC 采用 ΔLogR 法，数值主要分布在 0.5%~2.5%（图 1）；常规资料采用补偿中子 – 补偿密度 – 声波时差线性回归法计算 TOC 含量，计算出的 TOC 主要分布在 0.4%~2.3%；地化分析 TOC 数值主要分布在 0.120%~2.781%。三种方法计算出的 TOC 数值较吻合，数值置信度较高。

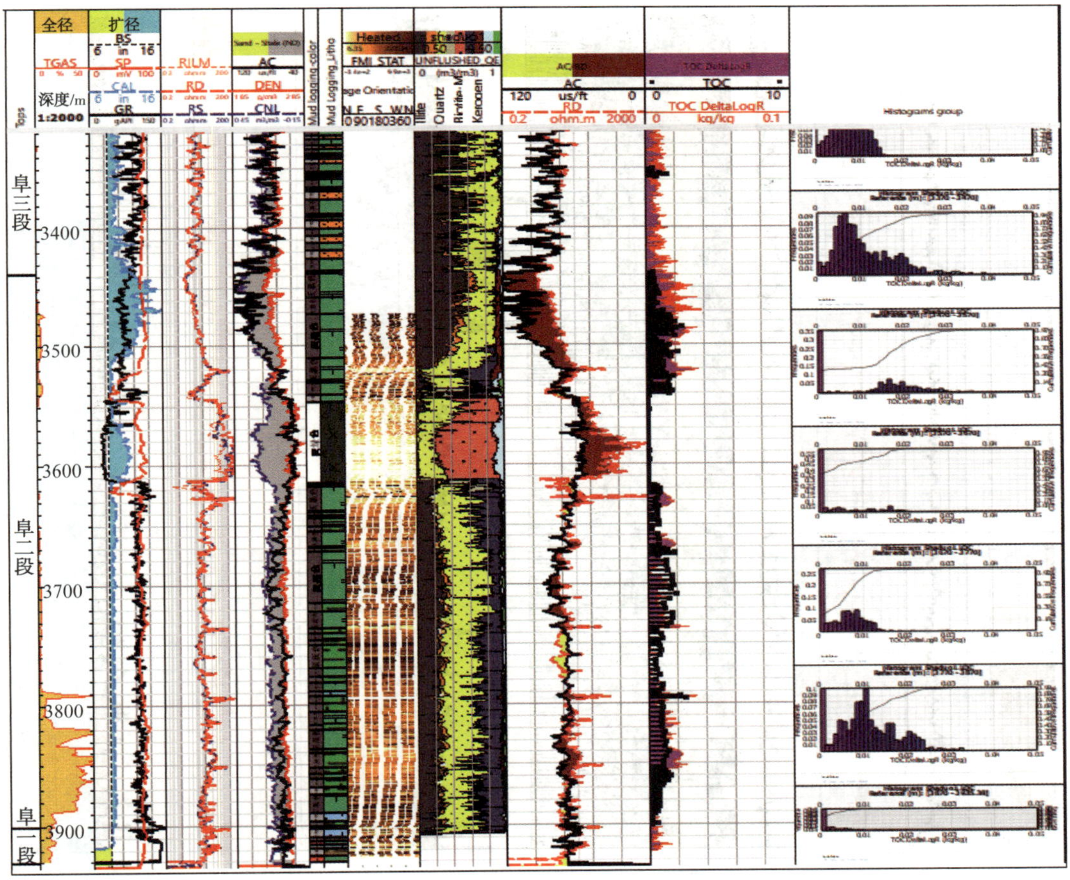

图 1 ΔLogR 法计算 TOC 成果图

3.3 物性分析

从核磁谱上看皁二段页岩储层有效孔隙度一般在 5% 以下，蚀变带储层孔隙度比较高，存在一些中大孔隙，底部页岩储层总孔隙度主要分布在 5%~10%，有效孔隙度主要分布在 2%~5%，可动孔隙度主要分布在 0.6%~4%，渗透率主要分布在（0.01~0.5）$\times 10^{-3}\mu m^2$；顶部蚀变带储层孔隙发育，总孔隙度主要分布在 13%~22%，有效孔隙度主要分布在 9%~21%，可动孔隙度主要分布在 2.5%~17%，渗透率主要分布在（0.05~100）$\times 10^{-3}\mu m^2$ 之间。录井岩芯实测孔隙度最小 0.52%，最大 21.8%，平均 5.4%；渗透率最小 $0.001\times10^{-3}\mu m^2$，最大 $1.29\times10^{-3}\mu m^2$，平均 $0.21\times10^{-3}\mu m^2$。常规测井计算孔隙度最小 3.45%，最大 21.8%，平均 11.7%（图 2）。

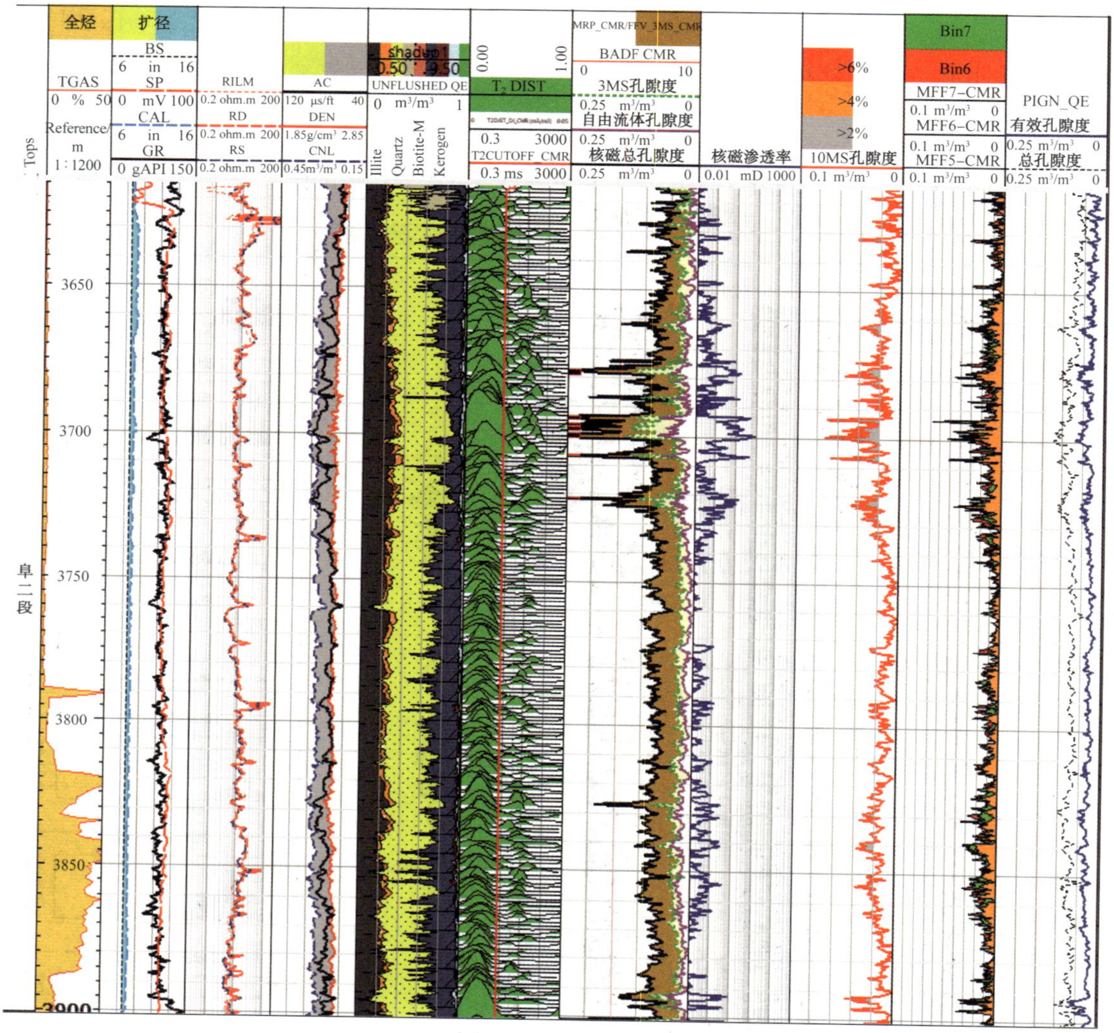

图 2 核磁计算孔隙结构成果图

3.4 裂缝特征分析

高阻缝较发育，结合岩芯分析资料认为多被方解石充填或呈闭合特征，高导缝在局部层段较发育（图 3）。

3.5 岩石力学及脆性指数分析

页岩脆性高，在外力作用下易形成天然裂缝和诱导裂缝，有利于油气渗流，页岩的脆性是岩石力学的函数，所以利用岩石力学参数建立脆性指数评价模型（图 4）。

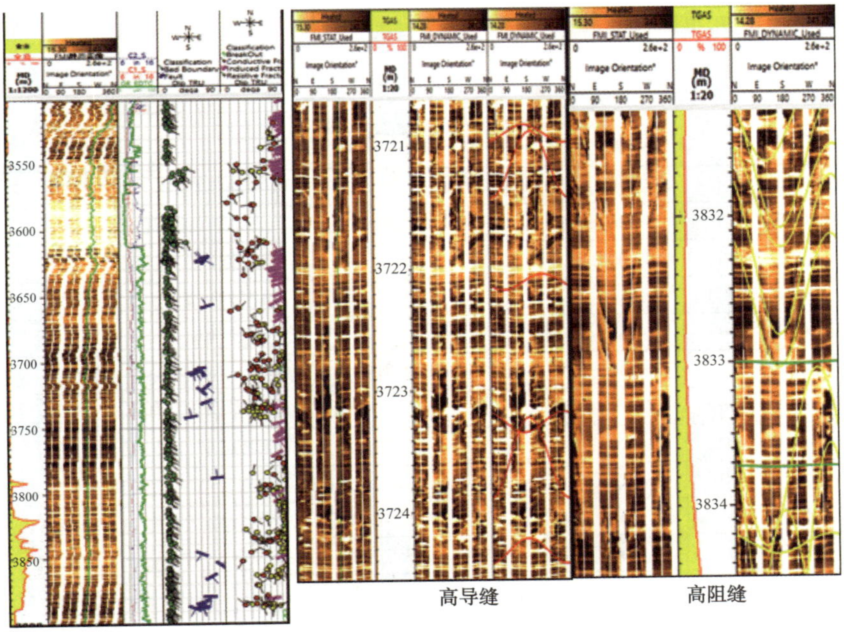

图 3　裂缝产状分析图

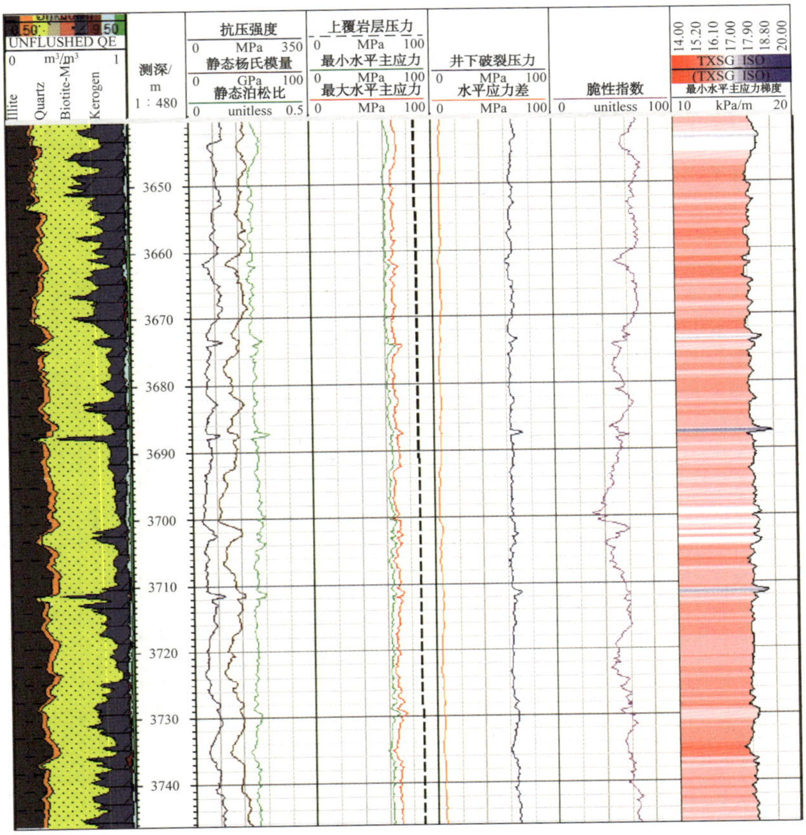

图 4　岩石力学及脆性指数分析图

3.6 含油性分析

阜二段录井油气显示见表1。

表1 录井油气显示

组段	井段/m	视厚/m	录井油气级别
E_f^2	3458.00~3472.00	14.00	灰黑色裂隙含油气泥岩
	3472.00~3521.00	49.00	灰黑色裂隙含油气泥岩
	3531.00~3540.00	9.00	灰黑色裂隙含油气泥岩
	3638.00~3639.00	1.00	深灰色裂隙含油气泥岩
	3656.00~3746.00	90.00	灰黑、深灰色裂隙含油气泥岩、泥灰岩、含灰质泥岩、灰质泥岩
	3756.00~3763.00	7.00	深灰色裂隙含油气灰质泥岩
	3770.00~3789.00	19.00	灰黑、深灰色裂隙含油气泥岩、灰质泥岩
	3789.00~3793.00	4.00	深灰色裂隙含油气泥灰岩
	3808.00~3818.00	10.00	灰黑、深灰色裂隙含油气泥岩、灰质泥岩
	3818.00~3829.00	11.00	灰黑、深灰色裂隙含油气泥岩、灰质泥岩
	3833.00~3849.00	16.00	灰黑色裂隙含油气泥岩、灰质泥岩
	3849.00~3888.00	39.00	灰黑、深灰色裂隙含油气泥岩、灰质泥岩

3.6.1 气测特征

本井气测异常段280m/13层，其中气测异常大于10%的层段80m/5层，位于阜二段下部Ⅳ+Ⅴ亚段，井段3789~3888m，槽面见5%~10%油花、10%~20%气泡，气测异常明显，全烃值1.256%↑80.088%，气测解释裂隙含油气层280m/13层（表2、图5），3789~3792m井段气测判断可能为裂缝。

表2 录井气测显示

层位	气测录井												泥浆		槽面显示	结论
	层号	井深/m	视厚/m	全烃含量异常/背景/%	组分分析含量/%								出口黏度/(mPa·s)	出口密度/(g/cm³)		
					C_1 异常/背景/%	C_2 异常/背景/%	C_3 异常/背景/%	iC_4 异常/背景/%	nC_4 异常/背景/%	iC_5 异常/背景/%	nC_5 异常/背景/%	CO_2 含量/%				
E_f^2	11	3789~3792	3	50.403/2.122	26.9813/0.8131	4.4711/0.1523	3.5543/0.1265	0.4832/0.0284	1.1718/0.0597	0.3506/0.0093	0.4235/0.0103	0	60↑66	1.43↓1.41	5%油花，10%气泡	裂隙含油气
	12	3808~3818	9	13.157/4.79	5.344/1.7927	0.9014/0.3558	0.7067/0.2897	0.1259/0.0544	0.2879/0.1168	0.1010/0.0452	0.1235/0.0549	0	60	1.43	无	裂隙含油气
	13	3818~3829	11	82.088/13.117	50.7550/5.2923	10.2703/0.9014	10.2285/0.7106	1.7474/0.1250	4.7083/0.2870	1.3227/0.1005	1.6196/0.1218	0	60↑103	1.43↓1.32	10%油花，20%气泡	裂隙含油气
	14	3833~3888	55	74.278/16.469	50.4087/4.9593	9.0191/1.0065	7.0246/0.9276	1.0391/0.1774	2.8450/0.4084	0.7455/0.1580	0.9404/0.1903	0	60↑76	1.43↓1.39	5%油花，10%气泡	裂隙含油气

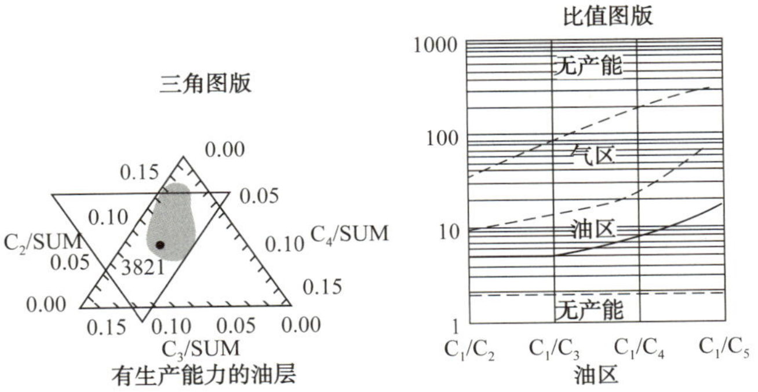

图 5　SHD1 井 3818–3829m 气测解释图版

3.6.2　地球化学特征

本井在阜宁组二段（E_1f^2）地化分析氢指数（HI）最高值 741.03 和降解潜率（D）最高值 87.0，相对较高，主要为腐殖–腐泥型烃源岩；泥岩 Tmax 均值 443.4 度左右，主要为成熟烃源岩；S_1+S_2 均值 3.03mg/g，生烃潜量较高。由于井深 3547~3612m 侵入辉绿岩，整体分析参数指标相对较低，综合评价阜宁组二段（E_1f^2）井深 3438~3901m 烃源岩整体较好。阜二段泥岩地化指标适中，具备评价页岩油的物质基础，TOC：0.5%~2.5%，Ro：1.15%~1.2%，S_1：0.5~1.1mg/g，S_2：0.7~5.8mg/g。特别是阜二段下部（3784~3886m）高气测异常段 S_1 含量为 0.14~2.0mg/g，平均为 0.74mg/g，埋深超过 3500m 含油饱和度指数明显增大，具有页岩油勘探潜力（表 3、图 6）。

表 3　阜二段地化分析

层位	井段/m	烃源岩厚度/m	岩性	有机质丰度		有机质类型		有机质成熟度		生烃潜力	
				TOC/%	综合评价	*HI*	综合评价	T_{max}/℃	综合评价	S_1+S_2/(mg/g)	综合评价
阜宁组（E_1f^2）	3438~3901	463	灰黑色泥岩、辉绿岩	0.1202~3.781	中等	24.28~741.03	中等	Ⅱ$_1$/Ⅲ	377~566	成熟	0.1739~21.0465	中等

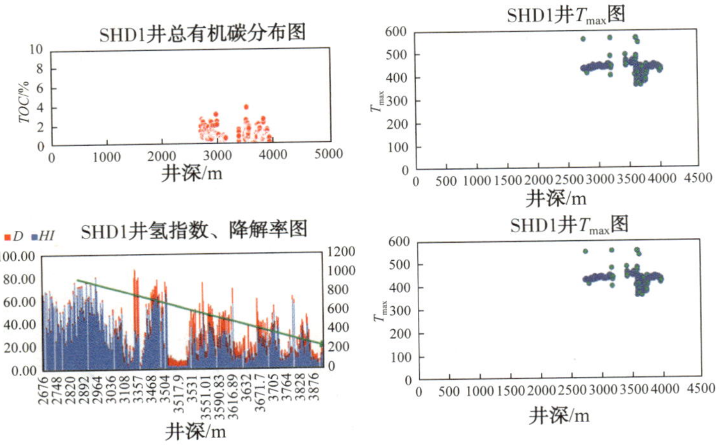

图 6　地化分析成果图

3.7 页岩储层测井解释分类标准

以地质资料及测井曲线所表现出来的物性特征（ϕ）、地化特征（TOC、S_1）为基础，同时结合储层的裂缝发育程度、脆性矿物含量、录井显示等相关资料进行综合评价，确立了SHD1井的页岩油解释标准（表4）。

表4　SHD1井的页岩油解释标准

储层类型	划分依据
Ⅰ类页岩油层	$\phi \geqslant 6\%$，$SH \leqslant 30\%$，$RT \geqslant 15\Omega \cdot m$，$S_1 \geqslant 2mg/g$，$TOC \geqslant 1.5\%BRIT \geqslant 60\%$，裂缝发育，具有较好的气测显示
Ⅱ类页岩油层	$4\% \leqslant \phi < 6\%$，$SH \leqslant 35\%$，$10\Omega \cdot m \leqslant RT < 15\Omega \cdot m$，$1mg/g \leqslant S_1 < 2mg/g$，$1\% \leqslant TOC < 1.5\%$，$50\% \leqslant BRIT < 60\%$，裂缝较发育，具有较好的气测显示
Ⅲ类页岩油层	$\phi < 4\%$，$SH \leqslant 50\%$，$5\Omega \cdot m \leqslant RT < 10\Omega \cdot m$，$0.5mg/g \leqslant S_1 < 1mg/g$，$0.5\% \leqslant TOC < 1\%$，$BRIT < 50\%$，裂缝不发育，气测显示一般

4 试油（气）结果

本井导眼井阜二段共解释Ⅰ类页岩油层3层，累计视厚34.9m；Ⅱ类页岩油层4层，累计视厚55.0m；Ⅲ类页岩油层4层，累计视厚72.2m。

利用导眼井以3790.0~3860.0m井段为靶窗进行开窗侧钻，水平井3934.0~4467.0m井段分段压裂试油获得50.9t/d高产工业油流。

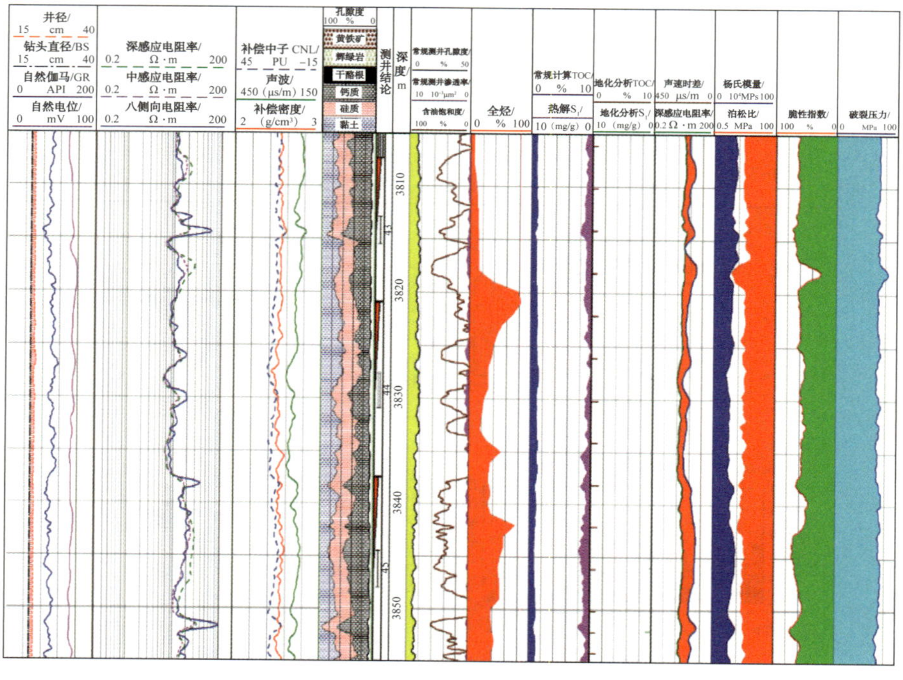

图7　SHD1井导眼井靶窗段测井解释成果图

5 结论与认识

（1）阜二段岩性以泥岩为主，夹薄层泥质灰岩和泥灰岩，TOC 主要分布在 0.5%~2.5%。地层产状较稳定，高阻缝多被方解石充填或呈闭合特征，高导缝在局部层段较发育。

（2）阜二段底部页岩储层总孔隙度主要分布在 5%~10%，有效孔隙度主要分布在 2%~5%，可动孔隙度主要分布在 0.6%~4%，渗透率主要分布在（0.01~0.5）$\times 10^{-3}\mu m^2$。

（3）SHD1 水平井靶窗优选阜二段 V 亚段（3790~3860m），该井段具有自然伽马数值高、气测数值高、补偿密度数值低、物性好、TOC 数值高、脆性指数高的特征。

（4）依据录井、测井资料，初步建立了本区块的页岩油储层解释分类标准。

编写单位：华东测控公司
编 写 人：刘梦青
审 核 人：杨志强　马向东
审 定 人：赵俊峰　周贤斌

第 四 章

火成岩油气藏

自1887年火成岩油藏在美国加利福尼亚圣华金盆地首次发现以来，全球50多个国家在300余个盆地或区块内陆续发现了火成岩油气藏或在火成岩层段具有油气显示，其中13国的40个盆地的火山岩获得了工业性油气流钻井和大规模的储量（李军等，2015）。中国于1957年在准噶尔盆地克拉玛依油田石炭系的基岩风化壳首次发现了火成岩油气藏，自20世纪70年代以来，经过多年的努力，在火成岩油气藏勘探方面取得了重大进展，先后在松辽、准噶尔、三塘湖、渤海湾、二连、塔里木和四川等盆地都取得了重大突破，特别是准噶尔和松辽两大盆地火成岩油气藏的勘探开发已具较大规模（江怀友等，2011）。其中，准噶尔盆地中基性火山岩气储量$14\times10^9m^3$，松辽盆地中酸性火山岩气储量$3197\times10^9m^3$（马永生等，2016；付茜，2017）。

火成岩作为储层并形成油气藏，主要原因在于：（1）火山熔岩常有发育的气孔；（2）火山熔岩中大量发育收缩裂缝；（3）火山碎屑岩中大量发育粒间孔隙；（4）火山岩喷出地表后物理化学条件发生巨大变化，其岩石组成与矿物成分极不稳定，次生作用下易形成储渗空间；（5）火成岩杨氏模量比砂岩高，其中酸性火成岩又比中性、基性火成岩高，表现为脆性强，容易在构造力作用下，碎裂形成构造裂缝等。因此，火成岩储层具有岩石类型复杂、相变快且非均质性强等特征。近年来，我国对火成岩测录井评价十分重视，先后在准噶尔盆地、松辽盆地开展了技术攻关，在岩性识别、储层有效性判别、含油气丰度及流体性质评价等方面取得重要进展。

通过对本章案例的分析，较好解剖了火成岩储层特征及其断裂成藏组合特征，展示了测录井综合解释评价技术在火成岩勘探中的积极作用。

（1）准噶尔盆地火成岩油气藏主要分布在石炭系，次为二叠系，岩性多样，以玄武岩、安山岩、火山角砾岩、凝灰岩、沉凝灰岩为主，局部发育流纹岩、辉绿岩等，孔隙结构复杂、非均质性强。应用常规测井与电成像、斯通利波幅度衰减与声波远探测等相结合，有效识别了裂缝与储层类型，判别了储层有效性；气测录井与热解地化、定量荧光、核磁共振录井等相结合，准确识别了储层的含油气性，形成了纵向上油气水系统划分方法，在S13井石炭系火山碎屑岩、P744井石炭系安山岩等应用，取得了良好的效果。

（2）松辽盆地火成岩油气藏主要分布在白垩系营城组及火石岭组，储层包括中酸性安山岩、流纹岩及凝灰岩，其次为少量火山碎屑岩，矿物组分复杂，储层类型识别与物性精细评价难度大。应用自然伽马－钍、中子－密度－声波时差、铀－钍－钾等交会图，有效识别了火成岩储层类型；核磁共振测井与气测、地质录井等相结合，形成了火成岩储层孔隙度、含油气饱和度等精细评价方法，在CH2井有效识别了中性与酸性凝灰岩，凝灰岩与沉凝灰岩的物性、含油气性等，建议的试油井段获得高产工业气流，取得了良好的效果。

68 准西车排子凸起 S13 井火山碎屑岩储层测录井综合解释评价

1 概况

S13 井是中石化胜利油田分公司 2016 年在准噶尔盆地西部隆起车排子凸起西翼部署的一口预探井，钻探目的是了解 S13 井区石炭系含油气情况，完井日期 2016 年 9 月 1 日，完钻井深 2300m，完钻层位石炭系。

S13 井区东、西部各发育一条近南北走向逆断层，北部近东西向逆断层与之相连形成断块圈闭构造主体格局，对油气聚集起控制作用（图 2）。井区地层由南到北缓慢抬升，地层呈单斜特征，与断层配合形成构造圈闭，成藏条件有利（图 1）。

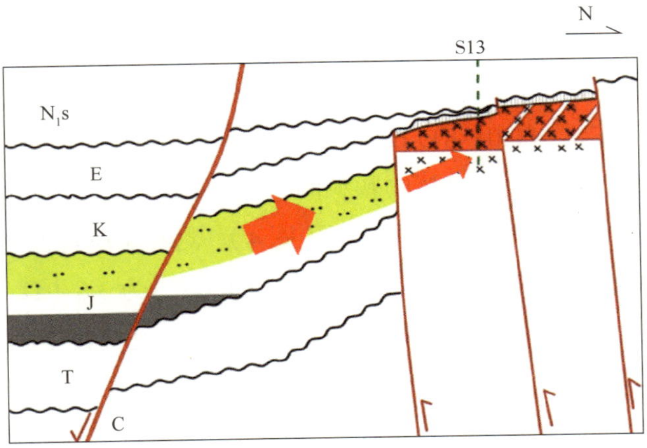

图 1　S13 井石炭系成藏模式图

2 问题与难点

本井石炭系地层主要为沉凝灰岩、凝灰质泥岩、凝灰岩互层，岩性及岩石成分复杂，储层类型为裂缝性储层，储集空间多样；受岩性和储集空间类型影响，储层测井响应特征差异大，储层识别难度大；裂缝性储层钻井液侵入深度大，电阻率曲线反映流体性质的信息弱，测井流体性质识别困难。录井气测绝对含量极低，钻井液密度 1.07g/cm^3 条件下气测全烃最高仅为 1.04%，一般都在 0.1% 以下，岩屑含油级别都为荧光，造成录井资料识别流体性质困难。

3 解释评价

测井评价采用火成岩岩性识别技术判识岩性，采用双矿物交会法计算矿物成分和储层参数，常规测井资料与电成像结合判识裂缝和储层类型，XMAC测井资料及声波远探测技术判识储层有效性，$P^{1/2}$正态分布法、测录井综合法判识流体性质。

本井在石炭系取芯1筒，井壁取芯为旋转井壁取芯，录井以低幅背景下的气测异常微幅度变化结合岩芯、旋转井壁取芯的荧光薄片、核磁共振等资料判识流体性质。

利用岩石薄片鉴定证实，S13井石炭系岩性以沉凝灰岩、凝灰质泥岩为主夹凝灰岩、硅化泥岩和泥岩。常规曲线显示，石炭系1980m以上地层岩性以沉凝灰岩为主，其次为凝灰质泥岩（图7），三孔隙度曲线显示储层发育。其中17、19、21号层（1920~1949m），岩性为沉凝灰岩。1921.3~1926.4m取芯收获率94.1%，进尺4.8m，岩性为灰色油斑凝灰质泥岩。岩芯整体表现为含油部分呈灰褐色，不含油部分呈灰色。岩石具不同程度的重结晶，原始结构构造已不明显，断口较平整、性脆、硬、致密，灰褐色原油沿裂缝面呈斑块状分布，含油裂缝占总裂缝40%，油质轻，油味淡，不染手，荧光滴照亮黄色，滴水呈馒头状。气测全烃0%↑0.13%，甲烷0%↑0.05%，组分齐全，气测略有异常，岩芯热解地化、定量荧光评价储层为高含油气丰度、油质轻，热蒸发烃谱图组分齐全，碳峰范围为nC_{12}~nC_{36}，峰型呈梳状，主峰碳nC_{15}~nC_{21}，较靠前，说明含油丰度较高，油质较轻（图3）。罐顶气分析$\sum C_1$~C_4：460.03~817.637μL/L，含油气丰度较高。显微荧光薄片荧光亮度一般，颜色为黄色、少量褐色，碎屑物颗粒间含油面积中等，连通性一般，原油主要存在于裂缝中，整体含油性较好，具油层特征（图4）。测井响应特征为井径小幅扩径，自然伽马数值约52~100API；深探测电阻率数值低于围岩，为3.6~9Ω·m，声波时差、中子测井值增大，密度测井值降低，中子－密度交会计算的孔隙度数值为4%~10%；核磁录井谱图表现为三峰型或双峰型特征，表明储层微裂缝发育，可动孔隙中明显具有含油特征（图5）。电成像静态图像呈棕色至棕黄色，动态图像可见局部发育高导缝、高阻缝和孔洞。斯通利波幅度衰减明显，地层流动迁移指数较大，在0.01~0.08，声波全波列变密度图上出现干涉条纹，表明储层有效性较好，声波远探测图像显示，1950m以上见到较为明显的条带状反射异常，表明裂缝发育规模较大，向井外延伸较远。测井孔隙度平均值为7.804%，渗透率平均值为$1.210\times10^{-3}\mu m^2$，测井综合解释为Ⅱ类油层，录井解释为油层（图6、图7）。

19、21号层的$P^{1/2}$斜率较大，为0.085（图8），岩屑录井见到荧光显示，荧光滴照淡黄色，较清晰晕状，边缘有亮环，定为二级（图9）。气测全烃值在0.07%~1.04%。井壁取芯核磁孔隙度4.97%，核磁录井T_2谱图为单峰型特征，小孔隙为主，可动孔隙中明显具有含油特征（图10）。测井孔隙度为7.143%~7.446%，渗透率为（0.813~1.141）$\times10^{-3}\mu m^2$，储层物性非均质性强，测井综合解释为Ⅱ类油层，录井解释为差油层。17、19、21号层为本井主要产层。其他各层常规测井曲线显示储层孔隙度较小，电阻率数值较高，电成像拾取的裂缝以高阻缝和层理为主，有少量高导缝，地层各向异性弱，斯通利波幅度衰减不明显，地层迁移指数小，说明地层渗透性较差，测井解释为Ⅲ类干层，录井解释为差油层、干层。

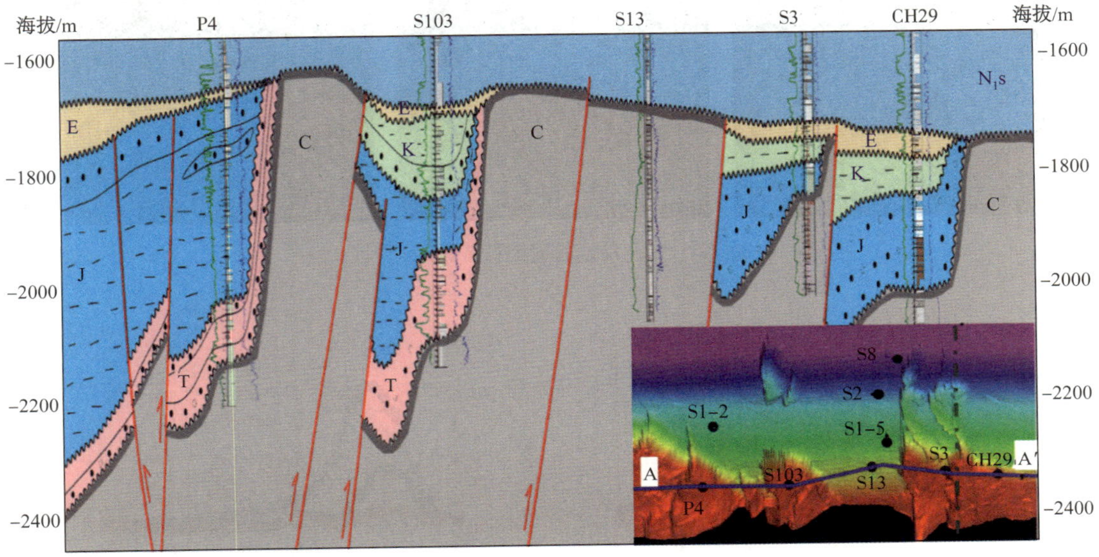

图2　P4井-S13井-CH29井东西向地质剖面图

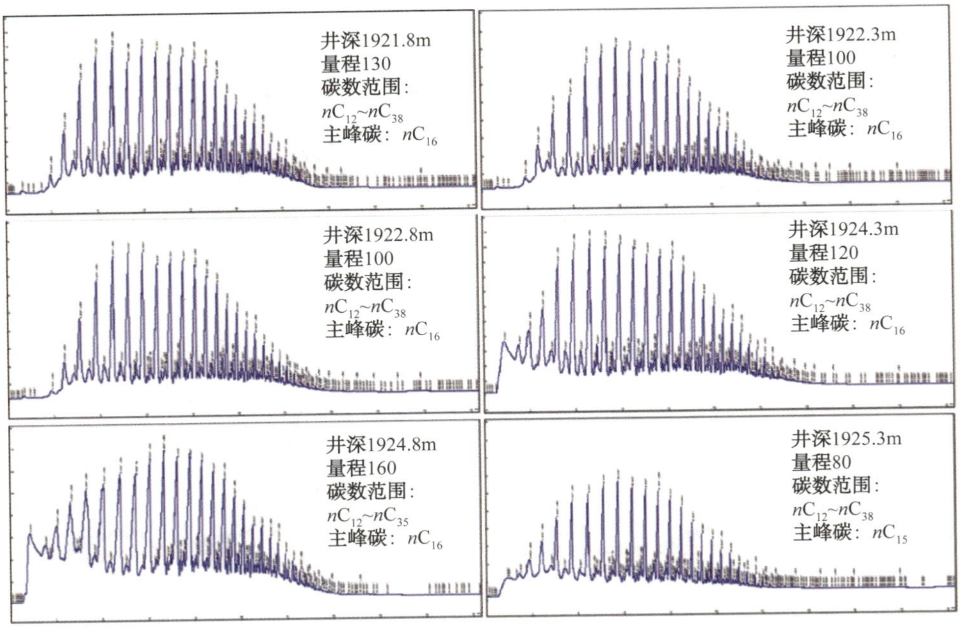

图3　S13井岩芯热解色谱谱图

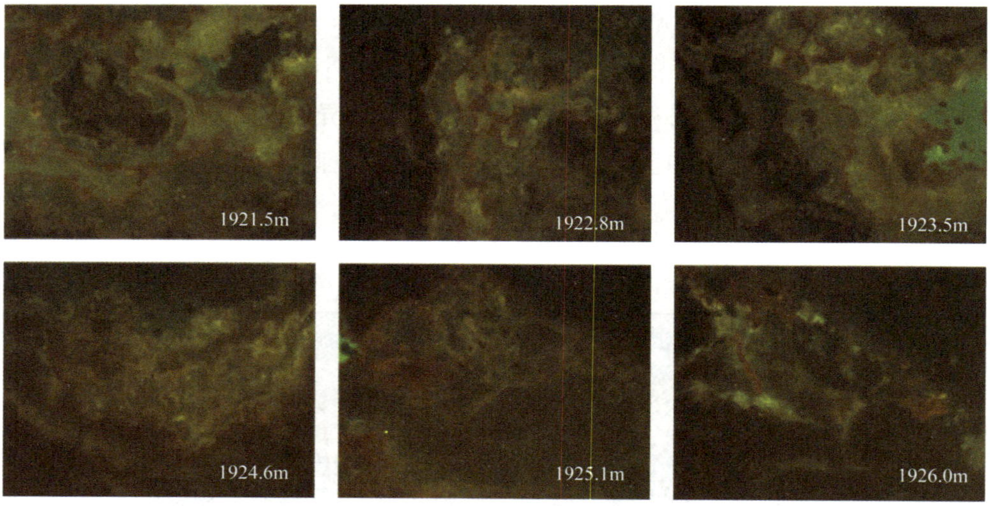

图 4　S13 井岩芯显微荧光薄片照片

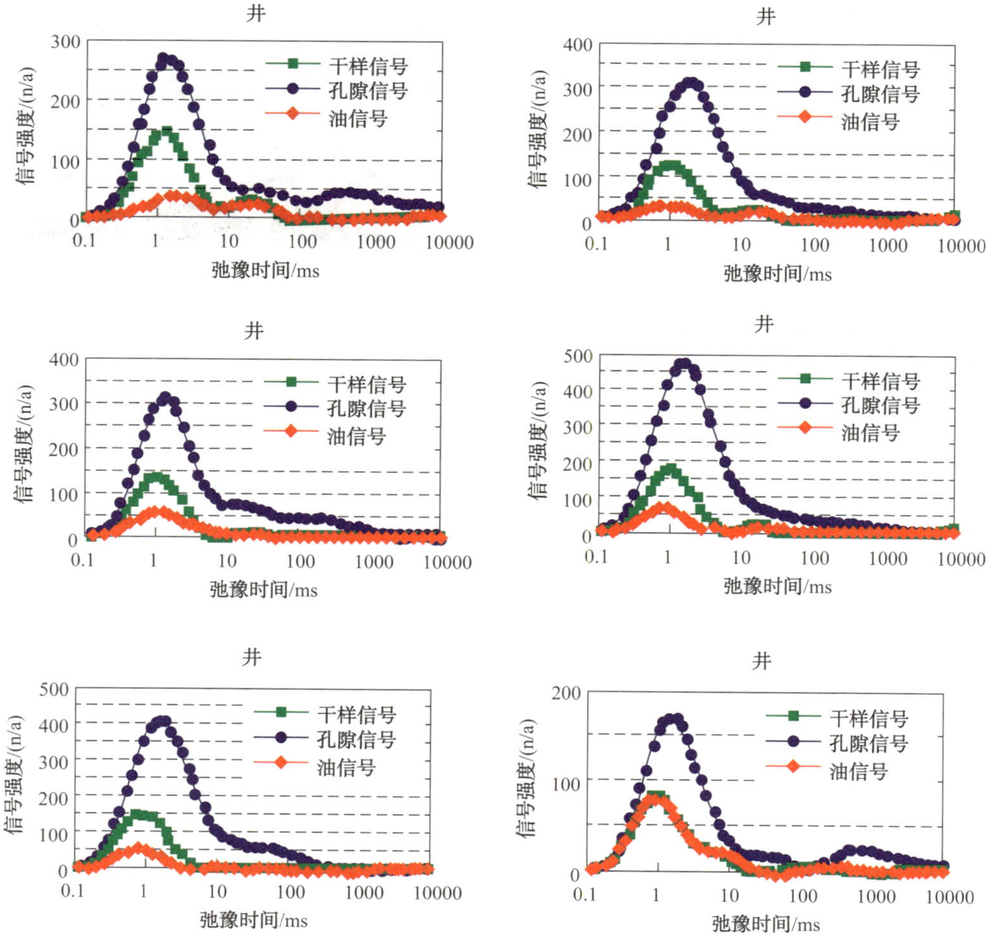

图 5　S13 井岩芯核磁共振录井谱图

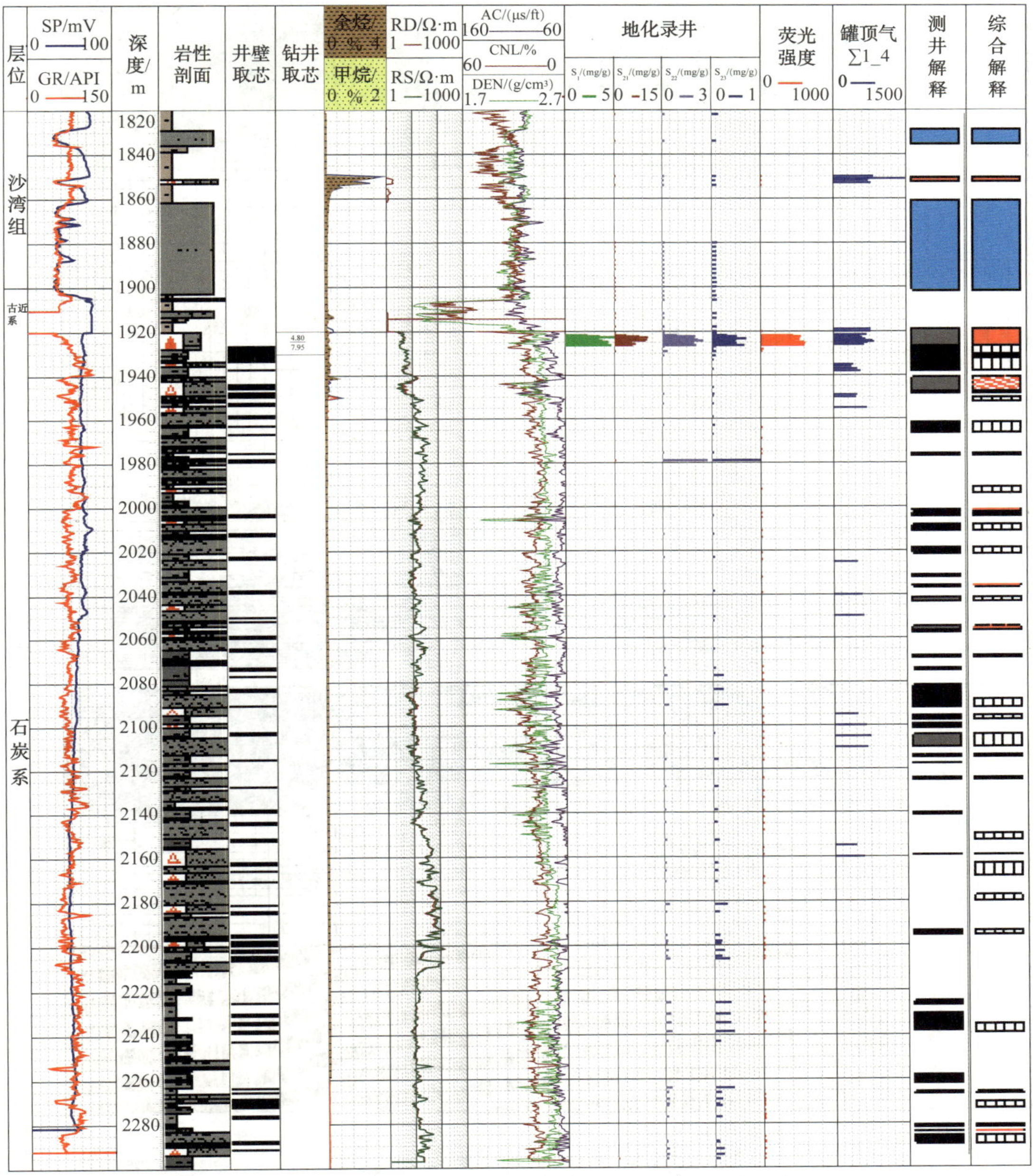

图6　S13井石炭系油气层综合评价图

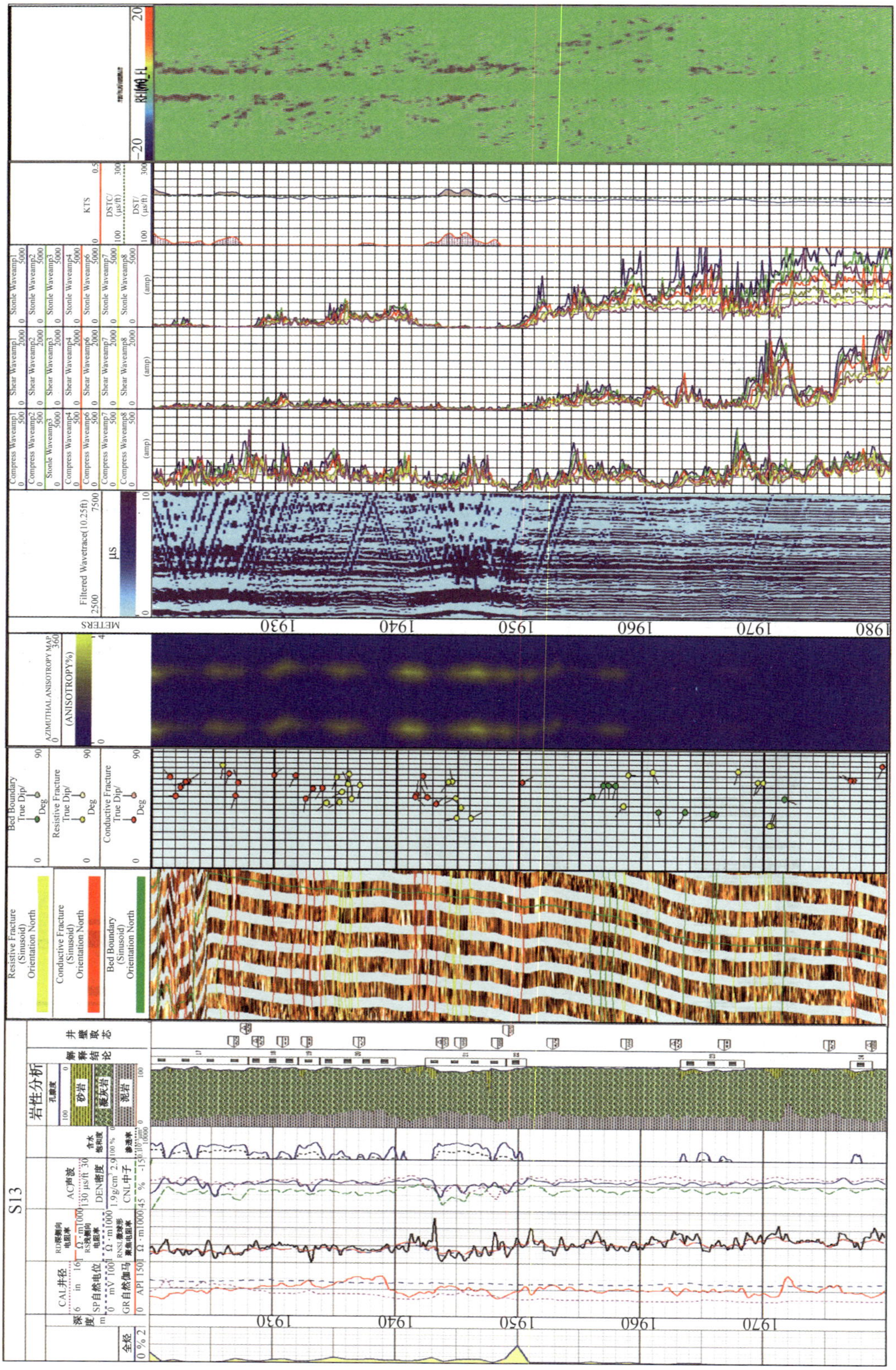

图7 S13井综合测井成果图

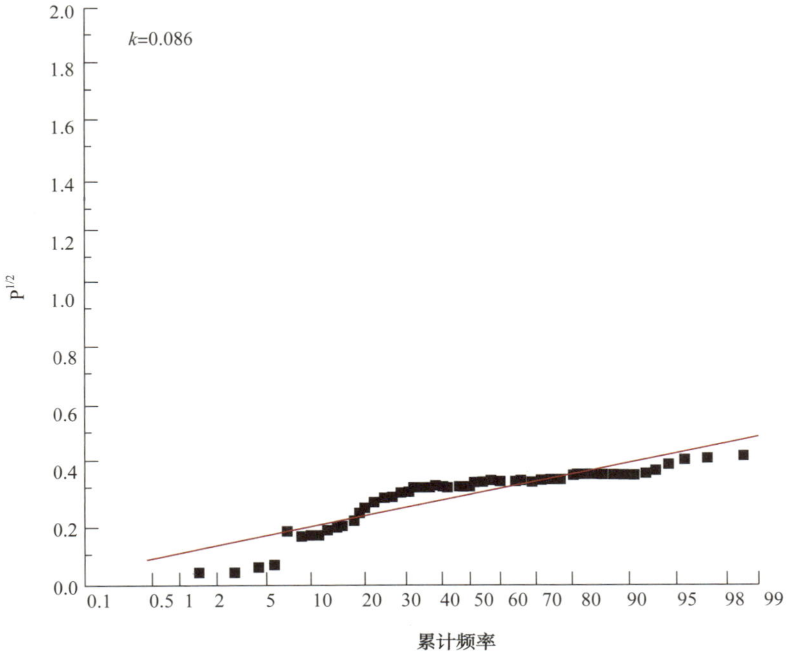

图 8 S13 井 $P^{1/2}$ 正态分布法

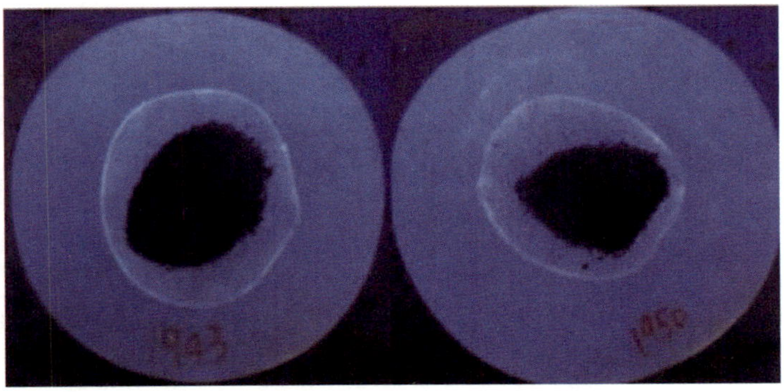

图 9 S13 井荧光滴照照片

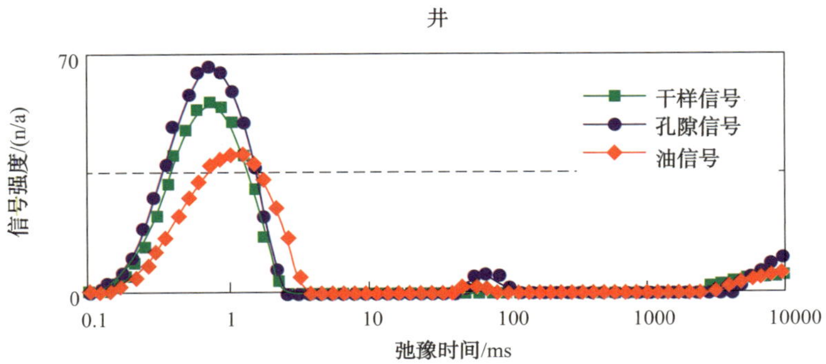

图 10 S13 井 1944.0m 核磁共振谱图

4 试油（气）结果

2016年9月9日对石炭系地层的1920.11~2300.00m井段进行裸眼测试获得高产油流。6mm油嘴放喷求产，日产油20.7m^3，气1393m^3，累计出油70.1m^3，不含水，原油密度0.8255g/cm^3，黏度4.08mPa·s，为轻质原油。本井的钻探成功实现了准噶尔盆地车排子凸起西翼石炭系勘探的重大突破。

5 结论与认识

（1）常规测井与电成像、阵列声波测井相结合，能有效识别裂缝和储层类型，其中斯通利波幅度衰减、声波远探测相结合，可以较好地评价储层有效性。

（2）并非所有的裂缝性油气藏气测都具有明显的响应特征，在气测不明显的情况下，综合利用岩芯、井壁取芯的热解地化、定量荧光、核磁共振录井及荧光薄片能够对轻质油层进行合理评价。

（3）综合分析气测、岩屑录井和测井资料的基础上，再结合$P^{1/2}$正态分布法对石炭系复杂储层流体性质进行判别，具有一定的应用效果。

编写单位：胜利测井公司　胜利地质录井公司
编 写 人：马雪团　向巧玲
审 核 人：许东晖　张立生　卜凌梅
审 定 人：张晋言　牛　强　何浩然

69 准西车排子凸起 P744 井熔岩相裂缝性储层测录井综合解释评价

1 概况

P744 井是 2021 年 1 月 2 日完钻的一口评价井，构造位置为准噶尔盆地西部隆起车排子凸起 P744 井石炭系断块圈闭。目的层为石炭系，钻探目的是评价 P744 井区石炭系含油气情况。本井完钻井深 1190m，完钻层位石炭系。

石炭系是准噶尔盆地车排子凸起重要的勘探层系之一，具有巨大的勘探潜力。目前胜利探区内有 P60 井、P61 井、P665 井、P674 井等多井在石炭系见到油气显示，试油获较好工业油流，展示了车排子石炭系具有良好的勘探前景。

井区石炭系顶部区域上为不整合面，并且车排子地区位于构造高部位，长期处于隆起状态，是油气运移的有利指向区，成藏条件比较有利。P744 井处于由多条断层切割形成的断阶式断块的较高部位，构造比较有利，形成了断块油气藏（图 1）。

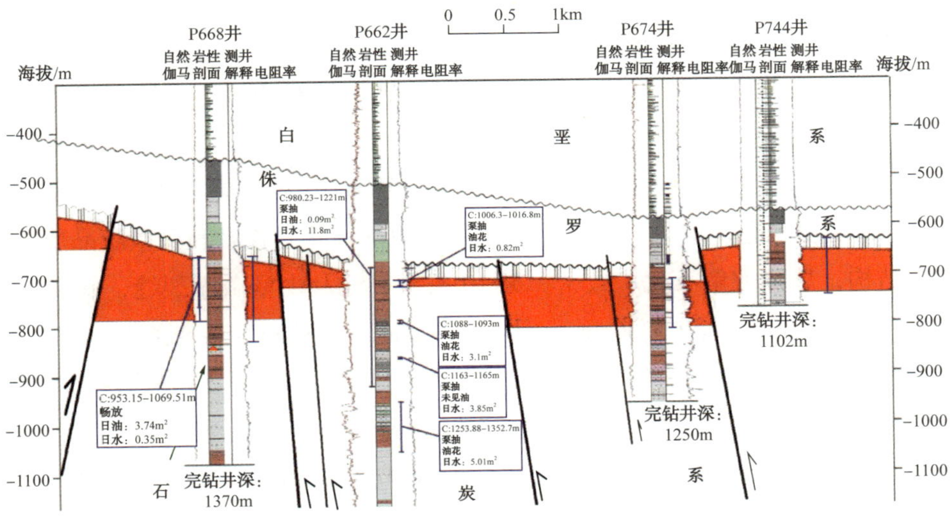

图 1 P668 井 –P744 井近东西向油藏剖面图

2 问题与难点

本井石炭系地层岩性为安山岩，储层类型以裂缝型储层为主。火成岩地层岩石结构复杂、非均质性强；储集空间类型多，多具双孔介质，基质孔隙度较小，裂缝导致储层渗流特性变化大，物性参数计算困难，储层有效性评价难度大；导电机理复杂，由于岩性及复杂的孔隙结构及钻井液侵入的影响，电阻率反映储层流体性质的信息减弱，油水层评价困难。测录井作为储层评价的主要手段，在火成岩裂缝性储层的评价中受到很大的挑战。本井气测值偏低，钻井液密度 1.05g/cm^3，气测全烃最高仅为 5.05%，一般都在 1% 以下，也造成了流体性质评价的困难。

3 解释评价

利用常规测井和电成像测井结合识别岩性，划分储层，计算储层孔隙度、渗透率、裂缝参数等储层地质参数，再根据不同储层特征及区域油水层分布特征，结合第一性资料显示情况判识储层流体性质。

石炭系在主要储层发育段 1005~1080m 见到良好的油气显示，岩屑录井见荧光 16.6m/6 层，井壁取芯见油斑 4 颗，荧光 2 颗，岩性均为安山岩（图 2）。测井资料显示，自然伽马数值在 20~50API，高阻致密基岩段密度数值在 2.65g/cm^3，成像测井显示为块状结构，岩性综合解释为中基性的安山岩。

20 号层，井段 1007.3~1013.6m，储层物性较好，中子密度交会计算孔隙度约 8%，深侧向电阻率较围岩明显降低，数值为 13Ω·m，电成像静态图像呈深棕色，内部裂缝发育，高导缝交叉呈网状，地层呈破碎特征，暗色团块状孔洞发育，孔隙结构分析显示以裂缝连通孔洞为主，测井评价为Ⅱ类层。

23、25 号层，井段 1037.2~1047m，常规测井显示为本井储层物性最好的井段，计算孔隙度为 8%~11.5%，深侧向电阻率数值较低，分别在 18Ω·m、30Ω·m 左右，该段进行了钻井取芯，见油斑显示 7.55m/4 层，荧光显示 0.55m/2 层。岩芯含油部分呈棕褐色，不含油部分呈灰色。斑晶为斜长石，主要由微细针状斜长石和少量隐晶质组成，基质具交织结构，局部方解石化，致密。见 10 条斜裂缝及少量微细裂缝，斜裂缝与岩芯轴向夹角呈 45°~80°，缝长 330mm，宽 0.5~2.0mm，裂缝密度 2~8 条 /m，裂缝被方解石半充填 ~ 完全充填。棕褐色原油沿裂缝面呈斑块状分布，含油裂缝占 5%~20%，原油芳香味较淡，油脂感弱，染手，含油部分滴水呈馒头状。荧光滴照亮黄色。热蒸发烃色谱基线隆起严重，见较多不可分辨物，碳数范围 C_{12}~C_{38}，主峰碳 C_{27}~C_{28}，评价为重质油（图 3）。气测组分不全，仅到 C_2，气测显示最好井段 1066~1072m 气测全烃由 0.18% ↑ 1.75% ↑ 5.05%，表现出较强的油气活跃性。完钻测井测后效，钻井液静止时间 5.9h，高峰时全烃 0.90% ↑ 41.2%，甲烷 0.74% ↑ 13.3%，乙烷 0.005% ↑ 0.33%，其他组分为零，槽面见棕褐色油花占槽面 20%，无色透明气泡占槽面 5%，具原油芳香味和天然气味，槽面未上涨，显示持续时间 6.0min，钻井液相对密度 1.03g/cm^3，漏斗黏度

51mPa·s，计算油气上窜速度 6.0m/h。岩石热解地化、三维定量荧光分析显示取芯段含油气丰度较高，原油性质评价为重质油（图 4）。显微荧光薄片资料表明，裂缝发育整体较好，连通性一般—较好，见孔洞，荧光颜色以淡黄色和灰绿色为主，含油面积一般—较好，主要分布在裂缝和孔洞内（图 5）。电成像静态图像呈深棕色，裂缝发育，高导缝和高阻缝交叉呈网状，钻井取芯显示高阻缝局部未完全充填，孔洞发育，孔隙结构分析显示以裂缝连通孔洞为主。该段位于石炭系上部，在区域油水界面以上，储层电阻率 10Ω·m 以上，计算含油饱和度达 20%~50%，钻井取芯、岩屑录井为油斑、荧光显示，且气测明显异常，测井综合解释为Ⅰ、Ⅱ类油层，录井解释为油层 15.5m/2 层。

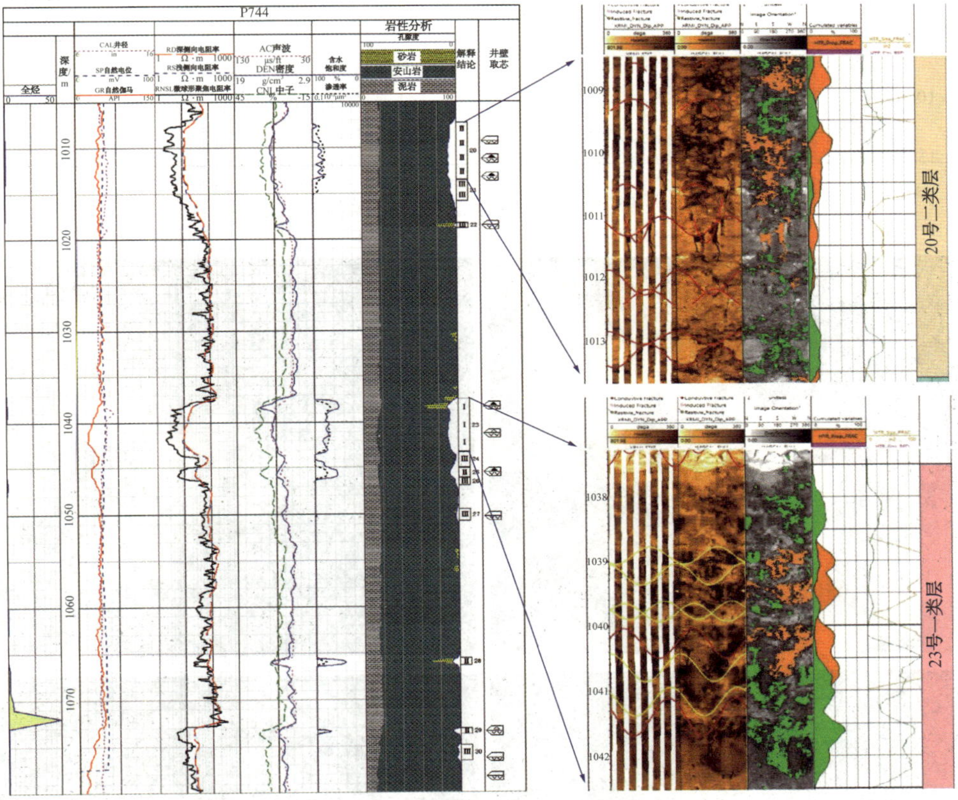

图 2　P744 井综合测井成果图

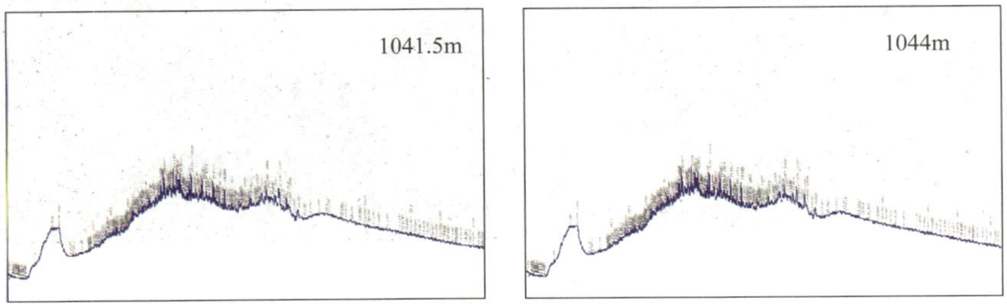

图 3　P744 井岩芯热蒸发烃谱图

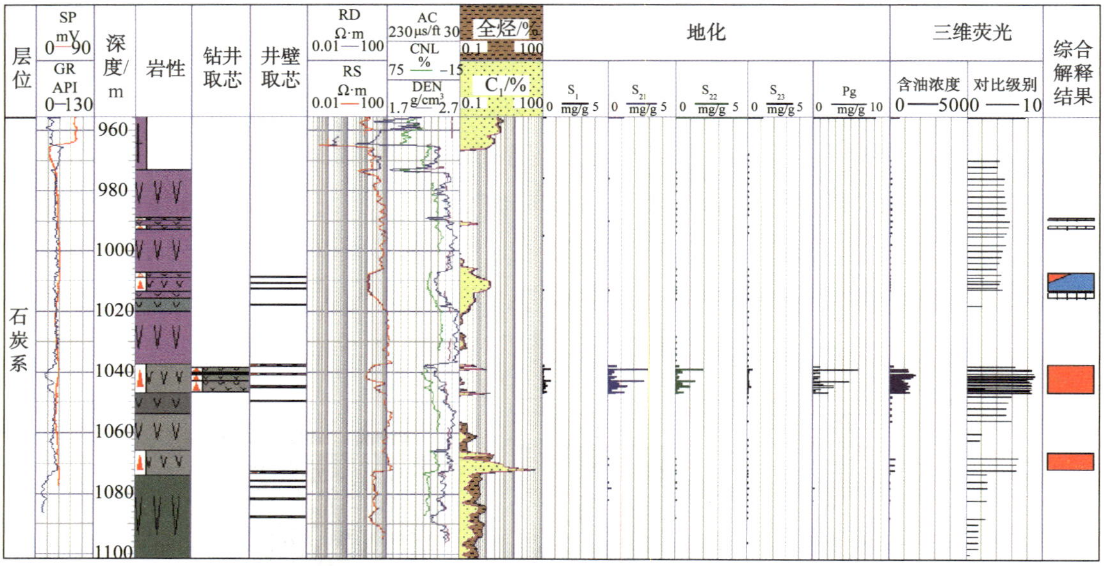

图 4　P744 井石炭系油气水层综合评价图

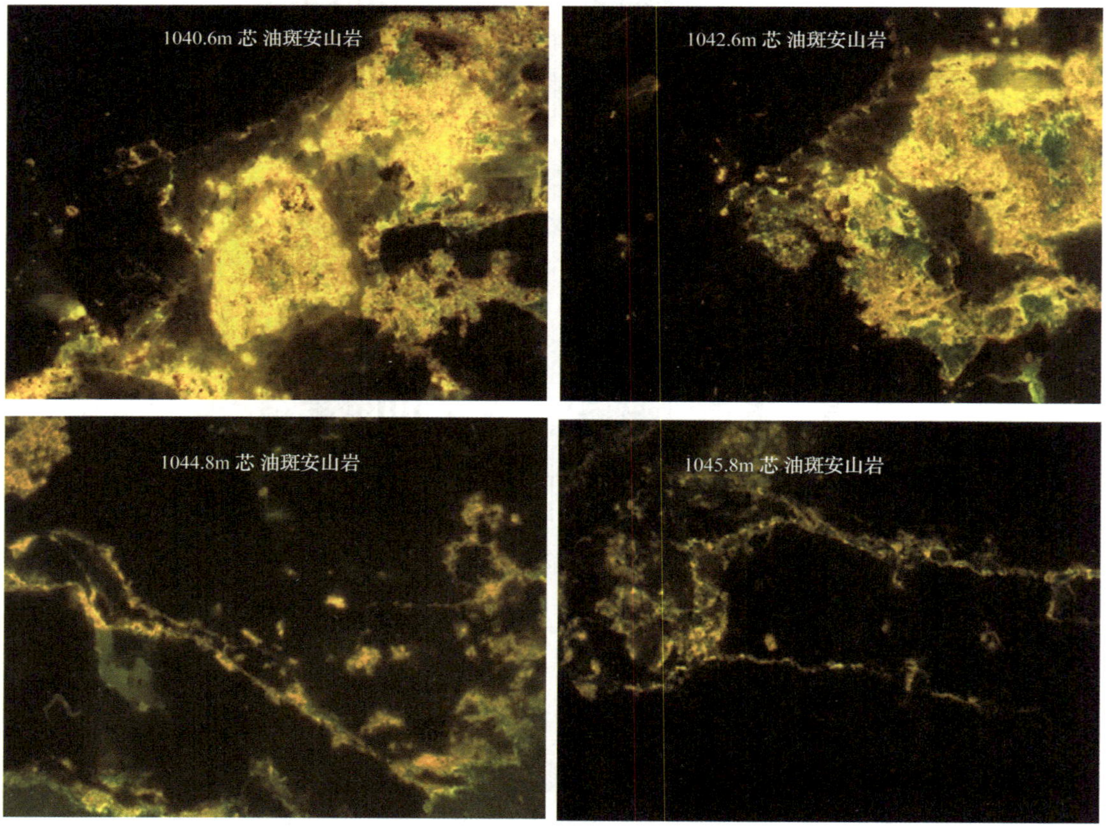

图 5　P744 井石炭系油气水层综合评价图

4 试油（气）结果

2021 年 3 月 31 日—7 月 8 日，对石炭系 1007.3~1067.0m（14.1m/3 层）井段试油，微生物吞吐 60r/min，折算日产油 8.08t，原油密度 0.9552g/cm^3，黏度 1580mPa·s，试油结论为油层。

5 结论与认识

（1）安山岩储层储集空间以裂缝、孔隙和溶蚀孔洞为主，网状裂缝连通孔洞，提高了储层的渗流能力。经试油验证，该类储层具有较好的产能。

（2）利用常规与电成像测井结合进行储层质量划分，再针对不同储层特征，根据区域油水分布规律，结合第一性资料显示情况判识流体性质的方法，在车排子地区石炭系具有较好的应用效果。

（3）气测显示含油丰度及油气活跃特征与储层物性特征正相关，油层特征明显，试油证实为油层；若录井含油丰度特征与储层物性反相关，则预示储层未成藏。

（4）利用纵向上录井分析参数显示的不同油质划分不同油水系统，原则上不同密度的原油，分属不同油水系统。采用地化录井、三维荧光录井资料结合测井资料均可予以划分。

编写单位：胜利测井公司　胜利地质录井公司
编 写 人：李　珊　孙钦钢
审 核 人：许东晖　张立生　向巧玲　卜凌梅
审 定 人：张晋言　牛　强　何浩然

70 查干花地区 CH2 井火山岩气藏综合解释评价

1 概况

CH2 井是松辽盆地南部长岭断陷查干花北次凹缓坡带白家围子圈闭的一口预探井，也是一口火山岩气藏突破井，该井于 2020 年 12 月完钻，完钻井深为 4810m，完钻层位火石岭组。钻探目的是（1）探索长岭断陷查干花北次凹白家围子圈闭含油气性；（2）落实长岭断陷查干花北次凹火石岭组储层物性及储盖特征；（3）获取钻遇地层的地质参数及相关油、气、水资料。

2 问题与难点

火山岩岩性复杂、纵横向变化快，孔隙结构和储集空间复杂、孔隙度低，骨架参数选取难、影响了储层参数（孔隙度、渗透率、饱和度等）的计算精度。电阻率受岩石骨架和孔隙结构影响，反映孔隙流体性质的信息弱，加上受裂缝系统钻井液侵入等因素的影响，造成测井资料识别储层流体性质困难。

3 解释评价

3.1 岩性识别

岩性识别是火山岩油气藏测井精细评价的基础。由于火山岩化学成分变化大，矿物组成复杂，需要以火山岩岩石学特征为基础，总结火山岩测井响应规律，利用岩性敏感测井曲线进行多元交互识别岩性，通过总结研究发现：自然伽马、铀、钍、钾、密度、中子、声波、泊松比等曲线对岩性较敏感。CH2 井火石岭组钻遇了三个期次火山岩地层，该井以酸性火山碎屑岩凝灰岩为主，存在部分中性安山岩，排除其孔隙、流体性质等因素的变化，从中性岩到酸性岩，岩石密度数值、中子数值将整体呈减小趋势、声波时差数值明显增加、放射性同位素钾的含量逐渐升高，在酸性岩中钍值明显增加，反映岩石放射性增强。CH2 井利用中子 – 声波时差 – 密度及铀 – 钍 – 钾交会图识别岩性（图 1~ 图 2），并做 CH2 井与邻井 CH1 井、CH5 井火石岭组火山岩的自然伽马 – 钍值交会图来进一步识别岩性（图 3）。不难看出，CH2 井在三孔隙度三维图上岩性数据点较为集中，具有一定的相似特征，当然同种岩性也存在离散分布的数据点，反映出火山岩岩性变化大的特点。CH2 井安山岩自然伽马数值小于 100API，钍值较低，多在（3~15）$\times 10^{-6}$。凝灰岩自然伽马数值多大于 100API，钍值相对较高，多在（5~25）$\times 10^{-6}$。沉凝灰岩数据点自然伽马数值多小于 100API，钍值较低，多在（3~10）$\times 10^{-6}$，具有明显沉积岩特征。

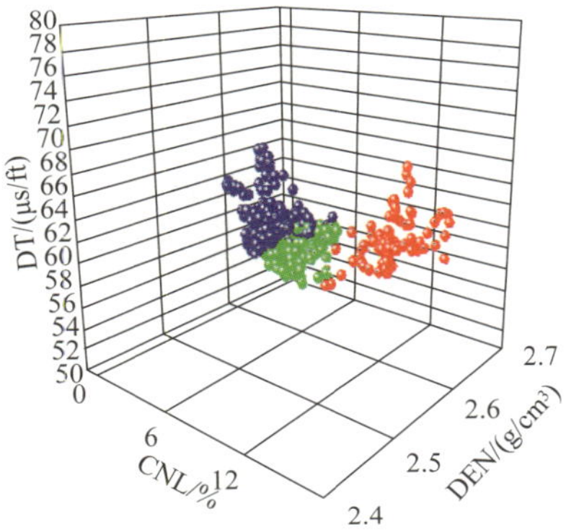

图 1　CH2 井三孔隙度曲线岩性识别图

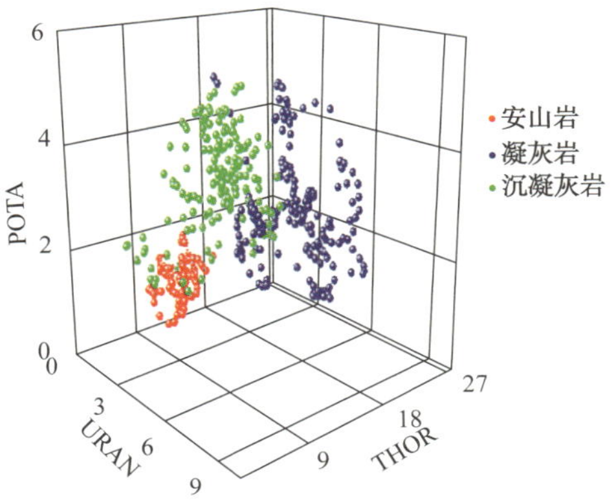

图 2　CH2 井能谱曲线岩性识别图

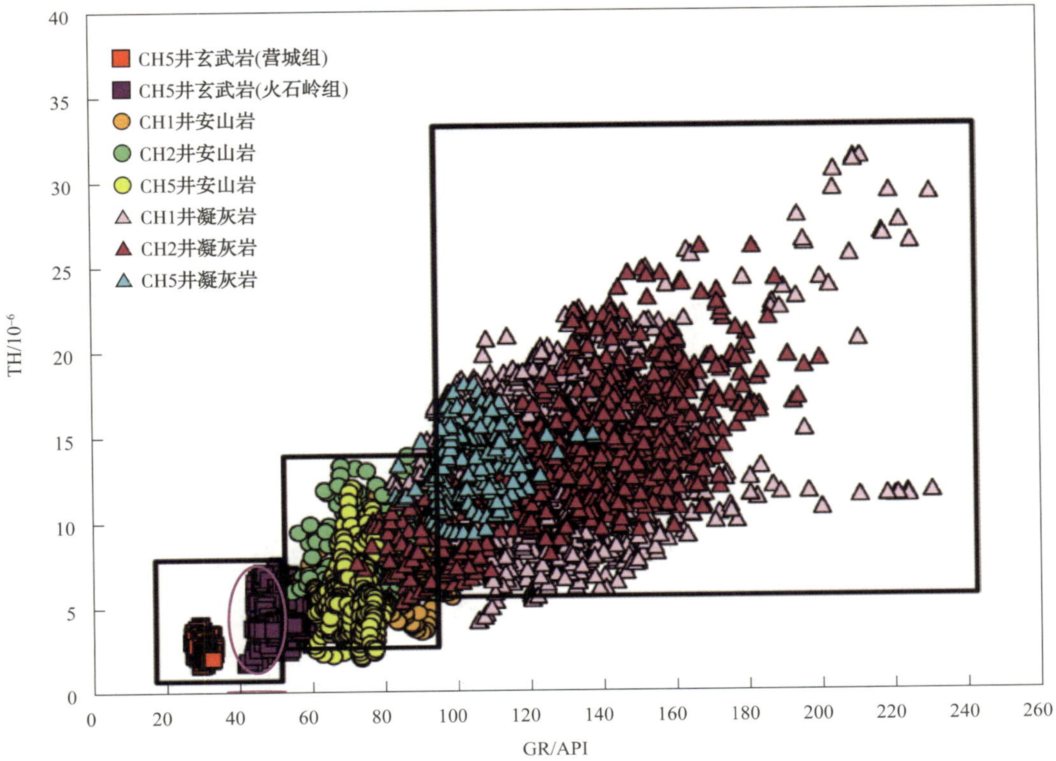

图 3　CH2 井与邻井 CH1 井、CH5 井火山岩自然伽马－钍值交会图

3.2 火山岩骨架参数选取

有效储层及孔隙度评价的前提是选准各种岩性的骨架值，通常骨架参数选择是依据岩性理论值及测井曲线所反映的孔隙度为零值处的各岩性测井曲线特征值综合确定，由于CH2井储层孔隙度均较低，有效储层孔隙度多在2%~5.2%之间，常规测井资料难以识别孔隙度在2%~3%之间的储层，对孔隙度更低的2%左右干层的测井值极易误认为是岩石骨架值，基性火成岩、中性岩由于铁锰矿物存在，对核磁测井有较大影响。但核磁测井资料对于火山岩孔隙度十分敏感，核磁资料显示CH2井不存在孔隙度为零的凝灰岩，因此CH2井参考邻井查1井凝灰岩骨架值。底部60号层为该井最致密的沉凝灰岩储层，三孔隙度曲线显示该层岩性十分致密，从常规测井曲线看近似岩石骨架，但核磁资料显示有效孔隙度为2.87%，核磁资料有可动流体信号，差谱信号弱，长TE回波的T_2谱有较明显的前移，含气特征较明显，气测录井在该层底部全烃由3.343% ↑ 6.565%，综合解释为含气层（图4）。

3.3 火山岩有效储层识别及流体性质评价

火山岩有效储层划分及流体性质识别是利用常规、电成像、偶极声波及核磁等测井资料综合分析判断，结合地质录井、钻井取芯、邻井试气资料对火山岩储层进行综合解释。CH2井火石岭组测试段储层属Ⅱ期次火山岩，岩屑录井主要为灰色凝灰岩，成分主要由岩屑和少数晶屑组成，岩屑主要由喷出岩和结晶程度较低的火山灰组成，晶屑主要由石英、长石颗粒组成。测试段4600.0~4688.1m的测井信息表明，储层自然伽马中高值，核磁及三孔隙度曲线显示储层物性相对较好，计算的孔隙度为5.2%~6.8%，电成像在该段见到明显的高导缝和半充填缝，钻至4639m（测试段47号层）时，钻井液累计漏失量达209m^3，受裂缝发育影响和钻井液侵入影响，该段储层电阻率数值变化较大，集中在120~750Ω·m，仅凭常规测井资料很难进行流体性质评价，需借助特殊测井资料及录井显示情况进行综合分析。该井多极子阵列声波显示测试段储层纵横波速度比明显减小，体积压缩系数增大，纵横波速度比与体积模量的包络面积明显，反应含气性好；核磁可动流体信号和差谱信号均较强，移谱有大幅度前移，含气特征明显；该段储层$P^{1/2}$值正态分布图斜率普遍较大，呈近似直线，反映储层含气性好；该段储层气测显示值高，全烃最高由58.164% ↑ 93.977%，为该井最高值，槽面气泡占45%，后效气泡占30%，综合解释为气层（见图6），该段储层压裂后获高产工业气流。

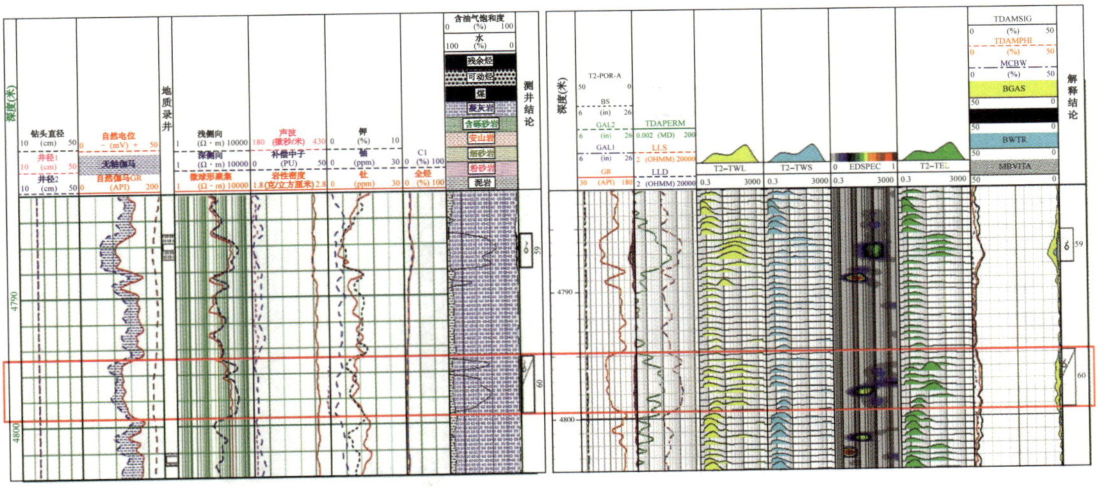

图 4　CH2 井常规、核磁测井解释成果图

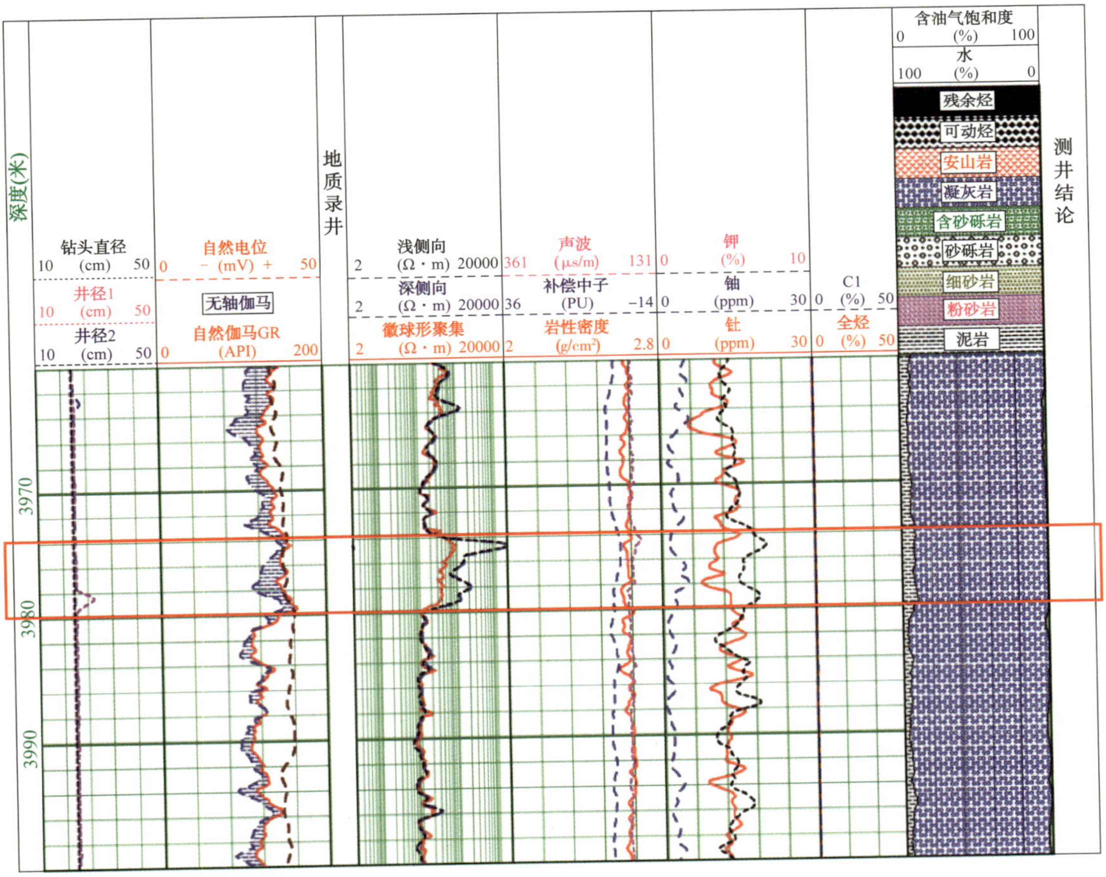

图 5　CH1 井测井解释成果图

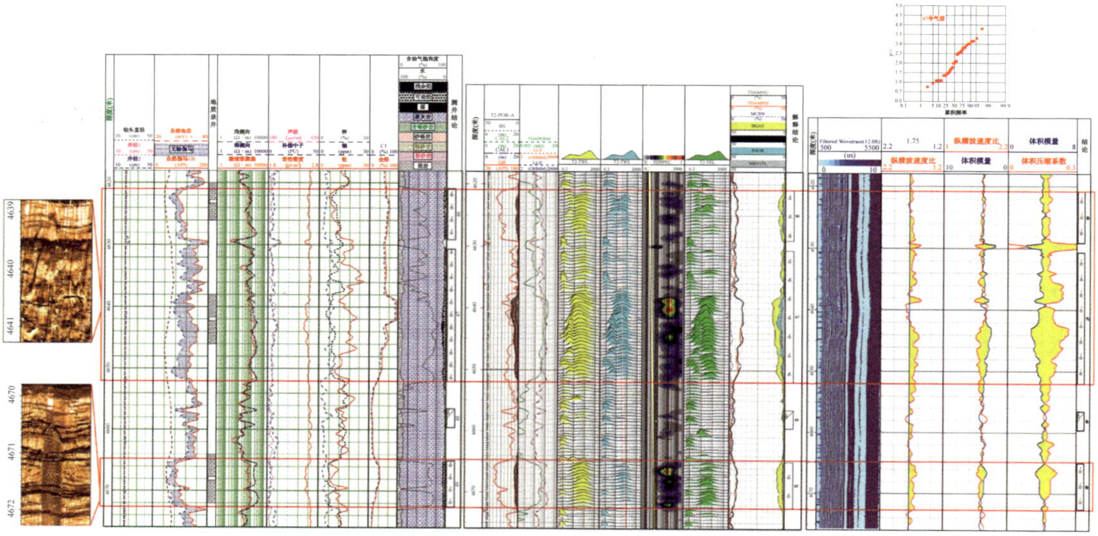

图 6　CH2 井测试段综合测井解释成果图

4　试油（气）结果

井段 4600.0~4688.1m 压裂试油，日产气 $10.992\times10^4m^3$，结论为气层，证实了测井评价的准确性；CH2 井的试气结论进一步落实了松辽盆地长岭断陷查干花北次凹缓坡带白家围子圈闭火石岭组的含气情况，标志着该地区高压火山岩气藏勘探实现突破。

5　结论与认识

（1）利用自然伽马－钍值、中子－密度－声波时差、铀－钍－钾等交会图能有效识别火成岩储层。

（2）核磁测井对酸性火山岩储层孔隙度计算、储层有效性及含气性评价有非常明显的优势，核磁测井在火山岩储层评价中起着至关重要的作用，应作为火山岩储层评价的必测项目。

（3）火山岩有效储层识别及流体性质评价，需结合地质录井、钻井取芯、邻井测试等资料，充分利用常规测井、偶极声波、核磁及成像等测井资料综合分析。

编写单位：中原测控公司
编 写 人：申潜玲　史凤香
审 核 人：李凤琴
审 定 人：陈汉林　何浩然

第五章

其他油气藏

有一些特殊的油气藏，通常难以用常规的油气藏分类标准进行划分，因此我们将其归类为其他油气藏。本章收录了 8 个其他类型油气藏的解释典型案例，包含变质岩油气藏、煤层气藏、储气库、水淹层评价和动态监测等。

自 20 世纪 70 年代以来，我国陆续在新疆、辽河、胜利、大港、内蒙古等发现一系列变质岩油气藏，在古生界、中生界、元古界和太古界中均发现了高产油气流，其中渤海湾盆地是我国主要的潜山油气藏发育区，基岩油气藏已成为中国油气勘探的增储上产重要领域（刘小平等），具有岩性多样、裂缝发育、储集空间复杂等特点。

据统计，中国煤层气总储量达 $36.8\times10^{12}m^3$，煤层气藏具有显著的地域和时域性富集特点，主要分布在华北和西北地区的石炭系－二叠系等，其中沁水盆地的上石炭统太原组和下二叠统山西组累产煤层气已超过 $110\times10^9m^3$；煤层气藏普遍具有低渗、低压和低含气饱和度特征。

我国储气库建设起步较晚，但是发展迅速，截至 2021 年底已建成地下储气库（群）20 余座，主要包括枯竭砂岩气藏储气库、盐穴储气库等多种类型，储气量约 $261\times10^9m^3$；中国储气库建设地质条件复杂，对于枯竭砂岩气藏储气库的气密性、注采效果、气液界面监测以及断层的封闭性评价研究甚少，对于盐穴储气库稳定性评价的可供借鉴资料较缺乏。

我国大部分油田采用注水开发方式，油层会发生不同程度的水淹，地层含水饱和度上升，其典型现象表现为水淹层的岩石物理特征、测井响应等发生明显变化，部分水淹层与油层的识别较为困难。

我国部分气田进入开发中后期，气井呈现高含水特征并间歇性生产，需要了解储层含水饱和度变化、各层段产出状况并寻找主要出水层段，由于井下流态复杂多变，因此采用合适的动态监测手段及评价方法对气井的高效开采至关重要。

中国石化在渤海湾盆地、鄂尔多斯盆地、四川盆地变质岩油气藏、煤层气藏、地下储气库、高含水气藏等领域中不断获得突破，取得了良好的勘探效果，形成了具有特色的测录井解释评价技术。

（1）变质岩油气藏是一种较为特殊的油气藏，其特殊性主要表现在储层岩性多变，孔隙结构复杂，次生孔缝发育，流体性质判别难度大。通过元素录井、测井经典交会图等识别出片麻岩、花岗岩、煌斑岩、白云石大理岩等岩性，采用常规、核磁测井、成像资料评价物性及裂缝发育特征，利用岩屑录井、气测图版、地化参数等准确判别含油气性及流体性质，测录井信息的深度融合成为寻找缝洞型变质岩储层以及实现精细评价的有效方法，在 CHBG7 井、G6 井等井取得良好应用效果。

（2）煤层气藏在我国广泛分布，由于煤层岩性复杂，非均质性强，天然气赋存状态特殊，其煤质组分及含气量定量计算是测录井评价的主要难题。基于岩心刻度测录井，采用多元回归分析、Langmuir 方程和 KIM 方程等建立煤质组分、煤岩含气量的解释模型，采用电成像、偶极声波测井分析煤岩割理及岩石力学特征，较好解决了延川南地区的山西组、太原组等煤层气解释评价难题，在 Y3 井等煤层气勘探开发中发挥重要作用。

（3）地下储气库对于保障国家能源安全具有重要作用。针对枯竭砂岩气藏储气库，基于静态测录井资料和动态监测资料，综合运用视零流量校正等方法解释分层吸产气量及饱和度，通过注产剖面与饱和度资料对比评价注采效果，基于 PNN 饱和度测井资料等评价气密性及气液界面监测，精准掌握储集层段的动用情况及注采效果。针对断层封闭型储气库，用地震资料评价断层产状，通过 dc 指数法、方向函数等评价断层两盘压力及流体性质，实现对储气库断层封闭性的有效评价。针对盐穴储气库，利用纵横波速度比等方法识别岩性，根据岩石力学参数分析盐层顶板稳定性，为盐穴造腔提供了可靠的地质依据。这些技术在 W23、W96、Z 井等储气库建设中应用效果显著。

（4）油田在注水开采阶段，地层水矿化度的变化导致部分水淹层与油层的电阻率特征相似，如何有效识别高阻水淹层与油层是水淹层评价的主要难题。基于井间地层对比、沉积韵律特征分析、注水前后的电阻率 U 型变化等方法，在 W79–C52 井等实现了水淹层与油层的准确评价，证实了解释评价方法的有效性。

（5）高含水气藏常常采用间歇性开采，气井动态监测评价受到测试产量不稳定、井下流态复杂多变等影响，常规解释方法难以精确计算各层分相产量、评价出水井段和水淹状况。通过优选涡轮流量曲线、井筒流态分析、气－水两相流动漂流解释模型优选、产出剖面与 PNN 饱和度结合等方法，实现了各层分相产量的定量解释，精确评价储层含水饱和度、水淹状况并确定产水层段，在 P103–1 井等应用中取得较好效果。

71 埕北低凸起 CHBG7 井片麻岩储层测录井综合解释评价

1 概况

CHBG7 井位于埕北低凸起南部 CHBG7 潜山局部高部位，钻探目的是了解 CHBG7 井区太古界含油气情况。于 2010 年 5 月完钻，完钻井深为 3346.00m，完钻层位为太古界。

CHBG7 潜山位于埕岛油田南部埕北断裂带，为燕山期区域埕岛潜山中部潜山带北北东向走滑构造带内，走滑挤压作用下形成的逆推潜山，潜山地层为前寒武纪花岗片麻岩，两翼低部位有少量古生界残留，中生界覆盖潜山之上。潜山轴向北西向，西高东低，东北翼较陡，南翼稍缓。CHBG7 构造上处于济阳坳陷与渤中坳陷交汇处的埕宁隆起带埕北低凸起南部，为太古界断块残丘山。油藏类型为断块—残丘型凝析气顶潜山油藏。

2 问题与难点

该井目的层为太古界，储层岩性主要为片麻岩、花岗岩、煌斑岩。储集空间主要包括次生溶蚀孔隙及裂缝，孔隙结构复杂，自然伽马数值较高，仅靠常规测井资料难以判断裂缝发育情况和有效储层。储层基质孔隙度小，电阻率测量结果受岩石骨架和孔隙结构影响严重，反映储层孔隙流体的信息弱，加上钻井液侵入的影响，储层流体难以识别。如何有效识别太古界岩性，划分有效储层，识别流体性质是本井的解释重点和难点。

3 解释评价

测井利用电阻率、三孔隙度及自然伽马能谱等曲线划分有利储集层段；利用中子－密度交会图识别岩性、计算孔隙度；利用成像测井识别裂缝发育段，核磁资料识别有效储层。录井的气测、岩石热解地化、定量荧光、罐顶气等资料，可直接显示分析油气，且对于深层流体性质的识别较为灵敏。测录井信息融合对储层岩性、物性、储集空间、流体性质进行综合评价。

3.1 岩性分析

图 1 为太古界片麻岩中子－密度交会图，数据点在砂岩、灰岩与白云岩线都有分布，反映出片麻岩因矿物含量不同，导致测井响应特征不同。钻井取芯证实，太古界岩性为片

麻岩，片麻岩矿物成分主要为石英，长石次之，少量黑云母及暗色矿物，多为变晶结构，局部变余花岗结构。

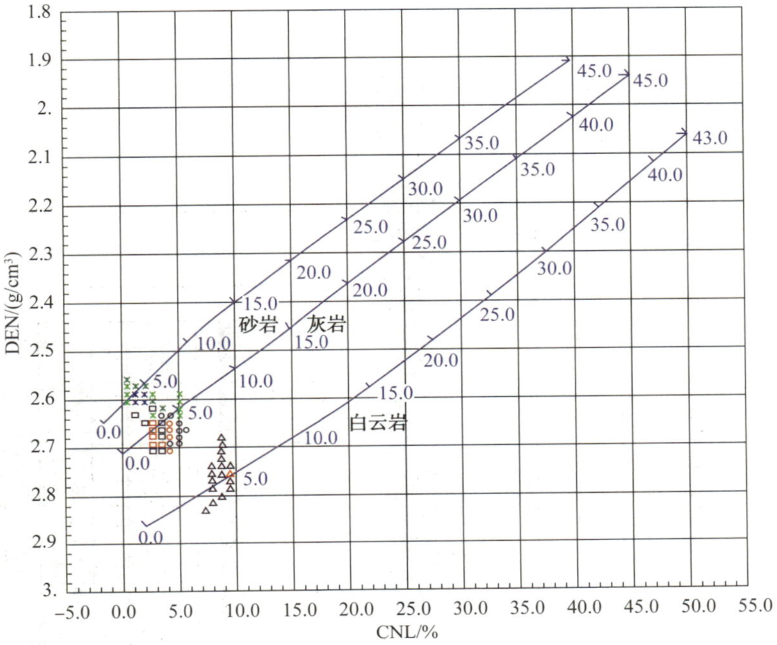

图 1　CHBG7 井中子—密度交会图

3.2　储层评价

本井在太古界解释Ⅰ类层 37.0m/9 层，Ⅱ类层 62.4m/12 层，Ⅲ类层 53.1m/8 层。微电阻率成像测井显示储层裂缝、孔洞发育，储层类型主要以裂缝－孔隙型为主。

图 2 为太古界储层集中发育段 3178~3248m 测井曲线成果综合图。录井为荧光片麻岩，气测全烃 0.1%~30%。片麻岩储层自然伽马数值整体高值（75~200API），但有利储层无铀自然伽马数值相对较低（75~100API），对应段的有效光电吸收截面指数 PE 曲线在 3.5~7.0b/e，大部分在 4.0b/e。33 号层（3180.6~3182.0m）、35 号层（3188.6~3199.0m），37 号层（3202.0~3208.0m）、41 号层（3224.7~3226.0m）电阻率相对低值（20~120Ω · m），深、浅侧向正差异明显；中子、声波时差数值明显增大、密度数值明显降低，中子－密度交会计算孔隙度 8%~12%。核磁处理成果显示，T_2 谱分布幅度较低，分布范围较宽。3198m 至井底的有些井段有效孔隙度达 8% 左右，具有较好的储集空间。有效孔隙度大于 5% 的储层分别为 3198.0~3208.0m、3230.0~3233.0m、3252.5~3269.5m、3280.7~3289.0m、3306.0~3317.5m，它们的有效孔隙度分布为 5%~8%，测井资料反映储层物性较好。33 号、35 号层核磁资料计算孔隙度 3%~6%，但双侧向电阻率低值，成像资料显示网状缝发育（见图 3、图 4），综合分析解释为Ⅰ类层。37 号层中子、密度及核磁计算孔隙度 7%~11%，

反映储层孔隙发育，解释为Ⅰ类储层。40、43号层深侧向电阻率较高，但核磁计算孔隙度4%~8%，反映储层孔隙中等，成像资料也显示裂缝较发育（见图3、图4），综合分析解释为Ⅱ类储层。

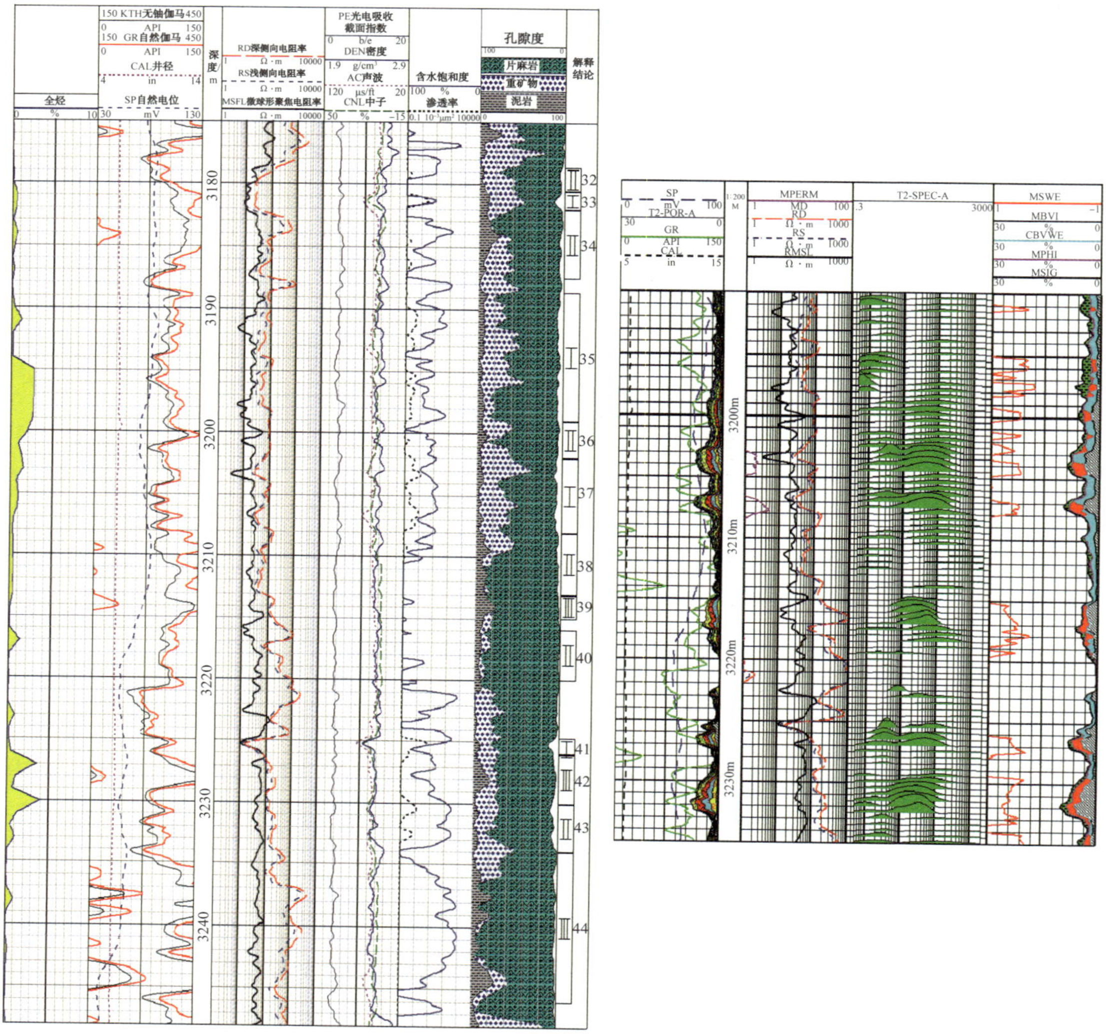

图2　CHBG7井测井曲线成果综合图（3175~3250m）

微电阻率扫描成像测井在裂缝、溶蚀孔洞识别及评价方面发挥了重要作用。CHBG7井在成像解释井段主要可见高导缝、钻井诱导缝，未见高阻缝发育。通过成像图像观察，结合常规测井资料，认为CHBG7井储层类型总体以裂缝－孔隙型为主。总体裂缝相对发育段为3146.0~3150.0m、3155.0~3203.0m、3203.0~3267.0m、3270.0~3296.0m、3299.0~3320.0m、3322.0~3325.0m，合计166.0m。综合来看，全井段裂缝都很发育，统计结果表明，高导缝倾向有三个方向为北东、北西、南东向；走向优势方向有两个为北西－南东、北东－南西向；倾角分布范围较大，在10°~80°（图3）。

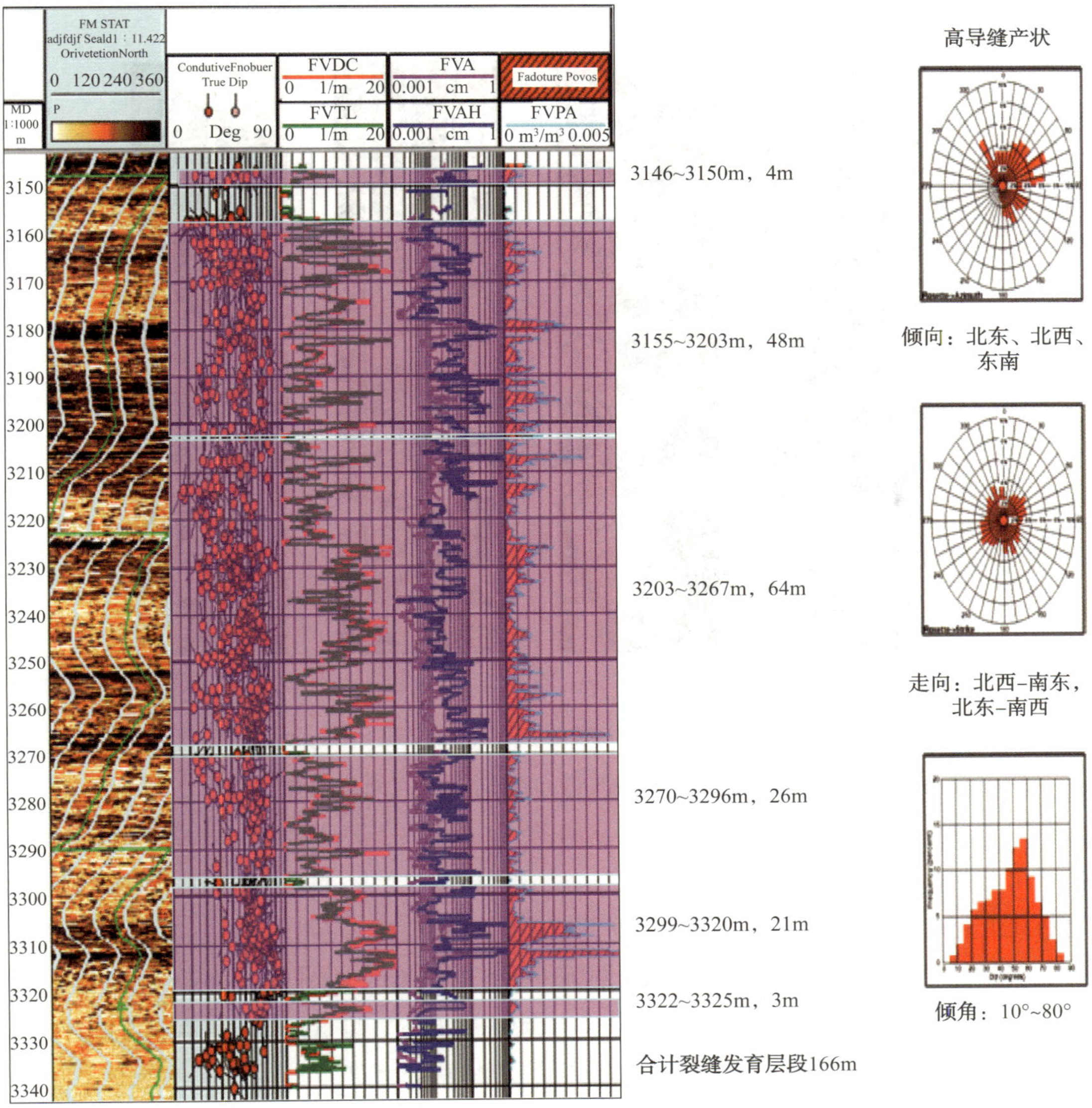

图 3　CHBG7 井成像测量段裂缝定量计算

本井高导缝很发育，根据其特征，可分为网状缝、成组缝和孤立缝，主要发育网状缝和成组缝，孤立缝相对较少。部分井段可见溶蚀孔洞，孔洞在成像图像上为高导异常体，多为分散的斑点状、斑块状或串珠状，另外，沿裂缝的溶蚀加大现象较多（图 4）。

3.3　含油气性分析

太古界岩屑录井见油斑 0.5m/1 层、荧光 111.5m/15 层；钻井取芯 1.10m，芯长 1.00m，其中油斑 0.27m、荧光 0.18m。气测录井全烃最高 8.5%，一般在 2% 以下，但多处见异常显示，全烃对比系数在 8~55 之间，后效全烃最高可达到 100%，槽面见油花、气泡，表明储层油气活跃性较强。

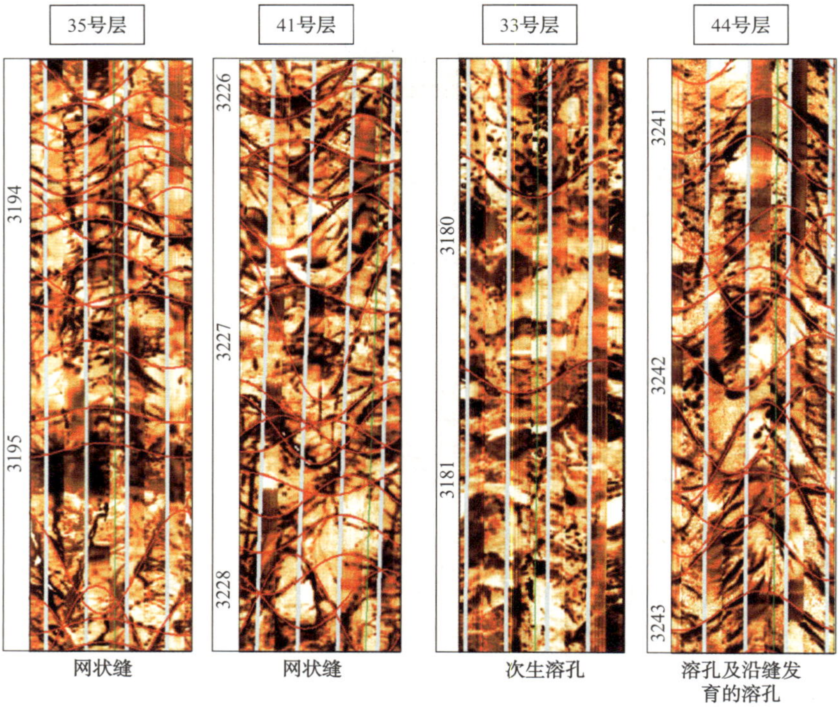

图 4　裂缝在成像图像上的特征

利用气测图版法可对储层的流体性质进行判别。皮克斯勒对数比值图版可判断油气层的性质，三角图版法根据内三角的大、小和倒、正位置，判断油、气、水层，以交点（坐标三角形与内三角形的顶点连线的交点）是否落在工业产区（三角形图版椭圆区域）来判断其工业价值。CHBG7 井皮克斯勒对数比值图版（图 5 中左图）显示，曲线落在气区，表示该储层含气且产能较高，气测三角图版（图 5 中右图）中根据本井数据绘制的内三角形为小正三角形，表明本井段的流体含气，交点在椭圆内，显示本井段具有较好的产能。

因此，综合分析认为，CHBG7 井前震旦系流体性质为气层。

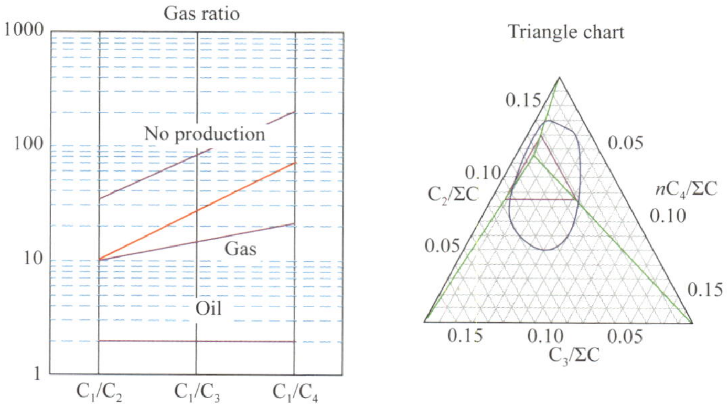

图 5　CHBG7 井太古界气测三角图版

4 试油（气）结果

2010 年 5 月 4 日~7 日，井段 3141.00~3194.71m 中途测试，6mm 油嘴放喷，日产油 5.7t、气 15615.0m^3，原油密度 0.7497g/cm^3，黏度 0.61mPa·s，测试结论凝析气层。2010 年 5 月 26 日至 5 月 31 日，8mm 油嘴求产，日产油 99.9t、气 111361m^3，原油密度 0.7814g/cm^3，黏度 1.58mPa·s，结论为凝析气层。

5 结论与认识

（1）变质岩地层常规测井资料划分储层存在许多不足之处，利用自然伽马能谱测井结合核磁共振测井可以划分有效储层。

（2）变质岩地层的储层类型主要为裂缝 – 孔隙型，裂缝对孔洞的连通起到了重要作用；利用微电阻率扫描成像测井进行缝、洞的识别及评价是最有效的方法。

（3）测录井信息的融合可更有效地评价储层流体性质。

编写单位：胜利测井公司　胜利地质录井公司
编 写 人：范英锋　陈　茜
审 核 人：许东晖　张立生　向巧玲　卜凌梅
审 定 人：张晋言　牛　强　何浩然

72 东濮凹陷 W23CH 气库断层封闭性测录井评价方法

1 概况

目前，断层封闭性评价方法可分为三类：断层分析法、地球物理化学方法、数学地质分析法。在实际研究工作中，根据实际情况确定主要影响因素，优选参数及评价方法，才能较为科学地判断断层的封闭性。

W23CH 气库位于东濮凹陷中央隆起带，由枯竭砂岩气藏改建而成。依据断层发育的规模及对构造形成的控制作用，研究区断层分为边界断层和分块断层两类。

本文主要是根据井筒资料录取的情况，重点开展以单井注采层段钻遇分块断层为研究对象，采用测录井参数法对断层封闭进行评价。

2 问题与难点

储气库断层封闭性是储气库安全运行的关键性因素，断层一旦发生泄漏，不仅会导致储气库报废和天然气散失，而且储气库内地下天然气可能窜至地面而导致火灾、爆炸，造成环境污染、人员伤亡和经济损失，影响下游用户用气和社会稳定。在储气库建设和运行过程中，我们对断层封闭性有两个方面的希望，一是在注气和采气阶段储气库的边界断层能够始终封闭，不漏气，不泄压，保证储气库的完整密封性。二是内部断层封闭与否要看断层与气层、断层与气水界面的相对位置是否与注采有利。因此断层封闭性评价是地下储气库建设、运行管理过程中的关键环节和技术难点。

储气库可行性论证阶段，采用了断层泥比率法、排替压力法等，对研究区断层进行了封闭性评价，但两种评价方法都存在局限性，断层泥比率法仅对预测非均质厚层碎屑岩层序的断层封闭性效果较好，排替压力法无法准确及时获取断层两侧沉积地层不同层位，不同岩性岩石样品的排替压力参数，而且现有断层封闭性评价方法时效性差，不能满足储气库钻井工程建设的需要。因此急需攻关研究一种基于井筒资料的断层封闭性评价方法。

3 解释评价

测录井参数法是应用测录井参数对断层封闭性进行评价的一种方法，该方法可以在代表井完钻后对钻遇断层进行封闭性评价；亦可在代表井随钻过程中对钻遇的断层开展封闭性评价，从地层压力性质和流体性质的角度评价断层封闭性能的优劣，从而快速、科学地评价储气库动用区内断层的封闭能力。该方法包括，在评价断层的上盘和下盘优选出典型对比井，以 d_c 指数表征断层两盘压力性质，以测录井解释成果表征断层两盘流体性质，建立评价指标公式，评价断层封闭性。基于以上思路，采取以下步骤评价断层封闭性。

（1）通过地震构造解释与成图确定所评价断层的产状，包括断层在研究区的位置、断距、倾角、延伸距离等，确定该断层对研究区构造格局的影响。只有当所评价断层为构造区块分界断层时，断层两盘的压力系统和流体性质会受断层封闭性影响而呈现明显差异。因此，在评价断层封闭性前，需综合分析断层所处位置，是不是研究区内部构造的分界线。当断层影响研究区构造区块划分时，需重点评价其封闭性。

（2）当评价断层为构造区块分界断层时，需沿断层两盘分区块、分层位统计油气井压力、流体性质，为下一步优选对比井和对比参数做准备。

（3）优选 2~4 口能够代表断层两盘压力、流体性质的典型对比井。典型对比井的选取原则是井紧邻断层，但不钻穿断层；层位划分精确，测录井参数齐全。

（4）优选能够反映断层两盘地层压力、流体性质的评价参数。以录井中的 d_c 指数作为表征断层两盘地层压力性质的评价参数，d_c 指数代表的是可钻性，可由 d_c 指数求取地层压力，也可用测井参数计算求取地层压力。d_c 指数的计算公式（1）为：

$$d_c=\frac{\lg\left[\dfrac{3.282}{N\times R}\right]}{\lg\left[\dfrac{0.0684\times W}{D_b}\right]}\times\frac{G_n}{\rho_{ECD}} \tag{1}$$

式中 N——转盘转速，r/min；

R——钻时，m/min；

W——钻压，kN；

D_b——钻头直径，mm；

G_n——正常液压梯度，g/cm^3；

ρ_{ECD}——当量钻井液密度，g/cm^3。

地层压力的计算公式（2）：

$$P_c=G_n\left(\frac{d_{cn}}{d_c}\right) \tag{2}$$

式中 P_c——地层压力，MPa；

d_{cn}——正常压实曲线，无量纲，是根据选择厚度 > 150m 的纯泥岩段进行回归，回归公式（3）为：

$$\lg d_{cn}=a\times h\times b \tag{3}$$

式中　d_c——随钻求取的曲线，无量纲。

从地层压力求取公式中可以看出，一般地，回归得出的 d_{cn} 曲线是确定的，那么 d_c 指数变化就可以表征地层压力的变化，因此，在断层两盘压力性质对比中，可以直接比较 d_c 指数的差异。

（5）求取断层两盘对比井的同一层位的 d_c 指数比值；针对典型对比井同一层位，对 d_c 指数进行归一化处理，归一化处理公式（4）如下：

$$d_c=(d_{ci}-d_{cmin})/(d_{cmax}-d_{cmin}) \tag{4}$$

式中　d_{ci}——第 i 个 d_c 指数值；

d_{cmin}——评价层位内最小 d_c 指数值；

d_{cmax}——评价层位内最大 d_c 指数值，归一化后的参数值在 0~1 范围内。

将归一化后的需对比的断层两盘的 d_c 值进行比较，对比值中较大值作为分子，较小值作为分母，如果比值结果小于 5，认为断层两盘压力性质具有相似性；如果比值结果大于 5，认为断层两盘压力性质不具有相似性。

（6）断层两盘对比井同一层位同一砂体小层的测录井解释成果比较；其中，需对比分析典型对比井的沉积微相图和油气藏剖面图，绘制对比井间的小层连通图，给断层两盘的测录井解释的小层进行编号。

（7）根据压力性质和流体性质计算评价指标 λ，获得断层封闭性测录井评价结果。测录井评价指标中，如果压力性质的方向函数和流体性质的方向函数有一项为负值，或全是负值，则认定所评价断层不具有封闭性。

其中，测录井评价指标 λ 的计算公式如下：

$$\lambda=sign_1\left(\frac{\max(d_{c上盘}\text{ or }d_{c下盘})}{\min(d_{c上盘}\text{ or }d_{c下盘})}\right)\cdot sign_2\left(\frac{q_{上盘}}{q_{下盘}}\right) \tag{5}$$

式中　λ　——断层封闭性指数；

$d_{c上盘}$——断层上盘评价层位的 d_c 指数均值；

$d_{c下盘}$——断层下盘评价层位的 d_c 指数均值；

$sign_1$——压力性质评价的方向函数，定义公式（6）如下：

$$sign_1\left(\frac{\max(d_{c上盘}\text{ or }d_{c下盘})}{\min(d_{c上盘}\text{ or }d_{c下盘})}\right)=\begin{cases}1，当\dfrac{d_{c上盘}}{d_{c下盘}}>10\text{ 或}\dfrac{d_{c下盘}}{d_{c上盘}}>10\\-1，当\dfrac{d_{c上盘}}{d_{\ 下盘}}<10\text{ 或}\dfrac{d_{c下盘}}{d_{\ 上盘}}<10\end{cases} \tag{6}$$

$sign_2$ 为流体性质评价的方向函数，定义公式（7）如下：

$$sign_2\left(\frac{q_{上盘}}{q_{下盘}}\right)=\begin{cases}1，当\ q_{上盘}\text{ 与 }q_{下盘}\text{ 录井气测解释结果相同中牙近}\\-1，当\ q_{上盘}\text{ 与 }q_{下盘}\text{ 录井气测解释结果不同}\end{cases} \tag{7}$$

式中 $q_{上盘}$——断层上盘同一层位同一解释层的测录井解释成果；

$q_{下盘}$——断层下盘同一层位同一解释层的测录井解释成果。

$sign_1$ 压力性质方向函数中，如果比值小于 5，则函数 $sign_1$ 赋值 1，表示断层两盘为同一压力系统；如果比值大于 5，则函数 $sign_1$ 赋值 –1，表示断层两盘为不同的压力系统。

选取评价层位内的断层两盘属于同一砂层组的同一小层解释结果进行对比，如果对比小层解释结果相同或相近，则认为评价断层两盘流体性质相似性高，$sign_2$ 函数赋值 1；如果对比小层解释结果不同，则认为评价断层两盘流体性质不具有相似性，$sign_2$ 小层赋值 –1。

（8）W23CH 气库一期工程共新钻井 66 口，分 2 号、3 号、4 号、5 号、6 号、7 号、8 号、11 号 8 个井台。依据地震数据已经落实了储气库动用区主块内部共发育断层 21 条，划分 13 个井区，各井区边界断层封闭性是评价重点，现以 W23–31 断层为例介绍该方法的具体应用情况。

通过地震构造解释与成图确定 W23–31 断层的断层产状，W23–31 断层位于主块东北部，W103 井区和 W109 井区分界断层，断层走向 NE，倾向 NW，倾角 40° ，延伸距离 1.5km，落差 20~30m（图 1）。

沿 W23–31 断层两盘分层位统计油气井压力、流体性质，其中 W109 井区北部有 2 号台 11 口井，3 号台 4 口井，W103 井区有 3 号台 6 口井。统计这 21 口井的各类录井数据。

对比各井与 W23–31 断层的位置关系、井轨迹、数据质量情况，优选出 W23CH2–6 井和 W23CH3–9 井作为断层两盘对比井（为了更加便于参数对比，须优选 2~4 口能够代表断层两盘压力、流体性质的典型对比井），优选沙四上亚段 3 砂层组作为断层两盘对比层位，砂层组代号为 ES_4^3，根据地层对比，ES_4^3 砂层组进一步划分为 4 个小层，编号为 ES_4^{3-1}~ES_4^{3-4}。

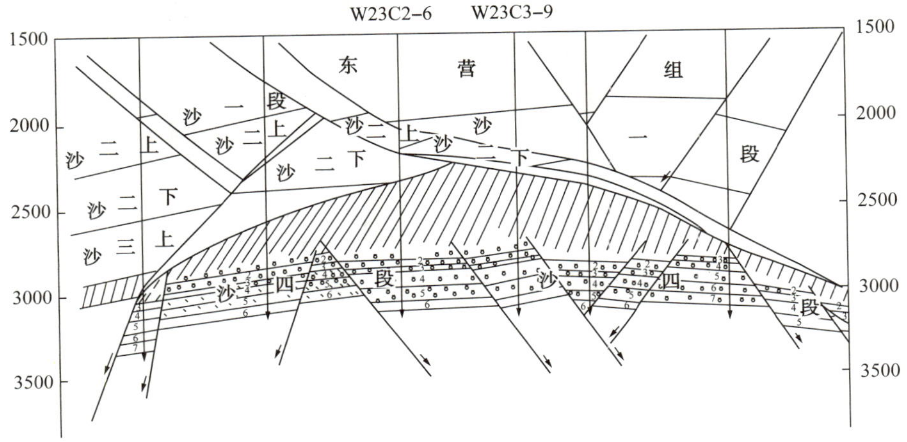

图 1 W23CH 气库 W69~W108 井气藏剖面图

W23CH2-6 井和 W23CH3-9 井 d_c 指数录井数据，测录井解释数据齐全完整，能够反映断层两盘井的压力、流体性质差异。W23CH2-6 井 ES_4^3 砂层组测录井解释成果共划分 13 个解释单层，其中 ES_4^{3-1} 小层内共有 3 个解释单层，编号 ES_4^{3-1-1}~ES_4^{3-1-3}；ES_4^{3-2} 小层内共有 3 个解释单层，编号 ES_4^{3-4-1}~ES_4^{3-4-4}；W23CH3-9 井 ES_4^3 砂层组测录井解释成果共划分 10 个解释单层，其中 ES_4^{3-1} 小层内共有 3 个解释单层，编号 ES_4^{3-1-1}~ES_4^{3-1-3}；ES_4^{3-2} 小层内共有 2 个解释单层，编号 ES_4^{3-2-1}~ES_4^{3-2-2}；ES_4^{3-3} 小层内共有 3 个解释单层，编号 ES_4^{3-3-1}~ES_4^{3-3-3}；ES_4^{3-4} 小层内共有 2 个解释单层，编号 ES_4^{3-4-1}~ES_4^{3-4-2}。经过地层对比得到这两口井的小层是同一砂体。

对 W23CH2-6 井和 W23CH3-9 井 ES_4^3 砂层组的 d_c 指数数据进行归一化处理。然后依据 W23CH2-6 井和 W23CH3-9 井的测录井解释成果和小层精细对比结果，对各解释单层求取 d_c 指数均值（图 2）。

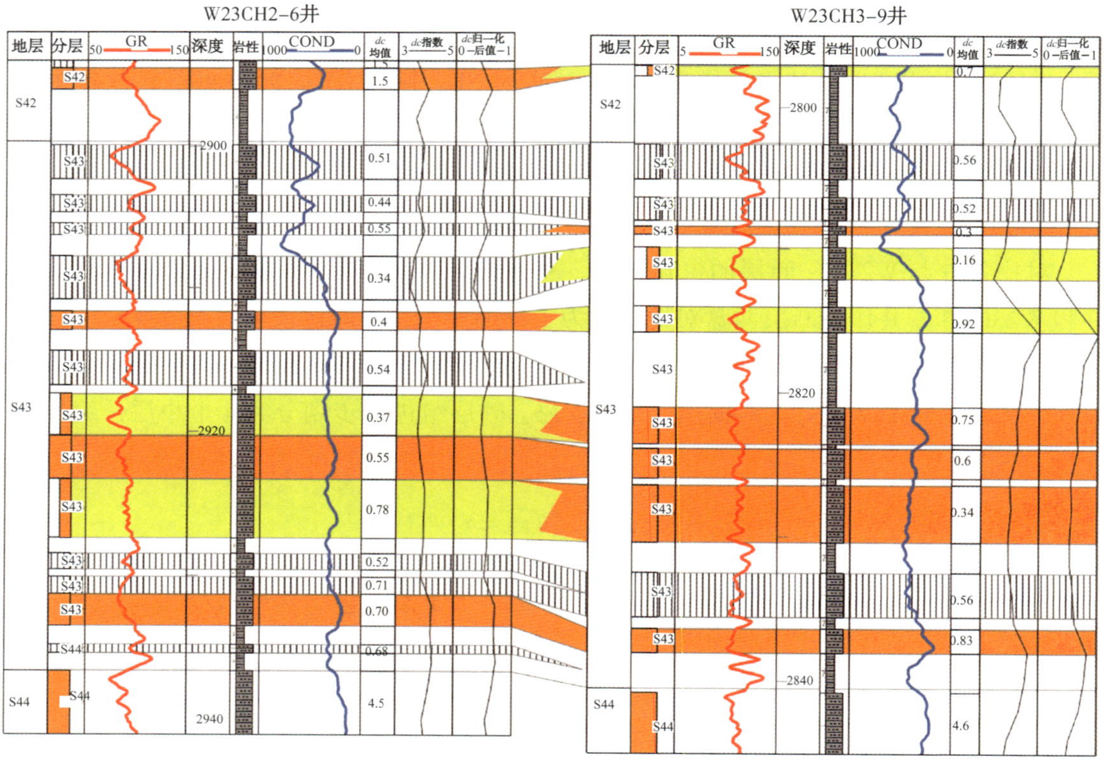

图 2　W23CH2-6 井 -W23CH3-9 井地层对比图

对比断层两盘 W23CH2-6 井和 W23CH3-9 井 ES_4^3 砂层组内的属于同一小层的 d_c 指数，对比值中较大值作为分子，较小值作为分母。如果比值结果小于 5，认为断层两盘压力性质具有相似性，方向函数 $sign_1$ 赋值为 1；如果比值结果大于 5，认为断层两盘压力性质不具有相似性，方向函数 $sign_1$ 赋值为 −1。

对比断层两盘 W23CH2-6 井和 W23CH3-9 井 ES_4^3 砂层组内的属于同一小层的测录井解释成果结论，如果同一小层测录井解释成果相同或相近（例如均是气层、气层和低产气层、均是水层等），则认为断层两盘流体性质具有相似性，方向函数 $sign_2$ 赋值为 1；如果同一小层测录井解释成果不同（例如一侧是气层，另一侧为水层等），则认为断层两盘流体性质不具有相似性，方向函数 $sign_2$ 赋值为 -1。

根据录井评价指标 λ，得到断层两盘对比井属于同一砂体的各小层的封闭性评价结果，如果压力性质的方向函数 $sign_1$ 和流体性质的方向函数 $sign_2$ 有一项为负值，或全是负值，则认定所评价断层不具有封闭性。结果来看，ES_4^{3-1} 小层内，有两个解释单层的压力性质方向函数和流体性质方向函数均赋值为 1，有一个解释单层间的压力性质方向函数和流体性质方向函数均赋值为 -1，表明压力性质和流体性质具有相似性，同时并不完全一致，评价断层在此层位处虽具有封闭性，但封闭能力差。

各小层评价结论表明：

ES_4^{3-2} 小层内，所有的解释属于同一单砂体的压力性质方向函数和流体性质方向函数均赋值为 -1，表明压力性质和流体性质不同，评价断层在此层位处具有封闭性，且封闭性较好。

ES_4^{3-3} 小层内，有两个小层解释属于同一单砂体的压力性质方向函数和流体性质方向函数均赋值为 -1，有一个解释连通单层间的压力性质方向函数和流体性质方向函数均赋值为 1，表明压力性质和流体性质不同，评价断层在此层位处具有封闭性，但封闭性中等。

ES_4^{3-4} 小层内，所有的解释属于同一单砂体的压力性质方向函数和流体性质方向函数均赋值为 1，表明压力性质和流体性质相似，评价断层在此层位处不具有封闭性。

4 评价结果

（1）W23CH2-6 井所在的 W109 井区和 W23CH3-9 井所在的 W103 井区，ES_4^{3-1} 小层和 ES_4^{3-4} 小层压力性质和流体性质相似，证明作为这两个井区分界断层的 W23-31 断层不具有封闭性；ES_4^{3-2} 小层和 ES_4^{3-3} 小层压力性质和流体性质不同，证明作为这两个井区分界断层的 W23-31 断层具有封闭性。说明测录井参数法评价断层封闭性可行有效。

（2）通过对 W109 井区和 W103 井区注采气井注气期末压力监测参数分析，W109 井区注气期末压力为 13.78MPa，W103 井区注气期末压力为 8.72MPa，证明作为这两个井区分界断层的 W23-31 断层具有封闭性。说明测录井参数法评价断层封闭性可行有效。

5 结论与认识

（1）测录井参数法评价断层封闭性可行有效，为 W23CH 气库钻井工程建设提供了技术支持。

（2）该方法解决了现有评价技术时效性差、部分参数指标计算困难的技术难题。

（3）利用井筒参数评价断层封闭性，为储气库建设和安全运行提供了保障。

编写单位：中原测控公司
编 写 人：李美君
审 核 人：郑玉朝
审 定 人：孟韶彬　何传亮

73 拐子湖凹陷 G6 井前中生界变质岩录井综合解释评价

1 概况

G6 井位于内蒙古自治区额济纳旗东风镇古日乃嘎查东北，构造上位于银额盆地拐子湖凹陷中洼西部斜坡带反向屋脊断阶亚带，目的层为苏红图组、巴音戈壁组，钻探目的：①评价拐子湖凹陷中洼 G4 断块巴音戈壁组油藏规模；②评价苏红图组、巴音戈壁组生储盖组合及储层展布特征；③验证地震储层预测结果。

钻探资料表明：G6 井在前中生界钻遇缝洞型油气藏，钻探过程中油气显示活跃，井深 3975.55m 放空，放空后发生井漏，堵漏后溢流、井涌，点火见黄色火焰高约 10m。但该井因钻井井况复杂，下部前中生界基岩地层未进行测井，现有资料储层评价难度大。

测试资料表明，该井在前中生界基岩地层见工业油气流，揭开了该区基岩这一崭新的油藏类型，展示了拐子湖凹陷良好的勘探前景。

2 问题与难点

基底潜山油气藏类型特殊，岩性复杂，含油性不清，可对比性差，地质认识程度较低，这些问题制约着该区的勘探步伐。

钻井揭示该区基底分别钻遇火成岩、碳酸盐岩、砂泥岩三大岩类形成的变质岩，变质程度不一，岩石类型多，相变快，常规录井实用性不强，识别困难。

G6 井在钻探过程中基底钻遇白云石大理岩，并发生了井漏、溢流和井涌等钻井复杂事故，说明该类储层裂缝较为发育，对于该区基岩裂缝型储层，含油特征认识尚不够深入。

3 解释评价

基岩储层有别于碎屑岩储层，该区已钻探基岩的主要岩石类型有片麻岩、大理岩和石英岩等变质岩类，其中 G6 井大理岩的储集性最好，基岩的主要储集空间有裂缝、溶孔和晶孔，在拐子湖凹陷 G6 井大理岩储层获得突破后，寻找变质碳酸盐岩储层作为进一步勘探目标。

3.1 岩性识别

G6井钻揭前中生界白云石大理岩厚度为20.81m（未穿），由于缝洞发育，出现放空、井漏现象，下部3704m以下电性资料未获取。根据取芯薄片资料分析，白云石大理岩主要为砾状变晶结构，岩石主要由白云石组成，白云石晶体呈粒状变晶结构，镶嵌状接触。根据全岩资料分析，白云石大理岩石英含量4.3%~4.6%，白云石含量95.4%~95.7%。

G6井在3957.74~3958.01m井段取芯观察及薄片、铸体薄片分析（图1、图2），白云石大理岩裂缝、孔洞较为发育，裂缝发育呈网状分布，缝宽小于1mm；沿裂缝发育方向发育直径在1~2mm的孔洞，常规物性分析孔隙度为8.1%，表明该区发育缝洞型储层。其余未取芯的井段（3961.27~3975.55m，共14.28m）钻时在24~40min/m，最低气测全烃0.4% ↑ 2%，钻遇气测异常，推测该层段也发育缝洞型储层。综合评价G6井钻揭的洞穴型储层厚度为6.26m、缝洞型储层厚度为14.55m。

图1　井深3957.6m灰色白云石大理岩

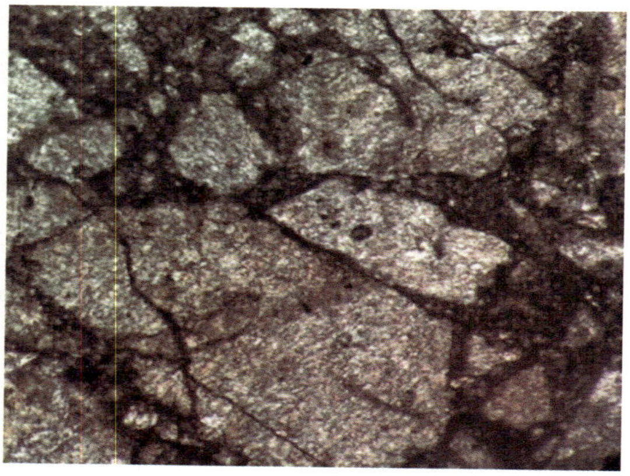

图2　G6井3958m大理岩

3.2 有效储层识别

根据研究，明确了变质岩有效储层均为裂缝溶洞型储层。因此岩石在经受构造运动时形成裂缝的程度影响着储层的物性好坏。

脆性矿物含量是影响岩石基质孔隙和微裂缝发育、含气性及压裂改造方式等的重要因素。岩石脆性越强，越易形成天然裂缝和诱导裂缝。因此可以引入脆性评价作为判断裂缝发育程度的指标。本次采用录井方法来进行脆性评价。

G6井基底下部钻遇的白云石大理岩储层脆性高，具有很高的产能。因为大理岩是由石灰岩、白云质灰岩、白云岩等碳酸盐岩经区域变质作用和接触变质作用形成，方解石和白云石的含量一般大于50%，有的可达99%。

图3为G6井X射线录井脆性矿物元素分析图。从X射线连续分析数据看，G6井基底变质岩脆性 > 60%，属于脆性矿物发育层段，有利于形成裂缝或后期压裂。该井的油气

高产也验证了这一观点。GC1 井基底变玄武岩脆性均值在 40%，脆性较低（图 4）。其他井的千枚岩地层脆性低。

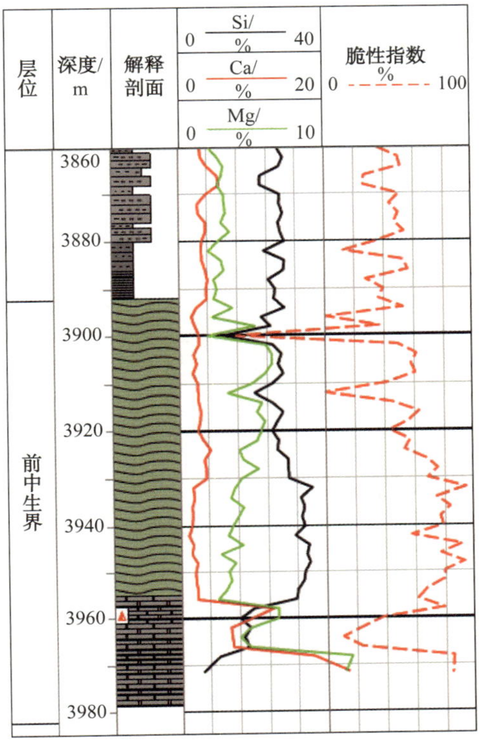

图 3　G6 井脆性分析图

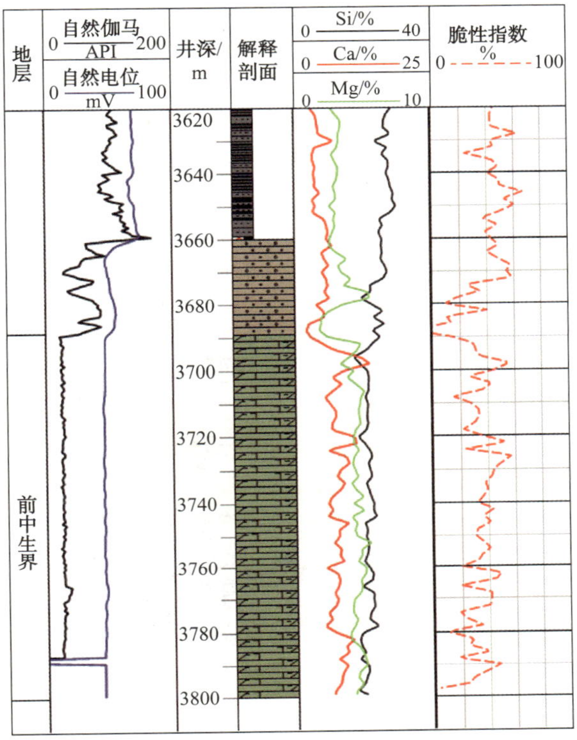

图 4　GC1 井脆性分析图

3.3　含油气性分析

（1）常规录井特征

整个凹陷以 G6 井大理岩缝洞储层显示级别最高，油气显示最为活跃，这些显示在随钻信息中都有及时的反映和说明。取芯见厚 0.27m 油迹白云石大理岩，岩芯裂缝发育，网状分布，录井见油迹 1 层 3.26m，气测异常 1 层 1.0m，综合解释油气同层 1 层 20.81m。钻井过程中共放空两次，录井在第一次井深 3958.01m 放空，放空段长 3.26m，放空后井漏，累计漏失密度为 1.43~1.47g/cm^3 的钻井液 95.0m^3，循环堵漏见原油，气测增幅大，在钻井液密度为 1.43g/cm^3 的情况下，气测全烃由 0.378% ↑ 99.990%，槽面见黄绿色原油及米粒状气泡；第二次井深 3975.55m 放空井漏，放空段长未知，井漏失返，各项资料未取得，漏失密度为 1.25~1.47g/cm^3 的钻井液累计 312.0m^3，溢流后压井，压井过程中共漏失密度为 1.50~2.00g/cm^3 的钻井液累计 734.23m^3，压井放空见油气同出，下套管后划眼至井深 3975.37m 井漏，漏失密度为 1.09~1.43g/cm^3 的钻井液累计 892.0m^3，循环测后效气 ↑ 99.990%，见黄色间有黄绿色原油，节流放喷点火见黄色火焰，火焰高 5~10m，强钻至井深 3978.55m 漏失密度为 1.30~1.40g/cm^3 的钻井液累计 169.0m^3。

（2）气测录井特征

G6 井钻至井深 3961.05m，钻遇快钻时地质循环观察，钻时 2~6min/m，全烃：2.038% ↑ 90.379%，C_1：0.272% ↑ 13.399%，C_2：0.102% ↑ 4.504%，C_3：0.074% ↑ 2.364%，iC_4：0.021% ↑ 0.653%，nC_4：0.035% ↑ 0.808%，iC_5：0.026% ↑ 0.347%，nC_5：0.042% ↑ 0.429%，钻井液密度 1.47 ↓ 1.46g/cm^3，黏度 68 ↑ 75mPa·s，井底岩性为白云石大理岩，荧光湿照、滴照无显示。（图 5）

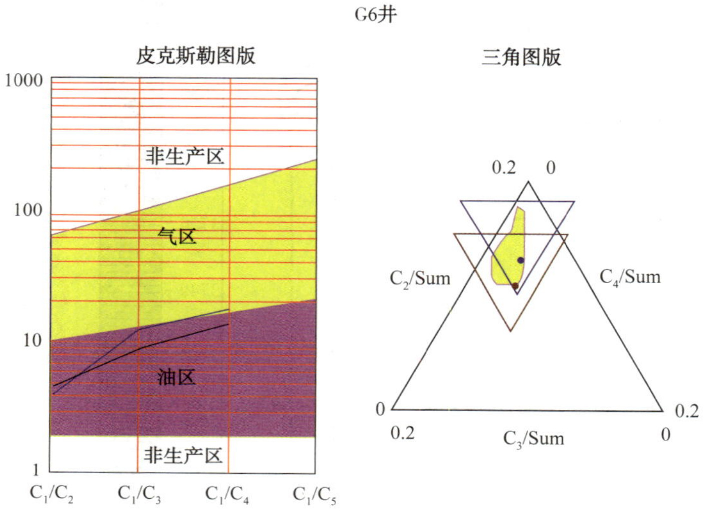

气体含量			相对百分比/%		气体比值		
井深	3958.00	3968.00	3958.00	3968.00	井深	3958.00	3968.00
C_1	67.334	14.247	71.8	71.5	C_1/C_2	4	5
C_2	17.152	3.053	18.3	15.3	C_1/C_3	12	9
C_3	5.440	1.586	5.8	8.0	C_1/C_4	25	25
iC_4	2.643	0.575	2.8	2.9	C_1/C_5		
nC_4	3.879	1.028	4.1	5.2		结论	
iC_5	0.000	0.000	0.0	0.0		油层	低产油层
合计	93.805	19.914	100.0	100.0			

图 5 井段 3958~3968m 气测解释图版

（3）地化录井

G6 井前中生界变质岩中发现潜山（缝洞）储集层，录井发现油迹级别油气显示，总含烃量 Pg 值在 3.6353~3.9879mg/g 之间，前中生界在 3957.74~3961.0m 发现油气显示，厚度 3.26m，主要岩性为灰色白云石大理岩、灰色油迹白云石大理岩；总含烃量 Pg 值为 0.372~7.298mg/g，含油饱和度在 1.4%~28.7%。本段油迹级别白云石大理岩地化分析相对 S_1 值偏高，S_2 值偏低，地化评价参数：S_0：0.048mg/g，S_1：6.889mg/g，S_2：0.361mg/g，Tmax：413.7 ℃，Pg：7.298mg/g，S_1/S_2：19.082，ϕ：10.1%，S_o：28.7%，地化解释为油层，油质为轻质（图 6、图 7）。

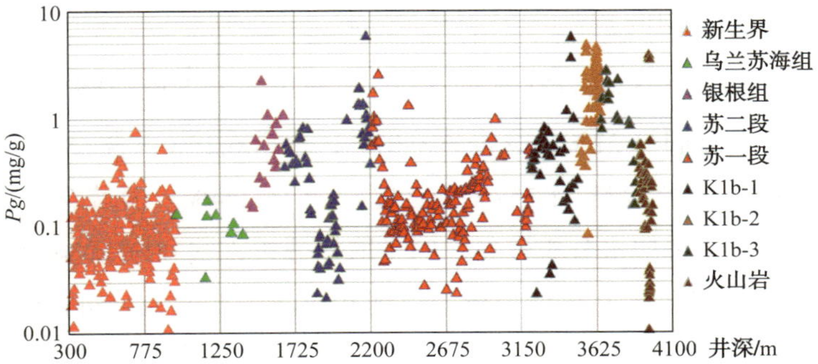

图 6　G6 地化录井储集层总含烃量分布图

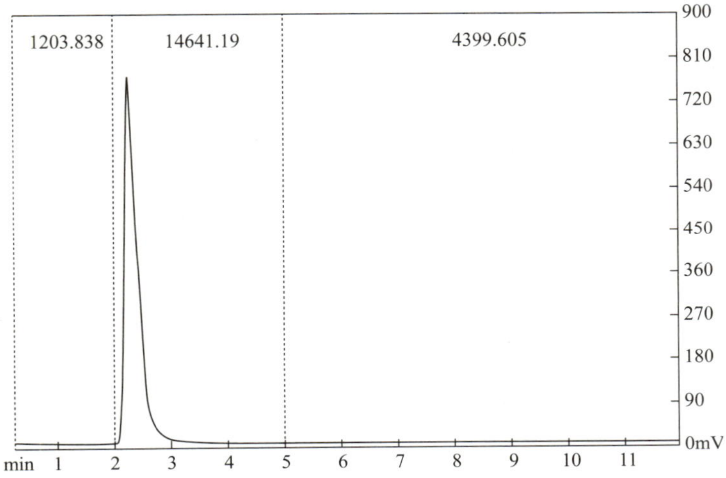

图 7　G6 井 3957.74~3961.0m 灰色油迹白云石大理岩地化热解图谱

由于前中生界的显示层数量有限，并且前中生界油气来源于巴一段油源，于是通过一并收集整理了巴音戈壁组显示层的显示数据，以试油结论为依据，建立了基于气测显示和地化的油气水层解释图版，从图版（图 8）来看，产能区的范围在全烃－基值＞0.7%，*Pg*＞4mg/g。整体前中生界的点落在干区，含油性差，产能低，只有 G6 井白云石大理岩储层一层显示层落在产能区。

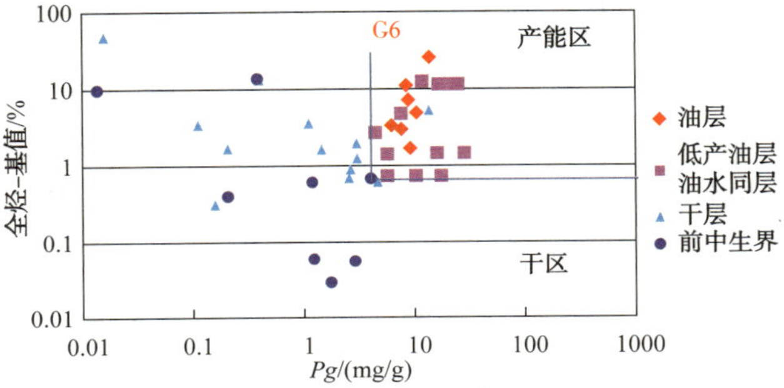

图 8　气测－地化综合评价图版

3.4 流体性质分析

G6 井原油密度为 0.7914g/cm^3（地面 20℃）、地层条件下原油密度 0.46g/cm^3，地面原油黏度 3.29mPa·s，凝固点 22℃，含沥青 0.07%，含蜡 6.28%，含胶质 0.98%；天然气相对密度 0.7646g/cm^3，甲烷含量 71.357%、乙烷含量 15.244%、丙烷含量 5.704%，无硫化氢；试油无水，未取得地层水分析资料。PVT 取样分析，饱和压力 34.266MPa，溶解气油比 514.30m^3/m^3，通过静压梯度数据分析，得到井筒静压梯度为 0.54MPa/100m，静温梯度为 2.83℃ /100m。折算至油藏中深地层压力为 48.08MPa，地层温度为 123.58℃。地层压力系数为 1.208。为常温、高压挥发油藏（图 9）。

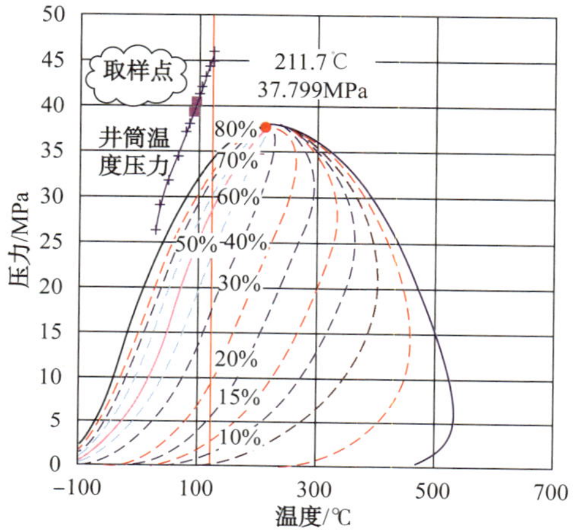

图 9 拐子湖凹陷 G6 井潜山油藏流体多组相图

3.5 储层产能、油藏分析

拐子湖凹陷现阶段已发现正常成熟原油和高成熟挥发油。正常成熟原油分布在巴音戈壁储层中，原油密度为 0.825g/cm^3 左右，黏度在 3.64mPa·s 左右，气油比为 184.13m^3/t；高成熟挥发油分布在基底潜山变质岩裂缝型储层中，原油密度在 0.79g/cm^3 左右，原油黏度 2.526mPa·s 左右，气油比高达 950.93m^3/t，属挥发性原油。

现有钻井揭示，拐子湖凹陷主要发育巴一段和巴二段两套湖相暗色泥岩。拐子湖凹陷巴一段和巴二段两个层段 TOC 分布频率如图 10 所示，暗色泥岩整体丰度较低。巴一段烃源岩 TOC 分布主峰为 0.2%~0.4%，有机质丰度整体较低，但好烃源岩也较为发育，TOC ≥ 1.0% 的样品占比 32.9%，中等丰度源岩样品占比 29.6%。巴二段烃源岩有机质丰度整体较巴一段更低，TOC 分布主峰为 0.1%，中等丰度源岩样品占比 20.4%，达到高丰度源岩的样品占比更少，仅 4.2%，这一比例远低于巴一段的 32.9%。因此，拐子湖凹陷巴二段烃源岩有机质丰度整体较低，属差 – 中等源岩，巴一段烃源岩有机质丰度较高，为中等 – 好烃源岩。

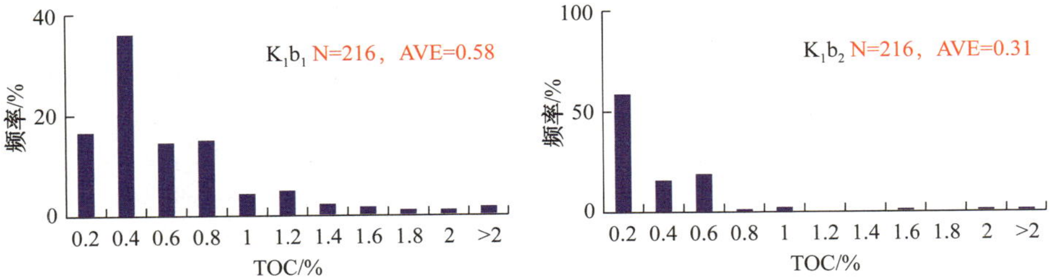

图 10　银额盆地拐子湖凹陷烃源岩总有机碳分布频率图

拐子湖凹陷巴一段生标特征以三环萜烷中 C19–TT 含量高（高等生源输入的表现）、C29 甾烷优势（与 C19–TT 高对应）、高成熟阶段 αββ 构型规则甾烷含量高、孕甾烷含量较低，伽马蜡烷和 C30 重排藿烷高的特征突出（图 11）。

根据油源对比结果资料显示，并且通常基岩生油的可能性不大，推测基底原油均来自距离最近的白垩系巴音戈壁组巴一段烃源岩。

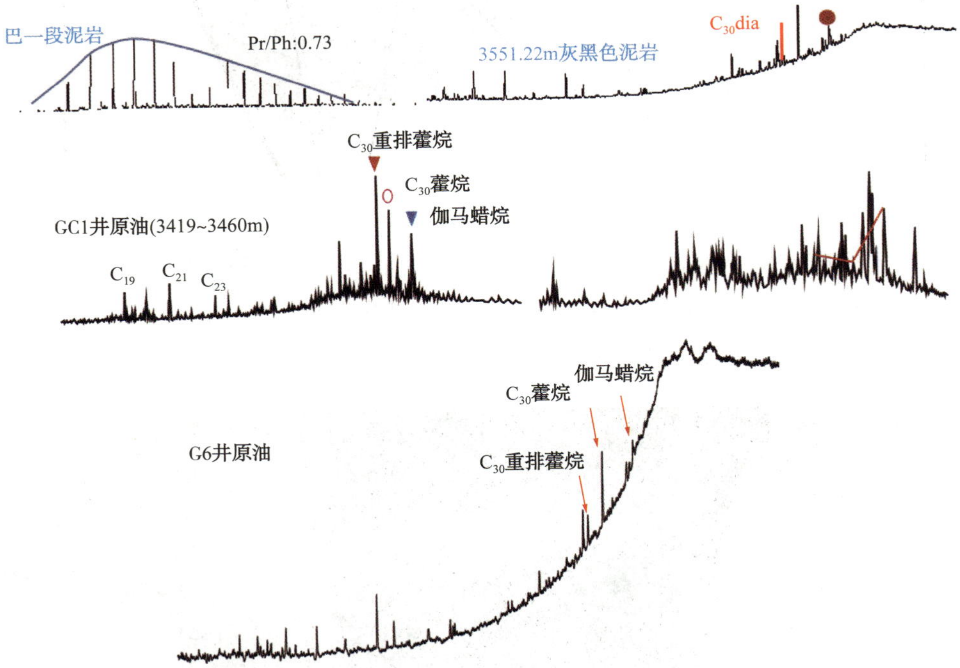

图 11　原油生标组合特征

大理岩缝洞储层主要受断裂活动及岩浆侵入的影响。强断裂带是大理岩缝洞储集体有利发育区。主要储集空间为大型洞穴、溶蚀孔洞，主要岩石类型为白云石大理岩、大理岩和大理岩化白云质灰岩。由于本区的大理岩化，也与强断裂或者岩浆烘烤、热液侵蚀相关，因此，孔洞的发育也与大理岩化高度相关。

拐子湖凹陷基岩油气藏具有以下特征：①源岩均来自中生界白垩系巴音戈壁组，形成了上生下储盖组合；②源储对置是成藏关键，烃源岩范围控制油气显示及成藏范围，与源岩直接接触，为油气运移提供了良好输导条件；③大理岩发育裂缝、缝洞型储层，为油气成藏提供了良好的储层条件；④晚期断裂不发育，使基岩中已形成的油气藏免遭破坏。因此“充足的油源条件、古高的构造背景、良好的区域盖层”是形成基岩缝洞型油气藏的关键（图 12）。

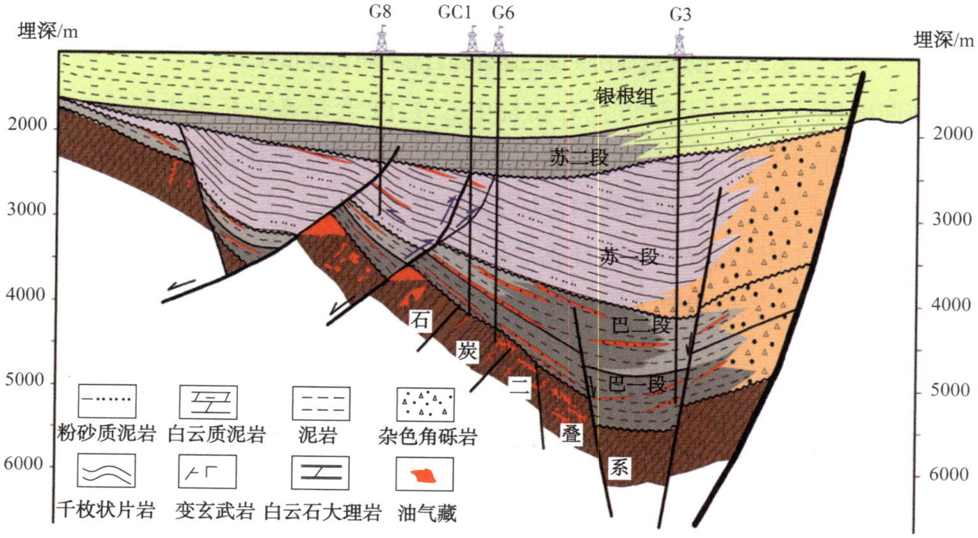

图 12　拐子湖中洼成藏模式图

拐子湖地区前中生界基岩没有形成一定规模的油气藏，原因有以下两点：（1）微裂缝发育，多被石英、方解石和泥质充填，没有良好的储集条件（图 13）；（2）与上覆巴音戈壁组最近的烃源岩没有直接接触或者接触的烃源岩品质不佳。

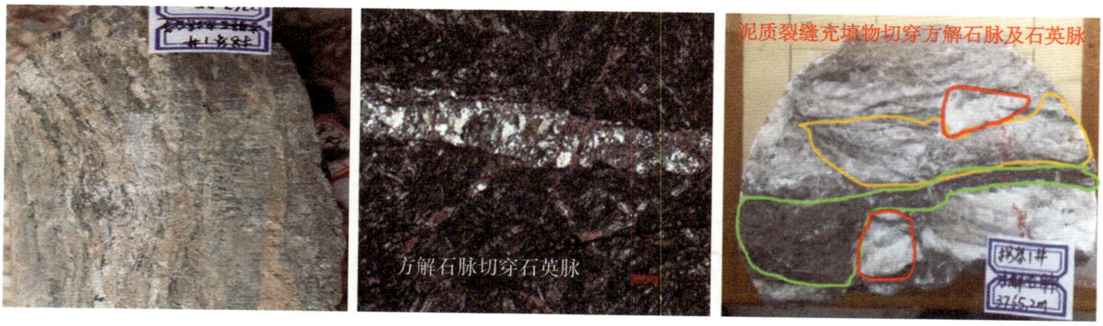

图 13　GC1 井岩芯、薄片图

通过绘制巴一段烃源岩与基岩顶面距离示意图和统计表，可以直观地看出基底出现显示层的井巴一段烃源岩均直接贴在基岩之上，显示最好的 G6 井，不仅存在这一特征，并且烃源岩质量好丰度高，G9 井虽然巴一段烃源岩也紧贴下部基岩地层，但是紧邻的烃源岩厚度小并且为差烃源岩。因此，如果同时具备上覆巴一段烃源岩与基岩直接接触，并且烃源岩为好烃源岩的时候，最有利于油气藏的形成（表 1、图 13）。

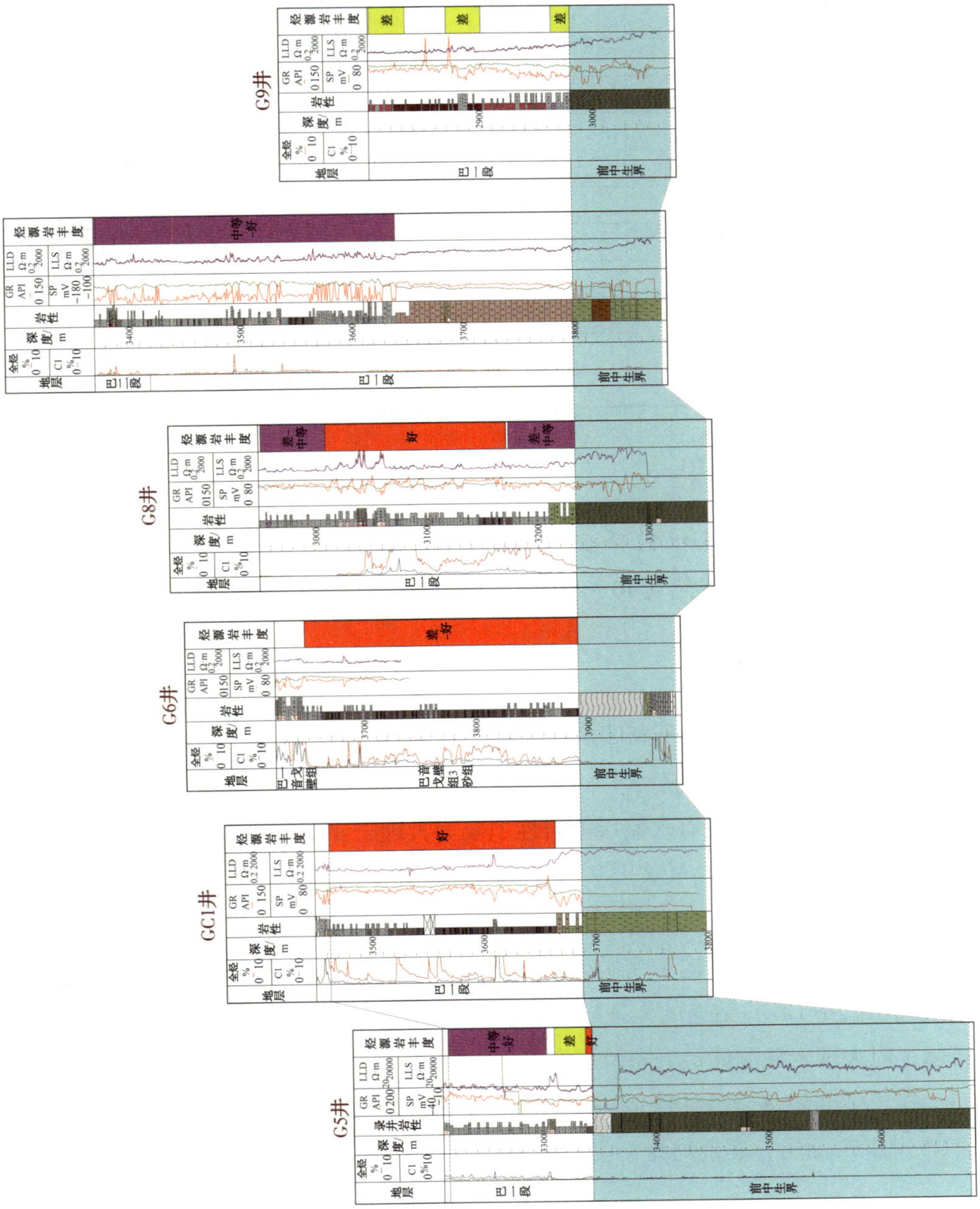

图14　巴一段烃源岩与基岩顶面距离示意图

表 1　基岩与上覆巴一段烃源岩距离统计表

井号	井段 /m	厚度 /m	基底顶 /m	烃源岩与基距离 /m	丰度
GC1	3463~3666	172.85	3689	23	好
G4	3080~3372	197.91	3799	159	差－中等
	3372~3640	229.85			中等－好
G5	3215~3303	72	3344	0	中等－好
	3310.23~3338	21.77			差
	3338~3344	6			好
G6	3647~3892	208	3892	0	差－好
G8	2952~3010	34	3260	26	差－中等
	3010~3172	100.3			好
	3174~3234	41			差－中等
G9	2801~2833	20.16	2981	0	差
	2870~2901	27			差
	2964~2981	8			差

4　试油（气）结果

2018 年 6 月 30 日—7 月 14 日对 G6 井潜山井段 3957.74~3978.55m，20.81m/1 层进行裸眼试油，折算日产油 211m^3、天然气 $10.7 \times 10^4 m^3$，证实 G6 井区基岩潜山油藏具有较好的产能。

5　结论与认识

（1）通过对 G6 井以及拐子湖凹陷钻遇基底井进行多方面分析，认为前中生界地层主要为变质岩地层，基底岩性复杂多样、类型多、相变快，出现的变质岩种类多，三大岩类的变质岩均有钻遇。能形成有效储层的岩性主要为大理岩、变玄武岩和千枚岩，其中只有 G6 井大理岩形成了缝洞型油气藏。基底复杂的岩性组合和裂缝形成，表明基岩潜山岩性、成藏具有复杂性。

（2）拐子湖凹陷基底钻遇了变质火山岩、变质碎屑岩、变质碳酸盐岩；岩性复杂，变质程度不同。其中 G6 井钻遇的大理岩为目前见到的最好储层岩石类型，是进一步勘探的主要目标，但大理岩缝洞储层展布范围有限。

（3）拐子湖凹陷基岩含油性录井评价以地化方法最为有效，目前钻遇井仅解释 G6 井油层，G5 井低产油层，其余均为干层。

编写单位：中原测控公司
编 写 人：董珊珊
审 核 人：王龚舒　闫慧珍
审 定 人：孟韶彬　何传亮

74 东濮凹陷 W79-C52 井水淹层解释分析

1 概况

W79-C52 井是一口开窗侧钻井，位于 W79-136 块北部文留构造 W151 断层与 W79-9 断层形成的地垒带，钻探目的是完善 W79-136 块沙二下 $^{1\sim3}$ 注采井网。于 2020 年 3 月 25 日完钻，完钻井深 3142.0m，完钻层位沙二下 ^{4}。

2 问题与难点

该井于 2020 年 4 月 10 日投产，射开沙二下 $^{3\sim4}$ 的 27~30 号层和 35~36 号层，测井解释结论为干层、低产油层、油层。试采数据为日产液 22.0m^3，日产油 0.2 吨，含水 99%。实际产出与测井解释结论明显不符。

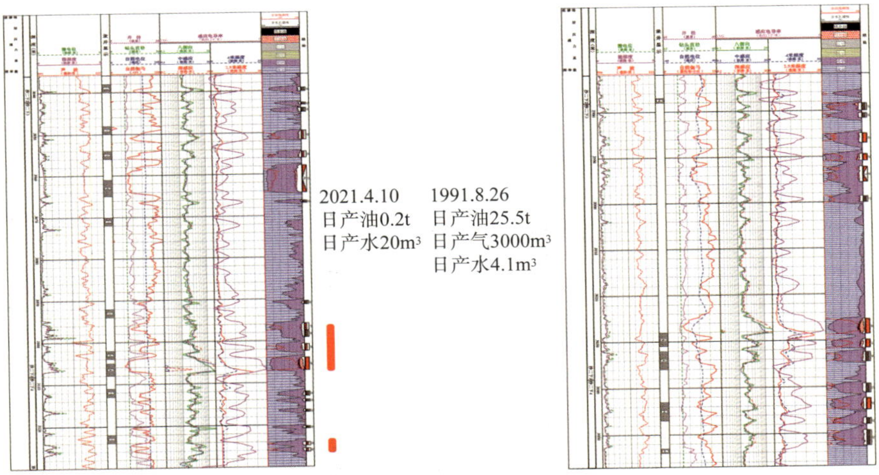

图 1　W79-C52 井（左）与 W79-51 井（右）对比图

水淹层的剩余油丰度及水淹级别难以判别。本井投产层段与邻井 W79-51 井对应较好，1991 年 8 月投产，日产油 25.5 吨、气 3000m^3、水 4.1m^3（图 1）。本井上部邻近的 24 号层电阻率 1.9Ω · m 比原始电阻率 2.5Ω · m 略有降低，层位上有对应注水井，解释为水淹层，属于正常污水回注水淹情况。本井投产的主力层 30 号层电阻率与邻井 W79-51 井层位相同，电阻率值相近，还略高，但产出结果完全不同。

3 解释评价

应用井间地层对比和储层精细对比法，了解注水情况及水淹后电阻率变化规律。

3.1 井间地层对比

文南油田沙二下沉积环境为干旱—半干旱气候条件下的间歇性浅水湖泊的环境。其主要沉积体系为浅水三角洲以及滨浅湖沉积体系。收集邻井 W79-3、W79-6、W79-51、W79-47、W79 侧 52（校直）数据。从图 2 可以看出沙二下 $^{1-3}$ 层组砂体发育大致相似，对应性比较好。

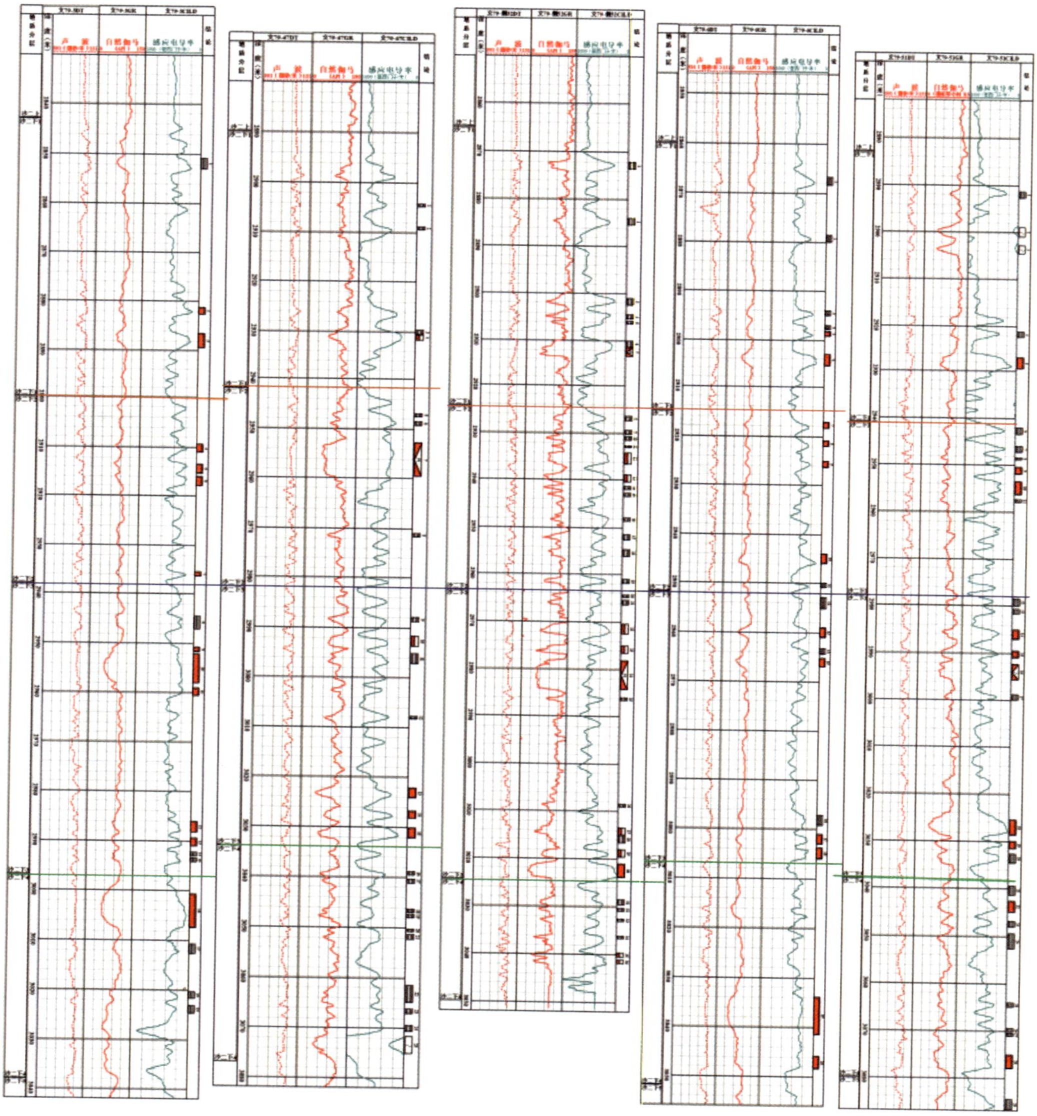

图 2 W79-C52 井邻井地层对比图

3.2 储层精细对比

通过邻井对比，发现 W79-C52 井与 W79-47 井曲线形态最为相似，对应更好（见图 3）。而 W79-C52 井与 W79-51 虽然层位相同，但沉积韵律相反。

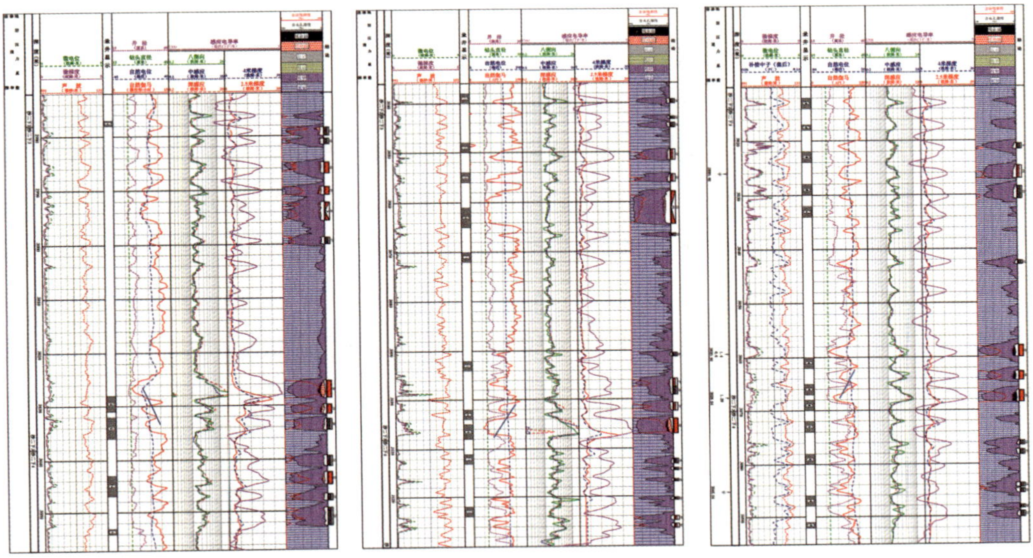

图 3　W79-51 井（左）W79-C52 井（中）W79-47 井（右）

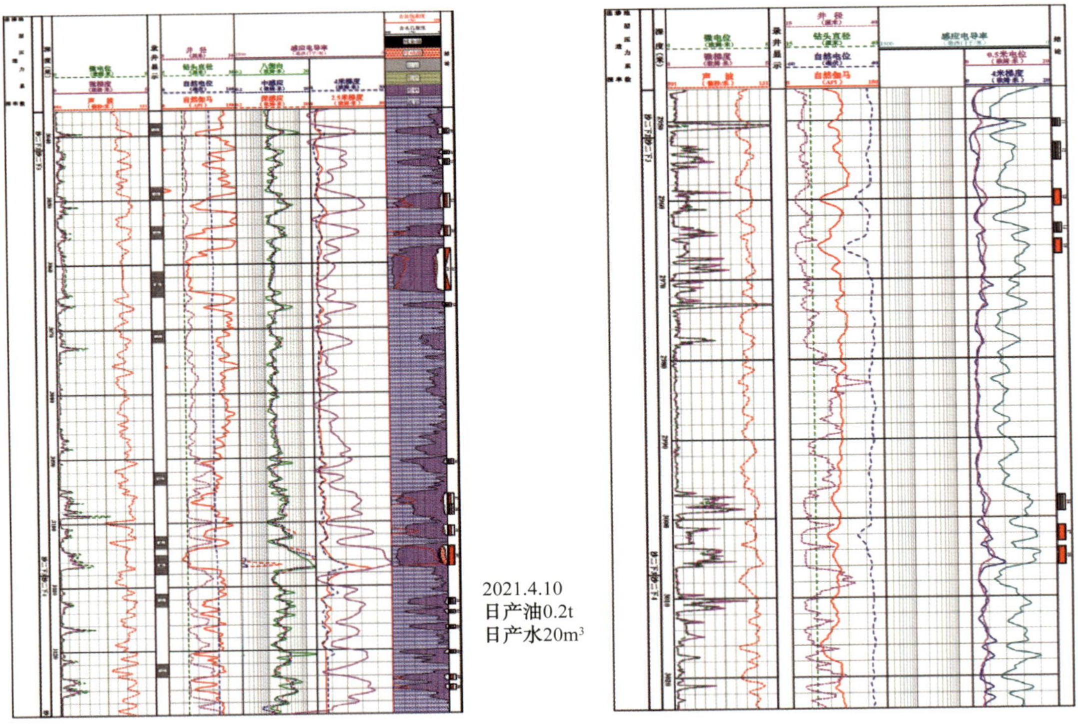

图 4　W79-C52 井（左）W79-6 井（右）

3.3 了解注水状况及水淹后电阻变化

通过到采油厂回访得知该井区沙二下有注水井 5 口，目前只有 W79−6 在注水，其他井都报废或转采。W79−47 井油井转注，又转采，曾注水层位是沙二下 ^{3} 的 13~15 号层，正好对应本井的 27~30 号层（图 3）。W79−6 井测吸水剖面显示主要沙二下 $^{4\text{-}6}$ 吸水，沙二下 ^{3} 的 13、15、17 和 18 号层微吸（图 4）。

本井区 1983 年开始开采，1992 年开始注水，长期多层合采合注、清污混注，转注后又转采，注入水矿化度变化大，导致电阻率变化复杂，难以对储层的流体性质作出正确的评价。据《东部老区注污水储层测井精细评价技术研究》成果，注入水矿化度大于 15×10^4mg/L，电阻率随含水饱和度的增加基本呈单调下降趋势；矿化度小于或等于 10×10^4mg/L，电阻率出现“U”形曲线。该井区早期注入水矿化度高，近几年注入水矿化度变低，从（3~4）$\times10^4$mg/L 到大于 10×10^4mg/L 不等，水淹后出现电阻率呈高值，甚至比原始电阻率高（见图 5）。

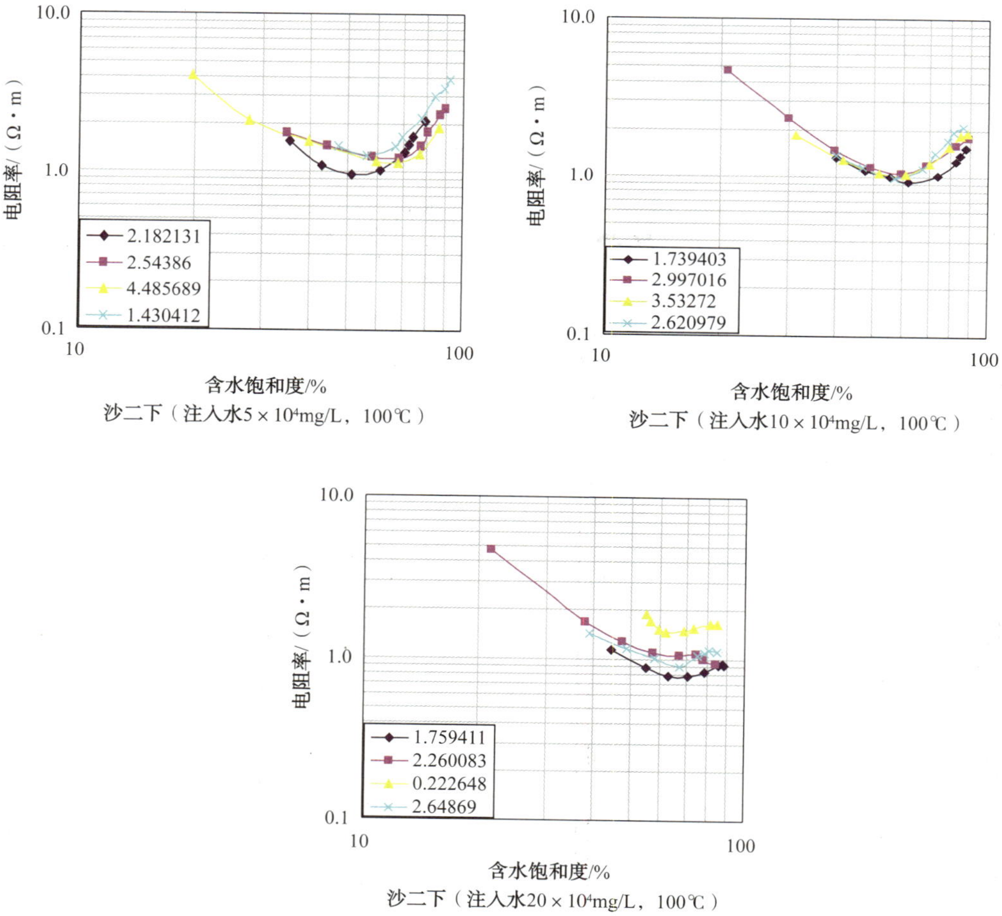

图 5　不同孔隙结构、不同注入水矿化度条件下电阻率和饱和度关系图

本井射孔厚度最大、物性最好、电阻率明显增高的 30 号层应为投产后的主要产水层，原测井解释为油层，实际为强水淹层，电阻率高是因长期清污混注油层水淹程度高所致。其他射孔层基于泥质较重、孔渗较差、与邻井原始电阻率值相比较变化很小，水淹特征不明显，解释为干层、差油层的结论合理。

4 试油（气）结果

本井射开 27~30、35~36 号层，日产液 22.0m^3，日产油 0.2 吨，含水 99%，水分析矿化度为 10×10^4mg/L 左右，远小于原始地层水矿化度。原始地层水总矿化度（21~30）$\times10^4$mg/L，氯离子含量（10~17）$\times10^4$mg/L，水型为 $CaCl_2$，产出水应为注入水。通过精细对比发现 W79-C52 井的 27~30 号层与注水井文 79~47 井的 13~15 号吸水层对应良好，W79-47 井注水多年，具备注水条件。

5 结论与认识

根据中原油田水淹层研究成果，当注入水总矿化度大于 15×10^4mg/L 时，油层的电阻率会呈单调下降趋势，当注入水总矿化度小于 10×10^4mg/L 时，电阻率值会出现“U”形变化，经长期的低矿化度注入，油层电阻率迟早会高于原始电阻率。生产实际中由于跨越时间较长，同一口井的不同砂组、不同井的同一套砂组在不同时期注入水情况完全可能不一致。油层水淹后的电阻率会随着注入水的矿化度、注入的水量而变化。测井解释时在做好地层对比的同时，需仔细了解注水情况，对异常高电阻率层的解释一定要给予足够重视。

编写单位：中原测控公司
编 写 人：任海容　秦仓林
审 核 人：张　涛
审 定 人：陈汉林　何传亮

75 河北地区 Z 井盐穴储气库测井解释评价

1　概况

Z 井是某地第一口盐穴储气库资料井，设计井深 3150m。除常规测井项目，通过自然伽马能谱测井，了解该地区的黏土类型和沉积环境；多极子阵列声波测井，得到该地区的地应力数据，为下一步储气提供了地质依据。该地区盐层上部水层发育，底部盐层厚度较大，层间泥质夹层。

2　问题与难点

Z 井现场施工难点：①一、二开井眼尺寸较大，测井曲线受井眼扩径影响，曲线质量不易控制；②泥岩、盐层等不稳定地层井眼不规则，有阻卡现象。

资料解释难点：①缺乏足够地质资料，无设计书、地质录井、岩屑录井资料；②因本井利用溶盐建腔进行储气，为严格控制气体 – 盐水界面，避免天然气泄漏，明确盐层顶底板岩性尤其重要，难点在于利用常规测井曲线、偶极声波等对其进行准确评价。

3　解释评价

现场施工方面根据井眼尺寸和测量项目，选配合适的扶正器和偏心器。

由于原始测井曲线受井眼、钻井液密度、泥饼和测井仪器偏心等多种因素的影响，需要对测井曲线的环境影响进行校正后再进行测井解释评价。在资料解释前，对自然伽马、密度、中子和电阻率测井资料进行环境校正。

通过对区域地质特征的掌握，建立合理解释模型，选取合适的岩石骨架参数，综合利用常规测井、多极子阵列声波等测井技术，对 Z 井作出综合评价。

根据本井测井资料分析，砂泥岩剖面水层特征：自然伽马中低值，井径微扩或接井钻头直径，自然电位有不同程度的正异常显示，声波时差值随地层压实、孔隙度不同而变化。电阻率曲线异于围岩，具有水层特征，偶极子声波的纵波、横波有增大的趋势，可能有一定的含水性（见图 1）；

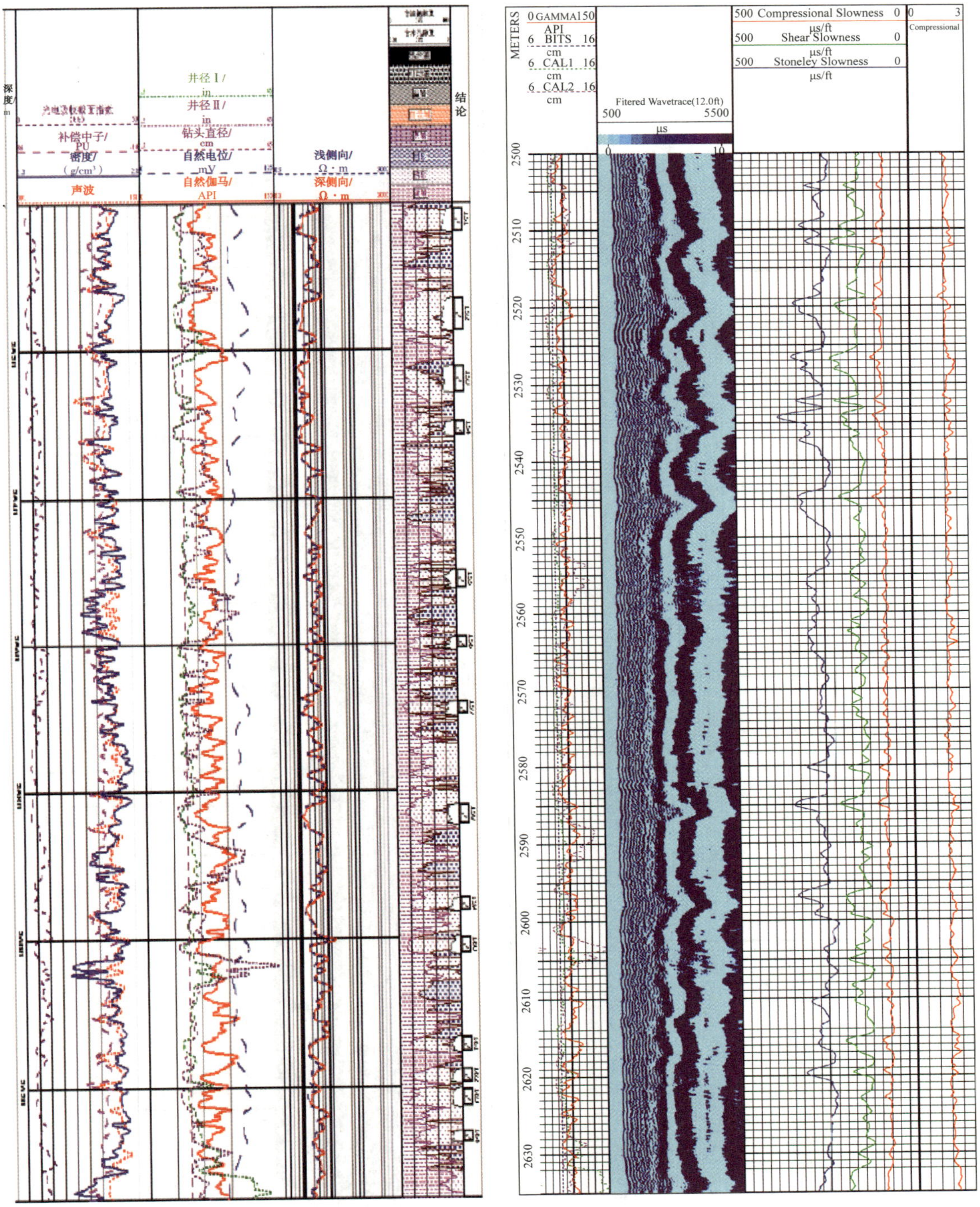

图 1　顶部砂泥岩井段

盐层顶板岩性以泥岩为主，含少量白云岩和灰岩，偶极声波资料显示纵横波速度比值在 1.9 左右（见图 2）；井底为盐岩。综合分析测井、地质资料，确定本井储层解释标准，全井共解释水层 164 层 910.9m，盐层 21 层 242.1m。

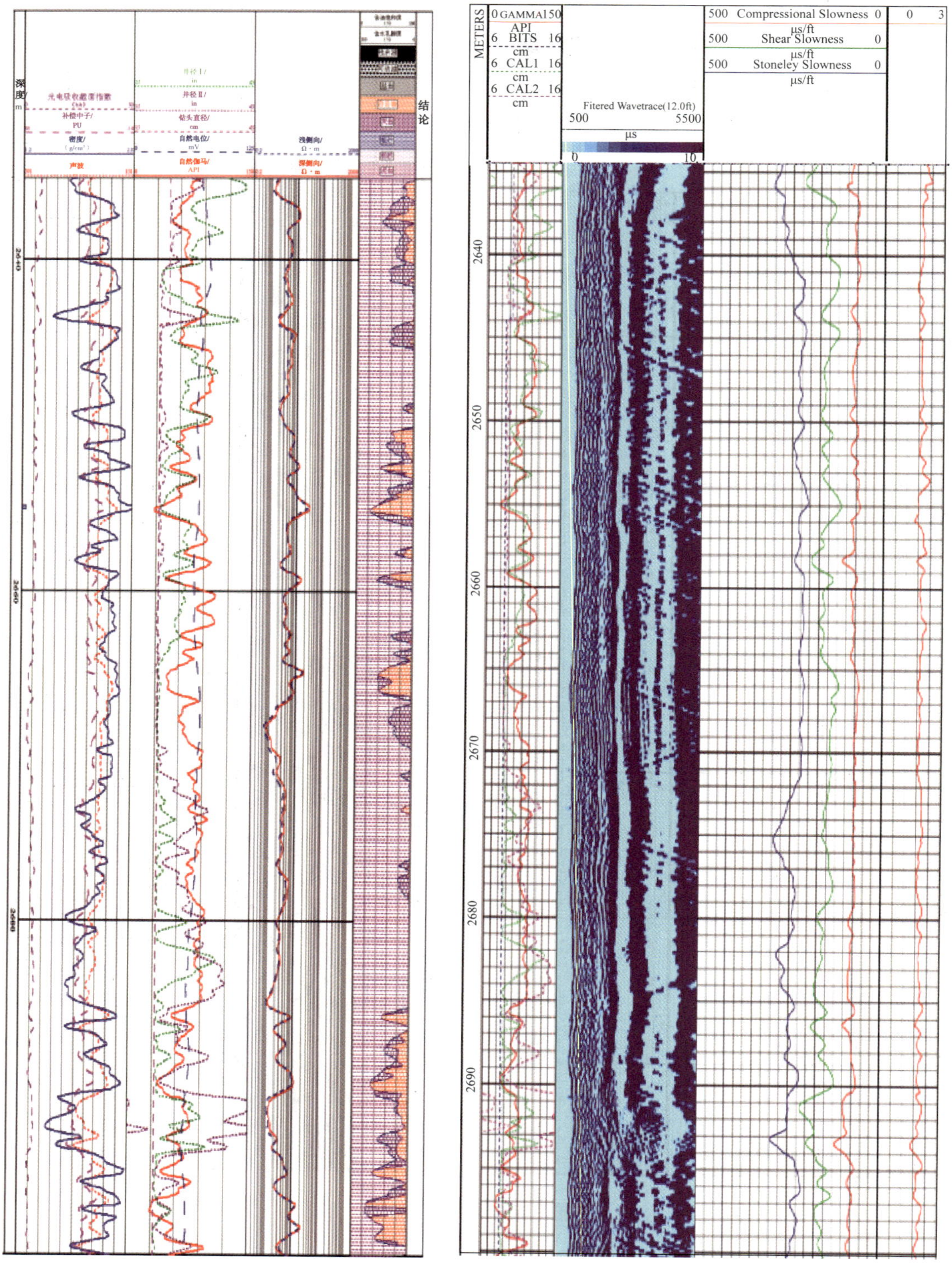

图 2　盐层顶板

对盐层顶板进行岩石力学参数分析，杨氏模量主峰值在（1.8~3.0）$\times 10^4$MPa 变化，体积模量主峰值在（1.8~3.0）×10^4MPa 变化，切变模量主峰值在（0.4~1.4）×10^4MPa 变化，泊松比值主峰在 0.28~0.38，泊松比越大，表示岩石的弹性越小，塑性越大，易变形（见图 3）。

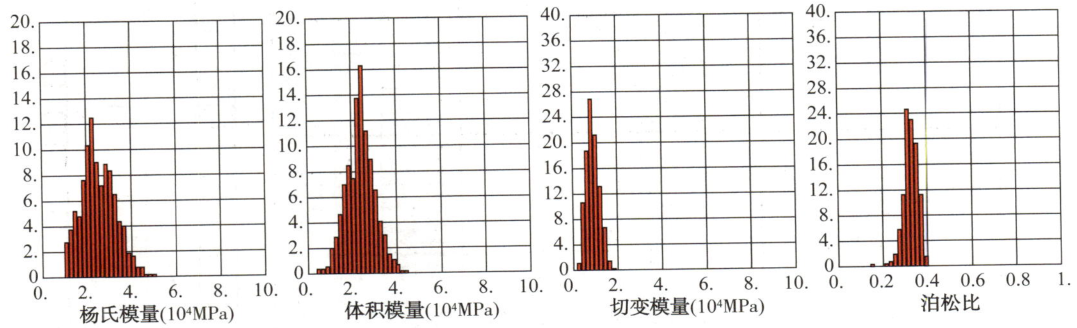

图 3　盐层顶板岩石力学参数

对盐岩段进行岩石力学参数分析，杨氏模量主峰值在（2.4~3.4）×10^4MPa 变化，体积模量主峰值在（2.0~2.6）×10^4MPa 变化，切变模量主峰值在（0.8~1.4）×10^4MPa 变化，泊松比值主峰在 0.24~0.34，泊松比越小，表示岩石的质量越好，弹性越大，越不易变形（见图 4）。

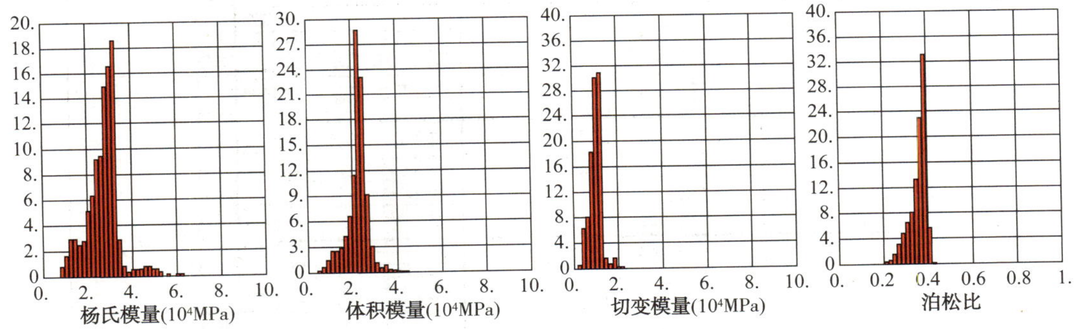

图 4　盐岩段岩石力学参数

依据测井资料岩性敏感曲线精准判别岩性，并与后期甲方提供的岩屑录井资料对比，地层岩性一致（图 5、图 6）。

4　评价结果

根据偶极声波曲线，提供合理的相应目的层段岩石力学参数，对盐层及其顶底板岩性进行有效精细判定。圆满完成盐穴储气库项目建设阶段性任务，为下一步找盐穴造腔提供可靠地质依据。

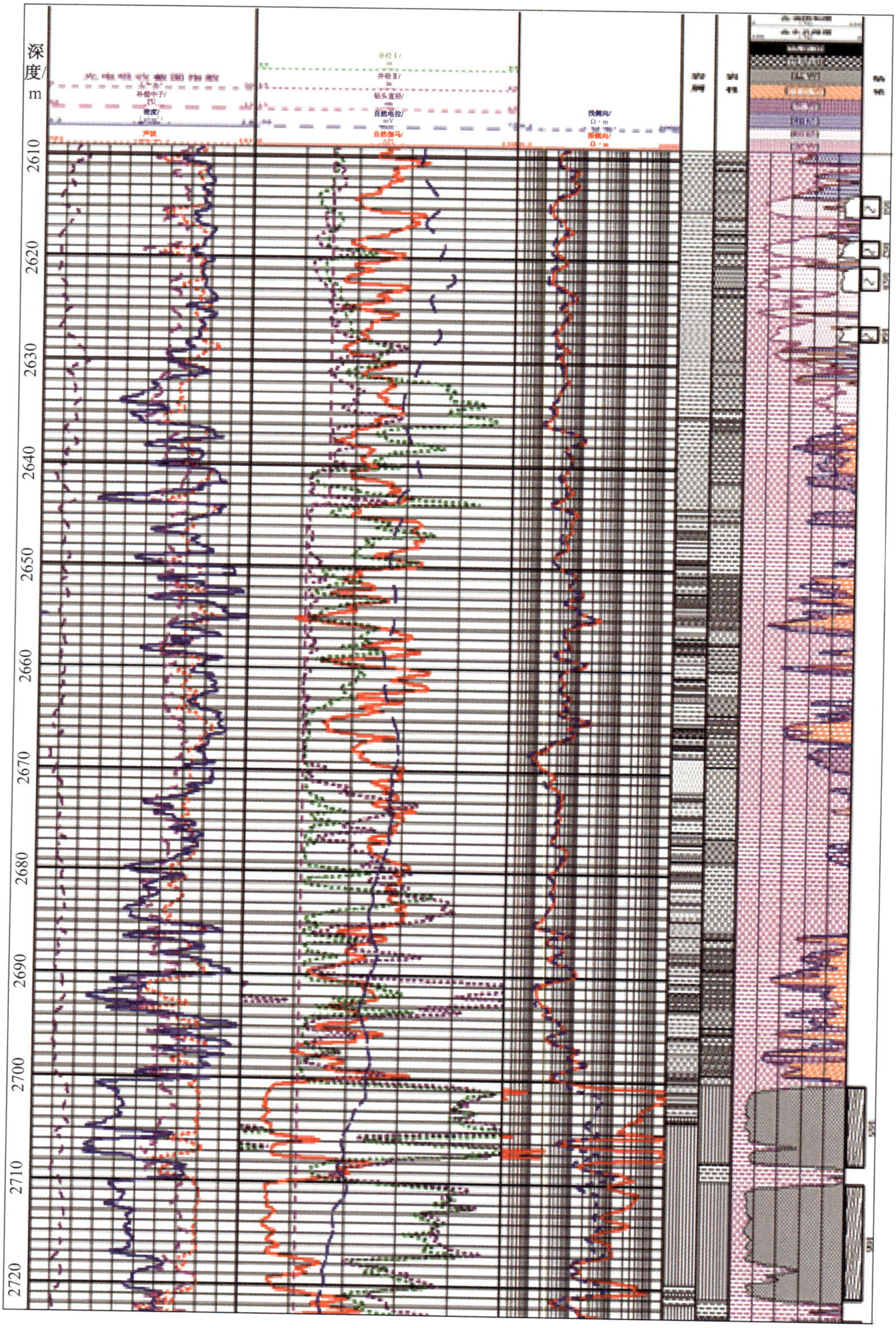

图 5　Z 井测井组合图

序号	起始深度/m	结束深度/m	岩性	序号	起始深度/m	结束深度/m	岩性
1	2609	2615	泥岩	46	2672.47	2674	泥质粉砂岩
2	2615	2635	粉砂质泥岩	47	2674	2674.27	细砂岩
3	2635	2643.96	泥岩	48	2674.27	2675.67	泥质粉砂岩
4	2643.96	2644.5	细砂岩	49	2675.67	2676.1	细砂岩
5	2644.5	2645.11	泥质粉砂岩	50	2676.1	2676.7	粉砂质泥岩
6	2645.11	2645.86	泥岩	51	2676.7	2676.84	细砂岩
7	2645.86	2646.06	泥质粉砂岩	52	2676.84	2677.27	泥质粉砂岩
8	2646.06	2646.33	泥质白云岩	53	2677.27	2677.97	粉砂质泥岩
9	2646.33	2646.64	泥岩	54	2677.97	2678.4	细砂岩
10	2646.64	2647.1	粉砂质泥岩	55	2678.4	2678.6	泥岩
11	2647.1	2647.52	中细砂岩	56	2678.6	2679.53	细砂岩
12	2647.52	2649.03	粉砂质泥岩	57	2679.53	2679.86	粉砂质泥岩
13	2649.03	2649.2	泥岩	58	2679.86	2680.18	细砂岩
14	2649.2	2649.41	粉砂质泥岩	59	2680.18	2680.39	泥质粉砂岩
15	2649.41	2649.74	细砂岩	60	2680.39	2681.26	细砂岩
16	2649.74	2650.42	泥岩	61	2681.26	2682.48	粉砂质泥岩
17	2650.42	2650.7	细砂岩	62	2682.48	2683.18	泥岩
18	2650.7	2651.09	粉砂质泥岩	63	2683.18	2684.24	泥质粉砂岩
19	2651.09	2652.1	泥岩	64	2684.24	2685.86	粉砂质泥岩
20	2652.1	2653.28	白云质泥岩/泥岩	65	2685.86	2687.4	泥岩
21	2653.28	2654.39	油页岩	66	2687.4	2688.48	含砂泥岩
22	2654.39	2655.17	白云质泥岩	67	2688.48	2689.55	泥岩
23	2655.17	2656.09	油气页岩	68	2689.55	2690.47	泥岩/油页岩
24	2656.09	2656.55	泥岩	69	2690.47	2691.27	泥岩
25	2656.55	2657.03	泥岩/白云质泥岩	70	2691.27	2692.94	白云质泥岩
26	2657.03	2657.21	油页岩	71	2692.94	2695.54	粉砂质泥岩
27	2657.21	2658.03	白云质泥岩	72	2695.54	2695.84	白云质泥岩
28	2658.03	2659.02	泥岩	73	2695.84	2697.17	泥岩
29	2659.02	2660.48	粉砂质泥岩	74	2697.17	2698.79	泥岩/油页岩
30	2660.48	2660.64	油页岩	75	2698.79	2699.44	白云质泥岩
31	2660.64	2661.29	泥岩	76	2699.44	2699.59	泥岩/油页岩
32	2661.29	2662.16	油页岩	77	2699.59	2699.99	泥岩
33	2662.16	2662.76	粉砂岩	78	2699.99	2700.78	粉砂质泥岩
34	2662.76	2664.9	粉砂质泥岩	79	2700.78	2701.92	油页岩
35	2664.9	2665.23	泥岩	80	2701.92	2702	泥岩
36	2665.23	2665.44	油页岩	81	2702	2702.23	白云质泥灰岩
37	2665.44	2666.07	白云质泥岩	82	2702.23	2703.02	泥岩
38	2666.07	2666.96	泥岩	83	2703.02	2703.62	石盐岩
39	2666.96	2667.02	粉砂岩	84	2703.62	2703.82	白云质泥岩
40	2667.02	2667.22	泥岩	85	2703.82	2719.57	石盐岩
41	2667.22	2667.42	油页岩/泥岩	86	2719.57	2720.18	泥岩
42	2667.42	2668.2	泥质粉砂岩	87	2720.18	2720.62	石盐岩
43	2668.2	2671.66	细砂岩	88	2720.62	2721.52	泥岩
44	2671.66	2672.23	粉砂岩	89	2721.52	2723.75	石盐岩
45	2672.23	2672.47	细砂岩	90	2723.75	2724.55	泥岩

图6 Z井提供岩屑数据

5 结论与认识

（1）通过对测井资料的精细解释，结合录井信息，对岩性精确判别。

（2）测取地层岩石物理参数，获取井径、井斜、井温等资料，深入研究区块岩性、构造等区域地质特征，为下一步大面积盐穴储气库的开发与建设提供地质依据。

编写单位：中原测控公司
编 写 人：于 倩
审 核 人：邵国军
审 定 人：陈汉林 何传亮

76 普光酸性气田 P103-1 井高含水储层动态监测评价

1 概况

P103–1 井位于川东断褶带黄金口构造带普光构造。2010 年 5 月投产，投产层位：飞仙关组一、二段，投产井段 5599.8~5847.4m，187.7m/41 层。该井自投产以来，产水量呈阶梯上升，产气量不断降低。至 2019 年 6 月开井，油压与外输压力近于持平，只能间歇性生产，生产油压 8.8MPa，日产气 $9.0\times10^4m^3$、水 $23.67m^3$，是甲方区块开发重点关注的井。

为了解气井各层段产出状况、评价储层含水饱和度变化以及寻找主要出水层段，采用产出剖面 +PNN 饱和度组合测井，采集了动态监测测井资料，为下一步作业提供依据。

2 问题与难点

本井测试前由于产水量大、间歇性生产等原因，采取了放喷测试产出剖面工艺，测试期间产量不稳定，测井资料的解释评价遇到很大困难，评价难点主要有：

（1）开井放喷后，井口产量及油压快速下降，油压由 12.0MPa 快速降至 0.2MPa，产气量由 $1.8\times10^4m^3/d$ 快速降到 0，测试中产量不稳定，无法达到稳产状态，有效产出层段的识别、分层产量解释存在较大难度；

（2）地层产水量大，井筒液面上升快，井下流态复杂多变，受持水率测井资料分辨率影响，常规产出剖面解释方法难以实现各层分相产量的精确计算；

3 解释评价

针对放喷状态下产出剖面测井的复杂性，综合本井的动态监测测井信息，运用了一套有效的测井评价方法：

（1）关井流量计转子刻度

在关井状态下进行流量计转子刻度，通过转子刻度曲线交会计算涡轮启动速度，对产量计算结果进行校正。

（2）优选涡轮流量曲线

在放喷过程中不间断测试，从录取的多条涡轮流量曲线中优选变化稳定、响应明显、一致性好的流量曲线计算流体速度剖面，提高分层产量解释精度；通过对流量、井温、持水率等曲线的综合分析，确定测量井段内存在三个产出层段。

（3）井筒流态分析与解释模型优选

利用产出剖面测井动、静液面深度对比法和持水率－拟合密度曲线对比法两项技术，可准确地分析测试期间全井筒流态变化（见图1）。图1表明，开井状态下全井筒几乎全部为气液两相，大部分井段为泡状流动，局部井段有气泡聚集形成段塞状流动。依据井筒流态分析优选气－水两相流动漂流解释模型，再结合持水率－拟合密度曲线识别产出流体性质，实现了各层分相产量的精确解释（见图2），图2表明，测量井段内有三个产出贡献层段，均产气水。

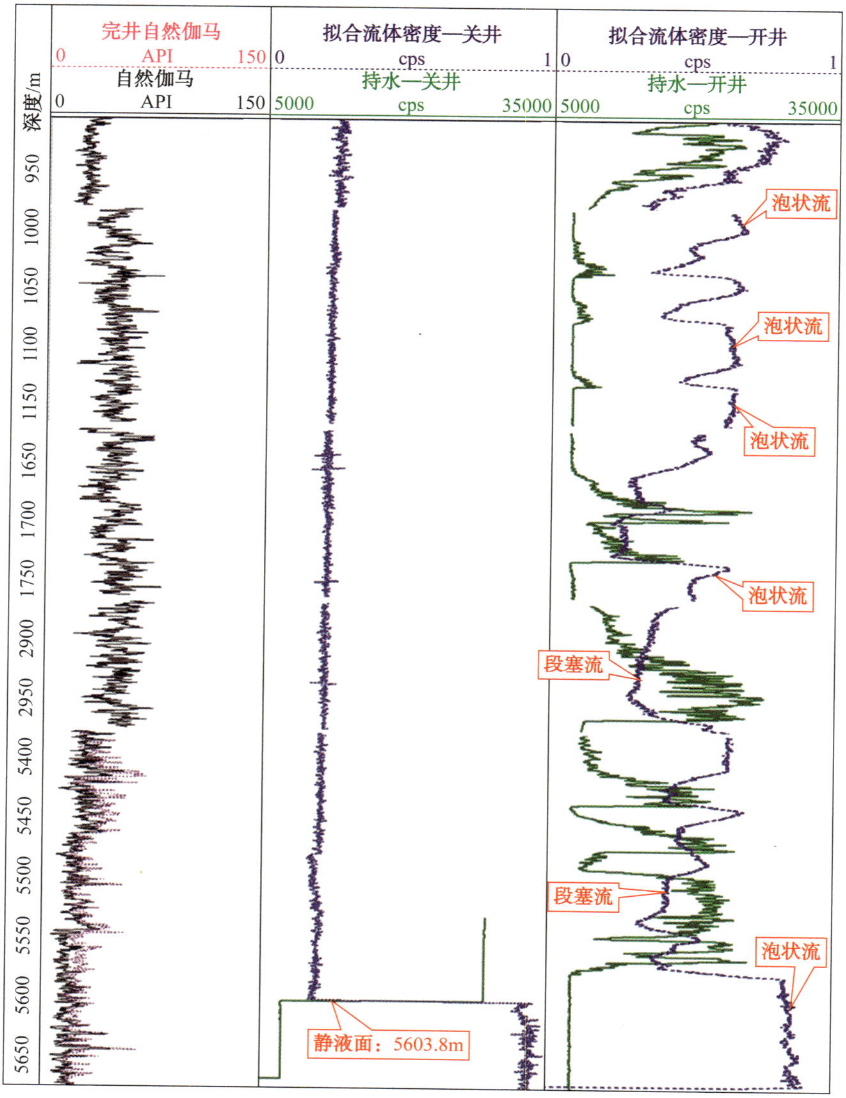

图1　P103-1井全井筒流态分析图

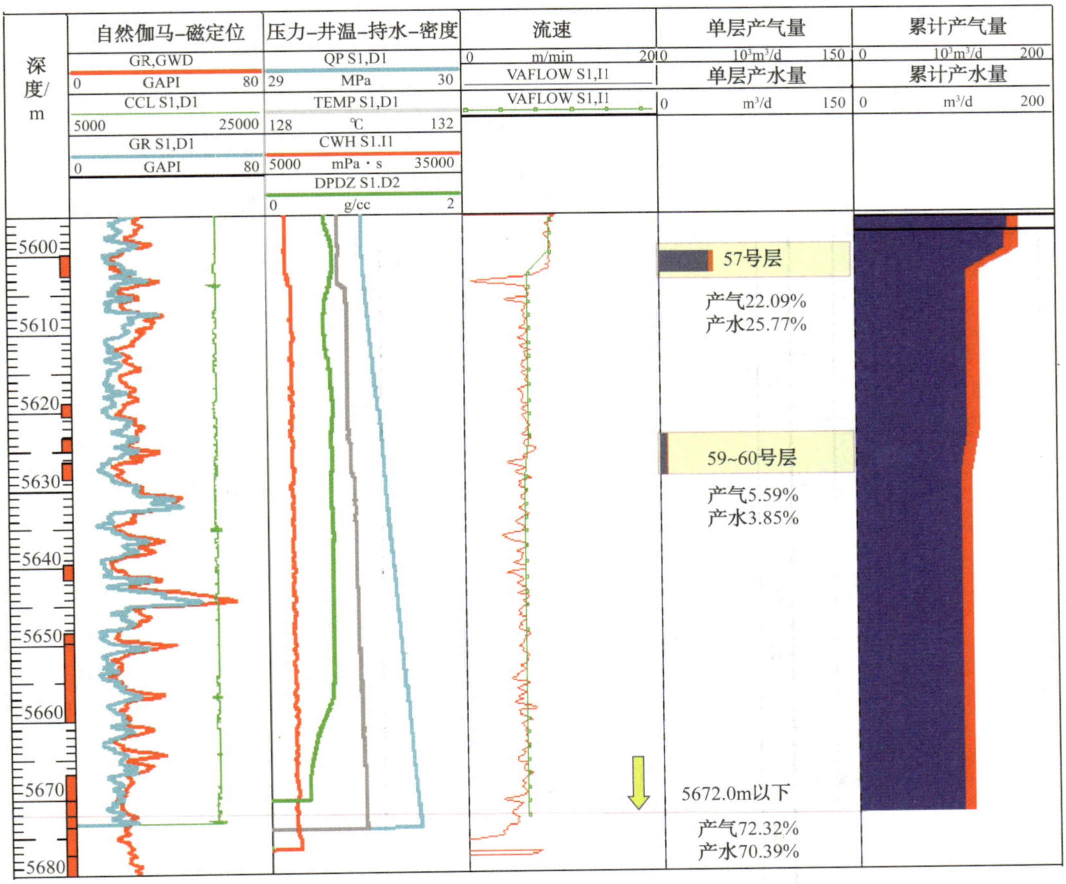

图 2 P103-1 井 $1.53\times10^4m^3/d$ 产出剖面测井成果图

（4）产出剖面与 PNN 饱和度综合识别出水层段

根据储层测井响应特征，利用对气体响应敏感的套前补偿中子孔隙度与 PNN 孔隙度指数曲线包络法、长短源距热中子计数率离差法、含气饱和度对比法三种分析方法，有效准确地进行储层含水饱和度、水淹状况的评价以及地层气水界面和井筒液面的识别（见图 3）。将产出剖面与 PNN 饱和度动态监测资料有机结合，综合对比分析（见图 4），能够有效识别产水层段、气层水侵层段，查明导致本井大量出水、产能下降的主出水层段。

4 试油（气）结果

（1）通过产出剖面测井解释，进行了产层识别、产出流体分析和各层分相产量的精确计算。共解释产气水层段 6.5m/3 层，主产层段在 5672.0m 以下，产气量占 72.32%，产水量占 70.39%；次产层段第 57 号层，产气量占 22.09%，产水量占 25.77%；少量产气层段第 59~60 号层产气量占 5.59%，产水量占 3.85%。

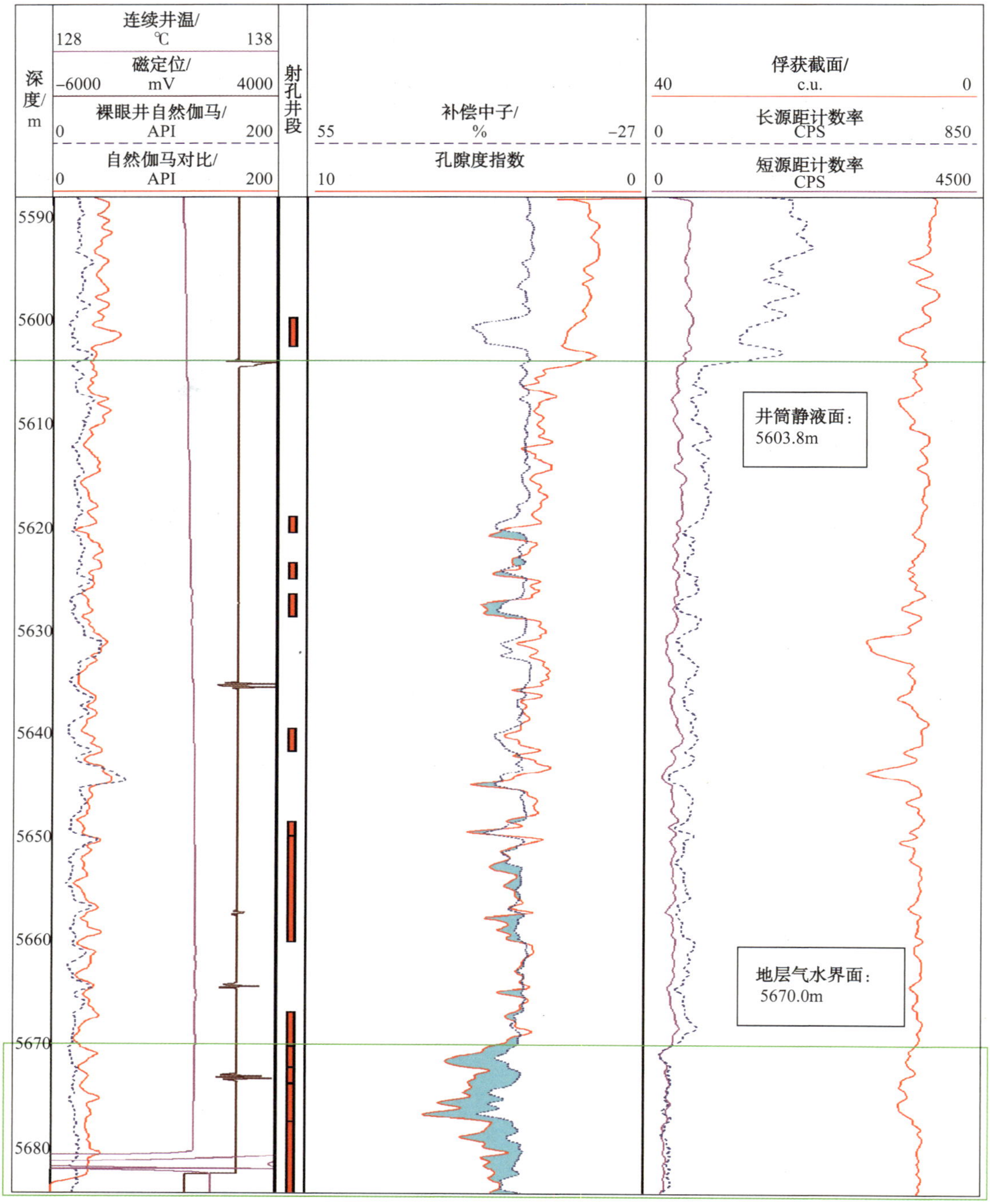

图 3　P103-1 井套前补偿中子孔隙度与 PNN 孔隙度指数包络图

（2）根据 PNN 饱和度测井资料，解释气层 25.1m/7 层，水淹气层 14.0m/4 层；监测地层气水界面位于 5670.0m，液面以下的飞一、二段第 65~68 号层显示水侵，解释为水淹气层。

（3）产出剖面与 PNN 饱和度动态监测资料有机结合，综合分析得出：5672.0m 以下为本井主要出水井段和水侵层段。

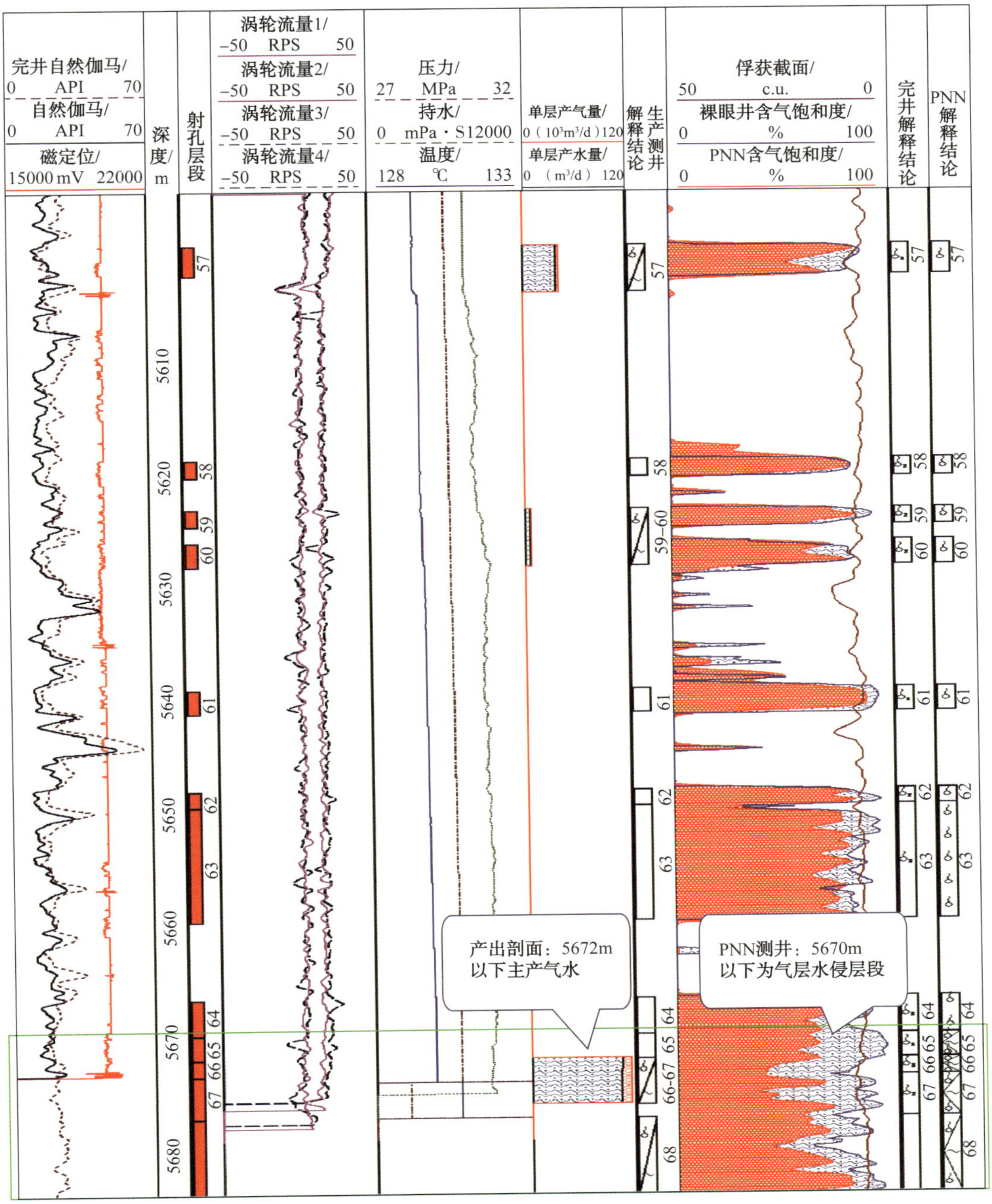

图 4　P103−1 井产出剖面与 PNN 饱和度测井成果对比图

5 结论与认识

（1）针对本井间歇性生产方式，综合运用关井刻度、流量曲线优选、动静液面对比和持水率 – 拟合流体密度对比等多种解释分析方法，实现了高含水间歇性生产井在放喷状态下产出剖面资料的解释评价。

（2）产出剖面与 PNN 饱和度动态监测多参数有机结合的综合解释方法为解决高含水、间歇性生产气井产出状况、气层水淹、出水层段的评价难题提供了有效技术手段。

（3）针对放喷状态下产出剖面测井，应在放喷初期及时测井，录取放喷全过程资料，可有效避免因地层能量衰减过快而录取不到反映储层产出信息的资料，提高测井一次成功率和测井解释精度。

编写单位：中原测控公司
编 写 人：杨 瑾
审 核 人：苏宏发 孟宪涛
审 定 人：陈汉林 何传亮

77 W96 枯竭气藏储气库 W96-CH13 井注采效果综合评价

1 概况

W96 储气库是中石化第一座投入运行的枯竭气藏型地下储气库，位于东濮凹陷中央隆起带。其注采层位为沙河街组二段下亚段 1~4、8 砂组以及沙河街组三段上亚段 1~3 砂层组，储层物性属于中高渗储层，工作压力区间为 12.9~27.0MPa。

W96-CH13 井位于 W96 储气库中高部位南端，是一口重点监测井，最大井斜 28° / 方位 214.1° / 井深 2457.37m。射孔井段 2426.6~2741.0m，截至 2021 年 8 月注气剖面测试前累计注气 $14881.72\times10^4m^3$，累计产气 $12071.53\times10^4m^3$。

2 问题与难点

W96 储气库强注强采的不稳定性和不连续性，引起储层物性、连通性、含气饱和度等的变化，导致枯竭气藏储气库的注采评价变得尤为复杂。如何精准掌握储集目的层段的动用情况、全面分析注气采气效果、气密性完好程度、边水分布状况等信息，是 W96 枯竭气藏型储气库注采效果评价的难点。

3 解释评价

综合对比静态资料和动态监测资料的测井响应特征，通过静态资料分析、分层吸产气量及分层饱和度精细解释、注采效果评价、气密性评价、气液界面监测等多种解释分析方法，对枯竭气藏储气库注采效果进行综合评价，为 W96 储气库动态分析及注采方案优化提供措施依据。

静态资料分析：W96 气藏属于中高孔隙度、中高渗储层（表 1）。沙二下 3 砂组最好，沙二下 4 砂组、沙三上 1~3 砂组次之，沙二下 8 砂组最差。W96-CH13 井测井解释孔隙度在 11.7%~30.4%，平均孔隙度为 21.3%，渗透率在（4.29~283.61）$\times10^{-3}\mu m^2$，平均渗透率为 $96.38\times10^{-3}\mu m^2$。

表 1　W96 气藏岩芯物性统计表

层位	样品数	孔隙度 /%			渗透率 /10^{-3} μm^2			储层类型
		最大值	最小值	平均值	最大值	最小值	平均值	中高渗
沙二下 3	129	30.4	7.2	23.9	913.48	＜ 1	219.55	中渗
沙二下 4	41	27.6	8.5	18.2	272.00	＜ 1	66.31	中渗
沙二下 8	10	22.0	11.9	17.3	77.00	＜ 1	33.44	中渗
沙三上 1	66	27.9	5.8	22.3	329.50	＜ 1	73.50	中渗
沙三上 2	1	23.7	23.7	23.7	175.50	175.5	175.50	中高渗
沙三上 3	95	26.9	8.3	21.5	313.00	＜ 1	38.86	中渗
合计	342	30.4	5.8	22.1	664.00	＜ 1	119.19	中高渗

分层吸产气量及分层饱和度精细解释：产气剖面测井利用持气率、密度和持水率曲线综合响应显示井筒的气液界面 2547.5m（图 1），液面以上持气率数值在 0.95 左右，密度值在 0.14g/cm^3 左右，持水率曲线接近气的标定值，说明 2547.5m 以上井筒内以气相为主，因此采用单相气模型；液面以下流量曲线在 58~62 号层处有较小的台阶变化，井温曲线有明显异常显示，说明有气体产出，而持气率、密度和持水率曲线呈水层响应特征，且基本无变化，因此液面以下采用气液两相解释模型。基于 PNN 饱和度和中子伽马组合测井，利用长、短源距计数率交会法、中子伽马和完井声波交会法、含气饱和度对比法（图 1），准确进行储层含气饱和度、水侵状况的评价，判断井筒液面，解决枯竭气藏型储气库气层水侵识别难题，实现饱和度测井的精细评价（表 2）。

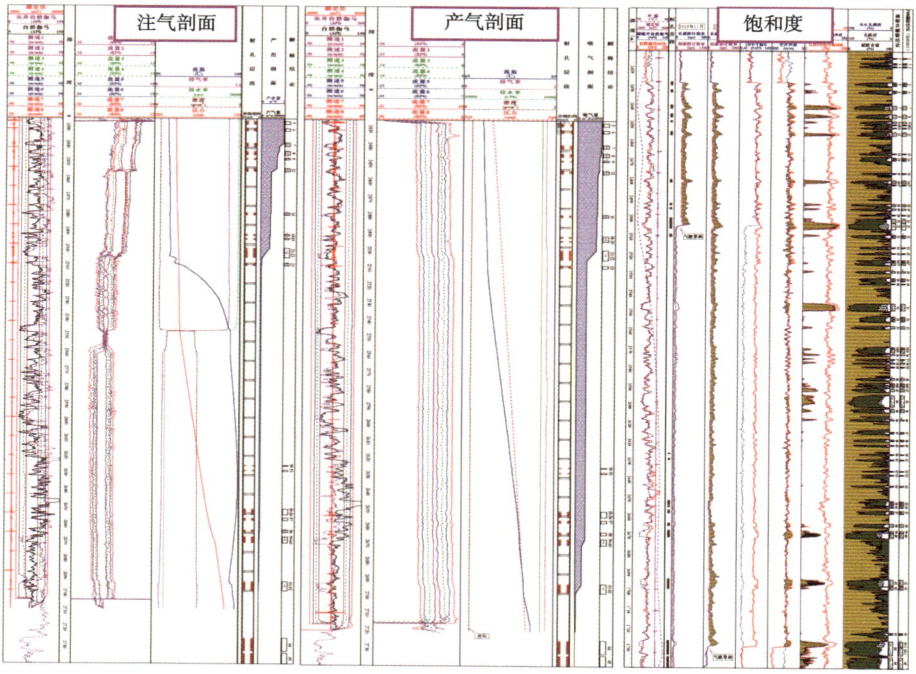

图 1　W96-CH13 井注 - 产 - 饱测井曲线对比图

表 2　W96-CH13 井各层位注气－产气－饱和度情况对比表

序号	层位	2021 年 8 月注气剖面		2020 年 12 月产气剖面		2017 年 1 月产气剖面		2016 年 5 月注气剖面		注气前饱和度	注气后饱和度
		相对吸气 / %	解释结论	相对产气 / %	解释结论	相对产气 / %	解释结论	相对吸气 / %	解释结论		
1	S2 下 2		不吸		不产		不产		不吸	21.0	23.6
2	S2 下 3	15.85	吸气	53.71	产气	40.26	产气	25.55	吸气	62.6	66.3
3	S2 下 4	42.8	吸气	41.57	产气	57.75	产气	48.02	吸气	69.5	71.7
4	S2 下 8		不吸		不产				不吸	3.5	4.0
5	S3 上 1	12.88	吸气	3.02	产气		不产	8.32	吸气	14.4	43.4
6	S3 上 2	24.87	吸气	1.7	产气	1.99	产气	18.11	吸气	15.5	48.5
7	S3 上 3	3.6	遇阻吸气		遇阻		遇阻		遇阻	30.4	31.0
合计		100		100		100		100			

注采效果评价：通过注采阶段注产剖面与饱和度资料进行对比（图 1），以及不同注采阶段的动态监测资料进行对比（表 2），综合分析 W96-CH13 井吸气情况和产气情况具有较好的对应性，同时也存在一定差异（图 2）。沙二下 4 砂层组物性好，是主力的吸气、产气层位，含气饱和度也最高，该层位注采效果最好。沙二下 3 砂层组物性较好，含气饱和度高，注气效果中等，采气效果好；沙三上 1~3 砂层组物性好，含气饱和度注气后变高，注气效果变好，受井筒液面的影响，采气效果差；沙二下 2 砂层组和沙二下 8 砂层组物性差，含气饱和度很低，注采效果差。2021 年吸气剖面与 2016 年相比，增加了 3 个吸气段，说明经过多周期注采，该井注气效果变好，同时沙三上 1~3 砂层组相对吸气占比增大，说明沙三上砂层组吸气效果有所改善。

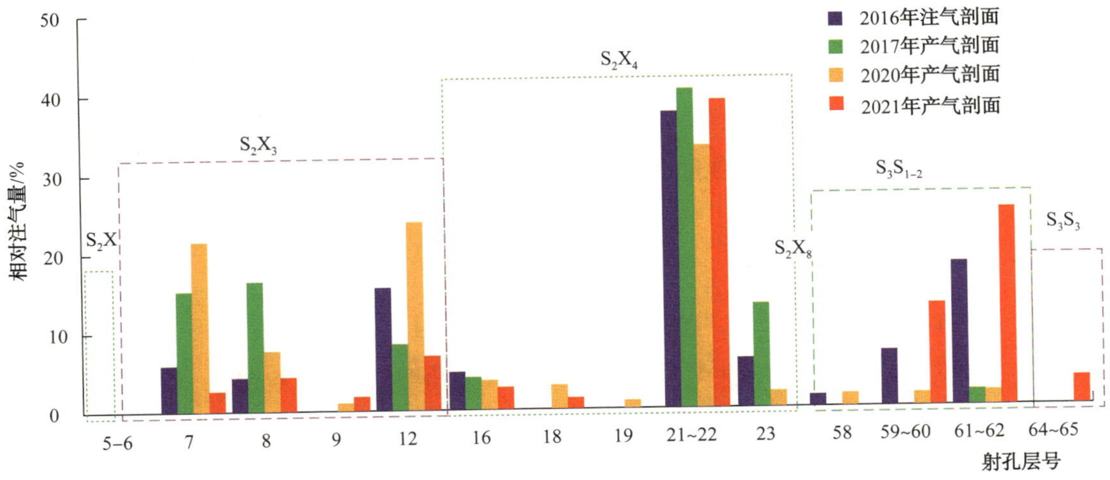

图 2　W96-CH13 井不同节点注气产气对比图

基于饱和度测井的层状地层储气库的气密性评价：未动用层段沙二下 5~7 砂层组的含气饱和度测井曲线俘获截面曲线在储层上数值基本无变化，长、短源距计数率曲线离差小，井温曲线未见异常显示，不同时间注气前、后含气饱和度相比基本一致（图 3），分析认为未射孔的沙二下 5~7 砂层组未见“气窜”现象。

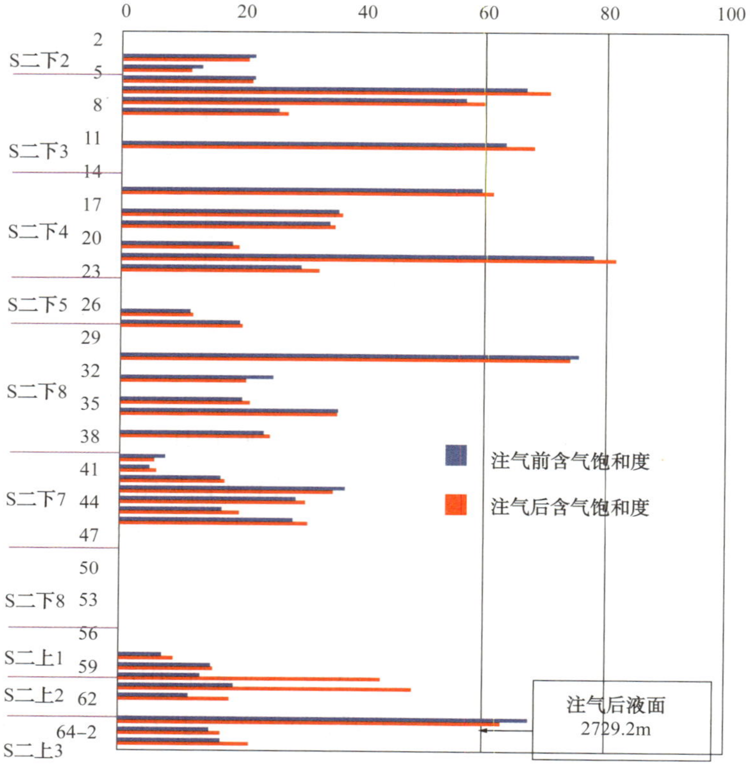

图 3　W96-CH13 井含气饱和度对比图

气液界面监测：通过气液界面变化可以分析储气库运行过程中流体运移状况。根据不同时间注气前、后两次的 PNN 含气饱和度资料显示（图 4），注气前测井的井筒气液界面在 2504.0m，注气后测井时井筒气液界面已下降至 2729.2m，井筒气液界面下降了 225.2m，分析认为注入气将边水驱替到构造的低部位，注气效果明显。

4　注采气效果分析

注气剖面测井共测出 22 个射孔层，其中 13 个射孔层吸气。沙二下 3 砂层组少量吸气，占总吸气量的 15.85%。沙二下 4 砂层组是本井的主要吸气层位，占总吸气量的 42.80%。沙三上 1 砂层组少量吸气，占总吸气量的 12.88%。沙三上 2 砂层组是本井的次吸气层位，占总吸气量的 24.87%。沙三上 3 砂层组遇阻未测出，综合分析认为遇阻点以下少量吸气，占总吸气量的 3.60%。

产气剖面测井共测出 22 个射孔层，解释 15 个射孔层产气。沙二下 3 砂层组产气，占总产气量的 53.71%。沙二下 4 砂层组产气，占总产气量的 41.57%。沙三上 1 砂层组产气，占总产气量的 3.02%。沙三上 2 砂层组产气，占总产气量的 1.70%。

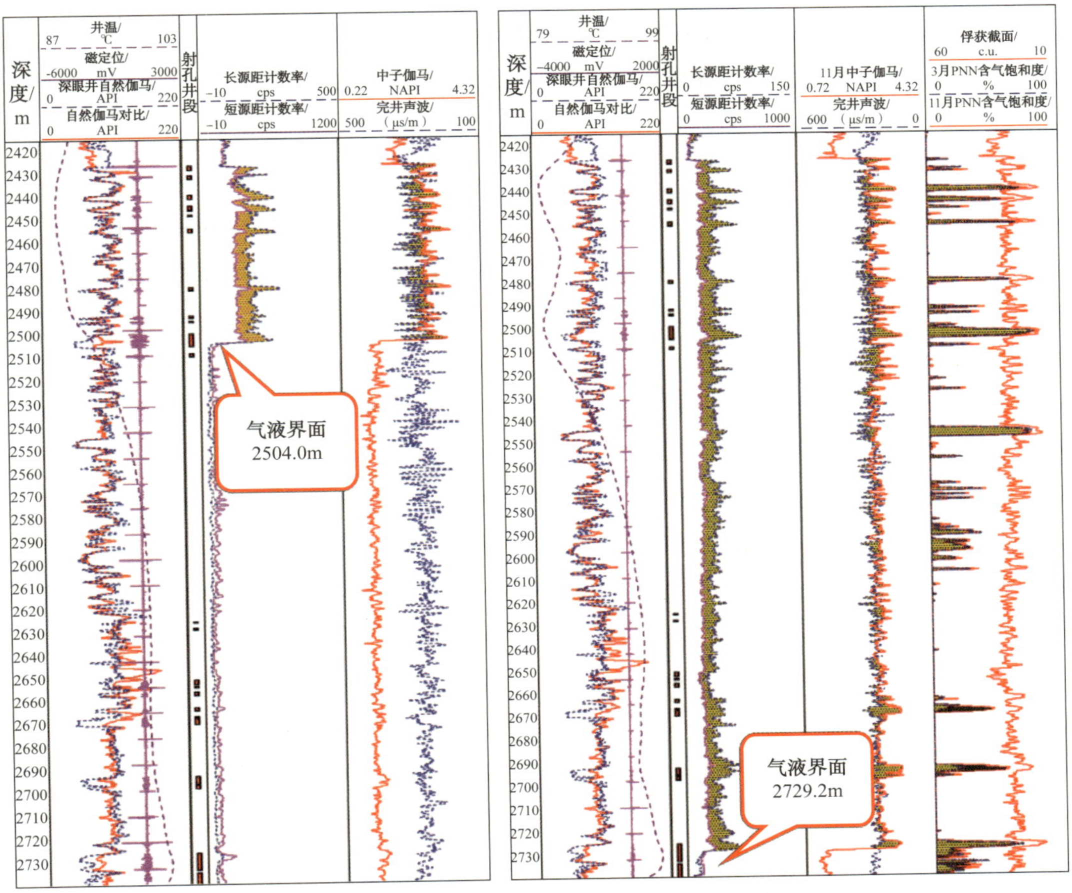

图 4　W96-CH13 井含气饱和度测井曲线对比图

饱和度测井共解释 96.1m/65 层，其中气层 18.0m/11 层，水淹气层 43.7m/18 层，低产气层 4.2m/3 层，干层 30.2m/33 层；沙三上 1 砂层组的第 60 号层，沙三上 2 砂层组的第 61 号层，注气后含气饱和度较注气前明显增高，注气后气液界面位于 2729.2m，比注气前测井时气液界面下降 225.2m。分析认为注入气将地层水推进到地层深处，有一定的注气效果。

通过对 W96-CH13 井注采效果的综合评价，及时掌握了沙二下 2~ 沙三上 3 砂层组注产动态；沙二下 5~7 砂层组未动用层段未发现“气窜”现象；监测了气液界面变化，了解边水分布状况，为准确分析储气库生产运行提供第一手资料。

5 结论与认识

（1）综合静态资料分析、分层吸产气量及分层饱和度精细解释、注采效果评价、气密性评价、气液界面监测等解释分析方法，是枯竭气藏型储气库注采效果综合评价的有效方法。

（2）利用注气剖面、产气剖面和饱和度测井资料对储气库进行动态监测和综合分析，评价目的层位的注采效果，是保证储气库科学高效运行的必要手段。

编写单位：中原测控公司
编 写 人：庄 玮 杨 瑾
审 核 人：李喜清
审 定 人：陈汉林 何传亮

78 延川南区块 Y3 井煤层气测录井综合解释评价

1 概况

Y3 井是鄂尔多斯盆地东南缘延川南区块的一口参数井，其钻探目的为了解目标区地层特征及煤层分布情况，获取主要煤层的煤样和煤储层特征参数；探索山西组和太原组煤层含气性，石盒子组砂岩层的含气性；取得适应目标区煤层气勘探开发工程、工艺的技术参数；进行压裂排采试验，初步评价煤层气可采性，获取煤层气排采参数。本井 2010 年 8 月 8 日完钻，完钻井深 1269.0m，完钻层位石炭系中统本溪组。

2 问题与难点

煤层岩性复杂，物性非均质性强，以吸附状态赋存的含气性也相对隐蔽，这些特性使得煤层气的储层评价方法与常规砂泥岩、碳酸盐岩等地层存在很大的不同，需要重新建立测井评价模型，满足煤层气测井评价需求。该井为 Y3 井区第一口参数井，区域内邻井资料少。如何利用测井资料，建立一套适用延川南的煤层气解释模型，对山西组、太原组煤层进行精细评价，是该井评价的难点。

3 解释评价

该井测井项目丰富，包括常规测井、微电阻率扫描成像测井（FMI）、声波扫描成像测井（SonicScanner）、元素俘获能谱测井（ECS）。综合利用录井资料、岩芯解吸等实验资料和常规、特殊项目测井资料，运用交会图、回归分析等多种方法，进行煤层划分及精细评价。

3.1 定性分析

山西组 2 号煤层（1169.1~1174.1m）是本井的主要目的层。该层的测井曲线具有“三高二低一扩一异常”的特征，即电阻率高、声波时差高、补偿中子高、自然伽马低、补偿密度低、扩径大、自然电位负异常，为典型煤层特征。录井气测值与煤心解吸气量匹配性较好，能较为直观地反映煤层含气性，气测值高的地方煤心解吸气量也较大（图 1）。

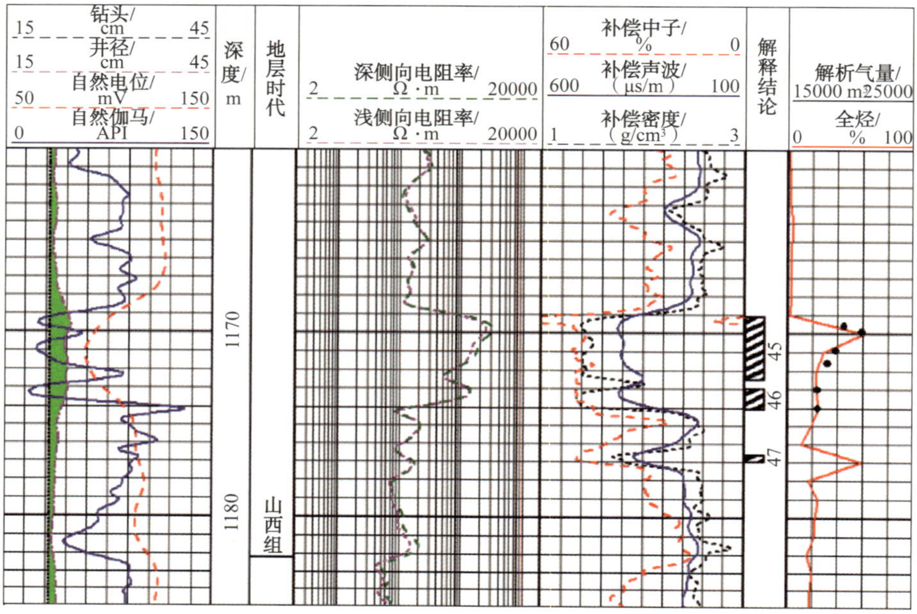

图 1 Y3 井 2 号煤层测井响应特征图

3.2 建模定量评价

在有岩芯测试数据的情况下，常规测井评价煤层工业组分主要利用数值回归分析法。岩芯分析测试研究表明，煤心的固定碳与体积密度存在线性相关关系，而固定碳又与灰分、挥发分和水分含量存在线性相关关系。对 Y3 井岩芯分析固定碳与补偿密度曲线进行回归分析，制作交会图（图 2）。另外，通过 ECS 测井可以测定地层中的硅、钙、硫、铁、钛、钆等的含量，从而提供精确的岩性剖面，提供煤层灰分含量。Y3 井 ECS 计算灰分含量 10.5%，与煤心实验分析结果较为一致。

测井评价含气量主要采用回归分析、Langmuir 方程和 KIM 方程计算。大量煤层气工区研究表明，煤层含气量与补偿密度是呈负相关关系的，回归公式可以有效计算工区的煤层气含量（图 3）。本井 2 号煤定量计算含气量为 15.5m³/t（图 4）。

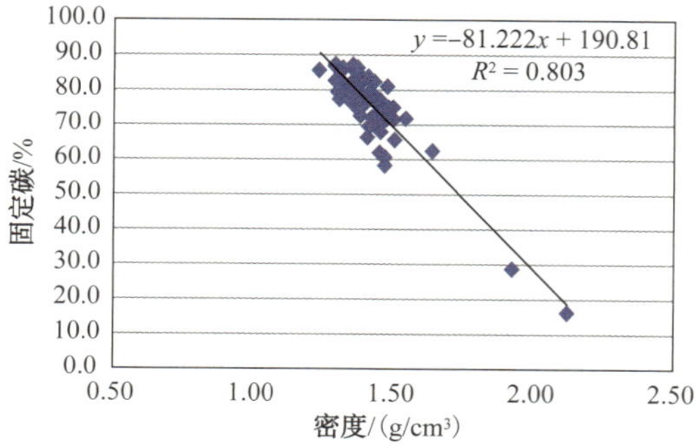

图 3 延 3 井 2 号煤固定碳与密度交会图

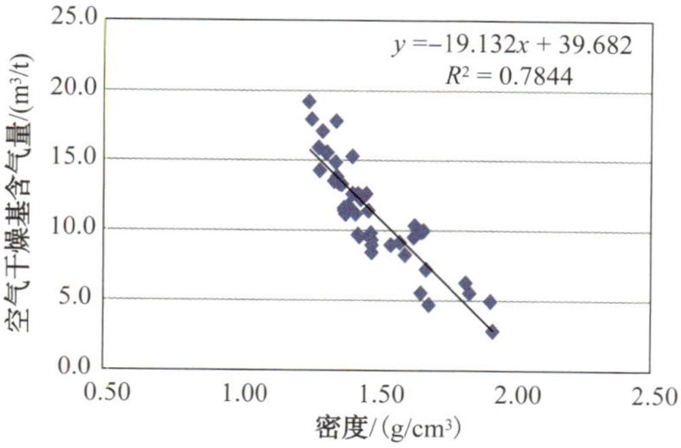

图 4 延 3 井 2 号煤含气量与密度交会图

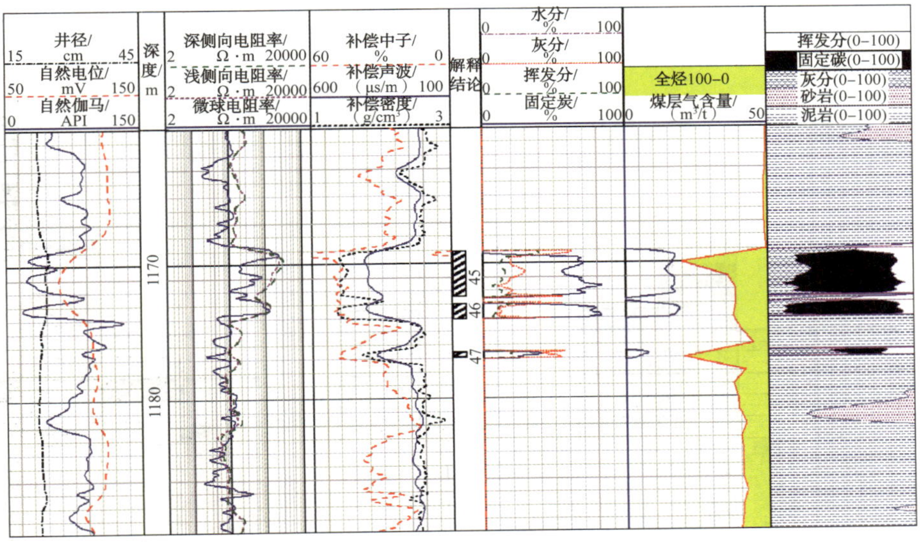

图 4　Y3 井 2 号煤常规测井处理成果图

3.3　特殊测井评价

本井的声波扫描测井分析表明，2 号煤层斯通利波有明显的能量衰减，说明该层割理发育且有一定的渗透性。FMI 图像显示，该层微裂缝和割理发育，煤层上部裂隙发育，煤层下部裂隙不太发育，部分裂隙发生闭合（图 5）。快慢横波分析煤层各向异性较弱，地层的快横波方位角为东偏南 10 度。另声波扫描测井可以计算地层岩石力学、地应力数据，为煤层气开发后续的压裂作业提供有价值的信息。图 6 是本井 2 号煤层气处理评价综合成果图。

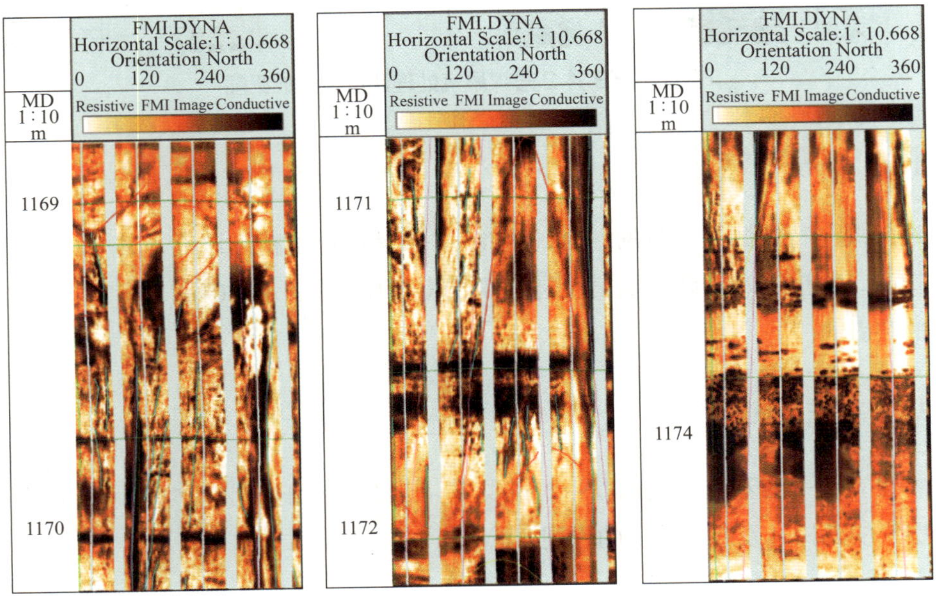

图 5　Y3 井 2 号煤电成像特征图

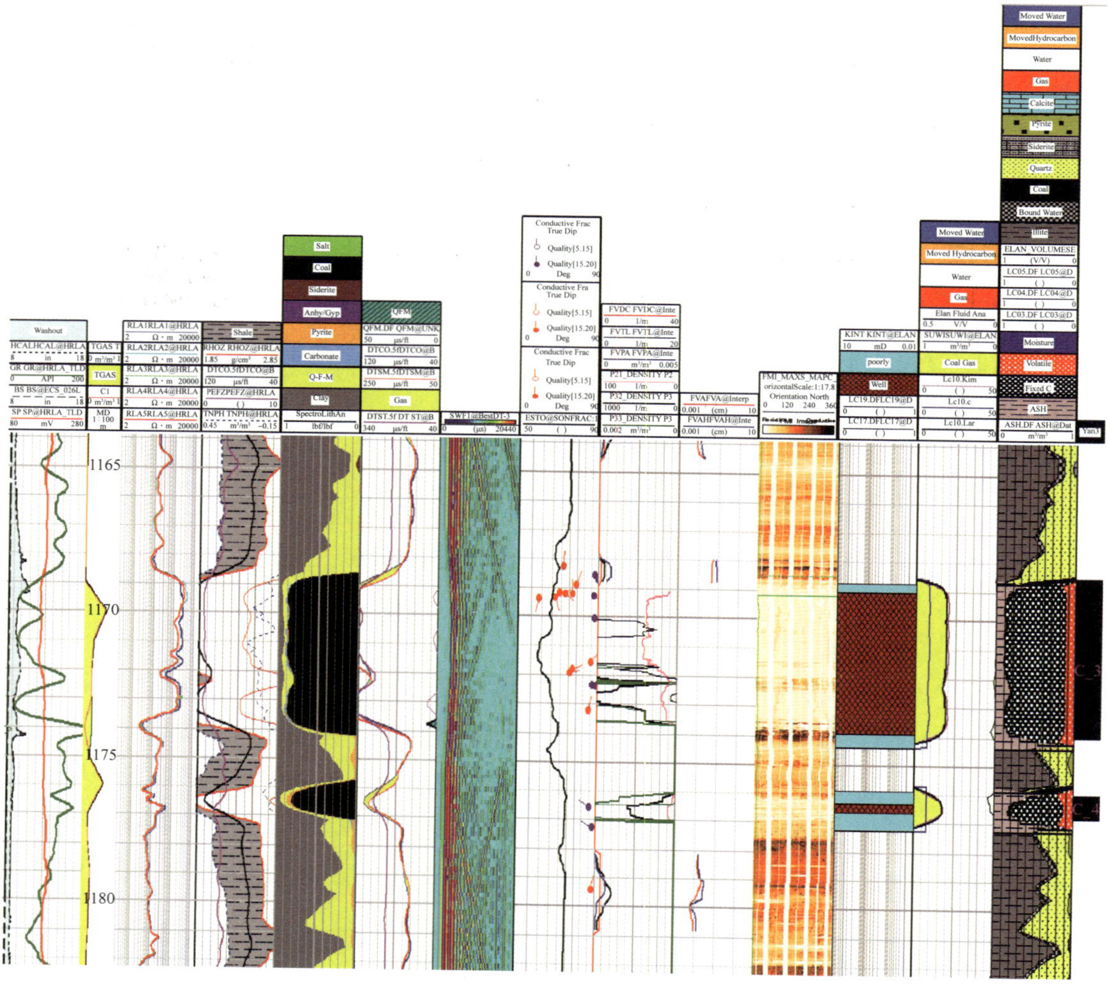

图 6　Y3 井 2 号煤层气处理评价综合成果图

4　试油（气）结果

通过常规与特殊测井项目的结合，对 Y3 井煤层进行了精细评价，其中 2 号煤层计算含气量较高，物性较好。该层压裂改造后日产气 1010.5m^3、水 0.04m^3，实现了该区块煤层气产量的突破。

5　结论与认识

（1）建立了一套基于常规测井 + 特殊测井 + 岩芯资料的煤层气综合评价方法，对 Y3 井区煤层气的勘探开发起到重要的作用。

（2）针对区块，建立岩芯实验分析资料与测井曲线之间的回归关系，计算煤层的工业组分、含气量、孔隙度等参数，具有更高的精确性。

编写单位：华东测控公司
编 写 人：徐　晨
审 核 人：龚劲松　杨志强
审 定 人：赵俊峰　周贤斌

参 考 文 献

[1] 雍世和，张超谟 . 测井数据处理与综合解释 . 东营：石油大学出版社，2002.8.
[2] 贾文玉 . 成像测井技术与应用 . 北京：石油工业出版社，2000.8.
[3]《录井技术与油气层综合解释评价》编委会 . 录井技术与油气层综合解释评价 . 北京：石油工业出版社，2016.4.
[4] 陈恭洋，王志战 . 录井地质学 . 北京：石油工业出版社，2016.2.
[5] 张明学 . 地震勘探原理与解释 . 北京：石油工业出版社，2010.8.
[6] 聂海宽，张培先，边瑞康等 . 地学前缘 . 北京：中国地质大学出版社，2016.2.
[7] 郭为，高金亮，李海等 . 矿产勘查 . 北京：地质出版社，2023.3.
[8] 马永生，等 . 地质学报 . 北京：科学出版社，2022.1.